中国年鉴资源全文数据库核心年鉴
Core Yearbooks of China Yearbooks Full-text Database

中国企业年鉴 2023

CHINA ENTERPRISE YEARBOOK

中 国 企 业 年 鉴 编 委 会 / 编

企业管理出版社
ENTERPRISE MANAGEMENT PUBLISHING HOUSE

图书在版编目（CIP）数据

中国企业年鉴. 2023 / 中国企业年鉴编委会 编. —北京：企业管理出版社，2024.4

ISBN 978-7-5164-3016-3

Ⅰ. ①中… Ⅱ. ①中… Ⅲ. ①企业经济－中国－2023－年鉴 Ⅳ. ①F279.2-54

中国国家版本馆CIP数据核字（2024）第027089号

书　　名：中国企业年鉴 2023
书　　号：ISBN 978-7-5164-3016-3
作　　者：中国企业年鉴编委会
责任编辑：徐金凤　崔立凯　宋可力　田 天　李雪松
出版发行：企业管理出版社
经　　销：新华书店
地　　址：北京市海淀区紫竹院南路17号　邮　　编：100048
网　　址：http://www.emph.cn　电子信箱：57814085@qq.com
电　　话：编辑部（010）68701322　经营部（010）68701192　发行部（010）68414644
印　　刷：北京博海升彩色印刷有限公司
版　　次：2024年4月第1版
印　　次：2024年4月第1次印刷
开　　本：889mm × 1194mm 1/16
印　　张：38印张　彩插 8.75印张
字　　数：1400千字
定　　价：680.00元
广告经营许可证：京海工商广字8127号

编纂说明

一、《中国企业年鉴》（以下简称《年鉴》）于2011年在《中国企业管理年鉴》的基础上，更名改版，本卷为连续出版的第33卷。

二、《年鉴》是由国务院国有资产监督管理委员会主管，中国企业联合会、中国企业家协会组织编写的全国大型资料性年刊，是中国出版工作者协会年鉴工作委员会第一批认证的“中国年鉴资源全文数据库核心年鉴”。

三、《年鉴》继续由中国企业联合会、中国企业家协会会长王忠禹担任编委会主任；国务院国资委、全国人大财经委等领导同志担任编委会副主任。同时聘请了社会各界有关专家、学者、领导和企业家担任理事会成员、特约编委和特约撰稿人。

四、《年鉴》是中国国内迄今为止唯一一部反映和记录中国企业改革与发展历程的史鉴，融政策性、权威性和实用性于一体，从不同层面、多元视角、各个领域真实客观地记录中国企业改革、管理和发展的新成就和新经验，热情讴歌先进企业的骄人业绩和企业家的领军风采。

五、《年鉴》秉承“鉴往知来，服务现实，保存资料，惠及后代”的重要使命，奉行“时代性、系统性、权威性和连续性”的办刊方针，为中国的各类企业和企业家以及众多研究和关注中国企业改革发展的专家学者提供数据信息和参考资料。

六、《年鉴》（2023）共设9个篇章，即：A.重要经济文献；B.经济法律法规选编；C.企业发展概况；D.行业发展概述；E.企业管理综述；F.企业论坛；G.国民经济和社会发展统计资料；H.附录；I.图片资料。

七、本卷涉及全国性统计数据，暂未包括港澳台地区，其统计数据截至2022年12月31日。国民经济和社会发展统计资料中的数据采用国家统计局公布的初步统计数据；由于统计口径、方法不尽相同，如有行业、地方的统计数据与上述数据不完全一致的情况，以国家统计局的数据为准。

八、本卷编辑工作得到了全体特约编委、特约撰稿人和中国企业联合会有关部门同志的热心帮助和鼎力支持，在此一并表示诚挚的谢意。

《中国企业年鉴》编辑部

2023年12月

知往鉴今

创新发展

王忠禹

二〇二〇年六月廿五日

中国企业年鉴

China Enterprise Yearbook 2023

▲ 王忠禹出席2022全国企业家活动日暨中国企业家年会

2022年9月16日，第十届全国政协副主席，中国企业联合会、中国企业家协会会长王忠禹出席在内蒙古自治区包头市举办的2022全国企业家活动日暨中国企业家年会并作主旨报告。

中国企业年鉴

China Enterprise Yearbook 2023

▲ 朱宏任出席2022全国企业家活动日暨中国企业家年会

2022年9月16日，2022全国企业家活动日暨中国企业家年会在内蒙古自治区包头市举办。中国企业联合会、中国企业家协会党委书记、常务副会长兼秘书长朱宏任出席并主持会议。

中国企业年鉴

China Enterprise Yearbook 2023

▲ 2022中国企业500强新闻发布会在京召开

2022年9月6日，中国企业联合会、中国企业家协会在京举办新闻发布会，发布了“2022中国企业500强”榜单及其分析报告，同时发布了“2022中国制造业企业500强”“2022中国服务业企业500强”“2022中国跨国公司100大及跨国指数”“2022中国大企业创新100强”“2022中国战略性新兴产业领军企业100强”等各项榜单及其分析报告。

▲ 2022国家协调劳动关系三方会议在京召开

2022年6月17日，国家协调劳动关系三方会议第二十七次会议在京召开。会议总结了2021年国家三方会议工作，分析研判2022年劳动关系形势，部署2022年工作任务。会议期间还举行了“新时代和谐劳动关系创新研究基地”战略合作协议签字仪式，并为国家三方会议专家委员会专家代表颁发聘书。

▲ 2022全国企业家活动日暨中国企业家年会在内蒙古自治区包头市举办

2022年9月16日，由中国企业联合会、中国企业家协会主办，包头市人民政府承办，中国企业管理科学基金会支持，主题为“弘扬企业家精神，全力奋进新征程”的2022全国企业家活动日暨中国企业家年会在内蒙古自治区包头市举办。

▲ 2022中国智慧企业发展大会暨首届成渝地区双城经济圈数智人才发展大会在遂宁召开

2022年11月30日，2022中国智慧企业发展大会暨首届成渝地区双城经济圈数智人才发展大会在遂宁召开。中国科学技术协会第九届全国委员会副主席、中国工程院院士周守为，中国工程院院士、通信与信息系统专家陈鲸，中国企业联合会党委委员、常务副理事长史向辉，四川省大数据中心主任顾红松，遂宁市市委书记李江，遂宁市市委副书记、市长刘会英等领导及企业家嘉宾和新闻媒体朋友参加了本次会议并发表讲话。四川省企业联合会、四川省企业家协会副会长兼秘书长梁勤，浙江省企业联合会、浙江省企业家协会常务副会长兼秘书长郑一方等部分地方企联系统领导也出席了大会。

编 委 会

孙淮滨　中国纺织工业联合会副会长

李玉田　河南济源钢铁（集团）有限公司党委书记、董事长

李世江　多氟多新材料股份有限公司党委书记、董事长

李朴民　中国人力资源开发研究会会长、国家发展和改革委员会原秘书长

李全文　中国兵器工业集团内蒙古第一机械集团有限公司董事长、党委书记

李阳春　太极集团有限公司党委书记、董事长

李建明　中国企业联合会、中国企业家协会党委委员、副秘书长

李　说　中国女企业家协会会长，第十一届、十二届、十三届全国政协常委，第九届、第十届、第十一届中国民建中央委员会副主席

李　玲　中国机械工业企业管理协会原常务副理事长

李　峰　云南省企业联合会会长

李贵言　新疆农六师铝业有限公司总经理助理

李振中　全国打击侵权假冒领导小组办公室原副主任

李　毅　工业和信息化部装备工业二司副司长

齐　辉　甘肃省企业联合会秘书长

杨　昆　中国电力企业联合会党委书记、常务副理事长

杨月华　湖南省企业和工业经济联合会会长

杨廷成　青海省企业联合会、青海省企业家协会秘书长

杨如学　交通运输部档案馆馆长

杨宏彦　天津市企业联合会会长

杨连盛　广东省企业联合会、广东省企业家协会原常务副会长

杨启贵　长江设计集团有限公司党委书记、董事长

谷建忠　江西省企业联合会、江西省企业家协会秘书长

吴　毅　江苏永钢集团有限公司总裁

吴长鸿　浙江双环传动机械股份有限公司董事长

吴严明　浙江新安化工集团股份有限公司总裁

邱录军　云南省投资控股集团有限公司党委书记、董事长

邱思胜　湖北省企业联合会、湖北省企业家协会原会长

何训班　国家工商行政管理总局商标评审委员会主任

冷明权　海南省企业联合会、海南省企业家协会常务会长兼秘书长

辛保安　国家电网有限公司董事长、党组书记

宋勤波　中国江苏国际经济技术合作集团有限公司党委书记、董事长

张　强　辽宁省企业联合会、辽宁省企业家协会秘书长

张世宏　内蒙古自治区企业联合会会长

张金楼　青岛经济技术开发区投资控股集团有限公司党委书记、董事长

张学梁　中国石油四川销售分公司党委委员、副总经理兼机关党委书记

张建利　北京市政协委员、北京企业联合会会长

张艳艳　中国企业联合会咨询与培训中心主任

张德芹　贵州习酒投资控股集团有限责任公司党委书记、董事长

陈　斌　新疆维吾尔自治区企业联合会、新疆维吾尔自治区企业家协会执行副会长兼秘书长

陈学森　中国有色金属工业协会党委委员、副会长

陈雪华　浙江华友钴业股份有限公司董事长

邵红亚　中国企业联合会、中国企业家协会党委副书记、纪委书记

武鸿麟　贵州省企业联合会、贵州省企业家协会荣誉会长

林　平　达利丝绸（浙江）有限公司董事长

林炳生　云南省企业家协会会长、云南曲靖呈钢钢铁（集团）有限公司执行董事兼总经理

罗宇光　庆铃汽车（集团）有限公司党委书记、董事长、总经理

竺延风　东风汽车集团有限公司董事长、党委书记

主　　编： 朱宏任　黄海嵩
副 主 编： 刘　鹏　孙庆生　官永久
编辑部主任： 尤　颖
责任编辑： 徐金凤　崔立凯　宋可力　田　天　李雪松
图文编辑： 李晓洲　黄宜成　杨天良

中国企业年鉴

China Enterprise Yearbook 2023

特 约 撰 稿 人

撰稿人：（排序不分先后）

于佳玫　交通运输部档案馆交通资料编辑研究室
马　超　中国企业联合会雇主工作部国际合作处处长、正高级经济师
王　锐　北京大学光华管理学院
王亚娟　国家统计局综合司
王华俊　中国有色金属工业协会
王海峰　国家发展和改革委员会对外经济研究所研究员
牛爽欣　中国纺织工业联合会产业部
朱浅暄　交通运输部档案馆交通资料编辑研究室
刘　杨　中国建筑材料联合会行业工作部主任助理
刘　亮　中国电力企业联合会规划发展部综合处副处长
刘瑞鹏　中国煤炭工业协会咨询中心助理工程师
汤家轩　中国煤炭工业协会咨询中心主任
孙星寿　中国建筑材料联合会副秘书长、总经济师、行业工作部主任
孙博宇　国务院国有资产监督管理委员会企业改革局三级主任科员
李　兰　国务院发展研究中心公共管理与人力资源研究所
李　冰　国务院国有资产监督管理委员会副秘书长、财管运行局局长
李永萍　工业和信息化部网络安全产业发展中心大数据中心经济分析师
李泓全　国务院国有资产监督管理委员会财务监管与运行评价局四级调研员
李晓佳　中国机械工业联合会统计与信息工作部副主任
杨　梦　工业和信息化部网络安全产业发展中心大数据中心数据分析师
杨东日　赛迪顾问股份有限公司高级副总裁
杨达卿　中国物流与采购联合会研究室副主任
何尚森　中国煤炭工业协会咨询中心高级工程师
佟　峰　交通运输部档案馆交通资料编辑研究室调研员
余　宏　中国煤炭工业协会咨询中心助理工程师
张　伟　人力资源和社会保障部政策研究司副处长
张　倩　中国纺织工业联合会产业部副处长
张　菲　商务部国际贸易经济合作研究院外国投资研究所副主任、副研究员
张　爽　商务部国际贸易经济合作研究院对外投资合作研究所助理研究员
张　琳　中国电力企业联合会规划发展部主任
张学勇　国务院国有资产监督管理委员会企业改革局副局长

陈　峰　人力资源和社会保障部政策研究司副司长

陈　健　国家工业信息安全发展研究中心工业经济所副所长

尚晓明　中国企业联合会办公室主任

周　欣　中国企业联合会雇主工作部劳动关系处副处长

周志成　中国物流与采购联合会研究室主任

赵国伟　中国石油和化学工业联合会

姜鑫民　中国宏观经济研究院研究员

骆　彬　中国房地产业协会研究中心研究员

徐　甫　中国钢铁工业协会信息统计部综合处副处长

彭泗清　北京大学光华管理学院

童勇刚　中国女企业家协会秘书处副秘书长

谢聪敏　中国钢铁工业协会信息统计部综合处处长

蓝传仿　中国企业联合会企业文化工作委员会副秘书长

特邀协办单位

特邀协办单位：（排序不分先后）

国家电网有限公司
中国建材集团有限公司
中国石油化工集团有限公司
中国宝武钢铁集团有限公司
国家电力投资集团有限公司
中国北京同仁堂（集团）有限责任公司
海信集团控股股份有限公司
青岛开发区投资建设集团有限公司
贵州习酒投资控股集团有限责任公司

特邀理事单位、特邀编委单位

特邀理事单位：（排序不分先后）

杭州钢铁集团有限公司
云南曲靖呈钢钢铁（集团）有限公司
济钢集团有限公司
中联重科股份有限公司
庆铃汽车（集团）有限公司
新疆农六师铝业有限公司
成都航利装备科技有限公司
太极集团有限公司
中核核电运行管理有限公司（秦山核电）
华能伊敏煤电有限责任公司
陕西龙华煤焦电集团有限责任公司
中冶建工集团有限公司
长江设计集团有限公司
中国化学工程第七建设有限公司
金澳科技（湖北）化工有限公司
中国石油四川销售分公司
达利丝绸（浙江）有限公司
泸州老窖集团有限责任公司
五粮液集团公司
安徽古井集团有限责任公司
云南省投资控股集团有限公司
广州工业投资控股集团有限公司
青岛海发国有资本投资运营集团有限公司
海尔集团
湖北交通投资集团有限公司
宁波开发投资集团有限公司
中国太平洋保险（集团）股份有限公司

特邀编委单位：（排序不分先后）

东风汽车集团有限公司
中国第一汽车集团有限公司
TCL实业控股股份有限公司
三一集团有限公司
中国兵器工业集团内蒙古第一机械集团有限公司
浙江双环传动机械股份有限公司
江西奈尔斯西蒙斯赫根赛特中机有限公司
无锡市国联发展（集团）有限公司
青岛经济技术开发区投资控股集团有限公司
四川美丰化工股份有限公司
安徽口子酒业股份有限公司
阳光保险集团股份有限公司
广州农村商业银行股份有限公司
福建省港口集团有限责任公司
天津港（集团）有限公司

弘扬企业家精神　全力奋进新征程

——在2022全国企业家活动日暨中国企业家年会上的讲话

（代序）

中国企业联合会
中国企业家协会　会长　王忠禹

（2022年9月16日）

在全党、全国各族人民喜迎党的二十大胜利召开之际，2022全国企业家活动日暨中国企业家年会今天在内蒙古自治区包头市隆重召开。首先，我代表中国企业联合会、中国企业家协会，向各位企业家、嘉宾和代表表示欢迎，向大力支持本次会议的内蒙古自治区和包头市的各位领导和同志们表示感谢，向受到表彰的第十二届袁宝华企业管理金奖获得者和2021—2022年度全国优秀企业家表示祝贺！

党的十八大以来，以习近平同志为核心的党中央高度重视企业家群体和企业家精神在国家发展中的重要作用。习近平总书记多次在考察、调研、讲话、座谈中强调弘扬企业家精神。在2020年7月召开的企业家座谈会上，习近平总书记强调，企业家要带领企业战胜当前的困难，走向更辉煌的未来，就要在爱国、创新、诚信、社会责任和国际视野等方面不断提升自己。2017年中共中央、国务院印发《关于营造企业家健康成长环境弘扬优秀企业家精神更好发挥企业家作用的意见》，做出系统性部署。在经党中央批准的第一批纳入中国共产党人精神谱系的伟大精神中，企业家精神列入第一批中国共产党人精神谱系。这充分体现了以习近平同志为核心的党中央对企业家成长、企业家精神、企业家作用的高度重视和殷切希望。

广大企业家全面贯彻习近平总书记重要论述精神，认真落实党中央决策部署，坚持新发展理念，勇担新时代责任使命。他们对党忠诚、信仰坚定，敢于担当、主动作为，严格管理、创新发展。在坚持统筹新冠疫情防控和经济社会发展，强化科技创新，推动企业高质量发展，追求卓越，建设世界一流企业，积极履行社会责任，抗击疫情、精准扶贫、推动共同富裕、应急救援等方面彰显企业担当，为经济社会发展做出卓越贡献。今天受到表彰的全国优秀企业家和袁宝华企业管理金奖获得者就是其中的代表。如中国海油汪东进、中国医药刘敬桢、海尔集团周云杰、中集集团麦伯良、河钢集团于勇、恒力集团陈建华，持续推进企业管理创新，疫情中企业仍有很大发展；中国中车孙永才、中国建材周育先、航天科技第一研究院王小军、东方电气风电公司贺建华、徐工机械王民、吉林化纤宋德武、三一重工向文波等，带领企业大力推进技术创新，自主创新能力持续提升；中国一汽徐留平、中国诚通朱碧新等，领导企业深度服务和融入国家发展大局；中国生物杨晓明、北京同仁堂王贵平、之江生物邵俊斌、山河智能何清华，为抗击疫情做出重要贡献；盼盼食品蔡金垵、智飞生物蒋仁生等积极投身脱贫攻坚，助力乡村振兴。这样的企业家还有很多，希望广大企业家向他们学习。

当前，世界百年未有之大变局正加速演进，新一轮科技革命和产业变革带来的激烈竞争前所未有，面对复杂严峻的国际环境和艰巨繁重的国内发展任务，进一步弘扬企业家精神，推动企业发挥更大作用，实现更大发展，为经济发展积蓄基本力量，为实现中华民族伟大复兴的中国梦做出新的贡献，是时代对企业家的期望和要求。2022 全国企业家活动日暨中国企业家年会以“弘扬企业家精神，全力奋进新征程”为主题，就是贯彻落实习近平总书记重要论述精神，贯彻落实党中央决策部署，进一步弘扬、激发企业家精神，更好发挥企业和企业家积极性、能动性和创造性，激励广大企业家坚定信心，迎难而上，开拓进取，推动企业实现更好发展，为国家做出更大贡献。

下面，围绕大会主题，我谈几点意见，供大家参考。

一、要坚定树立为国担当的精神

企业、企业家是经济活动的重要主体，企业兴则产业兴，产业兴则经济兴，经济兴则民富国强。广大企业家要增强对国家、对民族的崇高使命感和强烈责任感，把企业发展同国家繁荣、民族兴盛、人民幸福紧密结合在一起，把个人理想融入民族复兴的伟大实践。一是要厚植爱国情怀，践行产业报国。爱国始终是我国企业家的光荣传统。作为有家国情怀的企业家，要带领企业奋力拼搏、力争一流，实现质量更好、效益更高、竞争力更强、影响力更大的发展，这是企业家爱国的具体体现。二是坚持长远眼光，积极服务大局。要主动把企业发展融入国家发展战略大局，把党中央重大决策部署贯彻落实到企业创新发展中，在构建新发展格局，建立现代化经济体系，推进“一带一路”建设，碳达峰碳中和，建设世界一流企业，打造原创技术策源地等方面为全局做出新贡献。三是增强责任意识，为稳住经济大盘取得新成果。2022 年以来，我国经济社会发展取得新成绩的同时，经济运行也面临一些突出矛盾和问题。针对当前经济形势，党中央对下半年经济工作做出重要部署。广大企业家要认真贯彻，坚定信心，发扬敢于奋斗的精神，研究新情况，分析新问题，凝心聚力，开拓进取，努力发展企业，为稳增长做出新贡献。

二、要坚持走创新发展之路

创新是引领发展的第一动力。从当前国际形势看，企业创新不仅是发展问题，也是安全问题。不仅关系企业的发展，也关乎国家和民族的未来。弘扬企业家精神，企业家要做创新发展的探索者、组织者、引领者。一是高度重视关键核心技术创新。2022 年 9 月 6 日，习近平总书记主持召开中央全面深化改革委员会第二十七次会议,审议通过了《关于健全社会主义市场经济条件下关键核心技术攻关新型举国体制的意见》。广大企业家要贯彻落实党中央决策部署,结合企业实际情况,积极行动,加快科技创新步伐,特别是在关键领域和环节,持续加强原创性、引领性科技攻关,尽快补齐技术短板,抓紧解决"卡脖子"问题,确保产业链供应链的安全自主可控,为保障国家安全和应对全球挑战做出贡献。二是着力强化企业创新主体地位。要充分认识新一轮科技革命和产业变革加速演进带来的机遇和挑战,深化产学研合作,加大技术研发和人力资本投入,着力培养和建设世界一流创新人才团队。进一步完善对创新人才、创新活动和成果的激励,用好股权、分红、科技成果转化收益分享等中长期激励工具,构建多元化促进创新的激励制度。三是加强企业管理创新。管理创新要做的工作很多。在这里,我强调一点。今天,我们授予六位企业家袁宝华企业管理金奖,主要是表彰他们在企业管理领域取得的成绩。多年来,我国企业家在长期的企业经营管理实践中,不仅创造了发展奇迹,也创造了管理奇迹。我们要善于从丰富的企业管理实践中,进一步总结提炼形成符合我国企业发展实际、具有自身特色的管理思想和模式,为世界管理思想发展提供中国实践,展示中国智慧。

三、要不断提升自身素质与境界

企业家精神是企业发展的核心影响力,企业家要符合时代期望和要求。应对当前复杂形势、完成艰巨任务,进一步弘扬企业家精神,更好发挥企业家作用,需要企业家不断提升自身的素质与境界,做到既修身又修心,强化理性思维,提高政治站位,作与时俱进的企业家。一是积极履行社会责任。要坚持以人民为中心的发展思想,树立发展为了人民、发展依靠人民、发展成果由人民共享的理念。尊重职工的创造,关心职工的利益,重视职工成长发展,构建企业和谐劳动关系。要积极参与推进全面脱贫与乡村振兴有效衔接,促进共同富裕。要践行绿色低碳发展理念,致力推进碳达峰碳中和,实现企业可持续发展。二是坚守诚信守法。要增强信用意识,严守诚信经营底线。市场经济是法治经济,要崇尚法治、遵纪守法,在合法合规中提高企业竞争能力,依法维护自身权益。要坚持公平竞争,维护良好市场秩序,为加快建设全国统一大市场做出贡献。三是拓展国际视野。要充分认识当前国际环境发生的深刻复杂变化,立足中国,放眼世界,提高把握国际规则、开拓国际市场、防范国际市场风险的能力。按照构建新发展格局要求,利用好国际国内两个市场、两种资源,带动企业在更高水平的对外开放中实现高质量发展。四是做社会新风尚的积极建设者。企业家掌握一定资源,是社会公众人物,影响力大,举手投足、一言一行,对社会有很强的示范效应,要把践行社会主义核心价值观变成自觉行为,为塑造社会新风尚发挥示范带头作用。

四、要大力营造弘扬企业家精神的良好环境

弘扬企业家精神,发挥企业家作用离不开良好的社会环境。不久前,中央政治局召开会议分析研究当前经济形势和经济工作,强调"要发挥企业和企业家能动性,营造好的政策和制度环境"。营造发挥企业家精神良好环境,需要社会各方面包括企业家自身的努力。一是营造市场化、法治化、国际化营商环境。培育和壮大市场主体,更大激发市场活力和社会创造力,增强发展内生动力。二是营造良好舆论环境。要营造鼓励创新、宽容失败的企业氛围和管理文化,大力宣传企业创新发展取

得的巨大成就，宣传企业家先进事迹和突出贡献，形成充分理解企业家、尊重企业家、爱护企业家、支持企业家的良好氛围。三是积极帮扶企业克服困难。2022 年以来，面对复杂严峻的新冠疫情挑战，从中央到地方，各层级各部门在税费、融资、招投标、营商环境等方面出台一系列稳增长举措、惠企纾困政策，加大对企业尤其是中小企业的扶持力度。企业家要积极促进各项政策措施落地，积极如实地向有关方面报告真实情况，切实解决实际困难，抵抗疫情冲击，恢复发展。各企业也要深入研究、主动对接，用好用足政策利好，积极推动稳增长。

同志们，包头是全国重要的新型材料产业基地、现代能源产业基地，在全国有重要影响力的现代装备制造业基地、农畜产品加工产业基地；是“一带一路”和“中蒙俄经济走廊”的重要节点城市；是黄河“几”字弯都市圈和呼包鄂榆城市群中心城市之一，目前正在加快“四基地两中心一高地一体系”建设。近几年，内蒙古自治区和包头市对标国内一流，聚焦“少快好”，制定实施了一系列政策措施，营商环境持续优化。这次全国企业家活动日在包头市举办，来自全国各地的企业家、内蒙古自治区和包头市的企业家参加会议，为大家了解内蒙古自治区和包头市发展情况、投资兴业提供了机会，搭建了沟通交流、探讨合作的平台。希望大家多了解包头、关注包头，加强合作、互利共赢，为内蒙古自治区和包头市经济社会发展贡献力量。

同志们，我们即将迎来党的二十大的召开，这是在全党全国各族人民迈上全面建设社会主义现代化国家新征程、向第二个百年奋斗目标进军的关键时刻召开的一次十分重要的大会，将科学谋划未来 5 年乃至更长时期党和国家事业发展的目标任务和大政方针。希望广大企业家勇于担当时代责任，进一步弘扬企业家精神，积极构建新发展格局、建设现代化经济体系、充分发挥高质量发展生力军作用，以新的更大成绩迎接党的二十大胜利召开！

目　次

A 重要经济文献

B 经济法律法规选编

法　律

行政法规

法规性文件

国务院部门规章

C 企业发展概况

D 行业发展概述

E 企业管理综述

F 企业论坛

G 国民经济和社会发展统计资料

H 附　录

I 图片资料

重点企业风采

卓越企业风采

优秀企业风采

A

重要经济文献

中国企业年鉴

China Enterprise Yearbook 2023

政府工作报告

——2023年3月5日在第十四届全国人民代表大会第一次会议上

国务院总理　李克强

各位代表：

本届政府任期即将结束。现在，我代表国务院，向大会报告工作，请予审议，并请全国政协委员提出意见。

一、过去一年和五年工作回顾

2022年是党和国家历史上极为重要的一年。党的二十大胜利召开，描绘了全面建设社会主义现代化国家的宏伟蓝图。面对风高浪急的国际环境和艰巨繁重的国内改革发展稳定任务，以习近平同志为核心的党中央团结带领全国各族人民迎难而上，全面落实疫情要防住、经济要稳住、发展要安全的要求，加大宏观调控力度，实现了经济平稳运行、发展质量稳步提升、社会大局保持稳定，我国发展取得来之极为不易的新成就。

过去一年，我国经济发展遇到疫情等国内外多重超预期因素冲击。在党中央坚强领导下，我们高效统筹疫情防控和经济社会发展，根据病毒变化和防疫形势，优化调整疫情防控措施。面对经济新的下行压力，果断应对、及时调控，动用近年储备的政策工具，靠前实施既定政策举措，坚定不移推进供给侧结构性改革，出台实施稳经济一揽子政策和接续措施，部署稳住经济大盘工作，加强对地方落实政策的督导服务，支持各地挖掘政策潜力，支持经济大省勇挑大梁，突出稳增长稳就业稳物价，推动经济企稳回升。全年国内生产总值增长3%，城镇新增就业1206万人，年末城镇调查失业率降到5.5%，居民消费价格上涨2%。货物进出口总额增长7.7%。财政赤字率控制在2.8%，中央财政收支符合预算、支出略有结余。国际收支保持平衡，人民币汇率在全球主要货币中表现相对稳健。粮食产量1.37万亿斤，增产74亿斤。生态环境质量持续改善。在攻坚克难中稳住了经济大盘，在复杂多变的环境中基本完成全年发展主要目标任务，我国经济展现出坚强韧性。

针对企业生产经营困难加剧，加大纾困支持力度。受疫情等因素冲击，不少企业和个体工商户遇到特殊困难。全年增值税留抵退税超过2.4万亿元，新增减税降费超过1万亿元，缓税缓费7500多亿元。为有力支持减税降费政策落实，中央对地方转移支付大幅增加。引导金融机构增加信贷投放，降低融资成本，新发放企业贷款平均利率降至有统计以来最低水平，对受疫情影响严重的中小微企业、个体工商户和餐饮、旅游、货运等实施阶段性贷款延期还本付息，对普惠小微贷款阶段性减息。用改革办法激发市场活力。量大面广的中小微企业和个体工商户普遍受益。

针对有效需求不足的突出矛盾，多措并举扩投资促消费稳外贸。去年终端消费直接受到冲击，投资也受到影响。提前实施部分“十四五”规划重大工程项目，加快地方政府专项债券发行使用，依法盘活用好专项债务结存限额，分两期投放政策性开发性金融工具7400亿元，为重大项目建设补充资本金。运用专项再贷款、财政贴息等政策，支持重点领域设备更新改造。采取联合办公、地方承诺等办法，提高项目审批效率。全年基础设施、制造业投资分别增长9.4%、9.1%，带动固定资产投资增长5.1%，一定程度弥补了消费收缩缺口。发展消费新业态新模式，采取减免车辆购置税等措施促进汽车消费，新能源汽车销量增长93.4%，开展绿色智能家电、绿色建材下乡，社会消费品零售总额保持基本稳定。出台金融支持措施，支持刚性和改善性住房需求，扎实推进保交楼稳民生工作。帮助外贸企业解决原材料、用工、物流等难题，提升港口集疏运效率，及时回应和解决外资企业关切，货物进出口好于预期，实际使用外资稳定增长。

针对就业压力凸显，强化稳岗扩就业政策支持。去年城镇调查失业率一度明显攀升。财税、金融、投资等政策更加注重稳就业。对困难行业企业社保费实施缓缴，大幅提高失业保险基金稳岗返还比例，增加稳岗扩岗补助。落实担保贷款、租金减免等创业支持政策。突出做好高校毕业生就业工作，开展就业困难人员专项帮扶。在重点工程建设中推广以工代赈。脱贫人口务工规模超过3200万人、实现稳中有增。就业形势总体保持稳定。

针对全球通胀高企带来的影响，以粮食和能源为重点做好保供稳价。去年全球通胀达到40多年来新高，国内价格稳定面临较大压力。有效应对洪涝、干旱等严重自然灾害，不误农时抢抓粮食播种和收获，督促和协调农机通行，保障农事活动有序开展，分三批向种粮农民发放农资补贴，保障粮食丰收和重要农产品稳定供给。发挥煤炭主体能源作用，增加煤炭先进产能，加大对发电供热企业支持力度，保障能源正常供应。在全球高通胀的背景下，我国物价保持较低水平，尤为难得。

针对部分群众生活困难增多，强化基本民生保障。阶段性扩大低保等社会保障政策覆盖面，将更多困难群体纳入保障范围。延续实施失业保险保障扩围政策，共向1000多万失业人员发放失业保险待遇。向更多低收入群众发放价格补贴，约6700万人受益。免除经济困难高校毕业生2022年国家助学贷款利息并允许延期还本。做好因疫因灾遇困群众临时救助工作，切实兜住民生底线。

与此同时，我们全面落实中央经济工作会议部署，按照十三届全国人大五次会议批准的政府工作报告安排，统筹推进经济社会各领域工作。经过艰苦努力，当前消费需求、市场流通、工业生产、企业预期等明显向好，经济增长正在企稳向上，我国经济有巨大潜力和发展动力。

各位代表！

过去五年极不寻常、极不平凡。在以习近平同志为核心的党中央坚强领导下，我们经受了世界变局加快演变、新冠疫情冲击、国内经济下行等多重考验，如期打赢脱贫攻坚战，如期全面建成小康社会，实现第一个百年奋斗目标，开启向第二个百年奋斗目标进军新征程。各地区各部门坚持以习近平新时代中国特色社会主义思想为指导，深刻领悟“两个确立”的决定性意义，增强“四个意识”、坚定“四个自信”、做到“两个维护”，全面贯彻党的十九大和十九届历次全会精神，深入贯彻党的二十大精神，坚持稳中求进工作总基调，完整、准确、全面贯彻新发展理念，构建新发展格局，推动高质量发展，统筹发展和安全，我国经济社会发展取得举世瞩目的重大成就。

——经济发展再上新台阶。国内生产总值增加到121万亿元，五年年均增长5.2%，十年增加近70万亿元、年均增长6.2%，在高基数基础上实现了中高速增长、迈向高质量发展。财政收入增加到20.4万亿元。粮食产量连年稳定在1.3万亿斤以上。工业增加值突破40万亿元。城镇新增就业年均1270多万人。外汇储备稳定在3万亿美元以上。我国经济实力明显提升。

——脱贫攻坚任务胜利完成。经过八年持续努力，近1亿农村贫困人口实现脱贫，全国832个贫困县全部摘帽，960多万贫困人口实现易地搬迁，历史性地解决了绝对贫困问题。

——科技创新成果丰硕。构建新型举国体制，组建国家实验室，分批推进全国重点实验室重组。一些关键核心技术攻关取得新突破，载人航天、探月探火、深海深地探测、超级计算机、卫星导航、量子信息、核电技术、大飞机制造、人工智能、生物医药等领域创新成果不断涌现。全社会研发经费投入强度从2.1%提高到2.5%以上，科技进步贡献率提高到60%以上，创新支撑发展能力不断增强。

——经济结构进一步优化。高技术制造业、装备制造业增加值年均分别增长10.6%、7.9%，数字经济不断壮大，新产业新业态新模式增加值占国内生产总值的比重达到17%以上。区域协调发展战略、区域重大战略深入实施。常住人口城镇化率从60.2%提高到65.2%，乡村振兴战略全面实施。经济发展新动能加快成长。

——基础设施更加完善。一批防汛抗旱、引水调水等重大水利工程开工建设。高速铁路运营里程从2.5万公里增加到4.2万公里，高速公路里程从13.6万公里增加到17.7万公里。新建改建农村公路125万公里。新增机场容量4亿人次。发电装机容量增长40%以上。所有地级市实现千兆光网覆盖，所有行政村实现通宽带。

——改革开放持续深化。全面深化改革开放推动构建新发展格局，供给侧结构性改革深入实施，简政放权、放管结合、优化服务改革不断深化，营商环境明显改善。共建"一带一路"扎实推进。推动区域全面经济伙伴关系协定（RCEP）生效实施，建成全球最大自由贸易区。货物进出口总额年均增长8.6%，突破40万亿元并连续多年居世界首位，吸引外资和对外投资居世界前列。

——生态环境明显改善。单位国内生产总值能耗下降8.1%、二氧化碳排放下降14.1%。地级及以上城市细颗粒物（$PM_{2.5}$）平均浓度下降27.5%，重污染天数下降超过五成，全国地表水优良水体比例由67.9%上升到87.9%。设立首批5个国家公园，建立各级各类自然保护地9000多处。美丽中国建设迈出重大步伐。

——人民生活水平不断提高。居民收入增长与经济增长基本同步，全国居民人均可支配收入年均增长5.1%。居民消费价格年均上涨2.1%。新增劳动力平均受教育年限从13.5年提高到14年。基本养老保险参保人数增加1.4亿、覆盖10.5亿人，基本医保水平稳步提高。多年累计改造棚户区住房4200多万套，上亿人出棚进楼、实现安居。

经过多年精心筹办，成功举办了简约、安全、精彩的北京冬奥会、冬残奥会，为促进群众性冰雪运动、促进奥林匹克运动发展、促进世界人民团结友谊作出重要贡献。

新冠疫情发生三年多来，以习近平同志为核心的党中央始终坚持人民至上、生命至上，强化医疗资源和物资保障，全力救治新冠患者，有效保护人民群众生命安全和身体健康，因时因势优化调整防控政策措施，全国人民坚忍不拔，取得重大决定性胜利。在极不平凡的抗疫历程中，各地区各部门各单位做了大量工作，各行各业共克时艰，广大医务人员不畏艰辛，特别是亿万人民克服多重困难，付出和奉献，都十分不易，大家共同抵御疫情重大挑战，面对尚未结束的疫情，仍在不断巩固统筹疫情防控和经济社会发展成果。

各位代表！

五年来，我们深入贯彻以习近平同志为核心的党中央决策部署，主要做了以下工作。

（一）创新宏观调控，保持经济运行在合理区间

面对贸易保护主义抬头、疫情冲击等接踵而来的严峻挑战，创新宏观调控方式，不过度依赖投资，统筹运用财政货币等政策，增强针对性有效性，直面市场变化，重点支持市场主体纾困发展，进而稳就业保民生。把年度主要预期目标作为一个有机整体来把握，加强区间调控、定向调控、相机调控、精准调控，既果断加大力度，又不搞"大水漫灌"、透支未来，持续做好"六稳""六保"工作，强化保居民就业、保基本民生、保市场主体、保粮食能源安全、保产业链供应链稳定、保基层运转，以改革开放办法推动经济爬坡过坎、持续前行。

坚持实施积极的财政政策。合理把握赤字规模，五年总体赤字率控制在3%以内，政府负债率控制在50%左右。不断优化支出结构，教育科技、生态环保、基本民生等重点领域得到有力保障。实施大规模减税降费政策，制度性安排与阶段性措施相结合，疫情发生后减税降费力度进一步加大，成为应对冲击的关键举措。彻底完成营改增任务、取消营业税，将增值税收入占比最高、涉及行业广泛的税率从17%降至13%，阶段性将小规模纳税人增值税起征点从月销售额3万元提高到15万元、小微企业所得税实际最低税负率从10%降至2.5%。减税降费公平普惠、高效直达，五年累计减税5.4万亿元、降费2.8万亿元，既帮助企业渡过难关、留得青山，也放水养鱼、涵养税源，年均新增涉税企业和个体工商户等超过1100万户，各年度中央财政收入预算都顺利完成，考虑留抵退税因素，全国财政收入十年接近翻一番。推动财力下沉，中央一般公共预算支出中对地方转移支付占比提高到70%左右，建立并常态化实施中央财政资金直达机制。各级政府坚持过紧日子，严控一般性支出，中央部门带头压减支出，盘活存量资金和闲置资产，腾出的资金千方百计惠企裕民，全国财政支出70%以上用于民生。

坚持实施稳健的货币政策。根据形势变化灵活把握政策力度，保持流动性合理充裕，用好降准、再贷款等政策工具，加大对实体经济的有效支持，缓解中小微企业融资难融资贵等问题。制造业贷款余额从16.3万亿元增加到27.4万亿元。普惠小微贷款余额从8.2万亿元增加到23.8万亿元、年均增长24%，贷款平均利率较五年前下降1.5个百分点。加大清理拖欠中小企业账款力度。人民币汇率在合理均衡水平上弹性增强、保持基本稳定。完全化解了历史上承担的国有商业银行和农村信用社等14486亿元金融改革成本。运用市场化法治化方式，精准处置一批大型企业集团风险，平稳化解高风险中小金融机构风险，大型金融机构健康发展，金融体系稳健运行，守住了不发生系统性风险的底线。

强化就业优先政策导向。把稳就业作为经济运行在合理区间的关键指标。着力促进市场化社会化就业，加大对企业稳岗扩岗支持力度。将养老保险单位缴费比例从20%降至16%，同时充实全国社保基金，储备规模从1.8万亿元增加到2.5万亿元以上。实施失业保险基金稳岗返还、留工培训补助等政策。持续推进大众创业万众创新，连续举办8届全国双创活动周、超过5.2亿人次参与，鼓励以创业带动就业，加强劳动者权益保护，新就业形态和灵活就业成为就业增收的重要渠道。做好高校毕业生、退役军人、农民工等群体就业工作。使用失业保险基金等资金支持技能培训。实施高职扩招和职业技能提升三年行动，累计扩招413万人、培训8300多万人次。就业是民生之基、财富之源。14亿多人口大国保持就业稳定，难能可贵，蕴含着巨大创造力。

保持物价总体平稳。在应对冲击中没有持续大幅增加赤字规模，也没有超发货币，为物价稳定创造了宏观条件。下大气力抓农业生产，强化产销衔接和储备调节，确保粮食和生猪、蔬菜等稳定供应，及时解决煤炭电力供应紧张问题，满足民生和生产用能需求，保障交通物流畅通。加强市场监管，维护正常价格秩序。十年来我国居民消费价格涨幅稳定在2%左右的较低水平，成如容易却艰辛，既维护了市场经济秩序、为宏观政策实施提供了空间，又有利于更好保障基本民生。

（二）如期打赢脱贫攻坚战，巩固拓展脱贫攻坚成果

全面建成小康社会最艰巨最繁重的任务在农村特别是在贫困地区。坚持精准扶贫，聚焦“三区三州”等深度贫困地区，强化政策倾斜支持，优先保障脱贫攻坚资金投入，对脱贫难度大的县和村挂牌督战。深入实施产业、就业、生态、教育、健康、社会保障等帮扶，加强易地搬迁后续扶持，重点解决“两不愁三保障”问题，脱贫群众不愁吃、不愁穿，义务教育、基本医疗、住房安全有保障，饮水安全也有了保障。贫困地区农村居民收入明显增加，生产生活条件显著改善。

推动巩固拓展脱贫攻坚成果同乡村振兴有效衔接。保持过渡期内主要帮扶政策总体稳定，严格落实“四个不摘”要求，建立健全防止返贫动态监测和帮扶机制，有力应对疫情、灾情等不利影响，确保不发生规模性返贫。确定并集中支持160个国家乡村振兴重点帮扶县，加大对易地搬迁集中安置区等重点区域支持力度，坚持并完善东西部协作、对口支援、定点帮扶等机制，选派用好医疗、教育“组团式”帮扶干部人才和科技特派员，推动脱贫地区加快发展和群众稳定增收。

（三）聚焦重点领域和关键环节深化改革，更大激发市场活力和社会创造力

坚持社会主义市场经济改革方向，处理好政府和市场的关系，使市场在资源配置中起决定性作用，更好发挥政府作用，推动有效市场和有为政府更好结合。

持续推进政府职能转变。完成国务院及地方政府机构改革。加快建设全国统一大市场，建设高标准市场体系，营造市场化法治化国际化营商环境。大道至简，政简易行。持之以恒推进触动政府自身利益的改革。进一步简政放权，放宽市场准入，全面实施市场准入负面清单制度，清单管理措施比制度建立之初压减64%，将行政许可事项全部纳入清单管理。多年来取消和下放行政许可事项1000多项，中央政府层面核准投资项目压减90%以上，工业产品生产许可证从60类减少到10类，工程建设项目全流程审批时间压缩到不超过120个工作日。改革商事制度，推行"证照分离"改革，企业开办时间从一个月以上压缩到目前的平均4个工作日以内，实行中小微企业简易注销制度。坚持放管结合，加强事中事后监管，严格落实监管责任，防止监管缺位、重放轻管，强化食品药品等重点领域质量和安全监管，推行"双随机、一公开"等方式加强公正监管，规范行使行政裁量权。加强反垄断和反不正当竞争，全面落实公平竞争审查制度，改革反垄断执法体制。依法规范和引导资本健康发展，依法坚决管控资本无序扩张。不断优化服务，推进政务服务集成办理，压减各类证明事项，加快数字政府建设，90%以上的政务服务实现网上可办，户籍证明、社保转接等200多项群众经常办理事项实现跨省通办。取消所有省界高速公路收费站。制定实施优化营商环境、市场主体登记管理、促进个体工商户发展、保障中小企业款项支付等条例。改革给人们经商办企业更多便利和空间，去年底企业数量超过5200万户、个体工商户超过1.1亿户，市场主体总量超过1.6亿户、是十年前的3倍，发展内生动力明显增强。

促进多种所有制经济共同发展。坚持和完善社会主义基本经济制度，坚持"两个毫不动摇"。完成国企改革三年行动任务，健全现代企业制度，推动国企聚焦主责主业优化重组、提质增效。促进民营企业健康发展，破除各种隐性壁垒，一视同仁给予政策支持，提振民间投资信心。完善产权保护制度，保护企业家合法权益，弘扬企业家精神。

推进财税金融体制改革。深化预算管理体制改革，加大预算公开力度，推进中央与地方财政事权和支出责任划分改革，完善地方政府债务管理体系，构建综合与分类相结合的个人所得税制，进一步深化税收征管改革。推动金融监管体制改革，统筹推进中小银行补充资本和改革化险，推进股票发行注册制改革，完善资本市场基础制度，加强金融稳定法治建设。

（四）深入实施创新驱动发展战略，推动产业结构优化升级

深化供给侧结构性改革，完善国家和地方创新体系，推进科技自立自强，紧紧依靠创新提升实体经济发展水平，不断培育壮大发展新动能，有效应对外部打压遏制。

增强科技创新引领作用。强化国家战略科技力量，实施一批科技创新重大项目，加强关键核心技术攻关。发挥好高校、科研院所作用，支持新型研发机构发展。推进国际和区域科技创新中心建设，布局建设综合性国家科学中心。支持基础研究和应用基础研究，全国基础研究经费五年增长1倍。改革科研项目和经费管理制度，赋予科研单位和科研人员更大自主权，努力将广大科技人员从繁杂的行政事务中解脱出来。加强知识产权保护，激发创新动力。促进国际科技交流合作。通过市场化机制激励企业创新，不断提高企业研发费用加计扣除比例，将制造业企业、科技型中小企业分别从50%、75%提高至100%，并阶段性扩大到所有适用行业，对企业投入基础研究、购置设备给予政策支持，各类支持创新的税收优惠政策年度规模已超过万亿元。创设支持创新的金融政策工具，引导创业投资等发展。企业研发投入保持两位数增长，一大批创新企业脱颖而出。

推动产业向中高端迈进。把制造业作为发展实体经济的重点，促进工业经济平稳运行，保持制造业比重基本稳定。严格执行环保、质量、安全等法规标准，淘汰落后产能。开展重点产业强链补链行动。启动一批产业基础再造工程。鼓励企业加快设备更新和技术改造，将固定资产加速折旧优惠政策扩大至全部制造业。推动高端装备、生物医药、光电子信息、新能源汽车、光伏、风电等新兴产业加快发展。促进数字经济和实体经济深度融合。持续推进网络提速降费，发展"互联网+"。移动互联网用户数增加到14.5亿户。支持工业互联网发展，有力促进了制造业数字化智能化。专精特新中小企业达7万多家。促进平台经济健康持续发展，发挥其带动就业创业、拓展消费市场、创新生产模式等作用。发展研发设计、现代物流、检验检测认证等生产性服务业。加强全面质量管理和质量基础设施建设。中国制造的品质和竞争力不断提升。

（五）扩大国内有效需求，推进区域协调发展和新型城镇化

围绕构建新发展格局，立足超大规模市场优势，坚持实施扩大内需战略，培育更多经济增长动力源。

着力扩大消费和有效投资。疫情发生前，消费已经成为我国经济增长的主要拉动力。面对需求不足甚至出现收缩，推动消费尽快恢复。多渠道促进居民增收，提高中低收入群体收入。支持汽车、家电等大宗消费，汽车保有量突破3亿辆、增长46.7%。推动线上线下消费深度融合，实物商品网上零售额占社会消费品零售总额的比重从15.8%提高到27.2%。发展城市社区便民商业，完善农村快递物流配送体系。帮扶旅游业发展。围绕补短板、调结构、增后劲扩大有效投资。创新投融资体制机制，预算内投资引导和撬动社会投资成倍增加，增加地方政府专项债券额度，重点支持交通、水利、能源、信息等基础设施和民生工程建设，鼓励社会资本参与建设运营，调动民间投资积极性。

增强区域发展平衡性协调性。统筹推进西部大开发、东北全面振兴、中部地区崛起、东部率先发展，中西部地区经济增速总体高于东部地区。加大对革命老区、民族地区、边疆地区的支持力度，中央财政对相关地区转移支付资金比五年前增长66.8%。推进京津冀协同发展、长江经济带发展、长三角一体化发展，推动黄河流域生态保护和高质量发展。高标准高质量建设雄安新区。发展海洋经济。支持经济困难地区发展，促进资源型地区转型发展，鼓励有条件地区更大发挥带动作用，推动形成更多新的增长极增长带。

持续推进以人为核心的新型城镇化。我国仍处于城镇化进程中，每年有上千万农村人口转移到城镇。完善城市特别是县城功能，增强综合承载能力。分类放宽或取消城镇落户限制，十年1.4亿农村人口在城镇落户。有序发展城市群和都市圈，促进大中小城市协调发展。推动成渝地区双城经济圈建设。坚持房子是用来住的、不是用来炒的定位，建立实施房地产长效机制，扩大保障性住房供给，推进长租房市场建设，稳地价、稳房价、稳预期，因城施策促进房地产市场健康发展。加强城市基础设施建设，轨道交通运营里程从4500多公里增加到近1万公里，排水管道从63万公里增加到89万公里。改造城镇老旧小区16.7万个，惠及2900多万家庭。

（六）保障国家粮食安全，大力实施乡村振兴战略

完善强农惠农政策，持续抓紧抓好农业生产，加快推进农业农村现代化。

提升农业综合生产能力。稳定和扩大粮食播种面积，扩种大豆油料，优化生产结构布局，提高单产和品质。完善粮食生产支持政策，稳定种粮农民补贴，合理确定稻谷、小麦最低收购价，加大对产粮大县奖励力度，健全政策性农业保险制度。加强耕地保护，实施黑土地保护工程，完善水利设施，新建高标准农田4.56亿亩。推进国家粮食安全产业带建设。加快种业、农机等科技创新和推广应用，农作物耕种收综合机械化率从67%提高到73%。全面落实粮食安全党政同责，强化粮食和重要农产品稳产保供，始终不懈地把14亿多中国人的饭碗牢牢端在自己手中。

扎实推进农村改革发展。巩固和完善农村基本经营制度，完成承包地确权登记颁证和农村集体产权制度改革阶段性任务，稳步推进多种形式适度规模经营，抓好家庭农场和农民合作社发展，加快发展农业社会化服务。启动乡村建设行动，持续整治提升农村人居环境，加强水电路气信邮等基础设施建设，实现符合条件的乡镇和建制村通硬化路、通客车，农村自来水普及率从80%提高到87%，多年累计改造农村危房2400多万户。深化供销合作社、集体林权、农垦等改革。立足特色资源发展乡村产业，促进农民就业创业增收。为保障农民工及时拿到应得报酬，持续强化农民工工资拖欠治理，出台实施保障农民工工资支付条例，严厉打击恶意拖欠行为。

（七）坚定扩大对外开放，深化互利共赢的国际经贸合作

面对外部环境变化，实行更加积极主动的开放战略，以高水平开放更有力促改革促发展。

推动进出口稳中提质。加大出口退税、信保、信贷等政策支持力度，企业出口退税办理时间压缩至6个工作日以内。优化外汇服务。发展外贸新业态，新设152个跨境电商综试区，支持建设一批海外仓。发挥进博会、广交会、服贸会、消博会等重大展会作

用。推进通关便利化，进口、出口通关时间分别压减67%和92%，进出口环节合规成本明显下降。关税总水平从9.8%降至7.4%。全面深化服务贸易创新发展试点，推出跨境服务贸易负面清单。进出口稳定增长有力支撑了经济发展。

积极有效利用外资。出台外商投资法实施条例，不断优化外商投资环境。持续放宽外资市场准入，全国和自由贸易试验区负面清单条数分别压减51%、72%，制造业领域基本全面放开，金融等服务业开放水平不断提升。已设21个自由贸易试验区，海南自由贸易港建设稳步推进。各地创新方式加强外资促进服务，加大招商引资和项目对接力度。一批外资大项目落地，我国持续成为外商投资兴业的热土。

推动高质量共建"一带一路"。坚持共商共建共享，遵循市场原则和国际通行规则，实施一批互联互通和产能合作项目，对沿线国家货物进出口额年均增长13.4%，各领域交流合作不断深化。推进西部陆海新通道建设。引导对外投资健康有序发展，加强境外风险防控。新签和升级6个自贸协定，与自贸伙伴货物进出口额占比从26%提升至35%左右。坚定维护多边贸易体制，反对贸易保护主义，稳妥应对经贸摩擦，促进贸易和投资自由化便利化。

（八）加强生态环境保护，促进绿色低碳发展

坚持绿水青山就是金山银山的理念，健全生态文明制度体系，处理好发展和保护的关系，不断提升可持续发展能力。

加强污染治理和生态建设。坚持精准治污、科学治污、依法治污，深入推进污染防治攻坚。注重多污染物协同治理和区域联防联控，地级及以上城市空气质量优良天数比例达86.5%、上升4个百分点。基本消除地级及以上城市黑臭水体，推进重要河湖、近岸海域污染防治。加大土壤污染风险防控和修复力度，强化固体废物和新污染物治理。全面划定耕地和永久基本农田保护红线、生态保护红线和城镇开发边界。坚持山水林田湖草沙一体化保护和系统治理，实施一批重大生态工程，全面推行河湖长制、林长制。推动共抓长江大保护，深入实施长江流域重点水域十年禁渔。加强生物多样性保护。完善生态保护补偿制度。森林覆盖率达到24%，草原综合植被盖度和湿地保护率均达50%以上，水土流失、荒漠化、沙化土地面积分别净减少10.6万、3.8万、3.3万平方公里。人民群众越来越多享受到蓝天白云、绿水青山。

稳步推进节能降碳。统筹能源安全稳定供应和绿色低碳发展，科学有序推进碳达峰碳中和。优化能源结构，实现超低排放的煤电机组超过10.5亿千瓦，可再生能源装机规模由6.5亿千瓦增至12亿千瓦以上，清洁能源消费占比由20.8%上升到25%以上。全面加强资源节约工作，发展绿色产业和循环经济，促进节能环保技术和产品研发应用。提升生态系统碳汇能力。加强绿色发展金融支持。完善能耗考核方式。积极参与应对气候变化国际合作，为推动全球气候治理作出了中国贡献。

（九）切实保障和改善民生，加快社会事业发展

贯彻以人民为中心的发展思想，持续增加民生投入，着力保基本、兜底线、促公平，提升公共服务水平，推进基本公共服务均等化，在发展中不断增进民生福祉。

促进教育公平和质量提升。百年大计，教育为本。财政性教育经费占国内生产总值比例每年都保持在4%以上，学生人均经费投入大幅增加。持续加强农村义务教育薄弱环节建设，基本消除城镇大班额，推动解决进城务工人员子女入学问题，义务教育巩固率由93.8%提高到95.5%。坚持义务教育由国家统一实施，引导规范民办教育发展。减轻义务教育阶段学生负担。提升青少年健康水平。持续实施营养改善计划，每年惠及3700多万学生。保障教师特别是乡村教师工资待遇。多渠道增加幼儿园供给。高中阶段教育毛入学率提高到90%以上。职业教育适应性增强，职业院校办学条件持续改善。积极稳妥推进高考综合改革，高等教育毛入学率从45.7%提高到59.6%，高校招生持续加大对中西部地区和农村地区倾斜力度。大幅提高经济困难高校学生国家助学贷款额度。深入实施"强基计划"和基础学科拔尖人才培养计划，建设288个基础学科拔尖学生培养基地，接续推进世界一流大学和一流学科建设，不断夯实发展的人才基础。

提升医疗卫生服务能力。深入推进和努力普及健康中国行动，深化医药卫生体制改革，把基本医疗卫生制度作为公共产品向全民提供，进一步缓解群众看病难、看病贵问题。持续提高基本医保和大病保险水平，城乡居民医保人均财政补助标准从450元提高到610元。将更多群众急需药品纳入医保报销范围。住院和门诊费用实现跨省直接结算，惠及5700多万人次。推行药品和医用耗材集中带量采购，降低费用负担超过4000亿元。设置13个国家医学中心，布局建设76个国家区域医疗中心。全面推开公立医院综合改革，持续提升县域医疗卫生服务能力，完善分级诊疗体系。优化老年人等群体就医服务。促进中医药传承创新发展、惠及民生。基本公共卫生服务经费人均财政补助标准从50元提高到84元。坚持预防为主，加强重大慢性病健康管理。改革完善疾病预防控制体系，组建国家疾病预防控制局，健全重大疫情防控救治和应急物资保障体系，努力保障人民健康。

加强社会保障和服务。建立基本养老保险基金中央调剂制度，连续上调退休人员基本养老金，提高城乡居民基础养老金最低标准，稳步提升城乡低保、优待抚恤、失业和工伤保障等标准。积极应对人口老龄化，推动老龄事业和养老产业发展。发展社区和居家养老服务，加强配套设施和无障碍设施建设，在税费、用房、水电气价格等方面给予政策支持。推进医养结合，稳步推进长期护理保险制度试点。实施三孩生育政策及配套支持措施。完善退役军人管理保障制度，提高保障水平。加强妇女、儿童权益保障。完善未成年人保护制度。健全残疾人保障和关爱服务体系。健全社会救助体系，加强低收入人口动态监测，对遇困人员及时给予帮扶，年均临时救助1100万人次，坚决兜住了困难群众基本生活保障网。

丰富人民群众精神文化生活。培育和践行社会主义核心价值观。深化群众性精神文明创建。发展新闻出版、广播影视、文学艺术、哲学社会科学和档案等事业，加强智库建设。扎实推进媒体深度融合。提升国际传播效能。加强和创新互联网内容建设。弘扬中华优秀传统文化，加强文物和文化遗产保护传承。实施文化惠民工程，公共图书馆、博物馆、美术馆、文化馆站向社会免费开放。深入推进全民阅读。支持文化产业发展。加强国家科普能力建设。体育健儿勇创佳绩，全民健身广泛开展。

（十）推进政府依法履职和社会治理创新，保持社会大局稳定

加强法治政府建设，使经济社会活动更好在法治轨道上运行。坚持依法行政、大道为公，严格规范公正文明执法，政府的权力来自人民，有权不可任性，用权必受监督。推动完善法律法规和规章制度，提请全国人大常委会审议法律议案50件，制定修订行政法规180件次。依法接受同级人大及其常委会的监督，自觉接受人民政协的民主监督，主动接受社会和舆论监督。认真办理人大代表建议和政协委员提案。加强审计、统计监督。持续深化政务公开。开展国务院大督查。支持工会、共青团、妇联等群团组织更好发挥作用。

加强和创新社会治理。推动市域社会治理现代化，完善基层治理，优化社区服务。支持社会组织、人道救助、社会工作、志愿服务、公益慈善等健康发展。深入推进信访积案化解。推进社会信用体系建设。完善公共法律服务体系。严格食品、药品尤其是疫苗监管。开展安全生产专项整治。改革和加强应急管理，提高防灾减灾救灾能力，做好洪涝干旱、森林草原火灾、地质灾害、地震等防御和气象服务。深入推进国家安全体系和能力建设。加强网络、数据安全和个人信息保护。持续加强社会治安综合治理，严厉打击各类违法犯罪，开展扫黑除恶专项斗争，依法严惩黑恶势力及其“保护伞”，平安中国、法治中国建设取得新进展。

各位代表！

五年来，各级政府认真贯彻落实党中央全面从严治党战略部署，扎实开展“不忘初心、牢记使命”主题教育和党史学习教育，弘扬伟大建党精神，严格落实中央八项规定精神，持之以恒纠治“四风”，重点纠治形式主义、官僚主义，“三公”经费大幅压减。严厉惩处违规建设楼堂馆所和偷税逃税等行为。加强廉洁政府建设。政府工作人员自觉接受法律监督、监察监督和人民监督。

做好经济社会发展工作，没有捷径，实干为要。五年来，坚持以习近平新时代中国特色社会主义思想为指导，全面贯彻党的基本理论、基本路线、基本方略。坚持以经济建设为中心，着力推动高质量发展，事不畏难、行不避艰，要求以实干践行承诺，凝心聚力抓发展；以民之所望为施政所向，始终把人民放在心中最高位置，一切以人民利益为重，仔细倾听群众呼声，深入了解群众冷暖，着力解决人民群众急难愁盼问题；坚持实事求是，尊重客观规律，坚决反对空谈浮夸、做表面文章、搞形象工程甚至盲目蛮干；以改革的办法、锲而不舍的精神解难题、激活力，激励敢于担当，对庸政懒政者问责。尊重人民群众首创精神，充分调动各方面积极性，进而汇聚起推动发展的强大力量。

各位代表！

过去五年，民族、宗教、侨务等工作创新完善。巩固和发展平等团结互助和谐的社会主义民族关系，民族团结进步呈现新气象。贯彻党的宗教工作基本方针，推进我国宗教中国化逐步深入。持续做好侨务工作，充分发挥海外侨胞在参与祖国现代化建设中的独特优势和重要作用。

坚持党对人民军队的绝对领导，国防和军队建设取得一系列新的重大成就、发生一系列重大变革。人民军队深入推进政治建军、改革强军、科技强军、人才强军、依法治军，深入推进练兵备战，现代化水平和实战能力显著提升。坚定灵活开展军事斗争，有效遂行边防斗争、海上维权、反恐维稳、抢险救灾、抗击疫情、维和护航等重大任务，提升国防动员能力，有力维护了国家主权、安全、发展利益。

港澳台工作取得新进展。依照宪法和基本法有效实施对特别行政区的全面管治权，制定实施香港特别行政区维护国家安全法，落实“爱国者治港”“爱国者治澳”原则，推动香港进入由乱到治走向由治及兴的新阶段。深入推进粤港澳大湾区建设，支持港澳发展经济、改善民生、防控疫情、保持稳定。贯彻新时代党解决台湾问题的总体方略，坚决开展反分裂、反干涉重大斗争，持续推动两岸关系和平发展。

中国特色大国外交全面推进。习近平主席等党和国家领导人出访多国，通过线上和线下方式出席二十国集团领导人峰会、亚太经合组织领导人非正式会议、联合国成立75周年系列高级别会议、东亚合作领导人系列会议、中欧领导人会晤等一系列重大外交活动。成功举办上合组织青岛峰会、金砖国家领导人会晤、全球发展高层对话会、“一带一路”国际合作高峰论坛、中非合作论坛北京峰会等多场重大主场外交活动。坚持敢于斗争、善于斗争，坚决维护我国主权、安全、发展利益。积极拓展全球伙伴关系，致力于建设开放型世界经济，维护多边主义，推动构建人类命运共同体。中国作为负责任大国，在推进国际抗疫合作、解决全球性挑战和地区热点问题上发挥了重要建设性作用，为促进世界和平与发展作出重要贡献。

各位代表！

这些年我国发展取得的成就，是以习近平同志为核心的党中央坚强领导的结果，是习近平新时代中国特色社会主义思想科学指引的结果，是全党全军全国各族人民团结奋斗的结果。我代表国务院，向全国各族人民，向各民主党派、各人民团体和各界人士，表示诚挚感谢！向香港特别行政区同胞、澳门特别行政区同胞、台湾同胞和海外侨胞，表示诚挚感谢！向关心和支持中国现代化建设的各国政府、国际组织和各国朋友，表示诚挚感谢！

在看到发展成就的同时，我们也清醒认识到，我国是一个发展中大国，仍处于社会主义初级阶段，发展不平衡不充分问题仍然突出。当前发展面临诸多困难挑战。外部环境不确定性加大，全球通胀仍处于高位，世界经济和贸易增长动能减弱，外部打压遏制不断上升。国内经济增长企稳向上基础尚需巩固，需求不足仍是突出矛盾，民间投资和民营企业预期不稳，不少中小微企业和个体工商户困难较大，稳就业任务艰巨，一些基层财政收支矛盾较大。房地产市场风险隐患较多，一些中小金融机构风险暴露。发展仍有不少体制机制障碍。科技创新能力还不强。生态环境保护任重道远。防灾减灾等城乡基础设施仍有明显薄弱环节。一些民生领域存在不少短板。形式主义、官僚主义现象仍较突出，有的地方政策执行“一刀切”、层层加码，有的干部不作为、乱作为、简单化，存在脱离实际、违背群众意愿、漠视群众合法权益等问题。一些领域、行业、地方腐败现象时有发生。人民群众对政府工作还有一些意见和建议应予重视。要直面问题挑战，尽心竭力改进政府工作，不负人民重托。

二、对今年政府工作的建议

今年是全面贯彻党的二十大精神的开局之年。做好政府工作，要在以习近平同志为核心的党中央坚强领导下，以习近平新时代中国特色社会主义思想为指导，全面贯彻落实党的二十大精神，按照中央经济工作会议部署，扎实推进中国式现代化，坚持稳中求进工作总基调，完整、准确、全面贯彻新发展理念，加快构建新发展格局，着力推动高质量发展，更好统筹国内国际两个大局，更好统筹疫情防控和经济社会发展，更好统筹发展和安全，全面深化改革开放，大力提振市场信心，把实施扩大内需战略同深化供给侧结构性改革有机结合起来，突出做好稳增长、稳就业、稳物价工作，有效防范化解重大风险，推动经济运行整体好转，实现质的有效提升和量的合理增长，持续改善民生，保持社会大局稳定，为全面建设社会主义现代化国家开好局起好步。

今年发展主要预期目标是：国内生产总值增长5%左右；城镇新增就业1200万人左右，城镇调查失业率5.5%左右；居民消费价格涨幅3%左右；居民收入增长与经济增长基本同步；进出口促稳提质，国际收支基本平衡；粮食产量保持在1.3万亿斤以上；单位国内生产总值能耗和主要污染物排放量继续下降，重点控制化石能源消费，生态环境质量稳定改善。

要坚持稳字当头、稳中求进，面对战略机遇和风险挑战并存、不确定难预料因素增多，保持政策连续性稳定性针对性，加强各类政策协调配合，形成共促高质量发展合力。积极的财政政策要加力提效。赤字率拟按3%安排。完善税费优惠政策，对现行减税降费、退税缓税等措施，该延续的延续，该优化的优化。做好基层“三保”工作。稳健的货币政策要精准有力。保持广义货币供应量和社会融资规模增速同名义经济增速基本匹配，支持实体经济发展。保持人民币汇率在合理均衡水平上的基本稳定。产业政策要发展和安全并举。促进传统产业改造升级，培育壮大战略性新兴产业，着力补强产业链薄弱环节。科技政策要聚焦自立自强，也要坚持国际合作。完善新型举国体制，发挥好政府在关键核心技术攻关中的组织作用，支持和突出企业科技创新主体地位，加大科技人才及团队培养支持力度。社会政策要兜牢民生底线。落实落细就业优先政策，把促进青年特别是高校毕业生就业工作摆在更加突出的位置，切实保障好基本民生。

当前我国新冠疫情防控已进入“乙类乙管”常态化防控阶段，要在对疫情防控工作进行全面科学总结的基础上，更加科学、精准、高效做好防控工作，围绕保健康、防重症，重点做好老年人、儿童、患基础性疾病群体的疫情防控和医疗救治，提升疫情监测水平，推进疫苗迭代升级和新药研制，切实保障群众就医用药需求，守护好人民生命安全和身体健康。

今年是政府换届之年，前面报告的经济社会发展多领域、各方面工作，今后还需不懈努力，下面简述几项重点。

（一）着力扩大国内需求

把恢复和扩大消费摆在优先位置。多渠道增加城乡居民收入。稳定汽车等大宗消费，推动餐饮、文化、旅游、体育等生活服务消费恢复。政府投资和政策激励要有效带动全社会投资，今年拟安排地方政府专项债券3.8万亿元，加快实施“十四五”重大工程，实施城市更新行动，促进区域优势互补、各展其长，继续加大对受疫情冲击较严重地区经济社会发展的支持力度，鼓励和吸引更多民间资本参与国家重大工程和补短板项目建设，激发民间投资活力。

（二）加快建设现代化产业体系

强化科技创新对产业发展的支撑。持续开展产业强链补链行动，围绕制造业重点产业链，集中优质资源合力推进关键核心技术攻关，充分激发创新活力。加强重要能源、矿产资源国内勘探开发和增储上产。加快传统产业和中小企业数字化转型，着力提升高端化、智能化、绿色化水平。加快前沿技术研发和应用推广，促进科技成果转化。建设高效顺畅的物流体系。大力发展数字经济，提升常态化监管水平，支持平台经济发展。

（三）切实落实“两个毫不动摇”

深化国资国企改革，提高国企核心竞争力。坚持分类改革方向，处理好国企经济责任和社会责任关系，完善中国特色国有企业现代公司治理。依法保护民营企业产权和企业家权益，完善相关政策，鼓励支持民营经济和民营企业发展壮大，支持中小微企业和个体工商户发展，构建亲清政商关系，为各类所有制企业创造公平竞争、竞相发展的环境，用真招实策稳定市场预期和提振市场信心。

（四）更大力度吸引和利用外资

扩大市场准入，加大现代服务业领域开放力度。落实好外资企业国民待遇。积极推动加入全面与进步跨太平洋伙伴关系协定（CPTPP）等高标准经贸协议，主动对照相关规则、规制、管理、标准，稳步扩大制度型开放。优化区域开放布局，实施自由贸易试验区提升战略，发挥好海南自由贸易港、各类开发区等开放平台的先行先试作用。继续发挥进出口对经济的支撑作用。做好外资企业服务工作，推动外资标志性项目落地建设。开放的中国大市场，一定能为各国企业在华发展提供更多机遇。

（五）有效防范化解重大经济金融风险

深化金融体制改革，完善金融监管，压实各方责任，防止形成区域性、系统性金融风险。有效防范化解优质头部房企风险，改善资产负债状况，防止无序扩张，促进房地产业平稳发展。防范化解地方政府债务风险，优化债务期限结构，降低利息负担，遏制增量、化解存量。

（六）稳定粮食生产和推进乡村振兴

一体推进农业现代化和农村现代化。稳定粮食播种面积，抓好油料生产，实施新一轮千亿斤粮食产能提升行动。完善农资保供稳价应对机制。加强耕地保护，加强农田水利和高标准农田等基础设施建设。深入实施种业振兴行动。强化农业科技和装备支撑。健全种粮农民收益保障机制和主产区利益补偿机制。树立大食物观，构建多元化食物供给体系。发展乡村特色产业，拓宽农民增收致富渠道。巩固拓展脱贫攻坚成果，坚决防止出现规模性返贫。推进乡村建设行动。国家关于土地承包期再延长30年的政策，务必通过细致工作扎实落实到位。

（七）推动发展方式绿色转型

深入推进环境污染防治。加强流域综合治理，加强城乡环境基础设施建设，持续实施重要生态系统保护和修复重大工程。推进能源清洁高效利用和技术研发，加快建设新型能源体系，提升可再生能源占比。完善支持绿色发展的政策和金融工具，发展循环经济，推进资源节约集约利用，推动重点领域节能降碳减污，持续打好蓝天、碧水、净土保卫战。

（八）保障基本民生和发展社会事业

加强住房保障体系建设，支持刚性和改善性住房需求，解决好新市民、青年人等住房问题，加快推进老旧小区和危旧房改造。加快建设高质量教育体系，推进义务教育优质均衡发展和城乡一体化，推进学前教育、特殊教育普惠发展，大力发展职业教育，推进高等教育创新，支持中西部地区高校发展，深化体教融合。深化医药卫生体制改革，促进医保、医疗、医药协同发展和治理。推动优质医疗资源扩容下沉和区域均衡布局。实施中医药振兴发展重大工程。重视心理健康和精神卫生。实施积极应对人口老龄化国家战略，加强养老服务保障，完善生育支持政策体系。保障妇女、儿童、老年人、残疾人合法权益。做好军人军属、退役军人和其他优抚对象优待抚恤工作。繁荣发展文化事业和产业。提升社会治理效能。强化安全生产监管和防灾减灾救灾。全面贯彻总体国家安全观，建设更高水平的平安中国。

进一步加强政府自身建设，持续转变政府职能，搞好机构改革，扎实推进法治政府、创新政府、廉洁政府和服务型政府建设，发扬实干精神，大兴调查研究之风，提高行政效率和公信力。

各位代表！

我们要以铸牢中华民族共同体意识为主线，坚持和完善民族区域自治制度，促进各民族共同团结奋斗、共同繁荣发展。坚持党的宗教工作基本方针，坚持我国宗教中国化方向，积极引导宗教与社会主义社会相适应。加强和改进侨务工作，汇聚起海内外中华儿女同心奋斗、共创辉煌的强大力量。

我们要深入贯彻习近平强军思想，贯彻新时代军事战略方针，围绕实现建军一百年奋斗目标，边斗争、边备战、边建设，完成好党和人民赋予的各项任务。全面加强练兵备战，创新军事战略指导，大抓实战化军事训练，统筹抓好各方向各领域军事斗争。全面加强军事治理，巩固拓展国防和军队改革成果，加强重大任务战建备统筹，加快实施国防发展重大工程。巩固提高一体化国家战略体系和能力，加强国防科技工业能力建设。深化全民国防教育。各级政府要大力支持国防和军队建设，深入开展“双拥”活动，合力谱写军政军民团结新篇章。

我们要全面准确、坚定不移贯彻“一国两制”、“港人治港”、“澳人治澳”、高度自治的方针，坚持依法治港治澳，维护宪法和基本法确定的特别行政区宪制秩序，落实“爱国者治港”“爱国者治澳”原则。支持港澳发展经济、改善民生，保持香港、澳门长期繁荣稳定。

我们要坚持贯彻新时代党解决台湾问题的总体方略，坚持一个中国原则和“九二共识”，坚定反“独”促统，推动两岸关系和平发展，推进祖国和平统一进程。两岸同胞血脉相连，要促进两岸经济文化交流合作，完善增进台湾同胞福祉的制度和政策，推动两岸共同弘扬中华文化，同心共创复兴伟业。

我们要坚定奉行独立自主的和平外交政策，坚定不移走和平发展道路，坚持在和平共处五项原则基础上同各国发展友好合作，坚定奉行互利共赢的开放战略，始终做世界和平的建设者、全球发展的贡献者、国际秩序的维护者。中国愿同国际社会一道落实全球发展倡议、全球安全倡议，弘扬全人类共同价值，携手推动构建人类命运共同体，维护世界和平和地区稳定。

各位代表！

奋斗铸就辉煌，实干赢得未来。我们要更加紧密地团结在以习近平同志为核心的党中央周围，高举中国特色社会主义伟大旗帜，以习近平新时代中国特色社会主义思想为指导，全面贯彻党的二十大精神，砥砺前行，推动经济社会持续健康发展，为全面建设社会主义现代化国家、全面推进中华民族伟大复兴，为把我国建设成为富强民主文明和谐美丽的社会主义现代化强国不懈奋斗！

关于 2022 年国民经济和社会发展计划执行情况与 2023 年国民经济和社会发展计划草案的报告（节选）

——2023 年 3 月 5 日在第十四届全国人民代表大会第一次会议上

国家发展和改革委员会

各位代表：

受国务院委托，现将 2022 年国民经济和社会发展计划执行情况与 2023 年国民经济和社会发展计划草案提请十四届全国人大一次会议审查，并请全国政协各位委员提出意见。

一、2022 年国民经济和社会发展计划执行情况

2022 年是党和国家历史上极为重要的一年。党的二十大胜利召开，描绘了全面建设社会主义现代化国家的宏伟蓝图，为新时代新征程党和国家事业发展、实现第二个百年奋斗目标指明了前进方向、确立了行动指南。一年来，面对风高浪急的国际环境和艰巨繁重的国内改革发展稳定任务，在以习近平同志为核心的党中央坚强领导下，各地区各部门坚持以习近平新时代中国特色社会主义思想为指导，深入贯彻落实党的十九大和十九届历次全会精神，认真学习贯彻党的二十大精神，按照党中央、国务院决策部署，认真执行十三届全国人大五次会议审议批准的《政府工作报告》和审查批准的 2022 年国民经济和社会发展计划，落实全国人大财政经济委员会审查意见，坚持稳中求进工作总基调，落实疫情要

防住、经济要稳住、发展要安全的要求，完整、准确、全面贯彻新发展理念，主动构建新发展格局，着力推动高质量发展，深化供给侧结构性改革，统筹国内国际两个大局，统筹疫情防控和经济社会发展，统筹发展和安全，持续做好“六稳”“六保”工作，加大宏观调控力度，应对超预期因素冲击，经济实现平稳运行，发展质量稳步提升，科技创新成果丰硕，改革开放全面深化，美丽中国建设扎实推进，就业物价基本平稳，粮食安全、能源安全和人民生活得到有效保障，保持了经济社会大局稳定，成功举办北京冬奥会、冬残奥会，全面建设社会主义现代化国家新征程迈出坚实步伐。

（一）始终坚持人民至上、生命至上，取得疫情防控重大决定性胜利

坚持科学精准防控，因时因势优化调整防控政策措施，制定实施第九版防控方案和第九版诊疗方案，严格落实疫情防控“九不准”要求，打赢大上海保卫战，经受住了武汉保卫战以来最为严峻的考验，迅速果断处置有关地区发生的局部聚集性疫情，成功避免了致病力较强、致死率较高的病毒株的广泛流行，为打赢疫情防控阻击战赢得了宝贵时间。常态化疫情防控和应急处置更加精准有效，强化学校、养老院、儿童福利机构等重点场所及重大活动、节日期间防控措施，加强陆路边境口岸地区疫情防控救治能力建设，开展“平急两用”隔离收治设施试点建设，着力做好生活物资保障。全力推进疫苗、药物等研发推广和生产保障，国产新冠疫苗药物研发取得新进展，抗疫国际合作持续深化。实施重点产业链供应链企业“白名单”管理，切实抓好交通物流保通保畅，确保重点产业链不被阻断。11 月以来，围绕“保健康、防重症”，不断优化调整防控措施，出台进一步优化疫情防控二十条措施和新十条措施，加强老年人、孕产妇、儿童等重点人群健康服务和管理，加快推进老年人疫苗接种，加强重点抗疫物资生产、调度和供应，有效遏制涉疫产品价格违法行为，加强基层医疗服务保障，完善疫情防控救治体系建设，提升应急处置能力，2 亿多人得到诊治，近 80 万重症患者得到有效救治，为将新冠病毒感染调整为“乙类乙管”和较短时间实现疫情防控平稳转段打下了基础、创造了条件。三年多我国抗疫防疫历程极不平凡，我们高效统筹疫情防控和经济社会发展，有效保护了人民群众生命安全和身体健康，最大限度减少了疫情对经济社会发展的影响，创造了人类文明史上人口大国成功走出疫情大流行的奇迹。实践证明，党中央对疫情形势的重大判断、对防控工作的重大决策、对防控策略的重大调整是完全正确的，措施是有力的，群众是认可的，成效是巨大的。

（二）实施稳健有效的宏观政策，保持了经济社会大局稳定

针对疫情反复延宕、乌克兰危机爆发等超预期因素冲击，果断加大宏观政策实施力度，突出稳增长稳就业稳物价，推动经济企稳回升。2022 年国内生产总值达到 121 万亿元，增长 3.0%；全国城镇新增就业 1206 万人，年末全国城镇调查失业率为 5.5%；物价总水平持续平稳运行，居民消费价格指数（CPI）单月同比涨幅始终运行在 3%以下，全年上涨 2.0%，与全球通胀水平达到 40 多年新高形成鲜明对比；国际收支状况较好，年末外汇储备规模为 31277 亿美元。

一是宏观调控持续创新完善。及时出台实施稳经济一揽子政策和接续措施，加强对地方落实政策的督导服务，有效应对超预期冲击。积极的财政政策提升效能，更加注重精准、可持续。安排财政赤字 3.37 万亿元，保证财政支出强度，保持了对经济恢复的必要支持力度。安排新增地方政府专项债券 3.65 万亿元，依法盘活用好专项债务结存限额 5029 亿元，加快专项债券发行使用，有效发挥专项债券在稳投资稳增长中的积极作用。用好直达机制，提高财政资金精准性有效性。切实兜牢基层“三保”底线，中央对地方转移支付规模 9.71 万亿元，增长 17.1%，有效缓解市县财政减收增支压力。稳健的货币政策灵活适度，保持流动性合理充裕。两次下调存款准备金率，释放长期流动性。落实好普惠小微贷款支持工具、碳减排支持工具、支持煤炭清洁高效利用专项再贷款，新出台科技创新再贷款、交通物流专项再贷款、普惠养老专项再贷款等结构性货币政策工具，加大对经济社会发展重点领域和薄弱环节的支持力度。2022 年年末，广义货币供应量（M_2）

余额和社会融资规模存量分别增长11.8%和9.6%。全年新增人民币贷款比上年多增1.36万亿元，制造业中长期贷款比年初增加2.56万亿元。稳步推进汇率市场化改革，保持人民币汇率在合理均衡水平上基本稳定。强化宏观政策统筹协调，高效开展新出台政策文件与宏观政策取向一致性评估，充分发挥宏观政策协调机制作用，政策协同效应明显增强。

二是减负纾困力度明显加大。全年新增减税降费和退税缓税缓费超过4.2万亿元，其中增值税留抵退税超过2.4万亿元，新增减税降费超过1万亿元，缓税缓费超过7500亿元。延续实施制造业中小微企业和个体工商户缓缴部分税费、阶段性缓缴部分行政事业性收费和保证金等支持政策，出台针对餐饮、零售、旅游、交通运输等服务业特殊困难行业和养老托育行业的纾困扶持措施等。对困难行业企业社保费实施缓缴。做好普惠小微企业贷款延期支持工具和普惠小微企业信用贷款支持计划接续转换，将普惠小微贷款支持工具激励资金支持比例由1%提高至2%，对普惠小微贷款在第四季度的利息减1个百分点。加大困难群众基本生活保障力度，阶段性扩大低保等社会保障政策覆盖面，调整社会救助和保障标准与物价上涨挂钩联动机制，适当降低启动条件，将更多低收入人群纳入补贴范围。

三是重要商品保供稳价进一步加强。推进重要民生商品价格调控机制落地见效，加强产运销衔接和进出口、储备吞吐调节，强化预期引导，促进价格平稳运行。坚持粮食最低收购价政策托底定位，适当提高稻谷、小麦最低收购价，稳定口粮生产。压实“菜篮子”市长负责制，加强生猪市场调控，缓解生猪猪肉价格大幅波动。规范价格指数行为，期货现货市场联动监管明显加强。创新构建煤炭价格调控监管长效机制，引导煤炭价格在合理区间运行，积极应对国际油气价格大幅上涨，保障居民用电用气需求和价格稳定。

专栏1　重要商品保供稳价主要工作及成效

序号	项目	内容
1	粮食	适当提高稻谷、小麦最低收购价，2022年早籼稻、中晚籼稻、粳稻、小麦最低收购价分别比上年每斤提高2分、1分、1分、2分，有力促进了口粮生产稳定
2	生猪	全年收储13批次52万吨、投放7批次14万吨中央猪肉储备，指导地方同步开展储备吞吐工作，强化预期引导和市场监管，缓解生猪价格周期性波动
3	蔬菜	持续压实“菜蓝子”市长负责制，稳定生产供应、促进产销衔接、加强储备调节、开展平价销售、降低流通成本，价格基本平稳
4	煤炭	创新实施煤炭价格区间调控，并与煤电上网电价机制充分衔接，实现煤价、上网电价、用户电价通过市场化方式“三价联动”，有效缓解煤电矛盾，在国际能源价格剧烈波动背景下，切实稳住了国内煤价、电价，稳定了企业用能成本
5	油气	明确国际油价突破调控上限后，国内成品油价格暂不上调，保持居民用气价格基本稳定，国内油气价格涨幅明显低于国际

（三）坚定实施扩大内需战略，内需潜力持续释放

扎实推动构建新发展格局“1+N”政策体系落实落细，制定实施扩大内需战略规划纲要（2022—2035年）和“十四五”扩大内需战略实施方案，聚焦重点领域扩投资稳消费，进一步激发国内需求潜力，促进国内大循环加快畅通。

一是投资关键作用充分发挥。建立并高效运转推进有效投资重要项目协调机制，强化用地、环评、用能等要素保障和重大问题协调，做到“资金、要素跟着项目走”，加快推进重点任务落实和重大项目建设，努力形成更多实物工作量。创新设立政策性开

发性金融工具,分两批投放基金7400亿元,为重大项目建设补充资本金,支持的2700多个重大项目已全部开工。通过专项再贷款与财政贴息配套支持重点领域设备更新改造,推动扩大制造业中长期贷款投放。适度超前开展基础设施投资,推进"十四五"规划102项重大工程实施,新型基础设施加快布局,川藏铁路全面建设取得良好开局,装机规模全球第二大的白鹤滩水电站全面投产,白鹤滩至江苏、浙江特高压直流输电工程运行,小洋山北侧集装箱码头(陆域部分)、平陆运河工程、南水北调中线引江补汉工程等开工建设。发挥中央预算内投资撬动作用。加快地方政府专项债券发行使用并进一步扩大支持范围。鼓励引导社会资本盘活老项目、投入新项目,促进存量资产和新增投资良性循环,已累计发行上市基础设施领域不动产投资信托基金(REITs)试点项目24个,总发行规模超过780亿元。全面推进城镇老旧小区改造,全国实际新开工老旧小区改造5.25万个。城市基础设施建设短板加快补齐,城市燃气管道等老化更新改造积极推进。全国固定资产投资(不含农户)57.21万亿元,增长5.1%;其中,基础设施、制造业投资分别增长9.4%、9.1%,一定程度弥补了消费收缩缺口。

专栏2 推进有效投资重要项目协调机制

序号	项目	内容
1	政策设计	协调机制及其统筹实施的政策工具,做到了宏观政策和微观项目相结合,实体经济和金融市场相衔接,储蓄和投资相贯通,发展和安全相统筹,对稳经济大盘和长期实现高质量发展发挥了关键作用 协调机制工作是优化宏观调控的综合举措,有力支撑了投资和经济稳定增长,充分发挥了长期优化供给结构的重要作用,防范了金融和财政等重大风险 协调机制工作是支持重点项目的重要手段,及时解决了项目资本金和要素保障问题,有效支持了一大批有利于高质量发展的项目开工建设
2	主要做法	坚持中央和地方高效联动,构建强有力的统筹协调机制 坚持投资、财政和金融政策深度融合,发挥优势互补的综合效用 坚持有效市场和有为政府有机结合,科学合理确定高质量项目 坚持要素保障和配套资金及时到位,实现项目双闭环支撑 坚持事前科学安排和事中事后监管,提升开工建设效率 坚持扩大投资和防范风险同步推进,提高工作安全性和规范性
3	实际成效	两批政策性开发性金融工具项目全部开工建设,并形成一定实物工作量 专项再贷款和财政贴息配套支持设备更新改造等基本达到预期工作目标。推送三批备选项目清单,包括1.09万个项目 组织做好扩大制造业中长期贷款投放相关工作。通过推送重点领域项目,由21家全国性银行按照市场化法治化原则自由选择项目对接,推进引导扩大制造业中长期贷款投放

专栏3 重大交通基础设施项目建设进展情况

序号	项目	内容
1	铁路	建成和田至若羌铁路、中卫至兰州铁路、郑州至万州铁路等项目,重庆至昆明、福州至厦门、贵阳至南宁等高铁加快建设,沿江高铁上海至南京至合肥段、北京至雄安新区至商丘高铁雄安新区至商丘段等开工建设
2	公路	推进国家高速公路和普通国道主线拥挤路段扩容改造,完善国家高速路网。沪陕高速安徽合肥至大顾店段、兰海高速广西钦州至北海段等项目改扩建完成。新疆依吞布拉克至若羌公路、二广高速内蒙古二连浩特至赛汉塔拉段、沈海高速海口段建成通车。京雄高速北京大兴机场北线支线正式开通
3	水运	长江干线航线、北部湾港、宁波舟山港、深圳港等水运项目稳步推进,广州港南山港区4期建成运营,深圳港盐田港区东作业区开工
4	机场	枢纽机场保障能力和服务水平大幅提升,厦门新机场开工建设,广州、福州、重庆、武汉、昆明等机场改扩建工程抓紧实施。机场布局进一步完善,鄂州、隆子、定日等机场建成投运

续表

序号	项目	内容
5	水利	引江济淮工程实现试通水试通航，湖南涔天河水库扩建工程灌区、河南赵口引黄灌区二期、四川武引二期灌区工程、吉林松原灌区等10项灌区工程完工发挥效益，广西西江大藤峡水利枢纽实现工程全线挡水 南水北调中线引江补汉工程，环北部湾广东水资源配置工程，江西大坳、广西龙云、海南牛路岭、安徽怀洪新河等大型灌区建设工程，淮河入海水道二期、长江芜湖段、黄河下游等大江大河治理工程，四川青峪口、重庆藻渡、湖南大兴寨等防洪控制性枢纽，洞庭湖区重点垸堤防加固工程、宁晋泊大陆泽等蓄滞洪区防洪工程与安全建设工程开工建设
6	西部陆海新通道	西部陆海新通道骨干工程平陆运河开工建设，钦州港自动化集装箱码头7号8号泊位、钦州港30万吨级油码头和东航道扩建工程、钦州港支线铁路扩能改造工程建成 呼和浩特至北海、银川至百色等国家高速待贯通路段建设进展顺利，兰州至海口高速钦州至北海段改扩建工程、重庆万州新田长江大桥等建成通车

二是促进居民消费逐步恢复。完善促进消费的政策体系，制定出台进一步释放消费潜力促进消费持续恢复的意见，综合施策释放消费潜力。阶段性对符合条件的乘用车减半征收车辆购置税，延续实施免征新能源汽车购置税政策。大力发展绿色消费，印发促进绿色消费实施方案，系统设计促进绿色消费的制度政策体系，推进新能源汽车、绿色智能家电、绿色建材下乡活动。汽车、家电等大宗消费潜力有效释放，全年新能源汽车销售688.7万辆，比上年增长93.4%，市场渗透率达25.6%，产销量连续8年保持全球第一。推进线上线下消费有机融合，促进网络消费，推动餐饮住宿、交通运输、文化旅游等接触性行业逐步回暖。支持县域商业体系、农产品供应链体系建设。全年社会消费品零售总额43.97万亿元，其中网上零售额达13.79万亿元。

三是经济循环进一步畅通。制定实施"十四五"现代物流发展规划，统筹推动国家物流枢纽、国家骨干冷链物流基地、国家级示范物流园区建设，促进物流业与制造业深度融合，加快打造"支点城市+骨干走廊"现代流通网络，深入实施国家综合货运枢纽补链强链，加快建设一批综合货运枢纽及集疏运体系重点项目，优化商贸流通基础设施布局，推进市场设施高标准联通，成立国务院物流保通保畅工作领导小组，打通"大动脉"，畅通"微循环"，保障生产生活物资供应和产业链供应链循环畅通。

（四）把发展经济的着力点放在实体经济上，供给体系质量稳步提升

高水平科技自立自强成效明显，我国全球创新指数排名上升至第11位，产业链供应链安全稳定韧性持续增强。

一是创新引领作用显著增强。全社会研究与试验发展（R&D）经费投入首次突破3万亿元大关，与国内生产总值之比达到2.55%。社会主义市场经济条件下关键核心技术攻关新型举国体制进一步健全，国家战略科技力量加快壮大，国家实验室体系建设扎实推进，国际科技创新中心、综合性国家科学中心、国家制造业创新中心、区域科技创新中心加快建设，"卡脖子"关键核心技术攻关实现新突破。扎实推进创新创业创造，将科技型中小企业研发费用加计扣除比例提高至100%并阶段性扩大到所有适用行业，对企业基础研究、购置设备实施税收优惠，企业创新主体地位不断巩固。一批重大科技成果持续涌现，C919大型客机获得型号合格证并交付首架飞机，ARJ21支线客机实现百架飞机交付，中国空间站全面建成，神舟十四号和十五号载人飞船、"夸父一号"太阳探测卫星成功发射，国产10万吨级大型渔业养殖工船成功交付，首艘自主研发的电磁弹射航母福建舰下水。

二是实体经济根基巩固壮大。深入实施促进工业经济平稳增长的系列政策措施，出台加力振作工业经济的政策举措，扎实推进产业基础再造工程、重大技术装备攻关工程、国家战略性新兴产业集群发展工程，多措并举促进制造业投资不断增长，制造业增加值占国内生产总值比重稳步提升。加快推动重点行业转型升级，深入实施智能制造、绿色制造，持续巩固化解钢铁过剩产能成果，化工产业转移更为规范有序，乙烯等关键化工品自主供应保障能力显著增强，钢铁、石化等重点行业节能降碳改造稳步推进。深入推进先进制造业和现代服务业融合发展试点，加快提升制造服务业专业化服务能力，服务业高质量发展迈上新台阶。高质量推进品牌建设，开展中国品牌创建行动。大力培育专精特新中小企业，推动大中小企业融通发展。

三是数字经济持续健康发展。制定实施构建数据基础制度更好发挥数据要素作用的政策文件，加快完善数据基础制度体系，统筹推进数据确权、流通交易、收益分配、安全治理。数字经济和实体经济深度融合发展，"东数西算"工程全面实施，国家算力网络加快构建，加强对枢纽节点算力基础设施适度超前建设的政策支持，深入推进传统产业、中小企业数字化转型，"上云用数赋智"水平不断提升。信息通信设施加快发展，第五代移动通信（5G）建设全球领先，全年新建5G基站88.7万个，累计建成231.2万个，占全球总数的60%以上。宽带光纤网络加速布局，千兆城市已超过110个。实现平台经济常态化监管，平台经济规范健康持续发展的基础进一步夯实。

专栏4　数字经济持续健康发展情况

序 号	项 目	内 容
1	数字经济顶层设计	中共中央、国务院发布关于构建数据基础制度更好发挥数据要素作用的意见，初步构建了数据基础制度体系的"四梁八柱"。数字经济发展部际联席会议制度建立，加强数字经济统筹协调
2	数字基础设施建设	建成全球最大的光纤和移动宽带网络，信息基础设施加速迈向"双千兆"时代，千兆光网具备覆盖超过5亿户家庭的能力。全国一体化大数据中心体系基本建成
3	数字产业创新发展	量子计算、量子通信等基础前沿领域取得原创性突破，人工智能、区块链、物联网等新兴领域形成一批自主底层软硬件平台和开源社区。关键数字技术中人工智能、物联网、量子信息领域发明专利授权量居世界首位
4	产业数字化转型	全国具备行业、区域影响力的工业互联网平台达到248家，重点平台工业设备连接数超过8000万台套，服务工业企业超过160万家。电子商务、移动支付规模全球领先。智能灌溉、智能温室、精准施肥等智慧农业新模式得到广泛推广。智能制造应用规模和水平进入全球领先行列，累计建成近2000家高水平数字化车间和智能工厂，智能制造装备产业规模达3万亿元
5	数字化公共服务	"一网通办""异地可办""跨省通办"广泛实践。新型智慧城市建设取得积极进展，智慧交通、应急、广电等建设成效显著，数字乡村建设促进乡村宜居宜业、农民富裕富足
6	数字经济国际合作	已与16个国家签署数字丝绸之路建设合作谅解备忘录，与28个国家建立"丝路电商"双边合作机制。推进二十国集团（G20）、亚太经合组织（APEC）、金砖国家等机制下数字经济合作，推动构建开放、公平的数字营商环境

（五）持续深化改革扩大开放，发展活力和内生动力不断激发

坚持社会主义市场经济改革方向，重点领域和关键环节改革全面推进，加快打造更高水平开放型经济新体制，对外开放的范围、领域和层次持续拓展。

一是市场体系建设更加完善。加快建设全国统一大市场的意见出台实施，公平竞争审查制度有效实施，破除行政垄断和市场垄断成效显著。市场准入负面清单制度改革持续深化，市场准入效能评估试点稳步扩大，扎实开展违背市场准入负面清单案例归集通报，破除了一批典型市场准入壁垒。要素市场化配置综合改革试点取得积极进展，不同类型要素改革举措协同配合机制逐步完善，实现全国产权交易市场联通。公共资源交易平台整合共享持续深化，积极破除公共资源交易领域的区域壁垒。纵深推进招标采购全流程电子化，招标投标市场和政府采购市场环境不断优化。

二是重点领域改革向纵深推进。国企改革三年行动任务顺利完成，国有经济布局和结构不断优化；持续为民营企业改革发展营造良好环境，梳理推广民营经济联系点城市和促进民营经济发展壮大的典型做法；大力弘扬企业家精神，加快建设世界一流企业的指导意见出台实施。深化电力、煤炭、水资源等价格改革，建立大型风光基地支撑调节煤电机组容量补偿机制，全面实施电网企业代理购电制度，完成第三监管周期省级和区域电网输配电、抽水蓄能电站定价成本监审；水利工程供水价格管理办法和成本监审办法修订出台，农业水价综合改革稳步推进。电力体制改革向纵深推进，全面推动电力现货市场建设和绿电绿证进市场，深化电网企业设计、施工改革。"X+1+X"油气市场体系改革加快推进，油气管网管理体制和运营机制改革不断深化，油品管理体制机制进一步完善。深圳综合改革试点首批40条授权事项加快落地。

三是营商环境不断改善。落实落细优化营商环境条例、促进个体工商户发展条例等，推动各地区加快清理与条例不相符的有关规定。推进社会信用体系建设高质量发展促进形成新发展格局的意见出台实施。深入开展"互联网+政务服务"，基本建成全国一体化政务服务平台，推进政务服务"跨省通办"扩面增效，政务服务"一网通办"能力显著提升。统筹推进市场监管、质量监管、安全监管、金融监管，提高监管效能。扎实开展涉企违规收费专项整治行动，坚决查处涉企乱收费、乱罚款、乱摊派行为。扎实推进营商环境创新试点，推动长三角、粤港澳大湾区、福建等重点区域优化营商环境一体化发展，着力营造市场化、法治化、国际化一流营商环境。

四是稳外贸稳外资成效明显。外贸新业态新模式加快发展，贸易投资自由化便利化持续提升。增设一批跨境电商综合试验区，支持跨境电商海外仓发展政策措施出台实施。阶段性减免港口收费，持续做好清理规范海运口岸收费工作，进一步提升货物通关效率。以制造业为重点促进外资扩增量稳存量提质量，修订发布新版鼓励外商投资产业目录。推进海南全面深化改革开放取得扎实成效，海南自由贸易港全岛封关运作配套设施、环热带雨林国家公园旅游公路、洋浦区域国际集装箱枢纽港扩建工程开工。中国国际进口博览会、中国进出口商品交易会、中国国际服务贸易交易会、中国国际投资贸易洽谈会、中国国际消费品博览会和中国-东盟博览会等重要展会成功举办。多双边经贸合作务实开展，高质量实施《区域全面经济伙伴关系协定》(RCEP)，中国-海合会等自贸协定谈判有序推进，中国-东盟自贸区3.0版谈判正式启动。全年货物进出口总额42.1万亿元，增长7.7%；服务进出口总额5.98万亿元，增长12.9%；实际利用外资1891亿美元，按可比口径比上年增长8%。

五是高质量共建"一带一路"取得新进展。稳步推进商签共建"一带一路"合作文件，截至2022年年末，已与150个国家、32个国际组织签署200多份合作文件。国际产能合作和第三方市场合作继续深化，境外投资成果丰硕。中巴经济走廊实现高质量运行。积极推进中蒙俄三国合作，黑河公路大桥、同江铁路大桥开通运营。加强与哈萨克斯坦在交通运输等领域合作。中老铁路运营平稳，中泰铁路、匈塞铁路和雅万高铁项目建设取得新成果。健康、绿色、数字、创新丝绸之路建设加快推进，已与16个国家签署数字丝绸之路建设合作谅解备忘录，与15个国家签署数字经济、绿色发展领域投资合作备忘录，共建一批"一带一路"联合实验室。保障中欧班列安全高效畅通运行，已累计开行超过6.5万列，运送货物超过600万标箱，通达欧洲25个国家的200多个城市。西部陆海新通道一批重点铁路、港航设施项目加快推进。统筹做好重大境外项目建设和风险防范，指导企业防范化解境外投资风险，境外项目风险监测评估预警综合服务平台加快建设。

(六)全面实施乡村振兴战略，农业农村现代化水平稳步提升

巩固拓展脱贫攻坚成果同乡村振兴有效衔接，乡村振兴战略规划(2018—2022年)顺利收官，乡村建设加快推进，农业农村经济发展总体平稳向好。

一是切实抓好农业生产。粮食生产再获丰收，总产量达到13731亿斤，连续8年稳定在1.3万亿斤以上。大豆油料扩种成效明显，夏收油菜籽实现面积、单产、总产"三增"。第三次全国土壤普查试点任务总体完成。加强高标准农田建设，支持新增高标准农田建设1亿亩，累计建成10亿亩高标准农田。

国家黑土地保护工程扎实推进,完成东北黑土地保护性耕作8300多万亩。加强酸化、盐碱化等退化耕地治理,推进盐碱地综合利用试点。深入实施种业振兴行动,统筹支持现代种业提升、动植物保护等项目建设,着力夯实农业生产基础。加快发展新型农业经营主体,农业适度规模经营有序推进。积极推进生产托管、代耕代种、生产服务外包等农业社会化服务。绿色、有机、地理标志和达标合格农产品加快发展。深入推进农村产业融合发展,新建一批优势特色产业集群、国家现代农业产业园、农业产业强镇,国家农村产业融合发展示范园、农业绿色发展先行区建设扎实推进。

二是脱贫攻坚成果持续拓展。细化实化帮扶政策,接续推进脱贫地区发展。健全防止返贫动态监测和帮扶工作机制,推动落实对160个国家乡村振兴重点帮扶县帮扶政策,持续实施农村低收入群体危房改造和抗震改造。加大易地扶贫搬迁后续扶持工作力度,推动各类政策、资金、资源向安置点和搬迁群众倾斜,开展搬迁安置点乡村治理专项行动。在重点工程项目中大力实施以工代赈,用好帮扶车间和乡村公益岗位等,带动脱贫人口和返乡农民工等重点群体就地就近就业。培育壮大脱贫地区乡村特色产业,推动每个脱贫县都培育2~3个特色主导产业。加大脱贫人口就业帮扶、技能培训力度,脱贫人口务工规模达3278万人,比上年增加133万人。继续大力实施消费帮扶,助推脱贫地区产品销售和特色产业发展。

三是乡村建设稳步推进。乡村建设行动和农村人居环境整治提升五年行动深入开展。畜禽粪污资源化利用扎实推进。从农民实际需求出发稳步实施农村改厕,全国农村卫生厕所普及率超过73%。生活污水和垃圾治理力度加大,生活垃圾进行收运处理的自然村比例达到90%。强化水电路等农村基础设施短板领域和薄弱环节建设,推动农村公共基础设施管护重点任务落实,开展数字乡村试点,现有行政村全面实现村村通宽带,快递服务覆盖率达95%,农村自来水普及率达87%。组织实施"四好农村路"重点工程,加快完善便捷高效、普惠公平的农村公路网络。开展第六批中国传统村落调查推荐。

(七)扎实推动重大战略部署落地,区域经济布局进一步优化

着力促进区域协调发展,扎实推进新型城镇化建设,优势互补、高质量发展的区域经济布局和国土空间体系加快构建。

一是区域重大战略扎实推进。京津冀协同发展水平不断提升,一批央企、医院、高校等疏解项目在雄安新区落地,津冀港口群基础设施不断完善,"轨道上的京津冀"更加便捷。长江经济带绿色高质量发展有力推进,长江保护法深入贯彻实施,生态环境突出问题整改、污染治理"4+1"工程成效明显,入河排污口整治等专项行动深入实施,长江流域重点水域十年禁渔进展良好。大湾区综合性国家科学中心先行启动区加快建设,设施联通和规则衔接不断深化,横琴、前海、南沙、河套等重大合作平台建设深入推进。积极推动长三角科创与产业融合发展,G60科创走廊、沿沪宁产业创新带协同发力的创新空间布局不断优化,基础设施、生态环境、公共服务等重点领域一体化水平明显提升。黄河流域生态环境保护、水安全保障、文化保护传承弘扬等专项规划出台实施,黄河流域生态保护和高质量发展先行区加快建设,黄河生态保护治理五大攻坚行动稳步推进。

二是区域协调发展战略深入实施。西部地区发展协调性持续提升,400毫米降水线西侧区域保护发展稳步推进。支持东北地区振兴发展系列专项实施方案出台实施,东北地区维护国家粮食安全"压舱石"地位持续巩固。中部地区高质量发展重大工程加快建设,电子信息、新能源等战略性新兴产业集群快速发展。东部地区创新示范带动作用持续发挥。加大特殊类型地区振兴发展支持力度,革命老区振兴发展、资源型地区和老工业城市转型发展取得新进展,边境地区基础设施和城镇建设步伐加快。民族地区经济稳步发展。坚持陆海统筹,加强重点海域综合治理,海洋强国建设加快推进。

专栏 5　区域重大战略实施情况

序　号	项　目	内　容
1	京津冀协同发展	北京非首都功能疏解稳妥有序推进，首批标志性项目陆续在雄安新区落地，中国星网、中国中化、中国华能等 3 家央企总部启动建设，中国矿产资源集团注册落地，首批疏解的高校、医院基本确定选址；出台医保、薪酬等政策，持续完善疏解激励约束政策体系 雄安新区高标准高质量建设，累计完成投资近 5000 亿元，对外骨干交通路网基本建成，启动区市政设施网络、起步区骨干市政道路逐步完善，新区森林覆盖率达到 34%，生态环境质量持续改善 北京城市副中心加快高质量发展，副中心站综合交通枢纽、东六环入地改造等重大基础设施建设积极推进 北京市通州区与河北省三河、大厂、香河三县市一体化高质量发展持续推进，交通、产业等一体化项目加速建设 公共服务共建共享水平稳步提升，产业链创新链加速整合 京津冀生态环境联建联防联治机制不断健全，钢铁企业超低排放改造持续推进，顺利完成北京冬奥会和冬残奥会等重大活动空气质量保障，区域生态环境持续改善，北京市细颗粒物（$PM_{2.5}$）浓度实现“十连降” 京唐城际铁路、京滨城际铁路开通运营，新北京丰台站投入使用；津石高速全线贯通、京雄高速河北段和北京段六环至市界段建成通车；潮白河大桥开工建设；天津港北疆港区东突堤自动化集装箱码头完成升级改造，北京燃气天津南港 LNG 码头工程竣工验收
2	长江经济带发展	长江经济带生态环境保护成效明显，长江经济带生态环境警示片披露的 623 个问题已完成整改 571 个，污染治理“4+1”工程深入实施，赤水河、嘉陵江、乌江等支流保护修复深入推进，水生态系统质量和稳定性逐步提高 长江入河排污口整治深入推进，印发实施长江入河排污口整治行动方案，基本完成排污口排查监测和溯源，各地解决两万余个长江入河排污口污水直排、乱排问题 长江禁捕工作成果持续巩固，退捕渔民安置保障工作稳步推进，长江水生生物多样性保护不断强化 “锰三角”污染治理扎实推进，85 座锰渣库污染治理已完成 45 座，锰矿开采企业和电解锰企业加快整合 综合交通运输体系加快构建，沿江落后化工产能逐步退出，战略性新兴产业集群和先进制造业集群加快发展，绿色发展示范和生态产品价值实现机制试点深入推进
3	粤港澳大湾区建设	大湾区综合性国家科学中心先行启动区建设全面提速，科技创新推动现代产业体系不断完善 基础设施“硬联通”和规则机制“软联通”持续深化，大湾区市场一体化水平进一步提升 港澳居民在内地就学、就业创业、参加社保更加便利，宜居宜业宜游优质生活圈加快构建 横琴、前海开发开放深入推进，国务院印发实施广州南沙深化面向世界的粤港澳全面合作总体方案，重大合作平台建设迈上新台阶 国家超级计算机深圳中心（二期）、狮子洋通道项目开工；深圳机场三跑道扩建、珠海机场改扩建、深中通道、黄茅海跨海通道工程加快建设；南沙港铁路、未来网络试验设施、香港机场三跑道主体工程完工
4	长三角一体化发展	长三角科技创新与产业整合不断深化，长三角科技创新共同体联合攻关合作机制建立，G60 科创走廊、沿沪宁产业创新带协同发力 长三角生态绿色一体化发展示范区新推出 39 项一体化制度创新成果，三年累计达到 112 项 上海自贸试验区临港新片区引领更高水平协同开放能力稳步提升，虹桥国际开放枢纽“一核两带”发展格局日益完善 重点领域一体化水平持续提升，基础设施互联互通、生态环境共保联治、公共服务便利共享取得新突破 通苏嘉甬高铁、沪渝蓉高铁合肥至上海段、长三角数字创新港、长三角社会救助援助公共服务平台项目开工；合肥综合性国家科学中心、沪苏湖铁路、太湖流域水环境综合治理工程加快建设；白鹤滩至浙江 ±800 千伏特高压直流输电工程、黄山至千岛湖高速安徽段主体工程完工
5	黄河流域生态保护和高质量发展	深入推动黄河流域生态保护和高质量发展规划纲要落实，“1+N+X”规划政策体系基本形成，黄河保护法颁布 落实以水定城、以水定地、以水定人、以水定产“四水四定”原则，强化水资源刚性约束，流域用水效率不断提升 实施一批环境污染治理、水资源节约集约利用、生态保护修复重点工程，黄河口等国家公园加快创建，大力开展生态环境突出问题整治整改，黄河沿线生态环境质量持续向好 上中游产煤大省落实煤炭稳产增产要求，为全国能源安全保障作出重要贡献。 黄河下游“十四五”防洪工程开工；内蒙古河套、宁夏青铜峡等大中型灌区现代化改造，禹门口至潼关河段治理工程，黄河上游沙漠、戈壁地区大型风电光伏基地和河南、陕西黄河流域推进生态保护和修复世行贷款项目加快推进；全国首个百万吨级碳捕集利用与封存示范项目在山东东营投产运营

专栏6 区域协调发展战略实施情况

序号	项目	内容
1	西部开发	西部大开发"十四五"目标任务稳步推进,生态安全屏障更加牢固,能源资源安全保障能力不断增强,水安全综合保障体系初步构建,内陆开放型经济发展提档升级,现代产业体系加快构建。支持贵州在新时代西部大开发上闯新路开局良好,云南加快建设我国面向南亚东南亚辐射中心,建设新时代壮美广西加快推进,成渝地区双城经济圈建设推进有力,宁夏黄河流域生态保护和高质量发展先行区建设进展顺利 乌鲁木齐、西安、重庆机场改扩建工程加快建设。拉林铁路、酒泉至额济纳铁路酒泉至东风段、西藏湘河水利枢纽、拉洛水利枢纽及配套港区工程,昭苏、阿拉尔、塔什库尔干机场主体工程完工
2	东北振兴	出台支持东北地区振兴发展系列专项实施方案,支持吉林省疫后经济社会加快恢复发展,扎实推进辽宁沿海经济带建设 东北三省全年粮食总产量达2866亿斤,占全国21%,粮食安全"压舱石"地位不断巩固。北方生态安全屏障更加稳固,制造业创新发展加快推进,重点领域改革持续深化,重大项目建设持续推进,振兴发展基础不断夯实 哈尔滨至铁力高铁、辽宁徐大堡核电4号机组、大伙房输水二期二步、吉林石化转型升级等项目启动实施,沈阳至白河高铁、哈尔滨机场二期扩建等项目加快建设,佳木斯至鹤岗铁路扩能改造、辽宁红沿河核电、吉林敦化和黑龙江荒沟抽水蓄能电站等项目建成投运
3	中部崛起	中部地区经济增速持续领先,经济结构不断优化,长江中游城市群、中原城市群和长株潭、武汉等都市圈加快建设,美丽中部加快形成 山西太原武宿机场三期改扩建工程、沿江高铁武汉至宜昌段开工建设,平顶山经漯河至周口高铁、长赣高铁、昌景黄铁路江西段、湖南岳阳地区100万吨/年乙烯炼化一体化项目、鄂北地区水资源配置二期工程加快建设,引江济淮工程一期实现试通水通航
4	东部率先	东部地区经济大省勇挑大梁,主要经济指标增速大多高于全国平均水平,高技术产业展现强劲活力,新业态新产品持续涌现,外贸增速逆势上扬,为推动经济恢复增长作出重要贡献。浦东新区打造社会主义现代化建设引领区实现良好开局,深圳建设中国特色社会主义先行示范区取得积极成效,浙江高质量建设共同富裕示范区有序推进,福建深化闽台融合发展,山东深化新旧动能转换

三是主体功能区战略深入完善。主体功能区战略和制度全面融入国土空间规划体系,"多规合一"的国土空间规划体系总体形成。全国国土空间规划纲要(2021—2035年)印发实施,全国"三区三线"划定工作完成,各级各类国土空间规划编制有序开展。

四是新型城镇化建设积极推进。国家新型城镇化规划(2021—2035年)、"十四五"新型城镇化实施方案制定实施。成渝地区双城经济圈"1+N"规划体系全面实施,长江中游、北部湾、关中平原等城市群加快一体化发展步伐,一批都市圈有序培育。出台实施关于推进以县城为重要载体的城镇化建设的意见,城乡融合发展体制机制和政策体系进一步健全,城镇基础设施和公共服务持续向乡村延伸覆盖。

(八)加强生态文明建设,绿色循环低碳发展扎实推进

持续深化污染防治攻坚战,积极稳妥推进碳达峰碳中和工作,大力推动资源节约,绿色制造体系加快建设,绿色生产生活方式加快形成,生态环境治理成果巩固拓展。

一是生态环境质量不断改善。深入打好蓝天、碧水、净土保卫战。全国累计2.07亿吨粗钢产能完成全流程超低排放改造,挥发性有机物综合治理深入推进,移动源污染防治持续加强。加大重点流域水生态环境保护力度,实施重点海域入海河流水质改善行动,污水资源化利用扎实推进。严格建设用地土壤污染风险管控和修复名录内地块的准入管理,组织实施土壤污染源头管控项目,受污染耕地安全利用水平得到巩固提升。开展固体废物和新污染物治理,加强塑料污染全链条治理,开展商品过度包装治理,"无废城市"建设加快推进。加快构建国家生态安全屏障体系,启动实施一批重要生态系统保护和修复重大工程,中国山水工程入选联合国首批十大生态恢复旗舰项目,生态综合补偿试点取得显著成效。持续推动排污许可制改革。全面完成第二轮中央生态环境保护督察。全国地级及以上城市平均空气质量优良天数比率为 86.5%，细颗粒物($PM_{2.5}$)平均浓度为 29 微克/立方米，比上年下降 3.3%；地表水水质优良(Ⅰ－Ⅲ类)断面比例提高到 87.9%，劣Ⅴ类水质断面比例降至 0.7%。

二是碳达峰碳中和积极稳妥推进。碳达峰碳中和"1+N"政策体系构建完成，重点领域碳达峰实施方案和配套保障措施制定出台，"碳达峰十大行动"扎实推进。全国碳排放权交易市场平稳运行。坚持"先立后改"，加快建设先进清洁支撑性煤电，推动煤电机组节能降碳改造、灵活性改造、供热改造"三改联动"，积极发展新能源和清洁能源，第一批以沙漠、戈壁、荒漠地区为重点的大型风电光伏基地加快建设，我国可再生能源总装机突破 12 亿千瓦。重点行业节能降碳大力推进，提高新建建筑节能水平，积极发展绿色建筑，大力推广新能源汽车，持续推动充电基础设施建设，加快推进大宗货物和中长距离货物运输"公转铁""公转水"。单位国内生产总值二氧化碳排放下降 0.8%。积极参与联合国气候变化沙姆沙伊赫大会各项谈判磋商，推动大会取得积极成果。

专栏7　积极稳妥推进碳达峰碳中和主要工作与成效

序号	项目	内容
1	构成政策体系	制定能源、工业、城乡建设、交通运输、农业农村等重点领域和钢铁、有色金属、建材、石化化工等重点行业碳达峰实施方案以及科技支撑、财政支持、生态碳汇、统计核算、标准计量等支撑保障政策，碳达峰碳中和"1+N"政策体系已经建立。各省(自治区、直辖市)均制定了本地区碳达峰实施方案
2	推进能源低碳转型	大力推动煤炭清洁高效利用。积极发展新能源和清洁能源，在沙漠、戈壁、荒漠地区规划建设 4.5 亿千瓦大型风电光伏基地。2022 年，我国可再生能源装机突破 12 亿千瓦，水电、风电、太阳能发电、生物质发电装机均居世界首位
3	推进产业优化升级	大力发展战略性新兴产业，2022 年，高技术产业投资比上年增长 18.9%，高技术制造业增加值增长 7.4%，快于全部规模以上工业增加值 3.8 个百分点。加快传统产业节能降碳改造，引导产品设备更新升级
4	推动重点领域低碳发展	结合城市更新、老旧小区改造，推进既有建筑节能改造，2022 年全国城镇新建绿色建筑面积占当年城镇新建建筑面积比例提升至 90%。大力推广新能源汽车，新能源汽车产销量连续 8 年位居全球第一
5	巩固提升碳汇能力	坚持山水林田湖草沙一体化保护和系统治理，科学推进大规模国土绿化行动。2022 年，我国超额完成国土绿化 1 亿亩的既定目标
6	加强绿色低碳科技创新	在"十四五"国家重点研发计划中，部署碳达峰碳中和关键技术研究有关项目。完善绿色技术创新体系，建设国家绿色技术交易中心，加快推动创新成果转化。强化"双碳"专业人才培养，增设储能科学与工程、氢能科学与工程等相关专业
7	完善绿色低碳政策机制	设立碳减排支持工具、煤炭清洁高效利用专项再贷款工具。完善全国碳排放权市场交易机制，到 2022 年年底累计交易量 2.3 亿吨，成效额超过 100 亿元

三是节能工作持续推进。优化节能目标考核，新增可再生能源和原料用能不纳入能源消费总量控制的实施方案出台，国家重大项目能耗单列有序实施，重大项目合理用能需求得到切实保障。设置重点行业能效标杆水平、基准水平，明确重点用能产品设备能效先进水平、节能水平、准入水平，节能标准更新升级和应用实施进一步加强。加快重点领域、行业和产品设备节能降碳更新改造，坚决遏制高耗能、高排放、低水平项目盲目发展。全国万元国内生产总值能耗比上年下降 0.1%。

四是绿色产业体系快速发展。研究修订绿色产业指导目录，推动绿色产业示范基地建设。完善市场导向的绿色技术创新体系，推动绿色技术创新推广。国家节水行动持续实施，开展 2022 年度用水产品水效领跑者遴选，推动沿海缺水城市建设大型海水淡化工程，推进公共供水管网漏损治理重点城市(县城)建设。加强环境基础设施建设，城镇污水垃圾处理设施建设和运营水平逐步提高。循环经济加快发展，大宗固废综合利用深入推进，废旧物资循环利用体系加快建设，再生资源已成为工业生产的重要原材料。印发实施《生态产品总值核算规范(试行)》,推动建立生态产品价值实现机制。

(九)统筹发展和安全,安全发展基础进一步夯实

全面贯彻总体国家安全观,把维护国家安全贯穿经济社会发展各方面全过程,粮食、能源资源、产业链供应链安全得到切实保障。

一是粮食安全保障能力巩固提升。落实粮食安全党政同责,深入推进粮食储备和购销领域体制机制改革,更高层次、更高质量、更有效率、更可持续的国家粮食安全保障体系加快构建。扎实做好粮食调控工作,加强粮食进出口调节,合理安排政策性粮食库存销售,粮食市场平稳运行。充分发挥化肥保供稳价工作机制作用,积极稳妥做好化肥特别是钾肥供应保障。粮食进口供应链体系建设持续加强,粮食进口来源多元化取得新进展。

二是能源资源安全得到切实保障。加强能源产供储销体系建设,积极有效应对极端高温干旱等严峻挑战,迎峰度夏、迎峰度冬等重点时段能源供应总体平稳。煤炭兜底保障能力不断提升,电煤中长期合同实现全覆盖,电煤供应稳定保障。强化煤电非计划停运和出力受阻管理,发挥大电网优势组织开展跨区跨省互济支援,华东、华中、西南等地区供电紧张形势得到大幅缓解。大力推进石油、天然气增储上产,国内油气勘探开发力度加大,探明储量规模提升,投产达产进度加快,石油天然气稳定供应基础不断夯实。组织各地和上游供气企业完成全年及供暖季天然气合同签订,民生用气需求得到保障。推动宁波舟山大宗商品储运基地开工建设。

三是产业链供应链安全稳定运行。建立健全重要产业链供应链风险识别、预警、处置机制,形成多层次监测体系,提升风险及时识别发现、精准有效处置能力。统筹推进重点领域产业链供应链自主可控,风险应对能力持续提升。大力开展国际产业链供应链合作,构筑安全稳定、互利共赢的产业链供应链合作体系。

四是经济金融领域风险有效防范化解。稳妥处置房地产、地方中小银行、地方政府债务等重点领域风险,打击非法集资和非法跨境金融活动,坚决守住不发生系统性风险底线。推出3500亿元保交楼专项借款,设立2000亿元保交楼贷款支持计划,实施改善优质房企资产负债表计划,积极做好受困房企风险处置。全国一体化融资信用服务平台网络不断完善,"信易贷"模式深入推广,助力金融机构在防范风险前提下扩大中小微企业信用贷款规模。推动建立防范化解地方政府隐性债务风险长效机制,坚决遏制隐性债务增量。

(十)强化民生兜底保障,切实办好民生实事。落实以人民为中心的发展思想,在幼有所育、学有所教、劳有所得、病有所医、老有所养、住有所居、弱有所扶上持续用力,人民生活持续改善

一是稳就业促增收取得扎实成效。实施系列减负稳岗扩就业政策措施,大幅提高失业保险稳岗返还比例,增加稳岗扩岗补助,全年为企业减负4961亿元。举办全国双创活动周,深入开展创业带动就业示范行动,支持地方加强返乡入乡创业园、创业孵化基地等创业载体建设,落实担保贷款、租金减免等创业支持政策。促进高校毕业生、退役军人、农民工等重点群体就业创业,实施离校未就业高校毕业生服务攻坚行动,进一步支持农民工就业创业。推动就业公共服务优化升级,支持地方建设一批公共实训基地。有序推进浙江高质量发展建设共同富裕示范区。收入分配制度改革持续深化,城乡居民收入稳步增长,全国居民人均可支配收入实际增长2.9%。

二是促进教育公平和质量提升取得新进展。深入实施教育强国推进工程,促进县域内义务教育优质均衡发展,实施学前和普通高中教育发展提升行动计划,学前教育短板不断补齐,九年义务教育巩固率、高中阶段教育毛入学率分别达到95.5%、91.6%,普通高等教育本专科招生和研究生招生超过1130万人。加强校外教育培训监管,全面加强和改进学校体育、美育、劳动教育。深化产教融合,职业教育类型定位不断优化,办学质量持续提升。启动第二轮"双一流"建设,基础学科人才培养不断加强。

三是医疗卫生服务保障得到加强。健康中国建设持续推进,促进优质医疗资源扩容下沉和区域均衡布局,国家医学中心建设平稳起步,国家区域医疗中心全国规划布局基本完成,省级区域医疗中心建设全面铺开。公共卫生防控救治能力建设深入推进,疾控体系建设向纵深发展。促进中医药传承创新。全国药品和高值医用耗材集中带量采购范围继续扩大。疫情防控救治体系建设不断加强,推动超大特大城市、省会城市等重点地区建设一批大型应急救治设施。

四是社会保障体系进一步完善。社会保险覆盖面持续扩大,年末全国基本养老、失业、工伤保险参保人数分别达到 10.53 亿人、2.38 亿人、2.91 亿人。发展多层次、多支柱养老保险体系,推动个人养老金发展的意见出台实施,对个人养老金实行个人所得税优惠政策。提高企业和机关事业单位退休人员基本养老金水平。实施企业职工基本养老保险全国统筹,推进失业保险、工伤保险省级统筹。深入开展新就业形态人员职业伤害保障试点。延续执行失业保险保障扩围政策。落实医保待遇清单制度,促进医保基本公共服务均等化,完善异地就医直接结算服务。加快建立多主体供给、多渠道保障、租购并举的住房制度,因城施策优化完善房地产调控政策,支持刚性和改善性住房需求。推动扩大保障性租赁住房有效供给,着力解决新市民、青年人等群体住房困难问题,全国开工建设和筹集保障性租赁住房 265 万套(间)。

五是公共服务水平稳步提高。推进国家基本公共服务标准动态调整。长城、大运河、长征、黄河、长江国家文化公园建设有序推进。加强重点文物保护和考古发掘,中华文明探源等重大工程积极推进。国民旅游休闲发展纲要印发实施,推动露营旅游休闲健康有序发展,乡村旅游产品供给不断丰富。支持全民健身中心、健身步道、公共营地等全民健身场地设施项目建设。深化家政服务业提质扩容"领跑者"行动,推动家政进社区。积极应对人口老龄化国家战略深入实施,完善和落实积极生育支持措施,启动建设第一批国家儿童友好城市,支持社会力量发展普惠托育服务,推进基本养老服务体系建设,扩大普惠性养老服务供给。完善老年人健康支撑体系,深入推进医养结合。康复辅助器具产业加快发展。社会福利、残疾人服务、退役军人褒扬优抚服务设施建设得到加强。扎实做好防灾减灾救灾和安全生产工作,平安中国建设迈向更高水平。

总的看,我们主动作为、应变克难,2022 年在复杂多变的环境中基本完成全年主要目标任务,物价总水平保持稳定,就业形势总体稳定,科技创新能力稳步提升,生态环境质量持续改善,主要污染物排放量继续下降,民生保障进一步加强,粮食能源生产稳步增长,我国经济展现出坚强韧性。但伴随新冠病毒变异和全球疫情变化,国内疫情反复延宕,导致消费收缩、经济循环不畅;世界经济增长放缓,乌克兰危机使外部环境更趋复杂,全球粮食和能源供需失衡、通货膨胀高企、保护主义加剧等交织叠加,主要经济体宏观政策调整外溢效应显现,持续冲击影响我国发展。在这样异常复杂严峻的形势下,经济实际增长以及与经济增速相关的部分指标,与预期目标有一定差距;由于能耗水平较低的服务业增速大幅放缓,对完成能耗强度下降和二氧化碳排放强度下降目标带来较大影响。

过去 5 年极不寻常、极不平凡。在以习近平同志为核心的党中央坚强领导下,我们全力推进全面建成小康社会进程,完整、准确、全面贯彻新发展理念,主动构建新发展格局,着力推动高质量发展,经受住了世界百年变局加速演进、新冠疫情冲击、国内经济下行等多重考验,有力有效应对各种困难和风险挑战,创新和加强宏观调控,"十三五"规划胜利完成,"十四五"规划顺利实施,攻克了许多长期没有解决的难题,办成了许多事关长远的大事要事,推动经济社会发展取得举世瞩目的重大成就,我国作为世界第二大经济体、第二大消费市场、制造业第一大国、货物贸易第一大国、服务贸易第二大国、外汇储备第一大国等的地位进一步巩固提升。经济总量跃上新台阶。5 年来,我国经济年均增长 5.2%,明显高于同期世界 2.3%左右的平均增速;国内生产总值从 2017 年的 12 万亿美元增加到 18 万亿美元;人均国内生产总值从 2017 年的 8800 多美元增加到 1.27 万美元,已超过全球平均水平,与高收入国家门槛的距离进一步缩小。特别是疫情暴发三年来,我们采取有力有效应对举措,在"六稳"基础上明确提出并强化"六保",顶住了经济下行压力,三年经济年均增长 4.5%,在世界主要经济体中处于领先水平。如期打赢脱贫攻坚战。坚持精准扶贫,组织实施人类历史上规模最大、力度最强的脱贫攻坚战，近1亿农村贫困人口实现脱贫，832个贫困县全部摘帽，历史性地解决了绝对贫困问题，如期全面建成小康社会。创新型国家建设成果丰硕。研发经费投入稳居世界第二，在载人航天、探月工程、深海探测、超级计算、卫星导航等诸多领域取得突破性进展，以新一代信息技术、生物技术、高端装备、绿色环保、新能源汽车为代表的战略性新兴产业发展迅速，成为引领高质量发展的重要引擎，新产业新业态新模式增加值占国内生产总值的比重达到17%以上。经济结构明显优化。粮食安全根基进一步夯实，谷物基本自给、口粮绝对安全，主要农副产品保持稳产高产；高技术制造业、装备制造业增加值年均增长10.6%、7.9%，质量水平稳步提升。消费成为经济增长的主要拉动力。区域重大战略扎实推进，乡村振兴战略稳步实施，新型城镇化水平和质量不断提升，城乡区域协调发展的潜力不断释放。基础设施网络持续完善。北京大兴国际机场、白鹤滩水电站等一批重大基础设施建成运行。建成世界上最现代化的铁路网和最发达的高铁网、全球规模最大的高速公路网络。万吨级以上泊位数、内河航道通航里程位居世界第一。5G网络、人工智能、大数据等新型基础设施建设加快推进。改革开放持续深化。聚焦重点领域和关键环节，牢牢把握全面深化改革总目标，毫不动摇巩固和发展公有制经济，毫不动摇鼓励、支持、引导非公有制经济发展，高标准市场体系建设稳步推进，宏观经济治理效能日益提升，更大激发市场活力和社会创造力。坚持扩大对外开放，共建"一带一路"成果丰硕，互利共赢的国际经贸合作持续深化，更高水平开放型经济新体制加快形成，贸易和投资自由化便利化程度不断提升。生态文明建设成效明显。持续加强生态环境保护，促进绿色低碳发展，"绿水青山就是金山银山"理念深入人心，生态文明建设发生历史性、转折性、全局性变化，细颗粒物（$PM_{2.5}$）平均浓度下降27.5%，单位国内生产总值能耗下降8.1%，二氧化碳排放强度下降14.1%，全国地表水优良水体比例由67.9%上升到87.9%，生态系统质量和稳定性不断提升。人民生活显著改善。城镇新增就业年均1275万人，全国城镇调查失业率总体保持在较低水平。加强社会事业发展，建成世界上规模最大的教育体系、社会保障体系、医疗卫生体系，住房保障力度持续加大，困难群众住房条件明显改善，人民群众获得感幸福感安全感显著提升。

在外部环境复杂严峻、国内发展面临超预期冲击的背景下，我国经济社会发展取得上述成绩，殊为不易，值得倍加珍惜。这根本在于以习近平同志为核心的党中央的坚强领导，在于习近平新时代中国特色社会主义思想的科学指引，在于中国特色社会主义制度显著优势的充分彰显，全党全国各族人民团结奋斗、勇毅前行，各地区各部门积极作为、攻坚克难，有效防范化解了面临的风险挑战，有力激发释放了发展的潜力动力，实现了我国经济社会大局稳定。

与此同时，我们也要看到，当前世界之变、时代之变、历史之变正以前所未有的方式展开，世界处在新的动荡变革期，我国发展进入战略机遇和风险挑战并存、不确定性难预料因素增多的时期。从国际看，百年变局加速演进，大国博弈和地缘冲突加剧全球政治经济风险，粮食、能源安全问题突出，全球产业链供应链遭遇严重冲击，发达经济体紧缩政策累积效应不断显现，世界经济增长动能减弱，全球金融市场风险加大，外部环境不稳定、不确定、难预料成为常态。从国内看，我国经济恢复的基础尚不牢固，发展不平衡不充分问题依然突出，总量性、结构性、周期性矛盾问题进一步暴露，需求收缩、供给冲击、预期转弱三重压力仍然较大。一是总需求不足问题仍较突出。制约消费恢复和增长的因素仍然较多，制造业投资增长支撑不强，房地产投资恢复增长面临挑战，民间投资意愿和能力仍然偏弱。一些地方由于项目要素保障不到位等，对基础设施投资也形成较大制约。世界经济下行叠加保护主义影响，全球贸易增长放缓，国际市场竞争更加激烈，保持出口稳定增长难度加大。二是供给面临的结构性约束较强。科技创新能力仍待提升，部分基础原材料、关键设备和零部件等"卡脖子"问题突出，产业链供应链卡点堵点仍然较多。粮食稳产仍有不确定性，部分农产品和农资供求处于紧平衡态势，国际粮价仍高位运行，向国内传导的风险依然存在。煤炭供求形势仍然偏紧，天然气保供压力较大，极端天气下的能源安全保障能力还需提升。全社会用能刚性增长压力较大，能耗强度降低还面临不少挑战。三是重点领域风险可能交织放大。金融风险处于易发期，国际金融市场波动加大，跨国境、跨市场、跨领域风险关联性明显增强。一些地方经济恢复困难较多，财政收支矛盾突出。地方政府融资平台债务风险亟待规范管理。社会治理仍需进一步加强，安全生产形势仍较严峻，极端天气及洪涝、干旱等自然灾害风险犹存。四是民生领域存在不少短板。就业总量压力和结构性矛盾并存，高校毕业生再创历史新高，重点群体就业形势严峻。居民收入增速放缓，持续促进居民增收难度较大。教育、医疗、托育、养老、住房等方面供给短板仍存，基本公共服务均等化水平还需提升。大气、水体、土壤等环境持续改善基础尚不稳固，环境基础设施建设仍待加强。五是市场预期还不稳固。企业特别是中小微企业生产经营面临困难，居民消费意愿谨慎，企业发展信心不足与市场需求不振可能形成循环弱化。此外，工作中多目标多政策统筹协调仍不到位，在短期波动中把握长期趋势、在发展中解决两难多难问题、在复杂局面中及时化解重大矛盾风险的能力仍待加强，形式主义、官僚主义现象仍较突出，"一刀切"、脱离实际的现象仍有发生，应对疫情冲击过程中有些方面工作还存在一些不足。

在直面困难挑战的同时，更应该看到，我国经济韧性强、潜力大、活力足，生存力、竞争力、发展力、持续力不断提升，经济长期向好的基本面没有变，支撑高质量发展的生产要素条件没有变，推进中国式现代化的制度保证更为完善、物质基础更为坚实、精神力量更为主动，经济社会发展前景广阔、前途光明。在新时代新征程上，有习近平总书记作为党中央的核心、全党的核心掌舵领航，有习近平新时代中国特色社会主义思想的科学指引，有全国各族人民众志成城、团结奋斗，我们完全有条件、有信心、有能力战胜前进道路上的一切艰难险阻，在以中国式现代化推进强国建设、民族复兴的道路上阔步前行。

二、2023年经济社会发展总体要求、主要目标和政策取向(略)

三、2023年国民经济和社会发展计划的主要任务(略)

B

经济法律法规选编

法　律

中华人民共和国期货和衍生品法

（2022 年 4 月 20 日第十三届全国人民代表大会常务委员会第三十四次会议通过　2022 年 4 月 20 日中华人民共和国主席令第 111 号公布　自 2022 年 8 月 1 日起施行）

第一章　总　则

第一条　为了规范期货交易和衍生品交易行为，保障各方合法权益，维护市场秩序和社会公共利益，促进期货市场和衍生品市场服务国民经济，防范化解金融风险，维护国家经济安全，制定本法。

第二条　在中华人民共和国境内，期货交易和衍生品交易及相关活动，适用本法。

在中华人民共和国境外的期货交易和衍生品交易及相关活动，扰乱中华人民共和国境内市场秩序，损害境内交易者合法权益的，依照本法有关规定处理并追究法律责任。

第三条　本法所称期货交易，是指以期货合约或者标准化期权合约为交易标的的交易活动。

本法所称衍生品交易，是指期货交易以外的，以互换合约、远期合约和非标准化期权合约及其组合为交易标的的交易活动。

本法所称期货合约，是指期货交易场所统一制定的、约定在将来某一特定的时间和地点交割一定数量标的物的标准化合约。

本法所称期权合约，是指约定买方有权在将来某一时间以特定价格买入或者卖出约定标的物（包括期货合约）的标准化或非标准化合约。

本法所称互换合约，是指约定在将来某一特定时间内相互交换特定标的物的金融合约。

本法所称远期合约，是指期货合约以外的，约定在将来某一特定的时间和地点交割一定数量标的物的金融合约。

第四条　国家支持期货市场健康发展，发挥发现价格、管理风险、配置资源的功能。

国家鼓励利用期货市场和衍生品市场从事套期保值等风险管理活动。

国家采取措施推动农产品期货市场和衍生品市场发展，引导国内农产品生产经营。

本法所称套期保值，是指交易者为管理因其资产、负债等价值变化产生的风险而达成与上述资产、负债等基本吻合的期货交易和衍生品交易的活动。

第五条　期货市场和衍生品市场应当建立和完善风险的监测监控与化解处置制度机制，依法限制过度投机行为，防范市场系统性风险。

第六条　期货交易和衍生品交易活动，应当遵守法律、行政法规和国家有关规定，遵循公开、公平、公正的原则，禁止欺诈、操纵市场和内幕交易的行为。

第七条　参与期货交易和衍生品交易活动的各方具有平等的法律地位，应当遵守自愿、有偿、诚实信用的原则。

第八条　国务院期货监督管理机构依法对全国期货市场实行集中统一监督管理。国务院对利率、汇率期货的监督管理另有规定的，适用其规定。

衍生品市场由国务院期货监督管理机构或者国务院授权的部门按照职责分工实行监督管理。

第九条　期货和衍生品行业协会依法实行自律管理。

第十条　国家审计机关依法对期货经营机构、期货交易场所、期货结算机构、国务院期货监督管理机构进行审计监督。

第二章　期货交易和衍生品交易

第一节　一般规定

第十一条　期货交易应当在依法设立的期货交易所或者国务院期货监督管理机构依法批准组织开展期货交易的其他期货交易场所（以下统称期货交易场所），采用公开的集中交易方式或者国务院期货监督管理机构批准的其他方式进行。

禁止在期货交易场所之外进行期货交易。

衍生品交易，可以采用协议交易或者国务院规定的其他交易方式进行。

第十二条　任何单位和个人不得操纵期货市场或者衍生品市场。

禁止以下列手段操纵期货市场，影响或者意图影响期货交易价格或者期货交易量：

（1）单独或者合谋，集中资金优势、持仓优势或者利用信息优势联合或者连续买卖合约；

（2）与他人串通，以事先约定的时间、价格和方式相互进行期货交易；

（3）在自己实际控制的账户之间进行期货交易；

（4）利用虚假或者不确定的重大信息，诱导交易者进行期货交易；

（5）不以成交为目的，频繁或者大量申报并撤销申报；

（6）对相关期货交易或者合约标的物的交易作出公开评价、预测或者投资建议，并进行反向操作或者相关操作；

（7）为影响期货市场行情囤积现货；

（8）在交割月或者临近交割月，利用不正当手段规避持仓限额，形成持仓优势；

（9）利用在相关市场的活动操纵期货市场；

（10）操纵期货市场的其他手段。

第十三条　期货交易和衍生品交易的内幕信息的知情人和非法获取内幕信息的人，在内幕信息公开前不得从事相关期货交易或者衍生品交易，明示、暗示他人从事与内幕信息有关的期货交易或者衍生品交易，或者泄露内幕信息。

第十四条　本法所称内幕信息，是指可能对期货交易或者衍生品交易的交易价格产生重大影响的尚未公开的信息。

期货交易的内幕信息包括：

（1）国务院期货监督管理机构以及其他相关部门正在制定或者尚未发布的对期货交易价格可能产生重大影响的政策、信息或者数据；

（2）期货交易场所、期货结算机构作出的可能对期货交易价格产生重大影响的决定；

（3）期货交易场所会员、交易者的资金和交易动向；

（4）相关市场中的重大异常交易信息；

（5）国务院期货监督管理机构规定的对期货交易价格有重大影响的其他信息。

第十五条　本法所称内幕信息的知情人，是指由于经营地位、管理地位、监督地位或者职务便利等，能够接触或者获得内幕信息的单位和个人。

期货交易的内幕信息的知情人包括：

（1）期货经营机构、期货交易场所、期货结算机构、期货服务机构的有关人员；

（2）国务院期货监督管理机构和其他有关部门的工作人员；

（3）国务院期货监督管理机构规定的可以获取内幕信息的其他单位和个人。

第十六条　禁止任何单位和个人编造、传播虚假信息或者误导性信息，扰乱期货市场和衍生品市场。

禁止期货经营机构、期货交易场所、期货结算机构、期货服务机构及其从业人员，组织、开展衍生品交易的场所、机构及其从业人员，期货和衍生品行业协会、国务院期货监督管理机构、国务院授权的部门及其工作人员，在期货交易和衍生品交易及相关活动中作出虚假陈述或者信息误导。

各种传播媒介传播期货市场和衍生品市场信息应当真实、客观，禁止误导。传播媒介及其从事期货市场和衍生品市场信息报道的工作人员不得从事与其工作职责发生利益冲突的期货交易和衍生品交易及相关活动。

第二节　期货交易

第十七条　期货合约品种和标准化期权合约品种的上市应当符合国务院期货监督管理机构的规

定，由期货交易场所依法报经国务院期货监督管理机构注册。

期货合约品种和标准化期权合约品种的中止上市、恢复上市、终止上市应当符合国务院期货监督管理机构的规定，由期货交易场所决定并向国务院期货监督管理机构备案。

期货合约品种和标准化期权合约品种应当具有经济价值，合约不易被操纵，符合社会公共利益。

第十八条 期货交易实行账户实名制。交易者进行期货交易的，应当持有证明身份的合法证件，以本人名义申请开立账户。

任何单位和个人不得违反规定，出借自己的期货账户或者借用他人的期货账户从事期货交易。

第十九条 在期货交易场所进行期货交易的，应当是期货交易场所会员或者符合国务院期货监督管理机构规定的其他参与者。

第二十条 交易者委托期货经营机构进行交易的，可以通过书面、电话、自助终端、网络等方式下达交易指令。交易指令应当明确、具体、全面。

第二十一条 通过计算机程序自动生成或者下达交易指令进行程序化交易的，应当符合国务院期货监督管理机构的规定，并向期货交易场所报告，不得影响期货交易场所系统安全或者正常交易秩序。

第二十二条 期货交易实行保证金制度，期货结算机构向结算参与人收取保证金，结算参与人向交易者收取保证金。保证金用于结算和履约保障。

保证金的形式包括现金，国债、股票、基金份额、标准仓单等流动性强的有价证券，以及国务院期货监督管理机构规定的其他财产。以有价证券等作为保证金的，可以依法通过质押等具有履约保障功能的方式进行。

期货结算机构、结算参与人收取的保证金的形式、比例等应当符合国务院期货监督管理机构的规定。

交易者进行标准化期权合约交易的，卖方应当缴纳保证金，买方应当支付权利金。

前款所称权利金是指买方支付的用于购买标准化期权合约的资金。

第二十三条 期货交易实行持仓限额制度，防范合约持仓过度集中的风险。

从事套期保值等风险管理活动的，可以申请持仓限额豁免。

持仓限额、套期保值的管理办法由国务院期货监督管理机构制定。

第二十四条 期货交易实行交易者实际控制关系报备管理制度。交易者应当按照国务院期货监督管理机构的规定向期货经营机构或者期货交易场所报备实际控制关系。

第二十五条 期货交易的收费应当合理，收费项目、收费标准和管理办法应当公开。

第二十六条 依照期货交易场所依法制定的业务规则进行的交易，不得改变其交易结果，本法第八十九条第二款规定的除外。

第二十七条 期货交易场所会员和交易者应当按照国务院期货监督管理机构的规定，报告有关交易、持仓、保证金等重大事项。

第二十八条 任何单位和个人不得违规使用信贷资金、财政资金进行期货交易。

第二十九条 期货经营机构、期货交易场所、期货结算机构、期货服务机构等机构及其从业人员对发现的禁止的交易行为，应当及时向国务院期货监督管理机构报告。

第三节 衍生品交易

第三十条 依法设立的场所，经国务院授权的部门或者国务院期货监督管理机构审批，可以组织开展衍生品交易。

组织开展衍生品交易的场所制定的交易规则，应当公平保护交易参与各方合法权益和防范市场风险，并报国务院授权的部门或者国务院期货监督管理机构批准。

第三十一条 金融机构开展衍生品交易业务，应当依法经过批准或者核准，履行交易者适当性管理义务，并应当遵守国家有关监督管理规定。

第三十二条 衍生品交易采用主协议方式的，主协议、主协议项下的全部补充协议以及交易双方就各项具体交易作出的约定等，共同构成交易双方之间一个完整的单一协议，具有法律约束力。

第三十三条 本法第三十二条规定的主协议等合同范本，应当按照国务院授权的部门或者国务院期货监督管理机构的规定报送备案。

第三十四条 进行衍生品交易，可以依法通过质押等方式提供履约保障。

第三十五条 依法采用主协议方式从事衍生品交易的，发生约定的情形时，可以依照协议约定终止交易，并按净额对协议项下的全部交易盈亏进行结算。

依照前款规定进行的净额结算，不因交易任何一方依法进入破产程序而中止、无效或者撤销。

第三十六条 国务院授权的部门、国务院期货监督管理机构应当建立衍生品交易报告库，对衍生品交易标的、规模、对手方等信息进行集中收集、保存、分析和管理，并按照规定及时向市场披露有关信息。具体办法由国务院授权的部门、国务院期货监督管理机构规定。

第三十七条 衍生品交易，由国务院授权的部门或者国务院期货监督管理机构批准的结算机构作为中央对手方进行集中结算的，可以依法进行终止净额结算；结算财产应当优先用于结算和交割，不得被查封、冻结、扣押或者强制执行；在结算和交割完成前，任何人不得动用。

依法进行的集中结算，不因参与结算的任何一方依法进入破产程序而中止、无效或者撤销。

第三十八条 对衍生品交易及相关活动进行规范和监督管理的具体办法，由国务院依照本法的原则规定。

第三章　期货结算与交割

第三十九条 期货交易实行当日无负债结算制度。在期货交易场所规定的时间，期货结算机构应当在当日按照结算价对结算参与人进行结算；结算参与人应当根据期货结算机构的结算结果对交易者进行结算。结算结果应当在当日及时通知结算参与人和交易者。

第四十条 期货结算机构、结算参与人收取的保证金、权利金等，应当与其自有资金分开，按照国务院期货监督管理机构的规定，在期货保证金存管机构专户存放，分别管理，禁止违规挪用。

第四十一条 结算参与人的保证金不符合期货结算机构业务规则规定标准的，期货结算机构应当按照业务规则的规定通知结算参与人在规定时间内追加保证金或者自行平仓；结算参与人未在规定时间内追加保证金或者自行平仓的，通知期货交易场所强行平仓。

交易者的保证金不符合结算参与人与交易者约定标准的，结算参与人应当按照约定通知交易者在约定时间内追加保证金或者自行平仓；交易者未在约定时间内追加保证金或者自行平仓的，按照约定强行平仓。

以有价证券等作为保证金，期货结算机构、结算参与人按照前两款规定强行平仓的，可以对有价证券等进行处置。

第四十二条 结算参与人在结算过程中违约的，期货结算机构按照业务规则动用结算参与人的保证金、结算担保金，以及结算机构的风险准备金、自有资金等完成结算；期货结算机构以其风险准备金、自有资金等完成结算的，可以依法对该结算参与人进行追偿。

交易者在结算过程中违约的，其委托的结算参与人按照合同约定动用该交易者的保证金以及结算参与人的风险准备金和自有资金完成结算；结算参与人以其风险准备金和自有资金完成结算的，可以依法对该交易者进行追偿。

本法所称结算担保金，是指结算参与人以自有资金向期货结算机构缴纳的，用于担保履约的资金。

第四十三条 期货结算机构依照其业务规则收取和提取的保证金、权利金、结算担保金、风险准备金等资产，应当优先用于结算和交割，不得被查封、冻结、扣押或者强制执行。

在结算和交割完成之前，任何人不得动用用于担保履约和交割的保证金、进入交割环节的交割财产。

依法进行的结算和交割，不因参与结算的任何一方依法进入破产程序而中止、无效或者撤销。

第四十四条 期货合约到期时，交易者应当通过实物交割或者现金交割，了结到期未平仓合约。

在标准化期权合约规定的时间，合约的买方有权以约定的价格买入或者卖出标的物，或者按照约定进行现金差价结算，合约的卖方应当按照约定履行相应的义务。标准化期权合约的行权，由期货结算机构组织进行。

第四十五条 期货合约采取实物交割的,由期货结算机构负责组织货款与标准仓单等合约标的物权利凭证的交付。

期货合约采取现金交割的,由期货结算机构以交割结算价为基础,划付持仓双方的盈亏款项。

本法所称标准仓单,是指交割库开具并经期货交易场所登记的标准化提货凭证。

第四十六条 期货交易的实物交割在期货交易场所指定的交割库、交割港口或者其他符合期货交易场所要求的地点进行。实物交割不得限制交割总量。采用标准仓单以外的单据凭证或者其他方式进行实物交割的,期货交易场所应当明确规定交割各方的权利和义务。

第四十七条 结算参与人在交割过程中违约的,期货结算机构有权对结算参与人的标准仓单等合约标的物权利凭证进行处置。

交易者在交割过程中违约的,结算参与人有权对交易者的标准仓单等合约标的物权利凭证进行处置。

第四十八条 不符合结算参与人条件的期货经营机构可以委托结算参与人代为其客户进行结算。不符合结算参与人条件的期货经营机构与结算参与人、交易者之间的权利义务关系,参照本章关于结算参与人与交易者之间权利义务的规定执行。

第四章 期货交易者

第四十九条 期货交易者是指依照本法从事期货交易,承担交易结果的自然人、法人和非法人组织。

期货交易者从事期货交易,除国务院期货监督管理机构另有规定外,应当委托期货经营机构进行。

第五十条 期货经营机构向交易者提供服务时,应当按照规定充分了解交易者的基本情况、财产状况、金融资产状况、交易知识和经验、专业能力等相关信息;如实说明服务的重要内容,充分揭示交易风险;提供与交易者上述状况相匹配的服务。

交易者在参与期货交易和接受服务时,应当按照期货经营机构明示的要求提供前款所列真实信息。拒绝提供或者未按照要求提供信息的,期货经营机构应当告知其后果,并按照规定拒绝提供服务。

期货经营机构违反第一款规定导致交易者损失的,应当承担相应的赔偿责任。

第五十一条 根据财产状况、金融资产状况、交易知识和经验、专业能力等因素,交易者可以分为普通交易者和专业交易者。专业交易者的标准由国务院期货监督管理机构规定。

普通交易者与期货经营机构发生纠纷的,期货经营机构应当证明其行为符合法律、行政法规以及国务院期货监督管理机构的规定,不存在误导、欺诈等情形。期货经营机构不能证明的,应当承担相应的赔偿责任。

第五十二条 参与期货交易的法人和非法人组织,应当建立与其交易合约类型、规模、目的等相适应的内部控制制度和风险控制制度。

第五十三条 期货经营机构、期货交易场所、期货结算机构的从业人员,国务院期货监督管理机构、期货业协会的工作人员,以及法律、行政法规和国务院期货监督管理机构规定禁止参与期货交易的其他人员,不得进行期货交易。

第五十四条 交易者有权查询其委托记录、交易记录、保证金余额、与其接受服务有关的其他重要信息。

第五十五条 期货经营机构、期货交易场所、期货结算机构、期货服务机构及其工作人员应当依法为交易者的信息保密,不得非法买卖、提供或者公开交易者的信息。

期货经营机构、期货交易场所、期货结算机构、期货服务机构及其工作人员不得泄露所知悉的商业秘密。

第五十六条 交易者与期货经营机构等发生纠纷的,双方可以向行业协会等申请调解。普通交易者与期货经营机构发生期货业务纠纷并提出调解请求的,期货经营机构不得拒绝。

第五十七条 交易者提起操纵市场、内幕交易等期货民事赔偿诉讼时,诉讼标的是同一种类,且当事人一方人数众多的,可以依法推选代表人进行诉讼。

第五十八条 国家设立期货交易者保障基金。期货交易者保障基金的筹集、管理和使用的具体办法，由国务院期货监督管理机构会同国务院财政部门制定。

第五章　期货经营机构

第五十九条　期货经营机构是指依照《中华人民共和国公司法》和本法设立的期货公司，以及国务院期货监督管理机构核准从事期货业务的其他机构。

第六十条　设立期货公司，应当具备下列条件，并经国务院期货监督管理机构核准：

（1）有符合法律、行政法规规定的公司章程；

（2）主要股东及实际控制人具有良好的财务状况和诚信记录，净资产不低于国务院期货监督管理机构规定的标准，最近三年无重大违法违规记录；

（3）注册资本不低于人民币一亿元，且应当为实缴货币资本；

（4）从事期货业务的人员符合本法规定的条件，董事、监事和高级管理人员具备相应的任职条件；

（5）有良好的公司治理结构、健全的风险管理制度和完善的内部控制制度；

（6）有合格的经营场所、业务设施和信息技术系统；

（7）法律、行政法规和国务院期货监督管理机构规定的其他条件。

国务院期货监督管理机构根据审慎监管原则和各项业务的风险程度，可以提高注册资本最低限额。

国务院期货监督管理机构应当自受理期货公司设立申请之日起六个月内依照法定条件、法定程序和审慎监管原则进行审查，作出核准或者不予核准的决定，并通知申请人；不予核准的，应当说明理由。

第六十一条　期货公司应当在其名称中标明“期货”字样，国务院期货监督管理机构另有规定的除外。

第六十二条　期货公司办理下列事项，应当经国务院期货监督管理机构核准：

（1）合并、分立、停业、解散或者申请破产；

（2）变更主要股东或者公司的实际控制人；

（3）变更注册资本且调整股权结构；

（4）变更业务范围；

（5）国务院期货监督管理机构规定的其他重大事项。

前款第三项、第五项所列事项，国务院期货监督管理机构应当自受理申请之日起二十日内作出核准或者不予核准的决定；前款所列其他事项，国务院期货监督管理机构应当自受理申请之日起六十日内作出核准或者不予核准的决定。

第六十三条　期货公司经国务院期货监督管理机构核准可以从事下列期货业务：

（1）期货经纪；

（2）期货交易咨询；

（3）期货做市交易；

（4）其他期货业务。

期货公司从事资产管理业务的，应当符合《中华人民共和国证券投资基金法》等法律、行政法规的规定。

未经国务院期货监督管理机构核准，任何单位和个人不得设立或者变相设立期货公司，经营或者变相经营期货经纪业务、期货交易咨询业务，也不得以经营为目的使用“期货”“期权”或者其他可能产生混淆或者误导的名称。

第六十四条　期货公司的董事、监事、高级管理人员，应当正直诚实、品行良好，熟悉期货法律、行政法规，具有履行职责所需的经营管理能力。期货公司任免董事、监事、高级管理人员，应当报国务院期货监督管理机构备案。

有下列情形之一的，不得担任期货公司的董事、监事、高级管理人员：

（1）存在《中华人民共和国公司法》规定的不得担任公司董事、监事和高级管理人员的情形；

（2）因违法行为或者违纪行为被解除职务的期货经营机构的董事、监事、高级管理人员，或者期货交易场所、期货结算机构的负责人，自被解除职务之日起未逾五年；

（3）因违法行为或者违纪行为被吊销执业证书或者被取消资格的注册会计师、律师或者其他期货服务机构的专业人员，自被吊销执业证书或者被取消资格之日起未逾五年。

第六十五条　期货经营机构应当依法经营，勤勉尽责，诚实守信。期货经营机构应当建立健全内部控制制度，采取有效隔离措施，防范经营机构与客户之间、不同客户之间的利益冲突。

期货经营机构应当将其期货经纪业务、期货做市交易业务、资产管理业务和其他相关业务分开办理，不得混合操作。

期货经营机构应当依法建立并执行反洗钱制度。

第六十六条 期货经营机构接受交易者委托为其进行期货交易，应当签订书面委托合同，以自己的名义为交易者进行期货交易，交易结果由交易者承担。

期货经营机构从事经纪业务，不得接受交易者的全权委托。

第六十七条 期货经营机构从事资产管理业务，接受客户委托，运用客户资产进行投资的，应当公平对待所管理的不同客户资产，不得违背受托义务。

第六十八条 期货经营机构不得违反规定为其股东、实际控制人或者股东、实际控制人的关联人提供融资或者担保，不得违反规定对外担保。

第六十九条 期货经营机构从事期货业务的人员应当正直诚实、品行良好，具备从事期货业务所需的专业能力。

期货经营机构从事期货业务的人员不得私下接受客户委托从事期货交易。

期货经营机构从事期货业务的人员在从事期货业务活动中，执行所属的期货经营机构的指令或者利用职务违反期货交易规则的，由所属的期货经营机构承担全部责任。

第七十条 国务院期货监督管理机构应当制定期货经营机构持续性经营规则，对期货经营机构及其分支机构的经营条件、风险管理、内部控制、保证金存管、合规管理、风险监管指标、关联交易等方面作出规定。期货经营机构应当符合持续性经营规则。

第七十一条 期货经营机构应当按照规定向国务院期货监督管理机构报送业务、财务等经营管理信息和资料。国务院期货监督管理机构有权要求期货经营机构及其主要股东、实际控制人、其他关联人在指定的期限内提供有关信息、资料。

期货经营机构及其主要股东、实际控制人或者其他关联人向国务院期货监督管理机构报送或者提供的信息、资料，应当真实、准确、完整。

第七十二条 期货经营机构涉及重大诉讼、仲裁，股权被冻结或者用于担保，以及发生其他重大事件时，应当自该事件发生之日起五日内向国务院期货监督管理机构提交书面报告。

期货经营机构的控股股东或者实际控制人应当配合期货经营机构履行前款规定的义务。

第七十三条 期货经营机构不符合持续性经营规则或者出现经营风险的，国务院期货监督管理机构应当责令其限期改正；期货经营机构逾期未改正的，或者其行为严重危及该期货经营机构的稳健运行、损害交易者合法权益的，或者涉嫌严重违法违规正在被国务院期货监督管理机构调查的，国务院期货监督管理机构可以区别情形，对其采取下列措施：

（1）限制或者暂停部分业务；

（2）停止核准新增业务；

（3）限制分配红利，限制向董事、监事、高级管理人员支付报酬、提供福利；

（4）限制转让财产或者在财产上设定其他权利；

（5）责令更换董事、监事、高级管理人员或者有关业务部门、分支机构的负责人员，或者限制其权利；

（6）限制期货经营机构自有资金或者风险准备金的调拨和使用；

（7）认定负有责任的董事、监事、高级管理人员为不适当人选；

（8）责令负有责任的股东转让股权，限制负有责任的股东行使股东权利。

对经过整改符合有关法律、行政法规规定以及持续性经营规则要求的期货经营机构，国务院期货监督管理机构应当自验收完毕之日起三日内解除对其采取的有关措施。

对经过整改仍未达到持续性经营规则要求，严重影响正常经营的期货经营机构，国务院期货监督管理机构有权撤销其部分或者全部期货业务许可、关闭其部分或者全部分支机构。

第七十四条 期货经营机构违法经营或者出现重大风险，严重危害期货市场秩序、损害交易者利益的，国务院期货监督管理机构可以对该期货经营机构采取责令停业整顿、指定其他机构托管或者接管等监督管理措施。

期货经营机构有前款所列情形,经国务院期货监督管理机构批准,可以对该期货经营机构直接负责的董事、监事、高级管理人员和其他直接责任人员采取以下措施:

(1)决定并通知出境入境管理机关依法阻止其出境;

(2)申请司法机关禁止其转移、转让或者以其他方式处分财产,或者在财产上设定其他权利。

第七十五条 期货经营机构的股东有虚假出资、抽逃出资行为的,国务院期货监督管理机构应当责令其限期改正,并可责令其转让所持期货经营机构的股权。

在股东依照前款规定的要求改正违法行为、转让所持期货经营机构的股权前,国务院期货监督管理机构可以限制其股东权利。

第七十六条 期货经营机构有下列情形之一的,国务院期货监督管理机构应当依法办理相关业务许可证注销手续:

(1)营业执照被依法吊销;

(2)成立后无正当理由超过三个月未开始营业,或者开业后无正当理由停业连续三个月以上;

(3)主动提出注销申请;

(4)《中华人民共和国行政许可法》和国务院期货监督管理机构规定应当注销行政许可的其他情形。

期货经营机构在注销相关业务许可证前,应当结清相关期货业务,并依法返还交易者的保证金和其他资产。

第七十七条 国务院期货监督管理机构认为必要时,可以委托期货服务机构对期货经营机构的财务状况、内部控制状况、资产价值进行审计或者评估。具体办法由国务院期货监督管理机构会同有关主管部门制定。

第七十八条 禁止期货经营机构从事下列损害交易者利益的行为:

(1)向交易者作出保证其资产本金不受损失或者取得最低收益承诺;

(2)与交易者约定分享利益、共担风险;

(3)违背交易者委托进行期货交易;

(4)隐瞒重要事项或者使用其他不正当手段,诱骗交易者交易;

(5)以虚假或者不确定的重大信息为依据向交易者提供交易建议;

(6)向交易者提供虚假成交回报;

(7)未将交易者交易指令下达到期货交易场所;

(8)挪用交易者保证金;

(9)未依照规定在期货保证金存管机构开立保证金账户,或者违规划转交易者保证金;

(10)利用为交易者提供服务的便利,获取不正当利益或者转嫁风险;

(11)其他损害交易者权益的行为。

第六章 期货交易场所

第七十九条 期货交易场所应当遵循社会公共利益优先原则,为期货交易提供场所和设施,组织和监督期货交易,维护市场的公平、有序和透明,实行自律管理。

第八十条 设立、变更和解散期货交易所,应当由国务院期货监督管理机构批准。

设立期货交易所应当制定章程。期货交易所章程的制定和修改,应当经国务院期货监督管理机构批准。

第八十一条 期货交易所应当在其名称中标明“商品交易所”或者“期货交易所”等字样。其他任何单位或者个人不得使用期货交易所或者其他可能产生混淆或者误导的名称。

第八十二条 期货交易所可以采取会员制或者公司制的组织形式。

会员制期货交易所的组织机构由其章程规定。

第八十三条 期货交易所依照法律、行政法规和国务院期货监督管理机构的规定,制定有关业务规则;其中交易规则的制定和修改应当报国务院期货监督管理机构批准。

期货交易所业务规则应当体现公平保护会员、交易者等市场相关各方合法权益的原则。

在期货交易所从事期货交易及相关活动,应当遵守期货交易所依法制定的业务规则。违反业务规则的,由期货交易所给予纪律处分或者采取其他自律管理措施。

第八十四条 期货交易所的负责人由国务院期货监督管理机构提名或者任免。

有《中华人民共和国公司法》规定的不适合担任公司董事、监事、高级管理人员的情形或者下列情形之一的，不得担任期货交易所的负责人：

（1）因违法行为或者违纪行为被解除职务的期货经营机构的董事、监事、高级管理人员，或者期货交易场所、期货结算机构的负责人，自被解除职务之日起未逾五年；

（2）因违法行为或者违纪行为被吊销执业证书或者被取消资格的注册会计师、律师或者其他期货服务机构的专业人员，自被吊销执业证书或者被取消资格之日起未逾5年。

第八十五条 期货交易场所应当依照本法和国务院期货监督管理机构的规定，加强对交易活动的风险控制和对会员以及交易场所工作人员的监督管理，依法履行下列职责：

（1）提供交易的场所、设施和服务；

（2）设计期货合约、标准化期权合约品种，安排期货合约、标准化期权合约品种上市；

（3）对期货交易进行实时监控和风险监测；

（4）依照章程和业务规则对会员、交易者、期货服务机构等进行自律管理；

（5）开展交易者教育和市场培育工作；

（6）国务院期货监督管理机构规定的其他职责。

期货交易场所不得直接或者间接参与期货交易。未经国务院批准，期货交易场所不得从事信托投资、股票投资、非自用不动产投资等与其职责无关的业务。

第八十六条 期货交易所的所得收益按照国家有关规定管理和使用，应当首先用于保证期货交易的场所、设施的运行和改善。

第八十七条 期货交易场所应当加强对期货交易的风险监测，出现异常情况的，期货交易场所可以依照业务规则，单独或者会同期货结算机构采取下列紧急措施，并立即报告国务院期货监督管理机构：

（1）调整保证金；

（2）调整涨跌停板幅度；

（3）调整会员、交易者的交易限额或持仓限额标准；

（4）限制开仓；

（5）强行平仓；

（6）暂时停止交易；

（7）其他紧急措施。

异常情况消失后，期货交易场所应当及时取消紧急措施。

第八十八条 期货交易场所应当实时公布期货交易即时行情，并按交易日制作期货市场行情表，予以公布。

期货交易行情的权益由期货交易场所享有。未经期货交易场所许可，任何单位和个人不得发布期货交易行情。

期货交易场所不得发布价格预测信息。

期货交易场所应当依照国务院期货监督管理机构的规定，履行信息报告义务。

第八十九条 因突发性事件影响期货交易正常进行时，为维护期货交易正常秩序和市场公平，期货交易场所可以按照本法和业务规则规定采取必要的处置措施，并应当及时向国务院期货监督管理机构报告。

因前款规定的突发性事件导致期货交易结果出现重大异常，按交易结果进行结算、交割将对期货交易正常秩序和市场公平造成重大影响的，期货交易场所可以按照业务规则采取取消交易等措施，并应当及时向国务院期货监督管理机构报告并公告。

第九十条 期货交易场所对其依照本法第八十七条、第八十九条规定采取措施造成的损失，不承担民事赔偿责任，但存在重大过错的除外。

第七章 期货结算机构

第九十一条 期货结算机构是指依法设立，为期货交易提供结算、交割服务，实行自律管理的法人。

期货结算机构包括内部设有结算部门的期货交易场所、独立的期货结算机构和经国务院期货监督管理机构批准从事与证券业务相关的期货交易结算、交割业务的证券结算机构。

第九十二条 独立的期货结算机构的设立、变更和解散，应当经国务院期货监督管理机构批准。

设立独立的期货结算机构，应当具备下列条件：

（1）具备良好的财务状况，注册资本最低限额符合国务院期货监督管理机构的规定；

（2）有具备任职专业知识和业务工作经验的高级管理人员；

（3）具备完善的治理结构、内部控制制度和风险控制制度；

（4）具备符合要求的营业场所、信息技术系统以及与期货交易的结算有关的其他设施；

（5）国务院期货监督管理机构规定的其他条件。

承担期货结算机构职责的期货交易场所，应当具备本条第二款规定的条件。

国务院期货监督管理机构应当根据审慎监管原则进行审查，在6个月内作出批准或者不予批准的决定。

第九十三条　期货结算机构作为中央对手方，是结算参与人共同对手方，进行净额结算，为期货交易提供集中履约保障。

第九十四条　期货结算机构履行下列职责：

（1）组织期货交易的结算、交割；

（2）按照章程和业务规则对交易者、期货经营机构、期货服务机构、非期货经营机构结算参与人等进行自律管理；

（3）办理与期货交易的结算、交割有关的信息查询业务；

（4）国务院期货监督管理机构规定的其他职责。

第九十五条　期货结算机构应当按照国务院期货监督管理机构的规定，在其业务规则中规定结算参与人制度、风险控制制度、信息安全管理制度、违规违约处理制度、应急处理及临时处置措施等事项。期货结算机构制定和修改章程、业务规则，应当经国务院期货监督管理机构批准。参与期货结算，应当遵守期货结算机构制定的业务规则。

期货结算机构制定和执行业务规则，应当与期货交易场所的相关制度衔接、协调。

第九十六条　期货结算机构应当建立流动性管理制度，保障结算活动的稳健运行。

第九十七条　本法第八十四条，第八十五条第二款，第八十六条，第八十八条第三款、第四款的规定，适用于独立的期货结算机构和经批准从事期货交易结算、交割业务的证券结算机构。

第八章　期货服务机构

第九十八条　会计师事务所、律师事务所、资产评估机构、期货保证金存管机构、交割库、信息技术服务机构等期货服务机构，应当勤勉尽责、恪尽职守，按照相关业务规则为期货交易及相关活动提供服务，并按照国务院期货监督管理机构的要求提供相关资料。

第九十九条　会计师事务所、律师事务所、资产评估机构等期货服务机构接受期货经营机构、期货交易场所、期货结算机构的委托出具审计报告、法律意见书等文件，应当对所依据的文件资料内容的真实性、准确性、完整性进行核查和验证。

第一百条　交割库包括交割仓库和交割厂库等。交割库为期货交易的交割提供相关服务，应当符合期货交易场所规定的条件。期货交易场所应当与交割库签订协议，明确双方的权利和义务。

交割库不得有下列行为：

（1）出具虚假仓单；

（2）违反期货交易场所的业务规则，限制交割商品的出库、入库；

（3）泄露与期货交易有关的商业秘密；

（4）违反国家有关规定参与期货交易；

（5）违反国务院期货监督管理机构规定的其他行为。

第一百零一条　为期货交易及相关活动提供信息技术系统服务的机构，应当符合国家及期货行业信息安全相关的技术管理规定和标准，并向国务院期货监督管理机构备案。

国务院期货监督管理机构可以依法要求信息技术服务机构提供前款规定的信息技术系统的相关材料。

第九章　期货业协会

第一百零二条　期货业协会是期货行业的自律性组织，是社会团体法人。

期货经营机构应当加入期货业协会。期货服务机构可以加入期货业协会。

第一百零三条　期货业协会的权力机构为会员

大会。

期货业协会的章程由会员大会制定，并报国务院期货监督管理机构备案。

期货业协会设理事会。理事会成员依照章程的规定选举产生。

第一百零四条 期货业协会履行下列职责：

（1）制定和实施行业自律规则，监督、检查会员的业务活动及从业人员的执业行为，对违反法律、行政法规、国家有关规定、协会章程和自律规则的，按照规定给予纪律处分或者实施其他自律管理措施；

（2）对会员之间、会员与交易者之间发生的纠纷进行调解；

（3）依法维护会员的合法权益，向国务院期货监督管理机构反映会员的建议和要求；

（4）组织期货从业人员的业务培训，开展会员间的业务交流；

（5）教育会员和期货从业人员遵守期货法律法规和政策，组织开展行业诚信建设，建立行业诚信激励约束机制；

（6）开展交易者教育和保护工作，督促会员落实交易者适当性管理制度，开展期货市场宣传；

（7）对会员的信息安全工作实行自律管理，督促会员执行国家和行业信息安全相关规定和技术标准；

（8）组织会员就期货行业的发展、运作及有关内容进行研究，收集整理、发布期货相关信息，提供会员服务，组织行业交流，引导行业创新发展；

（9）期货业协会章程规定的其他职责。

第十章 监督管理

第一百零五条 国务院期货监督管理机构依法对期货市场实行监督管理，维护期货市场公开、公平、公正，防范系统性风险，维护交易者合法权益，促进期货市场健康发展。

国务院期货监督管理机构在对期货市场实施监督管理中，依法履行下列职责：

（1）制定有关期货市场监督管理的规章、规则，并依法进行审批、核准、注册，办理备案；

（2）对品种的上市、交易、结算、交割等期货交易及相关活动，进行监督管理；

（3）对期货经营机构、期货交易场所、期货结算机构、期货服务机构和非期货经营机构结算参与人等市场相关参与者的期货业务活动，进行监督管理；

（4）制定期货从业人员的行为准则，并监督实施；

（5）监督检查期货交易的信息公开情况；

（6）维护交易者合法权益、开展交易者教育；

（7）对期货违法行为进行查处；

（8）监测监控并防范、处置期货市场风险；

（9）对期货行业金融科技和信息安全进行监管；

（10）对期货业协会的自律管理活动进行指导和监督；

（11）法律、行政法规规定的其他职责。

国务院期货监督管理机构根据需要可以设立派出机构，依照授权履行监督管理职责。

第一百零六条 国务院期货监督管理机构依法履行职责，有权采取下列措施：

（1）对期货经营机构、期货交易场所、期货结算机构进行现场检查，并要求其报送有关的财务会计、业务活动、内部控制等资料；

（2）进入涉嫌违法行为发生场所调查取证；

（3）询问当事人和与被调查事件有关的单位和个人，要求其对与被调查事件有关的事项作出说明，或者要求其按照指定的方式报送与被调查事件有关的文件和资料；

（4）查阅、复制与被调查事件有关的财产权登记、通讯记录等文件和资料；

（5）查阅、复制当事人和与被调查事件有关的单位和个人的期货交易记录、财务会计资料及其他相关文件和资料；对可能被转移、隐匿或者毁损的文件资料，可以予以封存、扣押；

（6）查询当事人和与被调查事件有关的单位和个人的保证金账户和银行账户以及其他具有支付、托管、结算等功能的账户信息，可以对有关文件和资料进行复制；对有证据证明已经或者可能转移或者隐匿违法资金等涉案财产或者隐匿、伪造、毁损重要证据的，经国务院期货监督管理机构主要负责人或者其授权的其他负责人批准，可以冻结、查封，期限为六个月；因特殊原因需要延长的，每次延长期限不得超过三个月，最长期限不得超过二年；

(7)在调查操纵期货市场、内幕交易等重大违法行为时,经国务院期货监督管理机构主要负责人或者其授权的其他负责人批准,可以限制被调查事件当事人的交易,但限制的时间不得超过三个月;案情复杂的,可以延长三个月;

(8)决定并通知出境入境管理机关依法阻止涉嫌违法人员、涉嫌违法单位的主管人员和其他直接责任人员出境。

为防范期货市场风险,维护市场秩序,国务院期货监督管理机构可以采取责令改正、监管谈话、出具警示函等措施。

第一百零七条 国务院期货监督管理机构依法履行职责,进行监督检查或者调查,其监督检查、调查的人员不得少于二人,并应当出示执法证件和检查、调查、查询等相关执法文书。监督检查、调查的人员少于二人或者未出示执法证件和有关执法文书的,被检查、调查的单位或者个人有权拒绝。

第一百零八条 国务院期货监督管理机构的工作人员,应当依法办事,忠于职守,公正廉洁,保守国家秘密和有关当事人的商业秘密,不得利用职务便利牟取不正当利益。

第一百零九条 国务院期货监督管理机构依法履行职责,被检查、调查的单位和个人应当配合,如实作出说明或者提供有关文件和资料,不得拒绝、阻碍和隐瞒。

国务院期货监督管理机构与其他相关部门,应当建立信息共享等监督管理协调配合机制。国务院期货监督管理机构依法履行职责,进行监督检查或者调查时,有关部门应当予以配合。

第一百一十条 对涉嫌期货违法、违规行为,任何单位和个人有权向国务院期货监督管理机构举报。

对涉嫌重大违法、违规行为的实名举报线索经查证属实的,国务院期货监督管理机构按照规定给予举报人奖励。

国务院期货监督管理机构应当对举报人的身份信息保密。

第一百一十一条 国务院期货监督管理机构制定的规章、规则和监督管理工作制度应当依法公开。

国务院期货监督管理机构依据调查结果,对期货违法行为作出的处罚决定,应当依法公开。

第一百一十二条 国务院期货监督管理机构对涉嫌期货违法的单位或者个人进行调查期间,被调查的当事人书面申请,承诺在国务院期货监督管理机构认可的期限内纠正涉嫌违法行为,赔偿有关交易者损失,消除损害或者不良影响的,国务院期货监督管理机构可以决定中止调查。被调查的当事人履行承诺的,国务院期货监督管理机构可以决定终止调查;被调查的当事人未履行承诺或者有国务院规定的其他情形的,应当恢复调查。具体办法由国务院规定。

国务院期货监督管理机构中止或者终止调查的,应当按照规定公开相关信息。

第一百一十三条 国务院期货监督管理机构依法将有关期货市场主体遵守本法的情况纳入期货市场诚信档案。

第一百一十四条 国务院期货监督管理机构依法履行职责,发现期货违法行为涉嫌犯罪的,应当依法将案件移送司法机关处理;发现公职人员涉嫌职务违法或者职务犯罪的,应当依法移送监察机关处理。

第一百一十五条 国务院期货监督管理机构应当建立健全期货市场监测监控制度,通过专门机构加强保证金安全存管监控。

第一百一十六条 为防范交易及结算的风险,期货经营机构、期货交易场所、期货结算机构和非期货经营机构结算参与人应当从业务收入中按照国务院期货监督管理机构、国务院财政部门的规定提取、管理和使用风险准备金。

第一百一十七条 期货经营机构、期货交易场所、期货结算机构、期货服务机构和非期货经营机构结算参与人等应当按照规定妥善保存与业务经营相关的资料和信息,任何人不得泄露、隐匿、伪造、篡改或者毁损。期货经营机构、期货交易场所、期货结算机构和非期货经营机构结算参与人的信息和资料的保存期限不得少于二十年;期货服务机构的信息和资料的保存期限不得少于十年。

第十一章 跨境交易与监管协作

第一百一十八条 境外期货交易场所向境内单

位或者个人提供直接接入该交易场所交易系统进行交易服务的，应当向国务院期货监督管理机构申请注册，接受国务院期货监督管理机构的监督管理，国务院期货监督管理机构另有规定的除外。

第一百一十九条 境外期货交易场所上市的期货合约、期权合约和衍生品合约，以境内期货交易场所上市的合约价格进行挂钩结算的，应当符合国务院期货监督管理机构的规定。

第一百二十条 境内单位或者个人从事境外期货交易，应当委托具有境外期货经纪业务资格的境内期货经营机构进行，国务院另有规定的除外。

境内期货经营机构转委托境外期货经营机构从事境外期货交易的，该境外期货经营机构应当向国务院期货监督管理机构申请注册，接受国务院期货监督管理机构的监督管理，国务院期货监督管理机构另有规定的除外。

第一百二十一条 境外期货交易场所在境内设立代表机构的，应当向国务院期货监督管理机构备案。

境外期货交易场所代表机构及其工作人员，不得从事或者变相从事任何经营活动。

第一百二十二条 境外机构在境内从事期货市场营销、推介及招揽活动，应当经国务院期货监督管理机构批准，适用本法的相关规定。

境内机构为境外机构在境内从事期货市场营销、推介及招揽活动，应当经国务院期货监督管理机构批准。

任何单位或者个人不得从事违反前两款规定的期货市场营销、推介及招揽活动。

第一百二十三条 国务院期货监督管理机构可以和境外期货监督管理机构建立监督管理合作机制，或者加入国际组织，实施跨境监督管理。

国务院期货监督管理机构应境外期货监督管理机构请求提供协助的，应当遵循国家法律、法规的规定和对等互惠的原则，不得泄露国家秘密，不得损害国家利益和社会公共利益。

第一百二十四条 国务院期货监督管理机构可以按照与境外期货监督管理机构达成的监管合作安排，接受境外期货监督管理机构的请求，依照本法规定的职责和程序为其进行调查取证。境外期货监督管理机构应当提供有关案件材料，并说明其正在就被调查当事人涉嫌违反请求方当地期货法律法规的行为进行调查。境外期货监督管理机构不得在中华人民共和国境内直接进行调查取证等活动。

未经国务院期货监督管理机构和国务院有关主管部门同意，任何单位和个人不得擅自向境外监督管理机构提供与期货业务活动有关的文件和资料。

国务院期货监督管理机构可以依照与境外期货监督管理机构达成的监管合作安排，请求境外期货监督管理机构进行调查取证。

第十二章　法律责任

第一百二十五条 违反本法第十二条的规定，操纵期货市场或者衍生品市场的，责令改正，没收违法所得，并处以违法所得一倍以上十倍以下的罚款；没有违法所得或者违法所得不足一百万元的，处以一百万元以上一千万元以下的罚款。单位操纵市场的，还应当对直接负责的主管人员和其他直接责任人员给予警告，并处以五十万元以上五百万元以下的罚款。

操纵市场行为给交易者造成损失的，应当依法承担赔偿责任。

第一百二十六条 违反本法第十三条的规定从事内幕交易的，责令改正，没收违法所得，并处以违法所得一倍以上十倍以下的罚款；没有违法所得或者违法所得不足五十万元的，处以五十万元以上五百万元以下的罚款。单位从事内幕交易的，还应当对直接负责的主管人员和其他直接责任人员给予警告，并处以二十万元以上二百万元以下的罚款。

国务院期货监督管理机构、国务院授权的部门、期货交易场所、期货结算机构的工作人员从事内幕交易的，从重处罚。

内幕交易行为给交易者造成损失的，应当依法承担赔偿责任。

第一百二十七条 违反本法第十六条第一款、第三款的规定，编造、传播虚假信息或者误导性信息，扰乱期货市场、衍生品市场的，没收违法所得，并处以违法所得一倍以上十倍以下的罚款；没有违法所得或者违法所得不足二十万元的，处以二十万元以上二百万元以下的罚款。对直接负责的主管人员和其他直接责任人员给予警告,并处以十万元以上一百万元以下的罚款。

违反本法第十六条第二款的规定,在期货交易、衍生品交易活动中作出虚假陈述或者信息误导的,责令改正,处以二十万元以上二百万元以下的罚款;属于国家工作人员的,还应当依法给予处分。

传播媒介及其从事期货市场、衍生品市场信息报道的工作人员违反本法第十六条第三款的规定,从事与其工作职责发生利益冲突的期货交易、衍生品交易的,没收违法所得,并处以违法所得一倍以下的罚款,没有违法所得或者违法所得不足十万元的,处以十万元以下的罚款。

编造、传播有关期货交易、衍生品交易的虚假信息,或者在期货交易、衍生品交易中作出信息误导,给交易者造成损失的,应当依法承担赔偿责任。

第一百二十八条 违反本法第十八条第二款的规定,出借自己的期货账户或者借用他人的期货账户从事期货交易的,责令改正,给予警告,可以处五十万元以下的罚款。

第一百二十九条 违反本法第二十一条的规定,采取程序化交易影响期货交易场所系统安全或者正常交易秩序的,责令改正,并处以五十万元以上五百万元以下的罚款。对直接负责的主管人员和其他直接责任人员给予警告,并处以十万元以上一百万元以下的罚款。

第一百三十条 违反本法第二十七条规定,未报告有关重大事项的,责令改正,给予警告,可以处一百万元以下的罚款。

第一百三十一条 法律、行政法规和国务院期货监督管理机构规定禁止参与期货交易的人员,违反本法第五十三条的规定,直接或者以化名、借他人名义参与期货交易的,责令改正,给予警告,没收违法所得,并处以五万元以上五十万元以下的罚款;属于国家工作人员的,还应当依法给予处分。

第一百三十二条 非法设立期货公司,或者未经核准从事相关期货业务的,予以取缔,没收违法所得,并处以违法所得一倍以上十倍以下的罚款;没有违法所得或者违法所得不足一百万元的,处以一百万元以上一千万元以下的罚款。对直接负责的主管人员和其他直接责任人员给予警告,并处以二十万元以上二百万元以下的罚款。

第一百三十三条 提交虚假申请文件或者采取其他欺诈手段骗取期货公司设立许可、重大事项变更核准或者期货经营机构期货业务许可的,撤销相关许可,没收违法所得,并处以违法所得一倍以上十倍以下的罚款;没有违法所得或者违法所得不足二十万元的,处以二十万元以上二百万元以下的罚款。对直接负责的主管人员和其他直接责任人员给予警告,并处以二十万元以上二百万元以下的罚款。

第一百三十四条 期货经营机构违反本法第四十条、第六十二条、第六十五条、第六十八条、第七十一条、第七十二条的,责令改正,给予警告,没收违法所得,并处以违法所得一倍以上十倍以下的罚款;没有违法所得或者违法所得不足二十万元的,处以二十万元以上二百万元以下的罚款;情节严重的,责令停业整顿或者吊销期货业务许可证。对直接负责的主管人员和其他直接责任人员给予警告,并处以五万元以上五十万元以下的罚款。

期货经营机构有前款所列违法情形,给交易者造成损失的,应当依法承担赔偿责任。

期货经营机构的主要股东、实际控制人或者其他关联人违反本法第七十一条规定的,依照本条第一款的规定处罚。

第一百三十五条 期货经营机构违反本法第五十条交易者适当性管理规定,或者违反本法第六十六条规定从事经纪业务接受交易者全权委托,或者有第七十八条损害交易者利益行为的,责令改正,给予警告,没收违法所得,并处以违法所得一倍以上十倍以下的罚款;没有违法所得或者违法所得不足五十万元的,处以五十万元以上五百万元以下的罚款;情节严重的,吊销相关业务许可。对直接负责的主管人员和其他直接责任人员给予警告,并处以二十万元以上二百万元以下的罚款。

期货经营机构有本法第七十八条规定的行为,给交易者造成损失的,应当依法承担赔偿责任。

第一百三十六条 违反本法第十一条、第八十条、第九十二条规定,非法设立期货交易场所、期货结算机构,或者以其他形式组织期货交易的,没收违法所得,并处以违法所得一倍以上十倍以下的罚款;没有违法所得或者违法所得不足一百万元的,处以一百万元以上一千万元以下的罚款。对直接负责的主管人员和其他直接责任人员给予警告，并处以二十万元以上二百万元以下的罚款。非法设立期货交易场所的，由县级以上人民政府予以取缔。

违反本法第三十条规定，未经批准组织开展衍生品交易的，或者金融机构违反本法第三十一条规定，未经批准、核准开展衍生品交易的，依照前款规定处罚。

第一百三十七条 期货交易场所、期货结算机构违反本法第十七条、第四十条、第八十五条第二款规定的，责令改正，给予警告，没收违法所得，并处以违法所得一倍以上十倍以下的罚款；没有违法所得或者违法所得不足二十万元的，处以二十万元以上二百万元以下的罚款；情节严重的，责令停业整顿。对直接负责的主管人员和其他直接责任人员处以五万元以上五十万元以下的罚款。

第一百三十八条 期货交易场所、期货结算机构违反本法第八十八条第三款规定发布价格预测信息的，责令改正，给予警告，并处以二十万元以上二百万元以下的罚款。对直接负责的主管人员和其他直接责任人员处以五万元以上五十万元以下的罚款。

第一百三十九条 期货服务机构违反本法第九十八条的规定，从事期货服务业务未按照要求提供相关资料的，责令改正，可以处二十万元以下的罚款。

第一百四十条 会计师事务所、律师事务所、资产评估机构等期货服务机构违反本法第九十九条的规定，未勤勉尽责，所制作、出具的文件有虚假记载、误导性陈述或者重大遗漏的，责令改正，没收业务收入，并处以业务收入一倍以上十倍以下的罚款；没有业务收入或者业务收入不足五十万元的，处以五十万元以上五百万元以下的罚款。对直接负责的主管人员和其他直接责任人员给予警告，并处以二十万元以上二百万元以下的罚款。

期货服务机构有前款所列违法行为，给他人造成损失的，依法承担赔偿责任。

第一百四十一条 交割库有本法第一百条所列行为之一的，责令改正，给予警告，没收违法所得，并处以违法所得一倍以上十倍以下的罚款；没有违法所得或者违法所得不足十万元的，处以十万元以上一百万元以下的罚款；情节严重的，责令期货交易场所暂停或者取消其交割库资格。对直接负责的主管人员和其他直接责任人员给予警告，并处以五万元以上五十万元以下的罚款。

第一百四十二条 信息技术服务机构违反本法第一百零一条规定未报备案的，责令改正，可以处二十万元以下的罚款。

信息技术服务机构违反本法第一百零一条规定，提供的服务不符合国家及期货行业信息安全相关的技术管理规定和标准的，责令改正，没收业务收入，并处以业务收入一倍以上十倍以下的罚款；没有业务收入或者业务收入不足五十万元的，处以五十万元以上五百万元以下的罚款。对直接负责的主管人员和其他直接责任人员给予警告，并处以二十万元以上二百万元以下的罚款。

第一百四十三条 违反本法第一百一十六条的规定，期货经营机构、期货交易场所、期货结算机构和非期货经营机构结算参与人未按照规定提取、管理和使用风险准备金的，责令改正，给予警告。对直接负责的主管人员和其他直接责任人员给予警告，并处以十万元以上一百万元以下的罚款。

第一百四十四条 违反本法第一百一十七条的规定，期货经营机构、期货交易场所、期货结算机构、期货服务机构和非期货经营机构结算参与人等未按照规定妥善保存与业务经营相关的资料和信息的，责令改正，给予警告，并处以十万元以上一百万元以下的罚款；泄露、隐匿、伪造、篡改或者毁损有关文件资料的，责令改正，给予警告，并处以二十万元以上二百万元以下的罚款；情节严重的，处以五十万元以上五百万元以下的罚款，并暂停、吊销相关业务许可或者禁止从事相关业务。对直接负责的主管人员和其他直接责任人员给予警告，并处以十万元以上一百万元以下的罚款。

第一百四十五条 境外期货交易场所和期货经营机构违反本法第一百一十八条和第一百二十条的规定，未向国务院期货监督管理机构申请注册的，责令改正，没收违法所得，并处以违法所得一倍以上十倍以下的罚款；没有违法所得或者违法所得不足五十万元的，处以五十万元以上五百万元以下的罚款。

对直接负责的主管人员和其他直接责任人员给予警告,并处以十万元以上一百万元以下的罚款。

第一百四十六条 境内单位或者个人违反本法第一百二十条第一款规定的,责令改正,给予警告,没收违法所得,并处以十万元以上一百万元以下的罚款;情节严重的,暂停其境外期货交易。对直接负责的主管人员和其他直接责任人员给予警告,并处以五万元以上五十万元以下的罚款。

第一百四十七条 境外期货交易场所在境内设立的代表机构及其工作人员违反本法第一百二十一条的规定,从事或者变相从事任何经营活动的,责令改正,给予警告,没收违法所得,并处以违法所得一倍以上十倍以下的罚款;没有违法所得或者违法所得不足五十万元的,处以五十万元以上五百万元以下的罚款。对直接负责的主管人员和其他直接责任人员给予警告,并处以十万元以上一百万元以下的罚款。

第一百四十八条 违反本法第一百二十二条的规定在境内从事市场营销、推介及招揽活动的,责令改正,给予警告,没收违法所得,并处以违法所得一倍以上十倍以下的罚款;没有违法所得或者违法所得不足五十万元的,处以五十万元以上五百万元以下的罚款。对直接负责的主管人员和其他直接责任人员给予警告,并处以十万元以上一百万元以下的罚款。

第一百四十九条 拒绝、阻碍国务院期货监督管理机构或者国务院授权的部门及其工作人员依法行使监督检查、调查职权的,责令改正,处以十万元以上一百万元以下的罚款,并由公安机关依法给予治安管理处罚。

第一百五十条 违反法律、行政法规或者国务院期货监督管理机构的有关规定,情节严重的,国务院期货监督管理机构可以对有关责任人员采取期货市场禁入的措施。

前款所称期货市场禁入,是指在一定期限内直至终身不得进行期货交易、从事期货业务,不得担任期货经营机构、期货交易场所、期货结算机构的董事、监事、高级管理人员或者负责人的制度。

第一百五十一条 本法规定的行政处罚,由国务院期货监督管理机构、国务院授权的部门按照国务院规定的职责分工作出决定;法律、行政法规另有规定的,适用其规定。

第一百五十二条 国务院期货监督管理机构或者国务院授权的部门的工作人员,不履行本法规定的职责,滥用职权、玩忽职守,利用职务便利牟取不正当利益,或者泄露所知悉的有关单位和个人的商业秘密的,依法追究法律责任。

第一百五十三条 违反本法规定,构成犯罪的,依法追究刑事责任。

第一百五十四条 违反本法规定,应当承担民事赔偿责任和缴纳罚款、罚金、违法所得,违法行为人的财产不足以支付的,优先用于承担民事赔偿责任。

第十三章 附 则

第一百五十五条 本法自 2022 年 8 月 1 日起施行。

中华人民共和国反垄断法

(2007 年 8 月 30 日第十届全国人民代表大会常务委员会第二十九次会议通过 根据 2022 年 6 月 24 日第十三届全国人民代表大会常务委员会第三十五次会议《关于修改〈中华人民共和国反垄断法〉的决定》修正 2022 年 6 月 24 日中华人民共和国主席令第 116 号公布 自 2022 年 8 月 1 日起施行)

第一章 总 则

第一条 为了预防和制止垄断行为,保护市场公平竞争,鼓励创新,提高经济运行效率,维护消费者利益和社会公共利益,促进社会主义市场经济健康发展,制定本法。

第二条 中华人民共和国境内经济活动中的垄断行为，适用本法；中华人民共和国境外的垄断行为，对境内市场竞争产生排除、限制影响的，适用本法。

第三条 本法规定的垄断行为包括：

（1）经营者达成垄断协议；

（2）经营者滥用市场支配地位；

（3）具有或者可能具有排除、限制竞争效果的经营者集中。

第四条 反垄断工作坚持中国共产党的领导。

国家坚持市场化、法治化原则，强化竞争政策基础地位，制定和实施与社会主义市场经济相适应的竞争规则，完善宏观调控，健全统一、开放、竞争、有序的市场体系。

第五条 国家建立健全公平竞争审查制度。

行政机关和法律、法规授权的具有管理公共事务职能的组织在制定涉及市场主体经济活动的规定时，应当进行公平竞争审查。

第六条 经营者可以通过公平竞争、自愿联合，依法实施集中，扩大经营规模，提高市场竞争能力。

第七条 具有市场支配地位的经营者，不得滥用市场支配地位，排除、限制竞争。

第八条 国有经济占控制地位的关系国民经济命脉和国家安全的行业以及依法实行专营专卖的行业，国家对其经营者的合法经营活动予以保护，并对经营者的经营行为及其商品和服务的价格依法实施监管和调控，维护消费者利益，促进技术进步。

前款规定行业的经营者应当依法经营，诚实守信，严格自律，接受社会公众的监督，不得利用其控制地位或者专营专卖地位损害消费者利益。

第九条 经营者不得利用数据和算法、技术、资本优势以及平台规则等从事本法禁止的垄断行为。

第十条 行政机关和法律、法规授权的具有管理公共事务职能的组织不得滥用行政权力，排除、限制竞争。

第十一条 国家健全完善反垄断规则制度，强化反垄断监管力量，提高监管能力和监管体系现代化水平，加强反垄断执法司法，依法公正高效审理垄断案件，健全行政执法和司法衔接机制，维护公平竞争秩序。

第十二条 国务院设立反垄断委员会，负责组织、协调、指导反垄断工作，履行下列职责：

（1）研究拟订有关竞争政策；

（2）组织调查、评估市场总体竞争状况，发布评估报告；

（3）制定、发布反垄断指南；

（4）协调反垄断行政执法工作；

（5）国务院规定的其他职责。

国务院反垄断委员会的组成和工作规则由国务院规定。

第十三条 国务院反垄断执法机构负责反垄断统一执法工作。

国务院反垄断执法机构根据工作需要，可以授权省、自治区、直辖市人民政府相应的机构，依照本法规定负责有关反垄断执法工作。

第十四条 行业协会应当加强行业自律，引导本行业的经营者依法竞争，合规经营，维护市场竞争秩序。

第十五条 本法所称经营者，是指从事商品生产、经营或者提供服务的自然人、法人和非法人组织。

本法所称相关市场，是指经营者在一定时期内就特定商品或者服务（以下统称商品）进行竞争的商品范围和地域范围。

第二章 垄断协议

第十六条 本法所称垄断协议，是指排除、限制竞争的协议、决定或者其他协同行为。

第十七条 禁止具有竞争关系的经营者达成下列垄断协议：

（1）固定或者变更商品价格；

（2）限制商品的生产数量或者销售数量；

（3）分割销售市场或者原材料采购市场；

（4）限制购买新技术、新设备或者限制开发新技术、新产品；

（5）联合抵制交易；

（6）国务院反垄断执法机构认定的其他垄断协议。

第十八条 禁止经营者与交易相对人达成下列垄断协议：

(1)固定向第三人转售商品的价格;

(2)限定向第三人转售商品的最低价格;

(3)国务院反垄断执法机构认定的其他垄断协议。

对前款第一项和第二项规定的协议,经营者能够证明其不具有排除、限制竞争效果的,不予禁止。

经营者能够证明其在相关市场的市场份额低于国务院反垄断执法机构规定的标准,并符合国务院反垄断执法机构规定的其他条件的,不予禁止。

第十九条 经营者不得组织其他经营者达成垄断协议或者为其他经营者达成垄断协议提供实质性帮助。

第二十条 经营者能够证明所达成的协议属于下列情形之一的,不适用本法第十七条、第十八条第一款、第十九条的规定:

(1)为改进技术、研究开发新产品的;

(2)为提高产品质量、降低成本、增进效率,统一产品规格、标准或者实行专业化分工的;

(3)为提高中小经营者经营效率,增强中小经营者竞争力的;

(4)为实现节约能源、保护环境、救灾救助等社会公共利益的;

(5)因经济不景气,为缓解销售量严重下降或者生产明显过剩的;

(6)为保障对外贸易和对外经济合作中的正当利益的;

(7)法律和国务院规定的其他情形。

属于前款第一项至第五项情形,不适用本法第十七条、第十八条第一款、第十九条规定的,经营者还应当证明所达成的协议不会严重限制相关市场的竞争,并且能够使消费者分享由此产生的利益。

第二十一条 行业协会不得组织本行业的经营者从事本章禁止的垄断行为。

第三章　滥用市场支配地位

第二十二条 禁止具有市场支配地位的经营者从事下列滥用市场支配地位的行为:

(1)以不公平的高价销售商品或者以不公平的低价购买商品;

(2)没有正当理由,以低于成本的价格销售商品;

(3)没有正当理由,拒绝与交易相对人进行交易;

(4)没有正当理由,限定交易相对人只能与其进行交易或者只能与其指定的经营者进行交易;

(5)没有正当理由搭售商品,或者在交易时附加其他不合理的交易条件;

(6)没有正当理由,对条件相同的交易相对人在交易价格等交易条件上实行差别待遇;

(7)国务院反垄断执法机构认定的其他滥用市场支配地位的行为。

具有市场支配地位的经营者不得利用数据和算法、技术以及平台规则等从事前款规定的滥用市场支配地位的行为。

本法所称市场支配地位,是指经营者在相关市场内具有能够控制商品价格、数量或者其他交易条件,或者能够阻碍、影响其他经营者进入相关市场能力的市场地位。

第二十三条 认定经营者具有市场支配地位,应当依据下列因素:

(1)该经营者在相关市场的市场份额,以及相关市场的竞争状况;

(2)该经营者控制销售市场或者原材料采购市场的能力;

(3)该经营者的财力和技术条件;

(4)其他经营者对该经营者在交易上的依赖程度;

(5)其他经营者进入相关市场的难易程度;

(6)与认定该经营者市场支配地位有关的其他因素。

第二十四条 有下列情形之一的,可以推定经营者具有市场支配地位:

(1)一个经营者在相关市场的市场份额达到二分之一的;

(2)两个经营者在相关市场的市场份额合计达到三分之二的;

(3)三个经营者在相关市场的市场份额合计达到四分之三的。

有前款第二项、第三项规定的情形,其中有的经营者市场份额不足十分之一的,不应当推定该经营者具有市场支配地位。

被推定具有市场支配地位的经营者，有证据证明不具有市场支配地位的，不应当认定其具有市场支配地位。

第四章　经营者集中

第二十五条　经营者集中是指下列情形：

(1)经营者合并；

(2)经营者通过取得股权或者资产的方式取得对其他经营者的控制权；

(3)经营者通过合同等方式取得对其他经营者的控制权或者能够对其他经营者施加决定性影响。

第二十六条　经营者集中达到国务院规定的申报标准的，经营者应当事先向国务院反垄断执法机构申报，未申报的不得实施集中。

经营者集中未达到国务院规定的申报标准，但有证据证明该经营者集中具有或者可能具有排除、限制竞争效果的，国务院反垄断执法机构可以要求经营者申报。

经营者未依照前两款规定进行申报的，国务院反垄断执法机构应当依法进行调查。

第二十七条　经营者集中有下列情形之一的，可以不向国务院反垄断执法机构申报：

(1)参与集中的一个经营者拥有其他每个经营者50%以上有表决权的股份或者资产的；

(2)参与集中的每个经营者50%以上有表决权的股份或者资产被同一个未参与集中的经营者拥有的。

第二十八条　经营者向国务院反垄断执法机构申报集中，应当提交下列文件、资料：

(1)申报书；

(2)集中对相关市场竞争状况影响的说明；

(3)集中协议；

(4)参与集中的经营者经会计师事务所审计的上一会计年度财务会计报告；

(5)国务院反垄断执法机构规定的其他文件、资料。

申报书应当载明参与集中的经营者的名称、住所、经营范围、预定实施集中的日期和国务院反垄断执法机构规定的其他事项。

第二十九条　经营者提交的文件、资料不完备的，应当在国务院反垄断执法机构规定的期限内补交文件、资料。经营者逾期未补交文件、资料的，视为未申报。

第三十条　国务院反垄断执法机构应当自收到经营者提交的符合本法第二十八条规定的文件、资料之日起三十日内，对申报的经营者集中进行初步审查，作出是否实施进一步审查的决定，并书面通知经营者。国务院反垄断执法机构作出决定前，经营者不得实施集中。

国务院反垄断执法机构作出不实施进一步审查的决定或者逾期未作出决定的，经营者可以实施集中。

第三十一条　国务院反垄断执法机构决定实施进一步审查的，应当自决定之日起90日内审查完毕，作出是否禁止经营者集中的决定，并书面通知经营者。作出禁止经营者集中的决定，应当说明理由。审查期间，经营者不得实施集中。

有下列情形之一的，国务院反垄断执法机构经书面通知经营者，可以延长前款规定的审查期限，但最长不得超过60日：

(1)经营者同意延长审查期限的；

(2)经营者提交的文件、资料不准确，需要进一步核实的；

(3)经营者申报后有关情况发生重大变化的。

国务院反垄断执法机构逾期未作出决定的，经营者可以实施集中。

第三十二条　有下列情形之一的，国务院反垄断执法机构可以决定中止计算经营者集中的审查期限，并书面通知经营者：

(1)经营者未按照规定提交文件、资料，导致审查工作无法进行；

(2)出现对经营者集中审查具有重大影响的新情况、新事实，不经核实将导致审查工作无法进行；

(3)需要对经营者集中附加的限制性条件进一步评估，且经营者提出中止请求。

自中止计算审查期限的情形消除之日起，审查期限继续计算，国务院反垄断执法机构应当书面通知经营者。

第三十三条　审查经营者集中，应当考虑下列因素：

（1）参与集中的经营者在相关市场的市场份额及其对市场的控制力；

（2）相关市场的市场集中度；

（3）经营者集中对市场进入、技术进步的影响；

（4）经营者集中对消费者和其他有关经营者的影响；

（5）经营者集中对国民经济发展的影响；

（6）国务院反垄断执法机构认为应当考虑的影响市场竞争的其他因素。

第三十四条 经营者集中具有或者可能具有排除、限制竞争效果的，国务院反垄断执法机构应当作出禁止经营者集中的决定。但是，经营者能够证明该集中对竞争产生的有利影响明显大于不利影响，或者符合社会公共利益的，国务院反垄断执法机构可以作出对经营者集中不予禁止的决定。

第三十五条 对不予禁止的经营者集中，国务院反垄断执法机构可以决定附加减少集中对竞争产生不利影响的限制性条件。

第三十六条 国务院反垄断执法机构应当将禁止经营者集中的决定或者对经营者集中附加限制性条件的决定，及时向社会公布。

第三十七条 国务院反垄断执法机构应当健全经营者集中分类分级审查制度，依法加强对涉及国计民生等重要领域的经营者集中的审查，提高审查质量和效率。

第三十八条 对外资并购境内企业或者以其他方式参与经营者集中，涉及国家安全的，除依照本法规定进行经营者集中审查外，还应当按照国家有关规定进行国家安全审查。

第五章　滥用行政权力排除、限制竞争

第三十九条 行政机关和法律、法规授权的具有管理公共事务职能的组织不得滥用行政权力，限定或者变相限定单位或者个人经营、购买、使用其指定的经营者提供的商品。

第四十条 行政机关和法律、法规授权的具有管理公共事务职能的组织不得滥用行政权力，通过与经营者签订合作协议、备忘录等方式，妨碍其他经营者进入相关市场或者对其他经营者实行不平等待遇，排除、限制竞争。

第四十一条 行政机关和法律、法规授权的具有管理公共事务职能的组织不得滥用行政权力，实施下列行为，妨碍商品在地区之间的自由流通：

（1）对外地商品设定歧视性收费项目、实行歧视性收费标准，或者规定歧视性价格；

（2）对外地商品规定与本地同类商品不同的技术要求、检验标准，或者对外地商品采取重复检验、重复认证等歧视性技术措施，限制外地商品进入本地市场；

（3）采取专门针对外地商品的行政许可，限制外地商品进入本地市场；

（4）设置关卡或者采取其他手段，阻碍外地商品进入或者本地商品运出；

（5）妨碍商品在地区之间自由流通的其他行为。

第四十二条 行政机关和法律、法规授权的具有管理公共事务职能的组织不得滥用行政权力，以设定歧视性资质要求、评审标准或者不依法发布信息等方式，排斥或者限制经营者参加招标投标以及其他经营活动。

第四十三条 行政机关和法律、法规授权的具有管理公共事务职能的组织不得滥用行政权力，采取与本地经营者不平等待遇等方式，排斥、限制、强制或者变相强制外地经营者在本地投资或者设立分支机构。

第四十四条 行政机关和法律、法规授权的具有管理公共事务职能的组织不得滥用行政权力，强制或者变相强制经营者从事本法规定的垄断行为。

第四十五条 行政机关和法律、法规授权的具有管理公共事务职能的组织不得滥用行政权力，制定含有排除、限制竞争内容的规定。

第六章　对涉嫌垄断行为的调查

第四十六条 反垄断执法机构依法对涉嫌垄断行为进行调查。

对涉嫌垄断行为，任何单位和个人有权向反垄断执法机构举报。反垄断执法机构应当为举报人保密。

举报采用书面形式并提供相关事实和证据的，反垄断执法机构应当进行必要的调查。

第四十七条 反垄断执法机构调查涉嫌垄断行为，可以采取下列措施：

（1）进入被调查的经营者的营业场所或者其他有关场所进行检查；

（2）询问被调查的经营者、利害关系人或者其他有关单位或者个人，要求其说明有关情况；

（3）查阅、复制被调查的经营者、利害关系人或者其他有关单位或者个人的有关单证、协议、会计账簿、业务函电、电子数据等文件、资料；

（4）查封、扣押相关证据；

（5）查询经营者的银行账户。

采取前款规定的措施，应当向反垄断执法机构主要负责人书面报告，并经批准。

第四十八条 反垄断执法机构调查涉嫌垄断行为，执法人员不得少于2人，并应当出示执法证件。

执法人员进行询问和调查，应当制作笔录，并由被询问人或者被调查人签字。

第四十九条 反垄断执法机构及其工作人员对执法过程中知悉的商业秘密、个人隐私和个人信息依法负有保密义务。

第五十条 被调查的经营者、利害关系人或者其他有关单位或者个人应当配合反垄断执法机构依法履行职责，不得拒绝、阻碍反垄断执法机构的调查。

第五十一条 被调查的经营者、利害关系人有权陈述意见。反垄断执法机构应当对被调查的经营者、利害关系人提出的事实、理由和证据进行核实。

第五十二条 反垄断执法机构对涉嫌垄断行为调查核实后，认为构成垄断行为的，应当依法作出处理决定，并可以向社会公布。

第五十三条 对反垄断执法机构调查的涉嫌垄断行为，被调查的经营者承诺在反垄断执法机构认可的期限内采取具体措施消除该行为后果的，反垄断执法机构可以决定中止调查。中止调查的决定应当载明被调查的经营者承诺的具体内容。

反垄断执法机构决定中止调查的，应当对经营者履行承诺的情况进行监督。经营者履行承诺的，反垄断执法机构可以决定终止调查。

有下列情形之一的，反垄断执法机构应当恢复调查：

（1）经营者未履行承诺的；

（2）作出中止调查决定所依据的事实发生重大变化的；

（3）中止调查的决定是基于经营者提供的不完整或者不真实的信息作出的。

第五十四条 反垄断执法机构依法对涉嫌滥用行政权力排除、限制竞争的行为进行调查，有关单位或者个人应当配合。

第五十五条 经营者、行政机关和法律、法规授权的具有管理公共事务职能的组织，涉嫌违反本法规定的，反垄断执法机构可以对其法定代表人或者负责人进行约谈，要求其提出改进措施。

第七章 法律责任

第五十六条 经营者违反本法规定，达成并实施垄断协议的，由反垄断执法机构责令停止违法行为，没收违法所得，并处上一年度销售额百分之一以上百分之十以下的罚款，上一年度没有销售额的，处五百万元以下的罚款；尚未实施所达成的垄断协议的，可以处三百万元以下的罚款。经营者的法定代表人、主要负责人和直接责任人员对达成垄断协议负有个人责任的，可以处一百万元以下的罚款。

经营者组织其他经营者达成垄断协议或者为其他经营者达成垄断协议提供实质性帮助的，适用前款规定。

经营者主动向反垄断执法机构报告达成垄断协议的有关情况并提供重要证据的，反垄断执法机构可以酌情减轻或者免除对该经营者的处罚。

行业协会违反本法规定，组织本行业的经营者达成垄断协议的，由反垄断执法机构责令改正，可以处三百万元以下的罚款；情节严重的，社会团体登记管理机关可以依法撤销登记。

第五十七条 经营者违反本法规定，滥用市场支配地位的，由反垄断执法机构责令停止违法行为，没收违法所得，并处上一年度销售额百分之一以上百分之十以下的罚款。

第五十八条 经营者违反本法规定实施集中，且具有或者可能具有排除、限制竞争效果的，由国务院反垄断执法机构责令停止实施集中、限期处分股份或者资产、限期转让营业以及采取其他必要措施恢复到集中前的状态，处上一年度销售额百分之十以下的罚款；不具有排除、限制竞争效果的，处五百万元以下的罚款。

第五十九条 对本法第五十六条、第五十七条、第五十八条规定的罚款，反垄断执法机构确定具体罚款数额时，应当考虑违法行为的性质、程度、持续时间和消除违法行为后果的情况等因素。

第六十条 经营者实施垄断行为，给他人造成损失的，依法承担民事责任。

经营者实施垄断行为，损害社会公共利益的，设区的市级以上人民检察院可以依法向人民法院提起民事公益诉讼。

第六十一条 行政机关和法律、法规授权的具有管理公共事务职能的组织滥用行政权力，实施排除、限制竞争行为的，由上级机关责令改正；对直接负责的主管人员和其他直接责任人员依法给予处分。反垄断执法机构可以向有关上级机关提出依法处理的建议。行政机关和法律、法规授权的具有管理公共事务职能的组织应当将有关改正情况书面报告上级机关和反垄断执法机构。

法律、行政法规对行政机关和法律、法规授权的具有管理公共事务职能的组织滥用行政权力实施排除、限制竞争行为的处理另有规定的，依照其规定。

第六十二条 对反垄断执法机构依法实施的审查和调查，拒绝提供有关材料、信息，或者提供虚假材料、信息，或者隐匿、销毁、转移证据，或者有其他拒绝、阻碍调查行为的，由反垄断执法机构责令改正，对单位处上一年度销售额百分之一以下的罚款，上一年度没有销售额或者销售额难以计算的，处五百万元以下的罚款；对个人处五十万元以下的罚款。

第六十三条 违反本法规定，情节特别严重、影响特别恶劣、造成特别严重后果的，国务院反垄断执法机构可以在本法第五十六条、第五十七条、第五十八条、第六十二条规定的罚款数额的二倍以上五倍以下确定具体罚款数额。

第六十四条 经营者因违反本法规定受到行政处罚的，按照国家有关规定记入信用记录，并向社会公示。

第六十五条 对反垄断执法机构依据本法第三十四条、第三十五条作出的决定不服的，可以先依法申请行政复议；对行政复议决定不服的，可以依法提起行政诉讼。

对反垄断执法机构作出的前款规定以外的决定不服的，可以依法申请行政复议或者提起行政诉讼。

第六十六条 反垄断执法机构工作人员滥用职权、玩忽职守、徇私舞弊或者泄露执法过程中知悉的商业秘密、个人隐私和个人信息的，依法给予处分。

第六十七条 违反本法规定，构成犯罪的，依法追究刑事责任。

第八章 附 则

第六十八条 经营者依照有关知识产权的法律、行政法规规定行使知识产权的行为，不适用本法；但是，经营者滥用知识产权，排除、限制竞争的行为，适用本法。

第六十九条 农业生产者及农村经济组织在农产品生产、加工、销售、运输、储存等经营活动中实施的联合或者协同行为，不适用本法。

第七十条 本法自 2008 年 8 月 1 日起施行。

中华人民共和国对外贸易法

（1994 年 5 月 12 日第八届全国人民代表大会常务委员会第七次会议通过 2004 年 4 月 6 日第十届全国人民代表大会常务委员会第八次会议修订 根据 2016 年 11 月 7 日第十二届全国人民代表大会常务委员会第二十四次会议《关于修改〈中华人民共和国对外贸易法〉等十二部法律的决定》第一次修正 根据 2022 年 12 月 30 日第十三届全国人民代表大会常务委员会第三十八次会议《关于修改〈中华人民共和国对外贸易法〉的决定》第二次修正 2022 年 12 月 30 日中华人民共和国主席令第 128 号公布 自公布之日起施行）

第一章　总　则

第一条　为了扩大对外开放，发展对外贸易，维护对外贸易秩序，保护对外贸易经营者的合法权益，促进社会主义市场经济的健康发展，制定本法。

第二条　本法适用于对外贸易以及与对外贸易有关的知识产权保护。

本法所称对外贸易，是指货物进出口、技术进出口和国际服务贸易。

第三条　国务院对外贸易主管部门依照本法主管全国对外贸易工作。

第四条　国家实行统一的对外贸易制度，鼓励发展对外贸易，维护公平、自由的对外贸易秩序。

第五条　中华人民共和国根据平等互利的原则，促进和发展同其他国家和地区的贸易关系，缔结或者参加关税同盟协定、自由贸易区协定等区域经济贸易协定，参加区域经济组织。

第六条　中华人民共和国在对外贸易方面根据所缔结或者参加的国际条约、协定，给予其他缔约方、参加方最惠国待遇、国民待遇等待遇，或者根据互惠、对等原则给予对方最惠国待遇、国民待遇等待遇。

第七条　任何国家或者地区在贸易方面对中华人民共和国采取歧视性的禁止、限制或者其他类似措施的，中华人民共和国可以根据实际情况对该国家或者该地区采取相应的措施。

第二章　对外贸易经营者

第八条　本法所称对外贸易经营者，是指依法办理工商登记或者其他执业手续，依照本法和其他有关法律、行政法规的规定从事对外贸易经营活动的法人、其他组织或者个人。

第九条　从事国际服务贸易，应当遵守本法和其他有关法律、行政法规的规定。

从事对外劳务合作的单位，应当具备相应的资质。具体办法由国务院规定。

第十条　国家可以对部分货物的进出口实行国营贸易管理。实行国营贸易管理货物的进出口业务只能由经授权的企业经营；但是，国家允许部分数量的国营贸易管理货物的进出口业务由非授权企业经营的除外。

实行国营贸易管理的货物和经授权经营企业的目录，由国务院对外贸易主管部门会同国务院其他有关部门确定、调整并公布。

违反本条第一款规定，擅自进出口实行国营贸易管理的货物的，海关不予放行。

第十一条　对外贸易经营者可以接受他人的委托，在经营范围内代为办理对外贸易业务。

第十二条　对外贸易经营者应当按照国务院对外贸易主管部门或者国务院其他有关部门依法作出的规定，向有关部门提交与其对外贸易经营活动有关的文件及资料。有关部门应当为提供者保守商业秘密。

第三章　货物进出口与技术进出口

第十三条　国家准许货物与技术的自由进出口。但是，法律、行政法规另有规定的除外。

第十四条　国务院对外贸易主管部门基于监测进出口情况的需要，可以对部分自由进出口的货物实行进出口自动许可并公布其目录。

实行自动许可的进出口货物，收货人、发货人在办理海关报关手续前提出自动许可申请的，国务院对外贸易主管部门或者其委托的机构应当予以许可；未办理自动许可手续的，海关不予放行。

进出口属于自由进出口的技术，应当向国务院对外贸易主管部门或者其委托的机构办理合同备案登记。

第十五条　国家基于下列原因，可以限制或者禁止有关货物、技术的进口或者出口：

（1）为维护国家安全、社会公共利益或者公共道德，需要限制或者禁止进口或者出口的；

（2）为保护人的健康或者安全，保护动物、植物的生命或者健康，保护环境，需要限制或者禁止进口或者出口的；

（3）为实施与黄金或者白银进出口有关的措施，需要限制或者禁止进口或者出口的；

（4）国内供应短缺或者为有效保护可能用竭的自然资源，需要限制或者禁止出口的；

（5）输往国家或者地区的市场容量有限，需要限制出口的；

(6)出口经营秩序出现严重混乱,需要限制出口的;

(7)为建立或者加快建立国内特定产业,需要限制进口的;

(8)对任何形式的农业、牧业、渔业产品有必要限制进口的;

(9)为保障国家国际金融地位和国际收支平衡,需要限制进口的;

(10)依照法律、行政法规的规定,其他需要限制或者禁止进口或者出口的;

(11)根据我国缔结或者参加的国际条约、协定的规定,其他需要限制或者禁止进口或者出口的。

第十六条 国家对与裂变、聚变物质或者衍生此类物质的物质有关的货物、技术进出口,以及与武器、弹药或者其他军用物资有关的进出口,可以采取任何必要的措施,维护国家安全。

在战时或者为维护国际和平与安全,国家在货物、技术进出口方面可以采取任何必要的措施。

第十七条 国务院对外贸易主管部门会同国务院其他有关部门,依照本法第十五条和第十六条的规定,制定、调整并公布限制或者禁止进出口的货物、技术目录。

国务院对外贸易主管部门或者由其会同国务院其他有关部门,经国务院批准,可以在本法第十五条和第十六条规定的范围内,临时决定限制或者禁止前款规定目录以外的特定货物、技术的进口或者出口。

第十八条 国家对限制进口或者出口的货物,实行配额、许可证等方式管理;对限制进口或者出口的技术,实行许可证管理。

实行配额、许可证管理的货物、技术,应当按照国务院规定经国务院对外贸易主管部门或者经其会同国务院其他有关部门许可,方可进口或者出口。

国家对部分进口货物可以实行关税配额管理。

第十九条 进出口货物配额、关税配额,由国务院对外贸易主管部门或者国务院其他有关部门在各自的职责范围内,按照公开、公平、公正和效益的原则进行分配。具体办法由国务院规定。

第二十条 国家实行统一的商品合格评定制度,根据有关法律、行政法规的规定,对进出口商品进行认证、检验、检疫。

第二十一条 国家对进出口货物进行原产地管理。具体办法由国务院规定。

第二十二条 对文物和野生动物、植物及其产品等,其他法律、行政法规有禁止或者限制进出口规定的,依照有关法律、行政法规的规定执行。

第四章　国际服务贸易

第二十三条 中华人民共和国在国际服务贸易方面根据所缔结或者参加的国际条约、协定中所作的承诺,给予其他缔约方、参加方市场准入和国民待遇。

第二十四条 国务院对外贸易主管部门和国务院其他有关部门,依照本法和其他有关法律、行政法规的规定,对国际服务贸易进行管理。

第二十五条 国家基于下列原因,可以限制或者禁止有关的国际服务贸易:

(1)为维护国家安全、社会公共利益或者公共道德,需要限制或者禁止的;

(2)为保护人的健康或者安全,保护动物、植物的生命或者健康,保护环境,需要限制或者禁止的;

(3)为建立或者加快建立国内特定服务产业,需要限制的;

(4)为保障国家外汇收支平衡,需要限制的;

(5)依照法律、行政法规的规定,其他需要限制或者禁止的;

(6)根据我国缔结或者参加的国际条约、协定的规定,其他需要限制或者禁止的。

第二十六条 国家对与军事有关的国际服务贸易,以及与裂变、聚变物质或者衍生此类物质的物质有关的国际服务贸易,可以采取任何必要的措施,维护国家安全。

在战时或者为维护国际和平与安全,国家在国际服务贸易方面可以采取任何必要的措施。

第二十七条 国务院对外贸易主管部门会同国务院其他有关部门,依照本法第二十五条、第二十六条和其他有关法律、行政法规的规定,制定、调整并公布国际服务贸易市场准入目录。

第五章　与对外贸易有关的知识产权保护

第二十八条 国家依照有关知识产权的法律、

行政法规，保护与对外贸易有关的知识产权。

进口货物侵犯知识产权，并危害对外贸易秩序的，国务院对外贸易主管部门可以采取在一定期限内禁止侵权人生产、销售的有关货物进口等措施。

第二十九条 知识产权权利人有阻止被许可人对许可合同中的知识产权的有效性提出质疑、进行强制性一揽子许可、在许可合同中规定排他性返授条件等行为之一，并危害对外贸易公平竞争秩序的，国务院对外贸易主管部门可以采取必要的措施消除危害。

第三十条 其他国家或者地区在知识产权保护方面未给予中华人民共和国的法人、其他组织或者个人国民待遇，或者不能对来源于中华人民共和国的货物、技术或者服务提供充分有效的知识产权保护的，国务院对外贸易主管部门可以依照本法和其他有关法律、行政法规的规定，并根据中华人民共和国缔结或者参加的国际条约、协定，对与该国家或者该地区的贸易采取必要的措施。

第六章 对外贸易秩序

第三十一条 在对外贸易经营活动中，不得违反有关反垄断的法律、行政法规的规定实施垄断行为。

在对外贸易经营活动中实施垄断行为，危害市场公平竞争的，依照有关反垄断的法律、行政法规的规定处理。

有前款违法行为，并危害对外贸易秩序的，国务院对外贸易主管部门可以采取必要的措施消除危害。

第三十二条 在对外贸易经营活动中，不得实施以不正当的低价销售商品、串通投标、发布虚假广告、进行商业贿赂等不正当竞争行为。

在对外贸易经营活动中实施不正当竞争行为的，依照有关反不正当竞争的法律、行政法规的规定处理。

有前款违法行为，并危害对外贸易秩序的，国务院对外贸易主管部门可以采取禁止该经营者有关货物、技术进出口等措施消除危害。

第三十三条 在对外贸易活动中，不得有下列行为：

（1）伪造、变造进出口货物原产地标记，伪造、变造或者买卖进出口货物原产地证书、进出口许可证、进出口配额证明或者其他进出口证明文件；

（2）骗取出口退税；

（3）走私；

（4）逃避法律、行政法规规定的认证、检验、检疫；

（5）违反法律、行政法规规定的其他行为。

第三十四条 对外贸易经营者在对外贸易经营活动中，应当遵守国家有关外汇管理的规定。

第三十五条 违反本法规定，危害对外贸易秩序的，国务院对外贸易主管部门可以向社会公告。

第七章 对外贸易调查

第三十六条 为了维护对外贸易秩序，国务院对外贸易主管部门可以自行或者会同国务院其他有关部门，依照法律、行政法规的规定对下列事项进行调查：

（1）货物进出口、技术进出口、国际服务贸易对国内产业及其竞争力的影响；

（2）有关国家或者地区的贸易壁垒；

（3）为确定是否应当依法采取反倾销、反补贴或者保障措施等对外贸易救济措施，需要调查的事项；

（4）规避对外贸易救济措施的行为；

（5）对外贸易中有关国家安全利益的事项；

（6）为执行本法第七条、第二十八条第二款、第二十九条、第三十条、第三十一条第三款、第三十二条第三款的规定，需要调查的事项；

（7）其他影响对外贸易秩序，需要调查的事项。

第三十七条 启动对外贸易调查，由国务院对外贸易主管部门发布公告。

调查可以采取书面问卷、召开听证会、实地调查、委托调查等方式进行。

国务院对外贸易主管部门根据调查结果，提出调查报告或者作出处理裁定，并发布公告。

第三十八条 有关单位和个人应当对对外贸易调查给予配合、协助。

国务院对外贸易主管部门和国务院其他有关部门及其工作人员进行对外贸易调查，对知悉的国家秘密和商业秘密负有保密义务。

第八章 对外贸易救济

第三十九条 国家根据对外贸易调查结果，可以采取适当的对外贸易救济措施。

第四十条 其他国家或者地区的产品以低于正常价值的倾销方式进入我国市场，对已建立的国内产业造成实质损害或者产生实质损害威胁，或者对建立国内产业造成实质阻碍的，国家可以采取反倾销措施，消除或者减轻这种损害或者损害的威胁或者阻碍。

第四十一条 其他国家或者地区的产品以低于正常价值出口至第三国市场，对我国已建立的国内产业造成实质损害或者产生实质损害威胁，或者对我国建立国内产业造成实质阻碍的，应国内产业的申请，国务院对外贸易主管部门可以与该第三国政府进行磋商，要求其采取适当的措施。

第四十二条 进口的产品直接或者间接地接受出口国家或者地区给予的任何形式的专向性补贴，对已建立的国内产业造成实质损害或者产生实质损害威胁，或者对建立国内产业造成实质阻碍的，国家可以采取反补贴措施，消除或者减轻这种损害或者损害的威胁或者阻碍。

第四十三条 因进口产品数量大量增加，对生产同类产品或者与其直接竞争的产品的国内产业造成严重损害或者严重损害威胁的，国家可以采取必要的保障措施，消除或者减轻这种损害或者损害的威胁，并可以对该产业提供必要的支持。

第四十四条 因其他国家或者地区的服务提供者向我国提供的服务增加，对提供同类服务或者与其直接竞争的服务的国内产业造成损害或者产生损害威胁的，国家可以采取必要的救济措施，消除或者减轻这种损害或者损害的威胁。

第四十五条 因第三国限制进口而导致某种产品进入我国市场的数量大量增加，对已建立的国内产业造成损害或者产生损害威胁，或者对建立国内产业造成阻碍的，国家可以采取必要的救济措施，限制该产品进口。

第四十六条 与中华人民共和国缔结或者共同参加经济贸易条约、协定的国家或者地区，违反条约、协定的规定，使中华人民共和国根据该条约、协定享有的利益丧失或者受损，或者阻碍条约、协定目标实现的，中华人民共和国政府有权要求有关国家或者地区政府采取适当的补救措施，并可以根据有关条约、协定中止或者终止履行相关义务。

第四十七条 国务院对外贸易主管部门依照本法和其他有关法律的规定，进行对外贸易的双边或者多边磋商、谈判和争端的解决。

第四十八条 国务院对外贸易主管部门和国务院其他有关部门应当建立货物进出口、技术进出口和国际服务贸易的预警应急机制，应对对外贸易中的突发和异常情况，维护国家经济安全。

第四十九条 国家对规避本法规定的对外贸易救济措施的行为，可以采取必要的反规避措施。

第九章 对外贸易促进

第五十条 国家制定对外贸易发展战略，建立和完善对外贸易促进机制。

第五十一条 国家根据对外贸易发展的需要，建立和完善为对外贸易服务的金融机构，设立对外贸易发展基金、风险基金。

第五十二条 国家通过进出口信贷、出口信用保险、出口退税及其他促进对外贸易的方式，发展对外贸易。

第五十三条 国家建立对外贸易公共信息服务体系，向对外贸易经营者和其他社会公众提供信息服务。

第五十四条 国家采取措施鼓励对外贸易经营者开拓国际市场，采取对外投资、对外工程承包和对外劳务合作等多种形式，发展对外贸易。

第五十五条 对外贸易经营者可以依法成立和参加有关协会、商会。

有关协会、商会应当遵守法律、行政法规，按照章程对其成员提供与对外贸易有关的生产、营销、信息、培训等方面的服务，发挥协调和自律作用，依法提出有关对外贸易救济措施的申请，维护成员和行业的利益，向政府有关部门反映成员有关对外贸易的建议，开展对外贸易促进活动。

第五十六条 中国国际贸易促进组织按照章程开展对外联系，举办展览，提供信息、咨询服务和其他对外贸易促进活动。

第五十七条 国家扶持和促进中小企业开展对外贸易。

第五十八条 国家扶持和促进民族自治地方和经济不发达地区发展对外贸易。

第十章 法律责任

第五十九条 违反本法第十条规定,未经授权擅自进出口实行国营贸易管理的货物的,国务院对外贸易主管部门或者国务院其他有关部门可以处五万元以下罚款;情节严重的,可以自行政处罚决定生效之日起三年内,不受理违法行为人从事国营贸易管理货物进出口业务的申请,或者撤销已给予其从事其他国营贸易管理货物进出口的授权。

第六十条 进出口属于禁止进出口的货物的,或者未经许可擅自进出口属于限制进出口的货物的,由海关依照有关法律、行政法规的规定处理、处罚;构成犯罪的,依法追究刑事责任。

进出口属于禁止进出口的技术的,或者未经许可擅自进出口属于限制进出口的技术的,依照有关法律、行政法规的规定处理、处罚;法律、行政法规没有规定的,由国务院对外贸易主管部门责令改正,没收违法所得,并处违法所得1倍以上5倍以下罚款,没有违法所得或者违法所得不足1万元的,处1万元以上5万元以下罚款;构成犯罪的,依法追究刑事责任。

自前两款规定的行政处罚决定生效之日或者刑事处罚判决生效之日起,国务院对外贸易主管部门或者国务院其他有关部门可以在3年内不受理违法行为人提出的进出口配额或者许可证的申请,或者禁止违法行为人在1年以上3年以下的期限内从事有关货物或者技术的进出口经营活动。

第六十一条 从事属于禁止的国际服务贸易的,或者未经许可擅自从事属于限制的国际服务贸易的,依照有关法律、行政法规的规定处罚;法律、行政法规没有规定的,由国务院对外贸易主管部门责令改正,没收违法所得,并处违法所得1倍以上5倍以下罚款,没有违法所得或者违法所得不足1万元的,处1万元以上5万元以下罚款;构成犯罪的,依法追究刑事责任。

国务院对外贸易主管部门可以禁止违法行为人自前款规定的行政处罚决定生效之日或者刑事处罚判决生效之日起1年以上3年以下的期限内从事有关的国际服务贸易经营活动。

第六十二条 违反本法第三十三条规定,依照有关法律、行政法规的规定处罚;构成犯罪的,依法追究刑事责任。

国务院对外贸易主管部门可以禁止违法行为人自前款规定的行政处罚决定生效之日或者刑事处罚判决生效之日起1年以上3年以下的期限内从事有关的对外贸易经营活动。

第六十三条 依照本法第六十条至第六十二条规定被禁止从事有关对外贸易经营活动的,在禁止期限内,海关根据国务院对外贸易主管部门依法作出的禁止决定,对该对外贸易经营者的有关进出口货物不予办理报关验放手续,外汇管理部门或者外汇指定银行不予办理有关结汇、售汇手续。

第六十四条 依照本法负责对外贸易管理工作的部门的工作人员玩忽职守、徇私舞弊或者滥用职权,构成犯罪的,依法追究刑事责任;尚不构成犯罪的,依法给予行政处分。

依照本法负责对外贸易管理工作的部门的工作人员利用职务上的便利,索取他人财物,或者非法收受他人财物为他人谋取利益,构成犯罪的,依法追究刑事责任;尚不构成犯罪的,依法给予行政处分。

第六十五条 对外贸易经营活动当事人对依照本法负责对外贸易管理工作的部门作出的具体行政行为不服的,可以依法申请行政复议或者向人民法院提起行政诉讼。

第十一章 附 则

第六十六条 与军品、裂变和聚变物质或者衍生此类物质的物质有关的对外贸易管理以及文化产品的进出口管理,法律、行政法规另有规定的,依照其规定。

第六十七条 国家对边境地区与接壤国家边境地区之间的贸易以及边民互市贸易,采取灵活措施,给予优惠和便利。具体办法由国务院规定。

第六十八条 中华人民共和国的单独关税区不适用本法。

第六十九条 本法自2004年7月1日起施行。

行政法规

国务院关于修改和废止部分行政法规的决定

（2022年3月29日中华人民共和国国务院令第752号公布　自2022年5月1日起施行）

为深化“证照分离”改革，进一步推进“放管服”改革，激发市场主体发展活力，维护国家法制统一、尊严和权威，国务院对“证照分离”改革涉及的行政法规，以及与民法典规定和原则不一致的行政法规进行了清理。同时，做好与《信访工作条例》出台的衔接。为此，国务院决定：

一、对14部行政法规的部分条款予以修改。（附件1）

二、对6部行政法规予以废止。（附件2）

本决定自2022年5月1日起施行。

附件

1. 国务院决定修改的行政法规

2. 国务院决定废止的行政法规

附件1

国务院决定修改的行政法规

一、将《外商投资电信企业管理规定》第二条修改为“外商投资电信企业，是指外国投资者依法在中华人民共和国境内设立的经营电信业务的企业。”

将第六条修改为“经营基础电信业务（无线寻呼业务除外）的外商投资电信企业的外方投资者在企业中的出资比例，最终不得超过49%，国家另有规定的除外。

“经营增值电信业务（包括基础电信业务中的无线寻呼业务）的外商投资电信企业的外方投资者在企业中的出资比例，最终不得超过50%，国家另有规定的除外。”

删去第九条第一款第（四）项、第十条、第十二条、第十四条、第十五条、第十六条、第十九条。

将第十一条改为第十条，修改为“外商投资电信企业，经依法办理市场主体登记后，向国务院工业和信息化主管部门申请电信业务经营许可并报送下列文件：

“（一）投资者情况说明书；

“（二）本规定第八条、第九条规定的投资者的资格证明或者有关确认文件；

“（三）电信条例规定的经营基础电信业务或者增值电信业务应当具备的其他条件的证明或者确认文件。

“国务院工业和信息化主管部门应当自收到申请之日起对前款规定的有关文件进行审查。属于基础电信业务的，应当在受理申请之日起180日内审查完毕，作出批准或者不予批准的决定；属于增值电信业务的，应当在收到申请之日起60日内审查完毕，作出批准或者不予批准的决定。予以批准的，颁发《电信业务经营许可证》；不予批准的，应当书面通知申请人并说明理由。”

将第十三条改为第十一条，修改为“外商投资电信企业投资者情况说明书的主要内容包括：投资者的名称和基本情况、各方出资比例、外方投资者对外商投资电信企业的控制情况等。”

将第十八条改为第十三条，修改为“违反本规定第六条规定的，由国务院工业和信息化主管部门责令限期改正，并处10万元以上50万元以下的罚款；逾期不改正的，吊销《电信业务经营许可证》。”

将第二十条改为第十四条，删去其中的“并由原颁发《外商投资企业批准证书》的商务主管部门撤销其《外商投资企业批准证书》”。

二、将《医疗机构管理条例》第九条修改为“单位或者个人设置医疗机构，按照国务院的规定应当办理设置医疗机构批准书的，应当经县级以上地方人民政府卫生行政部门审查批准，并取得设置医疗机构批准书。”

删去第十四条。

将第十五条改为第十四条，修改为“医疗机构执业，必须进行登记，领取《医疗机构执业许可证》；诊所按照国务院卫生行政部门的规定向所在地的县级人民政府卫生行政部门备案后，可以执业。”

将第十六条改为第十五条，将第一项修改为“（一）按照规定应当办理设置医疗机构批准书的，已取得设置医疗机构批准书”。

将第十七条改为第十六条，将第一款修改为“医疗机构的执业登记，由批准其设置的人民政府卫生行政部门办理；不需要办理设置医疗机构批准书的医疗机构的执业登记，由所在地的县级以上地方人民政府卫生行政部门办理。”将第三款修改为“机关、企业和事业单位设置的为内部职工服务的门诊部、卫生所（室）、诊所的执业登记或者备案，由所在地的县级人民政府卫生行政部门办理。”

将第二十条改为第十九条，修改为“医疗机构改变名称、场所、主要负责人、诊疗科目、床位，必须向原登记机关办理变更登记或者向原备案机关备案。”

将第二十一条改为第二十条，将第一款修改为“医疗机构歇业，必须向原登记机关办理注销登记或者向原备案机关备案。经登记机关核准后，收缴《医疗机构执业许可证》。”

将第二十四条改为第二十三条，修改为“任何单位或者个人，未取得《医疗机构执业许可证》或者未经备案，不得开展诊疗活动。”

将第二十七条改为第二十六条，修改为“医疗机构必须按照核准登记或者备案的诊疗科目开展诊疗活动。”

将第三十三条改为第三十二条，修改为“医务人员在诊疗活动中应当向患者说明病情和医疗措施。需要实施手术、特殊检查、特殊治疗的，医务人员应当及时向患者具体说明医疗风险、替代医疗方案等情况，并取得其明确同意；不能或者不宜向患者说明的，应当向患者的近亲属说明，并取得其明确同意。因抢救生命垂危的患者等紧急情况，不能取得患者或者其近亲属意见的，经医疗机构负责人或者授权的负责人批准，可以立即实施相应的医疗措施。”

将第四十条改为第三十九条，将第一项修改为“（一）负责医疗机构的设置审批、执业登记、备案和校验”。

将第四十四条改为第四十三条，修改为“违反本条例第二十三条规定，未取得《医疗机构执业许可证》擅自执业的，依照《中华人民共和国基本医疗卫生与健康促进法》的规定予以处罚。

“违反本条例第二十三条规定，诊所未经备案执业的，由县级以上人民政府卫生行政部门责令其改正，没收违法所得，并处 3 万元以下罚款；拒不改正的，责令其停止执业活动。”

将第四十五条改为第四十四条，修改为“违反本条例第二十一条规定，逾期不校验《医疗机构执业许可证》仍从事诊疗活动的，由县级以上人民政府卫生行政部门责令其限期补办校验手续；拒不校验的，吊销其《医疗机构执业许可证》。”

将第四十六条改为第四十五条，修改为“违反本条例第二十二条规定，出卖、转让、出借《医疗机构执业许可证》的，依照《中华人民共和国基本医疗卫生与健康促进法》的规定予以处罚。”

将第四十七条改为第四十六条，修改为“违反本条例第二十六条规定，诊疗活动超出登记或者备案范围的，由县级以上人民政府卫生行政部门予以警告、责令其改正，没收违法所得，并可以根据情节处以 1 万元以上 10 万元以下的罚款；情节严重的，吊销其《医疗机构执业许可证》或者责令其停止执业活动。”

将第四十八条改为第四十七条，修改为“违反本条例第二十七条规定，使用非卫生技术人员从事医疗卫生技术工作的，由县级以上人民政府卫生行政部门责令其限期改正，并可以处以 1 万元以上 10 万元以下的罚款；情节严重的，吊销其《医疗机构执业许可证》或者责令其停止执业活动。”

将第四十九条改为第四十八条，修改为“违反本条例第三十一条规定，出具虚假证明文件的，由县级以上人民政府卫生行政部门予以警告；对造成危害后果的，可以处以1万元以上10万元以下的罚款；对直接责任人员由所在单位或者上级机关给予行政处分。”

删去第五十四条。

三、删去《中华人民共和国进出口商品检验法实施条例》第三十七条。

将第五十四条改为第五十三条，删去其中的“超出其业务范围，或者”和“情节严重的，由海关总署吊销其检验鉴定资格证书”。

将第五十九条改为第五十八条，将其中的“经许可”修改为“依法设立”。

四、删去《保安服务管理条例》第三十二条中的“依法设立的保安服务公司或者”，将第二项修改为“（二）有保安培训所需的专兼职师资力量”。

将第三十三条修改为“从事保安培训的单位，应当自开展保安培训之日起30日内向所在地设区的市级人民政府公安机关备案，提交能够证明其符合本条例第三十二条规定条件的材料。

“保安培训单位出资人、法定代表人（主要负责人）、住所、名称发生变化的，应当到原备案公安机关办理变更。

“保安培训单位终止培训的，应当自终止培训之日起30日内到原备案公安机关撤销备案。”

删去第四十一条中的“、保安培训”。

将第四十七条修改为“从事保安培训的单位有下列情形之一的，责令限期改正，给予警告；情节严重的，并处1万元以上5万元以下的罚款：

“（一）未按照本条例的规定进行备案或者办理变更的；

“（二）不符合本条例规定条件的；

“（三）隐瞒有关情况、提供虚假材料或者拒绝提供反映其活动情况的真实材料的；

“（四）未按照本条例规定开展保安培训的。

“以保安培训为名进行诈骗活动的，依法给予治安管理处罚；构成犯罪的，依法追究刑事责任。”

删去第五十条中的“保安培训许可证以及”。

删去第五十一条中的“、保安培训单位”和“、保安培训许可证”。

五、将《中华人民共和国道路运输条例》第七条修改为“国务院交通运输主管部门主管全国道路运输管理工作。

“县级以上地方人民政府交通运输主管部门负责本行政区域的道路运输管理工作。”

将第十条修改为“申请从事客运经营的，应当依法向市场监督管理部门办理有关登记手续后，按照下列规定提出申请并提交符合本条例第八条规定条件的相关材料：

“（一）从事县级行政区域内和毗邻县行政区域间客运经营的，向所在地县级人民政府交通运输主管部门提出申请；

“（二）从事省际、市际、县际（除毗邻县行政区域间外）客运经营的，向所在地设区的市级人民政府交通运输主管部门提出申请；

“（三）在直辖市申请从事客运经营的，向所在地直辖市人民政府确定的交通运输主管部门提出申请。

“依照前款规定收到申请的交通运输主管部门，应当自受理申请之日起20日内审查完毕，作出许可或者不予许可的决定。予以许可的，向申请人颁发道路运输经营许可证，并向申请人投入运输的车辆配发车辆营运证；不予许可的，应当书面通知申请人并说明理由。

“对从事省际和市际客运经营的申请，收到申请的交通运输主管部门依照本条第二款规定颁发道路运输经营许可证前，应当与运输线路目的地的相应交通运输主管部门协商，协商不成的，应当按程序报省、自治区、直辖市人民政府交通运输主管部门协商决定。对从事设区的市内毗邻县客运经营的申请，有关交通运输主管部门应当进行协商，协商不成的，报所在地市级人民政府交通运输主管部门决定。”

将第二十四条修改为“申请从事货运经营的，应当依法向市场监督管理部门办理有关登记手续后，按照下列规定提出申请并分别提交符合本条例第二十一条、第二十三条规定条件的相关材料：

“（一）从事危险货物运输经营以外的货运经营的，向县级人民政府交通运输主管部门提出申请；

“（二）从事危险货物运输经营的，向设区的市级人民政府交通运输主管部门提出申请。

“依照前款规定收到申请的交通运输主管部门，应当自受理申请之日起20日内审查完毕，作出许可或者不予许可的决定。予以许可的，向申请人颁发道路运输经营许可证，并向申请人投入运输的车辆配发车辆营运证；不予许可的，应当书面通知申请人并说明理由。

“使用总质量4500千克及以下普通货运车辆从事普通货运经营的，无需按照本条规定申请取得道路运输经营许可证及车辆营运证。”

删去第三十六条、第三十八条、第四十八条中的“申请”。

将第三十九条修改为“申请从事道路旅客运输站（场）经营业务的，应当在依法向市场监督管理部门办理有关登记手续后，向所在地县级人民政府交通运输主管部门提出申请，并附送符合本条例第三十六条规定条件的相关材料。县级人民政府交通运输主管部门应当自受理申请之日起15日内审查完毕，作出许可或者不予许可的决定，并书面通知申请人。

“从事道路货物运输站（场）经营、机动车维修经营和机动车驾驶员培训业务的，应当在依法向市场监督管理部门办理有关登记手续后，向所在地县级人民政府交通运输主管部门进行备案，并分别附送符合本条例第三十六条、第三十七条、第三十八条规定条件的相关材料。”

将第四十九条修改为“申请从事国际道路旅客运输经营的，应当向省、自治区、直辖市人民政府交通运输主管部门提出申请并提交符合本条例第四十八条规定条件的相关材料。省、自治区、直辖市人民政府交通运输主管部门应当自受理申请之日起20日内审查完毕，作出批准或者不予批准的决定。予以批准的，应当向国务院交通运输主管部门备案；不予批准的，应当向当事人说明理由。

“从事国际道路货物运输经营的，应当向省、自治区、直辖市人民政府交通运输主管部门进行备案，并附送符合本条例第四十八条规定条件的相关材料。

“国际道路运输经营者应当持有关文件依法向有关部门办理相关手续。”

将第五十三条修改为“县级以上地方人民政府交通运输、公安、市场监督管理等部门应当建立信息共享和协同监管机制，按照职责分工加强对道路运输及相关业务的监督管理。”

将第五十五条修改为“上级交通运输主管部门应当对下级交通运输主管部门的执法活动进行监督。

“县级以上人民政府交通运输主管部门应当建立健全内部监督制度，对其工作人员执法情况进行监督检查。”

将第五十七条修改为“县级以上人民政府交通运输主管部门应当建立道路运输举报制度，公开举报电话号码、通信地址或者电子邮件信箱。

“任何单位和个人都有权对县级以上人民政府交通运输主管部门的工作人员滥用职权、徇私舞弊的行为进行举报。县级以上人民政府交通运输主管部门及其他有关部门收到举报后，应当依法及时查处。”

将第六十五条修改为“违反本条例的规定，未经许可擅自从事道路旅客运输站（场）经营的，由县级以上地方人民政府交通运输主管部门责令停止经营；有违法所得的，没收违法所得，处违法所得2倍以上10倍以下的罚款；没有违法所得或者违法所得不足1万元的，处2万元以上5万元以下的罚款；构成犯罪的，依法追究刑事责任。

“从事机动车维修经营业务不符合国务院交通运输主管部门制定的机动车维修经营业务标准的，由县级以上地方人民政府交通运输主管部门责令改正；情节严重的，由县级以上地方人民政府交通运输主管部门责令停业整顿。

“从事道路货物运输站（场）经营、机动车维修经营和机动车驾驶员培训业务，未按规定进行备案的，由县级以上地方人民政府交通运输主管部门责令改正；拒不改正的，处5000元以上2万元以下的罚款。备案时提供虚假材料情节严重的，其直接负责的主管人员和其他直接责任人员5年内不得从事原备案的业务。”

将第七十四条修改为“违反本条例的规定，机动车驾驶员培训机构不严格按照规定进行培训或者在培训结业证书发放时弄虚作假的，由县级以上地方人民政府交通运输主管部门责令改正；拒不改正的，责令停业整顿。”

将第七十五条修改为“违反本条例的规定，外国国际道路运输经营者未按照规定的线路运输，擅自从事中国境内道路运输或者未标明国籍识别标志的，由省、自治区、直辖市人民政府交通运输主管部门责令停止运输；有违法所得的，没收违法所得，处违法所得2倍以上10倍以下的罚款；没有违法所得或者违法所得不足1万元的，处3万元以上6万元以下的罚款。

"从事国际道路货物运输经营，未按规定进行备案的，由省、自治区、直辖市人民政府交通运输主管部门责令改正；拒不改正的，处5000元以上2万元以下的罚款。"

将第九条、第二十二条、第七十六条中的"道路运输管理机构"统一修改为"人民政府交通运输主管部门"。

将第十二条、第十三条、第六十三条、第六十四条、第六十六条、第六十七条、第六十八条、第六十九条、第七十条、第七十一条、第七十二条、第七十三条中的"道路运输管理机构"统一修改为"地方人民政府交通运输主管部门"。

将第二十三条、第三十七条、第四十二条、第四十四条、第四十六条、第四十七条、第八十一条中的"交通主管部门"统一修改为"交通运输主管部门"。

将第五十四条、第五十六条、第五十八条、第五十九条、第六十条、第六十一条、第六十二条、第七十七条中的"道路运输管理机构"统一修改为"县级以上人民政府交通运输主管部门"。

将第八十一条中的"道路运输管理机构"修改为"县级以上地方人民政府交通运输主管部门"。

六、删去《农药管理条例》第九条第三款。

七、将《中华人民共和国海关统计条例》第三条中的"《中华人民共和国统计法实施细则》"修改为"《中华人民共和国统计法实施条例》"。

将第六条第一款第三项中的"经营单位"修改为"进出口货物收发货人"。

将第十条中的"的经营单位"修改为"收发货人"，删去该条中的"在海关注册登记、"。

八、将《中华人民共和国海关行政处罚实施条例》第十一条修改为"海关准予从事海关监管货物的运输、储存、加工、装配、寄售、展示等业务的企业，构成走私犯罪或者1年内有2次以上走私行为的，海关可以撤销其注册登记；报关企业、报关人员有上述情形的，禁止其从事报关活动。"

将第十七条中的"暂停其6个月以内从事报关业务或者执业；情节严重的，撤销其报关注册登记、取消其报关从业资格"修改为"暂停其6个月以内从事报关活动；情节严重的，禁止其从事报关活动"。

将第二十六条修改为"海关准予从事海关监管货物的运输、储存、加工、装配、寄售、展示等业务的企业，有下列情形之一的，责令改正，给予警告，可以暂停其6个月以内从事有关业务：

"（一）拖欠税款或者不履行纳税义务的；

"（二）损坏或者丢失海关监管货物，不能提供正当理由的；

"（三）有需要暂停其从事有关业务的其他违法行为的。"

将第二十七条修改为"海关准予从事海关监管货物的运输、储存、加工、装配、寄售、展示等业务的企业，有下列情形之一的，海关可以撤销其注册登记：

"（一）被海关暂停从事有关业务，恢复从事有关业务后1年内再次发生本实施条例第二十六条规定情形的；

"（二）有需要撤销其注册登记的其他违法行为的。"

将第二十八条修改为"报关企业、报关人员非法代理他人报关的，责令改正，处5万元以下罚款；情节严重的，禁止其从事报关活动。"

将第二十九条中的"撤销其报关注册登记、取消其报关从业资格"修改为"由海关禁止其从事报关活动"，删去该条中的"并不得重新注册登记为报关企业和取得报关从业资格"。

将第三十条修改为"未经海关备案从事报关活动的，责令改正，没收违法所得，可以并处10万元以下罚款。"

将第三十一条修改为"提供虚假资料骗取海关注册登记，撤销其注册登记，并处30万元以下罚款。"

将第四十九条第一款中的"海关作出暂停从事有关业务、暂停报关执业、撤销海关注册登记、取消报关从业资格"修改为"海关作出暂停从事有关业务、撤销海关注册登记、禁止从事报关活动”。

将第六十二条第一款中的“依照《中华人民共和国行政处罚法》第二十五条、第二十六条规定”修改为“依照《中华人民共和国行政处罚法》第三十条、第三十一条规定”。

九、将《中华人民共和国海关稽查条例》第三十条、第三十一条中的“撤销其报关注册登记”修改为“禁止其从事报关活动”。

十、将《互联网上网服务营业场所管理条例》第十一条第二款中的“申请信息网络安全审核。公安机关应当自收到申请之日起20个工作日内作出决定;经实地检查并审核合格的,发给批准文件”修改为“承诺符合信息网络安全审核条件,并经公安机关确认当场签署承诺书”;第三款中的“申请人取得信息网络安全和消防安全批准文件后”修改为“申请人执信息网络安全承诺书并取得消防安全批准文件后”;在第四款后增加一款,作为第五款:“文化行政部门发放《网络文化经营许可证》的情况或互联网上网服务营业场所经营单位拟开展经营活动的情况,应当向同级公安机关通报或报备。”

增加一条,作为第三十二条:“公安机关应当自互联网上网服务营业场所经营单位正式开展经营活动20个工作日内,对其依法履行信息网络安全职责情况进行实地检查。检查发现互联网上网服务营业场所经营单位未履行承诺的信息网络安全责任的,由公安机关给予警告,可以并处15000元以下罚款;情节严重的,责令停业整顿,直至由文化行政部门吊销《网络文化经营许可证》。”

十一、将《旅馆业治安管理办法》第三条修改为“开办旅馆,要具备必要的防盗等安全设施。”

将第四条第一款修改为“申请开办旅馆,应取得市场监管部门核发的营业执照,向当地公安机关申领特种行业许可证后,方准开业。”第二款中的“工商行政管理”修改为“市场监管”。

十二、将《中华人民共和国计量法实施细则》第三十一条修改为“产品质量检验机构提出计量认证申请后,省级以上人民政府计量行政部门应指定所属的计量检定机构或者被授权的技术机构按照本细则第三十条规定的内容进行考核。考核合格后,由接受申请的省级以上人民政府计量行政部门发给计量认证合格证书。产品质量检验机构自愿签署告知承诺书并按要求提交材料的,按照告知承诺相关程序办理。未取得计量认证合格证书的,不得开展产品质量检验工作。”

十三、将《中华人民共和国母婴保健法实施办法》第十一条修改为“从事婚前医学检查的医疗、保健机构,由其所在地县级人民政府卫生行政部门进行审查;符合条件的,在其《医疗机构执业许可证》上注明。”

将第三十五条第一款、第二款修改为“从事遗传病诊断、产前诊断的医疗、保健机构和人员,须经省、自治区、直辖市人民政府卫生行政部门许可;但是,从事产前诊断中产前筛查的医疗、保健机构,须经县级人民政府卫生行政部门许可。

“从事婚前医学检查的医疗、保健机构和人员,须经县级人民政府卫生行政部门许可。”

十四、将《放射性药品管理办法》第十条修改为“开办放射性药品生产、经营企业,必须具备《药品管理法》规定的条件,符合国家有关放射性同位素安全和防护的规定与标准,并履行环境影响评价文件的审批手续;开办放射性药品生产企业,经所在省、自治区、直辖市国防科技工业主管部门审查同意,所在省、自治区、直辖市药品监督管理部门审核批准后,由所在省、自治区、直辖市药品监督管理部门发给《放射性药品生产企业许可证》;开办放射性药品经营企业,经所在省、自治区、直辖市药品监督管理部门审核并征求所在省、自治区、直辖市国防科技工业主管部门意见后批准的,由所在省、自治区、直辖市药品监督管理部门发给《放射性药品经营企业许可证》。无许可证的生产、经营企业,一律不准生产、销售放射性药品。”

此外,对相关行政法规中的条文序号作相应调整。

附件2

国务院决定废止的行政法规

一、国务院关于通用航空管理的暂行规定(1986年1月8日国务院发布　根据2014年7月29日《国务院关于修改部分行政法规的决定》修订)

二、工业产品质量责任条例(1986年4月5日国务院发布)

三、水路货物运输合同实施细则(1986年11月8日国务院批准　1986年12月1日交通部发布　根据2011年1月8日《国务院关于废止和修改部分行政法规的决定》修订)

四、铁路货物运输合同实施细则(1986年11月8日国务院批准　1986年12月1日铁道部发布　根据2011年1月8日《国务院关于废止和修改部分行政法规的决定》修订)

五、国有企业监事会暂行条例(2000年3月15日中华人民共和国国务院令第283号发布)

六、信访条例(2005年1月10日中华人民共和国国务院令第431号公布)

促进个体工商户发展条例

(2022年9月26日国务院第190次常务会议通过　2022年10月1日中华人民共和国国务院令第755号公布　自2022年11月1日起施行)

第一条　为了鼓励、支持和引导个体经济健康发展,维护个体工商户合法权益,稳定和扩大城乡就业,充分发挥个体工商户在国民经济和社会发展中的重要作用,制定本条例。

第二条　有经营能力的公民在中华人民共和国境内从事工商业经营,依法登记为个体工商户的,适用本条例。

第三条　促进个体工商户发展工作坚持中国共产党的领导,发挥党组织在个体工商户发展中的引领作用和党员先锋模范作用。

个体工商户中的党组织和党员按照中国共产党章程的规定开展党的活动。

第四条　个体经济是社会主义市场经济的重要组成部分,个体工商户是重要的市场主体,在繁荣经济、增加就业、推动创业创新、方便群众生活等方面发挥着重要作用。

国家持续深化简政放权、放管结合、优化服务改革,优化营商环境,积极扶持、加强引导、依法规范,为个体工商户健康发展创造有利条件。

第五条　国家对个体工商户实行市场平等准入、公平待遇的原则。

第六条　个体工商户可以个人经营,也可以家庭经营。个体工商户的财产权、经营自主权等合法权益受法律保护,任何单位和个人不得侵害或者非法干预。

第七条　国务院建立促进个体工商户发展部际联席会议制度,研究并推进实施促进个体工商户发展的重大政策措施,统筹协调促进个体工商户发展工作中的重大事项。

国务院市场监督管理部门会同有关部门加强对促进个体工商户发展工作的宏观指导、综合协调和监督检查。

第八条　国务院发展改革、财政、人力资源社会保障、住房城乡建设、商务、金融、税务、市场监督管理等有关部门在各自职责范围内研究制定税费支持、创业扶持、职业技能培训、社会保障、金融服务、登记注册、权益保护等方面的政策措施,做好促进个体工商户发展工作。

第九条　县级以上地方人民政府应当将促进个体工商户发展纳入本级国民经济和社会发展规划,结合本行政区域个体工商户发展情况制定具体措施并组织实施,为个体工商户发展提供支持。

第十条　国家加强个体工商户发展状况监测分析,定期开展抽样调查、监测统计和活跃度分析,强化个体工商户发展信息的归集、共享和运用。

第十一条　市场主体登记机关应当为个体工商户提供依法合规、规范统一、公开透明、便捷高效的登记服务。

第十二条　国务院市场监督管理部门应当根据个体工商户发展特点,改革完善个体工商户年度报告制度，简化内容、优化流程，提供简易便捷的年度报告服务。

第十三条 个体工商户可以自愿变更经营者或者转型为企业。变更经营者的，可以直接向市场主体登记机关申请办理变更登记。涉及有关行政许可的，行政许可部门应当简化手续，依法为个体工商户提供便利。

个体工商户变更经营者或者转型为企业的，应当结清依法应缴纳的税款等，对原有债权债务作出妥善处理，不得损害他人的合法权益。

第十四条 国家加强个体工商户公共服务平台体系建设，为个体工商户提供法律政策、市场供求、招聘用工、创业培训、金融支持等信息服务。

第十五条 依法成立的个体劳动者协会在市场监督管理部门指导下，充分发挥桥梁纽带作用，推动个体工商户党的建设，为个体工商户提供服务，维护个体工商户合法权益，引导个体工商户诚信自律。

个体工商户自愿加入个体劳动者协会。

第十六条 政府及其有关部门在制定相关政策措施时，应当充分听取个体工商户以及相关行业组织的意见，不得违反规定在资质许可、项目申报、政府采购、招标投标等方面对个体工商户制定或者实施歧视性政策措施。

第十七条 县级以上地方人民政府应当结合本行政区域实际情况，根据个体工商户的行业类型、经营规模、经营特点等，对个体工商户实施分型分类培育和精准帮扶。

第十八条 县级以上地方人民政府应当采取有效措施，为个体工商户增加经营场所供给，降低经营场所使用成本。

第十九条 国家鼓励和引导创业投资机构和社会资金支持个体工商户发展。

县级以上地方人民政府应当充分发挥各类资金作用，为个体工商户在创业创新、贷款融资、职业技能培训等方面提供资金支持。

第二十条 国家实行有利于个体工商户发展的财税政策。

县级以上地方人民政府及其有关部门应当严格落实相关财税支持政策，确保精准、及时惠及个体工商户。

第二十一条 国家推动建立和完善个体工商户信用评价体系，鼓励金融机构开发和提供适合个体工商户发展特点的金融产品和服务，扩大个体工商户贷款规模和覆盖面，提高贷款精准性和便利度。

第二十二条 县级以上地方人民政府应当支持个体工商户参加社会保险，对符合条件的个体工商户给予相应的支持。

第二十三条 县级以上地方人民政府应当完善创业扶持政策，支持个体工商户参加职业技能培训，鼓励各类公共就业服务机构为个体工商户提供招聘用工服务。

第二十四条 县级以上地方人民政府应当结合城乡社区服务体系建设，支持个体工商户在社区从事与居民日常生活密切相关的经营活动，满足居民日常生活消费需求。

第二十五条 国家引导和支持个体工商户加快数字化发展、实现线上线下一体化经营。

平台经营者应当在入驻条件、服务规则、收费标准等方面，为个体工商户线上经营提供支持，不得利用服务协议、平台规则、数据算法、技术等手段，对平台内个体工商户进行不合理限制、附加不合理条件或者收取不合理费用。

第二十六条 国家加大对个体工商户的字号、商标、专利、商业秘密等权利的保护力度。

国家鼓励和支持个体工商户提升知识产权的创造运用水平、增强市场竞争力。

第二十七条 县级以上地方人民政府制定实施城乡建设规划及城市和交通管理、市容环境治理、产业升级等相关政策措施，应当充分考虑个体工商户经营需要和实际困难，实施引导帮扶。

第二十八条 各级人民政府对因自然灾害、事故灾难、公共卫生事件、社会安全事件等原因造成经营困难的个体工商户，结合实际情况及时采取纾困帮扶措施。

第二十九条 政府及其有关部门按照国家有关规定，对个体工商户先进典型进行表彰奖励，不断提升个体工商户经营者的荣誉感。

第三十条 任何单位和个人不得违反法律法规和国家有关规定向个体工商户收费或者变相收费，不得擅自扩大收费范围或者提高收费标准，不得向个体工商户集资、摊派，不得强行要求个体工商户提供赞助或者接受有偿服务。

任何单位和个人不得诱导、强迫劳动者登记注册为个体工商户。

第三十一条 机关、企业事业单位不得要求个体工商户接受不合理的付款期限、方式、条件和违约责任等交易条件，不得违约拖欠个体工商户账款，不得通过强制个体工商户接受商业汇票等非现金支付方式变相拖欠账款。

第三十二条 县级以上地方人民政府应当提升个体工商户发展质量，不得将个体工商户数量增长率、年度报告率等作为绩效考核评价指标。

第三十三条 个体工商户对违反本条例规定、侵害自身合法权益的行为，有权向有关部门投诉、举报。

县级以上地方人民政府及其有关部门应当畅通投诉、举报途径，并依法及时处理。

第三十四条 个体工商户应当依法经营、诚实守信，自觉履行劳动用工、安全生产、食品安全、职业卫生、环境保护、公平竞争等方面的法定义务。

对涉及公共安全和人民群众生命健康等重点领域，有关行政部门应当加强监督管理，维护良好市场秩序。

第三十五条 个体工商户开展经营活动违反有关法律规定的，有关行政部门应当按照教育和惩戒相结合、过罚相当的原则，依法予以处理。

第三十六条 政府及其有关部门的工作人员在促进个体工商户发展工作中不履行或者不正确履行职责，损害个体工商户合法权益，造成严重后果的，依法依规给予处分；构成犯罪的，依法追究刑事责任。

第三十七条 香港特别行政区、澳门特别行政区永久性居民中的中国公民，台湾地区居民可以按照国家有关规定，申请登记为个体工商户。

第三十八条 省、自治区、直辖市可以结合本行政区域实际情况，制定促进个体工商户发展的具体办法。

第三十九条 本条例自 2022 年 11 月 1 日起施行。《个体工商户条例》同时废止。

法规性文件

国务院关于加快推进政务服务标准化规范化便利化的指导意见

（2022年3月1日发布　国发〔2022〕5号）

各省、自治区、直辖市人民政府，国务院各部委、各直属机构：

持续优化政务服务是便利企业和群众生产经营与办事创业、畅通国民经济循环、加快构建新发展格局的重要支撑，是建设人民满意的服务型政府、推进国家治理体系和治理能力现代化的内在要求。党的十八大以来，各地区各部门认真贯彻党中央、国务院决策部署，深入推进政务服务"一网、一门、一次"改革，积极探索创新审批服务便民化措施，全国一体化政务服务平台初步建成并发挥成效，政务服务水平大幅提升，营商环境显著改善，企业和群众获得感不断增强。同时，政务服务标准不统一、线上线下服务不协同、数据共享不充分、区域和城乡政务服务发展不平衡等问题仍然不同程度存在。为加快推进政务服务标准化、规范化、便利化，更好满足企业和群众办事需求，现提出如下意见。

一、总体要求

（一）指导思想

以习近平新时代中国特色社会主义思想为指导，全面贯彻落实党的十九大和十九届历次全会精神，按照党中央、国务院决策部署，立足新发展阶段，完整、准确、全面贯彻新发展理念，构建新发展格局，加快转变政府职能、深化"放管服"改革、持续优化营商环境，加强跨层级、跨地域、跨系统、跨部门、跨业务协同管理和服务，充分发挥全国一体化政务服务平台"一网通办"支撑作用，进一步推进政务服务运行标准化、服务供给规范化、企业和群众办事便利化，有效服务生产要素自由流动和畅通国民经济循环，更好满足人民日益增长的美好生活需要，为推动高质量发展、创造高品质生活、推进国家治理体系和治理能力现代化提供有力支撑。

（二）基本原则

坚持党的领导。在党中央集中统一领导下，把党的领导贯穿优化政务服务的全过程和各方面，深入贯彻党中央、国务院关于优化政务服务的决策部署，不断提升政务服务标准化、规范化、便利化水平。

坚持以人民为中心。聚焦企业和群众反映强烈的办事堵点难点问题，完善落实有关标准和政策措施，着力破解关键掣肘和体制机制障碍，提供更加优质高效的政务服务。

坚持系统观念。加强整体谋划，强化政务服务一体化建设，分级负责、协同联动，统筹线上线下政务服务资源，推动政务服务与事前事中事后监管有机衔接，构建高效运行的政务服务体系。

坚持公平可及。坚持传统服务方式与智能化服务创新并行，为老年人、残疾人等特殊群体提供多元化、个性化、贴心暖心的高质量服务。不断提升基层、边远和欠发达地区政务服务能力，推动政务服务区域间均衡发展。

（三）总体目标

2022年年底前，国家、省、市、县、乡五级政务服务能力和水平显著提升；国家政务服务事项基本目录统一编制、联合审核、动态管理、全面实施机制基本建立；政务服务中心综合窗口全覆盖，全国一体化政务服务平台全面建成，"一网通办"服务能力显著增强，企业和群众经常办理的政务服务事项实现"跨省通办"。2025年年底前，政务服务标准化、规范化、便利化水平大幅提升，高频政务服务事项实现全国无差别受理、同标准办理；高频电子证照实现全国互通互认，"免证办"全面推行；集约化办事、智慧化服务实现新的突破，"网上办、掌上办、就近办、一次办"更加好办易办，政务服务线上线下深度融合、协调发展，方便快捷、公平普惠、优质高效的政务服务体系全面建成。

二、推进政务服务标准化

（一）推进政务服务事项标准化

明确政务服务事项范围。政务服务事项包括依申请办理的行政权力事项和公共服务事项。所涉及的行政权力事项包括行政许可、行政确认、行政裁决、行政给付、行政奖励、行政备案及其他行政权力事项。公共教育、劳动就业、社会保险、医疗卫生、养老服务、社会服务、住房保障、文化体育、残疾人服务等领域依申请办理的公共服务事项全部纳入政务服务事项范围。

建立国家政务服务事项基本目录审核制度。国务院有关部门负责编制和修订主管行业领域的政务服务事项基本目录，包括中央层面实施的和中央指定地方（涵盖省、市、县、乡）实施的政务服务事项。国务院办公厅负责组织对政务服务事项合法性，基本目录及其要素信息的完整度、准确性，以及与权责清单和行政许可事项清单的一致性、与地方政务服务业务开展的适用性等进行联合审核，修订印发统一的国家政务服务事项基本目录，并在国家政务服务平台和中国政府网发布。各地区要根据国家政务服务事项基本目录和本地实际，明确应承接的事项，并全面梳理依法依规自行设立的事项，修订完善本地区政务服务事项基本目录。

建立健全政务服务事项动态管理机制。建立健全国家和地方政务服务事项管理和动态调整机制。行业主管部门或政务服务审批部门要根据业务变化和实施情况及时向本级政务服务管理机构提出调整政务服务事项基本目录或实施清单的申请，政务服务管理机构负责政务服务事项基本目录、实施清单的审核发布。基于国家政务服务平台事项库，汇聚政务服务事项基本目录和实施清单，实现政务服务事项数据同源、动态更新、联动管理。推动实现市场准入负面清单、投资审批管理事项清单、工程建设项目审批事项清单等与政务服务事项基本目录的同类事项名称、类型等要素一致。

（二）推进政务服务事项实施清单标准化

国务院有关部门要依据国家政务服务事项基本目录，明确主管行业领域的政务服务事项拆分标准，在推进名称、编码、依据、类型等基本要素"四级四同"基础上，推动逐步实现同一政务服务事项受理条件、服务对象、办理流程、申请材料、法定办结时限、办理结果等要素在全国范围内统一，形成政务服务事项实施清单，统筹制定政务服务事项"跨省通办"全程网办、异地代收代办、多地联办的流程规则，明确收件地和办理地的权责划分、业务流转程序等内容。各地区要对依法依规自行设立的地方政务服务事项做好实施清单要素统一工作。

（三）健全政务服务标准体系

加强国家政务服务标准总体框架设计，研究制定政务服务标准化发展规划。依托全国行政管理和服务标准化技术委员会，制定国家政务服务标准化工作指南和制修订计划，建立健全政务服务事项管理、政务服务中心建设、政务服务实施、便民热线运行、服务评估评价等标准规范，持续完善全国一体化政务服务平台标准规范体系。建立标准研制、试点验证、审查发布、推广实施、效果评估和监督保障等闭环运行机制。

三、推进政务服务规范化

（一）规范审批服务

规范审批服务行为。推进政务服务事项依法依规办理，严格按照政务服务事项实施清单提供办事服务，不得额外增加或变相增加办理环节和申请材料。严格执行首问负责、一次性告知和限时办结等制度。优化前置服务，加强政务服务事项申报辅导。对现场勘验、技术审查、听证论证等程序实施清单化管理，建立限时办结机制并向社会公布。

规范审批监管协同。按照“谁审批、谁监管，谁主管、谁监管”原则，健全审管衔接机制，实现审批和监管信息实时共享。实行相对集中行政许可权改革的地区，要明确政务服务审批部门、行业主管部门的监管职责和边界，加强协同配合，政务服务审批部门应将有关政务服务事项办理信息和结果同步推送至行业主管部门，行业主管部门应将相关的行政检查、行政处罚等监管信息与政务服务审批部门同步共享。

规范中介服务。各地区各部门要进一步清理政务服务领域没有法律法规或国务院决定依据的中介服务事项，对确需保留的强制性中介服务事项，实行清单管理并向社会公布。各地区要加强对中介服务的规范管理，完善中介服务网上交易平台，推动中介服务机构公开服务指南，明确服务条件、流程、时限和收费标准等要素。各有关部门不得强制企业选择特定中介服务机构。加强对中介服务机构的信用监管，实行信用等级评价、资质动态管理，解决中介服务环节多、耗时长、市场垄断、“红顶中介”等问题。

（二）规范政务服务场所办事服务

规范政务服务场所设立。统一各地区设立的集中提供政务服务的综合性场所名称，县级以上为政务服务中心，乡镇（街道）为便民服务中心，村（社区）为便民服务站。各地区要建立政务服务中心进驻事项负面清单制度，除场地限制或涉及国家秘密等情形外，原则上政务服务事项均应纳入政务服务中心集中办理。地方部门单设的政务服务窗口原则上应整合并入本级政务服务中心，确不具备整合条件的要纳入本级政务服务中心一体化管理，按照统一要求提供规范化服务。未设立省级政务服务中心的地区，可探索依托省会城市政务服务中心共建运行模式。国务院部门可根据实际需要设立政务服务大厅，集中提供办事服务。

规范政务服务窗口设置。政务服务中心要设置综合咨询窗口，统一提供咨询、引导等服务。设置综合办事窗口，逐步整合部门单设的办事窗口，按照“前台综合受理、后台分类审批、综合窗口出件”模式，合理设置无差别或分领域综合办事窗口，实现“一窗受理、综合服务”。设置帮办代办窗口，为老年人、残疾人等特殊群体提供帮办代办服务。设置“跨省通办”“省内通办”窗口，为企业和群众提供异地办事服务。设置“办不成事”反映窗口，提供兜底服务，解决企业和群众办事过程中遇到的疑难事项和复杂问题。

规范政务服务窗口业务办理。进驻的政务服务事项必须在政务服务中心实质运行，严禁“明进暗不进”。对适用“收件即受理”方式的政务服务事项，有关部门要授权窗口工作人员接收申请材料并出具受理凭证。建立部门业务综合授权的“首席事务代表”制度，推动更多政务服务事项当场办理、简单事项即时办结。

（三）规范网上办事服务

统筹网上办事入口。各地区要依托全国一体化政务服务平台，统一提供政务服务，实现网上办事“一次注册、多点互认、全网通行”。推进各级政府网站、政务服务平台适老化、无障碍改造。各地区要整合本级部门的各类政务服务移动端应用，原则上通过本级统一的政务服务平台移动端（含小程序等）提供服务，解决政务移动应用程序（App）数量多、重复注册等问题。

规范网上办事指引。进一步完善网上办事引导功能，优化页面设计、简化办事操作、提高系统稳定性，规范在线咨询、引导服务，提供更加简明易懂实用的办事指南和网上办事操作说明，创新在线导办帮办、智能客服等方式，辅助在线办理，解决网上办事看不懂、操作不便、容易出错、系统卡顿等问题，实现“一看就能懂、一点就能办”。

提升网上办事深度。深化政务服务“一网通办”，加大办事环节精简和流程再造力度，提升政务服务事项网上办理深度，提供申请受理、审查决定、结果送达等全流程、全环节网上服务，推动更多适合网上办理的政务服务事项由网上可办向全程网办、好办易办转变。

（四）规范政务服务线上线下融合发展

规范政务服务办理方式。线上线下并行提供服务，满足企业和群众的多样化办事需求。对已实现线上办理的政务服务事项，原则上要同步提供线下窗口办事服务，由企业和群众自主选择办理渠道。申请人在线下办理业务时，不得强制要求其先到线上预约或在线提交申请材料。已在线收取申请材料或通过部门间共享能获取规范化电子材料的，不得要求申请人重复提交纸质材料。

合理配置政务服务资源。各地区要根据本地区政务服务发展水平、保障能力等实际情况，合理配置线上线下政务服务资源，协同推进政务服务中心〔便民服务中心（站）〕与政务服务平台建设，在推动更多政务服务事项线上办理的同时，同步提升线下服务能力。推进政务服务事项、办事指南等在线上线下服务渠道同源发布、同步更新，做到线上线下无差别受理、同标准办理。

（五）规范开展政务服务评估评价

落实政务服务"好差评"制度，在各级政务服务机构、政务服务平台、政务服务便民热线全面开展"好差评"工作，建立健全全国一体化政务服务平台"好差评"管理体系，确保评价数据客观、真实，形成评价、整改、反馈、监督全流程衔接的政务服务评价机制。坚持评价人自愿自主评价原则，不得强迫或者干扰评价人的评价行为。国务院办公厅负责统筹国家层面开展的政务服务相关评估评价工作，优化评价方式方法，科学引导政务服务优化提升。各地区要建立健全政务服务督查考核机制，将政务服务工作纳入本地区政府年度绩效考核范围。规范政务服务社会第三方评估，更好发挥社会监督作用，及时回应社会关切。

四、推进政务服务便利化

（一）推进政务服务事项集成化办理

从便利企业和群众办事角度出发，围绕企业从设立到注销、个人从出生到身后的全生命周期，推动关联性强、办事需求量大、企业和群众获得感强的多个跨部门、跨层级政务服务事项集成化办理，提供主题式、套餐式服务。按照"一次告知、一表申请、一套材料、一窗（端）受理、一网办理"的要求，优化业务流程，通过系统对接整合和数据共享，减少办事环节、精简申请材料、压缩办理时限。

（二）推广"免证办"服务

在保护个人隐私、商业秘密和确保数据安全的前提下，通过流程优化、机制创新和技术保障，推进电子证照在政务服务领域应用和全国互通互认。全面开展证照梳理，通过直接取消证照材料或数据共享、在线核验等方式，推动实现政府部门核发的材料一律免于提交，能够提供电子证照的一律免于提交实体证照。

（三）推动更多政务服务事项"就近办"

推动公共教育、劳动就业、社会保险、医疗卫生、养老服务、社会服务、户籍管理等领域群众经常办理且基层能有效承接的政务服务事项以委托受理、授权办理、帮办代办等方式下沉至便民服务中心（站）办理。推广24小时自助服务，推动集成式自助终端向村（社区）、园区、商场、楼宇和银行、邮政、电信网点等场所延伸，鼓励各地区整合公安、税务、社会保障、医疗保障等自助服务功能，推动更多事项全程自助办理，实现政务服务"就近办、家门口办"。

（四）推动更多政务服务事项"网上办、掌上办"

按照"应上尽上"原则，除涉及国家秘密等情形外，推动各地区各部门政务服务事项全部纳入全国一体化政务服务平台管理和运行，加快实现"一网通办"。加快全国一体化政务服务平台移动端建设，推动企业和群众经常办理的政务服务事项"掌上办、指尖办"，推进身份证电子证照、电子社保卡、电子驾驶证、电子行驶证、电子营业执照等高频电子证照在政务服务平台移动端汇聚，并在日常生产生活各领域中应用。在确保安全可控的前提下，发挥第三方平台渠道优势，拓展政务服务移动应用。

（五）推行告知承诺制和容缺受理服务模式

除直接涉及国家安全、国家秘密、公共安全、金融业审慎监管、生态环境保护，直接关系人身健康、生命财产安全，以及重要涉外等风险较大、纠错成本较高、损害难以挽回的政务服务事项外，各地区各有关部门要按照最大限度利企便民原则梳理可采取告知承诺制方式的政务服务事项，明确承诺的具体内容、要求以及违反承诺应承担的法律责任，细化办事承诺方式和承诺事项监管细则，并向社会公布。各地区各有关部门要完善容缺受理服务机制，依法依规编制并公布可容缺受理的政务服务事项清单，明确事项名称、主要申请材料和可容缺受理的材料。

（六）提升智慧化精准化个性化服务水平

依托全国一体化政务服务平台，建设企业和个人专属服务空间，完善“一企一档”“一人一档”，规范和拓展二维码、数字名片等场景应用，实现个性化精准服务。充分运用大数据、人工智能、物联网等新技术，推出“免申即享”、政务服务地图、“一码办事”、智能审批等创新应用模式。

（七）提供更多便利服务

各类政务服务场所要加强无障碍环境建设和改造，为老年人、残疾人等特殊群体提供便利服务。推进水电气热、电信、公证、法律援助等与企业和群众生产生活密切相关的服务进驻政务服务中心和政务服务平台。政务服务中心〔便民服务中心（站）〕要依法加强与各类寄递企业的合作，降低企业和群众办事成本。鼓励各地区政务服务中心开展延时错时服务。

五、全面提升全国一体化政务服务平台服务能力

（一）加强平台建设统筹

充分发挥全国一体化在线政务服务平台建设和管理协调小组作用，统筹全国一体化政务服务平台建设和管理，加快地方、部门政务服务业务系统与国家政务服务平台全面对接融合。各级部门能依托全国一体化政务服务平台支撑政务服务业务办理的，不再单独建设相关业务系统，确需单独建设业务系统的，要把与全国一体化政务服务平台对接融合和数据共享作为项目立项及验收条件。各地区政务服务平台应由省级统筹建设，原则上不再单独建设地市级以下政务服务平台。

（二）强化平台公共支撑

充分发挥国家政务服务平台公共入口、公共通道、公共支撑的总枢纽作用，建立完善政务服务统一身份认证系统，规范各地区各部门电子印章制发核验和用印，加快电子证照归集共享应用，建立电子证照签发以及跨地区跨层级互通互认、异议处理、反馈纠错规则机制。推行政务服务电子文件单套归档和电子档案单套管理。

（三）提升数据共享能力

以全国一体化政务服务平台为数据共享总枢纽，在确保数据安全的基础上，充分发挥政务数据共享协调机制作用，建立政务数据共享供需对接机制，推进国务院部门垂直管理业务信息系统与地方政务服务平台深度对接和数据双向共享，强化部门之间、部门与地方之间、地方之间政务数据共享，提高数据质量和可用性、时效性，满足不动产登记、社会保障、户籍管理、市场主体准入准营等重点领域以及人口、法人、地名、教育、婚姻、生育、住房、信用等普遍性数据需求。

六、保障措施

（一）加强组织领导

各地区各部门要充分认识推进政务服务标准化、规范化、便利化工作的重要意义，切实加强组织领导，层层压实责任，强化经费、人员、场地、信息化保障。明确国家、省、市、县、乡五级政务服务责任体系。国务院办公厅负责全国政务服务工作的顶层设计、统筹推进、监督检查，组织建立健全政务服务责任和标准体系，完善政务数据共享协调机制，指导、协调和督促各地区各部门提供优质、规范、高效的政务服务，组织推进全国一体化政务服务平台建设。国务院各部门负责指导、协调和督促主管行业领域的政务服务工作。县级以上地方人民政府对本地区政务服务工作负主要责任，政府办公厅（室）要充分发挥统筹协调作用，细化任务分工，推动解决有关重

点难点问题，确保改革任务尽快落地见效。乡镇人民政府和街道办事处负责本辖区政务服务具体工作，接受上级政务服务管理机构指导和监督。

（二）加强地方政务服务体系建设

县级以上地方人民政府要建立健全政务服务体系，加强政务服务中心、便民服务中心（站）、政务服务平台和政务服务便民热线建设运行管理，组织推进政务服务事项梳理、政务数据共享、标准实施、人员管理培训、日常考核、指导监督等工作，统筹做好便民服务中心（站）人员和经费保障工作。

（三）加强人员队伍建设

政务服务中心综合窗口工作人员由政务服务管理机构统一配备，支持有条件的地区推进便民服务中心（站）窗口工作人员由政务服务管理机构统一配备。政务服务管理机构负责部门派驻人员的日常管理、服务规范，并对其年度考核等次提出建议。通过政府购买服务提供办事窗口服务的地区，要健全完善和督促落实相关服务标准，合理确定政府购买服务价格，支持有条件的地区按照行政办事员（政务服务综合窗口办事员）国家职业技能标准开展等级认定、定岗晋级等工作，增强人员队伍的稳定性。健全培训管理制度，不断提升工作人员服务意识、业务能力和办事效率。加强全国一体化政务服务平台运营管理队伍建设，强化各级政务服务管理机构相关人员力量配备。

（四）加强法治保障

聚焦政务服务优化面临的政策制度障碍，及时清理和修改完善与推进政务服务标准化、规范化、便利化不相适应的行政法规、规章和行政规范性文件。推动将行之有效并可长期坚持的做法以立法形式予以固化，发挥法治引领和保障作用。

（五）加强安全保障

强化各级政务服务平台安全保障系统建设，落实安全管理主体责任，分级做好政务服务平台建设运营和网络数据安全保障工作，构建全方位、多层次、一致性的安全防护体系，不断提升全国一体化政务服务平台风险防控能力。加强政务数据全生命周期安全防护，强化政务服务和数据共享利用中的个人隐私、商业秘密保护，确保政务网络和数据安全。

（六）加强宣传推广

各地区各部门要加强政策宣传，通过政府网站、政务新媒体、政务服务平台等向社会及时提供通俗易懂的政策解读，对关联性较强的政策要一并解读。加强对推进政务服务标准化、规范化、便利化进展成效和经验做法的总结和复制推广。

国务院办公厅关于印发新污染物治理行动方案的通知

（2022 年 5 月 24 日发布　国办发〔2022〕15 号）

各省、自治区、直辖市人民政府，国务院各部委、各直属机构：

《新污染物治理行动方案》已经国务院同意，现印发给你们，请认真贯彻执行。

新污染物治理行动方案

有毒有害化学物质的生产和使用是新污染物的主要来源。目前，国内外广泛关注的新污染物主要包括国际公约管控的持久性有机污染物、内分泌干扰物、抗生素等。为深入贯彻落实党中央、国务院决策部署，加强新污染物治理，切实保障生态环境安全和人民健康，制定本行动方案。

一、总体要求

(一)指导思想

以习近平新时代中国特色社会主义思想为指导,全面贯彻党的十九大和十九届历次全会精神,深入贯彻习近平生态文明思想,立足新发展阶段,完整、准确、全面贯彻新发展理念,构建新发展格局,推动高质量发展,以有效防范新污染物环境与健康风险为核心,以精准治污、科学治污、依法治污为工作方针,遵循全生命周期环境风险管理理念,统筹推进新污染物环境风险管理,实施调查评估、分类治理、全过程环境风险管控,加强制度和科技支撑保障,健全新污染物治理体系,促进以更高标准打好蓝天、碧水、净土保卫战,提升美丽中国、健康中国建设水平。

(二)工作原则

——科学评估,精准施策。开展化学物质调查监测,科学评估环境风险,精准识别环境风险较大的新污染物,针对其产生环境风险的主要环节,采取源头禁限、过程减排、末端治理的全过程环境风险管控措施。

——标本兼治,系统推进。“十四五”期间,对一批重点管控新污染物开展专项治理。同时,系统构建新污染物治理长效机制,形成贯穿全过程、涵盖各类别、采取多举措的治理体系,统筹推动大气、水、土壤多环境介质协同治理。

——健全体系,提升能力。建立健全管理制度和技术体系,强化法治保障。建立跨部门协调机制,落实属地责任。强化科技支撑与基础能力建设,加强宣传引导,促进社会共治。

(三)主要目标

到2025年,完成高关注、高产(用)量的化学物质环境风险筛查,完成一批化学物质环境风险评估;动态发布重点管控新污染物清单;对重点管控新污染物实施禁止、限制、限排等环境风险管控措施。有毒有害化学物质环境风险管理法规制度体系和管理机制逐步建立健全,新污染物治理能力明显增强。

二、行动举措

(一)完善法规制度,建立健全新污染物治理体系

(1)加强法律法规制度建设。研究制定有毒有害化学物质环境风险管理条例。建立健全化学物质环境信息调查、环境调查监测、环境风险评估、环境风险管控和新化学物质环境管理登记、有毒化学品进出口环境管理等制度。加强农药、兽药、药品、化妆品管理等相关制度与有毒有害化学物质环境风险管理相关制度的衔接。(生态环境部、农业农村部、市场监管总局、国家药监局等按职责分工负责)

(2)建立完善技术标准体系。建立化学物质环境风险评估与管控技术标准体系,制定修订化学物质环境风险评估、经济社会影响分析、危害特性测试方法等标准。完善新污染物环境监测技术体系。(生态环境部牵头,工业和信息化部、国家卫生健康委、市场监管总局等按职责分工负责)

(3)建立健全新污染物治理管理机制。建立生态环境部门牵头,发展改革、科技、工业和信息化、财政、住房城乡建设、农业农村、商务、卫生健康、海关、市场监管、药监等部门参加的新污染物治理跨部门协调机制,统筹推进新污染物治理工作。加强部门联合调查、联合执法、信息共享,加强法律、法规、制度、标准的协调衔接。按照国家统筹、省负总责、市县落实的原则,完善新污染物治理的管理机制,全面落实新污染物治理属地责任。成立新污染物治理专家委员会,强化新污染物治理技术支撑。(生态环境部牵头,国家发展改革委、科技部、工业和信息化部、财政部、住房城乡建设部、农业农村部、商务部、国家卫生健康委、海关总署、市场监管总局、国家药监局等按职责分工负责,地方各级人民政府负责落实。以下均需地方各级人民政府落实,不再列出)

(二)开展调查监测,评估新污染物环境风险状况

(4)建立化学物质环境信息调查制度。开展化学物质基本信息调查,包括重点行业中重点化学物质生产使用的品种、数量、用途等信息。针对列入环

境风险优先评估计划的化学物质，进一步开展有关生产、加工使用、环境排放数量及途径、危害特性等详细信息调查。2023年年底前，完成首轮化学物质基本信息调查和首批环境风险优先评估化学物质详细信息调查。（生态环境部负责）

（5）建立新污染物环境调查监测制度。制定实施新污染物专项环境调查监测工作方案。依托现有生态环境监测网络，在重点地区、重点行业、典型工业园区开展新污染物环境调查监测试点。探索建立地下水新污染物环境调查、监测及健康风险评估技术方法。2025年年底前，初步建立新污染物环境调查监测体系。（生态环境部负责）

（6）建立化学物质环境风险评估制度。研究制定化学物质环境风险筛查和评估方案，完善评估数据库，以高关注、高产（用）量、高环境检出率、分散式用途的化学物质为重点，开展环境与健康危害测试和风险筛查。动态制定化学物质环境风险优先评估计划和优先控制化学品名录。2022年年底前，印发第一批化学物质环境风险优先评估计划。（生态环境部、国家卫生健康委等按职责分工负责）

（7）动态发布重点管控新污染物清单。针对列入优先控制化学品名录的化学物质以及抗生素、微塑料等其他重点新污染物，制定"一品一策"管控措施，开展管控措施的技术可行性和经济社会影响评估，识别优先控制化学品的主要环境排放源，适时制定修订相关行业排放标准，动态更新有毒有害大气污染物名录、有毒有害水污染物名录、重点控制的土壤有毒有害物质名录。动态发布重点管控新污染物清单及其禁止、限制、限排等环境风险管控措施。2022年发布首批重点管控新污染物清单。鼓励有条件的地区在落实国家任务要求的基础上，参照国家标准和指南，先行开展化学物质环境信息调查、环境调查监测和环境风险评估，因地制宜制定本地区重点管控新污染物补充清单和管控方案，建立健全有关地方政策标准等。（生态环境部牵头，工业和信息化部、农业农村部、商务部、国家卫生健康委、海关总署、市场监管总局、国家药监局等按职责分工负责）

（三）严格源头管控，防范新污染物产生

（8）全面落实新化学物质环境管理登记制度。严格执行《新化学物质环境管理登记办法》，落实企业新化学物质环境风险防控主体责任。加强新化学物质环境管理登记监督，建立健全新化学物质登记测试数据质量监管机制，对新化学物质登记测试数据质量进行现场核查并公开核查结果。建立国家和地方联动的监督执法机制，按照"双随机、一公开"原则，将新化学物质环境管理事项纳入环境执法年度工作计划，加大对违法企业的处罚力度。做好新化学物质和现有化学物质环境管理衔接，完善《中国现有化学物质名录》。（生态环境部负责）

（9）严格实施淘汰或限用措施。按照重点管控新污染物清单要求，禁止、限制重点管控新污染物的生产、加工使用和进出口。研究修订《产业结构调整指导目录》，对纳入《产业结构调整指导目录》淘汰类的工业化学品、农药、兽药、药品、化妆品等，未按期淘汰的，依法停止其产品登记或生产许可证核发。强化环境影响评价管理，严格涉新污染物建设项目准入管理。将禁止进出口的化学品纳入禁止进（出）口货物目录，加强进出口管控；将严格限制用途的化学品纳入《中国严格限制的有毒化学品名录》，强化进出口环境管理。依法严厉打击已淘汰持久性有机污染物的非法生产和加工使用。（国家发展改革委、工业和信息化部、生态环境部、农业农村部、商务部、海关总署、市场监管总局、国家药监局等按职责分工负责）

（10）加强产品中重点管控新污染物含量控制。对采取含量控制的重点管控新污染物，将含量控制要求纳入玩具、学生用品等相关产品的强制性国家标准并严格监督落实，减少产品消费过程中造成的新污染物环境排放。将重点管控新污染物限值和禁用要求纳入环境标志产品和绿色产品标准、认证、标识体系。在重要消费品环境标志认证中，对重点管控新污染物进行标识或提示。（工业和信息化部、生态环境部、农业农村部、市场监管总局等按职责分工负责）

（四）强化过程控制，减少新污染物排放

（11）加强清洁生产和绿色制造。对使用有毒有害化学物质进行生产或者在生产过程中排放有毒有害化学物质的企业依法实施强制性清洁生产审核，全面推进清洁生产改造；企业应采取便于公众知晓的方式公布使用有毒有害原料的情况以及排放有毒

有害化学物质的名称、浓度和数量等相关信息。推动将有毒有害化学物质的替代和排放控制要求纳入绿色产品、绿色园区、绿色工厂和绿色供应链等绿色制造标准体系。(国家发展改革委、工业和信息化部、生态环境部、住房城乡建设部、市场监管总局等按职责分工负责)

(12)规范抗生素类药品使用管理。研究抗菌药物环境危害性评估制度,在兽用抗菌药注册登记环节对新品种开展抗菌药物环境危害性评估。加强抗菌药物临床应用管理,严格落实零售药店凭处方销售处方药类抗菌药物。加强兽用抗菌药监督管理,实施兽用抗菌药使用减量化行动,推行凭兽医处方销售使用兽用抗菌药。(生态环境部、农业农村部、国家卫生健康委、国家药监局等按职责分工负责)

(13)强化农药使用管理。加强农药登记管理,健全农药登记后环境风险监测和再评价机制。严格管控具有环境持久性、生物累积性等特性的高毒高风险农药及助剂。2025 年年底前,完成一批高毒高风险农药品种再评价。持续开展农药减量增效行动,鼓励发展高效低风险农药,稳步推进高毒高风险农药淘汰和替代。鼓励使用便于回收的大容量包装物,加强农药包装废弃物回收处理。(生态环境部、农业农村部等按职责分工负责)

(五)深化末端治理,降低新污染物环境风险

(14)加强新污染物多环境介质协同治理。加强有毒有害大气污染物、水污染物环境治理,制定相关污染控制技术规范。排放重点管控新污染物的企事业单位应采取污染控制措施,达到相关污染物排放标准及环境质量目标要求;按照排污许可管理有关要求,依法申领排污许可证或填写排污登记表,并在其中载明执行的污染控制标准要求及采取的污染控制措施。排放重点管控新污染物的企事业单位和其他生产经营者应按照相关法律法规要求,对排放(污)口及其周边环境定期开展环境监测,评估环境风险,排查整治环境安全隐患,依法公开新污染物信息,采取措施防范环境风险。土壤污染重点监管单位应严格控制有毒有害物质排放,建立土壤污染隐患排查制度,防止有毒有害物质渗漏、流失、扬散。生产、加工使用或排放重点管控新污染物清单中所列化学物质的企事业单位应纳入重点排污单位。(生态环境部负责)

(15)强化含特定新污染物废物的收集利用处置。严格落实废药品、废农药以及抗生素生产过程中产生的废母液、废反应基和废培养基等废物的收集利用处置要求。研究制定含特定新污染物废物的检测方法、鉴定技术标准和利用处置污染控制技术规范。(生态环境部、农业农村部等按职责分工负责)

(16)开展新污染物治理试点工程。在长江、黄河等流域和重点饮用水水源地周边,重点河口、重点海湾、重点海水养殖区,京津冀、长三角、珠三角等区域,聚焦石化、涂料、纺织印染、橡胶、农药、医药等行业,选取一批重点企业和工业园区开展新污染物治理试点工程,形成一批有毒有害化学物质绿色替代、新污染物减排以及污水污泥、废液废渣中新污染物治理示范技术。鼓励有条件的地方制定激励政策,推动企业先行先试,减少新污染物的产生和排放。(工业和信息化部、生态环境部等按职责分工负责)

(六)加强能力建设,夯实新污染物治理基础

(17)加大科技支撑力度。在国家科技计划中加强新污染物治理科技攻关,开展有毒有害化学物质环境风险评估与管控关键技术研究;加强新污染物相关新理论和新技术等研究,提升创新能力;加强抗生素、微塑料等生态环境危害机理研究。整合现有资源,重组环境领域全国重点实验室,开展新污染物相关研究。(科技部、生态环境部、国家卫生健康委等按职责分工负责)

(18)加强基础能力建设。加强国家和地方新污染物治理的监督、执法和监测能力建设。加强国家和区域(流域、海域)化学物质环境风险评估和新污染物环境监测技术支撑保障能力。建设国家化学物质环境风险管理信息系统,构建化学物质计算毒理与暴露预测平台。培育一批符合良好实验室规范的化学物质危害测试实验室。加强相关专业人才队伍建设和专项培训。(生态环境部、国家卫生健康委等部门按职责分工负责)

三、保障措施

（一）加强组织领导

坚持党对新污染物治理工作的全面领导。地方各级人民政府要加强对新污染物治理的组织领导，各省级人民政府是组织实施本行动方案的主体，于2022年年底前组织制定本地区新污染物治理工作方案，细化分解目标任务，明确部门分工，抓好工作落实。国务院各有关部门要加强分工协作，共同做好新污染物治理工作，2025年对本行动方案实施情况进行评估。将新污染物治理中存在的突出生态环境问题纳入中央生态环境保护督察。（生态环境部牵头，有关部门按职责分工负责）

（二）强化监管执法

督促企业落实主体责任，严格落实国家和地方新污染物治理要求。加强重点管控新污染物排放执法监测和重点区域环境监测。对涉重点管控新污染物企事业单位依法开展现场检查，加大对未按规定落实环境风险管控措施企业的监督执法力度。加强对禁止或限制类有毒有害化学物质及其相关产品生产、加工使用、进出口的监督执法。（生态环境部、农业农村部、海关总署、市场监管总局等按职责分工负责）

（三）拓宽资金投入渠道

鼓励社会资本进入新污染物治理领域，引导金融机构加大对新污染物治理的信贷支持力度。新污染物治理按规定享受税收优惠政策。（财政部、生态环境部、税务总局、银保监会等按职责分工负责）

（四）加强宣传引导

加强法律法规政策宣传解读。开展新污染物治理科普宣传教育，引导公众科学认识新污染物环境风险，树立绿色消费理念。鼓励公众通过多种渠道举报涉新污染物环境违法犯罪行为，充分发挥社会舆论监督作用。积极参与化学品国际环境公约和国际化学品环境管理行动，在全球环境治理中发挥积极作用。（生态环境部牵头，有关部门按职责分工负责）

国务院办公厅关于推动外贸保稳提质的意见

（2022年5月26日发布　国办发〔2022〕18号）

各省、自治区、直辖市人民政府，国务院各部委、各直属机构：

为深入贯彻落实党中央、国务院决策部署，帮扶外贸企业应对困难挑战，实现进出口保稳提质任务目标，助力稳经济稳产业链供应链，经国务院同意，现提出以下意见：

一、加强外贸企业生产经营保障

各地方建立重点外贸企业服务保障制度，主动服务，及时掌握和解决外贸企业的困难问题。涉疫地区（中高风险地区所在县级行政区域）所在省份，在做好疫情防控的同时，确定重点外贸企业名录和相关物流企业、人员名录，对生产、物流、用工予以保障，尽快帮助受疫情影响的外贸企业复工达产，保障外贸供应链稳定。（各地方人民政府，商务部、工业和信息化部、人力资源社会保障部、交通运输部、国家卫生健康委按职责分工负责）

二、促进外贸货物运输保通保畅

各地方严格落实全国保障物流畅通促进产业链供应链稳定电视电话会议精神及《国务院应对新型冠状病毒感染肺炎疫情联防联控机制关于切实做好货运物流保通保畅工作的通知》（国办发明电〔2022〕3号）要求，将外贸货物纳入重要物资范围，全力保障货运物流运输畅通，有运输需求的外贸企业，可按有关规定申领重点物资运输车辆通行证。有力有序疏通海空港等集疏运，提高作业和通关效率。各地要积极优化作业流程，进一步压缩国际班轮等泊时间，不得层层加码，出台影响国际集装箱班轮靠港作业效率的措施。加强航空口岸机场海关及作业人员保障，用好航空货运运力，保障重要零部件、装备和产品运输。加强与国际货运班列沿线国家沟通协调，同步提高铁路口岸通关及作业效率。进一步提升深港陆路运输效率和通行能力。（各地方人民政府，交通运输部、国家发展改革委、公安部、商务部、国家卫生健康委、海关总署、国家铁路局、中国民航局、中国国家铁路集团有限公司按职责分工负责）

三、增强海运物流服务稳外贸功能

各地方、商协会组织中小微外贸企业加大与国际班轮公司对接力度，进一步推动扩大班轮公司直客对接的业务规模。加紧研究推进在上海期货交易所、大连商品交易所上市海运运价、运力期货。依法依规加强对国际海运领域的市场监管，对国际海运市场相关主体涉嫌不正当竞争、价格违法、垄断等行为开展调查处理。各地方协调帮助物流、货代等企业及时赴港口提离冷藏货物、危险货物等集装箱，提升主要港口的货物中转效率。（各地方人民政府，交通运输部、国家发展改革委、商务部、国务院国资委、市场监管总局、证监会按职责分工负责）

四、推动跨境电商加快发展提质增效

针对跨境电商出口海外仓监管模式，加大政策宣传力度，对实现销售的货物，指导企业用足用好现行出口退税政策，及时申报办理退税。尽快出台便利跨境电商出口退换货的政策，适时开展试点。针对跨境电商行业特点，加强政策指导，支持符合条件的跨境电商相关企业申报高新技术企业。（商务部、科技部、财政部、海关总署、税务总局按职责分工负责）

五、加大出口信用保险支持

扩大出口信用保险短期险规模。鼓励中国出口信用保险公司在依法合规、风险可控前提下，支持外贸企业进一步开拓多元化市场。出口信用保险机构持续做好外贸企业承保理赔工作。（财政部、商务部、银保监会、国家发展改革委、中国出口信用保险公司按职责分工负责）

六、加大进出口信贷支持

支持银行机构对于发展前景良好但暂时受困的外贸企业，不盲目惜贷、抽贷、断贷、压贷，根据风险管控要求和企业经营实际，满足企业合理资金需求。（银保监会、人民银行、商务部、国家发展改革委、进出口银行按职责分工负责）

七、进一步加强对中小微外贸企业金融支持

各地方加强“政银企”对接，梳理一批急需资金的中小微外贸企业名单，开展“清单式”管理，按照市场化原则，予以重点支持。加大出口信用保险对中小微外贸企业的支持力度，在去年基础上进一步扩大对中小微外贸企业的承保覆盖面。优化中小微外贸企业承保和理赔条件，缩短理赔时间。鼓励银行机构按照市场化原则加大对外贸企业特别是中小微外贸企业的信贷支持力度。鼓励银行和保险机构深化出口信用保险保单融资合作，强化对中小微外贸企业的融资增信支持，增加信保保单融资规模。（各地方人民政府，财政部、商务部、人民银行、银保监会、进出口银行、中国出口信用保险公司按职责分工负责）

八、加快提升外贸企业应对汇率风险能力

保持人民币汇率在合理均衡水平上的基本稳定。各地方面向外贸企业，提供更多汇率避险方面的培训、咨询等公共服务。鼓励银行机构创新优化外汇产品，提升基层银行机构服务能力，积极增加汇率避险首办户，优化网上银行、线上平台汇率避险模

块，提高业务办理便利性，通过内部考核激励等方式加强对中小微外贸企业的汇率避险服务。（各地方人民政府，商务部、人民银行、银保监会、国家外汇局按职责分工负责）

九、持续优化跨境贸易人民币结算环境

支持各地方人民银行分支机构、商务主管部门加强协作，加大对跨境人民币结算的宣传培训力度。有序开展更高水平贸易投资人民币结算便利化试点。鼓励银行机构加强产品服务创新，为外贸企业提供涵盖人民币贸易融资、结算在内的综合性金融服务。支持银行机构在依法合规前提下，通过单证电子化审核等方式简化结算流程，提高跨境人民币结算效率。（各地方人民政府，人民银行、商务部、银保监会、中国出口信用保险公司按职责分工负责）

十、促进企业用好线上渠道扩大贸易成交

加快中国进出口商品交易会（广交会）等展会数字化、智能化建设，加强与跨境电商平台等联动互促，积极应用虚拟现实（VR）、增强现实（AR）、大数据等技术，优化云上展厅、虚拟展台等展览新模式，智能对接供采，便利企业成交。各地方、重点行业协会优化创新线上办展模式，聚焦重点国别、优势产业、特色区域打造国别展、专业展、特色展，帮助企业用好线上渠道获取更多订单。各地方积极利用外经贸发展专项资金等相关资金，支持中小微企业以“境内线上对口谈、境外线下商品展”等方式参加境外展会。商协会、贸促机构、驻外机构、海外中资企业协会积极帮助组展企业和参展企业对接海外买家。（各地方人民政府，商务部、外交部、财政部、农业农村部、中国贸促会按职责分工负责）

十一、鼓励创新、绿色、高附加值产品开拓国际市场

各地方工业和信息化、商务、中医药等部门，支持医药企业在国际人用药品注册技术协调会（ICH）、药品检查合作计划（PIC/S）成员所在国家或地区和世界卫生组织等，注册认证中西药制剂和生物制品。（各地方人民政府，商务部、工业和信息化部、财政部、国家药监局、国家中医药局按职责分工负责）各地方进一步营造良好政策环境，用好外经贸发展专项资金等相关资金，并积极引导社会投资，支持企业开展高质量、高技术、高附加值的绿色低碳贸易。（各地方人民政府，商务部、财政部按职责分工负责）鼓励有条件的中资银行境外机构在依法合规、风险可控的前提下，积极提供境外消费金融产品，支持国外消费者购买中国品牌汽车。支持更多地区开展二手车出口业务，扩大二手车出口规模，提升二手车出口质量。（商务部、公安部、银保监会按职责分工负责）

十二、加强进口促进平台培育建设

巩固提升进口贸易促进创新示范区促进进口、服务产业、提升消费、示范引领等方面作用，培育新一批进口贸易促进创新示范区，扩大优质产品进口。（商务部、国家发展改革委、财政部、人民银行、海关总署、市场监管总局、国家外汇局、国家药监局、进出口银行按职责分工负责）

十三、支持加工贸易稳定发展

深化区域交流合作，支持劳动密集型外贸产业在国内梯度转移、稳定发展，保障就业岗位，助力乡村振兴和区域协调发展。研究将中西部和东北地区的劳动密集型加工贸易相关产业纳入国家鼓励的产业目录，持续引导加工贸易梯度转移。支持企业在综合保税区内开展“两头在外”保税维修，逐步将大型医疗设备、智能机器人等高附加值、低污染物排放产品纳入维修产品目录。探索在综合保税区内开展汽车发动机、变速箱等产品保税再制造试点。（各地方人民政府，商务部、国家发展改革委、工业和信息化部、财政部、生态环境部、海关总署、税务总局按职责分工负责）

各地方、各相关部门要以习近平新时代中国特色社会主义思想为指导，坚决贯彻党中央、国务院决策部署，高度重视做好稳外贸工作，在支持企业保订单方面加大工作力度，全力实现进出口保稳提质任

务目标。各地方要结合实际，出台针对性配套措施，认真组织实施，推动各项政策措施在本地区落地见效。商务部要会同各相关部门加强政策指导，密切跟踪分析形势变化，多措并举稳定外贸。各相关部门要按职责分工，密切协作配合，抓好贯彻落实，确保各项政策措施落实到位。

（本文有删减）

国务院办公厅转发国家发展改革委国家能源局关于促进新时代新能源高质量发展实施方案的通知

（2022 年 5 月 30 日发布　国办函〔2022〕39 号）

各省、自治区、直辖市人民政府，国务院各部委、各直属机构：

国家发展改革委、国家能源局《关于促进新时代新能源高质量发展的实施方案》已经国务院同意，现转发给你们，请认真贯彻落实。

关于促进新时代新能源高质量发展的实施方案

国家发展改革委　国家能源局

近年来，我国以风电、光伏发电为代表的新能源发展成效显著，装机规模稳居全球首位，发电量占比稳步提升，成本快速下降，已基本进入平价无补贴发展的新阶段。同时，新能源开发利用仍存在电力系统对大规模高比例新能源接网和消纳的适应性不足、土地资源约束明显等制约因素。要实现到 2030 年风电、太阳能发电总装机容量达到 12 亿千瓦以上的目标，加快构建清洁低碳、安全高效的能源体系，必须坚持以习近平新时代中国特色社会主义思想为指导，完整、准确、全面贯彻新发展理念，统筹发展和安全，坚持先立后破、通盘谋划，更好发挥新能源在能源保供增供方面的作用，助力扎实做好碳达峰、碳中和工作。按照党中央、国务院决策部署，现就促进新时代新能源高质量发展制定如下实施方案。

一、创新新能源开发利用模式

（一）加快推进以沙漠、戈壁、荒漠地区为重点的大型风电光伏基地建设

加大力度规划建设以大型风光电基地为基础、以其周边清洁高效先进节能的煤电为支撑、以稳定安全可靠的特高压输变电线路为载体的新能源供给消纳体系，在土地预审、规划选址、环境保护等方面加强协调指导，提高审批效率。按照推动煤炭和新能源优化组合的要求，鼓励煤电企业与新能源企业开展实质性联营。

（二）促进新能源开发利用与乡村振兴融合发展

鼓励地方政府加大力度支持农民利用自有建筑屋顶建设户用光伏，积极推进乡村分散式风电开发。统筹农村能源革命与农村集体经济发展，培育农村能源合作社等新型市场主体，鼓励村集体依法利用存量集体土地通过作价入股、收益共享等机制，参与新能源项目开发。鼓励金融机构为农民投资新能源项目提供创新产品和服务。

（三）推动新能源在工业和建筑领域应用

在具备条件的工业企业、工业园区，加快发展分布式光伏、分散式风电等新能源项目，支持工业绿色微电网和源网荷储一体化项目建设，推进多能互补高效利用，开展新能源电力直供电试点，提高终端用能的新能源电力比重。推动太阳能与建筑深度融合

发展。完善光伏建筑一体化应用技术体系，壮大光伏电力生产型消费者群体。到2025年，公共机构新建建筑屋顶光伏覆盖率力争达到50%；鼓励公共机构既有建筑等安装光伏或太阳能热利用设施。

（四）引导全社会消费新能源等绿色电力

开展绿色电力交易试点，推动绿色电力在交易组织、电网调度、价格形成机制等方面体现优先地位，为市场主体提供功能健全、友好易用的绿色电力交易服务。建立完善新能源绿色消费认证、标识体系和公示制度。完善绿色电力证书制度，推广绿色电力证书交易，加强与碳排放权交易市场的有效衔接。加大认证采信力度，引导企业利用新能源等绿色电力制造产品和提供服务。鼓励各类用户购买新能源等绿色电力制造的产品。

二、加快构建适应新能源占比逐渐提高的新型电力系统

（五）全面提升电力系统调节能力和灵活性

充分发挥电网企业在构建新型电力系统中的平台和枢纽作用，支持和指导电网企业积极接入和消纳新能源。完善调峰调频电源补偿机制，加大煤电机组灵活性改造、水电扩机、抽水蓄能和太阳能热发电项目建设力度，推动新型储能快速发展。研究储能成本回收机制。鼓励西部等光照条件好的地区使用太阳能热发电作为调峰电源。深入挖掘需求响应潜力，提高负荷侧对新能源的调节能力。

（六）着力提高配电网接纳分布式新能源的能力

发展分布式智能电网，推动电网企业加强有源配电网（主动配电网）规划、设计、运行方法研究，加大投资建设改造力度，提高配电网智能化水平，着力提升配电网接入分布式新能源的能力。合理确定配电网接入分布式新能源的比例要求。探索开展适应分布式新能源接入的直流配电网工程示范。

（七）稳妥推进新能源参与电力市场交易

支持新能源项目与用户开展直接交易，鼓励签订长期购售电协议，电网企业应采取有效措施确保协议执行。对国家已有明确价格政策的新能源项目，电网企业应按照有关法规严格落实全额保障性收购政策，全生命周期合理小时数外电量可以参与电力市场交易。在电力现货市场试点地区，鼓励新能源项目以差价合约形式参与电力市场交易。

（八）完善可再生能源电力消纳责任权重制度

科学合理设定各省（自治区、直辖市）中长期可再生能源电力消纳责任权重，做好可再生能源电力消纳责任权重制度与新增可再生能源不纳入能源消费总量控制的衔接。建立完善可再生能源电力消纳责任考评指标体系和奖惩机制。

三、深化新能源领域“放管服”改革

（九）持续提高项目审批效率

完善新能源项目投资核准（备案）制度，加强事前事中事后全链条全领域监管。依托全国投资项目在线审批监管平台，建立新能源项目集中审批绿色通道，制定项目准入负面清单和企业承诺事项清单，推进实施企业投资项目承诺制，不得以任何名义增加新能源企业的不合理投资成本。推动风电项目由核准制调整为备案制。以新能源为主体的多能互补、源网荷储、微电网等综合能源项目，可作为整体统一办理核准（备案）手续。

（十）优化新能源项目接网流程

地方能源主管部门、电网企业要结合新能源项目发展需要，及时优化电网规划建设方案和投资计划安排。推动电网企业建立新能源项目接网一站式服务平台，提供新能源项目可用接入点、可接入容量、技术规范等信息，实现新能源项目接网全流程线上办理，大幅压缩接网时间。接网及送出工程原则上由电网企业投资建设，电网企业要改进完善内部审批流程，合理安排建设时序，确保送出工程与电源建设的进度相匹配；由发电企业建设的新能源接网及送出工程，电网企业可在双方协商同意后依法依规回购。

（十一）健全新能源相关公共服务体系

开展全国新能源资源勘查与评价，建立可开发

资源数据库，形成县级以上行政区域内各类新能源资源详查评价成果和图谱并向社会发布。建立测风塔及测风数据共享机制。完善新能源产业防灾减灾综合服务体系。加快推动新能源装备标准和检测认证等公共服务体系建设，支持建设国家新能源装备质量公告平台和关键产品公共检测平台。

四、支持引导新能源产业健康有序发展

（十二）推进科技创新与产业升级

建立产学研一体化平台，建设国家级新能源实验室和研发平台，加大基础理论研究投入，超前布局前沿技术和颠覆性技术。推行“揭榜挂帅”“赛马”等机制，推动企业、科研院所、高校等针对新能源占比逐渐提高的电力系统安全稳定可靠等问题开展系统性研究，提出解决方案。加大对产业智能制造和数字化升级的支持力度。编制实施智能光伏产业发展行动计划，提升产品全周期智能化、信息化水平。推进高效太阳能电池、先进风电设备等关键技术突破，加快推动关键基础材料、设备、零部件等技术升级。推动退役风电机组、光伏组件回收处理技术和相关新产业链发展，实现全生命周期闭环式绿色发展。

（十三）保障产业链供应链安全

出台推动能源电子产业发展的指导意见，加快电子信息技术与新能源产业融合创新。推动强链补链，依照新能源产业链分工对供应链上下游实施科学统筹管理。增加扩产项目信息透明度，增强设备、材料企业对产业供需变化的响应能力，防控价格异常波动，增强新能源产业链供应链韧性。指导地方政府做好新能源产业规划，落实光伏产业规范条件。优化新能源产业知识产权保护环境，加大侵权惩罚力度。规范新能源产业发展秩序，遏制低水平项目盲目发展，及时纠正违反公平竞争的做法，破除地方保护主义，优化新能源企业兼并重组市场环境和审批流程。

（十四）提高新能源产业国际化水平

加强新能源产业知识产权国际合作，推动计量、检测和试验研究能力达到世界先进水平，积极参与风电、光伏、海洋能、氢能、储能、智慧能源及电动汽车等领域国际标准、合格评定程序的制定和修订，提高计量和合格评定结果互认水平，提升我国标准和检测认证机构的国际认可度和影响力。

五、保障新能源发展合理空间需求

（十五）完善新能源项目用地管制规则

建立自然资源、生态环境、能源主管部门等相关单位的协同机制。在符合国土空间规划和用途管制要求基础上，充分利用沙漠、戈壁、荒漠等未利用地，布局建设大型风光电基地。将新能源项目的空间信息按规定纳入国土空间规划“一张图”，严格落实生态环境分区管控要求，统筹安排大型风光电基地建设项目用地用林用草。地方政府要严格依法征收土地使用税费，不得超出法律规定征收费用。

（十六）提高国土空间资源利用效率

新建新能源项目要严格执行土地使用标准，不得突破标准控制，鼓励推广应用节地技术和节地模式，用地节约集约化程度必须达到国内同行业先进水平。优化调整近岸风电场布局，鼓励发展深远海风电项目；规范设置登陆电缆管廊，最大程度减少对岸线的占用和影响。鼓励“风光渔”融合发展，切实提高风电、光伏发电项目海域资源利用效率。

六、充分发挥新能源的生态环境保护效益

（十七）大力推广生态修复类新能源项目

坚持生态优先，科学评价新能源项目生态环境影响和效益，研究出台光伏治沙等生态修复类新能源项目设计、施工、运维等标准规范，支持在石漠化、荒漠化土地以及采煤沉陷区等矿区开展具有生态环境保护和修复效益的新能源项目。

（十八）助力农村人居环境整治提升

因地制宜推动生物质能、地热能、太阳能供暖，在保障能源安全稳定供应基础上有序开展新能源替代散煤行动，促进农村清洁取暖、农业清洁生产。深

入推进秸秆综合利用和畜禽粪污资源化利用。制定符合生物质燃烧特性的专用设备技术标准，推广利用生物质成型燃料。

七、完善支持新能源发展的财政金融政策

（十九）优化财政资金使用

加强央地联动，按照以收定支原则用好可再生能源发展基金。全面落实税务部门征收可再生能源发展基金的有关要求，确保应收尽收。利用好现有资金渠道支持新能源发展。研究将新能源领域符合条件的公益性建设项目纳入地方政府债券支持范围。

（二十）完善金融相关支持措施

在依法合规、风险可控、商业可持续前提下，金融机构可以自主确定是否对已纳入可再生能源发电补贴清单的项目发放补贴确权贷款，金融机构和企业可自主协商确定贷款金额、期限、利率、还款计划等。充分发挥电网企业融资优势，积极拓展资金来源，推动可再生能源发电延续补贴资金年度收支平衡。支持符合条件的金融机构提供绿色资产支持（商业）票据、保理等创新方案，解决新能源企业资金需求。

（二十一）丰富绿色金融产品服务

合理界定新能源绿色金融项目的信用评级标准和评估准入条件。加大绿色债券、绿色信贷对新能源项目的支持力度。研究探索将新能源项目纳入基础设施不动产投资信托基金（REITs）试点支持范围。支持将符合条件的新能源项目温室气体核证减排量纳入全国碳排放权交易市场进行配额清缴抵销。

国务院办公厅关于进一步加强商品过度包装治理的通知

（2022 年 9 月 8 日发布　国办发〔2022〕29 号）

各省、自治区、直辖市人民政府，国务院各部委、各直属机构：

商品过度包装是指超出了商品保护、展示、储存、运输等正常功能要求的包装，主要表现为包装层数过多、包装空隙过大、包装成本过高、选材用料不当等。近年来，各地区、各部门按照《国务院办公厅关于治理商品过度包装工作的通知》（国办发〔2009〕5 号）部署，认真推进商品过度包装治理，完善相关法律法规标准，取得积极进展。但治理工作仍存在不少薄弱环节和突出问题，尤其是随着消费新业态快速发展，商品过度包装现象有“卷土重来”之势。为贯彻落实党中央、国务院决策部署，进一步加强商品过度包装治理，经国务院同意，现就有关事项通知如下。

一、高度重视商品过度包装治理工作

各地区、各部门要以习近平新时代中国特色社会主义思想为指导，深入贯彻习近平生态文明思想，立足新发展阶段，完整、准确、全面贯彻新发展理念，构建新发展格局，推动高质量发展，认真贯彻落实固体废物污染环境防治法、消费者权益保护法、标准化法、价格法等法律法规和国家有关标准，充分认识进一步加强商品过度包装治理的重要性和紧迫性，在生产、销售、交付、回收等各环节明确工作要求，强化监管执法，健全标准体系，完善保障措施，坚决遏制商品过度包装现象，为促进生产生活方式绿色转型、加强生态文明建设提供有力支撑。到 2025 年，基本形成商品过度包装全链条治理体系，相关法律法规更加健全，标准体系更加完善，行业管理水平明显提升，线上线下一体化执法监督机制有效运行，商品过

度包装治理能力显著增强。月饼、粽子、茶叶等重点商品过度包装违法行为得到有效遏制，人民群众获得感和满意度显著提升。

二、强化商品过度包装全链条治理

（一）加强包装领域技术创新

推动包装企业提供设计合理、用材节约、回收便利、经济适用的包装整体解决方案，自主研发低克重、高强度、功能化包装材料及其生产设备，创新研发商品和快递一体化包装产品。充分发挥包装企业在推广简约包装、倡导理性消费中的桥梁纽带作用，推动包装设计、商品生产等上下游各环节践行简约适度理念。（工业和信息化部和各地方人民政府按职责分工负责）

（二）防范商品生产环节过度包装

督促指导商品生产者严格按照限制商品过度包装强制性标准生产商品，细化限制商品过度包装的管理要求，建立完整的商品包装信息档案，记录商品包装的设计、制造、使用等信息。引导商品生产者使用简约包装，优化商品包装设计，减少商品包装层数、材料、成本，减少包装体积、重量，减少油墨印刷，采用单一材料或便于分离的材料。（工业和信息化部、市场监管总局等部门和各地方人民政府按职责分工负责）督促商品生产者严格遵守标准化法要求，公开其执行的包装有关强制性标准、推荐性标准、团体标准或企业标准的编号和名称。（市场监管总局和各地方人民政府按职责分工负责）引导医疗机构针对门诊、住院、慢性病等不同场景和类型提出药品包装规格需求。引导药品生产者优化药品包装规格。（国家卫生健康委、国家药监局和各地方人民政府按职责分工负责）

（三）避免销售过度包装商品

督促指导商品销售者细化采购、销售环节限制商品过度包装有关要求，明确不销售违反限制商品过度包装强制性标准的商品。加强对电商企业的督促指导，实现线上线下要求一致。鼓励商品销售者向供应方提出有关商品绿色包装和简约包装要求。（商务部、市场监管总局和各地方人民政府按职责分工负责）督促指导外卖平台企业完善平台规则，对平台内经营者提出外卖包装减量化要求。（商务部负责）督促指导餐饮经营者对外卖包装依法明码标价。（市场监管总局和各地方人民政府按职责分工负责）

（四）推进商品交付环节包装减量化

指导寄递企业制修订包装操作规范，细化限制快递过度包装要求，并通过规范作业减少前端收寄环节的过度包装。鼓励寄递企业使用低克重、高强度的纸箱、免胶纸箱，通过优化包装结构减少填充物使用量。（国家邮政局和各地方人民政府按职责分工负责）推行快递包装绿色产品认证，推广使用绿色快递包装。（国家邮政局、市场监管总局负责）督促指导电商平台企业加强对平台内经营者的引导，提出快递包装减量化要求。（商务部负责）督促指导电商企业加强上下游协同，设计并应用满足快递物流配送需求的电商商品包装，推广电商快件原装直发。（商务部、国家邮政局、工业和信息化部按职责分工负责）

（五）加强包装废弃物回收和处置

进一步完善再生资源回收体系，鼓励各地区以市场化招商等方式引进专业化回收企业，提高包装废弃物回收水平。鼓励商品销售者与供应方订立供销合同时对商品包装废弃物回收作出约定。（商务部和各地方人民政府按职责分工负责）进一步完善生活垃圾清运体系，持续推进生活垃圾分类工作，健全与生活垃圾源头分类投放相匹配的分类收集、分类运输体系，加快分类收集设施建设，配齐分类运输设备，提高垃圾清运水平。（住房城乡建设部和各地方人民政府按职责分工负责）

三、加大监管执法力度

（六）加强行业管理

进一步细化商品生产、销售、交付等环节限制过度包装配套政策。加强对电商、快递、外卖等行业的监督管理，督促指导相关行业优先采用可重复使用、易回收利用的包装物，优化物品包装，减少包装物的使用。督促生产经营者落实国家限制过度包装相关法律标准,将该项任务纳入年度工作计划及有关部署,及时掌握本行业过度包装情况,建立提示、警示、约谈等行政指导机制。(工业和信息化部、农业农村部、商务部、市场监管总局、国家邮政局等部门按职责分工负责)

(七)强化执法监督

针对重要节令、重点行业和重要生产经营企业,聚焦月饼、粽子、茶叶、保健食品、化妆品等重点商品,依法严格查处生产、销售过度包装商品的违法行为,尤其要查处链条性、隐蔽性案件。对酒店、饭店等提供高端化定制化礼品中的过度包装行为,以及假借文创名义的商品过度包装行为,依法从严查处。压实电商平台企业主体责任,督促其加强平台内经营者主体资质和商品信息审核并积极配合监管执法。坚持线上线下一体化监管,建立健全对电商渠道销售过度包装商品的常态化监管执法机制,依法查处线上销售过度包装商品的违法行为。畅通消费者投诉渠道,对消费者反映强烈的突出问题,依法从严查处。加强对企业公开其执行包装有关标准情况的执法检查。适时向社会曝光反面案例。(市场监管总局等部门和各地方人民政府按职责分工负责)及时对落实限制商品过度包装强制性标准进展滞后的地区予以督促整改,对落实成效显著的地区予以通报表扬。(市场监管总局负责)及时组织开展商品过度包装治理进展情况社会满意度调查。(国家发展改革委负责)通过"双随机、一公开"等方式对寄递企业进行过度包装执法检查,组织快递过度包装专项抽查,强化快递包装质量监督。(国家邮政局和各地方人民政府按职责分工负责)

四、完善支撑保障体系

(八)健全法律法规

研究推动循环经济促进法等法律法规与固体废物污染环境防治法有效衔接,进一步强化市场主体法律责任,提高违法成本。(国家发展改革委、司法部等部门按职责分工负责)研究修订《快递暂行条例》,细化限制快递过度包装管理和处罚要求。(国家邮政局、司法部按职责分工负责)鼓励有条件的地方制修订限制商品过度包装地方法规。(各地方人民政府负责)

(九)完善标准体系

制定食用农产品限制过度包装强制性标准,明确水果等食用农产品过度包装判定依据。(市场监管总局、农业农村部按职责分工负责)适时修订食品和化妆品限制过度包装强制性标准,进一步细化有关要求。(市场监管总局、工业和信息化部按职责分工负责)制定限制快递过度包装强制性标准。(市场监管总局、国家邮政局按职责分工负责)修订限制商品过度包装通则标准,提出更适用的要求。针对玩具及婴童用品、电子产品等领域,制定推行简约包装和限制过度包装的推荐性国家标准,明确判定过度包装的依据,引导包装减量化。(市场监管总局负责)制定电子商务物流绿色包装技术和管理方面的行业标准。(商务部负责)建立强制性标准实施情况统计分析报告制度,面向产业集聚区开展包装强制性标准实施情况统计分析试点,动态反馈和评估实施效果,不断强化标准实施。(市场监管总局负责)

(十)强化政策支持

将商品过度包装、快递过度包装执法检查所需经费纳入本级财政预算,保障执法检查工作有序开展。(各地方人民政府负责)安排中央预算内投资支持符合条件的可循环快递包装配送体系建设、专业化智能化回收设施建设等项目。(国家发展改革委负责)完善政府绿色采购政策,进一步细化商品包装政府采购需求标准,研究明确强制采购要求,发挥政府采购引导作用。(财政部负责)依托国家重点研发计划项目部署开展快递包装绿色设计、低能耗智能物流配送等方面技术研发。(科技部负责)

(十一)加强行业自律

督促指导食品和化妆品生产领域主要行业协会定期向社会发布杜绝商品过度包装报告,公布行业遵守相关法律法规标准和推广简约包装情况。(工业和信息化部等部门负责)加强限制商品过度包装法律法规标准宣贯培训,将限制商品过度包装纳入行业经营自律规范、自律公约,引导重点生产和销售

企业带头推广简约包装，积极向社会公布商品包装情况。（相关行业协会负责）

五、强化组织实施

（十二）加强部门协同

国务院有关部门要各司其职、各负其责，加大指导、支持和督促力度，确保各项任务落实到位。国家发展改革委、市场监管总局、工业和信息化部、农业农村部、商务部、国家邮政局等有关部门要建立工作会商机制，加强统筹协调，强化政策衔接，及时沟通进展情况，研究解决重大问题，重大情况及时按程序向国务院请示报告。（各有关部门按职责分工负责）

（十三）落实地方责任

地方各级人民政府是商品过度包装治理工作的责任主体，要严格落实责任，健全工作机制，加强组织实施，将治理商品过度包装作为生态文明建设的重要内容抓实抓好，可结合实际研究制定针对性配套措施。（各地方人民政府负责）

（十四）加强宣传教育

按照“谁执法谁普法”普法责任制要求，积极开展限制过度包装普法宣传教育。通过报纸、广播电视、新媒体等渠道，大力宣传限制商品过度包装的标准和政策，加强正面宣传，积极报道典型做法、先进单位和个人，营造良好社会氛围。发挥媒体监督作用，加强对违法违规问题的曝光。鼓励消费者绿色消费，购买简约包装商品。各级行政机关、社会团体、事业单位、国有企业要带头自觉抵制过度包装商品。（中央宣传部等部门和各地方人民政府按职责分工负责）

国务院办公厅关于进一步优化营商环境降低市场主体制度性交易成本的意见

（2022年9月15日发布　国办发〔2022〕30号）

各省、自治区、直辖市人民政府，国务院各部委、各直属机构：

优化营商环境、降低制度性交易成本是减轻市场主体负担、激发市场活力的重要举措。当前，经济运行面临一些突出矛盾和问题，市场主体特别是中小微企业、个体工商户生产经营困难依然较多，要积极运用改革创新办法，帮助市场主体解难题、渡难关、复元气、增活力，加力巩固经济恢复发展基础。为深入贯彻党中央、国务院决策部署，打造市场化法治化国际化营商环境，降低制度性交易成本，提振市场主体信心，助力市场主体发展，为稳定宏观经济大盘提供有力支撑，经国务院同意，现提出以下意见。

一、进一步破除隐性门槛，推动降低市场主体准入成本

（一）全面实施市场准入负面清单管理

健全市场准入负面清单管理及动态调整机制，抓紧完善与之相适应的审批机制、监管机制，推动清单事项全部实现网上办理。稳步扩大市场准入效能评估范围，2022年10月底前，各地区各部门对带有市场准入限制的显性和隐性壁垒开展清理，并建立长效排查机制。深入实施外商投资准入前国民待遇加负面清单管理制度，推动出台全国版跨境服务贸易负面清单。（国家发展改革委、商务部牵头，国务院相关部门及各地区按职责分工负责）

（二）着力优化工业产品管理制度

规范工业产品生产、流通、使用等环节涉及的行政许可、强制性认证管理。推行工业产品系族管理，结合开发设计新产品的具体情形，取消或优化不必要的行政许可、检验检测和认证。2022 年 10 月底前，选择部分领域探索开展企业自检自证试点。推动各地区完善工业生产许可证审批管理系统，建设一批标准、计量、检验检测、认证、产品鉴定等质量基础设施一站式服务平台，实现相关审批系统与质量监督管理平台互联互通、相关质量技术服务结果通用互认，推动工业产品快速投产上市。开展工业产品质量安全信用分类监管，2022 年年底前，研究制定生产企业质量信用评价规范。（市场监管总局牵头，工业和信息化部等国务院相关部门及各地区按职责分工负责）

（三）规范实施行政许可和行政备案

2022 年年底前，国务院有关部门逐项制定中央层面设定的行政许可事项实施规范，省、市、县级编制完成本级行政许可事项清单及办事指南。深入推进告知承诺等改革，积极探索"一业一证"改革，推动行政许可减环节、减材料、减时限、减费用。在部分地区探索开展审管联动试点，强化事前事中事后全链条监管。深入开展行政备案规范管理改革试点，研究制定关于行政备案规范管理的政策措施。（国务院办公厅牵头，国务院相关部门及各地区按职责分工负责）

（四）切实规范政府采购和招投标

持续规范招投标主体行为，加强招投标全链条监管。2022 年 10 月底前，推动工程建设领域招标、投标、开标等业务全流程在线办理和招投标领域数字证书跨地区、跨平台互认。支持地方探索电子营业执照在招投标平台登录、签名、在线签订合同等业务中的应用。取消各地区违规设置的供应商预选库、资格库、名录库等，不得将在本地注册企业或建设生产线、采购本地供应商产品、进入本地扶持名录等与中标结果挂钩，着力破除所有制歧视、地方保护等不合理限制。政府采购和招投标不得限制保证金形式，不得指定出具保函的金融机构或担保机构。督促相关招标人、招标代理机构、公共资源交易中心等及时清退应退未退的沉淀保证金。（国家发展改革委、财政部、市场监管总局等国务院相关部门及各地区按职责分工负责）

（五）持续便利市场主体登记

2022 年 10 月底前，编制全国统一的企业设立、变更登记规范和审查标准，逐步实现内外资一体化服务，有序推动外资企业设立、变更登记网上办理。全面清理各地区非法设置的企业跨区域经营和迁移限制。简化企业跨区域迁移涉税涉费等事项办理程序，2022 年年底前，研究制定企业异地迁移档案移交规则。健全市场主体歇业制度，研究制定税务、社保等配套政策。进一步提升企业注销"一网服务"水平，优化简易注销和普通注销办理程序。（人力资源社会保障部、税务总局、市场监管总局、国家档案局等国务院相关部门及各地区按职责分工负责）

二、进一步规范涉企收费，推动减轻市场主体经营负担

（六）严格规范政府收费和罚款

严格落实行政事业性收费和政府性基金目录清单，依法依规从严控制新设涉企收费项目，严厉查处强制摊派、征收过头税费、截留减税降费红利、违规设置罚款项目、擅自提高罚款标准等行为。严格规范行政处罚行为，进一步清理调整违反法定权限设定、过罚不当等不合理罚款事项，抓紧制定规范罚款设定和实施的政策文件，坚决防止以罚增收、以罚代管、逐利执法等行为。2022 年年底前，完成涉企违规收费专项整治，重点查处落实降费减负政策不到位、不按要求执行惠企收费政策等行为。（国家发展改革委、工业和信息化部、司法部、财政部、税务总局、市场监管总局等国务院相关部门及各地区按职责分工负责）

（七）推动规范市政公用服务价外收费

加强水、电、气、热、通信、有线电视等市政公用服务价格监管，坚决制止强制捆绑搭售等行为，对实

行政府定价、政府指导价的服务和收费项目一律实行清单管理。2022年年底前，在全国范围内全面推行居民用户和用电报装容量160千瓦及以下的小微企业用电报装“零投资”。全面公示非电网直供电价格，严厉整治在电费中违规加收其他费用的行为，对符合条件的终端用户尽快实现直供到户和“一户一表”。督促商务楼宇管理人等及时公示宽带接入市场领域收费项目，严肃查处限制进场、未经公示收费等违法违规行为。（国家发展改革委、工业和信息化部、住房城乡建设部、市场监管总局、国家能源局、国家电网有限公司等相关部门和单位及各地区按职责分工负责）

（八）着力规范金融服务收费

加快健全银行收费监管长效机制，规范银行服务市场调节价管理，加强服务外包与服务合作管理，设定服务价格行为监管红线，加快修订《商业银行服务价格管理办法》。鼓励银行等金融机构对小微企业等予以合理优惠，适当减免账户管理服务等收费。坚决查处银行未按照规定进行服务价格信息披露以及在融资服务中不落实小微企业收费优惠政策、转嫁成本、强制捆绑搭售保险或理财产品等行为。鼓励证券、基金、担保等机构进一步降低服务收费，推动金融基础设施合理降低交易、托管、登记、清算等费用。（国家发展改革委、人民银行、市场监管总局、银保监会、证监会等国务院相关部门及各地区按职责分工负责）

（九）清理规范行业协会商会收费

加大对行业协会商会收费行为的监督检查力度，进一步推动各级各类行业协会商会公示收费信息，严禁行业协会商会强制企业到特定机构检测、认证、培训等并获取利益分成，或以评比、表彰等名义违规向企业收费。研究制定关于促进行业协会商会健康规范发展的政策措施，加强行业协会商会收费等规范管理，发挥好行业协会商会在政策制定、行业自治、企业权益维护中的积极作用。2022年10月底前，完成对行业协会商会违规收费清理整治情况“回头看”。（国家发展改革委、民政部、市场监管总局等国务院相关部门及各地区按职责分工负责）

（十）推动降低物流服务收费

强化口岸、货场、专用线等货运领域收费监管，依法规范船公司、船代公司、货代公司等收费行为。明确铁路、公路、水路、航空等运输环节的口岸物流作业时限及流程，加快推动大宗货物和集装箱中长距离运输“公转铁”“公转水”等多式联运改革，推进运输运载工具和相关单证标准化，在确保安全规范的前提下，推动建立集装箱、托盘等标准化装载器具循环共用体系。2022年11月底前，开展不少于100个多式联运示范工程建设，减少企业重复投入，持续降低综合运价水平。（国家发展改革委、交通运输部、商务部、市场监管总局、国家铁路局、中国民航局、中国国家铁路集团有限公司等相关部门和单位及各地区按职责分工负责）

三、进一步优化涉企服务，推动降低市场主体办事成本

（十一）全面提升线上线下服务能力

加快建立高效便捷、优质普惠的市场主体全生命周期服务体系，全面提高线下“一窗综办”和线上“一网通办”水平。聚焦企业和群众“办好一件事”，积极推行企业开办注销、不动产登记、招工用工等高频事项集成化办理，进一步减少办事环节。依托全国一体化政务服务平台，加快构建统一的电子证照库，明确各类电子证照信息标准，推广和扩大电子营业执照、电子合同、电子签章等应用，推动实现更多高频事项异地办理、“跨省通办”。（国务院办公厅牵头，国务院相关部门及各地区按职责分工负责）

（十二）持续优化投资和建设项目审批服务

优化压覆矿产、气候可行性、水资源论证、防洪、考古等评估流程，支持有条件的地方开展区域综合评估。探索利用市场机制推动城镇低效用地再开发，更好盘活存量土地资源。分阶段整合各类测量测绘事项，推动统一测绘标准和成果形式，实现同一阶段“一次委托、成果共享”。探索建立部门集中联合办公、手续并联办理机制，依法优化重大投资项目审批流程，对用地、环评等投资审批有关事项，推动

地方政府根据职责权限试行承诺制，提高审批效能。2022 年 10 月底前，建立投资主管部门与金融机构投融资信息对接机制，为重点项目快速落地投产提供综合金融服务。2022 年 11 月底前，制定工程建设项目审批标准化规范化管理措施。2022 年底前，实现各地区工程建设项目审批管理系统与市政公用服务企业系统互联、信息共享，提升水、电、气、热接入服务质量。（国家发展改革委、自然资源部、生态环境部、住房城乡建设部、水利部、人民银行、银保监会、国家能源局、国家文物局、国家电网有限公司等相关部门和单位及各地区按职责分工负责）

（十三）着力优化跨境贸易服务

进一步完善自贸协定综合服务平台功能，助力企业用好区域全面经济伙伴关系协定等规则。拓展“单一窗口”的“通关+物流”“外贸+金融”功能，为企业提供通关物流信息查询、出口信用保险办理、跨境结算融资等服务。支持有关地区搭建跨境电商一站式服务平台，为企业提供优惠政策申报、物流信息跟踪、争端解决等服务。探索解决跨境电商退换货难问题，优化跨境电商零售进口工作流程，推动便捷快速通关。2022 年年底前，在国内主要口岸实现进出口通关业务网上办理。（交通运输部、商务部、人民银行、海关总署、国家外汇局等国务院相关部门及各地区按职责分工负责）

（十四）切实提升办税缴费服务水平

全面推行电子非税收入一般缴款书，推动非税收入全领域电子收缴、“跨省通缴”，便利市场主体缴费办事。实行汇算清缴结算多缴退税和已发现的误收多缴退税业务自动推送提醒、在线办理。推动出口退税全流程无纸化。进一步优化留抵退税办理流程，简化退税审核程序，强化退税风险防控，确保留抵退税安全快捷直达纳税人。拓展“非接触式”办税缴费范围，推行跨省异地电子缴税、行邮税电子缴库服务，2022 年 11 月底前，实现 95% 税费服务事项“网上办”。2022 年年底前，实现电子发票无纸化报销、入账、归档、存储等。（财政部、人民银行、税务总局、国家档案局等国务院相关部门及各地区按职责分工负责）

（十五）持续规范中介服务

清理规范没有法律、法规、国务院决定依据的行政许可中介服务事项，建立中央和省级行政许可中介服务事项清单。鼓励各地区依托现有政务服务系统提供由省级统筹的网上中介超市服务，吸引更多中介机构入驻，坚决整治行政机关指定中介机构垄断服务、干预市场主体选取中介机构等行为，依法查处中介机构强制服务收费等行为。全面实施行政许可中介服务收费项目清单管理，清理规范环境检测、招标代理、政府采购代理、产权交易、融资担保评估等涉及的中介服务违规收费和不合理收费。（国务院办公厅、国家发展改革委、市场监管总局等国务院相关部门及各地区按职责分工负责）

（十六）健全惠企政策精准直达机制

2022 年年底前，县级以上政府及其有关部门要在门户网站、政务服务平台等醒目位置设置惠企政策专区，汇集本地区本领域市场主体适用的惠企政策。加强涉企信息归集共享，对企业进行分类“画像”，推动惠企政策智能匹配、快速兑现。鼓励各级政务服务大厅设立惠企政策集中办理窗口，积极推动地方和部门构建惠企政策移动端服务体系，提供在线申请、在线反馈、应享未享提醒等服务，确保财政补贴、税费减免、稳岗扩岗等惠企政策落实到位。（各地区、各部门负责）

四、进一步加强公正监管，切实保护市场主体合法权益

（十七）创新实施精准有效监管

进一步完善监管方式，全面实施跨部门联合“双随机、一公开”监管，推动监管信息共享互认，避免多头执法、重复检查。加快在市场监管、税收管理、进出口等领域建立健全信用分级分类监管制度，依据风险高低实施差异化监管。积极探索在安全生产、食品安全、交通运输、生态环境等领域运用现代信息技术实施非现场监管，避免对市场主体正常生产经营活动的不必要干扰。（国务院办公厅牵头，国务院相关部门及各地区按职责分工负责）

（十八）严格规范监管执法行为

全面提升监管透明度，2022年年底前，编制省、市两级监管事项目录清单。严格落实行政执法三项制度，建立违反公平执法行为典型案例通报机制。建立健全行政裁量权基准制度，防止任性执法、类案不同罚、过度处罚等问题。坚决杜绝“一刀切”“运动式”执法，严禁未经法定程序要求市场主体普遍停产停业。在市场监管、城市管理、应急管理、消防安全、交通运输、生态环境等领域，制定完善执法工作指引和标准化检查表单，规范日常监管行为。（国务院办公厅牵头，国务院相关部门及各地区按职责分工负责）

（十九）切实保障市场主体公平竞争

全面落实公平竞争审查制度，2022年10月底前，组织开展制止滥用行政权力排除、限制竞争执法专项行动。细化垄断行为和不正当竞争行为认定标准，加强和改进反垄断与反不正当竞争执法，依法查处恶意补贴、低价倾销、设置不合理交易条件等行为，严厉打击“搭便车”“蹭流量”等仿冒混淆行为，严格规范滞压占用经营者保证金、交易款等行为。（国家发展改革委、司法部、人民银行、国务院国资委、市场监管总局等国务院相关部门及各地区按职责分工负责）

（二十）持续加强知识产权保护

严格知识产权管理，依法规范非正常专利申请行为，及时查处违法使用商标和恶意注册申请商标等行为。完善集体商标、证明商标管理制度，规范地理标志集体商标注册及使用，坚决遏制恶意诉讼或变相收取“会员费”“加盟费”等行为，切实保护小微商户合法权益。健全大数据、人工智能、基因技术等新领域、新业态知识产权保护制度。加强对企业海外知识产权纠纷应对的指导，2022年年底前，发布海外重点国家商标维权指南。（最高人民法院、民政部、市场监管总局、国家知识产权局等相关部门和单位及各地区按职责分工负责）

五、进一步规范行政权力，切实稳定市场主体政策预期

（二十一）不断完善政策制定实施机制

建立政府部门与市场主体、行业协会商会常态化沟通平台，及时了解、回应企业诉求。制定涉企政策要严格落实评估论证、公开征求意见、合法性审核等要求，重大涉企政策出台前要充分听取相关企业意见。2022年11月底前，开展行政规范性文件合法性审核机制落实情况专项监督工作。切实发挥中国政府网网上调研平台及各级政府门户网站意见征集平台作用，把握好政策出台和调整的时度效，科学设置过渡期等缓冲措施，避免“急转弯”和政策“打架”。各地区在制定和执行城市管理、环境保护、节能减排、安全生产等方面政策时，不得层层加码、加重市场主体负担。建立健全重大政策评估评价制度，政策出台前科学研判预期效果，出台后密切监测实施情况，2022年年底前，在重大项目投资、科技、生态环境等领域开展评估试点。（各地区、各部门负责）

（二十二）着力加强政务诚信建设

健全政务守信践诺机制，各级行政机关要抓紧对依法依规作出但未履行到位的承诺列明清单，明确整改措施和完成期限，坚决纠正“新官不理旧账”“击鼓传花”等政务失信行为。2022年年底前，落实逾期未支付中小企业账款强制披露制度，将拖欠信息列入政府信息主动公开范围。开展拖欠中小企业账款行为集中治理，严肃问责虚报还款金额或将无分歧欠款做成有争议欠款的行为，清理整治通过要求中小企业接受指定机构债务凭证或到指定机构贴现进行不当牟利的行为，严厉打击虚假还款或以不签合同、不开发票、不验收等方式变相拖欠的行为。鼓励各地区探索建立政务诚信诉讼执行协调机制，推动政务诚信履约。（最高人民法院、国务院办公厅、国家发展改革委、工业和信息化部、司法部、市场监管总局等相关部门和单位及各地区按职责分工负责）

（二十三）坚决整治不作为乱作为

各地区各部门要坚决纠正各种懒政怠政等不履

职和重形式不重实绩等不正确履职行为。严格划定行政权力边界，没有法律法规依据，行政机关出台政策不得减损市场主体合法权益。各地区要建立健全营商环境投诉举报和问题线索核查处理机制，充分发挥12345政务服务便民热线、政务服务平台等渠道作用，及时查处市场主体和群众反映的不作为乱作为问题，切实加强社会监督。国务院办公厅要会同有关方面适时通报损害营商环境典型案例。（各地区、各部门负责）

各地区各部门要认真贯彻落实党中央、国务院决策部署，加强组织实施、强化协同配合，结合工作实际加快制定具体配套措施，确保各项举措落地见效，为各类市场主体健康发展营造良好环境。国务院办公厅要加大协调督促力度，及时总结推广各地区各部门经验做法，不断扩大改革成效。

国务院部门规章

科技部办公厅关于营造更好环境支持科技型中小企业研发的通知

（2022 年 1 月 13 日发布　国科办区〔2022〕2 号）

各省、自治区、直辖市及计划单列市科技厅（委、局），新疆生产建设兵团科技局：

科技型中小企业技术含量高、创新能力强，是极具活力和潜力的创新主体，是强化企业创新主体地位的重要力量。为贯彻落实党的十九大和十九届历次全会精神，以及中央经济工作会议精神，营造更好环境支持科技型中小企业研发，促进科技型中小企业成长为创新重要发源地。现将有关事项通知如下。

一、总体要求

（一）指导思想

以习近平新时代中国特色社会主义思想为指导，坚决贯彻落实党中央、国务院决策部署，立足新发展阶段、贯彻新发展理念、构建新发展格局，以支持科技型中小企业研发为主线，推动科技、金融、财税等政策加大落实力度，从优化资助模式、完善政策措施、集聚高端人才、创造应用场景、夯实创新创业基础条件等方面，形成支持科技型中小企业研发的制度安排，支持科技型中小企业开展关键核心技术攻关，大幅提升中小企业研发能力，推动高水平科技自立自强。

（二）主要目标

到“十四五”末，形成支持科技型中小企业研发的制度体系，营造全社会支持中小企业研发的环境氛围，科技型中小企业数量新增 20 万家。增强科技型中小企业研发能力，实现“四科”标准科技型中小企业新增 5 万家（即每个科技企业要拥有关键核心技术的科技产品、科技人员占比大于 60%、以高价值知识产权为代表的科技成果超过 5 项、研发投入强度高于 6%）。

二、优化支持科技型中小企业研发的资助模式

（三）优化科技计划支持研发的机制

在国家重点研发计划重点专项中，单列一定预算资助科技型中小企业研发活动，精准支持具备条件的科技型中小企业承担国家科技任务，开展关键核心技术攻关，引导创新要素向企业聚集，加快培养一批研发能力强、技术水平高、科技人才密集、能够形成核心技术产品等“四科”特征明显的科技型中小企业。

（四）优化政府引导基金支持研发的机制

优化国家科技成果转化引导基金绩效评价制度，将支持科技型中小企业突破关键核心技术作为重要绩效考核指标。支持国家、地方及行业各类科技成果转化引导基金设立科技型中小企业子基金，鼓励有条件的地方设立天使投资基金，支持科技型中小企业加大关键核心技术研发力度。

三、落实支持科技型中小企业研发的政策措施

（五）促进鼓励企业研发的政策应享尽享

按照应落尽落原则，进一步推动简化普惠性优

惠政策兑现程序，进一步落实好科技型中小企业研发费用加计扣除、高新技术企业所得税减免、技术开发及技术转让增值税免税、技术转让企业所得税减免、小型微利企业所得税减征等政策，激发企业技术创新活力。推动进一步提高科技型中小企业研发费用加计扣除比例。

（六）建立金融资本支持企业创新积分制

鼓励各地建立科技型中小企业创新积分评价指标体系，统筹银行信贷、风险补偿、融资担保、金融债等，完善企业创新积分与涉企金融政策支持联动机制，引导金融机构支持科技型中小企业研发。升级科技型中小企业成长路线图计划，为不同发展阶段科技型中小企业提供公共服务、金融服务等，支持形成与北交所、深交所、上交所等证券交易机构的协同机制，拓展融资渠道。

四、提升支持科技型中小企业研发的人才服务

（七）支持科技型中小企业集聚高端人才

鼓励各地方探索完善校企、院企科研人员“双聘”或“旋转门”机制。探索市场评价人才机制，对市场认可的科技型中小企业研发人才及团队，按照一定比例对个人所得税形成地方财力部分给予奖补，在项目支持、政府投资等方面给予优先支持。支持各地将科技型中小企业高端研发人才纳入相应的职称序列。

（八）鼓励科技型中小企业引进国际人才

鼓励有条件的科技型中小企业聘请国外高水平专家。优化科技型中小企业外国高端人才来华工作许可等程序，推动完善家属签证、子女入学等服务。支持企业聘请的外国专家承担各类外国专家项目。鼓励在企业工作并取得永久居留资格的外籍科学家领衔承担科技计划项目。

五、创造支持科技型中小企业研发的应用场景

（九）创造应用场景驱动研发模式

国家创新型城市、国家自主创新示范区等要向科技型中小企业开放智慧城市、重大工程等应用场景，发布场景清单，形成一批具有核心竞争力和商业价值的示范产品。支持探索科技型中小企业创新产品政府采购制度，加大装备首台套、材料首批次、软件首版次等创新产品政府非招标采购力度，带动企业新技术研发及产品迭代升级。

（十）探索更加适应研发的新型园区治理模式

完善高新区等评价指标体系，将支持科技型中小企业技术研发作为重要评价指标。高新区要加大对科技型中小企业技术研发、中试熟化基地、平台建设、场地租赁等支持力度。探索多主体协同创新的科技型中小企业创新治理模式。鼓励区内大企业建立技术研发“揭榜挂帅”制度，形成大中小企业融通创新发展模式。

六、夯实支持科技创新创业的基础条件

（十一）厚植科技型中小企业研发根基

进一步优化“众创空间—孵化器—加速器—产业园”创新创业载体，为初创期中小企业注入研发理念和创新文化基因，推广“投资+孵化”模式，提升培育科技型中小企业的载体效能。加大科技企业孵化器等载体税收优惠政策落实力度，依托龙头企业、高校、科研院所建设一批国家专业化众创空间。深化赋予科研人员职务科技成果所有权或长期使用权改革，激发科研人员创新创业积极性。鼓励国有创业服务载体改革释放活力。

（十二）强化支持科技型中小企业研发评价导向

完善科技型中小企业评价，加强提升企业研发能力的评价导向作用，精准选择一批研发能力强、成长性高的企业纳入全国科技型中小企业信息库。完善科技型中小企业创新调查制度，加强企业研发能力监测和统计分析，为制定完善支持科技型中小企业创新政策提供支撑与服务。

七、强化组织落实

(十三)各地方科技管理部门要坚决贯彻落实党对科技创新工作的领导,将支持科技型中小企业摆在科技创新工作的重要位置,结合本地方实际,因地制宜、主动部署、主动推进

省级科技管理部门要制定落实工作方案,建立相应的制度安排和工作体系,加大支持力度,有效发挥市场机制作用,引导人才、资本、项目、平台等创新要素向科技型中小企业聚集。

(十四)科技部将持续优化支持科技型中小企业研发的制度安排,指导地方各级科技管理部门加大对科技型中小企业研发的支持,并纳入对地方科技创新能力的绩效评价体系

推动各类国家级创新平台对科技型中小企业研发活动开放服务,引导更多资源支持中西部欠发达地区科技型中小企业创新。科技部将及时总结典型案例,加强交流和经验推广。

工业和信息化部办公厅　财政部办公厅关于开展财政支持中小企业数字化转型试点工作的通知

(2022 年 8 月 17 日发布　工信厅联企业〔2022〕22 号)

各省、自治区、直辖市、计划单列市中小企业主管部门、财政厅(局),新疆生产建设兵团工业和信息化局、财政局:

为深入贯彻落实习近平总书记关于推动数字经济和实体经济融合发展、培育“专精特新”中小企业的重要指示精神,根据《财政部　工业和信息化部关于支持“专精特新”中小企业高质量发展的通知》(财建〔2021〕2 号),工业和信息化部、财政部拟通过中央财政资金支持地方开展中小企业数字化转型试点,加快带动一批中小企业成长为专精特新企业,推进产业基础高级化、产业链现代化。现将有关事项通知如下:

一、工作目标

发展数字经济是把握新一轮科技革命和产业变革新机遇的战略选择。“十四五”时期,我国数字经济转向深化应用、规范发展、普惠共享的新阶段。为加快中小企业数字化转型步伐,促进产业数字化发展,提升产业链供应链协同配套能力,从 2022 年到 2025 年,中央财政计划分三批支持地方开展中小企业数字化转型试点,提升数字化公共服务平台(含数字化转型服务商、工业互联网平台等,以下简称“服务平台”)服务中小企业能力,打造一批小型化、快速化、轻量化、精准化(以下简称“小快轻准”)的数字化系统解决方案和产品,形成一批可复制可推广的数字化转型典型模式,围绕 100 个细分行业(详见附件 1),支持 300 个左右公共服务平台,打造 4000～6000 家“小灯塔”企业作为数字化转型样本,带动广大中小企业“看样学样”加快数字化转型步伐,促进专精特新发展。

二、工作内容

(一)工作重点

(1)聚焦重点方向。将制造业关键领域和产业链关键环节的中小企业作为数字化转型试点的重点方向,对其中数字化转型需求迫切、发展潜力巨大、经济社会效益明显的中小企业加大支持力度。重点向医药和化学制造、通用和专用设备制造、汽车零部件及配件制造、运输设备制造、电气机械和器材制造、计算机和通讯电子等行业中小企业倾斜。由各地结合发展实际、发展阶段和发展需求按照细分行业列表申报服务平台和对应改造的“小灯塔”企业名单。

(2)打造示范样板。通过试点形成一批"小快轻准"的系统解决方案和产品,提炼一批聚焦细分行业规范高效、有利复制推广的中小企业数字化转型典型模式,打造一批可复制易推广的数字化转型"小灯塔"企业。

(3)增强服务能力。培育一批扎根细分行业,熟悉中小企业需求的服务平台,为中小企业提供转型咨询、诊断评估、设备改造、软件应用等一揽子数字化服务,满足行业共性及企业个性需求。引导服务平台加强资源整合和技术创新,打通细分行业的数据链条,提升系统解决方案和产品的根植性、适用性和成熟度,提升服务中小企业能力。

(4)提升政策效能。发挥中央财政资金引导带动作用,鼓励地方政府在政策扶持、优化环境等方面对中小企业数字化转型工作予以倾斜支持。按照"政府补一点,平台让一点,企业出一点"的思路,调动三方积极性,并探索中小企业以转型收益支付服务费用等方式,降低企业转型成本。

(二)工作程序

充分发挥有效市场和有为政府的作用,遵循"市场有需求、平台有能力、企业有意愿"的工作思路开展试点。

(1)精心遴选试点行业和企业。试点行业应选择纳入当地产业发展规划、升级潜力大的细分行业或特色产业集群,试点企业要选择不同规模和发展水平的中小企业(已获中央财政资金支持的专精特新"小巨人"企业不再纳入试点范围),充分尊重企业意愿,优先选择转型意愿强、经营稳健的中小企业。每个省份每批可最多推荐 5 个细分行业参与数字化转型试点,省级中小企业主管部门要加强统筹,避免重复。

(2)找准行业共性问题。组织由信息技术、行业技术、工艺制造、企业管理等方面专家,深入行业企业调研,为企业"画像",厘清企业生产经营的机理、流程、工艺,找准痛点、难点、堵点,系统梳理企业的共性问题和需求。

(3)公开择优遴选服务平台。针对企业问题和需求,鼓励服务平台提炼行业共性应用场景,同时兼顾企业个性化需求,提出系统解决方案参与竞争。共性应用场景设置应把握三点:一是要让行业基本应用场景得到满足,通过数字化改造,试点企业经营管理和经济效益得以显著提升;二是要打通数据、用好数据,形成统一的数据资源管理、开发利用和安全保障体系;三是要充分考虑中小企业特点,实现轻量化投资、短工期改造,有较高的投入产出回报。要坚持公开公正公平的原则组织遴选,遴选出的平台不宜过于分散,每个细分行业遴选服务平台应在 3 家以内,每家服务平台完成不少于 10 家企业数字化改造,且在实施方案中需明确每个平台的对应服务企业、解决方案和绩效目标。

(4)实施数字化改造。着力压实服务平台责任,按照解决方案和服务合同实施改造。切实做好操作技能应知应会的实训工作,让试点企业用得上、用得好、用出效益。项目完成后,应进行严格验收,达不到要求的应进行整改。

(5)总结和推广。客观总结和宣传试点的成效与转型经验,探索形成能够满足细分行业中小企业共性和个性需求的工程化样本合同与操作规范,为复制推广打好基础。充分发挥"小灯塔"企业示范作用,推动中小企业"看样学样",实现"试成一批,带起一片"的目的。对技术先进、效益突出、企业反响好的共性应用场景解决方案要在省内加大复制推广,省份之间也要通过组织学习交流、现场观摩等方式,促进更大范围的推广应用。

三、支持内容

(一)支持对象

中央财政安排奖补资金支持服务平台,由服务平台为中小企业提供数字化改造服务。其中,2022 年拟支持 100 个左右服务平台。

(二)资金测算

中央财政对完成改造目标的服务平台安排奖补资金。每个服务平台最高奖补不超过 600 万元(按照不超过每家试点企业实际改造成本的 30%且奖补资金最高不超过 30 万元进行测算)。

（三）资金安排

奖补资金在实施期初先按一定比例预拨，每批实施期1年，实施期满后，由工业和信息化部牵头会同财政部对试点中小企业数字化改造情况进行审核，按照实际审核通过的中小企业数量，核定奖补资金。

（四）资金用途

服务平台应将财政奖补资金直接用于试点企业，不得用于其他企业或与本项目无关的支出，鼓励平台减免试点企业数字化改造共性需求相关的软件、云服务等支出，降低企业数字化转型成本。

四、组织申报

（一）申报条件

参与试点的服务平台，需在中华人民共和国境内注册，具备独立法人资格，具有较好的行业知识积累、技术开发能力、行业服务生态，能够为细分行业或产业集群企业提供数字化转型服务，有若干已完成的细分行业数字化转型服务成功案例。每个服务平台，每批只能申报一个细分行业/产业集群。

（二）申报方式和程序

省级中小企业主管部门联合财政部门，按照通知要求的工作重点和程序，统筹组织地方做好申报工作，编制《202X年XX省中小企业数字化转型试点实施方案》（以下称《实施方案》，模板见附件），按程序联合上报工业和信息化部、财政部。

（三）申报材料

《实施方案》提纲参见《202X年XX省XX行业中小企业数字化转型实施方案（模板）》，详见附件2。

（四）申报时间

请于2022年9月12日前将《实施方案》报送至工业和信息化部中小企业局和财政部经济建设司，包含加盖公章纸质版和扫描PDF电子版（光盘刻录）各一式三份。

（五）评定程序

工业和信息化部会同财政部委托第三方机构，组织专家对各省《实施方案》进行评审，依据评审标准确定入选名单，并在工业和信息化部网站进行公示。

五、实施要求

（一）材料审核

省级中小企业主管部门联合财政部门组织《实施方案》编制报送，保证申报材料的真实性和准确性，并留存备查。要按照重点支持领域和细分行业，做好审核和遴选工作，确保符合国家政策导向。

（二）组织实施

《实施方案》获批后，要做好政策解读和方案组织实施，定期跟踪指导、现场督促、服务满意度测评、监督管理（鼓励组建专家团队专门开展此项工作），适时总结经验做法和存在困难问题，有关情况报送工业和信息化部并抄报财政部。

（三）绩效管理

各省级中小企业主管部门应当强化绩效目标管理，做好绩效运行监控，实施期满后联合财政部门对试点开展情况进行绩效自评。工业和信息化部联合财政部进行绩效评价和验收。具体评价标准和要求等事宜另行通知。

（四）惩处措施

对在材料申报、组织实施、绩效考核过程中发现虚报、冒领、造假等方式骗取财政资金的，视情况严重程度扣减奖补资金、取消奖补资格、进行通报批评等处罚措施，对出现严重问题的依据《财政违法行为处罚处分条例》等有关规定处理。

附件

1. 中小企业数字化转型试点细分行业列表（略）

2. 202X年XX省中小企业数字化转型试点实施方案（模板）（略）

商业汇票承兑、贴现与再贴现管理办法

（2022年8月24日中国人民银行2022年第7次行务会议审议通过和中国银行保险监督管理委员会审签 2022年11月11日中国人民银行 中国银行保险监督管理委员会令〔2022〕第4号发布 自2023年1月1日起施行）

第一章 总 则

第一条 为了规范商业汇票承兑、贴现与再贴现业务，根据《中华人民共和国票据法》《中华人民共和国中国人民银行法》《中华人民共和国银行业监督管理法》《中华人民共和国商业银行法》等有关法律法规，制定本办法。

第二条 本办法所称商业汇票是出票人签发的，委托付款人在见票时或者在指定日期无条件支付确定的金额给收款人或者持票人的票据，包括但不限于纸质或电子形式的银行承兑汇票、财务公司承兑汇票、商业承兑汇票等。

第三条 电子商业汇票的出票、承兑、贴现、贴现前的背书、质押、保证、提示付款和追索等业务，应当通过人民银行认可的票据市场基础设施办理。供应链票据属于电子商业汇票。

第四条 本办法所称承兑是指付款人承诺在商业汇票到期日无条件支付汇票金额的票据行为。

第五条 本办法所称贴现是指持票人在商业汇票到期日前，贴付一定利息将票据转让至具有贷款业务资质机构的行为。持票人持有的票据应为依法合规取得，具有真实交易关系和债权债务关系，因税收、继承、赠与依法无偿取得票据的除外。

第六条 本办法所称再贴现是指人民银行对金融机构持有的已贴现未到期商业汇票予以贴现的行为，是中央银行的一种货币政策工具。

第七条 商业汇票的承兑、贴现和再贴现，应当遵循依法合规、公平自愿、诚信自律、风险自担的原则。

第二章 承 兑

第八条 银行承兑汇票是指银行和农村信用合作社承兑的商业汇票。银行主要包括政策性开发性银行、商业银行和农村合作银行。银行承兑汇票承兑人应在中华人民共和国境内依法设立，具有银保监会或其派出机构颁发的金融许可证，且业务范围包含票据承兑。

第九条 财务公司承兑汇票是指企业集团财务公司承兑的商业汇票。财务公司承兑汇票承兑人应在中华人民共和国境内依法设立，具有银保监会或其派出机构颁发的金融许可证，且业务范围包含票据承兑。

第十条 商业承兑汇票是由银行、农村信用合作社、财务公司以外的法人或非法人组织承兑的商业汇票。商业承兑汇票承兑人应为在中华人民共和国境内依法设立的法人及其分支机构和非法人组织。

第十一条 银行、农村信用合作社、财务公司承兑人开展承兑业务时，应当严格审查出票人的真实交易关系和债权债务关系以及承兑风险，出票人应当具有良好资信。承兑的金额应当与真实交易关系和债权债务关系、承兑申请人的偿付能力相匹配。

第十二条 银行、农村信用合作社、财务公司承兑的担保品应当严格管理。担保品为保证金的，保证金账户应当独立设置，不得挪用或随意提前支取保证金。

第十三条 银行、农村信用合作社、财务公司承兑业务应当纳入存款类金融机构统一授信管理和风险管理框架。

第三章 贴现和再贴现

第十四条 商业汇票的贴现人应为在中华人民共和国境内依法设立的、具有贷款业务资质的法人及其分支机构。申请贴现的商业汇票持票人应为自然人、在中华人民共和国境内依法设立的法人及其分支机构和非法人组织。

第十五条 申请贴现的持票人取得贴现票据应依法合规，与出票人或前手之间具有真实交易关系和债权债务关系，因税收、继承、赠与依法无偿取得票据的除外。

第十六条 持票人申请贴现，须提交贴现申请、持票人背书的未到期商业汇票以及能够反映真实交易关系和债权债务关系的材料。

第十七条 持票人可以通过票据经纪机构进行票据贴现询价和成交，贴现撮合交易应当通过人民银行认可的票据市场基础设施开展。

第十八条 票据经纪机构应为市场信誉良好、票据业务活跃的金融机构。票据经纪机构应当具有独立的票据经纪部门和完善的内控管理机制，具有专门的经纪渠道，票据经纪业务与自营业务严格隔离。票据经纪机构应当具有专业的从业人员。

第十九条 转贴现业务按照人民银行和银保监会票据交易有关规定执行。

第二十条 办理商业汇票贴现业务的金融机构，可以申请办理再贴现业务。再贴现业务办理的条件、利率、期限和方式，按照人民银行有关规定执行。

第四章 风险控制

第二十一条 金融机构应当具备健全的票据业务管理制度和内部控制制度，审慎开展商业汇票承兑和贴现业务，采取有效措施防范市场风险、信用风险和操作风险。

第二十二条 商业汇票的承兑人和贴现人应当具备良好的经营和财务状况，最近二年不得发生票据持续逾期或者未按规定披露信息的行为。商业汇票承兑人对承兑的票据应当具备到期付款的能力。

第二十三条 财务公司承兑人所属的集团法人应当具备良好的经营和财务状况，最近二年不得发生票据持续逾期或者未按规定披露信息的行为，最近二年不得发生重大违法行为，以及其他严重损害市场主体合法权益或社会公共利益的行为。

第二十四条 银行承兑汇票和财务公司承兑汇票的最高承兑余额不得超过该承兑人总资产的15%。银行承兑汇票和财务公司承兑汇票保证金余额不得超过该承兑人吸收存款规模的10%。人民银行和银保监会可以根据金融机构内控情况设置承兑余额与贷款余额比例上限等其他监管指标。

第二十五条 商业汇票的付款期限应当与真实交易的履行期限相匹配，自出票日起至到期日止，最长不得超过6个月。

第五章 信息披露

第二十六条 商业汇票信息披露按照人民银行有关规定执行，应当遵循及时、真实、准确、完整的原则。

第二十七条 商业承兑汇票承兑人和财务公司承兑汇票承兑人应当按照人民银行规定披露票据主要要素及信用信息。银行承兑汇票承兑人应当披露承兑人信用信息。

第二十八条 贴现人办理商业汇票贴现的，应当按照人民银行规定核对票据披露信息，信息不存在或者记载事项与披露信息不一致的，不得为持票人办理贴现。

第二十九条 商业汇票背书转让时，被背书人可以按照人民银行规定核对票据信息，信息不存在或者记载事项与披露信息不一致的，可以采取有效措施识别票据信息真伪及信用风险，加强风险防范。

第三十条 商业汇票承兑人为非上市公司、在债券市场无信用评级的，鼓励商业汇票流通前由信用评级机构对承兑人进行主体信用评级，并按照人民银行有关规定披露相关信息。

第三十一条 票据市场基础设施按人民银行有关要求对承兑人信息披露情况进行监测，承兑人存在票据持续逾期或披露信息存在虚假、遗漏、延迟的，票据市场基础设施应根据业务规则采取相应处置措施，并向人民银行报告。

第六章 监督管理

第三十二条 人民银行依法监测商业汇票承兑和贴现的运行情况，依法对票据市场进行管理。

第三十三条 人民银行、银保监会按照法定职责对商业汇票的承兑、贴现、风险控制和信息披露进行监督管理。人民银行对再贴现进行监督管理。

第三十四条 票据市场基础设施和办理商业汇票承兑、贴现、再贴现业务的主体，应当按规定和监管需要向人民银行和银保监会报送有关业务数据。

第七章 法律责任

第三十五条 银行承兑汇票、财务公司承兑汇票的承兑限额、付款期限超出规定的，由人民银行及其分支机构、银保监会及其派出机构对承兑人进行警告、通报批评，并由银保监会及其派出机构依法处以罚款。

第三十六条 商业汇票承兑人最近二年发生票据持续逾期或者未按规定披露信息的，金融机构不得为其办理票据承兑、贴现、保证、质押等业务。

第三十七条 金融机构为不具有真实交易关系和债权债务关系（因税收、继承、赠与依法无偿取得票据的除外）的出票人、持票人办理商业汇票承兑、贴现的，由银保监会及其派出机构根据不同情形依法采取暂停其票据业务等监管措施或者实施行政处罚；对直接负责的董事、高级管理人员和其他直接责任人员，依法追究相关责任。

第三十八条 商业汇票出票人、持票人通过欺诈手段骗取金融机构承兑、贴现的，依法承担相应责任；涉嫌构成犯罪的，移送司法机关依法追究刑事责任。

第三十九条 未经依法许可或者违反国家金融管理规定，擅自从事票据贴现的，依照有关法律法规进行处置。

第八章 附 则

第四十条 本办法由人民银行、银保监会负责解释。

第四十一条 本办法第二十四条规定自 2024 年 1 月 1 日起实施。

第四十二条 本办法自 2023 年 1 月 1 日起施行。《商业汇票承兑、贴现与再贴现管理暂行办法》（银发〔1997〕216 号文印发）、《中国人民银行关于切实加强商业汇票承兑贴现和再贴现业务管理的通知》（银发〔2001〕236 号）同时废止。

工业和信息化部关于印发《工业和信息化领域数据安全管理办法（试行）》的通知

（2022 年 12 月 13 日发布 工信部网安〔2022〕166 号）

各省、自治区、直辖市、计划单列市及新疆生产建设兵团工业和信息化主管部门，各省、自治区、直辖市通信管理局，青海、宁夏无线电管理机构，部属各单位，部属各高校，各有关企业：

现将《工业和信息化领域数据安全管理办法（试行）》印发给你们，请认真遵照执行。

工业和信息化领域数据安全管理办法（试行）

第一章 总 则

第一条 为了规范工业和信息化领域数据处理活动，加强数据安全管理，保障数据安全，促进数据开发利用，保护个人、组织的合法权益，维护国家安全和发展利益，根据《中华人民共和国数据安全法》《中华人民共和国网络安全法》《中华人民共和国个人信息保护法》《中华人民共和国国家安全法》《中华人民共和国民法典》等法律法规，制定本办法。

第二条 在中华人民共和国境内开展的工业和信息化领域数据处理活动及其安全监管，应当遵守相关法律、行政法规和本办法的要求。

第三条 工业和信息化领域数据包括工业数据、电信数据和无线电数据等。工业数据是指工业各行业各领域在研发设计、生产制造、经营管理、运行维护、平台运营等过程中产生和收集的数据。

电信数据是指在电信业务经营活动中产生和收集的数据。

无线电数据是指在开展无线电业务活动中产生和收集的无线电频率、台(站)等电波参数数据。

工业和信息化领域数据处理者是指数据处理活动中自主决定处理目的、处理方式的工业企业、软件和信息技术服务企业、取得电信业务经营许可证的电信业务经营者和无线电频率、台(站)使用单位等工业和信息化领域各类主体。工业和信息化领域数据处理者按照所属行业领域可分为工业数据处理者、电信数据处理者、无线电数据处理者等。数据处理活动包括但不限于数据收集、存储、使用、加工、传输、提供、公开等活动。

第四条 在国家数据安全工作协调机制统筹协调下,工业和信息化部负责督促指导各省、自治区、直辖市及计划单列市、新疆生产建设兵团工业和信息化主管部门,各省、自治区、直辖市通信管理局和无线电管理机构(以下统称地方行业监管部门)开展数据安全监管,对工业和信息化领域的数据处理活动和安全保护进行监督管理。

地方行业监管部门分别负责对本地区工业、电信、无线电数据处理者的数据处理活动和安全保护进行监督管理。

工业和信息化部及地方行业监管部门统称为行业监管部门。

行业监管部门按照有关法律、行政法规,依法配合有关部门开展的数据安全监管相关工作。

第五条 行业监管部门鼓励数据开发利用和数据安全技术研究,支持推广数据安全产品和服务,培育数据安全企业、研究和服务机构,发展数据安全产业,提升数据安全保障能力,促进数据的创新应用。

工业和信息化领域数据处理者研究、开发、使用数据新技术、新产品、新服务,应当有利于促进经济社会和行业发展,符合社会公德和伦理。

第六条 行业监管部门推进工业和信息化领域数据开发利用和数据安全标准体系建设,组织开展相关标准制修订及推广应用工作。

第二章 数据分类分级管理

第七条 工业和信息化部组织制定工业和信息化领域数据分类分级、重要数据和核心数据识别认定、数据分级防护等标准规范,指导开展数据分类分级管理工作,制定行业重要数据和核心数据具体目录并实施动态管理。

地方行业监管部门分别组织开展本地区工业和信息化领域数据分类分级管理及重要数据和核心数据识别工作,确定本地区重要数据和核心数据具体目录并上报工业和信息化部,目录发生变化的,应当及时上报更新。

工业和信息化领域数据处理者应当定期梳理数据,按照相关标准规范识别重要数据和核心数据并形成本单位的具体目录。

第八条 根据行业要求、特点、业务需求、数据来源和用途等因素,工业和信息化领域数据分类类别包括但不限于研发数据、生产运行数据、管理数据、运维数据、业务服务数据等。

根据数据遭到篡改、破坏、泄露或者非法获取、非法利用,对国家安全、公共利益或者个人、组织合法权益等造成的危害程度,工业和信息化领域数据分为一般数据、重要数据和核心数据三级。

工业和信息化领域数据处理者可在此基础上细分数据的类别和级别。

第九条 危害程度符合下列条件之一的数据为一般数据:

(1)对公共利益或者个人、组织合法权益造成较小影响,社会负面影响小;

(2)受影响的用户和企业数量较少、生产生活区域范围较小、持续时间较短,对企业经营、行业发展、技术进步和产业生态等影响较小;

(3)其他未纳入重要数据、核心数据目录的数据。

第十条 危害程度符合下列条件之一的数据为重要数据:

(1)对政治、国土、军事、经济、文化、社会、科技、电磁、网络、生态、资源、核安全等构成威胁,影响海外利益、生物、太空、极地、深海、人工智能等与国家安全相关的重点领域;

(2)对工业和信息化领域发展、生产、运行和经济利益等造成严重影响;

(3)造成重大数据安全事件或生产安全事故,对公共利益或者个人、组织合法权益造成严重影响，社会负面影响大；

（4）引发的级联效应明显，影响范围涉及多个行业、区域或者行业内多个企业，或者影响持续时间长，对行业发展、技术进步和产业生态等造成严重影响；

（5）经工业和信息化部评估确定的其他重要数据。

第十一条 危害程度符合下列条件之一的数据为核心数据：

（1）对政治、国土、军事、经济、文化、社会、科技、电磁、网络、生态、资源、核安全等构成严重威胁，严重影响海外利益、生物、太空、极地、深海、人工智能等与国家安全相关的重点领域；

（2）对工业和信息化领域及其重要骨干企业、关键信息基础设施、重要资源等造成重大影响；

（3）对工业生产运营、电信网络和互联网运行服务、无线电业务开展等造成重大损害，导致大范围停工停产、大面积无线电业务中断、大规模网络与服务瘫痪、大量业务处理能力丧失等；

（4）经工业和信息化部评估确定的其他核心数据。

第十二条 工业和信息化领域数据处理者应当将本单位重要数据和核心数据目录向本地区行业监管部门备案。备案内容包括但不限于数据来源、类别、级别、规模、载体、处理目的和方式、使用范围、责任主体、对外共享、跨境传输、安全保护措施等基本情况，不包括数据内容本身。

地方行业监管部门应当在工业和信息化领域数据处理者提交备案申请的二十个工作日内完成审核工作，备案内容符合要求的，予以备案，同时将备案情况报工业和信息化部；不予备案的应当及时反馈备案申请人并说明理由。备案申请人应当在收到反馈情况后的十五个工作日内再次提交备案申请。

备案内容发生重大变化的，工业和信息化领域数据处理者应当在发生变化的三个月内履行备案变更手续。重大变化是指某类重要数据和核心数据规模（数据条目数量或者存储总量等）变化30%以上，或者其他备案内容发生变化。

第三章 数据全生命周期安全管理

第十三条 工业和信息化领域数据处理者应当对数据处理活动负安全主体责任，对各类数据实行分级防护，不同级别数据同时被处理且难以分别采取保护措施的，应当按照其中级别最高的要求实施保护，确保数据持续处于有效保护和合法利用的状态。

（1）建立数据全生命周期安全管理制度，针对不同级别数据，制定数据收集、存储、使用、加工、传输、提供、公开等环节的具体分级防护要求和操作规程；

（2）根据需要配备数据安全管理人员，统筹负责数据处理活动的安全监督管理，协助行业监管部门开展工作；

（3）合理确定数据处理活动的操作权限，严格实施人员权限管理；

（4）根据应对数据安全事件的需要，制定应急预案，并开展应急演练；

（5）定期对从业人员开展数据安全教育和培训；

（6）法律、行政法规等规定的其他措施。

工业和信息化领域重要数据和核心数据处理者，还应当：

（1）建立覆盖本单位相关部门的数据安全工作体系，明确数据安全负责人和管理机构，建立常态化沟通与协作机制。本单位法定代表人或者主要负责人是数据安全第一责任人，领导团队中分管数据安全的成员是直接责任人；

（2）明确数据处理关键岗位和岗位职责，并要求关键岗位人员签署数据安全责任书，责任书内容包括但不限于数据安全岗位职责、义务、处罚措施、注意事项等内容；

（3）建立内部登记、审批等工作机制，对重要数据和核心数据的处理活动进行严格管理并留存记录。

第十四条 工业和信息化领域数据处理者收集数据应当遵循合法、正当的原则，不得窃取或者以其他非法方式收集数据。

数据收集过程中，应当根据数据安全级别采取相应的安全措施，加强重要数据和核心数据收集人员、设备的管理，并对收集来源、时间、类型、数量、频度、流向等进行记录。

通过间接途径获取重要数据和核心数据的，工业和信息化领域数据处理者应当与数据提供方通过签署相关协议、承诺书等方式，明确双方法律责任。

第十五条 工业和信息化领域数据处理者应当按照法律、行政法规规定和用户约定的方式、期限进行数据存储。存储重要数据和核心数据的，应当采用校验技术、密码技术等措施进行安全存储，并实施数据容灾备份和存储介质安全管理，定期开展数据恢复测试。

第十六条 工业和信息化领域数据处理者利用数据进行自动化决策的，应当保证决策的透明度和结果公平合理。使用、加工重要数据和核心数据的，还应当加强访问控制。

工业和信息化领域数据处理者提供数据处理服务，涉及经营电信业务的，应当按照相关法律、行政法规规定取得电信业务经营许可。

第十七条 工业和信息化领域数据处理者应当根据传输的数据类型、级别和应用场景，制定安全策略并采取保护措施。传输重要数据和核心数据的，应当采取校验技术、密码技术、安全传输通道或者安全传输协议等措施。

第十八条 工业和信息化领域数据处理者对外提供数据，应当明确提供的范围、类别、条件、程序等。提供重要数据和核心数据的，应当与数据获取方签订数据安全协议，对数据获取方数据安全保护能力进行核验，采取必要的安全保护措施。

第十九条 工业和信息化领域数据处理者应当在数据公开前分析研判可能对国家安全、公共利益产生的影响，存在重大影响的不得公开。

第二十条 工业和信息化领域数据处理者应当建立数据销毁制度，明确销毁对象、规则、流程和技术等要求，对销毁活动进行记录和留存。个人、组织按照法律规定、合同约定等请求销毁的，工业和信息化领域数据处理者应当销毁相应数据。

工业和信息化领域数据处理者销毁重要数据和核心数据后，不得以任何理由、任何方式对销毁数据进行恢复，引起备案内容发生变化的，应当履行备案变更手续。

第二十一条 工业和信息化领域数据处理者在中华人民共和国境内收集和产生的重要数据和核心数据，法律、行政法规有境内存储要求的，应当在境内存储，确需向境外提供的，应当依法依规进行数据出境安全评估。

工业和信息化部根据有关法律和中华人民共和国缔结或者参加的国际条约、协定，或者按照平等互惠原则，处理外国工业、电信、无线电执法机构关于提供工业和信息化领域数据的请求。非经工业和信息化部批准，工业和信息化领域数据处理者不得向外国工业、电信、无线电执法机构提供存储于中华人民共和国境内的工业和信息化领域数据。

第二十二条 工业和信息化领域数据处理者因兼并、重组、破产等原因需要转移数据的，应当明确数据转移方案，并通过电话、短信、邮件、公告等方式通知受影响用户。涉及重要数据和核心数据备案内容发生变化的，应当履行备案变更手续。

第二十三条 工业和信息化领域数据处理者委托他人开展数据处理活动的，应当通过签订合同协议等方式，明确委托方与受托方的数据安全责任和义务。委托处理重要数据和核心数据的，应当对受托方的数据安全保护能力、资质进行核验。

除法律、行政法规等另有规定外，未经委托方同意，受托方不得将数据提供给第三方。

第二十四条 跨主体提供、转移、委托处理核心数据的，工业和信息化领域数据处理者应当评估安全风险，采取必要的安全保护措施，并由本地区行业监管部门审查后报工业和信息化部。工业和信息化部按照有关规定进行审查。

第二十五条 工业和信息化领域数据处理者应当在数据全生命周期处理过程中，记录数据处理、权限管理、人员操作等日志。日志留存时间不少于六个月。

第四章　数据安全监测预警与应急管理

第二十六条 工业和信息化部建立数据安全风险监测机制，组织制定数据安全监测预警接口和标准，统筹建设数据安全监测预警技术手段，形成监测、预警、处置、溯源等能力，与相关部门加强信息共享。

地方行业监管部门分别建设本地区数据安全风

险监测预警机制，组织开展数据安全风险监测，按照有关规定及时发布预警信息，通知本地区工业和信息化领域数据处理者及时采取应对措施。

工业和信息化领域数据处理者应当开展数据安全风险监测，及时排查安全隐患，采取必要的措施防范数据安全风险。

第二十七条 工业和信息化部建立数据安全风险信息上报和共享机制，统一汇集、分析、研判、通报数据安全风险信息，鼓励安全服务机构、行业组织、科研机构等开展数据安全风险信息上报和共享。

地方行业监管部门分别汇总分析本地区数据安全风险，及时将可能造成重大及以上安全事件的风险上报工业和信息化部。

工业和信息化领域数据处理者应当及时将可能造成较大及以上安全事件的风险向本地区行业监管部门报告。

第二十八条 工业和信息化部制定工业和信息化领域数据安全事件应急预案，组织协调重要数据和核心数据安全事件应急处置工作。

地方行业监管部门分别组织开展本地区数据安全事件应急处置工作。涉及重要数据和核心数据的安全事件，应当立即上报工业和信息化部，并及时报告事件发展和处置情况。

工业和信息化领域数据处理者在数据安全事件发生后，应当按照应急预案，及时开展应急处置，涉及重要数据和核心数据的安全事件，第一时间向本地区行业监管部门报告，事件处置完成后在规定期限内形成总结报告，每年向本地区行业监管部门报告数据安全事件处置情况。

工业和信息化领域数据处理者对发生的可能损害用户合法权益的数据安全事件，应当及时告知用户，并提供减轻危害措施。

第二十九条 工业和信息化部委托相关行业组织建立工业和信息化领域数据安全违法行为投诉举报渠道，地方行业监管部门分别建立本地区数据安全违法行为投诉举报机制或渠道，依法接收、处理投诉举报，根据工作需要开展执法调查。鼓励工业和信息化领域数据处理者建立用户投诉处理机制。

第五章　数据安全检测、认证、评估管理

第三十条 工业和信息化部指导、鼓励具备相应资质的机构，依据相关标准开展行业数据安全检测、认证工作。

第三十一条 工业和信息化部制定行业数据安全评估管理制度，开展评估机构管理工作。制定行业数据安全评估规范，指导评估机构开展数据安全风险评估、出境安全评估等工作。

地方行业监管部门分别负责组织开展本地区数据安全评估工作。

工业和信息化领域重要数据和核心数据处理者应当自行或委托第三方评估机构，每年对其数据处理活动至少开展一次风险评估，及时整改风险问题，并向本地区行业监管部门报送风险评估报告。

第六章　监督检查

第三十二条 行业监管部门对工业和信息化领域数据处理者落实本办法要求的情况进行监督检查。

工业和信息化领域数据处理者应当对行业监管部门监督检查予以配合。

第三十三条 工业和信息化部在国家数据安全工作协调机制指导下，开展工业和信息化领域数据安全审查相关工作。

第三十四条 行业监管部门及其委托的数据安全评估机构工作人员对在履行职责中知悉的个人信息和商业秘密等，应当严格保密，不得泄露或者非法向他人提供。

第七章　法律责任

第三十五条 行业监管部门在履行数据安全监督管理职责中，发现数据处理活动存在较大安全风险的，可以按照规定权限和程序对工业和信息化领域数据处理者进行约谈，并要求采取措施进行整改，消除隐患。

第三十六条 有违反本办法规定行为的，由行业监管部门按照相关法律法规，根据情节严重程度给予没收违法所得、罚款、暂停业务、停业整顿、吊销业务许可证等行政处罚；构成犯罪的，依法追究刑事责任。

第八章　附　则

第三十七条 中央企业应当督促指导所属企

重 点 企 业 风 采

（排序不分先后）

※ 国家电网有限公司

※ 中国建材集团有限公司

※ 中国石油化工集团有限公司

※ 中国宝武钢铁集团有限公司

※ 国家电力投资集团有限公司

※ 中国北京同仁堂（集团）有限责任公司

※ 海信集团控股股份有限公司

※ 青岛开发区投资建设集团有限公司

※ 贵州习酒投资控股集团有限责任公司

国家电网有限公司
STATE GRID
CORPORATION OF CHINA
青海至河南特高压直流青海段
建设具有中国特色国

青海海南千万千瓦级清洁能源
发电基地光伏发电产业园区

电力天路
——750千伏伊犁—库车输电线路

阿里联网工程施工人员
在登塔作业

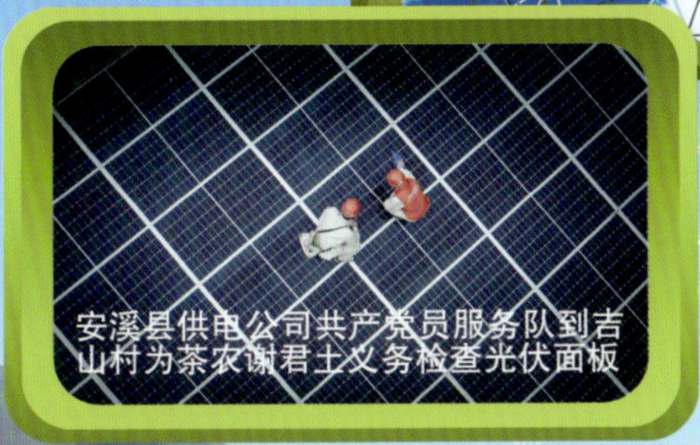

安溪县供电公司共产党员服务队到吉
山村为茶农谢君土义务检查光伏面板

江西玉华山风力发电机组

先的能源互联网企业

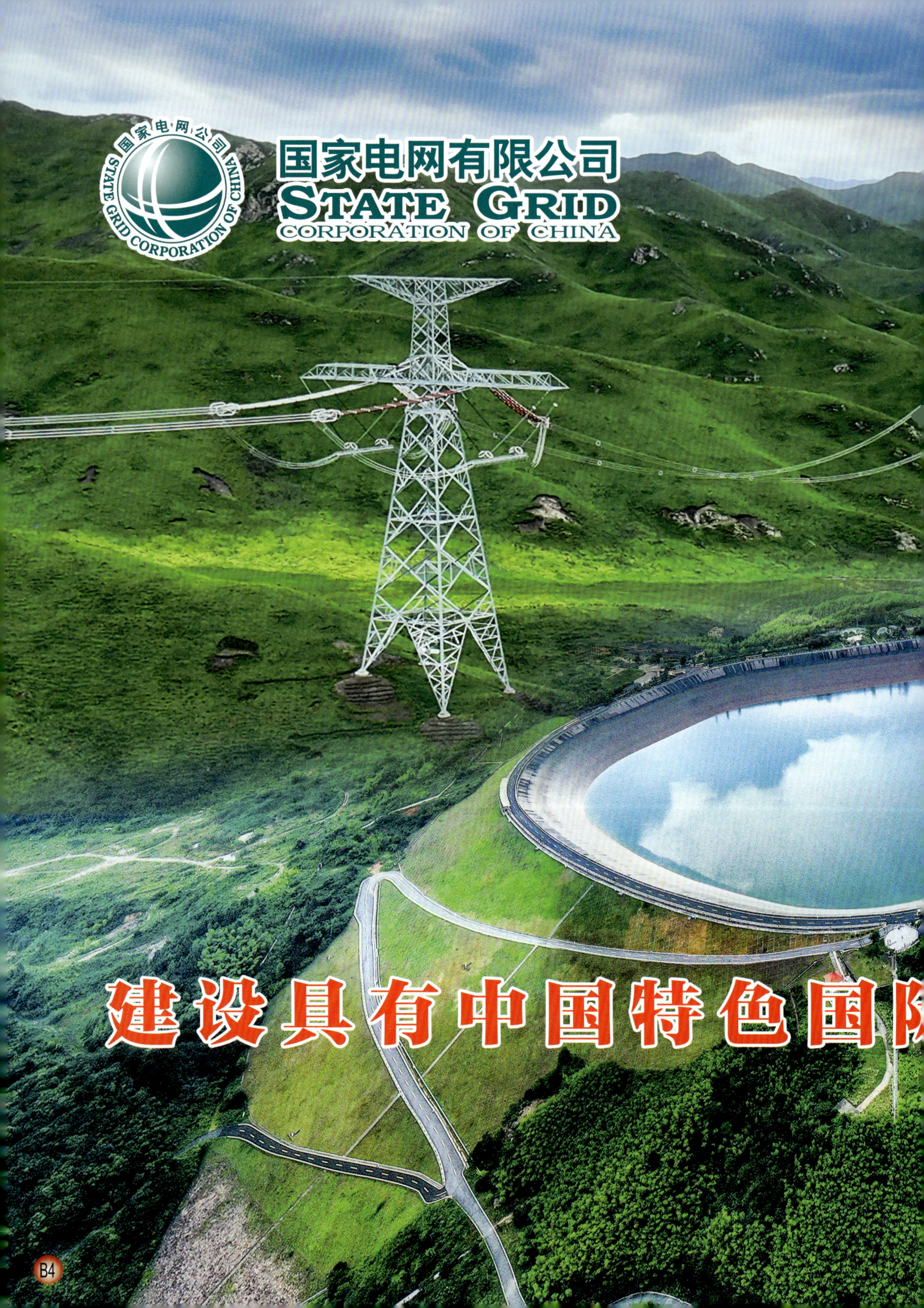
国家电网有限公司
STATE GRID
CORPORATION OF CHINA
建设具有中国特色国

青海—河南±800千伏特高压直流输电工程线路
浙江天荒坪抽水蓄能电站上水库
先的能源互联网企业

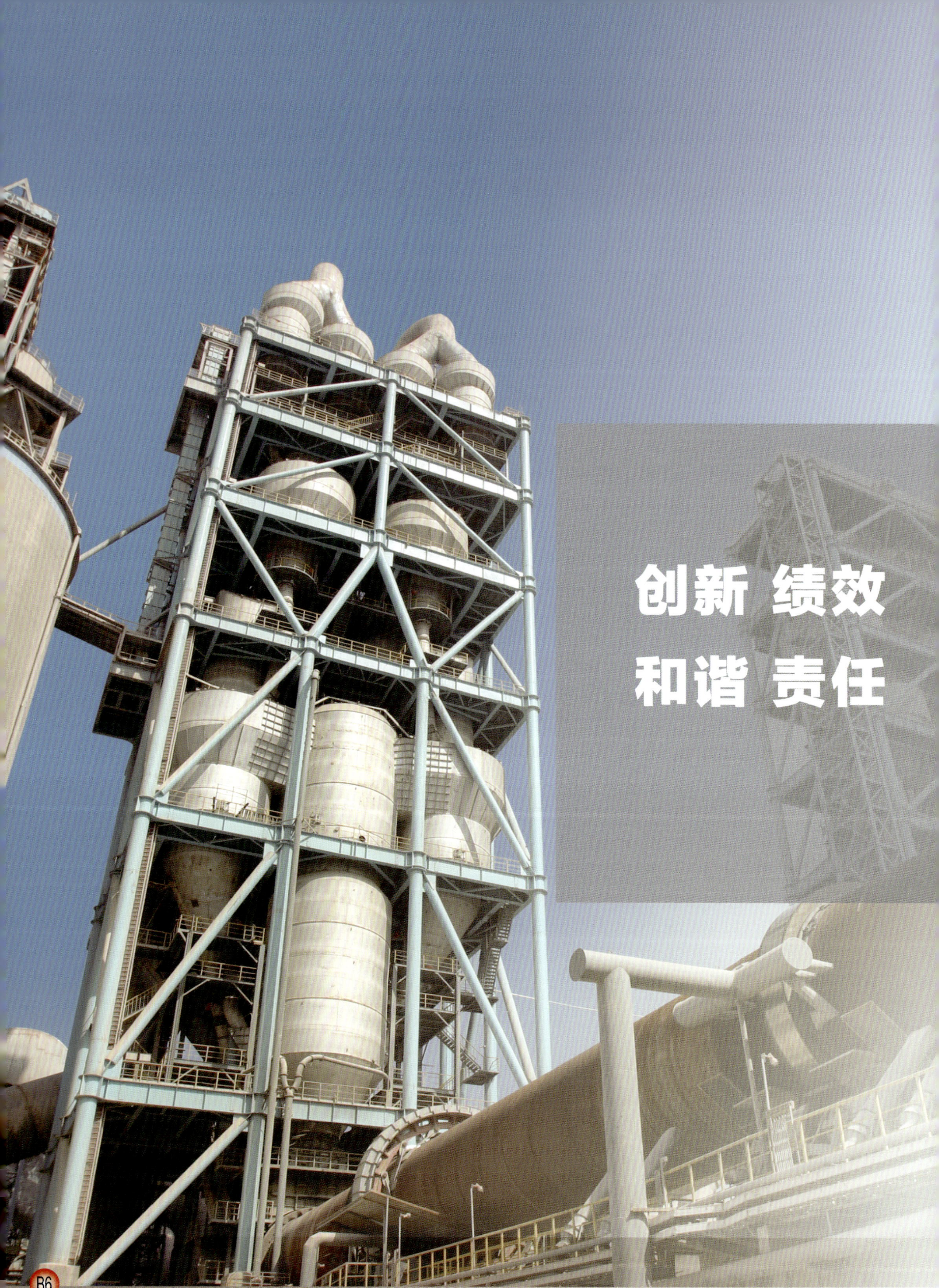
创新 绩效
和谐 责任

洁净能源
中国石油化工集团有限公司

BAOWU 中国宝武

绿水青山就是金山银山
中国宝武深入贯彻绿色发展理念，致力于推动生产经营环节的节能减排，通过技术革新，打造环境友好型产品，推动节能绿色产业发展，共建美丽中国。

国家电投
B14

中国北京同仁堂

中国北京同仁堂（集团）有限责任公司（以下简称同仁堂集团）前身系始创于1669年（清康熙八年）的同仁堂药室（同仁堂药铺）。1992年中国北京同仁堂集团公司组建并于2001年改制为国有独资公司，1997年旗下同仁堂股份在上海上交所上市，2000年同仁堂科技在中国香港联交所上市，2013年同仁堂国药在中国香港联交所上市。

同仁堂集团在经营格局上形成了以制药工业为核心，以健康养生、医疗养老、商业零售、国际药业为支撑的五大板块，构建了集种植（养殖）、制造、销售、医疗、康养、研发于一体的大健康产业链条，在五大洲28个国家和地区设立经营服务终端。

同仁堂集团拥有7个子集团、两个院和多家直属子公司；拥有36个生产基地、110多条现代化生产线，可生产六大类、20多个剂型及2600多种药品和保健食品；拥有一个国家工程中心和博士后科研工作站，“十三五”以来，完成新产品研发265个，彻底改变了中药生产手工操作的落后局面。同仁堂集团拥有同仁堂中医药文化、传统中药材炮制技艺、安宫牛黄丸制作技艺3个国家级非物质文化遗产项目，拥有国家、市、区三级非物质文化遗产代表性传承人37位，同仁堂中医大师41位，中药大师8位，特技传承师20位。

自1992年同仁堂集团组建至今，累计实现利税365亿元，先后获得“中国商标金奖——商标运用奖”、“马德里商标国际注册特别奖”、首届“北京市人民政府质量管理奖”、“新中国成立70周年医药产业脊梁企业奖”等荣誉。

西湖论坛　同仁堂互联网医院揭牌仪式

中国北京同仁堂

街头印有同仁堂产品广告的叮叮车

安宫牛黄丸生产线

党的二十大记者团参观知嘛健康零号店

Hisense
UEFA
EURO2024
GERMANY
2024欧洲杯™全球官方合作伙伴
Hisense
海信国际中心

海信集团控股股份有限公司（以下简称海信）成立于1969年，拥有海信视像（股票代码600060）、海信家电（股票代码000921）、三电控股（股票代码6444）、乾照光电（股票代码300102）四家在上海、深圳、中国香港、东京四地的上市公司，旗下有海信（Hisense）、东芝电视（Toshiba TV）、容声（Ronshen）、gorenje、ASKO等多个品牌。2022年，海信继续保持稳健增长，全年营收1849亿元，利润总额123亿元，同比增长21%；海外收入757亿元，自主品牌占比超过83%。以显示为核心的B2C产业，海信始终处在全球行业前列；在智慧交通、精准医疗和光通信等新动能B2B产业，海信也占据了全国乃至全球领先位置。

Hisense
UEFA
EURO2024
GERMANY
2024欧洲杯™全球官方合作伙伴

有爱，科技也动情

建百年海信，成为全球最值得信赖的品牌

中日韩消费专区电商体验中心

青岛自贸全球消费综合体

AAA企业信用等级

社会责任企业

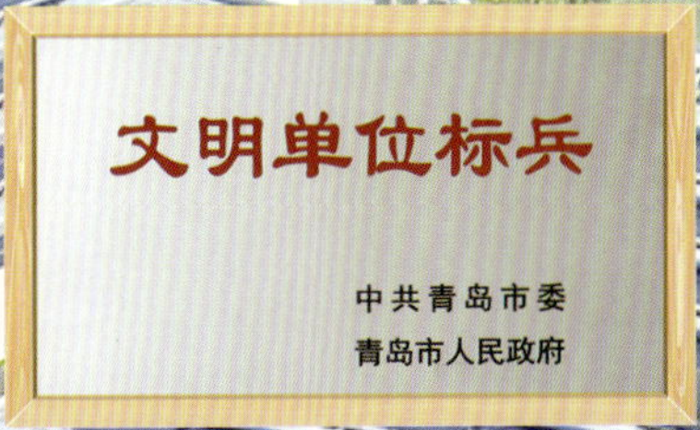

文明单位标兵

工人先锋号

潍柴（青岛）智慧重工智造中心项目

开投芯屏产业园

青岛大学医学医疗中心项目

贵州习酒投资控股集团有限责任公司

贵州习酒投资控股集团有限责任公司（以下简称贵州习酒），2022年由贵州省委省政府决定组建成立，占地面积8000余亩，拥有员工1.5万余人，2023年品牌价值为2224.63亿元，位列中国白酒前八名、中国酱酒第二名。

贵州习酒旗下控股子公司——贵州习酒股份有限公司，其前身为明代万历年间殷姓白酒作坊，1952年通过收购组建为国营企业，1998年加入茅台集团，在茅台集团的支持和帮助下发展壮大，2022年由“贵州茅台酒厂（集团）习酒有限责任公司”整体变更设立“贵州习酒股份有限公司”。贵州习酒始终秉承中国传统白酒技艺精华，坚守纯粮固态发酵工艺，具有7万余吨的优质基酒年生产、6万余吨年包装能力及35万余吨的基酒贮存能力，拥有中国酒业科技领军人才、中国白酒工艺大师、黔酒大师、贵州酿酒大师、国家级评酒委员（21人）、贵州省评酒委员、正高级工程师、高级工程师100余人……主导品牌“习酒”先后被评为省优、部优、国优，荣获“国家质量奖”，被认定为“国家地理标志保护产品”等。

贵州习酒恪守“崇道、务本、敬商、爱人”的企业核心价值观，践行“知敬畏、懂感恩、行谦让、怀怜悯”的习酒品格，释放创新潜能，不断向开放、智慧、美丽的现代化酒企转型升级；两次荣获“全国五一劳动奖状”，荣膺第三届“贵州省省长质量奖”、第十八届“全国质量奖”、“亚洲质量卓越奖”、“全省脱贫攻坚先进党组织”、“全国优秀社会责任企业”、“希望工程实施30周年突出贡献者”等荣誉。

贵州习酒
GUIZHOU XIJIU
習酒
金钻习酒
JINZUANXIJIU
JUNPIN-XIJIU
習酒
贵州习酒股份有限公司出品
君品習酒
酱香型白酒

中国年
喝習酒
習酒
贵州习酒股份有限公司出品
1988
窖藏
酱香型白酒
习酒·扫码欢乐季
扫码见活动细则

中国企业年鉴

China Enterprise Yearbook 2023

业,在重要数据和核心数据目录备案、核心数据跨主体处理风险评估、风险信息上报、年度数据安全事件处置报告、重要数据和核心数据风险评估等工作中履行属地管理要求,还应当全面梳理汇总企业集团本部、所属公司的数据安全相关情况,并及时报送工业和信息化部。

第三十八条 开展涉及个人信息的数据处理活动,还应当遵守有关法律、行政法规的规定。

第三十九条 涉及军事、国家秘密信息等数据处理活动,按照国家有关规定执行。

第四十条 工业和信息化领域政务数据处理活动的具体办法,由工业和信息化部另行规定。

第四十一条 国防科技工业、烟草领域数据安全管理由国家国防科技工业局、国家烟草专卖局负责,具体制度参照本办法另行制定。

第四十二条 本办法自 2023 年 1 月 1 日起施行。

企业发展概况

2022年发展和改革工作综述

中国宏观经济研究院　姜鑫民

2022年是党和国家历史上极为重要的一年。党的二十大胜利召开,描绘了全面建设社会主义现代化国家的宏伟蓝图,为新时代新征程党和国家事业发展、实现第二个百年奋斗目标指明了前进方向、确立了行动指南。2022年,中国经济社会发展遭遇国内外多重超预期因素冲击,风险挑战前所未有。从国际看,百年变局与世纪疫情交织,乌克兰危机复杂演变,世界经济滞胀风险上升,不稳定不确定因素明显增多。从国内看,新冠疫情反复延宕,高温干旱等自然灾害频发,"需求收缩、供给冲击、预期转弱"三重压力叠加,稳增长稳就业困难增大。面对风高浪急的国际环境和国内改革发展稳定任务,以习近平同志为核心的党中央团结带领全国各族人民迎难而上,全面落实"疫情要防住、经济要稳住、发展要安全"的要求,加大宏观调控力度,实现了经济平稳运行、发展质量稳步提升、社会大局保持稳定,经济社会发展取得来之极为不易的成就。

一、经济社会大局平稳运行

(一)经济发展再上新台阶

(1)全年国内生产总值1210207亿元,比上年增长3.0%,约合18万亿美元,稳居世界第二位。财政收入增加到20.4万亿元。见图1。

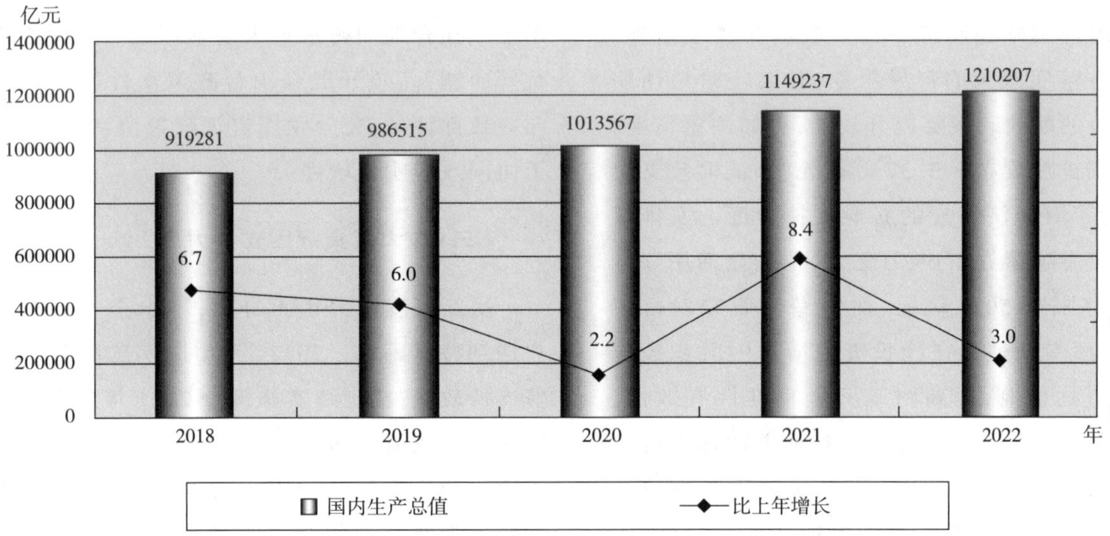

图1　2018—2022年国内生产总值及其增长速度

(2)2022年全国就业人员73351万人,其中城镇就业人员45931万人,占全国就业人员比重约为62.6%。全年城镇新增就业1206万人,比上年少增63万人。全年全国城镇调查失业率平均值为5.6%。年底全国城镇调查失业率为5.5%。全国农民工总量29562万人,比上年增长1.1%。其中,外出农民工17190万人,增长0.1%;本地农民工12372万人,增长2.4%。见图2。

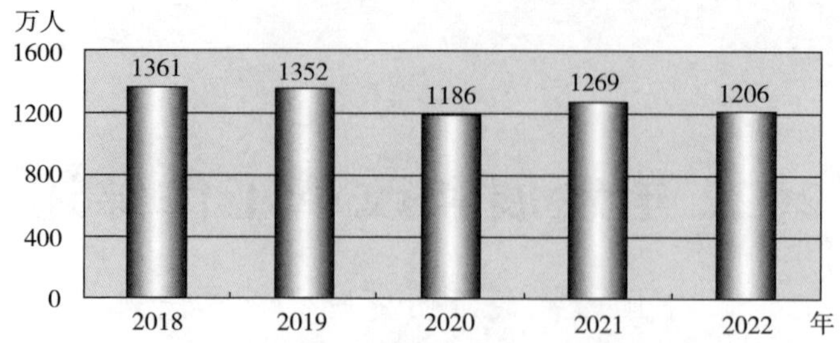

图 2　2018—2022 年城镇新增就业人数

(3)截至 2022 年年底,国家外汇储备 31277 亿美元,比上年年底减少约 1225 亿美元。全年人民币平均汇率为 1 美元兑 6.7261 元人民币,比上年贬值 4.1%。见图 3。

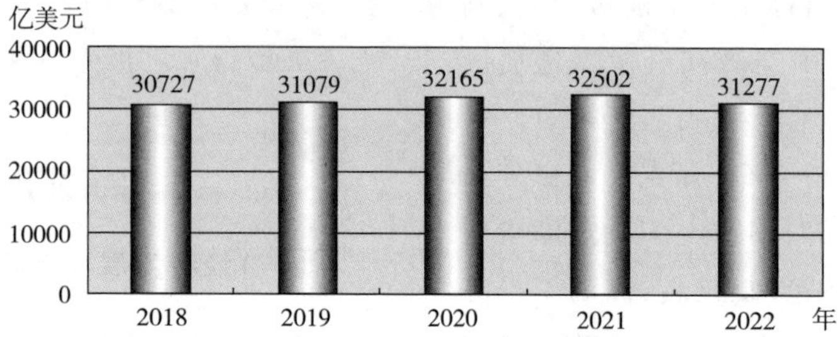

图 3　2018—2022 年国家外汇储备

(二)加强宏观政策统筹协调

及时出台实施稳经济一揽子政策和接续措施,加强对地方落实政策的督导服务,有效应对超预期冲击。积极的财政政策要提升效能,更加注重精准、可持续。安排财政赤字 3.37 万亿元,保证财政支出强度,保持了对经济恢复的必要支持力度。安排新增地方政府专项债券 3.65 万亿元,依法盘活用好专项债务结存限额 5029 亿元,加快专项债券发行使用,有效发挥专项债券在稳投资稳增长中的积极作用。用好直达机制,提高财政资金精准性有效性。切实兜牢基层"三保"底线,中央对地方转移支付规模 9.71 万亿元,增长 17.1%,有效缓解市县财政减收增支压力。稳健的货币政策灵活适度,保持流动性合理充裕。两次下调存款准备金率,释放长期流动性。落实好普惠小微贷款支持工具、碳减排支持工具、支持煤炭清洁高效利用专项再贷款,新出台科技创新再贷款、交通物流专项再贷款、普惠养老专项再贷款等结构性货币政策工具,加大对经济社会发展重点领域和薄弱环节的支持力度。2022 年年底,广义货币供应量(M_2)余额和社会融资规模存量分别增长 11.8%和 9.6%。全年新增人民币贷款比上年多增 1.36 万亿元,制造业中长期贷款比年初增加 2.56 万亿元。稳步推进汇率市场化改革,保持人民币汇率在合理均衡水平上基本稳定。强化宏观政策统筹协调,高效开展新出台政策文件与宏观政策取向一致性评估,充分发挥宏观政策协调机制作用,政策协同效应明显增强。

(三)加大减负纾困支持力度

受新冠疫情等因素冲击,不少企业和个体工商户遇到特殊困难。2022 年,中国实施新的组合式税费支持政策,在延续实施部分 2021 年到期的阶段性减税降费政策的同时,精准实施对中小微企业、个体工商户减税降费,加大增值税留抵退税力度,全年新增减税降费及退税缓税缓费超过 4.2 万亿元,全年增值税留抵退税款超过 2.4 万亿元,新增减税降费超过 1 万亿元,办理缓税缓费 7500 多亿元。为有力支持减税降费政策落实,中央对地方转移支付规模大幅增加。引导金融机构增加信贷投放,降低融资成本,新发放企业贷款平均利率降至有统计以来最低水平,对受疫情影响严重的中小微企业、个体工商户和餐饮、旅游、货运等实施阶段性贷款延期还本付息,对普惠小微贷款阶段性减息。用改革办法激发市场活力。量大面广的中小微企业和个体工商户普遍受益。

二、扩大内需取得明显成效

(一)内需拉动作用增大

国家统计局统计公报显示,初步核算,2022年全年国内生产总值1210207亿元,比上年增长3.0%。其中,第一产业增加值88345亿元,比上年增长4.1%;第二产业增加值483164亿元,增长3.8%;第三产业增加值638698亿元,增长2.3%。第一产业增加值约占国内生产总值的7.3%,第二产业增加值约占39.9%,第三产业增加值约占52.8%。见图4。

全年最终消费支出拉动国内生产总值增长1.0个百分点,资本形成总额拉动国内生产总值增长1.5个百分点,货物和服务净出口拉动国内生产总值增长0.5个百分点。全年人均国内生产总值85698元,比上年增长3.0%。国民总收入1197215亿元,比上年增长2.8%。全员劳动生产率为152977元/人,比上年提高4.2%。见图5。

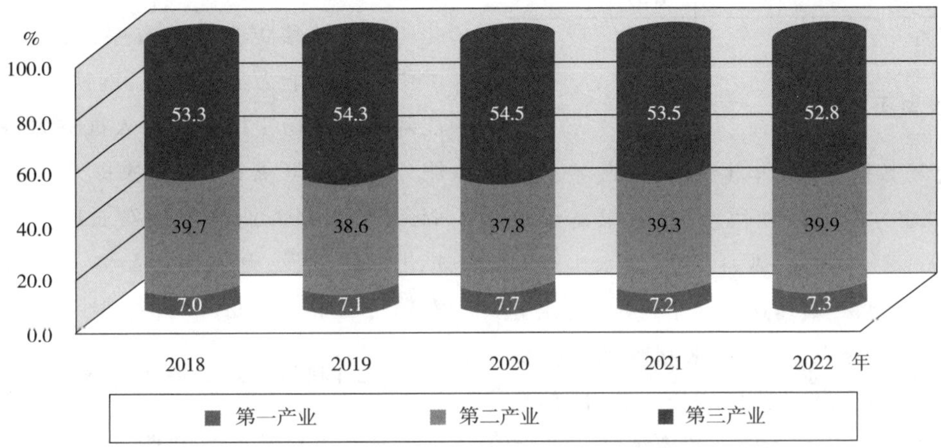

图4 2018—2022年三次产业增加值占国内生产总值比重(百分比)

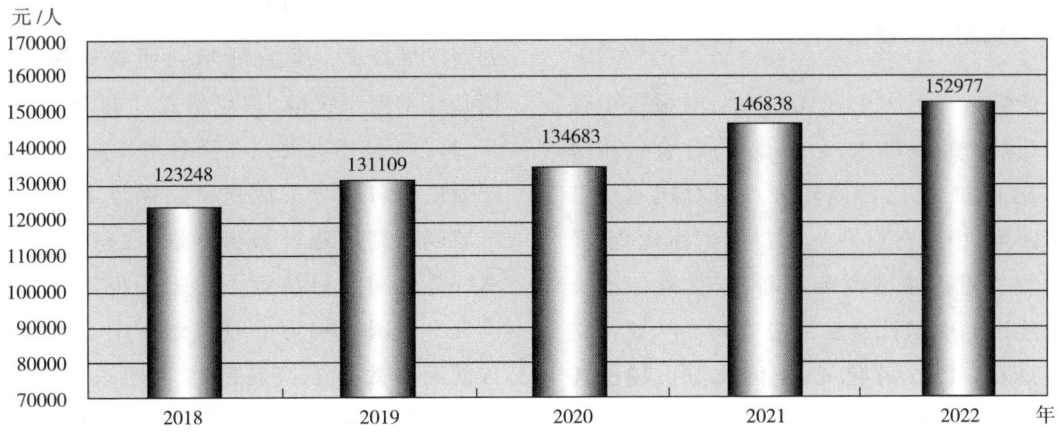

图5 2018—2022全员劳动生产率

(二)消费价格涨跌情况

全年居民消费价格比上年上涨2.0%。工业生产者出厂价格上涨4.1%。工业生产者购进价格上涨6.1%。农产品生产者价格上涨0.4%。12月份,70个大中城市中,新建商品住宅销售价格同比上涨的城市个数为16个,持平的为1个,下降的为53个;二手住宅销售价格同比上涨的城市个数为6个,下降的为64个。见表1。

表 1 2022 年居民消费价格比上年涨跌幅度

单位:%

指 标	全 国	城 市	农 村
居民消费价格	2.0	2.0	2.0
其中:食品烟酒	2.4	2.6	2.1
衣 着	0.5	0.6	0.3
居 住	0.7	0.5	1.3
生活用品及服务	1.2	1.2	1.0
交通通信	5.2	5.2	5.0
教育文化娱乐	1.8	1.9	1.7
医疗保健	0.6	0.6	0.8
其他用品及服务	1.6	1.5	2.0

来源:国家统计局

(三)有效投资不断扩大

据国家统计局数据,2022 年 1—12 月,政策性开发性金融工具和地方专项债加快使用,效果持续显现,基础设施投资(不含电力、热力、燃气及水生产和供应业)同比增长 9.4%,增速连续 8 个月加快,比上年大幅提高 9.0 个百分点。其中,水利管理业投资增长 13.6%,公共设施管理业投资增长 10.1%,信息传输业投资增长 9.3%,道路运输业投资增长 3.7%,铁路运输业投资增长 1.8%。

(四)市场机制不断健全

中国共产党第二十次全国代表大会的报告中强调,完善产权保护、市场准入、公平竞争、社会信用等市场经济基础制度,优化营商环境。面对新冠疫情冲击等不利因素,中国营商环境仍得到不断优化,要素市场化配置等重点领域改革不断深化,高标准市场体系加快建设。中国社会物流总额达 347.6 万亿元,物流业总收入 12.7 万亿元,中国物流市场已连续 7 年位居全球最大规模的物流市场。中国物流 50 强企业收入合计近 2 万亿元,一批具有国际竞争力的物流企业开始涌现。

三、实体经济发展势头强劲

(一)制造业服务业稳步提升

实施促进工业经济平稳增长的系列政策措施,扎实推进产业基础再造工程、重大技术装备攻关工程、国家战略性新兴产业集群发展工程,多措并举促进制造业投资不断增长,制造业增加值占国内生产总值比重稳步提升。全年工业增加值 401644 亿元,比上年增长 3.4%。规模以上工业增加值增长 3.6%。在规模以上工业中,分经济类型看,国有控股企业增加值增长 3.3%,股份制企业增长 4.8%,外商及港澳台商投资企业下降 1.0%,私营企业增长 2.9%;分门类看,采矿业增长 7.3%,制造业增长 3.0%,电力、热力、燃气及水生产和供应业增长 5.0%。加快推动重点行业转型升级,深入实施智能制造、绿色制造,持续巩固化解钢铁过剩产能成果,化工产业转移更为规范有序,乙烯等关键化工品自主供应保障能力显著增强,钢铁、石化等重点行业节能降碳改造稳步推进。深入推进先进制造业和现代服务业融合发展试点,加快提升制造服务业专业化服务能力,服务业高质量发展迈上新台阶。高质量推进品牌建设,开展中国品牌创建行动。大力培育专精特新中小企业,推动大中小企业融通发展。

(二)科技创新取得新突破

高水平科技自立自强能力明显提升,中国全球创新指数排名上升至第 11 位,进入创新型国家行列,呈现人才强、科技强、产业强、经济强、国家强的创新发展态势。重点领域科研攻关加快推进,关键核心技术取得突破,重点研发计划 79 个专项全面展开,212 项技术在北京冬奥会落地应用,疫苗、药物等新冠疫情防控攻关成果有力保障了人民生命健康。区域创新高地建设稳步推进,北京、上海、粤港澳大湾区等地国际科技竞争力进一步提升,武汉等地建设具有全国影响力的科技创新中心,新建 2 家国家自创区、8 家国家高新区、5 家国家可持续发展议程创新示范区和 25 个创新型城市。推进科技体制改革,实施新修订的科技进步法,完善科技奖励和激励机制,开展科技成果评价改革试点;加快科技人才队伍建设,优化高端人才项目,开展减轻青年科研人员负担专项行动,重点研发计划设立 400 余项青年科学家项目;强化外国专家工作,优化外国人才来华工作生活便利制度,召开全国外国专家工作会议,举办国际人才交流大会;推进科普工作,建立 40 多个部门共同推进科普工作的机制，出台新时代加强科普工作的意见；加强科技伦理治理和科研诚信建设，出台加强科技伦理治理意见，制定科技伦理审查办法；举办48场政府间科技合作联委会，积极发起“深时数字地球”“海洋负排放”等国际大科学计划和大科学工程，扩大和推动中美、中欧、中国—东盟等科技合作。

（三）数字经济发展提速提质

制定出台实施构建数据基础制度更好发挥数据要素作用的政策文件，加快完善数据基础制度体系，统筹推进数据确权、流通交易、收益分配、安全治理。数字经济和实体经济深度融合发展，“东数西算”工程全面实施，国家算力网络加快构建，加强对枢纽节点算力基础设施适度超前建设的政策支持，深入推进传统产业、中小企业数字化转型，“上云用数赋智”水平不断提升。实现平台经济常态化监管，平台经济规范健康持续发展的基础进一步夯实。

（1）数字经济和实体经济融合基础不断夯实。2022年数字经济核心产业发明专利授权量达33.5万件，占同期全社会发明专利授权量的42%。人工智能、物联网、量子信息等关键数字技术领域发明专利授权量居世界首位，人工智能、云计算、大数据、区块链、量子信息等新兴技术跻身全球第一梯队，关键核心技术自主可控能力大幅提升。数字基础设施全球领先。建成全球规模最大、覆盖广泛、技术领先的网络基础设施，互联网普及率从2012年的42.1%提高到2022年的75.6%，全年新建5G基站88.7万个，累计建成231.2万个，占全球总数的60%以上。宽带光纤网络加速布局，千兆城市已超过110个。

（2）数字产业发展势头强劲。数字产业体系更加先进完备，为产业数字化提供了丰富的技术、产品、服务、基础设施和解决方案，有力支撑了实体经济数字化转型。数字经济核心产业规模稳步增长。电子信息制造业营业收入从2012年的7万亿元增长至2022年的15.4万亿元，软件业务收入从2012年的2.5万亿元增长至2022年的约10.8万亿元。国产操作系统、数据库、办公软件等基础软件成熟度与国际主流产品差距明显缩小，加速从“可用”向“好用”迈进。新兴数字产业实现爆发式增长。人工智能、工业互联网、大数据、云计算等新兴数字产业成为驱动数字产业发展的重要力量。截至2022年年底，中国人工智能核心产业规模达到5000亿元，工业互联网核心产业规模超过1.2万亿元，大数据产业规模接近1.6万亿元，成为全球增速最快的云计算市场之一。

（3）制造业数字化转型深度拓展。制造业数字化转型步入“快车道”，数字经济加快向制造业各领域渗透。数字技术应用水平大幅提高，钢铁、汽车、装备、石化等领域涌现出数字化管理、平台化设计、网络化协同、规模化定制等新业态新模式，新型制造模式从概念框架走向落地实施，有力赋能传统产业转型升级。智能制造工程深入实施。中国“灯塔工厂”数量占全球三分之一以上，在全球遥遥领先。截至2023年6月，建设近8000个数字化车间和智能工厂、209个具有国际先进水平的智能制造示范工厂，通过智能化改造，示范工厂产品研发周期平均缩短20.7%，生产效率平均提升34.8%，产品不良品率平均下降27.4%，碳排放平均减少21.2%，转型示范效应凸显。工业互联网融合应用不断深化。截至2022年年底，工业互联网已覆盖45个国民经济大类和85%以上的工业大类，全国具备行业、区域影响力的工业互联网平台超过240个，重点平台连接设备超过8000万台（套），服务工业企业超过160万家，助力制造业降本增效。

（4）服务业数字化转型走深走实。服务业数字化转型向纵深推进，现代服务业成为数字化转型排头兵。数字业态激发服务业新活力。服务业发展呈现线上线下融合、行业跨界融合特征，网约车、远程办公、在线教育、数字文化、智慧旅游等新兴服务业市场规模不断扩大，共享经济、平台经济、直播经济等新业态蓬勃发展，有力推动生产性服务业向专业化和价值链高端延伸、生活性服务业向高品质和多样化升级。数字消费拓展消费新空间。电子商务、移动支付规模全球领先，全国网络零售市场规模从2012年的约1.3万亿元增长至2022年的约13.8万亿元，总体稳步增长；电子商务交易额约为43.8万亿元，成为刺激消费的重要力量。数字贸易培育出口新优势。跨境电商高速发展，2022年跨境电商进出口规模约2.1万亿元，在“买全球、卖全球”方面的优势和潜力持续释放。服务贸易数字化进程加快。2022 年可数字化交付的服务进出口额约 2.5 万亿元,有力拓展了国际贸易的深度和广度。

(5)农业数字化转型稳步推进。农业数字化转型平稳起步、扎实推进,智慧农业建设取得初步成效。农业生产数字化进程加快。物联网、大数据、人工智能、卫星遥感、北斗导航等现代信息技术在农业生产活动中的渗透率不断提升。产品溯源、智能灌溉、智能温室、精准施肥等智慧农业新模式被广泛推广,大幅提高了农业自动化水平和生产效率。农产品电子商务快速发展。农产品网络零售额达 5313.8 亿元,在保障农产品有效供给、打通城乡消费循环、弥合城乡数字鸿沟中发挥了积极作用。种业数字化探索起步。大数据、人工智能等数字技术开始应用于多个育种环节,成为辅助育种的重要手段。开发并上线中国种业大数据平台,建成并运行全国农作物品种 DNA 指纹库公共平台,为实施种业振兴行动提供了重要支撑。

四、改革开放不断深化

2022 年,以习近平同志为核心的党中央统筹国内国际两个大局,以前所未有的决心和力度推动许多领域实现历史性变革、系统性重塑、整体性重构,领导全党全国人民开创了改革开放新局面,高质量发展理念深入人心、各方面制度更加成熟更加定型、营商环境不断优化、人民群众各方面权益得到有力保障。

(一)重点领域改革成效显著

经济体制改革是全面深化改革一个重要突破口。在全面深化改革开放的生动实践中,着眼于体系建设的不断完善,一系列基础性制度基本形成,国家治理体系和治理能力现代化水平不断提高,形成了强大的国内经济循环体系和稳固的基本盘。

市场准入负面清单制度,是社会主义市场经济的一项基础制度。自 2018 年这项制度在全国全面实施起,清单持续"瘦身",中国市场准入制度体系逐步成熟完善。2022 年版清单与 2018 年试点版清单相比,事项数量由 151 项缩减至 117 项,缩减比例约为 23%。同时,及时依法将传媒、金融、平台经济等重点领域纳入清单管理。

加快建设全国统一大市场不断提速。2022 年 4 月,《中共中央 国务院关于加快建设全国统一大市场的意见》颁布。建设统一大市场,着眼于打通制约经济循环的关键堵点,推动中国市场由大到强的转变,将对全球高端要素和市场资源更具吸引力,从而更好联通国内与国际市场,为构建新发展格局提供强大支撑。

随着价格机制改革深入推进,中国农产品、能源资源、交通运输等重点领域价格市场化改革取得明显成效。目前,全部的农产品、80%的电、50%的天然气、90%的民航旅客运输价格由市场形成的,全社会商品和服务价格市场化程度已达 97.5%。

近两年,煤炭市场价格形成机制不断完善,采取市场化、法治化手段,引导煤炭价格在合理区间运行,通过稳煤价,进而稳电价、稳企业用能成本,为稳定宏观经济大盘提供了有力支撑。

(二)推进高水平对外开放

10 年来,中国开放型经济取得历史性成就,货物与服务贸易总额连续两年居全球第一,吸收外资全球占比从 8.2%提升到 11.4%,对外投资稳居全球前三。

外商投资法律体系进一步完善。2020 年《中华人民共和国外商投资法》正式实施,为外商投资权益提供了更全面、更有力的法治保障。对外开放水平大幅提升。全面实施外资准入前国民待遇加负面清单管理模式,限制措施由最初的 93 项减到 31 项。外商投资环境明显改善。中国连续多年清理与外商投资法不符的法规、规章和规范性文件,充分保障了外资企业公平竞争待遇。

2022 年《区域全面经济伙伴关系协定》正式生效,中国建设更高水平开放型经济新体制迎来新契机。截至 2022 年年底,中国已与 140 多个国家、32 个国际组织签署 200 多份合作文件;与 26 个国家和地区签署了 19 个自贸协定。中国国际进口博览会连续举办 5 年,已成为中国构建新发展格局的窗口、推动高水平开放的平台、全球共享的国际公共产品。

2022 年新版自贸试验区外资准入负面清单施

行，实现了制造业条目清零、服务业持续扩大开放。中国 21 个自贸试验区进出口额比上年增长 14.5%；海南自由贸易港进出口额突破 2000 亿元，同比增长 36.8%。作为改革开放的排头兵，自贸试验区开放步伐不断提速。

高质量共建"一带一路"成效显著。2022 年，中国与共建"一带一路"国家货物贸易额同比增长 19.4%，高于集体增速；中欧班列累计开行超过 1.6 万列，同比增长 9%；西部陆海新通道铁海联运班列累计发送集装箱 75.6 万标箱，增长 18.5%。

（三）以开放促改革促发展

依托中国超大规模市场优势，以国内大循环吸引全球资源要素，增强国内国际两个市场两种资源联动效应，提升贸易投资合作质量和水平。随着重点领域和关键环节改革效应逐步显现，制度型开放不断深化，区域协调发展深入推进，中国的营商环境将持续优化，社会预期将逐步改善，发展信心将稳步增强。

2022 年，外资企业布局中国市场的意愿积极，彰显中国对外商投资强大的"磁吸力"。中国国际贸易促进委员会调研显示，390 多家外资企业和外国商协会中，98.2%的受访外资企业和外国商协会对中国经济发展前景抱有信心。

外资企业的信心来自中国经济强劲的内生动力。中国拥有最完整的产业体系、日益完备的基础设施网络，产业结构持续优化升级，新动能加快培育壮大，粮食、能源资源安全保障能力不断提升，产业链供应链韧性持续增强，保持经济平稳健康可持续发展的物质基础更为坚实。中国是全球超大规模且最有增长潜力市场，随着优化新冠疫情防控措施成效显现，消费需求将逐步恢复，消费升级的步伐也会加快。

五、乡村振兴战略稳固拓展

（一）粮食生产再获丰收

加大支农惠农政策力度，提高农业综合生产能力，粮食产量再创新高。2022 年，全年粮食产量 13731 亿斤，比上年增产 0.5%，连续 8 年稳定在 1.3 万亿斤以上。大豆油料产能提升工程扎实推进。2022 年，全国大豆、油料产量分别比上年增长 23.7%、1.1%。畜牧业生产稳定增长，猪牛羊禽肉产量增长 3.8%。见表 2。

表 2　2022 年全国粮食播种面积、总产量及单位面积产量情况

	播种面积/千公顷	总产量/万吨	单位面积产量/（千克/公顷）
全年粮食	**118332.1**	**68652.8**	**5801.7**
一、分季节			
1. 夏粮	26530.0	14740.3	5556.1
2. 早稻	4755.1	2812.3	5914.3
3. 秋粮	87047.0	51100.1	5870.4
二、分品种			
1. 谷物	99268.8	63324.3	6379.1
其中：稻谷	29450.1	20849.5	7079.6
小麦	23518.5	13772.3	5856.0
玉米	43070.1	27720.3	6436.1
2. 豆类	11877.9	2351.0	1979.3
3. 薯类	7185.4	2977.4	4143.7

注：1. 根据甘肃省、宁夏回族自治区、新疆维吾尔自治区等部分地区小麦实际产量对全国夏粮数据进行了修正。
2. 此表中部分数据因四舍五入，分项数合计与全年数据略有差异。
3. 1 公顷 = 0.01 平方千米。

（二）巩固拓展脱贫攻坚成果

巩固拓展脱贫攻坚成果是全面推进乡村振兴的底线任务。巩固拓展脱贫攻坚成果，坚决防止出现规模性返贫。加强乡村振兴投入保障，着力推进城乡融合和区域协调发展。在国家乡村振兴重点帮扶县实施一批补短板促振兴重点项目，着力改善基础设施条件，推动脱贫地区产业振兴。

加强监管引领，加大支持力度，助力巩固拓展脱贫攻坚成果同乡村振兴有效衔接。扎实做好脱贫人口小额信贷工作，支持脱贫群众发展生产、稳定增收。2022 年全年脱贫人口小额信贷累计发放 933.5 亿元，同比增长 24%。银保监会着力做好对脱贫地区，特别是国家乡村振兴重点帮扶县的金融支持工作，加快补齐发展短板。脱贫地区各项贷款余额 10.7 万亿元，同比增加 1.38 万亿元；重点帮扶县各项贷款余额 1.64 万亿元，同比增长 14.7%，高于全国贷款增速 4.1 个百分点。此外，银保监会进一步完善国家助学贷款政策，支持家庭经济困难的大学生顺利完成学业。2022 年全年国家助学贷款累计发放 569 亿元，发放 591 万人次，同比分别增长 32.3% 和 10.9%。

中国巩固脱贫成果取得积极成效，脱贫地区和脱贫人口收入较快增长。2022 年，脱贫县农民人均可支配收入、脱贫人口人均纯收入增速均高于全国农民平均水平；脱贫人口人均纯收入达到 14342 元，同比增长 14.3%。

（三）全面推进乡村产业发展

产业振兴是乡村振兴的重中之重。发展乡村特色产业，拓宽农民增收致富渠道，推动农村第一、二、三产业融合发展。在乡村振兴的背景下，把握机遇、激发动力，全面推进产业发展。一是充分利用当地资源，依托当地独特的自然和文化资源，发展手工艺制造业等产业。在传承中华传统文化的同时，创造具有地域特色的产品，吸引更多的游客和消费者，提高产品附加值。二是积极促进技术创新，不断引入新的工艺和技术，提升产品品质。借助数字化技术、自动化生产线等手段，提高生产效率，降低生产成本，增强国际竞争力。三是向产业链后端拓展。通过提供全产业链的服务，更好满足客户需求，扩大业务范围。四是统筹协调、形成合力。合作有利于共享资源、降低成本、共同开发新产品和市场。

六、生态环境质量持续改善

（一）污染防治攻坚战全面展开

（1）深入推进蓝天保卫战。印发实施《大气污染防治行动计划》《打赢蓝天保卫战三年行动计划》，持续实施重点区域秋冬季攻坚行动，推进产业结构、能源结构、运输结构、用地结构优化调整，不断完善重点区域大气污染防治协作机制。2022 年，全年能源消费总量 54.1 亿吨标准煤，比上年增长 2.9%。煤炭消费量增长 4.3%，煤炭消费量占能源消费总量的 56.2%，比上年上升 0.3 个百分点；电力消费量增长 3.6%，原油消费量下降 3.1%，天然气消费量下降 1.2%；天然气、水电、核电、风电、太阳能发电等清洁能源消费量占能源消费总量的 25.9%，同比上升 0.4 个百分点，比 2018 年的 22.1% 增加 3.8 个百分点，呈持续增长态势。煤炭消费量占能源消费总量的比重比 2018 年下降 2.8%。

（2）扎实推进碧水保卫战。深入实施水污染防治行动计划，实施排污口全链条管控，深入打好碧水保护战。2022 年国务院办公厅发布《关于加强入河入海排污口监督管理工作的实施意见》（国办函〔2022〕17 号），围绕改善生态环境质量，从开展排查溯源、实施分类整理、严格监督管理、强加支撑保障等方面明确了工作要求，构建了一套法规体系比较完备、技术体系比较科学、管理体系比较高效的排污口监督管理制度体系，有效管控入河入海污染物排放，对建设美丽中国做出积极贡献。

（二）环境质量持续改善

（1）空气质量稳中向好。全国地级及以上城市优良天数比例为 86.5%，好于年度目标 0.9 个百分点；重度及以上污染天数比例首次降到 1% 以内，达到 0.9%。细颗粒物（$PM_{2.5}$）浓度为 29 微克/立方米。

（2）水环境质量持续向好。全国地表水Ⅰ—Ⅲ类水质断面比例为87.9%，同比上升 3.0 个百分点；

劣Ⅴ类水质断面比例为0.7%，同比下降0.5个百分点。

(3)近岸海域海水水质总体向好。近岸海域优良(一、二类)水质海域面积比例为81.9%，同比上升0.6个百分点；劣四类水质海域面积比例为8.9%，同比下降0.7个百分点。

(三)生态保护成效显现

2022年，全国生态质量指数(EQI)值为59.6，生态质量综合评价为二类，与2021年相比基本稳定，自然生态状况稳定向好

(1)中国植被生态质量整体呈提高趋势。2000—2022年全国有91.9%的区域植被生态质量指数呈提高趋势。2022年全国植被生态质量指数达68.3，较常年(2000—2021年，下同)均值提高6.2%，为2000年以来第三高。

中国植被生态质量整体呈提高趋势的原因，一是国家重视生态文明建设，实施了一系列生态保护和修护工程；二是叠加了有利的气象条件，共同促进了全国植被生态质量的提高。从气象条件影响来看，2000—2022年全国有98%的区域年平均气温呈升高趋势，有67%的区域年降水量呈增加趋势，水热条件有利于植被生长。

(2)黄河、长江流域生态质量呈提高趋势。2000—2022年黄河流域大部植被生态质量呈提高趋势，其中有79.1%的区域植被净初级生产力平均每年每平方米增加2.5克碳以上，流域植被覆盖度呈增加趋势的区域面积达到流域总面积的96.4%，植被生态改善明显。黄河流域植被生态质量的上升提高了水土保持能力，有87.6%的区域涵养水量、98.7%的区域土壤保持量呈增加趋势。由于植被生态改善，防风固沙功能增强，沙尘天气明显减少。

自2000年以来黄河流域降水量总体呈增加趋势，降水量平均每年增加4.2毫米、气温升高0.03℃，水热条件对流域植被生长比较有利。其中，黄河三角洲2000—2022年降水量平均每年增加13毫米，气温升高0.05℃。黄河干支流沿岸及其周边区域植被覆盖显著增加，生态环境明显改善。

长江流域2022年高温干旱影响植被正常生长、城市热岛效应突出。夏季和秋季出现的长时间高温干旱，影响植被正常生长，流域整体植被净初级生产力较常年和2021年同期均偏低。2022年，成渝、长江中游和长三角城市群夏季热岛面积均为近20年最大。其中，成渝城市群2022年热岛面积为8.89万平方千米，占成渝城市群总面积47.4%；长江中游城市群热岛面积为7.62万平方千米，占城市群总面积的23.4%，省会城市武汉、南昌和长沙强热岛面积均为2002年以来最大；长三角城市群热岛面积为7.64万平方千米，占整个区域面积的32.3%。同时，鄱阳湖水体面积为1998年以来最小，洞庭湖水体面积为1998年以来第三小。

(3)三江源大部生态持续改善，但典型冰川缩小。三江源地区是长江、黄河、澜沧江的发源地。2000—2022年三江源地区有91.2%的区域植被生态质量指数呈增加趋势，生态持续改善。2000年以来三江源地区典型冰川——阿尼玛卿雪山冰川面积平均每年减小0.67平方千米，冰储量平均每年减少0.06立方千米；与第二次冰川编目时间(2009年)相比，2022年阿尼玛卿雪山冰川面积减小8.4%，冰储量减少9.1%。2000年以来各拉丹冬冰川面积和冰储量均呈缩减态势，冰川面积平均每年减小2.73平方千米，冰储量平均每年减少0.32立方千米；与第二次冰川编目时间(2007年)相比，2022年各拉丹冬冰川面积减小5.9%，冰储量减少6.9%。2000年以来三江源地区气温升高、降水增多，有利于植被生长和湖泊蓄水，但气温升高促进了冰雪融化、湖泊面积增加。

2022年，由于太湖区域暖冬不明显、春季气象条件匹配度不高、夏季持续极端高温、12月两次寒潮，在一定程度上抑制了太湖大面积蓝藻聚集，加上政府持续加大防控力度，强化部门联动协作，优化联合防控措施，太湖蓝藻水华发生程度为近5年最轻。

2022年，巢湖蓝藻水华发生次数和累计面积均显著减小，为2011年以来最小；夏季持续高温，冬季低温寡照，春季频繁降水，不利于巢湖蓝藻水华发生。滇池外海蓝藻水华累计发生面积为17.7平方千米，累计出现次数为8次，为2001年以来最少；区域降水量较常年偏多，平均风速较常年偏大，且9月和10月日照时数分别较常年偏少，不利于蓝藻生长繁殖。

七、创新发展增强经济活力

2022 年，中国创新能力较快提升，创新发展新动能加速聚集，为推动高质量发展提供了强大动力。

以 2015 年为基期，2022 年中国创新指数为 155.7，4 个分领域指数：创新环境指数、创新投入指数、创新产出指数和创新成效指数分别为 160.4、146.7、187.5 和 128.2。与 2015 年相比，中国创新指数年均增长 6.5%，比同期国内生产总值（GDP）增速快 0.8 个百分点；4 个分领域指数年均增速分别为 7.0%、5.6%、9.4%和 3.6%。与 2021 年相比，中国创新指数增长 5.9%，4 个分领域指数分别增长 5.7%、7.0%、9.2%和 0.7%。见表 3。

表 3　2015—2022 年中国创新指数情况

（以 2015 年为 100）

	2015 年	2016 年	2017 年	2018 年	2019 年	2020 年	2021 年	2022 年	2015 年以来年均增长/%	2022 年比 2021 年增长/%
中国创新指数	100	105.3	112.3	123.8	131.3	138.9	147.0	155.7	6.5	5.9
1. 创新环境指数	100	103.9	109.9	123.1	132.4	138.9	151.8	160.4	7.0	5.7
2. 创新投入指数	100	103.8	111.1	119.6	124.3	131.9	137.1	146.7	5.6	7.0
3. 创新产出指数	100	108.4	117.5	137.0	150.3	161.2	171.6	187.5	9.4	9.2
4. 创新成效指数	100	105.2	110.7	115.5	118.0	123.6	127.2	128.2	3.6	0.7

（一）创新环境明显优化

“创新环境”领域包括每万人就业人员中大专及以上学历人数、人均 GDP、理工类毕业生占适龄人口比重、科技拨款占财政拨款比重、享受加计扣除减免税企业所占比重 5 个指标。

以 2015 年为 100，2022 年中国创新环境指数为 160.4，年均增长 7.0%。分指标看，享受加计扣除减免税企业所占比重指数大幅提升，年均增速达 18.7%，2022 年指数值达 332.4，在中国创新指数的全部 18 个指标中位列第一；理工类毕业生占适龄人口比重指数、人均 GDP 指数、每万人就业人员中大专及以上学历人数指数、科技拨款占财政拨款比重指数的年均增速分别为 7.1%、5.4%、3.6%和 1.0%，2022 年指数值相应为 161.7、144.6、128.2 和 107.2。见表 4。

表 4　创新环境指数

（以 2015 年为 100）

	2015 年	2016 年	2017 年	2018 年	2019 年	2020 年	2021 年	2022 年
创新环境指数	100	103.9	109.9	123.1	132.4	138.9	151.8	160.4
1. 每万人就业人员中大专及以上学历人数指数	100	103.2	103.2	111.7	121.3	118.1	123.1	128.2
2. 人均 GDP 指数	100	106.2	112.9	120.1	126.8	129.4	140.3	144.6
3. 理工类毕业生占适龄人口比重指数	100	104.7	109.8	115.1	119.8	135.5	145.1	161.7
4. 科技拨款占财政拨款比重指数	100	103.8	103.6	108.2	112.6	103.2	109.9	107.2
5. 享受加计扣除减免税企业所占比重指数	100	101.6	120.8	169.5	197.0	243.4	294.4	332.4

(二)创新产出大幅增加

"创新产出"领域包括每万人科技论文数、每万名研究与试验发展(R&D)人员高价值发明专利拥有量、拥有注册商标企业所占比重、技术市场成交合同平均金额4个指标。

以2015年为100,2022年中国创新产出指数为187.5,年均增长9.4%。分指标看,每万名R&D人员高价值发明专利拥有量指数、拥有注册商标企业所占比重指数实现大幅提升,年均增速分别达12.5%和11.9%,2022年指数值分别为227.7和219.3,在全部18个指标中位列第二和第三;技术市场成交合同平均金额指数增长也较快,年均增速为9.9%,2022年指数值为193.2;每万人科技论文数指数年均增速为3.6%,2022年指数值为128.3。见表5。

表5 创新产出指数

(以2015年为100)

	2015年	2016年	2017年	2018年	2019年	2020年	2021年	2022年
创新产出指数	100	108.4	117.5	137.0	150.3	161.2	171.6	187.5
1. 每万人科技论文数指数	100	100.0	102.4	110.4	116.4	116.6	121.5	128.3
2. 每万名R&D人员高价值发明专利拥有量指数	100	116.4	139.0	156.1	171.0	190.2	200.9	227.7
3. 拥有注册商标企业所占比重指数	100	106.8	117.4	152.5	177.5	190.1	205.2	219.3
4. 技术市场成交合同平均金额指数	100	111.2	114.0	134.1	144.5	160.6	173.7	193.2

(三)创新成效进一步显现

"创新成效"领域包括新产品销售收入占营业收入比重、高新技术产品出口额占货物出口额比重、专利密集型产业增加值占GDP比重、"三新"(新产业、新业态、新商业模式)经济增加值占GDP比重、全员劳动生产率5个指标。

以2015年为100,2022年中国创新成效指数为128.2,年均增长3.6%。分指标看,新产品销售收入占营业收入比重指数增长相对较快,年均增速为8.8%,2022年指数值为181.0;全员劳动生产率指数、"三新"经济增加值占GDP比重指数、专利密集型产业增加值占GDP比重指数、高新技术产品出口额占货物出口额比重指数的年均增速分别为6.2%、2.3%、2.1%和-1.1%,2022年指数值相应为152.2、117.5、115.7和92.3。见表6。

表6 创新成效指数

(以2015年为100)

	2015年	2016年	2017年	2018年	2019年	2020年	2021年	2022年
创新成效指数	100	105.2	110.7	115.5	118.0	123.6	127.2	128.2
1. 新产品销售收入占营业收入比重指数	100	110.8	124.4	137.1	146.2	161.6	165.4	181.0
2. 高新技术产品出口额占货物出口额比重指数	100	99.8	102.3	104.2	101.4	104.0	102.5	92.3
3. 专利密集型产业增加值占GDP比重指数	100	104.6	106.5	107.4	107.4	110.8	115.2	115.7
4. "三新"经济增加值占GDP比重指数	100	104.1	107.1	109.1	110.4	115.6	116.8	117.5
5. 全员劳动生产率指数	100	106.9	114.5	122.7	130.5	134.0	146.1	152.2

中国创新指数测算结果表明，近年来，面对复杂严峻的国内外形势，中国坚持创新在现代化建设全局中的核心地位，深入实施创新驱动发展战略，不断完善创新体系建设，创新能力持续较快提升，为经济社会发展提供了有力支撑。

2022 年，中国经济社会发展顶住压力，走过极不平凡的历程，经济实力、综合国力和人民生活水平持续提升，谱写了中国式现代化新篇章。这些成绩的取得，是习近平新时代中国特色社会主义思想科学指引的结果，是以习近平同志为核心的党中央坚强领导的结果，是全党全国各族人民攻坚克难、团结奋斗的结果。实践再次证明，只要党和人民站在一起、想在一起、干在一起，任何困难都阻挡不了中华民族伟大复兴的铿锵步伐。尽管外部环境更趋复杂严峻和不确定，国内需求收缩、供给冲击、预期转弱三重压力仍然较大，内需恢复基础仍不牢固，但中国经济韧性强、潜力大、活力足的特点没有改变，长期向好的基本面没有改变，支撑高质量发展的要素条件没有改变，我们有基础、有信心、有能力抵御各种风险挑战，向着实现第二个百年奋斗目标稳步前行。让我们更加紧密团结在以习近平同志为核心的党中央周围，坚持以习近平新时代中国特色社会主义思想为指导，全面贯彻落实党的二十大精神和中央经济工作会议部署，贯彻新发展理念，构建新发展格局，推动高质量发展，为全面建设社会主义现代化国家创造新的更大成绩。

2022 年自由贸易发展综述

国家发展和改革委员会对外经济研究所

2022 年全球经济在经历 2021 年强势反弹后明显放缓，面临需求不足和持续通胀双重压力，全球货物和服务贸易增长速度大幅回落，跨国投资收缩，全球产业链供应链仍在艰难恢复。发达经济体增速下降到 2.6%，新兴市场和发展中经济体增速下降到 4.1%。主要经济体中，印度增速最高，达到 7.2%。2022 年，中国货物贸易和服务贸易出口保持平稳增长，带动货物和服务进口增长。中国成功举办第五届国际进口博览会，中国将推动各国各方共享制度型开放机遇，稳步扩大规则、规制、管理、标准等制度型开放，实施好新版《鼓励外商投资产业目录》，深化国家服务业扩大开放综合示范区建设；实施自由贸易（以下简称自贸）试验区提升战略，加快建设海南自由贸易港，发挥好改革开放综合试验平台作用。中国自由贸易试验区（港）改革创新进入新阶段。《区域全面经济伙伴关系协定》（RCEP）正式生效，为亚太乃至全球贸易投资增长注入了动力。

一、中国贸易发展基本情况

在全球经济和国际贸易大幅回落背景下，2022 年中国外贸进出口增速也明显放缓。2022 年，中国货物进出口总值约为 42.1 万亿元，首次突破 40 万亿元人民币，增长 7.7%。其中，出口约为 24 万亿元，增长 10.5%；进口约为 18.1 万亿元，增长 4.3%。中国对共建“一带一路”国家、RCEP 其他成员和东盟进出口分别增长 19.4%、7.5%、21.7%；对共建“一带一路”国家进出口占中国外贸总值的 32.9%。2022 年，中国服务进出口总值约为 6 万亿元，增长 12.9%。2022 年中国货物和服务进出口拉动国内生产总值（GDP）增长 0.5 个百分点。中国对外贸易呈现以下特征。见图 1。

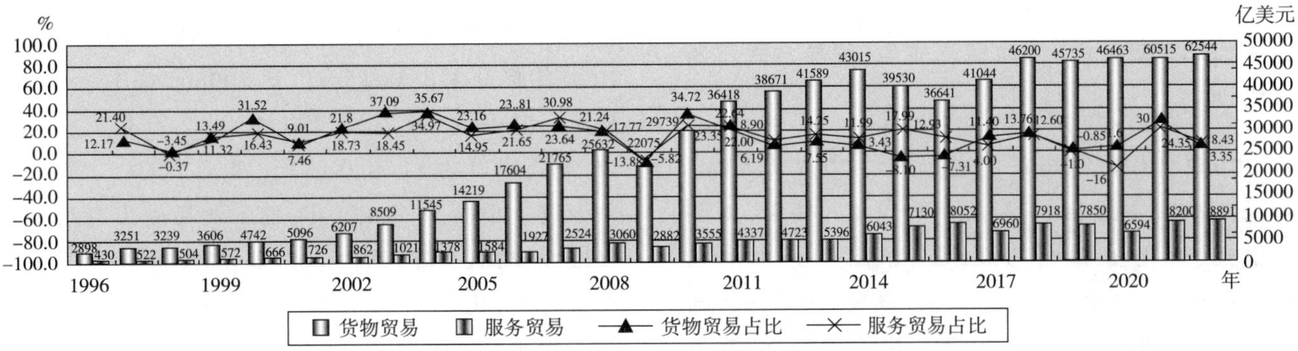

图 1　中国货物贸易和服务贸易变化趋势

（一）货物进出口规模连上两个大台阶

2022 年，全球经济增长速度放缓到 3.5%，货物和服务贸易总额增长速度回落到 5.1%。按美元计算，中国货物进出口规模达到 6.25 万亿美元，连续两年超过 6 万亿美元，货物贸易占国际市场份额 12.6%，比 2021 年下降 0.9 个百分点，连续 6 年保持世界第一货物贸易国地位。按美元计算的货物贸易增长速度回落到 3.4%，货物出口国际市场份额为 14.7%，连续 14 年居全球首位。分季度看，第一、二季度进出口总值分别超过 9 万亿元和 10 万亿元，第三季度进出口规模创出了 11.3 万亿元的季度新高，第四季度进出口总值为 11 万亿元。

（二）货物贸易占全球份额下降，外贸依存度继续回升

2009 年，中国货物出口占全球比重接近 9.6%，超过德国成为全球最大货物出口国。2013 年中国货物进出口总额占全球比重达到 11.07%，超过美国成为全球最大的货物贸易国；2020 年，中国货物进出口占全球的比重为 14.7%，再创新高；其中，出口占 15.8%，进口占比 11.5%。2022 年，中国货物进出口占全球的比重回落到 12.6%。外贸依存度和出口依存度连续两年回升。2006 年，中国外贸依存度和出口依存度分别上升到 64.24% 和 35.36% 的峰值，之后开始进入下降通道。2010 年分别下降到 48.84% 和 25.91%。2020 年外贸依存度下降到 31.64%，出口依存度下降到 15.9%。2022 年外贸依存度和出口依存度分别回升到 34.8% 和 19.8%。见图 2。

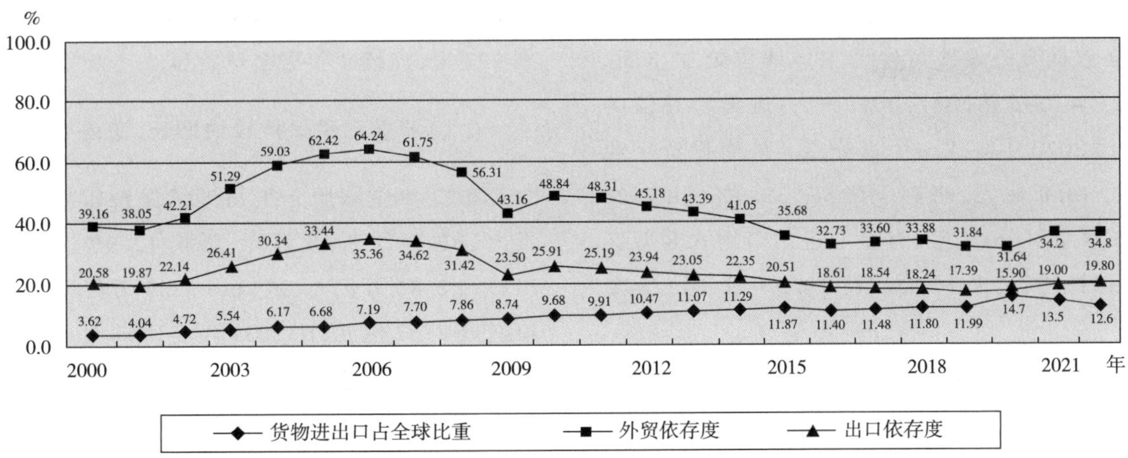

图 2　中国货物进出口占全球比重及外贸依存度变化趋势

（三）“新三样”带动贸易转型，贸易方式不断优化

2022 年中国机电产品进出口约 20.7 万亿元，增长 2.5%，占进出口总值的 49.1%。其中，太阳能电池、锂电池和电动载人汽车出口分别增长 67.8%、86.7%和 82.2%，成为推动贸易转型的“新三样”。2022 年，中国一般贸易进出口约 26.8 万亿元，增长约 11.3%，占进出口总值约 63.7%，比 2020 年提升 3.8 个百分点，比 2008 年高 15.5 个百分点。其中，一般贸易出口约 15.2 万亿元，增长 15.4%；进口约 11.6 万亿元，增长 6.7%。贸易竞争力进一步提升。2022 年，加工贸易进出口约 8.5 万亿元，略有下降，约占 20.1%。比 2020 年低 3.7 个百分点，比 2008 年低 21 个百分点，贸易方式进一步优化。见图 3。

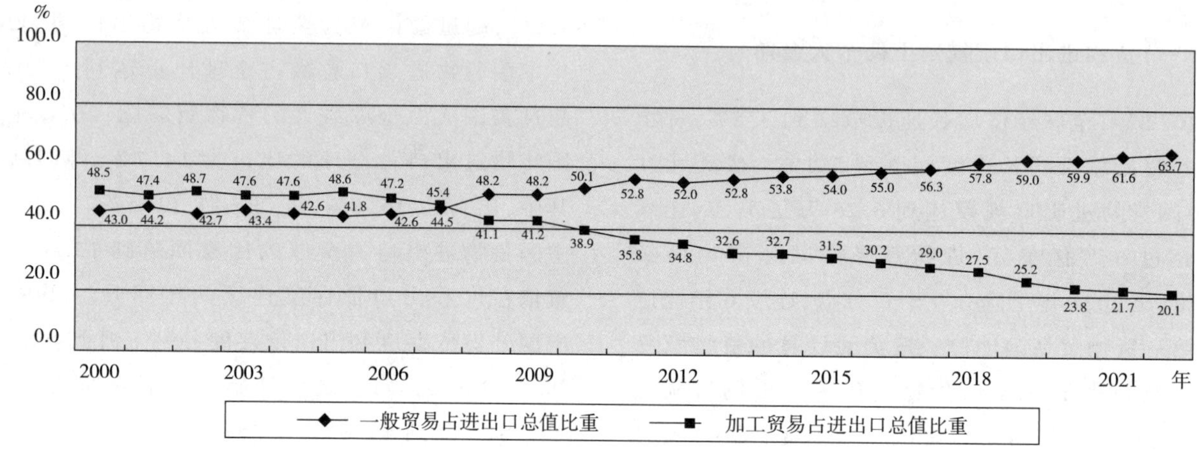

图 3　中国货物贸易方式的变化趋势

（四）民营企业份额占据半壁江山，外贸主体活力不减

2008 年以来，民营企业成为推动外贸发展的重要力量。2022 年，中国有进出口实绩的外贸企业数量达到了 59.8 万家，增加了 5.6%，民营企业对外贸增长的贡献度达到了 80.8%，比上年高 20 多个百分点。民营企业第一大外贸经营主体地位更加牢固，进出口 21.4 万亿元，增长 12.9%，占进出口总值的 50.9%，比 2020 年高 4.3 个百分点。外商投资企业进出口约 13.8 亿元，略有下降，占 32.9%，比 2020 年下降 5.8 个百分点。国有企业进出口约 6.8 万亿元，继续保持增长，占 16.1%，比 2020 年上升 1.8 个百分点。

（五）外贸新业态活跃，带动作用依旧明显

随着数字经济的深入发展，跨境电商、市场采购贸易、外贸综合服务等外贸新业态活跃。2022 年中国跨境电商进出口 2.11 万亿元，增长 9.8%；其中，出口 1.55 万亿元，增长 11.7%；进口 0.56 万亿元，增长 4.9%。开放平台作用明显，2022 年，中国综合保税区进出口约 6.6 万亿元，增长 11.4%。自贸试验区进出口 7.5 万亿元，增长 14.5%；海南自由贸易港货物进出口 2009.5 亿元，增长 36.8%。截至 2022 年，中国市值超 10 亿美元的数字服务平台企业已超 200 家。在全球独角兽企业 500 强中，中国企业已达到 227 家，连续 4 年居全球首位。

（六）服务贸易保持较快增长，逆差有所扩大

2022 年中国服务贸易继续保持较快增长，服务进出口总额约 5.98 万元，增长 12.9%。其中，服务出口约 2.85 万亿元，进口约 3.13 万亿元，服务进出口逆差 2757 亿元，比 2021 年有所扩大。2022 年，知识密集型服务进出口约 2.51 万亿元，增长 7.8%。其中，知识密集型服务出口约 1.42 万亿元，增长 12.2%；出口增长较快的领域是知识产权使用费、电信计算机和信息服务，分别增长 17.5%、13%。知识密集型服务进口约 1.09 万亿元，增长 2.6%；进口增长较快的领域是保险服务，增长35.8%。2022年，旅行服务总体呈现恢复态势，全年旅行服务进出口8559.8亿元，同比增长8.4%。2022年，中国可数字化交付的服务进出口额为3727.1亿美元，同比增长3.4%。其中，出口约2105亿美元，同比增长7.6%。

二、推进自由贸易试验区高质量发展

2022年中国自贸试验区建设进入第十年。全国21个自由贸易试验区（港）实际使用外资约2225亿元，占全国的18.1%；实现进出口总额7.5万亿元，增长14.5%，占全国的17.8%。其中，出口3.3万亿元，增长18.1%；进口4.2万亿元，增长11.8%；进出口增速都快于全国平均水平。党的二十大明确提出，加快建设海南自由贸易港，实施自由贸易试验区提升战略，扩大面向全球的高标准自由贸易区网络。

（一）海南自由贸易港

海南自由贸易试验港建设五年来，实际使用外资超前30年总和，经济外向度提高15个百分点，国际航行船舶登记总吨位跃居全国第二。琼港合作有序展开，成功创办中国国际消费品博览会，海南国际碳排放交易中心首单跨境交易成功落地。制度集成创新三年行动60项任务全面完成，累计发布制度创新案例134项，其中8项被国务院向全国复制推广。率先探索"承诺即入制""准入即准营"改革，告知承诺数量全国第一。货物贸易、服务贸易规模分别增长1.8倍、1.2倍。海南自由贸易港货物进出口继2021年突破1000亿元后，2022年突破2000亿元，达到2009.5亿元，增长36.8%。其中，出口722.6亿元，增长120.7%，进口1286.9亿元，增长12.8%。

2022年，海南自由贸易港建设进展明显，封关运作准备工作全面启动，25个封关运作项目全部开工建设。"三张清单"有序实施。15%所得税个人和企业享惠面分别增长122.7%、35.7%，跨关区保税油直供、市场准入特别措施、外汇管理简化等政策接续落地或完成首单。自用生产设备"零关税"等政策滚动升级。"一线放开、二线管住"试点扩区顺利实施，AEO（经认证的经营者）认证企业数量翻番。洋浦保税港区首次进入全国特殊监管区域A类行列。

（二）上海自由贸易试验区

上海自贸试验区在新冠疫情及国际大环境不利因素影响下，集成化创新、引领性开放、首创性改革取得进展。在集成化创新方面，准入领域各项改革试点落地落实，"一业一证"改革31个试点行业已发放3200余张行业综合许可证，市场主体登记确认制试点已受理企业设立登记超1万户次，企业变更登记、备案、自主公示超过2.5万余户次。率先试点以企业信用信息报告代替行政合规证明新机制。引领区建设法治保障更加完善，在绿色金融、新型研发机构、智能网联汽车等领域出台9部浦东新区法规，累计达到15部。

在开放型体制建设方面，推动外资设立理财子公司、证券、期货等金融机构，引入浦银理财、高盛工银理财等一批标志性项目。外高桥RCEP《区域全面经济伙伴关系协定》企业服务咨询站正式启用。上海自贸试验区"一带一路"技术交流国际合作中心东南亚分中心、东亚分中心相继揭牌。上海市技术性贸易措施公共服务平台正式上线启动。上海国际贸易"单一窗口"上线RCEP最优关税查询系统、"海运电放提单在线交单系统"及"进口危险品信息备案系统"。上海股权托管交易中心开展私募股权和创业投资份额转让试点，共计成交总金额约13.11亿元。临港新片区重点任务基本完成，以"五自由一便利"为核心的制度型开放体系加快形成。

在科技创新方面，上海光源二期光束线站基本建成，软X射线自由电子激光用户装置实现开放。交大张江科学园、张江数学研究院等一批重点项目启动运营。C919大飞机取证交付，中国企业研发并获准上市的四臂腔镜手术机器人在自贸区诞生，中国建造的全球最大24000TEU级超大型集装箱船交付。

（三）广东、天津、福建自由贸易试验区建设继续深化

2022年广东、天津、福建自贸试验区建设进入第8年，也是实施深化改革方案的第5年。

1. 广东自由贸易试验区

全力推进"双区"建设，为自贸试验区建设赋能。

横琴粤澳深度合作区开局良好,合作区新设立澳资企业超430家,累计设立澳资企业超4800家。前海深港现代服务业合作区改革开放全面深化,新增签约入驻81家金融机构,国际人才港启用。《广州南沙深化面向世界的粤港澳全面合作总体方案》印发实施,南沙港首开中欧班列,南沙港区四期自动化码头投入运行,汽车贸易、飞机租赁等6个百亿元级进口平台加快建设。三大平台(横琴、前海、南沙)15%的企业所得税优惠目录均已出台。深圳放宽市场准入特别措施出台实施,综合改革试点首批40条授权事项全部落地,深交所科技成果与知识产权交易中心、深圳数据交易所挂牌运营。8年来,广东海关以畅通粤港澳大湾区物流通道、促进新型贸易业态发展、实施智慧监管为着力点,支持广东自贸试验区高质量发展。海关探索实施移动远程监管新模式,推进"进口预包装食品标签技术整改移动远程监管"等创新举措,有效提升监管效能;加强与澳门监管合作,对符合条件的输内地澳门制造食品,实施便利化通关措施,实现货物"秒速"通关,有效降低企业成本。为促进新型贸易业态集聚发展,海关依托南沙综合保税区,首创实施跨境电商出口退货"一站式"监管模式,允许企业将出口电商退货商品退回综合保税区,在仓库内一站式完成拆包、分拣、存储、复出口等业务。2022年,广州南沙口岸跨境电商进出口首次突破1000亿元。2022年,广东自由贸易试验区实现进出口总值5350.8亿元,增长27.8%,占全省外贸份额稳步提升。

2. 天津自由贸易试验区

天津自贸区围绕服务国家战略,推进重点领域的开放创新。2022年,天津自贸试验区建立京津冀自贸试验区政务服务通办联动机制,共同推出179项"同事同标"事项;创新"津货分仓"模式,完成天津首单"保税专列+中欧班列"业务,畅通中蒙俄经济走廊,拓展国际物流线路;在新加坡设立"中新天津生态城自贸联动新加坡推广中心";设立天津自贸试验区海外工程投资服务中心,获批建设自贸试验区国际商事审判庭。8年来,天津自贸试验区完成全国首单城市地铁定制化租赁创新业务,落地全国首笔数字人民币保理业务、首笔跨行再保理业务,率先探索开展航空保税维修再制造试点,累计实施615项制度创新措施,33项改革试点经验和6个最佳实践案例在全国范围内复制推广。天津自贸试验区已成为国内开展保税维修再制造业务门类最全,业务模式最丰富,相关标准、政策制度创新最多的地区。2022年天津市实现保税维修进出口货值140多亿元,维修项目收入2.3亿元。截至2022年年底,天津自贸试验区实有各类市场主体8.2万户,超过自贸试验区成立前3倍,税收收入由2015年的354亿元增长至2022年的512亿元,年均增速超5%。

3. 福建自由贸易试验区

福建自贸试验区围绕改革和扩大开放试验田,累计推出20批622项创新举措;35项制度创新成果在全国复制推广,7项试点经验列入全国自贸试验区"最佳实践案例"。福建自贸试验区率先在50多个服务领域对台开放,引进制造企业、证券公司等各类项目,创建两岸农渔产品交易中心、两岸先端材料研发合作中心、两岸精准医疗合作实验室等一批示范项目。平潭片区先行先试,推行"一照一码"商事登记制度改革。平潭片区首创商事登记"六个一"综合服务模式,率先实施民宿开办"承诺备案+全程网办"等措施,企业制度性交易成本不断降低。厦门片区国际贸易"单一窗口"联通40多个部门,为企业提供口岸通关、跨境贸易、物流、政务、金融等方面服务,变"多个窗口、多口受理、多次申报"为"一个窗口、一次申报、一次办结"。福州片区对标高标准经贸规则,围绕投资、贸易、金融、事中事后监管等领域推进制度创新,建立"负面清单+准入前国民待遇"外商投资管理体制,实施企业登记多部门并联办理等制度创新,形成从企业登记到注销退出的全链条便利化措施。实现国内首笔大宗商品离岸转手买卖业务成功落地。

(三)第三批七个自由贸易试验区建设开放创新特点

浙江、辽宁、河南、湖北、重庆、四川和陕西第三批7个自由贸易试验区建设进入第6年,自贸试验区建设呈现诸多亮点。

1. 浙江自由贸易试验区

浙江自贸试验区围绕油气自贸区、数字自贸区、枢纽自贸区、商贸自贸区和营商环境五大领域,按照

"一区四片"的发展格局推动开放型经济高质量发展。6年来,舟山片区瞄准油气全产业链,建设储油设施、输油管道、集疏运体系,形成航道通航能力强、大型船舶锚泊容纳能力强等优势,建成全国最大的石化基地之一。2022年完成油气吞吐量达1.33亿吨;实现原油加工量3702万吨,工业总产值2300亿元。杭州片区率先引入高标准数字贸易规则,探索建立完善的数字贸易发展制度框架,同时培育具有国际竞争力的数字产业集群。杭州的跨境电商零售出口平台数占全国三分之二;跨境支付结算量占全国跨境电商出口额的四成。宁波片区持续推进贸易自由化便利化,全球跨境贸易枢纽能级进一步巩固提升。2022年宁波舟山港货物吞吐量超12.5亿吨,连续14年位居全球第一;集装箱吞吐量3335万标准箱,稳居全球第三。金义片区与全球40余个跨境电商平台合作,不断完善跨境电商等数字贸易业态支撑体系建设。"义新欧"班列运营9年来,已发展成为运行线路最多、装载效率最高的中欧班列之一。2022年,浙江自贸试验区以占全省不到四百分之一的面积,贡献了6.5%的新增注册企业、9.2%的税收收入、20.6%的进出口额和18.1%的实际利用外资。

2. 辽宁自由贸易试验区

辽宁自贸试验区以制度创新为核心,以可复制可推广为基本要求,深化市场取向体制机制改革。6年来,累计推出6批共179项具有辽宁特色的改革创新成果,并在全省复制推广,其中13项实践效果突出的创新经验经国务院批准在全国复制推广,制度创新引领带动高质量发展的作用不断显现。大连片区主动对接、靠前服务、搭建载体、创新机制,招引了以SK海力士、泰星能源为代表的一大批重点项目相继落地,也为扩大面向东北亚开放合作打造了良好基础。沈阳片区与沈阳海关共同推动"飞机特殊行业贸易保税货物集团内部调拨"便捷监管模式落地见效,简化了保税料件行业内调拨核批手续,将办理时间由原来的近10个工作日缩短至3个工作日。营口海事局充分发挥自贸试验区先行先试优势,制定了"未列明固体散装货物内贸运输'信用承诺报告'机制"绿泥石标准,绿泥石出口手续办理时间从1个月缩短至一天。2022年,辽宁自贸试验区全年共引进外资企业216家,实际利用外资13.4亿美元。

3. 河南自由贸易试验区

河南自贸试验区结合三个片区优势出台产业专项方案,跨境电商、商品期货、多式联运、政务服务、文化贸易等领域多项改革走在全国前列。6年来,累计形成515项改革成果,15项创新成果被国家层面采纳推广,99项成果在全省推广。郑州片区加快推动多式联运国际性物流中心建设,着力打造"连通境内外、辐射东中西"的现代立体交通体系和现代物流体系,建成服务于"一带一路"建设的现代综合交通枢纽。开封片区在文化产业对外开放与创新发展方面先行示范,加快推进建设"一仓(河南自贸区国际艺术品保税仓)一园(国家文化出口基地双创园)一谷(文创艺谷)一中心(开封·自贸试验区国际艺术品交易中心)",开封片区艺术品进出口贸易全链条服务体系入选国家文化出口基地第二批创新实践案例之一。洛阳片区着力打造国际智能制造合作示范区,实施"换道领跑战略""数字化转型战略""优势再造战略",锚定氢能及储能、信息技术、生物医药三大产业集群方向,选定氢能和新能源电池、人工智能、智能农机、高端轴承、光电元器件、三代半导体、生物医药七条产业链。2022年,河南自贸试验区实际使用外资增长33.7%;完成进出口624.9亿元,增长4.7%。

4. 湖北自由贸易试验区

湖北自贸试验区以"创新驱动发展"为主要任务,深入推进体制机制创新、科技创新、产业创新,加快构建现代产业体系和开放型经济体系。6年来,27项制度创新成果经国务院等批准在全国推广,294项成果经省委、省政府批准在全省推广。2022年,13项改革试点经验省内复制推广,28个实践案例供全省学习借鉴。其中,湖北自贸试验区对港澳投资旅行社提供"一事联办""一网通办"服务和落地跨境双向人民币资金池业务、"光谷数字人才卡"、襄阳财智服务平台等受到广泛关注。武汉片区上线"光谷数字人才卡",精准服务478名战略性高层次人才;襄阳片区与湖北汽车工业学院合作共建智能汽车(襄阳)产业学院,为襄阳汽车产业发展提供应用型、复合型、创新型人才1392名;宜昌片区开发"宜才码",为全市7万余名各类人才提供政策查询、匹配、兑现等服务。

5. 重庆自由贸易试验区

重庆自贸试验区围绕内陆开放高地建设，主动对接国际高标准经贸规则，稳步推进制度型开放，累计培育众多重点制度创新成果，其中7项在全国复制推广，89项在全市复制推广。重庆自贸试验区围绕智能制造装备、新能源和智能网联汽车、云计算、大数据、消费金融、国际会展、跨境电商积极构建开放产业体系。在占全市面积1‰的土地上，注册企业累计超19万户，集聚了全市超过四分之一的进出口企业，贡献了全市约70%的进出口贸易总额。依托中欧班列（渝新欧），2017年12月，中国工商银行重庆市分行在中欧班列（重庆）开立了“铁路提单国际信用证”，赋予“铁路提单”物权属性，企业可用它进行押汇融资。目前，“铁路提单”已实现批量化运用，产品种类拓展到机电产品、木材、奶粉等。签发中国国际货运代理协会多式联运提单，推动铁海联运“一单制”试点；上线跨境金融区块链西部陆海新通道融资结算应用场景，累计便利企业运费结算、贸易结算与融资超33亿美元。

6. 四川自由贸易试验区

四川自贸试验区围绕内陆开放高地和成渝地区双城经济圈建设，大胆探索形成800余项制度创新成果，在4批国家层面复制推广的改革试点成果中，四川贡献12项、占全国九分之一。其中，“中欧班列集拼集运模式”“‘铁银通’铁路运单金融化创新”“企业套餐式注销服务模式”“增值税小规模纳税人智能辅助申报服务”等改革成果，被国务院纳入自贸试验区可复制推广的改革试点经验。中欧班列（成渝）累计开行量超2万列，成都国际班列已联通107个境外城市和30个境内城市。四川自贸试验区以不足全省四千分之一的面积，贡献了全省近四分之一的外商直接投资、十分之一的新设企业。

7. 陕西自由贸易试验区

陕西自贸试验区围绕共建“一带一路”开展特色化改革创新。“大型机场运行协调新机制”等36项制度创新成果在全国复制推广，“政务服务跨区通办”等106项在全省复制推广。陕西自贸试验区建立全省统一的外商投资公共信息服务平台，出台《陕西自贸试验区开展合格境外有限合伙人（QFLP）试点暂行办法》，先后建成跨境电商综合服务等20多个功能性平台，法国东航赛峰起落架维修、德国博士力士乐等一大批外资企业相继落户。陕西自贸试验区累计实际利用外资26.68亿美元，占全省的35%。出台金融服务自贸试验区建设等36条措施，开展本外币一体化试点和资本项目收入支付便利化试点，建设中欧班列长安号数字金融综合服务平台和“通丝路”跨境电商人民币结算服务平台等。

（四）第四批6个自由贸易试验区建设进入第四年

1. 山东自由贸易试验区

山东自贸试验区围绕打造中日韩地方经贸合作示范区，建设更高水平开放型经济体制，打造畅通国内国际双循环新节点，共有144项制度创新成果在全省复制推广。围绕数字经济发展，山东自贸试验区济南片区设立4只数字经济相关基金支持招项目、引技术，在全国首创“数字保险箱”智慧政务。青岛片区构建数字化区块链主链——青贸链，建设全国首个数字化可信区域——数智自贸区。烟台片区建设中国（烟台）跨境贸易综合服务平台。三片区（济南、青岛、烟台）依靠数字化手段实现企业注册“自贸一体通办”。4年来，山东自贸试验区外商投资、外贸进出口年均增长分别达到41.9%、23.3%，跨境人民币结算金额年均增长达70.4%。自贸试验区内新增市场主体达9.1万家，是设立之前总量的1.5倍。

2. 江苏自由贸易试验区

江苏自贸试验区围绕生物医药、电子信息、数字经济、绿色发展推进改革创新。2022年形成制度创新成果83项，其中7项在全国复制推广，1项在国家部委完成备案；16项改革试点经验在省内复制推广，发布《中国（江苏）自由贸易试验区制度创新蓝皮书》。南京海关与宁波、杭州等长三角地区海关合作，建立“江海联运”协作机制；苏州工业园区海关联合上海浦东机场海关，启动长三角一体化海关真空包装等高新技术货物布控查验协同试点；连云港片区首创中欧班列“保税+出口”货物集装箱混拼新模式。江苏省22项支持生物医药产业开放创新发展政策措施全部落地，开展研发用物品进口“白名单”

制度试点，累计集聚生物医药企业近3000家，产值年均增速保持在20%以上。4年来，三大片区累计新增市场主体超8万家。2022年江苏自贸试验区进出口规模达5630亿元，聚集外贸企业7794家。

3. 广西自由贸易试验区

广西自贸试验区围绕电子信息、化工新材料、新能源汽车等主导产业推进改革创新，累计形成169项制度创新成果并复制推广，其中54项为全国首创。南宁片区设立南宁RCEP政务服务中心，打造中国—东盟金融开放门户南宁核心区。钦州港片区开通"RCEP—北部湾港—河南""阿联酋—钦州—兰州""印度—钦州—贵阳"等特色外贸线路，实施全国首个陆路启运港退税试点政策。崇左片区建设沿边开放引领区，友谊关口岸创新实施"甩挂"模式和代驾货代"共享"机制。4年来，累计入驻企业8.6万家，是设立时的23倍，其中，外资企业694家，是设立时的17倍。2022年，广西自贸试验区实际使用外资8.32亿美元，外贸进出口总额2792亿元，以不到全区万分之五的土地面积，实现了全区40%以上的实际使用外资和外贸进出口额。

4. 河北自由贸易试验区

河北自贸区聚焦贸易便利化、金融创新、产业开放等领域，累计形成各类制度创新成果184项，29项首创性探索得到国家有关部委肯定，5批共81项制度创新案例向全省推广。大兴机场综保区引入"智慧云卡口"无感通关新模式，降低卡口运维成本约30%；雄安片区探索监管"沙盒机制"，首批金融创新测试项目"雄安新区建设链金融服务平台"已成功出盒；在正定片区，药品进口口岸各项业务顺利开展；在曹妃甸片区，大宗商品交易中心稳定运营，可开展交易品类达到24种。到2022年年底，河北自贸试验区新设企业15333家，是自贸试验区挂牌前的11.4倍。自贸试验区以全省万分之六的国土面积，创造了全省26.4%的新设外资企业、12.6%的实际使用外资和11.8%的外贸进出口。

5. 云南自由贸易试验区

云南自由贸易试验区各片区根据各自优势和特点，积极推进开放和创新。昆明片区聚焦与上海产业双向联动，依托沪滇临港昆明科技城与20多家企业签订合作协议。中老磨憨—磨丁经济合作区纳入昆明片区管理。红河片区依托中国—东盟(河口)跨境电商物流产业园平台，提升边民互市进入规范的流程化管理效率。边民互市交易增值税发票、首笔"货物贸易电子单证审核"业务、RCEP多边协定下首笔跨境人民币结算业务等多个"首笔"落地。德宏片区利用沿边金融综合改革试验区、瑞丽国家重点开发开放试验区、自由贸易试验区政策叠加优势，搭建内联外通的综合开放平台。

6. 黑龙江自由贸易试验区

黑龙江自贸试验区围绕对俄和沿边开放合作特点，累计形成6批140个省级创新实践案例，发布300余项制度创新成果；其中，"创新中俄跨境集群建设"案例入选自贸试验区第4批全国最佳实践案例。哈尔滨片区推出跨境发证、一业一证、无感续证、视频验证、承诺代证的五证服务。黑河片区为促进中医药产业发展，在黑河试行了创新海关监管方式。绥芬河片区利用互市边民每天8000元进口商品免税政策，开展互市贸易进口农产品落地加工，建设龙江交投绥芬河国际物流港加工园区。

(五)第五批3个自由贸易试验区建设进入第三年

1. 北京自由贸易试验区

北京自贸试验区围绕"两区"方案及相关任务，在推动投资贸易自由化便利化、深化金融领域开放创新等七大方面累计提出近90余项首创性创新政策措施。北京自贸区涵盖科技创新、国际商务服务、高端产业3个片区，包含海淀、昌平、顺义、朝阳、通州、大兴、亦庄7个组团。其中，海淀组团突出研发创新，6成以上企业开展研发创新活动，平均研发投入强度超13%。昌平组团聚焦医药健康，医药制造业研发投入强度高达2成以上。朝阳组团突出外资优势。首都机场和大兴机场聚焦临空经济发展，顺义组团货物进出口总额占自贸试验区的比重超3成，大兴组团和亦庄组团聚焦信息服务、汽车制造业等重点产业的发展。

2. 湖南自由贸易试验区

湖南自贸试验区围绕7个重点领域，实施了119项改革试点任务，形成两批共计84项特色制度创新成果。其中，"制造业智能化转型市场化升级""国际邮件、国际快件和跨境电商业务集约发展”“知识产权质押融资风险补偿机制”等7项制度创新成果被国务院及有关部委在全国复制推广。长沙片区着力打造制造业智能化转型市场化升级新模式、知识产权数字化“前置保护”新模式，培育国家级智能制造示范企业21家、省级“5G+工业互联网”标杆工厂6家。岳阳片区聚焦“长江中游综合性航运物流中心”和“内陆临港经济示范区”建设，重点发展航运物流、电子商务和新一代信息技术产业。郴州片区建设有色金属创新发展示范区，2022年获评国家级创新型产业集群。

3. 安徽自由贸易试验区

安徽自贸试验区聚焦五大领域，形成一批标志性创新成果；其中，新型易货贸易、长三角特殊货物一体化查验新模式，实施“离港确认”“直提直装”“无感通关”等21项为全国首创。合肥片区创新推出海关“联动接卸”江海一港通监管模式，将芜湖港视同上海洋山港的内河延伸，实施“联动接卸，视同一港”整体监管。蚌埠片区围绕新材料、新能源等主导产业，打造世界级硅基和生物基制造业中心、皖北地区科技创新和开放发展引领区。芜湖片区通过改革不断提升政务服务数字化、智能化水平。安徽自贸试验区以不到全省千分之一的面积，贡献了全省约四分之一的进出口、三分之一的实际使用外资、4%的新增经营主体、7%的税收。

三、中国自由贸易新特征

2022年1月1日，《区域全面经济伙伴关系协定》（RCEP）正式生效，RCEP的启动为亚太乃至全球贸易投资增长注入了活力。到2022年，中国已与26个国家和地区签署了19个自贸协定，遍及亚洲、拉丁美洲、大洋洲、欧洲和非洲。

（一）RCEP生效一年为亚洲区域经贸合作注入活力

2022年，中国对RCEP其他14个成员国进出口12.95万亿元，增长7.5%，占中国外贸进出口总值的30.8%。一方面，外贸比重逐季上升。第一季度到第四季度，对RCEP其他成员国进出口占同期中国进出口总值的比重分别为30.4%、30.5%、30.7%和31.4%。其中，中国对8个RCEP其他成员国进出口增速超过两位数，对印度尼西亚、新加坡、缅甸、柬埔寨、老挝进出口增速更是超过20%。对韩国贸易规模位居中国与RCEP其他成员国首位，达到2.41亿万亿元，增长3.2%。

另一方面，民营经济活跃，中间产品贸易增长较快。2022年民营企业对RCEP其他成员国进出口6.56万亿元，增长17.4%，占同期中国对RCEP其他成员国进出口总值的50.6%，较上年提升4.3个百分点。对RCEP其他成员国进出口中间产品8.7万亿元，增长8.5%，占同期我国对其他成员国进出口总值的67.2%。从主要商品看，出口机电产品、劳动密集型产品分别增长13.2%和20.7%，其中，电子元件、蓄电池、汽车分别增长15%、50.3%和71.6%；进口机电产品、金属矿及矿砂、消费品也分别占46.2%、10.4%和10.2%。

（二）第五届国际进口博览会成功举办

2022年11月，第五届国际进口博览会在上海顺利举行。中国将继续坚持对外开放的基本国策，坚定奉行互利共赢的开放战略，坚持经济全球化正确方向，推动各国各方共享中国大市场机遇、共享制度型开放机遇、共享深化国际合作机遇，为共创开放繁荣的美好未来注入强大正能量。举办了“RCEP与更高水平开放”高层论坛和24场虹桥论坛。来自127个国家和地区的2800多家企业参加企业商业展，展示438项新产品、新技术、新服务。数字进博平台吸引368家技术装备企业线上参展，组织直播或转播活动64场，浏览量达60万次。

（撰稿：王海峰）

2022年产业布局与结构调整情况综述

国家工业信息安全发展研究中心工业经济所

2022年，党的二十大胜利召开，擘画了全面建设社会主义现代化国家、以中国式现代化全面推进中华民族伟大复兴的宏伟蓝图。在以习近平同志为核心的党中央坚强领导下，中国高效统筹疫情防控和经济社会发展，坚定不移推进供给侧结构性改革，出台实施稳经济一揽子政策和接续措施，有效应对新冠疫情、全球通胀与地缘政治冲突等多重超预期因素冲击，推动经济企稳回升。中国经济发展表现出强大韧性，全年经济保持恢复态势，区域经济增长潜力持续释放，国际合作不断深化，企业并购重组有所放缓，产业布局优化和结构升级继续稳步推进。

一、产业规模增速回落，产业结构加快升级

2022年，在全球经济增速大幅放缓、疫情反复的情况下，中国着力保障经济良好运行态势，推动国内经济发展稳步恢复，继续取得新成就。

产业发展保持恢复态势。根据《中华人民共和国2022年国民经济和社会发展统计公报》，2022年全年国内生产总值1210207亿元，比上年增长3.0%，增速有所回落。其中，第一产业增加值88345亿元，同比增长4.1%；第二产业增加值483164亿元，同比增长3.8%；第三产业增加值638698亿元，同比增长2.3%。第一产业增加值占国内生产总值比重为7.3%，与上年持平；第二产业增加值比重为39.9%，比上年提高0.5个百分点；第三产业增加值比重为52.8%，比上年下降0.5个百分点，高于第二产业12.9个百分点。2022年全年国民总收入1197215亿元，同比增长2.8%；全国万元国内生产总值能耗比上年下降2.7%；全员劳动生产率为152977元/人，比上年提高4.2%。

新兴产业保持较快增长。高端制造、数字经济、新能源相关产业快速增长，推动产业结构持续升级。2022年，高技术制造业增加值比上年增长7.4%，占规模以上工业增加值比重为15.5%；装备制造业增加值增长5.6%，占规模以上工业增加值比重为31.8%；规模以上战略性新兴服务业企业营业收入比上年增长4.8%；高技术产业投资同比增长18.9%，增速比上年提高1.8个百分点。2022年电子商务交易额438299亿元、网上零售额137853亿元，按可比口径计算，分别比上年增长3.5%、4.0%。新能源汽车产量700.3万辆，同比增长90.5%；太阳能电池（光伏电池）产量3.4亿千瓦，同比增长46.8%；锂离子电池产量达750吉瓦时，同比增长超过130%，行业总产值突破1.2万亿元。

高端装备不断取得新突破。C919大型客机实现全球首架交付，标志着国产大飞机正式迈出民航商业运营关键“第一步”。自主设计研发建造的10万吨级大型渔业养殖工船“国信1号”成功交付运营，标志着中国深远海大型养殖工船产业实现由0到1的进阶发展。首台国产F级50兆瓦重型燃气轮机点火成功，标志着中国在重型燃气轮机领域实现从无到有的突破。16兆瓦海上风电机组下线，标志着我国海上风电大容量机组在高端装备制造能力上实现重大突破。东方红YT6668大型高效谷物联合收割机打破国外产品垄断。腹腔镜手术机器人等高端医疗装备填补国内空白。国产四人雪车等冰雪装备实现零的突破。中国空间站全面建成，载人航天工程“三步走”战略任务圆满完成。首艘国产弹射型航空母舰“福建舰”下水。截至2022年，全国光缆线路总长度达5958万千米，千兆光网具备覆盖5亿户家庭能力，建成开通5G基站达231.2万个，千兆及以上固定宽带接入用户达9175万户，5G移动电话用户达5.61万户。

二、产业转移有序推进，区域协调发展水平持续提升

产业国内梯度转移有序推进，劳动、技术、能源密集型产业加快向中西部和东北地区转移，内陆地区产业结构和经济发展质量和效益不断提升，区域协调发展取得积极成效。

政策体系持续完善。工业和信息化部等10部门联合印发的《关于促进制造业有序转移的指导意见》全面实施，明确提出新时期制造业转什么、谁承接、如何承接。2022年，工业和信息化部修订印发制造业转移发展指导目录，与指导意见形成政策合力，引导各地立足区位优势、资源禀赋和产业基础，有序承接产业转移。各地落实指导意见政策导向，积极出台专项政策支持承接产业转移。如，四川印发《关于承接制造业有序转移的实施意见》，提出建设一批省级承接产业转移示范区和产业转移示范共建园区。广西出台《广西对接长江经济带发展实施方案（2022—2025年）》，分区域明确重点对接领域和任务，构建长江经济带—广西—东盟跨区域跨境产业链、供应链。

产业梯度转移步伐加快。2018—2022年，东部地区工业增加值比重由54.16%下降为52.71%，中西部地区比重由41.08%上升为42.71%；西部地区工业增加值增速位居前列，比重由2018年的18.37%上升为2022年的20.02%。截至2022年，442个国家新型工业化产业示范基地中的268家，45个国家先进制造业集群中的15个，100个中小企业特色产业集群中的54个位于中西部和东北地区。外商投资加速向中西部转移。2022年，中部、西部地区实际使用外资同比分别增长21.9%、14.1%，分别高出全国增速15.6、7.8个百分点；山西、河南、广西、陕西吸收外资同比分别增长229.6%、119.8%、49.1%、33.6%，东北地区新设外商投资企业数量占比2.2%，实际使用外资金额占比3.6%，均比上年有所增长。东部部分经济大省实际利用外资保持较高增速，以美元计山东、江苏、浙江分别增长6.3%、5.7%、5.2%。

区域发展协调性不断增强。2022年，东部地区实现生产总值62.20万亿元，同比增长2.5%，低于全国增速0.5个百分点，全国占比51.40%，略有下滑。中部地区实现生产总值26.65万亿元，同比增长4.0%，高出全国增速1个百分点，连续成为增速最快板块，全国占比22.02%。安徽积极承接长三角产业转移，2022年沪、苏、浙在皖投资在建亿元以上项目4300多个，实际到位资金超过1万亿元。西部地区实现生产总值25.70万亿元，同比增长3.2%，高出全国0.2个百分点，全国占比21.23%。东北地区实现生产总值5.79万亿元，同比增长1.3%，增速最低，低于全国1.7个百分点，全国占比4.79%，连续下降但降幅收窄，产业振兴和转型升级取得成效但仍需持续发力。

三、重大战略加快实施，区域协作提质增效

随着区域重大战略实施向纵深推进，区域间产业、科技、生态保护协作不断取得新突破，区域经济增长潜力快速释放，区域发展呈现系列亮点。

京津冀协同发展持续深化。2022年经济总量突破10万亿元；雄安新区起步区“四横十纵”骨干路网全面开工，启动区“三横四纵”骨干路网具备通车条件，承接首个央企产业集群中铁产业集群落地；北京流向津冀技术合同成交额356.9亿元，累计超过2100亿元，天津引进北京投资新设机构1406家，新落地重大项目318个，三地共建京津冀科技成果协同转化中心；京津冀机场群主要机场实现一体运营，津冀环渤海港口群基本建成，集装箱合作航线达到7条。

长江经济带发展成效显著。2022年经济总量达56万亿元，占全国比重达46.5%，比2015年高出1.4个百分点，加快建设电子信息、高端装备、汽车、家电、纺织服装五大世界级产业集群；创新驱动纵深推进，研发经费投入强度由2015年的2%提升到2022年的2.52%，加速打造一批科技创新策源地。

粤港澳大湾区建设稳步推进。2022年经济总量超13万亿元，超越韩国跻身世界主要经济体前十，其中内地9市经济总量约10.5万亿元；粤港澳联合举行全球招商大会，现场达成合作项目853个，投资额2.5万亿元；横琴、前海、南沙三个重大合作平台

建设高规格推进，带动科技、产业、金融互联互通和规则衔接不断深化。

长三角一体化发展深度实施。2022 年经济总量 29 万亿元，约占全国四分之一；港口集装箱、主要机场货邮吞吐量全国占比分别约为 38%、35%；三省一市（江苏、浙江、安徽、上海）相互间技术合同输出 25273 项，同比增长 20.3%，技术交易额 1863.45 亿元，同比增长 112.5%；集聚高新技术企业 11.6 万家，科创板挂牌上市硬科技企业 236 家，全国占比 47.1%，G60 科创走廊科技成果成交额超 50 亿元，约为上年的 5 倍；140 项政务服务事项在 41 个城市跨省市同通办。

黄河流域生态保护和高质量发展统筹推进。2022 年，黄河流域地表水 Ⅰ 至 Ⅲ 类断面比例达到 87.5%，同比提升 5.6 个百分点，干线全线水质持续改善。截至 2022 年年底，黄河流域水土保持率为 67.85%，比上年提高 0.48 个百分点；水土流失面积比上年减少 0.38 万平方千米。黄河保护法获通过。黄河流域工业绿色发展指导意见出台。

成渝地区双城经济圈建设加快落地。2022 年经济总量 7.8 万亿元，同比增长 3.0%，占全国的 6.4%、西部地区的 30.2%；规模以上工业企业实现营业收入 7.7 万亿元，同比增长 3.9%，利润总额 5916.46 亿元，同比增长 6.3%，高于全国 10.3 个百分点；共建重大项目 160 个，完成投资 2336 亿元，年度投资完成率 127%。

四、并购重组持续低迷，跨境并购继续放缓

受疫情反复等因素综合影响，中国企业并购重组活跃度降低，交易规模下滑，上市公司并购重组稳中有降，跨境并购交易继续回落。

中企并购重组转向低迷。中企并购交易数量规模双下滑。根据投中研究院数据，2022 年共计完成 4535 笔并购交易，同比下降 4.49%；披露金额的有 2303 笔，交易总额 1670.90 亿美元，同比下降 27.62%。并购交易主要集中在制造业、金融、能源及矿业、医疗健康等领域。制造业完成交易额 351.38 亿美元，金融领域完成交易额 286.93 亿美元，能源及矿业、医疗健康、化学工业紧随其后，分别完成交易额 145.07 亿美元、128.72 亿美元、110.69 亿美元，IT 及信息化领域、汽车行业分别完成 106.74 亿美元、94.33 亿美元，建筑材料、公用事业、消费升级领域排名和规模下滑，分别完成 89.01 亿美元、88.74 亿美元、44.25 亿美元。广东、上海、江苏、北京、浙江排名靠前，完成交易额均超过 125 亿美元。上市公司并购重组略有下滑。中国上市公司协会数据显示，2022 年，上市公司共披露并购重组 2972 单，同比下降 10.88%，交易额合计 1.74 万亿元，同比下降 2.21%。其中，许可类并购重组审核通过 46 单，比上年有所增加，交易额合计 3440.36 亿元，同比增长 31.87%；首次披露口径现金类重大资产重组 57 单，与上年持平；上市公司收购 152 单，比上年略降。科创板、创业板并购交易不活跃，科创板审核通过两单，交易额 11.07 亿元，创业板审核通过 8 单、交易额 179.59 亿元。

跨境并购继续呈下滑态势。投中研究院数据显示，2022 年，中企完成跨境并购 117 笔，同比下降 37.10%，包括出境并购 66 笔、入境并购 51 笔；其中披露金额的 76 笔，交易总额 230.40 亿美元，同比下降 5.25%，较 2019 年下降 62.44%，自 2017 年以来持续下滑。并购交易主要集中在金融、汽车、能源及矿业等领域。中国上市公司协会数据显示，A 股上市公司披露金额的出境并购 55 单，同比下降 32.93%，交易额 44.65 亿美元，同比下降 63.06%，交易数量及规模自 2017 年以来持续下滑；入境并购 33 单，同比下降 45.90%，交易额 50.93 亿美元，同比下降 63.26%，未能延续此前 5 年上升趋势。代表性并购案例包括：在金融方面，欧洲巨头殷拓集团收购亚洲私募股权投资公司霸菱亚洲，交易额 67.16 亿美元。在汽车方面，德国宝马完成收购华晨宝马，交易额 43.88 亿美元。能源及矿业方面，紫金矿业收购加拿大新锂公司，交易额 7.60 亿美元；赣锋锂业完成全资收购英国 Bacanora 公司，交易额 2.30 亿美元，推进海外锂资源储备战略。在医疗健康方面，沃比医疗完成收购德国神经介入器械企业 Phenox，交易额 5.42 亿美元；全球食品及饮料配料领先企业英国泰莱集团完成全资收购中国可溶性膳食纤维领先企业量子高科，交易额 2.37 亿美元。在旅游业方面，中国香港私募股权巨头太盟投资集团收购日本

最大主题公园豪斯登堡，交易额 7.24 亿美元。在 IT 及信息化方面，飞特控股收购全球 USB 桥接芯片龙头英国 FTDI 公司 80.2%股权，交易额 4.14 亿美元。

五、共建“一带一路”稳步推进，国际合作取得新成效

在共建“一带一路”合作框架下，中国与沿线国家多双边贸易、投资和产能合作持续取得新进展，国际合作不断开创新局面、取得新成效。

设施联通加速落地。基础设施“硬联通”不断推进。中巴经济走廊首个水电项目卡洛特水电站并网发电，中泰铁路一期（曼谷—呵叻）工程进入全面建设阶段。匈塞铁路塞尔维亚贝尔格莱德—诺维萨德段开通运营，克罗地亚佩列沙茨大桥通车，黑山南北高速公路顺利建成并投入运营。中俄同江铁路大桥竣工通车。希腊比雷埃夫斯港年货物吞吐量超过 500 万标准箱，跻身欧洲前五大港，巴基斯坦瓜达尔港共建取得重大进展，缅甸皎漂深水港项目地勘、环社评等持续推进，尼日利亚深水港项目竣工，中欧陆海快线 2022 年全通道运输总箱量超 18 万标箱、火车开行 2600 余列。规则标准“软联通”继续深化。2022 年，中国同 5 个国家签署共建“一带一路”合作文件，累计与 150 个国家和 32 个国际组织签署合作文件 200 余份；与巴基斯坦、埃及、欧洲标准组织等 15 个机构签署标准化合作文件及行动计划，累计与 63 个国家、地区标准化机构和国际组织签署 107 份双边合作文件；组织举办 8 期“一带一路”国家援外培训班，服务 26 个国家 275 名标准化管理人员。

贸易畅通持续推进。贸易投资规模持续增长。2022 年，中国与共建“一带一路”国家进出口总额近 2.9 万亿美元，占同期外贸总值的 45.4%，比 2013 年提高 6.2 个百分点；中国企业在共建“一带一路”国家非金融类直接投资 1410.5 亿元，同比增长 7.7%（折合 209.7 亿美元，同比增长 3.3%），占同期总额的 17.9%；对共建“一带一路”国家承包工程新签合同额 8718.4 亿元，占同期总额的 51.2%，完成营业额 5713.1 亿元，占比 54.8%。西部开发开放成就显著。2022 年，中老铁路运营一周年累计发送旅客 850 万人次、运送货物 1120 万吨，开行跨境货物列车 3000 列、货值超 130 亿元人民币；中欧班列开行 1.6 万列，同比增长 9%，发送 160 万标箱，同比增长 10%；西部陆海新通道开行班列突破 8800 列，同比增长 44%，新开通班列线路 78 条，发送货物 75.6 万标箱，同比增长 18.5%，13 个共建省（自治区、直辖市）与东盟十国贸易额突破 1300 亿美元，连续 3 年超过千亿美元。十年间合作取得丰硕成果。2013—2022 年，中国与共建国家进出口总额累计 19.1 万亿美元，年均增长比 6.4%；双向投资累计超 3800 亿美元，对外直接投资超 2400 亿美元；承包工程新签合同额、完成营业额累计分别达 2 万亿美元、1.3 万亿美元。

（撰稿：陈　健）

党的十八大以来中国企业 500 强发展情况与建议

中国企业联合会　中国企业家协会　课题组

2022 年是党的二十大召开之年。依据 2021 年度企业经营数据，中国企业联合会连续第 21 年推出“中国企业 500 强”并向社会发布（即 2022 中国企业 500 强）。现结合与世界和美国企业 500 强的对比分析，将党的十八大以来中国企业 500 强发展情况及相关建议报告如下。

一、中国企业 500 强发展取得突破性进展

党的十八大以来，中国特色社会主义进入新时代。党和国家高度重视全面深化改革，优化营商环境，弘扬优秀企业家精神，激发市场主体活力，推动

企业高质量发展；党的十九大报告明确提出要"培育具有全球竞争力的世界一流企业"，对企业发展提出了新的目标和要求。以中国企业500强为代表的大企业，适应引领经济发展新常态，直面百年未有之大变局，积极践行新发展理念，坚持创新驱动发展，努力战胜新冠疫情冲击等不利影响，在做强做优做大的道路上展现出新的气象，取得新的历史性成就。

1. 整体规模实现翻番，营业收入迈上百万亿元台阶

2022中国企业500强实现营业收入102.48万亿元，首次迈上百万亿元新台阶；资产总额为372.53万亿元，其中净资产总额为63.11万亿元。党的十八大以来，中国企业500强的营业收入增长了1.05倍，资产总额增长了1.47倍，均实现了翻番。同一期间，世界企业500强的营业收入、资产总额分别增长了24.65%、31.68%，美国企业500强的营业收入、资产总额分别增长了33.38%、52.20%。

2. 净利润同步稳健增长，非银行企业净资产收益率持续改善

2022中国企业500强实现净利润44634.68亿元，党的十八大以来增长了1.05倍，与营业收入增长基本保持同步。同一期间，美国500强净利润增长了1.24倍，世界500强净利润增长了1.01倍；中国企业500强净利润增长慢于美国企业500强，但稍好于世界500强。与世界和美国企业500强不同的是，中国企业500强净利润的增长相对稳健。十年间，世界企业500强的净利润分布于1.48万亿~2.15万亿美元之间，美国企业500强的净利润分布于0.82万亿~1.22万亿美元之间，但2022世界500强和2022美国500强的净利润实现大幅增长，分别增长97.94%和113.78%，这种高速增长能否持续有待观察。2022中国企业500强中非银行企业的净资产利润率为8.42%，收入利润率为2.99%；党的十八大以来，这两项指标都提升了0.44个百分点，非银行企业的盈利能力有较大改善。

3. 产业结构持续优化，战略性新兴产业领域企业数量增多

中国企业500强的产业构成持续优化。一方面，化工、冶金、建筑、地产等传统产业入围企业数量持续减少，上榜企业加快转型升级，不断做强做优；2021年，中国重点工业企业关键工序数控化率、数字化研发设计工具普及率分别达到55.3%、74.7%，智能制造应用规模全球领先，石化、钢铁、建材等行业已拥有一批制造能力和智能化水平独步全球的领先企业。另一方面，现代先进制造业、金融服务业、互联网与信息技术服务业、物流及供应链业入围企业数量不断增加。从2012年至2021年，金融企业从23家增至37家，其中多元化金融企业从无至有，增至6家；物流及供应链企业从8家增至14家，通信设备制造企业从3家增至9家。新兴产业企业快速发展壮大，2022中国企业500强中，风能、太阳能设备制造企业增至7家，互联网服务企业增至7家，动力和储能电池企业增至3家，文化娱乐和教育服务领域也分别有1家企业上榜。

4. 研发强度不断提高，重大创新成果突出

2022中国企业500强的研发投入为14474.67亿元，占2021年全社会研发投入27864亿元的51.95%；平均研发强度（研发费用占营业收入的百分比）为1.81%，党的十八大以来提高了0.54个百分点，研发强度创下历史新高；共持有有效专利166.80万件，其中发明专利67.29万件，发明专利占比为40.34%。党的十八大以来，中国企业500强的研发投入增加了1.67倍，持有的有效专利增加了4.01倍，发明专利增加了6.93倍，发明专利占比提高了14.83个百分点。重大科技攻关扎实推进，高铁、核电、航母、深海机器人、空间站、量子计算、5G等诸多创新成果全球瞩目。新能源汽车、大飞机、高端芯片等领域的核心关键技术，正在逐步取得新突破。

5. 国际化水平不断提高，助力新发展格局稳步推进

党的十八大以来，中国企业500强持续推进国际化经营，积极布局国际国内两个市场，主动利用国际国内两种资源，着力推动国内国际双循环发展新格局建设。2022中国跨国公司100大的平均跨国指数、海外资产占比、海外员工占比分别为15.59%、17.06 %、10.05%，党的十八大以来分别提高了1.61个百分点、2.45个百分点、4.98个百分点。2022中国跨国公司100大海外资产总额、海外营业收入分

别为107510亿元、77904亿元，党的十八大以来分别增长了139.61%、62.99%。2022中国跨国公司100大中有10家企业入围2022世界跨国公司100大，党的十八大以来增加了8家；有5家企业的跨国指数达到2022世界跨国公司100大的平均水平，党的十八大以来增加了4家。

6. 入围世界500强企业数量居全球首位，全球行业领军企业崭露头角

2022世界500强中，有133家中国内地（包括港台地区共145家）企业上榜，连续三年居于首位，国际地位显著提升。党的十八大以来，中国内地入围世界500强的企业数量从86家增加到133家，增加47家，同期美国企业减少了8家。2022世界企业500强中，营业收入方面，中国内地企业有16家排名全球行业首位，12家排名全球行业第二位，14家排名全球行业第三位。位居全球行业前三的中国内地企业为42家，位居全球行业前五的中国内地企业为58家。净利润方面，中国内地企业有6家排名全球行业首位，7家排名全球行业第二位，9家排名全球行业第三位；净利润排名全球行业前三的中国内地企业22家，排名全球行业前五的中国内地企业36家。中国工商银行、恒力集团、中国平安、华为更是分别在商业银行、纺织、人寿与健康保险（股份）及网络通信设备4个行业，同时在营业收入与净利润上位居全球行业首位，成为全球行业领军企业。

二、推进世界一流企业建设需要解决的突出难题

中国要建设社会主义现代化国家，建立现代经济体系，进一步提高综合国力，推动高质量发展，参与全球经济竞争合作，需要造就一大批世界一流企业作为强大支撑。但是从整体上看，中国虽然已有大量企业在整体规模上进入世界前列，但真正能够引领全球科技和产业发展的一流企业还不够多，综合竞争力不强的问题仍较为突出，主要表现在以下几个方面。

1. 创新能力有待提高

产业链控制力是世界一流企业的显著特征，创新能力是企业发展的动力源泉。对绝大多数中国企业来说，自主创新能力支撑不强，技术“卡脖子”问题仍然十分突出。绝大多数产业领域的国际标准必要专利依旧掌握在欧美国家手中。中国科研人员数量与科研产出总量及增速均领跑全球，但在尖端科研基础设施、高端科技人才和重大原创性创新成果方面未达到预期。2021全球研发投入2500强中，683家中国企业（其中包含台湾地区的86家）的研发投入总量不及779家美国企业的一半；在全部38个行业中，中国企业只在矿业、金属、石油和天然气等9个行业具有研发投入领先优势，并在矿产开采、金属、石油和天然气、建筑与材料、媒体、旅游休闲6个行业拥有相对完整的产业与创新链条。

2. 价值创造能力有待增强

受品牌建设、品质管控等因素影响，加之创新能力仍需进一步提升，中国企业产品与服务的增加值率长期以来都明显低于欧美国家企业。价值创造能力的不足，导致中国企业与欧美国家企业相比，整体上存在较大盈利差距。2021年国际国内发展环境的复杂变化，以及各国在应对上所采取的财政与货币政策的差异，更是在一定程度上放大了中国大企业与美国等国大企业之间盈利水平的差距。2022美国企业500强的收入净利润率、净资产收益率分别为11.41%、20.00%，远高于2022中国企业500强的4.36%、9.04%。从近十年的平均数值来看，中国企业500强的收入利润率、净资产收益率分别为4.43%和9.86%，低于世界企业500强的6.00%和11.02%。

3. 产业结构有待优化

中国企业500强产业分布的变化，体现了中国产业结构演变的积极成果，先进产业与新兴产业的占比持续提升，但与美国企业500强相比，中国企业500强以中低端产业与环节为主，在战略性新兴产业和高端产业方面要加强前瞻性布局。2022中国企业500强中，金属产品企业86家，化学品制造企业46家，二者合计占比超过四分之一。在美国企业500强中入围企业数量居前的保险、专业零售、半导体、制药、多元化金融、汽车零售和服务、食品、保健等行业中，中国企业500强的入围企业数量都不多。半导体、制药、食品、保健行业是涉及国计民生与产业安全的关键领域，做强做优做大相关领域的龙头企业，以及培育世界级大企业意义重大。

4. 国际话语权有待提高

超大规模市场优势是中国的突出优势，这也支撑了中国在很多领域都占据了遥遥领先的市场份额。在2022世界企业500强中，房地产和纺织行业的入围企业都来自中国，工程与建筑、金属产品行业的多数企业也来自中国。中国在多个领域都排在全球货物进口量首位，铁矿石进口量占全球铁矿石进口总量的七成左右，也是全球最大的石油进口国。2021年，全球半导体产业销售额是5560亿美元，中国进口了4300多亿美元，占78.00%。出口方面，中国更是全球最大出口贸易国，220多种工业品全球产量第一，从普通产品到高新技术产品的诸多产品出口都高居全球出口贸易榜首。但中国拥有的市场规模优势并没有切实转化为国际话语权优势，相反在部分领域甚至是陷入了“进口越多越贵，出口越多越便宜”的局面。

三、促进中国大企业高质量发展创建世界一流的建议

2022年2月，中央全面深化改革委员会第二十四次会议审议通过了《关于加快建设世界一流企业的指导意见》，对加快建设产品卓越、品牌卓著、创新领先、治理现代的世界一流企业进行了全面部署。中国大企业要切实增强忧患意识，保持战略定力，发扬历史主动精神，自觉担负创建世界一流企业的责任和使命。同时需要看到，中国大企业发展面临的机遇和挑战与以往有很大的不同，需要解决的矛盾和问题比以往更加错综复杂，必须紧紧围绕建设世界一流企业的目标和任务，持续优化企业发展的环境和政策，着力促进大企业高质量发展。

1. 注重提升经济治理与服务企业发展能力

实践表明，即使是发达经济体，国家力量也越来越成为国际竞争的组织者和推动者，面对纷繁复杂的国际环境，需要进一步提升政府经济治理效能，切实增强服务企业发展能力。一是将有效市场和有为政府更好结合，在保障与促进市场规范有序运行的基础上，以科学思维做好市场运行情况的动态把握与预判调控，对市场不合理波动进行有效调控；二是转变产业发展引导思路，避免过度干预产业发展，力争通过竞争性产业政策鼓励企业在公平竞争中自主发展；三是强化产业政策对技术创新和结构升级的支持，以对创新与升级成果的奖励取代普惠性的产业补贴；四是突出高质量发展目标引领，促进经济转换发展动能、企业转变发展方式；五是持续深化“放管服”改革，提升服务便利化程度与改善服务效率，提高监管水平和监管效能，依法平等保障所有市场主体合法权益，确保企业依法诚信合规经营。

2. 落实落细加快建设世界一流企业相关政策举措

各级党委和政府应以《关于加快建设世界一流企业的指导意见》（以下简称《意见》）作为工作指引，扎实开展世界一流企业建设相关工作。一方面要因地制宜出台具体落实细则，以及制定与之相配套的其他政策文件；另一方面要将《意见》所规定的各项工作具体落到实处。一是要借助第三方力量定期开展政策落实情况与阶段性建设成效评估，充分发挥行业协会商会作用，深化新形势下世界一流企业建设规律研究，为世界一流企业建设营造良好氛围；二是建立跨部门工作协调机制，统筹推进科技强国战略、“走出去”战略、优质企业培育体系建设，形成世界一流企业建设合力；三是注重发挥企业家作用，通过不同方式吸纳优秀企业家有效参与政策制定和国家重大战略实施，支持企业开展示范创建工作，做好经验总结与宣传推广。

3. 充分发挥优势企业作用补短板强弱项

产业链补短板强弱项，是统筹发展和安全、提升产业发展水平和国际竞争力的重要举措。一方面，要在战略性新兴产业和未来产业发展上积极布局，抢占发展先机和发展主导权；另一方面，也要加快推进传统产业改造，引导企业加快推进数字化、智能化、绿色化转型升级。一是针对涉及国计民生、发展安全的战略性重要产业，开展产业国际对比分析，提出产业补短板强弱项清单，建立产业补短板强弱项“白名单”制度；二是鼓励存在短板弱项的战略性重要产业，以优势龙头企业为主实施并购重组，提升产业集中度，优化产业发展生态，增强产业国际竞争力；三是落实“链长制”，支持以产业优势龙头企业为主，积极开展产业链供应链国际国内合作，借助战略合作补链强链，增强产业链韧性；四是为“白名单”企

业提供财税、金融扶持,积极主动协调解决企业发展所面临的突出困难,尽快将其培育成行业全球龙头企业。

4. 着力推动企业提升经济价值创造能力

经济价值创造能力是改善企业财务绩效、提升发展质量的关键所在,也是导致中美两国大企业盈利水平差异的根本原因所在。要将经济价值创造放在企业价值创造的重要位置。既要引导企业强化对经济价值创造能力的关注,也要创造条件、营造环境推动企业持续提升经济价值创造能力。一是各级政府部门在政策制定与执行中,以及在企业监管与服务中,弱化、纠正、消除规模倾向,强化对发展质量的关注,营造以发展质量而不是规模扩张论成败的社会氛围;二是强化对创新的金融与财税政策支持,鼓励企业加大创新投入、加快创新成果的商业化应用,提升新产品销售收入占比;三是开展品牌建设专项行动,引导企业增强品牌意识,加大品牌建设投入,强化品质管理,做好形象塑造与传播,积极打造国际知名品牌;四是引导企业全面提升管理水平,增强资产经营能力,利用数字化手段加强风险防控。

5. 集中攻克阻碍企业做强做优的重点问题

企业做强做优中所面临的重点问题主要体现在基础软件、关键原材料、基础加工能力、核心技术等几个方面。这既是中国产业发展的瓶颈所在,也是“卡脖子”问题的爆发点所在。中国企业提质增效、建设世界一流,必须尽快突破这些共性问题。要充分发挥新型举国体制优势,更好发挥政府部门的引导、协调作用,联合各方面力量,集中攻克阻碍企业做强做优的重点问题。一是动态梳理中国产业发展重点问题,发布重点问题科技攻关清单,制定攻关计划,明确攻关任务和要求;二是加大重点问题科技攻关支持力度,设立专项科研基金,以“揭榜挂帅”方式开展专项课题研究;三是以产业创新中心、科技攻关联盟等多种形式,搭建重点问题产学研协同攻关平台,加强实验室、检测检验中心等科研基础设施建设,协调各方力量共同投资、共同探索、共同突破;四是制定重点人才培养与引进计划,鼓励高等院校加大相关人才培养力度,创新人才培养方式,建立国际高端人才专库,开通入库人才引进绿色通道,支持国有企业创新高端人才中长期激励机制。

2022 年国资委系统监管企业经济运行情况综述

国务院国有资产监督管理委员会

2022 年,面对需求收缩、供给冲击、预期转弱三重压力持续加大、各类超预期因素冲击的严峻形势,全国国资委系统监管企业①(以下简称国资系统监管企业)坚持以习近平新时代中国特色社会主义思想为指导,坚决贯彻党中央、国务院决策部署,以学习宣传贯彻党的二十大精神为工作主线,统筹新冠疫情防控和企业生产经营,统筹发展和安全,迎难而上推动经济运行实现稳中有进,改革发展和党的建设各项工作取得新的显著成绩,收入规模创历史最好水平,为国民经济平稳健康发展做出积极贡献。

一、规模实力不断壮大

面对复杂多变的严峻形势,国资系统监管企业坚决落实国家稳经济一揽子政策,咬紧全年目标任务,制定一系列提质增效硬举措,全力拓展增长空间,经营规模延续增长态势。2022 年年底资产总额 302.5 万亿元,比上年增加 29 万亿元,增长 10.6%;净资产总额 100.7 万亿元,比上年增加 10

① 全国国资委系统监管企业包括国务院国资委监管企业和地方各级国资委监管企业。

万亿元,增长 11%。2022 年实现营业总收入 78.7 万亿元,比上年增加 6.2 万亿元,增长 8.5%。从隶属关系看,中央企业实现营业总收入 39.6 万亿元,占国资系统监管企业 50.3%,有 59 家企业营业总收入超过千亿元,其中有 4 家企业超过 2 万亿元;地方监管企业实现营业总收入 39.1 万亿元,占 49.7%,其中实现营业总收入超过万亿元的地区有 14 个。见图 1。

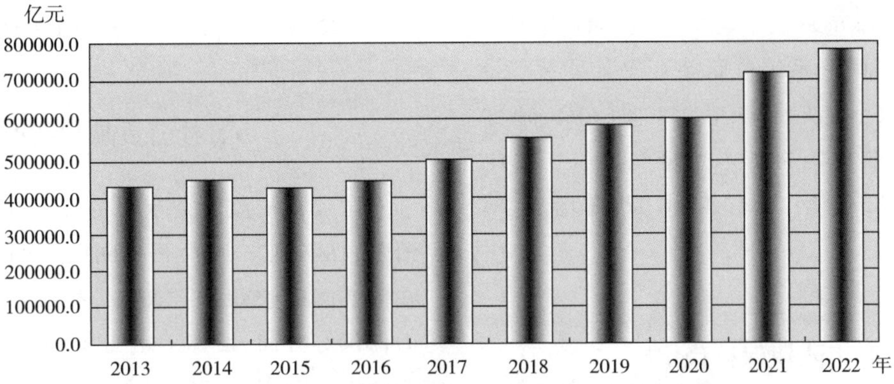

图 1　2013—2022 年国资系统监管企业营业收入变化图

二、经济效益小幅下滑

2022 年,面对需求收缩、供给冲击、预期转弱三重压力持续加大,新冠疫情、乌克兰危机、全球通胀等超预期因素冲击的严峻形势,国资系统监管企业积极应对不利影响,强化管理提质增效,经营效益仅小幅下滑。2022 年实现利润总额 4.4 万亿元,比上年减少 1329 亿元,下降 2.9%;实现净利润 3.2 万亿元,比上年减少 1585.1 亿元,下降 4.7%;实现归属于母公司所有者的净利润 1.7 万亿元,比上年减少 1462.9 亿元,下降 7.9%。从隶属关系看,中央企业实现利润总额 2.6 万亿元,比上年增长 6.4%,占国资系统监管企业的 58.3%,利润总额超过 100 亿元的企业有 48 家;地方监管企业实现利润总额 1.8 万亿元,比上年下降 13.5%,占比 41.7%,其中实现利润总额超过 100 亿元的地区有 22 个。见图 2。

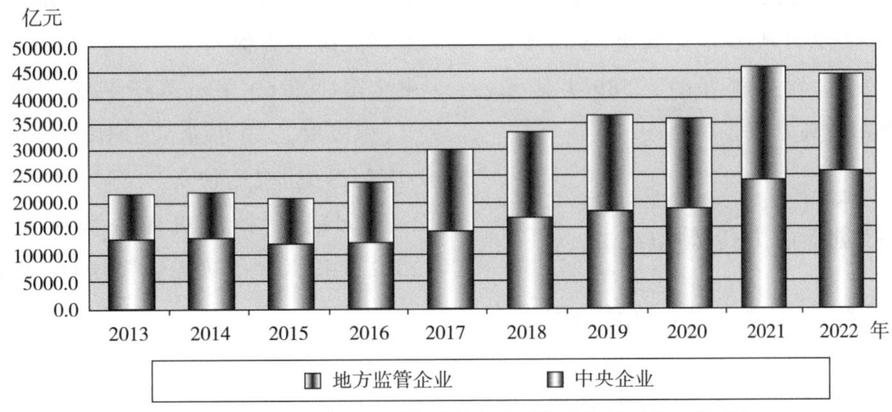

图 2　2013—2022 年国资系统监管企业利润总额构成及变化情况

三、保值增值任务圆满完成

国资系统监管企业统筹新冠疫情防控和企业生产经营,统筹发展和安全,聚焦实业主业,抢抓进度工期,扎实推进国家重大项目和重大工程,国有资本规模持续壮大,保值增值任务圆满完成。2022 年年底,国资系统监管企业国有资本总量合计 74.6 万亿元,比上年增长 11.9%,其中:企业经营积累增加 2.6 万亿元;因国家追加投资、资本溢价、无偿划入等客观因素增加6.8万亿元;因无偿划出、自然灾害损失、上交国有资本经营收益等客观因素减少2.2万亿元。扣除客观增减因素后,2022年国资系统监管企业平均国有资本保值增值率为102.6%。从隶属关系看,中央企业2022年年底国有资本总量16.6万亿元,比上年增长8.5%,平均国有资本保值增值率为107.8%,高于国资系统监管企业平均水平5.2个百分点,有25家企业保值增值率超过110%;地方监管企业2022年年底国有资本总量58万亿元,比上年增长12.9%,平均国有资本保值增值率为101%。

四、职工队伍保持稳定

国资系统监管企业在保障社会就业、提高职工工资水平的同时,进一步提升职工队伍整体素质,提高职工福利保障水平。2022年年底国资系统监管企业从业人员人数为3216.8万人,与上年基本持平;年底职工人数为2951.3万人,比上年略有增长。从隶属关系看,中央企业年底职工人数1234.5万人,占国资系统监管企业职工人数的41.8%;地方监管企业年底职工人数1716.8万人,占国资系统监管企业职工人数的58.2%。2022年国资系统监管企业实际发放职工工资总额4.2万亿元,同比增长6.4%;职工人均工资14.2万元,比上年增长5.1%。2022年国资系统监管企业缴纳基本养老保险4913.5亿元,缴纳基本医疗保险(含生育保险)2589.1亿元,参保人数持续保持在较高水平。

五、科技创新能力持续增强

2022年,国资系统监管企业着力抓好关键核心技术攻关,持续加大创新投入力度,完善创新体制机制,推动资金、人才、政策向重点企业、重点项目倾斜,创新发展步伐不断加快,2022年国资系统监管企业研发经费投入1.6万亿元,比上年增长13%。在研发经费持续投入的推动下,中国空间站全面建成,第三艘航母"福建舰"下水,首架C919大飞机正式交付,一批重大科技创新成果不断涌现。截至2022年年底,国资系统监管企业拥有自主知识产权的专利数量182.6万项,比上年增长19.1%。

六、社会贡献持续增加

国资系统监管企业坚持算大账、算长远账、算政治账,在实现自身发展的同时,积极履行社会责任,在落实国家宏观调控政策、参与乡村振兴和能源电力保供等方面,发挥了主力军和先锋队作用;促进产业链供应链安全稳定等方面,突出了"稳定器""压舱石"的责任担当。2022年国资系统监管企业上交税费总额5万亿元,约占全国财政收入的四分之一。从隶属关系看,中央企业上缴税费总额2.7万亿元,占国资系统监管企业上缴税费总额的54.3%,其中上缴税费超过百亿元的企业有45家;地方监管企业上缴税费总额2.3万亿元,占比为45.7%。国资系统监管企业在保持生产经营稳步发展的同时,加强安全生产管理,大力推进节能减排,更好地实现安全、绿色、可持续发展,2022年国资系统监管企业支出的安全生产费用3417.8亿元,支出的环境保护及生态恢复费用1999.7亿元。2022年,中央企业全力做好能源电力保供工作,发电量达5.3万亿千瓦时,占全国比重63.2%,高于装机规模占比8.5个百分点;积极助力中小企业纾困解难,对中小企业房租"应免尽免、应免快免",累计减租174.4亿元,惠及21.4万租户;持续巩固扶贫成果、助力乡村振兴,2022年投入和引进无偿帮扶资金47.3亿元。

(审稿:李　冰
撰稿:李泓全)

2022年国有大型企业改革与重组情况

国务院国有资产监督管理委员会企业改革局

2022年，国务院国有资产监督管理委员会（以下简称国务院国资委）始终坚持以习近平新时代中国特色社会主义思想为指导，以迎接党的二十大和深入学习贯彻党的二十大精神为主线，坚决落实党中央、国务院决策部署，指导全国国资系统深刻把握"两个确立"，增强"四个意识"、坚定"四个自信"、做到"两个维护"，推动国企改革三年行动高质量圆满收官，国有企业改革发展工作取得积极成效。

面对国际国内复杂经济形势和多重挑战，2022年国资央企持续深化改革发展，较好实现了稳增长目标。一是增速稳，整体延续增长态势。中央企业累计实现营业收入39.4万亿元，同比增长8.3%；实现利润总额2.6万亿元、净利润1.9万亿元，同比分别增长5.5%和5%。二是质量优，经营效率稳步提升。劳动生产率人均76.3万元，同比增长8.7%；研发投入经费同比增长9.8%，研发经费投入强度同比提升；资产负债率保持稳定，总体持续控制在65%以下。三是贡献大，上缴税费持续大幅增加。累计上缴税费2.7万亿元，占全国一般公共预算收入的比重持续上升。四是保障强，社会供给和服务能力持续提升。在国际能源危机愈演愈烈的背景下，中央发电企业全年累计发电5.1万亿千瓦时，以54.7%的机组容量保障了63.1%的电力供应；煤炭日均产量达到296万吨，同比增长7.6%，再创历史新高；自产天然气达到1900亿立方米，同比增长7.1%，在能源保供工作中发挥关键作用。

一、深入推进中央企业战略性重组和专业化整合

国务院国资委高度重视国有经济布局优化与结构调整工作，2022年通过印发指导性文件、建立信息报送分析机制、协调推动重点项目、组织集中签约等方式，扎实推动中央企业重组整合取得积极成效。

（一）做好新公司组建和战略性重组

组建中国矿产资源集团，用好国内国外两个市场、两种资源，打造世界一流矿产资源综合服务企业，对于提高中国全球铁矿石市场话语权、增强铁矿石等重要矿产资源保障能力、维护国家资源安全和产业链供应链安全等具有重要意义。完成中国宝武重组中钢集团，进一步优化中国钢铁工业布局，提升钢铁产业现代化水平，是巩固中国宝武全球钢铁行业领军者地位、促进中钢集团加快实现改革发展的重要举措。落实经营性国有资产集中统一监管要求，推动中国南水北调集团划转国务院国资委，有利于推动南水北调后续工程高质量发展，更好服务国家水网建设，助力构建新发展格局，为保供水、保民生做出更大的贡献。

（二）创新推动专业化整合

协调推动中储粮集团、中粮集团开展股权合作，在粮食储备加工领域成立2家合资公司，进一步聚焦主责主业，充分发挥各自优势开展合作。推动国家电网所属国能生物划转国家电投，促进资源进一步向主业企业、优势企业集中，助力国能生物更好发挥行业引领作用。推动中国航材将中国通航划转海南省国资委，成为海南省属的首个"中"字头企业，有利于促进交通强国建设，深化民航供给侧结构性改革，快速填补海南通航产业主体企业空白，加快培育与地方发展定位、应用场景相契合的支柱产业。推动中国石油与通用技术集团、航天科技与华润集团医疗资源实施专业化整合，切实增强国有企业医疗机构服务保障能力。指导中国稀土集团与有研集团深化稀土产研资源专业化整合，共同打造稀土科技创新平台，充分发挥中国稀土集团的产业引领作用和有研集团的创新支撑作用。先后组织37家中央

企业25组专业化整合项目分两批实施集中签约，涉及大数据、新能源等关键领域。

（三）持续深化重组后整合融合

督促鞍钢落实“钢铁+矿山”双核布局，推动全国最大单体地下矿山西鞍山铁矿开工建设，支持企业加大在辽宁投资建设力度，充分发挥区域引领带动作用，鞍本重组“六措并举”综合性改革取得显著成效。指导协调中国稀土集团完成上市平台更名迁址等工作，有效整合地方稀土资源。落实油气体制改革要求，与有关部门扎实推动油气管网资产划转工作，推动省级管网加快融入国家管网。深入研究形成鞍本重组、宝武重组等7个标志性案例，更好指导中央企业开展重组整合工作。

（四）巩固去产能工作成果

做好粗钢产量压减，组织签订考核目标责任书，动态跟踪粗钢产量，超额完成全年压减任务。推动中煤集团参与山西煤矿减量重组、中国宝武与湖北钢铁产能置换，释放先进产能。积极协调山西省与中国信达妥善解决6户山西省属煤企持股难题。

二、加快推动世界一流企业建设

国务院国资委深入推进世界一流企业创建示范行动、管理提升行动、价值创造行动、品牌引领行动“四个专项行动”，指导各中央企业加快完善世界一流企业建设方案，并纳入企业战略一体推进，取得积极进展。

（一）研究制定政策文件

会同国家发展改革委研究起草加快建设世界一流企业的意见，经中央全面深化改革委员会第二十四次全体会议审议通过。指导中国企业联合会、中煤集团等开展“建设世界一流企业”课题研究。印发《关于开展对标世界一流企业价值创造行动的通知》，要求国有企业聚焦效率效益核心指标等7个方面提升价值创造能力，力争到2025年，国有企业价值创造体系基本完善，部分国有重点企业价值创造能力达到世界一流水平。

（二）深化世界一流示范企业创建工作

在11家中央企业创建世界一流示范企业工作取得较好进展的基础上，推动中央企业和地方国有企业开展建设世界一流示范企业和“专精特新”示范企业“双示范”行动，组织评估遴选，切实发挥示范带动作用。

（三）深入开展对标世界一流管理提升行动

通过举办媒体通气会、召开现场推进会、实施在线监管等多种方式，强化指导推动，确保各项目标任务有效落实。中央企业完成进度超过99%，累计修改完善管理制度7692项，层层创建管理标杆1779个。

（四）持续深化国有资本投资公司改革

扎实开展国有资本投资公司试点专项评估，明确将5家企业转为国有资本投资公司，12家企业继续深化试点，2家企业调出试点名单。组织召开专题座谈会，指导试点企业聚焦短板弱项，制定进一步深化改革的工作方案。

三、积极稳妥做好改制上市工作

持续推动央企控股上市公司提升质量，加快实现内强质地、外塑形象，积极培育和推动更多符合条件的企业上市融资，不断提升资源配置效率。

（一）协调推进重要子企业上市

积极协调推动“硬科技”企业、“专精特新”企业上市，中钢洛耐、信科移动等7户企业成功在科创板上市，为加快科技创新提供有力支撑。举办专题培训，邀请证监会和交易所解读政策，指导中央企业做好上市工作。会同上交所召开中央企业上市工作座谈会、签署战略合作备忘录。深入研究基础设施REITs（房地产投资信托基金）上市的功能作用、国内外实践，形成专题报告。

（二）规范骨干员工持股

研究制定《以科技型企业为主开展国有控股混

合所有制企业骨干员工持股操作指引》。召开规范员工持股工作推进会,明确工作要求。组织开展员工持股专项治理行动,并对上市、重大资产重组等涉及的员工持股事项加强审核把关,指导推进有关企业完成问题整改。

(三)扎实推进股权多元化改革

指导协调有关中央企业研究推进集团和子公司层面股权多元化,引入资金实力强、管理水平高、协同效应好的战略投资者,进一步优化股权结构,完善公司治理,深化内部改革。在推动中国中检与通用技术集团所属检验检测企业实施专业化整合的同时,同步推动中国中检实施股权多元化改革。指导中国电信在所属天翼云公司层面引入中央企业战略投资者开展股权多元化改革,共同打造国家云公司,统筹开展科技创新、设施建设和安全防护体系部署,推动构建云原创技术生态,为网络强国、数字中国建设贡献国资央企力量。

(四)完成国有企业公司制改革收尾

推动中央党政机关和事业单位、地方政府所管理国有企业基本完成公司制改革,公司制企业占比已分别超过98%和99%,实现历史性突破。通过公司制改革,国有企业在法律上、制度上实现政企分开、政资分开,独立市场主体地位进一步确立。

四、着力完善中国特色现代企业制度

全面贯彻“两个一以贯之”,着力推动在完善公司治理中加强党的领导,加快健全现代公司治理机制,在形成更加成熟、更加定型的中国特色现代企业制度上取得了明显成效。

(一)不断健全制度体系

完善中央企业“三重一大”决策机制,优化决策事项的权责清单,修改《中国特色现代企业制度建设百问》,指导企业形成完整统一的制度体系。开展“党的十九大以来中国特色现代企业制度建设成就与规律研究”课题研究,初步提炼形成体现中国特色现代企业制度内在治理规律的“四梁八柱”。

(二)提高子企业董事会建设质量

对子企业董事会建设情况开展抽查,通报典型问题和案例,提升运行规范性。研究起草《关于中央企业深化子企业董事会建设的指导意见》,明确子企业董事会依法合规设立、健全运行机制、高效行权履职等具体要求,巩固“应建尽建”成果。

(三)推动子企业董事会有效行权

开展落实中央企业董事会职权试点评估,总结经验成效。督促重要子企业董事会完善行权配套制度,规范落实职权。符合条件的子企业100%建立董事会,1658家重要子企业纳入落实职权范围。100%的中央企业集团和97.4%的各级子企业建立董事会授权管理制度。创建中央企业董事会秘书协作交流机制,开展交流活动。

(四)深化公司治理示范创建

从不同层级、不同类型的国有企业中优选145家示范企业,推广经验做法。编制《国有企业完善公司治理范例汇编》,指导示范企业聚焦小切口问题总结典型案例。举办“董秘开讲”等公司治理系列视频培训,中央企业、地方国资委及所属企业共5万余人次参加。

五、持续强化企业管理提升集团管控能力

深入开展压减工作“回头看”专项行动,推动加强股权管理、供应链管理,促进中央企业加快提升管控能力,不断提升管理效能。

(一)开展压减工作“回头看”专项行动

印发工作方案,召开视频推进会,明确目标和任务要求。针对法人层级较长,法人净增长较快,重组并购企业量大,以及房地产和建筑施工项目公司、SPV(特殊目的载体)公司、布局新能源企业多等重点情形,成立6个专项工作组,分类研究压减方式和工作机制。对20家压减任务重、难度大的企业印发督促函,指导企业制定针对性强的工作方案,赴6家企业现场调研督导,共同研究解决重点问题。2022

年，中央企业共压减法人3698户，法人层级5级以内的企业占比超过80%，管理层级全部控制在5级以内，其中68家控制在4级以内。

（二）加强股权管理，防控“参股不参管、控股不控权”

在全面推进自查整改基础上，赴有关中央企业开展重点调研督导，督促加快完成企业字号收回、低效无效参股股权退出等工作。指导推动国投、中国诚通发挥专业化优势，集中处置低效无效参股股权。截至2022年年底，中央企业累计完成参股整改问题6674个，其中清理退出低效无效参股股权1333项、收回资金273.2亿元、收回564户参股企业使用的央企字号。研究起草管理办法，全面加强国有企业参股管理。印发专项整治工作方案，指导中央企业对全级次控股企业开展自查整改。对“大股东对等”有关情况全面摸排调研，涉及86户中央企业、2017户子企业，形成专题调研报告，研究提出加强管控的意见建议。

（三）以采购管理为切入点，加强企业供应链管理

完善中央企业采购交易在线监管机制，深入开展采购招投标领域综合治理专项行动，2022年累计发现并向企业转送问题风险6098个。通过组织现场推进会、开展年度采购对标评估等方式，加强指导推动，中央企业集中采购率、公开采购率、上网采购率分别达到88.8%、89.9%、89.0%。研究制定加强企业供应链管理体系建设的指导文件，建设全国企业采购交易寻源询价系统、供应商信用认证评价系统，做好强化闲置和废旧物资处置管理、建筑领域供应商“黑名单”共享等专项工作。

六、稳步推进东北地区国资国企改革

聚焦服务区域协调发展战略和区域重大战略，进一步推进东北地区央地合作落实落地，助力地方经济社会加快实现高质量发展。

（一）持续深化中央企业综合改革试点

2019年起，选取鞍钢、中国一重在集团层面，中国一汽、哈电集团和华录集团在子企业层面开展综合改革试点，5家企业营业收入、净利润年均增长6%、13%，其中鞍钢净利润年均增长108%。

（二）持续深化振兴东北央地百对企业协作行动

组织有关中央企业和三省一区国企共105对企业开展深度合作，96对取得阶段性进展。辽宁省31对协作企业达成合作意向100亿元，已合资新设公司3家。航空工业集团和沈阳航空“大型航空机体结构件专业化整合”等多个项目成功签约，中国宝武与内蒙古包钢股份共同推进钢管生态圈建设。

（三）引导央企支持太平湾合作创新区建设

指导招商局集团与辽宁省、大连市签署太平湾开发建设合作协议，推动大船集团搬迁太平湾项目成功签约，太平湾建设取得重大成果。组织中粮集团等24家企业召开央企支持太平湾建设推进会，指导中国三峡集团、中国电建、中国能建等一批中央企业参与太平湾风电园、氢能园建设，推动重大产业项目加速落地。

（四）做好典型宣传

总结提炼中央企业在重组整合、央地合作、混合所有制改革、健全市场化经营机制等方面的典型经验，在《国有企业改革动态》、国企改革公众号等刊发。

（审稿：张学勇
撰稿：孙博宇）

2022年中国吸收外商直接投资情况分析

商务部国际贸易经济合作研究院外国投资研究所

2022年俄乌冲突后，地缘政治和经济格局加快重塑，全球供应链复苏受影响，大宗商品价格飙升，全球通胀大幅上扬，全球经济增长普遍放缓。联合国贸易和发展会议发布报告说，受俄乌冲突、食品和能源价格高涨及公共债务飙升等因素影响，2022年全球外国直接投资较上年下降12%至1.3万亿美元。《2023年世界投资报告》显示，2022年流入发达经济体的外国直接投资下降37%至3780亿美元，而流入发展中国家的外国直接投资则增长4%至9160亿美元。按行业来看，电子、半导体、汽车和机械等面临供应链挑战的行业投资项目数量激增，而数字经济领域投资则放缓。

一、2022年中国外商投资宏观政策导向和重点目标

2022年中国外资的政策导向是坚持稳字当头、稳中求进，全力推动利用外资保稳促优。主要政策举措包括《鼓励外商投资产业目录》(2022年版)、《关于以制造业为重点促进外资扩增量稳存量提质量的若干政策措施》、《国家服务业扩大开放综合试点示范建设最佳实践案例》、《关于支持国家级经济技术开发区创新提升更好发挥示范作用若干措施的通知》等。

(一)2022年发布的有关外资的重要政策文件

1. 政府工作报告中利用外资的目标和任务

2022年中国政府工作报告提出要扩大高水平对外开放，推动外贸外资平稳发展。充分利用两个市场、两种资源，不断拓展对外经贸合作，以高水平开放促进深层次改革、推动经济高质量发展。

利用外资方面的工作任务是：积极利用外资。深入实施外资准入负面清单，落实好外资企业国民待遇。扩大鼓励外商投资范围，支持外资加大中高端制造、研发、现代服务等领域和中西部、东北地区投资。优化外资促进服务，推动重大项目加快落地。扎实推进自贸试验区、海南自由贸易港建设，推动开发区改革创新，提高综合保税区发展水平，增设服务业扩大开放综合试点。通过构建开放统一的中国大市场，为各国企业在中国发展提供更多机遇。

2. 以制造业为重点促进外资扩增量、稳存量、提质量

为落实党中央、国务院决策部署，进一步扩大外资流入，稳定外商投资规模，提高利用外资质量，更好发挥利用外资在促进中国制造业高质量发展、更深融入全球产业链、供应链的积极作用。经国务院同意，提出以下政策措施。一是优化投资环境，扩大外商投资流入。深入实施外资准入负面清单，高标准落实外资准入后国民待遇，推动外资项目签约落地，强化土地要素保障，开展国际产业投资合作系列活动。二是加强投资服务，支持外商投资企业发展。保障外资企业人员跨境流动和物流供应链的顺畅，强化外资企业金融支持，鼓励外商投资企业利润再投资。三是引导投资方向，提升外商投资质量。优化外商投资结构，支持外资企业创新发展，加快外商投资绿色低碳升级，引导制造业外商投资企业国内梯度转移。

3. 修订和扩大鼓励外商投资产业目录

发布新版《鼓励外商投资产业目录》是当前形势下进一步稳外资的重要举措，不仅有利于推进高水平对外开放、加快构建新发展格局，也有利于进一步稳住外商投资、优化投资结构、提振外资预期和信心。

2022年10月修订后发布的《鼓励外商投资产业目录》(2022年版)总条目1474条，与2020年版相比净增加239条、修改167条。其中，全国目录共519条，增加39条、修改85条；中西部目录共955

条，增加200条、修改82条。根据有关产业发展规划要求和政策导向，按照“总量增加、结构优化”原则开展修订，主要变化包括以下三点。一是全国目录继续将制造业作为鼓励外商投资的重点方向，提升产业链、供应链水平。终端产品领域，新增或修改航空地面设备、辉光放电质谱仪、透射电子显微镜、工业节水相关装备等条目。零部件领域，新增或修改盾构机轴承、自动驾驶相关关键零部件、高性能轻金属等条目。原材料领域，新增或修改高纯电子化学品、高性能涂料、有机高分子材料等条目。二是全国目录将促进服务业和制造业融合发展作为修订重点。技术服务领域，新增低碳环保绿色节能节水的先进系统集成技术及服务、环境友好型技术开发应用、海上风电装备和海洋新能源装备设计研发等条目。商务服务领域，新增或修改退役风电叶片及废弃光伏组件回收处理，传统能源清洁运营、工程施工与技术服务，语言服务等条目。三是结合各地劳动力、特色资源等比较优势扩大中西部目录鼓励范围。发挥人力资源优势，在江西、安徽、河南、贵州、甘肃、宁夏、广西等省（自治区）新增劳动密集型加工贸易相关产业条目。发挥传统制造优势，在重庆、四川、湖北、湖南、陕西等省（直辖市）新增装备制造等条目。立足农业资源优势，在黑龙江、吉林、辽宁等省新增农畜产品加工等条目。提升沿边外向型经济发展水平，在西藏、新疆、云南等省（自治区）新增商贸物流、旅游休闲等条目。推动资源型地区绿色转型，在山西、内蒙古等省（自治区）新增相关条目。

外资鼓励类项目享受的支持政策主要包括：一是对于鼓励类外商投资项目，在投资总额内进口自用设备，除《进口不予免税的重大技术装备和产品目录》《外商投资项目不予免税的进口商品目录》外，实行免征关税政策；二是对于符合条件的西部地区和海南省鼓励类产业的外商投资企业，减按15%征收企业所得税；三是对于集约用地的鼓励类外商投资工业项目优先供应土地，在确定土地出让底价时可按不低于所在地土地等别相对应全国工业用地出让最低价标准的70%执行。

4. 支持国家级经济技术开发区创新提升更好发挥示范作用

为全面贯彻党的二十大精神，把发展经济的着力点放在实体经济上，根据《国务院关于印发扎实稳住经济一揽子政策措施的通知》及其接续政策要求，支持国家级经济技术开发区（以下简称国家级经开区）稳定和扩大制造业引资规模，着力解决制造业发展所需资金、土地、人才等资源要素瓶颈制约，支持综合发展水平考核评价排名靠前的国家级经开区创新提升更好发挥示范作用，提出如下措施。一是加大招商引资支持力度。拓宽招商引资资源，用足用好资金政策，扩大开放平台叠加优势。二是强化制造业项目要素保障。优化项目环评流程，保障项目用地需求，加大财政金融支持力度。三是着力推动制造业提质增效。提升产业创新能力，积极培育产业集群，推进绿色低碳循环发展。四是全力维护产业链供应链稳定。建立物流保障机制，便利商务人员出入境。

（二）外资稳中提质的具体措施

1. 稳步推动制度型开放

健全外商投资准入前国民待遇加负面清单管理制度。深入落实外商投资法及其实施条例，进一步清理同外商投资法及实施条例不符的法规、规章和规范性文件。进一步落实外资准入后国民待遇，在政府采购、土地供应、税费减免、资质许可、标准制定、项目申报、人力资源政策等方面对内外资企业一视同仁，依法依规及时解决外资企业合理诉求。

2. 持续提升利用外资水平

落实“十四五”规划纲要关于有序推进电信、互联网、教育、文化、医疗等领域开放的部署，合理缩减外资准入负面清单，继续在自贸试验区等先行先试。积极引导外资更多投向先进制造业、现代服务业、高新技术、节能环保等领域和中西部、东北地区，更好发挥外资在推动产业转型升级、保障产业链、供应链稳定等方面的作用。继续把先进制造、高新技术等领域作为重大外资项目支持的主方向，鼓励外资参与中国制造业高质量发展、新型基础设施建设和创新驱动发展，更好发挥国家重大外资项目示范作用，推动地方健全机制，上下联动，提供全流程服务。

3. 打造高水平的开放高地

发挥京津冀、长三角、粤港澳大湾区等地区先导示范效应，打造面向东北亚、中亚、南亚、东南亚的沿边开放合作门户。赋予自由贸易试验区更大改革自主权，积极复制推广制度创新成果。稳步推进海南自由贸易港建设，有序实现货物贸易“零关税”、服务贸易“既准入又准营”，推进贸易投资自由化、便利化，全面推行“极简审批”投资制度。创新提升国家级新区和开发区，促进综合保税区高水平开放。

二、2022年中国吸收外资的基本情况分析

2022年中国利用外资保持增长，达到创纪录的1891亿美元，利用外资连续五年稳居全球第二，投资主要集中在制造业和高科技行业，大多来自欧洲的跨国企业。见图1、图2、表1。

（一）总体状况与特征

1. 实际利用外资稳定增长

2022年，全国实际使用外资金额12326.8亿元人民币，按可比口径同比增长6.3%（折合1891.3亿美元，增长8%），保持稳定增长。

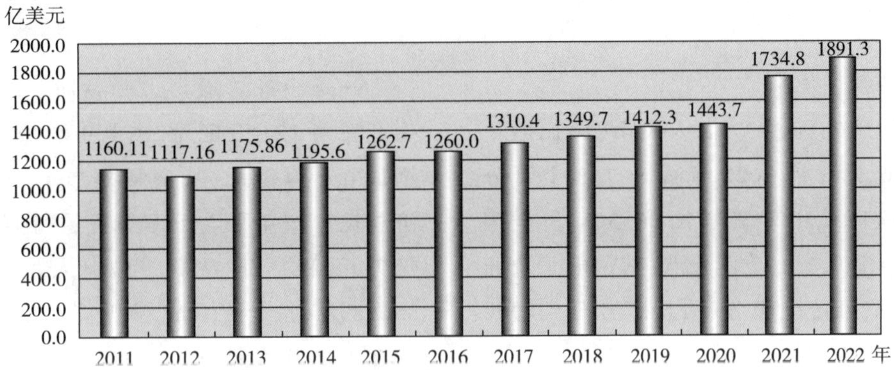

图1　2011—2022年中国实际利用外资金额

数据来源：根据商务部历年公布数据制作。

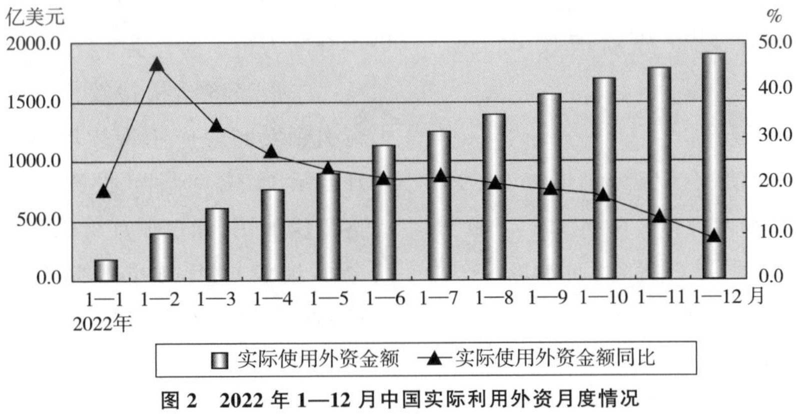

图2　2022年1—12月中国实际利用外资月度情况

数据来源：商务数据中心。

表1　2022年1—12月中国实际利用外资金额（非金融类）

时　间	实际使用外资金额/亿美元	实际使用外资金额同比/%
2022年1月	158.4	17.6
2022年1—2月	378.6	45.2
2022年1—3月	590.9	31.7
2022年1—4月	744.7	26.1

续表

时　间	实际使用外资金额/亿美元	实际使用外资金额同比/%
2022 年 1—5 月	877.7	22.6
2022 年 1—6 月	1123.5	21.8
2022 年 1—7 月	1239.2	21.5
2022 年 1—8 月	1384.1	20.2
2022 年 1—9 月	1553	18.9
2022 年 1—10 月	1683.4	17.4
2022 年 1—11 月	1780.8	12.2
2022 年 1—12 月	1891.3	8

数据来源：商务数据中心。

2. 引资结构持续优化

制造业实际使用外资 3237 亿人民币，同比增长 46.1%，占全国 26.3%，较 2021 年提升 7.8 个百分点。高技术产业实际使用外资增长 28.3%，占全国 36.1%，较 2021 年提升 7.1 个百分点，其中电子及通信设备制造、科技成果转化服务、信息服务分别增长 56.8%、35%和 21.3%。

3. 主要来源地投资普遍增长

投资增幅较大的来源地有韩国、德国、英国等，分别增长 64.2%、52.9%和 40.7%。欧盟、共建"一带一路"国家、东盟对华投资分别增长 92.2%、17.2%和 8.2%。

4. 中西部引资稳步提升

中部、西部地区实际使用外资分别增长 21.9%和 14.1%，高于全国平均水平 15.6 和 7.8 个百分点。其中，山西、河南、广西、陕西等省（自治区）吸收外资增长 229.6%、119.8%、49.1%和 33.6%。

5. 大项目带动作用增强

合同外资 1 亿美元以上大项目实到外资 6534.7 亿元人民币，增长 15.3%，占全国实际使用外资的 53%，为稳外资提供了重要支撑。

（二）外资持续增长的经验和优势

1. 国内经济持续增长，走势好，加强了外商对中国投资的信心

2022 年，中国经济呈现出总量增、质量升、韧性强、走势好的发展态势，有利于增强外商投资信心，促进外商投资稳定增长。主要表现为以下三点。

一是经济总量再上新台阶。2022 年，中国国内生产总值 121 万亿元，比上年增长 3%。总量比上年增加 6.1 万亿元，其增量相当于一个中等国家的经济总量。按年平均汇率折算，中国经济总量达 18 万亿美元，稳居世界第二位。人均国内生产总值为 85698 元，按年平均汇率折算达 12741 美元，继续保持在 1.2 万美元以上。2022 年，全国居民人均可支配收入比上年实际增长 2.9%，与经济增长基本同步。中国在世界经济体量排名靠前的主要经济体中增速领先，经济总量持续扩大，发展基础更加坚实，综合国力进一步增强。

二是经济结构持续优化、新动能持续增强。创新引领发展的作用持续增强，全球创新指数排名提升至第 11 位。产业、投资、消费、贸易等领域结构调整步伐加快，绿色循环低碳发展扎实推进。2022 年，全国规模以上高技术制造业增加值比上年增长 7.4%，高技术产业投资增长 18.9%；新能源汽车、太阳能电池、工业机器人等产品产量分别增长 90.5%、46.8%、21%。

三是中国经济未来走势普遍看好。不少国际组织和市场机构纷纷上调对中国经济增速预期值，普遍预计 2023 年中国经济增速将达到 5%左右甚至更高。国际货币基金组织（IMF）认为，在世界经济持续下行的大背景下，中国将成为 2023 年全球增长的最大推动力。

2. 因时因势优化调整防控措施，优化并落实企业复工达产政策

2022 年新冠疫情防控期间，高效统筹疫情防控

和经济社会发展。商务部持续关注外资企业在中国的经营状况，充分发挥外贸外资协调机制重点外资项目工作专班作用，与外资企业和外国商协会开展有针对性的常态化交流，积极协调解决疫情对外资企业经营造成的困难和问题，全力保障外资企业的生产经营。

新冠疫情中高风险地区建立完善运行保障企业、防疫物资生产企业、连续生产运行企业、产业链供应链重点企业、重点外贸外资企业、“专精特新”中小企业等重点企业复工达产“白名单”制度，及时总结推广“点对点”运输、不见面交接、绿色通道等经验做法，细化实化服务“白名单”企业措施，推动部省联动和区域互认，协同推动产业链供应链企业复工达产。新冠疫情防控期间鼓励具备条件的企业进行闭环生产，保障其稳定生产，原则上不要求停产；企业所在地政府做好新冠疫情防控指导，加强企业员工返岗、物流保障、上下游衔接等方面服务，尽量减少疫情对企业正常生产经营的影响。

3. 加大招商引资支持力度，开展国际产业投资合作系列活动

一是拓宽招商引资资源。发挥中国国际投资贸易洽谈会、中国国际进口博览会等平台优势，加大对国家级经开区的宣传推介力度。探索从国家级经开区选派符合条件的干部赴驻外使领馆经商机构工作，拓宽对外交流渠道。二是用足用好资金政策。充分利用现有资金渠道，支持国家级经开区举办各类招商引资活动，打造国际合作新载体，提升载体服务集约化、专业化、智能化水平，促进相关外向型产业发展。三是组织实施国际产业投资合作系列活动，以及与外商投资企业、有关商会和世界经济论坛等国际组织的对话交流活动。及时做好重大国家及区域发展战略、外资、科技、产业等政策宣传解读，为跨国公司投资和各地方招商引资搭建平台，支持跨国公司和地方深度对接、精准沟通，推动项目签约落地。

4. 加快推进重大外资项目积极吸引外商投资

在已纳入工作专班、开辟绿色通道推进的重大外资项目基础上，充分发挥重大外资项目牵引带动作用，尽快论证启动投资数额大、带动作用强、产业链上下游覆盖面广的重大外资项目。引导外资更多投向先进制造、科技创新等领域及中西部和东北地区，支持外商投资设立高新技术研发中心等。进一步拓宽企业跨境融资渠道，支持符合条件的高新技术和“专精特新”企业开展外债便利化额度试点。建立完善与在中国外国商协会、外资企业常态化交流机制，积极解决外资企业在中国营商便利等问题，进一步稳住和扩大外商投资。

三、2022年稳外资的困难挑战和未来对策建议

面对错综复杂的世界经济形势，中国不断增强高水平开放的引领作用，努力发展新产业、新业态，一系列“稳外资”的实际举措，让越来越多外资企业看好中国经济的长期发展前景。

（一）稳外资面临的困难和挑战

1. 世界政治经济形势动荡复杂，影响外资跨国公司的投资预期

2022年由于全球新冠疫情延宕，国际政治经济格局加速演变，国际形势变化深刻复杂，世界进入新的动荡变革期。中国利用外资虽然稳中有进，但依然面临较大的外部压力。中国和世界经济发展面临的不确定性上升，风险挑战增多。全球新冠疫情仍未得到有效控制，供给瓶颈的问题仍然存在，世界能源供需格局发生非常大的变化，经济全球化遭遇逆流，这些都给外资和跨国公司投资预期带来了一定影响。受乌克兰危机升级、食品和能源价格高涨及公共债务飙升等因素影响，2022年全球外国直接投资较上年下降12%至1.3万亿美元。

2. 美国继续坚持对中国“脱钩断链”，升级对中国“科技战”

2022年美国拜登政府继续坚持对中国“脱钩断链”。美国参议院于2021年6月通过了耗资2500亿美元的《美国创新与竞争法》，目的是跟中国竞争，要加强美国科技研发，但是该法案被美国众议院搁置。2022年1月25日，美国众议院推出了自己的版本，全称为《2022年美国创造制造业机会和技术卓越与经济实力法》，简称《2022年美国竞争法》。根据该法案，美国将创立“美国芯片基金”，拨款520亿美元鼓励美国私营企业投资于半导体生产等；授权

450亿美元改善美国供应链,加强制造业,防止关键产品的短缺,并确保更多此类产品在美国本土制造;推动美国科学研究和技术创新,并通过经济发展和国际同盟关系确保美国在全球的竞争力和领导地位。美国能源和商务委员会主席弗兰克·帕隆说:"这项立法加强了我们国家的供应链,支持了国家的战略储备,并投资了下一代尖端科技,让更多的关键产品在美国生产,而不是在中国制造。"

3. 东盟国家吸引外资的能力持续增加,成为中国吸引外资的竞争对手

自2019年开始东盟国家已成为中国的第一大贸易伙伴,对美国也在前五之列。这表明东南亚地区在全球贸易中具有重要地位,对于中国和美国等大型经济体具有较大的吸引力。2022年东盟经济保持复苏态势,东盟以其较高的开放和区域一体化程度正在实现经济快速复苏,是吸引外资最多的地区之一,东盟吸引的外资约占FDI(外国直接投资)投资总额的10%。

东盟国家,尤其是印度尼西亚、越南等国家,拥有庞大的人口基数,且年轻人口占比高。这些国家为科技创新和产业发展提供了充足的劳动力资源,吸引了大量外资企业投资。2020—2021年,东盟和印度在制造业和信息通信领域的FDI增长超过一倍,这些地区成为全球投资者关注的热点。

2022年,受俄乌冲突等影响,全球FDI流入量下降12%。同期,东盟FDI流入量逆流而上,增长5.5%达2240亿美元,创历史峰值,巩固了发展中地区最大FDI目的地的地位。越来越多的国际巨头企业在东盟设立分支机构。

东盟连续两年超越中国成为发展中地区最大的FDI目的地,并继续成为增长引擎。东盟在全球FDI流入中的份额从2021年的14.4%上升到2022年的17.3%。强劲的流入推动东盟FDI存量达到3.6万亿美元,比2015年(1.8万亿美元)翻了一倍。跨国公司纷纷在东盟扩张,强化区域价值链和供应链网络。股权投资增长8%达1270亿美元,占东盟2022年FDI的56%;再投资增长5%达860亿美元,占比38%。已公布的绿地投资、国际项目融资和跨境并购项目数量均有所增加。

东盟成员国陆续出台有利外商投资的政策措施,包括:投资便利化及配套措施,政策环境逐渐改善;东盟区域层面达成一系列旨在加速电动汽车、数字经济、工业4.0转型等领域投资的声明和协定。

与中国相比,东南亚国家的最低工资标准较低,最低工资只有中国大陆的一半左右,这使得企业在人力成本方面具有明显优势。此外,东南亚各国政府为了吸引外资,纷纷出台了一系列优惠政策,包括税收优惠、土地使用权等,这为外资企业创造了有利的发展环境。此外,东南亚地区的关税相对较低,有利于降低跨国企业的运营成本。

(二)2022年"稳外资"工作重点及建议

1. 持续提升利用外资水平,优化外商投资结构

继续健全外商投资准入前国民待遇加负面清单管理制度,扩大鼓励外商投资范围,全面深入落实准入后国民待遇。优化外商投资服务,加强外商投资促进和保护。支持外资企业扩大中高端制造、高新技术、传统制造转型升级、现代服务业等领域和中西部地区投资,鼓励外资企业设立研发中心和参与承担国家科技计划项目。

2. 便利国际商务人员往来,保障物流顺畅和供应链稳定

首先,在做好新冠疫情防控前提下,便利跨国公司、外商投资企业高管、技术人员及其家属出入境。要用好、用足中外人员往来"快捷通道",结合当地实际,进一步明确标准和流程,为外籍人员来中国提供便利。其次,各地方要加强与外贸外资企业及其上下游关联企业的主动对接,保障外商投资等企业生产物资和产品运输通畅。充分发挥国务院物流保通保畅工作领导小组作用,加强部门协同和部省联动,高效统筹疫情防控和保通保畅工作,加强货运物流保通保畅,促进产业链供应链安全稳定。

3. 引导制造业外商投资企业国内梯度转移

统筹组织"跨国公司地方行"等活动,重点推动邀请制造业领域跨国公司优先到产业发展基础较好的中西部和东北地区发展。持续支持中西部和东北地区国家级新区和开发区,以及承接产业转移示范区、加工贸易梯度转移重点承接地、国家加工贸易产业园,更好发挥制造业引资带动作用,承接国际国内

产业转移。各有关部门、各地方要高度重视，加强配合，营造更加优化的政策环境，稳定外商投资预期、提振外商投资信心，使外商投资企业更好融入国内大循环，促进国内、国际双循环。

（撰稿：张　菲）

2022 年中国企业境外投资与境外企业发展综述

商务部国际贸易经济合作研究院对外投资合作研究所

2022 年是党的二十大召开之年，是实施“十四五”规划关键之年，也是第二个百年奋斗目标开局之年。国际货币基金组织（以下简称 IMF）2023 年 7 月发布的最新一期《世界经济展望》指出，全球经济复苏步伐正在放缓，各经济领域及各地区之间的差距不断扩大，世界经济仍将面临持久挑战。2022 年年初爆发的俄乌冲突持续延宕，加速国际秩序重构，2023 年巴以冲突再次爆发，给世界政治经济格局带来更大的不确定性。根据联合国贸易与发展会议（UNCTAD）最新发布的《2023 年世界投资报告》，2022 年全球外国直接投资（FDI）流量 1.58 万亿美元，同比增幅高达 64.3%，恢复至新冠疫情前的水平。其中，发达经济体吸收外资规模反弹迅猛，为全球投资增长贡献了很大的力量。

2022 年度中国对外投资增速放缓、对外承包工程和劳务合作整体收缩。中华人民共和国商务部最新发布的《2022 年度中国对外直接投资统计公报》显示，2022 年中国对外直接投资流量 1631.2 亿美元，同比下降 8.8%。2022 年，中国对外承包工程新签合同额 2530.7 亿美元，同比下降 2.1%；当年完成营业额 1549.9 亿美元，基本与上年持平。2022 年中国派出各类劳务人员 25.9 万人，较上年减少 6.4 万人，年底在外各类劳务人员 54.3 万人，同比下降 8.2%。

一、2022 年中国对外投资合作基本情况

（一）对外直接投资

2022 年中国对外直接投资未能保持增长态势，在经历了 2021 年强势反弹后有所收缩，但仍保持着流量全球第二、存量全球第三的大国地位。

1. 流量蝉联全球第二，占全球比重略有上升

2022 年，中国对外直接投资流量 1631.2 亿美元，同比下降 8.8%，蝉联世界第二位，占全球当年流量的比重较 2021 年上升 0.4 个百分点。其中，非金融类投资 1410 亿美元，占比 86.4%。新增股权投资较上年活跃，占当期流量的比重增长了 7.8 个百分点。2022 年境外企业经营状况良好，七成企业盈利或持平，当年收益再投资为历史次高值（803.8 亿美元），仅次于上年的 993 亿美元。见图 1。

从投资存量来看，截至 2022 年年底，中国对外直接投资存量 27548.1 亿美元，仍列全球第三位，占全球外国直接投资流出存量总额（39.85 万亿美元）的 6.9%，较上年比重上升 0.2 个百分点。

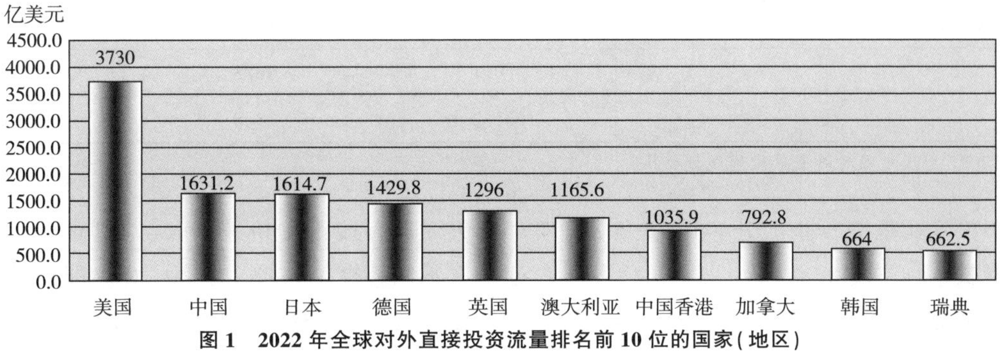

图 1　2022 年全球对外直接投资流量排名前 10 位的国家（地区）

2. 并购交易数量和规模均有所下降

2022 年,受全球经济复杂多变、不稳定不确定性增加等多重因素影响,中国企业的对外投资并购数量和规模均有所下降。当年实施的并购项目 483 起,同比下降 4.4%,实际交易金额仅 200.6 亿美元,同比下降 37%。其中,境外融资 48.7 亿美元,占并购总额的 24.3%,较上年下降 11.8 个百分点。从并购行业来看,2022 年中国企业对外投资并购以采矿业、制造业和科学研究/技术服务业三大领域为主,三大行业并购金额约占当年并购总额的六成。并购项目分布在全球 56 个国家(地区),开曼群岛、巴西、中国香港、阿根廷、英国等是主要目的地,对共建"一带一路"国家投资并购占并购总额的 27.5%。中海油增持巴西布兹奥斯 5%权益为当年最大并购项目。

3. 行业结构有所调整,采矿业比重有所上升

从投资行业结构来看,2022 年,流向租赁和商务服务业的投资 434.8 亿美元,同比下降 11.9%,仍为中国对外直接投资第一大行业领域,占当年流量总额的 26.7%。文化、体育/娱乐业和教育行业回弹较大,2022 年投资流量分别是上年的 17 倍和 8 倍。随着新能矿等能源矿产重要性的提升,采矿业对外直接投资流量增长较快,2022 年采矿业投资流量较上年增长 79.5%,比重亦较上年增长了 4.7 个百分点。而住宿和餐饮业、建筑业、信息传输/软件和信息技术服务业三者流量降幅较大。见表 1。

表 1　2022 年中国对外直接投资流量行业分布情况

行　业	流量/亿美元	同比/%	比重/%
租赁和商务服务业	434.8	-11.9	26.7
制造业	271.5	1.0	16.6
金融业	221.2	-17.5	13.6
批发和零售业	211.7	-24.8	13.0
采矿业	151.0	79.5	9.3
交通运输、仓储和邮政业	150.4	23.0	9.2
电力、热力、燃气及水的生产和供应业	54.5	24.1	3.3
科学研究和技术服务业	48.2	-4.9	3.0
房地产业	22.1	-46.1	1.4
信息传输、软件和信息技术服务业	16.9	-67.1	1.0
文化、体育和娱乐业	15.3	1600.0	0.9
建筑业	14.5	-68.6	0.9
居民服务、修理和其他服务业	6.8	-62.4	0.4
农、林、牧、渔业	5.1	-45.2	0.3
卫生和社会工作	2.9	-14.7	0.2
教育	2.4	700.0	0.1
水利、环境和公共设施管理业	1.8	-18.2	0.1
住宿和餐饮业	0.1	-96.3	
合计	1631.2	-8.8	100.0

数据来源:《2022 年度中国对外直接投资统计公报》。

4. 对亚洲投资比重进一步上升,对北美洲、大洋洲投资快速增长

从流量洲别分布来看,2022 年,中国对北美洲、大洋洲直接投资快速增长,对其他地区直接投资均有不同程度的下降。其中,对亚洲直接投资 1242.8 亿美元,仍保持一位,占当年流量比重较上年提升

4.6个百分点。对北美洲投资72.7亿美元,同比增长10.5%,占当年流量的4.5%,对美国投资较上年增长30.6%。对大洋洲投资30.7亿美元,同比增长44.8%,增幅最大。见图2。

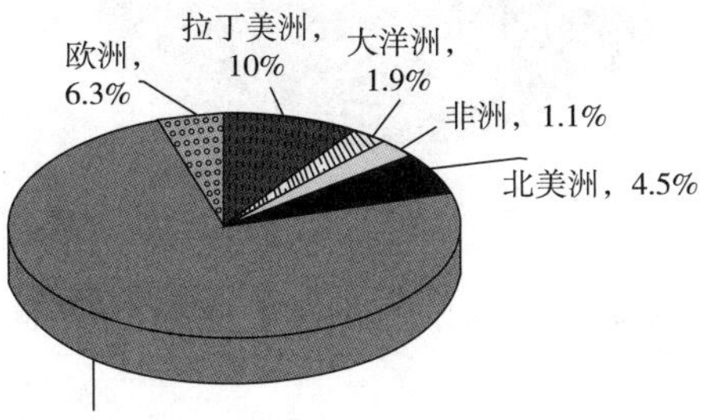

图2 2022年中国对外直接流量地区分布

5.央企投资流量降幅较大,地方企业流量占比略有提升

2022年,中央企业和单位对外非金融类直接投资流量549.5亿美元,同比下降14.5%。地方企业对外投资860.5亿美元,同比下降1.9%,但占当年流量的比重较上午提升3.3个百分点。特别是西部地区当年直接投资流量增长较快,达93.5亿美元,同比增长107.3%。浙江、广东和上海仍列当年对外直接投资流量省市排名前三位,金额均超百亿美元。深圳市对外直接投资流量58.4亿美元,仍列计划单列市之首。

(二)对外承包工程

新冠疫情造成的影响并未完全消退,全球经济2021年的反弹在2022年并未得以延续。在历史因素和现实因素的共同作用下,2022年中国对外承包工程业务依然平稳发展。

1.完成营业额基本与上年持平,新签合同额略有下滑

2022年,中国对外承包工程企业完成营业额1549.9亿美元,基本与上年持平;新签合同额2530.7亿美元,同比下降2.1%。2022年中国承包工程企业新签合同额上10亿美元的大项目共12个。

2.拉美市场回弹势头不减,欧洲、大洋洲降幅较大

2022年,中国对外承包工程市场分布仍以亚洲和非洲为主,二者无论是新签合同额还是完成营业额合计占比均接近80%,整体格局基本保持稳定。此外,从完成营业额来看,拉丁美洲2022年完成营业额113.3亿美元,同比增长42.2%,增幅最快,这与上年拉丁美洲新签合同额强势反弹不无关系。而同期北美洲完成营业额下降幅度较大。从新签合同额来看,拉丁美洲回弹势头不减,新签合同额271.3亿美元,同比增长35.8%,成为当年增幅最大的地区,预示着该地区2023年也将有亮眼的成绩单。相较之下,上年同样增幅较大的欧洲地区2022年新签合同额未能保持增长态势,仅有205.3亿美元,成为当年降幅最大的地区。同样降幅较大的还有大洋洲,以75.1亿美元的成绩名列倒数第二位。见图3。

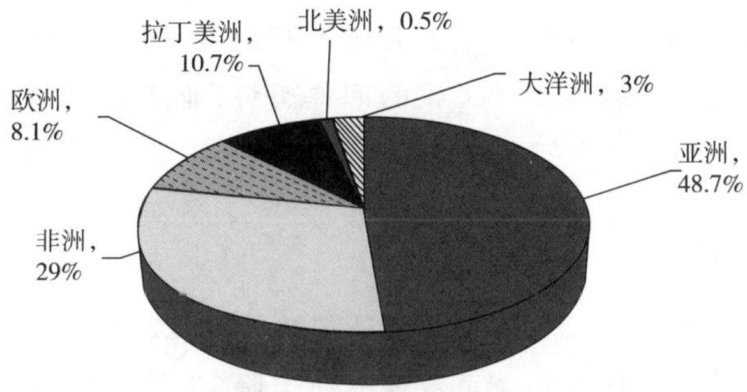

图3 2022年度新签合同额洲别分布情况

3.交通运输行业新签合同额仍列榜首,危险品处理项目降幅最大

2022年,中国企业承揽的交通运输项目新签合同规模仍居各行业榜首,金额为586.9亿美元,同比下降8.8%,占当年新签合同总额的23.2%;一般建筑(582.9亿美元)和电力工程建设(364.3亿美元)为中国对外承包工程新签合同额第二、三大行业领域,规模分别较上年增长15.4%、下降25.1%。废水(物)处理项目未能延续前三年的长势,2022年新签合同额下降66.8%,仅有24.3亿美元,是当年新签合同降幅最大的行业。石油化工项目新签合同额因俄乌冲突等导致的油气价格上涨亦随之迅速增长,2022年达273.3亿美元,同比增幅达31.5%。危险品处理项目新签合同额和完成营业额均降幅最大,当年没有相关行业的新签合同。

4.国际化水平仍有差距,海外市场韧性增强

81家中国企业上榜2023年美国《工程新闻记录》(ENR)"全球最大250家国际承包商"榜单,较

上年增加2家。上榜的中国企业2022年共实现国际业务收入1179.3亿美元，同比增长4.4%，但占250家企业国际收入总额的比重（27.5%）却较上年下降了0.9个百分点。中国企业较其他国际巨头海外业务收入比重仍有较大差距，2023年上榜中国企业海外业务收入占比为32.6%，而上榜的250家企业的平均占比为44.1%，仍低了11.5个百分点，国际化水平仍有待提升。令人欣慰的是，上榜2023年250强的地方企业注册地分布广泛，囊括了东部和中西部地区，增加了中国企业海外市场的韧性，有利于发挥各自优势提供差异化细分服务。

（三）对外劳务合作

面对全球经济复苏脆弱、就业市场恢复乏力、地缘冲突导致安全隐患上升等不利因素，中国对外劳务合作亦未能延续上年的回弹态势，业务规模进一步走低。

1. 业务规模进一步走低，劳务人员实际收入有所增长

据中华人民共和国商务部统计，2022年中国对外劳务合作业务派遣规模有所下降，当年派出各类劳务人员25.9万人，同比下降19.8%。其中，承包工程项下派出8万人，同比下降39.9%；劳务合作项下派出17.9万人，同比下降5.8%。2022年劳务人员实际收入56.6亿美元，同比增长4.4%。

2. 北美洲成当年派出和年底在外人数唯一正增长地区

2022年，中国派出各类劳务人员仍集中在亚洲（19.8万人）和非洲（2.9万人），两地区合计占比近九成。北美洲当年累计派出各类劳务人员2258人，同比增长33.2%，期末在外3273人，同比增长5.2%，是当年派出人数和年底在外人数唯一实现正增长的地区。相较来看，当年累计派出劳务人员降幅最大的是拉丁美洲，2022年派出各类劳务人员1.1万人，同比下降40.1%；年底在外人员降幅较大的是亚洲，2022年年底在外人员39.7万人，同比下降9.7%。见图4。

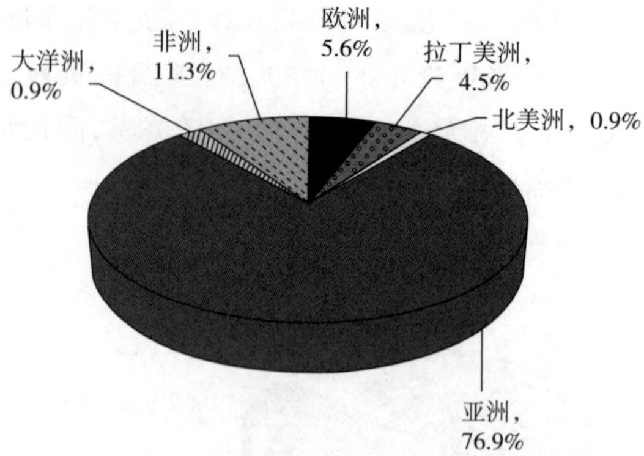

图4　2022年年底中国对外劳务合作累计派出各类人员区域分布

3. 传统行业仍居主导，行业构成略有调整

多年来，中国对外承包工程和劳务合作主要集中在建筑业、制造业和交通运输业三大领域。2022年，上述三大领域年底在外劳务人员合计37万人，同比下降11.9%，占比近七成。其中，制造业重回第二大在外劳务人员从业领域。与上年相比，建筑业、交通运输业、制造业等领域年底在外劳务人员规模有所下降，农林牧渔业在外人员规模增长较快。

二、中国企业参与对外投资合作面临的外部挑战

当前，世界之变、时代之变、历史之变正以前所未有的方式展开，国际环境风高浪急，不确定性因素不断增多。全球经济复苏脆弱乏力，世界进入新的动荡变革期。竞争优势重塑、国际经贸规则重建、全球力量格局重构等多重变革叠加，深刻改变国家间比较优势，国际力量对比深刻调整。单边主义、保护主义和霸权主义正对世界和平与发展构成威胁，全球产业链、供应链受大国博弈加剧、新冠疫情反复延宕、地缘政治关系动荡等超预期因素影响面临严重冲击。以美国为首的西方国家通过加强外资监管和供应链安全审查、加紧技术标准和经贸规则协同等方式，加大对中国重点企业和产业链精准打压遏制，给中国企业参与国际经济合作带来巨大障碍和挑战。

（一）世界经济发展处于动能转换期

世界经济发展正处于深刻调整期，运行风险和不确定性显著上升，整体动力不足，有效需求不振，

传统增长引擎对经济的拉动作用减弱，人工智能、大数据、量子信息、生物技术等新一轮科技革命催生出大量新产业、新业态、新模式，但短期内尚无法对经济增长提供足够支撑。全球经济进入低速增长周期，特别是发达经济体增长动能持续减弱，外向型经济发展面临出口需求降低、市场萎缩的严峻挑战，对外贸易摩擦增多，欧美主要国家再工业化加剧竞争，国际市场不稳定、不确定因素增加。

（二）全球产业链供应链加速调整

伴随百年变局和新一轮科技革命和产业变革而来的是传统国际分工体系受到巨大冲击，全球产业链、供应链重构加速演进，在产业安全、国家竞争、企业弹性、规则透明等新的构成逻辑推动下，全球产业链供应链调整呈现本土化、区域化、多元化、数字化和服务化等新趋向①。新基建和绿色能源等新兴领域的发展，对企业的技术水平和创新能力提出了更高的要求。

（三）国际贸易投资规则加速重构

百年变局叠加世纪疫情，贸易和投资争端加剧，多边主义和自由贸易体制受到冲击，全球治理体系随之进入加速变革期。有观点认为，制度因素在推动经济全球化和国际分工演进方面比技术因素更加重要②。国际经贸规则正从货物贸易阶段以消除关税壁垒或非关税壁垒的边境措施阶段，演变为价值链贸易阶段和数字贸易阶段的以规制融合为主消除边境内政策壁垒阶段，以跨太平洋伙伴关系协定（TPP）、全面与进步的跨太平洋伙伴关系协定（CPTPP）等为代表的新一代货物—服务—投资“三位一体”的区域贸易协定正呈现出全面性、高标准、排他性、投资保护双重性、强调“自由+公平”等发展特点③。国际经贸新规则中，“三零”（零关税、零补贴、零非关税壁垒）和原产地标准对非成员国有不可忽视的贸易和投资转移效应，竞争中立规则给国有企业参与市场竞争设置了更高的门槛，在服务业开放、知识产权保护、环保劳工、数字贸易及竞争政策等“边境后”措施方面对营商环境的法治化、便利化和规范化提出了更高要求④。上述新变化对中国国际经贸关系的进一步发展、全球价值链地位的升级都具有较大影响，如不尽快适应对接高标准国际经贸规则新要求，在规则制度建设方面将失去主动权，同时面临在新一轮经济全球化中供应链被边缘化的风险⑤。

三、中国企业参与对外投资合作的机遇与前景

尽管受到新冠疫情影响，发达国家对外直接投资出现大幅下降，但中国对外直接投资却能蝉联全球第二的地位，表现出中国对外投资的韧性，表明中国企业具有较强的适应能力和市场开拓能力，中国对外直接投资合作仍然有较大的增长空间。

高质量发展是新时期全面建设社会主义现代化国家的首要任务，是“十四五”乃至更长时期统领中国经济社会各项事业发展的主题。开展高质量对外投资合作是新形势下推动中国式现代化的重要抓手，在全面贯彻新发展理念、加快构建新发展格局的要求下，宜统筹好中国企业“走出去”质的有效提升和量的合理增长，不断增强企业的国际竞争力、创新力和抗风险能力，以高质量“走出去”助力中国式现代化新征程：

一是以“共赢”作为高质量“走出去”的根本目标。立足对外友好合作长远发展，始终秉持正确义利观，牢铸人类命运共同体意识，将“和平合作、开放包容、互学互鉴、互利共赢”的丝路精神贯穿到对外投资合作的实践中。2022 年以来，中国持续深化多双边经贸合作，推动《区域全面经济伙伴关系协定》（简称 RCEP）全面生效，全面开展中国-东盟自贸区 3.0 版等谈判，相信“一带一路”、RCEP、中国-东盟自贸区、金砖国家等多边合作机制和倡议将更多地为中国企业对外投资合作提供良好的投资合作平台和有利的政策环境，企业可以借助这些平台机制拓

① 张二震，戴翔．全球产业链供应链调整新趋向及其对策［J］．经济学动态，2022（10）：31-41.
② 同上。
③ 全毅．国际经贸规则重构与 WTO 改革前景［J］．经济学家，2023（01）：109-118.
④ 王春丽，冯莉．国际经贸规则重构对中国对外开放的影响与应对策略［J］．亚太经济，2020（05）：126-131.
⑤ 汤蕴懿，张伯超：《新环境新突破：2023 年上海重点产业国际竞争力发展展望》，2023 年 2 月 8 日，上观新闻。

展自身业务空间，促进对外投资合作高质量发展。

二是以创新作为高质量“走出去”的重要引领。要拓宽投资合作领域，延伸上下游产业链条，塑造自身核心竞争力及在产业链供应链中不可或缺的地位。数字赋能农业和制造业创新发展，抢抓数字经济、绿色经济、蓝色经济、新能矿、新基建等新赛道，培育企业国际合作新增长点，提高企业的国际竞争力。同时要创新投资合作模式，借鉴双循环境外合作区、“物流+”、第三方合作等多样化投资合作新经验，探索对外投资合作发展的新动能。

三是以绿色作为高质量“走出去”的发展基调。气候变化、疫情防控等全球性问题给人类社会带来前所未有的影响，世界多国把绿色转型作为新一轮科技革命和产业变革的重要方向，国际贸易投资中的绿色规则加速演进。坚持绿色化转型、数字化转型是新时代推进对外投资高质量发展的重要方向，也是中国式现代化的必然要求。在开展对外投资的过程中要协调好经济发展与环境保护的关系，解决好人与自然和谐共生的问题，注意对东道国（地）的生态环境保护，将绿色生产、绿色建设、绿色经营、绿色管理贯穿到对外投资合作的始终。

四是以安全作为高质量“走出去”的原则底线。对外投资合作企业应增强底线思维，切实落实安全主体责任。在开展对外投资合作前进行充分调研，审慎投资风险集中的地区；已经开展投资合作的企业要不断磨炼内功，提升自身价值链地位，同时要注意多元化布局，高效整合各类资源要素，通过深度融入全球产业链供应链体系来增强企业抗风险能力和韧性，及时研判风险、建立健全应急处置预案，积极履行社会责任，为自身发展争取东道国（地）民意支持。

参考文献：

[1]中华人民共和国商务部，等．2022年度中国对外直接投资统计公报[Z]．北京：中国商务出版社，2023。

[2]周密，辛灵．地缘冲突和政策加持下，全球承包工程市场加快重构——评ENR2023国际工程承包商250强榜单[J]．国际工程与劳务，2023，(10)：44-49.

（撰稿：张　爽）

D

行业发展概述

2022年电力行业发展综述

中国电力企业联合会

2022年,电力行业坚持以习近平新时代中国特色社会主义思想为指导,全面贯彻党的二十大精神,认真落实党中央、国务院决策部署,深入贯彻能源安全新战略,积极稳妥推进"碳达峰、碳中和"工作,推动构建新型电力系统,助力规划建设新型能源体系,积极参与应对气候变化全球治理,协同作战、攻坚克难,全力保供电、促转型、强创新、谋改革,与时俱进推动电力高质量发展新实践。综合施策确保电力供应安全,坚持政企协同联动、源网荷储协同发力,有效缓解了迎峰度夏和迎峰度冬期间部分地区供电紧张的局面,守牢了民生用电安全底线。坚决执行"碳达峰、碳中和"这一重大任务,深入推进电力绿色低碳转型,终端用能电气化水平不断提升,推动煤电与新能源优化组合,电力投资加快释放,一批重大项目建成投运,推动能源生产和消费方式深刻变革。发挥创新驱动效能,加快推进电力科技自立自强,在海上风电、新型储能、特高压输电等领域创造了一批重大科技创新成果,推动电力产业链、供应链现代化水平不断提升。坚持市场化改革总方向,建设统一电力市场体系取得重要进展,市场交易规模加速扩大,绿电交易需求稳步增长,推动电力体制改革走深走实。积极开创电力国际合作新局面,加强与共建"一带一路"国家绿色电力合作,电力境外投资低碳化态势清晰显现,建立多个高端合作交流平台,推动中国在国际电力舞台的影响力不断提升。2022年恰逢中国有电140周年,电力行业弘扬"忠诚担当、求实创新、追求卓越、奉献光明"的电力精神,努力走出一条具有中国特色的电力发展之路,以强大的精神力量引领行业高质量发展,为全面建设社会主义现代化国家提供坚强的电力保障。

一、电力消费与生产供应

2022年,全国全社会用电量86369亿千瓦时①,比上年增长3.6%,增速比上年回落6.7个百分点;全国人均用电量6116千瓦时/人,比上年增加217千瓦时/人。第一产业用电量1147亿千瓦时,占全社会用电量的1.3%,比上年提高0.1个百分点;第二产业用电量56991亿千瓦时,占全社会用电量的66%,比上年降低1.5个百分点;第三产业用电量14862亿千瓦时,占全社会用电量的17.2%,比上年提高0.1个百分点;城乡居民生活用电量13369亿千瓦时,占全社会用电量的15.5%,比上年提高1.3个百分点。见图1。

截至2022年年底,全国全口径发电装机容量256794万千瓦,比上年增长8%,增速比上年提升0.2个百分点。其中,水电41406万千瓦,比上年增长5.9%(抽水蓄能4579万千瓦,比上年增长25.8%);火电133329万千瓦,比上年增长2.8%(煤电112434万千瓦,比上年增长1.3%;气电11565万千瓦,比上年增长6.2%);核电5553万千瓦,比上年增长4.3%;并网风电36564万千瓦,比上年增长11.2%(陆上风电装机容量33518万千瓦,比上年增长10.9%;海上风电装机容量3046万千瓦,比上年增长15.4%);并网太阳能发电39268万千瓦,比上年增长28.1%(分布式光伏发电装机容量15840万千瓦,比上年增长47.4%;集中式光伏发电装机容量23370万千瓦,比上年增长17.7%;光热发电装机容量57万千瓦,增速与上年基本持平)。见图2。

① 2022年电力数据均来自中电联2022年度统计数据(简称年报数据),因四舍五入的原因存在总计与分项合计不等的情况,下同。

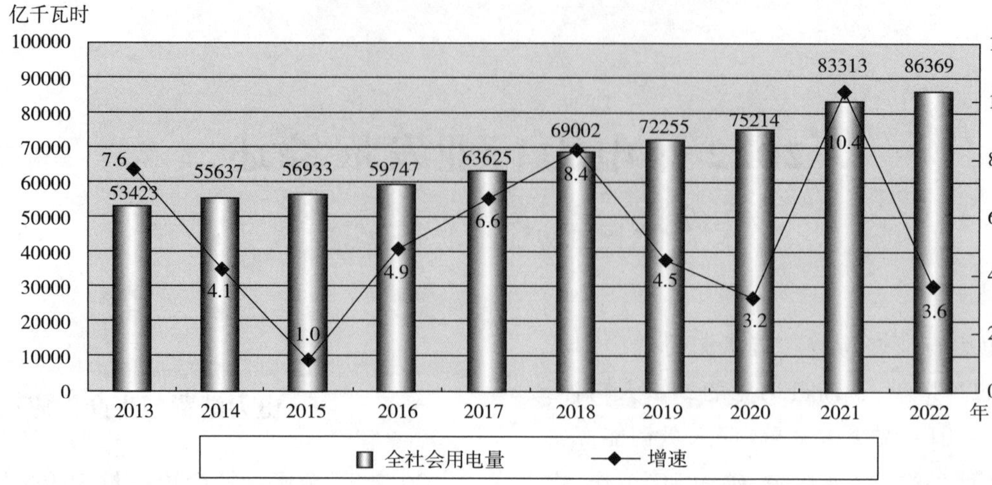

图 1　2013—2022 年全国全社会用电量及其增速

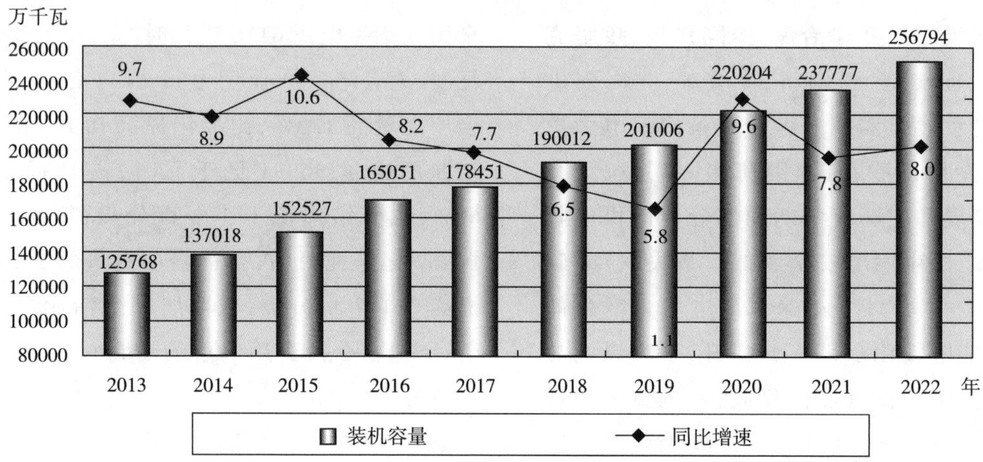

图 2　2013—2022 年全国发电装机容量及增速情况

2022 年，全国发电量 88487 亿千瓦时，比上年增长 3.7%。其中，水电 13522 亿千瓦时，比上年增长 1.0%，占发电量的 15.3%；火电 58888 亿千瓦时，比上年增长 1.4%；核电 4178 亿千瓦时，比上年增长 2.5%，占发电量的 4.7%；风电 7627 亿千瓦时，受海上风电发电增长较快的影响，比上年增长 16.2%，占发电量的 8.6%；太阳能发电 4273 亿千瓦时，比上年增长 31.2%，占发电量的 4.8%。见图 3。

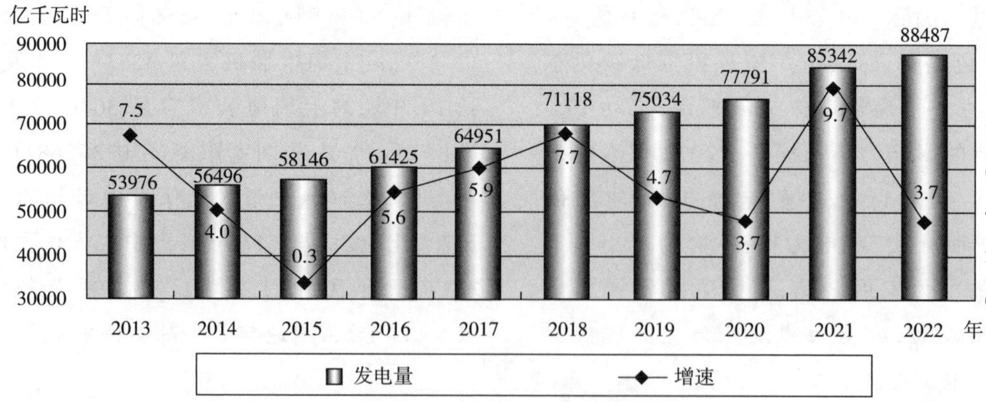

图 3　2013—2022 年全国发电量及增速情况

初步统计，截至 2022 年年底，全国电网 220 千伏及以上输电线路回路长度 88 万千米，比上年增长

2.6%；全国电网220千伏及以上公用变电设备容量51亿千伏安，比上年增长3.4%；全国跨区输电能力达到18815万千瓦，比上年增长9.3%。2022年，全国跨区送电量完成7674亿千瓦时，比上年增长7.3%。

2022年2月，少数省份在部分用电高峰时段电力供需平衡偏紧；7—8月，全国有21个省级电网用电负荷创新高，电力保供形势严峻，全国日最大错避峰负荷超过5000万千瓦；12月，少数省份电力供需形势较为紧张，其中四川供需形势尤为严峻。国家高度重视并出台一系列能源电力保供措施，电力行业全面深入贯彻党中央、国务院能源电力保供要求，坚持政企协同联动、源网荷储协同发力，通过提升机组顶峰发电能力、加强省间余缺互济、实施负荷侧管理等措施，有效缓解迎峰度夏和迎峰度冬期间部分地区供电紧张局面，守牢民生用电安全底线，为经济社会发展和人民美好生活提供坚强的电力保障。

二、电力投资与建设

2022年，全国主要电力企业合计完成投资12470亿元，比上年增长15.6%。全国电源工程建设完成投资7464亿元，比上年增长27.2%。其中，水电投资872亿元，比上年下降25.7%，白鹤滩水电站全部机组投产发电、金沙江下游水电基地全面建成，拉高了2022年同期对比基数，导致水电投资下降；火电投资895亿元，比上年增长26.4%；核电投资785亿元，比上年增长45.7%；风电投资2011亿元，比上年下降22.3%，中央财政补贴取消带动海上风电逐步转向市场化竞配、平价上网的新发展阶段，短期内对产业投资产生抑制作用，导致风电投资下降；太阳能发电投资2865亿元，比上年增长232.7%。见图4。

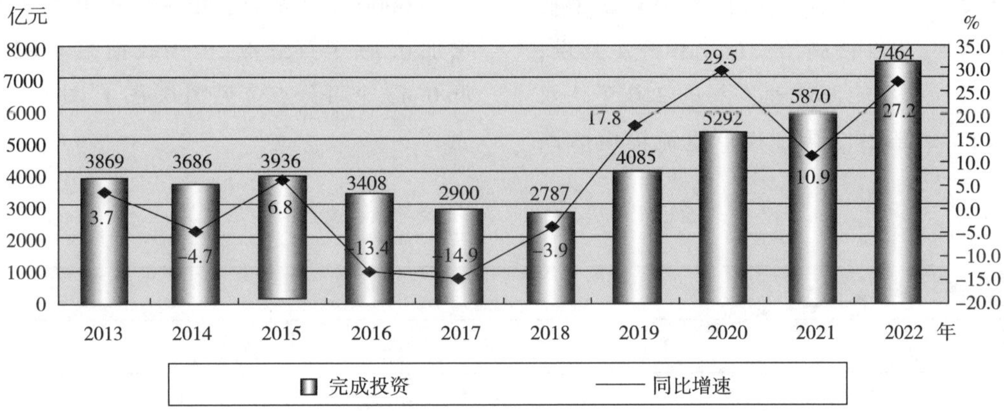

图4　2013—2023年全国电源工程建设完成投资及增速

全国电网工程建设完成投资5006亿元，比上年增长1.8%。其中，直流工程投资316亿元，比上年下降17.0%；交流工程投资4505元，比上年增长3.7%，占电网总投资的90%。见图5。

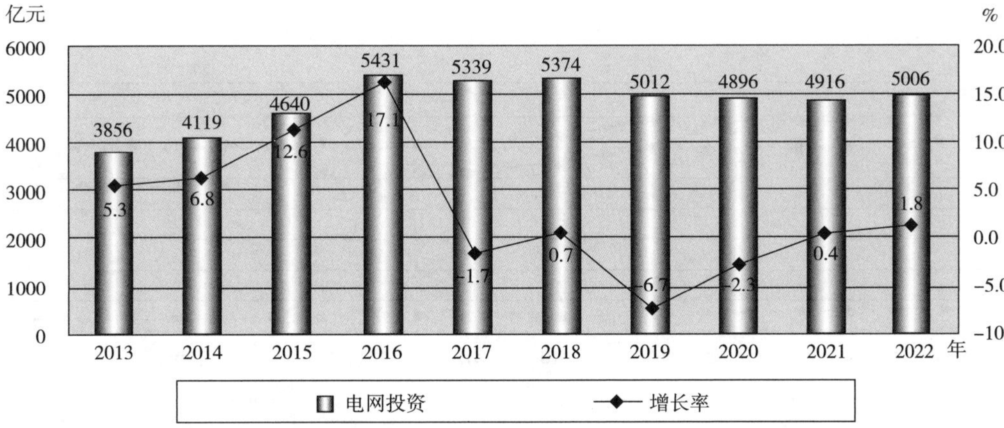

图5　2013—2023年全国电网投资及增速

2022年，全国新增发电装机容量20298万千瓦，比上年增长13.3%。其中风电和太阳能发电合计新增装机继续突破1亿千瓦，占全部新增发电装机比重62.5%。分电源类型看，水电2371万千瓦（抽水蓄能880万千瓦），比上年增长1%；火电4568万千瓦（煤电2920万千瓦，气电649万千瓦），比上年下降7.5%；核电228万千瓦，比上年下降32.9%；风电3861万千瓦，比上年下降19.0%，新增风电装机以集中式风电为绝对主体，主要集中在风资源条件良好的华北、西北和东南沿海地区；太阳能发电8821万千瓦，比上年增长61.7%，创历史新高，其中分布式光伏发电新增装机容量5111万千瓦，占光伏发电新增装机容量的60%左右，新增户用光伏发电装机主要分布在农村地区。

2022年，全国新增交流110千伏及以上输电线路长度60170千米，比上年增长15.7%，新增变电设备容量35320万千伏安，比上年增长4.9%，华中特高压网架加快构建，川渝特高压交流工程开工建设，适应城乡负荷增长和新能源快速发展的220千伏及以下电网建设持续推进；全国新投产直流输电线路2223千米，新投产换流容量1800万千瓦，分别比上年下降21.7%和43.8%，建成白鹤滩—江苏、白鹤滩—浙江特高压直流输电工程。

三、电力绿色发展

截至2022年年底，全国全口径非化石能源发电装机容量127601万千瓦，比上年增长14.1%，增速比上年提升0.6个百分点，非化石能源发电占发电总装机容量比重的49.7%，比上年提高2.7个百分点。煤电占发电总装机容量比重的43.8%，比上年降低2.9个百分点。全国达到超低排放限值的煤电机组约10.5亿千瓦，占煤电总装机容量比重约为94%。

2022年，全国6000千瓦及以上火电厂供电标准煤耗300.7克/千瓦时，比上年降低1.0克/千瓦时；全国6000千瓦及以上电厂厂用电率4.49%，比上年增加0.13个百分点；全国线损率4.82%，比上年降低0.43个百分点。见图6、图7、图8。

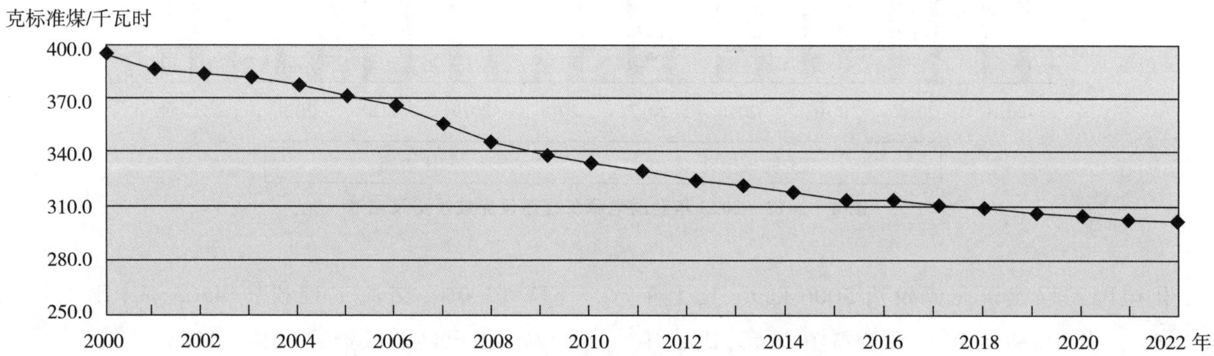

图6　2000—2022年全国6000千瓦及以上火电厂供电标准煤耗

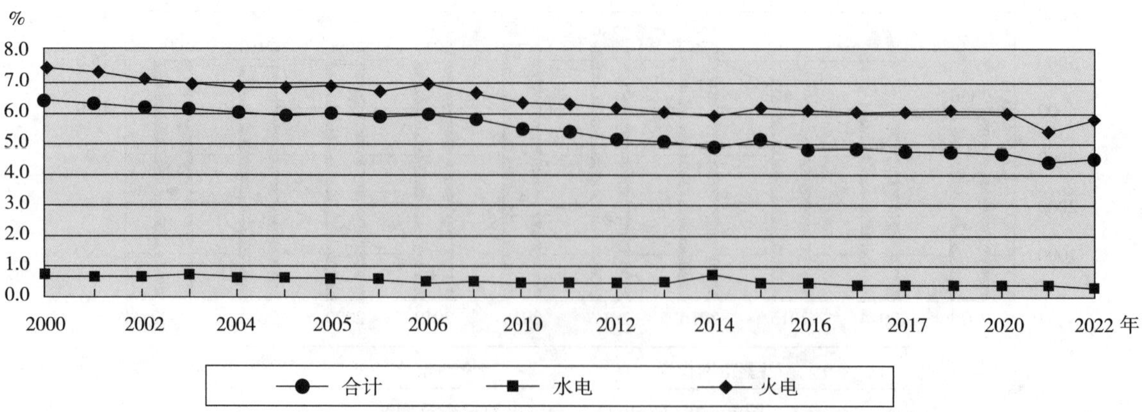

图7　2000—2022年全国6000千瓦及以上电厂厂用电率

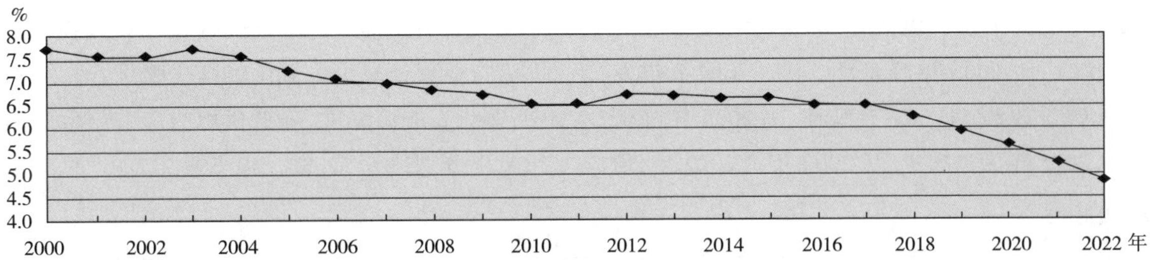

图 8　2000—2022 年全国线损率

2022 年，全国电力烟尘、二氧化硫、氮氧化物排放量分别约 9.9 万吨、47.6 万吨、76.2 万吨，分别比上年降低 19.4%、13%、11.6%；全国单位火电发电量烟尘、二氧化硫、氮氧化物排放量分别约为 17 毫克/千瓦时、83 毫克/千瓦时、133 毫克/千瓦时。见图 9、图 10、图 11。

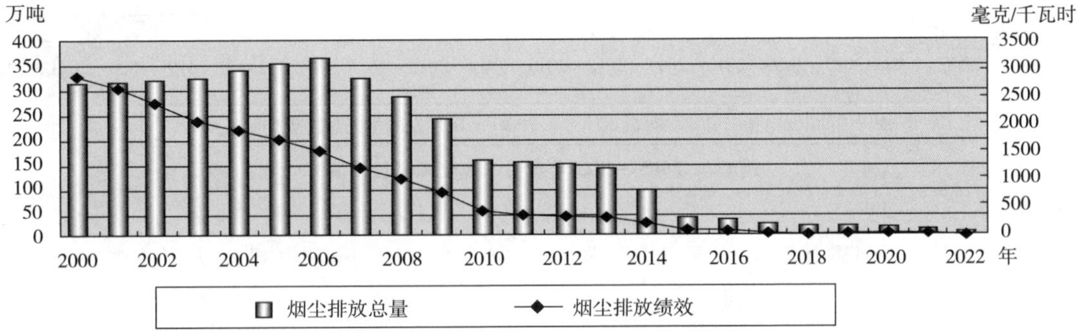

图 9　2000—2022 年火电烟尘排放情况

注：烟尘排放量统计范围为全国装机容量 6000 千瓦及以上火电厂。

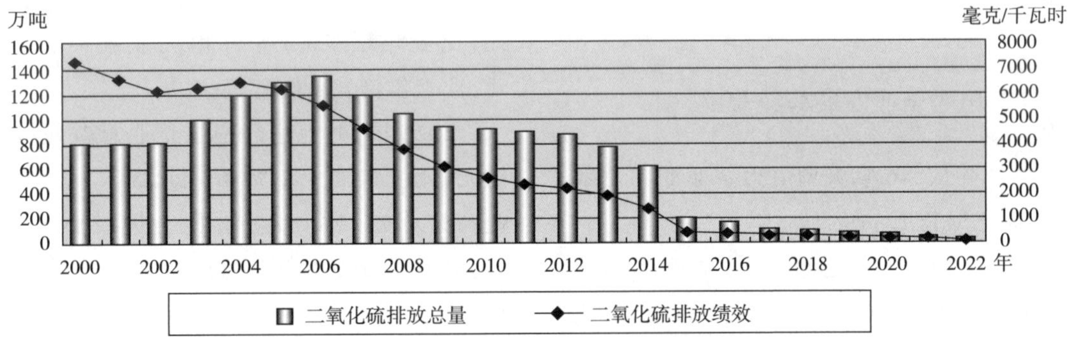

图 10　2000—2022 年火电二氧化硫排放情况

注：电力二氧化硫排放量统计范围为全国装机容量 6000 千瓦及以上火电厂。

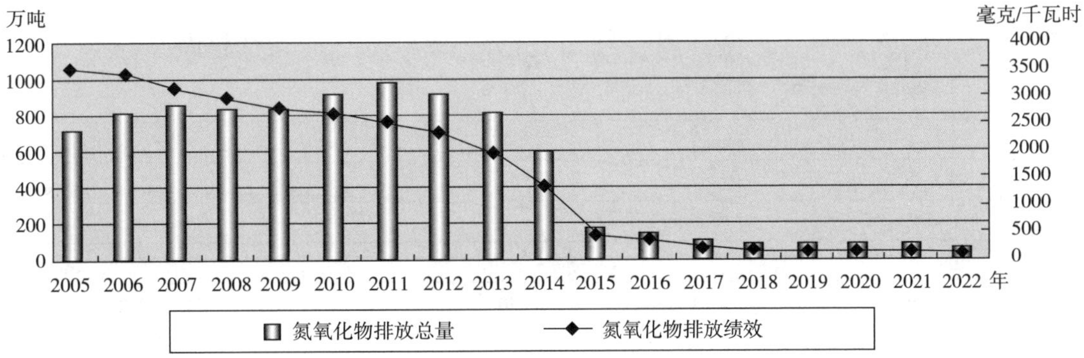

图 11　2005—2022 年火电氮氧化物排放情况

注：电力氮氧化物排放量统计范围为全国装机容量 6000 千瓦及以上火电厂。

2022年,全国单位火电发电量二氧化碳排放约824克/千瓦时,比2005年降低21.4%;全国单位发电量二氧化碳排放约541克/千瓦时,比2005年降低36.9%。以2005年为基准年,从2006年到2022年,通过发展非化石能源,降低供电煤耗和线损率等措施,电力行业累计减少二氧化碳排放量约247.3亿吨。其中,非化石能源发展、降低供电煤耗、降低线损率减排贡献率分别达到57.3%、40.5%、2.2%。见图12。

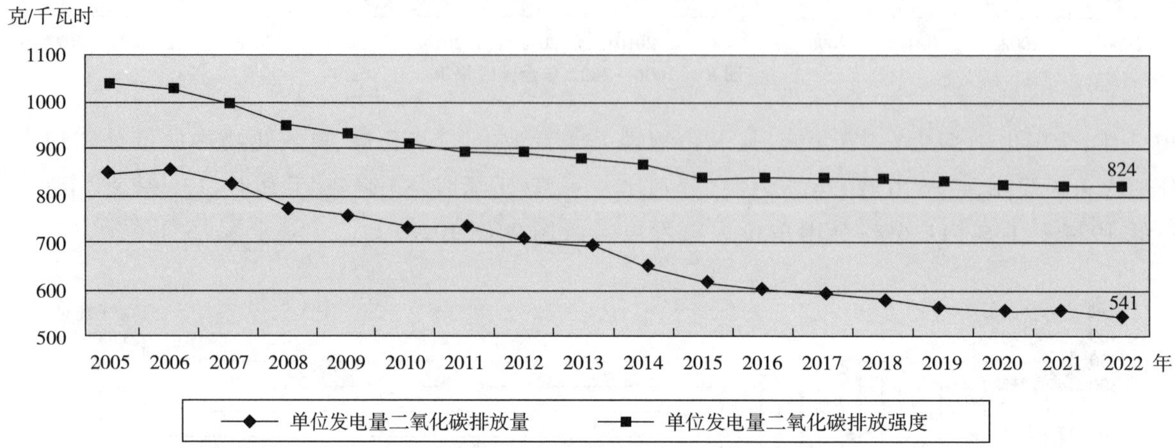

图12 2005—2022年电力二氧化碳排放强度

截至2022年年底,全国碳排放权交易市场(发电行业)碳排放配额(CEA)累计成交量2.30亿吨,累计成交额超过104.75亿元。其中,2022年合计成交量0.51亿吨,合计成交额超过28.1亿元,综合成交均价55.30元/吨。

四、电力企业发展与经营

截至2022年年底,16家大型电力企业职工总数211.90万人,同比增长1.11%。

截至2022年年底,国家电网、南方电网和内蒙古电力三家电网企业资产总额合计6.17万亿元,比上年增长5.2%;中国华能、中国大唐、中国华电、国家能源集团、国家电投五大发电集团资产总额合计6.84万亿元,比上年增长5.2%。2022年,三家电网企业主营业务收入合计4.39万亿元,比上年增长19.2%,平均资产负债率为56.5%,比上年降低0.4个百分点;五大发电集团电力业务收入1.51万亿元,比上年增长14.6%,电力业务利润总额132亿元,比上年增长553亿元。

2022年,电力建设施工企业总营业收入5889.6亿元,比上年减少6.77%。2022年,电力建设施工企业利润总额125.2亿元,比上年减少9.28%。2022年,电力建设施工企业总负债率78.8%,比上年增长1.1个百分点。2022年,电力建设施工企业新签合同额21288亿元,比上年增长91.30%。见图13。

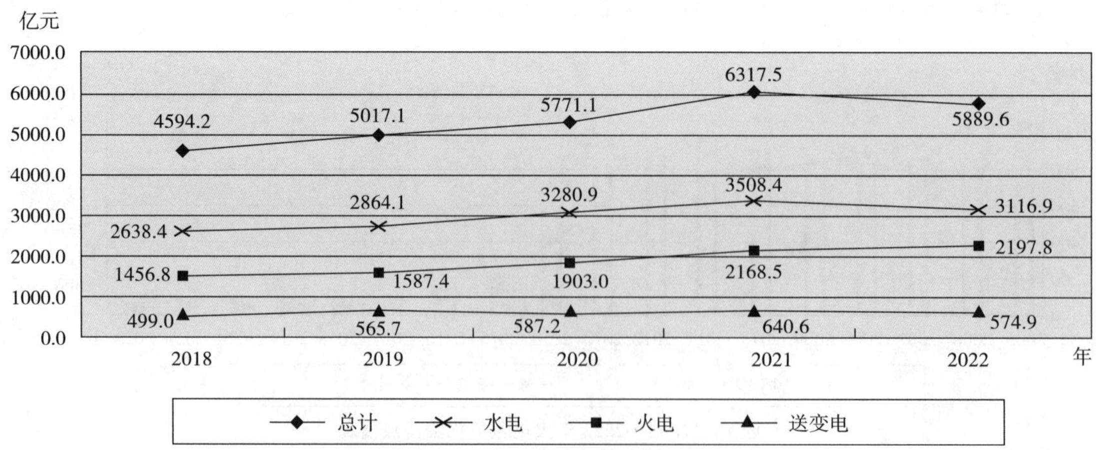

图13 电力建设施工企业年度营业收入情况

五、电力市场化改革

2022年,经过持续深化电力市场建设,已基本建成了"统一市场、协同运作"的电力市场基本架构,形成了衔接省间、省内,覆盖全国范围、全类型周期、不同交易品种的市场体系。中长期市场启动连续运营,稳定市场预期的基础作用得到有效发挥,各省中长期交易电量同比持续增长,占总交易电量的比重维持在90%以上,成交价格基本稳定在基准电价上浮8%~20%之间;现货市场建设稳步推进,首批8个电力现货试点均已启动连续结算试运行,第二批6个试点也陆续开展了模拟试运行,初步建立反映实时电力供需的价格机制;辅助服务市场逐步完善,全国各电网区域实现辅助服务市场全覆盖,普遍建设运行了区域内调峰辅助服务市场,部分区域开展了区域备用辅助服务市场。绿电交易需求稳步增长,绿电交易规范有序开展。

2022年,煤电机组计划全面放开,工商业用户通过直接从市场购电或由电网公司代理购电方式全部进入市场,带动电力市场交易规模迅速扩大,全国各电力交易中心累计组织完成市场交易电量52543亿千瓦时,比上年增长39.0%,占全社会用电量的60.8%,比上年提高15.4个百分点。其中,省内市场交易电量合计为42181亿千瓦时,比上年增长37.1%;省间市场交易电量(中长期和现货)合计为10362亿千瓦时,比上年增长47.5%;全国燃煤发电机组市场平均交易价格达到0.449元/千瓦时,较全国平均基准电价上浮约18.3%。截至2022年年底,在电力交易机构注册的市场主体数量61万家,比上年增长30.6%。全国各电力交易中心组织的省内市场交易电量见图14。

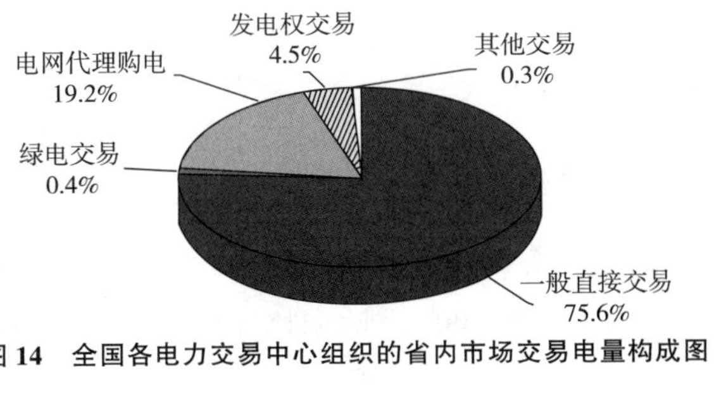

图14　全国各电力交易中心组织的省内市场交易电量构成图

六、电力科技与数字化

2022年,在新能源领域,全球单机容量最大的16兆瓦海上风电机组"率先号"下线,揭阳"神泉二"海上风电项目全球商用最大单机容量11兆瓦风电机组实现并网发电。在新型储能领域,世界首座非补燃压缩空气储能电站——江苏金坛盐穴压缩空气储能国家试验示范项目投产。在电网领域,高端输变电装备、柔性直流输电关键技术、电力系统分析与保护技术、新能源发电主动支撑技术、国产电力芯片技术、超导输电技术等领域取得系列重大创新成果;中国自主研发生产的世界最大规模的新能源分布式调相机群——青豫直流特高压工程一期配套电源点21台50兆乏分布式调相机项目全部并网投运。2022年,电力行业获得中国专利奖金奖6项,电力创新奖(技术类)174项,获得电力科学技术奖139项。

2022年,电力行业加快数字化转型,加强数字基础设施建设,实施关键核心数字技术攻关,推动电力信息技术创新应用,激活数据要素潜能,加快推进数字技术与电力全业务、各环节深度融合。2022年,电力行业主要电力企业数字化投入为373.3亿元,比上年增长22.3%。

七、电力国际合作

2022年,中国主要电力企业年度新签订境外工程承包合同项目191个,合同金额327.71亿美元,比上年增长5.1%。新签境外工程承包项目涉及58个国家和地区,主要分布在亚洲和非洲,项目占比分别为49%和26%。截至2022年年底,中国主要电力企业对外工程承包合同额3759.71亿美元。

截至2022年年底,中国主要电力企业对外直接投资项目共24个,投资总金额33.81亿美元,同比下降51.4%。中国主要电力企业对外投资主要涉及太阳能发电、风电、水电、气电、矿产资源、交通基础设施等领域。从项目数量看,新能源是对外投资项目数量最多的领域,占比约58%,其中太阳能发电占比33%,风电占比25%。2016—2022年中国主要电力企业对外合作总体情况见图 15。

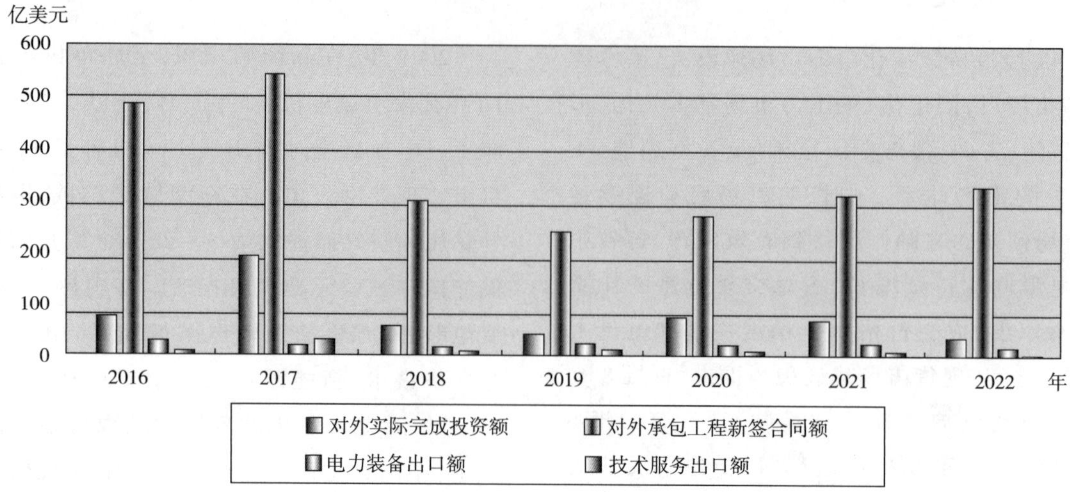

图 15　2016—2022 年中国主要电力企业对外合作总体情况

（审稿：张　琳
撰稿：刘　亮）

2022 年煤炭工业发展综述

中国煤炭工业协会

2022 年，面对复杂严峻形势和挑战，煤炭行业深入贯彻落实习近平总书记“夯实国内能源生产基础，保障煤炭供应安全”的重要指示精神和党中央、国务院决策部署，全力以赴做好煤炭增产保供稳价工作，煤炭优质产能加快释放，煤炭市场价格高位回落，煤炭供需持续改善，煤炭经济运行总体平稳有序。在宏观经济稳定恢复、俄乌冲突、国际能源紧张、气候变化等多因素作用下，中国能源市场供需呈现紧平衡状态。

一、2022 年主要指标完成情况

（一）原煤产量

据国家统计局数据，2022 年原煤产量 45.6 亿吨，同比增长 10.5%，再创历史新高。

（二）煤炭消费

2022 年全国煤炭消费量 43 亿吨，同比增长 3.4%，电力、钢铁、建材和化工四个主要耗煤行业共计消费煤炭 39.8 亿吨，占煤炭消费量的 92%。

（三）煤炭运输量

2022 年全国铁路累计发运煤炭 26.8 亿吨以上，同比增长 3.9%，其中，电煤发运量 21.8 亿吨，同比增长 8.7%。全国主要港口内贸煤发运量 7.3 亿吨，同比下降 1.8%。

（四）煤炭进出口

2022 年全国煤炭进口量 2.93 亿吨，同比下降 9.2%；出口煤炭 400 万吨，同比增长 53.7%；煤炭净进口 2.89 亿吨，同比下降 1.8%。

(五)煤炭价格

2022年动力煤中长期合同(5500大卡下水煤)全年均价为722元/吨,同比上涨73元/吨,年内峰谷差在9元/吨左右;山西吕梁部分主焦煤长协合同全年均价2240元/吨,同比上涨600元/吨。CCTD(中国煤炭价格指数)山西焦肥精煤综合售价全年平均2664元/吨,同比上涨338元/吨。

(六)经济效益

2022年,全国规模以上煤炭企业营业收入4.02万亿元,同比增长19.5%,利润总额1.02万亿元,同比增长44.3%,前5家、前10家煤炭企业利润占规模以上煤炭企业利润总额的比重分别达到25.9%和33.6%。

(七)安全生产

2022年全国煤矿发生事故168起、死亡约245人,百万吨死亡率约0.024。

二、行业发展特点

(一)煤炭行业供给体系持续加强,生产开发布局持续优化,现代化煤炭产业体系加快构建

2022年政府工作报告指出,要坚持稳中求进工作总基调,完整、准确、全面贯彻新发展理念,加快构建新发展格局,全面深化改革开放,坚持创新驱动发展,推动高质量发展,坚持以供给侧结构性改革为主线……统筹发展和安全,继续做好"六稳""六保"工作,持续改善民生,着力稳定宏观经济大盘,保持经济运行在合理区间,保持社会大局稳定……2022年3月,国家能源局印发《2022年能源工作指导意见》,要求坚持稳中求进工作总基调,以保障能源安全稳定供应为首要任务,着力增强国内能源生产保障能力,切实把能源饭碗牢牢地端在自己手里;加强煤炭煤电兜底保障能力,统筹资源接续和矿区可持续发展,有序核准一批优质先进产能煤矿;加快推进在建煤矿建设投产,推动符合条件的应急保供产能转化为常态化产能;以示范煤矿为引领,加快推进煤矿智能化建设与升级改造;深化煤矿安全改造;科学规划建设先进煤电机组,按需安排一定规模保障电力供应安全的支撑性电源和促进新能源消纳的调节性电源,保持装机合理余量,新建项目要严格执行煤耗等最新技术标准;推动落实煤电企业电价、税收、贷款等支持政策,鼓励煤电企业向"发电+"综合能源服务型企业和多能互补企业转型。

2022年,煤炭行业认真贯彻党中央、国务院关于能源工作的决策部署,持续优化产业结构,加快新旧动能转换,提升供给体系质量,国家能源安全和产业供应链安全的基础愈加牢固,服务全国构建新发展格局的能力实现整体性跃升,煤炭行业发展新动能新优势持续增强。截至2022年年底,全国煤炭储量达到2070.12亿吨,夯实了国家能源安全和产业链供应链安全的基础。煤炭国内自给率始终保持在92%以上,做到了基本自给,守住了工业和民生用能底线。煤炭由单一燃料向原料和燃料并重转变加快推进,据不完全统计,2022年,煤制油、煤制气、煤(甲醇)制烯烃、煤制乙二醇产能分别达到931万吨、61.25亿立方米、1672万吨、1155万吨,为保障产业链供应链稳定做出重要贡献,为行业长远发展积蓄了强劲动能。煤炭生产重心加快向晋陕蒙新等资源禀赋好、竞争能力强的地区集中。从亿吨级产煤省(自治区)数量变化看,2022年,原煤产量超过1亿吨的省(自治区)有6个。从中东西部地区原煤产量占全国比重变化看,西部地区占比升到60.7%,中部地区占比稳定在33.7%,东部地区占比下降到3.2%,东北地区占比下降到2.4%。从主要产煤省(自治区)原煤产量变化看,晋陕蒙新等4省(自治区)原煤产量增加到36.9亿吨,占全国的比重提高到80.9%;山西、内蒙古年原煤产量迈入10亿吨级行列。山西、蒙西、蒙东、陕北、新疆等绿色转型供应保障基地建设加快推进,"两心引领、四区提升、五极保障、全国支撑"的煤炭生产开发空间布局初步形成。全国资源配置能力显著增强,煤矿与大型煤电基地、大型煤化工基地、大型风电光伏基地同步建设、协同推进,煤电通过特高压通道输送全国,煤炭与新能源、可再生能源优势互补、一体化整合加快推进,煤炭作为化工原料的综合利用效能持续提高,煤炭服务扩大内需战略、服务全国构建新发展格局的战略位势不断得到巩固和提升。坚持高端化、智能化、绿色化发展方向，加快建设安全高效煤矿、智能化煤矿，延伸产业链条，积极培育战略性新兴产业，着力抢占产业链、价值链制高点。全国煤矿数量减少到4400处以内；年产120万吨以上的大型煤矿发展到1200处以上，产量占全国的比重提高到85%左右；年产千万吨级的生产煤矿发展到79处，产能提高到12.8亿吨/年，安全高效煤矿数量发展到1146处，产量占全国的比重提升到70%以上。建成智能化煤矿572处、智能化采掘工作面1019处，31种煤矿机器人在煤矿现场应用。全国煤矿平均单井(矿)产能提高到120万吨/年以上，人均生产效率提高到1800吨/年。大型煤炭企业竞争力加快提升，15家煤炭企业原煤年产量超过5000万吨，原煤产量26亿吨；其中，7家企业年产量超过1亿吨，原煤产量20.6亿吨，占全国的比重达到45.2%。营业收入超2000亿元的龙头骨干企业数量增加到7家。煤炭企业股份制改制、上市企业培育实现新突破，世界一流煤炭企业建设展现新气象，8家企业入选创建世界一流"专精特新"示范企业名单，8家企业入选国有企业公司治理示范企业名单。煤炭与数字经济、现代服务业加快融合，个性化定制、网络化协同等新业态、新模式不断涌现，国家专精特新"小巨人"企业、单项冠军企业加快培育，以煤炭产业为支撑、战略性新兴产业为引领、煤炭与新能源新产业、数字经济深度融合的现代化产业体系初步形成，行业发展步入质的有效提升和量的合理增长的发展新阶段。

（二）煤炭经济运行平稳，煤炭市场价格稳中有升

2022年，有关部门落实多项供电取暖用煤保供稳价政策措施，通过电煤中长期合同"补签换签"、加大电煤中长期合同履约监管力度等工作，不断深化煤炭中长期合同在中国煤炭市场中的稳定器作用，使煤炭价格整体运行在合理区间。2022年北方港口下水的5500大卡电煤中长期合同的月度均价为722元/吨，比上年上涨11.3%，年内峰谷差仅为9元/吨。受国际能源价格大涨等多重因素叠加影响二季度以后价格呈现高位波动态势，年内价格峰谷差达到900元/吨左右；10月份以后，随着中国动力煤供需形势逐步改善、煤炭进口快速恢复，动力煤市场价格持续下行，年底北方港口动力煤市场价格较年内高点下降500元/吨，并继续向合理区间回归。山西吕梁部分主焦煤长协合同全年均价2240元/吨，同比上涨600元/吨。CCTD山西焦肥精煤综合售价全年均价2664元/吨，同比上涨338元/吨。

（三）科技自立引领煤炭创新发展，煤炭清洁高效利用水平不断提高

2022年，煤炭行业把科技自立自强作为核心战略支撑，强化产业基础再造和重大技术装备攻关，激励企业勇当原创技术"策源地"和现代产业链"链长"，以一流科技创新支撑引领世界一流企业创建。众多领域取得标志性、引领性自主创新成果，国产化2.5米采高/450米超长智能化综采工作面原煤产量取得突破，首套钻锚一体化智能快掘成套装备投运并入选"2022年度央企十大国之重器"，400万吨/年煤炭间接液化示范项目通过竣工验收，炭载钴基浆态床合成气制油技术达到国际先进水平，煤制天然气催化剂实现完全国产化，井下粉尘治理技术取得重大进展。全行业获得中国专利奖共25项，其中，"一种地下水库坝体及其构筑方法"荣获"中国专利奖金奖"；全行业评选出"煤炭行业科技奖"386项，其中，特等奖3项、一等奖49项、创新团队10个。知识产权综合竞争力稳步增强，2家企业被认定为"国家知识产权示范企业"，23家企业被认定为"国家知识产权优势企业"。新型煤炭标准体系加快构建，全年完成100项各类标准报批工作，8项国家标准、22项行业标准、28项团体标准发布实施。2个创新基地入选首批"科创中国"创新基地。1人荣获"第14届光华工程科技奖"，2人荣获"2022年度孙越崎能源科技大奖"，6人荣获"第五届杰出工程师奖"，13人入选"大国工匠——能源化学地质篇"。

煤电结构不断优化，煤电技术创新发展，能效水平大幅提高，超低排放燃煤发电机组比重提升至94%左右。燃煤锅炉混氨燃烧技术迈入世界领先行列，煤基纳米碳氢燃料试验取得突破，首个煤电二氧化碳捕集与矿化利用集成示范项目开工建设，探索出实现大幅度减碳的有效路径。现代煤化工产业开创高端化、多元化、低碳化发展新局面。世界首套万吨级煤基可降解材料项目建成投产，与生产传统产品相比吨产品煤耗降低约50%、二氧化碳排放降低约65%。以煤制油精制减底油为原料生产出高档润滑油基础油产品。煤基新材料研发不断向产业链中下游拓展、向价值链中高端迈进,煤炭消费利用空间有力拓展,加速由单一燃料向燃料与原料并重转变。

(四)煤矿安全治理能力得到系统性提升,矿区生态文明建设迈出坚实步伐

2022年,煤矿安全监管监察体制机制进一步完善,煤矿安全法律法规标准体系进一步健全。全行业坚持人民至上、生命至上,牢固树立安全发展理念,坚持安全第一、预防为主、综合治理方针,狠抓安全生产主体责任制落实强化现场安全管理,加大安全生产投入,深入开展安全生产科技攻关、成果转化和推广应用,加强煤矿瓦斯、水、火、冲击地压、顶板等重大灾害超前治理,扎实推进安全高效矿井建设,加快煤矿安全改造升级,坚决淘汰退出不具备安全生产条件的产能,加快信息技术与安全生产深度融合,以机械化生产替换人工作业、以自动化控制减少人为操作,安全基础设施条件大幅改善,煤矿安全生产治理能力和煤机装备现代化水平稳步提升,煤矿安全保障能力显著增强。

全行业深入践行"绿水青山就是金山银山"理念,协同推进降碳、减污、扩绿、增长。2022年,全国原煤入洗率69.7%,矿井水综合利用率79.3%,土地复垦率57.8%;煤矸石及低热值煤综合利用发电装机4300万千瓦,燃煤电厂超低排放和节能改造持续推进,实现超低排放的煤电机组超过10.5亿千瓦,占比达到94%左右。充填开采、保水开采、煤与瓦斯共采、无煤柱开采等绿色开发技术在部分矿区得到推广应用。稳步推进碳达峰碳中和,加强煤炭清洁高效利用。大型煤炭企业原煤生产综合能耗下降到9.7千克标煤/吨,综合电耗下降到20千瓦时/吨。大力发展绿色产业、循环经济,稳步推进矿区生态保护、生态修复、生态治理、生态重建,推动矿区生态环境实现了从严重透支到明显好转的历史性转变,形成了一批自然风光与人文景观交相辉映,现代都市与田园乡村相互交融的生态文化景观,人与自然和谐共生的生态长卷正在矿区徐徐展开。

三、几点建议

2022年煤炭行业改革发展仍面临许多新任务、新挑战:全国煤炭供应保障能力有待继续加强,创新发展动能依然薄弱,绿色低碳转型技术突破需要下更大力气,产业链供应链稳定性和竞争力有待提高;安全生产和生态环境保护约束日益强化,供给侧结构性改革仍需向纵深推进,煤炭市场化体制机制有待健全完善,老矿区转型发展面临诸多困难。在未来一个时期内煤炭作为中国主体能源,在保障经济社会平稳运行、确保国家能源安全和产业链供应链稳定方面任务艰巨。同时,随着碳达峰碳中和战略深入实施,煤炭行业既承担能源保供责任又面临降碳压力,建设新型煤炭工业体系,推动煤炭绿色低碳转型任重道远。2023年煤炭行业要重点抓好以下几个方面工作。

一是着力构建新型煤炭工业体系。按照"安全可控、多元协同、绿色低碳、集约高效、数字引领、开放合作"的原则,把确保能源安全和供应链产业链稳定作为首要任务,积极探索煤炭"双碳"目标发展路径,推动形成绿色低碳的生产生活方式,推动煤炭等传统能源与新能源协同组合发展,提升能源供应链产业链现代化水平,深度参与全球能源转型变革,将能源资源的饭碗牢牢端在自己手里。

二是着力提升煤炭安全稳定供应能力。加强煤炭资源勘探开发,增加后备资源储量;有序释放先进产能,优化煤炭资源配置,规划建设一批大型煤炭基地、大型现代化煤矿、智能化煤矿,提高煤炭大型矿区产能接续和稳定供应能力。推进煤炭运输方式变革,提升重点煤炭供应保障基地跨区域调配能力。推进煤炭产供储销体系建设,探索建立煤矿弹性产能和弹性生产机制,有效平抑煤炭市场需求波动。严格煤矿系统管理,强化生产合理布局和重大灾害治理,有效防范化解煤矿系统性重大安全风险。

三是着力开展煤炭清洁高效利用攻坚。加强煤炭清洁高效利用基础研究和关键技术攻关,建设煤炭清洁高效利用示范工程,构建煤炭绿色循环发展体系。提高煤炭作为原料的综合利用效能,开发高附加值、精细化、差异化产品,推动煤化工产业高端

化、多元化、低碳化发展。加强低阶煤分级分质利用和散煤综合治理,建立低碳循环的现代煤化工产业体系,促进煤炭由传统能源向清洁能源战略转型。

四是着力建设现代化煤炭产业体系。加快构建以煤炭产业为支撑,绿色低碳经济为核心,战略性新兴产业为引领,煤炭与新能源、现代生产性服务业、数字经济深度融合的现代化产业体系。扎实推动传统产业高端化、绿色化、智能化发展,大力培育发展战略性新兴产业,培育行业优质品牌,加大专业化整合力度,打造具有技术领先性和国际竞争力的新兴产业集群,加快建设以煤基产业链为核心的世界一流企业,打造煤炭经济增长新引擎。

五是着力强化教育科技人才支撑。坚持教育优先发展,加快构建高质量教育培训体系,推动高等教育、职业教育与产业发展深度融合,厚植创新驱动根基。搭建行业科技创新平台载体,集聚力量进行基础性、原创性科技攻关,打造开放创新生态,让煤炭行业成为更多创新成果策源地。坚持人才引领驱动,实施更加积极、开放、有效的人才政策,完善人才引育用留工作全链条机制,造就更多拔尖创新人才,培育壮大行业高质量发展的人才队伍。

六是着力健全完善高标准煤炭市场体系。健全完善煤炭中长期合同制度和煤炭市场价格形成机制,统筹考虑煤矿全生命周期成本和不同企业历史背景、资源条件、费用成本和经营能力的差异性,合理确定动力煤价格调控区间,加快构建高效规范、公平竞争、充分开放的煤炭全国统一大市场。规范和完善煤炭价格指数,引导和稳定市场预期。强化煤炭市场诚信体系建设,营造诚实守信的商业环境。

(审稿:汤家轩
撰稿:何尚森
余　宏　刘瑞鹏)

2022 年机械工业发展综述

中国机械工业联合会

2022 年面对风高浪急的国际环境与复杂多变的外部形势,机械工业认真贯彻落实党中央、国务院的决策部署,坚持稳中求进工作总基调,贯彻落实疫情要防住、经济要稳住、发展要安全的要求,行业运行保持稳定、产业结构持续优化、发展韧性不断增强,全年主要经济指标在合理区间,对稳定经济大盘、提振工业经济、提升外贸质量发挥积极作用。展望 2023 年,机械工业内需市场逐步改善、发展环境优化,但外需市场挑战加剧。全行业要坚定信心、踔厉奋发,努力推动行业经济平稳运行、不断提升发展质量。

一、2022 年机械工业经济运行情况

(一)行业经济运行特点

1. 产业规模持续扩大

国家统计局数据显示,截至 2022 年年底,机械工业共有规模以上企业 11.1 万家,较上年增加 1.2 万家,占全国工业规模以上企业数量的 24.7%,较上年提高 0.5 个百分点;资产总计 32.5 万亿元,同比增长 13.1%,占全国工业资产总计的 20.8%,较上年提高 0.9 个百分点。

2. 增加值增速高于全国工业

2022 年机械工业主要涉及的 5 个国民经济行业大类中 4 个增加值增长,其中专用设备、汽车、电气机械及器材、仪器仪表制造业增加值同比分别增长 3.6%、6.3%、11.9%、4.6%,其中除专用设备制造行业外,其他行业增加值增速均高于全国工业;通用设备制造业增加值同比下降 1.2%。见图 1。

3. 产品产销形势分化

机械工业主要监测的 30 种产品,全年累计产量同比增长的产品有 13 种,占比 43.3%;产量下降的产品有 17 种,占比 56.7%。年内主要产品产销形势

分化,实现增长的产品数量在半数左右波动。

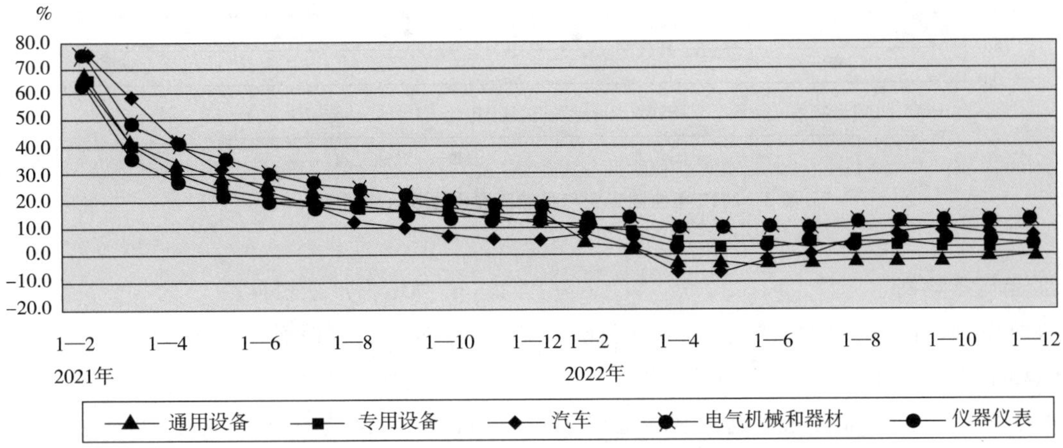

图 1　2021—2022 年机械工业主要涉及行业大类增加值增速

产品产销特点主要表现为:一是有效应对冲击,汽车产销实现增长,全年产销量分别完成 2702.1 万辆和 2686.4 万辆,同比增长 3.4%和 2.1%,产销量连续 14 年稳居全球第一;二是能源领域建设加速,带动发电设备、输变电设备和能源存储相关产品高速增长,发电机组产量增长 17.3%、太阳能电池产量增长 47.8%;三是服务于原材料行业的装备产量增速较上年放缓,金属冶炼设备、水泥专用设备产量分别增长 0.7%和 6.7%;四是加工制造类装备产量下降,金属切削机床、金属成型机床产量分别下降 13.1%和 15.7%;五是前期产销高速增长的产品产量回落,金属集装箱、包装专用设备、挖掘机产量分别下降 36.9%、17%、21.7%。2022 年重点监测机械产品增速数量变化情况见图 2。

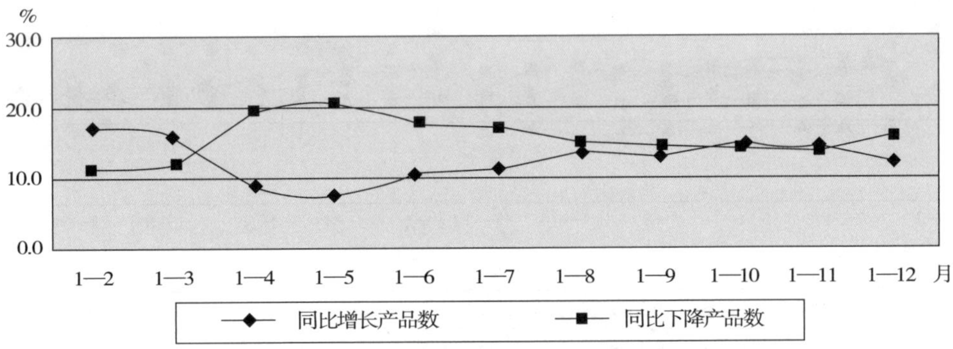

图 2　2022 年重点监测机械产品增速数量变化情况

4. 效益指标增长稳定

技术进步与产品结构升级有效带动行业效益增长。国家统计局数据显示,2022 年机械工业累计实现营业收入 28.9 万亿元,同比增长 9.6%;实现利润总额 1.8 万亿元,同比增长 12.1%。与全国工业相比,机械工业营业收入与利润总额的增速分别高于全国工业 3.7 个和 16.1 个百分点。在全国工业营业收入和利润总额中的比重分别为 21%、21.6%;拉动全国工业营业收入增长 1.9 个百分点、拉动利润总额增长 2.2 个百分点。2022 年全国工业与机械工业营业收入增速情况见图 3。

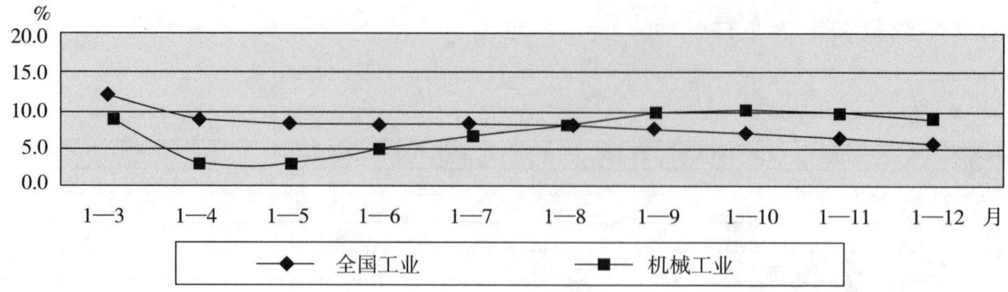

图 3 2022 年全国工业与机械工业营业收入增速情况

5. 分行业运行不均衡

机械工业所属 14 个分行业中，8 个分行业营业收入与利润总额同比增长，6 个分行业下降。其中，电工电器行业在储能设备与光伏设备制造业带动下，营业收入与利润总额分别增长 26.4% 和 37.6%；机床工具行业在磨具磨料产品制造业带动下，营业收入与利润总额分别增长 15.2% 和 62.9%，是经济指标增长速度最快的 2 个分行业。工程机械行业和内燃机行业营业收入降幅超过 12%、利润降幅超过 35%，是效益指标下降最为显著的 2 个分行业。

6. 固定资产投资向好

在投资意愿改善与低基数因素的共同作用下，2022 年机械工业固定资产投资呈现较快增长，主要涉及的国民经济行业大类通用设备、专用设备、汽车、电气机械及器材、仪器仪表制造业固定资产投资同比分别增长 14.8%、12.1%、12.6%、42.6%、37.8%。其中，电气机械及器材制造业民间投资全年保持高速增长，是拉动电气机械及器材制造业投资增速超过 40% 的重要力量；汽车制造业固定资产投资由 2020、2021 年的负增长转为 2022 年的正增长。见图 4。

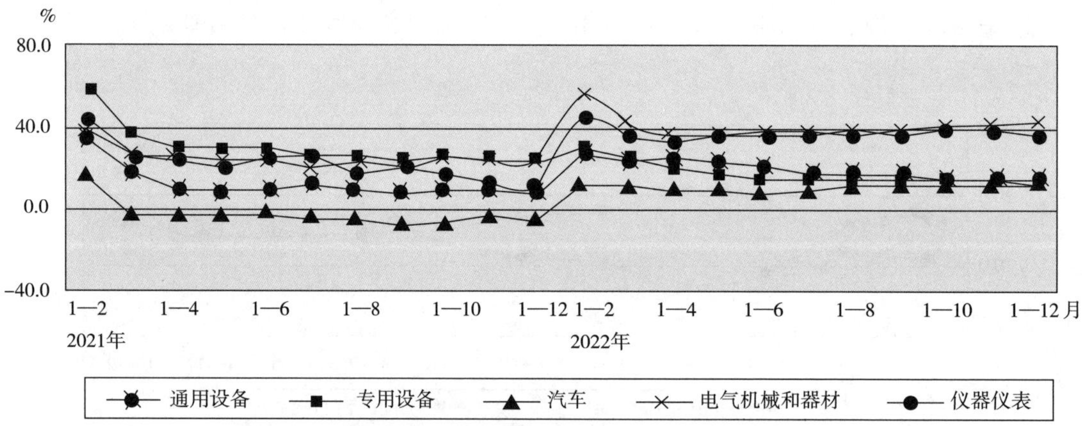

图 4 2022 年机械工业主要涉及的行业大类固定资产投资情况

7. 行业运行处于景气区间

机械工业景气指数的编制涵盖生产、投资、外贸、经济效益等多个维度，综合反映机械工业的运行情况。2022 年机械工业景气指数 2 月高开，在新冠疫情冲击的综合影响下 5 月为年内低点，此后逐步回升，年底两月虽有所回落，但全年总体保持在景气区间，12 月机械工业景气指数为 105.98。

（二）运行中的主要问题

1. 成本上升压力延续

2022 年机械工业所需原材料价格虽有一定波动，但总体处于高位。国家统计局数据显示，全年原材料生产资料工业生产者出厂价格同比上涨 10.3%。此外部分产品制造领域的关键原材料价格上涨迅猛。如低压电气行业用磁性材料，变压器用取向硅钢片等价格大幅上涨；储能行业用电池级碳酸锂均价由 2021 年年底的 28 万元/吨升至 2022 年年底的52万元/吨，11月价格一度冲高至近60万元/吨。此外，用工成本延续上涨趋势，重点联系企业用工人员工资总额同比增长6.6%。全年机械工业发生营业成本共计24.5万亿元，同比增长10.1%，高于同期营业收入增幅；每百元营业收入中的成本为84.6元，比上年增加0.4元。

2. 货款回收难度上升

国家统计局数据显示，截至2022年年底机械工业应收账款总额6.9万亿元，突破6万亿元，同比增长17.7%，占全国工业应收账款总额的32%，高于机械工业营业收入、利润总额等指标在全国工业中的比重10余个百分点；应收账款平均回收期是全国工业的1.5倍。此外专项调查显示，2022年53%的企业应收票据总额上涨，其中16%的企业涨幅达到两位数，企业资金周转压力较大。年末机械工业流动资产周转率仅为1.36次，低于全国工业平均水平0.35次。

3. 国内市场需求总体偏弱

国家统计局数据显示，与机械产品市场需求密切相关的全国设备工器具投资2022年同比增幅为3.5%，低于同期全国固定资产投资增速1.6个百分点，全社会设备采购投资偏弱。机械工业主要涉及的国民经济行业大类中，通用设备、专用设备、汽车、电气机械及器材制造业产能利用率分别为79.2%、77.6%、72.7%、77.3%，较上年下降1.8至3.7个百分点。重点联系企业数据显示，全年机械企业累计订货金额持续处于负增长，下半年降幅有收窄趋势，年底同比仍下降2%。专项调查显示，截至2022年年底，50%的被调查企业在手订单同比增长，70%的被调查企业在手订单仅满足2023年一季度的生产；外贸市场订单增长乏力、生产满足时间短的问题更为明显，在手订单短单居多。

二、主要分行业运行情况

（一）农机行业运行稳中趋弱、发展不乏亮点

2022年因新冠疫情反复、物流运输受阻，农机行业产业链各环节均遭受冲击，影响了产品的生产与交付。此外，在国际局势震荡、行业竞争及用户对农机产品排放标准“国三”升级“国四”的观望情绪等多重因素影响下，全年行业整体经济运行走势稳中趋弱，但行业运行不乏亮点。具体表现为以下五点。一是政策规划显成效，农业机械化发展取得积极成效，年末农机装备总量接近2亿台（套），全国农作物耕种收综合机械化率超过72%。二是政策补贴仍是发展主要动力。截至2022年12月31日，农机购置补贴公示数据显示，全年公示补贴各类农机具323万台（套），创历史新高。三是农机出口好于预期，在上年高基数的基础上同比增长7%。近年来，国内农机企业掌握核心技术，扭转了中国农机进口大国的地位，在提升农机自给率的同时，逐步向农机出口大国迈进。四是随着市场需求增加和农机技术水平的不断提高，农机大型化、智能化发展趋势明显，2022年拖拉机产量56.95万台，大中型占比超七成。五是产业升级，行业集中趋势明显，骨干企业盈利能力提升。

（二）工程机械行业外贸出口成为增长新动力

2022年中国基建投资延续增长趋势，同比增长11.5%，工程机械国内市场需求总体疲软。国家统计局数据显示，全年挖掘机产量为30.7万台，同比下降21.7%；协会统计数据显示，全年挖掘机、装载机销量同比分别下降23.8%和12.2%。但2022年工程机械行业外贸市场表现突出，外贸出口实现量的增长与质的提升，对稳定行业运行发挥积极作用。协会数据显示，2022年主要工程机械产品销售总体呈现下降，但国外销量大幅增长，挖掘机国外销量增长59.8%，装载机增长24.9%，汽车起重机增长73%，工业车辆增长12.4%。高技术工程机械出口明显增长，其中履带挖掘机出口额同比增长65.8%，轮式挖掘机出口额同比增长53.3%，320马力以上推土机出口额增长87.8%，非公路矿用自卸车出口额增长78.6%，100吨以上全路面起重机出口额增长66.6%，100吨以上汽车起重机出口额增长107.9%，电动叉车出口额增长76.6%。此外，行业运行还表现出以下特点。一是工程机械周期性逐渐弱化，电动化提升龙头企业集中度。在“双碳”目标下，新能源产品的电动化优势愈发明显，电动化产品具有优先的路权和排队权，具有较高的经济收益，行业内龙头公司凭借技术优势，将获得更高市场占有率。二

是海外技术产品、营销管理、服务维保等人才队伍建设加快，也为工程机械海外业务持续发展奠定了基础。

（三）内燃机行业受终端市场影响表现低迷

受新冠疫情持续多点散发，供应链紧张、物流不畅，叠加环保及国内农机补贴政策调整等多重因素影响，内燃机市场表现持续低迷。协会统计，2022 年全年内燃机完成销量 4315 万台，同比下降 14.5%。终端市场方面，汽车产销微增，乘用车低速增长、商用车持续两位数下滑；工程机械、农机等市场处于调整态势；摩托车市场降幅较大，内燃机市场需求低于同期水平。从产品看，汽油机产销量未能延续上年增长态势，增速再次由正转负，全年销量同比下降 12.4%；柴油机全年销量大幅下滑，同比下降 29.9%。从应用行业看，与上年同期比，各分类用途同比呈现不同程度下降，具体表现为：乘用车用内燃机下降 1.9%，商用车用内燃机下降 39.7%，工程机械用内燃机下降 21%，农业机械用内燃机下降 22.9%，发电机组用内燃机下降 19.0%，摩托车用内燃机下降 16.2%，通机用内燃机下降 39.4%。虽处下行周期，但企业积极应对，不断加大对传统内燃机的升级。针对国Ⅵ排放标准及今后日趋严格的排放标准，多数企业加快了技术探索的步伐并在研发上重点布局、投入重金，特别是在“双碳”目标的指引下，发展内燃机燃料多元化技术路线、推动低碳清洁新能源应用，已成为内燃机行业的广泛共识。

（四）仪器仪表行业保持良好发展态势

受益于石油、化工、冶金、电力等传统领域转型升级与 5G、半导体、人工智能、新能源等经济新动能蓬勃发展，仪器仪表行业市场需求持续旺盛。2022 年仪器仪表行业经济运行稳定向好、呈增长态势，年内行业营业收入保持正增长，利润总额略有波动，自 9 月由负转正，至年末同比增长 4.3%。电工仪器仪表产量 25822 万台，同比增长 0.1%。助力行业稳定增长的因素主要有以下三点。一是上层政策持续扶持，中层产业格局优化，下层下游行业需求广泛。二是得益于新冠疫情缓和后汽车行业整体复苏，尤其是新能源汽车产业的蓬勃发展及“国产化替代”进程加快，新能源汽车配套企业智能化改造有效推进。三是国内企业着力深耕主体市场，积极拓展新兴领域，增强解决方案提供能力，构筑核心竞争能力，增强内生动力，市场份额与品牌知名度进一步快速扩大。

（五）石化通用设备行业市场扩大

受益于石化工业产业结构的不断优化升级和技术水平的逐渐提高，传统石化设备行业升级替代需求日益旺盛，石化通用设备行业进入新一轮产业发展周期。全年行业营业收入同比增长 2%、利润总额增长 20.8%。此外，在碳减发展需求的推动下，绿氢、CCUS（碳捕捉、碳封存和利用）的相关项目不断落地，成为产业拓展的新方向。全年行业发展主要特点表现为以下三点。一是国家政策层面推动石化设备行业高端化、数字化升级。工业和信息化部等 6 部门发布《关于“十四五”推动石化化工行业高质量发展的指导意见》，提出到 2025 年，中国石化化工行业基本形成自主创新能力强、结构布局合理、绿色安全低碳的高质量发展格局，高端产品保障能力大幅提高，核心竞争能力明显增强。二是设备高端化趋势明朗，国产替代空间广阔。石化行业装置大型化、炼化一体化、产业集群化趋势明显，布局加速。行业企业重型、大型化工装备制造能力提升、投入加大，带来设备与技术的升级换代需求。三是由于国际石油天然气价格高位，带动油气行业投资增长，市场对石化装备的需求扩大，企业效益增长明显。

（六）重型机械行业运行平稳，外贸规模创新高

2022 年年初，由于新冠疫情等因素冲击，企业生产、发货不畅，导致生产经营相关成本增加，企业效益大幅下滑。随着物流运输和产业链、供应链不断畅通，行业经济运行呈现积极变化，全年行业经济指标呈回稳走势，主要产品产量中水泥专用设备、金属冶炼设备等均实现增长，进出口贸易创历史新高，高质量发展取得新成效。行业运行主要特点有以下三点。一是下游市场需求旺盛，外贸出口贡献增量市场。2022 年，中国采矿业营收、利润高速增长，同时随着脱碳和能源转型的加速，全球锂、钴等矿物的需求增速明显，叠加全球矿业对新能源

产品的预期，为我国重型机械需求，尤其是出口带来了新机遇。全年行业实现进出口总额 239 亿美元，同比增长 25.8%，其中出口 189 亿美元，同比增长 37%。主要分行业中冶金、矿山机械行业出口额同比增长 40%以上，物料搬运机械行业同比增长 20%以上。二是重型机械行业的传统市场处在增量收缩，存量优化升级向高质量转型时期，行业呈现高端化、智能化、绿色化的转型发展趋势，在“双碳”目标下，石油化工、煤化工等细分领域加大落后产能淘汰力度，企业在设备方面的投资支出水平提高，一批重大技术成果填补国家空白。三是目前各大重型机械企业的主导产品各有侧重，在各自细分市场具备相对优势，形成差异化竞争的格局。

（七）机床工具行业产品结构优化，盈利水平有所改善

2022 年上半年，受国内新冠疫情反复影响，制造业利润降幅扩大、固定资产投资增速趋势下降，导致机床行业订单推迟、需求走弱；至下半年国内金属切削机床和金属成形机床产量持续负增长。全年金属切削机床产量 57.2 万台，同比下降 13.1%，金属成形机床产量 18.3 万台，同比下降 15.7%。但全年机床行业在磨具磨料产品制造业带动下，营业收入与利润总额分别增长 15.2%和 62.9%，有力地带动了机械工业主要经济指标的增长。全年机床行业运行呈现以下特点。一是风电、光伏、动力电池装备制造产业链建设发力，有效带动机床行业。二是工业刀具国产替代进程持续推进，龙头企业引领替代，刀具进口依赖度逐年下降，国内品牌在中高端刀具领域竞争力不断提升。三是行业产品结构优化，用户需求明显升级带来的产品自动化、智能化需求提高，成套、成线订单大幅度增加，单台设备的效益提升，企业盈利水平改善。

（八）能源领域建设提速带动电工电器行业高速增长

2022 年电工电器行业整体延续上年向好的发展态势，在储能设备与光伏设备制造业带动下，营业收入与利润总额分别增长 26.4%和 37.6%。全年行业运行呈以下特点。一是在“双碳”目标引领下，能源领域结构调整进一步优化，清洁能源装机大幅提升，全年发电机组产量增长 15%，其中代表性产品风电装机的产量占比超过 50%，太阳能电池产量增长 46.8%。二是新能源装机规模快速增长，但电力系统消纳调峰能力不足，电网承载能力已经成为新能源的掣肘，储能市场增长势头愈发明显，抽水蓄能等新型项目建设提速。三是支撑性和调节性煤电项目核准加速，煤电企业在手订单饱满。

（九）新能源与外贸出口带动汽车增长

2022 年汽车行业克服供给短缺、需求预期较弱的压力，在提振消费政策的带动下，下半年汽车月度产销同比止跌反弹。年末产销虽略显疲弱，但行业整体稳步发展，其中新能源汽车继续保持增长，市场占有率提升明显。协会统计，全年汽车产销延续上年增长态势，分别完成 2702.1 万辆和 2686.4 万辆，同比增长 3.4%和 2.1%。其中新能源汽车销售完成 705.8 万辆，同比增长 96.9%，连续 8 年位居全球第一。从月度数据来看，截至 2022 年 12 月，新能源汽车月度产销量同比上涨势头已持续 30 个月，行业利润由多年连续亏损转为盈利。此外，中国品牌整车从“国内”走向“海外”的全球化趋势愈发明显，自主品牌在三电技术和智能驾驶相关领域逐步建立起竞争优势，出口呈加快增长趋势，年度出口数量首次超过 300 万辆。

（十）机器人产业规模持续扩大

2022 年机器人行业规模以上企业数量较上年显著增长，资产总额的增速远超过收入与利润的增长，反映出作为新兴产业，机器人行业总体仍处于产业成长期。国家统计局数据显示，规模以上工业企业工业机器人产量为 44.3 万套，同比增长 21%。从绝对量看，中国工业机器人产量首度迈上 40 万套大关，单月产量均在 3 万套以上，特别是 3 月与 6 月单月产量均超过 4.4 万套。全机器人行业营业收入同比增长，但利润总额下降。行业经济运行呈现以下特点。一是新能源汽车、锂电、光伏和半导体等领域市场需求旺盛，有效带动机器人产品产量增长。二是企业间发展差异明显，行业亏损面近 30%，较上年扩大，同时骨干企业产销盈利状况良好，部分企业效

益大幅增长。

三、行业发展中的亮点

有效应对风险挑战，机械工业结构调整与转型升级深入推进，新兴产业加速发展、新动能加速凝聚、科技创新成果涌现，行业发展韧性进一步增强。

（一）强链补链有序开展、高端化智能化发展提速

有效应对超预期因素冲击，产业链、供应链韧性增强。高端工业母机、精密仪器仪表、关键核心零部件的制造能力提升，超大规模电力装备、大型矿山和冶金装备、大型石化装备供给能力升级，为国家能源资源开发利用与生态文明建设提供保障。机械工业高端化、智能化发展提速。上海交大智邦科技联合普什宁江机床、华中数控等单位研制的国产装备轿车动力总成加工生产线在上海通用汽车投入使用，标志着国产化功能部件组成的高端加工中心已能完全满足高档汽车动力总成的加工需求。哈电集团成功制造国内首台增材制造轴流式水轮机真机转轮，对推动智能制造技术在发电设备制造领域的应用具有重要意义。太重集团设计研发的国内首台套"一键炼焦"智能化成套设备投入运行，填补国内焦化行业技术空白。

（二）深化创新驱动、重大装备制造取得突破

机械行业创新体系建设加快推进，截至2022年年底，挂牌运行和批准建设的机械工业重点实验室、工程研究中心和创新中心共计253家。其中重点实验室121家，挂牌运行96家；工程研究中心131家，挂牌运行109家；挂牌运行创新中心1家。企业积极投入研发创新，重大装备自主创新亮点频现。东方电气集团自主研发的首台国产F级50兆瓦重型燃气轮机，在华电清远华侨工业园天然气分布式能源站点火成功，标志着中国在重型燃气轮机领域实现从无到有的突破。中国三峡集团与新疆金风科技联合研制的全球单机容量最大、叶轮直径最大、单位兆瓦重量最轻的16兆瓦海上风电机组下线，标志着中国海上风电大容量机组在高端装备制造能力上实现重要突破。一拖集团成功研发具有全部自主知识产权，喂入量15千克以上智能化高端收获机械——东方红YT6668大型高效谷物联合收割机，打破国外产品在该领域的垄断，以高质量农机装备护航粮食安全。

（三）践行绿色发展、推动传统产业转型升级

"双碳"目标引领下，机械工业全力助推传统产业转型升级。2022年机械工业能源装备制造业营业收入与利润总额同比分别增长20.4%和33.9%，拉动机械工业营业收入增长3.9个百分点、利润总额增长5.1个百分点。代表性产品风电机组的产量占全年发电设备总产量的比重超过50%。绿色低碳装备不断涌现，有力推动传统产业减碳发展。工程机械电动化发展提速，产品体系日趋完善，全年电动装载机销量已突破一千台，将推动工程建设领域绿色发展。特变电工新一代百万伏变压器试验成功，对提升我国清洁能源消纳、保障电网稳定运行具有重要作用。中国海油牵头研发的中国首套水下采油树在南海莺歌海顺利完成海底气井放喷测试作业并正式投入使用，标志着中国已具备深水水下采油树成套装备的设计建造和应用能力，对提高国内能源自给率提供重要装备保障。中国铁建为上海市静安区地下智慧车库项目不仅打造我国自主研制的全球最大竖井掘进机"梦想号"，并创新提出利用装配式垂直掘进技术在城市零星土地建造地下立体智慧停车库的全系统解决方案，对优化城市地下空间利用、推进智慧城市建设具有积极意义。

（四）新兴产业引领行业提质增效

2022年机械工业主要经济指标增速明显高于生产指标，其中新兴产业的带动引领作用不可小觑。全年机械工业战略性新兴产业相关行业合计实现营业收入23.1万亿元，同比增长13%，拉动机械工业营业收入增长10.1个百分点；实现利润总额1.4万亿元，同比增长15.5%，拉动机械工业利润总额增长11.7个百分点。特别是能源存储与光伏设备行业，两者合计对机械工业营业收入和利润总额增长的贡献率为62.9%和55.1%。新能源汽车作为新兴产业的代表，2022年产销量分别完成705.8万辆和

688.7万辆，同比增长96.9%和93.4%，产销量再创历史新高，连续8年保持全球第一。同时，新一代信息技术、人工智能、工业互联网、5G等新技术与机械领域加速融合，推动行业转型升级。潍柴集团建立由供应商协同研发平台、发动机智慧云平台和大数据分析决策平台三部分组成的工业云服务平台，为开展智能制造系统建设提供数据支撑。兰石集团采用工业互联网、人工智能、图像处理、数据实时采集分析等技术手段打造的国内首个核能装备焊接数字化平台顺利上线，形成了焊接过程可追溯、焊接质量稳定性和可靠性以及焊接质量评价准确度大幅提升的智能化生产系统。

（五）对外贸易量增质升

2022年机械工业外贸进出口总额为1.07万亿美元，同比增长3%，连续第二年突破万亿美元大关。其中出口总额7400亿美元，实现贸易顺差4104亿美元，均创历史新高。从贸易结构看，全年机械工业一般贸易出口金额增长12.5%，高于出口平均增速3.1个百分点，占出口总额的71.4%，是带动机械工业出口总额创新高的主要力量。从产品结构看，汽车整车、工程机械、发电设备、矿山设备等整机、主机对出口的带动作用持续增强。全年汽车整车出口超过300万辆，其中新能源汽车出口近67.9万辆，同比增长1.2倍；挖掘机、电动叉车、金属轧机、起重机等产品出口量分别增长41.9%、33.7%、51.8%和20.1%。

（撰稿：李晓佳）

2022年钢铁行业运行情况综述

中国钢铁工业协会

2022年是承前启后的关键一年。这一年，党的二十大胜利召开，新思路、新战略、新举措绘就了全面建设社会主义现代化国家的宏伟蓝图。这一年，中国钢铁转型升级不断加速，产业链水平持续提升，绿色发展成果大量涌现，高质量发展之路行稳致远。这一年，百年变局加速演进，国际政治经济形势动荡不安，新冠疫情影响反复持续，需求不振形成的市场冲击，对钢铁行业稳定运行带来巨大挑战。面对复杂的经营环境和市场形势，钢铁行业在以习近平同志为核心的党中央的坚强领导下，坚持全面贯彻新发展理念，理性判断市场形势，积极适应市场变化，多措并举降本增效，行业运行总体保持相对平稳，为稳定国民经济发展和全面满足市场需求发挥了重要作用。

一、宏观经济大盘总体稳定

2022年中国GDP为1210207亿元。按不变价格计算，比上年增长3%。按年平均汇率折算，中国GDP总量约为18万亿美元，稳居世界第二。分产业看，第一产业增加值88345亿元，增长4.1%，拉动经济增长0.3个百分点；第二产业增加值483164亿元，增长3.8%，拉动经济增长1.4个百分点；第三产业增加值638698亿元，增长2.3%，拉动经济增长1.3个百分点。第二产业对GDP的贡献高于第一、第三产业。

工业对经济增长拉动作用较强，“压舱石”作用显现。2022年，规模以上工业增加值同比增长3.6%。分三大门类看，采矿业增加值同比增长7.3%；制造业增长3%；电力热力燃气及水生产和供应业增长5%。2022年全年，第二产业对经济增长的支持力度较大，主要与工业、建筑业生产韧性较强，对经济增长的拉动作用较为显著有关。工业增加值比上年增长3.6%，拉动经济增长1个百分点左右，其中制造业增加值比上年增长2.9%，拉动经济增长0.8个百分点，占GDP的比重为27.7%，比上年提高

0.2 个百分点；建筑业增加值比上年增长 5.5%，拉动经济增长 0.4 个百分点。仅工业对 GDP 增长的拉动就达到了 1 个百分点，接近于第三产业对 GDP 增长的拉动。

固定资产投资保持稳步增长态势，基础设施、“大项目”、国有控股拉动作用显著。2022 年，全国固定资产投资（不含农户，下同）572138 亿元，比上年增长 5.1%，增速较上年同期加快 0.2 个百分点。从投资对经济增长的贡献看，四季度资本形成总额拉动 GDP 增长 3.9 个百分点，全年资本形成总额对经济增长贡献率为 50.1%，拉动 GDP 增长 1.5 个百分点。投资对经济增长的拉动作用持续增强。分产业看，第一产业投资 14293 亿元，比上年增长 0.2%；第二产业投资 184004 亿元，增长 10.3%；第三产业投资 373842 亿元，增长 3%。第二产业投资增速高于第一、第三产业和城镇固定资产投资平均增速，是拉动固定资产投资增长的主力。第二产业中，工业投资同比增长 10.3%。其中，采矿业投资增长 4.5%，制造业投资增长 9.1%（增速比全部投资高 4 个百分点），电力、热力、燃气及水生产和供应业投资增长 19.3%。第三产业中，基础设施投资（不含电力、热力、燃气及水生产和供应业）同比增长 9.4%，较上年同期加快 9 个百分点。其中，水利管理业投资增长 13.6%，公共设施管理业投资增长 10.1%，信息传输业投资增长 9.3%。基础设施投资增速逐月加快，对投资及经济增长的拉动作用较为显著。2022 年计划总投资亿元及以上项目（以下简称大项目）投资比上年增长 12.3%，增速比上年提高 5.4 个百分点；拉动全部固定资产投资增长 6.2 个百分点，比上年提高 2.8 个百分点。“大项目”对经济增长的拉动作用较上年有所提升。全年民间投资 310145 亿元，同比增长 0.9%。民间投资占全国固定资产投资比重为 54.21%，占比较上年同期下降 2.29 个百分点。民间投资累计同比增速及占固定资产投资比重均达到了国家统计局 2012 年公布民间投资额以来的最低值。国有控股固定资产投资完成额同比增长 10.1%，增速较上年同期加快 7.2 个百分点。国有控股投资增速超过固定资产投资平均增速及民间投资增速，是拉动固定资产投资增长的主力。

房地产业产销及资金状况均较为困难。2022 年，房地产开发投资累计完成额 132895 亿元（占固定资产投资完成额比重为 23.23%，占比较上年同期下降 3.88 个百分点），同比下降 10%，上年同期为同比增长 4.4%。房地产开发投资累计同比降幅达到 1995 年以来最低水平。房地产建设三大主要指标延续下降态势。其中，房屋施工面积 904999 万平方米，比上年下降 7.2%。房屋新开工面积 120587 万平方米，下降 39.4%。房屋竣工面积 86222 万平方米，下降 15%。商品房销售及到位资金同比降幅继续扩大，待售面积增长。商品房销售面积 135837 万平方米，同比下降 24.3%。商品房销售额 133308 亿元，下降 26.7%。商品房待售面积 56366 万平方米，比上年增长 10.5%。房地产开发企业到位资金 148979 亿元，同比下降 25.9%。各类型贷款均呈现下降态势，其中，国内贷款 17388 亿元，下降 25.4%；利用外资 78 亿元，下降 27.4%；自筹资金 52940 亿元，下降 19.1%；定金及预收款 49289 亿元，下降 33.3%；个人按揭贷款 23815 亿元，下降 26.5%。

2022 年全年，中国 GDP 总量稳居世界第二。第二产业对经济增长的贡献率高于第一、第三产业，对经济增长的拉动作用较强。工业经济保持平稳增长态势，总体保持在合理区间。按三大门类看，采矿业增加值增速明显高于其他两大门类。固定资产投资规模继续扩大，基础设施、“大项目”、国有控股拉动作用显著。总体看，宏观经济大局保持稳定，但世界经济增长动能在趋缓，全球贸易形势不容乐观，世界经济可能面临“滞胀”局面。

二、供需基本均衡，行业总体运行平稳

受国际政治和安全形势动荡及新冠疫情影响，世界经济复苏乏力，国内经济承压前行，需求收缩、供给冲击、预期转弱三重压力在持续演化，钢铁行业所处的外部环境极其严峻。面对下游需求减弱、钢材价格下降、原燃料成本上升等困难，钢铁行业坚决贯彻党中央、国务院“稳字当头、稳中求进”的总体部署，坚持“市场判断要理性、具体措施要现实、整体应对要积极”的应对方针，狠抓降本增效，严控经营风险，努力保持市场供需动态平衡，实现了行业运行总体平稳。

（一）钢产量下降，集中度提升

2022年，全国生产铁86382.78万吨，较上年下降0.5%；生产钢101795.90万吨，较上年下降1.7%；生产材（含重复材）134033.48万吨，较上年增长0.3%。见表1。

表1 2020—2022年中国铁、钢、材产量

种类	2020年		2021年		2022年	
	产量/万吨	增速/%	产量/万吨	增速/%	产量/万吨	增速/%
铁	88897.61	4.3	86856.78	-2.3	86382.78	-0.5
钢	106476.68	7.0	103524.26	-2.8	101795.90	-1.7
材	132489.18	10.0	133666.83	0.9	134033.48	0.3

数据来源：国家统计局。

全年生产焦炭47343.64万吨，较上年增长1.9%；铁矿石原矿96787.3万吨，较上年下降1%；铁合金3410.1万吨，较上年下降3.4%（见表2）。2022年，中国钢铁工业协会（以下简称钢铁协会）会员企业生产铁、钢、材分别为7.29亿吨（同比增长0.03%）、8.15亿吨（同比下降2.07%）和8.02亿吨（同比下降0.5%）。

表2 2022年主要钢铁产品产量

单位：万吨、%

种类	2022年	2021年	增减幅
铁	86382.78	86856.78	-0.5
钢	101795.90	103524.26	-1.7
材	134033.48	133666.83	0.3
焦炭	47343.64	46445.78	1.9
铁矿石	96787.3	98052.8	-1.0
铁合金	3410.1	3475.5	-3.4

数据来源：国家统计局。

2022年，中国钢铁行业整合步伐又取得新进展，宝武与新余钢铁实现联合重组，进一步促进了钢铁产业集中度的提升。通过兼并重组，钢铁行业资源得到整合，产业集中度进一步提高。钢产量排名前10位的企业（CR10）合计产量为4.34亿吨，占全国钢产量的42.8%，比2021年提升1.36个百分点；排名前20位的企业（CR20）合计产量为5.72亿吨，占全国钢产量的56.5%，比2021年提升1.59个百分点。

（二）企业库存处在高位，社会库存处在合理区间

2022年12月下旬，21个城市五大品种钢材社会库存合计752万吨，较上年同期减少32万吨，降幅4.6%。五大品种社会库存下降到2020年以来最低水平。

同期，重点统计钢铁企业钢材库存量1305.66万吨，较上年同期增加175.97万吨（增幅15.58%）。与往年相比处于相对高位，钢材企业库存上升到2020年以来的同期最高值，市场需求不及预期，企业库存压力加大。

（三）供给主动适应需求的下滑，供需基本均衡

2022年累计折合钢表观消费量9.6亿吨，同比减少3411万吨（降幅3.4%）。日均钢表观消费量262.8万吨，同比下降3.3%。同期钢产量10.35亿吨，同比下降1.7%。日均生产钢277.53万吨，同比增长0.5%。从下游行业情况看，房地产行业各项指标持续下降，机械、汽车行业总体保持增长但增幅较小，船舶行业三大造船指标一升两降，主要用钢行业钢材消费强度下降。市场需求不及预期，钢铁企业为适应市场变化主动把控生产节奏、调整品种结构，在实现供需平衡方面做出了努力，取得了一定效果，实现了供需基本平衡。

（四）中国钢产量下降，占世界比重略有下降

从全球看，2022年世界钢产量约为18.85亿吨，同比下降3.9%①，其中中国内地钢产量占世界钢产量的比重为54.01%，占比较上年下降1.25个百分点。

2022年，排名前10位产钢国家与上年变化不大，其中，中国已经连续27年位居第1位，德国钢产量超过土耳其，列第7位。见表3。

① 数据来源于世界钢铁协会。

表 3 2020—2022 年全球钢产量前 10 位国家

单位：百万吨

年份＼排名		1	2	3	4	5	6	7	8	9	10
2020	国家	中国	印度	日本	美国	俄罗斯	韩国	土耳其	德国	巴西	伊朗
	产量	1064.8	100.3	83.2	72.7	71.6	67.1	35.8	35.7	31.0	29.0
2021	国家	中国	印度	日本	美国	俄罗斯	韩国	土耳其	德国	巴西	伊朗
	产量	1035.2	118.2	96.3	85.8	77.0	70.4	40.4	40.1	36.1	28.3
2022	国家	中国	印度	日本	美国	俄罗斯	韩国	德国	土耳其	巴西	伊朗
	产量	1018.0	125.3	89.2	80.5	71.5	65.8	36.8	35.1	34.1	30.6

数据来源：国家统计局、世界钢铁协会。

注：表中中国为中国内地，不包括中国香港、中国澳门、中国台湾地区。

全世界前 10 大产钢国家中，除印度、伊朗外，其余国家钢产量较上年均有不同程度下降。钢产量降幅最大的是土耳其，较上年下降 12.5%。由于土耳其钢产量同比降幅过大，导致其钢产量排名被降幅低于它的德国超越。

三、钢材出口同比略有增长，进口降幅明显

2022 年，中国累计出口钢材 6732 万吨，同比增长 0.9%（见表 4）。2022 年钢材出口同比略有增长，从各月出口情况看，1—4 月各月出口量均少于上年同期。5—12 月期间，除 9 月外的各月出口量不仅高于上年同期，且达到了 2019 年以来同期最高水平。总体看，2022 年钢材出口经历了三个阶段：第一阶段是 1—4 月，该阶段特点是钢材当月出口量波动上升，并逐步达到当年单月出口最高水平，这一阶段主要受俄乌冲突影响；第二阶段是 6—9 月，该阶段特点是钢材当月出口量逐月下降，至 9 月达到年内最低值；第三阶段是 10—12 月，该阶段特点是钢材当月出口量有所回升。6—12 月期间，钢材出口逐步回归至正常水平。

表 4 2018—2022 年中国钢材、钢坯出口情况

种类	2018 年/万吨	2019 年/万吨	2020 年/万吨	2021 年/万吨	2022 年/万吨
钢坯/锭	1.00	4.00	1.76	3.60	102.72
钢材	6934	6429	5367	6690	6732

数据来源：海关总署。

累计进口钢材 1057 万吨，同比下降 25.9%；累计进口钢坯 637 万吨，同比下降 53.5%；累计进口铁矿砂及精矿 110686 万吨，同比下降 1.5%。见表 5。

表 5 2018—2022 年中国进口钢材、铁矿石情况

种类	2018 年/万吨	2019 年/万吨	2020 年/万吨	2021 年/万吨	2022 年/万吨
钢坯/锭	105	306	1833	1372	637
钢材	1317	1230	2023	1427	1057
铁矿砂及精矿	106447	106895	117010	112432	110686

数据来源：海关总署。

2022 年中国钢材折合钢净出口量约 5283 万吨，明显超过 2020 年（1643 万吨）、2021 年（4045 万吨）净出口量，已恢复至新冠疫情前（2019 年）水平。

钢材进出口价格方面，各月出口均价在 1300 美元/吨～1600 美元/吨之间波动，进口均价在 1400 美元/吨～1700 美元/吨波动。2022 年 2 月起，钢材进口均价超过出口均价，进出口均价价差波动扩大，由每吨相差 110 美元最高上涨到 429 美元。受国际市场价格较高拉动，中国钢材进出口价格均同比上涨。全年累计出口平均价格 1434 美元/吨，同比上涨 17.2%；累计进口钢材平均价格为 1617 美元/吨，同比上涨 23.2%。见图 1。

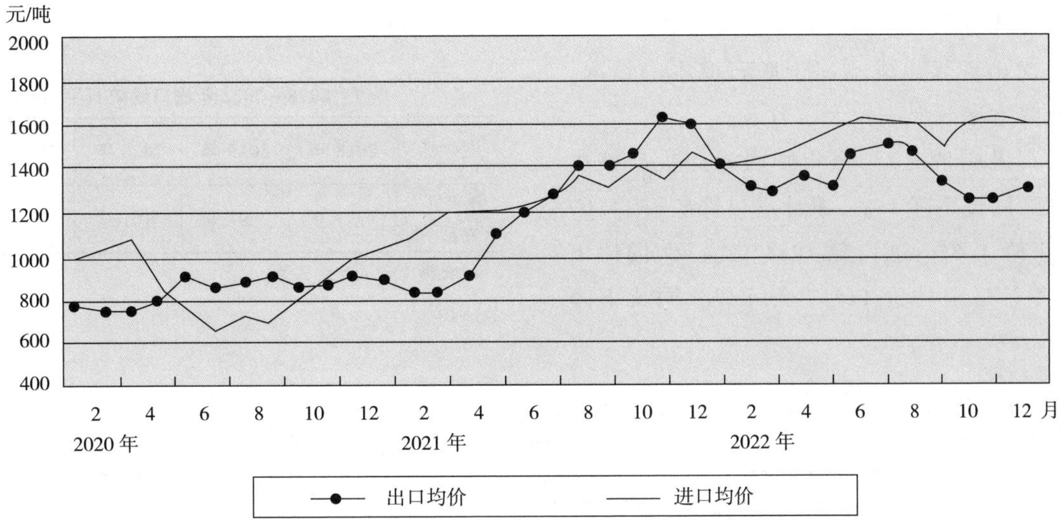

图 1 2020—2022 年各月钢材进出口均价情况

数据来源：海关总署。

四、钢材价格年内先升后降，整体低于上年

2022 年 12 月末，中国钢材价格指数（CSPI）为 113.25 点，比上年同期下降 18.45 点（见表 6）。其中，CSPI 长材指数为 118.67 点，比上年同期下降 18.60 点；CSPI 板材指数为 112.91 点，较上年同期下降 15.86 点。

表 6 2018—2022 年国内钢材价格指数情况

种　类	2018 年年底/点	2019 年年底/点	2020 年年底/点	2021 年年底/点	2022 年年底/点
综　合	107.12	106.10	129.14	131.70	113.25
长　材	113.26	109.70	128.63	137.27	118.67
板　材	102.94	104.55	133.22	128.77	112.91

数据来源：《国际、国内市场价格及指数》。

注：各年年底数据为该年最后一周数据。

从月度走势看，总体上呈现震荡下行态势，年底出现企稳回升之势。2022 年，CSPI 钢材综合指数平均值为 123.36 点，较上年下降 19.48 点。从近五年综合指数平均值看，2022 年综合指数在五年内排名第二位。从 CSPI 综合指数各月情况看，2022 年 4 月起，综合指数当月均值均低于上年同月，二者差距在 9 月达到最大值。10—12 月，2022 年各月综合指数与上年同期差距逐步缩小。从全年变化看，CSPI 钢材综合指数在 1—7 月总体呈波动下降态势，8 月综合指数略有回升，9—11 月综合指数继续下降至年内最低值，12 月再次回升至 9 月水平。2022 年 CSPI 钢材综合指数变化与钢材供需变化及主要原燃料成本的变化有关。

2022 年，八大钢材品种平均价格较上年均有不同程度下降，均价降幅最为明显的钢材品种为冷轧薄板。其中高线 4593 元/吨（同比下降 12.2%）、螺纹钢 4336 元/吨（同比下降 12%）、角钢 4685 元/吨（同比下降 11.5%）、中厚板 4595 元/吨（同比下降 13.6%）、热轧卷板 4521 元/吨（同比下降 15.4%）、冷轧薄板 5040 元/吨（同比下降 16.9%）、镀锌板 5380 元/吨（同比下降 15%）、热轧无缝管 5652 元/吨（同比下降 6.7%）。

五、进口铁矿石量价双降，燃料成本明显上升

受全球通胀压力上升、国际大宗商品价格波动加剧影响，钢铁生产用燃料价格快速上涨。2022 年全年，钢铁生产所需的原燃料采购价格有升有降，国产铁矿石及进口铁矿石采购成本较上年有较大幅度下降，主要燃料采购价格有不同程度上涨，涨幅在 2%～25%之间。其中，国产铁精矿 823 元/吨，同比下降 26.06%；进口粉矿 841 元/吨，同比下降 24.16%；炼焦煤 2374 元/吨，同比上涨 24.91%；冶金焦 2925 元/吨，同比上涨 2.19%；喷吹煤 1676 元/吨，上涨 24.31%；动力煤 1103 元/吨，上涨 6.21%；

废钢3089元/吨，同比下降4.67%。长流程企业炼铁成本中首次出现煤焦成本高于矿石成本的情况，对钢铁企业降本增效形成较大压力。

从铁矿石供应情况看，全年国内累计生产铁矿石9.68亿吨，同比下降1%。累计进口铁矿石11.07亿吨，同比下降1.5%；进口额1281亿美元，同比下降29.7%；累计进口均价115.7美元/吨，同比下降29.6%。见表7、图2。

表7 2018—2022年进口铁矿石平均价格

指　标	2018年	2019年	2020年	2021年	2022年
铁矿石/(美元/吨)	71.0	94.9	101.7	164.3	115.7

数据来源：海关总署。

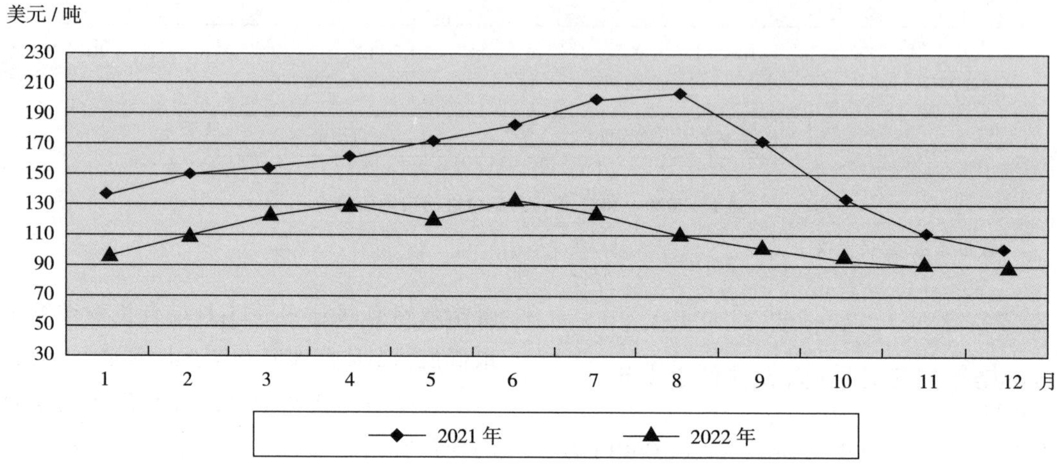

图2 2021年、2022年各月进口铁矿石价格

数据来源：海关总署。

2022年年底，进口铁矿石港口库存为1.32亿吨（见图3），同比下降15.62%，与年内最高值相比下降17%。

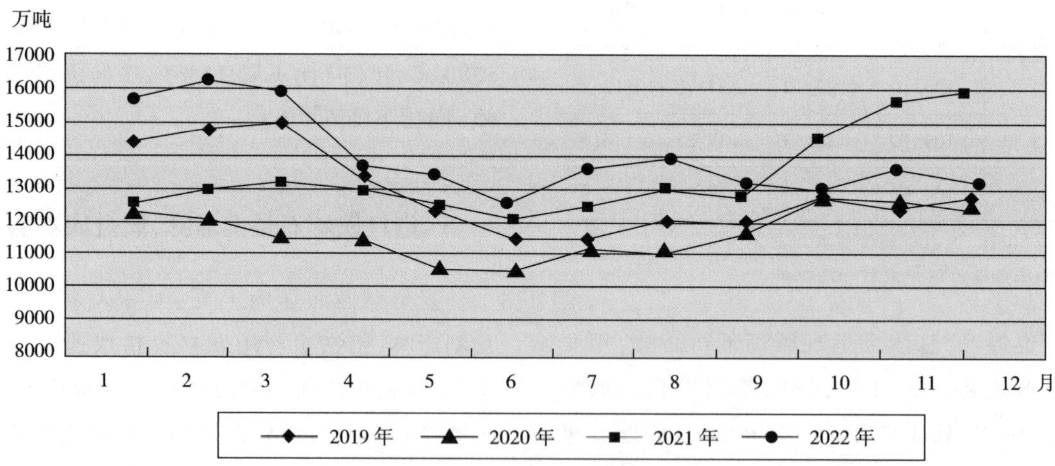

图3 2018—2022年进口铁矿石港口库存情况

数据来源：中国钢铁工业协会。

六、铁矿投资大幅增长，行业投资结构持续优化

2022 年 1—12 月累计，黑色金属冶炼和压延加工业投资累计同比下降 0.1%（见图 4），上年同期为同比增长 14.6%。同期制造业投资增速为同比增长 9.1%，低于制造业投资平均增速 9.2 个百分点。

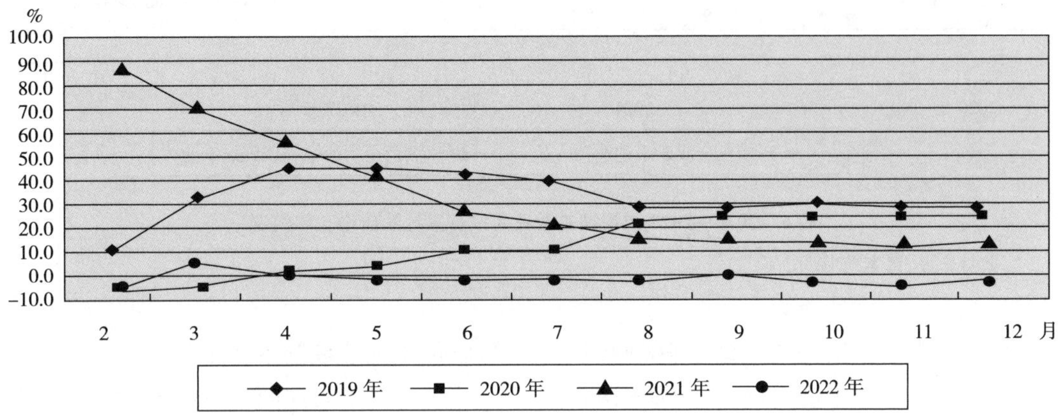

图 4　2019—2022 年黑色金属冶炼和压延加工业固定资产投资累计同比增长率情况

数据来源：国家统计局。

黑色金属矿采选业固定资产投资累计完成额同比增长 33.3%（见图 5），增速较上年同期加快 6.4 个百分点。黑色金属矿采选业固定资产投资累计同比增速分别超过全国固定资产投资和制造业投资平均增速 28.2 个百分点和 24.2 个百分点。

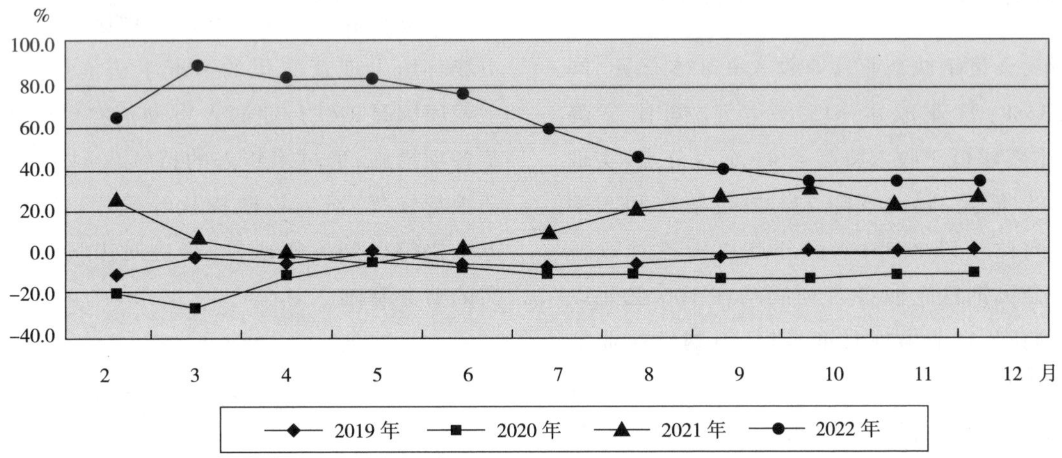

图 5　2019—2022 年黑色金属矿采选工业固定资产投资累计同比增长率情况

数据来源：国家统计局。

民间投资中，2022 年 1—12 月，投向黑色金属冶炼和压延加工业固定资产投资累计同比下降 0.2%（见图 6），上年同期为同比增长 22.2%；投向黑色金属矿采选业固定资产投资累计完成额同比增长 27.9%（低于行业平均增速 5.4 个百分点），增速较上年同期加快 6 个百分点。

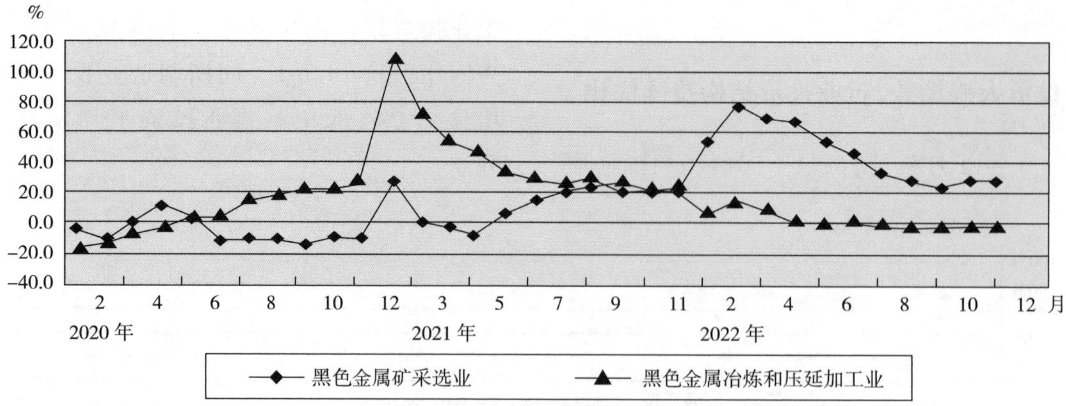

图 6 2020—2022 年钢铁工业民间投资累计同比增长率情况

数据来源：国家统计局。

2022 年，黑色冶炼业投资增速最终下降到负增长区间，而黑色金属矿采选业投资则呈现同比两位数增长态势。从民间投资增速情况看，铁矿投资的积极性显然更高。钢铁协会重点统计会员钢铁企业固定资产投资结构继续优化，节能、环保类投资同比增长 11.95%，占比 29.2%；改进工艺、提高产品质量、增加新产品类投资同比增长 13.96%，占比 31.2%。

七、效益明显下滑，资产状况保持良好

2022 年，会员钢铁企业营业收入 65875 亿元，同比下降 6.35%；营业成本 61578 亿元，同比下降 1.94%，成本降幅低于收入降幅 4.41 个百分点；实现利润总额 982 亿元，同比下降 72.27%；销售利润率为 1.49%，同比下降 3.54 个百分点。从各月效益看，1—6 月会员钢铁企业各月利润均在 100 亿元以上；7—9 月期间，行业出现月度亏损，但钢铁企业及时应对，亏损额逐月收窄；10—11 月期间，行业实现月度盈利；12 月受煤焦及矿石价格上涨等因素影响，加之部分企业资产重组、处理历史遗留问题、计提减值等因素影响，再度出现月度亏损状况。

2022 年，钢铁行业整体资产状况处在合理区间。其中，重点统计会员钢铁企业年底资产负债率为 61.73%，较上年上升 0.53 个百分点；所有者权益同比上升 1.6%；存货占用资金同比下降 5.89%，其中产成品资金占用同比下降 5.08%；银行借款同比增长 5.8%，其中短期借款同比下降 10.8%，长期贷款同比上升 24%，企业资本结构持续改善。应收账款与应付账款总额基本稳定。

期间费用累计同比下降 5.4%，其中销售费用同比下降 9.69%，管理费用同比下降 14.47%，财务费用同比下降 3.06%，研发费用同比增长 5.38%。虽然钢铁行业经济效益同比大幅下降，但钢铁企业研发费用依然保持着稳定上升态势，占营业收入的比重提高至 1.82%。

由于 2022 年市场环境的变化，钢铁行业效益较上年出现较大幅度下滑，但资产状况持续改善，贷款结构不断优化，负债率处在合理区间。钢铁行业在市场环境出现新变化的情况下仍能取得上述成绩，主要原因是钢铁行业深入贯彻落实供给侧结构性改革各项措施，通过多年来的持续盈利，并采取及时偿还银行贷款，增加长期贷款等方式，使资产状况、债务结构等得到大幅改善，为应对市场变化奠定了坚实的财务基础。

八、减污降碳，向绿而行

2022 年，钢铁行业各项环保指标继续改善，单位能耗指标略有增加。随着超低排放改造工程的持续推进，重点统计会员钢铁企业不断加大环保投入，各项环保指标持续改善。2022 年，重点统计会员钢铁企业吨钢耗新水 2.44 立方米/吨，同比下降 0.65%；吨钢二氧化硫排放量为 0.24 千克/吨，同比下降 19.82%；吨钢颗粒物排放量为 0.28 千克/吨，同比下降 18.26%；吨钢氮氧化物为 0.46 千克/吨，同比下降 12.42%。由于钢铁需求下降、整体产能利用率有

所降低，导致吨钢综合能耗同比略有增长。2022年，重点统计会员钢铁企业吨钢综合能耗为551.36千克标煤/吨，同比增长0.23%。

低碳发展各项部署逐步展开。从行业层面看，2022年，钢铁行业向社会发布了《钢铁行业碳中和愿景和低碳技术路线图》，明确了中国钢铁“双碳”目标和技术实现路径。钢铁协会“低碳委”和“科技委”组织力量向国家有关部门提出钢铁行业需要国家重视和支持的、需要行业集中研究的八个低碳技术方向。从企业层面看，部分企业已协同主要研究机构和技术供应商部署并启动了若干大规模的研究开发和工程实践活动。其中，中国宝武、钢铁协会、世界钢协在上海共同举办了以“重塑钢铁行业在人类可持续发展进程中的关键地位”为主题的“全球低碳冶金创新论坛”，对促进钢铁业低碳发展的国际合作、形成合作共识具有积极作用。

中国钢铁行业EPD（环境产品声明）平台正式上线运行，正式发布EPD报告电子标签。截至2022年年底，完成宝武、首钢、沙钢、包钢、酒钢等近十家企业35份EPD报告发布，并发布了6份铁矿石EPD报告。中国钢铁行业已将全生命周期碳足迹评价从理念落实到行动中，接下来将与上下游产业进行对接，在相互对接的过程中不断完善标准和认证体系，并积极推动标准体系和认证体系的国际互认。

超低排放持续推进，环保意识和环境管理水平大幅提升。钢铁企业焦炉、烧结等烟气脱硫脱硝除尘成为标配；料厂、料堆、料仓及物料转运等颗粒物逸散点普遍得到密闭密封；清洁运输改造和铁路专用线建设加速，大气污染防治重点区域轧钢用的煤气发生炉普遍被天然气替代，焦炉和高炉煤气精脱硫等新技术研发持续加速，钢铁企业环保意识和环境管理水平大幅提升，面貌大为改观。截至2023年2月，钢铁协会共接受133份企业的超低排放公示申请，已有46家企业完成全过程超低排放改造公示，涉及钢产能约2.41亿吨，吨钢超低排放改造投资约在381元；25家企业完成部分超低排放改造公示，涉及钢产能约1.56亿吨；目前还有45家企业正在进行公示前专家审核和企业进一步完善与整改，涉及钢产能约1.1亿吨。

钢铁行业极致能效工程正式启动。2022年年底，钢铁协会在国家有关部门的大力支持下，筹划并启动了钢铁行业极致能效工程，形成《钢铁行业能效标杆三年行动方案》，遴选了50项成熟可行的节能技术，形成并颁布了“极致能效技术清单”及“节能低碳政策清单”，开展“双碳最佳实践能效标杆厂”培育活动，宝钢股份、湛江钢铁、首钢京唐、鞍钢鲅鱼圈等21家先进企业申报为第一批标杆培育企业。

九、创新成果不断涌现，创新体系持续完善

创新驱动、持续投入，“首创”“首发”成果不断涌现。钢铁行业持续聚焦关键核心技术，加快打造原创技术“策源地”，中国钢铁行业专利申请数占全球钢铁工业比例超过60%，2022年，“欧冶炉熔融还原炼铁工艺技术研究”等111个项目荣获“冶金科学技术奖”。

不断完善创新体系，增强创新能力。鞍钢成立科学技术协会，河钢组建材料技术研究院，致力打造原创技术创新高地；宝武、鞍钢、首钢、河钢、沙钢、太钢、中信特钢、山钢、包钢、中钢、南钢、马钢、酒钢等钢铁企业上榜全国科技创新企业500强；南钢、涟源钢铁、承德建龙、龙凤山铸业、石横特钢5家企业被国家发展改革委认定为国家企业技术中心，中天钢铁被工业和信息化部认定为国家技术创新示范企业，为构建国家创新体系贡献钢铁力量。

不断增加新产品开发攻关力度，履行材料供给保障使命。22大类钢铁产品中，19类自给率超过100%，其他3类超过99%，多个产品创新结出硕果。鞍钢130毫米特厚安全壳用钢板和大厚度大应变管线钢板等、首钢新能源汽车用电工钢（ESW1230和20SW1200H）等、宝武1.5吉帕超高强吉帕钢等、河钢海洋工程用超级不锈钢复合板等产品实现全球首发；兴澄特钢世界首创用100吨电炉冶炼工艺生产高强高韧低密度钢板；山钢突破极寒海洋腐蚀环境下高强韧H型钢核心技术；鞍钢本钢高强度高淬透性热轧抗氧化免涂层热成形钢世界首发并获评全球新能源汽车前沿技术；中国钢研、东北特钢和二重万航等单位联合研制出世界最大、直径为2.2米的涡轮盘，突破了中国F级重型燃机核心部件制备瓶颈；钢研纳克研发了分辨率达到1.5纳米的高分辨扫描

电镜，跻身扫描电镜领域世界前列，打破了该领域长期以来受制于人的困境；宝武、河钢、鞍钢、建龙、中国钢研、北科大、东北大学等单位围绕氢冶金等技术开展研发、中试和产业化攻关，勇闯创新无人区，为引领世界钢铁技术发展积蓄力量。

十、数字化转型发展迅速，信息技术赋能钢铁行业

数字赋能、智绘未来，钢铁工业数字化转型发展迅速。钢铁行业积极落实习近平总书记对数字经济做出的系列重大部署，钢铁行业数字化、智能化已经从产品创新、生产技术创新、产业模式创新和制造系统集成创新四个层面深度开展。

中国宝武启动钢铁工业大脑战略计划，实现核心技术能力累积沉淀，打造了一批大数据、人工智能与钢铁深度融合的典型示范项目。宝钢股份智慧碳数据平台上线，平台覆盖全流程、全工序、全品种，为“双碳”工作提供了重要的量化工具和数智化支撑手段。鞍钢基于工业互联网平台的全流程数字孪生综合应用，打造以数字孪生和信息物理系统为核心的钢铁数字化制造新模式。南钢建设云边融合与数字孪生的智慧运营中心，贯通产业链上下游企业超万家，由经营公司向经营生态快速转变。首钢基于专网5G技术在“灯塔”工厂建设中达到全覆盖，实现工序间互联互通、天车智能操控，助力工业互联网建设提升效能。华菱与华为合作建设5G智慧工厂，开发了一系列基于5G、机器视觉、AI的创新应用，引入华为合营云的智能平台，打造了5G智慧钢铁行业标杆。柳钢自主创新研发了“转炉看火”工业机器视觉决策模型，完成第5000万次运算，引领柳钢进入人工智能新时代。宝钢股份、南钢、石钢入选全国首批“数字领航”企业，鄂钢、首钢京唐、河钢唐钢、湛江钢铁、晋钢、中天、宝武新余、山钢永锋、石横特钢等入选工业和信息化部2022年度智能制造示范工厂，行业智能制造成果显著增多。目前，大中型企业完成“管控衔接、产销一体、三流同步”，大型钢铁集团企业基本上完成了5层信息化系统的建设；近90%的企业生产制造执行系统（MES）已建立，500万吨规模以上企业基本实现了管控衔接；90%以上的企业建立能源管理信息系统和环保监测系统。

总体看，中国钢铁行业正利用大数据、云计算、工业互联网等信息技术赋能钢铁行业数字化转型升级，开展钢铁工业多维数据治理，研发具有更强通用性的数据驱动模型，通过标准化降低数字技术应用门槛，努力解决钢铁行业制造过程中的“黑箱”和“不确定性”难题，提升产品质量控制能力和生产线运行水平，提高数字化服务的能力，形成数字化技术研发与创新生态。

十一、维护产业链供应链稳定运行，铁资源开发取得实质性进展

在下游需求剧烈波动、市场出现阶段性供需失衡的情况下，钢铁协会组织协调全行业落实产能产量“双控”政策，发布《主动调整生产强度保持行业平稳运行》倡议，制定《钢铁行业自律工作方案》和《钢铁企业共同维护钢材市场秩序自律公约》，呼吁钢铁企业坚定不移严控产能扩张，按市场需求组织生产，理性释放现有产能。组织力量开展全面调研，在充分听取会员企业意见的基础上，对国家有关部门提出改善钢铁行业经营环境十条政策建议。通过开展上述工作，一定程度上缓解了市场冲击带来的不利影响。

国内铁资源开发取得实质性进展。从政府层面看，在国家部委和各地政府的强力推动下，形成了两极推进机制，对促进国内铁矿开发起到了显著作用。从行业层面看，钢铁协会组织力量积极配合有关部委调研梳理国内和海外铁矿项目生产建设进度情况，动态调整铁矿项目清单，向国家有关部门反映企业诉求，协调解决项目推进面临的具体问题；调研补充国内重点铁矿项目信息，汇总国内重大铁矿项目并实行“台账式”管理，形成了项目分类推进表。从企业层面看，各有关钢铁企业积极响应，加强与相关部门的沟通衔接，项目审批建设遇到的急难事项和困难问题得以有效解决，获得感明显增强。2022年11月，中国最大的单体地下铁矿山——鞍钢西鞍山铁矿项目正式开工，表明国内铁矿资源开发取得标志性进展。

（撰稿：谢聪敏　徐　甫）

2022年石油和化学工业发展综述

中国石油和化学工业联合会

2022年，中国石油和化工行业经济运行再创佳绩，上半年增速明显。全行业生产基本稳定，营业收入和进出口总额再创新高，效益同比略有下降，但总额仍在高位上，全年克服诸多挑战取得了极其不易的经营业绩。尤其是原油产量6年来重上两亿吨平台，天然气产量实现了连续6年年增量百亿立方米以上，为保障中国能源安全做出了重要贡献。

一、主要经济指标完成情况

据统计，2022年，石油和化工行业规模以上企业工业增加值增长（同比，下同）1.2%；营业收入16.56万亿元，增长14.4%；利润总额1.13万亿元，下降2.8%；进出口总额1.05万亿美元，增长21.7%；全国油气总产量4.01亿吨（油当量），增长4.6%；原油加工量6.76亿吨，下降3.4%；主要化学品总产量下降0.4%。

（一）全行业增加值小幅增长，营业收入保持较快增长

国家统计局数据显示，截至2022年年底，石油和化工行业规模以上企业28760家，全年增加值增速增长1.2%。其中，化学工业增加值增长5.7%，增速比上年回落1.8个百分点；炼油业增加值下降8.0%，增速回落10个百分点；石油和天然气开采业增加值增长5.4%，增速加快3.2个百分点。总体看，全行业产业结构持续优化，增加值继续保持向好态势。见图1。

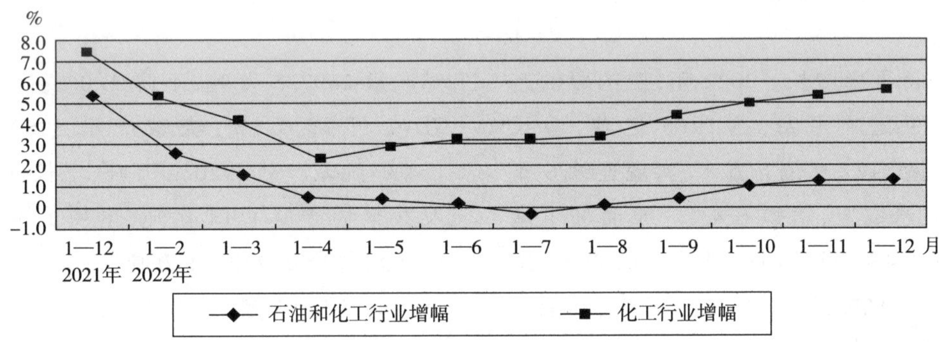

图1 2021—2022年1—12月石油和化学工业增加值增长走势

数据来源：国家统计局。

2022年，石油和化工行业实现营业收入16.56万亿元，再创新高，增长14.4%，占全国规模工业营业收入的12.0%。其中，化学工业营业收入9.56万亿元，增长10.1%；炼油业营业收入5.19万亿元，增长18.6%；石油和天然气开采业营业收入1.49万亿元，增长32.9%。见图2。

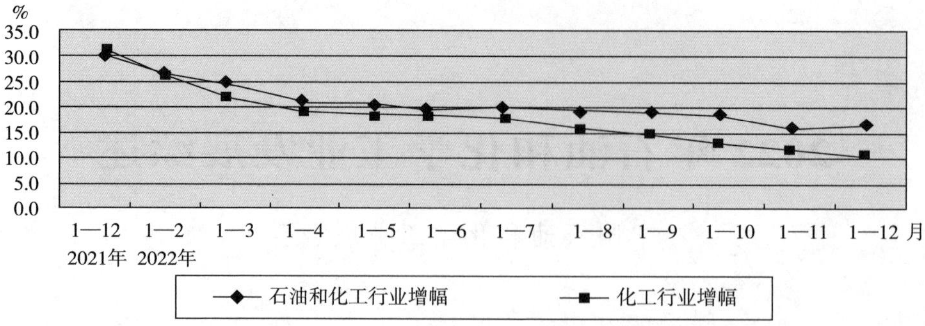

图 2　2021—2022 年 1—12 月石油和化学工业营业收入增长走势

数据来源：国家统计局。

（二）能源生产稳定，化工生产放缓

据统计，2022 年，全国原油天然气总产量 4.01 亿吨（油当量），增长 4.6%；主要化学品总产量下降 0.4%。见图 3。

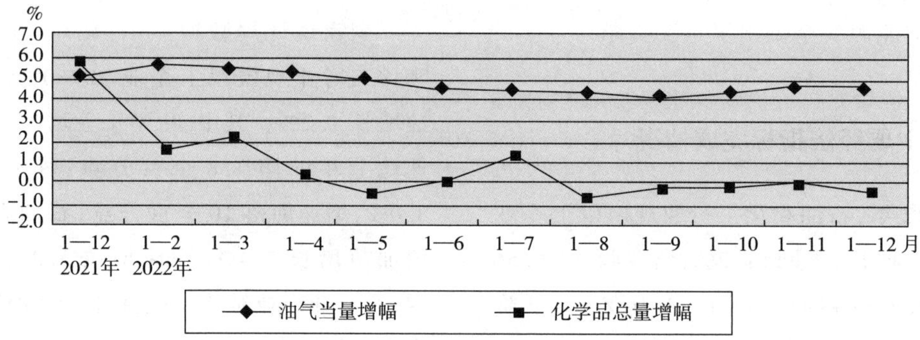

图 3　2021—2022 年 1—12 月全国油气当量和主要化学品产量增长走势

数据来源：国家统计局。

油气生产保持平稳增长。2022 年，全国原油产量 6 年来重上两亿吨平台，达 2.05 亿吨，增长 2.9%；天然气产量 2177.9 亿立方米，实现连续 6 年年增量百亿立方米以上，增幅 6.4%。原油加工量 6.76 亿吨，下降 3.4%；成品油产量（汽油、煤油、柴油合计，下同）3.66 亿吨，增长 3.2%。其中，柴油产量 1.91 亿吨，增长 17.9%；汽油产量 1.45 亿吨，下降 5.1%；煤油产量 2949.1 万吨，下降 24.9%。

重点化学品生产放缓。2022 年，中国化工行业产能利用率为 76.7%，下降 1.4 个百分点。全年乙烯产量 2897.5 万吨，下降 1.0%；硫酸产量 9504.6 万吨，下降 0.5%；烧碱产量 3980.5 万吨，增长 1.4%；纯碱产量 2920.2 万吨，增长 0.3%；合成树脂及共聚物产量 1.14 亿吨，增长 1.5%；合成纤维单（聚合）体产量 7423.1 万吨，下降 6.5%。此外，轮胎外胎产量 8.56 亿条，下降 5.0%。

化肥生产总体平稳，农药生产放缓。2022 年，全国化肥总产量（折纯）5471.9 万吨，增长 1.2%；农药原药产量（折 100%）249.7 万吨，下降 1.3%。见表 1。

表 1　2022 年石油和化工主要产品产量情况

单位：万吨、%

产品名称	2022 年		2021 年	
	产量	同比	产量	同比
原　油	20466.7	2.9	19885.1	2.4
天然气/亿立方米	2177.9	6.4	2046.6	8.2

续表

产品名称	2022年		2021年	
	产量	同比	产量	同比
原油加工量	67589.7	-3.4	69969.6	4.3
成品油	36610.4	3.2	35461.2	7.9
汽　油	14535.6	-5.1	15316.4	17.3
煤　油	2949.1	-24.9	3926.5	-2.6
柴　油	19125.7	17.9	16218.3	2.7
硫　酸(折100%)	9504.6	-0.5	9549.7	5.0
烧　碱(折100%)	3980.5	1.4	3925.1	5.2
纯　碱	2920.2	0.3	2912.9	3.4
乙　烯	2897.5	-1.0	2926.7	18.3
合成树脂及共聚物	11366.9	1.5	11197.5	5.8
合成橡胶	823.3	-5.7	873.3	2.6
合成纤维单体	5791.2	-7.8	6281.3	9.6
合成纤维聚合物	1631.9	-1.5	1656.7	6.9
化肥总计(折纯)	5471.9	1.2	5409.3	0.8
轮胎外胎/万条	85600.3	-5.0	90150.6	10.8

数据来源:中国石油和化学工业联合会。

(三)市场需求持续收缩

2022年,国内能源消费下降幅度逐月收窄,主要化学品市场消费降幅稍有扩大,市场需求收缩的态势尚没有根本扭转。数据显示,全年原油天然气表观消费总量10.39亿吨(油当量),下降0.3%;主要化学品消费增速下降1.4%。见图4。

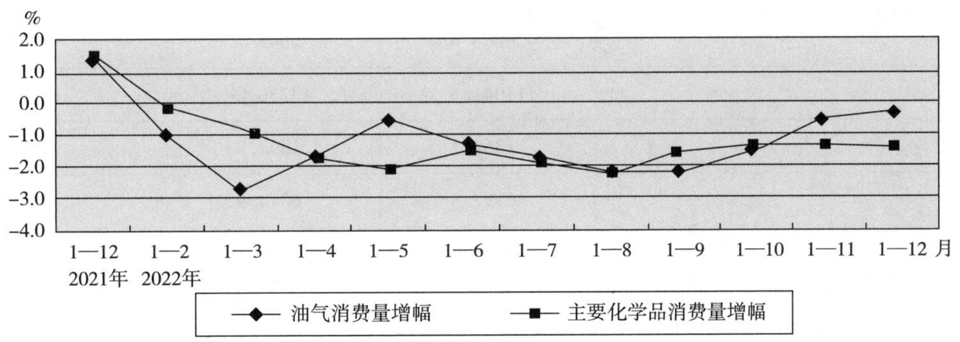

图4　2021—2022年1—12月油气和主要化学品表观消费总量增长走势

数据来源:国家统计局。

原油天然气消费缓中趋稳,成品油消费分化明显。2022年,国内原油表观消费量7.11亿吨,增长0.2%,对外依存度71.2%;天然气表观消费量3639.9亿立方米,下降1.3%,对外依存度40.2%。国内成品油表观消费量3.33亿吨,增长5.1%。其中,柴油表观消费量1.81亿吨,增长24.0%;汽油表观消费量1.33亿吨,下降4.4%;煤油表观消费量1969.3万吨,下降39.0%。

基础化学原料消费小幅下降,合成材料降幅明显。数据显示,2022年,基础化学原料表观消费总量下降0.05%。其中,无机化学原料表观消费量下降1.5%,有机化学原料表观消费量增长2.6%。主要基础化学原料中,乙烯表观消费量3088.8万吨,下降0.8%;硫酸表观消费量9167.8万吨,下降1.5%;烧碱表观消费量3655.9万吨,下降3.3%;纯碱表观消费量2726.1万吨,下降4.7%。同期,合成材料表观消费总量约2.17亿吨,下降4.8%。其中,合成树脂及共聚物表观消费量1.30亿吨,下降1.5%;合成橡胶表观消费量1361.2万吨,降幅2.3%;合成纤维单(聚合)体表观消费总量7340.9万吨,下降10.5%。

化肥消费总体保持平稳。2022年,全国化肥表观消费总量(折纯)5132.9万吨,增长10.6%。见表2。

表2 2022年石油和化工主要产品表观消费量情况

单位:万吨

产品名称	表观消费量		同比±%
	2022年	2021年	
原 油	71095.4	70947.3	0.2
天然气/亿立方米	3639.9	3688.8	-1.3
成品油	33278.1	31697.2	5.1
汽 油	13281.4	13896.9	-4.4
煤 油	1969.3	3226.3	-39.0
柴 油	18077.1	14574.0	24.0
硫酸/折100%	9167.8	9307.1	-1.5
烧碱/折100%	3655.9	3782.2	-3.3
纯 碱	2726.1	2860.8	-4.7
乙 烯	3088.8	3114.3	-0.8
纯 苯	1574.6	1434.3	9.8
精甲醇	6863.6	6643.7	3.3
合成树脂及共聚物	13041.6	13236.0	-1.5
合成橡胶	1361.2	1393.7	-2.3
合成纤维单体	6197.8	6874.9	-9.8
合成纤维聚合物	1143.1	1325.1	-13.7
化肥总计/折纯	5132.9	4640.3	10.6

数据来源:中国石油和化学工业联合会。

(四)投资保持较快增长

国家统计局数据显示,2022年,化学原料和化学制品制造业投资增长18.8%,增速较上年提高3.1个百分点;石油和天然气开采业投资增长15.5%,增速提高11.3个百分点;石油及其他燃料和煤炭加工业投资下降10.7%,2021年为增长8.0%。2022年,全国工业投资增长10.3%,制造业投资增长9.1%,油气开采业和化工投资增速明显超出全国工业和制造业平均水平。见图5。

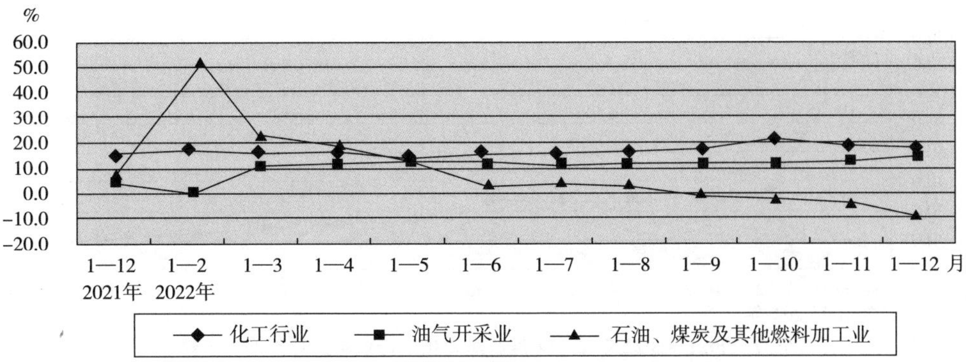

图 5　2021—2022 年 1—12 月石油和化工行业投资增长走势

数据来源：国家统计局。

（五）对外贸易大幅增长

2022 年，中国石油和化工行业对外贸易持续较快增长，进出口总额创历史新高。海关数据显示，2022 年全行业进出口总额 1.05 万亿美元，增长 21.7%，增速比上年回落 17 个百分点，占全国进出口总额的 16.6%。其中，出口总额 3564.8 亿美元，增幅 20.6%；进口总额 6901.3 亿美元，增长 22.2%。贸易逆差 3336.5 亿美元，扩大 24.0%。见图 6。

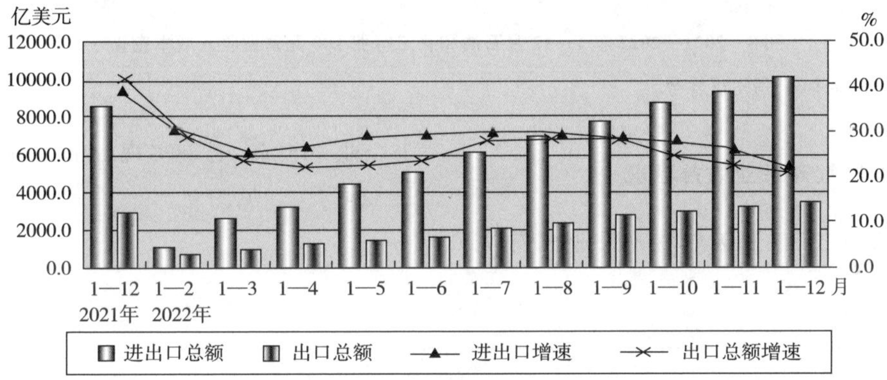

图 6　2021—2022 年 1—12 月石油和化工行业进出口总额累计增长走势

数据来源：海关总署。

2022 年，基础化学原料出口额 1201.0 亿美元，增长 29.6%；合成材料出口额 386.3 亿美元，增幅 15.7%；橡胶制品出口额 611.9 亿美元，增长 5.8%。此外，成品油全年出口量 3442.8 万吨，大幅下滑 14.6%，连续 3 年下降；出口额 327.5 亿美元，增长 50.3%。化肥出口（实物量）2474.1 万吨，出口额 114.4 亿美元，分别下降 24.8%、1.7%。

2022 年，国内进口原油 5.08 亿吨，下降 1.0%，为 2021 年以来连续第二年下降，对外依存度 71.2%，回落 0.8 个百分点；进口天然气 1520.7 亿立方米，下降 10.4%，这是多年来天然气进口量首次下降，对外依存度 40.2%，回落 4.4 个百分点。

二、行业效益情况

统计数据显示，2022 年，全行业实现利润总额 1.13 万亿元，下降 2.8%，基本保持历史高位，占全国规模工业利润总额的 13.4%。每 100 元营业收入成本 83.26 元，全行业亏损面为 19.4%，亏损企业亏损额 2219.4 亿元，资产总计 16.66 万亿元，资产负债率 54.74%。见图 7、图 8。

盈利能力下降。2022 年，全行业营业收入利润率为 6.8%，下降 1.2 个百分点，比全国规模工业高出 0.7 个百分点；毛利率为 17.6%；亏损企业亏损额上升 71.8%；全行业亏损面 19.4%，上升 3.9 个百分点。

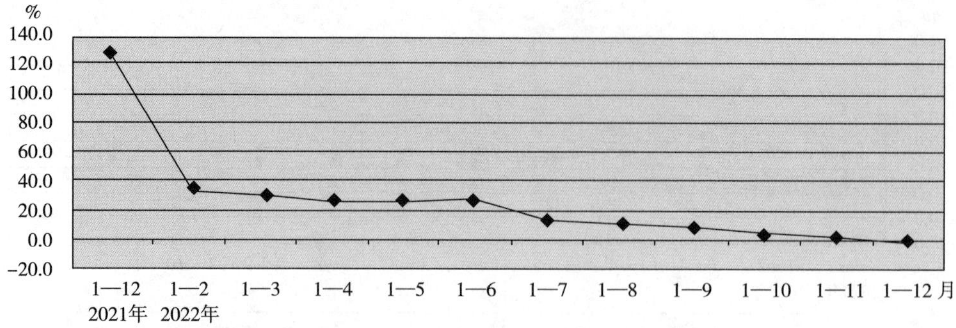

图 7　2021—2022 年 1—12 月石油和化工行业利润总额增长走势

数据来源：国家统计局。

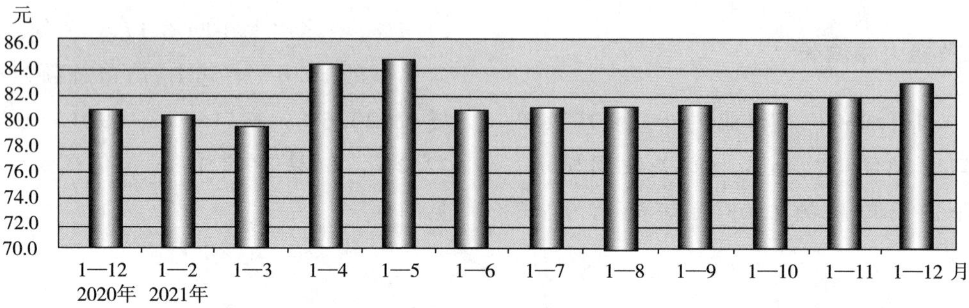

图 8　2021—2022 年 1—12 月石油和化工行业 100 元营业收入成本变化

数据来源：国家统计局。

(一)石油和天然气开采业效益状况

截至 2022 年年底，石油和天然气开采业规模以上企业 445 家，全年实现利润总额 3552.5 亿元，增长 114.7%。见图 9。

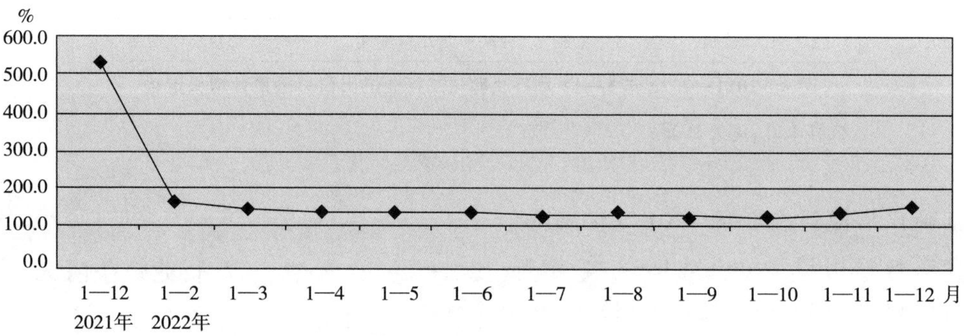

图 9　2021—2022 年 1—12 月石油和天然气开采业利润增长走势

数据来源：国家统计局。

利润率有所回落，但盈利能力仍处于历史较高水平。2022 年，石油和天然气开采业营业成本 8439.1 亿元，增长 10.5%；每 100 元营业收入成本为 56.53 元，增长 2.81 元。全年油气开采业亏损面为 20.0%；亏损企业亏损额 185.7 亿元，下降 30.4%；资产总计 2.73 万亿元，增长 5.1%；资产负债率 46.2%；应收票据及账款 1087.4 亿元，增长 11.2%；产成品资金 121.0 亿元，增长 9.6%。数据还显示，2022 年，油气开采业财务费用下降 5.9%，管理费用下降 1.1%。见图 10。

2022 年，石油和天然气开采业营业收入利润率为 23.8%，毛利率为 43.47%。产成品存货周转天数为 4.8 天，应收账款平均回收期为 25.3 天。

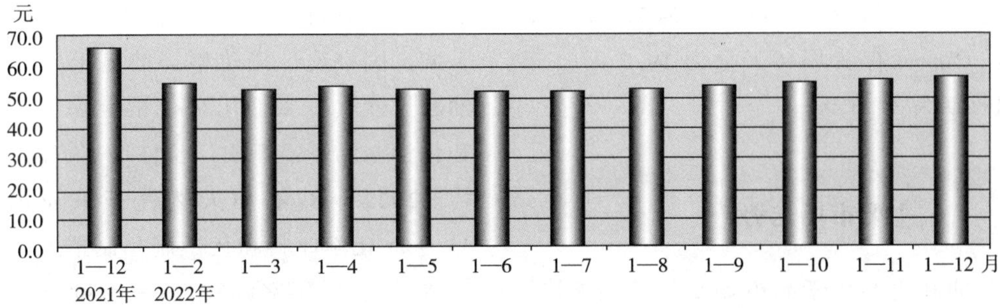

图 10　2021—2022 年 1—12 月石油和天然气开采业 100 元营业收入成本变化

数据来源：国家统计局。

（二）化学工业效益增速由正转负

2022 年，主要化学品市场价格大幅震荡，行业效益增速下滑加快。一季度效益增速持续减缓，二季度企稳回升，三季度明显放缓，四季度出现负增长，子行业效益出现明显分化，行业结构调整加快。

利润降幅扩大，子行业走势分化。截至 2022 年年底，化工行业规模以上企业 25330 家，全年实现利润总额 7289. 2 亿元，下降 8. 1%。其中，基础化学原料和专用化学品制造利润总额分别下降 8. 8% 和 6. 2%；肥料和农药制造利润总额分别增长 52. 9% 和 77. 0%；合成材料利润总额下降 42. 9%；涂（颜）料和橡胶制品制造利润总额分别下降 21. 6% 和 20. 9%；化学矿采选利润总额增长 131. 2%；煤化工产品制造利润总额由负转正。见图 11。

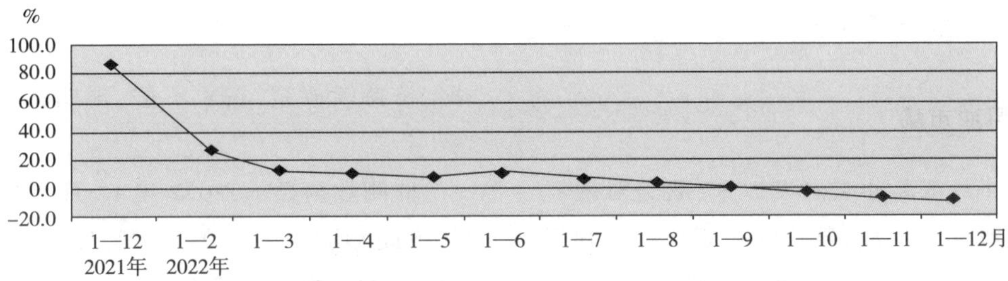

图 11　2021—2022 年 1—12 月化工行业利润总额增长走势

数据来源：国家统计局。

单位成本上升，利润率增速回落。2022 年，化工行业营业成本 8. 11 万亿元，增长 13. 5%；每 100 元营业收入成本 84. 84 元。全年化工行业亏损面为 19. 2%；亏损企业亏损额 1237. 6 亿元，增长 56. 0%；资产总计 10. 3 万亿元，增加 8. 6%；资产负债率 53. 41%。化工行业全年应收票据及账款 1. 02 万亿元，增长 8. 7%；产成品资金 4576. 9 亿元，增长 12. 4%。此外，化工行业财务费用下降 16. 1%，管理费用增加 1. 1%。见图 12。

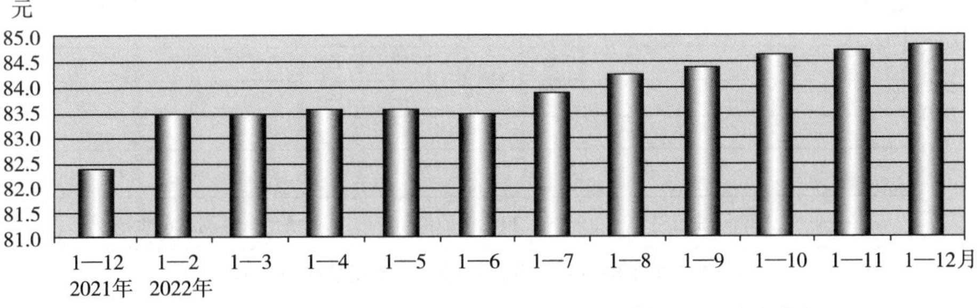

图 12　2021—2022 年 1—12 月化工行业 100 元营业收入成本变化

数据来源：国家统计局。

2022 年,化工行业营业收入利润率为 7.6%,毛利率为 15.2%,产成品存货周转天数为 19.7 天,应收账款平均回收期为 37.3 天。

三、主要市场走势

2022 年,石油和主要化学品市场受外部因素影响,价格先扬后抑,波动较大。从全年看,价格总水平上涨。进入 12 月,化工产品价格继续震荡,上游油气开采业价格持续回落,下游化工产品价格有所下调。国家统计局价格指数显示,2022 年 12 月,石油和天然气开采业出厂价格上涨 14.4%,化学原料和化学制品制造业出厂价格增速下降 5.1%。

2022 年石油和天然气开采业出厂价格上涨 35.9%,化学原料和化学制品制造业上涨 7.7%。从走势看,上半年涨幅较大,三季度高位震荡为主,四季度整体回落明显。见图 13。

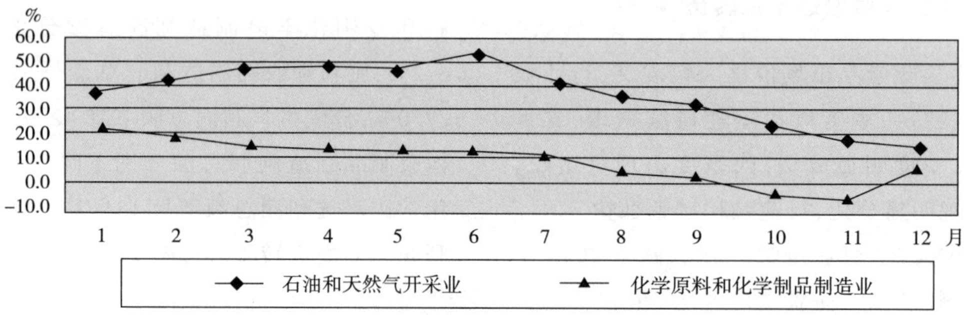

图 13　2022 年 1—12 月油气开采和化工行业生产者出厂价同比走势

数据来源:国家统计局。

(一)国际原油市场

自 2022 年 2 月俄乌冲突爆发以来,欧美对俄罗斯、伊朗等国持续实施制裁,导致国际原油市场剧烈震荡,价格不断攀升,6 月均价达到 2009 年以来最高,居历史同期第二高位。进入四季度,OPEC+(石油输出国组织+非该组织成员产油国)执行减产计划,且有可能继续扩大减产幅度,原油价格在供给方面得到一定程度支撑,但受新冠疫情和通胀影响,全球经济持续放缓,需求不振,预期转弱,原油价格震荡下行。

监测数据显示,2022 年 12 月 WTI 原油(普氏现货,下同)均价 76.5 美元/桶,环比下降 9.8%,同比上涨 6.5%;布伦特原油均价 81.1 美元/桶,环比下降 11.5%,同比上涨 9.3%;迪拜原油均价 77.2 美元/桶,环比下降 10.5%,同比上涨 5.3%;胜利原油均价 81.5 美元/桶,环比下降 11.6%,同比上涨 9.3%。见图 14。

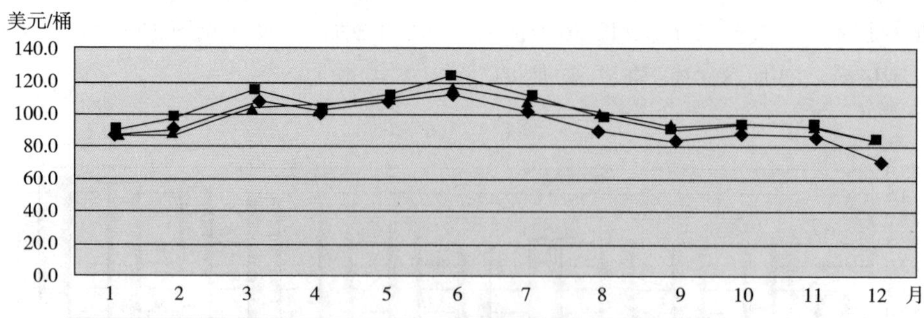

图 14　2022 年 1—12 月国际原油普氏现货价格走势

数据来源:中国石油和化学工业联合会。

2022 年 WTI 原油均价 94.5 美元/桶,上涨 39.1%;布伦特原油均价 101.2 美元/桶,上涨 43.0%;迪拜原油均价 96.3 美元/桶,上涨 39.1%;胜利原油均价 100.1 美元/桶,上涨 41.7%。

2022 年以来,疫情、地缘冲突、极端天气、全球经济增长放缓等因素相互叠加,全球原油价格不确定性、不稳定性态势明显,大幅波动。上半年油价高企,主要因素之一为俄乌冲突导致俄罗斯与西方对立,能源格局动荡重塑,地缘风险溢价明显。进入四季度,全球经济衰退风险加剧,美国通胀持续,国内疫情冲击较大,需求疲软走弱态势明显。供给侧方面,OPEC+护盘意愿强烈,扩大减产幅度,欧美对俄罗斯石油制裁,引发俄方自愿或非自愿减产,俄乌战事胶着,欧洲能源危机加剧,原油市场更加错综复杂。

(二)基础化学原料市场

2022 年,受原料价格影响,化工品价格依然维持高位运行,但下游需求疲软,上涨动力不足,涨幅较大程度低于上游原料。市场监测显示,在 48 种主要无机化学原料中,全年市场均价上涨的有 41 种,占比 85.4%;在 87 种主要有机化学原料中,全年市场均价上涨的有 50 种,占比 57.5%。2022 年,国内合成材料市场总体波动较大。上半年,在成本推动下,价格总水平有所上涨。四季度,受制于下游需求增长乏力,三大合成材料市场增速回落。在 32 种主要合成材料中,全年市场均价上涨的有 17 种,占比 53.1%。

进入 2022 年 12 月,受全球经济衰退影响,原油市场高位震荡,价格小幅回落;同时受国内疫情影响,生产需求受到冲击,化工产品价格震荡下行。市场监测显示,12 月,在 46 种主要无机化学原料中,市场均价同比下降的有 22 种,占比 47.8%;环比下降的有 25 种,占比 54.3%。在 87 种主要有机化学原料中,市场均价同比下降的有 55 种,占比 63.2%;环比下降的有 76 种,占比 87.4%。见表 3。

表 3　2022 年部分重要石化产品价格

单位:元/吨

产品名称	等级/规格	1月	2月	3月	4月	5月	6月	7月	8月	9月	10月	11月	12月
一、无机化工原料													
硫酸	98%,净水	650	760	930	960	980	1010	920	450	250	270	310	280
盐酸	≥31%	310	260	320	330	300	290	250	170	160	170	180	170
硝酸	≥98%	2230	2190	2230	2390	2600	2840	2860	2460	2230	2340	2390	2440
片碱	≥96%	3520	3950	4050	4130	4420	4700	4680	4610	4620	4760	4810	4780
液碱	32%离子膜	980	1010	1050	1210	1270	1250	1190	1070	1080	1270	1090	1110
纯碱	重灰	2360	2510	2660	2700	2820	2930	2880	2710	2620	2590	2580	2600
纯碱	轻灰	2270	2370	2540	2620	2760	2850	2820	2660	2570	2580	2610	2620
二、有机化工原料													
乙烯(美元)	CFR 东北亚	969	1185	1323	1335	1136	1010	1110	1020	1150	1180	1100	1150
丙烯	98%	7760	8050	8560	8400	8500	7940	7490	7140	7280	7550	7220	7470
纯苯	石油级	7280	7940	8340	8490	8920	9560	9230	7980	7760	7930	6940	6530
对二甲苯	一级,净水	6900	7730	8920	9300	9370	10560	10000	9000	8880	9120	8775	7870
甲醇	一级,净水	2420	2650	2910	2850	2670	2650	2590	2670	2650	2980	2810	2490
乙二醇	优等品	5020	5270	5180	5090	4970	5050	4620	4290	4320	4280	4010	4010
环氧丙烷	工业一级	11300	11700	12100	11900	11700	11300	10200	8960	9940	9960	9680	9050

续表

产品名称	等级/规格	1月	2月	3月	4月	5月	6月	7月	8月	9月	10月	11月	12月
精对苯二甲酸	优等品	5040	5510	6010	6160	6730	7110	6410	6180	6550	6240	5710	5580
TDI	80/20	16600	19100	19400	19000	17200	17100	17300	16800	18800	22700	19600	18100
聚合 MDI	合格品	20500	21300	19700	19000	17800	17900	17400	15700	15600	16600	14600	14800
三、化　肥													
液　氨	≥99.8%	4430	4460	4660	4970	5250	5040	4210	3760	4180	4280	4340	4710
尿　素	≥46%	2580	2670	2860	2960	3200	3170	2770	2370	2450	2530	2590	2720
磷酸一铵	55%	3080	3100	3270	3570	4040	4560	4660	3720	3240	3040	3030	3480
磷酸二铵	国产 64%	3590	3620	3640	3650	3860	4260	4640	4410	4170	3910	3730	3930
氯化钾	国产 60%	3490	3790	4240	4370	4550	4910	4980	4870	4650	4170	4020	3730
氯化钾	进口 60%	3930	4060	4530	4640	4850	4980	4910	4760	4410	4110	3990	3810
四、合成树脂													
聚氯乙烯	SG5	8370	8630	8830	8940	8620	8290	6900	6540	6450	6240	6030	6080
PVC 型材	建筑级	10600	11300	11500	11700	11800	11400	10900	10500	10300	9870	9580	9450
低压聚乙烯	5000S	8830	9040	9550	9850	9850	9660	9070	8600	8520	8410	8370	8430
高压聚乙烯	2426H	11900	12100	11700	11800	11600	11300	10600	9820	9850	9890	9590	9220
聚丙烯	T30S,拉丝	8200	8480	8920	8880	8740	8770	8420	8110	8150	8110	7950	7870
ABS 树脂	0215A,通用级	14800	14740	14600	14800	13850	13450	12700	12000	12200	12800	12100	11800
环氧树脂	6101	26700	28600	27100	25600	26300	24400	20100	18200	19500	19900	17300	16100
五、合成纤维单体													
己内酰胺	≥99%	13900	14100	13900	13400	14200	14600	13500	11700	12200	11800	12400	11600
丙烯腈	≥99%	13100	11600	11800	11700	11500	11200	10500	9150	9480	10200	11100	10100
六、合成橡胶													
顺丁橡胶	一级	14100	13800	13700	14300	13700	14700	14300	12900	13100	12800	11500	10800
丁苯橡胶	1502	12300	12600	12500	12600	12100	12800	12400	11900	11800	11700	10800	10900
七、轮　胎													
轿车子午胎	215/55R16	769	772	775	778	779	781	785	797	794	806	788	798

数据来源：中国石油和化学工业联合会。

注：

1. CFR：成本加运费。指在装运港船上交货，卖方支付将货物运至指定目的地港所需的费用。货物的风险在装运港船上交货时转移给买方。

CFR 东北亚：CFR 东北亚任意主要港口交货。

2. TDI：一般指甲苯二异氰酸酯。

3. 聚合 MDI：含有一定量较高官能度的异氰酸酯与二苯基甲烷二异氰酸酯的混合物。

4. SG5：5 型聚氯乙烯树脂粉。

5. PVC 型材：由 PVC 树脂添加各种功能助剂后，经过高温挤出成型的工业和生活用 PVC 产品。PVC 即聚氯乙烯。

6. ABS 树脂：一种热塑型高分子材料。

（撰稿：赵国伟）

2022年轻工业发展综述

中国轻工业联合会

2022年，随着疫情防控措施不断优化和稳经济一揽子政策及接续措施进一步加力提效，轻工业经济总体延续复苏态势。主要表现在：产需总体保持平稳。2022年轻工业增加值同比增长2.4%，轻工10类商品零售额同比增长0.4%。盈利水平继续提高。2022年轻工规模以上企业实现营业收入24万亿元，同比增长5.4%；实现利润1.53万亿元，同比增长8.2%，保持较快增长。轻工商品出口稳定增长。2022年轻工商品出口额9535.4亿美元，同比增长4.2%。投资规模持续扩大。2022年主要轻工行业固定资产投资规模在上年稳步恢复的基础上继续扩大。食品工业作为轻工业经济平稳运行的“压舱石”作用明显。2022年食品工业产需持续恢复、生活必需品供应保障充足、投资及利润保持较快增长，市场发展预期继续改善。但受疫情冲击等多重不利因素影响，轻工业经济恢复进程有所放缓，部分轻工行业增加值、消费、出口仍为负增长，轻工企业生产经营继续承压。

一、运行概况

（一）产需总体保持平稳

1.生产方面

2022年，轻工业生产总体保持平稳，轻工业增加值同比增长2.4%。部分轻工行业增加值较快增长，电池、纸浆、助动车制造行业增加值增速超过10%。食品工业增加值保持平稳增长，农副食品加工、食品制造，以及酒、饮料和精制茶制造增加值分别增长0.7%、2.3%、6.3%。见图1。

从产量看：2022年，太阳能电池、食品添加剂、燃气热水器、电动自行车、酒精、家用洗衣机等24种产品产量同比增长。其中，太阳能电池产量同比增长近50%。

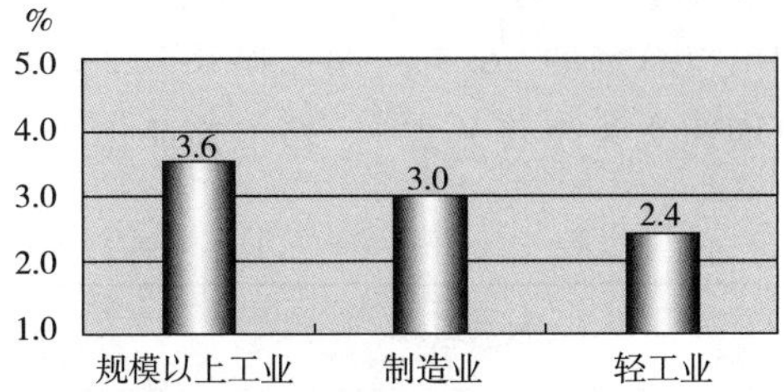

图1 2022年工业增加值增速对比

2.消费市场

2022年，轻工消费市场整体继续保持增长，轻工10类商品零售额69164亿元，同比增长0.4%，高于社会商品零售总额增速0.6个百分点。如不包括服装、鞋帽、针纺织品，轻工商品零售额56161亿元，同比增长2.1%。见表1。

表1 2022年轻工商品零售增速情况

	12月同比增长/%	1—12月同比增长/%
社会消费品零售总额	-1.8	-0.2
轻工10类商品零售额	-5.2	0.4
粮油、食品类	10.5	8.7
饮料类	5.5	5.3
烟酒类*	-7.3	2.3
服装、鞋帽、针纺织品*	-12.5	-6.5
化妆品类	-19.3	-4.5
金银珠宝类	-18.4	-1.1
日用品类	-9.2	-0.7
家用电器音像器材	-13.1	-3.9
文化办公用品类	-0.3	4.4
家具类	-5.8	-7.5

数据来源：国家统计局网站，标注“*”号的包括部分轻工商品数据。

基本生活类和部分升级类商品消费增势较好。2022年，粮油食品、饮料类商品零售额同比分别增长

8.7%、5.3%;文化办公用品增长 4.4%,增速均明显高于商品零售整体水平。

线上消费需求持续释放,保持较快增长。2022 年,在实物商品网上零售额中,吃类、用类商品分别增长 16.1%、5.7%。

(二)出口稳定增长

2022 年,轻工商品累计出口额 9535.4 亿美元,占全国出口总额的 26.5%,同比增长 4.2%(低于全国出口增速 2.8 个百分点)。轻工商品出口在 2021 年高基数基础上继续保持了稳定增长。出口新动能快速成长:2022 年太阳能电池、锂电池等绿色低碳产品出口增速均超过 60%(人民币计价增幅)。据海关总署网站公布的数据,2022 年,轻工 8 种重点商品出口累计出口额 4830.4 亿美元,同比增长 2.4%。其中:塑料制品出口 1078.1 亿美元,同比增长 9.3%;家用电器出口 855 亿美元,家具及零件出口 696.8 亿美元,箱包及类似容器,以及鞋靴出口增速超过 20%。见表 2。

表 2 2022 年轻工重点商品海关出口情况

商品名称	出口额/亿美元	1—12 月增速/%
全国出口总值	35936.0	7.0
轻工重点商品合计	4830.4	2.4
塑料制品	1078.1	9.3
家用电器	855.0	-13.3
家具及零件	696.8	-5.3
鞋 靴	575.8	20.4
玩 具	483.6	5.6
灯具、照明装置及零件	460.7	-6.1
箱包及类似容器	355.7	28.2
陶瓷产品	324.8	6.4

数据来源:海关总署网站。

(三)盈利水平继续提高

随着促消费扩内需政策持续显效,市场需求有所回升,轻工行业盈利水平持续提高,行业活力增强。2022 年,轻工行业规模以上企业 122991 个,实现营业收入 24.0 万亿元(占全国工业的 17.41%),同比增长 5.4%;实现利润 15294.1 亿元(占全国工业利润的 18.2%),同比增长 8.2%,继续保持较快增长。见图 2。

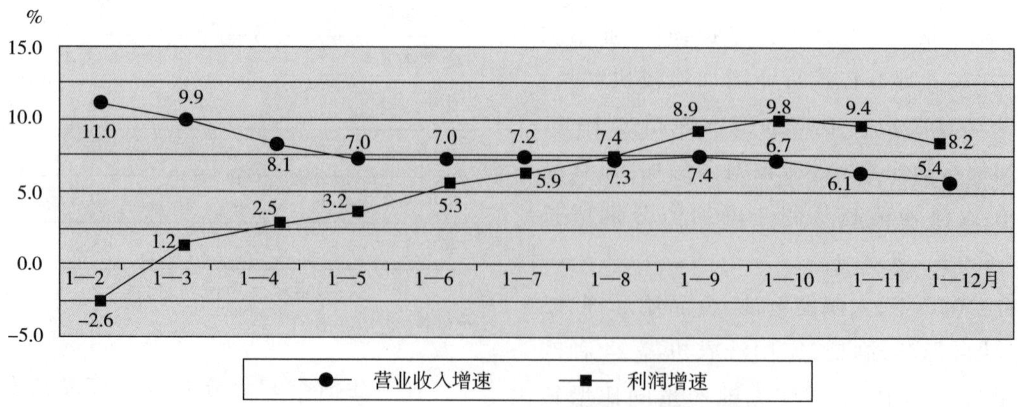

图 2 2022 年轻工业累计营业收入与利润总额同比增速

2022 年,轻工业营业收入利润率为 6.37%,同比提高 0.17 个百分点,盈利水平继续提高。轻工业利润率高于全国工业利润率 0.28 个百分点,高于制造业利润率 1.02 个百分点。见图 3。

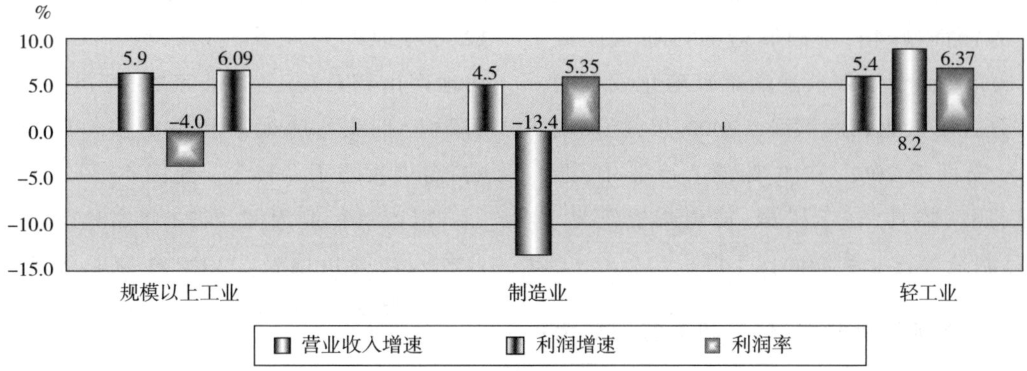

图 3　2022 年轻工业主要经济指标增速与全国工业、制造业对比

(四)食品工业“压舱石”作用明显

食品工业三大行业(农副食品加工、食品制造、酒饮料精制茶制造)营业收入、利润占轻工业的比重均超过 40%。2022 年,食品工业产需持续恢复、投资及利润保持较快增长,市场发展预期继续改善,食品工业作为轻工业平稳运行的“压舱石”作用明显。

——生产:2022 年,食品工业生产增长平稳,生活必需品供应保障充足。农副食品加工、食品制造,以及酒、饮料和精制茶制造增加值分别增长 0.7%、2.3%、6.3%。

——消费:2022 年,基本生活消费稳定增长,限额以上单位粮油食品类、饮料类商品零售额分别增长 8.7%、5.3%。

——投资:2022 年,酒、饮料和精制茶制造业投资增长 27.2%,农副食品加工业、食品制造业投资分别增长 15.5%、13.7%。

——利润:2022 年,食品工业利润同比增长 9.6%,其中:酒、饮料和精制茶制造业利润增长 17.6%,食品制造业利润同比增长 7.6%,农副食品加工业利润同比增长 0.2%。食品工业营业收入利润率为 6.96%,同比上升 0.25 个百分点。

(五)投资规模继续扩大

2022 年,主要轻工行业固定资产投资规模在上年稳步恢复的基础上继续扩大。除造纸行业外,轻工主要行业投资均保持两位数较快增长,且增速高于全国及制造业投资增速。酒、饮料和精制茶,皮革、毛皮、羽毛及其制品和制鞋业投资增速超过 20%。见表 3。

表 3　2022 年主要轻工行业固定资产投资增速情况

行业名称	1—12 月同比增长/%
全国总计	5.1
其中:制造业合计	9.1
农副食品加工业	15.5
食品制造业	13.7
酒、饮料和精制茶制造业	27.2
皮革、毛皮、羽毛及其制品和制鞋业	24.1
木材加工及木竹藤棕草制品业	19.6
家具制造业	13.2
造纸及纸制品业	8.3
文教工美体育和娱乐用品制造业	17.3

数据来源:国家统计局网站。

二、行业发展面临的主要困难

(一)供给冲击,成本上升,部分轻工行业利润下降

轻工企业构成以中小民营企业为主,消费品市场竞争激烈,受大宗商品、原材料价格高位震荡影响,2021 年原材料出厂价格涨幅为 15.8%。在此基础上,2022 年原材料出厂价格累计涨幅为 10.3%,中下游行业成本压力继续加大。2022 年轻工行业营业成本同比增长 5.94%,其中锂电池制造营业成本上

涨近1倍,铅蓄电池制造营业成本上涨超过60%,助动车制造、纸浆制造业营业成本上涨15%左右,部分农副食品加工、食品制造业,如玉米加工、小麦加工、植物油加工、方便面、味精、啤酒制造等行业营业成本上涨超过10%。由于市场消费端难以消化成本的快速上涨,部分轻工行业利润下滑。2022年,轻工规模以上企业亏损面近20%,在主要轻工行业中,造纸、塑料制品、照明器具、轻工机械、玻璃陶瓷制品、日用化学产品制造等行业利润同比下降。

(二)房地产市场需求收缩,轻工相关行业压力增大

近年来,受多重因素影响,2022年,全国房地产开发投资同比下降10%,其中,住宅投资下降9.5%,降幅进一步扩大。房屋新开工面积同比下降39.4%,商品房销售面积同比下降24.3%。2022年12月房地产开发景气指数为94.35,为全年低点。房地产市场对轻工家具、家电、灯具、厨具、卫浴等家居类行业及与房地产相关的塑料细分领域产生影响,需求收缩压力较大。见图4。

以家具行业为例,2022年家具行业商品零售、营业收入均为负增长。2022年家具零售额同比下降7.5%,营业收入下降8.1%。

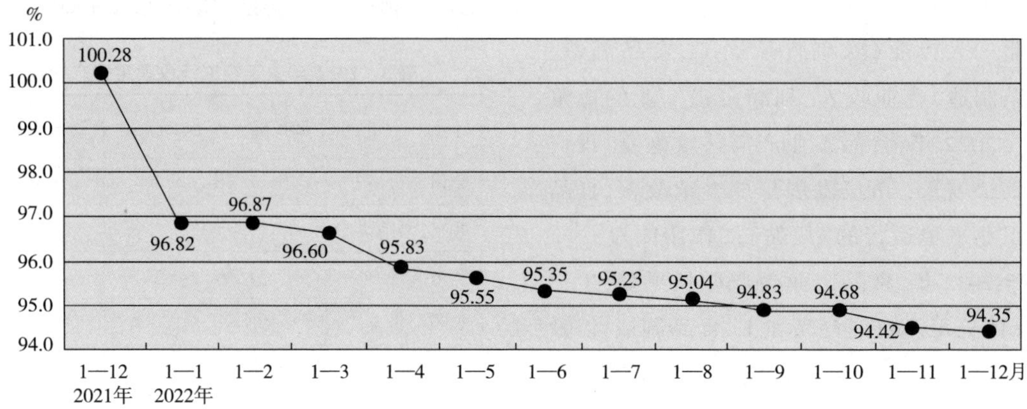

图4 2021—2022年1—12月房地产开发景气指数走势

数据来源:国家统计局网站。

(三)产成品库存、应收账款金额大、增速高

2022年年底,轻工行业规模以上企业产成品存货1.32万亿元(占全国工业的21.8%),同比增长8.3%。应收票据及账款3.08万亿元(占全国工业的14.2%),同比增长16.38%。当前轻工企业产成品存货、应收票据及账款仍处高位,库存的积压、应收账款的增加会继续挤占企业现金流,制约工业企业生产修复的力度空间。

(四)外需减弱,月度出口增速下滑

2022年,虽然轻工商品累计出口额保持增长,同比增长4.2%,但受国际市场需求收缩等因素影响,轻工商品出口逐月放缓。自2022年9月起,轻工商品月度出口已连续4个月同比下降。轻工出口占比较大的商品如家用电器、文教体育用品、家具、照明器具2022年出口均为负增长。

三、行业建设

(一)创新轻工

2022年,在全国轻工业科技创新与产业发展大会精神指引下,轻工业科技创新能力持续增强,创新体系基本形成、创新成果不断涌现、科研投入不断加大,逐渐成为轻工业高质量发展的强大动力。一是做好科技成果鉴定。重点支持智能制造、绿色制造、高端制造、产业"卡脖子"技术等,服务经济社会发展,切实践行科技鉴定工作初心使命;克服新冠疫情影响,引入线上协同、收效同步等科技手段,创新成果鉴定形式，以科技手段引领鉴定升级保质高效完成鉴定任务。二是严格科技奖励评选。抓好专家选聘源头，扩大专家征集范围，合理布局专家结构，专家选聘率为56.6%。全年共征集科技奖申报项目516项（较上年度增加40项），通过形式审查项目493项（较上年度增加37项），涉及38个行业领域。评选专业性、权威性得到行业广泛认可。三是创新平台提质增效。推动轻工科技创新平台“提质增效、能进能出”，修订《轻工行业创新平台评价工作细则（试行）》，调整评估指标，增加综合评议，统筹行业发展，已完成第一批重点实验室评估87家、新申报的重点实验室认定21家、新申报的工程中心认定28家。创新平台总数由原来的230家增加至242家，基本实现了“控制总量、优化存量”的目标。四是拓展多元科技服务。为科技部等部委推荐高质量科技创新成果；为企业提供科技与绿色咨询服务，指导企业低碳绿色可持续发展；组织召开全国轻工行业管理人员能力提升专题培训班，为科技奖励申报工作培养专业人才。深化群众性技术创新活动，开展“2022年轻工行业职工优秀技术创新成果申报交流活动”，来自17个行业的59项成果荣获“轻工行业职工优秀技术创新成果”。

（二）品质轻工

深入贯彻《国家标准化发展纲要》，健全轻工标准体系，推动轻工业提质增效。一是加强标准顶层设计。完成《“十四五”轻工行业标准体系建设方案》编制，建成“轻工领域全国专业标准化技术委员会及委员信息库”和“轻工领域国行标数据库”，有效全面梳理轻工标准化现状，进而根据国家政策，优化标准化管理结构，提高标准化管理效能，引领轻工行业标准化工作高质量发展。二是提升标准供给水平。2022年申报立项国家、行业、团体、军用标准658项，新立项标准195项，完成报批395项，公告发布288项。围绕绿色低碳、智能制造、技能人才等重点领域，征集了300余项轻工行业标准制修订计划清单，完成玻璃制品加工工、调香师等36项国家职业技能标准制修订工作，完成《工艺美术品设计师轻工行业职业能力评价规范》，切实发挥轻工领域标准的引领、规范和促进作用，助力轻工行业高质量发展。三是注重标准统筹管理。积极贯彻《国家标准管理办法》《工业通信业行业标准制定管理办法》，对5年以上标准，开展标准复审工作，2022年完成16项中国轻工业联合会归口国家标准复审，启动了2247项行业标准复审工作，提升标准适用性。四是助推标准国际化。推动轻工标准“引进来”“走出去”。“引进来”，新申报12项国际标准转化工作，实现轻工领域国际标准转化率达84.7%，轻工重点领域消费品国际标准采标率达95%以上，部分领域达100%，为中国产品进出口国际贸易提供有力保障。“走出去”，开展了22项国行标外文版研制，由中国主导制定国际标准10项标准，至此轻工领域已达100项标准，这些标准的制定为中国产品顺利进入国际市场提供了有效支撑。

（三）绿色轻工

强化低碳绿色意识，完善绿色制造体系，推动全行业节能减排降碳，扩大绿色产品供给，引导绿色消费，以切实的措施引领轻工业绿色发展。一是规划轻工“双碳”路径。立足轻工业绿色转型，组织编制了《轻工行业重点领域碳达峰实施方案》，完成《碳达峰、碳中和背景下轻工行业高质量发展路径研究报告》。二是引导治理过度包装。中国轻工业联合会张崇和会长发表署名文章《治理过度包装，让商品回归本色》，深入分析过度包装成因，指明解决路径，号召贯彻执行。中国轻工业联合会统筹焙烤、酒业、香化、塑料、造纸等领域的协会、单位召开专题座谈会，宣传贯彻国务院办公厅过度包装治理专题会议精神，配合中国消费者协会发出《“反对商品过度包装，践行简约适度理念”行业倡议书》，受到行业好评。三是推动行业节能降耗。制定《轻工行业绿色制造标杆企业评价要求》团体标准，围绕家电、照明、电池、陶瓷等重点行业，向工业和信息化部推荐2022年节能技术3项，节能产品38项；申报轻工节水领域行业标准立项建议7项，基本形成节能降耗新格局。

（四）智慧轻工

积极落实国家数字化发展战略，于2022年4月在杭州成功举办第十二届中国轻工业信息化大会，会议以“数智领航，创新转型”为主题，发布了《中国轻工业数字化转型发展报告》，会议同期举办技术交流展览，来自海尔、伊利、天能、玫德等轻工重点行业20多家标杆企业CIO（首席信息官）于会上分享了数字化转型经验。中国轻工业联合会高度重视行业经济运行情况分析，2022年完成5次重点行业调研，研判行业经济走势及企业预期，相关分析报告、运行数据多次刊发于《人民日报》、新华社、中国共产党新闻网、中国政府网等媒体。同时，中国轻工业联合会号召轻工制造业企业围绕主营业务，推动产业数字化，打造可视化车间，构建数字化工厂，通过召开轻工业数字百强大会，号召轻工全行业数字化转型，全年推荐轻工企业项目入选“2022年全国质量标杆——质量管理数字化方向”名录，湖南科霸汽车动力电池有限责任公司的“基于全面质量管理的数字化、目视化和智能化QMS管理模式”（QMS：质量管理系统）、美的集团武汉制冷设备有限公司“基于五智模型构建4+3+1智能质量管理系统运用实践”等项目入选。结合产业集群工作，依托工业互联网、“5G云平台”等技术手段，着力推动轻工产业集群走数字化、集约化、互联化产业发展道路，在集群考评办法中加入相关要素指标，引导地区发展思路。为进一步提升轻工业产业集群信息化水平，建设一批轻工数字智慧产业集群，研究制定《轻工智慧园区评价通则》，已向工业和信息化部申请行业标准立项。

（五）时尚轻工

轻工业积极落实国家扩大消费的战略部署，推动轻工产品创新发展。中国轻工业联合会接受工业和信息化部委托，编制发布《升级和创新消费品指南（轻工 第九批）》，评选出升级消费品58项，创新消费品68项，在京举办“践行三品行动，服务美好生活”创新成果发布会，会上发布两个《指南》，推荐部分升级创新产品现场宣讲和发布，促进引导消费。聚焦新型消费增长点。引导智能家居、冰雪运动、预制食品、适老产品市场化，满足消费新需求，批准设立中国轻工业健康家居检验检测中心、中国轻工业食品检验检测中心（无锡）等新机构；成立中国轻工业联合会预制食品分会，推动便捷营养食品消费；筹办轻工适老创新产品及智能健康解决方案大赛，促进适老产业创新发展。推动品牌授权转化成果。召开品牌授权联盟工作交流会，同期举办在第15届中国国际品牌授权展览会、“2022授权让文博资源‘活’起来交流对接会”，来自全国各领域创意IP代表分享成功案例，超过70家博物馆、IP方、实体企业和行业协会领导出席会议并展开商务对接。成功举办第二届中国工艺美术博览会，展览面积达4.5万平方米，展商1800多家，32个工美产业集群组团参展，千余名大国工匠展出精品力作，央视、人民网等30多家权威媒体积极报道，引起巨大反响。开展中国轻工业企业竞争力评价工作，召开以“贯彻新时代战略，建设轻工业强国”为主题的轻工业百强企业高峰论坛，汇聚476家龙头企业，共商行业高质量发展，提升行业竞争力。

（六）特色轻工

坚持轻工业产业集群科学布局，加强规划引导和资源对接，让产业集群建设成为引领区域发展的强大引擎。一是推动集群科学布局。发布《中国轻工业特色区域和产业集群共建管理办法（2022年版）》，进一步规范轻工特色区域和产业集群发展。本着“能进能出”原则，已累计取消9批次43个产业集群称号，集群结构更加优化，发展质量进一步提升。二是发挥区域引领作用。完成2021年度产业集群运行情况分析，围绕营业收入过300亿元的30个轻工集群，着力开展“332”专项工程，推动其率先向先进制造业集群迈进，形成超两万亿元规模的产业集群第一方阵，发挥辐射带动作用，引领行业发展。三是重视特色产业培育。贯彻轻工集群“大而美、小而精”发展思路，在大力推动“万亿集群”建设的同时，着眼传统产业集群，深入开展咨询服务，编制完成《清徐县醋产业发展规划（2021—2025年）》《世界级五金产业集群对标研究报告》等一系列发展规划；有序推进温州工艺美术产业、射洪白酒产业、赤水晒醋产业、莆田制鞋产业综合服务项目，力求打造特色鲜明、传承创新、协同发展的轻工产业集群。

（七）放心轻工

按照中央经济工作会议要求，轻工业积极稳投资、促消费，提升核心竞争力，着力发挥好轻工业稳发展、利长远的作用。一是稳字当头服务民生。贯彻党中央、国务院及有关部委关于扎实稳住经济等一系列决策部署，第一时间成立中国轻工业联合会“稳产稳供”工作组，牵头制定发布《关于促进轻工行业“稳产稳供”的工作意见》，收集调研会员企业稳产稳供方面的有关情况，及时向有关部委反映诉求和提出建议，促进轻工行业稳定产业链、供应链，助力稳住经济大盘、保障民生需求。二是聚焦产品质量管控。深入企业调研评选，把控源头质量建设，评选发布2022年取得突出成绩的全国轻工行业质量信得过班组40个和优秀质量管理小组88个。举办“全国轻工行业质量管理小组活动和质量信得过班组建设成果交流暨培训会议”，号召中盐集团、海尔、美的、格力、伊利、天能等几十家轻工龙头企业参与，营造“质量第一”的行业氛围。三是建设质量追溯体系。承接“轻工行业产品可靠性提升和质量品牌建设”专项，研究制定两项以上的质量追溯标准，加大轻工产品追溯标准制定及平台建设，推动酒、盐、糖、肉、乳品产品的质量安全追溯，为国家有关部门全面掌握行业产品质量现状，制订更加适配行业发展的产业政策、规章制度提供了科学依据。

（八）技能轻工

深入贯彻人才强国战略，大力弘扬工匠精神、劳模精神，会同人力资源社会保障部、中华全国总工会，积极推动职业能力评价、技能竞赛、产业工人队伍建设，形成轻工业人才发展合力。一是切实推进评价工作。2022年各评价总站、直属基地评价人数逐月递增，截至2022年11月20日，轻工职业能力评价3.2万余人，职业技能等级评价突破400人。全年分4批共批复评价总站2家、直属基地6家、试运行直属基地23家。召开2022年轻工业职业能力评价工作会议，近1000人参加，部署评价有关工作，听取评价总站基地意见建议。二是扎实开展技能竞赛。经人力资源社会保障部审核批准，2022年轻工行业共有12项竞赛，共18个职业，纳入全国行业职业技能竞赛计划，合计共有3900名选手参加各类竞赛。三是务实传承工美技艺。评选第八届中国工美大师，成立由张崇和会长任组长的评选领导小组，邀请372位高水平专家，历时10个月评选出108位中国工艺美术大师。领导小组先后召开36次小组会议，向工业和信息化部做了4次专题汇报。广泛听取专家、大师和行业管理者意见建议。研究制（修）订近100万字各类评选制度方案。评选经过地方初选、推荐上报、材料审核、专家评选、领导小组审定、名单公示等严密的评选流程，取得了行业高度认可的成果。举办传统工艺文化传承与创新高级研修班，组织100余名从业人员参与培训，取得了良好效果。开展百名工美大师进校园活动，遴选批准11家院校入选传承创新基地院校，表彰8名进校园优秀大师、6所优秀基地院校，激励培养更多青年后备人才。举办“百名大师进校园活动”线上系列讲座，组织4000名在校生学习工美知识，传承大师技艺。

四、相关政策建议

（一）坚持稳字当头，促进行业平稳健康运行

要引导轻工行业积极应对需求收缩、供给冲击、预期转弱三重压力，贯彻新发展理念，构建新发展格局，深化供给侧结构性改革，加快产业转型升级，坚持绿色生态发展，坚持数字智能提升，用好用足国家政策，努力保持全年轻工业经济平稳运行。

（二）加强规划引领，推动轻工业高质量发展

引导轻工行业落实国家“十四五”规划和2035年远景目标要求，落实工业和信息化部等五部门《数字化助力消费品工业“三品”行动方案》，落实工业和信息化部等5部门《关于推动轻工业高质量发展的指导意见》，从产业链、品牌竞争力、科技创新力等多个维度助力轻工业增品种、提品质、创品牌。实施中国轻工业联合会和行业协会发布的轻工业“十四五”发展规划，推进产业数字化转型发展，推进产业基础高级化，推进产业链现代化。落实中华人民共和国商务部等13部门联合发布《关于促进绿色智能家电消费的若干措施》，以及工业和信息化部等4部门联合发布《推进家居产业高质量发展行动方案》，以高质量供给促进品质消费。落实工业和信息化部、国家发展改革委、国务院国资委联合发布《关于巩固回升向好趋势加力振作工业经济的通知》，轻工业将多措并举巩固向好态

势，以高质量发展服务人民美好生活。

（三）加大创新支持力度，支持企业数字化转型技改

支持轻工重点行业建立全国性重点实验室，开展基础研究和原始技术创新，对行业前沿技术和共性关键技术研发与产业化给予政策和资金支持，以突破一批国外公司封锁的“卡脖子”材料、关键装备和关键菌种生产技术，提高自主化率。要立足于加强政策支撑和措施保障，以市场化手段补齐轻工业发展短板弱项，构建具有更强创新力、更高附加值、更可持续发展的现代轻工产业体系。建议各部委重点扶持专项中，对轻工项目切块保障，以切实的资金投入，支持轻工业以数字转型为抓手，实施技术改造，实现创新发展。

（四）建立上下游价格协调机制

有效管控上游原料价格涨幅，引导建立合理的价格传导机制，保护下游产业发展积极性。建立终端市场需求指数发布机制，通过信息公开，抑制投机炒作，促进行业平稳健康发展。

（五）营造良好产业发展环境

督促各级政府将中央出台的稳增长政策有效落地。营造良好的政策环境、产业环境，稳定企业发展。修订《国家危险废物名录》《“高污染、高环境风险”产品名录》等，避免“一刀切”，将皮革边角废碎料从危废名单中剔除。对造纸等轻工各产业，不用“两高一资”（高耗能、高污染和资源性）帽子来限制享受优惠政策。支持东部地区因土地等因素发展受限的企业，有序向中西部地区转移，支持西部地区有效承接。用好 RCEP（《区域全面经济伙伴关系协定》）政策，实现区域化协同发展。建议加强知识产权保护，进一步加强市场监管力度，强化对在线购物平台的经营监管，特别是对网络平台劣质及无证产品的管理，避免劣币驱逐良币。

（六）强化行业协会组织功能

作为联系政府和企业的桥梁纽带，行业协会是国家治理体系的重要组成部分，是推动行业高质量发展的领军力量。特别是由国家部委改制而来的、目前由国务院国资委直管的行业联合会，仍然具有一定的行业党建管理、经济运行分析、科技成果鉴定、标准业务管理、报刊管理及行业先进表彰等行政化职能，在反映行业诉求、提出政策建议、接受政府委托事务方面具有不可替代的重要作用。要充分发挥行业联合会和各代管协会的作用，在规划引领、科技交流、标准制定、课题研究、成果转化、会展会议、统计排名、信用评定、社会责任、表彰奖励等方面开展工作，构建行业高质量发展的服务保障体系。

2022 年纺织工业经济运行综述

中国纺织工业联合会

2022 年，全球经济受新冠疫情跌宕反复、地缘政治冲突升级、宏观政策持续收紧等因素冲击，“滞涨”风险不断加大，主要经济体经济增速明显放缓。面对异常复杂严峻的发展形势，中国高效统筹疫情防控和经济社会发展，持续加大稳经济政策力度，有力克服不利因素的冲击，顶住需求收缩、供给冲击、预期转弱三重压力，国民经济实现触底回升，2022 年国内生产总值（GDP）同比增长 3%，以 2019 年为基期，新冠疫情后三年年均增长 4. 4%，在全球主要经济体中居于前列。

在市场需求疲弱、原料成本高企、贸易环境趋严等各种风险因素交织的复杂发展环境下，中国纺织行业全面贯彻落实党中央、国务院决策部署，坚持稳中求进的工作总基调，积极统筹短期平稳运行目标

与中长期高质量发展任务,2022年生产、效益规模等主要经济运行指标增速虽有所回落,但降幅较小,出口总额创历史新高,为支撑国民经济平稳运行和社会发展大局稳定、保障市场供给和助力改善民生发挥了应有作用。2022年纺织工业主要经济运行指标分季度累计同比增长情况见表1。

表1 2022年纺织工业主要经济运行指标分季度累计同比增长情况

单位:%

主要指标	一季度	上半年	前三季度	全　年
工业增加值(规模以上企业)	4.9	0.9	-0.4	-1.9
营业收入(规模以上企业)	10.6	5.7	3.1	-0.9
利润总额(规模以上企业)	-9.2	-17.0	-23.6	-24.8
纺织品服装出口总额(美元值)	11.0	11.7	9.1	2.5
中国服装、鞋帽、针纺织品限额以上零售额	-0.9	-6.5	-4.0	-6.5
中国穿类商品网上零售额	0.9	2.4	4.7	3.5

资料来源:国家统计局、中国海关。

一、2022年纺织工业经济运行情况

(一)行业综合景气波动回升

2022年,受到市场需求不足、国内新冠疫情散发频发、原料成本高位等因素影响,纺织行业综合景气情况有所波动。根据中国纺织工业联合会调查数据,2022年纺织工业综合景气指数持续位于50%荣枯线以下,前三个季度分别为42.6%、46.3%和44.3%。四季度,随着国家防疫政策因时因势调整、市场消费呈现季节性增长,企业经营信心有所改善,带动行业景气指数回升至47%。在各分项指数中,新订单指数逐月提升,到四季度基本恢复至50%;原材料购进价格指数波动较大,前两个季度均保持在70%以上的高位,下半年随着国际大宗商品价格的小幅回落逐步下调至52.6%的相对正常水平。

(二)生产增速有所放缓

2022年,纺织工业产能利用率和生产增速均较2021年有所回落。根据国家统计局数据,2022年纺织业和化纤业产能利用率分别为77.2%和82.3%,较2021年分别回落2.3和2.2个百分点,但仍高于同期全国工业产能利用水平。2022年,纺织行业规模以上企业工业增加值同比减少1.9%,增速较2021年回落6.3个百分点。纺织产业链上化纤、毛纺织、麻纺织、长丝织造、产业用纺织品等分行业工业增加值同比实现正增长,服装等行业工业增加值则有所回落。2022年纺织工业及主要分行业工业增加值同比增速见图1。

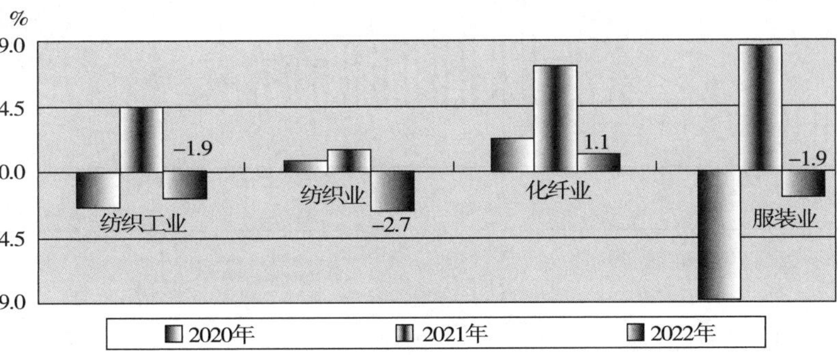

图1 2022年纺织工业及主要分行业工业增加值同比增速

资料来源:国家统计局。

在生产增速回落的情况下，主要大类产品产量增速也呈现明显放缓态势（见图 2）。根据国家统计局数据，2022 年全社会化学纤维（化纤）、纱和布产量分别为 6697.8 万吨、2719.1 万吨和 467.5 亿米，同比分别减少 0.2%、5.4% 和 6.9%，增速较 2021 年分别放缓 9.7、15.2 和 16.2 个百分点。规模以上企业印染布、服装产量同比分别减少 7.5% 和 3.4%，增速较 2021 年分别放缓 19.3 和 11.8 个百分点；非织造布（无纺布）产量同比增长 0.6%，增速较 2021 年回升 3.8 个百分点。以 2019 年为基期，化学纤维、非织造布（无纺布）产量三年平均分别增长 4% 和 4.1%，纱、布、服装等大类产品产量三年平均增速为负，表明行业生产规模尚未恢复至新冠疫情前水平。

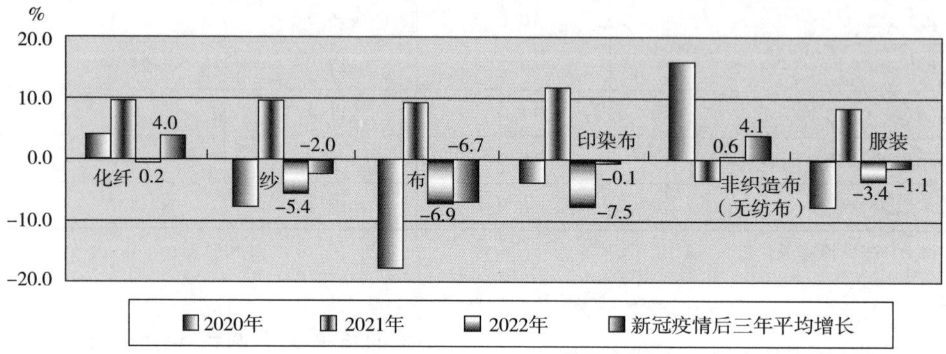

注：化学纤维、纱和布产量增速依据国家统计局《2022 年国民经济和社会发展统计公报》，其他产品产量增速为规模以上企业统计数据。

图 2　2022 年规模以上纺织企业主要大类产品产量增长情况

资料来源：国家统计局。

（三）内销市场恢复承压

2022 年，受居民收入增长放缓、消费场景恢复受限等因素影响，中国居民衣着消费意愿减弱。根据国家统计局数据，2022 年中国人均衣着消费支出为 1365 元，同比减少 3.8%，占居民人均消费支出的比重较 2021 年下降 0.3 个百分点至 5.6%，为 21 世纪以来的较低水平。纺织行业内销压力加大，实体渠道零售额自 2022 年 3 月以后持续负增长，未出现明显持续性改善迹象。根据国家统计局数据，2022 年全国限额以上单位服装、鞋帽、针纺织品类商品零售额同比减少 6.5%，增速较 2021 年回落 19.2 个百分点；网络零售渠道增长相对平稳，全国网上穿类商品零售额同比增长 3.5%，增速较 2021 年回落 4.8 个百分点，自 2022 年 6 月以来一直保持正增长态势。见图 3。

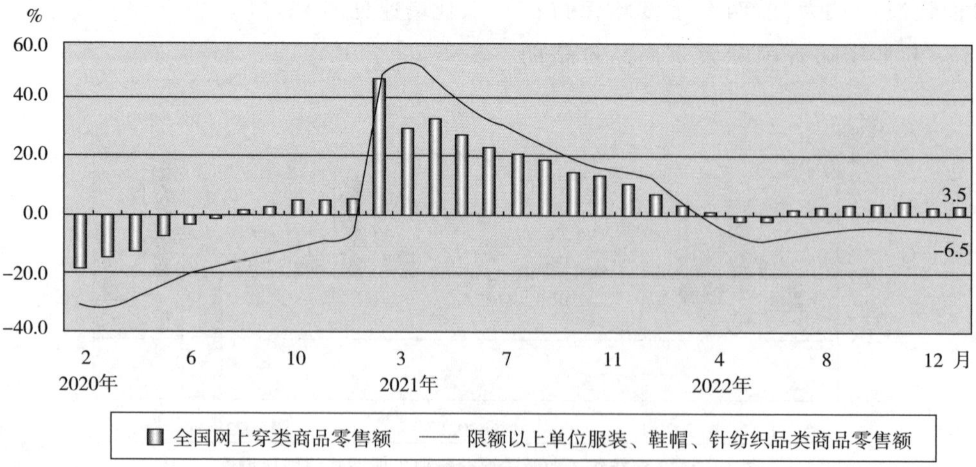

图 3　纺织品服装内销指标累计同比增速

资料来源：国家统计局。

新冠疫情持续三年并未阻断内需消费升级的发展趋势，纺织企业也积极从技术、设计、场景、体验等多角度入手，捕捉消费需求动向和价值取向视角，大健康、国潮、可持续、悦己等消费理念激活了保健抗菌、运动户外、新中式、环保简约等具有特定功能性和时尚表达的纺织服装产品持续涌现，“Z 世代”“新中产”“银发族”等消费群体的日益活跃、线上线下加速融合丰富了零售业态模式与衣着消费场景，自主品牌企业成为高品质、多元化的供给体系的核心力量，与消费者美好生活需要的适配度不断提升。相关数据显示，2022 年抖音 MCN（网红经纪人）合作平台下服饰内衣、运动户外和家居家纺品类带货销售额较 2021 年分别增长 37.7%、74.9%和 81.5%，服装服饰品类销售规模稳居抖音、快手等直播电商平台的第一梯队。

（四）出口总额创历史新高

中国海关数据显示，2022 年，中国纺织品服装出口连续第三年超过 3000 亿美元，出口总额达 3409.5 亿美元，同比增长 2.5%，再创历史新高。原料价格上涨带动的出口价格提升，是实现最高出口总额的重要因素，但实际出口数量在下半年出现逐步下降趋势。9 月以后，纺织品服装单月出口额连续为负，累计增速降至个位数水平并持续放缓，需求疲弱态势逐渐显现。见图 4。

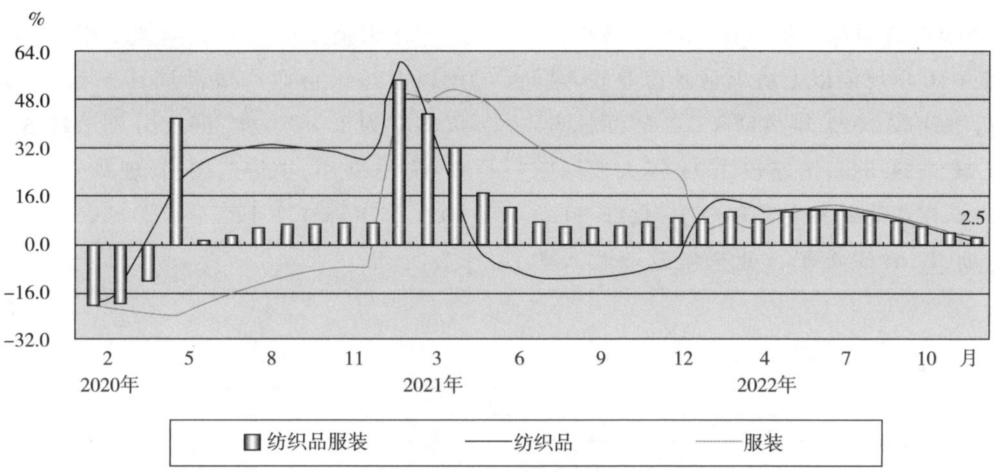

图 4　纺织品服装出口金额累计同比增长情况

资料来源：中国海关。

从出口产品结构看，东南亚、南亚纺织供应链持续恢复，成为中国纱线、面料等产业链配套产品出口的主要增长动力。2022 年中国共出口纺织品 1568.4 亿美元，同比增长 1.4%，增速较 2021 年回升 5.5 个百分点，占全行业出口总额的比重为 46%。服装出口金额为 1841.1 亿美元，同比增长 3.4%，增速较 2021 年回落 20.7 个百分点，占全行业出口总额的比重提高 0.7 个百分点至 54%。

从出口市场结构看，“一带一路”沿线市场对中国纺织品服装出口带动作用增强，出口市场结构更趋多元。2022 年，中国对发达经济体纺织品服装出口规模普遍缩减，对美国、欧盟和日本纺织品服装出口额分别为 585.4 亿美元、489.7 亿美元和 214 亿美元，同比分别减少 5.4%、1.1%和 0.2%；在新兴经济体纺织供应链稳步恢复支撑下，中国对东盟、“一带一路”沿线市场纺织品服装出口金额同比分别增长 14.8%和 11.3%，其中东盟对行业出口增长的贡献率高达 114.5%。见表 2。

表 2　2022 年中国对全球主要国家和地区纺织品服装出口情况

国家和地区	出口总额/亿美元	同比/%	出口金额占比/%	出口增长贡献率/%
全　球	3409.5	2.5	100.0	—
美　国	585.4	-5.4	17.2	-56.4
欧　盟	489.7	-1.1	14.4	-13.4
日　本	214.0	-0.2	6.3	-4.9
东　盟	582.0	14.8	17.1	114.5
“一带一路”沿线市场	1303.8	11.3	38.2	202.8

资料来源：中国海关。

（五）质效改善压力较大

2022 年，在“高成本、弱需求”的供需环境下，纺织企业销售及盈利持续承压，行业营业收入增速逐月放缓，利润降幅震荡加深。根据国家统计局数据，2022 年全国 3.6 万户规模以上纺织企业营业收入同比减少 0.9%，增速较 2021 年放缓 13.2 个百分点；利润总额同比减少 24.8%，增速较 2021 年大幅回落 50.2 个百分点。在产业链各主要环节中，化纤、麻纺织、长丝织造、印染、针织等子行业全年营业收入实现正增长，但仅麻纺织、家用纺织品行业利润总额保持正增长态势；产业链终端的服装行业营业收入、利润总额同比分别减少 4.6% 和 6.3%，产业用纺织品行业效益亦未扭转负增长态势。见图 5。

纺织企业运营质量有所下滑。2022 年，全国规模以上纺织企业产成品周转率为 13 次/年，总资产周转率为 1.1 次/年，同比分别放缓 5.1% 和 4%；三费（财务费用、销售费用、管理费用）比例为 6.4%，较 2021 年下降 0.2 个百分点。见表 3。

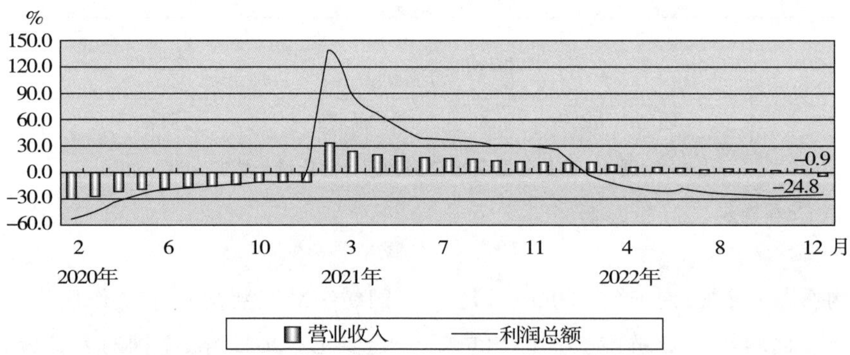

图 5　2022 年规模以上纺织企业主要效益指标增速

资料来源：国家统计局。

表 3　2022 年纺织工业及主要分行业运行质量指标

行　业	营业收入利润率		产成品周转率		总资产周转率	
	2022 年/%	同比增减/百分点	2022 年/次/年	同比/%	2022 年/(次/年)	同比/%
纺织行业	3.9	-1.3	13.0	-5.1	1.1	-4.0
纺织业	3.8	-0.8	12.4	-7.0	1.2	-4.4
化纤业	2.2	-4.0	15.4	-2.6	1.0	-2.2
服装业	5.3	-0.1	12.5	-4.9	1.3	-3.6

资料来源：国家统计局。

（六）投资形势基本平稳

在发展压力显著加大的背景下，骨干纺织企业仍然坚持加快转型升级的步伐，积极扩大高端化、智能化、绿色化改造升级投入，有序推动区域布局优化调整，行业投资总体保持平稳增长（见图 6）。根据国家统计局数据，2022 年纺织业、化纤业、服装业固定资产投资完成额同比分别增长 4.7%、21.4%和 25.3%。以 2019 年为基期，纺织业、化纤业投资额在 2020—2022 年平均增速分别为 2.9%和 8.8%，新增投资规模超过新冠疫情前水平；服装业投资额增速在 2020—2022 年平均下降 3.9%，仍未实现全面恢复。

纺织行业区域结构调整保持推进，投资分化特征延续。2022 年，东部沿海五省产业投资形势大体平稳，福建省、山东省全产业链固定资产投资完成额实现正增长，江苏省、广东省化纤业投资增幅均达到 30%以上。中部的河南省、湖北省作为全国纺织服装制造大省和中部重要的纺织服装转移承接地，服装业投资增速显著高于全行业平均水平。西部的重庆市、云南省全产业投资额保持正增长态势，贵州省、青海省化纤业投资额均实现倍速增长。

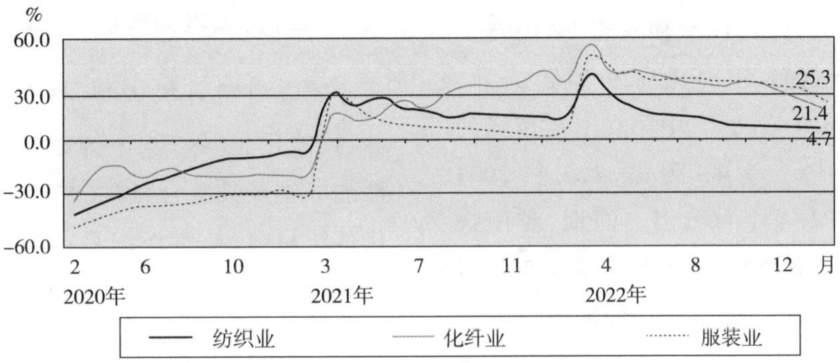

图 6　纺织分行业固定资产投资增速

资料来源：国家统计局。

二、2022 年纺织行业运行中存在的主要问题

（一）市场需求压力难以缓解

2022 年，国内外发展形势错综复杂，持续冲击纺织行业需求端修复进程，内销市场面临居民收入增速放缓、消费意愿降低、预防性储蓄动机上升等压力，出口市场则受到通胀压力高企削弱实际购买力、品牌商库存上升等因素制约，终端需求收缩导致订单不足的问题更为突出。根据中国纺织工业联合会《纺织企业景气指数分析报告》，2022 年四个季度，纺织行业新订单指数分别仅为 37.8%、42.8%、44.7%和 48.9%，同期国外新订单指数分别仅为 40.1%、41.8%、37.1%和 45.5%，不仅持续位于 50%荣枯线以下，且显著低于 2021 年水平。纺织服装专业市场综合景气自 8 月以来下行态势显著，到 12 月纺织服装专业市场管理者景气指数和商户景气指数分别降至 43.6 和 45.4 的年内最低值。企业对于订单短缺的感受较为普遍，中国纺织工业联合会企业经营者调查分析显示，内外销市场订单不足是 2022 年企业生产经营持续面临的最为突出的问题，二季度以来超过半数被调查企业反映内、外销市场订单下滑明显，到三季度反映国际市场订单不足的企业数占比已达到六成以上。

（二）成本压力制约效益提升

2022 年，国际大宗商品价格快速上涨，带动原油、棉花等纺织原料价格高企并持续在高位波动调整，成本压力显著提升。根据中国棉花协会和中纤网数据，2022 年上半年国内棉花价格一度较 2021 年上浮 40%，此后虽然随国际大宗商品价格同步震荡回落，但价格增幅仍达到 5%以上；PTA（对苯二甲酸）内盘（国内价格）月均价同比增长 28.7%。由于终端需求不足，产业链中下游纺纱、织造等环节产品价格难以同步跟涨，2022 年纯棉纱月均价总体略低于 2021 年，32 支斜纹布、40 支精梳府绸价格较 2021 年分别下降8.6%和1.6%，原料成本沿产业链向消费终端传导难度上升，上游原料加工环节利润空间收紧，效益承压尤为明显。2022年，中国棉纺织业和化纤业利润总额降幅均超过30%。

（三）国际市场竞争加剧

2022年下半年以来，美国、欧盟、日本等主要市场纺织品服装消费疲软，在需求收缩、库存累升的背景下，东南亚、南亚纺织供应链恢复加快、国际品牌商采购策略调整等因素均使中国纺织行业参与国际市场竞争压力加大，在传统主销市场份额呈现下滑态势。根据美国纺织品服装办公室、日本海关和欧盟统计局数据，2022年美国、日本和欧盟27国自中国进口纺织品服装金额分别为326.9亿美元、26363.3亿日元和456.9亿欧元，中国在上述市场的进口份额分别为24.7%、55.4%和32.4%，较2021年分别下降3、1.3和1.4个百分点。同期，越南在日本、欧盟进口市场份额分别提高1.3和0.5个百分点，孟加拉国在美国、欧盟进口市场份额分别提高1.1和2.8个百分点。

三、2023年纺织行业重点发展方向

2023年是全面贯彻落实党的二十大精神的开局之年，纺织行业“十四五”发展进程已经过半。在战略机遇与风险挑战并存、不确定难预料因素增多的复杂形势下，纺织行业要深入贯彻落实党的二十大精神和中央经济工作会议部署，加快构建现代化产业体系，在促进国内消费、高水平对外开放、保障产业链供应链稳定运行等方面展现更大作为。

（一）多维度推动构建现代化产业体系

深入实施产业基础再造工程，推动全产业链制造能力高端化、智能化、绿色化发展。持续推动纤维材料、绿色染整、智能制造、高端纺织制成品研发创新，稳步拓宽纤维材料及制品应用领域。加强质量品牌建设，加快先进技术装备推广应用，增强高端产品、优质产品供给能力，提升供给体系的适配性。发挥骨干企业和产业集群示范引领作用，系统推进全产业链“数字三品”建设，发展服务型制造新模式，加快行业工业互联网平台、大数据中心等新型基础设施建设，加快AI（人工智能）技术在纺织服装领域的创新应用。强化区域战略联动，培育好长江三角洲、粤港澳大湾区等地区世界级纺织产业集群，推动中西部结合自身资源条件有序承接产业转移，培养产业特色明显的现代产业集群，构建优势互补、高质量发展的区域经济布局和现代产业体系。支持骨干企业兼并重组发挥“链主”引领作用，完善企业梯度培育体系，深化产融合作，加快行业单项冠军、“专精特新”企业的选育，构建大中小融通、上下游协同的产业良性生态。

（二）持续巩固和扩大国内消费

顺应消费升级大势，优化产品结构，加大功能性、智能化、环保型、大健康产品开发力度。推动高性能纤维及其复合材料、产业用纺织品替代进口、替代传统材料，拓宽纺织品在医疗卫生、土工建筑、安全防护、海洋工程等重点领域的应用。创新消费场景，推进线上线下多渠道融合、新模式新业态规范发展；深耕县域、农村等下沉市场，激活国内消费新空间。做好行业重要专业展会、专业市场展销活动重启升级工作，全力贯通供应链。鼓励企业加大数字经济、技术改造、产业转移相关领域的有效投资，发挥投资在打基础、利长远、补短板、调结构中的关键作用。

（三）推动形成更高水平的对外开放

对标高标准国际经贸规则，推动形成多元、高效的生产力布局和贸易格局。坚持巩固传统市场优势与开拓新兴市场并举，积极融入“一带一路”倡议、《区域全面经济伙伴关系协定》（RCEP）、中非合作论坛、澜湄合作等机制框架，引导纺织服装企业有序开展贸易投资合作。规范化发展跨境电子商务等外贸新业态、新模式，培育新增长点。依托中国超大规模市场和完备的产业体系优势，高质量引进关键原料、重点装备、核心技术及优质产品，吸引全球优质资源要素集聚。支持企业通过合资经营、绿地投资、股权并购、资产收购多种方式整合全球优质资源。增强海外企业的社会责任建设，强化行业组织、企业间国际合作，为产业发展营造良好氛围。

（四）统筹推进“双碳”目标的落实

全面贯彻落实国家“双碳”目标，编制和落实纺织行业实施“双碳”任务路线图。优化纺织行业能源结构，扩大清洁能源、可再生能源应用比例，开展企业、园区能源管理体系建设。加强全产业链节能降碳绿色共性关键技术和装备的开发推广，强化余热、余压回收等资源综合利用技术的推广应用，开展空调、电机、管路等公共设施的节能改造。加强绿色低碳相关行业公共服务，开展碳排放核算体系及实测技术研究，建设中小企业碳核算、碳减排服务体系，推动纤维制品碳足迹认证体系及可信平台建设。

（五）提升产业链、供应链的稳定性、安全性

做好产业链、供应链运行风险监测和预警工作，及时发现并向行业、企业提示苗头性、潜在性问题，及时应对贸易环境、原料价格等方面抗风险因素，努力保障产业链、供应链健康稳定、安全可控。统筹国际形势变化和资源环境要求，增强原料保障能力，鼓励棉纺织企业深入参与国际产业分工布局，提升全球化资源配置能力。大力发展生物基化学纤维，合理发展煤化工路线化纤，拓宽纺织原料来源。树立底线思维，巩固国内先进制造基础，加强行业指导，避免产业链重点环节过快无序转移。强化产业链关键领域和薄弱环节，推动沿海地区印染企业园区搬迁和中西部地区科学规划建设，加快绿色化学品及少水无水节能印染技术研发创新和推广应用，更好发挥印染在提质增效、创造价值、保障产业安全中的重要作用。

（审稿：张　倩
撰稿：牛爽欣）

2022年建材行业发展综述

中国建筑材料联合会

一、2022年行业经济运行发展情况

2022年建材行业经济运行总体保持稳定，但受国内外形势变化、市场需求持续偏弱等因素影响，主要产品产量和营业收入、利润总额等主要经济效益指标下降，产品出厂价格下滑，总体呈现宽供给、高库存、弱需求运行特征，呈现稳中趋降的运行态势。建材行业面临的生产经营压力依然较大，需求动力显现不足。

大宗原材料价格波动、能耗“双控”政策实施等增加了建材行业经济运行的不稳定性，行业下行压力加大。“双碳”政策的实施也加快建材行业运行环境的转变，对建材行业发展运行产生持续性、系统性、全面性影响。

（一）建材行业经济效益下滑，主要行业下降幅度较大

2022年规模以上建材行业主要经济效益指标回落。据国家统计局数据，2022年规模以上建材行业实现营业收入5.9万亿元[①]，同比下降4.2%，比上年回落16.6个百分点；实现利润总额4268.5亿元，同比下降20.4%，比上年回落32.8个百分点；规模以上建材行业销售利润率7.4%，比上年回落1.5个百分点（见图1）。2021年，建材行业克服了疫情多点散发、大宗商品价格快速上涨、限电限产等影响因素，经济运行呈现平稳较好发展态势，基本摆脱疫情影响，恢复到疫情之前水平；2022年国内需求偏弱、

① 本报告中所用数据如无特别说明均来自国家统计局。

原燃材料价格大幅上涨，主要建材产品价格回落，行业经济效益同比下降。

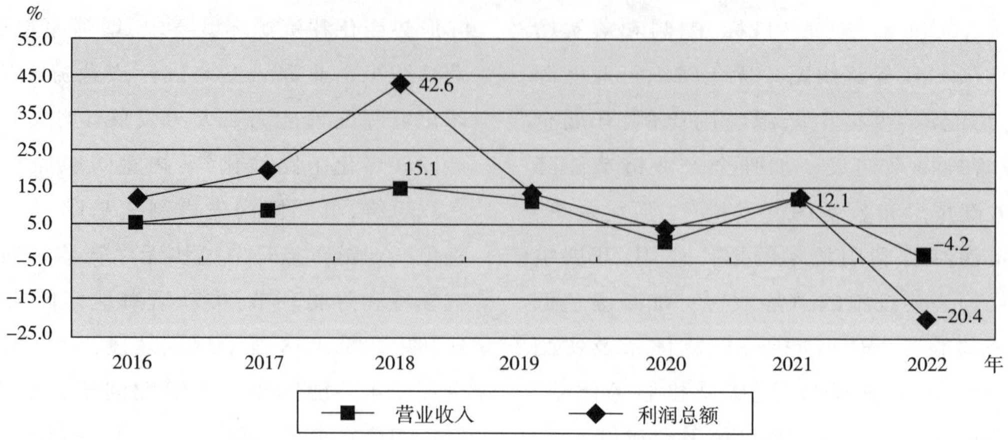

图 1　2016—2022 年规模以上建材行业营业收入及利润总额增长率

2022 年，在建材各行业规模以上各行业经济效益指标中，营业收入增长的行业分别为非金属矿物制品业、非金属矿采选业、矿物纤维和复合材料工业、隔热保温材料工业和技术玻璃工业；利润总额增长的行业分别为非金属矿物制品业、非金属矿采选业和纤维增强塑料工业。

2022 年，规模以上工业企业实现营业收入同比增长 5.9%，全年规模以上建材行业营业收入低于全国工业增长 10.1 个百分点；全国规模以上建材工业企业利润总额同比下降 20.4%，低于全国规模以上工业企业 15.8 个百分点。见图 2。

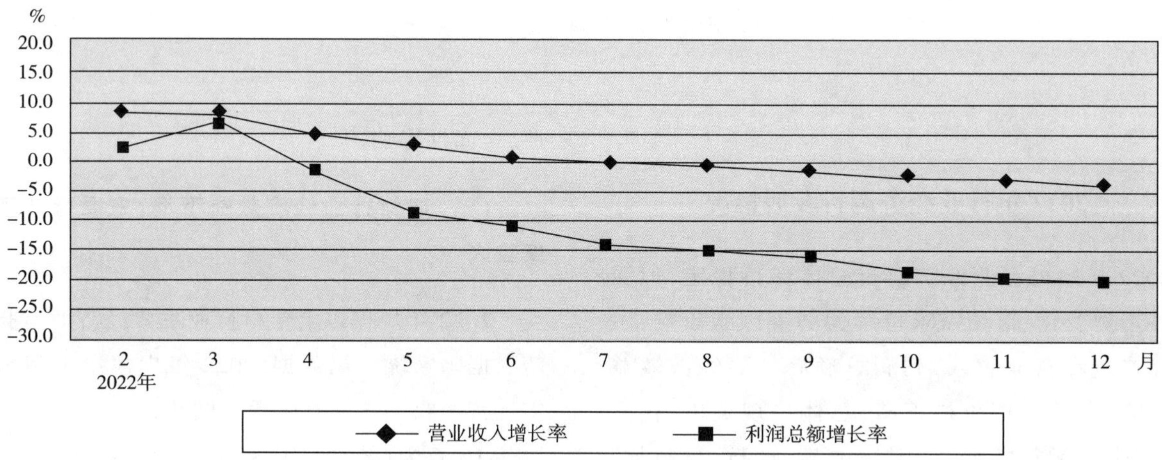

图 2　2022 年规模以上建材行业营业收入及利润总额增长速度

在建材主要行业中，营业收入增长率超过全国规模以上工业的子行业有非金属矿物制品业、非金属矿采选业和矿物纤维及制品工业；利润总额增长率高于全国规模以上工业的子行业为非金属矿采选业和非金属矿物制品工业。见图 3、图 4。

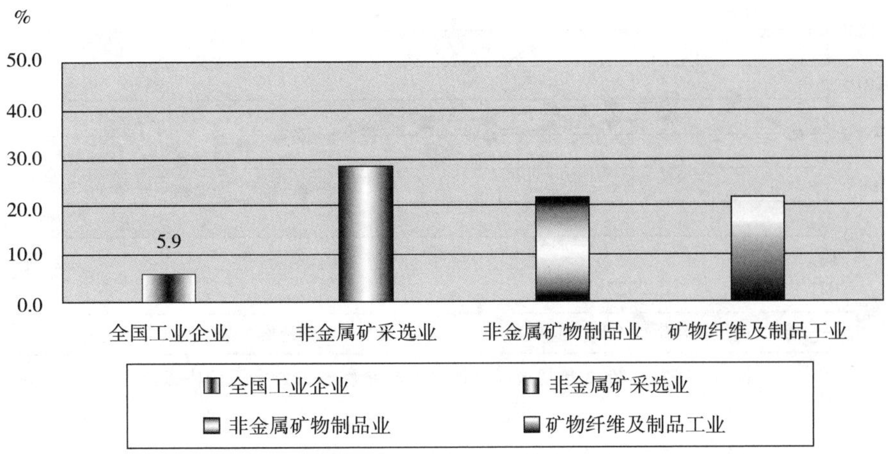

图 3　2022 年规模以上建材子行业营业收入增长率

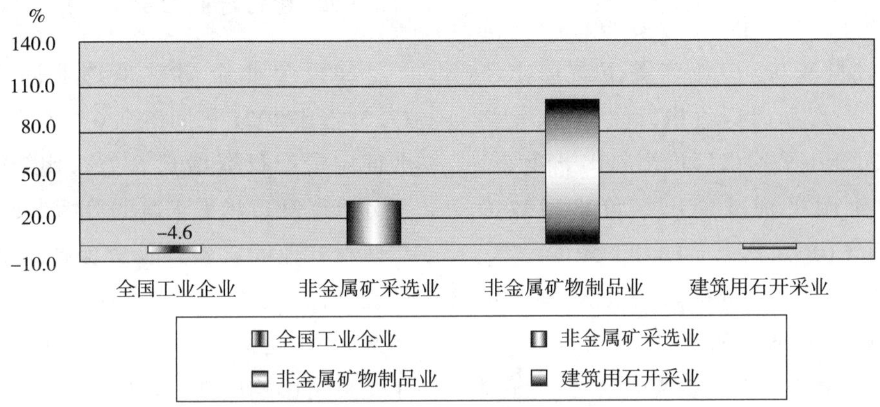

图 4　2022 年规模以上建材子行业利润总额增长率

(二)建材主要产品产量有增有降

2022 年,在建材行业重点监测的建材产品中,夹层玻璃、玻璃纤维纱、玻璃纤维布、玻璃纤维增强塑料、石灰石、花岗石板材、隔热隔音制品、水泥专用设备 8 种产品产量增长,其他主要产品产量均呈下降趋势。水泥排水管、水泥电杆、陶质砖、瓦等产品产量下降超过 15%。2022 年,由于需求减弱、原材料价格上涨、环保限产等因素,全年建材多数重点产品产量下滑。

其中,全国水泥产量 21.2 亿吨,同比下降 10.8%;规模以上平板玻璃产量 10.1 亿重量箱,同比下降 3.7%,钢化玻璃产量 5.8 亿平方米,下降 3.9%,中空玻璃产量 1.4 亿平方米,下降 12.8%,夹层玻璃产量 1.4 亿平方米,增长 5.9%。

(三)全年建材产品平均出厂价格同比略有上涨

受市场供求关系影响,2022 年建材及非金属矿产品出厂价格指数[①]高位回落持续下降,三季度进入下降区间。2022 年,建材及非金属矿工业出厂价格指数为 100.6(2021 年同期 = 100),比年初下降 8.0 个百分点,全年累计平均出厂价格增长 0.6%。见图 5。

① 建材及非金属矿产品出厂价格指数来源于中国建筑材料联合会测算。

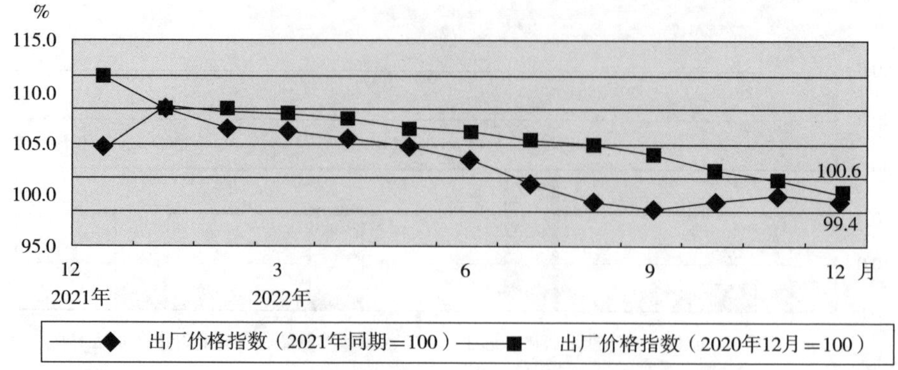

图 5　2021—2022 年规模以上建材及非金属矿工业出厂价格指数

分行业看，2022 年 12 月全国水泥工业出厂价格指数为 100. 3（2020 年 12 月 = 100），比上年同月下降 23. 7%，全年平均出厂价格指数 99. 3，下降 0. 7%。由于原燃材料涨价、房地产等下游需求不足，2022 年以来，水泥产品出厂价格持续下滑，年初水泥出厂价格较高，全年平均出厂价格同比下降。

2022 年 12 月全国平板玻璃出厂价格指数为 85. 1（2020 年 12 月 = 100），比上年同月下降 21. 5%。需要说明的是，平板玻璃出厂价格大幅上涨，除市场等因素外，平板玻璃产品结构的优化，如光伏玻璃、汽车玻璃原片等价值量提升也是重要因素之一。

在其他行业中，石灰石膏、黏土和砂石开采、建筑用石、非金属矿采选和非金属矿制品等行业全年平均出厂价格实现增长，建材其他行业出现不同程度的下降。

（四）建材行业固定资产投资实现增长

2022 年非金属矿采选业固定资产投资增长 17. 3%，比 2021 年回落 9. 6 个百分点，非金属矿制品业固定资产投资增长 6. 7%，比 2021 年回落 7. 4 个百分点。受市场需求减弱等因素影响，2016 年、2017 年建材行业固定资产投资保持微弱增长，2018 年以后受环保力度加大、产业发展转型、绿色矿山建设等因素影响，建材行业固定资产投资大幅增长，但 2020 年受疫情影响出现明显回落（见图 6）。从建材各行业监测情况看，混凝土与水泥制品、建筑用石等行业的规模化发展，以及环保投入、绿色矿山建设仍然是建材行业投资的主要驱动力。

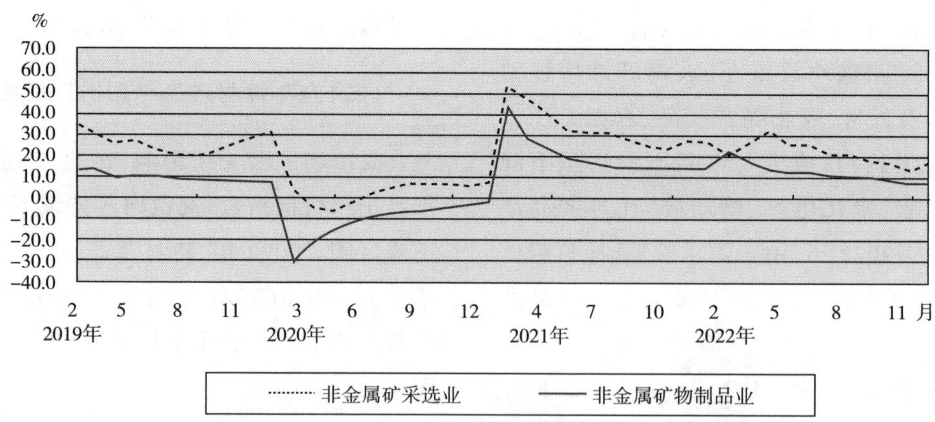

图 6　2019—2022 年限额以上非金属矿采选业和非金属矿物制品业固定资产投资累计增长率

（五）建材及非金属矿商品进出口金额增长

2022 年，建材及非金属矿商品出口金额[①] 509. 3 亿美元，同比增长 11. 3%（见图 7、图 8），建材及非金属矿商品平均离岸价格增长 7. 5%，建材产品出口量价齐增。建材及非金属矿制品主要出口商品中，建

① 本文中所用进出口数据如无特别说明均来自海关总署全国海关信息中心。

筑玻璃、技术玻璃、玻璃纤维及制品、建筑陶瓷、砖瓦及建筑砌块、建筑用石、建筑用石制品、防水建筑材料、轻质建筑材料等商品量价齐增；水泥熟料、水泥制品、卫生陶瓷、砂石、滑石等商品出口量价均降。

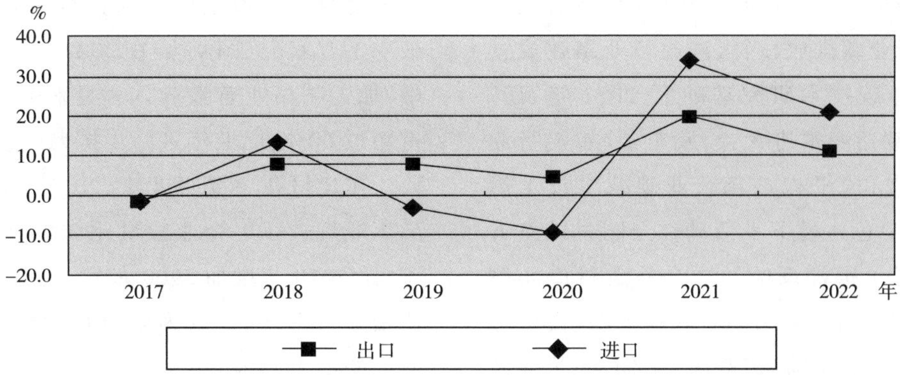

图 7　2017—2022 年建材及非金属矿商品出口及进口金额增长率

2022 年，建材及非金属矿商品进口金额 347.6 亿美元，同比增长 21.0%。其中，水泥和水泥熟料、水泥制品、建筑技术玻璃、矿物纤维和复合材料、建筑卫生陶瓷、黏土和砂石等商品进口数量有所下降；水泥制品、建筑技术玻璃、玻璃纤维纱、建筑卫生陶瓷、防水建筑材料、轻质建筑材料、隔热隔音材料、其他非金属矿采选和制品等商品进口价格下降；而水泥和水泥熟料、石灰石等产品进口数量也出现大幅下降，特别是水泥熟料进口下降尤为明显。

2022 年，建材及非金属矿商品进出口差额为 161.7 亿美元，由于受国际疫情和汇率变动影响，进口建材商品价格同比下降 8.5%，而出口价格同比增长 7.5%，保证了中国建材及非金属矿产品年出口的稳定增长。

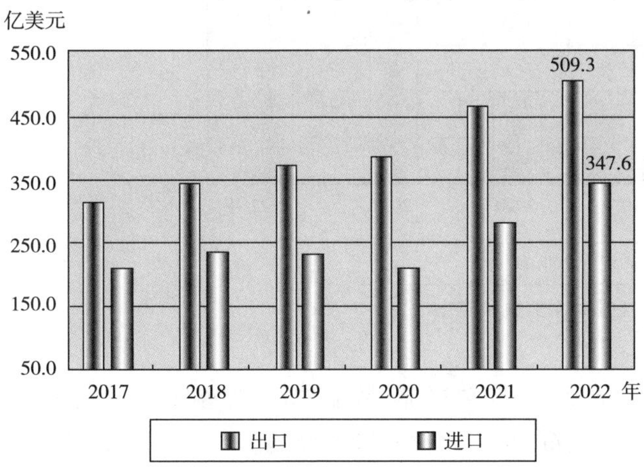

图 8　2017—2022 年建材及非金属矿商品出口及进口金额

二、建材行业经济运行中的积极变化

（一）建材企业综合实力持续增强

中国建材集团自 2011 年首次登上《财富》世界 500 强以来，连续 12 年进入世界 500 强，2022 年名列第 196 位，稳坐全球建材企业榜首。安徽海螺集团自 2019 年首次登上《财富》世界 500 强以来，连续 4 年进入世界 500 强，2022 年名列第 353 位，排名较 2020 年提升 14 位。北京金隅集团连续 13 年入选《财富》中国 500 强，2022 年名列第 112 位。同时在技术玻璃、防水建筑材料、轻质建筑材料、碳纤维、复合材料等领域均出现一批具有较强竞争力的头部企业，如福耀玻璃、凯盛科技、东方雨虹、北新建材、中复神鹰、巨石集团等。此外，近几年来，建材企业加快开展制造业单项冠军和专精特新“小巨人”企业创建工作，一批建材制造业单项冠军和专精特新“小巨人”企业脱颖而出，在细分领域发挥重要引领作用。

（二）行业发展理念和发展方式加快转变

党的十八大以来，建材行业坚持以习近平新时代中国特色社会主义思想为指导，坚持新发展理念，坚定不移推进供给侧结构性改革，紧扣高质量发展要求，发展理念和方式发生较大转变，正逐渐从过度依赖价格因素转向依靠创新要素来实现经济效益，逐渐从被动服务于建筑业转向通过模式创新挖掘市场需求，逐渐从大多提供低附加值的中间产品转向通过提升产品内涵、依靠技术进步和优化性能去占据价值链高端。

建材行业“双碳”工作开创出新局面，在前期开展碳达峰倡议、行业碳排放核算，建材行业组建成立“碳委会”，加强降碳技术研究基础上，2022 年召开了全国建材行业碳达峰推进大会，发布了《水泥行业碳减排技术指南》和《平板玻璃行业碳减排技术指南》。同时，全国绿色建材下乡活动在全国各试点省市顺利开展，获得了很好反响。这是从建材产品侧引导建材产业结构调整、实现绿色低碳转型、促进绿色低碳建材进万家、推动国家“双碳”工作，满足人民美好建材需求的成功尝试。

建材行业“揭榜挂帅”机制进一步完善，科技引领示范效应进一步加强，如“六零”示范工厂项目，折叠式建筑、光刻机用材、癌症靶向药物基材、医疗仪器用材等多个项目由几个团队揭榜，真正形成“赛马机制”，科技先导、创新驱动作用更加凸显。

（三）建材行业规模以上企业数量增加明显，产业结构持续优化

受市场环境变化等因素影响，2018 年、2019 年规模以上建材企业数量连续下降。但随着建材行业产业结构调整步伐的加快，建材加工制品业得到较快增长，由此带来了加工玻璃、复合材料、防水建材等行业规模以上企业数量逐步增加，使 2020 年规模以上建材企业数量恢复增长至 3.4 万家，2022 年突破 4.1 万家（见图 9）。在 2022 年规模以上建材行业中，加工制品业营业收入占建材行业营业收入的比重超过 60%，比上年进一步扩大。

在建材各主要行业中，2022 年混凝土与水泥制品工业规模以上企业数量比 2021 年增加了 1770 余家，比 2019 年增加 5900 余家，主要以商品混凝土企业增加为主，这也成为建材行业规模以上企业数量增长的最大原因。

其他建材主要行业中，水泥工业规模以上企业数量增加了 20 余家，墙体屋面材料工业规模以上企业数量增加了 670 余家，石灰石膏工业规模以上企业数量增加了 180 余家，建筑用石工业规模以上企业数量增加了 200 余家，建筑技术玻璃工业规模以上企业数量增加了 300 余家，矿物纤维和复合材料工业规模以上企业数量增加了 110 余家，建筑卫生陶瓷工业等行业受市场因素影响规模以上企业数量同比继续减少。这充分反映了面对国内外经济形势的变化，建材行业供给侧结构性改革持续推进，产业规模化发展加快，规模以上企业数量大幅增加促进了行业组织结构优化。

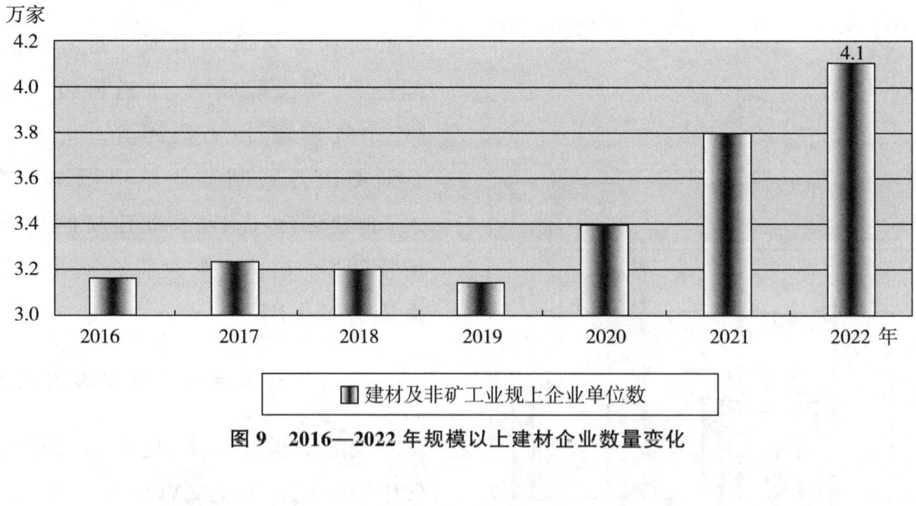

图 9　2016—2022 年规模以上建材企业数量变化

（四）建材行业绿色制造快速推进

建材行业以节能、减排、节水、节材、降碳为核心，加快实施绿色制造工程。在政府有关部门的支持下，建材行业绿色制造标准体系基本建立，百余项绿色工厂、绿色产品、节能、节水等领域标准完成研制、发布，并引领行业绿色发展。“十三五”以来，工业和信息化部已发布 6 批绿色制造示范名单，绿色工厂示范累计入选 2783 家，其中建材行业有 340 余家企业入选，领域覆盖水泥、玻璃、陶瓷、墙体材料、

防水卷材等大宗建材。其中,水泥行业目前有181家企业入选国家绿色工厂示范企业。同时,建材行业还有9家企业入选国家绿色供应链管理示范企业。建材行业绿色矿山建设快速推进,中国建材集团累计建成国家级绿色矿山52家,海螺集团有44座矿山被评为国家级绿色矿山,金隅集团有24座矿山被评为国家级绿色矿山。

能源消耗限额、污染排放等一系列标准的制订,执行力度前所未有,错峰生产、脱硫脱硝、矿山治理、污染排放许可等一系列措施全面深化实施,全行业节能减排、绿色低碳发展已形成了多方位合力。水泥行业协同处置生活垃圾、污泥、危险废弃物等成熟技术已在180余条生产线中推广应用。大部分水泥熟料生产线和平板玻璃生产线都配套了余热利用设施。

(五)国际化进程不断加快

当前中国建材行业主要以国内市场为主,2010年以来建材及非金属矿商品出口额占行业营业收入的比值为5%左右。2016年以来建材及非金属矿商品出口额持续保持增长,2020年和2021年连创新高,2022年达到509.3亿美元,创历史最好水平。这主要是由于在国际形势复杂多变情况下,中国建材产业链供应链较为完善、韧性较强,为全球供应链的稳定发挥了积极作用。

三、建材行业下一步发展重点

面向未来,中国要加快形成以国内大循环为主体、国内国际双循环相互促进的新发展格局。当前经济形势仍然复杂严峻,遇到的很多问题是中长期的,必须从持久战的角度加以认识,实现稳增长和防风险长期均衡,走更高水平的自力更生之路。

面对大变革、大变局,建材行业一方面要谋长远,就是要以市场化、生态化、数字化、网络化、智能化、精益化、国际化、现代化和安全发展、高质量发展、可持续发展、生态文明发展为目标,以服务人类美好生活需要为愿景,促进建材行业发展方式转变、产业结构变革和产品服务功能升级,不断完善组织管理结构,强化行业治理能力和治理体系现代化建设,突出社会责任,重塑行业形象,推动新时代建材行业科学、健康、有序、全面、可持续发展,履行好服务于社会发展和人类文明进步的历史使命。另一方面要抓当前,就是要积极动态适应营商环境变化,科学利用自然资源、最大限度保护生态、用日新月异的新技术赋能行业发展,紧紧围绕开拓、创新、绿色、共享、开放、人文的要求,努力创造能够不断提高产品消费品质、感性质量、功能效应、健康安全、服务内涵等物质文化特色的建材产品体系,树立“宜业尚品、造福人类”的建材产业新理念、新目标。下一步建材行业将重点提升以下几方面。

(一)全面提升建材行业工作重心

建材行业既要立足当前,加快适应市场环境变化的现实,更要着眼长远,确保建材产业链、供应链的安全、完整、不缺失;既要力争未来产业链、供应链保持先进性,更要重视重塑产业链、供应链,加快补短板,强化锻长板,努力实现产业基础的再造、提升、高级化、现代化。要进一步推动建材行业结构调整,充分发挥市场配置资源的决定性作用。要不断提升产业和企业核心竞争力,提倡产业链融合发展、价值链跃升发展,积极推进产业工业化进程。

(二)创新驱动,打通建材行业全流程创新链条

抓创新就是抓发展,谋创新就是谋未来。建材行业实现创新驱动,应坚持以企业为主体,政府、协会、企业等共同发力,科研院所、高校深度参与,金融等服务机构积极配合,从体制机制及分配方式等方面发挥协同效应,引导各类创新要素聚集,加快形成以企业为主体、市场为导向、“政产学研金服用”相结合的技术创新体系。

(三)全面提升行业创新投入力度

目前建材行业规模以上企业研发投入仅占营业收入的0.76%,远低于工业规模以上企业平均水平的1.20%,与世界先进水平更是相距甚远。要提升产业竞争力,既要做大、做强、做优企业,更要做专、做久,核心就在于提高科技水平。要鼓励和支持企业加大创新投入力度,依靠创新驱动推进中国建材行业高质量发展,依靠创新带动中国建材企业自主品牌的培育,不搞低水平简单复制和盲目数量扩张。

要支持鼓励采用先进的技术和营销模式等方法去赢得竞争,绝不能满足于现状。

(四)全面提升行业产品技术装备水平

根据普查数据,2018 年建材行业规模以上企业新产品开发项目数、新产品销售收入仅占规模以上工业企业的 0.30%、1.97%,规模以上企业申请发明专利 7704 件,有效发明专利数 20702 件,仅占规模以上工业企业的 2.07%、1.89%,与建材行业在国民经济中所处的地位并不相称,在整个工业系统中也属于偏低水平。中国建材行业既要做优质建材产品的生产行业,也要成为高端建材生产装备的制造行业。要通过全面提升技术装备水平,积极拓展和完善产品体系、服务体系和应用领域,努力挖掘、创造能够开辟新的市场、引导新的消费革命的建材新产品。在需求水平不断提高的条件下,为提供更多的有效供给做贡献。要充分发挥建材行业的基础材料产业特性,重视研发在深海、深地、深空、深蓝、极地及危急处置等领域发挥重要作用的建材产品。要对标国际先进水平,查找技术、装备及软件等方面的短板,争取在未来 10~15 年或尽可能短的时间内,全面提升建材主要行业技术装备的现代化水平,为建设成为建材科技强国做出贡献。

(五)全面提升行业生产经营管理智能化水平

加快新一代信息技术在建材重点行业、优秀企业中推广应用;建立健全行业智能制造标准体系,培育信息化公共服务及安全防护体系;要着力推动行业智能管理生态模式应用,实现行业管理模式现代化。积极探索大数据、5G、人工智能在建材行业的应用场景,解决企业技术进步的痛点,努力实现矿山开采、全厂生产运行、质量在线监测、商品溯源、节能减排、设备巡检、安全防护等生产环节的自动控制、可视化远程诊断、智能制造,以及科学研判市场、效益分析、智能决策,推动建材行业智能化发展。

(六)全面提升行业标准质量水平

进一步加快实施标准提档升级,通过整合精简强制性标准、优化完善推荐性标准、培育发展团体标准、强化提升企业标准、提高标准国际化水平,促进装备制造竞争力和原材料供给水平的提升。特别是要重视研究和推动生产型标准向消费型、服务型转变,完善绿色建材生产及应用标准,强化"领跑者"标准的制订实施,建立健全技术、专利、标准协同机制,充分发挥标准对行业发展的规范、导向和提升作用。

(七)全面提升绿色发展水平

把挖掘节能减排潜力,不断提高资源能源利用效率和原燃材料替代率作为一项需要始终坚持的长期任务。以实现主要污染物近零排放为愿景目标,积极组织研发应用符合行业生产工况条件的粉尘治理、脱硫脱硝、减碳减水、资源综合利用等技术。适应不断强化的能耗限额、排放资质、资源综合利用、应急处置等环保治理环境,充分利用建材行业生产工艺的特性和作为全社会循环经济结点行业的先天优势,不断深化研究各类废弃能源和大宗废弃物处置利用新技术,提高对工业及农业废弃物、建筑垃圾、生活垃圾及城市污泥、有毒有害废弃物等的资源化利用能力,促进建材生产企业向环保功能型、城市建设标配型企业转变,为无废城市、无废社会做贡献。

(八)全面提升建材行业国际化水平

建材行业要适应国际形势的新变化,从行业属性和长远发展入手,熟悉、了解、掌握和遵循国际规则,统筹利用好国内外生产要素,以技术、装备和质量为基础,尊重和加强知识产权保护,重视将先进的产能和研发能力与全球共享。下大力气积极构建满足新发展格局的全球产业布局,推动形成国际建材行业产业链、供应链、价值链的共建互融,共享经济发展成果。

(审稿:孙星寿
撰稿:刘　杨)

2022 年有色金属工业运行综述

中国有色金属工业协会

2022 年，面对复杂严峻的国内外形势，有色金属行业以习近平新时代中国特色社会主义思想为指导，坚决贯彻落实党中央、国务院的决策部署，沉着应对风险挑战，奋力完成改革发展稳定任务。2022 年有色金属工业运行呈现出平稳向好的态势，规模以上有色金属企业工业增加值比上年增长 5.2%，十种有色金属产量比上年增长 4.6%，完成固定资产投资比上年增长 14.5%；有色金属进口额比上年增长 18.7%，出口额比上年增长 26.7%；国内市场铜现货年均价比上年下跌 1.5%，铝现货年均价比上年上涨 5.6%；规模以上有色金属企业实现利润 3672.6 亿元，为历史第二高点。

一、有色金属工业运行呈平稳向好的态势

（一）有色金属生产、消费总体平稳

1. 有色金属工业生产稳中有升

2022 年，规模以上有色金属企业工业增加值比上年增长 5.2%，增幅比全国规模以上工业增加值增幅高 1.6 个百分点。新冠疫情以来，规模以上有色金属企业工业增加值呈现出稳定回升的态势，2020 年、2021 年和 2022 年分别增长 2.1%、3.1% 和 5.2%。

2022 年，中国十种常用有色金属产量（按新口径计算，详见注 1）为 6855.6 万吨，按可比口径计算比上年增长 4.6%（见图 1）。其中，精炼铜产量为 1076.0 万吨，增长 2.8%（见图 2）；原铝产量为 4017.4 万吨，增长 4.4%（见图 3）。六种精矿金属量 812.4 万吨，比上年增长 0.6%。氧化铝产量 8152.8 万吨，比上年增长 5.3%。铜材产量 1939.1 万吨，比上年增长 4.7%；铝材产量 4622.2 万吨，比上年下降 1.1%。

2. 精炼铜、原铝消费保持增长，但原铝消费增幅放缓

2022 年，中国精炼铜消费量为 1415 万吨，比上年增长 4.8%（见图 4）；原铝消费量为 3985 万吨，比上年增长 0.5%，增幅比上年放缓 4.4 个百分点。见图 5。

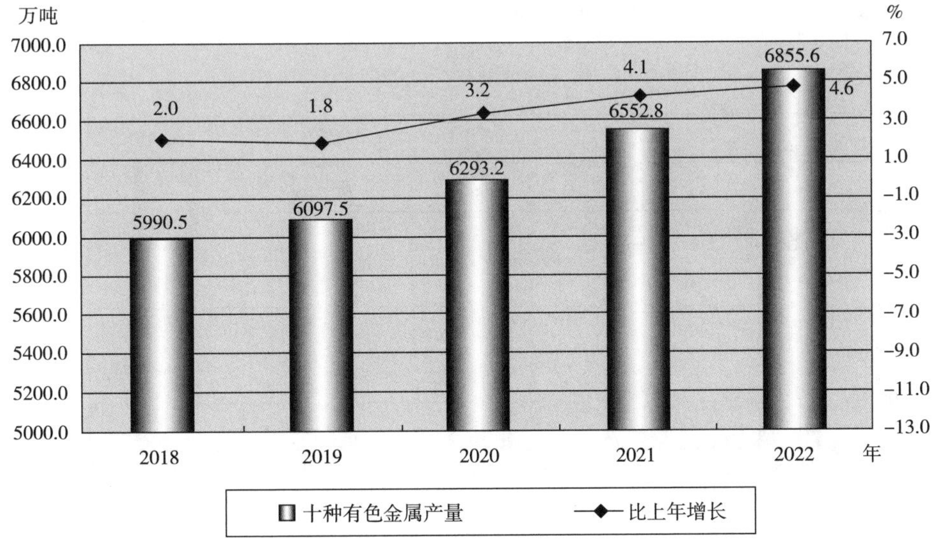

图 1　近 5 年十种有色金属产量及比上年增长速度

数据来源：国家统计局、中国有色金属工业协会。

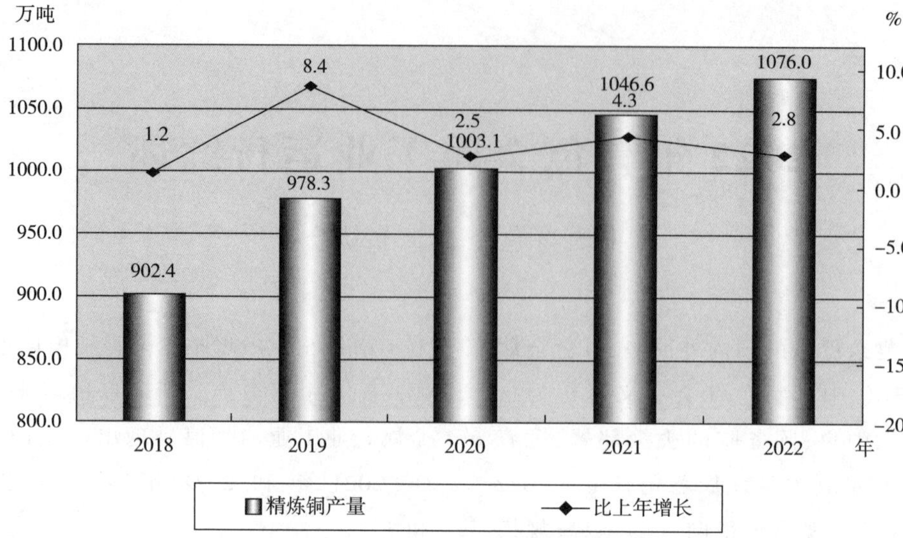

图 2　近 5 年精炼铜产量及比上年增长速度

数据来源：中国有色金属工业协会、国家统计局。

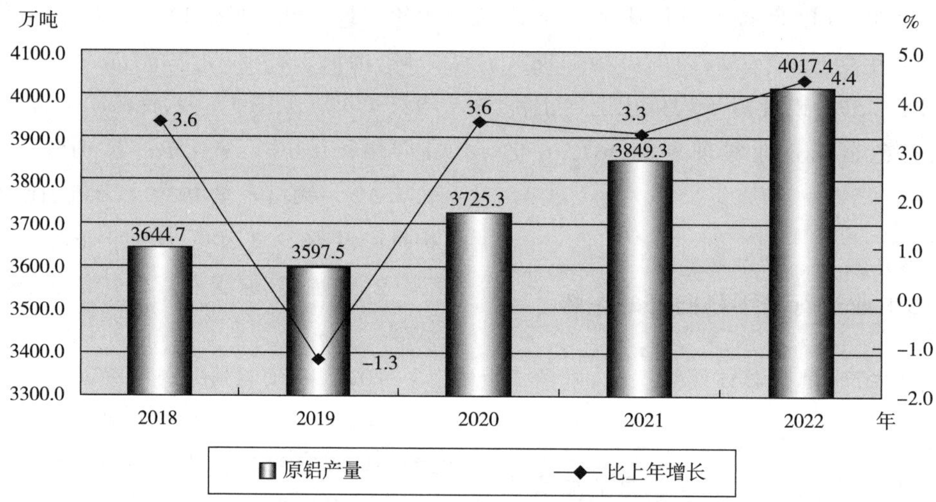

图 3　近 5 年原铝产量及比上年增长速度

数据来源：中国有色金属工业协会、国家统计局。

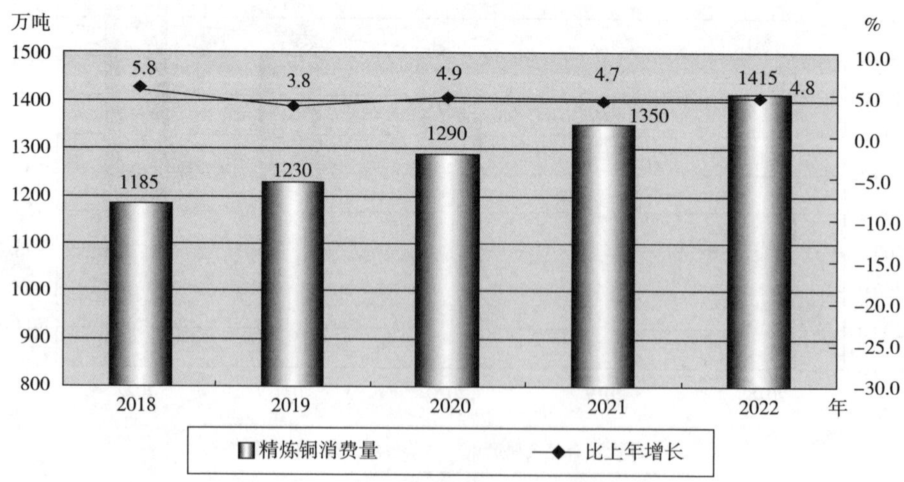

图 4　近 5 年精炼铜消费量及比上年增长速度

数据来源：中国有色金属工业协会。

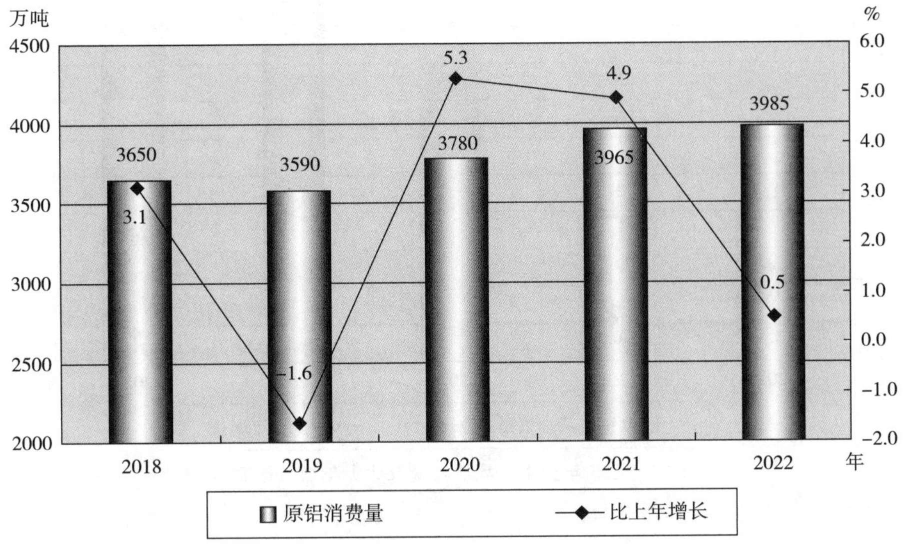

图 5　近 5 年原铝消费量及比上年增长速度

数据来源:中国有色金属工业协会。

3. 全铜人均消费量保持增长,全铝人均消费量微幅回调

2022 年,中国全铜人均年消费量 10.8 千克/人,比上年增长 2.1%(见图 6);全铝人均年消费量 30.2 千克/人,比上年下降 0.4%。见图 7。

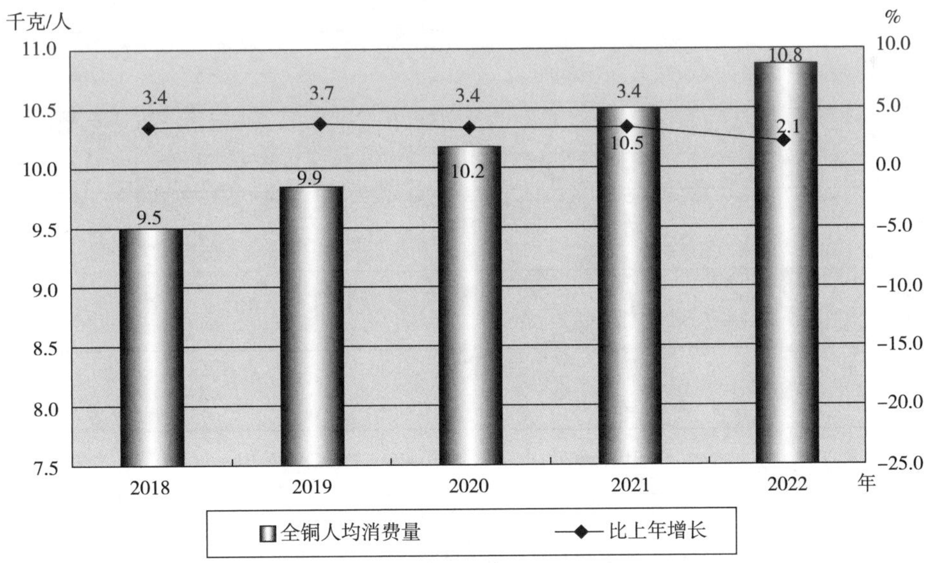

图 6　近 5 年全铜人均消费量及比上年增长速度

数据来源:中国有色金属工业协会。

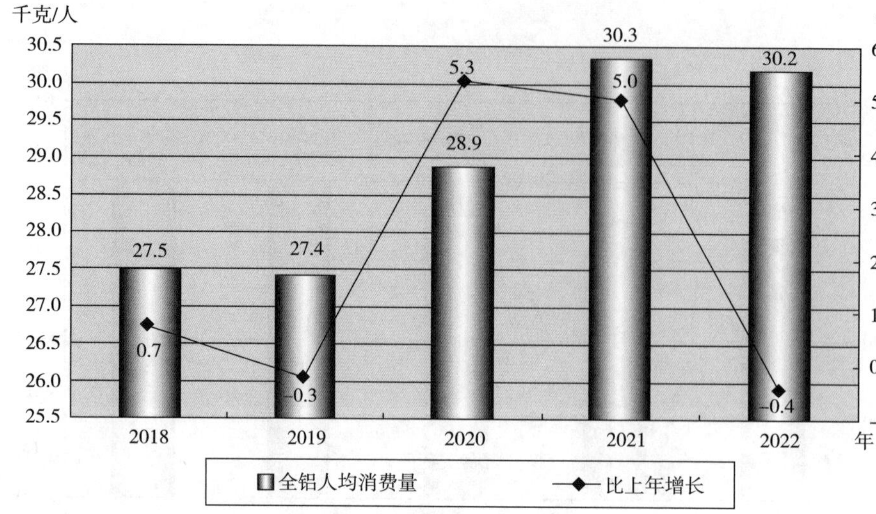

图 7　近 5 年全铝人均消费量及比上年增长速度

数据来源：中国有色金属工业协会。

（二）固定资产投资实现两位数的增幅

2022 年，中国有色金属工业完成固定资产投资比上年增长 14.5%（见图 8），增幅比上年增幅加快 10.4 个百分点，其中，矿山采选完成固定资产投资增长 8.4%，冶炼和压延加工完成固定资产投资增长 15.7%。2022 年，民间完成有色金属固定资产投资比上年增长 16.9%，增幅比上年增幅扩大 5.7 个百分点，比有色金属工业固定资产总投资增幅高 2.4 个百分点。新冠疫情以来，有色金属工业完成固定资产投资增幅分别为：2020 年 -1.0%、2021 年 4.1%、2022 年达 14.5%，增幅创近 9 年新高。

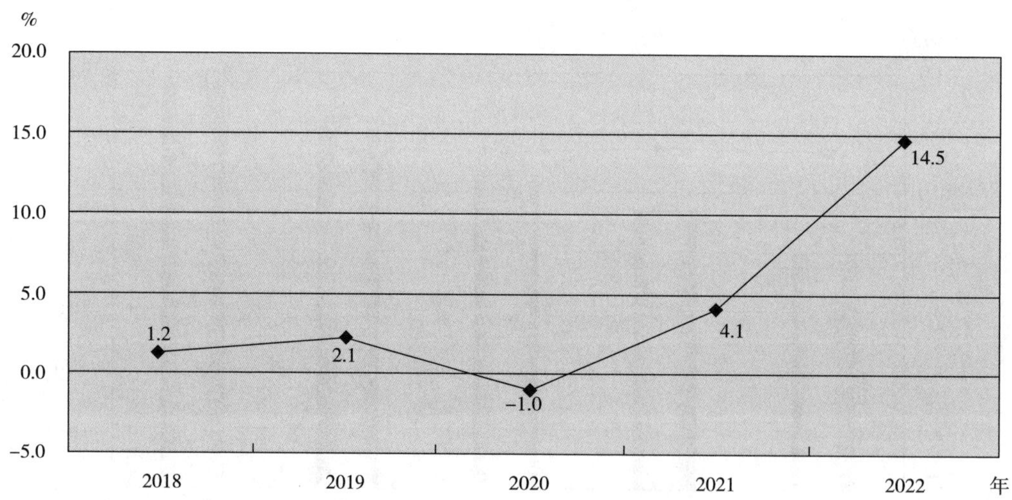

图 8　近 5 年有色金属项目投资比上年增长速度

数据来源：国家统计局。

（三）铜铝矿山原料进口及铝材出口创新高

2022 年，有色金属进出口贸易总额 3273.3 亿美元（见图 9），比上年增长 25.1%。其中，进口额 2610.5 亿美元，增长 21.3%；出口额 662.8 亿美元，增长 42.7%。贸易逆差为 1947.7 亿美元，比上年增长 15.4%。

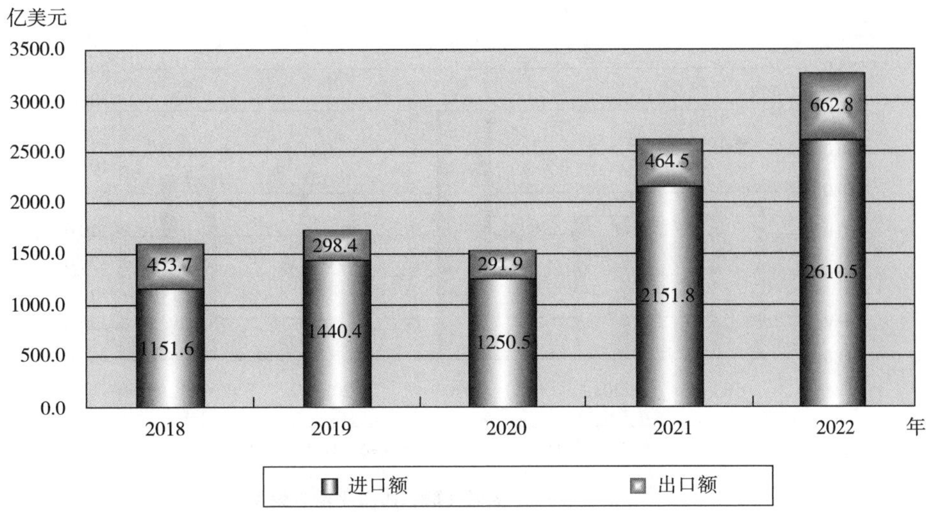

图 9　近 5 年有色金属进出口额增减趋势

数据来源：中国有色金属工业协会、海关总署。

1. 铜精矿、未锻轧铜、铜废碎料进口保持增长，铜材净出口成倍增加

2022 年，铜产品进口额为 1240.7 亿美元，比上年增长 2.1%，占有色金属进口额的比重为 47.5%；出口额为 95.7 亿美元，比上年增长 2.3%。铜产品贸易逆差为 1145 亿美元，占有色金属贸易逆差的 58.8%。2022 年，进口铜精矿实物量 2527.1 万吨，比上年增长 8%（见图 10）；进口粗铜（阳极铜）116.5 万吨，比上年增长 24.3%；进口未锻轧铜 423.7 万吨，比上年增长 5.7%（见图 11）；进口铜材 44.1 万吨，比上年下降 21.9%；进口铜废碎料实物量 177.1 万吨，比上年增长 4.6%。2022 年，出口未锻轧铜 23.2 万吨，比上年下降 12.9%；出口铜材 68.4 万吨，比上年增长 2.7%。2022 年，净进口未锻轧铜 400.5 万吨，比上年增长 7%；净出口铜材 24.3 万吨，是上年净出口量的 2.4 倍。

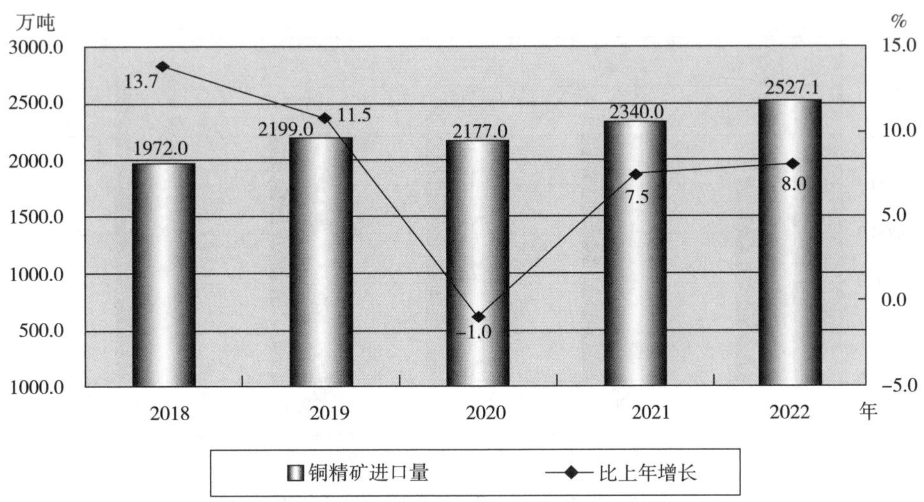

图 10　近 5 年进口铜精矿及比上年增长速度

数据来源：中国有色金属工业协会、海关总署。

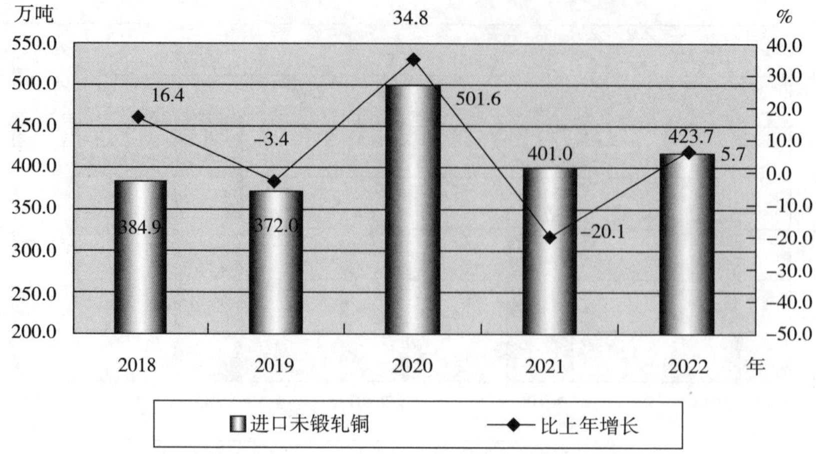

图 11 近 5 年进口未锻轧铜及比上年增长速度

数据来源:中国有色金属工业协会、海关总署。

2. 进口铝土矿、出口铝材均创新高

2022 年,铝产品进口额为 192.6 亿美元,比上年增长 6.2%,占有色金属进口额的比重为 7.4%;出口额为 268.0 亿美元,比上年增加 70.1 亿美元,增长 35.4%,占有色金属出口额的比重为 40.4%,拉动有色金属出口额增长 13.4 个百分点。2022 年,进口铝土矿 12547.1 万吨,比上年增长 16.9%(见图 12);进口氧化铝 199 万吨,比上年下降 40.2%;进口未锻轧铝 194.6 万吨,比上年下降 28.8%;进口铝材 44.5 万吨,比上年下降 19.7%;进口铝废料实物量 151.6 万吨,比上年增长 47.4%。2022 年,出口氧化铝 4.7 万吨,比上年增长 7.5%;出口未锻轧铝 42.1 万吨,比上年增长 166.9%;出口铝材 618.2 万吨,比上年增长 13.2%(见图 13)。2022 年,净出口铝材 573.7 万吨, 比上年增长 16.9%。

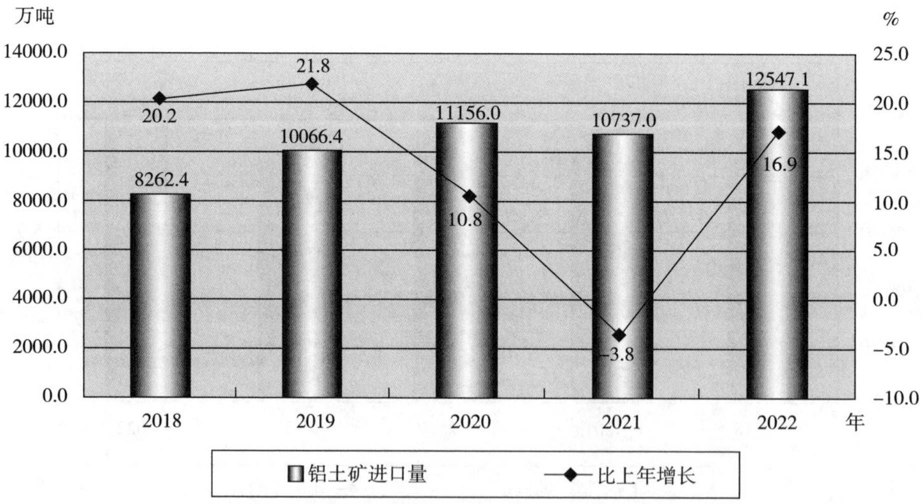

图 12 近 5 年进口铝土矿及比上年增长速度

数据来源:中国有色金属工业协会、海关总署。

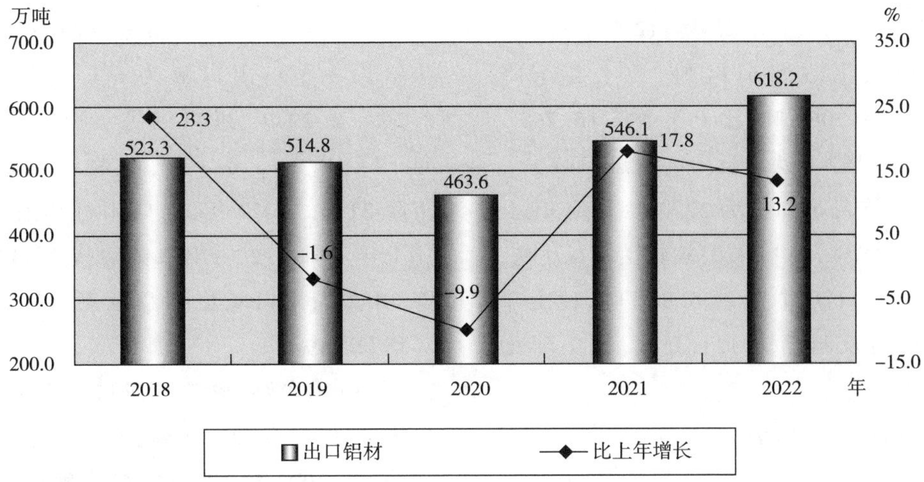

图 13 近 5 年出口铝材及比上年增长速度

数据来源：中国有色金属工业协会、海关总署。

3. 进口铅精矿减少、锌精矿增加，出口未锻轧铅、未锻轧锌增加

（1）2022 年，铅产品进口额 15.3 亿美元，比上年下降 21.9%；出口额为 3 亿美元，比上年增长 19.7%。2022 年，进口铅精矿实物量 101.2 万吨，比上年下降 15.7%；进口未锻轧铅 4.1 万吨，比上年下降 20.4%。2022 年，出口未锻轧铅 12.1 万吨，比上年增长 21.8%。

（2）2022 年，锌产品进口额 53.1 亿美元，比上年下降 2.9%；出口额为 4 亿美元，比上年增长近 4 倍。2022 年，进口锌精矿实物量 412.8 万吨，比上年增长 13.4%；进口未锻轧锌 14.2 万吨，比上年下降 72.6%。2022 年，出口未锻轧锌 8.3 万吨，比上年增长近 12 倍。

4. 进口镍矿下降、进口钴矿增长

（1）2022 年，镍产品进口额为 104.0 亿美元，比上年下降 3.2%，占有色金属进口额的比重为 4%；出口额为 11.2 亿美元，比上年增长 138.6%。2022 年，进口镍矿实物量 4001.8 万吨，比上年下降 8.0%（见图 14）；进口未锻轧镍 16 万吨，比上年下降 39.3%。

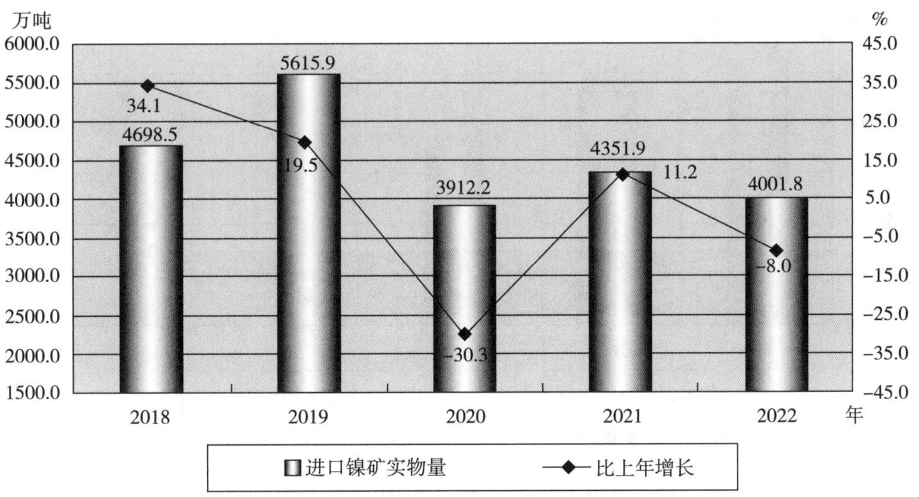

图 14 近 5 年进口镍矿及比上年增长速度

数据来源：中国有色金属工业协会、海关总署。

（2）2022 年，钴产品进口额为 2.3 亿美元，比上年下降 18.4%；出口额为 3.6 亿美元，比上年增长 13%。2022 年，进口钴矿实物量为 2.6 万吨，比上年增长 39%；进口钴及钴制品为 1068 吨，比上年增长

14.6%。2022 年，出口钴及钴制品为 112 吨，比上年下降 31.8%；出口氧化钴为 6124 吨，比上年下降 20.6%；出口碳酸钴为 2065 吨，比上年增长 15.7%。

5. 未锻轧镁出口增加，钛矿及海绵钛进口减少

（1）2022 年，镁产品出口额为 27.3 亿美元，比上年增长 42.5%。2022 年，出口未锻轧镁为 41 万吨，比上年增长 5.4%；出口镁粒、镁粉 6.8 万吨，比上年下降 12%；出口镁材及制品为 1.1 万吨，比上年增长 42%。

（2）2021 年，钛产品进口额为 20.5 亿美元，比上年增长 17.3%；出口额为 8.2 亿美元，比上年增长 34.9%。2022 年，进口钛矿实物量为 346.7 万吨，比上年下降 8.8%；进口海绵钛为 11364 吨，比上年下降 12.3%；2022 年，出口钛材及制品 26954 吨，比上年增长 25.1%。

6. 钨锡矿进口增长、钼锑矿进口下降，钨冶炼产品出口增长

（1）2022 年，钨产品进口额为 1.9 亿美元，比上年增长 20.2%；出口额为 10.8 亿美元，比上年增长 18%。2022 年，进口钨矿实物量为 5901 吨，比上年增长 1.7%；出口钨材及钨制品量为 5746 吨，比上年增长 10.9%；出口钨酸盐为 4464 吨，比上年增长 1.7%；出口氧化钨及氢氧化钨为 5660 吨，比上年增长 1.5%。

（2）2022 年，钼产品进口额为 7.3 亿美元，比上年增长 3.5%；出口额为 6.6 亿美元，比上年增长 8.2%。2022 年，进口钼矿实物量为 41194 吨，比上年下降 18.2%；出口钼矿实物量为 15925 吨，比上年下降 21.5。2022 年，出口钼材及钼制品为 4411 吨，比上年下降 3.2%；出口钼酸盐为 1111 吨，比上年下降 38.2%；出口氧化钼及氢氧化钼为 2581 吨，比上年增长 28%。

（3）2022 年，锡产品进口额为 31.9 亿美元，比上年增长 99.5%；出口额为 4 亿美元，比上年下降 19.2%。2022 年，进口锡矿实物量为 24.4 万吨，比上年增长 32.2%；出口未锻轧锡为 10740 吨，比上年下降 25%。

（4）2022 年，锑产品进口额为 1.4 亿美元，比上年增长 0.4%；出口额为 5.7 亿美元，比上年增长 11%。2022 年，进口锑矿实物量为 2.9 万吨，比上年下降 14.5%；出口未锻轧锑为 10979 吨，比上年下降 2.7%；出口氧化锑为 40277 吨，比上年下降 15.9%。

7. 稀土出口首次出现量减额增

2022 年，稀土产品进口额为 16.3 亿美元，比上年增长 16.3%；出口额为 10.6 亿美元，比上年增长 62.8%。2022 年，出口稀土金属及氧化物 48727.8 吨，比上年下降 0.4%。见图 15。

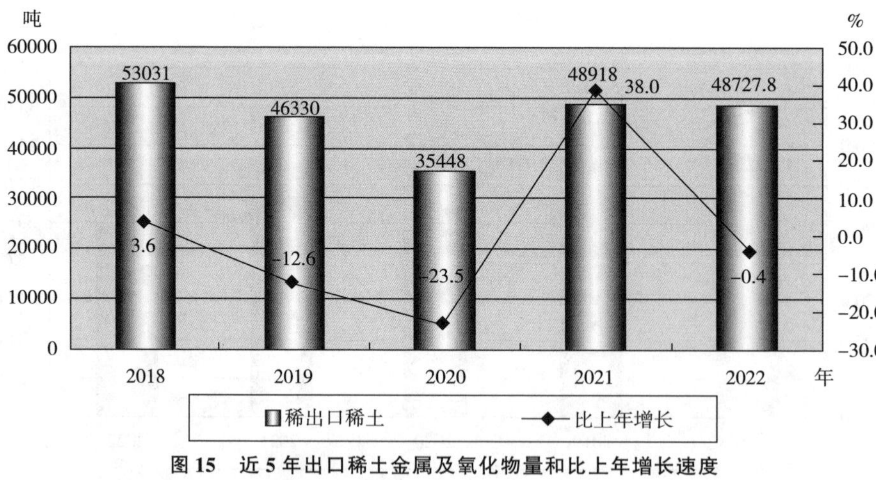

图 15　近 5 年出口稀土金属及氧化物量和比上年增长速度

数据来源：中国有色金属工业协会、海关总署。

8. 黄金进口额大幅增长，银产品进口额、出口额均下降

（1）2022 年，黄金进口额为 766.5 亿美元，比上年增加 293.7 亿美元，增幅达 62.1%，占有色金属进口额的比重为 29.4%，拉动有色金属进口额增长 13.4 个百分点；出口额为 32.8 亿美元，比上年增长

4.3%。黄金贸易逆差为733.7亿美元，占有色金属贸易逆差的比重为37.8%。

（2）2022年，未锻轧银、银首饰及零件进口额为13亿美元，比上年下降50.3%；出口额为37.6亿美元，比上年下降37.5%。

9. 锂产品进、出口额成倍增加

2022年，锂产品进口额为67.9亿美元，比上年增加61.9亿美元，增幅高达10.3倍，拉动有色金属进口额增长2.8个百分点；出口额为47.5亿美元，比上年增加38.4亿美元，增幅高达4.2倍，占有色金属出口额的比重为7.2%，拉动有色金属出口额增长7.3个百分点。2022年，进口碳酸锂13.6万吨，比上年增长68.0%。2022年，出口碳酸锂1万吨，比上年增长33.1%。

10. 硅产品进、出口额明显增加

2022年，硅产品进口额为58.7亿美元，比上年增长25.7%；出口额为83.1亿美元，比上年增加23.8亿美元，增幅达40.1%，占有色金属出口额的比重为12.5%，拉动有色金属出口额增长4.6个百分点。2022年，进口工业硅3万吨，比上年增长6.1倍；进口多晶硅8.8万吨，比上年下降22.9%；进口多晶硅切片1155吨，比上年下降47%；进口单晶硅切片6130吨，比上年增长22.4%。2022年，出口工业硅63.9万吨，比上年下降17.4%；出口多晶硅1.1万吨，比上年增长8.2%；进口多晶硅切片8520吨，比上年下降46.7%；进口单晶硅切片6.8万吨，比上年增长32.9%。

（四）铜铝铅锌价格总体运行在合理区间，电池级碳酸锂价格成倍增长

1. 国内外市场铜价比上年有所下跌

2022年，LME（伦敦金属交易所，下同）三月期货铜均价为8800美元/吨，比上年下跌5.3%；上海期货交易所三月期货铜均价为66540元/吨，比上年下跌2.7%；国内现货市场铜均价67470元/吨，比上年下跌1.5%。见图16。

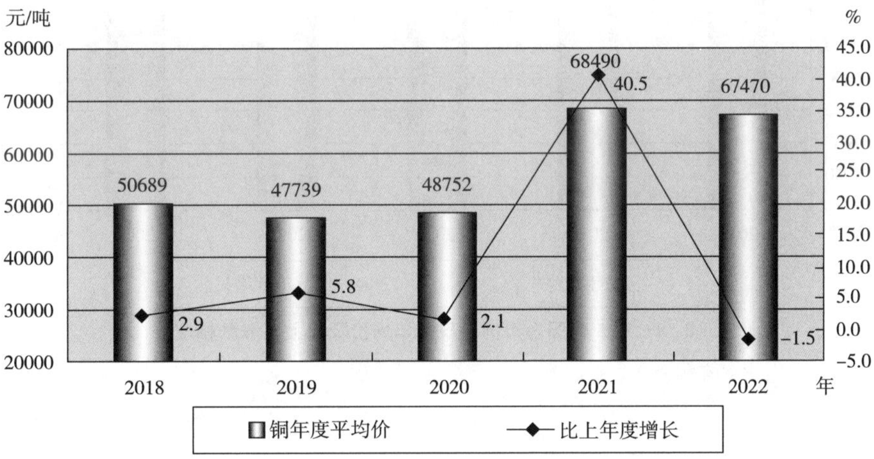

图16　近5年国内市场铜现货年均价及比上年涨跌幅度

数据来源：中国有色金属工业协会。

2. 受能源成本支撑，铝价比上年上涨

2022年，LME三月期货铝均价为2716美元/吨，比上年上涨9.3%；上海期货交易所三月期货铝均价为19912元/吨，比上年上涨5.3%；国内现货市场铝均价20006元/吨，比上年上涨5.6%。见图17。

3. 国内外市场铅价比上年小幅下跌

2022年，LME三月期货铅均价为2149美元/吨，比上年下跌1.9%；上海期货交易所三月期货铅均价为15319元/吨，比上年下跌0.6%；国内现货市场铅均价15260元/吨，比上年下跌0.1%。见图18。

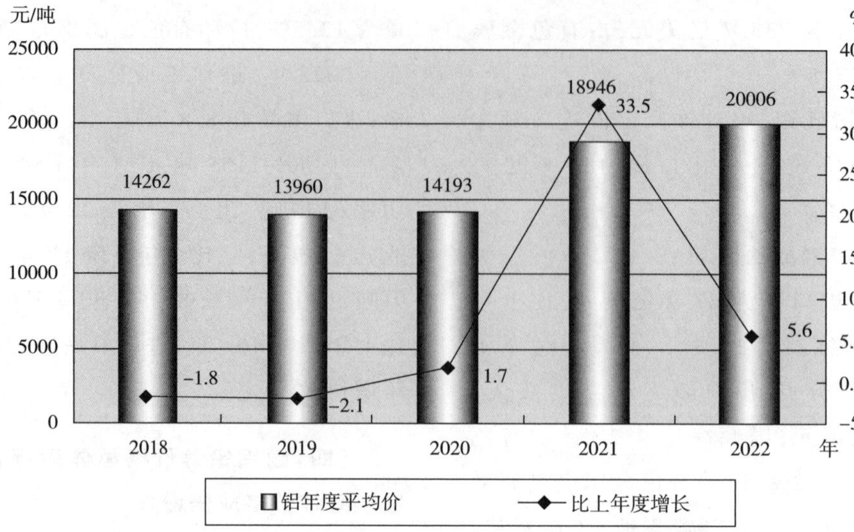

图 17　近 5 年国内市场铝现货年均价及比上年涨跌幅度

数据来源：中国有色金属工业协会。

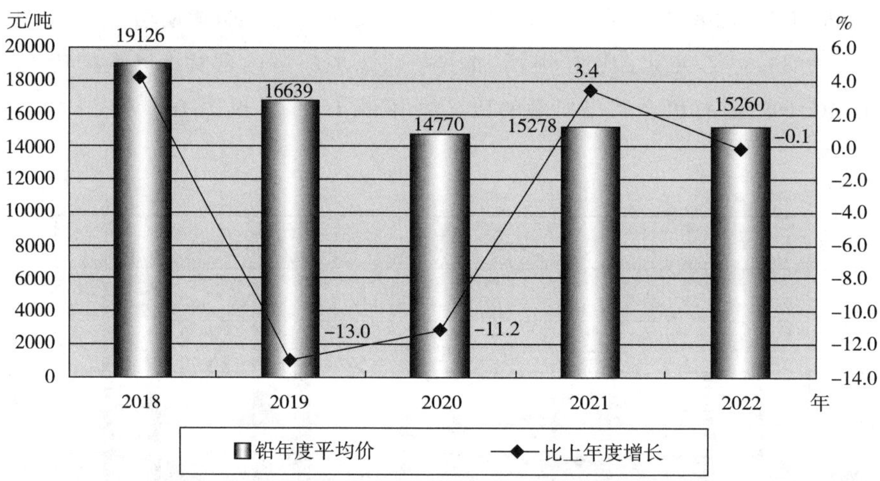

图 18　近 5 年国内市场铅现货年均价及比上年涨跌幅度

数据来源：中国有色金属工业协会。

4. 国内外市场锌价比上年上涨

2022 年，LME 三月期货锌均价 3448 美元/吨，比上年上涨 14.7%；上海期货交易所三月期货锌均价为 25081 元/吨，比上年上涨 12.2%；国内现货市场锌均价 25154 元/吨，比上年上涨 11.4%。见图 19。

5. 工业硅价格比上年下跌

2022 年，国内现货市场工业硅均价 20125 元/吨，比上年下跌 11.5%。见图 20。

6. 电池级碳酸锂价格比上年成倍增加

2022 年，国内现货市场电池级碳酸锂均价 46.6 万元/吨，比上年上涨 254.7%。见图 21。

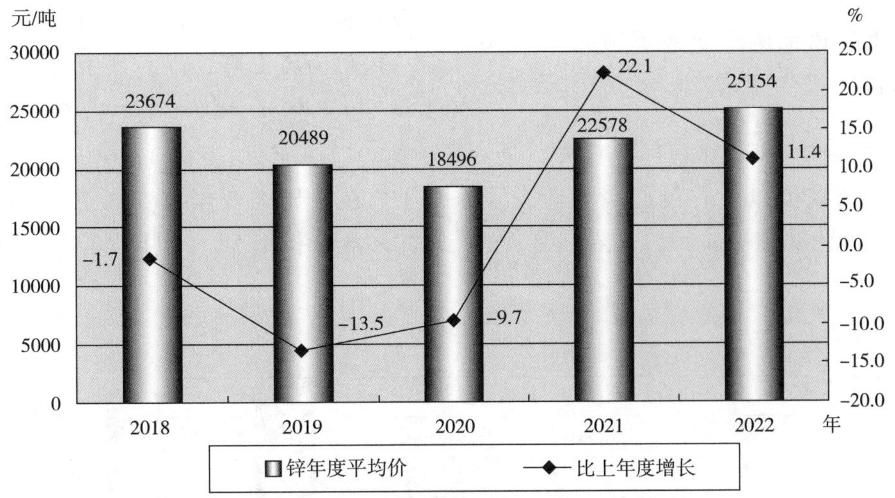

图 19　近 5 年国内市场锌现货年均价及比上年涨跌幅度

数据来源：中国有色金属工业协会。

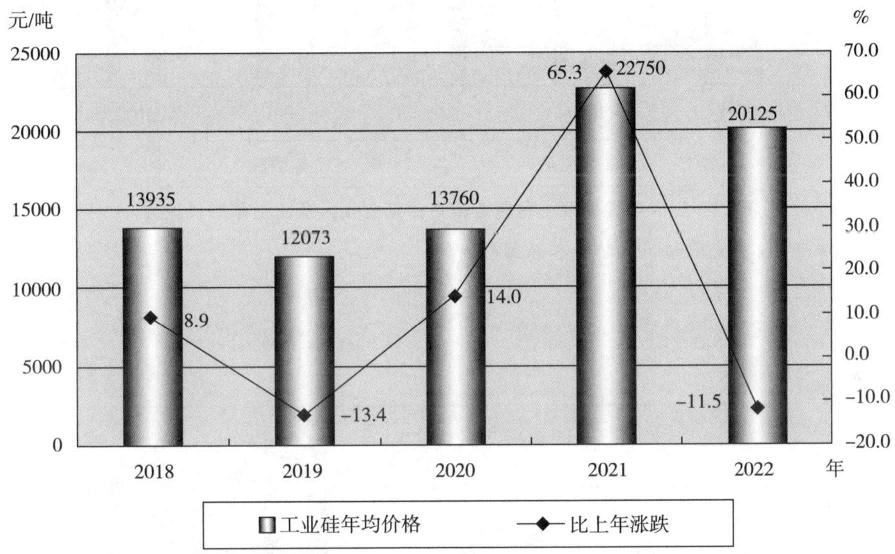

图 20　近 5 年国内市场工业硅现货年均价及比上年涨跌幅度

数据来源：中国有色金属工业协会。

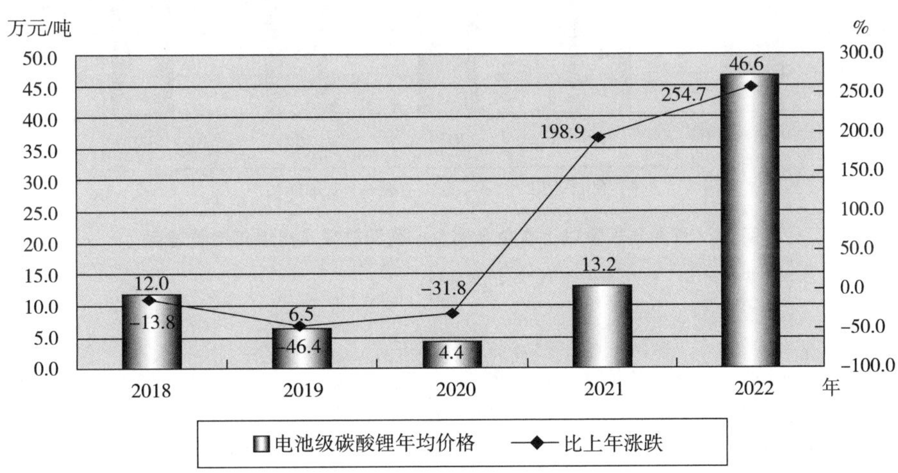

图 21　近 5 年国内市场电池级碳酸锂现货年均价及比上年涨跌幅度

数据来源：中国有色金属工业协会。

（五）规模以上有色金属企业实现利润 3672.6 亿元，为历史第二高

1. 营业收入保持增长，实现利润有所下跌

2022 年，10301 家规模以上有色金属企业营业收入 76570.9 亿元，比上年增长 4.3%。见图 22。实现利润总额 3672.6 亿元，比上年下降 11%（见图 23），仍为历史第二高。其中，独立矿山企业利润总额 749.8 亿元，增长 39.8%；冶炼及加工企业利润总额 2922.8 亿元，下降 18.6%。2022 年年底，规模以上有色金属企业年底资产总额 55022.8 亿元，比上年年底增长 7.7%。见图 24。

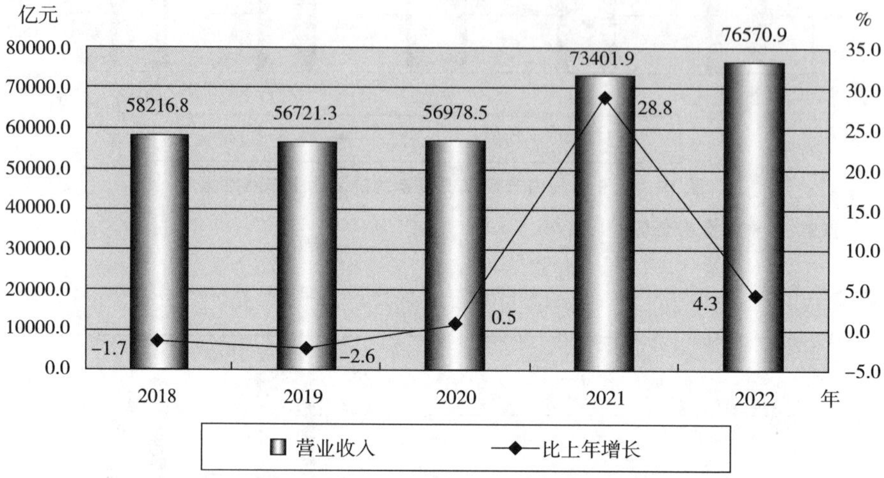

图 22　近 5 年规模以上有色金属企业营业收入及比上年增长速度

数据来源：国家统计局、中国有色金属工业协会。

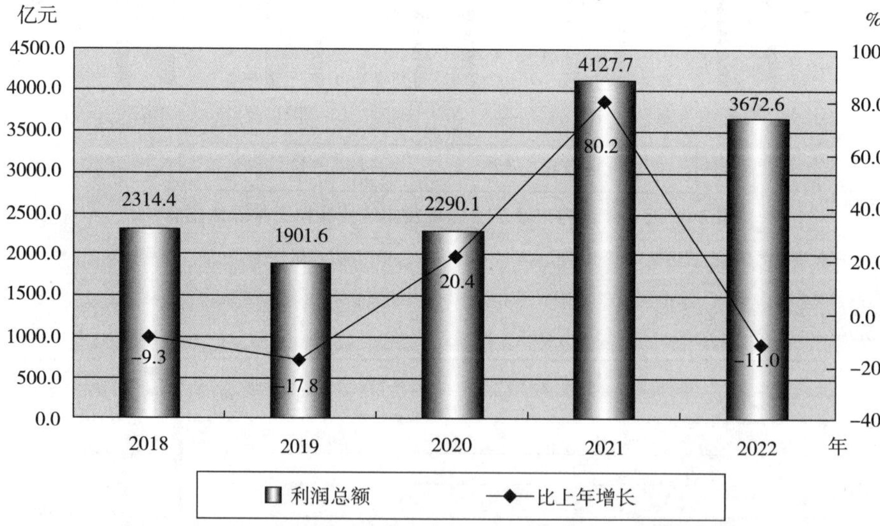

图 23　近 5 年规模以上有色金属企业利润总额及比上年增长速度

数据来源：国家统计局、中国有色金属工业协会。

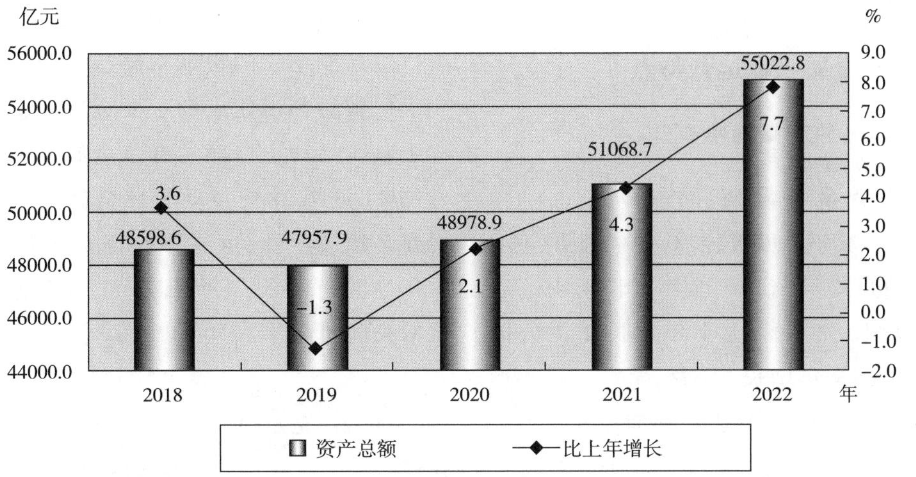

图 24　近 5 年规模以上有色金属企业年底资产总额及比上年增长速度

数据来源：国家统计局、中国有色金属工业协会。

2. 百元营业收入中的成本增加

2022 年，10301 家规模以上有色金属企业每百元营业收入中的成本为 90.8 元，比上年增加 1.1 元（见图 25）；每百元营业收入中的三项费用（见注 7）为 3.8 元，比上年减少 0.3 元（见图 26）。即，每百元营业收入中的成本费用为 94.6 元，比上年增加 0.8 元。

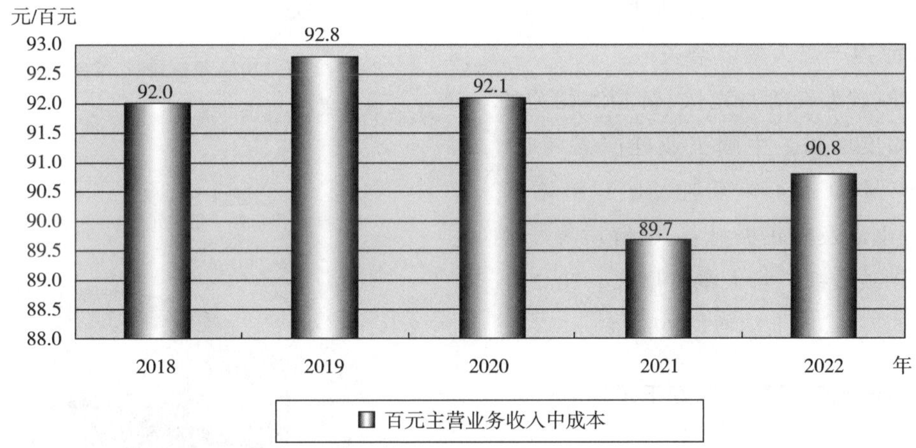

图 25　近 5 年规模以上有色金属企业百元营业收入中成本增减

数据来源：国家统计局、中国有色金属工业协会。

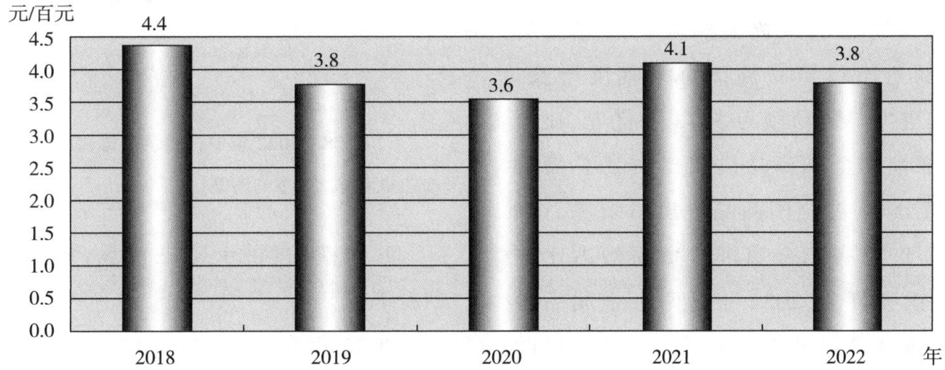

图 26　近 5 年规模以上有色金属企业百元营业收入中三项费用增减

数据来源：国家统计局、中国有色金属工业协会。

二、有色金属工业运营特点

(一)多数金属品种产量稳中有升

1. 原铝、氧化铝产量增幅逐步回升

2022 年,原铝产量一季度增长-0.3%,上半年增长 0.7%,前三个季度增长 2.8%,全年增长 4.4%;氧化铝产量一季度增长-3.5%,上半年增长 2.3%,前三个季度增长 4.4%,全年增长 5.6%。

2. 铜材生产保持增长,铝材生产略有下降

2022 年,铜材产量一季度增长 5.7%,上半年增长 2.4%,前三个季度增长 4.5%,全年增长 5.7%;铝材产量一季度增长-0.5%,上半年增长-2.8%,前三个季度增长-0.9%,全年增长-1.4%。2022 年尽管新能源产业发展拉动铝板带箔材的消费,如汽车轻量化用铝型材、光伏用型材、电池用箔等产品保持供需两旺,但新能源产业的需求增量难以抵消房地产传统消费产业放缓带来的影响,致使铝材产消出现负增长。

3. 工业硅、碳酸锂产量大幅度增长

2022 年工业硅、碳酸锂等与光伏、新能源相关的有色金属产品大幅度增长。中国工业硅产需两旺,2022 年工业硅产量为 324.9 万吨,比上年增长 20.6%。2022 年锂电池及其正极材料、电解质等产能产量迅猛扩张,拉动碳酸锂产量大幅度增长。2022 年碳酸锂产量为 39.5 万吨,比上年增长 79.3%。

(二)有色金属进出口贸易明显好于预期

1. 黄金、锂等金属品种的进口拉动产业进口额增长,铝、硅、锂等金属品种的出口拉动产业出口额增长

2022 年有色金属进出口贸易额增长的主要特点:一是有色金属进出口贸易额保持大幅度增长。2022 年有色金属进出口贸易额为 3273.3 亿元,比上年增长 20.2%,增幅比全国商品进出口贸易总额的增幅高 15.8 个百分点,占全国商品进出口贸易总额的比重达 5.2%。二是有色金属进口贸易额占比较大的金属主要是铜和黄金,2022 年这两个金属品种进口额占有色金属进口贸易额的比重达 77%(见图 27);拉动有色金属进口贸易额增长的主要金属品种是黄金和锂,这两个金属品种进口增加额拉动有色金属进口贸易额增长 16.2 个百分点,对有色金属进口贸易额增长的贡献率高达 86.8%。三是有色金属出口贸易额占比大的主要金属是铝、铜、硅、锂,这四个金属品种出口额占有色金属出口贸易额的比重达 75%(见图 28);拉动有色金属出口贸易额增长的主要是铝、硅、锂,这三个金属品种拉动有色金属出口贸易额增长 25.3 个百分点,对有色金属出口贸易额增长的贡献率高达 94.8%。

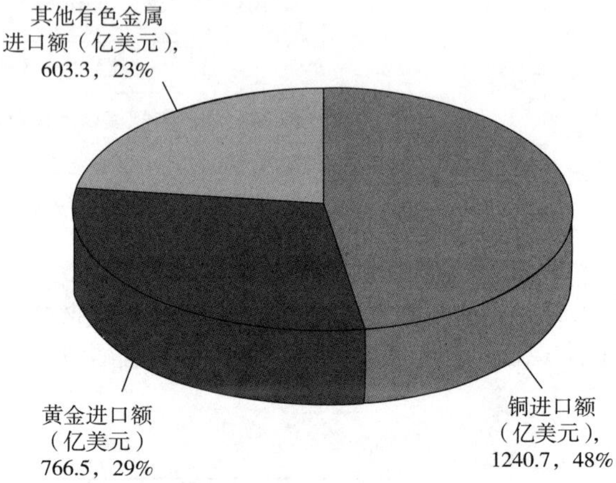

图 27 2022 年中国铜、黄金进口额及其占比

数据来源:海关总署。

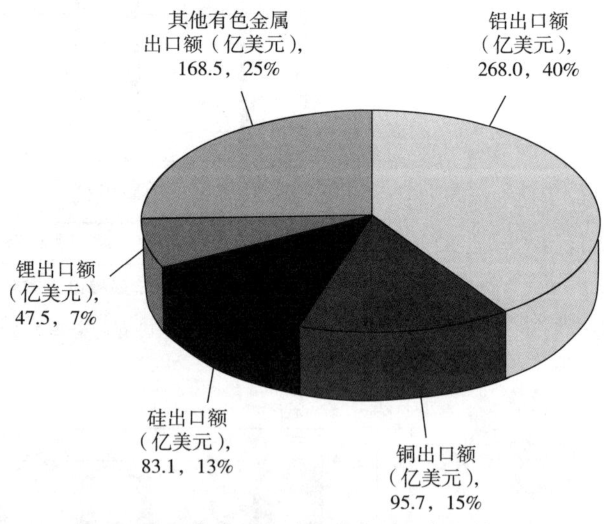

图 28 2022 年中国铝、铜、硅、锂出口额及其占比

数据来源:海关总署。

2. 铜精矿、铝土矿进口量,铜、铝材净出口量均创新高

2022 年有色金属进出口贸易量变化主要特点:一是国内短缺的常用有色金属矿山原料铜精矿、铝土矿进口量创历史新高,2022 年进口铜精矿实物量

达 2527 万吨、进口铝土矿达 12547 万吨。二是铝材出口量创新高,2022 年铝材出口量达 618.2 万吨,且出口额增幅大于出口量增幅 16.4 个百分点。三是铜、铝材净出口量大幅度增加。2022 年,铝材净出口量达 573.7 万吨,比上年增长 16.9%;铜材净出口量达 24.3 万吨,是上年铜材净出口量的 2.4 倍。四是未锻轧铝进口量减少,出口量大幅度增加;未锻轧铜进口量增加,出口量明显减少。五是稀土产品出口呈现出量降额增的态势。六是锂、硅产品进出口贸易已成为有色金属进出口贸易的关注点。七是自 2022 年 8 月份起未锻轧铝及铝材出口量呈现出下跌态势(见图 29),应引起高度关注。

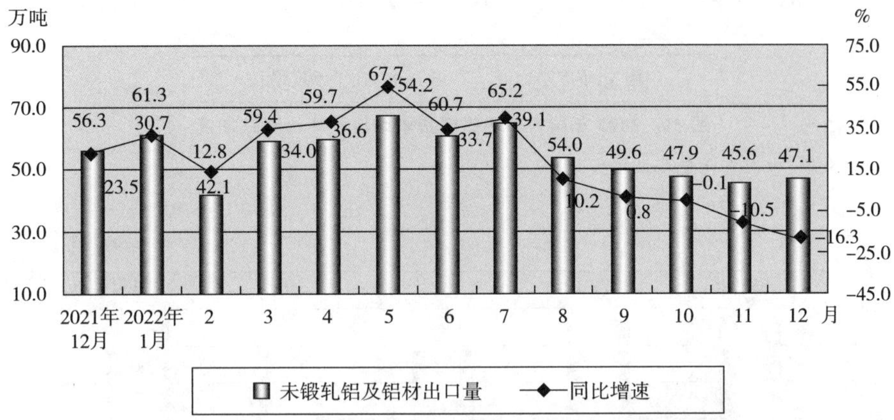

图 29　2022 年中国月度未锻轧铝及铝材出口量和同比增长速度

数据来源:海关总署。

(三)铜铝铅锌价格呈高位下跌、筑底、恢复性回升的态势,电池级碳酸锂价格年底出现高位回调

1. 四季度铜铝价环比回升、同比下跌,铅锌价环比、同比均有所上涨

(1)2022 年四季度,国内现货市场铜均价 65407 元/吨,环比回升 7.3%,同比下跌 8.0%。见图 30。

(2)2022 年四季度,国内现货市场铝均价 18766 元/吨,环比回升 2.1%,同比下跌 7.6%。见图 31。

(3)2022 年四季度,国内现货市场铅均价 15440 元/吨,环比回升 2.7%,同比上涨 0.5%。见图 32。

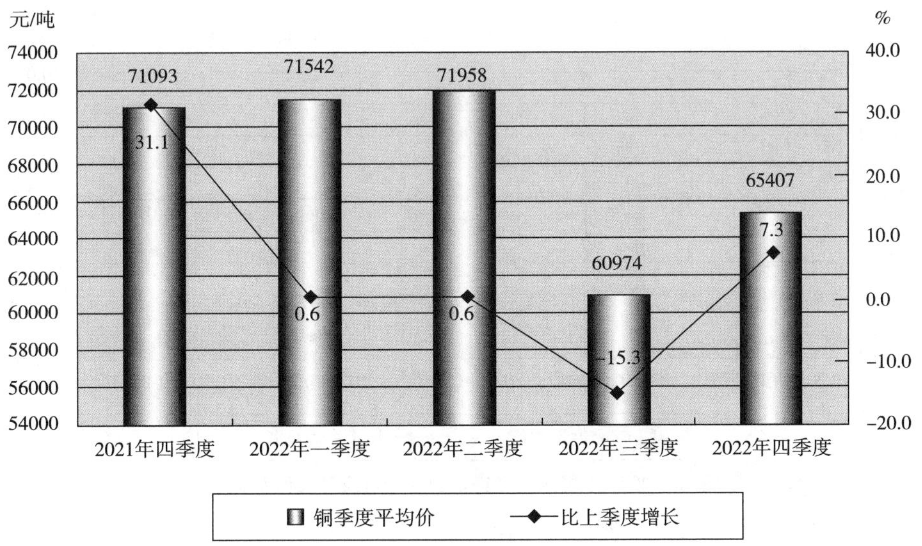

图 30　2022 年国内市场铜现货季均价及环比涨跌幅度

数据来源:中国有色金属工业协会。

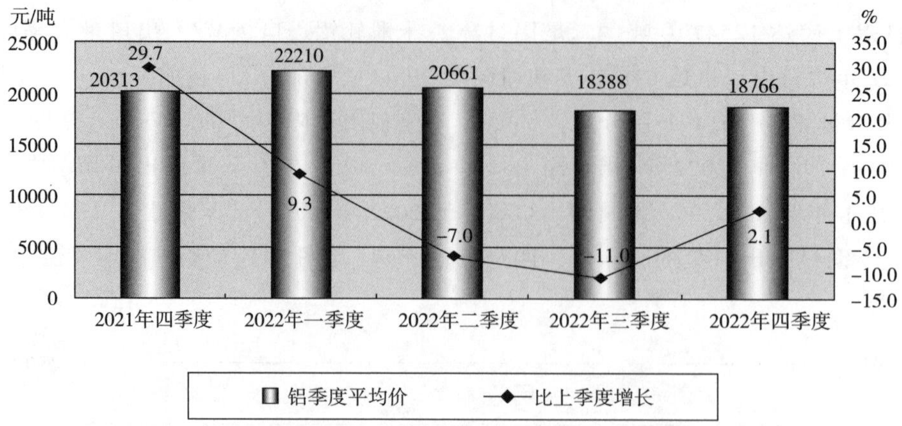

图 31 2022 年国内市场铝现货季均价及环比涨跌幅度

数据来源：中国有色金属工业协会。

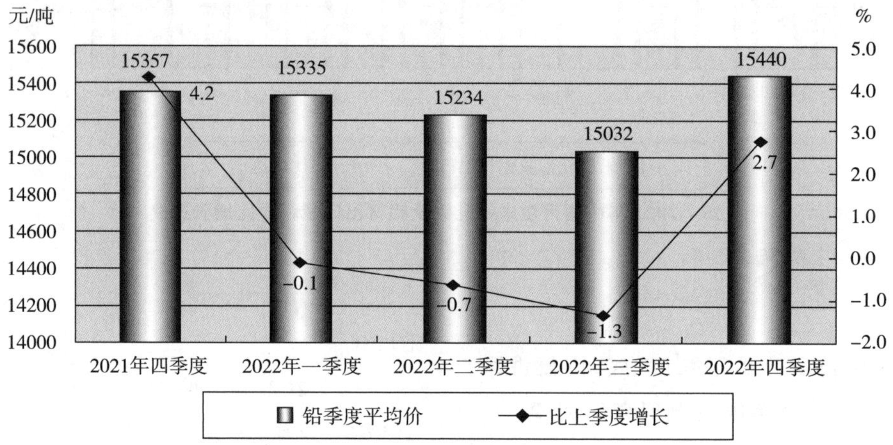

图 32 2022 年国内市场铅现货季均价及环比涨跌幅度

数据来源：中国有色金属工业协会。

（4）2022 年四季度，国内现货市场锌均价 24615 元/吨，环比回升 1.1%，同比上涨 2.7%。见图 33。

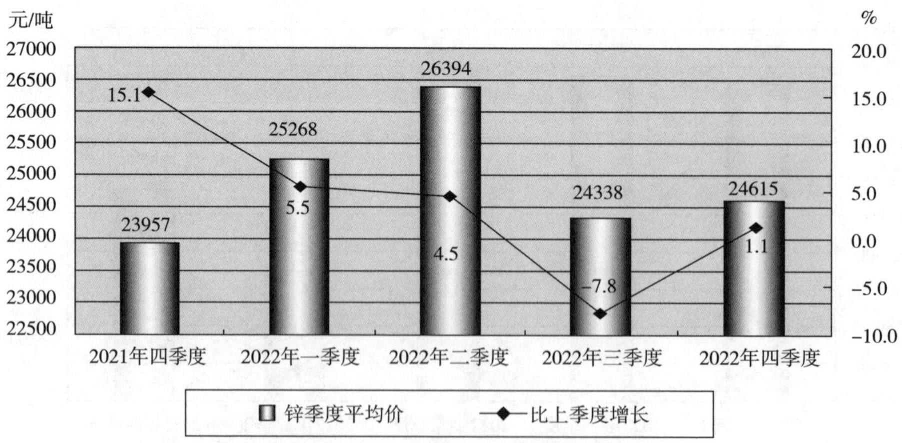

图 33 2022 年国内市场锌现货季均价及环比涨跌幅度

数据来源：中国有色金属工业协会。

2. 2022 年工业硅价格总体呈震荡态势

2022 年 2 月份，国内现货市场工业硅均价 22213 元/吨，同比增长 62.7%；7 月份，国内现货市场工业硅均价回落到 17994 元/吨，比 2 月份均价回落 19%；10 月份，国内现货市场工业硅均价回升到 21576 元/吨，比 7 月份均价回升了 19.9%，比 2 月份均价仍低 2.9%。12 月份，国内现货市场工业硅均价 19158 元/吨，环比回落 5.5%，同比下跌 10.1%。见图 34。

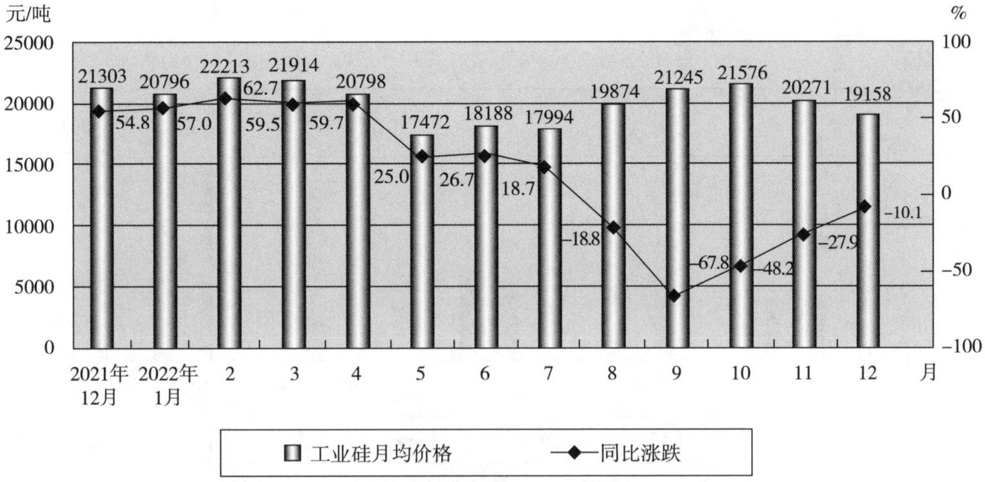

图 34　2022 年国内市场工业硅现货月均价及同比涨跌幅度

数据来源：中国有色金属工业协会。

3. 2022 年电池级碳酸锂价格大幅上涨，但年底有所回调

2022 年 2 月份，国内现货市场电池级碳酸锂均价 45.9 万元/吨，同比上涨 461.8%；11 月份，国内现货市场电池级碳酸锂均价涨到 58.7 万元/吨，比 2 月份均价上涨 27.9%，比上年 11 月份上涨 189.1%；12 月份，国内现货市场电池级碳酸锂均价 52.9 万元/吨，环比回落 9.9%，同比上涨 88.1%。见图 35。

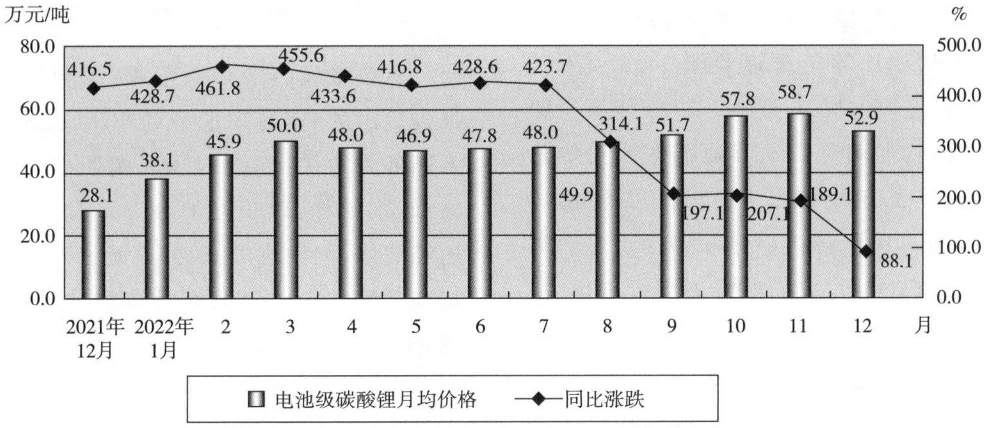

图 35　2022 年国内市场电池级碳酸锂现货月均价及同比涨跌幅度

数据来源：中国有色金属工业协会。

（四）国有企业实现利润保持增长，所占比重明显提升

2022 年年底，国有有色金属企业资产总额为 21281.8 亿元，比上年年底增长 4.1%，国有有色金属企业资产总额占规模以上有色金属企业资产总额比重为 38.7%。

2022 年，国有有色金属企业营业收入为 28079.7 亿元,比上年增长 8.7%,国有有色金属企业营业收入占规模以上有色金属企业营业收入比重为 36.7%,所占比重比 2021 年提升了 1.5 个百分点。

2022 年,国有有色金属企业利润总额为 1468.1 亿元,比上年增加了 153 亿元,增长 11.6%(见图 36),拉动规模以上有色金属企业利润总额增长 3.7 个百分点。2022 年国有有色金属企业利润总额占规模以上有色金属企业利润总额比重为 40%,所占比重比 2021 年提升了 8.1 个百分点。2022 年国有有色金属企业利润总额所占比重比资产总额、营业收入所占比重分别多 1.3 个和 3.3 个百分点。

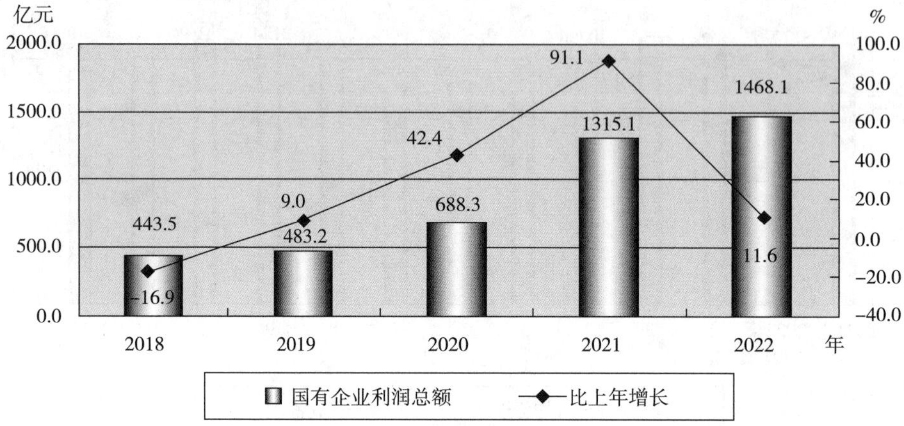

图 36 近 5 年国有有色金属企业利润总额及比上年增长趋势

数据来源:国家统计局、中国有色金属工业协会。

(五)有色金属产业节能减排的效果初步显现

1. 再生有色金属节能减排的作用进一步显现

2022 年再生铜供应量为 374 万吨,经测算比等量矿产精炼铜节能 53.6 万吨标准煤,减排二氧化碳 144.9 万吨。2022 年再生铝供应量为 865 万吨,经测算 865 万吨再生铝比等量原铝节能 3425.4 万吨标准煤,减排二氧化碳 9248.6 万吨。2022 年再生铅供应量为 285 万吨,经测算 285 万吨再生铅比等量矿产精铅节能 60.5 万吨标准煤,减排二氧化碳 163.4 万吨。2022 年再生锌供应量 92 万吨,经测算 92 万吨再生锌比等量矿产锌节能 70 万吨标准煤,减排二氧化碳 189 万吨。

2. 电解铝用电结构调整减排效果初步显现

近年来,电解铝企业积极落实"双碳"目标,主动把部分使用煤电的电解铝产能等量或减量转移到水电较为丰富的云南等省区。2022 年云南省的电解铝产量比上年增加了 84.2 万吨,可以理解为这 84.2 万吨电解铝是由使用煤电生产电解铝的产能转移而来的,即使用煤电的电解铝产量减少了 84.2 万吨。按当年电解铝综合交流电耗及单位发电量所消耗的标准煤计算,电解铝行业消耗标准煤减少了 351 万吨,二氧化碳排放量减少了 947.8 万吨左右。

三、促进有色金属产业高质量发展的保障措施

(一)高水平推进有色金属"双循环"互动发展

有色金属行业认真学习、深刻领会党的二十大报告提出的"坚持高水平对外开放,加快构建以国内大循环为主体、国内国际双循环相互促进的新发展格局"的精神,以积极的心态及有效的措施,针对发达经济体、欠发达国家,尤其是针对周边国家和地区特点开展合作共赢的产业链和供应链的布局,加大境外资源及市场开发,构建有色金属工业"双循环"互动发展新格局。

(二)进一步优化要素资源配置

有色金属行业依托政府制定的各项经济增长目标,继续加强产业链韧性建设,做好逆周期,跨周期调节工作,着力打造能够适应市场周期变化的、有较强韧性的产业链,工作重点是在全球范围内进一步优化要素资源配置,确保产业链上下游各环节的协

调，供给链上下游各环节的安全，价值链上下游各环节的通畅，促进产业的高质量发展。

（三）促进有色金属产业供给高端化

有色金属行业要把“健全创新体系、攻克关键技术、突破关键材料、提高产品质量”作为促进有色金属产业供给高端化的四大主攻方向，产业链的上下游企业密切配合，以国家重大需求金属材料为牵引，以补齐高端材料短板为方向，持续深化有色金属行业、企业科技创新机制改革，依托企业创新主体地位，优化创新资源配置。尤其是随着新能源、新材料、绿色环保等相关产业的快速发展，对有色金属高端材料的需求不断增加，产品更新迭代日益加快。因此，充分发挥“集中力量办大事”的制度优势与“政府这只手”的重要作用，从政策、经费、人才、激励机制等方面加强高端材料保障能力建设，加大科技攻关力度，加快补短板、铸长板，提升具有自主知识产权的高端供应能力，将是行业实现高质量发展的重要保障。

注：

1. 2022 年有色金属行业经济效益、固定资产投资、进出口贸易额汇总数据均为包括黄金（企业）数据；2022 年十种有色金属产量年报统计数据按新口径统计（原十种有色金属包括：精炼铜、原铝、铅、锌、镍、锡、锑、汞、镁、钛，原十种有色金属中去掉汞、增加工业硅，即十种有色金属产量新统计口径）。本文涉及的历史数据已按 2022 年的统计口径进行了调整。

2. 有色金属年度生产、消费数据来自国家统计局、中国有色金属工业协会。

3. 经济效益数据、固定资产投资数据来自国家统计局。

4. 进出口数据来自海关总署，由中国有色金属工业协会整理。

5. 主要有色金属价格数据来自金属交易所。

6. 主要生产技术指标来自中国有色金属工业协会。

7. 营业总成本 = 营业成本 + 销售费用 + 管理费用 + 财务费用；三项费用 = 销售费用 + 管理费用 + 财务费用。

8. 本文测算综合能耗及二氧化碳排放量采用的系数分别为：2022 年煤电生产电解铝约占当年电解铝产量的 75%；煤电折标准煤系数按单位煤电发电量所消耗的标准煤计算（0.31 千克标准煤/千瓦时）；二氧化碳排放量按消耗 1 吨标准煤产生 2.7 吨二氧化碳计算；再生铜、再生铝、再生铅、再生锌单位产品能耗分别占矿产精炼铜、原铝、矿产精铅、矿产锌单位产品能耗的 30%、5%、30%、15%。

9. 部分数据因四舍五入的原因，存在总计与分项合计不等的情况。

（撰稿：王华俊）

2022 年电信业发展综述

工业和信息化部

2022 年，中国通信业深入贯彻党的二十大精神，坚决落实党中央、国务院重要决策部署，全力推进网络强国和数字中国建设，着力深化数字经济与实体经济融合，5G、千兆光网等新型信息基础设施建设取得新进展，各项应用普及全面加速，为打造数字经济新优势、增强经济发展新动能提供有力支撑。

一、总体情况

2022年，全国电信业务总量①完成约1.8万亿元，同比增长21.3%；电信业务收入累计完成约1.6万亿元，同比增长约8%；三家基础电信企业（中国移动、中国电信、中国联通）和中国铁塔股份有限公司共完成固定资产投资约4191亿元。规模以上互联网和相关服务企业（以下简称互联网企业）完成业务收入14590亿元，同比下降1.1%。

全年电话用户总数为18.6亿户。其中，移动电话用户净增约4062万户，总数增至约16.8亿户，普及率②为119.2部/百人；固定电话用户净减约129万户，总数降至约1.8亿户，普及率为12.7部/百人。

基础电信企业互联网宽带接入用户全年净增5386万户，总数达5.9亿户，100Mbps及以上宽带用户比重达到93.9%。互联网企业共发展互联网宽带接入用户3659万户，同比下降57.5%，占全国宽带接入用户总数的比重为3.3%。网络连接用户规模不断扩大，互联网宽带逐步向更高速率转移，网络提速降费得到有效落实，持续推动互联网新应用、新业态、新模式蓬勃发展。

全国光缆线路长度全年净增约477万千米，达到5958万千米。移动电话交换机容量净减约497万户，达到约27.5亿户。基础电信企业互联网宽带接入端口增加约5320万个，累计达到约10.7亿个。互联网企业宽带接入端口达4956万个，同比下降19.8%。

2018—2022年电信业主要指标发展情况见表1。

表1　2018—2022年电信业主要指标发展情况

指标名称	单位	2018年	2019年	2020年	2021年	2022年	平均增长率/%
一、综合指标							
电信业务总量	亿元	65633.9	106810.1	15038.2	17197.4	17501.1	—
电信业务收入	亿元	13005.7	13096.1	13600.0	14701.1	15806.0	4.0
电信固定资产投资	亿元	3507.3	3654.1	4085.2	4073.6	4191.3	3.6
二、电信用户							
固定电话用户	万户	19208.5	19103.3	18190.8	18070.1	17941.4	-1.4
移动电话用户	万户	156609.8	160134.5	159407.0	164282.5	168344.3	1.5
移动互联网用户	万户	127481.5	131852.6	134851.9	141564.9	145385.1	5.3
互联网宽带接入用户	万户	40738.2	44927.9	48355.0	53578.7	58964.8	21.2
三、电信业务使用情况							
固定电话主叫通话时长	亿分钟	1499.5	1206.5	1026.0	933.4	834.2	-11.1
移动电话通话时长	亿分钟	51125.2	47826.2	44964.5	45592.0	46267.9	-2.0
移动短信业务量	亿条	11398.6	15066.4	17795.7	17619.5	18748.1	—
移动互联网接入流量	万GB	7090039.3	12199200.6	16556817.2	22163224.3	26175867.1	29.9
四、通信能力							
光缆线路长度	万千米	4316.8	4741.2	5169.2	5480.8	5958.0	6.7
移动电话交换机容量	万户	259453.1	272523.7	274567.1	275690.8	275194.1	1.2
移动电话基站数	万个	667.2	841.0	931.0	996.3	1083.4	10.2
互联网宽带接入端口	万个	86752.3	91578.0	94604.7	101784.7	107104.2	4.3

① 按照上年不变单价计算，下同。
② 普及率采用2022年人口数据计算得到，下同。

续表

指标名称	单　位	2018 年	2019 年	2020 年	2021 年	2022 年	平均增长率/%
五、通信服务水平							
固定电话普及率	部/百人	13.8	13.6	12.9	12.8	12.7	—
移动电话普及率	部/百人	112.2	114.4	112.9	116.5	119.2	—
互联网宽带接入普及率	%	29.2	32.1	34.3	38.0	41.8	—

注：1. 2018—2019 年电信业务总量按照 2015 年不变单价测算，2020—2022 年电信业务总量按照上年不变单价测算。
2. 移动短信业务量自 2018 年起调整统计口径，5 年平均增长率不可计算。

二、行业运行整体向好

（一）电信业务收入和业务总量呈较快增长

经初步核算，2022 年电信业务收入累计完成 1.6 万亿元，比上年增长 8%，增速同比回落 0.1 个百分点。见图 1。

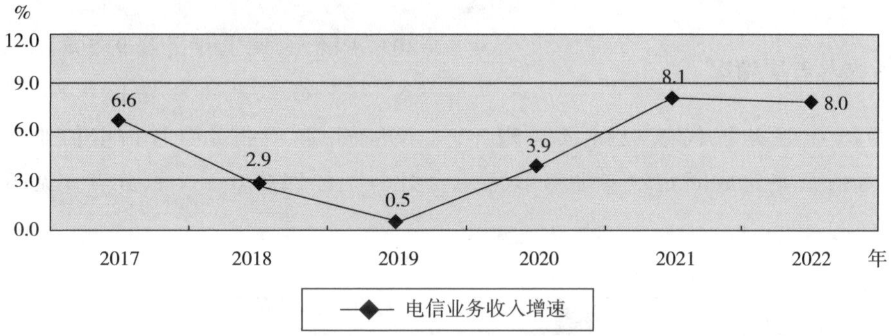

图 1　2017—2022 年电信业务收入增长情况

（二）移动数据流量业务收入低速增长，仍是主要收入来源

2022 年，固定互联网宽带接入业务实现收入 2402 亿元，比上年增长 7.1%，在电信业务收入中占比由上年的 15.3% 下降至 15.2%；移动数据流量业务实现收入 6397 亿元，比上年增长 0.3%，在电信业务收入中占比为 40.5%。见图 2。

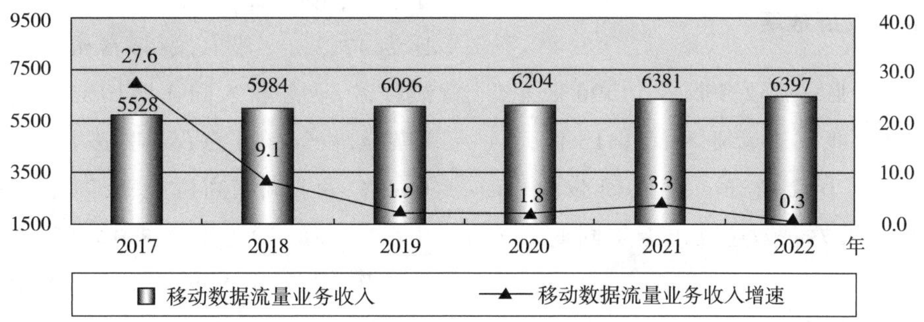

图 2　2017—2022 年移动数据流量业务收入发展情况

（三）新兴业务收入增势突出，增收作用不断增强

云计算、大数据等新兴数字化服务快速发展，2022年实现相关业务收入3072亿元，比上年增长32.4%，在电信业务收入中占比由上年的16.1%提升至19.4%。其中，数据中心、云计算、大数据业务比上年分别增长11.5%、118.2%和58%。见图3。

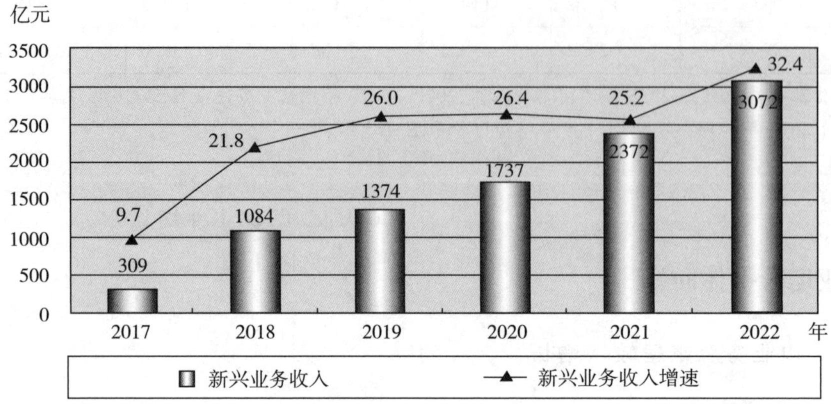

图3　2017—2022年新兴业务收入发展情况

（四）语音业务收入占比情况

互联网应用对语音业务替代效应持续显现，2022年，三家基础电信企业完成固定语音业务收入201.4亿元，比上年下降9.5%；完成移动语音业务收入1163亿元，比上年增长0.8%，扭转2021年负增长局面；两项业务合计占电信业务收入的8.6%，占比较上年回落0.8个百分点。见图4。

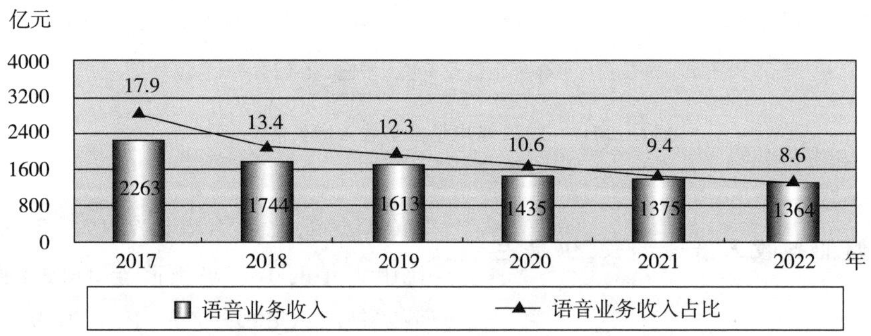

图4　2017—2022年语音业务收入发展情况

（五）互联网企业发展放缓

2022年，互联网企业完成业务收入14590亿元，同比下降1.1%。全行业实现营业利润1415亿元，同比增长3.3%，保持小幅增长。投入研发费用771.8亿元，同比增长7.7%，增速高于上年同期2.7个百分点。

2022年，互联网企业共完成信息服务业务（包括网络音乐和视频、网络游戏、新闻信息、网络阅读等服务在内）收入6901亿元，同比增长4.9%，增速低于上年同期12.1个百分点，在互联网业务收入中占比为47.3%。其中，视频音乐领域高速增长态势持续降温，业务收入同比增长15.5%，增速较前三季度回落4.3个百分点；营业成本较快增长，同比增长14.8%，营业利润高位上涨，同比增长44.7%；研发费用小幅回落，同比下降8.9%。网络游戏领域短期增长承压，业务收入下降3.3%，降幅较前三季度收窄0.8个百分点；营业成本小幅度增长，营业利润大幅下滑，同比下降46.7%。新闻和内容服务类企业的业务收入同比增长3.4%，在营业成本快速增长的压力下，

营业利润实现大幅上升，同比增长31.2%。见图5。

随着5G、大数据、人工智能和云计算等新技术应用加快，新型基础设施建设持续推进，拉动互联网数据服务（含数据中心业务、云计算业务等）实现收入1457亿元，同比增长47.3%，增速高于互联网业务收入48.4个百分点。

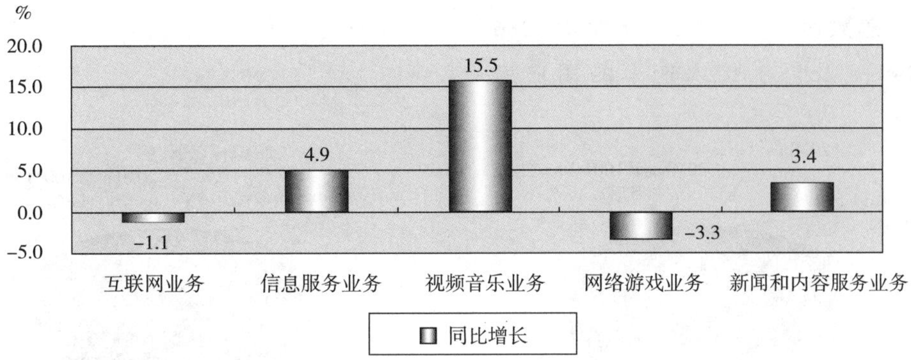

图5　各业务收入同比增速情况

三、新型基础设施用户规模持续扩大

（一）移动电话用户规模保持增长，5G用户占比超三成

2022年，全国电话用户净增3933万户，总数达到18.63亿户。其中，移动电话用户总数16.83亿户，全年净增4062万户，普及率为119.2部/百人，比上年年底提高2.9部/百人。其中，5G移动电话用户达到5.61亿户，占移动电话用户的33.3%，比上年年底提高11.7个百分点。固定电话用户总数1.79亿户，全年净减128.6万户，普及率降至12.7部/百人。见图6、图7。

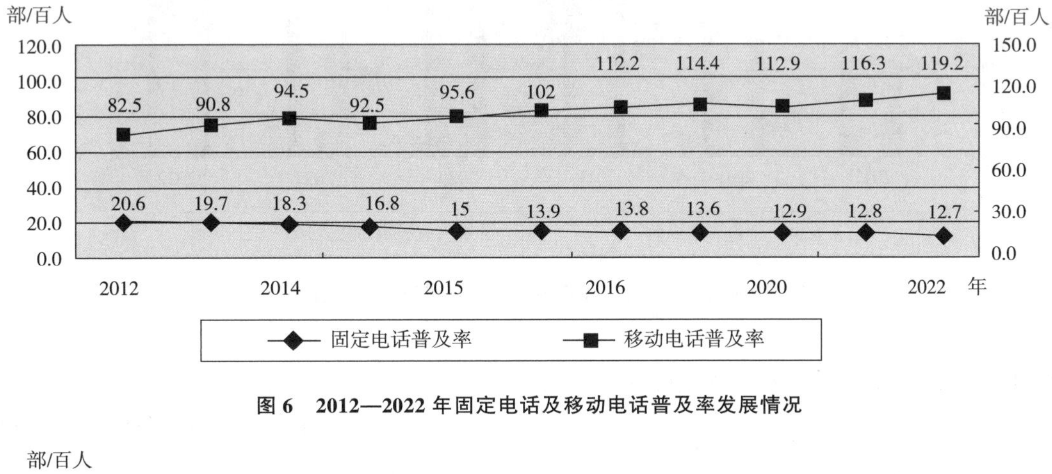

图6　2012—2022年固定电话及移动电话普及率发展情况

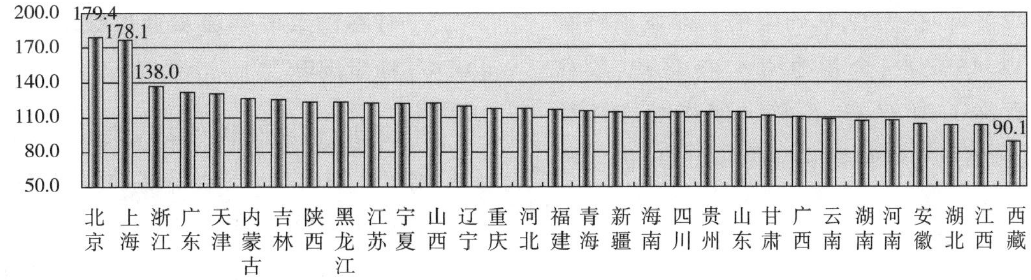

图7　2022年各省移动电话普及率情况

(二)百兆及以上宽带接入用户占比持续攀升,千兆用户高速发展

截至2022年年底,三家基础电信企业的固定互联网宽带接入用户总数达5.9亿户,全年净增5386万户。其中,100Mbps及以上接入速率的用户为5.54亿户,全年净增5513万户,占总用户数的94%,占比较上年年底提高0.9个百分点;1000Mbps及以上接入速率的用户为9175万户,全年净增5716万户,占总用户数的15.6%,占比较上年年底提高9.1个百分点。见图8。

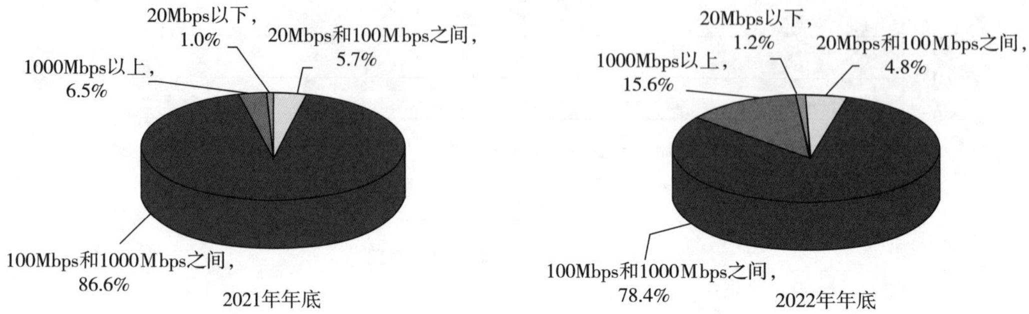

图8　2021年和2022年固定互联网宽带各接入速率用户占比情况

(三)农村宽带用户较快增长,城乡差距持续缩小

固定互联网宽带接入服务持续在农村地区加快普及,截至2022年年底,全国农村宽带用户总数约达1.76亿户,全年净增1862万户,比上年增长约11.8%,增速较城市宽带用户高2.5个百分点。见图9。

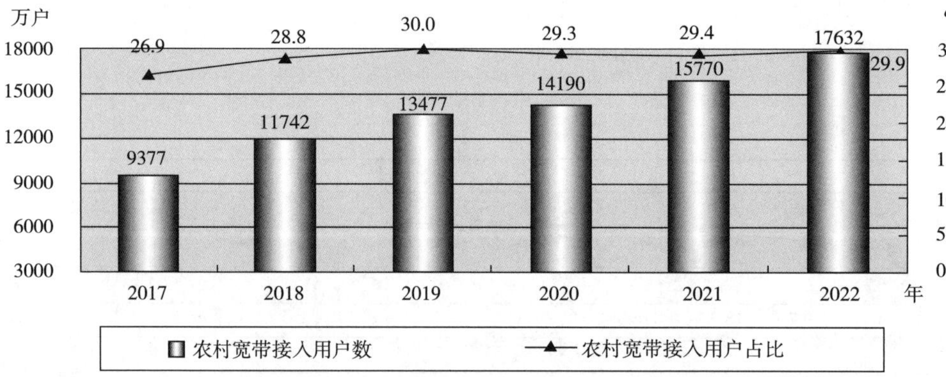

图9　2017—2022年农村宽带接入用户及占比情况

(四)新业态蓬勃发展,"物"连接快速超过"人"连接

截至2022年年底,三家基础电信企业发展蜂窝物联网用户18.45亿户,全年净增4.47亿户,较移动电话用户数高1.61亿户,占移动网终端连接数(包括移动电话用户和蜂窝物联网终端用户)的比重达52.3%。

四、移动互联网流量保持快速增长

(一)移动互联网流量两位数增长,月户均流量(DOU)稳步提升

2022年,移动互联网接入流量达2618亿GB,比上年增长约18.1%。全年移动互联网月户均流量(DOU)达15.20GB/户·月,比上年增长约13.8%;12月当月DOU达16.18GB/户,较上年12月当月提高1.46GB/户。见图10、图11。

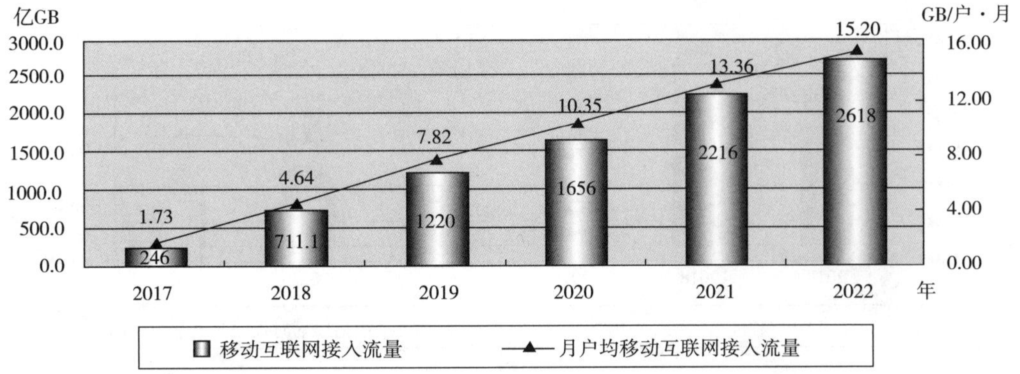

图 10　2017—2022 年移动互联网流量及月户均流量(DOU)增长情况

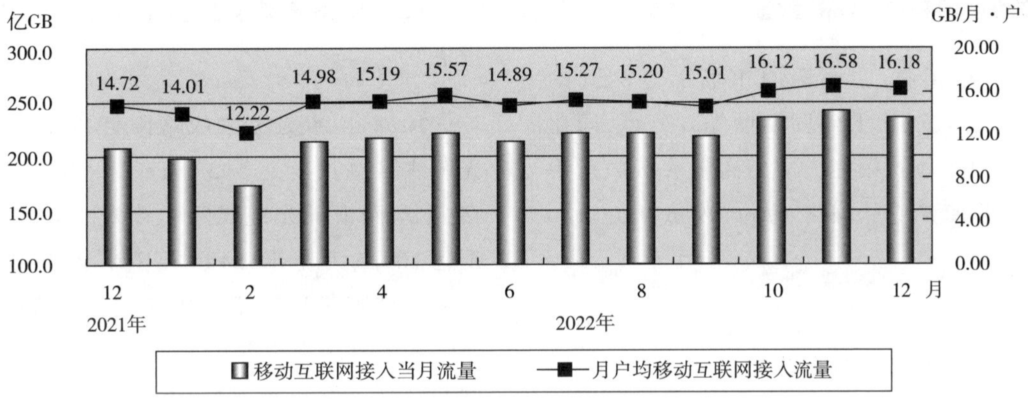

图 11　2022 年移动互联网接入当月流量及当月 DOU 情况

(二)移动短信业务量平稳增长,话音业务量低速增长

2022 年,全国移动短信业务量比上年增长 6.4%,移动短信业务收入比上年增长 2.7%,移动短信业务量收增速差从上年的 7.3%下降至 3.7%。2022 年,全国移动电话去话通话时长 2.3 万亿分钟,比上年增长 1.5%。见图 12、图 13。

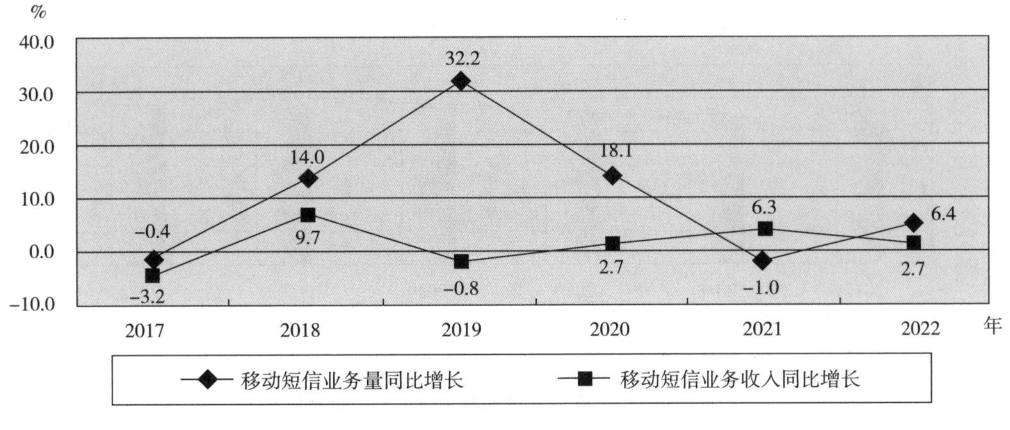

图 12　2017—2022 年移动短信业务量和收入增长情况

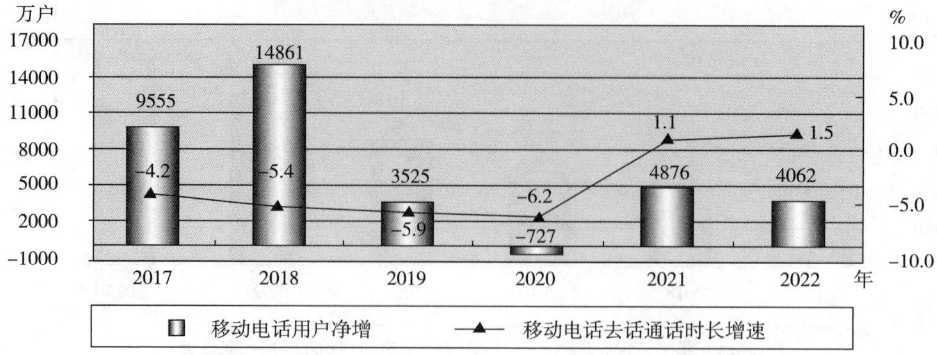

图 13　2017—2022 年移动电话用户和通话量增长情况

（三）移动应用程序（App）数量整体态势

截至 2022 年年底，中国国内市场上监测到的 App 数量为 258 万款，比上年同期增加 6 万款，同比增长 2.4%。其中，本土第三方应用商店 App 数量为 128 万款，苹果商店（中国区）App 数量超过 130 万款。

五、网络基础设施建设加快推进

（一）固定资产投资小幅增长，5G 投资增速放缓

2022 年，三家基础电信企业和中国铁塔股份有限公司共完成电信固定资产投资 4193 亿元，比上年增长 3.3%。其中，5G 投资额达 1803 亿元，受上年同期基数较高等因素影响，同比下降 2.5%，占全部投资的 43%。

（二）网络基础设施优化升级，全光网建设加快推进

2022 年，新建光缆线路长度 477.2 万千米，全国光缆线路总长度达 5958 万千米，其中，长途光缆线路、本地网中继光缆线路和接入网光缆线路长度分别达 109.5 万千米、2146 万千米和 3702 万千米，接入网光缆线路长度比上年净增 201 万千米，进一步保障和支撑用户服务质量。截至 2022 年年底，互联网宽带接入端口数达到 10.71 亿个，比上年年底净增约 5300 万个。其中，光纤接入（FTTH/O）端口达到 10.25 亿个，比上年年底净增 6534 万个，占比由上年年底的 94.3% 提升至 95.7%。截至 2022 年年底，具备千兆网络服务能力的 10G PON（无源光网络）端口数达 1523 万个，比上年年底净增 737.1 万个。见图 14。

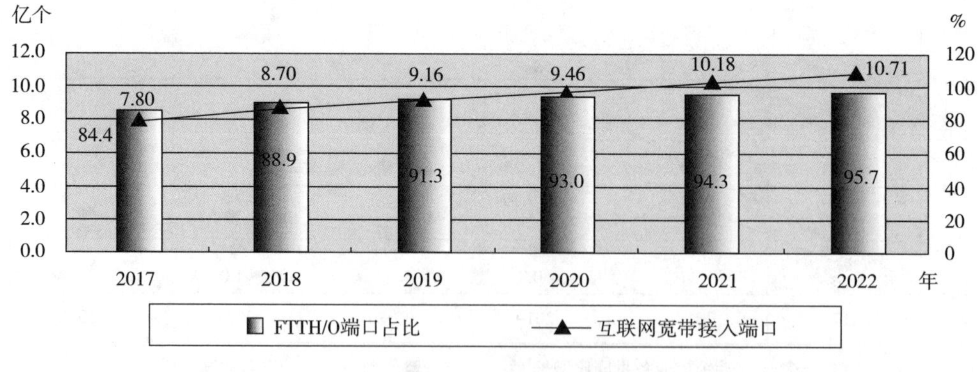

图 14　2017—2022 年互联网宽带接入端口发展情况

（三）5G 网络建设稳步推进，网络覆盖能力持续增强

截至 2022 年底，全国移动通信基站总数达 1083.4 万个，全年净增 87.1 万个。其中 5G 基站为 231.2 万个，全年新建 5G 基站 88.7 万个，5G 基站数量占移动基站总数的 21.3%，占比较上年年底提升 7 个百分点。见图 15。

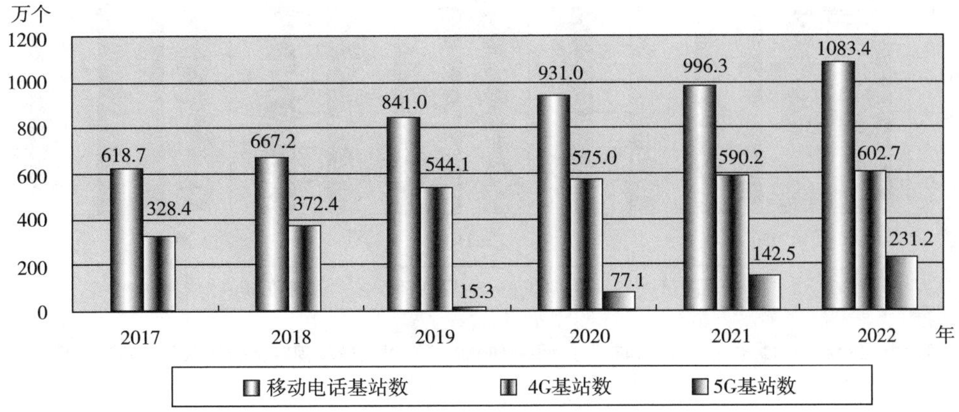

图 15　2017—2022 年移动电话基站发展情况

六、东、中、西和东北部地区协调发展

(一)各地区电信业务收入份额保持稳定

2022 年,东部地区电信业务收入占比为 51.1%,与上年持平;中部、西部地区占比分别为 19.6% 和 23.9%;东北部地区占比为 5.4%,比上年下降 0.1 个百分点。见图 16。

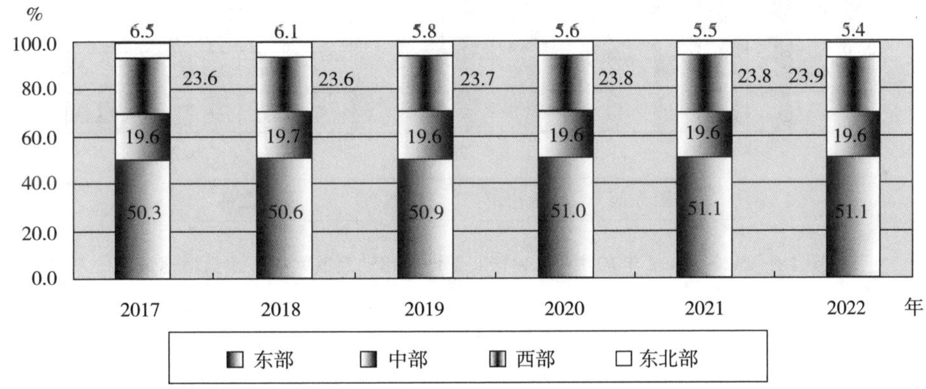

图 16　2017—2022 年东、中、西、东北部地区电信业务收入比重

(二)东部地区千兆及以上固定互联网宽带接入用户占比全国领先

截至 2022 年年底,东、中、西和东北部地区 100Mbps 及以上速率固定互联网宽带接入用户分别达到 23359 万户、14072 万户、14690 万户和 3259 万户,在本地区宽带接入用户中占比分别达到 93.5%、95.1%、93.5% 和 93.7%,占比较上年分别提高 0.8 个、1 个、0.9 个和 0.5 个百分点。1000Mbps 及以上接入速率的宽带接入用户分别达 4416 万、2164 万、2308 万和 286 万户,占本地区固定宽带接入用户总数的比重分别为 17.7%、14.6%、14.7% 和 8.2%。见图 17。

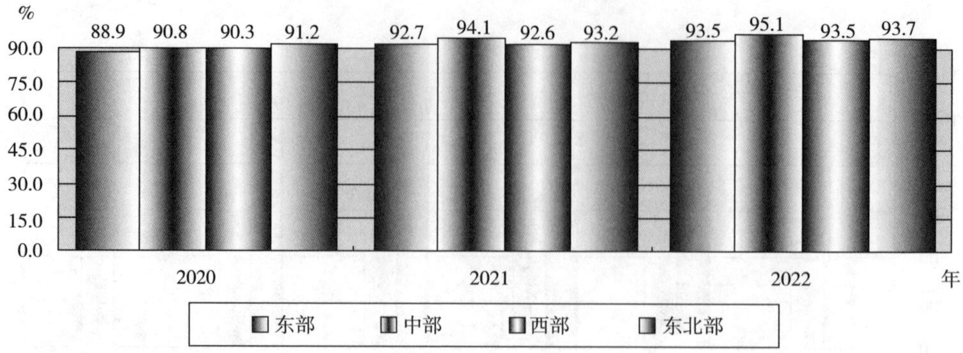

图 17　2020—2022 年东、中、西和东北部地区 100Mbps 及以上速率固定宽带接入用户渗透率情况

（三）中部地区移动互联网流量增速全国领先

2022 年，东、中、西和东北部地区移动互联网接入流量分别达到 1117 亿 GB、592.2 亿 GB、773.3 亿 GB 和 135.1 亿 GB，比上年分别增长 17.9%、20%、18.1%和 12.2%，中部增速比东部、西部和东北部地区增速分别高 2.1 个、1.9 个和 7.8 个百分点。12 月当月，西部地区当月户均流量达到 17.8GB/户，比东部、中部和东北部地区分别高出 1.68GB/户、2.15GB/户和 5.64GB/户。见图 18。

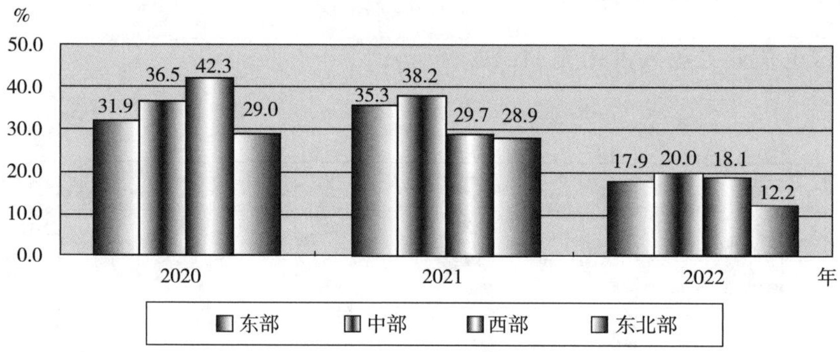

图 18　2020—2022 年东、中、西和东北部地区移动互联网接入流量增速情况

（审稿：李永萍
撰稿：杨　梦）

2022 年房地产业发展综述

中国房地产业协会

2022 年，受新冠疫情影响，房地产市场持续处于调整阶段。政府积极出台政策促进房地产行业平稳发展，强调房地产是支柱产业，房地产产业链条长、涉及面广，对国民经济具有重要影响，要充分认识到房地产业的重要性，为后续出台支持性政策以充分发挥房地产业的支柱作用打开了空间。

一、房地产政策促进行业健康稳定发展

2022 年，中国房地产市场以“保交楼、保民生、

保稳定”为首要目标，支持商品房市场更好满足购房者的合理住房需求，维护购房者合法权益，因城施策促进房地产业良性循环和健康发展。2022年的重要政策如下。

全国住房和城乡建设工作会议在重申“房住不炒”的调控基调下，要求保持调控政策的连续性和稳定性，增强调控政策的精准性协调性。最高人民法院发布指导意见提出，对商品房预售资金监管账户内资金依法审慎采取保全、执行措施，支持保障相关部门防范应对房地产项目逾期交付风险，维护购房者合法权益。

中国人民银行、中国银行保险监督管理委员会发布《关于保障性租赁住房有关贷款不纳入房地产贷款集中度管理的通知》，鼓励银行业金融机构按照依法合规、风险可控、商业可持续的原则，加大对保障性租赁住房的支持力度。

政府工作报告提出：“继续保障好群众住房需求。坚持房子是用来住的、不是用来炒的定位，探索新的发展模式，坚持租购并举，加快发展长租房市场，推进保障性住房建设，支持商品房市场更好满足购房者的合理住房需求，稳地价、稳房价、稳预期，因城施策促进房地产业良性循环和健康发展 。”

中共中央政治局会议定调：“要坚持房子是用来住的、不是用来炒的定位，支持各地从当地实际出发完善房地产政策，支持刚性和改善性住房需求，优化商品房预售资金监管，促进房地产市场平稳健康发展。”

中国人民银行、中国银行保险监督管理委员会提出：“对于贷款购买普通自住房的居民家庭，首套住房商业性个人住房贷款利率下限调整为不低于相应期限贷款市场报价利率减20个基点。”

国务院《关于“十四五”新型城镇化实施方案的批复》中提出：“深入推进以人为核心的新型城镇化战略，持续促进农业转移人口市民化，完善以城市群为主体形态、大中小城市和小城镇协调发展的城镇化格局，推动城市健康宜居安全发展，推进城市 治理体系和治理能力现代化，促进城乡融合发展，为全面建设社会主义现代化国家提供强劲动力和坚实支撑。”

中共中央政治局会议明确：“因城施策用好政策工具箱，更好满足居民刚性和改善性住房需求。”

中华人民共和国国家卫生健康委员会等17部门联合发布《关于进一步完善和落实积极生育支持措施的指导意见》，提出对购买首套自住房的多子女家庭，有条件的城市可给予适当提高住房公积金贷款额度等相关支持政策。各地可结合实际，进一步研究制定根据养育未成年子女负担情况实施差异化租赁和购买房屋的优惠政策。

中国人民银行、中国银行保险监督管理委员会提出对于6—8月份新建商品住宅销售价格环比、同比均连续下降的城市，在2022年年底前，阶段性放宽首套住房商业性个人住房贷款利率下限。随后发文下调首套个人住房公积金贷款利率0.15个百分点，5年以下(含5年)和5年以上利率分别调整为2.6%和3.1%。第二套个人住房公积金贷款利率政策保持不变，即5年以下(含5年)和5年以上利率分别不低于3.025%和3.575%。

中国共产党第二十次全国代表大会报告提出：健全社会保障体系。坚持房子是用来住的、不是用来炒的定位，加快建立多主体供给、多渠道保障、租购并举的住房制度。

中国银行间市场交易商协会提出，继续推进并扩大民营企业债券融资支持工具，支持包括房地产企业在内的民营企业发债融资。中国人民银行、中国银行保险监督管理委员会发布《关于做好当前金融支持房地产市场平稳健康发展工作的通知》，推出16条金融举措，提出包括对国有、民营等各类房地产企业一视同仁、支持开发贷款、信托贷款等存量融资合理展期、支持优质房地产企业发行债务融资、积极做好“保交楼”金融服务、延长房地产贷款集中度管理政策过渡期安排等。中国银行保险监督管理委员会、中华人民共和国住房和城乡建设部、中国人民银行发文提出，允许商业银行与优质房地产企业开展保函置换预售监管资金业务，置换资金优先用于项目工程建设和偿还项目到期债务等。中国证券监督管理委员会在股权融资方面调整优化5项措施，包括恢复涉房上市公司并购重组及配套融资、恢复上市房企和涉房上市公司再融资、调整完善房地产企业境外市场上市政策等。

第五轮中国—欧盟工商领袖和前高官对话会提

出："房地产是国民经济的支柱产业"，"未来一个时期，中国城镇化仍处于较快发展阶段，有足够需求空间为房地产业稳定发展提供支撑。"中国证券监督管理委员会党委会议提出，允许符合条件的房企"借壳"已上市房企，允许房地产和建筑等密切相关行业上市公司实施涉房重组。

2022 年中央经济工作会议提出有效防范化解重大经济金融风险。要确保房地产市场平稳发展，扎实做好保交楼、保民生、保稳定各项工作，满足行业合理融资需求，推动行业重组并购，有效防范化解优质头部房企风险，改善资产负债状况，同时要坚决依法打击违法犯罪行为。要因城施策，支持刚性和改善性住房需求，解决好新市民、青年人等住房问题，探索长租房市场建设。要坚持房子是用来住的、不是用来炒的定位，推动房地产业向新发展模式平稳过渡。

二、房地产投资完成情况

2022 年，全国房地产开发投资 132895 亿元，比上年下降 10.0%。其中，住宅投资 100646 亿元，比上年下降 9.5%；办公楼投资 5291 亿元，同比下降 11.4%；商业营业用房 10647 亿元，同比下降 14.4%。住宅投资占房地产开发投资的比重为 75.7%。见图 1。

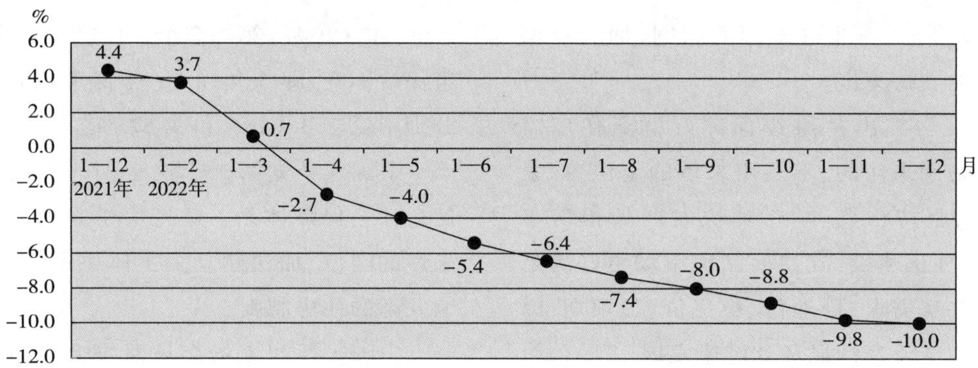

图 1　全国房地产开发投资累计同比增速

数据来源：国家统计局。

2022 年，东部地区房地产开发投资 72478 亿元，比上年下降 6.7%；中部地区投资 28931 亿元，下降 7.2%；西部地区投资 27481 亿元，下降 17.6%；东北部地区投资 4005 亿元，下降 25.5%。见表 1。

表 1　2022 年全国房地产开发投资形势

单位：亿元、%

地　区	完成投资	比　重	同　比	住宅投资	比　重	同　比
全　国	132895	100.0	−10.0	100646	100.0	−9.5
东部地区	72478	54.5	−6.7	53066	52.7	−6.3
中部地区	28931	21.8	−7.2	23462	23.3	−7.1
西部地区	27481	20.7	−17.6	20911	20.8	−16.9
东北部地区	4005	3.0	−25.5	3207	3.2	−22.5

数据来源：国家统计局。

2022 年，31 个省（自治区、直辖市）中，仅浙江省和北京市房地产开发投资同比增长；29 个省（自治区、直辖市）同比下滑，其中有 21 个地区跌幅高于全国水平（−10.0%），跌幅最大的为西藏自治区，下降 57.3%。见表 2。

表 2　2022 年各地区房地产开发投资情况

单位：亿元、%

序　号	地　区	投资金额	同比增速	序　号	地　区	投资金额	同比增速
1	浙江省	12939.52	4.4	17	福建省	5133.63	-17.1
2	北京市	4178.46	1.0	18	河北省	4092.1	-18.5
3	上海市	4979.54	-1.1	19	辽宁省	2362	-18.6
4	甘肃省	1481.66	-2.9	20	内蒙古自治区	978.28	-20.7
5	湖北省	5933.9	-3.1	21	新疆维吾尔自治区	1158.86	-22.8
6	陕西省	4254.79	-4.2	22	天津市	2127.94	-23.2
7	山东省	9180.24	-6.5	23	重庆市	3216.87	-26.1
8	四川省	7215.77	-7.9	24	云南省	3152.02	-26.9
9	江苏省	12406.88	-7.9	25	河南省	5684.77	-27.8
10	山西省	1764.2	-9.3	26	黑龙江省	628.64	-32.8
11	宁夏回族自治区	419.95	-10.1	27	青海省	296.15	-33.1
12	湖南省	4858.26	-10.5	28	吉林省	1014.84	-34.1
13	江西省	2209.27	-12.6	29	广西壮族自治区	2206.27	-40.9
14	广东省	14962.97	-14.3	30	贵州省	1814.3	-46.4
15	安徽省	6203.48	-14.6	31	西藏自治区	60.68	-57.3
16	海南省	1158.37	-16.0				

数据来源：国家统计局。

三、开发企业到位资金情况

2022 年，房地产开发企业到位资金 148979 亿元，比上年下降 25.9%。其中，国内贷款 17388 亿元，下降 25.4%；利用外资 78 亿元，下降 27.4%；自筹资金 52940 亿元，下降 19.1%；定金及预收款 49289 亿元，下降 33.3%；个人按揭贷款 23815 亿元，下降 26.5%。见图 2、表 3。

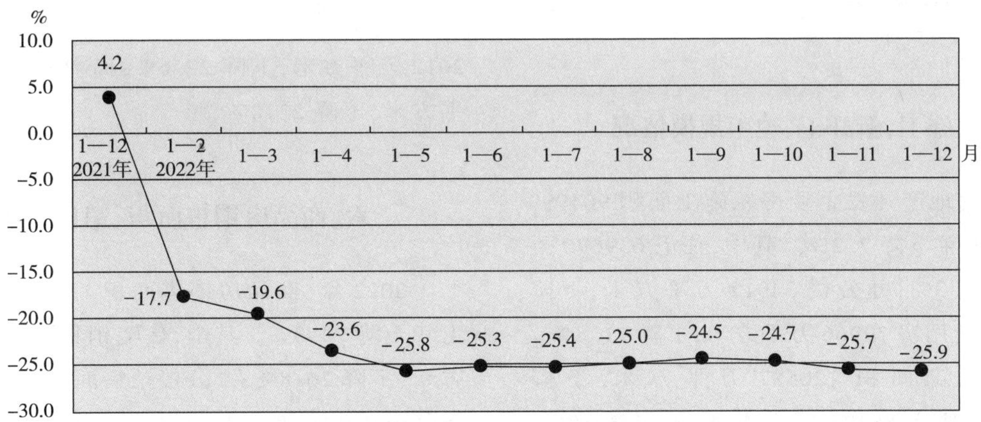

图 2　全国房地产开发企业到位资金同比增速

数据来源：国家统计局。

表 3　2022 年房地产开发企业到位资金情况

单位：亿元、%

指　标	绝对值	同　比	占　比
本年实际到位资金小计	148979	-25.9	100.00
国内贷款	17388	-25.4	11.67
利用外资	78	-27.4	0.05
自筹资金	52940	-19.1	35.54
定金及预收款	49289	-33.3	33.08
个人按揭贷款	23815	-26.5	15.99
其他资金	5469	-8.3	3.67

数据来源：国家统计局。

四、土地购置面积、成交价情况

2022 年，房地产开发企业土地购置面积 10052 万平方米，比上年下降 53.4%；土地成交价款 9166 亿元，同比下降 48.4%；土地成交均价 9119 元/平方米，同比上涨 10.9%。见图 3。

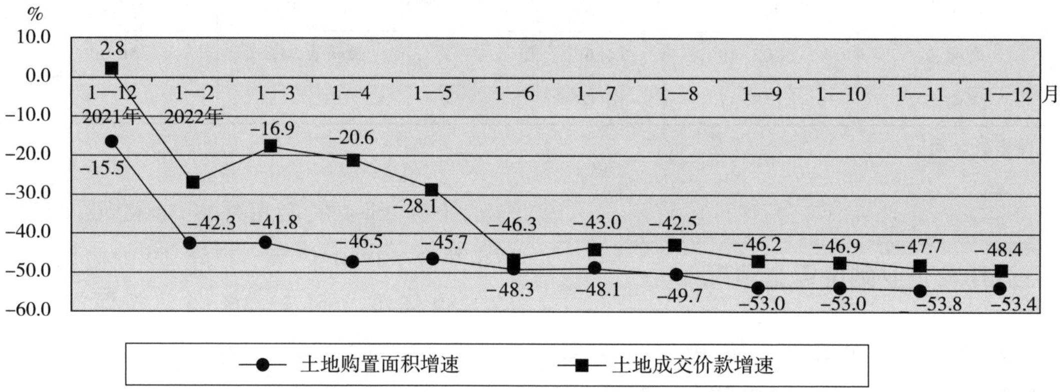

图 3　全国土地累计购置面积及土地成交价款同比增速

数据来源：国家统计局。

五、房屋施工、新开工、竣工规模情况

2022 年，房地产开发企业房屋施工面积 904999 万平方米，比上年下降 7.2%。其中，住宅 639696 万平方米，下降 7.3%；办公楼 34917 万平方米，下降 7.5%；商业营业用房 79966 万平方米，下降 11.8%。

房屋新开工面积 120587 万平方米，下降 39.4%。其中，住宅 88135 万平方米，下降 39.8%；办公楼 3180 万平方米，下降 39.1%；商业营业用房 8195 万平方米，下降 41.9%。

房屋竣工面积 86222 万平方米，下降 15.0%。其中，住宅 62539 万平方米，下降 14.3%；办公楼 2612 万平方米，下降 22.6%；商业营业用房 6800 万平方米，下降 22.0%。

六、商品房销售面积、销售金额情况

2022 年，商品房销售面积 135837 万平方米，比上年下降 24.3%。其中，住宅销售面积 114631 万平方米，下降 26.8%；办公楼销售面积 3264 万平方米，下降 3.3%；商业营业用房销售面积 8239 万平方米，下降 8.9%。

商品房销售额 133308 亿元，下降 26.7%。其中，住宅销售额 116747 亿元，下降 28.3%；办公楼销售额 4528 亿元，下降 3.7%，商业营业用房销售额

8127 亿元，下降 16.1%。

全国商品房销售均价 9814 元/平方米，同比下降 3.2%，其中商品住宅 10185 元/平方米，同比下降 2.0%。见图 4、表 4。

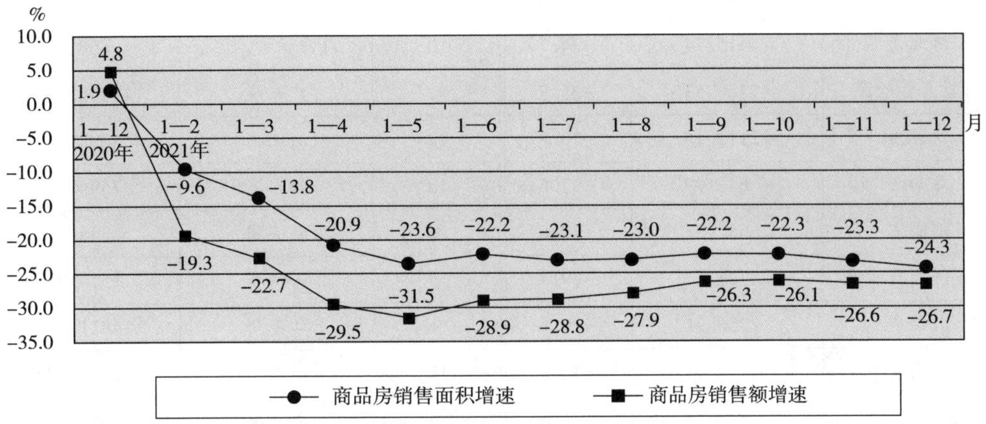

图 4 全国商品房月度累计销售面积及销售额同比增速

数据来源：国家统计局。

表 4 2022 年商品房分地区销售情况

地 区	销售面积/万平方米	比上年增长/%	销售额/亿元	比上年增长/%
全国总计	**135837**	**-24.3**	**133308**	**-26.7**
东部地区	56388	-23.0	77413	-25.1
中部地区	40750	-21.3	28358	-25.7
西部地区	34590	-27.7	24456	-30.6
东北部地区	4109	-37.9	3080	-40.9

数据来源：国家统计局。

2022 年，31 个省（自治区、直辖市）商品房销售面积同比全面下滑，其中有 23 个地区跌幅高于全国水平（-24.3%），跌幅最大的为西藏自治区，下降 57.7%。31 个省（自治区、直辖市）中仅上海商品房销售金额同比上涨，30 个地区同比下滑，其中有 24 个地区跌幅高于全国水平（-26.7%），跌幅最大的为西藏自治区，下降 58.3%。见表 5。

表 5 2022 年各地区商品房销售情况

序 号	地 区	销售面积/万平方米	同比增速/%	序 号	地 区	销售金额/亿元	同比增速/%
1	上海市	1852.88	-1.5	1	上海市	7467.53	10.0
2	北京市	1039.98	-6.1	2	北京市	3976.92	-11.4
3	江西省	6702.65	-12.7	3	江西省	4905.16	-16.8
4	山东省	11685.56	-18.1	4	山东省	9807.7	-19.3
5	福建省	5452.22	-21.8	5	陕西省	3270.48	-21.1
6	陕西省	3308.72	-22.3	6	宁夏回族自治区	502.07	-25.6
7	湖北省	6083.53	-23.4	7	河北省	3702.12	-26.7
8	云南省	2938.37	-24.3	8	湖北省	5203.35	-28.2

续表

序号	地区	销售面积/万平方米	同比增速/%	序号	地区	销售金额/亿元	同比增速/%
9	广东省	10591.11	-24.4	9	福建省	5872.42	-28.5
10	河北省	4615.74	-24.7	10	内蒙古自治区	868.02	-28.5
11	内蒙古自治区	1380.53	-25.7	11	广东省	15870.47	-28.9
12	江苏省	12115.15	-26.8	12	海南省	1098.02	-29.6
13	海南省	643.99	-27.6	13	四川省	7599.51	-29.6
14	湖南省	6652.58	-27.6	14	湖南省	4238.7	-29.8
15	宁夏回族自治区	715.6	-29.5	15	山西省	1514.98	-30.2
16	山西省	2256.71	-29.6	16	江苏省	14811.63	-30.7
17	河南省	9259.98	-30.3	17	云南省	1999.37	-32.5
18	黑龙江省	925.51	-31.3	18	浙江省	12660.14	-33.6
19	浙江省	6815.33	-31.8	19	黑龙江省	569.37	-33.6
20	四川省	9321.37	-31.9	20	河南省	5679.32	-34.4
21	广西壮族自治区	4192.78	-32.1	21	天津市	1516.37	-34.7
22	天津市	973.77	-32.2	22	新疆维吾尔自治区	883.49	-35.8
23	重庆市	4142.92	-33.2	23	安徽省	5160.32	-36.6
24	甘肃省	1470.42	-33.9	24	广西壮族自治区	2294.6	-37.5
25	安徽省	6756.92	-35.4	25	甘肃省	835.48	-37.9
26	辽宁省	2182.47	-36.4	26	辽宁省	1814.74	-40.8
27	新疆维吾尔自治区	1516.24	-36.8	27	重庆市	2954.87	-45.2
28	吉林省	1001.14	-45.5	28	吉林省	696.27	-46.1
29	青海省	204.42	-47.1	29	贵州省	1686.45	-48.0
30	贵州省	2908.17	-47.9	30	青海省	144.99	-50.7
31	西藏自治区	59.59	-57.7	31	西藏自治区	50.72	-58.3

数据来源:国家统计局。

七、商品房库存增加

2022年年底,商品房待售面积56366万平方米,比上年年底增加5343万平方米。其中,住宅待售面积26947万平方米,较上年年底增加4186万平方米;办公楼待售面积4073万平方米,较上年年底增加278万平方米;商业营业用房待售面积12558万平方米,较上年年底减少209万平方米;其他用房待售面积12788万平方米,较上年年底增加1088万平方米。见表6。

表6 2022年年底商品房待售商品房情况

	商品房待售面积/万平方米	比上年增长/%	占比/%
全　国	**56366**	**10.5**	**100.0**
住　宅	26947	18.4	47.8

续表

	商品房待售面积/万平方米	比上年增长/%	占比/%
办公楼	4073	7.3	7.2
商业营业用房	12558	-1.6	22.3
其　他	12788	9.3	22.7

数据来源：国家统计局。

八、年度销售千亿金额规模房企数量情况

截至2021年年底，中国房地产开发企业共105434个，其中内资企业101374个（含国有企业1209个），港澳台投资企业2703个，外商投资企业1357个。从业人员280.16万人；主营业务收入134342.24亿元，其中土地转让769.29亿元，商品房销售127444.89亿元，房屋出租1651.80亿元，其他4476.26亿元；主营业务税金及附加6723.74亿元；营业利润11834.02亿元。

实收资本合计127272.18亿元，资产总计1133856.73亿元，负债合计910483.55亿元，所有者权益223373.18亿元，资产负债率80.3%。

克而瑞（不动产领域数字化服务平台）数据显示，2022年销售规模（全口径）过千亿的房企总计20家，较上年减少23家。碧桂园全年实现销售业绩4643.0亿元位于榜首，其次保利发展和万科地产也超过四千亿元，华润置地超过三千亿元。见表7。

表7　2022年千亿企业销售金额情况

排　名	公司名称	全口径金额/亿元	排　名	公司名称	全口径金额/亿元
1	碧桂园	4643.0	11	融创中国	1692.1
2	保利发展	4573.0	12	中国金茂	1550.0
3	万科地产	4202.2	13	滨江集团	1539.3
4	华润置地	3013.0	14	绿地控股	1400.5
5	中海地产	2955.0	15	中国铁建	1281.0
6	招商蛇口	2926.3	16	越秀地产	1260.0
7	金地集团	2218.0	17	旭辉集团	1237.2
8	绿城中国	2128.1	18	华发股份	1202.4
9	龙湖集团	2032.7	19	新城控股	1165.3
10	建发房产	1703.2	20	远洋集团	1003.9

数据来源：克而瑞。

2022年，中国500强房地产开发企业全年销售金额55499亿元，同比下降44.41%；销售面积39155万平方米，同比下降50.72%。

2022年，TOP500房地产开发企业总资产均值为860.74亿元，同比下降6.11%；净资产均值为189.22亿元，同比下降10.72%。

2022年，TOP500房地产开发企业营业收入均值112.85亿元，较上年下降41.43%。营业成本均值90.30亿元，较上年下降41.33%。净利润均值3.31亿元，同比下降69.16%，现金及现金等价物余额均值72.92亿元，同比下降17.54%。同时，TOP500房地产开发企业三费均值12.78亿元，其中销售费用均值3.71亿元，同比减少10.17%；管理费用均值4.28亿元，同比减少14.91%；财务费用均值4.79亿元，同比增长9.86%。

2022年，TOP500房地产开发企业平均存货货值

为483.69亿元,同比减少4.93%,TOP500房地产开发企业整体存货货值均值规模近5年首次负增长。在严控负债的大环境之下,房企拿地十分谨慎,部分房企甚至零新增,多数企业选择开源节流,加速销售去化和项目结转,房企平均存货规模有所收缩。

2022年,TOP500房地产开发企业存货周转率均值为0.12,较上年减少0.01;流动资产周转率均值为0.14,较上年减少0.01;总资产周转率均值为0.11,较上年减少0.01。

九、房地产开发景气指数

2022年房地产开发景气指数呈下降趋势,年底指数趋稳。见图5。

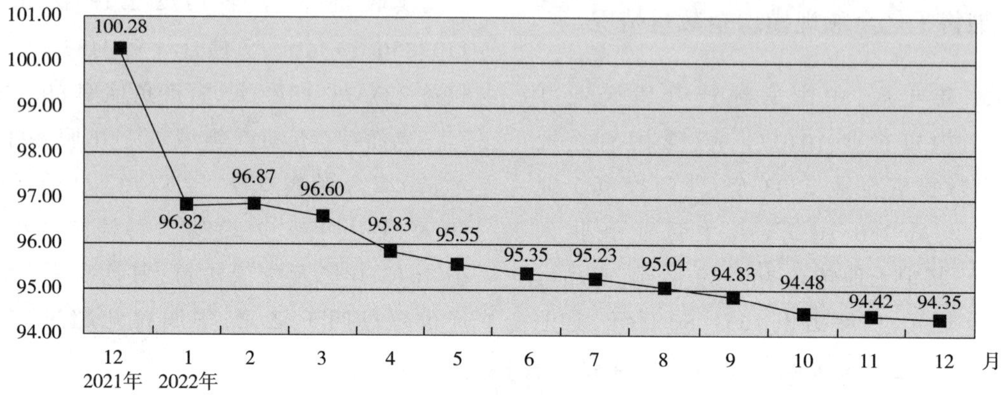

图5 房地产开发景气指数走势

数据来源:国家统计局。

十、房地产贷款增速情况

2022年年底,人民币房地产贷款余额53.16万亿元,同比增长1.5%,比上年末增速低6.5个百分点;全年增加7213亿元,占同期各项贷款增量的3.4%。房地产开发贷款余额12.69万亿元,同比增长3.7%,增速比上年年底高2.8个百分点。个人住房贷款余额38.8万亿元,同比增长1.2%,增速比上年年底低10个百分点。

除此之外,2022年投向房地产行业的信托规模为1.2万亿元,同比下降30.5%;私募股权基金在房地产领域的投资案例共有12起,投资金额为123.9亿元,同比下降74.0%;房地产行业(按照中国证券监督管理委员会行业划分)股票市场融资规模324.6亿元,同比下降54.0%;房地产行业共发行债券589支(不包括资产证券化产品),累计发行金额4855亿元,同比下降12.7%;截至2022年年底,不动产资产证券化产品的存续规模为3483.4亿元、221笔。

十一、住房公积金缴存和提取额继续上涨

缴存。2022年,住房公积金实缴单位452.72万个,实缴职工16979.57万人,分别比上年增长8.80%和3.31%。新开户单位75.22万个,新开户职工1985.44万人。

2022年,住房公积金缴存额31935.05亿元,比上年增长9.53%。

截至2022年年底,住房公积金累计缴存总额256927.26亿元,缴存余额92454.82亿元,分别比上年年底增长14.19%、12.91%。

提取。2022年,住房公积金提取人数6782.63万人,占实缴职工人数的39.95%;提取额21363.27亿元,比上年增长5.15%;提取率66.90%,比上年降低2.78个百分点。

截至2022年年底,住房公积金累计提取总额164472.44亿元,占累计缴存总额的64.02%。

个人住房贷款。2022年,发放住房公积金个人住房贷款247.75万笔,比上年减少20.17%;发放金额11841.85亿元,比上年减少15.20%。

十二、房地产相关税收及国有土地出让收支情况

2022年土地和房地产相关税收中，契税5794亿元，比上年下降22%；土地增值税6349亿元，比上年下降7.9%；房产税3590亿元，比上年增长9.5%；耕地占用税1257亿元，比上年增长18%；城镇土地使用税2226亿元，比上年增长4.7%。

2022年，国有土地使用权出让收入66854亿元，比上年下降23.3%；国有土地使用权出让收入相关支出63736亿元，比上年下降17.8%。

十三、保障性住房建设情况

住房和城乡建设部统计数据显示，全国保障性租赁住房已开工建设和筹集233.6万套(间)，完成投资1750亿元，可解决近1000万新市民、青年人住房困难问题。2022年政府工作报告提出，再开工改造一批城镇老旧小区。各地统计上报数据，全年全国新开工改造老旧小区约5.25万个、876万户。见表8。

表8　2022年全国城镇老旧小区改造进展情况
(截至2022年12月底)

序号	省(区市)	新开工改造小区数/个		涉及居民户数/万户	
		计划任务数	开工数	计划任务数	开工数
1	北京	400	411	21.30	21.30
2	天津	177	177	10.12	10.19
3	河北	3698	3698	53.00	53.26
4	山西	1779	1894	21.94	23.50
5	内蒙古	1540	1571	21.37	22.37
6	辽宁	1203	1203	52.53	52.53
7	吉林	1142	1159	19.66	19.88
8	黑龙江	1705	1705	41.01	41.01
9	上海	200	200	16.30	18.93
10	江苏	1405	1578	45.72	56.02
11	浙江	607	616	18.95	20.03
12	安徽	1411	1418	25.44	25.96
13	福建	1533	1623	18.78	20.11
14	江西	1062	1062	34.34	34.34
15	山东	3889	3892	67.14	68.03
16	河南	3787	3831	37.86	38.94
17	湖北	3053	3248	43.31	50.67
18	湖南	3222	3300	48.10	48.85
19	广东	1397	1802	32.75	39.36
20	广西	1322	1466	12.21	12.95
21	海南	608	631	5.10	5.39
22	重庆	1277	1304	29.86	30.28
23	四川	5400	5413	57.12	57.19

续表

序号	省(区市)	新开工改造小区数/个		涉及居民户数/万户	
		计划任务数	开工数	计划任务数	开工数
24	贵州	1501	1508	21.32	21.36
25	云南	1923	1923	15.42	15.42
26	西藏	31	27	0.53	0.38
27	陕西	2200	2200	20.61	20.61
28	甘肃	1599	1599	15.72	15.72
29	青海	400	400	4.09	4.09
30	宁夏	333	333	4.35	4.35
31	新疆	1273	1273	20.39	20.39
32	兵团	71	79	2.89	2.89
合计		51148	52544	839.23	876.30

(撰稿:骆　彬)

2022年物流业发展综述

中国物流与采购联合会

2022年,国际环境复杂严峻、国内新冠疫情散发多发,我国物流业受到严重冲击,行业波动性加大。随着物流保通保畅受到重视,物流业韧性和灵活性逐步显现,行业总体实现平稳复苏。

一、物流行业总体运行情况

(一)社会物流需求韧性恢复

2022年,全国社会物流总额为347.6万亿元,按可比价格计算,同比增长3.4%。从年内走势看,一季度物流运行实现平稳开局,二季度受超预期因素冲击回落明显,三季度企稳回暖,四季度稳中趋缓(见图1)。综合来看,社会物流总额增速基本延续恢复态势,全年顶住压力实现恢复性增长。

从构成看,工业品物流总额为309.2万亿元,按可比价格计算,同比增长3.6%;农产品物流总额为5.3万亿元,增长4.1%;再生资源物流总额为3.1万亿元,增长18.5%;单位与居民物品物流总额为12.0万亿元,增长3.4%;进口货物物流总额为18.1万亿元,下降4.6%。

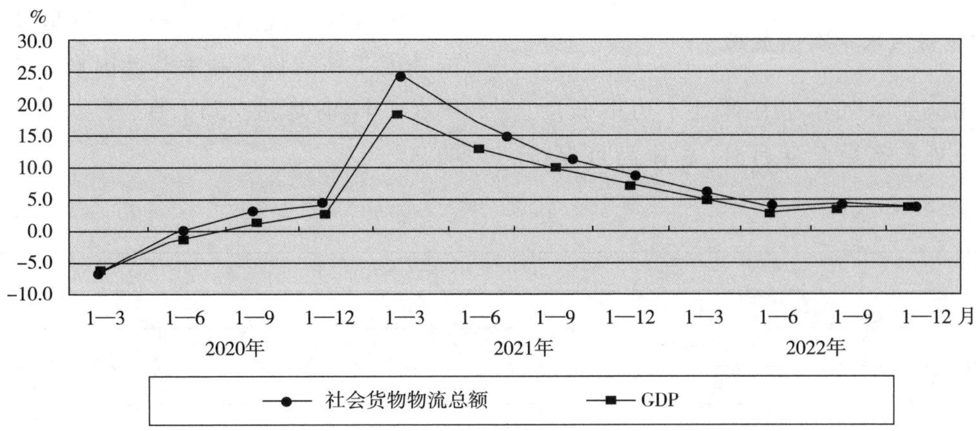

图 1　2020—2022 年社会物流总额增速与 GDP 的可比增长情况

资料来源：中国物流信息中心。

（二）社会物流运行成本有所上升

2022 年，社会物流总费用为 17.8 万亿元，同比增长 4.4%（见图 2）。从年内走势看，一、三季度基本平稳，二、四季度物流运行成本相对较高。社会物流总费用与 GDP 的比率为 14.7%，比上年提高 0.1 个百分点，反映社会物流运行效率总体有所回落。从结构来看，运输费用为 9.55 万亿元，增长 4.0%；保管费用为 5.95 万亿元，增长 5.3%；管理费用为 2.26 万亿元，增长 3.7%。受新冠疫情影响，社会库存位于高位，库存周转效率有所下滑，推高社会物流运行成本。

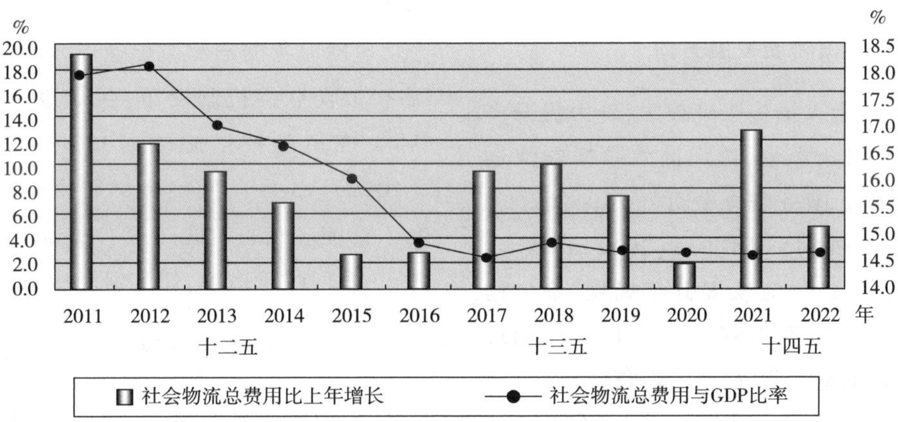

图 2　2011—2022 年社会物流总费用与 GDP 比率变化情况

资料来源：中国物流信息中心。

（三）物流业总收入呈现稳健增长

2022 年，物流业总收入为 12.7 万亿元，同比增长 4.7%（见表 1）。物流市场总体保持稳步扩张。

表 1　2017—2022 年物流业总收入情况

	2017 年	2018 年	2019 年	2020 年	2021 年	2022 年
总收入/万亿元	8.8	10.1	10.3	10.5	11.9	12.7
同比增长	11.5%	14.5%	9.0%	2.2%	15.1%	4.7%

资料来源：中国物流与采购联合会、中国物流信息中心。

(四)物流业景气水平有所放缓

2022 年,物流业景气水平整体处于历史低位。从年内走势看,景气指数除 4 月外,总体尚可保持在 48%~50%区间,三季度总体呈波动恢复态势,四季度受新冠疫情和季节性因素影响有所回落(见图 3),特别是进入 12 月,受疫情影响回落相对明显。

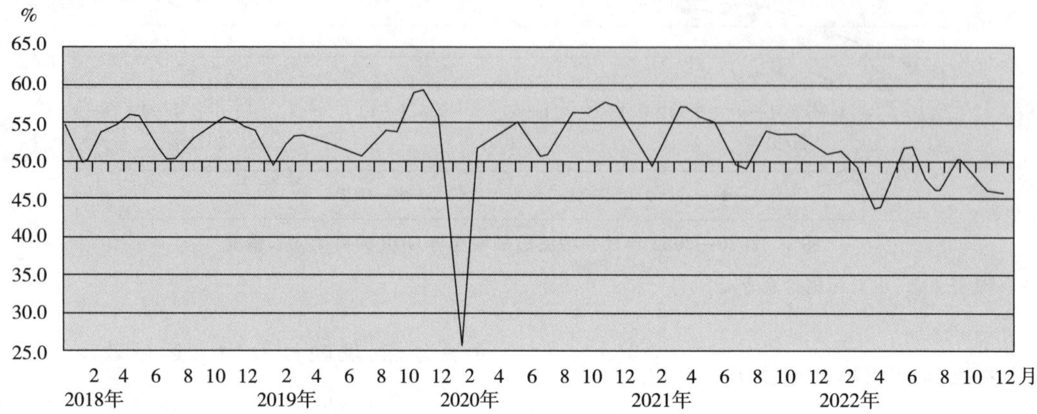

图 3　2018—2022 年中国物流业景气指数情况

数据来源:中国物流信息中心。

二、物流行业政策环境建设

(一)国家规划引领物流发展方向

2022 年,党的二十大报告明确提出,着力提升产业链供应链韧性和安全水平,建设高效顺畅的流通体系,降低物流成本。国务院办公厅正式印发《"十四五"现代物流发展规划》(国办发〔2022〕17 号),成为中国首个国家现代物流发展五年规划,聚焦构建现代物流体系这一主题,明确了"十四五"时期现代物流发展的总体思路、空间布局、重点任务和重大工程。经国务院批复同意,国家发展改革委印发《"十四五"现代流通体系建设规划》(发改经贸〔2022〕78 号),作为现代流通领域的第一份五年规划,聚焦补齐现代流通体系短板,着眼现代流通体系高质量发展,加快形成现代流通统一大市场,发展现代商贸流通和现代物流两大体系。

(二)物流保通保畅得到重点支持

受新冠疫情影响,货运受阻、物流不畅严重影响应急物资保供。4 月 11 日,国务院办公厅发布《国务院应对新型冠状病毒感染肺炎疫情联防联控机制关于切实做好货运物流保通保畅工作的通知》(国办发明电〔2022〕3 号)提出"全力畅通交通运输通道""切实保障重点物资和邮政快递通行"等七条措施。5 月 24 日,国务院印发《扎实稳住经济的一揽子政策措施》(国发〔2022〕12 号),提出六个方面 33 项措施,包括完善交通物流保通保畅政策。12 月 7 日,国务院联防联控机制发布《关于进一步优化落实新冠肺炎疫情防控措施的通知》(联防联控机制综发〔2022〕113 号),明确将交通物流等人员纳入"白名单"管理。交通运输部等有关部门出台物流保通保畅一系列政策措施,切实保障应急物资运输畅通。

(三)物流援企纾困政策陆续出台

针对新冠疫情防控期间物流企业和货车司机面临的经营困难,《扎实稳住经济的一揽子政策措施》要求,"加快 1000 亿元交通物流专项再贷款政策落地,支持交通物流等企业融资,加大结构性货币政策工具对稳定供应链的支持。"同时要求,"鼓励对中小微企业和个体工商户、货车司机贷款及受疫情影响的个人住房与消费贷款等实施延期还本付息。"5 月 20 日,中国人民银行、交通运输部联合印发了《关于设立交通物流专项再贷款有关事宜的通知》(银发〔2022〕120 号),出台了交通物流专项再贷款政策。6 月 9 日,为进一步明确该政策落地的有关具体要求,人民银行办公厅、交通运输部办公厅联合印发《关于用好交通物流专项再贷款的补充通知》。其中明确了专项再贷款的支持主体与申请条件："两企"为道路货物运输企业、物流配送企业。"两个"为道路普通货物运输个体工商户、个体普通货运车辆车主。

(四)支持国家物流枢纽网络建设

物流枢纽建设得以加强。10月，国家发展改革委印发《关于做好2022年国家骨干冷链物流基地建设工作的通知》，发布2022年国家骨干冷链物流基地建设名单。截至2022年年底，累计2批共41个国家骨干冷链物流基地纳入国家支持范围。11月，国家发展改革委印发《关于做好2022年国家物流枢纽建设工作的通知》，将天津商贸服务型等25个国家物流枢纽纳入2022年度建设名单。截至2022年年底，累计4批共95个国家物流枢纽纳入国家支持范围。交通运输部、财政部公布了2022年国家综合货运枢纽补链强链首批15个城市名单，交通运输部公布第四批46个多式联运示范工程创建项目名单，持续加大集聚物流资源的枢纽经济建设。

(五)提升供应链韧性和安全水平

2022年，面对复杂国际形势，党中央、国务院高度重视提升产业链供应链韧性和安全水平。《"十四五"现代物流发展规划》(国办发〔2022〕17号)明确提出"现代供应链体系建设工程"和"物流业制造业融合创新工程"，大力推进现代物流服务向现代供应链服务发展。供应链创新与应用持续推进。商务部、中国物流与采购联合会(以下简称中物联)等8单位公布2022年全国供应链创新与应用示范城市和示范企业名单，15个示范城市和106家示范企业成功入选。"全国供应链创新与应用优秀成果展"扩大行业影响，有效发挥示范引领作用。工业和信息化部推出包括杭州、深圳等首批12个产业链供应链生态建设试点城市。

(六)深入推进物流数字化转型

2022年，国务院同意建立由国家发展改革委牵头的数字经济发展部际联席会议制度，推进"互联网+"行动等数字经济重点领域规划和政策，跨部门协同推进"互联网+高效物流"工作得以强化。《"十四五"现代物流发展规划》中特别提到"数字物流创新提质工程"。人工智能在物流领域的应用加强。《科技部等六部门关于印发〈关于加快场景创新以人工智能高水平应用促进经济高质量发展的指导意见〉的通知》(国科发规〔2022〕199号)明确提出，鼓励在制造、农业、物流、金融等重点行业深入挖掘人工智能技术应用场景。2021年，交通运输部组织开展自动驾驶和智能航运先导应用试点。2022年9月，交通运输部发布通知，公布第一批智能交通先导应用试点项目(自动驾驶和智能航运方向)。

(七)绿色低碳物流发展持续发力

2021年，交通运输部发布《绿色交通"十四五"发展规划》(交规划发〔2021〕104号)提出，到2025年，交通运输领域绿色低碳生产方式初步形成，基本实现基础设施环境友好、运输装备清洁低碳、运输组织集约高效。交通运输部、公安部、商务部三部门联合组织开展第三批城市绿色货运配送示范工程建设，济南、武汉、洛阳等31个城市入选第三批示范城市。积极推进消费物流规范。国家发展改革委、工业和信息化部、商务部等部门发布了《促进绿色消费实施方案》(发改就业〔2022〕107号)，大力推动公共领域车辆电动化，提高城市物流配送、邮政快递、民航机场等新能源汽车应用占比。财政部《关于印发〈财政支持做好碳达峰碳中和工作的意见〉的通知》(财资环〔2022〕53号)，推进财政引导，提出深化城乡交通运输一体化示范县创建，提升城乡交通运输服务均等化水平。

三、物流行业基础设施建设

截至2022年年底，全年全国交通运输固定资产投资超3.8万亿元 同比增长超6%，继续以联网、补网、强链为重点，加快交通运输重点项目建设。全国综合交通网络的总里程超过600万千米。从2018年至2022年这5年时间，全国交通运输系统累计完成固定资产投资超过17万亿元，建成了全球最大的高速铁路网、全球最大的高速公路网和世界级的港口群，支撑了中国"通道+枢纽+网络"现代物流体系的基础设施持续完善。

(一)交通物流设施

铁路。截至2022年年底,全国铁路营业里程达到15.5万千米,其中高铁4.2万千米,高铁总里程持续位居全球第一,中国已建成世界上最现代化的铁路网和最发达的高铁网。2022年全国铁路完成固定资产投资7109亿元,投产新线4100千米,其中高铁2082千米。

公路。截至2022年年底,中国公路通车里程535万千米左右,其中高速公路17.7万千米。2022年新改建高速公路里程8771千米。实现具备条件的乡镇和建制村全部通硬化路、通客车,有力支撑乡村振兴和快递下乡进村。

水路。截至2022年底,中国港口拥有生产性码头泊位2.1万个。中国港口万吨级及以上码头泊位新增通过能力25561万吨/年。全国内河航道通航里程12.8万千米。2022年中国港口吞吐量156.8亿吨,集装箱吞吐量超过3亿标准集装箱。

机场。2022年,民航加快100项重大基础设施项目前期工作和建设,截至2022年年底,中国新建迁建8个机场,新增民用运输机场6个,中国民营颁证运输机场总数达到254个,通用机场399个。亚洲最大的专业货运枢纽机场——鄂州花湖机场建成投入运行。

(二)物流基础设施

国家物流枢纽。国家发展改革委印发《关于做好2022年国家物流枢纽建设工作的通知》,将天津商贸服务型等25个国家物流枢纽纳入2022年度建设名单。为加快构建现代化高质量国家综合立体交通网,交通运输部和财政部联合印发了《财政部 交通运输部关于支持国家综合货运枢纽补链强链的通知》(财建〔2022〕219号),强化政策引导和部门协同,形成推进综合货运枢纽高质量发展的合力,天津等15个城市进入2022年补链强链范围。

示范物流园区。2022年,为进一步发挥示范物流园区典型带动作用,加快构建布局高效、规模适度、功能齐全、绿色高效的全国物流园区网络体系,国家发展改革委联合自然资源部等启动了国家第四批示范物流园区申报工作,推进创建100家左右示范物流园区的总体目标。自2015年开展示范工作以来,已先后共三批确定78家示范物流园区,覆盖全国28个省(自治区、直辖市),以点带面推动提升物流园区整体发展水平。

冷链物流基地。2022年,国家发展改革委印发《关于做好2022年国家骨干冷链物流基地建设工作的通知》,发布2022年国家骨干冷链物流基地建设名单,明确了24个国家骨干冷链物流基地在健全冷链物流网络体系、保障区域生活物资供应、促进冷链物流与相关产业联动发展等方面具有重要作用。截至2022年年底,国家骨干冷链物流基地已达41个。

多式联运枢纽。2022年,交通运输部办公厅、国家发展改革委办公厅联合发布《关于公布第四批多式联运示范工程创建项目名单的通知》(交办运〔2022〕71号),确定46个项目为第四批多式联运示范工程创建项目。

四、物流技术与装备市场

2022年,物流技术与装备市场的新理念、新模式、新技术不断涌现,行业应用不断拓宽,智能装备创新、企业跨界发展、物流标准化推进、资本整合加剧、企业联合共生等新变化与新趋势共存。

(一)仓储技术装备

仓储系统集成。2022年,以货架、托盘、叉车为代表的仓储装备和仓储管理信息系统在大中型仓储企业中的应用状况良好。全国仓储业机械化作业率达35%以上,仓储管理信息化达到50%以上。数据显示,中国智能仓储物流系统市场规模由2016年的207.1亿元增长至2020年的541.7亿元,年均复合增长率达26.9%。2022年国内智能仓储物流系统市场规模约793亿元,市场发展空间大。多家系统集成企业在2022年表现突出。

AGV/AMR。2022年度,中国市场企业整体销售工业应用移动机器人(AGV/AMR)93000台,较2021年增长29.17%,市场销售额达到185亿元,同比增长46.82%。在商业环境不断变化、订单结构愈发复杂的情况下,物流机器人向全能型升级。从传统的磁导AGV到二维码、激光导航、视觉导航等多种导航方式产品日渐丰富。叉车型、产线搬运型(辊道式、牵引式、潜伏式、装配式)、仓储机器人(分拣式)、重载 AGV、合装 AGV、复合型、巡检类、停车类等各种形式的产品不断推陈出新。为了满足各种细分行业的需要,AGV/AMR 企业还开发了各种适合细分场景的行业专机。

输送分拣设备。受新冠疫情影响,物流自动化、无人化、智能化快速发展,输送分拣设备作为物流整体系统中的核心组成部分之一,在应用领域有所拓展。2021 年中国的自动化分拣设备市场规模约为 260 亿元,同比增长 21.78 %,2022 年电商快递行业渠道下沉,末端分拣需求日趋明显,市场规模约达 290 亿元。

托盘市场。2022 年由于受到新冠疫情冲击、原材料成本上升、客户需求不足等大环境影响,托盘年产量约为 3.7 亿片,同比下降超 5%,近 4 年首次出现产量下滑;托盘市场保有量约为 17 亿片,同比增长 2.41%,增速较 2021 年有所放缓;托盘循环共用企业加速扩大各自的托盘池规模,加快布局全国运营服务网络,推广带板运输和供应链一体化发展,2022 年中国托盘池总量超过 3750 万片,比 2021 年增加了 350 万片,同比增长 10.29%。木托盘占有率逐年降低,塑料托盘占有率逐年提升,木托盘和塑料托盘总占有率在 90%以上。

叉车。近年来,中国叉车行业实现快速发展。数据显示,中国叉车销量由 2016 年的 37.01 万台增长至 2020 年的 80.02 万台,年均复合增长率为 20.9%,2022 年 1—12 月累计销售叉车 1047967 台,同比下降 4.68%。

当前,整个叉车行业也在通过电动叉车、动力新能源、AGV 等方式努力突破天花板。叉车下游运用广泛,主要用于搬运作业的人工替代,和工业自动化同周期,属于稳定成长行业,而且近年来,电动化、无人驾驶进步显著,科技属性明显增强。未来,随着劳动力成本的上升,自动化替代人工需求增加,叉车渗透率有望进一步提高。

(二)运输技术装备

中国汽车行业正面临前所未有的变局。来自新能源、智能化、网联化、服务化的力量,推动着汽车行业发生自诞生以来从未有过的变化。2022 年新能源重卡月销量实现“十二连涨”,L3 级、L4 级无人驾驶汽车已在全国多地测试运行。新能源化和智能化相互促进,加速了对传统燃油车的替代。

截至 2022 年,中国载货车保有量达到 3982 万辆,保有量的持续增长也带动了卡车后市场及维修保养行业的持续快速发展。另外,2022 年卡车出口也呈现出强劲增长的态势,成为卡车新的发展动能。

五、物流行业企业发展情况

(一)物流企业营利压力较大

中物联数据显示,2022 年全年重点物流企业物流业务收入同比增长 5.1%,物流业务成本增长 5.7%,利润总额同比降幅超过 10%。受新冠疫情抑制需求,物流企业业务量波动增大,人力及燃油等经营成本增加等因素影响,物流业务主要指标增速均有所趋缓,收入与成本剪刀差总体有所扩大。年内收入利润率在 3%~4%区间波动,利润降幅及盈利水平均处于 2019 年以来的较低水平。

(二)规模物流企业抗压能力提升

2022 年,全国 A 级物流企业超过 8600 家,供应链服务、冷链物流、网络货运、质押监管等专业领域 A 级物流企业不断增强。2022 年,中国物流 50 强企业收入合计近 2 万亿元,入围门槛较上年提高 20 亿元,其中,多家企业收入规模超过千亿元。

(三)企业经营成本持续上涨

2022 年重点调查物流企业数据显示,每百元物流业务收入的成本超过 93 元,持续位于较高水平。企业普遍认为成本压力大幅增加。企业反映,油价大幅上涨难以承受,柴油价格上半年快速上涨。截至 12 月 27 日,国内柴油均价为 7565 元/吨,较年初上涨 3.56%;全年年均价为 8416 元/吨,同比上涨 29.47%。此外,疫情反复增加防疫费用、人员隔离停工支出、车辆仓库闲置费用等,均大幅抬高了经营成本。

(四)物流企业融资多元发展

2022 年,物流企业普遍存在融资压力,债券融资、股权融资需求较大。据中国银行间市场交易商协会数据，2022年，银行间债券市场支持交通运输企业、航空公司、物流企业分别发行债务融资工具9489亿元、1363亿元、98亿元，助力航空、物流企业纾困。2022年物流与供应链服务企业开展债券融资增多，另外部分企业加大股权回购，提振信心。据中物联投融资分会不完全统计，2022年物流与供应链领域投融资事件173起，其中，涉及物流科技的投融资有88件，获得投融资的物流科技企业集中在物流系统服务商、数字物流平台、智能装备等。

（五）数字智能应用有所提速

2022年，物流技术装备无人化、智能化、绿色化趋势显现。无人配送车、智能物流柜在抗疫中发挥重要作用，助力解决城市保供"最后一公里"难题。一批智能卡车企业与物流企业开展战略合作，商业化应用又进一步。物流园区、配送中心、物流仓库加大智能化改造力度，智慧物流园区和智能仓储设施逐步升级换代。截至2022年年底，全国共有2537家网络货运企业（含分公司），整合社会零散运力594.3万辆，整合驾驶员522.4万人。全年共上传运单9401.2万单，同比增长36.0%。

（审稿：周志成
撰稿：杨达卿）

2022年交通运输业发展综述

交通运输部档案馆

2022年是党和国家历史上极为重要的一年。党的二十大胜利召开，描绘了全面建设社会主义现代化国家的宏伟蓝图。交通运输行业在以习近平同志为核心的党中央坚强领导下，以习近平新时代中国特色社会主义思想为指导，紧紧围绕迎接学习宣传贯彻党的二十大精神这条主线，全力抓好"新冠疫情要防住、经济要稳住、发展要安全"三件大事，攻坚克难、埋头苦干、担当奉献，高效统筹新冠疫情防控和经济社会发展交通运输各项工作，着力抓好物流保通保畅、扩大有效投资、助企纾困帮扶、行业安全稳定等重点工作，奋力加快建设交通强国，努力当好中国式现代化的开路先锋，为全面建设社会主义现代化国家、全面推进中华民族伟大复兴提供坚实有力的交通运输服务保障。

2022年，全年完成交通固定资产投资3.85万亿元，同比增长约6.4%。全年新增铁路营业里程约5000千米，新增公路通车里程约7万千米，新增万吨级泊位92个，新增及改善内河高等级航道里程约800千米，新增颁证运输机场6个。截至2022年年底，中国综合交通网突破600万千米，总规模已位居世界前列，全国铁路营业里程15.5万千米，公路总里程535万千米，港口生产用码头泊位2.1万个，内河航道通航里程12.8万千米，颁证运输机场254个，邮政实现"乡乡设所、村村通邮"，城市轨道交通运营里程9554.6千米，中国高铁、中国路、中国桥、中国港、中国机场、中国快递成为靓丽的中国名片。

2022年，全年完成营业性货运量506.63亿吨，比上年下降3.1%，完成货物周转量226160.96亿吨千米、增长3.4%。完成营业性客运量55.87亿人、下降32.7%，完成旅客周转量12921.54亿人千米、下降34.6%。

一、2022年交通运输统计数据概况

（一）综合立体交通网持续完善

一是大力推进交通基础设施建设，交通网络不断加密。2022年，全国铁路投产新线4100千米，公路里程增加7.41万千米，港口生产用码头泊位增加456个，邮政行业营业网点增加2.1万处。

二是着力提升高效率交通基础设施覆盖率，快速交通网加快构建。高铁营业里程占比提高至27%

以上，高速公路里程占比提高至3.3%，三级及以上航道通航里程占比提高至11.6%，新增颁证民用航空运输机场6个，快递服务营业网点增加0.3万处。

三是有效提高交通运输均等化水平，基础服务网持续拓展。有序推进老少边及脱贫地区公路建设，农村公路里程增加6.54万千米，其中乡镇通三级及以上公路比例达到84%。

（二）运输装备不断迭代升级

一是推广先进适用的技术装备，专业化水平持续提高。2022年年底，全国动车组辆数比上年年底增加333辆。积极发展公路专用运输车辆，专用货车、牵引车、挂车占比分别提高0.3个、0.8个和0.4个百分点。大力推广使用集装箱等货运装备，水上运输船舶集装箱箱位增加10.29万标准箱。

二是推进行业节能减排，绿色化水平稳步提升。铁路电力机车占比达64%。持续促进新能源汽车发展，全国新能源公交车占比超过77%。全国机场场内电动车辆设备占比达到24%，飞机APU（辅助动力装置）替代设备安装率、使用率均超过95%。

三是加快集约化发展，大型化趋势更加明显。大型营运载货汽车平均吨位提高至21.8吨/辆。营业性运输船舶平均净载重量为2443吨/艘、增加184吨/艘。全球首架C919大飞机开启100小时验证飞行。

（三）交通物流保通保畅成效显著

充分发挥国务院物流保通保畅工作领导小组办公室作用，坚决落实新冠疫情防控各阶段要求，因时因势调整优化交通物流保通保畅各项举措，全力保障国际国内物流供应链稳定畅通。

一是确保交通运输网络有序运行，货运物流规模保持高位。铁路、干线公路、港口航道、民航机场和邮政快递网络运行总体平稳，全年完成营业性货运量506.63亿吨，完成港口货物吞吐量156.85亿吨，完成快递业务量1105.8亿件，均保持在较高水平。

二是着力保障国际物流供应链稳定畅通，对外货物运输实现较快增长。中欧班列已通达欧洲25个国家200多个城市，全年开行量达1.6万列、增长9%。西部陆海新通道班列发送货物75.6万标准箱，增长18.5%。完成港口外贸集装箱吞吐量1.74亿标准箱，增长5.4%。

三是稳步推进货运绿色低碳发展，运输结构调整取得积极成效。进一步推进大宗货物和中长途货物运输"公转铁""公转水"，铁路、水路货运量比上年分别增长4.4%和3.8%，合计占营业性货运量比重较上年提高1.8个百分点。加快发展多式联运，港口集装箱铁水联运量完成874.70万标准箱，增长16.0%。

（四）结构呈现持续优化态势

受新冠疫情等超预期因素影响，公众出行规模有所下降，但出行结构不断优化、服务品质有效提升。

一是出行方式更加灵活，私家车等个性化出行趋势明显。高速公路9座及以下小客车出行量达170亿人，在跨区域出行中的比重不断提高，公路在公众出行中的地位和作用进一步凸显。

二是城市公共交通优先发展，客运服务供给能力进一步提升。城市公共汽电车运营线路增加2250条、总长度增加7.07万千米。新增城市轨道交通线路17条，增加运营里程819千米，城市轨道交通客运量占比较上年提高1.7个百分点。

三是加快推进服务升级，公众出行体验不断改善。铁路全面推广电子化补票，持续增加开行旅游专列。全国超2200个二级及以上汽车客运站实现电子客票服务，全年开行定制客运线路4000余条。全年民航平均航班正常率为94.98%，比上年提高6.98个百分点。

（五）交通投资保持高位运行

全力落实党中央、国务院关于促投资稳增长各项工作部署，出台扎实稳住经济一揽子政策措施交通运输实施方案，充分发挥重大项目牵引作用，不断强化项目储备、资金筹措和要素保障，全力做好促投资稳增长各项工作。

一是全面落实各项政策措施，交通固定资产投资规模保持高位。用足用好投资激励政策，全年完成投资3.85万亿元，增速达6.4%、比上年加快2.3个百分点，为稳住宏观经济大盘做出积极贡献。

二是深入推进重大项目建设，推动形成更多实物工作量。高质量建设战略骨干通道，川藏铁路、深中通道、西部陆海新通道平陆运河、广州港南沙四期码头等重大项目建设进展顺利，计划总投资100亿元及以上公路水路项目完成投资比上年增加849亿元，对整个交通投资增量贡献率达36.5%。

三是加快“四好农村路”高质量发展，服务乡村振兴取得新成效。启动新一轮农村公路建设和改造，全年新改建农村公路完工里程达19万千米，农村公路完成投资4733亿元，增速达15.6%，明显高于其他领域，其中832个脱贫县完成投资8273亿元。西部地区公路水路完成投资超过1.2万亿元，占公路水路投资比重超过40%。

二、2022年交通运输统计数据具体情况

（一）铁路运输

1. 运输生产

（1）旅客运输

全国铁路旅客发送量完成16.73亿人，比上年减少9.39亿人，下降35.9%。其中，国家铁路16.10亿人，比上年下降36.4%。全国铁路旅客周转量完成6577.53亿人千米，比上年减少2990.28亿人千米，下降31.3%。其中，国家铁路6571.76亿人千米，比上年下降31.3%。见表1、图1、图2。

表1 全国铁路旅客运输量

指标	单位	2022年	比上年±%
旅客发送量	万人	167296	-35.9
国家铁路	万人	161030	-36.4
旅客周转量	亿人千米	6577.53	-31.3
国家铁路	亿人千米	6571.76	-31.3

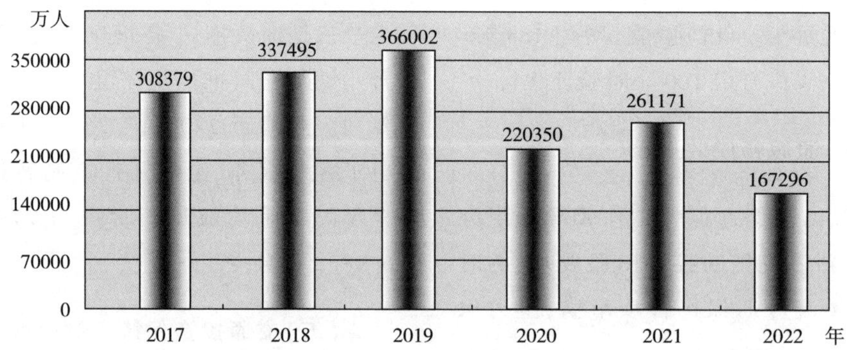

图1 2017—2022年全国铁路旅客发送量

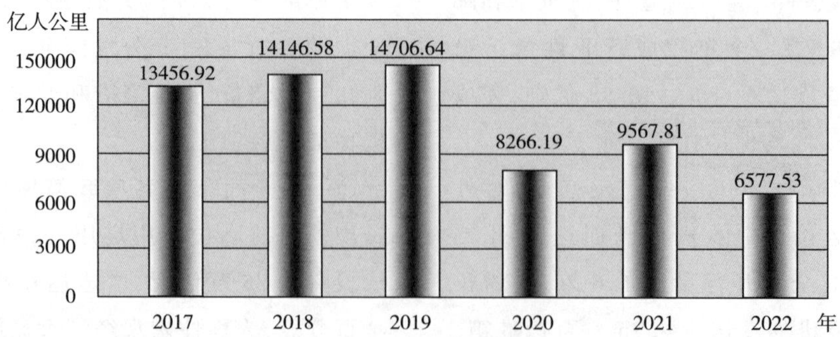

图2 2017—2022年全国铁路旅客周转量

(2)货物运输

全国铁路货运总发送量完成 49.84 亿吨，比上年增加 2.11 亿吨，增长 4.4%。其中，国家铁路 39.03 亿吨，比上年增长 4.8%。全国铁路货运总周转量完成 35945.69 亿吨千米，比上年增加 2707.69 亿吨千米，增长 8.1%。其中，国家铁路 32668.36 亿吨千米，比上年增长 9.1%。见表 2、图 3、图 4。

表 2　全国铁路货物运输量

指　标	单　位	2022 年	比上年±%
货运总发送量	万吨	498424	4.4
国家铁路	万吨	390265	4.8
货运总周转量	亿吨千米	35945.69	8.1
国家铁路	亿吨千米	32668.36	9.1

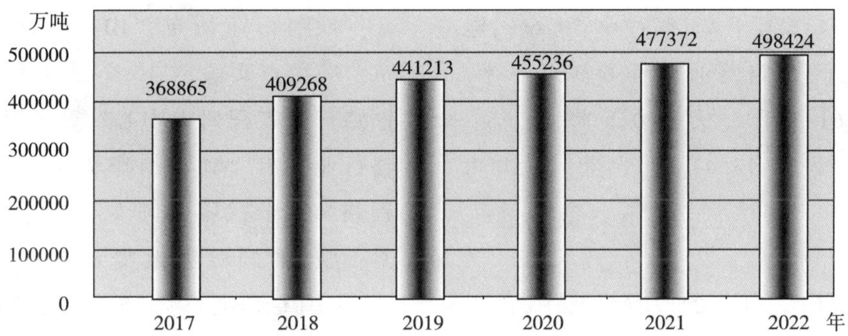

图 3　2017—2022 年全国铁路货运总发送量

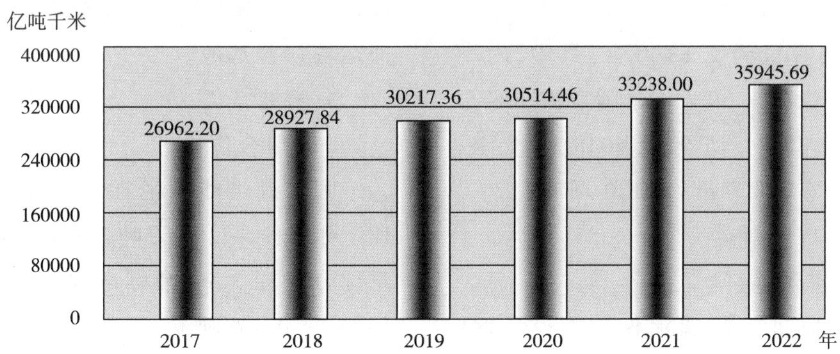

图 4　2017—2022 年全国铁路货运总周转量

(3)换算周转量

全国铁路总换算周转量完成 42523.22 亿吨千米，比上年减少 282.59 亿吨千米，下降 0.7%。其中，国家铁路 39240.12 亿吨千米，比上年下降 0.7%。见图 5。

(4)运输安全

全年全国铁路未发生铁路交通特别重大、重大事故；发生较大事故 5 件，比上年增加 4 件。铁路交通事故死亡人数比上年下降 14.6%。

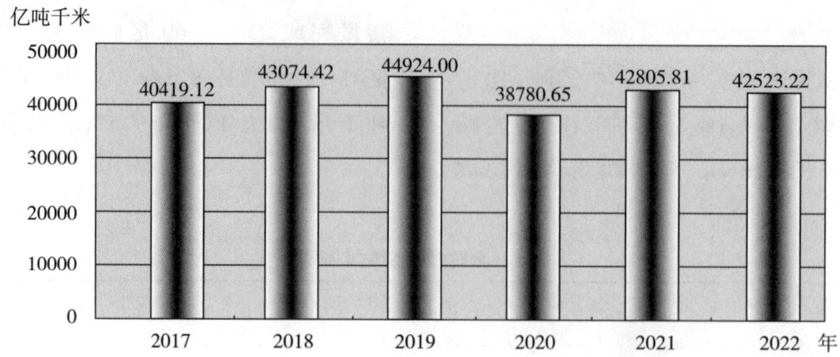

图 5　2017—2022 年全国铁路总换算周转量

2. 铁路建设

全国铁路固定资产投资完成 7109 亿元，投产新线 4100 公里，其中高速铁路 2082 千米。

全国铁路营业里程达到 15.5 万千米，其中，高速铁路营业里程达到 4.2 万千米；复线率 59.6%；电化率 73.8%；西部地区铁路营业里程 6.3 万千米。全国铁路路网密度 161.1 千米/万平方千米。

国家铁路营业里程 13.41 万千米，复线率 61.9%，电化率 75.6%。

3. 运输装备

全国铁路机车拥有量为 2.21 万台，其中，内燃机车 0.78 万台，电力机车 1.42 万台。全国铁路客车拥有量为 7.7 万辆，其中，动车组 4194 标准组、33554 辆。全国铁路货车拥有量为 99.7 万辆。

国家铁路机车拥有量为 2.13 万台，其中，内燃机车 0.74 万台，电力机车 1.39 万台。国家铁路客车拥有量为 7.5 万辆，其中，动车组 4048 标准组、32380 辆。国家铁路货车拥有量为 91.0 万辆。

4. 技术标准和科技创新

(1) 重要技术标准制修订

发布《轨道交通 地面装置 直流保护测控装置》等铁路国家标准 6 项。发布《CTCS-3 级列控系统总体技术要求》《川藏铁路雅安至林芝段工程设计概(预)算编制补充规定（一）》等铁路行业标准 31 项，《标准轨距铁路机车车辆限界规检定规程》等铁路行业计量规程规范 2 项。发布由中国主持制定的《铁路应用 轨道几何质量 第 1 部分：轨道几何及其质量描述》等国际标准化组织（ISO）、国际铁路联盟（UIC）、电气与电子工程师协会（IEEE）国际标准 6 项，《列控中心技术条件》《铁路斜拉桥设计规范》等铁路行业标准英文译本 22 项。

(2) 科技创新及获奖

铁路行业认定“BIM 软件铁路行业重点实验室”等重点实验室 13 个，“重载铁路高效运输技术铁路行业工程研究中心”等工程研究中心 13 个。铁路行业共有“动车组车辆（龙凤呈祥）”等 27 项专利获第二十三届中国专利奖，其中中国外观设计金奖 1 项、中国专利银奖 8 项、中国外观设计银奖 1 项，中国专利优秀奖 17 项。铁路重大科技创新成果库 2022 年度入库 320 项，其中铁路科技项目 50 项、铁路专利 58 项、铁路技术标准 25 项、铁路科技论文 187 篇。中南大学轨道交通科普基地获评为国家交通运输科普基地。

5. 节能减排

(1) 综合能耗

国家铁路能源消耗折算标准煤 1512.58 万吨，比上年减少 74.33 万吨，下降 4.7%。单位运输工作量综合能耗 3.91 吨标准煤/百万换算吨千米，比上年减少 0.17 吨标准煤/百万换算吨千米，下降 4.2%。单位运输工作量主营综合能耗 3.88 吨标准煤/百万换算吨千米，比上年减少 0.16 吨标准煤/百万换算吨千米，下降 4.0%。见图 6。

(2) 主要污染物排放量

国家铁路化学需氧量排放量 1448 吨，比上年减少 158 吨。二氧化硫排放量 1228 吨，比上年减少 1112 吨。见图 7。

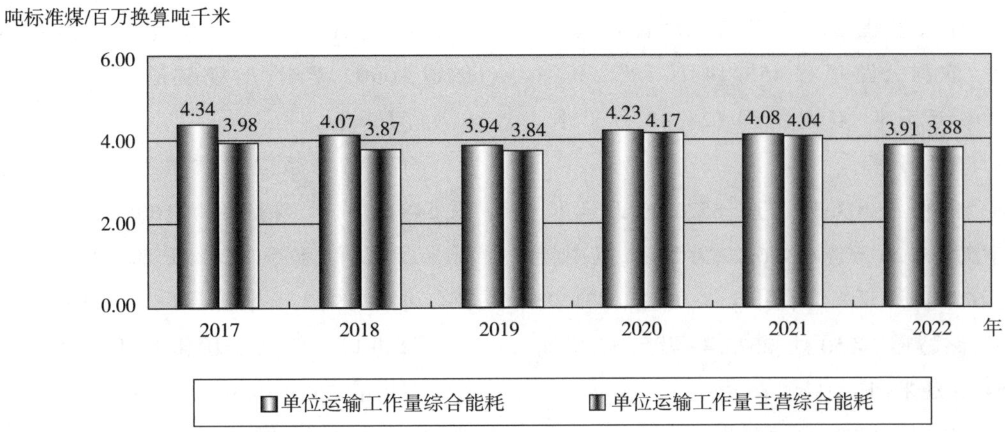

图 6 国家铁路单位运输工作量综合能耗、主营综合能耗

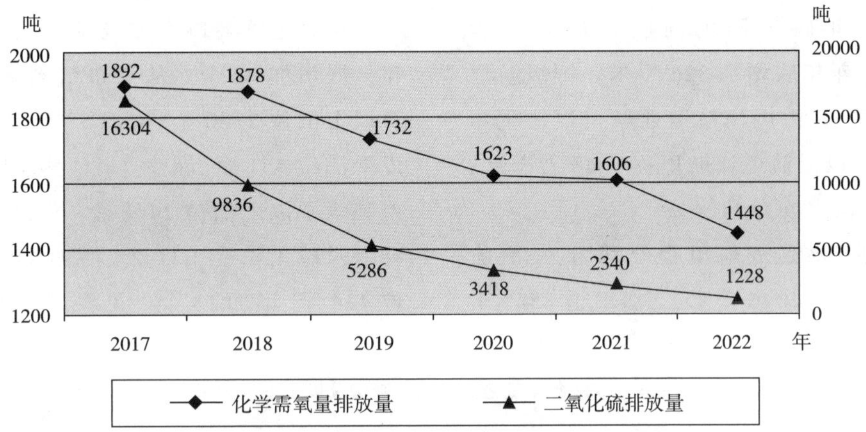

图 7 国家铁路化学需氧量、二氧化硫排放量

(二)公路水路运输

1. 基础设施

(1) 公路

2022 年年底全国公路总里程 535.48 万千米，比上年年底增加 7.41 万千米。公路密度 55.78 千米/百平方千米，增加 0.77 千米/百平方千米。公路养护里程 535.03 万千米，占公路里程比重为 99.9%。见表 3。

表 3 2017—2022 年年底全国公路总里程及公路密度

年 度	全国公路总里程 /万千米	全国公路密度 /千米/百平方千米
2022	535.48	55.78
2021	528.07	55.01
2020	519.81	54.15
2019	501.25	52.21
2018	484.65	50.48
2017	477.35	49.72

年底全国四级及以上等级公路里程 516.25 万千米，比上年年底增加 10.06 万千米，占公路里程比重为 96.4%、提高 0.6 个百分点。其中，二级及以上等级公路里程 74.36 万千米、增加 2.00 万千米，占公路里程比重为 13.9%、提高 0.2 个百分点；高速公路里程 17.73 万千米、增加 0.82 万千米，国家高速公路里程 11.99 万千米、增加 0.29 万千米。年底全国公路里程构成。见图 8。

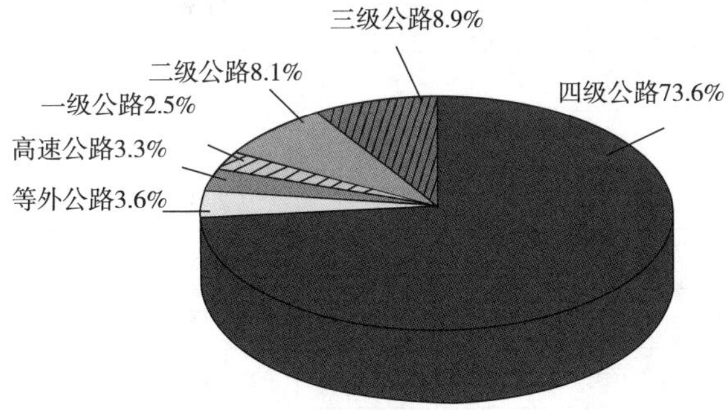

图 8 2022 年年底全国公路里程构成(按技术等级分)

年底全国国道里程37.95万千米，省道里程39.36万千米。农村公路里程453.14万千米，其中县道里程69.96万千米、乡道里程124.32万千米、村道里程258.86万千米。

年底全国公路桥梁103.32万座、8576.49万延米，比上年底分别增加7.20万座、1196.27万延米，其中特大桥8816座、1621.44万延米，大桥15.96万座、4431.93万延米。全国公路隧道24850处、2678.43万延米，增加1582处、208.54万延米，其中特长隧道1752处、795.11万延米，长隧道6715处、1172.82万延米。

(2)水路

①内河航道。年底全国内河航道通航里程12.80万千米，比上年年底增加326千米。等级航道通航里程6.75万千米，占内河航道通航里程比重为52.7%，其中三级及以上航道通航里程1.48万千米，占内河航道通航里程比重为11.6%。

年底各等级内河航道通航里程分别为：一级航道2196千米，二级航道4046千米，三级航道8543千米，四级航道11423千米，五级航道7764千米，六级航道16602千米，七级航道16900千米。等外航道6.05万千米。

年底各水系内河航道通航里程分别为：长江水系64818千米，珠江水系16880千米，黄河水系3533千米，黑龙江水系8211千米，京杭运河1423千米，闽江水系1973千米，淮河水系17610千米。

②港口。年底全国港口生产用码头泊位21323个，比上年末增加456个。其中，沿海港口生产用码头泊位5441个、增加22个，内河港口生产用码头泊位15882个、增加434个。

年底全国港口万吨级及以上泊位2751个，比上年年底增加92个。从分布结构看，沿海港口万吨级及以上泊位2300个、增加93个，内河港口万吨级及以上泊位451个、减少1个。从用途结构看，专业化万吨级及以上泊位1468个、增加41个，通用散货万吨级及以上泊位637个、增加41个，通用件杂货泊位434个、增加13个。见表4、表5。

表4 2022年年底全国港口万吨级及以上泊位数量

单位：个

泊位吨级	全国港口年底数	比上年年底增加	沿海港口年底数	比上年年底增加	内河港口年底数	比上年年底增加
合　计	2751	92	2300	93	451	-1
3万吨级以下(不含3万)	891	16	706	19	185	-3
3万~5万吨级(不含5万)	452	5	327	6	125	-1
5万~10万吨级(不含10万)	930	56	798	50	132	6
10万吨级及以上	478	15	469	18	9	-3

表5 2022年年底全国万吨级及以上泊位构成

(按主要用途分)

单位：个

泊位用途	2022年	比上年年底增加
专业化泊位	**1468**	**41**
其中：集装箱泊位	372	11
煤炭泊位	273	1
金属矿石泊位	88	3
原油泊位	93	0
成品油泊位	155	9
液体化工泊位	287	17
散装粮食泊位	39	1
通用散货泊位	**637**	**41**
通用件杂货泊位	**434**	**13**

2.运输装备

(1)公路

年底全国拥有公路营运汽车1222.08万辆。分结构看，拥有载客汽车55.42万辆、1647.24万客位，比上年年底分别减少3.28万辆、103.79万客位；拥有载货汽车 1166.66 万辆、16967.33 万吨位，分别减少 6.60 万辆、132.17 万吨位，其中，普通货车 387.69 万辆、4716.19 万吨位，分别减少 19.25 万辆、207.24 万吨位，专用货车 63.43 万辆、753.72 万吨位，分别增加 3.05 万辆、34.96 万吨位，牵引车 354.18 万辆、增加 7.50 万辆，挂车 361.36 万辆、增加 2.11 万辆。见表 6。

表 6　2022 年年底全国公路营运汽车构成

指　标	单　位	年底数	比上年年底增长/%
公路营运汽车合计	**万　辆**	**1222.08**	**-0.8**
其中：载客汽车			
车辆数	万　辆	55.42	-5.6
客位数	万客位	1647.24	-5.9
载货汽车			
车辆数	万　辆	1166.66	-0.6
吨位数	万吨位	16967.33	-0.8
其中：货车			
车辆数	万　辆	451.12	-3.5
吨位数	万吨位	5469.91	-3.1
牵引车	万　辆	354.18	2.2
挂车			
车辆数	万　辆	361.36	0.6
吨位数	万吨位	11497.43	0.4

(2)水路

年底全国拥有水上运输船舶 12.19 万艘，比上年年底减少 0.40 万艘，净载重量 2.98 亿吨、增加 0.13 亿吨，载客量 86.18 万客位、增加 0.40 万客位，集装箱箱位 298.72 万标准箱、增加 10.29 万标准箱。见表 7。

表 7　2022 年年底全国水上运输船舶构成

指　标	单　位	年底数	比上年年底增长/%
运输船舶			
运输船舶数量	万　艘	12.19	-3.2
净载重量	万　吨	29775.81	4.7
载客量	万客位	86.18	0.5
集装箱箱位	万标准箱	298.72	3.6
其中：内河运输船舶			
运输船舶数量	万　艘	10.95	-3.6
净载重量	万　吨	15249.73	3.9
载客量	万客位	57.27	-3.7
集装箱箱位	万标准箱	55.16	14.1
沿海运输船舶			

续表

指　标	单　位	年底数	比上年年底增长/%
运输船舶数量	艘	10997	1.0
净载重量	万　吨	9370.31	5.5
载客量	万客位	26.84	12.3
集装箱箱位	万标准箱	59.88	-4.1
远洋运输船舶			
运输船舶数量	艘	1387	-1.1
净载重量	万　吨	5155.77	5.9
载客量	万客位	2.06	-14.8
集装箱箱位	万标准箱	183.67	3.4

3.运输服务

(1)公路

全年完成营业性货运量371.19亿吨,比上年下降5.5%,完成货物周转量68958.04亿吨千米、下降1.2%。

全年完成营业性客运量35.46亿人,比上年下降30.3%,完成旅客周转量2407.54亿人千米、下降33.7%。

全年高速公路车流量95.32亿辆,比上年下降18.4%,其中9座及以下小客车69.74亿辆、下降20.6%。普通国省道机动车年平均断面交通量9358辆/日,下降12.7%。

(2)水路

全年完成营业性货运量85.54亿吨,比上年增长3.8%,完成货物周转量121003.14亿吨千米、增长4.7%。其中,内河货运量44.02亿吨、增长5.1%,内河货物周转量19025.73亿吨千米、增长7.3%;海洋货运量41.51亿吨、增长2.5%,海洋货物周转量101977.41亿吨千米、增长4.2%。

全年完成营业性客运量1.16亿人,比上年下降28.8%,完成旅客周转量22.60亿人千米、下降31.7%。

全年完成港口货物吞吐量156.85亿吨,比上年增长0.9%。其中,沿海港口货物吞吐量101.31亿吨、增长1.6%,内河港口货物吞吐量55.54亿吨、下降0.3%;外贸货物吞吐量46.07亿吨、下降1.9%,内贸货物吞吐量110.77亿吨、增长2.1%。完成集装箱吞吐量2.96亿标准箱,增长4.7%。完成集装箱铁水联运量874.70万标准箱,增长16.0%。见表8。

全年完成港口旅客吞吐量3886.47万人,比上年下降18.6%。其中,内河港口旅客吞吐量39.03万人、下降68.0%,沿海港口旅客吞吐量3847.43万人、下降17.3%。

表8　2022年全国港口货物吞吐量构成

类　别	单　位	数　量	比上年增长/%
货物吞吐量	**亿　吨**	**156.85**	**0.9**
其中:外　贸	亿　吨	46.07	-1.9
内　贸	亿　吨	110.77	2.1
其中:煤炭及制品	亿　吨	28.64	1.2
石油、天然气及制品	亿　吨	12.97	-1.4
金属矿石	亿　吨	24.66	2.8
集装箱	亿标准箱	2.96	4.7
内　河	亿标准箱	0.35	5.2
沿　海	亿标准箱	2.61	4.6

4. 交通固定资产投资

全年完成交通固定资产投资 38545 亿元，比上年增长 6.4%，其中公路水路固定资产投资 30205 亿元、增长 9.8%。见图 9。

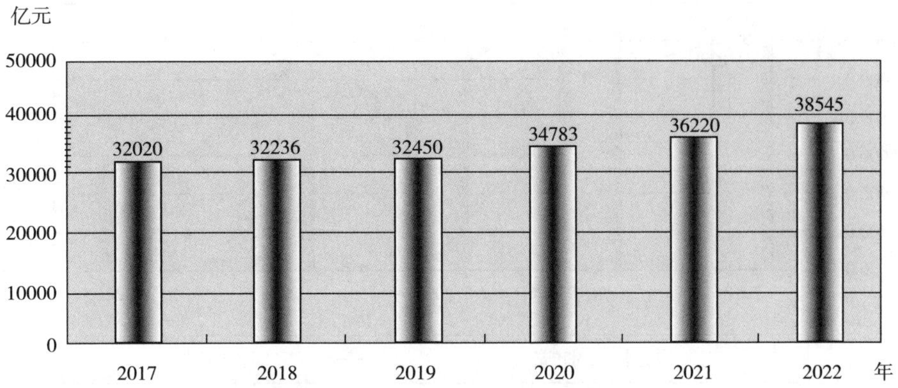

图 9　2017—2022 年交通固定资产投资额

（1）公路

全年完成公路固定资产投资 28527 亿元，比上年增长 9.7%。其中，高速公路完成 16262 亿元、增长 7.3%，普通国省道完成 5973 亿元、增长 6.5%，农村公路完成 4733 亿元、增长 15.6%。

全年全国 832 个脱贫县完成公路固定资产投资 8273 亿元。

（2）水路

全年完成水路固定资产投资 1679 亿元，比上年增长 10.9%。其中，内河建设完成 867 亿元、增长 16.7%，沿海建设完成 794 亿元、增长 9.9%。

5. 安全生产

全年共发生运输船舶水上交通事故（等级事故）103 起，比上年下降 20.2%，死亡失踪 88 人、下降 42.5%，沉船 33 艘、下降 28.3%。全国各级海上搜救中心共组织、协调搜救行动 1588 次，在我国搜救责任区内成功搜救 969 艘中外遇险船舶、9748 名中外遇险人员。

全年公路水运工程建设领域未发生重特大事故，发生生产安全事故 47 起、死亡 61 人，比上年分别下降 26.6% 和 32.2%。

全年港口作业领域发生生产安全一般事故 9 起、死亡 8 人。未发生较大及以上等级事故。

6. 科技创新与人才队伍建设

全年共有 323 项科技成果入选 2022 年度交通运输重大科技创新成果库。320 项科技成果进入铁路重大科技创新成果库。

年底公路水路领域共有 60 个行业重点实验室，86 个行业研发中心，19 个协同创新平台，13 个野外科学观测研究基地。

全年交通运输行业共发布国家和行业标准 244 项。

全年共有 5 人入选国家级人才计划，140 名青年专业技术人员入选 2022 年度交通运输青年科技英才，19 名中青年科技创新领军人才、10 个重点领域创新团队、4 个创新人才培养示范基地入选 2022 年度交通运输行业科技创新人才推进计划。426 个单位获得团中央、交通运输部联合认定的“全国青年文明号”称号，195 个单位获得“全国交通运输行业文明单位”称号，217 个单位获得“全国交通运输文明示范窗口”称号。7 个集体获得“北京冬奥会、冬残奥会突出贡献集体”称号，7 人获得“北京冬奥会、冬残奥会突出贡献个人”称号。

（三）民航运输

1. 运输航空

2022 年，新冠疫情对民航运输生产影响的深度和持续性远超预期。

（1）运输周转量

2022 年，全行业完成运输总周转量 599.28 亿吨千米，比上年下降 30.1%。国内航线完成运输总周转量 387.86 亿吨千米，比上年下降 39.5%，其中，港澳台航线完成 2.30 亿吨千米，比上年下降 23.6%；国际航线完成运输总周转量 211.42 亿吨千米，比上年下降 1.9%。见图 10。

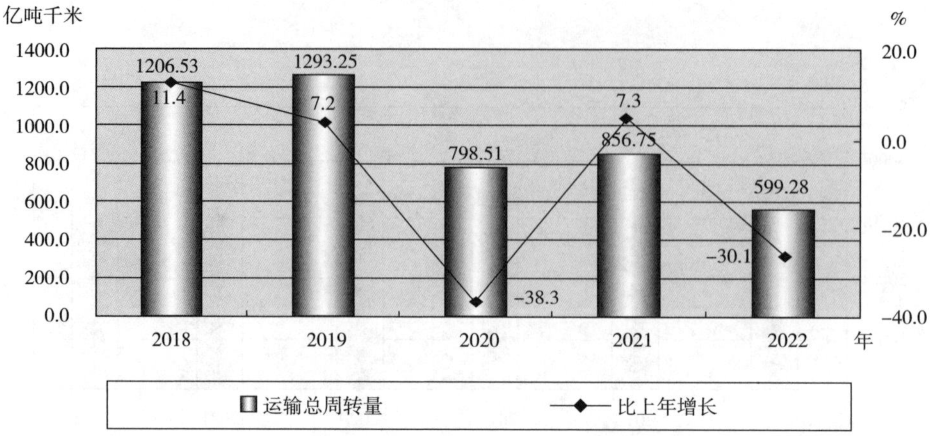

图 10　2018—2022 年民航运输总周转量

全行业完成旅客周转量 3913.87 亿人千米，比上年下降 40.1%。国内航线完成旅客周转量 3805.01 亿人千米，比上年下降 40.9%，其中，港澳台航线完成 6.51 亿人千米，比上年下降 20.5%；国际航线完成旅客周转量 108.87 亿人千米，比上年增长 20.2%。见图 11。

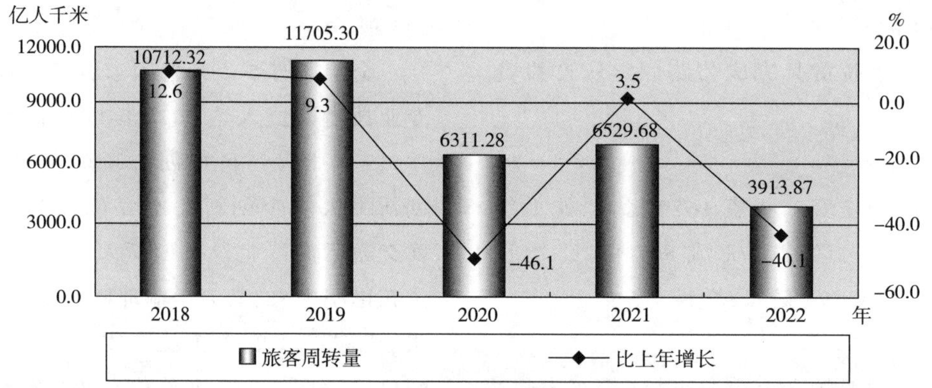

图 11　2018—2022 年民航旅客周转量

全行业完成货邮周转量 254.10 亿吨千米，比上年下降 8.7%。国内航线完成货邮周转量 52.30 亿吨千米，比上年下降 25.9%，其中，港澳台航线完成 1.73 亿吨千米，比上年下降 24.6%；国际航 3 线完成货邮周转量 201.79 亿吨千米，比上年下降 2.8%。见图 12。

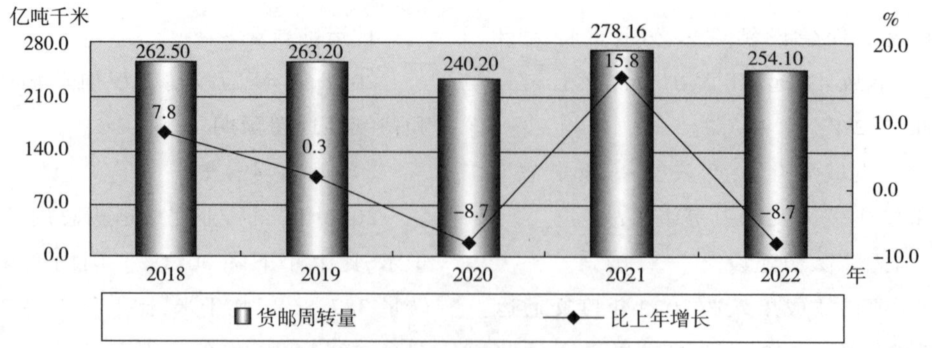

图 12　2018—2022 年民航货邮周转量

(2)旅客运输量

2022 年,全行业完成旅客运输量 25171.32 万人次,比上年下降 42.9%。国内航线完成旅客运输量 24985.25 万人次,比上年下降 43.1%,其中,港澳台航线完成 46.92 万人次,比上年下降 20.8%;国际航线完成旅客运输量 186.08 万人次,比上年增长 26.0%。见图 13。

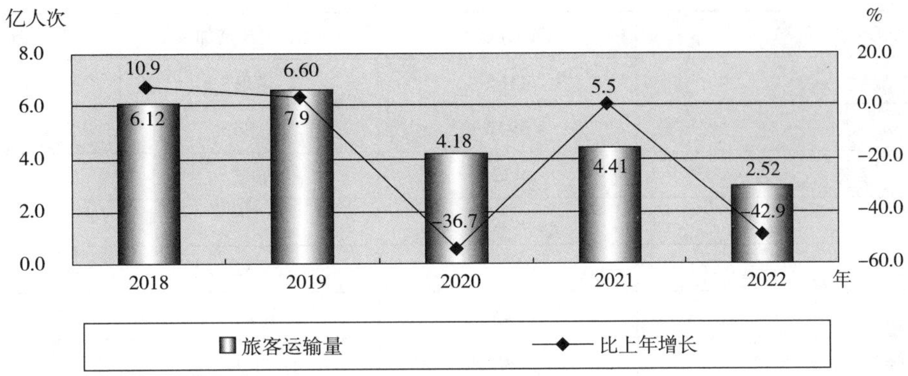

图 13　2018—2022 年民航旅客运输量

(3)货邮运输量

2022 年,全行业完成货邮运输量 607.61 万吨,比上年下降 17.0%。国内航线完成货邮运输量 343.79 万吨,比上年下降 26.1%,其中,港澳台航线完成 14.74 万吨,比上年下降 22.4%;国际航线完成货邮运输量 263.82 万吨,比上年下降 1.1%。见图 14。

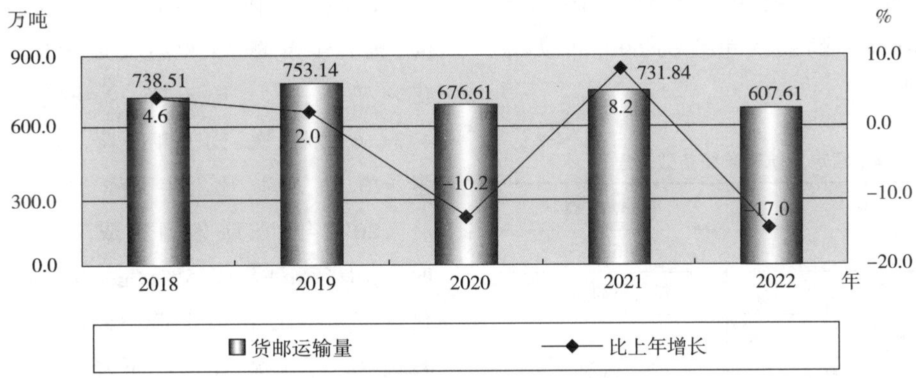

图 14　2018—2022 年民航货邮运输量

(4)飞行小时和起飞架次

2022 年,全行业运输航空公司完成运输飞行小时 627.56 万小时,比上年下降 32.7%。国内航线完成运输飞行小时 556.90 万小时,比上年下降 35.2%,其中,港澳台航线完成 2.10 万小时,比上年下降 20.5%;国际航线完成运输飞行小时 70.66 万小时,比上年下降 2.7%。

2022 年,全行业运输航空公司完成运输起飞架次 256.57 万架次,比上年下降 35.1%。国内航线完成运输起飞架次 246.74 万架次,比上年下降 36.0%,其中,港澳台航线完成 1.01 万架次,比上年下降 18.7%;国际航线完成运输起飞架次 9.82 万架次,比上年增长 1.6%。

2022 年,全行业运输航空公司完成非生产飞行小时 5.94 万小时,其中,训练飞行小时 1.26 万小时;完成非生产起飞架次 11.60 万架次。

(5)运输航空企业数量

截至 2022 年年底,中国共有运输航空公司 66 家,比上年年底净增 1 家。按不同所有制类别划分:国有控股公司 39 家,民营和民营控股公司 27 家。在全部运输航空公司中,全货运航空公司 13 家,中外合资航空公司 9 家,上市公司 8 家。

(6)运输机队

截至2022年年底,民航全行业运输飞机期末在册架数4165架,比上年年底增加111架。见表9。

表9　2022年运输飞机数量

单位:架

飞机分类	飞机数量	比上年增加	在运输机队占比
合　计	**4165**	**111**	**100%**
客运飞机	**3942**	**86**	**94.6%**
其中:宽体飞机	472	7	11.3%
窄体飞机	3225	47	77.4%
支线飞机	245	32	5.9%
货运飞机	**223**	**25**	**5.4%**
其中:大型货机	50	7	1.2%
中小型货机	173	18	4.2%

(7)航线网络

2022年,中国共有定期航班航线4670条,国内航线4334条,其中,港澳台航线27条,国际航线336条。按重复距离计算的航线里程为1032.79万千米,按不重复距离计算的航线里程为699.89万千米。见表10。

表10　2022年中国定期航班航线条数及里程

航　线	数量/里程
航线条数/条	4670
国内航线	4334
其中:港澳台航线	27
国际航线	336
按重复距离计算的航线里程/万千米	1032.79
国内航线	865.11
其中:港澳台航线	3.54
国际航线	167.68
按不重复距离计算的航线里程/万千米	699.89
国内航线	546.15
其中:港澳台航线	3.54
国际航线	153.74

2022年,定期航班国内通航城市(或地区)249个(不含香港、澳门和台湾地区)。中国航空公司国际定期航班通航50个国家的77个城市,内地航空公司定期航班从20个内地城市通航香港,从5个内地城市通航澳门,大陆航空公司从7个大陆城市通航台湾地区。

(8)运输航空(集团)公司生产

2022年,中航集团完成飞行小时126.27万小时,比上年下降35.8%;完成运输总周转量130.99亿吨千米,比上年下降32.4%;完成旅客运输量4734.61万人次,比上年下降45.6%;完成货邮运输量126.33万吨,比上年下降28.4%。

2022年,东航集团完成飞行小时112.49万小时,比上年下降37.5%;完成运输总周转量111.65亿吨千米,比上年下降31.1%;完成旅客运输量4251.05万人次,比上年下降46.3%;完成货邮运输量114.34万吨,比上年下降21.4%。

2022年,南航集团完成飞行小时155.64万小时,比上年下降26.2%;完成运输总周转量163.83亿吨千米,比上年下降22.8%;完成旅客运输量6263.59万人次,比上年下降36.4%;完成货邮运输量132.67万吨,比上年下降8.0%。

2022年,其他航空公司共完成飞行小时233.17万小时,比上年下降32.3%;完成运输总周转量192.82亿吨千米,比上年下降33.2%;完成旅客运输量9922.08万人次,比上年下降43.6%;完成货邮运输量234.27万吨,比上年下降11.9%。2002年各航空(集团)公司运输总周转量比重。见图15。

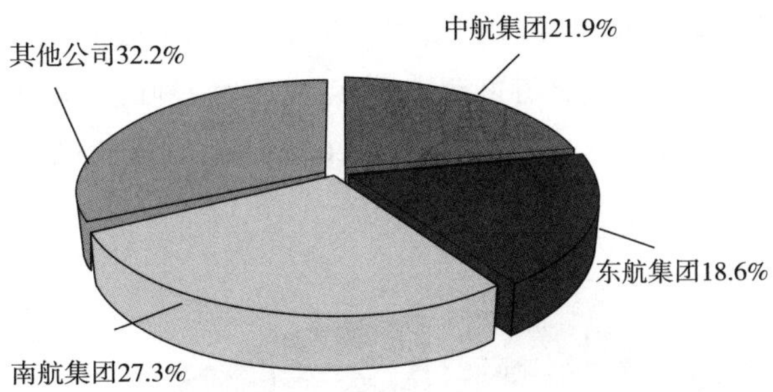

图 15　2022 年各航空(集团)公司运输总周转量比重

(9)重大航空运输任务

2022 年,中国民用航空局根据国务院联防联控机制部署和其他相关单位、部委需求,组织开展新冠疫情防控等各类重大航空运输任务,共组织 62 家航空公司执行 2588 架次任务,运输人员 18.7 万名、行李 12 万件、物资 5744 吨。

(10)运输机场

截至 2022 年年底,中国境内运输机场(不含香港、澳门和台湾地区)254 个,比上年年底净增 6 个。2022 年新增机场有:昭苏天马机场、阿拉尔塔里木机场、鄂州花湖机场、塔什库尔干红其拉甫机场、山南隆子机场、日喀则定日机场。2022 年,达州河市机场迁至达州金垭机场、湛江机场迁至湛江吴川机场。见表 11。

颁证运输机场按飞行区指标分类:4F 级机场 15 个,4E 级机场 39 个,4D 级机场 37 个,4C 级机场 158 个,3C 级机场 4 个,3C 级以下机场 1 个。

表 11　2022 年各地区颁证运输机场数量

单位:个

地　区	颁证运输机场数量	占全国比例%
全　国	**254**	**100%**
其中:东部地区	56	22.1%
中部地区	41	16.1%
西部地区	130	51.2%
东北地区	27	10.6%

2022 年,全行业新增跑道 7 条,停机位 182 个,航站楼面积 11 万平方米。截至 2022 年年底,全行业运输机场共有跑道 283 条,停机位 7315 个,航站楼面积 1798.9 万平方米。

(11)机场业务量

2022 年,全国民航运输机场完成旅客吞吐量 5.20 亿人次,比上年下降 42.7%。见图 16。

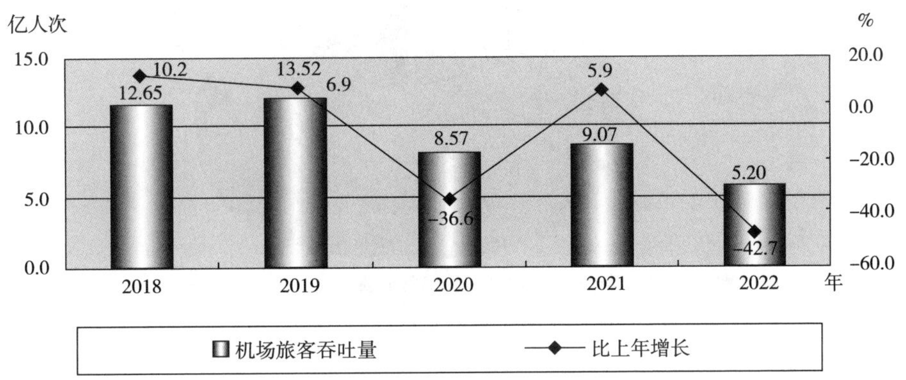

图 16　2018—2022 年民航运输机场旅客吞吐量

其中，2022 年东部地区完成旅客吞吐量 2.48 亿人次，比上年下降 43.9%；中部地区完成旅客吞吐量 0.62 亿人次，比上年下降 44.8%；西部地区完成旅客吞吐量 1.74 亿人次，比上年下降 41.6%；东北地区完成旅客吞吐量 0.36 亿人次，比上年下降 34.6%。2022 年民航运输机场旅客吞吐量。见图 17。

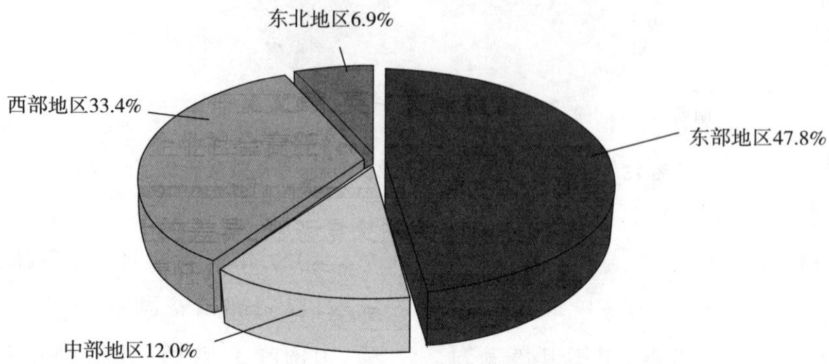

图 17　2022 年民航运输机场旅客吞吐量(按地区分布)

2022 年，全国民航运输机场完成货邮吞吐量 1453.05 万吨，比上年下降 18.5%。见图 18。

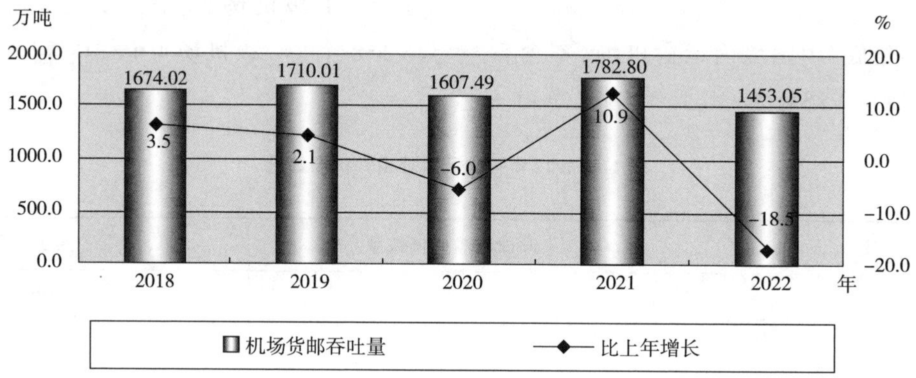

图 18　2018—2022 年民航运输机场货邮吞吐量

其中，2022 年东部地区完成货邮吞吐量 1069.70 万吨，比上年下降 17.6%；中部地区完成货邮吞吐量 126.01 万吨，比上年下 10 降 20.7%；西部地区完成货邮吞吐量 215.10 万吨，比上年下降 21.1%；东北地区完成货邮吞吐量 42.24 万吨，比上年下降 19.3%。2022 年民航运输机场货邮吞吐量构成。见图 19。

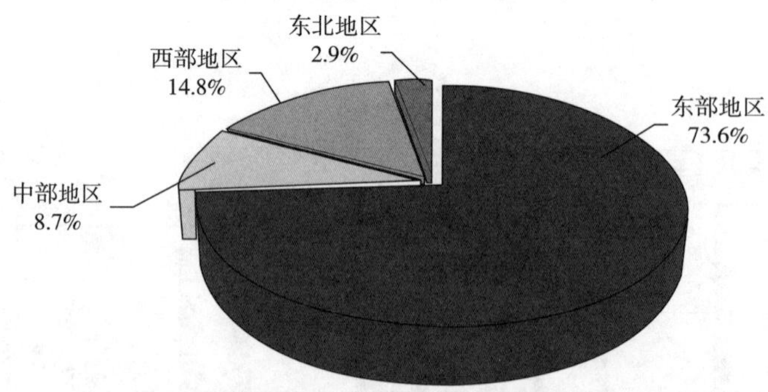

图 19　2022 年民航运输机场货邮吞吐量构成(按地区分布)

2022年,全国民航运输机场完成起降架次715.19万架次,比上年下降26.9%。其中,运输架次519.18万架次,比上年下降35.0%。见图20。

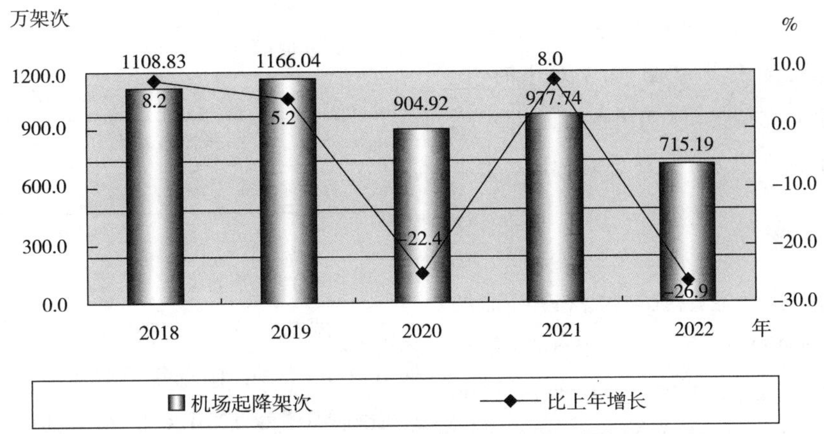

图20　2018—2022年民航运输机场起降架次

2022年,年旅客吞吐量1000万人次(含)以上的运输机场有18个,其中,北京、上海和广州三大城市机场旅客吞吐量占全部境内机场旅客吞吐量的15.0%,比上年降低3.0个百分点。见表12。

表12　2022年按年旅客吞吐量分类的机场数量

单位:个

年旅客吞吐量	机场数量	比上年增加	吞吐量占全国比例
1000万人次(含)以上	18	-11	52.8%
200万人次(含)~1000万人次	30	-2	33.3%
200万人次以下	206	19	13.8%

2022年,年货邮吞吐量1万吨以上的运输机场51个,其中,北京、上海和广州三大城市机场货邮吞吐量占全部境内机场货邮吞吐量的43.4%,比上年下降1.5个百分点。见表13。

表13　2022年按年货邮吞吐量分类的机场数量

单位:个

年旅客吞吐量	机场数量	比上年增加	吞吐量占全国比例
10万吨(含)以上	23	-8	88.4%
1万吨(含)~10万吨	28	-2	10.1%
1万吨以下	203	16	1.5%

2. 通用航空

(1)通用航空企业数量

截至2022年年底,获得通用航空经营许可证的传统通用航空企业661家,比上年年底净增62家。其中,华北地区130家,东北地区48家,华东地区179家,中南地区150家,西南地区93家,西北地区37家,新疆地区24家。

(2)机队规模

2022年年底,通用航空在册航空器总数达到3186架,其中,教学训练用飞机1157架。

(3)通用机场

2022年,比上年年底净增通用机场29个,全国在册管理的通用机场数量达到399个。

(4)飞行小时

2022年,全国通用航空共完成飞行121.9万小时,比上年增长3.5%。其中,载客类完成1.8万小时,比上年下降10.0%,载人类完成10.8万小时,比上年增长0.8%,其他类完成64.3万小时,比上年增长8.8%;非经营性作业完成45.1万小时,比上年下降2.1%。

(5)无人机情况

截至2022年年底,获得通用航空经营许可证的无人机通用航空企业15130家,比上年年底净增2467家。其中,华北地区2179家,东北地区1200家,华东地区5350家,中南地区2934家,西南地区1788家,西北地区1123家,新疆地区556家。

截至2022年年底,全行业无人机拥有者注册用户70.0万个,其中,个人用户63.9万个,企业、事业、机关法人单位用户6.1万个。全行业注册无人机共95.8万架。

截至2022年年底,全行业无人机有效驾驶员执照15.28万本。

2022年,全年无人机累计飞行小时2067万小时,同比增长6.17%。

3.运输效率与经济效益

(1)运输效率

2022年,全行业在册运输飞机平均日利用率为4.35小时,比上年减少2.27小时。其中,大中型飞机平均日利用率为4.47小时,比上年减少2.30小时;小型飞机平均日利用率为2.16小时,比上年减少1.62小时。

2022年,正班客座率平均为66.6%,比上年降低5.8个百分点。

2022年,正班载运率平均为65.0%,比上年降低1.9个百分点。见表14。

表14 2022年正班客座率和正班载运率

指标	指标值	比上年提高百分点/%
正班客座率	66.6	-5.8
国内航线	66.8	-6.1
其中:港澳台航线	46.3	3.1
国际航线	57.6	9.3
正班载运率	65.0	-1.9
国内航线	62.4	-2.9
其中:港澳台航线	54.8	-2.4
国际航线	74.1	-1.0

(2)经济效益

据初步统计,2022年,全行业累计实现营业收入6328.9亿元,比上年下降15.8%;亏损2174.4亿元,比上年增亏1374.6亿元。其中,航空公司实现营业收入3364.8亿元,比上年下降20.5%;亏损1771.2亿元,比上年增亏1143.4亿元。机场实现营业收入770.1亿元,比上年下降18.5%;亏损476.2亿元,比上年增亏228.0亿元。保障企业实现营业收入2194.0亿元,比上年下降6.2%;利润总额73亿元,比上年减少3.2亿元。

据初步统计,2022年,全行业运输收入水平为4.98元/吨千米,比上年提高0.56元/吨千米。其中,客运收入水平6.22元/吨千米,比上年提高1.01元/吨千米;货邮运输收入水平3.31元/吨千米,比上年提高0.52元/吨千米。

据初步统计,2022年,民航全行业应缴税金300.3亿元,比上年减少23.5亿元。

4.航空安全与服务质量

(1)航空安全

2022年,民航安全运行平稳可控,运输航空百万架次重大事故率十年滚动值为0.011。通用航空事故万架次率为0.0367。2022年,全年共发生运输航空征候291起,其中运输航空严重征候3起,人为责任原因征候3起。人为责任原因征候万时率为0.005,同比下降70.3%,各项指标均较好控制在年度安全目标范围内。2022年,全行业共有56家运输航空公司未发生人为责任征候。

(2)空防安全

截至2022年年底,全行业共有安检员、监护护卫员73137名,比上年减少1201名。

2022年,全国民航安检部门共检查旅客2.48亿人次，检查旅客托运行李1.22亿件次，检查航空货物（不含邮件、快件）4.91亿件次，检查邮件、快件2.79亿件次，处置故意传播危害民航安全、运营秩序虚假信息事件82起，查处各类安保事件7638起，确保了民航空防持续安全，实现了247个空防安全月。

（3）航班正常率

2022年，全国客运航空公司共执行航班239.38万班次，其中，正常航班227.35万班次，平均航班正常率为94.98%。2022年，主要航空公司共执行航班190.20万班次，其中，正常航班180.82万班次，平均航班正常率为95.07%。

2022年，全国客运航班平均延误时间为4分钟，比上年减少6分钟。

（4）服务质量

截至2022年年底，251家机场实现"无纸化"便捷出行。"通程航班服务管理平台"共加入航空公司27家，机场127家，服务保障单位169家，航空销售网络平台5家，共开通通程航班765条，新增航线城市对349组；"民航中转旅客服务平台"共上线机场116家，小程序端注册旅客达到10.8万人。

2022年，41家千万级大型机场开通旅客"易安检"服务，108.2万名旅客注册"易安检"服务，全年通过"易安检"实际过检40.3万人次，平均过检时间2.64分钟，比普通安检时间缩减38.7%。2022年，国内行李全流程跟踪率达到18.1%。民航服务质量监督平台功能不断完善，国内航空公司投诉响应率达100%。

2022年，全行业千万级以上机场近机位靠桥率为79.04%，较上年提高2.09个百分点。

（四）邮政服务

1. 业务发展情况

（1）业务规模

2022年邮政行业寄递业务量完成1390.9亿件，同比增长2.7%。其中，快递业务量完成1105.8亿件，同比增长2.1%。

2022年邮政集团函件业务量完成9.4亿件，同比下降13.5%；包裹业务量完成1757.3万件，同比下降3.6%；订销报纸业务完成165.6亿份，同比增长1.0%；订销杂志业务完成6.9亿份，同比增长0.7%；汇兑业务完成433.3万笔，同比下降32.9%。

2022年邮政行业业务收入（不包括邮政储蓄银行直接营业收入）完成13509.6亿元，同比增长6.9%。其中：快递业务收入完成10566.7亿元，同比增长2.3%。快递业务收入占行业总收入的比重为78.2%，比上年下降了3.5个百分点。

快递与包裹服务品牌集中度指数CR8为84.5。

（2）业务结构

2022年同城快递业务量完成128.0亿件，同比下降9.3%；异地快递业务量完成957.7亿件，同比增长4.0%；国际/港澳台快递业务量完成20.2亿件，同比下降4.1%。同城、异地、国际/港澳台快递业务量占全部比例分别为11.6%、86.6%和1.8%。

2022年同城快递业务收入完成684.5亿元，同比下降16.2%；异地快递业务收入完成5229.0亿元，与上年同期持平；国际/港澳台快递业务收入完成1161.1亿元，同比下降0.2%。同城、异地、国际/港澳台快递业务收入占全部比例分别为6.5%、49.5%和11.0%。

（3）区域结构

东、中、西部地区快递业务量比重分别为76.8%、15.7%和7.5%，快递业务收入比重分别为77.6%、13.4%和9.0%。东部地区完成快递业务量849.6亿件，同比增长0.4%；实现业务收入8196.8亿元，同比增长1.5%。中部地区完成快递业务量173.5亿件，同比增长10.1%；实现业务收入1417.0亿元，同比增长6.2%。西部地区完成快递业务量82.7亿件，同比增长4.6%；实现业务收入953.0亿元，同比增长3.6%。

快递业务量排名前五位的省份依次是广东、浙江、江苏、山东和河北，其快递业务量合计占全部快递业务量的比重达到65.8%，较上年前五位占比下降0.2个百分点。快递业务收入排名前五位的依次是广东、上海、浙江、江苏和山东，其快递业务收入合计占全部快递业务收入的比重达到64.7%，较上年前五位占比提高0.1个百分点。

快递业务量排名前十五位的城市依次是金华（义乌）、广州、深圳、揭阳、杭州、东莞、上海、汕头、苏州、泉州、北京、武汉、成都、温州和佛山，其快递业务量合计占全部快递业务量的比重达到51.1%。见图21。

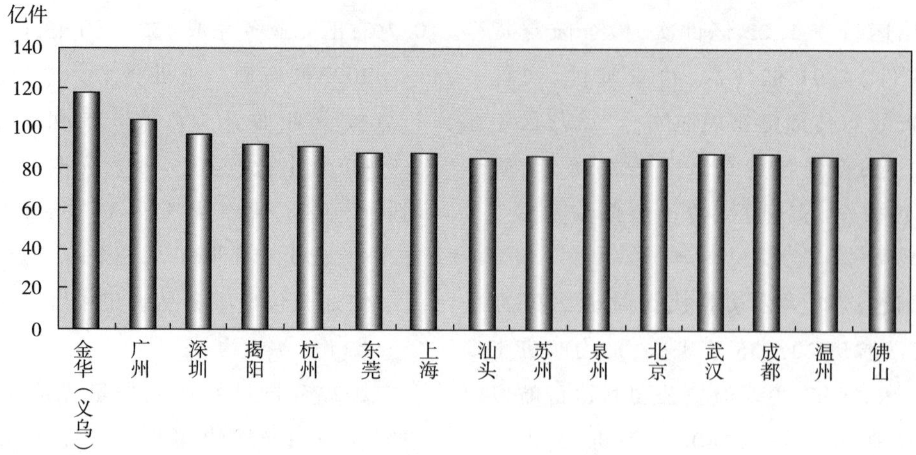

图 21　快递业务量前 15 名城市情况

快递业务收入排名前十五位的城市依次是上海、广州、深圳、金华（义乌）、杭州、北京、东莞、苏州、揭阳、佛山、成都、武汉、天津、郑州和宁波，其快递业务收入合计占全部快递业务收入的比重达到 55.5%。见图 22。

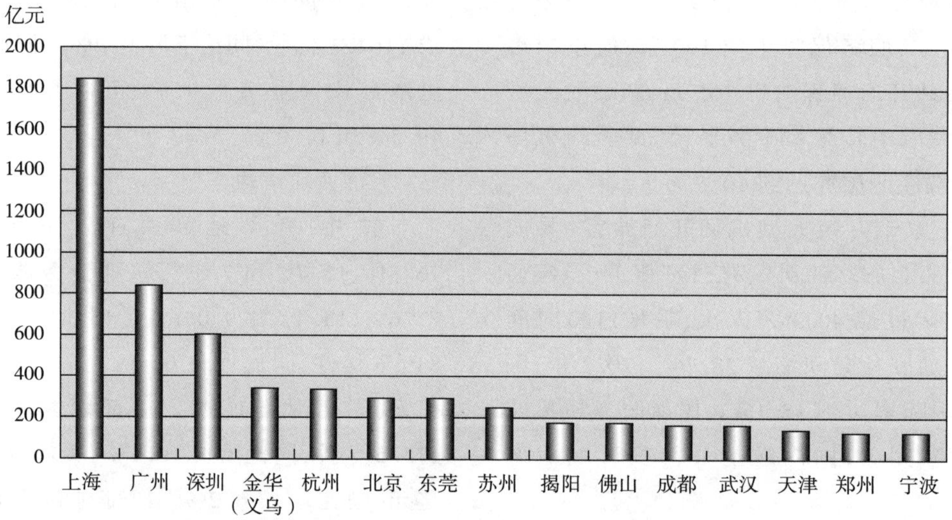

图 22　快递业务收入前 15 名城市情况

2. 通信能力和服务水平

（1）机构设备

全行业拥有各类营业网点 43.4 万处，比上年年底增加 2.1 万处，其中设在农村的 11.7 万处，比上年年底增加 0.1 万处。快递服务营业网点 23.1 万处，比上年年底增加 0.3 万处，其中设在农村的 7.6 万处，比上年年底增加 0.1 万处。

全国拥有邮政信筒信箱 9.2 万个，比上年年底减少 0.3 万个。全国拥有邮政报刊亭 0.8 万处，比上年年底减少 0.1 万处。

全行业拥有国内快递专用货机 161 架，比上年年底增加 19 架。全行业拥有汽车 36.8 万辆，比上年年底增加 1.9 万辆，其中快递服务汽车 26.5 万辆，比上年年底增加 1.4 万辆。

（2）通信网路

全国邮政邮路总条数 4.4 万条，比上年年底减少 0.2 万条。邮路总长度（单程）1142.5 万千米，比上年年底减少 50.3 万千米。全国邮政农村投递路线 10.4 万条，比上年年底减少 0.1 万条；农村投递路线长度（单程）414.7 万千米，比上年年底减少 0.9 万千米。全国邮政城市投递路线 11.9 万条，比上年年底增加 0.4 万条；城市投递路线长度（单程）237.5

万千米，比上年年底增加3.6万千米。全国快递服务网路条数21.2万条，比上年年底增加1.2万条。快递服务网路长度(单程)4870.4万千米，比上年年底增加564.8万千米。

(3)服务能力

全行业平均每一营业网点服务面积为22.1平方千米；平均每一营业网点服务人口为0.3万人。邮政公司城区每日平均投递2次，农村每周平均投递5次。全国年人均函件量为0.7件，每百人订有报刊量为7.6份，年人均快递使用量为78.3件。年人均用邮支出956.9元，年人均快递支出748.5元。见图23。

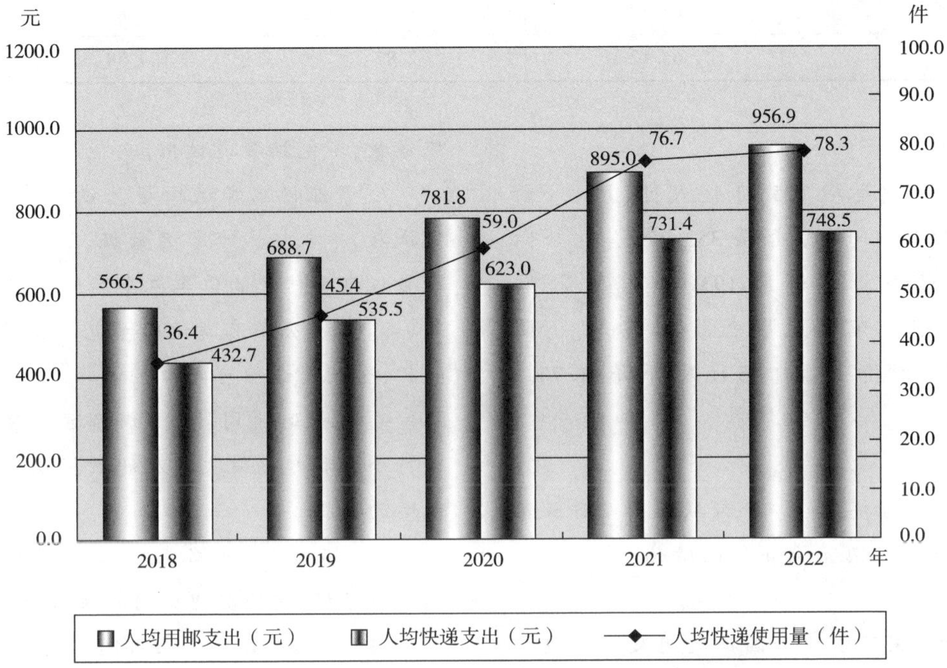

图23　2018—2022年人均用邮支出、快递支出和快递使用量情况

(五)城市交通

1. 基础设施

2022年年底全国公共汽电车运营线路7.80万条，比上年年底增加0.23万条，运营线路总长度166.45万千米、增加7.07万千米，其中公交专用车道1.99万千米、增加0.16万千米。城市轨道交通运营线路292条、增加17条，运营里程9554.6千米、增加819千米，其中地铁线路240条、8448.1千米，轻轨线路7条、263千米。城市客运轮渡运营航线79条、减少5条，运营航线总长度334.6千米、减少41.7千米。

2. 运输装备

年底全国拥有公共汽电车70.32万辆，比上年年底减少0.62万辆，其中纯电动车45.55万辆、增加3.59万辆，占公共汽电车比重为64.8%(见图24)、提高5.6个百分点。拥有城市轨道交通配属车辆6.26万辆，比上年增加0.53万辆。拥有巡游出租汽车136.20万辆，比上年减少2.93万辆。拥有城市客运轮渡船舶183艘，比上年减少13艘。见表15。

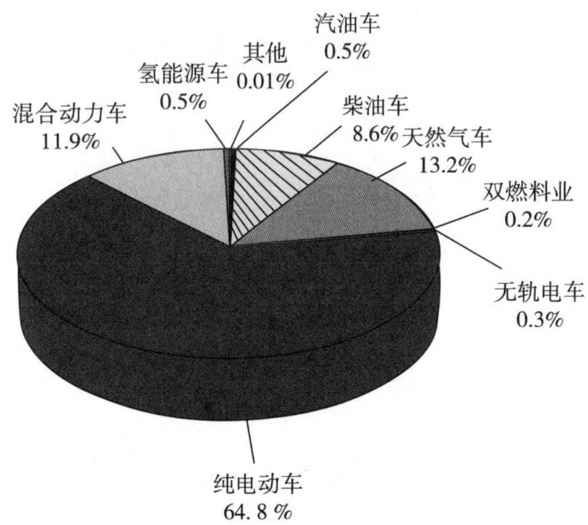

图24　2022年年底公共汽电车构成(按燃料类型分)

表 15　2017—2022 年年底全国城市客运装备拥有量

年　份	公共汽电车/万辆	城市轨道交通配属车辆/万辆	巡游出租汽车/万辆	城市客运轮渡船舶/艘
2022 年	70.32	6.26	136.20	183
2021 年	70.94	5.73	139.13	196
2020 年	70.44	4.94	139.40	194
2019 年	69.33	4.10	139.16	224
2018 年	67.34	3.40	138.89	250
2017 年	65.12	2.87	139.58	264

3. 运输服务

全年完成城市客运量 755.11 亿人，比上年下降 24.0%。其中，公共汽电车客运量 353.37 亿人、下降 27.8%，城市轨道交通客运量 193.09 亿人、下降 18.6%，巡游出租汽车客运量 208.20 亿人、下降 22.0%，城市客运轮渡客运量 0.45 亿人、下降 11.7%。

注释：

1. 统计范围不含港澳台。部分数据因四舍五入的原因，存在总计与分项合计不等的情况。

2. 除注明外，“比上年”为同口径。

3. 除注明外，国家铁路含国铁集团及其控股合资铁路。

4. 铁路客货运量为精密数，其余数据均为速报数。

5. 公路营运汽车的统计范围是在公路运输管理部门注册登记的处于营运状态、最近年审日期在两年内的公路客运、货运车辆。

6. 营业性货物运输量为铁路、公路、水路、民航完成数，不包括管道数据。

7. 营业性旅客运输量为铁路、公路、水路、民航完成数，不包括城市客运数据。其中，公路营业性客运量仅包含传统的班车包车客运量。

8. 本年公路客货运输量包括新疆生产建设兵团数据，全国增速按可比口径计算。

9. 民航运输周转量、旅客运输量、货邮运输量、飞行小时和起飞架次涉及的数据均为境内航空公司承运的数据。

10. 邮政集团业务、通信能力和服务水平有关数据来自年报，其他数据为月报统计数据。

11. 全国人口数据来自国家统计局《中华人民共和国 2022 年国民经济和社会发展统计公报》。

12. 本文部分数据，因分项未完全列举或四舍五入，存在总计与分项合计不等的情况。

（审稿：杨如学
撰稿：佟　峰
于佳玫　朱浅暄）

中联重科 思想构筑未来
ZOOMLION, VISION CREATES FUTURE

中联重科泵车助力
三门核电站建设

让更多用户使用世界水准的商用车

Let more users use world class commercial vehicles

零部件、总成制造到车辆装配的完整工艺制造链。拥有铸造、锻造、铸铝3类基础毛坯和发动机、变速器、驾驶室、前/后桥、车架6类关键总成的制造能力。具备薄板、中板、铸造、锻造、铸铝和塑料6类重要模具开发、车身及底盘开发、发动机匹配搭载开发、材料开发、工艺工装开发，以及整车、发动机、关键总成及零部件的试验检测和理化检测能力。

庆铃集团坚持三十八年如一日专注于商用载货车主业，坚持走质量效益型发展道路，全员劳动生产率、人均利润名列中国商用车行业前茅，连续三十八年盈利。在2020—2022年行业大幅下降与新冠疫情影响叠加的三年，企业共实现营业收入265亿元、利润总额8.25亿元。庆铃集团连续位列“中国制造业企业500强”和“中国汽车工业整车企业20强”，2015年获评“全国质量诚信标杆典型企业”，2021年获评中国机械工业企业管理协会“管理进步示范企业”，2021年获评国务院国资委“管理提升标杆企业”。同时，多次获评“重庆市企业专利创新百强”“市级知识产权优势企业”“重庆工业企业50强”等荣誉，2021年及2022年在国企改革三年行动重点改革任务评估中获评A级。

庆铃集团将认真贯彻新发展理念，坚持创新驱动，坚持对外开放合作，做好产业技术升级和产品结构两篇文章，持续推动企业高质量发展。

官网二维码

官微二维码

新疆农六师铝业有限公司

新疆农六师铝业有限公司成立于2009年，是山东信发集团积极响应国家西部大开发号召建设的现代化民营企业。公司坚持以习近平新时代中国特色社会主义思想为指导，牢固树立“绿水青山就是金山银山”的环保理念，进一步加快新旧动能转换，大力发展循环经济，投资400多亿元建设了190万吨电解铝，并配套364万千瓦自备热电、80万吨碳素、铝合金棒生产线、42千米铁路专运线等项目。发电、碳素直供电解铝，铝水直接深加工，上下产业相互衔接，优势互补，形成了完善的“煤电铝一体化”循环经济产业链条。

公司坚守安全红线，实现建厂十余年来安全无事故；坚持绿色发展，铝、电、碳素等全产业链均被评为环保A级企业；坚定创新驱动，获得国家专利198项，填补电解铝行业多项技术空白。企业2022年纳税35.6亿元，累计纳税138亿元；荣获“全国五一劳动奖状”“开发建设新疆奖状”，先后被评为“全国文明单位”“全国绿色工厂”“全国工业品牌培育示范企业”“国家技术创新示范企业”“全国就业与社会保障先进民营企业”“新疆生产建设兵团先进基层党组织”等。

铝厂集控中心

雪中施工

兵团准东园区新建2台60万千瓦煤电机组项目开工仪式

为云南鲁甸地震灾区捐款

公司春节晚会

信息化生产集控中心

新疆公司

国家技术创新示范企业

全国五一劳动奖状

新疆信发现代生态农业示范园

高新技术企业
（铝业2022）

成都航利装备科技有限公司

CHENGDU HOLY EQUIPMENT TECHNOLOGY CO., LTD.

公司简介

COMPANY PROFILE

成都航利装备科技有限公司隶属于成都航利科技集团公司，专业从事航空智能化检测设备研制、仪器设备计量检测、航空机载设备维修、民航机载设备研制。公司在四川省成都市高新区、金牛区、彭州市设有办公及研发生产基地，年产值近3亿元。公司已取得装备承制单位资格证书，通过GJB9001C、AS91000D、ISO9001质量管理体系认证，拥有6项国家发明专利、36项国家实用新型专利和56项软件著作权，获得“四川省高新技术企业”“成都市创新型中小企业”“成都市企业技术中心”等称号。

公司坚持“柔性化、便携化、集成化、标准化”的设计思路，秉承“创新驱动发展”的研发理念，持续提升产品研发能力，为用户提供专业化定制方案和智能检测装备集成化服务。具备国内领先的飞机和发动机维护、维修、检测所需的专用检测／试验设备、专用／特种工装、集成转运装备研制能力。业务覆盖航空、航天、核动力，以及民航、高铁等多个领域。公司按照“业务专业化、技术国际化、服务一体化”的发展格局，致力于打造成为“创新型”“智慧型”“敏捷型”的地面保障装备整体解决方案设计与实现的专业级服务者。

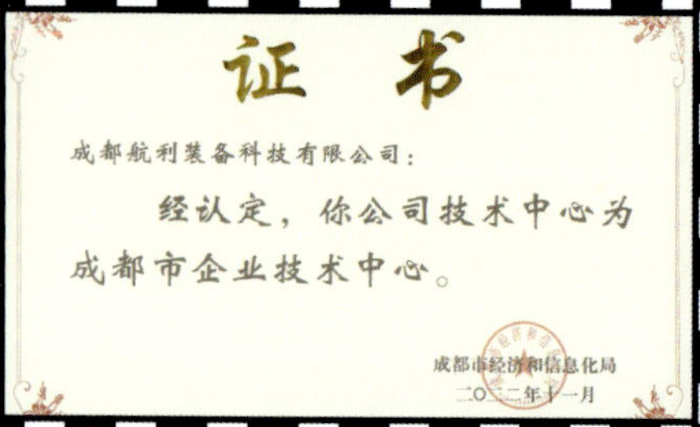

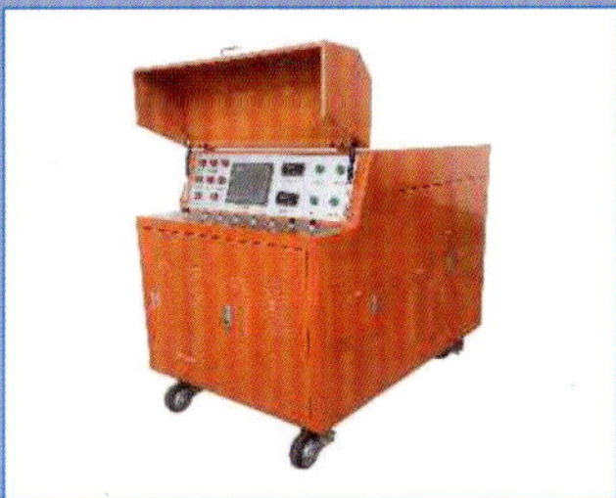

发动机启封转接设备

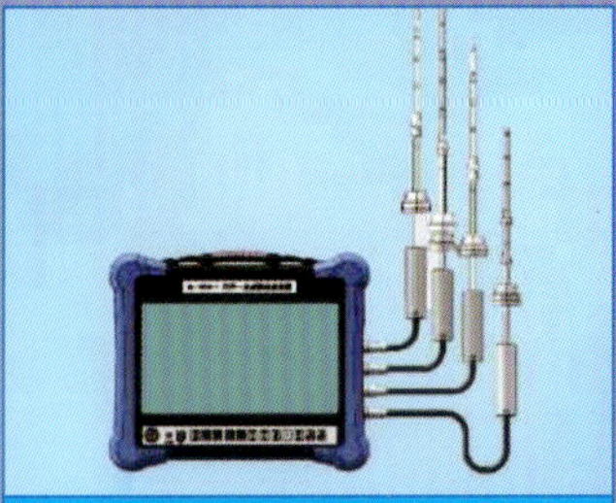

发动机叶片一次成像装置

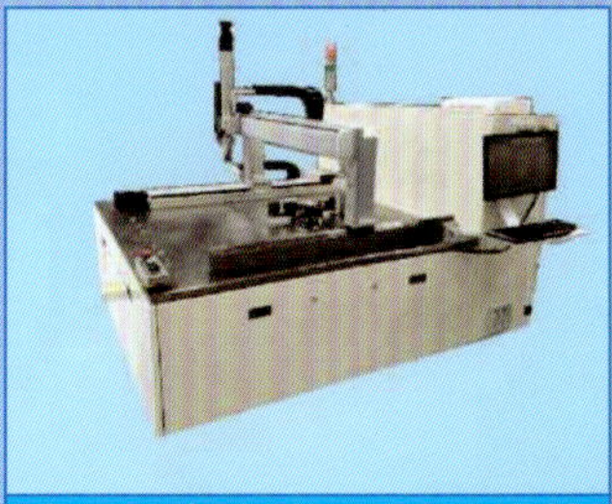

高压压气机静子摇臂组件
自动化检测系统

航空发动机试车台

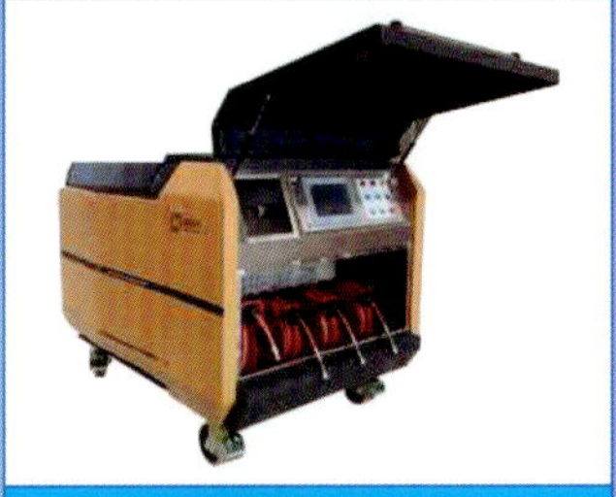

涡扇发动机在翼清洗机

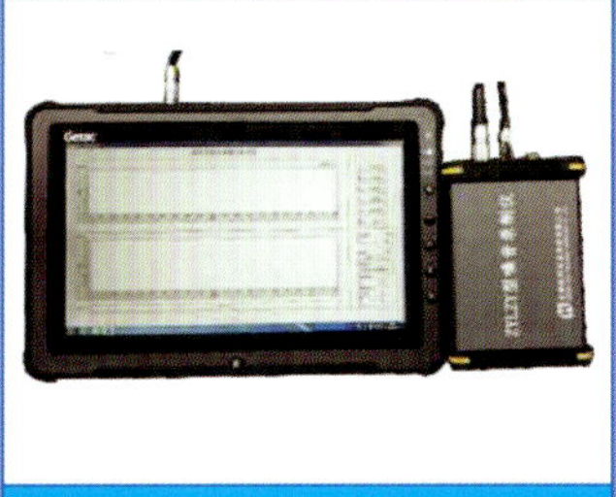

噪音录制仪

国
药

盐酸吗啡缓释片
鼻窦炎口服液
OTC
小金片
复方对乙酰氨基酚片(Ⅱ)
退烧止痛 Sanlietong
复方板蓝根颗粒
藿香正气口服液
洛芬待因缓释片
急支糖浆
通天口服液

太极集团骨干产品

太极集团有限公司（以下简称太极集团，股票代码：600129）为中国医药集团有限公司控股企业，拥有13家生产厂、20多家医药商业公司、两大研发机构、3300家连锁药房，实现医药全产业链布局，员工1.4万人。2019年，太极集团获“国家知识产权示范企业”，在国际权威品牌价值咨询公司Brand Finance发布的2023年中国医药品牌价值排名中位列第13位，2022年获评重庆首家“国家中医药服务出口基地企业”。

太极集团建立了国家首批博士后工作站，其技术中心被认定为国家企业技术中心；现拥有有效授权专利319项，药品批文1242个（中药690个、化药552个），医保品种743个、基药368个；产品涉及消化及代谢、呼吸系统、心脑血管、抗感染、神经系统、抗肿瘤及免疫调节“六大”治疗领域，以及大健康养生。

中国华能
CHINA HUANENG

华能伊敏煤电有限责任公司
HUANENG YIMIN COAL ELECTRICITY CO., LTD

与“草原明珠”交相呼应的伊敏煤电公司办公楼

取消驾驶室的纯电动无人换电矿体自卸卡车投入运行

鸟瞰伊敏光伏基地

伊敏露天矿采用单斗卡车、半连续及全连续“联合开采工艺”

华能伊敏煤电有限责任公司（以下简称伊敏煤电公司）是全国首家煤电一体化企业，地处呼伦贝尔大草原鄂温克族自治旗伊敏河镇境内，经过40余年的建设和发展，在祖国北疆建立起一座大型现代化煤电一体化能源基地。目前公司火电装机350万千瓦，光伏装机11.44万千瓦，煤炭产能3500万吨/年，累计上缴税费250余亿元，形成了煤、电、水、灰、土、热、光紧密联系的典型循环经济、节能环保示范模式，被行业誉为“伊敏模式”，成为绽放在绿色草原上一颗璀璨明珠。公司广大干部职工坚定不移地贯彻落实中央领导人视察公司时提出的“三个结合”重要指示精神，以生态优先、绿色发展为导向，努力转型发展，优化资本和新能源项目布局，走出了一条高质量发展新路，为建设“靓丽内蒙古”贡献了磅礴力量。2021年，伊敏煤电公司建成投产了世界高寒地区最长距离、国内使用加压泵组最多的伊敏电厂至呼伦贝尔市中心城区长距离供热工程，将“华

伊敏煤电公司伊敏露天矿生态修复核心区

能温度”送入千家万户。2022年，伊敏煤电公司创造了煤炭产能3500万吨当年核增、当年达产的行业纪录，伊敏露天矿跻身全国最大露天煤矿行列。伊敏煤电公司在能源保供工作中主动担当、积极履责，发挥能源供应“压舱石”和“稳定器”的作用，圆满完成工作任务。伊敏煤电公司先后获得“全国文明单位”“全国五一劳动奖状”“全国民族团结进步模范集体”“全国企业文化建设最佳实践企业”“中央企业先进集体”“全国首批最具影响力绿色企业品牌”“全国高新技术企业”“中国美丽电厂”“2021年高质量党建引领企业高质量发展示范基地”“内蒙古自治区循环经济示范企业”“2022工业企业品牌建设创新示范单位”“2022年国有企业党建优秀品牌示范单位”“2022年度电力行业文化品牌影响力企业”等荣誉。

龙华集团
LONGHUA GROUP

陕西龙华煤焦电集团有限责任公司

SHAANXI LONGHUA COAL COKING ELECTRICITY GROUP CO. ,LTD.

陕西龙华煤焦电集团有限责任公司（以下简称龙华集团）前身为县属国有企业燕家塔电厂，于1994年成立，经过改革重组、投资新建、战略合作，现初步形成以煤炭为主体，煤化工和新能源为两翼，现代物流、现代服务、生态农业为支撑的“一体两翼三保障”的产业格局，主要生产厂（矿）位于陕西省榆林市神木市兰炭特色产业园区（燕家塔片区）。2023年，龙华集团位居陕西省“百强企业”第60位、“民营五十强企业”第15位。截至2023年年底，龙华集团资产总额达141.54亿元，拥有固定职工2010人。

党建主题文化园

精准帮扶

成立公民道德建设基金

龙华铁路

集团大楼

引江补汉开工

巴基斯坦卡洛特水电站全部机组投产发电

“世纪工程”广西平陆运河正式开工建设

中国化学工程第七建设有限公司

建成的天府新区鹿溪河项目

在建的孟加拉GF项目——孟加拉国首个绿色化肥厂

在建的尼日利亚丹格特炼油项目

建成的俄罗斯PE项目

中国化学工程第七建设有限公司（以下简称七化建），是国务院国有资产监督管理委员会管理的中国化学工程集团有限公司全资子公司，2010年1月随集团（股份）公司在上海证券交易所上市，是以工程总承包（投资、建造、运营）、实业和国际贸易为主的综合型国际工程公司。七化建成立于1964年，总部设在四川成都，是中国企业走出国门的先行者，是践行“一带一路”的领跑者，是全球化工建设的领先者，是中国对外承包“双百强”企业。

七化建在全球设有工程公司、设计院、生产企业和实验室等17个境外机构，主要开展石油化工、天然气化工、新材料、新能源、环保、基础设施等工程总承包业务，从事专利技术研发、材料加工及生产、投资开发等业务，开展国际大宗商品、能源交易等国际贸易业务。

七化建秉承“言必行，行必果”的执行理念和“创新、诚信、务实、高效”的企业精神，贯彻新发展理念，坚持“国内国外两个市场并举，化工非化多元领域并进”，全力打造世界一流的国际工程承包商和世界一流的国际资源整合商，坚持“把业主的点点滴滴记在心上，让业主的投资尽快产生效益”的服务理念，真诚合作、优质服务，与广大合作伙伴共建美好世界、共创美好明天。

金澳科技(湖北)化工有限公司

KINGAO(HUBEI)SCIENCE &TECHNOLOGY CHEMICAL INDUSTRY CO.,LTD

金澳科技（湖北）化工有限公司（以下简称“金澳科技”）始建于1976年，于1997年12月改制成立，是集生产、贸易、物流储运等于一体的集团化企业，是华中地区经过1999年国家清理整顿后被保留下来的最大的地方炼油企业。金澳科技规划占地面积6000多亩，解决就业8000多人，一次加工能力500万吨/年，主要生产销售汽油、柴油等石油化工产品。产品销售区域主要是湖北、湖南、江西、重庆、贵州、河南、广东、广西等省市。

公司先后荣获“全国先进基层党组织”“全国就业先进企业”“全国模范职工之家”“全国五一劳动奖状”“最具环保社会责任企业”“湖北省清洁无害工厂”等百余项国家、省部级荣誉称号。2012年起连续进入“中国民营企业500强”榜单，2017年起连续进入“中国企业500强”榜单。2017年获得国家发展改革委批准的每年230万吨进口原油使用权、中华人民共和国商务部批准的每年230万吨原油非国营贸易进口允许量及进口资格。公司先后参与国家、省、市级科研课题5项，其中2项科技成果处于国内领先水平；拥有15项实用新型专利和6项发明专利，获得省级重大科技专项1项，省科技进步奖二等奖1项、三等奖1项，市科技进步奖一等奖1项。

金澳科技始终坚持绿色发展、循环发展和低碳发展的指导思想，以市场为导向，以能源化工为支柱，完善和延伸石油化工产业链，逐步形成“油头、化身、精化尾”的主干产业，努力建设成为具有较大影响力的特大型、综合性企业集团，实现“以产业报国，为荣誉而战”的企业发展愿景。

PETRO-CHEMICAL CO.,LTD

中国石油

中国石油四川销售分公司

中国石油四川销售分公司（以下简称四川销售公司）成立于1952年9月，前身是四川省石油公司，1998年成建制上划中国石油天然气集团公司。四川销售公司主要负责成品油、润滑油、天然气等销售，氢能、电能、光伏发电等清洁能源开发利用，以及广告、化工产品、食品、烟酒、地方特产等非油销售。四川销售公司现有9个职能部门、3家专业公司、22家二级分公司，员工近1.7万人，运营油库21座、加油加气站2200余座、便利店1600余座，首座加氢站、“油、气、重卡换电”综合能源站已投运，资产总额近200亿元；汽柴油销量继2018年成功跃上1000万吨、建成中国石油首个千万吨级销售企业后，连续6年高质量站稳千万吨。

四川销售公司多次获得国家级、省部级殊荣，2008年被中共中央、国务院、中央军委联合授予“全国抗震救灾英雄集体”，2004年、2014年两度荣获“全国五一劳动奖状”，2016年公司党委被省委评为“先进基层党组织”，2020年被省委、省政府评为“优秀服务业企业”；2023年位列四川服务业企业100强第2位，四川企业100强第8位。

企业管理综述

2021—2022 年中国女企业家协会工作综述[①]

中国女企业家协会

2021—2022 年，是我们党和国家历史上具有里程碑意义且极不平凡的两年。我们迎来中国共产党成立 100 周年，完成脱贫攻坚、全面建成小康社会，实现第一个百年奋斗目标；隆重召开中国共产党第二十次全国代表大会，开启向第二个百年奋斗目标进军的新征程。面对突如其来的新冠疫情，党和国家在以习近平同志为核心的党中央坚强领导下，坚持人民至上、生命至上，坚持外防输入、内防反弹，坚持动态清零不动摇，开展抗击疫情人民战争、总体战、阻击战，最大限度保护了人民生命安全和身体健康，统筹疫情防控和经济社会发展取得重大积极成果，社会大局保持总体稳定。

两年来，中国女企业家协会（以下简称中国女企协）在国务院国有资产监督管理委员会、中华人民共和国民政部、中华全国妇女联合会及中国企业联合会等上级领导机关的关心指导和大力支持下，坚持以习近平新时代中国特色社会主义思想为指导，全面贯彻党的十九大和十九届历次全会精神，坚持稳中求进工作总基调，全面落实疫情要防住、经济要稳住、发展要安全的总要求，以推动高质量发展为主题，以做好"两个服务"为着眼，始终把思想和行动统一到党中央关于经济形势的分析判断和决策部署上来，统筹疫情防控和会员服务工作，团结带领广大会员安全稳妥、重点突出地开展各项活动，以实际行动迎接党的二十大胜利召开。

一、坚持政治建设为统领，践行"两个维护"的自觉性、坚定性进一步增强

全面贯彻习近平总书记就加强社会组织党的领导和党的建设做出的重要指示精神，以及中共中央办公厅、国务院办公厅《关于改革社会组织管理制度促进社会组织健康有序发展的意见》提出"努力走出一条具有中国特色的社会组织发展之路"要求，积极开展党建活动，加强思想政治引领。按照上级党委统一部署，采取线下和线上两种方式同步开展党史学习教育及庆祝建党 100 周年纪念活动。2021 年组织"女企业家走进汕头"主题活动期间，与会的 300 多名女企业家集体观看反映中国共产党百年光辉历程和伟大成就的纪录片《百炼成钢：中国共产党的 100 年》。在重庆举办女企业家培训班期间，组织参训学员举办庆祝建党 100 周年联谊晚会，联合重庆市女企协党支部全体党员一起听党课，向歌乐山烈士陵园敬献花圈，缅怀革命先烈。利用公众号向广大会员推送《百炼成钢：中国共产党的 100 年》微视频 55 集、《党史故事 100 讲》50 讲。

中国女企协系统各团体会员的党组织以高度的政治自觉、思想自觉、行动自觉，通过专题讲座、学习交流、知识问答、参观培训等形式，广泛开展"不忘初心、牢记使命"为主题的党史学习教育，推进建党一百周年纪念活动走深走实，以丰富生动的实践活动深化对党百年奋斗之路、中国共产党初心使命的理解，做到学史明理、学史增信、学史崇德、学史力行；深入开展十九届六中全会精神学习，从建党百年奋斗历程中汲取智慧和力量；以实际行动迎接党的二十大隆重召开，自觉、自发组织观看党的二十大开幕盛况，聆听习近平总书记所作工作报告，持续开展深入学习贯彻党的二十大精神系列活动，深刻把握党的二十大的重要意义、精神实质和丰富内涵，做到学深学透、真信笃行。

① 本文节选自《笃行同心，行稳致远，再出发奋斗新征程——中国女企业家协会第七届三次会员代表大会工作报告》。

二、强化品牌力建设，主题活动取得成效

为助力女企业家在新形势下更好地把握发展机遇，更好地服务国家和地方经济发展大局，在加快构建新发展格局的大背景下，中国女企协集中力量搞好“走进一座城”主题活动，围绕地方政府的招商引资与会员企业发展需求，组织开展政企对接交流及学习考察活动，共叙友情、谈合作、话未来。2021 年，先后组织开展“女企业家走进汕头 · 共创美好未来”及“相聚敕勒川 · 共谋新发展”女企业家走进呼和浩特主题活动。汕头市、呼和浩特市两地市委、市政府对主题活动高度重视，市委、市政府主要领导出席会议并重点就营商环境、投资政策、发展趋势等向与会的女企业家做重点推介。全国各地的女企业家会员积极响应，克服新冠疫情带来的心理阴霾，积极参与，先后共有 600 余人参加了主题活动。60 多家媒体对两地开展的主题活动进行了广泛宣传，取得良好的效果。立讯控股（广东）有限公司在汕头主题活动之后，决定投资 50 亿元在汕头市建设全球电子信息产业中心；包括 5G 产业创新基地、光伏新能源产业等 15 个项目在呼和浩特市签约，投资意向金额达 40 亿元。中国女企协与呼和浩特市达成共识，把敕勒川草原千人会议中心作为女企业家未来的活动基地，实现了全国女企业家们“我和草原有个约定”的美好愿望。

主题活动期间，中国女企协还组织与会的女企业家参观考察汕头市小公园文化街区、南澳岛、上海电气风电广东有限公司、中海信投资有限公司，以及敕勒川草原、圣水梁旅游开发景区；邀请深圳立讯精密工业股份有限公司董事长、总经理王来春，香江集团董事长翟美卿，北京丰顺工贸集团董事长安钟岩，神冠控股集团董事长周亚仙，万事利集团董事长屠红燕，上海市衡山（集团）有限公司党委副书记杜松杨，分众传媒信息技术股份有限公司首席战略官兼首席信息官陈岩等优秀女企业家进行主旨演讲，分享企业创新发展经验，探讨产业发展趋势，把握当下市场风向，集智谋划应对大变局。

三、开展评先创优和宣传表彰活动，发挥先进典型的示范引领作用

以弘扬和践行社会主义核心价值观为导向，选树和表彰一批具有行业影响力的先进典型，充分发挥示范辐射作用，激励和带动广大会员以更加积极饱满的热情推动协会工作全面发展。坚持公平、公开、公正原则，组织开展“杰出创业女性”“双优”评选工作，共有 192 名会员被评为“杰出创业女性”、75 人被评为“优秀会员”、43 家协会被评为“优秀团体会员”、43 名协会工作人员被评为“优秀工作者”。经向中华全国妇女联合会推荐，先后有 9 家会员企业荣获“全国巾帼文明岗”、10 名会员荣获“全国巾帼建功标兵”、2 家团体会员荣获“巾帼建功先进集体”、1 名会员荣获“全国最美家庭”、1 名会员荣获“全国三八红旗手”。另外，中国女企协系统共有 4 名女企业家当选党的二十大代表并光荣参加党的二十次全国代表大会，履行党员的神圣职责；李说会长光荣受邀列席党的二十大开幕会和闭幕会。通过选树先进，宣传典型，展现她们爱岗敬业、勇于创新、甘于奉献、爱党爱国的崇高情怀和干事创业的巾帼担当，引领广大会员、协会工作者在各自的工作岗位敬业奉献、拼搏进取，奋力追梦，在新时代、新征程尽展企业家责任担当和巾帼风采。

四、坚持融合发展，对外务实协作关系取得新进展

对内优化组织建设，对外强化工作协同，不断促进协会的融合发展，回应会员对协会服务工作的美好期待。坚持规范办会、民主办会、集智办会，如期召开七届二次理事会、七届二次会员代表大会，全面总结协会各方面的工作；组织召开副会长座谈会，举办会长活动日，充分听取会员对协会发展的意见建议。强化外联工作，组织会员企业参加首届中国国际消费品博览会，引导会员企业通过中国国际消费品博览会平台，以国际视野重新审视全球消费市场，以新理念、新技术快速推进企业产品的迭代升级，在加速构建双循环新发展格局背景下共享发展机遇。与贵

州省妇女联合会、中华全国工商业联合会女企业家商会、中国女科技工作者协会等单位签署《低碳转型绿色发展的女性贡献贵阳合作备忘录》，共同携手宣传习近平生态文明思想，共同推动生产方式绿色发展，共同倡导推动绿色生活方式，为中国的绿色转型发展、如期实现“碳达峰”“碳中和”目标贡献巾帼力量。

五、注重调查研究，协会工作的针对性有效提升

开展第二次女企业家问卷调查工作，全体会员及团体会员积极参与，共回收有效问卷2500份。在此基础上，由李兰副会长牵头，依托专业研究力量，撰写完成《新时期中国女企业家发展、问题与期望》研究报告，对中国女性企业家队伍现状、对未来经济发展的判断，女企业家的领导力及成长规律，以及在推进高质量发展、数字化转型、商业模式创新等方面发挥的独特作用等情况进行了分析研究，为相关部门制定政策、助力协会开展针对性工作提供决策参考。为摸清新冠疫情对女企业家系统各类市场主体经营发展造成的困难以及对国家关于助企纾困的建议，先后组织江苏省女企协、武汉市女企协，以及副会长单位哈尔滨中央红股份有限公司、常务理事单位广东华盛铭兔环保科技股份有限公司等单位进行了抽样调查，对会员企业经营生产面临的主要困难、国家助企纾困政策落地情况，以及对进一步激发市场主体活力的意见建议进行收集梳理并反馈有关部门参考。

六、扎实开展培训工作，促进会员综合素养提升

着眼应对日益复杂多变的市场环境和经济形势，提高会员以理解政策、把握大势、企业管理、品牌塑造为核心的领导力。2021年5月，依据合作协议，与中国移动通信集团公司联合，重庆市女企协参与，共同举办女企业家大学堂综合素质能力提高培训班。培训按“了解趋势”“拥抱变化”“知行合一”三个模块组织授课，重点围绕企业危机管理、提升企业免疫力，中小企业在逆境中突围与生存，企业信息化应用与管理、数字化转型等内容开展针对性培训，来自18个省市的140多名女企业家参加了学习。期间，组织参训学员考察了中移物联网有限公司、重庆康刻尔制药公司，现场聆听标杆企业转型发展的经验。学员普遍反映课程设置合理，理论实践结合紧密，学有所思、学有所悟、学有所获。根据工作计划，时尚创意专委会在佳木斯市举办了“百场公益讲堂”首场讲座。活动得到佳木斯向阳区委、区政府的高度重视，市女企协及向阳区政府公务员代表共计100余人参加了讲座。通过专题礼仪授课和商务实践教学，学员们对中国礼仪之邦及传统的礼仪规范有了更深刻的认识，纷纷表示，今后在日常生活和企业发展中将遵循中国的传统礼仪规范，争做新时代文明风尚和文明礼仪的传播者、践行者。突出重点，针对性地向会员推送中华全国妇女联合会、北京大学国家发展研究院、中国企业联合会举办的各类专题讲座10余次。

在过去的两年，受新冠疫情影响，面对艰巨的防控压力，各级团体会员能够保持定力，结合当地实际积极开展各项活动，带领企业、引领会员全力以赴突围谋生存促发展。各团体会员深入企业走访调研，了解企业在疫情后生产经营面临的困难和需求；组织召开助企纾困政策解读座谈会，帮助会员认清形势，深入了解国家相关惠企政策；凝聚力量搭建拓展平台，助力会员优质产品展销，自立自强赋能量、谋发展；引导会员大力弘扬企业家精神，积极响应社会各界发出的请援倡议，踊跃捐款捐物助力乡村振兴、扶困济弱、抢险救灾，充分彰显“一方有难、八方支援”的人间大爱精神，生动诠释了企业家的社会责任担当。据不完全统计，2022年各团体会员捐献的物资、善款价值近2亿元人民币。

在肯定工作成绩的同时，对中国女企协工作中存在的一些问题和不足也要客观看待，正确认识。一是会员主动履职的体制机制有待规范和完善，主动履职的意识需要进一步激发和强化；二是会员服务的专业化水平有待提高，统筹策划、组织执行、跟踪问效的能力需进一步加强；三是组织体系数字化能力建设、数字化赋能水平有待提升；四是党建与业务工作融合互促发展的能力水平亟须加强和提升。针对以上问题，我们要客观面对，正确对待，深入研究对策，在未来的组织建设和工作中采取有效措施加以克服和解决，确保“两个服务”全面有效落到实处。

2022 年企业社会责任与诚信建设综述

中国企业联合会雇主工作部

2022 年是实施“十四五”规划的关键之年，是中国踏上全面建设社会主义现代化国家新征程、向第二个百年奋斗目标进军的重要一年。在疫情频发、国际国内面临严峻调整的形势下，需求收缩、供给冲击、预期转弱三重压力与日俱增，中国稳住了宏观经济大盘。从应对气候变化、落实“双碳”目标，到韧性供应链与绿色金融建设，再到 ESG（环境、社会、治理的英文单词首字母）、可持续消费、生物多样性保护，政策新规不断出台、优秀实践不断涌现，为中国适应新发展格局、挖掘新发展动力，加快绿色低碳转型注入了强大动力。同时，面对复杂多变的国际经济环境，国内经济面临多种矛盾相互交织的新挑战，中国企业诚信建设和社会责任领域也面临诸多挑战，应积极采取各项应对措施。

一、中国企业诚信和社会责任的新进展

（一）政府部门高度重视企业社会责任和诚信建设工作

2022 年 10 月 16 日，中国共产党第二十次全国代表大会在北京人民大会堂开幕，习近平总书记代表第十九届中央委员会向大会作了题为《高举中国特色社会主义伟大旗帜　为全面建设社会主义现代化国家而团结奋斗》的报告。在社会信用体系领域，党的二十大报告深刻阐述了其丰富的时代内涵，指出要完善产权保护、市场准入、公平竞争、社会信用等市场经济基础制度，优化营商环境，强调要弘扬诚信文化，健全诚信建设长效机制。

2022 年 3 月 29 日，中共中央办公厅、国务院办公厅印发《关于推进社会信用体系建设高质量发展促进形成新发展格局的意见》（以下简称《意见》）。《意见》开宗明义，对社会信用体系做了高定位，从三个方面指出“完善的社会信用体系是供需有效衔接的重要保障，是资源优化配置的坚实基础，是良好营商环境的重要组成部分，对促进国民经济循环高效畅通、构建新发展格局具有重要意义”。为推进社会信用体系建设高质量发展，促进形成新发展格局，《意见》从总体要求、以健全的信用机制畅通国内大循环、以良好的信用环境支撑国内国际双循环相互促进、以坚实的信用基础促进金融服务实体经济、以有效的信用监管和信用服务提升全社会诚信水平、加强组织实施 6 大部分提出了 33 点意见，构建了社会信用体系建设的新格局，体现了系统性、整体性、创新性、融合性、法治性五大特点。《意见》成为继《社会信用体系建设规划纲要（2014—2020 年）》收官后，“十四五”期间乃至更长时期社会信用体系建设的重要顶层设计，进一步明确完善的社会信用体系是供需有效衔接的重要保障，是资源优化配置的坚实基础，是良好营商环境的重要组成部分，对促进国民经济循环高效畅通、构建新发展格局具有重要意义。

2022 年 3 月 25 日，《中共中央 国务院关于加快建设全国统一大市场的意见（2022 年）》，明确要求健全统一的社会信用制度。编制出台全国公共信用信息基础目录，完善信用信息标准，建立公共信用信息同金融信息共享整合机制，形成覆盖全部信用主体、所有信用信息类别、全国所有区域的信用信息网络。建立健全以信用为基础的新型监管机制，全面推广信用承诺制度，建立企业信用状况综合评价体系，以信用风险为导向优化配置监管资源，依法依规编制出台全国失信惩戒措施基础清单。健全守信激励和失信惩戒机制，将失信惩戒和惩治腐败相结合。完善信用修复机制。加快推进社会信用立法。同时，要求全面提升市场监管能力。深化简政放权、放管结合、优化服务改革，完善“双随机、一公开”监管、信用监管、“互联网＋监管”、跨部门协同监管等方

式，加强各类监管的衔接配合。

2022年，中国社会信用体系建设加速纳入法治化轨道。随着中国社会信用体系建设的不断发展，加快推动信用立法，成为现阶段经济社会发展的客观需要。《中华人民共和国社会信用体系建设法（向社会公开征求意见稿）》向社会公开征求意见，将为推动政务诚信、商务诚信、社会诚信和司法公信建设，完善征信体系，规范信用信息处理，加强信用监管，健全褒扬诚信、惩戒失信的制度机制，推进诚信文化建设提供有力指引。此外，在国家层面上，已有53部法律、71部行政法规中规定了专门的信用条款；在地方层面上，已有23个省级社会信用相关地方性法规、12个市级社会信用相关条例相继出台。《全国公共信用信息基础目录（2022年版）》《全国失信惩戒措施基础清单（2022年版）》编制出台，“信用中国”行稳致远的法治步伐更加铿锵有力。

2022年11月，国家市场监督管理总局印发《关于开展信用提升行动助力市场主体纾困解难的意见》（以下简称《意见》）。《意见》明确开展信用培育，推广信用承诺，探索信用合规建设，推行事前失信警示提醒，探索差异化和柔性监管，建立信用惩戒缓冲机制、公示信息抽查容错机制等包容审慎的信用监管机制，建立分工明确、职责清晰的信用修复工作机制，强化信用信息应用，加强诚信文化建设九项重点任务，以开展信用提升行动为切入点，支持市场主体纾困解难。

（二）有关机构和行业组织深入推进企业社会责任工作

2022年，社会组织和行业组织的平台和示范作用日益凸显，成为推动企业社会责任和诚信建设的有力推动者。

2022年3月16日，为切实推动中央企业科技创新和社会责任工作，经中央机构编制委员会批准，国务院国有资产监督管理委员会成立科技创新局、社会责任局。国资委相关负责人指出，这两个局的成立，将更好地组织指导中央企业深入实施创新驱动发展战略、积极履行社会责任，坚定不移做强做优做大国有资本和国有企业，加快打造世界一流企业。自成立以来，国资委就高度重视企业社会责任工作，通过理论探究、发布社会责任政策文件、制定发展战略、开展管理提升、开展总结评比、加强信息披露、开展国际交流、营造社会氛围等一系列措施推进央企履行社会责任，取得了积极进展，成效显著。社会责任局作为中央政府在部委层面设立的首个专职负责社会责任工作的正司局级单位，将指导和促进央企社会责任建设进入新境界，成为中国政府推进企业社会责任的标志性事件。2022年5月18日，三峡集团以集团原履行社会责任（乡村振兴）工作领导小组办公室的职能为基础，专设成立社会责任办公室，成为首家宣布在总部机构专设社会责任职能部门的中央企业。2022年5月27日，国务院国资委产权局发布《提高央企控股上市公司质量工作方案》，推动更多央企控股上市公司披露ESG专项报告，力争到2023年相关专项报告披露“全覆盖”。2022年12月20日，由国务院国资委社会责任局指导的“中央企业ESG联盟”成立，首批11家成员加入，旨在联合各方助力中央企业ESG建设。

2022年6月15日，“落实‘双碳’行动 共建美丽家园”——2022年“全国低碳日”企业社会责任与公众参与论坛在山东省济南市举办。论坛旨在宣传绿色低碳发展理念，呼吁社会各界关注气候变化。中华人民共和国生态环境部副部长赵英民、山东省常务副省长曾赞荣出席论坛并致辞，中国气候变化事务特使解振华视频出席并致辞。论坛指出，应对气候变化，落实“双碳”行动不仅需要国家层面做好顶层设计，更需要企业和广大公众积极参与，从生产和生活各方面同步推进。践行绿色低碳理念，对企业既是责任，也是可持续发展的内在要求和机遇；绿色低碳的生活方式，既是人民群众对美好生活的追求，更是每个人的切实行动。论坛还宣布成立了“碳普惠合作网络”，与会19家单位和企业共同发起低碳主题倡议，号召社会各界践行绿色生产、绿色消费，为建设天更蓝、山更绿、水更清的美丽地球家园，为携手迈向人与自然和谐共生的现代化，做出自己的贡献。

2022年8月18日，中国煤炭工业协会在北京组织召开2022年煤炭行业企业社会责任报告发布会。中国煤炭工业协会领导出席会议，发布社会责任报告的相关企业代表，中国煤炭工业协会各代管协会、各部室和所属单位的负责人参加会议。会议发布了《煤炭行业社会责任蓝皮书(2022)》《煤炭行业社会责任指南》。

2022 年 8 月 29 日,以“诚筑文明、信助发展——携手共建网络诚信”为主题的 2022 年中国网络文明大会网络诚信建设高峰论坛在天津举行,会上首次发布中国网络诚信发展年度报告——《中国网络诚信发展报告 2022》(以下简称《报告》),成为与会各方及媒体关注的亮点。《报告》全面反映 2021 年以来中国网络诚信建设取得的新进展、新成就,分析了网络诚信领域面临的新问题、新挑战,提出了加强新时代网络诚信建设的思考建议,成为政府部门、行业机构、业界专家等了解中国网络诚信发展状况的重要窗口。

2022 年 12 月 20 日,由国务院国资委社会责任局主办,国家电网有限公司支持,中国社会责任百人论坛承办的“新征程新责任——《中央企业社会责任蓝皮书(2022)》《国资国企社会责任蓝皮书(2022)》发布活动”在京举行。国务院国资委社会责任局副局长汪洋解读《中央企业社会责任蓝皮书(2022)》。该课题由国务院国资委社会责任局指导、责任云研究院执行,这是连续第六年发布《中央企业社会责任蓝皮书》(以下简称《蓝皮书》)。

(三)社会责任报告发布数保持稳定,报告质量明显提升

金蜜蜂对 2022 年 1 月至 10 月在国内公开发布的 2300 份中文企业社会责任报告进行评估,公开发布《金蜜蜂中国企业社会责任报告研究(2022)》,深度剖析了 2022 年中国企业社会责任报告的特征,并针对性地给出了中国企业社会责任报告发展建议,为企业编制高质量的企业社会责任报告提供参考。

2022 年企业社会责任报告指数呈现十大特征。一是 2022 年综合指数达 1461 点,标志着报告质量跨上新一级台阶;得分首次突破 60,整体水平由“发展”阶段进入到“追赶”阶段。二是报告六个维度指数水平均有提升,完整性、可信性、可比性、实质性指数增长较为平稳,可读性、创新性因为得分率基数低,增长空间大,因此指数整体增长显著。三是中国企业更加重视报告的信息饱和度、发布的时效性及实质性议题的管理和披露,促进报告整体水平进入“追赶”阶段。四是报告对供应商、客户、环境、员工、媒体、监管机构、同行七个利益相关方的披露程度在增强,增幅最大的是供应商、监管机构和同行。五是必尽责任、应尽责任、愿尽责任三个层的指标披露率保持阶梯式递减特征,符合中国企业社会责任实践特征。六是各行业社会责任报告指数整体呈波浪形上升趋势。2022 年金融保险业报告质量最高,进入“优秀”水平,水电煤气生产与供应业等七行业报告质量进入“追赶”水平;七是不同性质企业报告质量总体呈现上升趋势。中央企业报告质量仍保持最高水平,民营企业社会责任报告数量连续五年实现增长,不同性质企业报告质量的差距缩小。八是报告发布总量大幅提升,成长型企业报告数量增幅大,领袖型企业报告质量更高,即将突破“追赶”阶段。九是沪深港交易所上市公司报告质量均同比提升,港交所上市公司发布报告的质量更高。十是中国企业报告国际化程度明显提升,中英文双语报告数量快速增长,更多企业将国际标准作为编制参考依据。

(四)中央企业在社会责任实践方面取得“九大进展”

《中央企业社会责任蓝皮书(2023)》显示,2022 年中央企业履行社会责任主要在 9 个方面取得了新进展。一是稳定国民经济,推动高质量发展。中央企业统筹质的有效提升和量的合理增长,助推国民经济平稳有序运行、持续回升向好。2022 年,中央企业整体经营状况延续增长态势,全年实现营业收入 39.4 万亿元,同比增长 8.3%;利润总额 2.55 万亿元,同比增长 5.5%;净利润 1.9 万亿元,同比增长 5%。二是增强优质供给,服务社会需求。中央企业着力强化维护国家安全和产业基础的支撑能力,提升国防军工、能源资源、粮食、战略性网络基础设施等领域的保障水平,打造了一批“国之重器”;着力强化保障民生和普遍服务能力,围绕消费品、养老、教育、医疗、文旅等领域,以高品质的产品和服务不断释放和扩大内需潜力,不断增强人民群众的获得感、幸福感、安全感。三是坚持创新驱动,支持科技自立自强。中央企业把科技创新作为“头号工程”,完成了一系列具有标志性、引领性的创新成果,助力科技强国建设。2022 年,中央企业研发投入首次突破 1 万亿元,同比增长 9.8%,工业企业研发投入强度超过 3%,科技创新驱动力进一步增强。四是践行绿色发展,服务“双碳”目标实现。中央企业积极布局新能源产业,创新开发绿色低碳新产品,着力建设绿色循环产业体系,探索延伸“零碳”产业,努力实现从源头到终端减碳。2022 年,中央企业万元产值综合能耗比“十三五”末期下降 6.09%,达到“十四五”规划目标进度;万元产值二氧化碳排放比“十三五”末期下降 11.5%,超过“十四五”规划目标进度。五是推进乡村振兴,迈向全民共同富裕。中央企业主动投身乡村振兴,接续奋斗做好定点帮扶工作,为全体人民共同富裕聚力奉献。中央企业定点帮扶 256 个县,对口支援西藏 21 个县、青海 16 个县、赣南闽西等原中央苏区 7 个县,仅 2022 年投入和引进各类帮扶资金 308 亿元,培训各类干部人才 78.8 万人次,购买和帮销脱贫地区农产品 114.7 亿元。六是全力抢险救援,坚决守护生命安全。中央企业扎实做好防风险、保安全、保稳定等工作,在重大灾害、重大事件中冲锋在前、应急救援,切实保障人民群众生命财产安全。2022 年 9 月,四川甘孜泸定县发生 6.8 级地震后,中央企业全力以赴投入应急抢险救灾,迅速开展道路抢修、安全监测、应急保供工作,踊跃捐款捐物,83 家中央企业共捐款 12.91 亿元。七是服务民生事业,维护社会和谐稳定。中央企业扎实做好电力、通信、能源等基础保障工作,千方百计稳岗扩就业,保民生,开展形式多样的公益慈善活动,采取更多惠民生举措,为弱势群体、困难群众排忧解难。2022 年,中央企业组织开展线上线下招聘活动,共发布岗位 77.5 万个、人才需求 158 万人。八是落实战略部署,促进区域协调发展。中央企业积极落实国家区域重大战略和区域协调发展战略,积极推动西部大开发、东北全面振兴,大力支持革命老区、民族地区、边疆地区建设;推进京津冀协同发展、长江经济带发展、粤港澳大湾区建设。九是加强海外履责,携手共建美好世界。十年来,中央企业在“一带一路”沿线 140 多个共建国家(地区)参与投资合作项目超 5000 个,投资金额超过万亿美元,创造就业岗位近百万,一大批标志性项目和惠民生的“小而美”项目落地生根,在推动共建国家互联互通、经济社会发展、民生改善等方面发挥了重要作用。

(五)中国民营企业社会责任不断深入推进

中华全国工商业联合会发布《中国民营企业社会责任报告(2023)》(以下简称《报告》)。《报告》以全国 21563 家民营企业问卷调查数据为基础,结合中华人民共和国国家统计局、国家市场监督管理总局等国家有关部门的公开信息,深入分析参与调研企业的社会责任状况,全面阐述 2022 年中国民营企业社会责任的主要成效和基本特征。《报告》由总报告、专题篇、调研篇、区域篇、附录五部分组成。《报告》指出,2022 年,广大民营企业以共同富裕为企业社会责任价值目标,在稳定增长、增加就业、贡献税收、创业创新、乡村振兴、生态文明建设、公益慈善等方面积极作为,对经济社会高质量发展做出了重要贡献。总体而言,2022 年中国民营经济稳中向好,民营企业社会责任发展不断深入,民营企业社会责任主要表现为 6 个方面。一是助推发展作用明显。2022 年,规模以上民营工业企业增加值增长 2.9%;民营企业进出口额 21.4 万亿元,增长 12.9%,占中国外贸总额 50.9%,对外贸增长的贡献度达 80.8%;贡献税收收入 9.5 万亿元,占企业税收总量 56.9%。二是吸纳就业能力突出。2022 年,全国新增民营企业 243.6 万户,同比增长 5.5%,年底民营企业数量为 4701.1 万户,占全部企业数量的 93.3%。民营企业数量的快速增长,为巩固存量就业和吸纳新增就业提供了直接和有力的支撑。据统计,参与调研企业 2022 年共吸纳就业 963867 人,同比增加 1.71%,其中 72.16%的企业用工保持稳定或上升。三是注重创新成效显著。2022 年,全社会研发经费投入达 3.09 万亿元,是 2012 年的 3 倍,稳居世界第二大研发投入国。2022 年民营企业专利申请数、发明专利数量、有效发明专利数量占比均在 80% 左右。2022 年中国发明专利授权量前 10 名中,民营企业占据 7 名,其中前 2 名为民营企业。四是投身乡村振兴务实。2022 年,广大民营企业积极投身乡村振兴,踊跃参与“万企兴万村”行动。调研企业中,有 4783 家企业参与了“万企兴万村”行动。其中,32.5%的企业设有负责乡村振兴的专职部门;51%的企业提供了就业帮扶;39%的企业助力发展特色农业;31%的企业帮助培养乡村人才。五是绿色发展不断深化。参与调研企业中,有873家企业获得绿色食品认证,同比增长75%,有758家企业获得国家环境标志认证,356家企业入选“国家节能产品目录”,1244家企业获得其他产品绿色标识或认证。六是积极参与公益慈善。民营企业始终是慈善捐赠的主力军。2022年中国慈善榜上榜企业中,民营企业近900家,占上榜企业总数的65.44%,合计捐赠超101亿元,占上榜企业捐赠总额的50.55%。2022年,全国共有基金会9321家,民营企业基金会数量占三分之二左右,呈稳步增长态势。《报告》显示,2022年中国民营企业社会责任发展指数站上新高,为542.19点。呈现指数稳健增长,社会责任均衡发展;民生指标突出,社会责任治理回升;行业特征明显,履责实践各有侧重;伴随企业成长,社会责任意识提高;机构逐渐完善,上市企业引领发展五个特点。

(六)中国企业海外社会责任稳步推进

《中央企业海外社会责任蓝皮书(2023)》回顾了2022年中央企业海外履责实践。一是坚持和平安全的发展底线。中央企业深度参与全球产业分工和合作,以合作谋和平、以合作促安全,致力于为推动建设人类命运共同体做出积极贡献。二是中央企业不断深化国际交流与合作,找准定位、发挥优势,持续在交通领域、通信领域、能源化工等重点领域加大投资,与所在国在共商共建中共享发展机遇。三是坚持科技创新的赋能升级。中央企业在海外基础设施建设、能源资源开发等重点领域承担一大批具有示范带动性的重大项目和标志性工程,始终坚持以创新赋能,使创新成果惠及更多国家和人民,有力促进了当地经济社会发展进步。四是坚持绿色低碳的发展路线。中央企业严格遵守东道国生态环保法律法规和标准规范,坚持绿色规划、绿色施工、绿色运营,积极开展新能源领域投资合作,推动绿色低碳产品、服务和标准“走出去”,助力实现人与自然和谐共生。五是坚持服务民生的价值追求。中央企业切实回应所在国家与地区经济发展和民生改善需求,力所能及参与支持当地灾害救助、社区治理、公益慈善和民生发展,深化文明交流,增进民生福祉,为建设更加美好的世界源源不断注入活力动能。

二、当前中国企业社会责任面临的新情况和问题

当前,企业履行社会责任和加强诚信建设方面,还存在一些突出问题和新挑战,已成急需应对的重大挑战。

(一)责任投资金融市场加速拥抱ESG,国内ESG投资迎来快速发展期

近年来,ESG投资理念在中国进一步提升,随着一系列与ESG理念相关的政策推出,为市场提供了诸多投资机遇。在“碳中和”浪潮下,包括风电、光伏、储能,新能源车及相关产业链,以及生物降解塑料等领域将会继续带来重要增长机会。

一方面,ESG发展以绿色金融为依托,绿色金融发展又以“双碳”目标为引领,因此应对气候变化、助力“双碳”目标将是中国责任投资市场的主旋律;另一方面,中国市场结构和发展路径决定了以商业银行为主的信贷市场、债券市场仍占主导地位,央行及银保监会的政策措施如碳减排支持工具、金融机构气候环境压力测试、银行业金融机构绿色金融评价等将继续促进中国绿色金融的快速发展。在此背景下,上市公司对ESG评级的关注将持续提升。商道融绿对A股的评价报告显示,上市公司ESG评级还有较大的改进空间。我们建议,上市公司应建立完善ESG管理体系、改进ESG披露,以提升ESG评级。

自2020年9月“双碳”目标提出以来,资产管理机构积极响应ESG理念,国内碳中和公募基金申请成立愈发火热,而且规模迅速增长。据统计,截至2022年10月31日,全市场累计共有198只“碳中和”主题概念基金;截至2022年9月30日,国内“碳中和”公募基金规模合计1976亿元,相较2017年的300亿元增长了561%。投资类型上看,目前“碳中和”基金以股票型基金为主,也更受个人投资者欢迎,2022年上半年,全市场“碳中和”公募基金中个人投资者持有比例高达73.2%。规模合计1466亿元,远高于机构投资者538亿元。同时,由于个人投资者风险偏好相对较高且对基金费率相对不敏感,因此他们更加偏好混合型基金。

（二）对企业社会责任的认识仍流于表面，社会责任评价标准需要不断平衡完善

随着对社会责任理念认识的不断深化，很多企业已经从最初的社会责任等同于公益慈善捐赠慢慢向社会责任即涵盖环境、社会、治理等多方面的企业价值方面转变，然而实际工作过程中，大部分企业依然存在将企业的战略发展与企业的社会责任发展相割裂的情况，并没有从根本上突破“利润最大化”的管理经营思维，更多是将企业社会责任作为品牌价值宣传来管理，从而导致社会责任工作容易流于表面，缺乏根本重视。因此，企业应该从根本上尽快扭转对社会责任理念的理解，真正做到从单一的经济价值向多元的利益相关方协同下的综合价值和共享价值转变，真正将社会责任理念融入企业战略决策过程中，最大程度实现二者的有机统一。

当前国际上已经建立了一系列具有影响力和代表性的 ESG 信息披露标准和评估体系，包括 GRI（全球报告倡议组织）、SASB（可持续发展会计准则委员会）等信息披露框架，近期国际可持续准则理事会（ISSB）推行的希望在全球范围内建立的统一的可持续发展报告准则，以及国际资本市场主流的 ESG 评价体系，这些标准和评估体系发展较早，并且源于西方价值体系，与国内实际情况存在一定的差异性，这就导致国内企业在这样一套标准下较难充分发挥出实际水平，更多企业更应肩负起探索和构建具有中国特色的社会责任标准和创新实践。

（三）重点领域重点行业企业社会责任领域问题比较突出

电子科技大学与南方周末中国企业社会责任研究中心有关专家持续收集、分析企业社会责任负面事件，发布了《中国企业社会责任缺失警示年度报告》。2022 年共收录个体事件 1273 起，研究团队从行业、议题、所有权性质等维度对事件进行了深入分析，主要挑战和问题为以下四点。一是金融行业负面事件多发，违规成为行业“顽疾”。从行业来看，金融业曝光事件数为 447 件，占比达 35%；其次是批发零售业和制造业，占比约为 16% 和 15%。随着对金融的监管趋严，每年有大批银行因为违法违规问题被通报惩处，大部分发生在分支机构，银行内部合规监管落实不到位，对违规问题不够重视。二是基础责任管理不到位，违规和食品安全问题多发。按照议题来看，守法合规领域发生的负面事件占比第一，达到 44.62%；安全与健康领域发生的负面事件占比 17.6%，位列第二。其中，百货超市、餐饮行业问题高发。三是平台用户隐私被忽视，数据滥用问题凸显。2022 年共收集互联网平台企业的社会责任缺失事件 89 件，其中侵犯消费者权益的事件占比 57.3%，多为违规收集、滥用用户个人信息，不经同意调取应用权限等。《网络交易监督管理办法》中曾明确提出不得强迫或变相收集个人信息、敏感信息，但不少互联网平台仍违规操作，是企业对消费者权益的漠视、对法律的轻视。四是私营企业违规问题突出，责任管理能力待提升。按照企业所有权性质来看，私企责任缺失问题最为突出，曝光负面事件占比 60.49%。2020—2022 年趋势也是如此，私企曝光负面事件数量在增加。一方面是由于私企的绝对数量较多；另一方面，则是因为国有企业、在华外资企业面临更严格的监管和约束，自身责任管理体系也较为完善，私营企业责任管理意识和能力相对较薄弱。

三、企业社会责任和诚信建设的对策建议

随着“十四五”时期的到来，中国经济迈入高质量新发展阶段，政府部门和各个企业也对高质量发展愈加重视，积极履行社会责任则是企业实现高质量发展的必经之路。

（一）加大法律规范和行政监管，不断优化营商环境，加快推进社会信用体系建设力度

建议加快建设信用法律法规体系。针对法律层面的现实困难，应当将为立法创造条件和推动立法纳入国家社会信用体系建设主管部门和部际联席会议的重要工作任务，进一步加强立法规划、组织、协调和研究工作，提出法律框架，明确重要事项，打好基础，强力推进立法进程。一是国家层面加快推进信用立法工作，使信用信息采集、归集、交换、共享，以及信息安全和信息主体权益保护等有法可依。二是进一步推动全国统一的信用信息共享交换平台，

打破部门和行业壁垒,破解条块分割的局面。要明确平台建设的总体定位,加大信用信息标准的制定应综合考虑信用信息应用的需求和采集的可操作性。三是加快征信服务市场的发展,推动信用产业多元化发展。信用是市场经济高效运行的润滑剂,既有市场属性、又有公共产品属性,必须要发挥好政府和市场的双重作用。强化扶持政策,优化产业结构。支持信用咨询、信用评估、信用担保和信用保险等信用服务业发展,形成信用产业集聚效益。政府要带头把信用信息应用嵌入行政管理和公共服务各领域,并向市场和社会购买信用服务。

(二)多管齐下,各方面全力加强重点领域、重点行业企业社会责任建设

一是强化金融领域特别是银行业合规管制,从外而内完善治理体系。金融机构在促进经济结构调整,转变各行业发展方式等方面作用至关重要,要从外部强监管、严惩戒入手,规范金融风险行为,并逐步在其内部培养守法合规意识,从外而内完善银行企业社会责任治理体系建设。二是保障食品安全,切实维护消费者权益。食品安全问题是整个食品供应链,包括生产、加工、运输、销售等环节的问题。企业需要完善从生产到销售的全生命周期的质量安全管理,强化食品供应链各环节的生产、加工和销售等方面的质量管理力度。三是打破两极分化,建立健全中小企业履责制度。大型企业和中小企业履责现状呈现两极分化趋势。为扭转中小企业履责意识和约束不足的问题,监管部门在加强监督管理的同时,需要引导支持中小企业责任能力建设,加大正面表彰;行业可通过论坛、基金、培训等形式,对中小企业履责问题开展针对性的指导和服务;媒体和公众等外部利益相关方,积极发挥外部监管与治理功能,对企业社会责任缺失的中小企业进行曝光和批评。

(三)加强网络平台责任缺失管理和诚信风险防范,进行合理规范引导

针对互联网平台责任缺失问题,需进一步引导和规制平台企业加强内部管理,确保治理风险的有效性;社会各界应充分发挥外部治理和监督功能,完善平台企业治理机制,建立起一个更加安全、健康和可持续的互联网生态系统。一是推进网络诚信规范化建设。通过法治保障、标准规范、强化自律,形成政府、社会、企业等协同治理的网络诚信建设格局。二是加强重点领域监管。以专项整治为抓手,进一步完善网络信息内容审核,依法加强个人信息保护,推进算法安全规范治理,强化网络直播监管,促进网络生态持续改善。三是推进网络诚信建设示范工程建设。持续打造网络诚信品牌,拓展深化"诚信之星"和"好网民"评选,积极推进企业社会责任评估,推动诚实守信成为全社会的共同价值追求。四是建立网络职业素养培训体系。创新方式方法、加大培训力度,不断提升互联网从业人员道德素养和业务技能,持续为网络诚信建设注入发展动力。

(四)企业强化自身社会责任管理体系建设,勇担责任和使命

首先,社会责任涉及议题广泛,不是单一部门可以完成的,广大企业需要在更具行业特点和企业实际,适时设立或完善社会责任领导机构,统筹组织社会责任工作规划和落实。其次,需要建立完善的社会责任管理制度,只有把社会责任绩效纳入公司考核体系中,才能真正把社会责任工作落到实处。最后,开展必要的社会责任能力建设是提升社会责任工作水平的重要手段。社会责任工作对于普通员工来说较为陌生,特别是涉及气候变化、生物多样性、数据隐私安全等新兴议题时,企业需要给相关人员提供必要的培训和工具支持,才能保障工作的有效开展。面对新形势、新要求,企业应深入实施可持续发展战略,完善信息披露体系,要确保社会责任报告是公开可获取的,利益相关方能够获取信息,体现社会责任报告所承载的用于信息披露的价值。应当对可能会进行披露的制度、数据、图片、案例等素材进行定期抓取与整理,使其作为社会责任报告编制的基础材料时来源可查、真实有效,在报告编制过程中能够选择的素材丰富,促进社会责任报告的质量提升。与此同时,注重报告的互动性体验,将报告作为基点,逐步展开更多企业信息的有效披露,全面提升企业信息披露质量,充分展示企业的履责实践成果,实现传播效果最大化。

总之,企业要持续注重将社会责任理念、要求融入现有管理体系，积极探索适合企业自身的社会责任管理模式，报告发布阐述所在领域企业社会责任体系，防范社会责任履责风险、改进责任生态，实现经济、社会和环境的综合价值最大化，共同走绿色、低碳、可持续发展道路，不断提升企业的软实力和国际影响力，促进企业高质量，实现可持续发展。

（撰稿：马　超）

中国企业家队伍成长与发展30年调查综合报告

中国企业家调查系统

一、引　言

伴随着改革开放尤其是市场化、全球化和技术进步的进程，中国经济持续增长，中国企业家队伍经历了孕育、发展、壮大的成长过程，逐渐成为推动中国经济发展、制度变革和社会进步的重要力量。党的二十大报告提出，实现第二个百年奋斗目标，是要以中国式现代化全面建成社会主义现代化强国，全面推进中华民族伟大复兴。高质量发展是全面建设社会主义现代化国家的首要任务。开创新发展格局、实现高质量发展需要一大批优秀的企业家来承担重任。

当前，世界风云变幻、百年未有之大变局给中国企业的发展带来了很多不确定性，企业家队伍的成长也面临新的困难与挑战。在这样的历史时刻，回顾中国企业家队伍成长和企业外部环境变化的历程，梳理企业家在成长过程中取得的成就、存在的问题与需要提升的能力，了解企业家的期望与建议，对于推动企业高质量发展，推进社会主义现代化建设，具有十分重要的意义。面对新时代、新阶段，中国企业家队伍奠定了哪些基础？还面临哪些困难和挑战？企业家需要在哪些方面加强学习、自我超越，引领企业高质量发展？如何持续改善企业外部环境？中国企业家调查系统课题组自20世纪90年代开始的对企业家进行的连续追踪调查，为这种总结和思考提供了丰富的素材。

1993年党的十四届三中全会确定了建立社会主义市场经济体制，提出了建立现代企业制度和造就企业家队伍的历史任务，开启了30年的企业家队伍建设之路。正是在这样的背景下，中国企业家调查系统课题组开启了第一次企业家调查研究工作，并连续30年进行每年一度的问卷追踪调查（见附录一），及时、全面、客观、准确地反映企业家对宏观经济政策和经济体制改革的意见和建议，深入研究和把握中国企业家队伍的变化情况和成长发展规律，为政府决策提供科学依据，为理论研究提供实证数据，为企业家队伍健康成长提供支持。调查内容主要涉及了企业家对宏观经济形势、企业经营状况的判断及对未来发展的预期，企业家对企业经营外部环境的评价、对宏观经济政策及经济体制改革成效的看法，以及进一步深化改革的意见和建议。同时，还涉及了与企业家成长相关的问题，包括企业家行为特征和价值取向，素质与能力，企业家队伍建设的职业化、制度化与市场化，企业家激励与约束机制，企业家精神与企业创新，企业家个人学习、组织学习和学习型企业文化建设，以及企业社会责任、企业信用、企业发展战略、企业数字化转型等多方面内容（见附录二）。

30年来，调查研究工作得到了多个部门和理论学术界的大力支持，得到了企业家们的积极参与，受到了社会各方面的关注和肯定。在调查工作实施过程中，课题组广泛听取政府部门、学术界、企业界的意见，精心设计调查问卷，科学抽取调查样本，及时组织座谈会和试调查，确保了调查工作的科学性。在样本选取方面，以全国范围内（不包括港澳台地区）的企业为调查总体，以企业法人代表为主的企业家群体为调查对象，按照企业的行业、规模分布进行分层随机抽样，30 年来，每年回收有效问卷数量平均 3000 份左右①。调查问卷多由企业法定代表人填答，保证了回收问卷的质量。

本报告以改革开放以来中国社会经济发展历程为背景，基于企业内外环境的变化和新时代企业高质量发展的新考验，以企业家调查系统课题组 1993—2022 年连续 30 年的调查数据为基础，从企业家队伍的成长历程、企业发展面临的挑战与企业家引领企业高质量发展三个方面，回顾总结了中国企业家队伍的成长轨迹与历史阶段，分析了其中影响因素及变化规律、取得的进步和存在的问题，并提出了以不断丰富升华的企业家精神引领企业高质量发展的政策建议。

中国企业家调查系统课题组 30 年追踪调查结果显示如下。

1993 年以来，伴随着市场化、全球化、技术进步的进程，中国经济持续增长，企业家队伍经历了孕育、发展、壮大的成长过程，逐渐成为推动中国经济发展、制度变革和社会进步的重要力量。30 年来，企业家队伍的成长、企业营商环境的改善与企业管理水平的提升相互促进。与此同时，企业家队伍的能力和素质全面拓展提升，企业家精神的内涵不断丰富升华。在持续的变革中，中国企业家队伍展现出高韧性的特征，为未来发展打下良好的基础。这种高韧性体现在多个方面：企业家队伍不断增强的各种基础能力、带领企业应对困难和挑战的组织韧性、企业家个人面对各种压力体现出的心理韧性等。总结企业家队伍 30 年的成长规律，发现具有明显的阶段性特征。具体表现在以下几方面。

一是社会主义市场经济体制创建期（1993—2002），企业家成长的关键是成为适应市场化转型需要的合格的企业经营者，重点是以职业化为核心的能力基础建设。以建设现代企业制度为目标，企业家的职业化水平、专业化能力和市场化意识明显提高。

二是经济发展转型期（2003—2012），企业家成长的关键是成为适应国际竞争和经济转型需要的学习型企业家，重点是以学习及变革为核心的能力扩展与提升。通过个人学习与建设“学习型组织”、对标国际先进管理水平，企业家的国际视野、学习和变革管理能力、责任意识与精神境界提升明显。

三是改革开放攻坚期（2013—2017），企业家成长的关键是成为胜任自主创新管理的创新型企业家，重点是以创新为核心的能力提升。通过提升创新意识与组织创新能力，打造组织的创新文化，企业家的创新管理能力全面提升，同时在应对创新失败和管理经营风险的过程中，企业家的韧性也明显提高。

四是高质量发展推进期（2018— ），企业家成长的关键是成为能够系统思考、有效应对不确定性环境、驾驭复杂性管理的战略型企业家，企业家需要实现以管理复杂性为核心的能力提升。新时代对企业家提出了更高的要求，企业家的社会责任意识、家国情怀、可持续发展理念不断增强，主动承担时代使命、诚信经营、创新驱动、长期导向成为企业家普遍认同的经营宗旨和价值追求。

进入新时代，中国企业发展面临着诸多挑战。调查发现，企业外部环境不确定性明显增加：全球经济紧缩、国际市场变化、供应链不稳定；技术变革带来的挑战；国内营商环境仍需进一步改善，新冠疫情的冲击、行业政策波动等影响企业经营预期的稳定性等。调查同时发现，目前企业经营还面临不少困难：资源、环境约束不断加大，成本压力大，企业所需专业人才供应不足，未来发展的不确定性高，企业自主创新能力和企业家信心仍需进一步提升等。

30 年来，中国改革开放取得了巨大成绩和进步，中国企业家队伍规模和结构不断优化，在社会经济中的作用越来越明显。党的二十大报告指出，高质量发展是全面建设社会主义现代化国家的首要任务，要进一步完善中国特色现代企业制度，弘扬企业家精神，加快建设世界一流企业。

新时代对企业家队伍建设提出了新的要求和期待，企业家要引领企业迈向高质量发展新阶段，一方面，企业家自身需要加强学习，不断超越，不断丰富

① 本调查在首次随机抽样的基础上，此后每年均采用固定样本追踪调查方式开展调查，同时每年根据固定样本中企业自然消亡的情况对样本进行随机轮换。

升华企业家精神，持续增强自主创新能力，坚持长期主义战略，更好地应对不确定的外部环境，实现企业的高质量发展；另一方面，企业家们期待政府部门进一步深化改革，构建高水平社会主义市场经济体制，激发市场主体活力，营造市场化、法治化、国际化一流营商环境；完善法治环境，依法保护民营企业产权和企业家权益，促进民营经济发展壮大，真正发挥法治固根本、稳预期、利长远的保障作用。同时，期待全社会重视和肯定企业家的价值，营造企业家健康成长和企业持续发展的良好环境，建设企业家“安心经营、放心发展、用心创新”的社会生态系统，共同努力为全面建设社会主义现代化国家，为国家繁荣富强、社会进步和民族复兴做出更大的贡献。

二、企业家队伍成长 30 年：进步与成就、变革与韧性

回顾 1993—2022 年 30 年的发展，伴随市场主体规模和经济总量的持续扩大和增长，中国建设企业家队伍的各种基础包括综合实力、配套制度、企业家自身能力素质及精神面貌不断迈上新的台阶。同时，不断应对困难和挑战也使得企业家队伍展现出高韧性的明显特征，为新时代高质量发展打下良好的基础。这种高韧性体现在：企业家队伍不断增强的各种基础能力、带领企业应对困难和挑战的组织韧性、企业家个人面对各种压力体现出的心理韧性等。

（一）企业家队伍不断壮大，成为推动社会经济发展的重要力量

1. 企业家队伍的规模和结构不断优化

伴随经济的快速发展，企业家队伍的规模和素质不断迈上新的台阶，比较 30 年来调查对象的基本情况，企业家队伍构成的变化非常明显（见表 1、附录一）。从年龄来看，企业家群体整体倾向年轻化，2022 年 44 岁以下企业家接近四成。企业家文化程度明显提高，大学本科及以上学历提高了近三成；专业背景更加丰富，经济与管理类专业背景的企业家在增加。从任职途径看，由“主管部门任命”逐渐向“董事会任命”和自主创业等方式转变。这些变化体现了企业家队伍构成不断优化及现代企业制度和公司治理结构的建立和不断完善。

表 1　调查对象基本情况

单位：%

年　份			1993 年	1998 年	2003 年	2008 年	2013 年	2018 年	2022 年
有效样本/份			2620	3180	3192	5920	3545	1562	2034
企业家信息	性别	男	—	95.4	96.1	95.8	93.6	89.7	92.1
		女	—	4.6	3.9	4.2	6.4	10.3	7.9
	年龄	44 岁及以下	27.4	36.1	27.7	26.7	19.8	24.2	37.3
		45~49 岁	24.3	22.8	24.4	19.7	17.0	13.5	18.5
		50~54 岁	27.7	21.7	25.4	24.3	19.4	17.5	18.3
		55 岁及以上	20.6	19.4	22.5	29.3	43.8	44.8	25.9
		平均年龄（岁）	48.5	47.2	48.7	49.7	52.5	52.9	48.8
	文化程度	高中及以下	30.9	18.2	13.9	23.1	19.6	17.7	7.9
		大专	35.2	40.2	37.6	35.7	35.2	33.8	28.7
		大学本科	33.9	34.3	32.6	25.3	26.6	35.1	47.9
		研究生及以上		7.3	15.9	15.9	18.6	13.4	15.5

续表

年份			1993 年	1998 年	2003 年	2008 年	2013 年	2018 年	2022 年
有效样本/份			2620	3180	3192	5920	3545	1562	2034
企业家信息	所学专业	文史哲法律	—	5.2	7.7	6.6	6.7	6.3	8.8
		经济	—	9.0	35.2	33.2	31.4	17.1	17.7
		管理	—	31.0	47.0	48.5	48.5	38.6	38.1
		理工农医	—	32.6	28.3	24.9	23.9	19.1	21.9
		其他	—	12.9	6.0	13.2	13.3	18.9	13.5
	现任职务	董事长	—	39.6	53.6	61.9	60.3	61.0	45.3
		总经理	—	58.0	59.9	58.8	54.1	47.4	53.4
		厂长	—	26.7	13.3	8.0	5.0	2.7	1.5
		党委书记	—	23.4	27.6	16.3	12.6	9.2	2.7
		其他	—	8.6	4.7	6.1	7.2	8.7	14.7
	就职方式	主管部门任命	85.8	48.3	38.3	14.5	11.1	—	—
		董事会任命	3.8	40.3	38.6	44.7	38.4	—	—
		自己创业	—	—	15.7	34.2	44.7	—	—
		其他就职方式	10.4	11.4	7.4	6.6	5.8	—	—
企业信息	地区	东部地区企业	—	58.2	54.0	62.5	65.2	58.5	67.3
		中部地区企业	—	26.0	23.1	23.2	21.6	27.3	11.1
		西部地区企业	—	15.8	22.9	14.3	13.2	14.2	21.6
	规模	大型企业	37.0	33.8	21.2	9.3	11.1	7.9	5.9
		中型企业	48.7	38.1	50.2	43.4	31.1	20.7	19.6
		小型企业	14.3	28.1	28.6	47.3	57.8	71.4	74.5
	经济类型	国有企业	75.0	38.5	26.1	9.1	6.4	2.8	3.0
		私营企业	0.1	12.2	6.3	12.3	19.7	27.1	37.0
		股份有限公司	3.1	22.1	15.2	16.5	16.4	16.7	14.2
		有限责任公司	—	—	33.7	47.9	46.2	45.1	36.8
		外商及港澳台投资企业	3.6	15.8	8.3	7.5	5.1	3.0	2.6
		其他	18.2	11.4	10.4	6.7	6.2	5.3	6.4
	成立时间	1978 年及以前	—	37.0	31.2	15.8	13.1	10.1	4.3
		1979—1992 年	—	33.7	22.9	18.3	16.8	12.3	7.3
		1993 年及以后	—	29.3	45.9	65.9	70.1	77.6	88.4
	盈亏	盈利企业	—	50.7	63.1	62.8	48.8	51.9	30.4
		持平企业	—	29.7	15.8	16.9	22.8	26.9	22.1
		亏损企业	—	19.6	21.1	20.3	28.4	21.2	47.5

注:1. 由于存在跨专业和职务兼任情况,因此所学专业和现任职务比例合计大于100%。
2. 其他任职方式包括:职代会选举、企业内投标竞争及企业外部招聘等。
3. "—"表示该年度没有涉及此项调查内容,空白处表示答题者未选择此项。下同。

从企业的总体构成来看,企业规模从早期的大中型企业为主到近年来的中小型企业为主。企业经济类型的分布也从国有企业为主转向多种所有制共存的企业生态。调查发现,样本中国有企业和非国有企业的比例从 1993 年的 75% 和 25%,演变成 2022 年的 3.0% 和 97%。新技术、新产业、新业态、新模式不断为中国经济发展和国际竞争力的提升积蓄新动能。调查发现,样本中高新技术企业的比例上升明显,从2000年的15.4%提高到2022年的27.1%。

2. 企业家队伍的贡献和地位不断提升

30年来,中国企业家带领企业积极参与经济建设,在助推国家进步与人民富裕等方面做出了巨大的成就与贡献。对比历史调查数据,无论国企、民企还是外企,企业家对于中国企业做出的成就和贡献呈现出认同感逐渐加强的趋势,主要包括"增强了国家的经济实力""促进了人民生活水平的提高""造就了一大批优秀的企业家""提升了中国企业在世界上的竞争力"以及"促进了中国市场经济体制的建立"。

与此同时,企业家的相关地位也逐渐得以提升。调查结果表明,1993—2022年,企业家群体对自己的"经济地位"和"社会地位"满意程度呈上升趋势,其中,对"经济地位"的满意程度评价值由1.82上升到2.27(3分制),"社会地位"的满意程度由2.18上升到2.34。

(二)企业家队伍成长、营商环境改善与企业管理水平提升相互促进

1. 改革开放成效显著,经济体制和营商环境不断优化

改革开放极大改善了生产关系,推动了中国社会经济的发展,创造了社会主义现代化建设的巨大成就。2012年关于推动经济发展要素作用的调查显示,企业家认为"改革开放"是过去30年中对经济发展作用最大的原因(评价值为4.50,5分制),其次才是经济发展各种要素的投入,包括"资本投入""自然资源利用""劳动力投入"。调查表明,企业家普遍认为改革开放是中国经济和企业发展最重要的推动力。

外部环境的各种要素构成了企业家成长和企业发展的软环境,其重要性在不断提升。2002—2022年的20年追踪调查数据反映了不同环境要素对企业家成长和企业发展的影响力变化(见表2)。总体而言,经济体制和政策环境是历年来对企业家队伍成长影响的最重要因素。

表2 有关因素对企业家队伍成长的影响(评价值)

	2022年	2019年	2017年	2014年	2013年	2011年	2007年	2002年	历年综合评价值
经济体制	**3.14**	3.20	3.48	3.02	3.34	3.10	3.77	3.38	3.30
政策环境	**3.22**	3.30	3.39	3.08	3.18	3.02	3.54	3.17	3.24
市场环境	**2.99**	3.13	3.27	3.00	3.17	3.03	3.61	3.42	3.20
文化环境	**3.22**	3.33	3.30	3.09	3.15	3.05	3.28	3.15	3.20
法律环境	**3.22**	3.30	3.28	2.89	3.02	3.03	3.27	2.97	3.12
社会舆论	**3.06**	3.22	3.13	2.98	3.05	2.94	3.24	3.09	3.09

注:评价值是由("很有利"×5+"比较有利"×4+"一般"×3+"不太有利"×2+"很不利")/100计算得出的,最高为5分,最低为1分,分值越高表示该因素对企业家队伍成长越有利,反之则越不利。

历年调查数据显示,企业家感知的营商环境得到有效改善。从具体评分来看,企业家对营商环境的综合评价值从2006年的2.84上升到2021年的3.41(5分制)。近十年来,企业家对营商环境的评价呈现出快速提升趋势(见图1),表明政府积极改善营商环境的政策取得了明显成效。

营商环境涉及多个维度,从年度数据的跨指标横向对比来看,企业家评价最好的是法治环境和市场秩序,其次是政府行政管理和诚信的社会环境,尤其是政府行政管理从2012年以来提升明显;评价居中的是中介组织和技术服务、金融服务;评价相对较低的是人力资源供应。见表3。

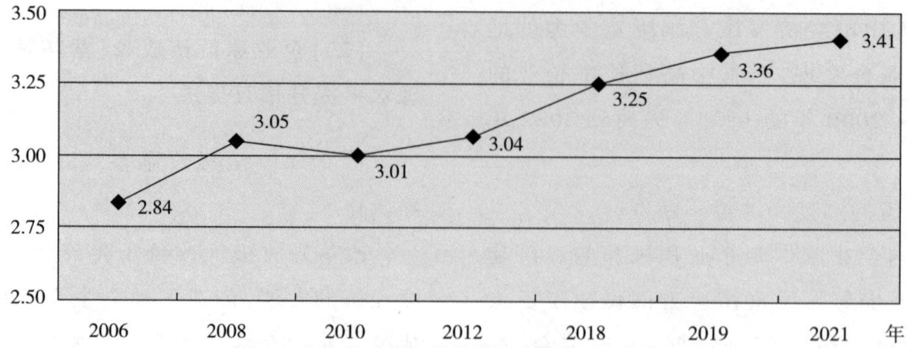

图 1　企业家对营商环境的综合评价(评价值)

注:根据 2006—2021 年企业家调查系统调查数据绘制。评价值是由("很有利"×5+"比较有利"×4+"一般"×3+"不太有利"×2+"很不利")/100 计算得出的,最高为 5 分,最低为 1 分,分值越高表示该因素对企业家队伍成长越有利,反之则越不利。"综合评价"是由当年外部环境的各方面的评价值进行算术平均后得出的结果。

表 3　企业家对外部营商环境的整体评价(评价值)

企业外部营商环境	评价值(5 分制)						
	2021	2019	2018	2012	2010	2008	2006
政府行政管理	**3.72**	**3.64**	**3.54**	**3.00**	**2.99**	**3.14**	**2.98**
政府政策和规章制度是否公开透明	3.66	3.63	3.55	3.18	3.20	3.37	3.28
行政执法机关(工商、税务等)执法是否公正	3.73	3.69	3.60	3.10	2.93	3.20	2.97
不同企业是否享受同等的国民待遇	3.37	3.26	3.15	2.74	2.89	3.11	2.86
各种行政登记注册和审批手续是否方便简捷	3.86	3.78	3.65	2.96	3.05	3.12	3.03
政府官员是否廉洁守法	3.99	3.86	3.73	3.01	2.86	2.90	2.75
法治环境和市场秩序	**3.81**	**3.69**	**3.59**	**3.28**	**3.20**	**3.35**	**3.12**
公检法机关执法是否公正	3.80	3.69	3.55	3.06	2.93	3.11	2.79
公检法机关执法效率如何	3.62	3.48	3.37	2.96	2.86	2.97	2.71
企业合同能否得到正常履行	3.72	3.70	3.58	3.45	3.55	3.62	3.53
经营者的人身和财产安全是否有保障	4.03	3.89	3.81	3.58	3.44	3.58	3.35
企业知识产权、品牌是否得到保护	3.86	3.67	3.62	3.36	3.22	3.45	3.21
金融服务	**3.21**	**3.21**	**3.03**	**3.01**	**2.93**	**2.84**	**2.52**
企业从银行贷款是否很难	3.25	3.17	2.94	2.86	2.90	2.57	2.44
企业从民间渠道筹资是否很难	3.16	3.25	3.12	3.16	2.95	3.10	2.59
人力资源供应	**2.80**	**2.85**	**2.79**	**2.79**	**2.69**	**2.75**	**2.48**
在当地找到需要的技术人员是否很难	2.75	2.82	2.76	2.73	2.61	2.67	2.43
在当地找到需要的管理人员是否很难	2.84	2.88	2.82	2.81	2.73	2.74	2.49
在当地找到需要的熟练工人是否很难	2.81	2.86	2.79	2.83	2.73	2.83	2.51
中介组织和技术服务	**3.36**	**3.29**	**3.22**	**3.03**	**3.07**	**3.04**	**2.92**
当地律师、会计师等市场服务条件如何	3.56	3.49	3.40	3.29	3.27	3.32	3.18
当地行业协会发展如何,对企业是否有帮助	3.16	3.10	3.08	2.81	2.82	2.78	2.69
当地技术服务和出口服务条件如何	3.35	3.27	3.19	3.00	3.11	3.03	2.90

续表

企业外部营商环境	评价值(5分制)						
	2021	2019	2018	2012	2010	2008	2006
诚信的社会环境	**3.57**	**3.46**	**3.35**	**3.16**	**3.14**	**3.17**	**3.02**
当地有无适合企业经营的诚信社会环境	3.57	3.46	3.35	3.16	3.14	3.17	3.02
综合评价	**3.41**	**3.36**	**3.25**	**3.04**	**3.01**	**3.05**	**2.84**

注:1."政府行政管理""法治环境和市场秩序""金融服务""人力资源供应""中介组织和技术服务""诚信的社会环境"是由各自包含的具体指标的评价值进行算术平均后得出的结果。

2."综合评价"是由当年外部环境的各方面的评价值进行算术平均后得出的结果。

2.全球化进程全面推进,在国际对标中提升管理能力

30年来,不断开放的国内外市场促使中国经济逐步融入世界经济体系之中,中国对外贸易体制改革不断深入。对1998—2022年企业国际化的调查显示,从2005年开始,样本企业的产品出口海外的比重有了显著的提升(接近50%)。不过,随着近年来"逆全球化"现象的出现及全球经济放缓的趋势,企业的出口比例有所下降,值得重视。

历年调查也显示,大多数企业家已经意识到企业在各项管理和创新上与国际先进水平的差距。2013年的调查显示,中国企业与世界一流企业较大的差距体现在"企业品牌和产品品牌"(评价值为3.26,5分制,分数越大,差距越大)、"管理团队"(3.25)、"市场竞争优势"(3.23)等方面。总体来看,在技术创新、人力资源、管理战略等方面,中国企业仍存在较大提升空间。值得肯定的是,通过对标学习,企业各个方面的管理水平在稳步提升。

3.技术变革不断加快,自主创新逐渐成为主流

技术创新逐渐成为企业成长的核心动力。2012年调查显示,企业家认为对未来经济发展最重要的要素为"科技创新"和"企业家的创新"。新技术革命带来了新产业、新商业模式、新业态发展的历史机遇,新时代的高质量发展需要企业家提升创新发展的新动能。对比1995年与2022年调查发现,与早年相比,中国企业对外部技术的依赖度在下降。关于"企业当前技术进步主要依靠的模式",企业家选择"引进国外技术、设备"的外部直接获取模式下降20.4%,"依靠本企业的技术力量自行开发"的技术进步模式由1995年的43.7%增加到2022年的56.7%,上升13%。

技术创新带来商业模式的创新,这也成为近十年来中国企业的创新特色。关于企业创新的自我评价,2012年调查显示,41%的企业家认为企业在"商业模式上适应了'网络经济'的需求";2020年调查显示,在应对新冠疫情时,41.9%的企业家考虑通过"创新商业模式"渡过难关。2021年调查显示,49.2%的企业家认为启动数字化转型的主要目标是为了"创造新的商业模式"。

4.公司治理逐步规范,现代企业制度不断健全

以《有限责任公司规范意见》和《股份有限公司规范意见》为标志,中国从1992年开始建立真正的现代企业制度。1993年颁布的《中华人民共和国公司法》进一步加速了中国企业发展的进程。中国企业家调查系统课题组30年长期追踪调查涉及股份制改造、理顺产权关系、转换企业经营机制、完善公司治理结构、建立现代企业制度等诸多方面。

改革初期,国有企业的现代企业制度建设重点关注制度变革,打破计划经济时代形成的旧体制的束缚。1998年的调查表明,有59.3%的企业家认为自己企业"完成了公司制改造"。同时,促进民营企业等非国有经济发展的制度改革不断深入推进。2003年有32.8%的非国有企业表示"已经或打算"参与兼并国有企业;在2014年推出混合所有制后,当年有12.9%的企业表示"非常愿意"参与混合所有制改革;2021年,已有54.7%的企业"非常积极"和"比较积极"愿意参与混合所有制改革。

随着改革的深入,现代企业制度变革的主要任务不断向更高层次上的制度创新转变。2006年的调查显示,企业家对自己"企业治理结构比较健全"的

符合程度的评分为5.34(7分制),表明建立现代企业制度已经取得显著成效。2013年,95.3%的调查企业认为已经部分或完全实现"完善公司治理结构"。

(三)企业家队伍的能力和素质全面提升

1.企业家队伍整体素质和职业声望逐步提高

关于"对目前中国企业家队伍状况的评价",对比2022年和2007年数据可以看出,认同企业家队伍整体素质"非常高"和"比较高"的百分比由2007年的29.9%提升到2022年40.2%;认同企业家队伍职业声望"非常高"和"比较高"的百分比由2007年的28.3%提升到2022年的33.3%(见表4)。

表4 对目前中国企业家队伍状况的评价

单位:%

		非常高	比较高	一般	比较低	非常低	评价值
整体素质	**2022年**	**3.1**	**37.1**	**51.8**	**7.1**	**0.9**	**3.34**
	2007年	0.7	29.2	55.9	13.4	0.8	3.16
职业声望	**2022年**	**2.8**	**30.5**	**53.9**	**11.4**	**1.4**	**3.22**
	2007年	1.3	27.0	57.7	12.9	1.1	3.14

注:评价值是由("非常高"×5+"比较高"×4+"一般"×3+"比较低"×2+"非常低")/100计算得出的,最大分值为5分,最小分值为1分,分值越大,表示企业家队伍整体素质/职业声望越高,反之则越低。

调查发现,企业家大都秉持社会推崇的价值观。2003年和2022年关于"你最喜欢的优秀企业家特征"的调查,前三位均为"信守承诺""守法经营"和"尊重员工";而"回报社会""照章纳税""重视家庭""善于创新"也逐渐成为最喜欢的特征之一,说明企业家群体越来越注重承担社会责任、关爱员工和家庭、努力造福社会。从"最不喜欢的特征"来看,"不守信用"和"违法经营"都高居前列,超过三成的企业家还选择了"偷税漏税""自私自利""不尊重下属"等。见表5。

表5 最喜欢/最不喜欢的企业家特征

单位:%

	最喜欢的优秀特征			最不喜欢的特征	
	2022年	2003年		**2022年**	2003年
信守承诺	**76.6**	67.5	不守信用	**83.6**	77.4
守法经营	**72.7**	62.7	违法经营	**75.2**	68.4
尊重员工	**60.4**	46.9	偷税漏税	**52.0**	28.3
回报社会	**53.0**	36.0	自私自利	**49.9**	32.0
照章纳税	**37.1**	20.0	不尊重下属	**30.7**	32.7
重视家庭	**34.9**	22.2	贪婪	**26.1**	33.9
善于创新	**31.0**	51.9	妄自尊大	**24.5**	32.3
善于合作	**26.4**	28.5	不务正业	**22.1**	23.8
高瞻远瞩	**20.6**	30.7	不顾家庭	**19.7**	20.6
认真负责	**17.6**	28.8	视野狭隘	**18.5**	27.6
锲而不舍	**14.8**	22.7	不善合作	**14.2**	20.4
永不停步	**10.5**	17.8	冷酷无情	**12.4**	13.8

续表

	最喜欢的优秀特征			最不喜欢的特征	
	2022 年	2003 年		2022 年	2003 年
开朗乐观	**8.5**	11.7	独断专行	**10.1**	22.7
才能杰出	**3.8**	26.8	孤芳自赏	**9.7**	5.6
关系丰富	**2.4**	2.6	犯忌别人	**6.7**	15.1
依赖别人	**2.9**	8.9	因循守旧	**5.5**	19.2
形象出众	**0.9**	1.9	缺乏魅力	**2.0**	4.7

2. 企业家队伍的能力全面拓展提升

企业家队伍健康成长的基础是能力和素质培养。30 年来，企业家能力经历了快速提升的过程。早期阶段，职业化能力和市场经营能力是企业家比较重视培养的能力，1993 到 1998 年的多次调查都将企业家的角色意识、职业化追求、素质能力与培训情况作为调查的重点之一。2000 年的调查发现，一半以上的企业家认为自己企业的核心竞争力主要体现在市场营销能力、经营组织能力和战略决策能力三个方面。

随着市场化改革不断深化、国际化竞争加剧，企业家不断优化能力结构，注重培养战略决策能力、学习创新能力等来助力企业进一步发展壮大。1997—2009 年的调查显示，企业家内部管理能力中“决策能力”和“组织协调能力”一直是企业家自我评价的最强项。2002 年的调查显示，企业家认为必须具备的素质和技能中，选择领导与创新类技能（包括果断决策、接受新思想、统筹能力、智慧）的比重最大（41.8%～86.7%），高于人际沟通与个人能力修养类技能。2005 年、2016 年的调查也发现，企业家越来越重视高管团队的学习和企业创新组织能力的提升。

近年来，企业家积极提升变革管理能力，以应对各种困难与挑战。2020 年调查发现，面对新冠疫情，企业家重视企业的危机感受能力和危机应对能力的提升。同时，也注重危机中的机遇把握，2021 年的调查发现，企业家高度关注企业数字化能力；2022 年的调查显示，企业应对各种变化的能力中“创新精神及协调能力”自我评价最优。见表 6。

表 6　企业应对各种变化的能力（2022 年）

单位：%

	非常弱	比较弱	一般	比较强	非常强	评价值
行业趋势及潜在竞争者预见能力	**1.4**	**6.2**	**40.9**	**44.6**	**6.9**	**3.49**
能准确预测本行业市场需求的变动情况	1.8	7.0	44.1	41.9	5.2	3.42
能意识到本行业先进技术的发展变化趋势	1.2	5.5	38.2	47.8	7.3	3.55
能识别潜在竞争者的出现及其影响程度	1.1	5.7	39.9	46.7	6.6	3.52
能及时了解各级政府对本行业的相关政策	1.5	6.5	41.5	42.2	8.3	3.49
创新精神及协调能力	**1.4**	**4.8**	**34.2**	**48.7**	**10.9**	**3.63**
能够在全体员工之间分享公司的发展愿景	1.1	4.0	33.5	50.4	11.0	3.66
鼓励员工不断学习并提供良好的培训机会	0.8	3.9	29.1	51.8	14.4	3.75
注重通过各种渠道从外部获取有用的信息	0.7	3.3	29.2	53.9	12.9	3.75
能够根据所获取的信息更新原有知识	0.8	3.5	31.3	52.9	11.5	3.71
对创新活动投入大量人力、物力和财力	2.2	7.8	41.0	39.9	9.1	3.46

续表

	非常弱	比较弱	一般	比较强	非常强	评价值
管理者和员工具有不断创新的探索精神	1.4	5.7	36.9	46.3	9.7	3.57
有鼓励员工变革和创新活动的企业文化	2.0	5.5	35.8	47.0	9.7	3.57
对变革和创新提供卓有成效的激励机制	1.7	5.6	37.3	46.4	9.0	3.55
与供应商、客户等一起探讨问题解决方案	1.6	4.3	33.4	50.1	10.6	3.64
市场开拓及风险掌控能力	**7.0**	**10.9**	**45.3**	**31.0**	**5.8**	**3.18**
具有推动数字化转型并取得实效的能力	3.9	10.3	45.4	33.8	6.6	3.29
具有驾驭各种不确定性的能力	2.2	7.3	47.2	37.3	6.0	3.38
具有成功开拓国际化市场的能力	15.0	15.2	43.0	21.9	4.9	2.87

注：评价值是由（“非常强”×5+“比较强”×4+“一般”×3+“比较弱”×2+“非常弱”）/100 计算得出的，最高为 5 分，最低为 1 分，分值越大表示应变能力越强，反之则越弱。

（四）企业家精神内涵不断丰富升华，韧性不断增强

历年调查涉及了企业家精神、价值取向、行为特征与自我认知等多个方面，以深入探寻企业家的精神动力和人生追求。调查表明，随着市场化、全球化、技术进步的进程，企业家精神内涵不断丰富和升华，韧性不断增强。

1. 企业家的精神内涵不断丰富升华

企业家精神是企业家创业创新的精神资源，也是企业可持续高质量发展的动力源泉。调查显示，30 年来中国企业家注重的精神内涵不断丰富和升华。总体来看，市场经济体制创建期（1993—2002），企业家精神的内涵主要是勇担风险、奉献、善抓机会和敬业等；经济发展转型期（2003—2012）企业家精神内涵主要包括创新、善抓机会、勇于突破和与众不同等。改革开放攻坚期（2013—2017），创新、精益求精、诚信、勇于突破等推动企业从粗放式向高质量发展转型，并致力于优化合作生态的企业家精神逐渐涌现。高质量发展推进期（2018—　），诚信、敬业、创新仍然受到高度重视，同时奉献、造福社会也凸显其价值。见表 7。

表 7　各个时代的企业家精神

单位：%

	市场经济体制创建期（1993—2002）	经济发展转型期（2003—2012）	改革开放攻坚期（2013—2017）	高质量发展推进期（2018—　）
勇担风险	**50**	24	18	17
奉献	**42**	8	21	44
善抓机会	**41**	**35**	21	21
敬业	41	21	18	**54**
节俭	40	5	8	29
渴望成功	31	25	16	10
坚韧	29	11	16	26
诚信	24	29	**42**	**65**
自我实现	21	30	24	23
勇于突破	18	**35**	29	9
造福社会	14	14	28	38

续表

	市场经济体制创建期(1993—2002)	经济发展转型期(2003—2012)	改革开放攻坚期(2013—2017)	高质量发展推进期(2018年—)
创新	9	**64**	**56**	**48**
与众不同	9	31	26	5
精益求精	8	17	**42**	28

注:由于选项为最想传承的五项企业家精神,因此各选项比例合计大于100%。

迈入全面建设社会主义现代化国家新阶段,企业家精神境界进一步升华,开始关注更广阔的人类福祉。企业家精神具体体现在企业家个人的价值追求上,1997年的调查显示"最大利润"是大部分企业家的主要追求,而从2007—2022年的调查数据来看,"企业的持续发展"成为企业家首要追求且比重持续上升,而选择"为股东创造价值"的排位明显退后(见表8)。此外,2018年以来,回馈社会、家国情怀等成为越来越多企业家的精神动力和主要追求。

表8 企业家个人的主要追求

单位:%

	总体			规模		经济类型			专精特新企业
	2022年	2011年	2007年	大型企业	中小型企业	国有及国有控股	外资企业	民营企业	
为股东创造利润	**37.8**	39.5	40.2	45.4	37.3	41.2	51.0	37.3	38.4
企业的持续发展	**83.8**	85.9	75.8	78.7	84.1	72.5	81.6	84.7	91.8
实现个人价值	**46.1**	46.3	40.4	48.1	46.0	63.7	40.8	45.3	42.3
提升生命意义	**26.0**	22.1	—	26.9	26.0	33.3	18.4	25.8	28.0
较高的社会地位	**12.4**	9.8	3.4	15.7	12.2	17.6	8.2	12.4	8.6
享受美好生活	**14.3**	13.8	4.5	17.6	14.1	16.7	16.3	14.1	11.5
家庭美满幸福	**31.8**	35.9	14.6	27.8	32.0	25.5	36.7	32.0	26.9
个人/家族财富的积累	**9.1**	6.4	5.1	9.3	9.1	6.9	6.1	9.3	6.1
员工收入提高与成长	**50.0**	64.5	48.3	47.2	50.2	31.4	61.2	50.4	62.7
服务社会、回报社会	**53.8**	52.0	41.0	52.8	53.9	43.1	51.0	54.9	60.6
参政议政	**15.8**	5.8	3.8	16.7	15.7	18.6	14.3	15.6	12.5
实业报国	—	—	13.0	—	—	—	—	—	—

2.企业家心理韧性不断增强

作为精神面貌的重要体现,企业家对压力的感知和积极应对的情绪,也反映了企业家的心理韧性。调查发现,企业家对压力的感受在不同年份会有一些波动,从新冠疫情以来出现了大幅上升,对压力的自我评价均值上涨0.28。具体来看,认为自己"压力很大"或"压力较大"的占比自2020年以来提高明显(见图2)。关于"企业家经营企业个人付出的最大代价"的调查显示,2007—2022年最大的三项代价都是"大量透支时间和精力""承受很大的心理压力""对家庭/亲人关照不够"。

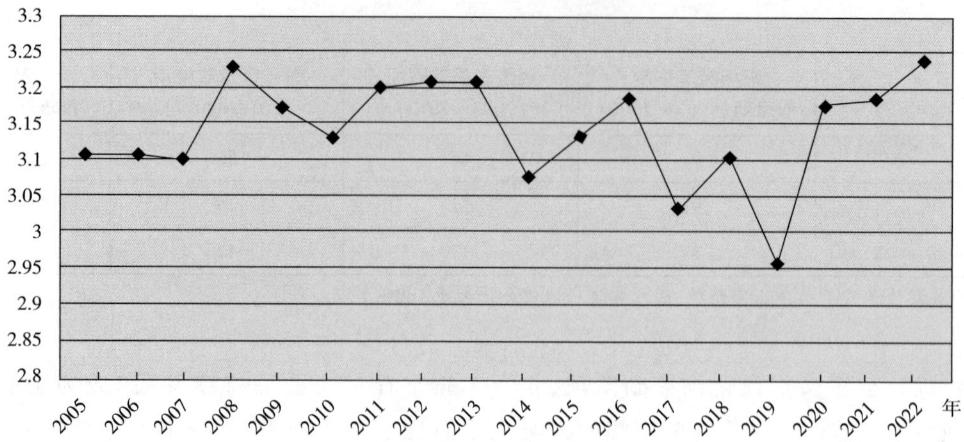

图 2 企业家对自己压力的感受(评价值)

注:根据 2005—2022 年企业家调查系统调查数据绘制。评价值是由("压力很大"×4+"压力较大"×3+"压力较小"×2+"没有压力")/100 计算得出的,最大分值为 4 分,最小分值为 1 分,分值越大,表示压力越大,反之则压力越小。

环境的复杂和竞争的加剧,给企业家带来不断增加的压力,同时调查发现企业家的韧性也在增强。调查涉及了企业家对自身群体的评价,2017 年和 2022 年选择排在前三的均为"坚持不懈的""有活力的""坚强的",整体来看,选择企业家精神中积极正向的形容词占比显著提升(见表 9),这些都体现了企业家队伍的坚定与坚韧。

这些积极坚韧的心理情绪,也是企业家积极精神面貌的重要体现,对未来企业家的成长与企业发展有着积极的心理支撑。从历年调查数据来看,企业家群体感到"很幸福"或"幸福"的比例多年来稳定保持在 60%~70%之间。企业家对人性善恶的判断也体现其价值追求,大多数企业家认同人性向善,从 2011 年、2018 年、2022 年调查发现,企业家认为"人性趋善"的比例分别为 77.4%、78.7%、80.6%,远高于"人性趋恶"的比例。

表 9 最想用来形容其周围企业家的词汇

单位:%

	总 体		性 别	
	2022 年	2017 年	男	女
有活力的	**65.2**	52.8	65.0	68.5
坚持不懈的	**46.8**	56.2	46.0	55.9
坚强的	**40.6**	43.3	40.5	42.7
有雄心壮志的	**36.9**	40.5	36.3	44.1
专心的	**36.0**	41.7	36.2	34.3
热情奔放	**28.8**	16.5	28.7	29.4

续表

	总 体		性 别	
	2022 年	2017 年	男	女
紧张的	**24.3**	25.0	24.6	21.0
坚决的	**20.9**	15.7	20.4	28.0
心烦/苦恼的	**17.9**	19.3	18.5	9.8
悲观失望	**17.1**	16.7	17.7	9.8
自豪的	**16.7**	22.2	16.6	18.2
主动的	**15.5**	22.8	15.6	14.7
心情沮丧	**12.9**	8.7	13.2	8.4
疑虑重重	**12.7**	16.9	13.3	4.9
高兴的	**8.4**	6.0	8.6	5.6
挫折感强	**7.8**	9.5	7.9	7.0
烦躁易怒	**7.3**	8.6	7.4	5.6
神经过敏的	**5.3**	3.8	5.4	4.9
有负罪感的	**0.9**	2.8	1.0	0.7
羞愧的	**0.5**	1.3	0.5	0.7

(五)企业家队伍成长的四个阶段及特征

经过 30 年的发展和积累,中国企业家队伍的综合素质和能力明显提升,面对一系列的困难和冲击,企业家队伍表现出较高的韧性。企业家队伍的这种能力和韧性是逐渐积累而成的,随着 30 年中国经济的市场环境的发展,经历了四个不同的发展阶段。调查发现,这些不同阶段都对应着企业环境的改善、企业的发展及企业家队伍的成长。见表 10。

表 10 30 年来宏观政策环境的演进与企业家队伍的成长:四个阶段的比较

	市场经济体制创建期(1993—2002)	经济发展转型期(2003—2012)	改革开放攻坚期(2013—2017)	高质量发展推进期(2018—)
党的重大决议	党的十四届三中全会:关于建立社会主义市场经济体制若干问题的决定 党的十五大:建立比较完善的社会主义市场经济体制	党的十六届三中全会:关于完善社会主义市场经济体制若干问题的决定 党的十七大:从制度上更好发挥市场在资源配置中的基础性作用	党的十八届三中全会:关于全面深化改革若干重大问题的决定 中国发展进入新阶段,改革进入攻坚期和深水区 加快建设创新型国家 市场在资源配置中起决定性作用	党的十九大:新发展理念,中国经济由高速增长阶段转向高质量发展阶段 党的二十大:高质量发展是全面建设社会主义现代化国家的首要任务
国家经济发展重要战略	建立社会主义市场经济体制 "造就企业家队伍"	提高开放型经济水平 经济转型、产业结构优化升级 健全现代市场体系,发挥市场在资源配置中的基础性作用	全面小康 创新驱动发展 紧紧围绕使市场在资源配置中起决定性作用深化经济体制改革	贯彻新发展理念,建设现代化经济体系 转换增长动能 高质量发展 新发展格局
企业发展关键目标	建立现代企业制度 提高企业管理水平	企业转型与升级 提高企业国际化水平	企业自主创新 提高企业创新管理能力	企业韧性与高质量发展 提高企业管理复杂性的能力
企业家进步方向	成为适应市场化改革要求、具备职业化素质的合格企业家 企业家队伍制度化建设,向市场化、职业化、专业化迈进	成为带领企业国际化和转型发展的学习型企业家 企业家的学习与成长,责任与担当	成为带领企业自主创新发展的创新型企业家 企业家创新意识与能力提升	成为带领企业系统应对高复杂性、实现高质量发展的战略型企业家 企业家精神与心理韧性提升 开创新发展格局
本课题组调查重点	对企业家队伍基本信息画像、基础素质培养、市场化制度初步建立等情况进行调查	对企业家与企业精神文化建设、发展规划制订、资源获取、变革转型认知与应对等情况进行调查	对企业家与企业创新投入产出、创新能力、创新环境等情况进行调查	对企业家精神提升与转型、传承与创新、抗压韧性、数字化转型等情况进行调查
企业家核心能力	以职业化为核心的能力基础建设 自我职业角色意识初步形成 现代企业制度的理解和创建 企业家数量与素质有待提升	以学习及变革为核心的能力扩展与提升 学习意识强 积极变革转型 责任意识与精神境界提升	以创新为核心的能力提升 风险承担与突破式创新的意识与能力表现突出	以管理复杂性为核心的能力提升 家国情怀 危机感知与应对能力提升 追求高质量发展
企业家精神内涵	勇担风险、奉献、善抓机会、敬业	创新、善抓机会、勇于突破、与众不同	创新、诚信、精益求精、勇于突破	诚信、敬业、创新、家国情怀

社会主义市场经济体制创建期(1993—2002)。1993 年党的十四届三中全会通过了《中共中央关于建立社会主义市场经济体制若干问题的决定》,确定了建立社会主义市场经济体制,提出了要进一步转换国有企业经营机制,建立适应市场经济要求的产权清晰、权责明确、政企分开、管理科学的现代企业制度。同时,明确提出要"造就企业家队伍"。1993—2002 年是计划经济向社会主义市场经济转型的重要时期,也是建立现代企业制度、开启企业家队伍的职业化、专业化、市场化发展的关键时期。

这个时期的企业家队伍自我职业角色意识初步形成,关于什么是企业家、中国有没有企业家的内涵界定在理论上和实践中逐渐明确。1994 年调查显示,六成以上的调查对象认为"自己是一名企业家"。企业家对现代企业制度的理解和建设也逐步深入,1995 年调查显示,取消企业的行政级别、走职业化道路成为厂长(经理)们的主流意向。

不过,这个阶段企业家队伍的量与质都还处于发展初期。如2002年调查显示，认为目前企业家队伍"数量充足"与"素质高"的分别只占13.3%与10.1%，而认为企业家队伍"数量缺乏"与"素质低"的分别占62%与40%。

在这个阶段，企业家成长的关键是成为合格的企业家，重点是以职业化为核心的能力基础建设。这个破旧立新的时期，对企业家的自我认知、自我革新和顽强生长是很好的历练。

经济发展转型期（2003—2012）。2003年的党的十六届三中全会提出了以公有制为主体、多种所有制共同发展的基本经济制度。同时，2001年中国加入世界贸易组织（WTO），标志着中国进入全面对外开放的新阶段。这段时期中国市场经济制度与环境不断改善，经济发展方式加快转变，产业结构不断优化升级，现代市场体系基本健全。2007年党的十七大明确了发挥市场在资源配置中的基础性作用。

这个时期企业家队伍的职业化和专业化已经达到一定水平。同时，企业家个人与组织学习能力明显提升，2005年调查显示，企业家对个人综合学习能力评分为中等偏上（5.48，7分制），同时，熟悉"组织学习""学习型组织"的企业家超过八成。

在这个阶段，企业家成长的关键是成为适应国际竞争和经济转型需要的学习型企业家，重点是以学习及变革为核心的能力扩展与提升。通过个人学习、建设"学习型组织"、对标国际先进管理水平，企业家的国际视野、学习和变革管理能力、责任意识与精神境界等提升明显。

改革开放攻坚期（2013—2017）。2013年党的十八届三中全会审议通过《中共中央关于全面深化改革若干重大问题的决定》，正式确立了"市场在资源配置中起决定性作用"，第一次明确产权保护。这个阶段中国处于深化改革开放、加快转变经济发展方式的关键时期。同时，互联网等新技术变革不断发展，不少企业开始推动和实施创新驱动发展战略。

这个时期的企业家大都以积极开放的心态拥抱变革，重视创新驱动转型的新发展模式，重研发、担风险、抓机会的管理风格逐渐形成。2015年的调查发现，八成的企业家认为自己"重视研发，强调技术领先和创新"。同时，企业家精神内涵与社会责任意识提升，普遍认同人性本善与心怀感恩，不少优秀的企业家树立了"人本管理"理念，并开始以回馈社会为己任。2015年的调查以企业创新动向为主题，并依据国内外企业创新研究的理论框架和实践经验，构建了"中国企业创新动向指数"，调查分析表明，2015年中国企业开始进入创新活跃期。

在这个阶段，企业家成长的关键是成为胜任自主创新管理的创新型企业家，重点是以创新为核心的能力提升。通过提升创新意识与组织创新能力，打造组织的创新文化，企业家的创新管理能力全面提升，同时面对创新中必须应对的失败和风险管理，企业家的韧性也明显提高。

高质量发展推动期（2018— ）。这个时期中国经济已由高速增长阶段转向高质量发展阶段，正处在转变发展方式、优化经济结构、转换增长动力的攻关期。2022年党的二十大进一步提出构建高水平社会主义市场经济体制，高质量发展全面推进中国式现代化。同时，这个时期企业外部环境复杂性和不确定性、科技创新的颠覆性、平台经济等新商业模式的突破性等，对制度环境和企业生态系统提出了更高的要求。

这个时期企业家成长的关键是成为能够系统思考、有效应对高复杂性、高不确定性的战略型企业家，企业家需要实现以管理复杂性为核心的能力提升，企业家的危机感知与适应能力得到磨练，高韧性的特征更加突出。2020年调查表明，企业在韧性维度上"情境感知"的得分为3.90（5分制），在"适应能力"上的得分3.63。

这个时期，企业家高质量发展意识与创新导向明显提升，更加重视企业数字化等新技术和新模式的发展变革，积极寻求未来高质量可持续的发展机会。

三、新发展阶段，企业家引领企业高质量发展面临的新挑战

当前，中国经济进入新发展阶段，明确了高质量发展、实现中国式现代化的目标。同时，百年未有之大变局，使得企业实现高质量发展面临多种挑战，企业家只有对外部环境变化敏锐把握、对未来发展趋势深刻洞察，以及理性地自我认识和不断超越，才能胜任高质量发展的新要求。

(一)外部环境的不确定性明显增加

1. 全球经济紧缩、国际市场变化、供应链不稳定

近年来,世界经济动荡加剧,新一轮"逆全球化"浪潮袭来。调查显示,受到全球经济下滑与新冠疫情的影响,企业经营遇到较大困难,盈利情况明显下滑。调查还发现,一些国家对华的贸易压制与技术"卡脖子"对企业自主创新能力和水平提出了新的挑战(见表11)。在此背景下,全球经济格局尤其是供应链的调整也影响着中国出口外贸型企业的发展。企业家引领企业高质量发展面临较大的外部挑战和困难。

2. 转型时期行业政策的波动、技术变革、商业模式变化

国内经营环境的变化对企业家也提出了新的挑战。2022年调查发现,企业家对"政策过度波动带来的不确定""行业政策的突然变化"等关注度很高。同时调查表明,企业家普遍认同技术不断变革是越来越普遍的现象。而对技术变化的追踪调查显示,近七成企业家认为当前技术变化很快和技术竞争激烈,从2008—2017年呈现递增的趋势。同时,技术变化和新产品的推出成为增强企业创新的主要驱动力。

表11 面对国内外环境新变化,企业觉得最难以应对的挑战(2022年)

单位:%

	总 体	规 模		经济类型			专精特新
		大型企业	中小型企业	国有及国有控股	外资企业	民营企业	
美国等国打压中国企业	**42.2**	45.5	41.9	47.1	57.1	41.6	37.2
一些地方政府在环境保护方面一刀切	**35.3**	38.2	35.1	36.3	32.7	35.5	35.5
新冠疫情的不确定性	**84.0**	80.0	84.3	84.3	77.6	84.6	79.8
一些地方政府"放管服"改革不到位	**23.4**	32.7	22.8	26.5	14.3	23.7	17.0
企业所在地营商环境不够好	**30.7**	27.3	30.9	35.3	12.2	31.6	23.8
全球供应链不稳定	**20.8**	20.9	20.7	20.6	26.5	20.1	30.5
一些行业政策突然变化	**23.6**	21.8	23.7	21.6	24.5	24.1	19.9
数字化转型真正落实很困难	**13.3**	20.0	12.9	13.7	8.2	12.1	19.5
社会上对企业家群体的质疑较多	**11.8**	14.5	11.6	8.8	8.2	12.4	12.1
企业国际化过程中市场不确定性风险大	**8.8**	13.6	8.5	11.8	18.4	8.2	13.8
企业国际化过程中非市场风险大	**5.2**	12.7	4.8	10.8	6.1	4.8	7.1
一些企业家对未来存在迷茫、悲观情绪	**33.3**	26.4	33.7	21.6	34.7	35.1	32.3
新变局下企业家群体自身能力和素质亟待提升	**13.9**	10.9	14.1	8.8	10.2	13.9	18.4
改革开放进入深水区,存在较多不确定性	**14.1**	23.6	13.6	15.7	18.4	13.9	16.3
社会上短期行为较多,影响长期做实业的积极性	**27.8**	20.0	28.3	15.7	34.7	28.9	37.2
产权保护还不到位,影响企业家长期创业动力	**10.1**	10.9	10.0	8.8	6.1	9.8	15.2
新变局下企业的管理能力和创新能力亟待提升	**18.4**	17.3	18.4	23.5	24.5	17.6	25.2

3. 营商环境仍需完善,社会上短期行为仍然较多

除全球宏观经济环境紧缩和不确定性增强以外,国内营商环境建设仍然存在很多有待改进之处,持续调整政府与市场的相对关系,优化中介等服务主体管理制度,有利于充分激发市场主体活力。

历年追踪调查表明,营商环境各分项指标中,企业家对中介组织和技术服务、金融服务、人力资源供应等的评价相对较低(见表3)。2021年调查还了解了当前企业营商环境存在的负面清单,发现"第三方中介机构收费过高"(43.0%)、"存在限制企业经营的不合理政策法规"(29.8%)等问题目前仍然存在,值得重视。

另外,2022 年关于“企业家觉得最难以应对的挑战”调查表明,有 27.8%的企业家选择了“社会上短期行为较多,影响长期做实业的积极性”(见表 11)。社会上的短期行为对企业的长期发展产生一定影响,这一问题值得关注。

(二)企业经营困难和不确定性比较突出

1. 资源、环境约束加大、经营成本持续增加

当前企业面临的国内外环境复杂多变,未来发展不确定性因素较多。近三年的调查显示,认为不确定因素增多对企业经营造成困难的企业家占比明显增加,由 2020 年的 29.1%增加到 2022 年的 41.6%(见表 12)。企业经营与内部管理也面临不少困难,资源、环境约束不断加大,企业成本压力持续加大。调查发现,近年来“人工成本上升”与“能源、原材料成本上升”及“资金紧张”问题持续加重企业经营的困难。见表 12。

2. 企业所需专业人才供应不足

人才供应是企业发展的关键问题。历年追踪调查显示,企业家对人力资源供应的评价一直较低,排在企业营商环境的各分项指标的最后一位。2000 年和 2014 年的调查发现,大多数企业家认为“创新人才缺乏”是妨碍创新工作的最重要因素。2022 年 39.3%的企业家认为“缺乏人才”是经营发展中的主要困难。对企业所在地区获取人才的难易情况调查显示,“战略设计人才”(90.1%)、“国际化管理人才”(89.9%)与“技术研发人才”(81.7%)是企业最难获得的宝贵专业人才。

表 12 当前企业经营发展中遇到的最主要困难

单位:%

	2022 年	2021 年	2020 年	2019 年	2018 年	2017 年	2016 年	2015 年	2014 年	2013 年	2012 年	2011 年
人工成本上升	**67.8**	75.8	62.1	72.0	77.5	71.8	68.4	71.9	76.0	79.2	75.3	79.0
未来影响企业发展的不确定因素太多	**41.6**	31.4	29.1	25.6	20.0	21.3	22.0	22.7	18.5	27.6	27.4	19.9
缺乏人才	**39.3**	44.6	33.1	35.4	38.4	35.9	33.2	32.8	30.4	28.4	29.7	32.8
资金紧张	**39.1**	39.3	35.8	30.2	33.9	31.7	35.1	37.9	35.6	36.6	35.0	38.8
能源、原材料成本上升	**39.0**	53.5	30.0	29.5	43.9	40.4	16.1	13.7	19.9	25.3	31.3	57.7
企业利润率太低	**37.6**	32.5	35.9	37.1	33.8	36.3	43.4	40.8	40.8	41.1	44.8	39.1
社保、税费负担过重	**33.9**	33.9	30.2	37.1	55.4	49.7	50.2	54.7	54.5	51.3	51.8	43.3
整个行业产能过剩	**25.3**	22.6	28.5	31.5	21.9	30.3	38.2	41.2	41.4	36.9	30.9	22.9
国内需求不足	**22.3**	13.8	18.7	14.6	9.7	10.8	24.0	29.4	23.7	28.9	25.5	7.7
政府政策多变	**18.2**	17.1	13.3	17.5	19.6	17.9	—	—	—	—	—	—
企业招工困难	**15.1**	24.2	22.8	22.0	25.5	21.9	15.0	13.2	20.1	19.4	22.3	28.9
地方政府干预较多	**14.2**	12.6	10.5	8.4	9.0	8.2	8.8	7.2	8.8	11.0	6.4	6.1
缺乏创新能力	**10.6**	10.7	11.4	12.0	11.0	15.8	16.5	14.8	13.8	11.4	13.8	11.2
企业领导人发展动力不足	**10.4**	11.3	8.2	8.6	7.9	8.9	9.9	7.7	8.3	7.0	7.8	7.1
资源、环境约束较大	**9.0**	11.4	12.8	17.0	15.6	17.1	12.1	10.5	9.4	9.8	8.4	8.2
遭受侵权等不正当竞争	**4.8**	5.6	5.0	6.6	6.0	8.0	9.8	9.7	8.3	7.4	6.0	7.6
国际贸易保护加剧	**4.4**	3.8	7.7	7.9	4.9	2.0	—	—	—	—	—	—
缺乏投资机会	**3.9**	2.6	3.3	2.9	1.8	3.2	3.8	3.5	3.3	3.6	3.2	2.9
出口需求不足	**3.8**	1.6	6.7	6.4	2.0	4.4	7.6	9.9	8.0	9.5	11.6	5.2

3. 企业家的信心有待进一步加强

近年来,在复杂的外部环境和企业内部经营双重压力下,企业家对未来的预期逐渐趋于谨慎保守。多年追踪调查来看,企业家对未来的信心在很大程

度上取决于对现状的感受（见图3）。近年来基于经济周期紧缩的预期及国际局势的不确定性，企业家信心有所下降。见图4。

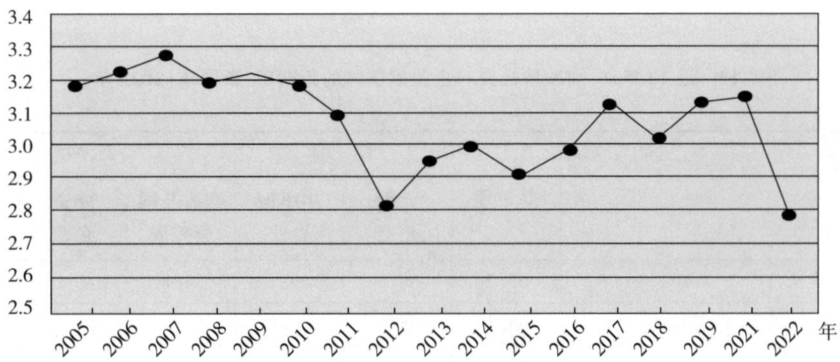

图3　对企业现状的总体感受

注：评价值是由（“非常满意”×5+“比较满意”×4+“一般”×3+“不太满意”×2+“很不满意”）/100计算得出的，最大分值为5分，最小分值为1分，分值越大，表示对企业现状越满意，反之则越不满意。

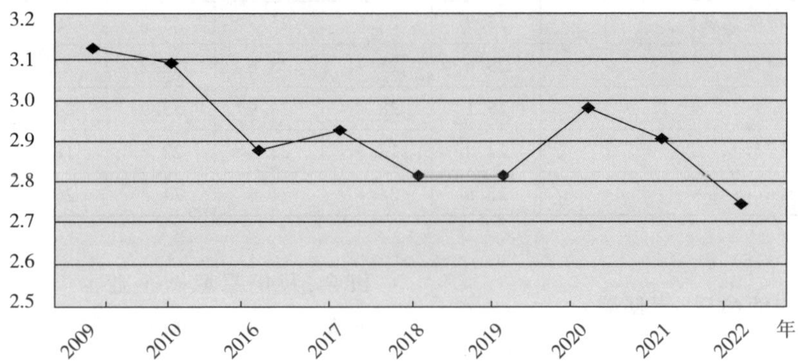

图4　对企业下一阶段经营发展的信心

注：评价值是由（“很有信心”×4+“较有信心”×3+“信心不足”×2+“没有信心”）/100计算得出的，最大分值为4分，最小分值为1分，分值越高，表示越有信心，反之则越没有信心。

四、促进企业家成长进入新阶段，开创企业高质量发展新格局

企业家队伍在时代浪潮中不断成长。在新的时代，中国企业家队伍正肩负起全面贯彻新发展理念、加快建设现代化经济体系、着力推动高质量发展的重任。高质量发展需要企业家坚守责任与使命，提升企业韧性，弘扬企业家精神，打造积极应变的组织文化和生态；坚持长期主义战略，坚持自主创新与转型变革，积极参与社会经济建设与营商环境优化。

（一）新时代对企业家提出了更高更全面的要求

在向高质量发展转型的背景下，企业家们积极响应国家社会经济发展的整体部署。2022年关于“近10年来，国家和社会对企业家群体的新期望、新要求”的调查结果显示，企业家对于企业社会责任相关的选项选择较高的有：“坚持党的领导、加强党的建设”“积极参与社会公益”“确保中国经济可持续发展”“重视环境保护”“提供更多就业机会”“贡献更多税收”等。企业家对于企业自身经营相关的选项选择较高的有：“提供高质量的产品和服务”“完善公司治理，确保企业可持续发展”“提升国际化水平”

等。见表 13。

另外，企业家们也意识到，新的时代对企业家社会形象提出了更高的期待，要更好地履行企业社会责任，弘扬企业家精神，以增强全社会对于企业家群体的认同感和价值肯定，营造全社会努力创业创新的文化氛围。

表 13　近 10 年来，国家和社会对企业家群体的新期望、新要求（2022 年）

单位：%

	总 体	规 模		经济类型			专精特新
		大型企业	中小型企业	国有及国有控股	外资企业	民营企业	
坚持党的领导、加强党的建设	**69.2**	69.7	69.2	71.8	49.0	70.0	71.1
提供高质量的产品和服务	**63.1**	65.1	62.9	61.2	59.2	63.9	66.8
积极参与社会公益	**50.0**	49.5	50.1	43.7	42.9	51.0	41.8
提供更多就业机会	**37.8**	33.9	38.0	34.0	40.8	38.2	29.6
重视环境保护	**35.3**	34.9	35.4	24.3	55.1	34.8	46.4
贡献更多税收	**33.8**	33.9	33.8	30.1	30.6	34.7	38.2
确保中国经济可持续发展	**32.0**	33.0	31.9	28.2	40.8	31.4	31.8
完善公司治理，确保企业可持续发展	**25.9**	24.8	25.9	28.2	26.5	25.7	27.9
做大做强，提升中国企业影响力	**25.6**	25.7	25.6	26.2	22.4	25.6	31.1
提升国际化水平	**25.1**	28.4	24.9	33.0	24.5	24.7	26.1
谨言慎行，维护企业家的良好形象	**22.4**	18.3	22.6	22.3	18.4	22.5	21.1
解决产业链中断点、痛点、堵点问题	**22.0**	28.4	21.6	24.3	26.5	20.4	30.0

（二）强化企业家的使命感、责任感

企业家的价值取向和人生追求与其行为和精神动力密切相关。2022 年调查表明，认同"我有一种使命感"的占 95.1%；认同"只有工作和事业取得成绩，人活着才有意义"占 82.3%。调查还发现，虽然有 85.2%的企业家认为社会上不少人对他们存在误解，但还是有 50.5%的企业家表示"假如再给我一次机会，我仍愿意做企业家"，体现了企业家群体对职业角色的坚守和热爱。值得注意的是，相当一部分的企业家感受到"不少人对企业家存在误解""不少人对企业家有一种仇富心理"，表明不少企业家仍然存在明显的角色焦虑。在强化使命感、责任感的同时，企业家也迫切期望提升企业家群体的职业声望及全社会对企业家的特殊劳动和社会价值的尊重和重视。见表 14。

表 14　对有关说法的认同程度（2022，%）

	非常不同意	比较不同意	有点不同意	有点同意	比较同意	非常同意	评价值
企业家的人生观	**0.7**	**0.8**	**4.3**	**21.6**	**34.5**	**38.1**	**5.03**
所有的生命都值得尊重	0.6	0.2	2.6	14.3	26.5	55.8	5.33
我对人生旅途中的很多人都充满感激	0.5	0.3	2.7	16.7	35.4	44.4	5.19
生命中有很多值得我感激的事情	0.5	0.4	2.7	17.3	37.3	41.8	5.16
我尊重人与人之间的不同	0.6	0.2	2.7	20.0	37.9	38.6	5.10
我所经历的人生是有意义的	0.5	0.7	3.8	21.0	33.4	40.6	5.08
我有一种使命感	0.6	0.6	3.7	21.7	35.9	37.5	5.04

续表

	非常不同意	比较不同意	有点不同意	有点同意	比较同意	非常同意	评价值
精神世界赋予我内在的力量	0.7	0.7	4.6	22.8	37.1	34.1	4.97
我追求自己的内心精神世界	0.7	1.0	4.5	24.3	35.6	33.9	4.95
我很高兴我成为现在的自己	0.6	1.3	6.3	26.1	33.6	32.1	4.87
我可以从他人那里获得真情	1.4	2.4	9.4	31.4	31.9	23.5	4.61
企业家的价值观	**3.7**	**5.2**	**14.1**	**35.0**	**26.6**	**15.4**	**4.22**
只有工作和事业取得成绩，人活着才有意义	2.5	3.5	11.7	30.8	30.5	21.0	4.46
金钱使人们的生活变得更幸福	2.4	4.1	11.1	36.0	30.0	16.4	4.36
做人就是要出人头地	5.3	6.2	16.1	36.0	22.7	13.7	4.06
企业家的价值得到了全社会的承认	4.6	6.8	17.4	37.4	23.3	10.5	4.00
企业家的心理担忧	**1.9**	**3.2**	**13.2**	**34.5**	**28.7**	**18.5**	**4.40**
不少人对企业家存在误解	1.2	2.2	11.4	34.7	30.7	19.8	4.51
不少人对企业家有一种仇富心理	2.6	4.2	15.0	34.4	26.7	17.1	4.30

注：评价值是由（“非常同意”×6+“比较同意”×5+……+“较不同意”×2+“非常不同意”）/100 计算得出的，最高为 6 分，最低为 1 分，分值越大表示越同意该说法，反之则越不同意。

（三）提升企业韧性和企业家的变革管理能力

基于外部环境不确定性的挑战，企业家更加重视自我成长与企业能力培养提升。2022 年调查显示，企业家认为“企业家群体自身能力和素质提升”与“企业的管理能力和创新能力提升”是新时代高质量发展的重要课题。

在企业家积极提升各种能力基础上，企业韧性得以进一步增强，更加重视企业应对各种变化的能力。2022 年调查显示，与企业家学习与变革精神对应，企业“创新精神及协调能力”表现较好（3.63，5 分制），平均有六成的调查对象认为本企业在组织中树立起积极探索创新的精神文化，愿意增加创新投入，积极推进在企业内外部的信息交流和学习。另外，有 51.5%的企业家认为企业在政策解读、市场动态、技术演变与竞争环境的预测能力“比较强”或“非常强”。比较而言，企业向外扩张和向新领域挺进的能力相对较弱，尚有待提升，尤其对于与数字化转型、不确定性应对、国际化相关的市场开拓及风险掌控能力，平均有 63.2%的企业家认为自己能力较弱（“非常弱”+“比较弱”+“一般”）。

（四）鼓励长期主义战略，提升自主创新能力

高质量发展需要有长期、科学、前瞻、可持续的战略目标发挥方向引导作用，越是在短期内存在困难，越需要定力和发展纲领。经历全球变局考验后，企业家大都表现出对制定长期战略的重视。2022 年的调查显示，企业家对长期导向的认同评分比短期导向高 1.47（5 分制）。

坚持创新发展也是一种长期主义战略。调查发现，中国企业自主创新的能力逐渐增强，与 1995 年相比，2022 年企业“依靠本企业的技术力量自行开发”的技术进步模式上升 13.0%，且“引进国外技术、设备”的外部直接获取模式下降 20.4%。

在企业发展的环境上，还需要进一步深化改革开放，营造更加良好的营商环境和创新条件，特别是完善知识产权保护政策，弘扬杜绝山寨、鼓励试错、宽容失败的创新文化，助力企业创新转型升级。从“中国企业创新动向指数”历史数据来看，近年来企业家对企业创新环境优化的评价有所下降，创新投入及潜力、创新战略及效果等方面也有所波动。因此还需要进一步加强对企业创新的支持力度及企业家创新精神的弘扬激励。见表 15。

表 15 近年来中国企业创新动向指数

		总 体	经济类型		规 模		行 业		
			国有企业	非国有企业	大型企业	中小型企业	劳动密集型行业	资源密集型行业	技术密集型行业
创新动向指数	**2022 年**	**54.10**	55.47	53.71	58.03	53.82	52.90	56.56	56.99
	2020 年	**56.77**	57.21	56.39	62.63	56.19	55.52	58.09	59.77
	2019 年	**56.17**	56.29	55.85	62.40	55.54	54.84	57.66	58.86
	2017 年	**56.06**	56.53	55.86	60.93	55.59	54.63	55.72	57.72
	2016 年	**57.58**	58.41	57.24	62.97	57.09	56.08	57.98	59.06
	2015 年	**54.95**	57.19	54.41	61.10	54.30	53.49	54.97	56.63
创新环境	**2022 年**	**44.36**	46.00	44.11	47.49	44.12	45.36	42.42	45.09
	2020 年	**44.42**	43.83	44.28	44.96	44.36	44.92	43.47	44.75
	2019 年	**45.35**	45.20	45.22	46.49	45.24	45.89	44.56	45.87
	2017 年	**45.33**	45.88	45.21	46.54	45.20	45.73	44.74	45.77
	2016 年	**45.28**	45.59	45.14	46.42	45.16	45.88	44.73	45.57
	2015 年	**45.33**	46.61	45.06	46.34	45.21	45.58	45.05	45.72
创新潜力	**2022 年**	**63.47**	63.51	63.38	68.55	63.01	62.44	63.67	64.35
	2020 年	**65.90**	66.87	65.69	70.97	65.41	64.65	66.01	67.25
	2019 年	**64.77**	65.30	64.57	69.71	64.28	63.57	64.76	66.05
	2017 年	**65.63**	67.19	65.39	70.96	65.08	64.89	65.55	66.23
	2016 年	**63.18**	63.93	62.96	68.11	62.69	62.54	63.19	63.78
	2015 年	**64.68**	65.25	64.38	69.10	64.21	64.10	65.43	64.86
创新投入	**2022 年**	**61.58**	60.35	61.22	63.73	61.45	60.12	65.57	65.56
	2020 年	**67.39**	69.96	66.80	75.00	66.62	65.98	69.28	70.68
	2019 年	**67.39**	69.96	66.80	75.00	66.62	65.98	69.28	70.68
	2017 年	**62.61**	64.72	62.65	68.79	61.99	60.15	62.26	64.81
	2016 年	**69.32**	73.89	68.56	77.28	68.60	65.66	70.33	72.48
	2015 年	**67.83**	71.90	67.26	74.21	67.17	66.54	66.27	70.56
创新战略	**2022 年**	**45.84**	50.83	44.90	50.51	45.56	43.91	50.13	51.12
	2020 年	**44.03**	41.83	43.49	55.72	42.86	42.04	46.86	50.64
	2019 年	**44.03**	41.83	43.49	55.72	42.86	42.04	46.86	50.64
	2017 年	**46.99**	44.58	46.61	54.85	46.30	45.09	46.30	50.25
	2016 年	**46.99**	44.58	46.61	54.85	46.30	45.09	46.30	50.25
	2015 年	**38.60**	43.89	37.29	50.29	37.37	35.28	38.59	42.42
创新效果	**2022 年**	**55.23**	56.68	54.93	59.85	54.94	52.66	61.00	58.82
	2020 年	**62.11**	63.57	61.69	66.49	61.69	60.00	64.83	65.54
	2019 年	**59.30**	59.14	59.19	65.07	58.70	56.73	62.82	61.04
	2017 年	**59.74**	60.29	59.42	63.53	59.36	57.31	59.75	61.56
	2016 年	**63.13**	64.06	62.95	68.20	62.68	61.24	65.34	63.23
	2015 年	**58.33**	58.30	58.04	65.54	57.55	55.94	59.52	59.57

注：劳动密集型行业主要包括：建筑业、住宿和餐饮业、农副食品加工业、食品制造业、纺织业、纺织服装服饰业、皮革毛皮羽毛及其制品和制鞋业、木材加工及木竹藤棕草制品业、家具制造业等；资源密集型行业主要包括：石油煤炭及其他燃料加工业、化学原料及化学制品制造业、化学纤维制造业、橡胶及塑料制品业、非金属矿物制品业、黑色金属冶炼及压延加工业、有色金属冶炼及压延加工业等；技术密集型行业主要包括：信息传输软件和信息技术服务业、科学研究和技术服务业、医药制造业、专用设备制造业、汽车制造业、铁路船舶航空航天及其他运输设备制造业、电气机械及器材制造业、计算机通信及其他电子设备制造业、仪器仪表制造业等。

(五)打造积极应变的组织文化和组织生态

企业家群体充分认识到积极应变的组织文化和组织生态对于企业发展的重要性。2022年调查显示,为了营造共同应变的组织文化,企业家在组织内部积极沟通,在外部生态协调各方利益相关者,提供必要激励,并取得员工对组织长远目标与变革举措的一致性认同。

企业家采取多种措施提升组织积极应变的能力。调查显示,企业家最多采取的举措是"提升学习力,洞察政策走向和产业趋势"(3.65,5分制);有46.7%的企业家表示会"比较多"或"非常多"地"提高认知水平和应变能力,建立积极应变的企业文化"。

(六)健全法治、优化营商环境、稳定政策预期,保障企业高质量发展

企业家在带领企业迈向高质量发展的过程中,期待政府在稳定预期和法治建设方面取得新进展。2022年调查发现,"营造全社会诚信环境""保护企业家合法权益的法治环境""公平公正稳定透明的营商环境"都对企业家精神的有效发挥影响很大(见表16)。调查同时发现,企业家对政府在"不搞运动式、一刀切式执法""营造公平环境"和"保持政策稳定性和可预期性"等方面的期待超过三成。总体上,企业的高质量发展需要政府为企业提供更公平的经营环境、更明确的市场主体权益、更透明的信用机制和更高效的法治环境。

表16 相关措施对于促进企业家精神的重要程度(2022年)

单位:%

	很不重要	较不重要	比较重要	非常重要	评价值
营商环境	**0.2**	**3.2**	**42.2**	**54.4**	**3.51**
营造全社会诚信环境	0.2	1.3	30.3	68.2	3.67
营造依法保护企业家合法权益的法治环境	0.1	1.4	33.3	65.2	3.64
营造公平公正稳定透明的营商环境	0.1	1.4	36.8	61.7	3.60
避免政府政策过度波动带来的不确定性	0.1	3.5	44.7	51.7	3.48
不断改变"官本位"文化	0.3	4.2	44.8	50.7	3.46
依法保护知识产权	0.2	3.4	47.1	49.3	3.46
反对垄断和地方保护	0.5	4.8	48.6	46.1	3.40
减少政府的过度干预	0.3	5.3	51.9	42.5	3.37

注:评价值是由("非常重要"×4+"比较重要"×3+"较不重要"×2+"很不重要")/100计算得出的,最高为4分,最低为1分,分值越大表示关系越密切,反之则越不密切。

五、结　语

中国企业家调查系统30年的追踪调查,不仅刻画了中国经济改革发展的脉络,也记录了中国企业家队伍成长壮大的进步轨迹,尤其是在成长历程、新变局新挑战、未来高质量发展三个方面,反映了企业家和企业的历史成就和贡献,为新时代中国企业高质量发展和企业家成长迈上新台阶描绘了蓝图。

中国改革开放的成就举世瞩目,在短短40年内就走过了西方发达国家数百年才走完的历程,一跃成为世界第二大经济体。这个发展奇迹离不开中国共产党的领导,离不开全体中国人民的辛勤奋斗,也离不开中国企业家队伍的努力和贡献。中国企业家们参与创造了有史以来主要经济体增长持续时间最长、增速最高的纪录,在40年的时间里奋起追赶、拥抱现代化,激发出巨大的动力和活力,企业家付出的努力值得社会认同和肯定。

新的时代已经到来,国际环境风起云涌,中国企业家队伍正在经历也必将持续面对新的挑战与机遇。期待在中国经济向高质量可持续发展的转型阶段,企业家能够以不断升华的企业家精神,带领企业应对新挑战、完成新使命。虽然当前企业面临重重困难,但不少优秀的企业家仍保持着正面积极的精神状态,2022 年企业家对其周围企业家状态的描述调查显示,排在前五位的均为正面的,包括"有活力的""坚持不懈的""坚强的""有雄心壮志的"和"专心的",表明企业家群体大都耐挫力强,保有定力,积极进取(见表 9)。2022 年关于"对未来世界的预判"调查显示,多数企业家认为未来世界将"越来越好",占 57.3%(见表 17)。相信中国企业家队伍将秉持着积极向上的精神风貌和美好信念,为全面建设社会主义现代化国家,为国家繁荣富强、社会进步和民族复兴做出更大的贡献。

表 17 对未来世界的预判

单位:%

		越来越好	越来越糟	不太确定
总 体	**2022 年**	**57.3**	**4.3**	**38.4**
	2018 年	44.5	5.9	49.6
	2017 年	65.4	1.7	32.9

注:凡引用此报告者均需注明引自中国企业家调查系统——《2023 · 中国企业家队伍成长与发展 30 年调查综合报告》。

附录一：中国企业家调查系统历年调查对象基本情况

附表 1　30 年调查中调查对象基本情况

单位：%

年份		1993	1994	1995	1996	1997	1998	1999	2000	2001	2002	2003	2004	2005	2006	2007	2008	2009	2010	2011	2012	2013	2014	2015	2016	2017	2018	2019	2020	2021	2022
有效样本/份		2620	2756	2752	3154	2415	3180	3562	5075	4695	3539	3192	2881	3511	4586	5576	5920	5016	4256	4225	4015	3545	2446	2526	1960	1495	1562	1124	1243	1247	2034
性别	男	—	98.7	98.4	97.9	97.5	95.4	96.7	97.0	96.6	96.0	96.1	95.9	95.7	95.9	95.6	95.8	96.1	94.4	93.9	93.6	93.6	95.1	92.0	91.6	93.1	89.7	92.5	92.5	93.6	92.1
	女	—	1.3	1.6	2.1	2.5	4.6	3.3	3.0	3.4	4.0	3.9	4.1	4.3	4.1	4.4	4.2	3.9	5.6	6.1	6.4	6.4	4.9	8.0	8.4	6.9	10.3	7.5	7.5	6.4	7.9
年龄	44岁及以下	27.4	22.8	24.3	26.0	29.3	36.1	31.6	33.9	33.3	29.3	27.7	26.4	28.7	32.9	28.3	26.7	22.1	22.7	21.5	22.4	19.8	13.9	21.6	21.2	23.7	24.2	15.4	27.0	30.5	37.3
	45~49岁	24.3	23.6	22.5	22.9	22.2	22.8	25.0	26.0	26.0	28.1	24.4	21.8	19.2	16.0	17.3	19.7	20.7	21.7	21.4	19.5	17.0	13.7	15.7	15.7	13.5	13.5	11.9	16.0	15.8	18.5
	50~54岁	27.7	27.7	28.3	29.0	26.9	21.7	23.9	22.2	22.5	22.8	25.4	27.5	26.5	25.6	25.6	24.3	20.5	17.2	17.3	17.2	19.4	20.5	19.6	19.6	17.8	17.5	16.2	15.1	17.9	18.3
	55岁及以上	20.6	25.9	24.9	22.1	21.6	19.4	19.5	17.9	18.2	19.8	22.5	24.3	25.6	25.5	28.8	29.3	36.7	38.4	39.8	40.9	43.8	51.9	43.1	43.5	45.0	44.8	56.5	41.9	35.8	25.9
	平均年龄/岁	48.5	49.6	49.5	49.0	48.7	47.2	47.8	46.8	46.7	48.0	48.7	49.2	49.1	48.9	49.7	49.7	50.9	51.0	51.4	51.6	52.5	54.4	52.6	52.9	53.0	52.9	55.8	51.9	51.0	48.8
学历	高中及以下	30.9	27.5	19.7	12.5	15.8	18.2	15.3	17.2	17.5	18.4	13.9	16.8	17.5	20.2	20.0	23.1	20.7	20.3	22.0	20.9	19.6	21.5	18.0	18.2	18.5	17.7	18.9	14.1	11.6	7.9
	大专	35.2	35.6	37.6	45.7	43.5	40.2	40.1	41.9	41.2	41.0	37.6	38.8	38.7	35.6	36.9	35.7	36.8	36.1	36.9	36.4	35.2	36.4	37.6	36.7	35.1	33.8	35.4	31.5	31.9	28.7
	大学本科	33.9	35.7	40.0	38.3	36.1	34.3	34.8	32.5	28.7	28.6	32.6	27.9	27.4	26.6	26.5	25.3	26.0	26.9	25.5	27.2	26.6	27.5	30.8	32.1	33.0	35.1	33.1	39.1	41.3	47.9
	研究生及以上		1.2	2.7	3.5	4.6	7.3	9.8	8.4	12.6	12.0	15.9	16.5	16.4	17.6	16.6	15.9	16.5	16.7	15.6	15.5	18.6	14.6	13.6	13.0	13.4	13.4	12.6	15.3	15.2	15.5
所学专业	文史哲法律	—	1.7	2.8	2.3	4.1	5.2	6.8	5.8	7.0	7.7	7.7	6.6	6.8	7.0	6.4	6.6	7.2	6.4	6.7	6.7	6.7	5.5	6.3	6.5	5.8	6.3	5.1	5.8	8.1	8.8
	经济	—	5.4	6.8	8.4	6.4	9.0	7.7	24.1	33.0	32.9	35.2	36.4	34.0	31.3	32.5	33.2	32.7	33.2	33.6	31.3	31.4	20.9	18.1	18.8	19.8	17.1	18.9	22.0	21.7	17.7
	管理	—	15.4	21.7	26.7	39.8	31.0	37.4	38.2	44.6	50.0	47.0	49.7	48.2	48.7	47.6	48.5	49.6	48.9	47.6	47.6	48.5	37.4	41.0	41.5	41.4	38.6	39.9	38.1	37.5	38.1
	理工农医	—	38.1	48.8	49.8	42.5	32.6	31.4	23.4	28.4	26.6	28.3	26.3	24.7	24.5	23.7	24.9	25.7	25.1	26.0	24.0	23.9	24.2	21.7	20.5	19.9	19.1	21.7	23.1	20.1	21.9
	其他	—	0.8	0.8	1.3	7.2	12.9	8.8	4.7	7.1	3.5	6.0	5.9	11.7	13.1	11.5	13.2	11.3	11.5	10.1	13.7	13.3	12.0	12.9	12.7	13.1	18.9	14.4	11.0	12.6	13.5

续表

年份		1993	1994	1995	1996	1997	1998	1999	2000	2001	2002	2003	2004	2005	2006	2007	2008	2009	2010	2011	2012	2013	2014	2015	2016	2017	2018	2019	2020	2021	2022
现任职务	董事长	—	4.2	8.3	33.5	36.8	39.6	42.6	44.0	47.5	49.0	53.6	57.1	59.2	60.4	60.7	61.9	61.7	60.7	61.8	59.0	60.3	60.7	60.1	58.7	58.9	61.0	64.7	54.0	52.8	45.3
	总经理	—	28.4	32.0			58.0	60.2	60.2	61.2	58.9	59.9	59.7	58.8	59.2	57.7	58.8	57.6	55.3	56.1	53.5	54.1	52.6	45.0	46.1	50.2	47.4	48.7	51.0	51.0	53.4
	厂长	—	44.2	49.0	53.3	47.4	26.7	26.8	27.5	22.3	21.4	13.3	13.7	10.3	9.2	8.6	8.0	7.3	6.5	7.0	5.5	5.0	5.4	4.0	4.6	3.4	2.7	3.4	2.1	2.2	1.5
	党委书记	—	5.4	11.8			23.4	33.5	31.4	30.7	27.0	27.6	25.6	22.4	19.1	18.0	16.3	16.4	14.7	13.7	13.1	12.6	13.6	9.0	11.0	11.2	9.2	10.6	7.3	6.2	2.7
	其他	—	4.4	5.1	14.2	4.6	8.6	5.6	5.1	4.4	2.1	4.7	2.8	7.7	6.7	7.2	6.1	5.7	6.9	4.9	7.5	7.2	7.5	9.9	9.2	8.3	8.7	7.3	11.5	10.6	14.7
任职方式	主管部门任命	85.8	75.3	—	—	75.1	48.3	43.4	56.4	49.2	45.8	38.3	32.9	25.7	19.9	18.0	14.5	14.3	12.7	11.3	10.0	11.1	9.7	7.8	—	—	—	—	—	—	—
	董事会任命	3.8	11.1	—	—	17.4	40.3	36.8	—	—	—	38.6	39.2	40.5	41.6	42.9	44.7	41.3	44.6	39.2	36.7	38.4	41.5	41.0	—	—	—	—	—	—	—
	自己创业	—	—	—	—	—	—	—	16.1	19.6	24.5	15.7	20.9	26.3	31.3	31.5	34.2	38.6	36.9	43.2	46.6	44.7	41.7	44.3	—	—	—	—	—	—	—
	其他就职方式	10.4	13.6	—	—	7.5	11.4	19.8	27.5	31.2	29.7	7.4	7.0	7.5	7.2	7.6	6.6	5.8	5.8	6.3	6.7	5.8	7.1	6.9	—	—	—	—	—	—	—
年收入	2万元及以下	97.3	94.8	90.6	82.7	70.8	56.7	44.2	41.9	33.9	31.9	19.3									—	—	—	—	—	—	—	—	—	—	—
	2万~10万元	2.7	5.2	9.3	16.3	27.7	38.6	48.2	46.6	50.7	50.8	55.2	60.4	50.7	48.9	42.2	41.2	44.0	31.7	31.2	—	—	—	—	—	—	—	—	—	—	—
	10万~20万元			0.1	0.5	0.9	2.5	3.8	5.4	6.8	8.5	12.6	20.5	23.3	21.3	25.4	26.8	27.3	28.7	28.1	—	—	—	—	—	—	—	—	—	—	—
	20万~50万元				0.2	0.6	1.4	1.7	2.8	4.4	4.9	7.2	9.4	13.0	16.4	15.9	16.8	16.3	19.6	20.9	—	—	—	—	—	—	—	—	—	—	—
	50万元以上				0.3		0.8	2.1	3.3	4.2	3.9	5.7	9.7	13.0	13.4	16.5	15.2	12.4	20.0	19.8	—	—	—	—	—	—	—	—	—	—	—

注：1. 由于存在跨专业和职务兼任情况，因此所学专业和现任职务比例合计大于100%。

2. 其他就职方式包括：职代会选举、企业内投标竞争及企业外部招聘等。

3. “—”表示该年度没有涉及此项调查内容，空白处表示答题者未选择此项。下同。

附表 2　30 年调查中调查企业基本情况

单位：%

年份		1993	1994	1995	1996	1997	1998	1999	2000	2001	2002	2003	2004	2005	2006	2007	2008	2009	2010	2011	2012	2013	2014	2015	2016	2017	2018	2019	2020	2021	2022
有效样本/份		2620	2756	2752	3154	2415	3180	3562	5075	4695	3539	3192	2881	3511	4586	5576	5920	5016	4256	4225	4015	3545	2446	2526	1960	1495	1562	1124	1243	1247	2034
地区	东部地区企业	—	—	57.8	56.2	43.7	58.2	55.1	52.3	53.2	47.9	54.0	56.6	59.9	63.2	63.2	62.5	62.2	60.5	66.7	66.3	65.2	68.2	59.4	57.9	62.2	58.5	64.3	64.6	72.7	67.3
	中部地区企业	—	—	25.4	28.4	42.4	26.0	27.0	25.6	24.8	26.2	23.1	22.4	22.9	20.9	21.9	23.2	23.1	23.8	20.2	20.6	21.6	19.7	23.6	23.2	22.1	27.3	19.0	19.1	10.3	11.1
	西部地区企业	—	—	16.8	15.4	13.9	15.8	17.9	22.1	22.0	25.9	22.9	21.0	17.2	15.9	14.9	14.3	14.7	15.7	13.1	13.1	13.2	12.1	17.0	18.9	15.7	14.2	16.7	16.3	17.0	21.6
规模	大型企业	37.0	37.4	41.6	42.0	45.9	33.8	35.1	25.8	22.3	19.0	21.2	18.9	14.8	12.4	11.4	9.3	8.7	8.6	7.3	9.1	11.1	11.0	9.9	9.2	10.3	7.9	9.0	8.5	6.7	5.9
	中型企业	48.7	53.3	46.1	48.2	44.0	38.1	47.3	47.0	50.3	47.0	50.2	47.2	47.8	45.2	49.7	43.4	44.1	41.5	37.4	35.3	31.1	29.0	25.1	24.8	24.5	20.7	25.6	25.7	20.9	19.6
	小型企业	14.3	9.3	12.3	9.8	10.1	28.1	17.6	27.2	27.4	34.0	28.6	33.9	37.4	42.4	38.9	47.3	47.2	49.9	55.3	55.6	57.8	60.0	65.0	66.0	65.2	71.4	65.4	65.8	72.4	74.5
经济类型	国有企业	75.0	74.3	72.7	70.1	64.4	38.5	45.7	38.2	31.0	30.5	26.1	22.6	17.7	12.8	11.4	9.1	8.8	7.4	6.3	5.9	6.4	5.7	4.0	3.7	3.6	2.8	2.0	3.1	1.8	3.0
	私营企业	0.1		0.6	0.5	1.2	12.2	3.5	4.3	5.1	6.6	6.3	7.7	9.1	11.0	11.1	12.3	12.1	15.1	20.0	23.9	19.7	23.7	28.3	26.9	26.7	27.1	25.3	34.0	38.1	37.0
	股份有限公司	3.1	—	—	10.1	13.9	22.1	13.9	11.3	13.5	13.0	15.2	15.2	14.4	15.5	15.3	16.5	17.0	15.9	15.7	14.7	16.4	16.3	17.0	17.6	18.1	16.7	18.9	17.5	15.4	14.2
	有限责任公司	—	—	—	—	—	—	17.0	22.8	28.3	30.9	33.7	37.4	42.5	45.8	46.8	47.9	48.5	49.8	44.7	42.9	46.2	43.1	40.8	42.5	42.4	45.1	44.7	37.3	36.1	36.8
	外商及港澳台投资企业	3.6	7.4	6.9	5.3	4.6	15.8	8.6	6.7	8.2	6.5	8.3	6.6	6.5	7.7	7.6	7.5	7.6	5.9	6.9	6.4	5.1	5.1	4.5	3.7	3.6	3.0	3.1	3.1	3.0	2.6
	其他	18.2	18.3	19.8	14.0	15.9	11.4	11.3	16.7	13.9	12.5	10.4	10.5	9.8	7.2	7.8	6.7	6.0	5.9	6.4	6.2	6.2	6.1	5.4	5.6	5.6	5.3	6.0	5.0	5.6	6.4
成立时间	1978 年及以前	—	—	—	—	—	37.0	49.0	47.9	41.0	37.1	31.2	31.0	27.1	19.1	17.9	15.8	15.7	13.0	11.5	12.0	13.1	14.1	11.0	11.7	9.7	10.1	11.6	11.5	7.0	4.3
	1979—1992 年	—	—	—	—	—	33.7	29.8	29.7	28.1	28.2	22.9	23.7	22.8	20.1	20.1	18.3	18.0	16.8	16.1	16.3	16.8	18.0	14.3	14.7	16.4	12.3	16.0	10.4	8.8	7.3
	1993 年及以后	—	—	—	—	—	29.3	21.2	22.4	30.9	34.7	45.9	45.3	50.1	60.8	62.0	65.9	66.3	70.2	72.3	71.7	70.1	67.9	74.7	73.6	73.9	77.6	72.4	78.1	84.2	88.4
生产状况	超负荷生产企业	—	—	—	4.6	4.7	3.2	4.4	5.6	4.6	5.3	6.6	6.9	6.8	4.9	6.8	4.4	3.7	8.0	4.6	2.1	3.3	1.9	1.4	2.1	3.5	2.8	1.5	2.7	2.3	1.7
	正常运作企业	—	—	—	70.9	74.3	74.6	75.9	81.6	82.3	82.8	84.8	84.6	84.3	86.9	85.4	80.4	74.8	80.8	77.8	74.8	76.4	74.3	69.6	74.3	78.7	78.1	77.6	77.5	75.0	68.1
	半停产企业	—	—	—	23.8	20.4	21.3	18.9	12.0	12.1	11.0	8.1	7.9	8.4	7.6	7.1	14.4	20.8	10.8	16.8	22.3	19.8	23.0	27.6	22.8	16.9	18.1	20.2	18.7	20.9	29.0
	停产企业	—	—	—	0.7	0.6	0.9	0.8	0.8	1.0	0.9	0.5	0.6	0.5	0.6	0.7	0.8	0.7	0.4	0.8	0.8	0.5	0.8	1.4	0.8	0.9	1.0	0.7	1.1	1.8	1.2

续表

年份		1993	1994	1995	1996	1997	1998	1999	2000	2001	2002	2003	2004	2005	2006	2007	2008	2009	2010	2011	2012	2013	2014	2015	2016	2017	2018	2019	2020	2021	2022
盈亏	盈利企业	—	—	—	—	51.8	50.7	50.4	60.2	60.8	61.7	63.1	—	66.1	69.3	70.8	62.8	51.5	67.9	58.7	49.7	48.8	51.7	46.3	51.1	53.7	51.9	50.8	36.2	46.6	30.4
	持平企业	—	—	—	—	31.1	29.7	20.0	14.6	15.2	16.8	15.8	—	16.2	15.7	16.1	16.9	20.5	17.3	20.3	22.1	22.8	21.9	23.5	23.3	26.0	26.9	25.8	22.6	26.5	22.1
	亏损企业	—	—	—	—	17.1	19.6	29.6	25.2	24.0	21.5	21.1	—	17.7	15.0	13.1	20.3	28.0	14.8	21.0	28.2	28.4	26.4	30.2	25.6	20.3	21.2	23.4	41.2	26.9	47.5

注：1. 东部地区包括：京、津、冀、辽、沪、苏、浙、闽、鲁、粤、桂、琼 12 省（自治区、直辖市）；
中部地区包括：晋、蒙、吉、黑、皖、赣、豫、鄂、湘 9 省（自治区）；
西部地区包括：渝、蜀、黔、滇、藏、陕、甘、宁、青、新 10 省（自治区、直辖市）。
2. 其他经济类型企业包括：集体企业、联营企业、股份合作制企业及其他内资企业等。

附录二:历年调查主题及样本量(1993—2021年)

调查年份	主　题	样本量/份
1993	• **重点**:企业家基本情况 • **内容**:企业家的年龄结构、文化素质和专业化水平、企业家的自主意识和行为取向 • **主要结论**: (1)中国的企业改革,从整体上改变了中国企业家的年龄结构、文化素质和专业化水平,企业家的自主意识和以市场为目标的行为取向更加突出,迅速成为推动改革的主要力量。 (2)部分企业家还远不能适应建立社会主义市场经济体制对企业家队伍所提出的更高要求。 (3)市场存在不公平竞争、行业主管部门行为不规范及动力机制短缺是制约中国企业家健康成长的三大主要原因。 (4)企业与政府部门的磨擦日益加剧。	2620
1994	• **重点**:企业家的行为特征 • **内容**:企业家的角色意识与职业化追求、企业家的行为特征、企业家的身体状况、经营目标与成长环境 • **主要结论**: (1)中国企业家队伍主要来源于管理人员、技术人员和党政干部。 (2)企业家的角色意识正在形成,走职业化道路已成为企业家们的主流意向。 (3)企业家重视自身职业素质的提高,注重个人修养,他们有着极强的进取精神,并表现出求实、奉献和民主的行为及价值取向。 (4)在体制转轨的过程中,企业家行为的市场取向逐渐加强,企业家的职业目标尚有待进一步明确;企业家成长的环境明显好转,但还亟须进一步改善。	2756
1995	• **重点**:职业流动与职业化取向 • **内容**:企业经营管理者基本情况、经营活动、职业流动、职业化倾向、职业化的配套改革 • **主要结论**: (1)中国企业经营者的整体文化素质已有大幅度的提高,一大批企业基层管理人员、党政干部和企业技术人员进入企业领导岗位,促进了政府职能的转换和企业家队伍素质的提高。 (2)企业经营者活动表现出明显的市场取向,他们的职业化意识不断增强,职业流动日趋活跃,但是,现行的组织、人事及户籍管理制度难以适应其职业流动的需要。	2752
1996	• **重点**:激励与约束问题 • **内容**:企业经营管理者基本情况、激励的重要性、激励因素、约束的重要性、约束因素、激励制度与约束制度改革的方式、地位满意度 • **主要结论**: (1)企业经营者认为,深化企业改革,正确评价企业经营者的劳动价值,充分赋予企业经营管理的权力,是社会激励的核心内容。 (2)企业经营者呼吁,建立鼓励创新的社会环境,解决其后顾之忧,建立和健全企业经营者的考核、职业资格认证制度,把企业经营者纳入国家职业管理体系,是促进企业经营者健康成长的重要保证。	3154

续表

调查年份	主　题	样本量/份
1997	• **重点**:素质与培训 • **内容**:企业经营管理者基本情况、素质与能力、培训与提高 • **主要结论**: (1)中国企业经营管理者主要来源于企业基层管理人员、党政干部和企业技术人员,他们文化程度较高,阅历丰富,对经营管理企业充满信心,整体素质呈提高趋势。 (2)多数企业经营管理者未受过现代工商管理知识的系统培训,过半数认为自己对现代经营管理知识的掌握有限,创新能力、市场营销能力和公关能力亟须提高。 (3)企业经营管理者认为,应改善现有培训方式和培训内容,加强以现代工商管理知识为主的在职短期培训,以全面提高企业经营管理者的素质和能力。	2415
1998	• **重点**:知识素质与适应知识经济的能力 • **内容**:企业经营管理者基本情况、知识素质状况及影响因素 • **主要结论**: (1)大多数企业经营者重视学习,积极参加多种专业培训,外语和计算机水平与过去几年相比有所提高,他们对在知识经济中占有重要地位的智力资源、技术进步和无形资产等因素较为重视。 (2)大多数企业经营者未接受过全面系统的工商管理培训,采用现代学习方式者较少,对一些新的管理理念、方法和技能还不够熟悉,只有少数企业经营者能够熟练地使用外语、计算机和国际互联网,大多数企业经营者认为参加不必要的会议太多,学习时间有限。 (3)企业经营者中学历程度、外语水平和计算机使用技能高者,其收入水平也相应较高,这说明,有利于企业经营者素质提高的激励机制正在逐步形成。	3180
1999	• **重点**:制度化建设 • **内容**:企业经营管理者基本情况、职业满意状况、职业目标选择、企业领导制度、选聘制度、激励制度、约束制度、对企业家队伍建设的期望 • **主要结论**: (1)改革开放以来,中国企业经营者的整体素质不断提高。 (2)企业经营者对其职业有比较高的满意度,职业化意识逐渐增强,但与市场经济和现代企业制度对经营者的要求还有一定距离。 (3)近年来中国企业经营者队伍制度化建设有了较大进展,企业领导制度日趋科学化、规范化,董事会的决策作用明显增强。适应现代企业制度要求的企业经营者选拔、任命制度不断完善。 (4)企业经营者激励与约束制度的改革继续深化,适合市场经济特点的经营者报酬制度正在积极探索和形成之中,经营者收入水平不断提高,收入形式趋于多样化。企业经营者业绩考核制度逐步健全,考核指标更注重企业的利润和资产保值增值率,企业经营者能上能下的机制正在逐步形成。 (5)目前中国企业经营者队伍制度化建设也存在着一些明显的不足,通过市场机制选拔企业经营者的比重还较少;股份制企业监事会的作用发挥得不够;与其他类型企业相比,国有企业经营者收入水平相对较低,激励约束制度亟待完善。	3562
2000	• **重点**:企业创新 • **内容**:创新意识、技术创新、管理创新、制度创新、对企业创新状况的评价 • **主要结论**: (1)大多数经营者比较重视企业创新工作,把创新视为企业家精神的核心,学历高、年纪轻的经营者风险意识较强,更具有创新精神 (2)企业经营者普遍对高新技术的发展持积极乐观态度,技术创新方式逐渐步入以国内自主开发为主的道路;企业管理组织形式呈现多元化趋势,管理技术与手段的信息化程度日趋提高。 (3)虽然企业技术创新、管理创新和制度创新都有不同程度的进展,但总体创新水平还不高;许多经营者感到观念创新难度较大;管理组织形式的创新相对滞后,技术创新人才缺乏;现行企业经营者的任用制度与经营者的期望尚有较大差距;政企职责不分和产权改革滞后仍是制度创新中的主要障碍。 (4)企业经营者希望全社会培育和倡导创新文化,进一步强化创新意识,建立鼓励创新的社会环境,突破制度创新瓶颈,加大管理创新和技术创新力度,切实提高企业核心竞争力。	5075

续表

调查年份	主　题	样本量/份
2001	• **重点**:企业信用 • **内容**:企业信用的基本情况、对企业信用重要性的认识、影响企业信用的主要因素、企业信用的问题与对策 • **主要结论**: (1)大多数企业经营者已经认识到市场经济条件下企业信用的重要性,企业在商务活动中已经开始重视信用管理。 (2)目前企业家品格对企业信用有着重要的影响,同时现行体制环境、法律环境、企业管理水平和传统文化对企业信用的影响也相当重要。 (3)中国企业的信用状况存在很多不容忽视的问题,尤其是拖欠(货款、贷款、税款)、违约和制售假冒伪劣产品等现象较为严重,主要原因是有关部门执法不严、部分企业经营者职业道德素质不高和企业普遍追求短期行为等。 (4)企业经营者希望加快体制改革步伐,提高企业和全社会的信用意识,建立并完善企业和个人的信用信息系统,加强信用制度建设,从而形成良好的社会主义市场经济秩序。	4695
2002	• **重点**:成长现状与环境 • **内容**:对成长状况的评价、对成长环境和相关制度的评价、对个人工作与生活状况的感受 • **主要结论**: (1)企业经营者普遍认为,造就企业家队伍对促进中国改革与发展具有重要作用,大多数企业经营者对改革开放以来企业家队伍的成长环境和制度建设给予了积极的评价,对自身的社会地位、政治地位基本满意,对自己的工作状况和家庭生活比较满意,认为良好的素质与个人努力是事业成功的主要因素。 (2)大部分企业经营者认为,目前企业家队伍整体上还不能适应经济、社会发展的要求,队伍需要扩大,素质需要进一步提高,成长环境有待进一步改善,尤其是法律环境建设亟待加强。 (3)企业经营者希望在自身加强学习,不断提高素质、修养和能力的同时,通过积极的舆论宣传和文艺创作,引导全社会形成理解、尊重企业家的风气,进一步提升企业家的社会地位和职业声望,为企业家队伍的健康成长创造良好的社会环境。	3539
2003	• **重点**:中国企业经营者价值取向 • **内容**:中国企业经营者的一般价值取向、职业目标价值取向、企业经营与发展的价值取向、企业家角色的价值取向的现状和特征 • **主要结论**: (1)在一般价值取向方面,大部分企业经营者更看重的是品格,强调人在精神追求、良心、助人和维护公共利益方面的价值;强调社会利益,重视环境保护;希望加强法治,倡导依法经营;对工作成就有着强烈的追求,注重通过实力取得成功,并在工作过程中获得快乐和满足;多数企业经营者并不过分看重金钱权力,同时希望过上比较富裕的生活。 (2)在职业目标价值取向方面,企业经营者首选提高企业竞争力,同时希望得到社会承认、实现人生理想;在生活目标价值取向方面,强调事业第一,关注个人健康,同时也比较看重家庭生活。 (3)在企业经营与发展的价值取向方面,企业经营者关注投资者利益,强调守法经营;认为企业价值观对企业发展有着重要影响,强调企业必须有明确的价值观,而且价值观要得到员工的认同;倾向于不单纯从企业的短期成功看待企业的成就,把先进技术和产品及营销能力视为企业成功的重要因素。 (4)在企业家角色的价值取向方面,大多数企业经营者十分热爱自己从事的事业,认为诚信、守法和创新是企业家最重要的优秀特征,最不认同的是失信、违规经营、贪婪、妄自尊大、自私自利等行为。 (5)还有不少企业经营者认为,目前社会上还存在着“守法吃亏、违规有利”的情况,存在着过分追求短期利益、企业对社会关系的依赖程度高于客户和市场、国有企业经营者激励不足、部分企业经营者不重视学习和提高自身素质等现象。	3192

续表

调查年份	主 题	样本量/份
2004	• **重点**:企业文化建设 • **内容**:企业经营者对企业文化基本问题的认识、企业文化建设基本状况和企业文化建设存在的主要问题 • **主要结论**: (1)大多数企业经营者认为任何企业都有自己的企业文化,企业文化对企业生存和可持续发展具有重大影响。 (2)企业家个人观念、企业传统和制度环境是企业文化的主要影响因素。 (3)企业经营者对企业文化的制度层面相对熟悉,对精神层面和行为层面的关注程度相对较低。除少数企业已进入企业文化建设的深化提高阶段外,多数企业的企业文化建设尚处于基本形成和酝酿探索阶段。 (4)企业经营者大多认识到企业文化建设的重要性,但在行动上还存在较大差距。 (5)企业经营者认为,企业的持续发展离不开优秀的企业文化,推进企业文化建设一方面应努力形成内部共识,增强内在动力,另一方面也期望政府及社会各界共同努力,创造良好的外部环境,促进企业文化建设。	2881
2005	• **重点**:企业学习 • **内容**:企业学习的现状、影响企业学习的因素、企业学习对企业创新成效和竞争优势的影响 • **主要结论**: (1)中国企业经营者越来越重视学习,大部分企业经营者认为其个人学习能力处于中上水平。 (2)与企业经营者个人学习能力相比,企业的组织学习能力相对较弱,尤其在获取知识和传递知识的能力方面有待进一步提高。 (3)总体上看,绝大多数企业经营者个人学习能力明显强于组织学习能力,企业经营者个人学习能力与组织学习能力之间存在一定程度的相互影响。个人学习能力和组织学习能力的提升都对企业创新和竞争优势有较大影响,其中组织学习能力的影响更大。	3511
2006	• **重点**:企业家对企业社会责任的认识与评价 • **内容**:对企业社会责任的认识、对企业社会责任的国际标准和国际经验的熟悉程度、对企业社会责任履行情况的评价、促进企业更好地履行社会责任的主要措施 • **主要结论**: (1)企业经营者普遍认同"优秀企业家一定具有强烈的社会责任感",企业在创造利润的同时也在为社会创造财富并促进国家发展。 (2)企业经营者认识到企业履行社会责任对企业的持续发展非常重要,认为近年来企业社会责任意识在不断提高。 (3)企业经营者高度认同企业履行经济、法律、伦理、公益四个方面社会责任的重要意义,其中,对经济责任认同度最高,其他依次为伦理责任、法律责任、公益责任。 (4)大多数企业经营者比较关注履行社会责任的成本;还有部分企业经营者认为,企业社会责任是企业发展到一定阶段才能顾及的事。不少企业经营者将提升企业品牌形象作为企业履行社会责任的主要动因。 (5)对社会责任认识不够、对企业履行社会责任的理论和方法缺乏了解、企业经营困难、企业经营者素质不高、缺乏良好的社会诚信环境以及社会相关部门责任履行不到位,被企业经营者认为是导致企业履行社会责任不够好的主要原因。 (6)企业经营者认为,履行好企业的社会责任,需要全社会的共同努力。一方面提高整个企业对社会责任的认识和履行社会责任的自觉性,另一方面要强化社会各界的责任意识,建立健全相关法规制度,借鉴有关社会责任的国际经验和国际标准,总结中国企业履行社会责任方面的成功经验。	4586

续表

调查年份	主　题	样本量/份
2007	• **重点**:企业家面临的新使命、新素质要求及对社会的新期望 • **内容**:1993—2007 年中国企业家群体十五年来的构成变化、企业家面临的新使命、企业创新的新阶段、企业社会责任的新内涵、对企业家的新素质要求、企业家对企业环境的新期望 • **主要结论**: (1)1993 年以来,企业家所在企业的总体构成发生了很大变化,企业家群体的构成也发生了显著变化,企业家社会角色的自我认同也发生了较大的变化,企业经营者为促进企业发展付出了很大代价。 (2)企业家群体逐步意识到时代赋予自身的新使命。一方面,企业家需要增强创新动力,带领企业跨入创新的新阶段,通过更高水平的创新来提高企业的核心竞争力,开辟企业持续健康发展的新道路,为建设创新型国家贡献力量;另一方面,企业家应该带领企业迈上履行社会责任的新台阶,通过全面履行企业社会责任,来树立中国企业和企业家的良好社会形象,推动中国现代商业文明的建设,促进社会的和谐发展。 (3)我国企业的创新大都处于初级阶段。与创新相关的制度和机制不健全、创新人才与创新资金的缺乏、创新动力不足等因素成为制约企业创新发展的瓶颈。 (4)社会经济发展的新时期,对企业家领导企业创新提出了新的任务和新的素质要求:要设计创新的路线图、构建创新的价值链、强化创新的内在动力源,要求企业家应该具备更高的战略决策能力、资源整合能力和组织学习能力。 (5)大部分企业经营者认同企业的经济责任、法律责任、伦理责任和公益责任,但是,企业在履行社会责任方面的状况与经济社会发展的时代要求还有一定的距离。 (6)落实科学发展观、建设社会主义和谐社会的时代要求,对企业履行社会责任和企业家的素质都提出了新的要求:进一步落实企业在诚信经营、保护环境、利益共享和社会公益等方面的责任,同时,对企业家在法治意识和品德修养、环保意识和经营理念、精神境界和团队领导力、社会参与和社会影响力等方面提出更高期望。 (7)企业家们期望加快服务型政府的建设,建立完善的法律法规和制度体系,营造良好的社会文化氛围。同时,也期望全社会尊重企业家的劳动,承认企业家的价值,有效保护企业家的合法权益,帮助企业家全面提升素质和能力,营造企业家健康成长的良好环境。	5576
2007	• **重点**:市场化改革与中国企业家成长 • **内容**:市场化改革与中国企业家成长相互影响的历程,过去三十年市场化进程中企业家成长和发展规律,企业家对未来市场化改革的期望与建议 • **主要结论**: (1)改革开放三十年来,国有企业逐步实现了体制转型和相应的经营管理方式的变革,与此同时,非国有企业也在市场化进程中不断成长壮大。伴随着企业的转型和发展,企业家的构成发生了很大变化,任职方式趋于市场化,国有与民营企业经营者的管理行为逐渐趋同,企业家的社会地位和经济地位也不断提高。 (2)随着市场化改革的深入,企业的经营环境发生了很大变化,对企业家的综合素质提出了更高的要求,而企业家综合素质的提高也进一步促进了市场化改革的深入。 (3)产品及要素的市场化改变了企业经营的竞争环境,促进了企业家的学习、创新能力及以此为基础的综合竞争能力的提升;市场经济法律体系的逐步建立在完善企业经营法治环境的同时,提高了企业家的法治意识;社会诚信环境对企业的健康发展关系重大,企业家品格与外部环境共同影响企业诚信行为;经济全球化改变了企业经营的国际环境,对企业家拓展国际视野、提升国际化运作能力提出了更高要求。 (4)企业家认为,政府职能转变是市场化改革的关键,在减轻企业负担、减少行政干预和增加政策透明度等方面取得了一定成效。 (5)企业家认为,深化市场经济体制改革要求进一步加快政府职能转变的步伐,期望政府该管的管,该放的放,特别是在加强政府的社会管理和公共服务职能、打破行业垄断和地方保护等方面发挥重要作用,逐步实现建立"服务型政府"的目标。	5576

续表

调查年份	主 题	样本量/份
2008	• **重点**:企业家精神 • **内容**:企业经营者对企业家精神的认识和评价,企业家精神对企业发展的影响,影响企业家精神的主要因素 • **主要结论**: (1)企业经营者普遍认同创新是企业家精神的重要特征,同时也认为敬业、实现自我价值、乐于奉献是企业家精神的重要内涵。 (2)大多数企业经营者重视创新,善于把握市场机会,而对自己在冒险和挑战意识方面的评价相对较低。 (3)对企业家精神自我评价越高的企业经营者,对企业家这一职业角色的认同度越高,勇于承担风险和不断创新的意识越强,更乐于主动捕捉市场机会、拓展外部发展空间,对未来经济走势的判断更具前瞻性;同时,对其所在企业的现状更为满意,企业的诚信度、综合绩效相对较好。 (4)外部环境对企业家精神有较大的影响,尤其是快速的技术变化和行业增长,对企业家精神影响更为显著,特别是对企业家创新意识和冒险意识的提高有较大的促进作用。此外,政府职能转变、知识产权保护和人力资源环境改善,对企业家精神的影响也较为显著。 (5)企业经营者们期望全社会共同努力,不断改善企业发展的市场环境、体制环境、政策环境、法律环境、文化和社会舆论环境,激发全社会创业、创新的活力和热情,为建设富强民主文明和谐的社会主义现代化国家而努力。	5920
2009	• **重点**:企业战略 • **内容**:中国企业在企业战略方面的现状与问题,企业经营者的战略决策能力及对企业战略的认识、评价及建议,转型经济下中国企业战略的影响因素 • **主要结论**: (1)企业经营者普遍重视战略管理,对所承担的战略决策责任有一定的认识,同时企业经营者大都认为制定战略难,执行战略更难。 (2)中国企业战略决策责任的主体为董事长/总经理和董事会;相对来说,国有企业多为集体决策,民营企业多为个人决策;目前中国企业的战略决策模式多为“命令式”和“愿景式”,员工参与程度不太高。 (3)企业经营者认为,提升企业战略决策能力,关键在于优化高管团队构成、改善经营者战略思维、完善组织机构与管理体制,对国有及国有控股企业来说,优化产权与公司治理也是改进企业战略决策的重要途径。 (4)在竞争战略方面,中国企业普遍采用了成本领先战略,以低成本、宽产品线、低价格为主要竞争手段。但低价格竞争并不一定提升企业绩效。 (5)在总体发展战略上,呈现内资多元化、外资专业化的特征。主导业务型企业和相关多元化企业绩效相对较好。 (6)快速变化、充满不确定性的外部环境,使企业的战略制定和战略执行面临较大的挑战。为了应对这种挑战,大多数企业经营者强调创新,普遍重视前瞻性、主动性和快速行动,其中,民营企业表现出更强的创新导向。在技术创新方面,企业经营者普遍重视集成开发、二次开发与独特技术开发,低成本研发较为广泛;在制度创新方面,企业经营者重视产权优化,强调制度化和流程规范。技术创新和制度创新更能促进企业绩效的提升。 (7)目前企业战略有待于从三个方面不断完善和提升。第一,要从基于廉价生产要素的低成本战略向基于产品与技术创新的差异化战略转型。第二,中国企业的国际化,总体上仍处于以低成本生产要素为基础、出口为主要方式的初级阶段,并表现出人才短缺、产品不够高端、缺乏品牌与销售渠道等问题。第三,目前企业在战略决策模式上,偏重“命令式”“愿景式”,战略规划的有效性及员工参与程度较低。 (8)企业经营者呼吁,在中国经济转型发展的关键时期,政府要进一步加快行政体制改革,全社会要大力弘扬企业家精神,企业自身应大力推进差异化战略发展,企业经营者要提高自身综合素养和自我认知能力,重视企业的团队建设,从“个人英雄”时代迈向“企业群英”时代。	5016

续表

<table>
<tr><th>调查年份</th><th>主　题</th><th>样本量/份</th></tr>
<tr><td>2010</td><td>● 重点：资本市场与中国企业家成长
● 内容：中国企业家参与资本市场的现状、存在的问题和未来战略，对发展中国资本市场的建议
● 主要结论：
（1）当前，中国企业家越来越重视资本市场，但是参与资本市场的能力和水平仍处于初级阶段。银行贷款和民间借贷是目前企业获取资金的主要来源，只有少数企业能够通过参与股票市场、引入风险投资等直接融资方式获得资金。对于多数企业来说，银行贷款只能满足日常生产经营的需要，并不能满足外部扩张的需要。中小企业和民营企业融资难问题仍然比较突出。
（2）企业家已经意识到借助资本市场可以帮助企业实现跨越式发展，但是，目前企业参与资本市场的动机大都只停留在日常经营层面，还没有提升到战略层面。
（3）企业家认为参与资本市场面临多重困扰，主要体现在民间金融市场不完善、上市成本较高、上市后监管更严格、内部人控制风险较大等方面。
（4）产业资本向金融资本的渗透已初具规模，但产融结合的总体水平还不高；企业家进行产融结合的主要动机大多是为了获得更多信贷支持、增强财务灵活性。虽然企业家推动产融结合的意愿比较强烈，但近半数的企业家在政策允许时仍不打算进行产融结合，其首要原因是与企业的专业化战略不一致。
（5）对于企业未来三年计划实施的融资战略，调查发现，企业家对民间借贷的依赖程度呈下降趋势，参与资本市场的意识明显增强，中小企业和民营企业上市融资的积极性提高较快。与此同时，部分企业家认为自己已经基本具备了参与资本市场的个人能力，企业在一定程度上也具备了参与资本市场的组织能力。
（6）保持稳健的资本结构和财务政策、提升企业家资本运作能力、健全公司治理结构和内部控制，是企业家规避资本市场风险的主要措施。
（7）企业家对中国资本市场的健康发展充满期待，一方面，企业家自身要把参与资本市场提高到企业发展的战略层面，重视学习，全面提升个人能力和素质，增强企业参与资本市场的组织能力。另一方面，企业家希望政府进一步加快构建有效的资本市场运行机制和健全的法律制度环境，为企业家与资本市场的深度结合、弘扬企业家精神创造良好的外部环境。</td><td>4256</td></tr>
<tr><td>2011</td><td>● 重点：企业家对人性的看法及其管理实践
● 内容：企业家的人性观及精神境界、企业家的领导风格及管理方式、人性观、精神境界、管理实践及企业绩效之间的相互影响关系
● 主要结论：
（1）大多数企业家认同人性向善，并认为员工具有创造力和责任感；企业的持续发展和员工成长是大多数企业家的主要追求，企业家对个人精神境界的评价积极。
（2）越认同人性向善、精神境界自我评价越高的企业家，其信心和发展动力越强，幸福感越高，同时企业的综合绩效也较好。
（3）高授权高监控、高激励高期望是企业家最主要的领导风格，并且企业家强调监控多于授权，强调期望多于激励。企业家越认同人性向善、对精神境界自我评价越高，越倾向于高授权高监控和高激励高期望；同时，高授权高监控和高激励高期望的企业综合绩效也更好。
（4）企业家对人性的看法、精神境界，与其领导风格及企业综合绩效之间有着密切的联系，同时，企业家的成长环境和企业发展环境，在很大程度上影响了企业家对人性的看法和精神境界。</td><td>4225</td></tr>
</table>

续表

调查年份	主　题	样本量/份
2012	• **重点**：经济转型与创新 • **内容**：中国企业在应对经济转型方面的现状与问题，企业家对于经济转型及其相关问题的认识与感受，推动经济转型的有效途径 • **主要结论**： （1）大部分企业家对中国经济转型的重要性和迫切性有着较高的认同。从经济发展的角度看，企业家大都认识到，过去 30 年对中国经济发展起到重要支撑作用的因素已经发生变化，经济发展方式亟须由主要依靠物质资源投入转变为创新驱动为主；从企业发展的角度看，企业家认为成本上升、企业利润过低、产能过剩、缺乏人才、需求不足和缺乏创新能力等已成为当前企业经营发展中面临的最主要困难，转型和创新是解决这些困难和问题的重要途径。 （2）企业家在认识到经济转型的重要性和迫切性的同时，也清醒地意识到经济转型的艰巨性：首先，经济转型面临部分地方政府急功近利、政策支持不到位、经济管理体制不合理、企业创新动力不足和思想观念制约等困难；其次，经济转型会让企业付出多方面的代价，主要包括：经营成本上升、风险增加、短期利益受损、管理难度增大、企业家承受更大压力等；最后，面对转型，企业自身也面临人才缺乏、风险较大、创新渠道不畅等挑战。 （3）大多数企业家意识到企业成功转型的关键是增强人力资本、提升创新和应变能力。企业的着力点要放在提高技术研发能力、全球化竞争力及对网络经济环境下新商业模式的适应能力等方面；同时，面对转型，企业家亟须提升自身的变革领导力，其中团队影响力、战略领导力、精神感召力、创新管理力和资源整合力的提升尤为重要。 （4）政府主导的制度改革和体制创新，是经济转型成功最重要的基本条件。企业家期望政府不断改革完善财税体制，加快垄断行业改革，深化收入分配制度改革，完善资源价格形成机制，推进市场化改革的不断深入；推进法制化建设，健全法律法规和制度体系，鼓励和保护企业家精神，构建有利于经济发展方式转变的微观基础。同时，作为市场化改革和法制化建设的配套措施，企业家也期待政府能够积极稳妥地推进政治体制改革，加快行政管理体制改革。此外，企业家还期望政府有效治理一些行业中长期存在的恶性竞争和不诚信行为，建设良好的市场秩序和商业文明，营造让企业家“安心经营、放心发展、用心创新”的外部环境，为企业转型创造更加良好的社会生态系统。	4015
2013	• **重点**：企业家成长 • **内容**：企业家职业化、学习能力与变革领导力的培养，企业家责任与担当意识，企业家精神与组织文化建设成就 • **主要结论**： （1）中国企业家队伍的成长轨迹有 3 条清晰的主线，一是能力素质的提升，二是责任担当的扩展，三是企业家精神的弘扬与企业文化的蕴育。 （2）企业家在能力提升方面，不断适应经济发展和企业成长的需要，迈出三大步。第一步是适应建立现代企业制度的需要，自觉学习现代管理知识，提升专业能力；第二步是适应知识经济时代、建立学习型组织的需要，关注个人和组织的学习能力与创新能力的提高；第三步是适应经济转型和企业转型的需要，逐步提升变革领导力。但同时一些企业领导人在能力结构及自我认识和提升上差距较大，具体表现为 3 个方面的不平衡：内部协调能力强而外部开拓能力相对较弱、个人学习能力强而组织学习能力相对较弱、日常管理能力强而变革领导能力相对较弱。 （3）企业家在责任担当方面，越来越多地体现出责任意识，对企业应履行的社会责任有了进一步的认识并付诸实践。企业家大都认同对企业各种利益相关者的责任。不少企业家能够超越个人和企业的本位责任，克服各种因素的影响，在带领企业持续发展、关心员工利益、提升企业信用、参与社会公益、助推经济转型与社会发展等方面都表现出积极的态度和行为。但由于市场秩序、管理体制、社会环境等方面的因素及个人价值取向等原因，一些企业领导人的认识及企业文化导向在履行社会责任方面还存在着一定差异。 （4）其精神文化方面，企业家作为企业文化的塑造者，企业发展的引领者，社会资源的组织者，承受着来自各个方面的较大压力。企业家大多具有比较强的创新意识和企业家精神，对人性、对员工有积极正面的看法，重视企业的持续发展、员工成长和自身精神境界的提升，同时，比较重视企业文化建设，关注整个社会的商业文明进程。	3545

续表

调查年份	主　题	样本量/份
2014	• **重点**：经济发展“新常态”与企业创新 • **内容**：中国企业的创新要素投入、创新产出、企业创新路径选择、企业创新能力、企业家创新特质与意愿、企业创新环境等创新发展现状与问题应对 • **主要结论**： (1)近年来我国企业在创新方面的进步较为明显，企业家大都具有较强的创新意识，企业创新能力明显提高，创新投入持续增加，大学生员工比重持续提高；企业家越来越重视企业的研发能力，自主研发逐渐成为企业开发新产品的最主要方式；企业创新实践有效地促进了企业绩效的提升，企业家创新意愿强和创新投入多的企业，在经营绩效、盈利水平等方面有更好的表现。 (2)企业在创新方面也面临一些问题，主要包括：创新人才短缺、创新资金来源单一、创新绩效不佳、创新环境不完善、企业家创新动力不足等。创新人才短缺始终被企业家认为是阻碍企业创新的最主要因素；企业创新资金来源仍以自有资金为主，通过资本市场获得创新资金的渠道仍不畅通；作为衡量企业创新产出的重要指标之一，新产品销售占销售总额比重的增速有所减缓，表明当前企业创新成效有待进一步提高；从创新环境看，企业家认为，缺乏鼓励创新的社会环境、创新风险与收益不对称、知识产权保障不力等是阻碍创新的主要因素；企业家未来创新意愿不足，对未来增加创新投入较前几年更为谨慎。 (3)企业创新存在4个特征：行业存在研发投入增长快而创新人才匮乏的现象，其中制造业尤为明显；企业研发投入占比存在显著的分化态势，不同地区、规模、经济类型的企业间差距进一步拉大；大多数企业的创新模式以渐进式创新为主、突破性创新偏少，企业从注重营销创新转向以技术创新为主；绩效越好、竞争力越强的企业创新意愿越强，而创新意愿越强的企业，创新产出越好。 (4)企业家在逐渐意识到创新的重要性的同时，也迫切期待政府进一步创造良好的创新环境。积极推动以简政放权为核心的政府管理体制改革，当地政府支持创新的具体政策措施及提振企业家对宏观环境的信心，可以有效提升企业创新投入和未来创新意愿。	2446
2015	• **重点**：企业创新活跃期表现 • **内容**：创新要素的投入及规模、创新效果及效益、企业创新战略选择、企业创新能力、企业家创新精神及意愿，企业创新环境，构建“中国企业创新动向指数” • **主要结论**： (1)当前企业已进入创新活跃期，主要表现在：一是企业创新潜力强劲，企业家精神成为提升创新潜力的最重要动力，尤其表现在重研发、担风险、抓机会等方面；二是企业家创新投入意愿强烈，尤其是创业成长期企业、技术密集型行业企业比较突出；三是体现在创新市场环境、文化环境较好，企业注重中长期发展规划和多元化创新信息渠道等方面。 (2)企业创新尚存在诸多问题、困难乃至挑战，包括人才环境是当前企业创新最大的瓶颈；中西部区域创新文化亟待培育；企业创新的实际投入与创新成效的持续性有待加强；知识产权保护及创新支持政策力度应给予更多关注；企业创新战略比较单一，过于依赖内部研发，以合作研发为特征的开放式创新亟待加强等。 (3)进入创新活跃期的中国企业创新效果初步显现，创新在提升产品质量、改善环境、开拓新市场等方面作用明显，但是离国家创新战略提出的要求依然存在不小差距。一方面，企业家应努力提高自身创新思维与方法水平，打造具备较高创新管理能力的专业化高层管理团队，努力激发一线员工等内部要素的持续创新动力，同时充分利用市场化创新机制，增强合作研发等开放式创新战略，更好地通过多层创新推动企业转型升级。另一方面，要坚决贯彻落实“十三五”的创新理念，抓紧培育创新人才，尤其是培养引领企业持续创新的企业家人才，同时大力培育鼓励创新、容忍失败的制度环境、文化环境和金融环境等促进创新迸发的宽松的外部环境，加快创新驱动力的形成。	2526

续表

调查年份	主　题	样本量/份
2016	• **重点**:新旧增长动能转换与创新环境、战略和未来 • **内容**:企业在持续创新活跃期的创新要素的投入及规模、创新效果及效益、企业创新战略选择、企业创新能力、企业家创新精神及意愿,以及企业创新环境 • **主要结论**: (1)当前企业创新动向指数呈上升态势,企业已持续进入创新活跃期,主要表现在:企业家创新投入意愿持续增强,企业创新在提高产出质量等方面取得了较为明显的成效,拥有专利的企业比重明显上升,新产品销售比重也有所回升。调查结果显示,消费结构升级与技术变革成为推动企业创新的"双引擎",激烈的市场竞争成为推动企业创新的主要动力,企业同业合作创新成为明显趋势,开发新产品成为主要创新途径,民营企业表现相对突出。 (2)当前企业创新动向指数呈上升态势,企业已持续进入创新活跃期,主要表现在:企业家创新投入意愿持续增强,企业创新在提高产出质量等方面取得了较为明显的成效,拥有专利的企业比重明显上升,新产品销售比重也有所回升。调查结果显示,消费结构升级与技术变革成为推动企业创新的"双引擎",激烈的市场竞争成为推动企业创新的主要动力;企业同业合作创新形成明显趋势,开发新产品成为主要创新途径,民营企业表现相对突出。 (3)企业创新动向指数的增幅仍较小,外部环境亟须进一步改善,企业创新战略水平仍处于相对较低水平,创新投入带来的创新效果仍有待提高。一方面,企业家应合理控制企业创新所面临的风险,努力激发一线员工创新动力,充分挖掘资源与机制潜力,增强合作研发等开放式创新战略,积极转变以成本领先为主的创新方式,强有力地推进差异化创新战略,同时利用与同业企业、客户合作研发等市场化创新机制,更好地通过综合创新推动企业转型升级;另一方面,企业家期待政府深入落实"十三五"规划的创新理念,改变市场短期行为导向,加强知识产权保护,降低企业创新风险,抓紧培育创新人才,尤其是培养引领企业持续创新的企业家人才,在全社会大力弘扬以创新为核心的企业家精神,大力培育鼓励创新、容忍失败的文化环境,加大知识产权保护力度的制度环境,提高风险承受力的金融环境,促进企业安心经营、放心发展、用心创新,推动中国经济转型升级。	1960
2017	• **重点**:宏观形势与企业经营状况 • **内容**:对外部经济形势的判断及未来预期、当前企业发展面临的困难及潜在风险、增长动力转换中的政策调整与市场机制改革成效 • **主要结论**: (1)多数企业家认为当前宏观经济环境处于历史上并不多见的既不冷又不热的正常状态。企业产销逐渐回暖,库存水平趋于正常,企业盈利改善,企业景气明显回升。从对未来的预期看,企业家认为未来市场需求稳中有升,价格保持上涨态势,用工需求温和上升,尤其是对大学生的用工需求上升明显,投资信心有所增强,企业经营前景整体较为乐观。 (2)产业、区域、规模等结构分化十分显著,新旧发展动力正在转化,质量效率有所提高。IT、医药等为代表的新产业景气持续大幅上升,正逐步替代资源密集型产业成为经济增长的主要引擎;企业创新动力有所增强,创新投入持续增加,新产品销售收入占比持续增加。 (3)企业经营仍然存在挑战。一是部分行业产能过剩现象依然十分严重,设备利用率低,市场竞争压力仍然较大;二是企业成本问题依然十分突出,长期以来形成的人工成本上升和社保税费负担过重的压力尚未缓解,此外原材料成本、环保支出增加也较多;三是中小企业融资难、融资贵问题依然突出,融资成本居高不下;四是房价上涨预期依然较强,二、三线城市尤其明显,潜在金融风险不断累积,造成经济波动的可能性加大;五是各地的PPP(政府与社会资本合作)项目推进过程中普遍存在民间资本参与热情低、潜在风险积聚等问题。 (4)近年来放管服改革取得成效,企业经营的市场环境不断优化,要珍惜当前宏观、微观经济环境改善的良好局面,进一步加大供给侧结构性改革力度,坚决防范潜在的经济风险,更加注重简政放权相关措施的实际成效,通过进一步减税等举措实实在在降低企业成本,积极稳妥有效地推进产业政策,更深程度地调整经济结构,促进经济发展方式的根本转变。	1495

续表

调查年份	主　题	样本量/份
2018	• **重点**:企业家精神 • **内容**:高质量转型时期,企业家精神的代际升级、影响企业家精神提升的主要因素和有效促进企业家精神的主要措施 • **主要结论**: (1)改革开放以来,中国企业家队伍完成了孕育、发展、壮大并走向成熟的成长过程,为中国经济发展和社会进步做出了巨大贡献。 (2)企业家精神实现了从敢于冒险到重视创新和精益求精的蜕变,并体现出一些新的特征:更加重视诚信、尊重他人;更有责任意识,更愿意回馈社会;更加重视创新,更追求可持续发展模式;敬业精神更加显著,热爱事业并坚忍执着;更加善于思考、终身学习,不断提升自身素质和能力。 (3)当前企业家精神的培育和发展受到诸多新因素的影响。从营商环境看,法治环境对企业家精神的影响更加重要,而政策环境的重要性有所下降;从社会文化环境看,显性规范对企业家精神的影响更加重要,而隐性规则的重要性明显下降;从企业层面看,保持动力,提升能力,营造良好的企业创新氛围有利于提升企业家精神;从企业家个人层面看,务实进取、自强自律等积极价值导向的企业经营者更具企业家精神。 (4)企业家期望的关于促进企业家精神提升的主要举措包括:从政府层面,加大改革开放力度,保持政策连续性和稳定性,营造更好的营商环境,尤其是包括产权保护在内的法治环境和社会诚信环境;从社会层面鼓励突破区域隐性规则束缚,共同打造商业生态圈,努力创建现代商业文明;从企业层面冷静应对当前经营困难,稳定企业发展预期,提振企业家信心;从企业家个人层面加强韧性,平衡工作—生活关系,通过坚守诚信底线,动态适应、把握和引领新环境。	1562
2019	• **重点**:企业传承与创新 • **内容**:了解企业家对转型时期企业传承和创新的认识和评价,研究企业传承和创新的内涵及其影响,探索企业传承和创新的挑战与解决之道。 • **主要结论**: (1)中国经济迈入创新转型的关键时期,企业传承与创新已然成为未来经济持续健康稳定发展的核心保障。企业家大都重视企业传承,逾70%企业传承正在进行或已经完成。企业家最想传承的是诚信、敬业、创新等企业家精神和企业文化;民营、成长期、中西部等企业传承面临较大挑战。 (2)企业传承受到诸多因素的影响。从外部环境看,企业传承的市场环境亟须改善,政策环境对成长期企业的传承更为有利,而文化环境对于成熟期企业的企业传承较为不利,经过改革开放40年,中国企业大多进入成熟期,表明文化环境亟须改善以促进经济进一步转型升级;从企业内部环境看,文化价值观、治理结构及传承机制是影响企业传承的主要原因,女性企业家、年轻企业家及高学历企业家更认同引入外部市场竞争机制促进企业传承。 (3)企业发展过程中是否经历过重大危机,对企业传承意识、经验与现实安排等方面影响较大。企业的早期重大危机经历,显著正向影响企业传承进度。调查分析还发现,企业盈利水平、战略长期导向与高管团队创新管理越好的企业,其传承进度越好,企业领导人的信心与积极乐观精神越高,越有利于促进企业传承。 (4)企业家期望:从政府层面,进一步改善企业营商环境,努力提高政府效率,减少不必要的干预,加强产权保护;从产业层面,贯彻创新驱动发展战略,积极促进经济转型,加速企业传承;从企业层面,保持企业创新连续性,努力采取自主创新战略,坚持在创新中传承;从企业家个人层面,优选接班人传承方式,积极加强与高管团队的沟通,尤其是通过增加非正式活动加强沟通,培养企业传承班子力量,为企业持续健康发展和中国经济转型升级做出更大的贡献。	1124

续表

调查年份	主　题	样本量/份
2020	● **重点**：企业韧性与企业家精神 ● **内容**：新冠肺炎疫情下企业的外部环境与经营发展挑战、企业韧性的影响因素、企业韧性对创新的影响 ● **主要结论**： (1)2020 年新冠疫情造成重大危机，进一步要求企业保持韧性的同时持续创新，已然成为未来经济持续健康稳定发展的核心保障。新冠疫情尤其对中小企业和民营企业造成明显冲击，企业盈利呈现明显下滑趋势。企业面临的外部环境出现新的挑战，未来发展不确定性增强，资源、环境约束不断加大，人才匮乏问题依然未能得到改善。同时，中国实施降本增效改革措施成效显著，企业的社保税费负担与人工成本等困难明显得到改善。 (2)维持凝聚力，从挫折中复原甚至逆势成长的组织韧性尤为重要。调查表明，企业组织韧性中的危机感知能力较强、危机适应能力相对较低，这主要受到企业"能人"与外部危机应对专业人士等第三方服务机构发展程度的影响。 (3)企业组织韧性发展受到诸多因素的影响：从行业环境看，技术竞争强度与市场竞争的过程显著提升组织韧性，而市场竞争的失败预期显著降低组织韧性；从企业层面看，企业文化塑造组织韧性，民营经济的企业文化既重视集体主义又鼓励个人主义；从企业家个人层面看，务实进取型企业家增强组织韧性，而负面情绪较高、职业倦怠的企业家削弱组织韧性，并且小型企业、科技型企业受企业家个人影响尤为明显。 (4)组织韧性与企业创新具有显著的相关关系。组织韧性高的企业更倾向选择突破式创新模式，更具有创新性、主动性和风险承担性，更有可能实施探索与利用并举的双元创新战略。组织韧性显著提升企业创新绩效，尤其是显著提高产品或服务质量、提升对健康和安全的影响、扩大产品或服务的类别，增强了企业在业务流程上的灵活性，而在降低单位产出的劳动力成本、减少单位产出材料和能源的消耗方面作用较弱。 (5)企业家期望有关措施帮助培养组织韧性：从政府层面，健全国家应急管理体系、深化改革开放、完善社会保障体系，为企业发展创造更好环境；企业自身应对危机需要未雨绸缪，灵活调动资源，创新应对危机的方式方法，坚持长期导向，制订并充分发挥应对危机/紧急事件计划的作用，多措并举应对资金链危机，转危为机，增强企业文化氛围；从企业长期发展来看，加强学习修炼内功，健全治理结构，加快数字化转型，提升管理水平，创新核心商业模式，增强研发创新能力，培育和发展融合线上线下新渠道的市场营销能力，创新商业模式，全面提升核心竞争力，为推动更高水平开放型经济新体制的形成、增强社会文明程度、推进民生福祉新高度而努力。	1243
2021	● **重点**：数字化转型 ● **内容**：企业家对数字化转型的认知、动机与目标；企业数字化转型的组织保障与战略投入；数字化能力建设及对绩效的影响；转型过程中的问题及对策建议 ● **主要结论**： (1)企业家对数字经济认识深刻、对数字化转型的战略选择理性务实。企业家推动数字化转型的主要内部动力是寻求未来的发展机会和空间，主要外部动力来自客户行为的变化和政府政策的引导。企业家启动数字化转型的首要目标是降本增效。 (2)企业家对环境、现状和未来看法越积极、越有信心，对数字经济政策关注度越高，对数字化战略和数字化转型重视度越高，对数字化投入也越多。在数字化能力建设、数据资产管理方面做得也越好，对财务绩效和非财务绩效的影响也更正向。领先者企业在数字化转型中扮演领头羊和探路者的角色，它们对数字化战略高度重视，对数字化转型投入更大，行动更快，规划更长远，数字化能力建设成熟度也更高。快速追随者紧跟步伐，模仿领先者相关做法，以期快速复制成功。谨慎采纳者和观望者在数字化转型中面临的困难更多，参与度较低，怀疑者对数字化转型仍有疑虑，参与度较低或不参与。 (3)在组织保障方面，多数企业将数字化转型作为"一把手工程"，数字化战略地位越高，一把手主抓的比例越高，其中数字化转型主要负责人的关键能力是整体规划和决策。在组织体系上，多数企业未设立专门的负责数字化转型部门，大多数工作交给 IT 部门等中层职能部门负责，这在组织保障上弱化了数字化整体性和协同性要求。 (4)在数字化转型投入方面，中小企业投入普遍不足。多数企业的技术投入集中在管理信息系统，信息化任务尚未完成，处于数字化发展的初级阶段，整体数字化能力建设仍偏弱。 (5)企业推动数字化转型的主要困难是数字化人才和转型方法论缺失，小企业、民营企业数字化转型的困难更加突出。数字化转型是一项专业性较强的工作，涉及战略、技术、业务、项目管理等多个专业，政府、高校、企业和社会组织应就人才培养模式进行统筹规划，推进协同创新。在当前复杂多变的国际局势和经济形势下，建议企业家要有坚定的信念，加强对数字化转型的长期投入，加速战略领导者、数字化落地推动者等重点人才的选用育留，打造"人才雁阵"。政府、高校、科研机构等创新开发数字化人才联合培训机制提供更多的案例研究和公共知识产品。同时，政府制定数字化转型政策时应更多考虑中小企业，激励大企业分享平台能力资源，避免在不同规模企业中出现"数字鸿沟"。	1247

2021—2022全国企业文化建设成果综述

——塑造中国特色现代优秀企业文化研究

中国企业联合会企业文化工作委员会

多年来国内外企业的管理实践表明，企业文化是企业核心竞争力的核心要素，是企业兴衰成败的关键因素之一。企业通过凝聚先进思想文化的力量，全面提升企业整体管理水平和国际竞争力，实施经济文化一体化经营战略，正在成为世界一流企业发展壮大和永葆青春活力的共同战略选择。

一、企业文化的概念与作用

所谓企业文化，是指企业在长期经营实践中形成的，并为本企业职工自觉遵守和奉行的共同使命、愿景、价值观念、经营哲学、伦理道德、典礼仪式及智力因素和文娱生活的总和。一般包括物质文化、行为文化、制度文化和精神文化等。企业文化是经营、管理企业的最底层的、内在的逻辑，具有价值属性和管理属性。它来自实践，由全体员工共创、共建、共享，并且不断创新发展。

优秀的企业文化阐明了企业在处理经营管理的基本矛盾和内外重大关系的原则、优先次序，能够建立起调整企业内部关系和矛盾关系的心理契约，是一个“理念规则化、政策化”的过程；优秀的企业文化指导着企业的组织建设、业务流程建设和管理制度化建设，能够推动企业管理的升级和员工的职业化，并使企业管理体系具有可持续性，是“企业行为规范化”与“员工行为职业化”的过程；优秀的企业文化能够将领导团队（党和国家）意志、精神和思想转化为公司宗旨和政策、工作规则、岗位职责，并系统地传递给全体员工；优秀的企业文化能够建立组织共同的语言环境、合理的边界、趋同的基本假设、愉悦的工作氛围，不断增强企业的凝聚力、向心力。

二、中国企业文化的突出特征

塑造中国特色现代优秀企业文化、发挥企业文化引领支撑作用，是新时代提升企业创新力、竞争力、治理力、影响力、引领力的有效手段，是全面建设社会主义现代化国家、实现第二个百年奋斗目标的必然要求。在这个过程中，需要包括政府、企业、社会组织等在内的社会各界分工负责、协同配合、共同推动。

（一）加强党对企业文化工作的领导，党建与企业文化建设深度融合成效明显

企业党建是我党的一大政治优势。党建与文化相结合是新时期党建工作的有效形式，企业文化为企业党建工作增添了新的活力，促进党建更好地融入企业经营管理。党委部门加强党对企业文化建设的领导，增强党对企业文化建设的主导权和话语权，把企业文化建设纳入党建考核，充分发挥考核的“指挥棒”作用，保证企业文化的正确方向。

推动广大企业党组织明确职责，促进党建赋能企业文化建设，以先进的党内政治文化引领企业文化建设，促进党建工作与企业文化建设同向发力，实现机制对接、制度对接、工作对接，把党的思想政治优势、组织优势和群众工作优势，转化为企业的文化优势和竞争优势。鼓励社会组织培育、挖掘、宣传广大企业党建与文化融合的先进典型案例，推动优秀企业文化在举旗帜、聚民心、育新人、兴文化、展形象方面发挥重要作用。

在企业文化建设中，党建工作和制度层融合成为一个重要特征。企业文化的制度层中广泛吸纳党

建对干部的行为要求，将党建工作与企业文化建设紧密结合，共同推动企业的发展。

（二）中华优秀传统文化在企业文化建设中作用突出

塑造新时代优秀企业文化，必须增强文化自觉坚定文化自信，充分汲取中华优秀传统文化的精华，在传承中创新，在继承中发展，推动中华优秀传统文化创造性转化和创新性发展，形成有中国特色的现代优秀企业文化。

中国传统文化博大精深、源远流长。中国优秀文化传统潜移默化，融入人们的内心，对建设中国特色的企业文化发挥了重要作用。企业文化贯穿了民族文化之本，体现了民族文化之魂。中国传统文化思想如自强不息、厚德载物、敬业乐群、重仁重义、和合协调、诚信为本、天时地利人和等，渗透在企业文化建设中，形成了中国企业文化的突出特色。“仁、义、礼、智、信”的思想对中国企业有很大影响。

广大企业设立专门研究课题和机构，重点开展中华优秀传统文化与现代企业文化有机结合的研究，深入挖掘中华优秀传统文化讲仁爱、重民本、守诚信、崇正义、尚和合、求大同的时代价值，把中华优秀传统文化精髓和当代中华文化创新成果融入企业文化，构建具有中国特色、反映时代需求的中国企业文化，努力形成具有中国特色的现代企业文化理论体系。社会组织、研究机构根据各自工作领域的特点，重点开展体现中华优秀传统文化的企业文化典型案例研究，积极开展中外优秀企业文化对比研究，探索增强中国企业在国际化经营中文化包容性的路径与措施，形成若干研究成果，通过多种形式进行推广；高校开展企业文化专业的教育，开发相关课程体系、培训教材，培养优秀的教师资源。广大企业积极开展中华优秀传统文化在企业文化中的探索与实践，与现代企业文化充分融合，把民族精神和时代精神更好熔铸于企业文化，让企业成为弘扬传承优秀传统文化的主力军和建设社会主义先进文化的重要力量。

（三）中国特色现代优秀企业文化日趋壮大

近年来，企业面临的内外环境发生了重大变化，贸易自由化与贸易保护主义、单边主义并存，当代员工思想和价值追求日益多元化，企业内部管理受到很大挑战。在党和政府的引导下，广大企业对企业文化展开创新探索，建立容错纠错机制，促进企业在企业文化的重点领域方向上的创新发展。一是企业包容文化建设。在企业实施兼并重组、落实“一带一路”倡议和企业“走出去”过程中，引导推动企业建立和谐共处、竞合双赢的包容文化，加强跨文化管理，寻找最大公约数，形成了向心力和凝聚力，增强了企业文化对内对外的包容性。二是企业创新文化建设。企业加强营造创新文化氛围，形成激励探索、包容个性、崇尚创新、宽容失败的企业环境，解放创新工作者的想象力、创意力和思想力，激发创新活力，为企业创新发展服务。三是企业开展品牌文化建设。企业实施品牌战略，最重要的就是要建立强大的品牌文化。企业通过赋予品牌深刻而丰富的文化内涵，进行有效的品牌传播，形成了消费者对品牌在精神上的高度认同，使品牌文化赋予品牌强大的生命力和非凡的扩张能力，成为企业保持竞争优势的利器。

（四）企业文化传播中新媒体的融合运用日趋成熟

广大企业创新企业文化建设与传播的方式方法，将新媒体和传统媒体加以整合。广大企业在企业文化传播的方法、力度、速度、深度和广度上进行积极探索，善用新媒体、新平台，建立多渠道的企业文化传播体系，增强传播的覆盖面和影响力；通过主动占领新媒体平台，宣传党和国家方针政策，传播企业重要信息，弘扬企业正能量；发挥新媒体作用，及时听取员工意见建议并反馈，提高员工的满意度和归属感。新闻媒体要加强企业在国际经营活动中的文化传播，塑造合规经营、诚实守信、热心公益的企业形象和自主创新、质量过硬、品质优秀的品牌形象，从而展示良好中国形象。

（五）塑造中国特色现代优秀企业文化的长效机制逐渐建立

中国特色现代优秀企业文化建设是一项长期的战略任务，需要常抓不懈、久久为功。在相关政府部门领导下，企业逐步建立综合协调工作机制，加强顶层设计和系统设计，制定并出台中国特色现代优秀企业文化建设指导性文件，形成中长期目标，统筹规划、协调推进、务求实效；加强企业文化专业队伍建设，通过多种方式提高企业文化专职队伍的业务素质和专业化水平；企业进行战略管理与企业文化的有机结合，把企业文化纳入发展战略，战略与文化同制定、同实施，确保企业文化与企业战略方向一致；完善企业文化工作制度，加强文化管理，保证企业文化专职工作人员和专项经费；加强企业文化考核，制定企业文化考核评价指标体系，把企业文化建设的目标、任务纳入企业考核、企业领导班子任期目标考核。编辑出版企业文化优秀案例集，总结提炼优秀企业文化建设经验；新闻媒体设置企业文化专题（专栏），宣传推广中国特色现代优秀企业文化，营造典型引路、比学赶超、争创一流企业文化的浓厚氛围。

三、企业文化在服务国家战略中作用突出

（一）塑造优秀企业文化是推动实现中国式现代化的重要力量

党的二十大报告指出，中国式现代化是人口规模巨大的现代化；中国式现代化是全体人民共同富裕的现代化；中国式现代化是物质文明和精神文明相协调的现代化；中国式现代化是人与自然和谐共生的现代化；中国式现代化是走和平发展道路的现代化。

企业文化在建设中国式现代化中发挥着重要作用，主要体现在以下几个方面。

引领企业发展方向：企业文化是企业的灵魂，它包含了企业的核心价值观、使命和愿景等要素。在建设中国式现代化的过程中，企业文化可以引领企业发展方向，使企业更加符合国家战略和社会需求。通过构建积极向上的企业文化，企业可以明确自身的发展目标，为推进中国式现代化贡献力量。

提升企业竞争力：优秀的企业文化可以激发员工的归属感和创造力，提高企业的整体竞争力。在建设中国式现代化的背景下，企业需要不断创新、提升产品和服务质量，以满足市场需求。通过加强企业文化建设，企业可以培养员工的创新意识和团队精神，推动企业不断创新和发展，从而在激烈的市场竞争中脱颖而出。

塑造良好企业形象：企业文化是企业形象的重要组成部分。通过构建诚信、责任、创新等积极的企业文化，企业可以塑造良好的社会形象，赢得公众的认可和信任。这有助于企业在建设中国式现代化的过程中，更好地履行社会责任，为国家和社会的发展做出贡献。

促进企业可持续发展：企业文化关注企业的长远发展，强调企业与员工、客户、社会等各方面的和谐共生。在建设中国式现代化的过程中，企业需要关注可持续发展，注重环境保护、资源节约等方面的问题。通过加强企业文化建设，企业可以培养员工的环保意识和节约意识，推动企业实现绿色、低碳、可持续发展。

总之，企业文化在建设中国式现代化中发挥着重要作用，它可以引领企业发展方向、提升企业竞争力、塑造良好企业形象及促进企业可持续发展。因此，企业应该高度重视企业文化建设，为推进中国式现代化贡献力量。

（二）塑造优秀企业文化建设世界一流企业的必要内容

2021 年，党中央颁布《关于加快建设世界一流企业的指导意见》，指出：加快建设一批产品卓越、品牌卓著、创新领先、治理现代的世界一流企业，在全面建设社会主义现代化国家、实现第二个百年奋斗目标进程中实现更大发展、发挥更大作用。塑造优秀企业文化在建设世界一流企业过程中发挥着至关重要的作用。

塑造优秀的企业形象：通过构建特色鲜明的企业文化，企业可以在激烈的市场竞争中脱颖而出，形成鲜明的品牌形象。这种独特性不仅可以吸引客户的关注，还可以提高员工的归属感和自豪感，从而增强企业的整体竞争力。

提升员工综合素质：优秀的企业文化可以激发员工的潜力，提高他们的专业素养和综合能力。通过培训、教育等方式，企业可以将企业文化融入员工的日常工作中，使他们更好地理解企业的价值观和目标，并为之努力。员工的成长和发展将为企业创

造更多的价值，推动企业向世界一流水平迈进。

增强企业凝聚力：企业文化是企业凝聚力的源泉。通过共同的价值观、使命和目标，企业可以将员工紧密地团结在一起，形成强大的团队合力。这种凝聚力可以促使员工在面对挑战和困难时更加坚定信念、积极应对，为企业的持续发展和创新提供有力保障。

促进企业创新发展：创新是企业发展的核心驱动力。优秀的企业文化可以激发员工的创新意识和创造力，鼓励员工勇于尝试、敢于突破。同时，企业还可以通过与外部环境的交流和合作，吸收新的理念和技术，推动企业的创新与发展。在竞争激烈的市场中，只有不断创新才能保持领先地位，成为世界一流企业。

履行社会责任：世界一流企业不仅要在经济指标上达到领先水平，还要在履行社会责任方面发挥表率作用。通过构建积极的企业文化，企业可以引导员工关注社会问题、积极参与公益事业，树立良好的企业形象。这将有助于企业赢得社会的认可和尊重，提高品牌知名度和美誉度。

企业文化工作在建设世界一流企业过程中具有不可替代的作用。通过塑造独特的企业形象、提升员工素质、增强团队凝聚力、促进创新与发展及履行社会责任等方面的努力，企业文化将为企业打造世界一流品牌提供有力支持。

四、企业文化建设相关活动

创建全国“企业文化最佳实践企业”原为全国企业文化示范基地项目，自 2005 年开始，后按照国家相关文件精神，改为“最佳实践企业”。由中国企业联合会、中国企业家协会主办，北京大学、清华大学等六大高校作为学术支持，由专家委员会负责评审。创建企业主要从每年的企业文化优秀成果中选出，每年创建三到五家，成熟一家，创建一家。截至目前，共创建 67 家（含示范基地企业）。

创建“最佳实践企业”的重要环节是以企业的企业文化特点确定主题，召开体验式的现场会，通过“现身说法、案例剖析、现场体验、情景培训、模拟实战、互动交流”等多种形式深度剖析成功企业的做法，为全国广大企业提供了全面、立体、真实的企业文化培训。

（一）构建先进企业文化，凝聚新时代奋进力量

——全国企业文化（陕投集团）现场会在西安召开

2021 年 4 月 15 日，中国企业联合会在西安召开全国企业文化（陕投集团）现场会，授予陕西投资集团有限公司（以下简称陕投集团）“全国企业文化最佳实践企业”称号。各方领导、专家、企业家出席现场会，共同见证陕投集团“全国企业文化最佳实践企业”颁证授牌并致辞。陕投集团做企业文化相关主题报告，专家做点评。

陕投集团成立于 1991 年，是陕西省首家国有资本投资运营公司，专业从事陕西省国有资本的投资和运营，注册资本 100 亿元，总资产 2000 亿元，以能源、金融、投资为主业，拥有全资、控股子公司 29 家，职工 2.6 万余人。

陕投集团骄人业绩背后一个非常重要的原因，就是陕投集团始终高度重视企业文化建设，始终践行“追寻价值、引领发展”的使命担当和行动自觉，精心培育了独具特色的“君子文化”，并坚持用企业文化引领和推动企业健康持续发展。

陕投集团相关领导在《构建企业“君子文化”凝聚新时代奋进力量　助推陕投集团全面建成一流国有资本投资运营公司》的企业文化主题报告中介绍了陕投集团基本情况和发展成果，全面阐述了陕投集团“君子文化”的建设历程、核心要义、体系内容、践行落实及实践成效，全方位解读了陕投集团“君子文化”在提升企业管理水平、打造高素质员工队伍、推进企业高质量发展等方面所彰显的作用力。

相关专家在点评中指出，陕投集团对企业文化做了全面的思考，进行了丰富的积累，持续开展了多年的“君子文化”宣贯落实，取得了显著成效。下一步，要进一步将“尊礼守善 崇实尚新”的君子观转换为君子风格，通过系列的宣贯，促进行为养成，打造“君子集团”；要明确国有资本投资运营在集团层次的基本途径，以“君子文化”为动力，做有德行的国有企业；要坚定发展方向，持续改善做成事、做好事的基本路径，进一步建立提升和发挥员工能力的体制机制，推动企业持续快速发展。

（二）中国企业联合会、中国企业家协会发布2020—2021年全国企业文化优秀成果名单

2022年12月，中国企业联合会发布2020—2021年全国企业文化优秀成果名单，开展了2020—2021年度全国企业文化优秀成果发布活动，决定对国家电网有限公司等22家获得“2020—2021年度全国企业文化优秀成果特等奖”、有研科技集团有限公司等130家获得“2020—2021年度全国企业文化优秀成果一等奖”和大唐江苏发电有限公司等143家获得“2020—2021年度全国企业文化优秀成果二等奖”的企业予以表彰。

希望受到表彰的企业珍惜荣誉、再接再厉，继续深入开展企业文化建设，创造更多更好的先进经验，为中国企业文化发展做出新贡献。

（撰稿：蓝传仿）

2022年企业信息化建设综述

赛迪顾问股份有限公司高级副总裁　杨东日

一、中国企业信息化发展环境

（一）国家发布多项关丁企业信息化、数字化政策

2022年国家相关部门出台了多项信息化、数字化相关政策，为企业创新发展注入强大活动。党的二十大报告指出，实施产业基础再造工程和重大技术装备攻关工程，支持专精特新企业发展，推动制造业高端化、智能化、绿色化发展，促进数字经济和实体经济深度融合，以打造具有国际竞争力的数字产业集群。中共中央、国务院印发《数字中国建设整体布局规划》，明确了数字中国建设“2522”（夯实数字基础设施和数据资源体系两大基础，推进数字技术与经济、政治、文化、社会、生态文明建设五位一体深度融合，强化数字技术创新体系和数字安全屏障两大能力，优化数字化发展国内国际两个环境）的整体框架，从党和国家事业发展全局的战略高度做出了全面部署。中共中央、国务院印发《扩大内需战略规划纲要（2022—2035年）》提出对加快建设信息基础设备做出明确的部署，包括“建设高速泛在、天地一体、集成互联、安全高效的信息基础设施。《中华人民共和国国民经济和社会发展第十四个五年规划和2035年远景目标纲要》明确了迎接数字时代，激活数据要素潜能，推进网络强国建设，加快建设数字经济、数字社会、数字政府以数字化转型整体驱动生产方式、生活方式和治理方式。此外，《中小企业数字化转型指南》为中小企业提供小型化、快速化、轻量化、精准化的产品和解决方案，带动产业链供应链上下游中小企业协同开展数字化转型。这些政策的出台，意味着国家未来几年信息化发展的目标和路径更为清新。国务院《“十四五”数字经济发展规划》明确了“十四五”数字经济发展主要目标，提出到2025年数字经济核心产业附加值占GDP比重达到10%，IPv6活跃用户数达到8亿户，千兆宽带用户数达6000万户，软件和信息技术服务业规模达到14万亿元，工业互联网平台应用普及率达45%。

（二）新技术应用成为企业发展驱动力

2022年，信息技术创新应用不断涌现，促进企业信息化不断迭代升级，数字化转型成为企业创新的重要驱动力。互联网、人工智能、5G、大数据等新型基础设施建设力度加快，在多个行业快速扩散，不断融合发展，带来深刻的应用变革，不断催生出新型商业模式，成为企业数字化发展的关键推动力。基于新一代信息技术，开发适合企业需要的信息化服务和解决方案，提供专业化、属地化的运营支持服务，降低企业应用门槛和服务成本，带动了数字消费大发展，开辟了新兴消费领域和消费模式。2022年，中国政府通过“互联网+”战略鼓励各行各业加速数字化转型。5G技术的商用化推动了物联网和智能制造的发展。人工智能、云计算、区块链等前沿技术得到了空前的关注和发展。

（三）信息基础设施平稳增长融合赋能效应明显

在信息基础设施方面，中国发挥新一代信息技术引领作用，大力培育新业态、新应用。2022年中国企业信息化市场规模增长至21939亿元。2022年中国云计算市场规模达到2541亿元，同比增长24.5%；大数据市场规模达到1020亿元，同比增长22.3%；人工智能市场规模达到600亿元，同比增长30%；物联网市场规模达到2000亿元，同比增长20%；区块链市场规模达到100亿元，同比增长50%。从市场结构来看，硬件占比最重，占比为42.26%。2022年电信业务收入同比增长8%。持续加大投入，完善基础设施，2022年5G基站新增88.7万个（目前已达到231.2万个，总量占全球超过60%），全国已有110个城市达到千兆城市建设标准；移动物联网连接数达18.4亿户，中国成为全球主要经济体中首个实现“物超人”的国家；5G用户达5.61亿户，在移动电话用户中占比三分之一，是全球平均水平的2.75倍。加快推进融合应用，5G已在工业、医疗等多个行业领域发挥赋能效应，应用案例数超过5万个。加大APP治理纵深推进，有力维护用户权益。强化关键信息基础设施安全保护，加快健全工信领域数据安全管理。应急通信保障能力持续提高，基础电信网络保持安全稳定运行。信息通信业为经济社会发展、数字经济建设提供有力支撑和保障。

二、企业信息化建设取得新突破

2022年，中国数字经济持续高速发展，传统产业全面开始数字化转型，对于数字化服务的需求与日俱增。从中国数字化服务市场整体上看，市场规模稳步增长，其中数字化运营服务占据最主要市场份额。从行业上看，在银行保险、电信与互联网、工业制造、政府治理等行业领域，数字化转型升级趋势尤为明显，数字化服务应用场景最为丰富。从区域上看，中南、华北、华东地区成为数字化服务主要市场区域。数字化服务发挥了重构业务流程、创新服务和治理模式、创造新价值的巨大作用，越来越多的市场主体数字化意识不断提升，开始主动拥抱数字化，带动数字化服务市场规模不断攀升。

（一）行业现状

（1）2022年中国数字化服务市场保持高速增长。2022年，中国数字化服务市场整体规模达到5913.8亿元，同比增长22.8%。近三年市场规模总体保持较高速稳定增长，虽然2022年受到疫情因素的影响，增长率相较前一年略有下滑，但依旧保持了22.8%的高速增长，这得益于多重利好因素的促进，包括ICT（信息与通信技术）产业持续良性发展，数字技术得到创新发展并转化应用，各地数字基础设施建设持续升级，各行业大数据价值得到释放，以及传统行业数字化转型升级不断深入等。见图1。

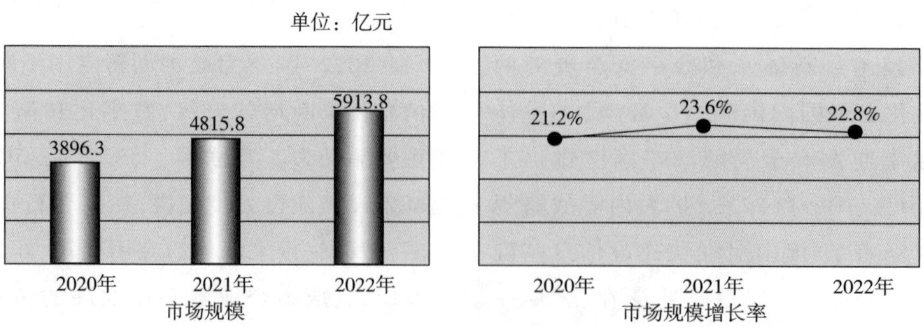

图1　2020—2022年中国数字化服务市场规模及增长率

数据来源：赛迪顾问，2023年2月。

(2)数字化运营服务占据主要市场份额。在"咨询—实施—运营"的数字化服务链条中,市场份额呈现金字塔式分布,其中市场规模最大的是数字化运营服务,2022 年达到 3490.6 亿元,占据了 59.0%的主要市场份额,因其提供了大量的大数据、云计算、工业互联网云平台等基础性服务内容。其次是数字化实施服务,市场规模为 1676.8 亿元,占比达到 28.4%,其中系统集成实施服务是其主要服务内容。市场规模最小的是数字化咨询服务,占据 12.6%的市场份额。见图 2。

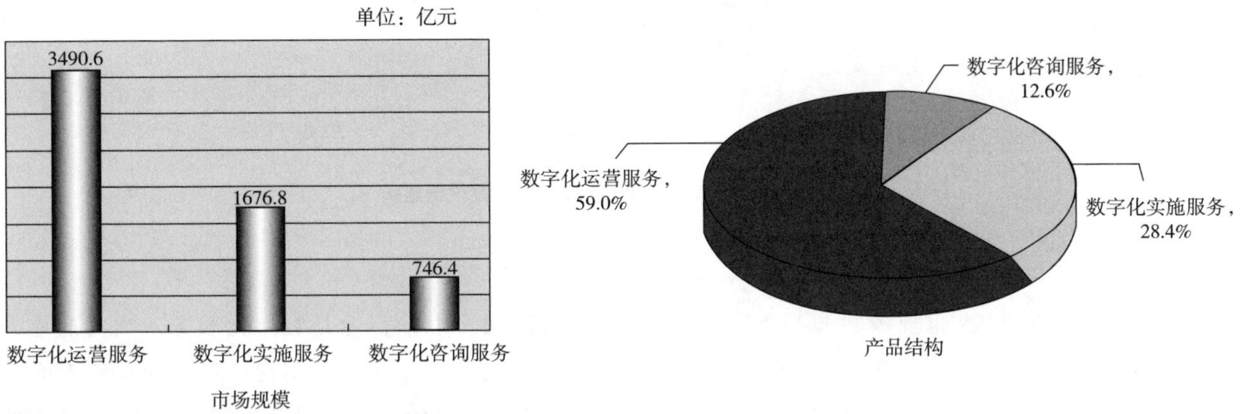

图 2　2022 年中国数字化服务市场规模及产品结构

数据来源:赛迪顾问,2023 年 2 月。

(3)中南、华北和华东地区稳居数字化服务市场三甲。2022 年,中南、华北和华东三个地区是中国数字化服务市场发展最为领先的区域,市场总体规模占据全国的领先地位,市场份额分别达到 29.8%、27.9%和 24.8%,合计占全国比重为 82.5%。中南地区的广东省是中国数字经济规模、数字化服务市场规模最大的省份,湖北、湖南位列其后。华北地区以北京和天津为引领,打造数字化标杆城市和重点场景应用示范。华东地区以上海、浙江、江苏为代表,聚焦未来产业创新发展,数字化发展水平全国领先。西南、东北、西北地区数字化服务规模相对较小,合计市场份额为 17.5%。见图 3。

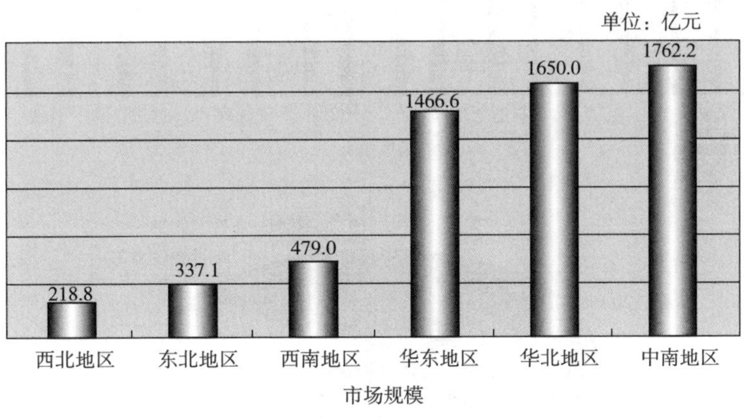

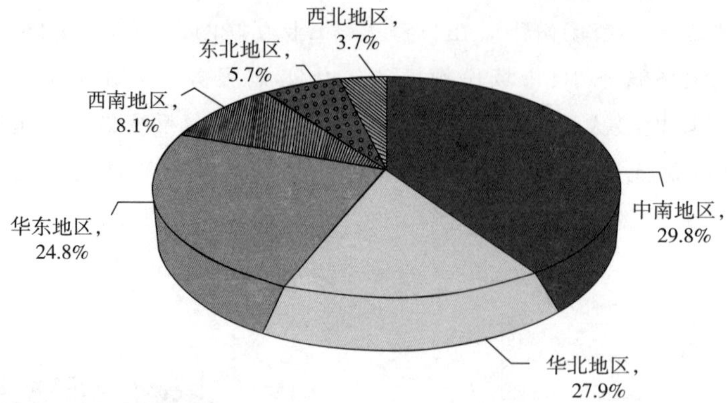

区域结构

图 3　2022 年中国数字化服务市场规模及区域结构

数据来源：赛迪顾问，2023 年 2 月。

（4）金融、电信、制造业规模占据数字化服务市场半壁江山。金融、电信、制造三个行业的市场规模分别达到 1188.7 亿元、1117.7 亿元、975.8 亿元，三者合计占比达到 55.5%。金融行业是率先开展数字化转型发展的行业，数字化服务在交易支付、风险管理、业务决策、金融区块链等场景中得到广泛应用。电信行业是数字化服务发展的底座，5G 网络赋能各行业实现数字化生产，ICT（信息通信技术）促进传统行业跨界融合发展。从两化融合到工业互联网建设，制造行业的数字化转型发展持续推进，数字化服务成为步入工业 4.0 时代的重要支撑力量。见图 4。

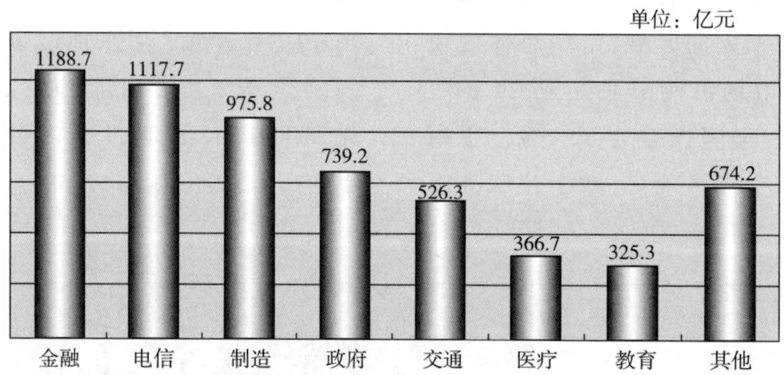

市场规模

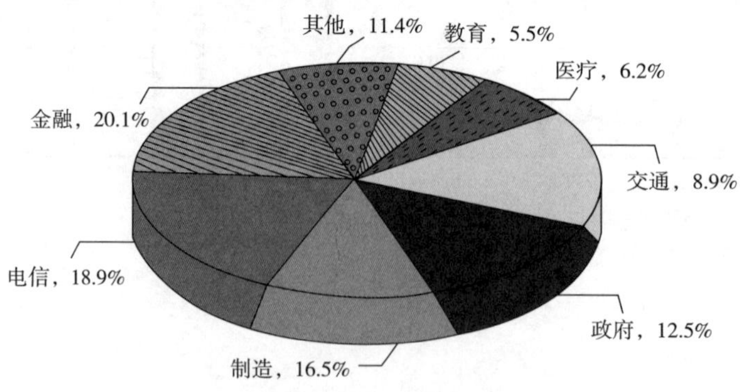

行业结构

图 4　2022 年中国数字化服务市场规模及行业结构

数据来源：赛迪顾问，2023 年 2 月。

（二）大型企业信息化建设取得新进展

（1）《中华人民共和国国民经济和社会发展第十四个五年规划和2035年远景目标纲要》指出："迎接数字时代，激活数据要素潜能，推进网络强国建设，加快建设数字经济、数字社会、数字政府，以数字化转型整体驱动生产方式、生活方式和治理方式变革。"新时代央企信息化要有新气象、要有新作为，需要发挥央企骨干引领作用，通过数字化转型重构企业的核心竞争力。人工智能、大数据、区块链、云计算、网络安全等新兴数字产业正在茁壮成长，引领人类社会进入数字时代。对于央企而言，应把信息化当作企业的战略统筹规划和顶层设计，实施"上云用数赋智"行动，推动数据赋能全产业链协同转型。在数字化能力建设方面，央国企在深度用云、释放数据要素价值、强化AI能力方面的需求不断增强。伴随数字化转型的持续深入，央国企不再只关注云平台建设，而是更加关注如何管好云、如何通过深度用云驱动业务创新升级。为实现数据实时驱动业务，央国企需要将DataOps（数据操作）等理念与数据中台建设深度融合，形成数据开发治理一体化能力，进一步放大数据中台的应用价值，实现数据质量提升和数据应用持续敏捷交付。此外，大模型技术在人工智能领域带来了巨大变革，央国企作为行业企业的领军者，应积极强化大模型等AI技术能力建设，并将其深度应用于央国企的生产、营销、运营等业务场景，有效促进场景创新、激活发展新动能。

（2）央国企信创①建设全面加速，智慧办公系统是国产化落地实践的排头兵将其伴随国资委79号文②等政策文件明确央国企信创替换的节奏和要求，以及相应财政预算、贴息金融扶持政策等资金扶持计划的陆续出台，央国企信创建设发展迎来全面加速，信创产品采购步入常态化阶段。从行业信创落地进展来看，党政信创进入全面建设阶段；在交通、能源、教育、电信等行业，央国企正加快多个环节的信创采购和替换节奏；医疗、工业行业信创建设相对较慢。未来5年，信创"2+8+N"③应用体系的需求将全面爆发。

（3）大模型技术驱动办公走向智能化，基于智能体能力打造超级办公助理是未来趋势。大模型是推动新一轮科技创新和产业升级的重要生产力。作为大模型"国家队"，央国企凭借数据基础设施建设完备、算力投入高、AI应用场景多且基础强等优势，正在以不同方式加速布局大模型，旨在强化自身能力建设的同时，为大模型在各行业企业落地应用起到引领示范作用。基于自研或外采模式，当前央国企正积极探索大模型在办公、数据分析、客服、代码开发等领域的场景应用。综合技术落地快、应用见效快、预算投入适中、不影响业务连续性等多重特征，办公系统是央国企大模型技术升级的前沿阵地，并具有丰富且可落地的应用场景。

（三）中小企业信息化建设稳步推进

（1）中国中小企业是国民经济的"毛细血管"，贡献了60%的GDP，解决了80%以上的城镇就业问题。中小企业既是经济发展的活力源泉，又是民生就业的坚强后盾。近两年，全球经济下行，数字化既是中小企业穿越周期的"安全绳"，更是企业发展的"生命线"——借助产业互联网工具，中小企业能够快速连接市场，打通供应链，实现降本增效；优化组织，弹性应对变化，及时捕捉机遇。

（2）相对于欧美国家而言，中国的中小企业数字化转型启动较晚，但近几年国家从法律、战略和政策层面尤为重视。国家重视中小企业发展，中小企业数字化转型与数字化战略、优质中小企业培育息息相关，国家正在不断出台政策或作出工作部署，全面推进中小企业数字化转型。一方面体现在国家不断强调中小企业的重要作用：习近平总书记致"2022全国专精特新中小企业发展大会"的贺信表示："中小企业联系千家万户，是推动创新、促进就业、改善

① 即信息技术应用创新产业，信创产业链由四个部分组成：一是基础硬件（芯片、服务器）；二是基础软件（操作系统、中间件、数据库）；三是应用软件（OA、ERP、办公软件）；四是信息安全（边界安全产品、终端安全产品）。

② 《关于开展对标世界一流企业价值创造行动的通知》（国资发改革〔2022〕79号）

③ "2"是指党、政。"8"是指国计民生的八大关键行业，即金融、电力、电信、石油、交通、教育、医疗、航空航天，"N"指其他行业。按照这个顺序逐渐实现自主可控，最终将信创产品扩展到全行业。

民生的重要力量";党的二十大报告也明确提出要"支持中小微企业发展"。另一方面,中小企业的数字化转型也融入"数字经济与实体经济深度融合发展"的国家战略中。党的二十大报告提出"加快发展数字经济,促进数字经济和实体经济深度融合,打造具有国际竞争力的数字产业集群";在十九届中央政治局第三十四次集体学习时,习近平总书记指出,要推动数字经济和实体经济融合发展,把握数字化、网络化、智能化方向,推动制造业、服务业、农业等产业数字化,利用互联网新技术对传统产业进行全方位、全链条的改造,提高全要素生产率,发挥数字技术对经济发展的放大、叠加、倍增作用。要推动互联网、大数据、人工智能同产业深度融合,加快培育一批"专精特新"企业和制造业单项冠军企业。作为专精特新企业和制造业单项冠军企业的主体,中小企业整体的数字化水平提升的价值不言而喻。

(3)政策更全面,服务更有力,中小企业数字化转型进入政策红利期。2022 年,在积极贯彻国家对包括中小企业在内的企业数字化转型的部署下,各部委、省市纷纷出台规划与文件,从多个方面支持中小企业数字化转型。政策从单点信息化转向全面数字化,多部门协同发力,支持力度加大,以组合拳促转型。工业和信息化部着力构建"三大"体系,全面推进中小企业数字化转型。首先,工业和信息化部已建成完善的政策体系。其次,在政策体系的基础上,工业和信息化部将"指标、指南和指数"作为支持体系,编制发布中小企业数字化水平等级评测指标、中小企业数字化转型指南、中小企业数字化发展指数等,支撑、指导和激励各地各行业深入开展中小企业数字化转型工作。最后,在服务支撑方面,聚焦中小企业转型难点,提出技术、经验、渠道、资本四大赋能体系,引导更多服务商帮助更多中小企业克服"不愿转、不敢转、不会转、不能转"的难题,加快数字化转型进程。

(四)企业未来发展趋势

(1)云原生技术在数字化运营服务的应用前景广阔。云原生技术可实现用户原有系统模块的松散耦合、弹性和组合应用,提升资源利用率和服务共享,加速企业创新和数字化转型。基于云原生技术,针对企业用户的数字化运营服务可以推动新增系统与传统业务系统的融合协同,实现数字化资源的高效利用、应用敏捷调整和业务系统智慧化能力。数字化服务供应商通过为用户构建一体化全栈云原生平台,实现企业用户的 AI、大数据、边缘计算、机器学习等数字能力成长于云、发展于云、迭代于云、共享于云,筑牢企业数字化转型的发展基础。

(2)"平台+应用"模式成为中大型企业数字化实施服务的主流选择。"平台+应用"的建设模式,既可以为用户提供公共服务共享平台,也可以满足用户按需快速开发应用的需求,简化数字化服务商的信息系统集成和应用管理工作,提升应用开发的敏捷性,推动应用构建的快速迭代。"平台+应用"的数字化实施模式还可以为用户提供企业级服务的沉淀共享,通过将用户不同部门的数字化应用共性需求进行整合后,以平台接口或组件的形式满足各部门应用,推动各部门业务在平台上协同开展,打造企业级一体化的数字化生态系统。

(3)数字化服务市场对数据服务的关注度和需求不断提升,数据作为全新的生产要素已成为用户重点关注的战略资源。用户对数据治理的需求从只关注数据的某方面治理,到关注数据的全生命周期的应用治理,再到系统化开展数据治理工作。用户对数据资产、数据架构、数据应用的关注不断提高,对大数据和数据库等数据底座建设服务的需求不断提高。数字化服务厂商通过开展数据资产治理、数据架构构建、数据应用开发等数据服务工作,满足用户业务对数据的应用需求。

三、企业信息化存在的问题

数字化服务需求方对内部数字化转型的战略、实际需求、方法、路径等认识不充分、不全面,特别是组织内部中高层管理者对数字化转型的看法不一,导致需求方内部缺乏一致的数字化转型愿景和明确的数字化服务需求,造成数字化服务在实施过程中原有各部门系统整合难度大、数据标准不统一、数字化技术与具体业务场景应用的结合度不高等问题,增加了需求方实施数字化服务的资金成本和时间周期。

（一）信息化建设与企业战略不匹配

信息建设与企业战略不匹配主要体现在三方面：第一，企业决策层。目前，中国经济市场上超99%的企业都是中小微企业，这类企业的突出特征就是个人决策代表企业决策，很容易出现个人影响全局的现象，且长期发展意识不明显，多以短期（1～2年）生存为主要目标。再加上信息化建设是对企业组织结构、管理制度及财务业务流程等全方位的梳理，短时间内很难被决策者接受并执行，无法发挥信息化建设对企业战略实施的助力作用。第二，企业管理层。现代企业的管理层起到一定承上启下的作用，但大部分管理者都是决策接受者，其主要负责企业业务内容。而信息化建设作为一项辅助管理手段，大部分管理人员对其认知度不高，缺乏参与企业建设发展的主人翁意识，可能会在信息化建设中做出错误判断，一定程度上也阻碍了企业信息化建设步伐。第三，企业执行层。企业主要的执行员工是信息化建设的主力军，但目前大多数企业员工缺乏主观参与意识，自身信息化技能不足，多将自身放置在命令和任务的被动接受方，按部就班地执行任务，缺乏对企业战略的思考。再加上对企业战略不熟悉，发挥黏合剂作用的员工并未将二者进行有效联合，难以彰显出信息化建设在企业发展过程中的推动作用。

（二）技术设备与企业能力不匹配

除了信息化建设与企业战略间存在隔阂外，企业现有的技术设备与能力间的不匹配也是企业信息化建设过程中的另一阻滞因素。第一，企业的基础信息化环境有待优化。部分企业的基础设施配备不足，无法满足信息化建设要求。一方面是因为资金等资源的投入力度小，信息技术的更新频率低，多以满足企业运转为主，缺乏专项资金支撑，且企业自身发展存在一定短板，经济能力难以满足信息化建设要求。另一方面是企业的需求问题，尤其是中小型企业，其业务量和企业规模对信息化建设要求不高，久而久之就导致企业的信息化基建工程建设不到位。第二，企业的信息安全保障能力不足。部分企业对信息安全保护和业务安全防护重视不够，未打造安全防御体系，建立统一安全管控手段，落实安全流程制度管理。黑客入侵、病毒、木马、蠕虫、DDOS（分布式拒绝服务）攻击及内部人员的恶意侵犯和敌意攻击，篡改、破坏数据，对信息系统造成巨大影响，严重损害企业利益。轻者出现财务风险、管理风险等，重者诱发财务危机，威胁企业生存和成长。

（三）市场环境造成的信息化不确定性

对企业而言，其最重要的是适应市场发展，满足市场需求，从而达到提高企业经济效益的目的，而信息化建设则是为达到这一目的而采取的手段之一。但外界市场环境变幻莫测，发展节奏的加快导致企业的信息化建设也出现了较大不确定性。一方面，市场信息化产品环境的急剧变化。创新是进步的原动力，于信息技术而言同样如此，企业缺乏对信息技术的深入了解，企业信息化建设速度跟不上信息软件更新换代的速度，反而导致企业浪费大量成本，不利于企业转型升级，与信息化建设的初衷背离。另一方面，企业内部管理环境不支持。企业在长期发展建设过程中形成了较为稳定的管理格局和治理框架。而信息化建设对企业来说，属于新一代信息技术与业务的结合，与企业现有的、约定俗成的管理秩序或存在冲突。在这种背景下，信息化建设无法满足企业的业务要求，反而造成资源闲置或功能重叠。

四、促进企业信息化发展的建议

（一）加大企业信息化建设投资意识和力度

要想推进企业信息化建设，就必须从其思维逻辑更新上入手，树立正确的信息化建设意识形态，以此指导企业的行为行动。首先，革新企业各层级对信息化建设的认识，使之积极主动参与相关工作。一是企业决策层的思维转换，其必须树立长远发展目标，端正态度，深刻认识到信息化建设与企业的战略实现、经营运作息息相关，是决定企业持续生存的关键因素，在此基础上发挥领导者的影响力，做出表率，培养并强调全企业范围内的信息化意识，协助创建信息化建设基本环境。二要发挥管理者的约束指导作用。管理者对本部门的工作内容和信息化建设需求了解较深，负责落实决策层的想法，将信息化建设不断落实到企业的日常行为行动上。三要强调基层执行者的理念转换。作为信息化建设的主要推动者，其必须意识到信息化建设与自身的相关性，企业可通过责任制度、激励制度等进行连接，将信息化建设效果反映到员工切身利益上，以此提高其参与信息化建设的积极性，真正发挥信息化对企业发展的助力作用。其次，加大对企业信息化建设的投资力度，投入资金、设备、人员。企业必须从实际出发对症下药，具体情况具体分析，不得盲目扩建或追求高端建设，科学规划，稳步推进，在建设过程中升级、更新并改造，走出一条与企业发展深度契合的信息化之路。最后，企业需做好长期投入信息化建设的准备。信息化建设不能一蹴而就，且不是阶段性、突击性任务，企业可对信息化建设目标进行划分，转换成短期、可供实现的工作计划，配备相应的资源投入计划书，并做好失败的思想准备。根据业务需求及安全要求，加强核心网络的边界保护，加强核心设备的安全设置，合理规范核心网络接入，考虑网络通信安全及应用和数据安全。物理实体设备实现边界安全防护，包括安全防范设备防火墙、流量监控、漏洞扫描、入侵防护，网络层实现安全边界的有效隔离控制，运维人员快速加固，在勒索、挖矿、蠕虫等恶意代码肆虐之时，快速反应，进行安全保障，使企业能面对目前和未来一段时期内的安全威胁，实现对业务网络安全状况的统一监控和管理，更好地保障企业信息系统的正常运行。

（二）提高对市场环境的应变能力

随着企业信息化建设向纵深发展，其与市场上其他经济主体的联系愈发紧密，在这种情况下，外界环境的变化会对企业信息化形成加倍的干扰。因此，企业信息化建设不可闭门造车，必须充分开阔视野，关注信息化专业领域的发展趋势，以学习者的姿态积极与外界沟通，扬长避短，拉近企业与现代经济市场的距离，更好地应对外界市场环境变化，避免企业遭遇更大的生存危机。

（三）强调企业综合型人才的培养

人才是信息化建设的主要动力，也是现代企业间的竞争内容。在信息化建设过程中，企业必须培养综合能力强的复合型人才，保证信息化建设质量始终在线。第一，更新人力资源管理制度，改善人员留存情况，协助其完成职业生涯规划。企业需在现有的人力资源管理体系上纳入信息化建设内容，根据现有人员能力配备专业的人才，设计相关岗位，保证信息化建设工作推动的专业性与独立性。同时，还可根据现有人员短板归纳人才需求类型，社招引才，或通过校招建立信息化人员储备队伍，全面提升企业的信息化水平。第二，做好企业培训工作，增强培训教育的针对性与有效性。根据企业信息化建设的需求和现有人员的能力设计个性化的培训计划，督促人员积极参与，并与三方咨询机构、厂商加强合作，将培训结果作为员工绩效考核的指标之一，提高其对信息化建设的重视程度，推动企业信息化建设持续进步。

（四）构建企业数据中心，适应发展需求

在企业各方面信息化建设步入正轨之后，信息系统所承载的功能越来越全面，数据的重要性和价值越来越受到重视。企业需着手构建数据中心，强调数据的综合处理能力。首先，构建数据共享中心，明确数据共享服务的标准，并非将信息简单集中共享，而是处理企业数据，完成数据统一抽取、分析、存储、运用，为上层建模分析提供数据支撑。用好数据不仅可以提高企业自己的产品质量和服务水平，也可以获取大量的利润。企业必须注重增强人员服务意识，更新绩效考核指标，保证共享中心的数据质量与工作效率，提高企业各部门、各环节的数据对称性与透明度，满足企业持续生存与发展的要求。其次，做好企业数据信息安全管理工作。信息化发展速度越快，意味着其中隐藏的风险也就愈发隐蔽，其传染性也就越强，企业在享受信息化带来的优势和价值时，也要注意其可能会产生的负面影响，即数据受损、安全风险大。除了借助线上防火墙、登录密码、授权审批等手段进行安全防护外，还可通过数据备份、定期检查等物理手段加强管理。最后，发挥信息化建设的拓展作用，以此实现企业的多元化发展。在现代市场的竞争中，除了人才竞争便是信息化的竞争，充分且熟练的信息技术能够提升企业的核心竞争力。企业应积极挖掘

信息化内涵，深度发挥信息化的价值和作用，除了将其应用在内部管理、业务处理等方面外，还应应用在外部市场开拓、潜在客户培养等方面，实现信息化价值最大化。

2022年企业劳动关系状况综述

中国企业联合会雇主工作部

2022年是党和国家历史上极为重要的一年。党的二十大胜利召开，擘画了全面建设社会主义现代化国家、以中国式现代化全面推进中华民族伟大复兴的宏伟蓝图。面对风高浪急的国际环境和艰巨繁重的国内改革发展稳定任务，在以习近平同志为核心的党中央坚强领导下，各地区各部门坚持以习近平新时代中国特色社会主义思想为指导，按照党中央、国务院决策部署，统筹国内国际两个大局，统筹疫情防控和经济社会发展，统筹发展和安全，坚持稳中求进工作总基调，完整、准确、全面贯彻新发展理念，加快构建新发展格局，着力推动高质量发展，加大宏观调控力度，应对超预期因素冲击，经济保持增长，发展质量稳步提升，创新驱动深入推进，改革开放蹄疾步稳，粮食安全、能源安全和人民生活得到有效保障，经济社会大局保持稳定，全面建设社会主义现代化国家新征程迈出坚实步伐①。在劳动关系领域，国家协调劳动关系三方紧密合作、持续发力，通过下发系列文件、密切关注劳动关系态势、组织系列活动，切实发挥了国家协调劳动关系三方机制在特殊时期的重要作用，保持了中国劳动关系总体和谐稳定。

一、劳动关系立法与政策重点关注稳岗促就业

由于新冠疫情的多轮次冲击和国际局势变化的超预期影响，稳岗促就业政策的出台实施成为劳动关系领域的重中之重。与此相伴随，人力资源市场与就业服务领域也成为劳动立法与政策关注的重点。同时，农民工、新业态就业人员、残疾人、新冠康复者等特殊劳动者群体权益的保护也是劳动立法与政策持续关注的热点。而随着高质量发展成为全面建设社会主义现代化国家的首要任务，对于职业技能人才的培养和激励越来越成为立法与政策的焦点。最后，作为传统的劳动与社会立法和政策也在不断的发展和演进中，诸如工会法的修改、电子劳动合同的规范、社会保险制度的新探索等，也成为劳动与社会立法及政策不可或缺的一部分。

（一）减负稳岗促就业成为劳动政策的当务之急

为应对企业用工和就业挑战，中国政府密集出台一系列政策措施，突出稳增长、稳就业、稳物价，加大助企纾困支持力度，强化稳岗扩就业政策支持，推动社会稳定发展。

（1）中华人民共和国人力资源和社会保障部（以下简称人力资源社会保障部或人社部）等部门关于做好2022年脱贫人口稳岗就业工作的通知。2022年3月，人力资源社会保障部、发展改革委、财政部、农业农村部和国家乡村振兴局联合发布了《关于做好2022年脱贫人口稳岗就业工作的通知》（人社部发〔2022〕13号），落实《中共中央 国务院关于做好2022年全面推进乡村振兴重点工作的意见》部署安排，做好2022年脱贫人口稳岗就业工作。在此基础上，2022年11月，上述五部门再次联合发布了《关于进一步支持农民工就业创业的实施意见》（人社部发〔2022〕76号）。两个文件在巩固拓展脱贫攻坚成果同乡村振兴有效衔接和多措并举稳增长稳就业上发挥了重要作用。

（2）人力资源社会保障部办公厅与国家税务总

① 《中华人民共和国2022年国民经济和社会发展统计公报》，国家统计局，2023年2月28日。

局办公厅关于特困行业阶段性实施缓缴企业社会保险费政策的通知。2022 年 4 月 25 日，人力资源社会保障部办公厅和国家税务总局办公厅共同发布《关于特困行业阶段性实施缓缴企业社会保险费政策的通知》（人社厅发〔2022〕16 号）。缓缴适用于餐饮、零售、旅游、民航，以及公路、水路、铁路运输企业三项社保费的单位应缴纳部分。

（3）人力资源社会保障部等部门关于扩大阶段性缓缴社会保险费政策实施范围等问题的通知。2022 年 5 月，人力资源社会保障部、国家发展改革委、财政部和税务总局联合发布《关于扩大阶段性缓缴社会保险费政策实施范围等问题的通知》（人社部发〔2022〕31 号）。在此基础上，为进一步落实好上述通知要求，切实发挥阶段性缓缴社会保险费政策效果，促进保市场主体、保就业、保民生，上述四部门的办公厅于 2022 年 9 月又联合发布《关于进一步做好阶段性缓缴社会保险费政策实施工作有关问题的通知》（人社厅发〔2022〕50 号）。

（4）人力资源社会保障部等部门关于推进企业吸纳就业社会保险补贴"直补快办"助力稳岗扩就业的通知。2022 年 6 月 21 日，人力资源社会保障部、教育部和财政部联合发布《关于推进企业吸纳就业社会保险补贴"直补快办"助力稳岗扩就业的通知》（人社部发〔2022〕37 号），加大就业政策实施力度，推动政策速享尽享，助力用人单位稳定岗位、扩大就业，精准锁定吸纳就业困难人员，加快构建政策找人、无感智办、"直补快办"的落实机制，扩大政策落实率，提升企业获得感，支持企业更多吸纳重点群体就业。

（5）人力资源社会保障部等部门关于加强零工市场建设、完善求职招聘服务的意见。2022 年 6 月，人力资源社会保障部、民政部、财政部、住房和城乡建设部、国家市场监督管理总局联合发布《关于加强零工市场建设　完善求职招聘服务的意见》（人社部发〔2022〕38 号），在支持多渠道灵活就业，更好地促进大龄和困难等零工人员实现就业增收方面起到积极作用。

（6）人力资源社会保障部办公厅关于开展人力资源服务机构稳就业促就业行动的通知。2022 年 6 月，人力资源社会保障部办公厅发布《关于开展人力资源服务机构稳就业促就业行动的通知》（人社厅函〔2022〕105 号），着眼于充分发挥人力资源服务机构匹配供需、专业高效优势，不断扩大市场化就业服务供给，为就业大局稳定和经济社会发展贡献力量。

（7）人力资源社会保障部办公厅等部门关于加快落实一次性扩岗补助政策有关工作的通知。2022 年 7 月，人力资源社会保障部办公厅、教育部办公厅和财政部办公厅联合发布《关于加快落实一次性扩岗补助政策有关工作的通知》（人社厅发〔2022〕41 号）。这一政策为缓解当前大学毕业生就业难的局面起到了积极作用。

（二）人力资源市场与就业服务领域成为劳动立法与政策新主题

人力资源服务业作为现代服务业的重要门类，不仅在促进就业中发挥着不可或缺的重要作用，而且对于更好发挥中国人力资源优势、助力中国经济社会高质量发展具有重要意义。

（1）人力资源社会保障部办公厅关于发挥人力资源服务机构作用助推劳务品牌建设的通知。2022 年 3 月，人力资源社会保障部办公厅发布《关于发挥人力资源服务机构作用助推劳务品牌建设的通知》（人社厅发〔2022〕9 号），有助于充分发挥人力资源服务机构匹配供需、精准高效的专业优势，努力为劳务品牌高质量发展提供优质高效的人力资源支撑。

（2）人力资源社会保障部办公厅关于进一步做好人力资源服务许可告知承诺制工作的通知。2022 年 9 月，人力资源社会保障部办公厅发布《关于进一步做好人力资源服务许可告知承诺制工作的通知》（人社厅发〔2022〕51 号），进一步规范实施人力资源服务许可告知承诺制，提高市场主体办事的便利度和可预期性，以期不断优化人力资源市场营商环境，激发人力资源服务领域市场主体发展活力。

（3）人力资源社会保障部起草人力资源服务机构管理规定并公开征求意见。2022 年 9 月—10 月，人力资源社会保障部就其起草的《人力资源服务机构管理规定（征求意见稿）》（以下简称《规定》），向社会公开征求意见。该《规定》共 6 章 49 条，明确了《规定》自身的适用范围，规范了人力资源服务机构许可备案及人力资源服务活动，强化了对人力资源市场服务的日常监管，对保障市场主体合法权益，促进就业和优化人力资源流动配置起到重要作用。

（4）人力资源社会保障部关于实施人力资源服务业创新发展行动计划（2023—2025 年）的通知。2022 年 12 月，人力资源社会保障部发布《关于实施人力资源服务业创新发展行动计划（2023—2025 年）的通知》（以下简称《行动计划》）（人社部发〔2022〕83 号）。该《行动计划》从培育壮大市场主体、强化服务发展作用、建强集聚发展平台、增强创新发展动能、提升开放发展水平、夯实行业发展基础、营造良好发展环境七个方面对未来三年的人力资源服务业创新发展布置了一系列目标任务，在积极促进高质量充分就业、强化现代化建设人才支撑上将发挥重要作用。

（三）特殊群体劳动者权益保护仍是劳动立法与政策的重点

（1）国务院办公厅促进残疾人就业三年行动方案（2022—2024 年）。2022 年 3 月，国务院办公厅印发《促进残疾人就业三年行动方案（2022—2024 年）》（国办发〔2022〕6 号），进一步明确了 2022—2024 年开展促进残疾人就业专项行动的任务目标、主要措施和保障条件等内容。

（2）人力资源社会保障部等部门关于坚决打击对新冠康复者就业歧视的紧急通知。2022 年 8 月，人力资源和社会保障部、国家卫生健康委员会发布《关于坚决打击对新冠肺炎康复者就业歧视的紧急通知》（人社部明电〔2022〕8 号），明确严禁用人单位、人力资源服务机构以曾经新冠病毒核酸检测阳性为由，拒绝招（聘）用新冠康复者。严禁用人单位在劳动者入职和用工过程中对新冠康复者实施就业歧视。严禁用人单位随意违法辞退、解聘新冠康复者，依法保障新冠康复者平等就业权益。

（四）职业技能人才培养与激励政策成为新时代劳动立法与政策的亮点

随着新时代中国特色社会主义建设的全面展开，党中央、国务院全面推进人才强国战略、强调通过职业技能人才发展为中国经济社会高质量发展提供人力资源和动力，这一精神贯彻到劳动立法与政策领域，就表现为职业技能人才培育和激励政策的纷纷出台。

（1）人力资源社会保障部关于健全完善新时代技能人才职业技能等级制度的意见。2022 年 3 月，人力资源社会保障部发布《关于健全完善新时代技能人才职业技能等级制度的意见（试行）》（人社部发〔2022〕14 号），着眼于为贯彻落实习近平总书记关于产业工人队伍建设和技能人才工作的一系列重要指示精神，健全技能人才培养、使用、评价、激励制度，畅通技能人才职业发展通道，提高待遇水平，增强荣誉感、获得感、幸福感，吸引更多劳动者走技能成才、技能报国之路，缓解技能人才短缺问题，充分发挥技能人才在经济社会高质量发展中的重要作用，为全面建设社会主义现代化国家提供有力的人才和技能支撑。

（2）人力资源社会保障部等部门印发制造业技能根基工程实施方案。2022 年 6 月，人力资源社会保障部、工业和信息化部和国务院国资委联合印发《制造业技能根基工程实施方案》（人社部发〔2022〕33 号），要求各地要统筹兼顾，突出重点，加大就业补助资金、职业技能提升行动专账资金、失业保险基金、企业职工教育经费、人才队伍建设经费等统筹力度，支持制造业技能人才培养培训工作，对加快培养制造业高质量发展急需的高素质技能人才具有重要意义。

（3）人力资源社会保障部办公厅印发国有企业科技人才薪酬分配指引。2022 年 11 月，人力资源社会保障部办公厅印发《国有企业科技人才薪酬分配指引》（人社厅发〔2022〕54 号），着眼于贯彻落实党中央、国务院关于加强科技创新、完善科技人才激励机制的决策部署，加强和改进政府对企业工资分配的宏观指导和服务，引导国有企业建立完善科学的科技人才薪酬分配制度，加大科技人才薪酬分配激励力度，充分调动科技人才创新活力，促进企业科技创新。

二、劳动力市场与就业形势基本保持稳定

面对新冠疫情的持续传播和反复冲击，党中央、国务院坚持将就业摆在“六稳”“六保”工作首位，深

入实施就业优先战略，强化就业优先政策宏观调控力度，保持了就业局势总体稳定。尽管中国劳动年龄人口数量和比重持续下降，劳动力供给面临冲击，但由于国家加大了对稳就业、保就业的宏观调控及政策支持力度，全国整体就业结构持续优化，就业质量不断提高。重点群体就业平稳，新业态就业有序发展。

（一）劳动年龄人口数量和比重持续下降，劳动力供给面临冲击

一是中国生育率持续降低，出生人口不断减少。2022 年年底，全国总人口 141175 万人，比 2021 年年底减少 85 万人，是自 1961 年来首次负增长，全年出生人口 965 万人，连续七年持续下降。二是劳动年龄人口绝对数量和比例不断下降。2021—2022 年两年间，中国劳动年龄人口减少约 1800 万人。三是劳动年龄人口大龄化趋势日益明显，劳动力成本逐年上升。2022 年 60 岁及以上人口为 28004 万人，占总人口比重为 19.80%。中国不满 16 周岁的人口数量和比重持续下降，60 岁及以上人口数量和比重持续上升，显示中国人口老龄化速度呈加快趋势。

（二）劳动力市场需求大于供给，市场整体趋于活跃

一是劳动力市场需求总体大于供给。据人力资源和社会保障部信息中心、中国就业培训技术指导中心对全国 80 多个城市的公共就业服务机构市场供求信息的统计，2021 年一季度至 2022 年四季度，用人单位通过公共就业服务机构招聘的各类人员的需求量均大于进入市场的同期求职人数，岗位空缺与求职人数比率（以下简称求人倍率）总体在 1.5 上下波动。二是东部地区劳动力供求总量有所增加，中部地区劳动力供求总量略有减少，西部地区用工缺口增大。三是制造业、信息传输软件和信息技术服务业等行业用工需求有所回暖，第三产业部分生活性行业用工需求大幅收缩。四是市场对技能人才用工需求较大。2021 年一季度至 2022 年三季度，各季度平均有近 40%的用人需求对技术等级或职称有明确要求，其中 2021 年四季度和 2022 年三季度占比最高，分别为 45.5%和 46.3%。

（三）就业形势总体平稳，就业结构持续优化

一是中国就业形势总体平稳，失业率保持在较低水平。2012—2022 年，城镇就业人数持续增加，全国城镇新增就业年均超过 1300 万人。2022 年年底全国就业人员 73351 万人，其中城镇就业人员 45931 万人，占全国就业人员比重为 62.6%。2022 年全国城镇调查失业率平均值为 5.6%，比上一年度平均值上升 0.5 个百分点，与 2020 年持平；年底全国城镇调查失业率为 5.5%，同比上升 0.4 个百分点，城镇登记失业率为 4.0%，同比上升 0.04 个百分点。二是就业人口规模有所下降，就业人数首次负增长。三是就业结构持续优化，第三产业就业人员占比不断提高，城镇就业人员比重逐年提升。

（四）重点群体就业平稳，就业保障有力提升

一是农民工就业总量回升，就业更加趋向本地化。伴随中国经济长期持续增长，工业化和城镇化进程快速推进，农民工总量从 2009 年的 22978 万人增长至 2022 年的 29562 万人，本地农民工增量增速均高于外出农民工。同时，农民工年龄结构呈现老龄化趋势，40 岁以下的农民工比重持续下降，50 岁以上的农民工比重持续提高。二是高校毕业生就业压力增大，就业行为趋向保守。2022 年全国普通高校毕业生达 1076 万人，同比增加 167 万人，首次突破千万规模，创历史新高，高校毕业生就业期待降低，求职心态及行为更加保守。三是国家对退役军人创业就业扶持力度不断加大。强化退役军人岗位供给，扩大退役军人教育培训规模，不断完善退役军人服务体系，加大政策支持力度，出台多项政策支持退役军人就业。

（五）新业态稳就业功效明显，就业质量持续提升

一是数字经济创造大量就业岗位。2022 年，中国数字经济规模超过 50 万亿元，占 GDP 的比重超过 40%，数字经济赋能下的新就业形态越来越多。全国总工会第九次全国职工队伍状况调查显示，截至 2022 年，中国新就业形态劳动者达 8400 万人。数字经济也催生大量新职业，农业经理人、网约车司机、宠物美容师、智慧适老化环境设计师、健康照护师、民宿管家、食品安全管理师、互联网营销师、电子竞技运营师、人工智能训练师、供应链管理师等新职业层出不穷。《中华人民共和国职业分类大典(2022年版)》净增了158个新职业,首次标注了97个数字职业,占职业总数的6%。二是新业态就业人员就业质量得到提升。数字经济不仅提供了大量灵活就业岗位,还拓宽了就业渠道,增强了就业弹性,增加了劳动者收入。同时,政府部门、工会组织和平台企业等多方协同,助力提升数字平台灵活就业人员的就业质量,新业态就业人员权益保障的制度进一步得到完善。三是就业服务体系不断健全。全方位公共就业服务体系建设持续推进,人力资源服务业规模日益壮大。截至2022年年底,全国已有各类人力资源服务机构6.3万家,从业人员104万人,年营业收入达2.5万亿元,全年共为3亿人次劳动者和5268万家次的用人单位提供了专业服务。

三、企业用工形式更加多元化

面对全球疫情高位流行,中国高效统筹疫情防控和经济社会发展,保持了经济社会大局总体稳定。与此同时,受多重超预期因素冲击,以及部分地区新冠疫情多点散发、产业结构转型等因素影响,国内经济发展面临需求收缩、供给冲击、预期转弱三重压力。中国企业劳动用工也呈现一些新变化和新挑战,企业面临生产经营困难、企业合规用工存在隐患等,部分行业、企业加班超时问题比较严重,企业用工成本与用工风险凸显,造成劳动争议矛盾仍比较突出,应积极采取措施加以应对。

(一)疫情形势变化对企业劳动用工管理带来较大影响

新冠疫情在全国范围内频发和不断反复,疫情重点地区采取针对疫情的临时封控措施不断升级,如延长假期、延迟复工等,大量企业面临无法正常复工、现金流突然断裂、供应链难以畅通、销售额大幅下降等诸多难题。在疫情下,远程办公、弹性工作、带薪休假和弹性办公等工作方式,逐渐成为工作模式的“新常态”。

(二)新业态灵活用工呈现扩张趋势

伴随中国经济结构的调整,互联网、人工智能、生产服务业等新经济蓬勃发展,带来社会就业、工作岗位、就业方式的诸多变革。灵活用工的理念已被越来越多的企业所接受,在企业应用的普及度和深度均在增强,中国灵活用工市场发展态势良好。国家统计局数据显示,2022年中国灵活就业人员已经达到了两亿人左右。企业灵活用工的岗位主要集中在一般性技能、基础性的岗位,并呈现向专业性、技术性岗位扩展的趋势。

(三)集体合同签订数量减少

2022年度人力资源和社会保障事业发展统计公报显示,2022年年底全国报送人力资源社会保障部门审查并在有效期内的集体合同累计121万份,覆盖职工1.1亿人。与2021年数据相比,集体合同数量减少11万份,覆盖员工约减少1000万人,实施特殊公示制度的企业数量增长1.1万户,涉及员工增加390万余人。

四、工资性收入持续增长

2022年,新冠疫情反复,就业市场承压,但各地稳经济一揽子政策的接连落实,有力地支持了疫情防控和经济发展。全国居民可支配收入增速有所回升,助企纾困政策使企业营商环境进一步优化,工资性和经营净收入增长较快。

(一)居民人均可支配收入和消费平稳提升

据国家统计局数据显示,2021年至2022年,全国居民人均可支配收入都实现增长。其中,2022年,全国居民人均可支配收入为36883元,同比名义增长了5个百分点,扣除价格因素,实际增长了3.9个百分点,较2021年增速放缓。农村居民收入增长速度快于城镇居民,城乡收入差距缩小。从消费看,中国居民消费支出稳定增长,城乡间差距基本稳定。2022年全国居民主要消费领域是食品烟酒消费,人均消费支出为7481元,占人均消费支出的比重为30.5%。

（二）工资性收入持续增长，企业间岗位平均工资差距仍很大

2022 年，全国居民人均工资性收入 20590 元，同比名义增长了 4.9 个百分点，占可支配收入的比重超过半数，规模以上企业就业人员年平均工资为 92492 元，相比 2021 年 10.9%的名义增长率，增速明显放缓。分区域看，东部地区规上企业人员平均工资最高；分行业看，信息传输、软件和信息服务业平均工资最高；分企业类型看，外商投资企业平均工资最高。

（三）白领年终奖有所下降，满意度提升

2022 年，受大环境影响，白领的年终奖整体状况偏向保守。根据智联招聘发布的《2022 年白领年终奖调研报告》，2022 年确定能拿到年终奖的白领占 26.9%，相对 2021 年的 36.6%、2020 年的 27.6%有所下降。整体来看，白领年终奖满意度指数为 2.40，较 2021 年的 2.34 有所提升。

（四）最低工资标准连续稳步上调，多数地区坚持发布工资指导线

面对新冠疫情冲击，多地调整最低工资标准，有效保障劳动者权益。截至 2023 年 1 月 1 日，从月最低工资标准（第一档）来看，全国 14 个地区月最低工资标准达到 2000 元及以上。其中，上海月最低工资标准达到 2590 元，在全国居首。其次是深圳，月最低工资标准达到 2360 元。第三名是北京，月最低工资标准达到 2320 元。同时，全国绝大多数省、区、市坚持发布了工资指导线，企业也适时调整职工工资，让劳动者安心在企业工作。

五、社会保障体系日趋完善

2022 年，抗击新冠疫情、全力推动复工复产深刻影响着劳动保障与企业福利各方面工作。在较为困难的环境下，中国社会保障水平持续提升。同时，不断优化完善的社保制度也为抗击疫情、助企纾困、复工复产做出了巨大贡献。社会保险收入快速恢复并稳健发展，养老保险三支柱体系进一步完善，职业技能培训取得新进展。

（一）中国社会保险保障水平不断提高

截至 2022 年年底，全国养老保险参保人数达到 10.53 亿人，基本医疗保险参保人数达 13.4 亿人，参加失业保险人数增加到 2.38 亿人，参加工伤保险人数增加到 2.91 亿人，基本覆盖了绝大多数用人单位及其职工，各项保险待遇水平也逐步提高。

（二）社会保险制度措施在疫情防控期间发挥积极功效

国家医疗保障局与财政部联合发布文件，将相关药品和医疗服务项目及时纳入医保基金支付范围，实施综合保障政策。对不裁员或少裁员的参保企业，加大稳岗返还支持力度，将大型企业稳岗返还比例由 30%提至 50%。

（三）社会保险收入快速恢复并稳健发展

2021—2022 年，经济持续恢复，三项社会保险基金收入分别为 68205 亿元、71583 亿元，呈现出快速回升态势并创新高。其中，2022 年三项社会保险基金收入相较 2021 年，增加 3378 亿元，增长 5.0%。失业保险支出持续增长，失业保险基金收支持续逆差，但运行基本平稳。

（四）养老保险三支柱体系进一步完善

一是社会保险征缴机制不断完善。社会保险征缴实现了电子化申报、电算化支付等便捷操作，大大简化了企业和个人办理手续的流程。二是企业年金持续发展。截至 2022 年年底，参加职工已超过 3000 万人，领取人数接近 280 万人，人均领取金额约每月 2100 元，补充养老作用初步显现。三是专属商业保险试点进一步扩大。2022 年年底，具有养老属性的商业保险业务累计积累责任准备金超过 6 万亿元。其中，专属商业养老保险规模保持增长，累计保费规模超 50 亿元。

六、劳动争议处理工作扎实开展

2022 年，中国统筹推进疫情防控和经济社会发

展，国内经济稳定加快恢复，各级劳动行政部门、司法行政部门深入贯彻落实党中央决策部署，坚决扛起防范化解劳动关系领域矛盾风险政治责任，担当作为，扎实工作，加大劳动人事争议案件办理力度，增强重大争议案件处置能力，提升易发多发争议案件化解效果，健全完善争议处理多元机制，提高办案指导工作水平，不断强化自身建设，有效促进市场主体合法经营，切实维护劳动者合法权益和劳动关系总体和谐稳定。

（一）强化预防调解见实效

一是案件办理平稳可控。两年来争议办理形势总体平稳可控，2022 年办结争议案件 303.3 万件，结案金额 682.2 亿元。调解成功率 75.1%，仲裁结案率 96.9%，仲裁终结率 72.5%，将大多数争议案件化解在调解仲裁阶段。二是发挥稳定就业积极作用。及时将大量争议案件柔性化解，促进劳动者返岗和企业复工达产、稳定劳动者现有岗位。三是促进劳动关系进一步和谐稳定。通过妥善处理大量解除和终止劳动合同、确认劳动关系、劳务派遣等方面的争议案件，减少和避免了集体劳动争议的发生。四是劳动者合法权益得到有效保障。2022 年，在全国审结的仲裁案件中，劳动者胜诉及部分胜诉率超过70%，劳动者合法权益得到了有效保障。五是联动机制作用充分发挥。健全完善党委领导、政府主导、政法协调、人力资源社会保障部门牵头和法院、司法、工会、企业代表组织等有关部门及单位发挥职能作用的争议多元处理机制。六是基层基础建设持续推进。继续加强乡镇（街道）劳动就业社会保障服务所（中心）调解组织、仲裁院建设，不断扩充仲裁员队伍，促进仲裁员队伍专业化、规范化。人力资源社会保障部会同全国总工会、全国工商联、中国企联通报表扬 2022 年度工作突出的 113 家基层调解组织，推动符合条件的仲裁院纳入参公管理。

（二）争议案件发生呈现“一高三集中”

“一高”指案件总量保持高位运行。争议案件数同比上升 19.6%，受理 10 人以上集体争议案件数同比上升 7%。“三集中”指争议主要类型集中、发生地区集中和发生争议用人单位集中。从争议案件类型看，涉劳动报酬、解除和终止劳动合同、社会保险争议案件是最主要的类型，共计 201.4 万件，占受理争议案件总量的 83.6%。从争议发生地区看，广东、江苏、北京、上海、山东、浙江等 6 个省（市）受理争议案件数量居全国前 6 位，共受理争议案件 144.2 万件，占争议案件总量的 60.1%。从争议发生的用人单位类型看，涉及私营企业争议案件数量最多，达到 201.6 万件，占争议案件总量的 85.9%。

（三）争议案件办理呈现“一增加两提升”

“一增加”指调解组织受理争议案件占争议案件总量的比重增加。受理争议案件数量同比上升 25.4%，占争议案件总量的比例增加 2.3 个百分点，新就业形态争议案件更受关注。“两提升”指调解成功率提升和终局裁决率提升。结案方式方面，2022 年通过调解方式结案的争议案件占所有结案案件的比例为 75.1%，较 2021 年增加 1.8 个百分点。

（四）劳动争议诉讼接案量略有下降

近两年，劳动人事争议诉讼案件总量呈递减趋势。2022 年，全国法院共接收劳动人事争议案件 506858 件，与 2021 年相比减少了 26346 件，约 4.94%；结案 508852 件，与 2021 年相比结案率提升了约 1.86%。其中，调解结案为 115090 件。2022 年 1 月，最高人民法院办公厅与人力资源社会保障部办公厅联合印发《关于建立劳动人事争议“总对总”在线诉调对接机制的通知》（法办〔2022〕3 号），进一步完善劳动人事争议调解与诉讼实质化衔接机制，推动劳动人事争议“总对总”在线诉调对接工作。

七、国家协调劳动关系三方机制工作成效明显

2022 年，国家协调劳动关系三方相互配合密切合作，全力应对劳动关系领域风险挑战，面对不断反复的新冠疫情、纷繁复杂的国际形势、艰巨繁重的发展任务，坚决扛起维护劳动关系大局稳定的政治责任，加强企业用工指导服务，制定出台维护新就业形态劳动的执行政策，有效预防和化解了劳动关系领域的突出矛盾，促进了劳动关系总体和谐稳定，为高效统筹疫情防控和经济社会发展做出了积极贡献。

（一）有效防范风险，全面构筑劳动关系风险防火墙

一是建立健全劳动关系风险监测预警与分析研判机制。国家三方（政府部门、工会组织与企业组织）全国劳动关系风险会商研判机制持续运行，充分发挥专家委员会作用，加强对劳动关系领域矛盾风险的监测和排查，实时监测劳动关系舆情，及时分析研判全国劳动关系形势。二是有效预防劳动争议风险。2022 年 10 月，人力资源社会保障部与中央政法委等九部门联合印发《关于进一步加强劳动人事争议协商调解工作的意见》（人社部发〔2022〕71 号），健全风险监测预警机制，开展清理整顿人力资源市场秩序专项行动，发布 2022 年第一批拖欠劳动报酬典型案件，编印《劳动关系领域法律法规政策汇编》，引导企业依法规范用工。三是妥善处理劳动关系领域突出矛盾纠纷。

（二）加强源头治理，推动劳动关系治理精准化

一是全力促进劳动关系和谐。全面实施劳动关系"和谐同行"能力提升行动，出台金牌劳动关系协调员、金牌协调劳动关系社会组织选树指引，举办全国劳动关系协调员示范培训班，推进全国劳动关系协调员队伍建设。2022 年 9 月 22 日，召开全国和谐劳动关系创建示范经验交流会，命名 350 家企业为"全国和谐劳动关系创建示范企业"，命名 50 个工业园区为"全国和谐劳动关系创建示范工业园区"。二是持续推进集体协商工作提质增效。开展集体协商质效评估工作，加强专职集体协商指导员队伍建设，举办全国工会集体协商和协调劳动关系工作培训班。三是大力推动劳动关系领域制度机制改革创新。深入开展构建和谐劳动关系综合配套改革试点工作，稳步推进特殊工时管理改革试点工作，探索制定行业特殊工时管理岗位清单。抓住重点领域，积极维护依托互联网就业等新就业形态劳动者的权益。

（三）完善工资分配宏观调控，加强产业工人队伍建设

继 2021 年发布《技能人才薪酬分配指引》（人社厅发〔2021〕78 号），完善最低工资标准调整批复程序，2022 年 11 月，中华全国总工会、国务院国资委党委又印发《关于充分发挥国有企业在推进产业工人队伍建设改革中带动作用的意见》（总工发〔2022〕17 号），推动产业工人队伍建设。

（撰稿：周　欣）

2022 年人力资源和社会保障工作综述

人力资源社会保障部政策研究司

2022 年，面对严峻复杂的形势和艰巨繁重的任务，在以习近平同志为核心的党中央坚强领导下，全国人力资源社会保障系统紧紧围绕迎接党的二十大和学习宣传贯彻党的二十大精神这一主线，认真落实"疫情要防住、经济要稳住、发展要安全"的要求，坚持稳字当头、稳中求进，担当作为、真抓实干，全面完成各项目标任务，为经济社会发展大局贡献了积极力量。

一、就业局势保持总体稳定

（一）稳就业政策有效实施

坚决扛起稳就业保就业政治责任，积极应对超预期因素冲击的影响，完善就业优先政策，健全落实机制，切实稳住了就业基本盘。根据形势变化，进一步优化完善减负稳岗扩就业政策措施，会同有关部门印发《关于做好失业保险稳岗位提技能防失业工作的通知》（人社部发〔2022〕23 号）、《关于扩大阶段性缓缴社会保险费政策实施范围等问题的通知》(人社部发〔2022〕31 号)、《关于加快落实一次性扩岗补助政策有关工作的通知》(人社厅发〔2022〕41 号)等政策文件,释放政策红利近 5000 亿元。全年城镇新增就业 1206 万人,保持了就业局势总体稳定,为经济运行在合理区间和社会稳定提供了重要支撑。

(二)重点群体就业平稳有序

坚持把高校毕业生等青年就业作为重中之重,加强部门协作,实施 2022 年离校未就业高校毕业生服务攻坚行动,实施高校毕业生“三支一扶”计划,会同教育部、科技部等十部门印发《关于实施百万就业见习岗位募集计划的通知》(人社部发〔2022〕11 号),集中发布城乡基层就业和实习岗位,提供实名制服务和针对性措施,多措并举拓宽毕业生就业创业渠道,帮助 250 余万名未就业毕业生实现就业。外出务工与就地就近就业两头发力,采取有力举措稳定农民工就业。会同相关部门印发《关于进一步支持农民工就业创业的实施意见》(人社部发〔2022〕76 号),举办全国劳务品牌发展大会,春节期间开展“春暖农民工”服务行动,集中送岗位、送服务、送政策、送温暖。同时,统筹做好退役军人、就业困难人员等群体就业帮扶工作。

(三)人社帮扶工作持续推进

保持原有帮扶政策、资金支持、帮扶力量总体不变,积极助力乡村振兴,促进脱贫劳动力就业增收。会同相关部门印发《关于做好 2022 年脱贫人口稳岗就业工作的通知》(人社部发〔2022〕13 号)、《关于进一步做好长江流域重点水域退捕渔民安置保障工作的通知》(人社部发〔2022〕28 号)等政策文件,深化东西部劳务协作,提升劳动力外出组织化程度,优化就业帮扶车间,发挥劳务品牌带动作用,年底脱贫劳动力外出务工规模达到 3278 万人。深入开展专家人才服务基层活动,组织 80 个专家服务团,开展新疆、西藏和四省(青海、四川、云南、甘肃)涉藏州县少数民族专业技术人才特殊培养工作,选拔培养 640 名学员。继续为困难群众代缴城乡居民养老保险费,参保率超过 99%。

(四)就业服务和技能培训扎实开展

深入实施就业服务质量提升工程,加大就业创业公共服务供给。印发《关于实施人力资源服务业创新发展行动计划(2023—2025 年)的通知》(人社部发〔2022〕83 号),开展人力资源服务机构稳就业促就业行动。会同相关部门印发《关于加强零工市场建设 完善求职招聘服务的意见》(人社部发〔2022〕38 号),全面推行零工“即时快招”对接服务模式。实施公共就业服务能力提升示范项目,发挥示范引领作用。深入实施“十四五”职业技能培训规划,加强培训基础能力建设,公布 41 个国家基本职业培训包,聚焦重点行业、重点群体开展补贴性培训超过 1600 万人次。举办“10+N”①就业服务专项活动,第五届“中国创翼”创业创新大赛、民营企业招聘月、百日千万网络招聘、金秋招聘月、残疾人就业帮扶等系列活动圆满开展。2022 年全年共举办招聘会 12.7 万场,累计帮助 5.9 万家重点企业解决用工 215 万人次。

二、社会保障体系更加健全

(一)社保制度改革迈出新步伐

坚持以高质量发展、可持续发展为主题,全力推进完善覆盖全民的多层次社会保障体系建设。深入实施企业职工基本养老保险全国统筹,完善配套政策措施,积极稳妥做好规范统一费率、统一缴费基数、待遇项目清理规范等工作,全年共跨省调剂资金 2440 亿元,有力均衡了省份之间基金负担。机关事业单位养老保险制度平稳运行,个人养老金制度试点顺利实施,国务院办公厅印发《关于推动个人养老金发展的意见》(国办发〔2022〕7 号),会同有关部门印发实施《个人养老金实施办法》(人社部发〔2022〕70 号)。截至 2022 年年底,个人养老金参加人数近 2000 万人。新就业形态就业人员职业伤害保障试点破冰启动、稳步推进。失业保险、工伤保险省级统筹

① “10”是指在全中国范围内共同开展 10 项主题活动,“N”是指各地自行开展的创新服务和特色活动。

加快推进。

（二）社保覆盖范围扩大和待遇水平稳步提高

落实举措、持续发力，积极推进参保扩面工作。同步调整企业和机关事业单位退休人员基本养老金，提高城乡居民基础养老金最低标准。压实各方责任，确保各项社保待遇按时足额发放。截至2022年年底，基本养老、失业、工伤保险参保人数分别达到10.53亿人、2.38亿人、2.91亿人，全年基金收入7.1万亿元，支出6.6万亿元，年底累计结余7.4万亿元。

（三）基金监管和投资运营工作稳步开展

强化基金风险防控，开展社保基金管理提升行动，印发《社会保险基金行政监督办法》（人社部令第48号）、《社会保险基金监督举报奖励暂行办法》（人社部发〔2022〕45号），基金管理监督制度机制不断健全。基金市场化投资运营工作扎实推进，2022年年底基本养老保险基金委托投资规模1.62万亿元，企业年金投资规模2.8万亿元，职业年金投资规模2.1万亿元。

三、人才人事制度机制不断完善

（一）专业技术人才队伍建设取得新进展

坚持“破四唯”与“立新标”并举，持续健全完善职称评审、职业资格等相关政策。印发《关于降低或取消部分准入类职业资格考试工作年限要求有关事项的通知》（人社部发〔2022〕8号）、《关于进一步做好职称评审工作的通知》（人社厅发〔2022〕60号）。优化实施政府特殊津贴制度，实施博士后创新人才支持计划和博士后国际交流计划，加大博士后自主培养和国外引进力度。颁布《中华人民共和国职业分类大典（2022年版）》。开展“山寨证书”专项治理。单独划定部分专业技术人员职业资格考试合格标准。出台新闻记者职业资格考试办法、审计专业技术资格考试实施办法等。向社会发布18个新职业信息，颁布90个国家职业技能标准。2022年全年举办300期国家级高级研修班，新设30个国家级继续教育基地，创新开展数字技术工程师培育项目。

（二）技能人才发展取得新成效

技能人才发展的制度体系进一步健全，中共中央办公厅、国务院办公厅印发《关于加强新时代高技能人才队伍建设的意见》，印发《关于健全完善新时代技能人才职业技能等级制度的意见（试行）》（人社部发〔2022〕14号），创新建立“新八级工”制度，扩大特级技师评聘范围，推行首席技师评聘试点，技能人才职业发展更加畅通。全面实施“技能中国行动”，加强部省共建，会同相关部门开展制造业技能根基工程、康养职业技能培训计划、国家乡村振兴重点帮扶地区职业技能提升工程。深化技工教育改革，企业新型学徒制、工学一体化技能人才培养模式全面推行。各级各类职业技能竞赛广泛开展，组团参加2022年世界技能大赛特别赛，获得21枚金牌、3枚银牌、4枚铜牌和5个优胜奖，位列金牌榜、团体总分第一名。

（三）事业单位人事管理和表彰奖励等工作稳步推进

全面推行县以下事业单位管理岗位职员等级晋升制度。会同教育部出台《关于进一步完善中小学岗位设置管理的指导意见》（人社部发〔2022〕58号），共同做好2022年中小学幼儿园教师公开招聘工作。健全完善创建示范活动、及时性表彰、社会组织评比达标表彰活动等制度措施，会同相关部门开展国家级和省部级表彰奖励，圆满完成北京冬奥会冬残奥会总结表彰工作，组织开展第十六届高技能人才评选表彰活动。

四、工资收入分配制度更加完善

（一）企业工资宏观调控和国企工资分配等工作有序推进

深化企业工资分配领域改革，健全工资决定、工资增长和支付保障机制，完善企业工资分配宏观指导制度。会同财政部、国务院国资委出台《国有企业工资内外收入监督管理规定》（人社部发〔2022〕57号）。分职业和岗位等级发布工资价位信息，推广技能人才薪酬分配指引，印发《国有企业科技人才薪酬分配指引》。稳慎合理调整最低工资标准。

（二）事业单位工资制度改革积极推进

会同相关部门，深化公立医院薪酬制度改革，落实高层次人才工资分配激励政策，保障义务教育教师工资待遇，体现不同事业单位特点的工资制度进一步健全完善。

五、劳动关系保持总体和谐稳定

（一）劳动关系协商协调扎实有效

坚持把提升治理能力作为重点，深入实施劳动关系"和谐同行"能力提升三年行动计划，开展2022年全国和谐劳动关系创建示范活动，加强劳动关系协调员队伍建设，积极推行集体协商，扎实做好涉疫情劳动关系政策、新就业形态劳动者劳动保障权益政策的落实落地，利用多种渠道和方式加强宣传解读，指导企业规范用工和妥善处理劳动关系，防止和减少矛盾纠纷。

（二）调解仲裁和劳动保障监察有力开展

加强劳动人事争议协商调解，全面摸排超审限仲裁案件，推广"互联网+调解"服务平台和仲裁在线庭审方式，大力推进青年仲裁员志愿者联系企业活动。2022年全年办理争议案件316.23万件，调解成功率75.1%，仲裁结案率96.9%。加强重点领域监察执法，完善监察网络平台，畅通线上线下维权渠道，开展清理整顿人力资源市场秩序等专项行动，严肃查处各类侵犯劳动者合法权益的行为。

（三）根治欠薪工作持续深化

深入贯彻保障农民工工资支付条例，推动农民工工资专用账户、实名制管理、总包代发、工资保证金等制度落实落地。坚持标本兼治，春节前在全国范围组织开展集中整治专项行动。开展省级政府工作考核。全年查处欠薪案件7.02万件，为84.5万名农民工追回工资95.4亿元。

六、人社系统行风建设深入推进

（一）行风建设制度机制更加健全

坚持把解决群众办事的堵点、痛点、难点作为重点，持之以恒抓行风建设，着力打造群众满意的人社服务。印发《关于推进社会保险经办管理服务标准化规范化便利化的意见》（人社厅发〔2022〕59号），完善窗口服务制度、内部管理制度、风险防控制度，广泛推行告知承诺制、"好差评"等制度。推进人社领域"一件事"集成改革，深入开展快办行动，持续推进"清事项、减材料、压时限"，推行"一门办、一窗办、一网通办、跨省通办"。

（二）人社服务信息化水平进一步提高

全国统一的社会保险公共服务平台不断完善，开通83项全国性、跨地区社会保险服务。社保卡持卡人数达13.68亿人，7.15亿人领用电子社保卡，2022年全年累计访问量近113亿人次。以社保卡为载体建立居民服务"一卡通"工作取得新进展，在交通出行、旅游观光、惠民政策落实等更多领域得到广泛应用。

（三）经办服务能力建设持续加强

深入开展"厅局长走流程"、青年干部暗访调研活动，发现窗口服务相关问题及时反馈和整改。强化业务培训学习，持续开展警示教育，常态化开展窗口经办队伍练兵比武，加强基层一线服务队伍关心关爱，干部服务意识和服务水平得到新提升。

（审稿：陈　峰
撰稿：张　伟）

F

企业论坛

中国企业年鉴

China Enterprise Yearbook 2023

为加快建设世界一流企业再建新功

中国建材集团党委书记、董事长　周育先

在全党深入开展学习贯彻习近平新时代中国特色社会主义思想主题教育，是党中央为全面贯彻党的二十大精神、动员全党同志为完成党的中心任务而团结奋斗所作的重大部署。中国建材集团党委深入开展主题教育，牢牢把握主题教育根本任务，坚定不移用习近平新时代中国特色社会主义思想凝心铸魂，加快建设世界一流材料产业投资集团，坚决扛起产业报国、材料强国的责任担当。

一、努力建设世界一流企业

企业强则国家强，企业兴则国家兴。加快建设世界一流企业，是以习近平同志为核心的党中央统筹中华民族伟大复兴战略全局和世界百年未有之大变局，着眼党和国家事业发展需要做出的重大战略决策。世界一流企业是中国式现代化的重要载体，是中国式现代化不可或缺的中坚力量。面对错综复杂的国际国内形势、艰巨繁重的改革发展稳定任务、各种不确定难预料的风险挑战，国资央企必须把建设世界一流企业作为一项全局性、战略性、引领性重大任务来抓，以新气象新作为把党的二十大绘就的中国式现代化宏伟蓝图一步一步变为美好现实。作为建材领域唯一央企，中国建材集团立足无机非金属材料领域国家队的定位，努力提高政治站位，深入学习领会习近平总书记关于建设世界一流企业、胸怀“两个大局”的重要论述精神。对于中国建材集团而言，只有心系“国之大者”才能打造“国之大材”，而胸怀“两个大局”是心系“国之大者”的具体体现，建设世界一流企业、努力建设材料强国是打造“国之大材”的具体体现。

胸怀中华民族伟大复兴的战略全局，找准世界一流企业跨越式发展定位。以中国式现代化全面推进中华民族伟大复兴是前无古人的开创性事业，绝不是轻轻松松、敲锣打鼓就能实现的，必然会遇到很多从未有过的全新课题、遭遇各种艰难险阻。在这一过程中，实体经济是一国经济的立身之本、财富之源，经济发展任何时候都不能脱实向虚，必须加快建设以实体经济为支撑的现代化产业体系。建筑材料行业是充分竞争市场领域，我们深刻体会到，在高度竞争的市场领域，坚持正确的战略目标，把握正确的发展方向是企业实现跨越式发展的关键所在。中国建材集团坚守实体经济根基，端稳主责主业饭碗，要以更加昂扬的精神面貌和开拓务实的工作状态，团结带领20万中国建材人，大力巩固基础建材制造业，大力发展战略性新兴材料产业，以“国之大材”服务“大国重器”，更好地肩负起新时代新征程材料强国的功能定位和历史职责，为强国建设、民族复兴贡献建材力量。

胸怀世界百年未有之大变局，明确世界一流企业国际化发展方位。世界百年未有之大变局加速演进，不确定难预料因素增多，国际力量对比深刻调整，全球经济步入中低速增长轨道。习近平总书记指出，完善中国特色现代企业制度，弘扬企业家精神，加快建设世界一流企业。我国企业对于吸收和拓展世界一流企业建设实践不能仅仅通过简单复制做法，而应当结合中国的制度环境和企业发展历史基础，探寻迈向世界一流企业的有效路径。建筑材料是大宗原材料，是基础设施建设的“粮食”，在“一带一路”建设中有着广阔空间，基础建材是我国的优势产业，长板越长，越有利于参与国际合作和竞争，国际产业链供应链对我们的依存关系也会上升。中国建材集团坚持国际化是迈向世界一流的必由之路，积极发挥在国际市场上历练30余年积累的经验优势，坚定大踏步走出去的信心和决心，探索出一套具有中国建材特色的国际化“打法”，力争用10年左右的时间，在海外再造一个“中国建材”，基本建成具有国际竞争力的世界一流企业，以“国之大材”服务国家发展，以建材实力增强综合国力，助力构建人类命运共同体。

二、把握“三个指引”

把扩大内需和深化供给侧结构性改革结合起来，为做好基础建材业务提供方向指引。习近平总书记强调，必须坚持深化供给侧结构性改革这条主线，继续完成“三去一降一补”的重要任务，全面优化升级产业结构，提升创新能力、竞争力和综合实力，增强供给体系的韧性，形成更高效率和更高质量的投入产出关系，实现经济在高水平上的动态平衡。振兴制造业，要推动制造业从数量扩张向质量提高的战略性转变，让提高供给质量的理念深入人心。基础建材是中国建材集团的“压舱石”。2022 年，中国建材集团以新天山水泥为主体整合集团非上市水泥资产，完成了打造全球水泥业务规模最大上市公司的目标。这些年来，我们始终沿着“战略整合、改革发展、区域合作、联动发展”的正确方向，专注主责主业深耕细作，不仅打通了我们企业做强做优做大、走向世界一流的道路，而且为推动扩大内需战略、引领水泥行业供给侧结构性改革贡献了一份力量，为全球水泥同业破解产能过剩矛盾提供了重要启示。今天来看，传统产业不是作为“低端产业”简单退出的问题，而是应该积极推动转型升级。区域合作、联动发展，不仅仅对国内水泥板块进一步优化升级起到指导作用，也是我国基础建材参与国际竞争、构建新发展格局要深入思考的方向和方法。

自立自强、弯道超车，为做好新材料产业提供战略指引。习近平总书记强调，新材料产业是战略性、基础性产业，也是高技术竞争的关键领域，我们要奋起直追、迎头赶上。习近平总书记重要指示批示精神，为中国建材集团把握历史机遇、在新材料产业赛道弯道超车指明了前进方向。这些年来，中国建材集团围绕国家重大战略任务，围绕中下游领域对新材料的市场需求，积极发挥无机非金属矿物材料—纤维材料—复合材料的完整产业链条规模优势，形成材料科学应用基础研究—工程化技术研究—产业化成果转化的创新体系，形成了玻璃新材料、高性能玻璃纤维及碳纤维、风电叶片、锂电池隔膜、先进陶瓷、人工晶体、高端石英材料等具有世界一流水准的新材料产品集群，有力支撑了载人航天、国产大飞机等“大国重器”，促进了材料工业高水平自立自强，为攀登战略制高点、提高我国综合竞争力、强链固链补链、保障国家安全提供了关键材料支撑。2022 年，新材料板块营业收入首破千亿元大关，利润总额、净利润占比达到 50%以上；2023 年上半年，新材料板块在市场承压的情况之下依然表现可喜，达到了单月 100 亿元的销售收入。未来，中国建材集团要继续做强做优做大新材料产业，让新材料更多“飞入寻常百姓家”。

胸怀天下、合作共赢，为做好工程技术服务提供道路指引。习近平总书记强调，建设更高水平开放型经济新体制是我们主动作为以开放促改革、促发展的战略举措。2023 年是习近平总书记提出“一带一路”倡议 10 周年。10 年来，“一带一路”倡议秉持共商共建共享原则持续深化同共建国家互利合作，成为深受欢迎的全球公共产品和国际合作平台。对中国建材集团来说，“一带一路”为集团企业实现国际化提供了重要道路指引。我们坚持“为当地经济做贡献、与当地企业合作、为当地人民服务”三原则，持续推动高水平开放合作，深耕“一带一路”等国际大市场，让中国建材集团的装备、工程和技术走向世界，真正践行“材料创造美好世界”的使命，水泥和玻璃工程国际工程市场占有率连续 15 年稳居全球第一，不断走近世界建材舞台中央，身体力行共建共享人类美好家园、构建人类命运共同体。

三、做到“四个紧扣”

紧扣建设世界一流战略目标。习近平总书记强调，要加快建设一批产品卓越、品牌卓著、创新领先、治理现代的世界一流企业，在全面建设社会主义现代化国家、实现第二个百年奋斗目标进程中实现更大发展、发挥更大作用。加快建设世界一流企业，是党中央立足新时代、统筹两个大局做出的重大战略决策。2023 年，中国建材集团入选新一批创建世界一流示范企业名单。作为建材行业的唯一央企，我们要坚定许党报国为民的政治本色，充分发挥材料工业特色和国有资本投资公司作用，带头加快提升核心竞争力、增强核心功能，紧紧围绕增强科技创新力、产业控制力和安全支撑力的目标，重点在提升科技创新能力、价值创造能力、公司治理能力、资源整合能力、品牌引领能力五种能力上狠下功夫，努力成为国有企业建设世界一流企业的排头兵、先锋队。

紧扣高质量发展重点任务。习近平总书记指出，高质量发展是全面建设社会主义现代化国家的首要任务。我们要深入学习贯彻习近平总书记重要讲话精神，聚焦推动高质量发展，加大力度把数字化、绿色化、国际化各项工作落实落地。2023 年是中国建材集团数字化转型元年，我们成立并启动了集团数字化管理中心，紧盯“数字引领材料创造”的转型愿景，体系化推进研发设计数字化、生产制造智能化、经营管理数字化和客户服务敏捷化，全力打造“数字中国建材”。坚定践行“双碳”战略，协同推进减污降碳，加快能源结构转型，牵头组建水泥行业“双碳”政策研究工作组，携手中国林业集团推动央企间最大林业碳汇交易落地。召开国际化工作研讨会，升级集团国际化发展战略，坚定不移推进全业务、全流程、全要素国际化。

紧扣改革创新提高企业核心竞争力。习近平总书记强调，中国式现代化关键在科技现代化。要加快实现高水平科技自立自强。实现高水平材料产业科技自立自强关系到我国发展的独立性、自主性、安全性，必须努力把关键材料牢牢掌握在自己手中。中国建材集团深入推进国有资本投资公司改革，深入开展专业化整合，初步实现从建材产业集团向综合性新材料产业投资公司转型。大力发展战略性新兴产业，推动特种无机非金属材料领域“卡脖子”关键技术和科技前沿领域技术攻关，提升我国关键材料供给保障能力。以入选首批中央企业原创技术策源地名单为契机，实施“揭榜挂帅”、设置科研“种子资金”等 8 项改革举措，推进科技自立自强。主题教育开展以来，集团围绕“3+22”攻关任务，推动材料基因工程方法与技术运用，研发范式向大数据、人工智能方向转型。突破一批原创技术，一批新材料助力“天舟六号货运飞船”“神舟十六号载人飞船”成功发射。

紧扣稳中求进工作总基调。习近平总书记指出，要形成狠抓落实的好局面，不折不扣贯彻落实党中央决策部署，积极主动抓落实，聚合众力抓落实，以钉钉子精神抓落实，聚焦实际问题抓落实，在抓落实上取得新实效。稳增长、创效益，是企业生存的价值所在，也是开展主题教育实践成效的重要体现。要坚持以学促干，加强能力建设，按照国资委部署全面开展价值创造行动，全面提升集团价值创造能力。坚持守正创新，坚持以人民为中心的经营理念，提升集团一体化综合经营能力和材料产业投资能力，探索国有资本投资公司高质量发展之路，服务稳增长稳实体经济大局。持续深化管理提升，大力推进提质降本增效，用新的理念、新的工具、新的举措打造效益增长新动能，保证全面完成总体经营目标任务，以企业稳增长的高质量发展成果检验主题教育成效，努力向党和人民交上一份满意答卷。

坚持稳中求进　实现高质量发展

中国宝武钢铁集团有限公司

中国宝武钢铁集团有限公司（以下简称中国宝武）的前身是始建于 1978 年 12 月的上海宝山钢铁总厂，后经历宝山钢铁（集团）公司、上海宝钢集团公司、宝钢集团有限公司等不同发展阶段，于 2016 年 12 月与武汉钢铁（集团）公司（以下简称武钢集团）实施联合重组后揭牌成立，经营国务院授权范围内的国有资产，开展有关国有资本投资、运营业务。2019 年后，相继重组马钢（集团）控股有限公司（以下简称马钢集团）、重庆钢铁股份有限公司（以下简称重庆钢铁）、太原钢铁（集团）有限公司（以下简称太钢集团）、新余钢铁集团有限公司（以下简称新钢集团）、中国中钢集团有限公司（以下简称中钢集团），托管重庆钢铁（集团）有限责任公司（以下简称重钢集团）、昆明钢铁控股有限公司（以下简称昆钢公司）。中国宝武注册资本 527.91 亿元，资产规模 1.24 万亿元，是国有资本投资公司，被国务院国有资产监督管理委员会（以下简称国务院国资委）纳入中央企业创建世界一流示范企业；2022 年在《财富》杂志发布的世界 500 强企业排行榜中名列第 44 位。总部设在中国（上海）自由贸易试验区世博大道 1859 号。2022 年年底，在册员工 262283 人，在岗员工 219610 人（不含托管企业）。

中国宝武定位于提供钢铁及先进材料综合解决方案和产业生态圈服务的高科技企业，以“共建产业生态圈，推动人类文明进步”为使命，以“成为全球钢铁及先进材料业引领者”为愿景，秉持“诚信、创新、绿色、共享”的公司价值观，弘扬“钢铁报国、开放融合、严格苛求、铸就强大”的企业精神，坚持科技创新的核心引领作用，践行高科技、高效率、高市占（市场占有率）、生态化、国际化的“三高两化”战略路径。

中国宝武以“一基五元”为业务组合，即打造以绿色、精品、智慧的钢铁制造业为基础，先进材料业、智慧服务业、资源环境业、产业园区业、产业金融业等相关产业协同发展的格局。其中，钢铁制造业突出绿色、精品、智慧内涵，形成“东西南北中”全国性布局，拥有宝山钢铁股份有限公司（以下简称宝钢股份）、宝武集团中南钢铁有限公司（以下简称中南钢铁）、马钢集团、太钢集团、宝钢集团新疆八一钢铁有限公司（以下简称八钢公司）、新钢集团等 10 多个大中型全流程钢铁基地和多条短流程钢铁产线，装备整体水平位于全球前列，产品覆盖碳钢、不锈钢、特钢全系列、全品类，为航空航天、能源电力、交通运输、国家重大工程等众多领域解决了一大批“卡脖子”材料难题，多个产品实现全球首发，汽车用钢、硅钢、车轮、H 型钢、手撕钢、双相不锈钢等高精尖产品享誉国内外，氢冶金、富氢碳循环等低碳冶金创新工艺技术助力实现“双碳”目标；2022 年钢产量 1.32 亿吨，经营规模和经营业绩位居钢铁行业全球第一。先进材料业与钢铁制造业协同耦合，覆盖镁、铝、钛、碳纤维、特种冶金等领域，为用户提供综合材料解决方案；智慧服务业、资源环境业、产业园区业和产业金融业依托科技赋能，以构建产业生态圈模式加强与制造业及相互间的协同支撑，加快向智慧型现代服务业转型，以服务创造价值。

2022 年，中国宝武面对国内经济需求收缩、供给冲击、预期转弱三重压力持续加大，钢铁行业需求明显减弱、钢材价格低迷、原燃料成本高企、供应链物流不畅，特别是 3 月后新冠疫情高发频发对经济造成的持续反复冲击，有效应对各种风险挑战和困难考验，全年经营业绩保持行业最优，完成工业总产值（现行价格）8300.51 亿元，工业销售产值 8235.10 亿元，资产总值 12398.41 亿元，营业收入 10877.07 亿元，实现利润总额 301.56 亿元，上缴税费 425.38 亿元，净资产收益率 4.47%；铁产量 11816.33 万吨，钢产量 13183.61 万吨，商品坯材产量 13135.23 万吨，商品坯材销量 13106.54 万吨，出口钢材 550.31 万吨。

全年，中国宝武研发投入率 3.24%，专利申请 5717 件，其中发明专利 4062 件。二氧化硫、氮氧化物、化学需氧量排放总量分别为 23854 吨、56391 吨、1570 吨，较上年分别下降 13%、8%和 27%；吨钢综合能耗 560 千克标准煤，较上年下降 4 千克标准煤；万元产值能耗实绩 992 千克标准煤，较上年下降 3%。对外捐赠 2.51 亿元。中国宝武在 2021 年度中央企业负责人经营业绩考核中连续第六年获评 A 级，2019—2021 年任期考核 A 级；首次进入《财富》世界 500 强企业榜单前 50 强；在 2022 年《财富》杂志评选的最受赞赏的中国公司排行榜中位列第五；正式转为国有资本投资公司，担当新型低碳冶金现代产业链链长。国际三大评级机构标准普尔、穆迪、惠誉继续给予中国宝武全球综合性钢铁企业最高信用评级。

一、始终心怀“国之大者”，战略支撑作用更加明显

为稳住宏观经济大盘作贡献。面对经济发展的复杂局面，中国宝武提前研判经济形势，预判市场走势，提出“三降两增”应对举措，及时制定稳增长工作方案，搭建成本对标平台。各单位通过全面对标找

差，追求极致成本与极致效率，“两金”（企业存货、应收账款）周转效率提升3.5%，实现“三降两增”210.7亿元；中长期融资比例提升至62%，为集团公司开疆拓土、推动重大投资项目保驾护航。宝钢股份继续保持行业第一地位。执行纾困解难政策，为中小微企业减免租金4.08亿元，其中宝地资产为1535家客户减免租金2.6亿元；加大稳岗扩就业力度，各单位与3238名大专院校毕业生签订就业协议。

支撑国家重大工程项目建设。中国宝武首次为国产航空母舰提供全规格、全品种钢材；保障霞浦二期、“国和一号”、陆丰核电关键核心材料供应；高温合金助力国内首个空间站建设；桥梁钢用于世界首座三塔四跨双层钢桁梁大桥——瓯江北口大桥，以及海上最大跨度深中通道（连接深圳市和中山市、广州市南沙区的大桥）——伶仃洋大桥；助力2022年北京冬季奥运会，向国家速滑馆“冰丝带”二氧化碳跨临界直冷制冰系统工程提供不锈螺纹钢筋材料，向国家雪车雪橇中心工程提供高耐腐蚀性、高韧性Q355NHD产品；向丰宁抽水蓄能电站一期工程提供关键核心材料高牌号无取向硅钢和高等级磁轭钢，确保北京冬季奥运会场馆实现100%绿电供应。

开展“卡脖子”核心技术攻关。中国宝武大型运载火箭用合金、新一代发动机用高温合金保障了国家关键核心材料安全；突破薄膜型液化天然气船（罐）用不锈钢关键技术，解决了基础材料“卡脖子”难题；研发的高低温韧性AISI4145H钻杆用钢，用于国家“深地一号”工程——塔里木盆地顺北深层油气田项目，钻井深度9300米，刷新亚洲纪录；通过液氢专用不锈钢产品认证，填补了民用液氢压力容器用不锈钢的空白。

二、稳步推进战略迭代，产业结构布局持续优化

“一基五元”产业结构一体优化。钢铁业深化平台公司建设，以硅钢为试点开展钢铁产品专业化整合，50万吨新能源汽车用无取向硅钢项目开工建设。新材料产业完成钛产业规划，推进镁产业布局，策划高温非金属产业，宝钢包装形成海外市场布局能力，宝武碳业保持“百十亿”业绩，对外拓展呈现良好势头。智慧服务业打造高科技智慧发动机，宝信软件解决了工业自动化控制软件“卡脖子”问题，宝钢工程成功打造数字孪生工厂，宝武智维入选工业和信息化部“新一代信息技术与制造业融合发展试点示范企业”。资源环境业成为中国宝武重要支柱产业，西藏矿业成为中国宝武新的经济增长点，大力拓展欧冶链金空间布局，宝武环科、宝武水务协同为钢铁主业降本增效创造价值。产业园区业加强资产盘活，建成互联宝地二期等15个项目，武钢集团招商质量不断提升，重钢集团转型发展有序推进。产业金融业稳步推进业务优化，华宝投资、财务公司全面完成经营指标，华宝信托产品经营体系初见成效，华宝基金公募基金资产规模取得突破，财务公司支撑宝武资金管控的作用日益明显。

“弯弓搭箭”空间布局多维拓展。在沿江沿海方面，新钢集团加入中国宝武大家庭，进一步提升在中南地区的板材市场占有率。马钢集团新特钢工程一期项目基本建成，太钢—山东鑫海不锈钢基地项目炼钢工序投产，中国宝武特冶特种冶金材料马鞍山基地项目开工建设，安徽宝镁轻合金有限公司年产30万吨高性能镁基轻合金及深加工项目全面开工，浙江宝万碳纤维有限公司碳纤维原丝项目开工建设。在沿路沿线方面，加快新能源产业投资，兰州宝航新能源材料有限公司10万吨负极材料项目部分投产，西藏矿业扎布耶盐湖提锂与供能项目稳步推进，昆钢公司安宁基地具备年产700万吨能力。

联合重组整合协同取得新进展。中国宝武与中钢集团、新钢集团联合重组，生态圈进一步扩容，影响力进一步提升。中钢集团2022年经营业绩达2014年以来最好水平。推动专业化整合，中国宝武与中粮集团全面开展战略合作；系统盘点存量项目，推进资产关系、业务关系、管理关系三统一，2022年“应整尽整率”为100%；整合融合协同效益超35亿元。

资源安全保障能力稳步提升。在境内资源布局方面，中国宝武充分释放采矿、选矿产能，实现铁矿稳产高产、合规增产。22个项目入选国家“基石计划”（通过国内新增铁矿开发、境外新增权益铁矿、废

钢资源的开发，实现对铁矿石供给和价格的话语权），铁精矿产能规模进一步提升。在境外资源布局方面，聚焦西非和澳洲两个重点区域，加速布局海外铁、镍、铬资源，中国宝武资源海外重大项目取得实质性进展。

瘦身健体、压减退出取得新成效。压减全资控股法人 108 户，达到近 5 年最高值。太钢集团、西藏矿业、重钢集团基本完成三年压减计划的 80%。清理退出长期不分红、持股比例低的参股企业 46 户，各子公司及时回笼资金 127 亿元。中国宝武被国务院国资委评为“央企压减工作标杆”。

三、积极践行链长使命，绿色低碳转型迈出坚实步伐

低碳技术取得突破性进展。推进新型低碳冶金现代产业链链长建设。八钢公司投运全球首座富氢碳循环氧气高炉，固体燃料消耗下降 30%，碳减排超 20%，是冶金行业首个实现工业化应用的低碳新工艺。启动首个开放式千万吨级 CCUS（二氧化碳捕集、利用与封存）项目。构建基于重点产品的碳排放核算模型；铁矿产品种类规则、环境产品声明（EPD）报告全球首发；欧冶云商率先发布钢铁行业环境产品声明标签，加速引领钢铁供应链绿色转型。举办全球低碳冶金创新论坛，为 22 个低碳冶金创新基金项目提供资助 3875 万元。华宝股权推动绿碳基金募投，完成投资 16.03 亿元。

绿色低碳能源加快开发。结合产业结构布局，创新“资源—产业”集聚开发场景和商业模式，加大产业投资与绿色能源获取的协同力度，锁定绿色资源 13.5GW（发电装机容量，1GW 代表 10 亿瓦特），启动绿电开发 2.9GW。西藏扎布耶源网荷储一体化“零碳”能源示范工程开工。编制完成八钢公司、太钢集团和宝钢湛江钢铁有限公司等低碳转型配套能源方案。中国宝武重工加速制氢装备制造研发，中国宝武清能气体业务具备市场化拓展能力。

“三治四化”成效显著。编制《废水零排放评价指标体系》《宝武黄河流域生态环境保护总体规划》。编制《钢铁企业固体废物不出厂管理指南》，12 家长流程钢厂固体废物不出厂率超过 98%，启动“无废集团”试点建设。推进极致能效，铁钢界面铁水温降减少 15℃，炼钢出钢温度下降 5℃，钢轧界面平均热装热送率提高 10%，减少碳排放 150 万吨。编制《极致能效技术推荐目录》，宝钢股份宝山基地等 5 家单位成为第一批“双碳最佳实践能效标杆示范工厂培育企业”。

四、聚焦科技创新引领，高科技一流企业建设稳步推进

高强耐蚀绿色产品引领发展。聚焦高强度、高耐蚀、高效能，研发差异化产品，高焊接高成形超高强汽车用钢、新一代新能源车驱动电机用硅钢、铁路车辆用高强耐蚀不锈钢复合钢卷等一批产品实现全球首发。聚焦建筑、能源、交通等领域研究策划绿色材料综合解决方案，形成“宝武房”等 82 个解决方案。宝钢股份首次在互联网上全球发布 3 个减碳超过 50% 的宝钢汽车板零件。八钢公司成功开发新型耐腐蚀抽油杆钢，耐腐蚀性能提高 4.4 倍。

高科技品牌形象广泛传播。制定《宝武创建卓著品牌的实施意见》，部署行动计划，建立评价机制。创新品牌传播，运用互联网思维构建年轻化、有活力、高科技的宝武品牌形象；发挥主流媒体、行业媒体的带头带动作用，讲好钢铁故事和宝武故事，《人民日报》、新华社、中央电视台等头部中央级媒体的聚焦报道提升了中国宝武在行业内外的引领者形象。2022 年中国宝武整体新闻传播声量 5.5 万余频次。中国宝武入选“中央企业品牌建设能力 TOP（顶部）30”，位列第 22 位，较上一年度提升 21 位，受到国务院国资委通报表扬。

高科技创新成果亮点纷呈。聚焦碳中和前瞻性技术、钢铁材料升级与先进材料、能源高科技、数智化技术等战略性创新任务，布局技术创新规划，完善科技创新生态，对创新链进行强链补链。42 项成果获冶金科学技术奖，其中“欧冶炉熔融还原炼铁工艺技术研究”获唯一特等奖。马钢集团“高速重载车轴产品研发及关键制备技术创新”、太钢集团“笔头用易切削 400 系不锈钢关键技术研究与应用”等 24 个项目获省部级科学技术奖。

数智化转型赋能全面提升。深化生态圈统一信

息基础设施建设,"宝之云"优化完成全国布局,工业互联网平台"宝联登"全面升级,大数据中心平台建设和应用全面提速。智慧制造向 One Mill(一个工厂)和极致效率加速发展,近千名"宝罗"(中国宝武机器人名称)机器人快速上岗。智慧服务加速向数据驱动的平台化服务模式演进,宝武装备智能科技有限公司"宝武智维云"、欧冶云商股份有限公司"生态运营平台"、欧冶工业品股份有限公司"欧贝平台"入选上海市服务型制造示范平台,宝武数据科技有限公司挂牌成立。以中国宝武全球司库系统、大数据审计、办公 OA4.0 为代表的一批系统重构,实现了寓管理于共享服务、数字赋能的穿透式监督,智慧治理能力稳步进阶。

"专精特新"示范企业培育成效明显。2022 年,7 家子公司被中华人民共和国工业和信息化部认定为单项冠军,9 家子公司被认定为国家级专精特新"小巨人"。至 2022 年底,中国宝武共有 11 个单项冠军,12 个国家级专精特新"小巨人",35 个省级专精特新中小企业,优质企业梯度培育格局初步形成。

五、完善公司治理体系,国有资本投资公司建设取得里程碑成果

总部定位更加清晰。立足国有资本投资公司功能定位,以"三层管控架构"为基础,梳理完善总部综合运行体系建设,探索建立子公司"治理型"管控模式,深化资产经营层公司"一总部多基地"管理体系建设。推进总部变革,优化"前中后台"运作模式,进一步发挥总部战略投资中心和资本运作中心功能,完善专业职能管理体系建设,优化总部部门功能定位及运作方式,着力提升海外事业体系能力,优化总部定员,开展双向交流,打造引领发展、决策高效、管控有力的"强总部"。

子公司管控关系更加明晰。完善对所属企业授权放权体系,规范形成《授权放权事项清单》,涵盖战略规划、经营财务等 14 大类 65 个事项,与集团公司重大事项决策权责清单高度匹配。根据不同事项管理属性,细化"完全授权、条件授权、有限授权、不予授权"四类授权形式,清晰与子公司管理界面。"一企一策"明确授权放权事项权限和决策流程,进一步强化子公司董事会作用,充分释放所属企业发展动力和经营活力。

资本市场运作能力明显提升。发布《关于中国宝武上市公司市值管理评价的指导意见(试行)》,成为首家构建市值管理评价体系的央企。中国宝武旗下 9 家上市公司 2022 年市值跑赢沪深 300 指数。通过处置联合管道股权和减持中国石油股票、农行优先股、马钢 H 股等存量资产,回笼存量资产处置收入 140 亿元,实现投资收益 20.80 亿元。

六、纵深推进国企改革,三年行动全面收官

全面深入贯彻"两个一以贯之"。在完善公司治理中加强党的领导,完善"三重一大"决策制度实施办法、重大事项决策权责清单,进一步健全决策事项、细化职责权限、完善授权管理、优化决策流程。加强子公司董事会建设,落实"应建尽建",规范董事会运行,下属 227 家子公司董事会 100%"应建尽建"。有效落实董事会职权,明确 19 家重要子公司开展落实董事会职权工作,梳理形成子公司董事会职权事项清单。

混合所有制改革稳步推进。中钢洛耐科技股份有限公司(以下简称中钢洛耐)在科创板挂牌上市。欧冶云商在创业板首次公开募股(IPO)获上市审核委员会会议通过。华宝证券首次公开募股上市取得实质性进展。宝武碳业在创业板上市迈出关键一步。宝钢金属实控南京云海金属股份有限公司取得突破,全面完成宝玛克(合肥)科技有限公司混合所有制改革。"一基五元"混合所有制改革齐头并进,引入社会资本 69.98 亿元。中国宝武有"科改示范企业""双百企业"、第四批混合所有制改革企业 25 户,中钢国际获评"双百企业"标杆等级,宝钢金属、太钢集团、宝钢股份获评"双百企业"优秀等级,中钢天源获评"科改示范企业"优秀等级。

市场化经营机制加快建设。深化三项制度改革,管理人员竞争上岗比例达 59.90%,退出比例达 9.60%。实施中长期激励企业累计达 228 户,其中实施科技型企业股权或分红激励企业 10 户,实施员工持股企业 7 户。出台新时代科技创新激励保障指导

意见，聚焦基础研究"筑基"、科创增效"共享"、青年人才"安薪"3个工程，遴选出首批"产业孵化人才特区"，按需支撑科技创新单列工资总额1.8亿元。提升人事效率，2022年钢铁制造业人均产钢量1334吨，同比提升10.9%，其中宝钢湛江钢铁有限公司人均产钢量2583吨。推进专业协作管理变革，钢铁业"低小散"供应商整合清退408家，"插入式"用工彻底清零。加快剥离企业办社会职能和解决历史遗留问题，相关工作进入收尾阶段。大集体企业改革取得决定性成果，完成538户集体法人处置。

七、构建协同运作机制，风险防线进一步夯实筑牢

内控制度体系持续完善。推进构建具有宝武特色的风控、内控、法务、合规管理协同运作机制，加强统筹协调，提高管理效能。深化总部"1+N"制度整合优化，实现一级子公司全覆盖。筑牢经营投资纪律底线红线，及时跟踪识别国资监管要求，补充完善12条禁令条款，逐条明确61条禁令条款归口部门。完善重大经营突发事件报告处理程序，强化经营风险防控预警体系。推动合同备案平台建设，全面规范各级公司经济合同的业务行为。组织开展"七个专项"综合治理专项行动，通过推磨式交叉督导，促进子公司专项治理整改落实落细。

重点领域风险有效管控。高效统筹疫情防控和生产经营，封控期间集团公司总部保持正常运行，宝钢股份、宝武特冶、宝钢包装等多家单位，克服劳动强度大、物流保障难、下游复工进度不理想等困难挑战，生产保持安全稳定满负荷，上海地区实现1407亿元工业增加值。八钢公司、昆钢公司等子公司，最大限度减少新冠疫情对生产经营的影响。完成中国宝武全球司库系统建设，提高公司资金管理水平。面对跌宕起伏的大宗商品市场波动，及时加强商品和汇率研判，有效规避巨大损失。

安全环保责任严格落实。完善安全生产责任体系与管理机制，各子公司完善"一总部多基地"矩阵式管理模式，职能业务部门严格落实"三管三必须"，开展安全生产大检查与各类专项整治。修订《环境保护事件问责管理办法》，组织开展"环保大检查"与问题整改"回头看"，建成"宝武重点环境风险监管平台"。

八、推动人才高地建设，员工"三有"生活水平实现新提升

人才梯队高效构建。制定《进一步加强人才工作的指导意见》，匹配宝武战略发展，优化27家子公司领导班子，调整直管干部136人次。推进一级子公司班子年轻化，试行"陪跑"机制。优化宝武科学家制度，选聘首批7名宝武首席科学家，增选8名工程科学家和5名管理学家。加强外部董事队伍建设，建立67人外部董事人才库，优化配置22家子公司外部董事，组织参加履职培训。聚焦材料高科技、能源高科技、信息高科技，引进近300名高端紧缺人才，开展新材料、"双碳"高端人才培训。

员工能力不断提升。选派4名援藏、援青干部和两名云南普洱挂职干部，选派14名年轻干部助力乡村振兴。成为国家首批卓越工程师学院、首批工程硕博士试点和首批新材料高端人才培养专项试点单位，联合招收工程硕士、博士56名。成为首批职业教育现场工程师培养和首批特级技师试点单位，6家子公司通过"特级技师"考核验收，完成高级技师、技师认定4000余人，5人获得全国技术能手，4人获评中央企业"大国工匠"，55个集体和个人获省部级以上劳模先进荣誉称号。在线平台学习量1082万人课次，全员人均选课39门、学习53学时。举办第三届职工技能竞赛，网上练兵95.6万人次，万名无等级职工技能晋级。

员工活力竞相迸发。开展宝武企业文化理念体系的宣传贯彻，进一步强化"同一个宝武"的共识。履行社会责任，实施"授渔"计划（中国宝武将"十四五"时期乡村振兴品牌化建设行动命名为"授渔"计划）。中国宝武成为中央企业ESG（环境、社会、治理）联盟首批成员单位，位列"中央企业责任管理·先锋30指数"第二位。推进职工岗位创新和价值创造，职工献计85.3万条，获得320项第二届优秀岗位创新成果奖，评选第三届"宝武工匠"，一线职工获行业和省部级创新成果奖90项、国际发明展奖项5项。聚焦生产经营重点难点，开展各类劳动竞赛。

开展班组创优活动，171.7万人次使用“班组学堂”，一批标杆示范班组脱颖而出。推进2213项实事项目，关爱疫情防控期间职工身心健康，建成投用“三有”托育园，改善青年公寓住宿条件。

（撰稿：张文良）

稳进提质强攻坚 改革发展勇争先 奋力推进杭钢高质量转型现代一流企业建设

杭州钢铁集团有限公司

2022年是党的二十大召开之年、国企改革三年行动收官之年，也是杭州钢铁集团有限公司（以下简称杭钢集团）创建65周年、改革发展争先年。杭钢集团坚持以习近平新时代中国特色社会主义思想为指导，全面贯彻党的十九大、二十大精神，深入落实浙江省第十五次党代会精神，聚焦稳经营、控风险、扩投资、争效益、强党建，以数字化改革为牵引，以深入开展“促转型、调结构、优布局、强发展”大讨论大谋划大行动专项活动为契机，聚焦聚力党建更坚实、战略更清晰、创新更硬核、改革更深入，推动改革发展争先增效计划有效实施、稳进提质攻坚行动扎实开展。2022年，杭钢集团入选浙江省第三批“雄鹰企业”培育名单，多家单位获得国家级、省级创新平台（载体）认定，6个项目入选浙江省第一批“尖兵”“领雁”计划，并首次进入世界企业500强，位列第336位，位列中国企业500强第99位、中国制造业企业500强第38位。

一、坚持党建引领，展现发展新气象

杭钢集团坚持高质量党建引领高质量发展不动摇，牢牢把握新时代党的建设总要求，树牢大抓党建、重抓党建、严抓党建的鲜明导向，切实把党建优势转化为企业创新优势、发展优势、竞争优势。深入推进党的政治建设，强化理论武装，落实各级党组织主体责任，组织收看党的二十大盛况，研究部署党的二十大精神学习宣传贯彻，制定并实施“六学十做五提质”学习实践活动方案；一以贯之落实“第一议题”制度，确保党的创新理论成果在杭钢落地生根、开花结果，切实把思想和行动统一到党的二十大精神和总书记对国资国企工作的重要指示精神上来。深入推进基层组织建设，扎实贯彻实施“红色根脉强基工程”，推动各层级党建工作责任一贯到底、整体加强，全年成功发布党建品牌20个，其中：杭钢集团党建课题“锻钢铸魂”被评为2022年度全国企业十大党建课题成果；3个党建品牌被评为2022年度全国企业优秀党建品牌；两个党建案例被评为2022年度全国企业党建创新优秀案例，实现党建工作与其他工作双融双促双提升。深入推进干部人才建设，深入实施人才强企战略，引进培育一批专业化、复合型人才，落实浙江省省属企业人才工作会议精神，大力培育使用优秀年轻干部人才，积极锻造一支高素质专业化干部队伍。深入推进全面从严治党。贯彻新时代党的建设总要求，强化管党治党责任，大力实施党建工作提质行动，把党的政治优势、组织优势转化为竞争优势、发展优势，以高质量党建引领高质量人才发展。

二、坚持战略重塑，构建发展新格局

杭钢集团紧紧围绕“促转型、调结构、优布局、强发展”，进一步加强战略引领、强化战略功能、提升战略能力、展现更大作为，坚持一张蓝图绘到底，持续深入实施“四轮驱动、创新高地”发展战略，以数字化、平台化、产融化、绿色化、国际化“五化融合”为发展模式，推动节能环保、数字科技、钢铁智造及现代流通四大产业板块高质量发展。节能环保产业能级再提升。节能环保产业是杭钢集团发展壮大的重要支柱，致力于做强环保全产业链，重点推进庆元、青田抽水蓄能等重大项目建设，加快推进光伏绿色能源发电、再生资源基地布局等，发挥好生态环保项目开发投资主体、生态环保产业孵化运营主体、生态环保综合服务主体三大主体功能，争当服务“美丽浙江”建设的主力军。数字科技产业规模再扩大。数字科技产业是杭钢集团新旧动能转换的突破口、产业发展的新动能，坚持以聚焦“数字基础构建者、数字安全赋能者、数字应用开拓者”为发展定位，推动实施“1+2+4+N”（1 即 1 个基地，2 即 2 个底座，4 即 4 条赛道，N 即 N 个应用生态）战略路径，勇闯数字经济新蓝海，抢抓浙江省委数字化改革重大机遇，建设半山基地“一镇两园三区”数字经济核心区，浙江省产业大数据有限公司、浙江省大数据联合计算中心顺利运营，“气象云”“健康云”项目落地建设，科创园、浙江云北区 B 栋投入运行，进一步壮大数字经济生态圈。钢铁智造产业结构再优化。钢铁智造产业是杭钢集团产业发展的“压舱石”，聚焦绿色低碳智能高端，以宁钢为重点，制定宁钢“推进高质量发展，建设世界一流企业”实施方案，加快未来工厂建设，打造钢铁智造高地，推动钢铁智造向综合服务商转型，2022 年“宁钢 2 号”智慧高炉建成投产，原料场智能改造等超低排放项目有序推进，优特钢产品比例进一步提升。现代流通产业模式再创新。现代流通产业是杭钢集团高质量发展的重要支撑，强化产业协同发展，聚焦现代流通产业业态转型，坚持风险、效益、规模“三位一体”发展，抢抓机会贸易，扩大优势业务，渠道建设、物流基地建设取得新成果；同时，探索数字贸易、“两业融合”发展新模式，诸暨和玉环智慧供应链项目有序实施，积极争当提升产业链供应链稳定性和竞争力的排头兵。

三、坚持创新驱动，培育发展新动能

“十四五”以来，杭钢集团全面转入创新驱动发展新模式，更加突出创新制胜，推动科技创新取得更大成果。夯实科技创新硬实力。聚焦“卡脖子”抓创新，以推动重大科技项目为抓手，促进创新链与产业链精准对接，强化低碳、“零碳”“负碳”技术攻关，加强绿色低碳短流程钢铁冶金技术研发，开展氧气高炉、氢能冶金等前沿技术项目研发，加快 CCUS（二氧化碳捕集、利用与封存）等关键核心技术攻关，强化原创性、引领性科技布局和攻关，加强基础研究和应用基础研究，强化原创技术策源能力，为浙江省率先打造原创技术策源地提供有力支撑。释放创新载体引领力。聚焦载体建设抓创新，建强用好现有各类创新平台，大力推进高能级创新平台建设，积极培育行业领军企业，进一步发挥好创新载体的要素优势，以创新能力突破推动产业能力跃升。目前，杭钢集团牵头产学研联盟 12 个；累计获得省部级及以上科技进步奖 127 项，其中国家级科技创新奖 5 项，省部级科技进步奖 122 项。完善创新发展支撑力。聚焦科技体制改革抓创新，突出目标导向、问题导向，构建“集团技术创新中心—产业技术研究院—企业技术中心”的三级科研创新体系，提升杭钢集团科创平台能级，推进创新高地建设。对标省级重点实验室建设要求，围绕杭钢集团四大业务板块，瞄准产业关键共性技术攻关，加快推进产业技术研究院建设。

四、坚持数字变革，打造发展新引擎

杭钢集团作为浙江省唯一一家将数字科技作为主业发展的省属国有企业，坚决在服务全省数字化改革中当好生力军，打造更多具有杭钢特色的标志性成果。加快实施产业数字化转型。聚焦节能环保、现代流通、钢铁智造等产业领域，加快补齐产业数字化领域短板，大力推进数字化改造，强化数字技术的核心引擎作用，着力提升智能制造水平和经营管理效能。近年来，杭钢集团实施产业数字化项目总计 49 项，智能烧结控制系统、炼钢厂智能监控系统、AGV（自动导引车）智能仓库、商贸 ERP（企业资源计划）系统、象山农村污水数字化治理、丽水全域环境监测等一批项目建成投运，智慧水务平台项目于 2022 年 9 月投入运行。推动数字产业培育壮大。2022 年，浙江云计算数据中心、杭钢云计算数据中心、长三角产教融合智慧云平台等 5 个项目被列入省新基建重点项目，总投资 206 亿元，均按计划进度专班推进，同时初步构建以“十朵云”（即2朵基础设施云、6朵专业云、2朵密钥云）为重点的跨场景应用“行业云”集群，杭钢信创云成功入围工信部“2021年数字技术融合创新应用优秀实践案例”，“中立国”大数据联合计算平台项目获评“2021年浙江省数字经济‘五新’优秀案例”。着力提升数字治理效能。深化“数字杭钢”建设，按照系统观念、整体智治的思路，立足集团本级功能定位，强化各业务条线的管控，打造“1+4+X”［“1”即集团本级，“4”即四大板块（钢铁智造、节能环保、现代流通、数字经济），“X”指若干个子公司的门户体系］智治体系架构，以实现业务数据的采集、传输、存储、处理、分析、可视化结果和反馈闭环，推动企业经营管理全面高效化、透明化、智能化。2022年6月，杭钢集团一体化智能化管控平台项目正式上线运行。

五、坚持深化改革，激发发展新活力

杭钢集团高举改革大旗，以改革推动转型升级，以改革再创发展新优势，加快解决国企改革焦点、难点问题，全力推进国企改革三年行动，10大类关键重点任务全面完成，“杭钢集团国企改革三年行动”和“落实董事会监督职能典型材料”被推荐参与国务院国资委典型案例评选。统筹推进杭州区域性国资国企综合改革，“打造老工业企业转型发展模式”被评为综改试验第一批标志性成果。抓好内部资产整合优化。聚焦“两个集中”，深入实施“凤凰行动”计划，抓好节能环保产业资产重组，推进金属新材料产业优质资产上市培育，冶金研究院全面完成自然人股权100%收购，完成股权结构优化；亚通新材先后完成战投引入、增资扩股、新一轮股权激励、股份制改造等工作，IPO上市培育取得突破性进展，顺利进入上市辅导期，推动资源向上市公司集中、向专业化集中。抓好体制机制改革创新。聚焦破除制约发展的堵点痛点，持续推进混改专项计划落实，实施完成紫光环保“双百行动”试点改革任务、东菱商贸完成职工持股混改，推动有条件的企业列入员工持股试点，以先行先试带动整体动能提升。抓好治理体系现代化升级。聚焦完善市场化经营机制抓改革，健全子公司经理层成员任期制和契约化管理，优化薪酬考核管理模式，实施灵活多样的中长期激励，继续推行职业经理人制度。抓好世界一流企业建设。总结对标管理提升行动做法经验，对照“产品卓越、品牌卓著、创新领先、治理现代”的标准，强化对标找差、补齐短板，努力向具有国际竞争力的世界一流企业目标迈进。

杭钢集团将继续高举习近平新时代中国特色社会主义思想伟大旗帜，全面贯彻新发展理念，以浙江省三个“一号工程”（数字经济创新提质“一号发展工程”、营商环境优化提升“一号改革工程”和“地瓜经济”提能升级“一号开放工程”）为牵引，深入实施“四轮驱动、创新高地”发展战略，深化“六个杭钢”（绿色杭钢、数字杭钢、科技杭钢、活力杭钢、清廉杭钢、幸福杭钢）建设，大力布局节能环保、数字科技两大战略性新兴产业，着力推动钢铁智造高端化转型，做优现代流通战略优势产业，努力将杭钢建设成为集省级环保产业投资运营主平台、省内数字经济发展重要高地、国内领先的先进制造业基地于一体的现代绿色智能大型企业集团，树立国企高质量转型发展典范，为国企改革贡献杭钢方案，为助力实现“两个先行”（中国特色社会主义共同富裕先行和省域现代化先行）贡献更多杭钢智慧与力量。

奋进新征程　推动新跨越

云南曲靖呈钢钢铁（集团）有限公司

云南曲靖呈钢钢铁（集团）有限公司（以下简称呈钢集团）成立于2004年。在各级党委政府的关心关怀及各部门的大力支持下，呈钢人上下齐心、抢抓机遇，企业实现了从小到大、从弱到强的发展。目前已完成总投资超200亿元,迄今已发展成集钢铁、煤矿、焦化、建材、能源资源回收利用、现代物流、供应链7个产业板块,职工超万人,由16家子公司组成的大型综合企业集团。

2022年是呈钢集团发展史上极不寻常的一年。面对国内钢材市场需求减弱、大宗原材料价格波动加剧和限电限产、转型升级建设等多种不利情况,公司上下众志成城,共克时艰,坚持打好生产经营、转型升级两大战役,统筹抓好安全生产、节能环保、技术质量、精益管理等工作。广大员工爱岗敬业,担当作为,以饱满的工作热情、昂扬的精神风貌、高度的责任感,积极投身到“安全月”、技术研发、管理创新、“师带徒”、劳动竞赛、应急演练等活动中,为公司健康稳定、可持续发展做出了贡献。2022年,呈钢集团产钢239.21万吨,同比增产13.67万吨,集团产值、销售收入达到327亿元,上缴税收2.07亿元;荣获“高新技术企业”“绿色设计产品”“绿色工厂”“云南省五一劳动奖”“云南省优强民营企业”“云南省双百强企业”“产业工人队伍改革试点单位”“全国企业信用评价AAA级信用企业”“民族团结进步示范企业”“‘党建强、发展强’示范企业”等多项国家、省、市级荣誉称号。

一、聚焦转型升级,提升装备水平

呈钢集团积极响应钢铁行业供给侧结构性改革政策,主动淘汰落后产能,促进装备水平提升,总投资86亿元的260万吨钢铁转型升级项目于2022年底全面建成投产,提前一年多在全省同行业内率先全面完成了转型升级、产能置换目标任务,转型升级后铁产能226万吨,粗钢产能260万吨,为集团公司实现跨越式发展打下了坚实基础。所有项目均高起点、高标准设计建设,与国内外知名的企业和顶尖公司(冶金规划院、中冶长天、陕鼓集团、上海电气集团、德国西门子、意大利达涅利等)深度合作,主要对烧结、炼铁、炼钢、轧钢、发电等实施升级改造。其中,由中冶长天EPC(设计、采购、施工一体化)总承包的240平方米烧结机采用了当今烧结领域最先进的工艺和技术,650双高棒生产线为中国首条意大利进口生产线,机械部分由意大利达涅利制造,电气自动化控制系统采用德国西门子技术,该生产线集成了世界先进科技成果,达到目前钢铁行业国际一流水平。

二、追求卓越品质,打造一流品牌

呈钢集团始终秉承“质量就是生命”的质量理念,坚守“求真务实严管理,持续改进促发展,诚信守约重质量,客户满意拓市场”的质量方针,不断在质量提升、技术创新、服务质量等方面下功夫,形成了从产品设计到生产、从原料到销售,横向到边、纵向到底的质量管理体系。以高于国家标准的要求执行产品质量标准,确保产品出厂合格率100%,钢坯合格率≥99%,钢材合格率≥99%,顾客满意度≥98.5%。坚持从源头出发,形成了全员参与、全面控制、持续改进的综合性质量管理体系,使体系内各个环节环环相扣、互相督导、互相促进。修改完善了《呈钢质量管理标准》《呈钢化学检验标准》等10余项质量管理标准及《呈钢集团质量事故处理办法》《呈钢集团技术创新办法》等20余项质量管理制度,从原材料取样到烧结矿、铁水、钢水取样,再到最终的成品检验,坚持全过程监督、全过程管控,对于不合格的原材料及产品及时回炉,确保产品合格率100%。践行“客户至上”的原则,坚持以客户满意为第一标准,根据客户施工计划编制《供应计划》《运输及中转方案》《应急预案》《质量问题处理措施》《质量保证承诺书》等,设置专门的服务机构,跟踪研究客户需求和产品使用效果,保持与客户的密切沟通、交流,及时将顾客反馈的信息转化为工作要求,并郑重承诺,省内客户的意见和要求在12小时内回复,省外客户的意见和要求在24小时内回复,竭尽全力为客户提供流程化、专业化的服务。“呈钢牌”产品以一流的品质、良好的口碑深受用户好评。2022年,呈钢集团与中铁物贸集团、中铁二局、中铁四局、中水电十四局等知名企业达成长期战略合作。

三、强化队伍建设,提高员工素养

为更好地发挥先进硬件设备的效能,呈钢集团积极聚贤引才,全力推进员工队伍能力素质提升。

呈钢集团设立了呈钢技师工作站、呈钢技术中心、王世立劳模工匠创新工作室等职工创新平台,以省级技师王世立等为领军人物,以生产厂、职能部门为阵地,以车间班组为网络,建立健全了人才招聘、培训、使用、晋升等全方位人力资源管理体系。以提升员工素质、增强组织队伍力量为主要抓手,通过老带新、师带徒、技能竞赛及培训常态化,为企业增添发展后劲储备了雄厚人才资源,奠定了坚实发展基础。2022年5月27日,市总工会、市工信局联合主办的"奋进新征程,推动新跨越"劳动竞赛启动仪式在呈钢集团举行。2022年,各技术中心、创新平台、技师工作站不断开展创新创造工作,共吸引拓展各类技术创新人才300多人。各生产厂技术骨干收集、整理、完善高新技术企业科技研发项目38项。其中,王世立团队共取得国家技术发明专利、实用新型专利12项,获得省、市(区)财政及工会奖补奖金40.48万元。能源环保管控中心(维修车间)荣获"马龙区工人先锋号"称号。产业工人队伍改革和提升职工生活品质改革工作被列为市级试点单位,并通过了验收。2022年9月,呈钢集团执行董事兼总经理林炳生被评选为2021—2022年度"全国优秀企业家"。

四、秉承节能环保,坚持绿色发展

呈钢集团深入贯彻落实习近平生态文明思想和国家"双碳"战略,将"绿色发展、节能降碳"理念植入生产、经营、管理全过程,成立工作领导小组及职能机构,全面推进绿色发展、节能降碳工作。通过多样化宣传方式,向基层职工传播节能知识,让绿色低碳的意识渗透到公司的每一个岗位、每一位员工。转型升级本着"装备超前、工艺领先、节能降耗、绿色生产、安全发展"的原则,以节能降耗为主要抓手,深度挖掘公司余热、余压、余气回收利用节能潜力,大力发展循环经济。累计投入环保治理、节能降碳专项资金20亿元,建成58套废气、废水治理设施。3座余热、余气发电站,总装机容量174兆瓦,年发电量14亿度,自发电量占总用电量的70%以上。两套高炉BPRT余压能量回收系统、两套烧结SHRT余热能量回收系统,年节省用电2.5亿度。通过将余热、余压、余气回收综合利用转化为电力后,既降低了成本,减少了能源消耗和碳排放,也为缓解云南省电力资源紧张做出了贡献。钢(铁)渣固废资源100%综合利用,废水"零"排放。其中,100兆瓦超高温亚临界煤气发电站所采用的机组,为西南片区首台(套)"超高温亚临界"机组,2022年8月11日正式并网投产发电。该机组采用国内目前最先进的第四代煤气发电技术,效率远高于第二代高温高压煤气发电技术及第三代单超煤气发电技术。通过加大绿色低碳投入,主要工序能耗达到国内标杆水平,实现"节能环保、增产减污、绿色低碳"目标,成为云南省第一家实现超低排放的钢铁企业。配合曲靖市工信局、供电局举办了"节能宣传周"启动仪式进企业活动。2022年、2023年,呈钢集团先后被工信部评为国家级"绿色设计产品""绿色工厂",也是云南省第一家获评"绿色工厂"的钢铁企业。

五、筑牢主业根基,多元融合发展

呈钢集团在做大做优做强钢铁主业的同时,不断加大投资,延伸产业链条,多措并举形成钢铁产业横向耦合、纵向延伸的产业布局,全面推动上下游产品多元化发展。2022年,呈钢集团认真落实云南省委省政府关于打造万亿级物流产业的指示精神及曲靖市委市政府创建全国性综合交通枢纽和区域级流通节点城市的指示要求,投资50亿元建设滇中好运物流集团有限公司。该公司以"让科技改变物流,用服务创造价值"为使命,重点打造以运八网络货运平台、呈信科技(大数据中心)为主的百亿级数字经济产业;以大宗商品供应链、数智物流园为主的百亿级商贸批发和物流仓储产业;以卡车全生命周期产业链、新能源运力运营及补能、铁路专用线、呈发物流、好运物流小镇、好运加油站为主的百亿级现代物流配套产业,创建现代数智物流新模式、新服务、新生态。其中,运八网络货运平台是曲靖市第一家具有资质的网络货运平台,于2022年11月正式运营,平台整合了社会上零散的车货资源,快速匹配车货交易信息,解决了运输过程中的运力调度、订单追踪、车辆管理、在途监管、交易存证、运费结算、信用评价等问题,为货主降本增效、提供合规进项抵扣,为司机节约成本、提高效率、增加收入;好运通卡车全生命周期产业板块，与一汽、东风、三一集团达成战略合作，代理销售维保相关品牌车辆；新能源物流运力运营及补能板块，成立云南好运充新能源科技有限公司，作为西南地区首家建设运营连锁零碳充换电补能网络的企业，计划在曲靖市及周边共建设26座充电站，在为物流企业降本增效的同时，也为曲靖市生态文明建设贡献力量。2023年5月22日，曲靖市物流产业招商推介会暨滇中好运物流集团运八网络货运平台启动仪式在滇中好运集团举行，曲靖市委、市政府，马龙区委、区政府主要领导出席启动仪式，标志着滇中好运集团进入了新的发展阶段。

六、履行社会责任，共享发展成果

风雨同舟、守望相助是呈钢集团历来的传统。企业始终坚持发展为了职工、发展依靠职工、发展成果与职工共享的理念，建立员工关爱体系。2022年共组织职工及各级管理人员免费健康体检3400人次。在“三八”妇女节期间慰问女职工1400多人次，端午、中秋、春节等节假日发放福利累计超过220万元。联合区工会开展夏季送清凉活动，开展“手拉手、心连心”“向大病职工献爱心”“向困难职工送温暖”等关爱活动，先后向多名大病、困难职工发放慰问金。持续开展“金秋助学”活动，为考取大学的23名困难职工子女发放助学金。在企业发展的同时，始终不忘回馈社会，弘扬乐善好施的中华民族优良传统，积极参与支持马龙及周边地区经济社会发展。2022—2023年，先后向马龙区精神文明建设、通泉街道老角寨村委会乡村振兴、马鸣乡咨卡村民族团结、马龙区月望农业综合服务中心、通泉街道金澜溪谷幼儿园、东光工业园区道路亮化、鸡头村街道高枧槽小学、罗平花海马拉松等社会公益事业捐款捐物726.2万元，受到了社会各界的广泛赞誉。

未来，呈钢集团将聚焦钢铁主业，持续推动转型升级，构建以钢铁冶金、现代物流为核心，以煤业、焦化、建材、能源资源回收利用、国内国际贸易为辅的现代化全产业链、全生态链的产业集群，为曲靖经济社会高质量跨越发展贡献更大力量！

践行传统企业动能转换之路
“无钢”济钢以逐梦空天的全新姿态赢得真正重生

——济钢转型发展的实践和启示

济钢集团有限公司

济钢集团有限公司（以下简称济钢或集团）始建于1958年，是中华人民共和国缔造的第一批地方骨干钢铁企业，年产钢最高时达1200多万吨，跻身全国十大钢铁企业行列，曾是全国最大的中厚板生产基地、第一批循环经济试点单位和“十一五”规划重点建设的循环经济示范企业。2017年7月，为了全面贯彻落实党中央决策部署，济钢集团安全关停650万吨钢铁产能，平稳分流安置近两万名职工，成为全国首家钢铁产线整体关停的千万吨级城市钢厂。

转型发展以来，济钢牢固树立“去产能不是去企业，加快新旧动能转换是关键”的理念，在上级党委政府的坚强领导下，抓住山东省实施“新旧动能转换”重大工程的战略机遇，坚持“产城融合、跨界融合”战略主线，积极融入地方经济建设，向机遇大势要出路，向深化改革要活力，向科技创新要动能，向知行合一要战斗力，经受住了钢铁主业停产的重创，逐步构建以空天信息产业为“第一主业”、以新一代信息技术、智能制造、现代服务为牵引的产业体系，形成了支撑企业绿色低碳高质量发展的主体力量，以全新姿态赢得了真正重生。

经过6年的践行探索实践，济钢已顺利实现“三年再造一个新济钢”的第一步战略目标，2021年营收规模就超过了钢铁主业停产前水平，2022年以来，连续两年成功跻身中国企业500强。集团当选全国空天信息产业联盟副理事长单位，先后成为“济南市空天信息产业‘链主’企业”和“空天信息产业共同体‘头部’企业”，目前正加快向“打造千亿强企、争做动能转换标杆”的第二步战略目标迈进。集团先后荣获“山东省最具活力企业奖”“2021山东社会责任企业”“济南市2021年度创新发展突出贡献企业”“2022山东省综合百强企业”“山东省企业党建品牌示范单位”等，集团领导连续4年荣登“影响济南”经济人物榜单。“济钢产能调整和转型发展”获选“山东国资国企改革发展重大事件”并入选“中国改革2022年度地方全面深化改革典型案例”名单。集团领导班子荣获山东省“干事创业好班子”等荣誉，集团党委主要负责同志被山东省委授予“担当作为好干部”，记“一等功”。

一、服从供给侧结构性改革大局，关停主业

一次性关停650万吨钢铁产能，全行业无经验可循；分流安置近两万名职工，维稳压力前所未有。为打赢这场充满“急、难、险、情”的特殊战役，济钢在上级党委和政府的指导支持下，坚持从最坏处着眼，从最难处着手，做最充分的准备，建立“全流程确认、全方位互保”工作机制，细化分工，规范制度，反复推演，挂图作战。2017年6月29日至7月8日，历时9天、分三步实施钢铁产线全面停产，全过程未发生一起安全生产事故，未对周边环境造成不良影响，做到了善始善终、完美收官。从1958年建厂至钢铁产线停产，59年间累计生产铁1.55亿吨、钢1.55亿吨、钢材1.37亿吨，实现利税316亿元。

人员安置涉及职工两万余人，很多职工从出生、成长、就业、成家都在济钢，让他们“离家”，感情上难以割舍。为确保安全稳妥安置职工，济钢坚持以人为本、有情操作，面对职工的诉求，反复沟通解疑释惑、寻求“最大公约数”。针对不同群体设置了4大类14种安置渠道，保证了安置渠道对不同群体全覆盖、安置岗位对人员全覆盖，分流安置过程“一对一”指导，对特殊困难群体精准帮扶。《职工分流安置方案》在职代会高票通过，仅用21天就基本完成职工安置。

二、响应中央新旧动能转换决策号召，创新谋变

如果说老济钢的关停是坚决贯彻落实国家供给侧结构性改革，那么新济钢的诞生则源于抢抓国家实施新旧动能转换的重大历史机遇。钢铁主业停产后，企业如何在无钢、无主业的条件下，培育新的主业，存活下来、发展起来，成为摆在当时济钢面前的重大课题。对此，济钢以党的领导确保企业发展正确方向，在深入分析研判的基础上，牢牢抓住山东省、济南市实施“新旧动能转换”重大工程的重大机遇，把企业的发展与城市规划、发展需求相融合，强化战略性前瞻布局，升级存续产业保生存、壮大新增产业强根基、布局未来产业谋发展，在挖掘自身资源潜力中抢跑新赛道、培育新动能，走出了一条具有原创性的传统企业动能转换、创新发展之路。

改革牵引、变革攻坚，激活发展新动力。转型之初，为有效激发企业发展的内生动力，济钢坚持以国企改革三年行动为统领，把思想解放与战略重构有机结合，创造性提出“九新”价值创造体系（新使命、新引领、新目标、新战略、新主线、新变革、新动力、新作风、新纪律），为企业增强转型动力、提升核心竞争力提供有力支持。坚持把推进改革攻坚与促进制度集成有机结合，加快构建现代企业管理模式。持续深化“三项制度”改革、完善“决策、运行、执行”体系，用契约化管理和市场化选聘打破体制机制的束缚。混改成立的3家公司实现健康运行，其中国铭铸管公司跻身“中国铸铁管十大品牌”前列。自2019年以来，以两年为周期，接续推进“三大变革”，通过“效率变革”深入挖潜增效，提升存续产业经营规模和盈利质量，集团规模仅3年时间就基本恢复到停产前水平；通过“动力变革”释放发展活力、提升人员动力，打造形成一贯到底、快速反应的执行力体系；接续推进“质量变革”，创新实施“心智行”合一（“心”上发力、“智”上提升、“行”上见效）的管理新理念、新模式，以全要素生产率提升和全面风险管理为抓手，初构济钢高质量可持续发展的崭新格局。

纵向提升、横向拓展，重塑发展新优势。为全力遏制转型之初的效益断崖式下滑，纵向上，济钢坚持集聚优势资源、抢抓政策机遇，转型升级存续产业，

加速培育新兴产业，以“关键核心技术攻坚+科技成果转化”双轮驱动，持续提升产业核心竞争力，加快形成“一企一业、一业一环、多环成链”的产业发展新格局；横向上，济钢加快国际化战略布局，国际贸易打开“一带一路”沿线新市场，成立济钢国际商务中心，完成马来西亚、越南等6家海外办事处的设立，干熄焦发电等自主技术输出国门，初步构建形成了国内国际联动循环的发展态势。

创新驱动、无中生有，抢占发展新赛道。在“第一主业”的选取上，济钢坚持以格局引领、以信心决策，面向国家战略需要和科技前沿，抢抓济南市空天信息产业发展机遇，以“嫁接式跨界融合”选取空天信息产业作为“第一主业”，与中国科学院空天信息创新研究院合作成立济钢防务公司，成为中国（山东）自由贸易试验区济南片区首批签约企业；国内首条行波管自动化生产线成功投产；赋能孵化了齐鲁卫星、时代低空、山东微波电真空、飒铂智能、济钢金航等一系列空天领域企业；千亩空天信息产业园加速建设，项目一期一步建成招商，二期正在紧锣密鼓施工；遥感卫星、商用大飞机产业基地、机场低空监视服务网等一批空天信息产业项目即将落地园区；卫星总装基地、液体火箭发动机等济南市重点项目正加速实施。目前，济钢已拥有国家级博士后科研工作站两个，国家专精特新“小巨人”企业、省级“专精特新”中小企业等9家。子公司济钢防务荣登2022年“科创中国”新锐企业榜单，冶金研究院纳入国务院科改示范企业。坚持将绿色低碳发展理念贯穿转型发展全过程，持续培育绿色增长新动能，重点绿色产业项目加快推进，环保新材料产业园通过省级绿色矿山验收，日照金属综合利用工程废钢资源项目正式运营。济钢的污染物排放量已不到主业停产前“零头”，年碳排放总量约为之前的1/7。济钢高度重视“碳达峰、碳中和”工作，在党中央和上级党组织做出决策部署和工作要求后，立即成立工作专班，开展系统深入研究，基本摸清了济钢绿色低碳发展水平现状和“碳家底”，初步构建了集智能监管、平台协同、决策分析于一体的数字生态环境管理平台，积极布局农用转光剂、二氧化碳气肥资源化利用、超临界二氧化碳余热发电等项目，通过一系列节能降耗、降碳固碳技术的推广应用，为早日实现企业“双碳”目标打下了良好基础。

夯实基础，防控风险，筑牢发展压舱石。坚持统筹发展与安全，把安全生产贯穿企业发展全过程和各环节，加强基层基础“双基”管理，健全完善多维度安全监管体系，做好安全生产风险分级管控和隐患排查治理“双体系”运行，去根消除事故隐患，持续提升本质化安全水平，安全生产连续8年实现“6个零”（重大伤亡事故为零、重大设备事故为零、重大火灾事故为零、重大污染事故为零、重大责任事故为零、重大交通事故为零）目标。加快推动数字化转型，打通数据壁垒，实现“物流、资金流、信息流”三流合一的全面管控，为集团科学、高效决策提供有力支撑。发挥监督“利剑”作用，构建分层、分级、多维度立体监督体系，让监督抵达神经末梢，严防以权谋私、以岗谋私和利益输送等违纪违法行为发生。

以人为本、造福职工，汇聚发展新合力。转型发展以来，济钢充分发挥国有企业的政治优势，坚持以伟大建党精神、社会主义核心价值观、中华优秀传统文化为引领，厚植“忠诚担当、自强不息、守正创新”的济钢文化底蕴，构建起具有时代特征、国企特质的企业文化体系。依法保障职工合法权益，坚持职工收入与企业发展同向联动，职工人均收入以每年不低于8%的比例连续增长，较转型之初累计增长80.25%。高度重视并扎实做好离退休和内退职工关心关爱工作，打造“线上+线下”双线管理服务机制，努力让老同志在政治上有荣誉感、组织上有归属感、生活上有幸福感。

三、济钢转型发展的经验启示

6年的转型发展实践让济钢积累和收获了面向未来、战胜挑战的宝贵经验和启示，具体如下。

——必须坚定不移地坚持党的领导，这是国企改革发展的“根”和“魂”。“国企姓党”，坚持党的领导任何时候都不能丢。济钢的转型成功，最根本的一条，就是始终坚持以习近平新时代中国特色社会主义思想为指导，以党的旗帜为旗帜、以党的方向为方向、以党的意志为意志，不折不扣贯彻落实上级党组织的各项工作要求，切实把党的领导贯穿发展全过程，越在困难时期越把党的领导摆在首位、挺在前面，持之以恒压实全面从严治党主体责任，持之以恒发挥好“三个主体”作用，为转型发展提供了坚强政治保障。

——必须坚定不移地解放思想、主动求变、创新作为，这是济钢“新生”的关键。济钢的转型发展历程，也是传统企业贯彻落实“新旧动能转换”决策部署的探索实践历程。离开熟悉的钢铁领域，进军陌生的产业地带，这种改变本身就是一种巨大挑战，但是如果抗拒改变，企业的生命就会停止。当“一次性全面关停钢铁主业”的任务摆在济钢面前时，济钢没有选择坐困愁城，也没有一味伸手“等靠要”，而是追求有格局、有担当、有情怀的发展，坚持向发展要出路，向改革要办法，向创新要项目，向合作要空间，紧紧抓住“新旧动能转换”这一机遇，培育新产业、重塑新优势，既走出了一条具有原创性的传统企业改革创新发展之路，也为其他传统产业跨界转型提供了值得借鉴的实践经验和发展路径。

——必须坚定不移地推进高质量发展，这是传统企业转型唯一正确的选择。党的二十大报告提出：“高质量发展是全面建设社会主义现代化国家的首要任务。”传统企业转型既要立足当前保生存稳大盘，解决“活下去”的问题，更要着眼长远谋发展、谋未来，解决“活得好”的问题。济钢面向国家战略需要和科技前沿，抢抓济南市前瞻布局空天信息产业的战略机遇，坚定不移地将空天信息产业作为济钢“第一产业”和高质量发展的“关键变量”来培育，在用好用活支持政策、匹配嫁接优势资源，科技赋能产业发展上持续发力，全面开启了逐梦星辰大海的新征程，迎来了高质量发展的春天。

——必须坚定不移地用好改革关键一招，打通一切阻碍发展的痛点、堵点，这是保证事业成功的关键。“变革”是济钢转型发展的灵魂所在，以效率变革、动力变革促进质量变革，是济钢立足企业实际的必然选择，也是济钢人对习近平总书记提出的“三大变革”重要指示精神的躬身实践。回顾济钢的转型历程，就是一部典型的改革历程，着力在全面深化“三项制度”改革、完善“决策、运行、执行”体系上下功夫，用契约化管理和市场化选聘打破体制机制束缚，努力激发企业整体活力，用一贯到底、快速反应的执行力体系，提升全员的政策反应力、市场应变力、风险防控力，形成了支撑企业高质量发展的主体力量。

——必须坚定不移地把“增进人民福祉”作为一切工作的出发点和落脚点，这是推进共同富裕、绘好发展最大“同心圆”的现实路径和必然要求。济钢始终坚持“全心全意依靠职工办企业”，打造企业与职工的“命运共同体”，共享发展成果，造福全体职工。转型发展以来，济钢干部职工发展权益得到切实保障，职工收入随企业发展“水涨船高”，职工的获得感、幸福感、安全感不断提升。在实现共同富裕的征程上，济钢以实际行动回答了“发展为了谁、依靠谁、发展成果与谁共享”的根本问题，诠释了国有企业的使命与担当。

踏上高质量发展新征程的济钢将始终牢记国有企业的使命，以习近平新时代中国特色社会主义思想为指导，完整、准确、全面贯彻新发展理念，锚定高质量发展方向，坚持“组织路线+技术路线”双线并举，全面实施国际业务带动战略，着力构建“1”圈（智能低碳绿色发展业态圈）、“2”基地（国际、国内）、“3”大产业领域（新一代信息技术、智能制造、现代服务）、“4”条产业链（空天信息、先进材料、高端装备、现代服务）的产业新架构，加快形成企业新质生产力，做实做强做优济南市空天信息产业“链主”企业和产业共同体“头部”企业，稳居中国企业、制造业“双500强”，以实干实绩为中国式现代化建设做出新的积极贡献。

泸州老窖:奋力开创高质量发展新篇章 奏响民族品牌新序曲

泸州老窖集团有限责任公司

中共中央、国务院印发的《质量强国建设纲要》提出,到2025年,质量整体水平进一步全面提高,中国品牌影响力稳步提升,要“形成一大批质量过硬、优势明显的中国品牌”。

近年来,一批优质的中国企业与时代同频共振、因时乘势,从激烈的国内外竞争中脱颖而出。消费者以用国货为傲、以晒国货为乐,使用中国品牌正在成为潮流。如今,中国品牌已逐渐成为企业乃至国家传播力、竞争力的重要引擎,其国际影响力也在持续提升。

数据显示,截至2022年,登上《财富》世界500强企业排行榜的中国企业已达145家,中国成为上榜企业数量最多的国家。

2023年5月10日,第七个“中国品牌日”如约而至,活动以“中国品牌,世界共享;品牌新力量,品质新生活”为主题,在上海世博展览馆举行,1000家左右的品牌企业集体亮相,展现中国品牌的产品力、国际力、跨界力和想象力,向世界传递中国品牌新势能。

从70多年前,中华人民共和国首届“全国评酒会”评选出以泸州老窖等为代表的四大名酒开始,中国白酒品牌意识萌发,泸州老窖集团有限责任公司(以下简称泸州老窖)不断塑造自身品牌核心价值,履行社会责任,践行“与社会同行、与环境相依、与人类共存”的发展理念,着力推进中国品牌高质量发展新征程。

一、品牌势能彰显,迈入高质量发展新阶段

用450年的岁月沉淀出一杯浓香国窖,用699年的文化和技术酿出名酒价值,拥有悠久历史的泸州老窖以全新的姿态开启高质量发展之路。

在消费升级的大背景下,泸州老窖夯实品质根基,树立品牌口碑,既尊崇传统又勇于创新,品牌韧性进一步凸显,进一步彰显民族品牌自信。

2022年,泸州老窖实现营业收入、净利润的双双高增长,净利润更是突破了100亿元大关,稳居行业前三。泸州老窖还创造了连续5个季度实现营业收入增速超过20%、连续9个季度实现净利润增速超过25%、连续8年复合增长率超30%,在龙头酒企中居领先地位。

得益于以“长期主义”的经营心态耕耘市场,泸州老窖保持了健康快速的良好发展势头。长久的实力积淀、品牌效应,让泸州老窖的品牌辨识度和含金量大幅提升,品类集群熠熠生辉。

在泸州老窖的产品体系中,“国窖1573”和泸州老窖“浓香国酒、浓香正宗”的形象渐入人心。

2023年4月3日,《2022胡润品牌榜》发布,泸州老窖旗下高端品牌——“国窖1573”以1050亿元的品牌价值进入前十,排名上升至第九。从价值增长的数额来看,“国窖1573”以285亿元的增长额,成为2022年价值增长最多的品牌。

2023年5月9日,由每日经济新闻与清华大学经济管理学院中国企业研究中心联合推出的“2023中国上市公司品牌价值榜”正式发布。在“2023中国上市公司品牌价值榜”上,泸州老窖以858.4亿元的品牌价值跃升至第54位,同比增长近20%,涨幅在上榜酒企中居首位。

眼下,泸州老窖仍在持续打造完整的品牌矩阵,谋求品牌价值不断提升。

二、文化创新表达,为"走在前"助力赋能

"十年品牌靠营销,百年品牌靠质量,千年品牌靠文化"。品牌价值提升的背后,离不开泸州老窖在"双品牌、三品系、大单品"战略上的不断深化,以及坚定不移走"回归中华名酒价值"发展道路所付出的努力。

在品牌塑造方面,泸州老窖溯源传统文化根基,借力传统文化赋能品牌价值。

作为拥有"1573"国宝窖池群与泸州老窖酒传统酿制技艺——"活态双国宝"文化遗产的民族企业,泸州老窖不仅有效承载了我国的白酒酿造技艺,更肩负起中国名酒的历史使命与时代责任。

凭借着"活态双国宝"的文化资源优势,泸州老窖通过丰富多元的活动为文物保护工作赋能,在展示非遗魅力的同时,进一步推动非遗融入人们的生活。如举行"泸州老窖·国窖 1573 封藏大典",举办国际诗酒文化大会,携手中国歌剧舞剧院出品音乐诗剧《大河》并开启全球巡演等众多活动,推进中国传统文化走向全世界。

2008 年的农历二月初二,泸州老窖在行业中首创封藏大典,将传统酒礼酒俗中的祭祀先贤、拜师传承、封藏春酒等礼制进行集中还原、整合并创新发扬,打造了一场具有广泛影响力的酒文化盛典。

2023 年的封藏大典恰逢"1573"国宝窖池群迎来持续不间断酿造 450 周年,也是其在通过第六批四川省级非物质文化遗产代表性项目名录推荐项目名单公示后举办的首次大典。

2017 年,泸州老窖创新举办国际诗酒文化大会,弘扬中国诗酒文化、讲好中国故事,锤炼出"中华文化世界表达"。如今,国际诗酒文化大会已连续举办了六届,成为泸州这座诗酒城市的重大文化 IP 活动(知识产权活动),逐渐淬炼升华为世界级诗酒文化超级 IP。

三、全球化跃迁,绽放中国品牌的力量

如今,越来越多的中国企业加快了"走出去"的步伐,频频在激烈的国际市场竞争中脱颖而出。

基于对国际化战略的深度布局,泸州老窖也展露出更为宏大的品牌诉求与行动,在一连串的创新尝试中,愈发"国际范儿"的泸州老窖在名酒头部国际化竞争中开始占据有利位置。

2017 年 4 月,"国窖 1573""让世界品味中国"全球之旅首站在纽约正式启幕。从纽约开始,泸州老窖高频次的国际化脚步奔走不停,先后走进巴黎、莫斯科、新加坡等城市,开展文化交流活动,将历史悠久、博大精深的中国文化介绍给各国人民,促进中外人文交流。

自 2017 年起,泸州老窖始终不断加强品牌在国际舞台上的表现力。以中国传统文化为载体,借助全球通用的语言和形式,泸州老窖诠释和传播酒文化这一来自古老中国的智慧与文化结晶,让全球的消费者更加了解中国文化,进一步推动中国白酒融入全球酒精饮料的市场格局。

泸州老窖还不断丰富自身品牌价值,持续深耕高端体育赛事。2018 年,"国窖 1573"成为澳大利亚网球公开赛全球官方合作伙伴,让中国白酒与全球顶级赛事在交融碰撞中实现两种文化的交流、互鉴、融合,进而助推中国文化的全球传播。

通过与澳大利亚网球公开赛符号的强关联,泸州老窖也在融合中完成中国白酒国际化形象的重塑与表达——更为时尚、年轻、国际化。在双方符号的逐渐重叠中,泸州老窖不断释放品牌号召力,在国际市场获得增量。

在国际化的道路上,泸州老窖持续寻求突破,积极布局海外市场,目前已在 70 多个国家和地区建立了经销网络,成为国际上能见度最高的中国白酒品牌之一。年报显示,2022 年,泸州老窖在海外市场实现营业收入同比增长 83.55%。

一代代泸州老窖酿酒人悉心守护 450 年的国宝窖池和 699 年的酿酒技艺,传承川酒血脉,弘扬川酒文化,以一种前所未有的、积极的姿态推动中国品牌振兴、走向世界。未来,泸州老窖还将持续以顶流的产品品质与实力,以更加振奋的精神、更加扎实的措施、更加过硬的作风,全力推动市场领先、文化领先、品质领先、品牌领先和管理领先,奏响中国民族品牌的新序曲。

酒中君子　世界一流

贵州习酒投资控股集团有限责任公司

贵州习酒投资控股集团有限责任公司(以下简称贵州习酒)2022 年由贵州省委、省政府决定组建成立,总部位于黔北高原赤水河中游、红军长征“四渡赤水”的二郎滩渡口,依山傍水,风光秀丽,企业占地面积 8000 余亩,拥有员工 1.5 万余人,2023 年品牌价值为 2224.63 亿元,位列中国白酒前八名、中国酱酒第二名。

贵州习酒旗下控股子公司——贵州习酒股份有限公司,其前身为明代万历年间殷姓白酒作坊,1952 年通过收购组建为国营企业,1998 年加入茅台集团,在茅台集团的支持和帮助下发展壮大,2022 年由贵州茅台酒厂(集团)习酒有限责任公司整体变更设立贵州习酒股份有限公司。

贵州习酒依托得天独厚的生态优势,坚守纯粮固态发酵传统工艺,恪守“质量就是生命”的质量价值观,在消费和品牌升级中,蓄力推出君品系列、窖藏系列、金钻系列等产品,汇聚起建设全国强势白酒品牌的磅礴力量,主导品牌“习酒”先后被评为省优、部优、国优,荣获“国家质量奖”,被认定为“国家地理标志保护产品”。

君子之品,东方习酒。一直以来,贵州习酒始终恪守“崇道、务本、敬商、爱人”的核心价值观,践行“知敬畏、懂感恩、行谦让、怀怜悯”的习酒品格,释放创新潜能,不断向开放、智慧、美丽的现代化酒企转型升级。贵州习酒两次荣获“全国五一劳动奖状”,荣膺第三届“贵州省省长质量奖”、第十八届“全国质量奖”,获得“亚洲质量卓越奖”“全省脱贫攻坚先进党组织”“全国优秀社会责任企业”“希望工程实施30 周年突出贡献者”等荣誉。

一、筚路蓝缕创佳业,凌云虚心谋发展

从 1952 年赤水河畔的白酒作坊,到中国白酒前八名、中国酱酒第二名的酒企,贵州习酒的发展是一部轰轰烈烈、自强不息的改革创新史。

中华人民共和国成立初期,习酒人便拥有“二郎滩头创大业”的勇气。1952 年,仁怀县工业局沿赤水河选址黄金坪,买作坊、开荒坪,创办贵州省仁怀县郎酒厂。20 世纪 60 年代初,曾前德和肖明清、蔡世昌克服三年困难时期,白天辗转各酒厂观摩学艺,夜晚在煤油灯下伏案钻研,他们一锹一铲、一砖一瓦地修缮厂房,徒步往返几十千米外挑粮,延续了生产。经过披星戴月的劳作,创建了引人瞩目的白酒品牌——习水粬酒(习水大曲)。这一时期,不论是20 世纪 60 年代利用废弃厂房恢复生产的艰辛,研制浓香型大曲酒的曲折,亦或是 20 世纪 70 年代对越自卫反击战壮行酒、庆功酒的荣光,凭借良好品质千里跋涉赴北京参评赢得的赞誉,习水大曲承载着习酒人太多的悲喜冷暖,见证和陪伴了一代人的青春岁月和奋斗时光。

改革开放时期,习酒人展现出“志在习酒醉天下”的豪情。1977 年,习水县红卫粬酒厂划归省商业厅糖酒公司接管,正式命名为贵州省习水酒厂。1982 年,习酒人锐意改革、大胆创新,酱香型大曲酒在 1983 年通过省级重点科技项目鉴定,被命名为“习酒”并投放市场。伴随着一、二、三期技改项目实施,让“十里酒城、名酒基地”的构想在赤水河畔初具规模,酱香习酒与浓香习水大曲双双达到 3000 吨规模,两大产品畅销大江南北,屡创省优、部优、国优等殊荣。与此同时,贵州习酒敢为行业之先,创造“星级质量管理模式”,应用先进营销理念,开央视广告投放之先河,开展“习酒献西藏”“西北—中原万里行”“千里赤水河考察”等一系列活动,至今仍影响深远。

低谷蹒跚时期,习酒人进行了“上下求索发展路”的拼搏。20 世纪 90 年代中期,由于诸多方面原

因，贵州习酒出现资金紧张、销售受阻，进而导致市场萎缩、生产停顿。这时的职工每月拿着200元生活费，甚至是数月领不到工资，仍然坚守岗位，自发从家里背粮食到厂里烤酒，更有主动请缨、自筹路费到市场，走街串巷推销产品，舍小我、取大我，为小家、建大家。一代习酒人的汗水、泪水乃至鲜血，凝固在我们脚下这片土地上。1997年，也正是贵州习酒在万般艰难时，省委、省政府做出了“调整白酒产业结构、重振黔酒雄风”——茅台集团兼并习酒的战略决策。1998年，习酒公司成为茅台集团旗下的全资子公司。

加入茅台集团后，各级党委政府和茅台集团在负债处置、税金上缴、职工安置、生产启动、转型发展等方面给予了贵州习酒全方位、不遗余力的支持。随着“一年打基础，二年有起色，三年上台阶，四年大发展”战略的提出，贵州习酒不仅渡过了当年的难关，还一路高歌猛进，以年均约20%的增幅，走出低谷，步入正轨，于2008年彻底甩掉债务包袱，开启习酒良性发展的复兴之路。这一阶段，在茅台集团的品牌优势、市场优势、资本优势、人才优势、技术优势、管理优势的引领带动和辐射效应下，贵州习酒建立了较为完备的产供销体系，为此后的快速发展提供了重要保障。

进入新时代以后，贵州习酒保持“已到凌云仍虚心”的品格。在行业深度调整期，贵州习酒始终践行“君品文化”，强化市场基础建设，提高服务质量，通过不断引进人才和持续创新提升企业竞争力。面对以茅台集团为引领的“酱酒热”，贵州习酒坚定全国化发展战略，坚持走质量效益型发展道路，推动产品结构优化调整，持续巩固“习酒·窖藏1988”中高端品牌地位，蓄力推出高端产品“君品习酒”，打造全国强势品牌和主体大单品，满足消费者对美好生活的需要，迈上了腾飞之路。在这一发展阶段，习酒人勇毅前行，汇聚起建设全国强势白酒品牌的磅礴力量，生产规模不断扩大、市场营销持续增长、内部管理逐步规范、品牌效益更加彰显，2020年，贵州习酒销售突破百亿元大关，成功跨入百亿酒企阵营。

2022年对贵州习酒而言，是关键的一年。省委、省政府基于推动贵州白酒产业发展战略考量，组建成立贵州习酒投资控股集团有限责任公司。正值贵州习酒创立70年之际，习酒集团揭牌成立，设立股份公司，是习酒发展史上的重要里程碑，也是习酒实现高质量发展的关键新起点。也是在这一年，贵州习酒全力推进全国市场化布局，销售收入突破200亿元。2023年，贵州习酒品牌价值再创新高，以2224.63亿元位列中国白酒前八名、中国酱酒第二名，品牌价值实现新提升，综合实力显著增强。

二、塑造品牌拓市场，彰显东方习酒韵

自创立以来，贵州习酒坚守“质量就是生命”的质量价值观，始终秉承中国传统白酒技艺精华，坚守纯粮固态发酵工艺，全过程全链条保证产品质量。

凭质量赢得人心，靠匠心收获口碑。1982年贵州习酒提出“质量第一”的质量观；1994年通过中国方圆标志认证和法国BVQI国际质量管理体系和产品质量认证（国内首家同步通过国家和国际质量认证的白酒企业）；2015年，导入卓越绩效模式，强调“大质量”意识；2021年以来，提炼形成质量文化理念和质量管理模式，进一步丰富了质量文化内涵。在“质量就是生命”标准下酿造出的习酒，品牌影响力与日俱增。

1966年，贵州习酒开始浓香型大曲白酒的试酿，黔派浓香的扛鼎之作习水大曲开始产生。1973年，曾前德带着习水大曲上京拜访专家，得到专家的认可和指导。20世纪七八十年代，习水大曲风靡市场，在东北、华北等喜好高度白酒的北方地区，产品更是销售畅旺，一瓶难求。金字招牌被立起来后，习水大曲黔派浓香的名头在消费者心中也留下了一代经典的印象。此外，在1979年对越自卫反击战中，习水大曲是战士们的壮行酒和庆功酒。英雄配美酒，在这个特殊的时刻，让习酒的符号性和代表性得到了最大彰显。

1983年，贵州习酒恢复了酱香型白酒的大规模生产，酱香习酒诞生了。从此，贵州习酒创造了自己的黄金时代，在产量、营销与品牌方面齐飞。20世纪80年代末，贵州习酒率先在央视投放广告，这一开创性的尝试展示出贵州习酒虽是来自大山的企业，却有着非凡的志向与追求。“习酒是喜酒，喜事喝习酒”“一口一个故事，一口一份情义”“喝下习酒，涌

出真情”“习酒五星,液体黄金,三星习酒,爽口爽心”“真情山水,绿色习酒”等品牌标语刻进消费者心里。贵州习酒赋予产品珍贵、情义、重情的情感价值,也让消费者产生了情感共鸣。

2010年,贵州习酒以企业核心价值观“崇道、务本、敬商、爱人”为基石,确定以君品文化为生产经营的指导价值体系。君品文化的确立使习酒找到正确的发展方向和道路。2019年,君品习酒上市,锚定“君子之品,东方习酒”的企业主张。君品,即具有君子品德、品质、品格。“君子之品”是对人或事的极高赞誉,也是东方文明传承千年的道德行为标准。基于君品的文化定位,君子形象和精神成功塑造习酒品牌的独特性。

几十年来,贵州习酒始终坚持以市场为中心,以消费者为导向,深入推进“三品”工程,坚持走质量效益型和中高端品牌发展道路,形成以“君品习酒”“习酒·窖藏1988”为核心大单品的品牌格局。如今,习酒是地理标志保护产品,是贵州省著名商标和中国驰名商标,其酿制技艺是非物质文化遗产。贵州习酒以“弘扬君品文化,酿造生活之美”为使命,把习酒打造成为全国强势知名白酒品牌,向世界一流品牌进军。

三、守护青绿赤水河,共建和谐生态美

“绿水青山就是金山银山”,贵州习酒作为赤水河畔的一颗璀璨明珠,始终坚持生态优先、绿色发展,一直将生态作为企业发展的底线之一,时刻绷紧生态环境保护这根生命弦。

早在20世纪90年代初期,勤劳务实的习酒人就意识到保护赤水河生态的特殊意义,在1992年组织了“千里赤水河”考察活动,确定了赤水河源头,并大力宣传生态保护。2015年,贵州习酒启动了“保护赤水河·习酒在行动”全员义务植树活动,至2023年已累计绿化面积近1000亩,累计植树近3万株,并先后投资约4000万元开展赤水河及其支流的边坡修复和生态治理,赤水河畔也因此变得愈发绿意盎然、生机勃勃。经过习酒人多年的植树增绿护绿,贵州习酒在赤水河流域已经完成绿化面积超过100万平方米,极大程度地在遮阴、降噪、防尘、固土等方面改善了赤水河流域的生态环境质量。

三千弱水,贵州习酒只取一瓢。随着企业的快速发展,新车间开始逐步投产,酿酒用水需求量也在逐年递增。为减少赤水河的取水量,2014年,贵州习酒投资2000多万元建设冷却水循环设施,对制酒冷却水进行循环利用,目前已累计投资了逾5000万元建设冷却水循环设施、制酒车间风冷设施等,以尽可能减少对赤水河的取水量和排水量。然而,贵州习酒并未止步于此,仍然不断寻求更好的节水方式。2018年,贵州习酒开始采用风冷设施,利用风冷替代白酒蒸馏冷却过程中的水冷,进一步降低了习酒的取水量和排水量。如果说风冷设施的启用是贵州习酒对赤水河水资源的一种尊重,那么贵州习酒推行绿色生产,全面开展锅炉“煤改气”,就是对赤水河流域大气的满满爱意。2017年,燃煤锅炉逐步被绿色环保、高效节能的燃气锅炉取代,锅炉“煤改气”,有效减少了二氧化硫、氮氧化物的排放量,进一步保护了赤水河流域的生态环境。多年来,贵州习酒不断改进生产设备,用智慧与先进技术筑牢生态屏障,实现绿色发展,为建设生态酒城、守护赤水河一江碧水而不懈努力。

赤水河畔生活着数以万计的百姓,为加强污水处理,让赤水河两岸的生态环境更加美丽,贵州习酒一直坚持企业与自然和谐共生的理念。2013年,贵州习酒垫资1213万元修建习酒镇生活污水处理厂,并交由地方政府管理,使习酒镇范围内的居民生活污水得到有效处理。从2019年至今,贵州习酒总投资近5亿元,高标准建设黄金坪生产废水处理厂2号系统和中渡污水处理厂,经过处理的水,不但能够达到《发酵酒精和白酒工业水污染物排放标准》表3排放标准,通过碳滤、超滤深度处理后,主要指标还可达到类地表水Ⅲ类排放标准。此外,贵州习酒还率先开展入河排污口改造,按照长江经济产业带入河排污口改造的要求,贵州习酒与贵州茅台酒股份有限公司、习酒镇人民政府,首批在赤水河流域开展污水处理厂排污口改造工作,将处理达标的排水退到临江河排放,退水距离6.4千米,提升高度330米,以最大限度保护赤水河。

推行绿色生产,守护赤水河的“青绿”,是贵州习酒对赤水河水资源和大气环境的保护和尊重。2021

年，贵州习酒获评国家级、省级“绿色工厂”和贵州省“AAAAA（五A级）生态酿酒企业”。贵州习酒的每一滴佳酿都受惠于赤水河，赤水河是贵州习酒赖以生存的基础，保护环境、保护赤水河就是保护贵州习酒的理念深入人心，正是因为习酒人始终敬畏自然、感恩自然，牢固树立了生态优先、绿色发展的导向，才实现了酿酒生产与绿色生态的良性互动。习酒人一直用实际行动不断打造天蓝、地绿、水清的生态环境，持续彰显国企担当。

四、坚持以人为本，汇聚创新智库

人才是第一资源，是贵州习酒发展壮大的宝贵财富和不竭动力。70余年来，贵州习酒从一个名不见经传的小作坊到中国白酒前八名、中国酱酒第二名，从“三人起家”发展到1.5万余人的大型集团，是一代代习酒人用青春和热血奋力拼搏的结果。

1966年，厂长曾前德和同伴经过近一年的探索和研究，成功研制出浓香型大曲酒——习水曲（粬）酒。20世纪90年代，陈星国提出“打造百里酒城、建设中国名酒基地”的构想，一次性为企业引进省内外大中专毕业生200多名，在行业内率先推行产品星级管理模式，率先推行ISO9000质量体系管理。2010年，张德芹带领一众习酒人全国推广“习酒·窖藏1988”，贵州习酒赶上“酱香热”的时代浪潮，走上持续健康快速发展的道路。

多年来，贵州习酒秉承君子敬业、乐业精神，尊重知识、尊重人才，始终坚持“相才、育才、护才、用才”的人才理念，不断创新人才管理体制，持续优化人才资源配置，积极为人才提供实现自我价值的平台——以“师带徒”模式传承和培育了大批酿造技术能手；长期不断地引进各级各类优秀人才，通过“送出去、请进来”等各种形式和渠道培养人才；在生产经营实践中锻炼人才，形成门类齐全、各有所长的高素质人才队伍；科学系统地建立人才数量大、年龄结构布局合理、专业齐全、层次多样的人才资源库。目前为止，贵州习酒拥有中国酒业科技领军人才、中国白酒工艺大师、黔酒大师、贵州酿酒大师各1人，国家级评酒委员21人，贵州省评酒委员、正高级工程师、高级工程师100余人，各类专业技术技能人才2000余人。

引进人才、培养人才，更要留住人才。贵州习酒在人才晋升上开通“管理、营销、技能”三通道，为人才提供实现自我价值的事业平台，让想干事的人有机会，能干事的人有平台，干成事的人有地位。人才的能力和作用得以充分发挥，并转化为企业良好的经济效益和社会效益，人才优势彰显。人才队伍的主观能动性和创造性在贵州习酒的发展中得到同步升华，形成以才兴企、人企共进的良性循环。

五、君子风度出酒谷，爱意善举满天下

贵州习酒从历史的长河中走来，如赤水河般奔腾不息，企业文化是贵州习酒的内生原动力。1982年，贵州习酒提出“苦在酒厂，乐在酒厂”的企业精神；1999年，贵州习酒提出“无情不商，诚信为本”的经营理念；2010年，贵州习酒基本形成以“崇道、务本、敬商、爱人”为核心价值观的君品文化。贵州习酒的君品文化是对中国传统文化的继承和发展，是对地方历史人文成果的吸收和消化，是贵州习酒发展历程精神特性的提炼和弘扬，是对社会主义核心价值观的贯彻和践行。“天行健，君子以自强不息；地势坤，君子以厚德载物。”2023年是习酒集团的“君品文化建设年”，3月30日《君品公约》发布，君品文化成为习酒行稳致远的思想引领和永续发展的精神动力。在君品文化的引领下，习酒人顺应天地、秉承传统，自强不息、厚德载物，勇于担当、奉献社会。

“赠人玫瑰，手有余香”，习酒人从风雨中成长起来，愿意尽己所能为他人撑伞前行。长期以来，贵州习酒始终坚持公益理念，通过多种公益活动回馈社会，用善行义举践行君品文化，积极承担社会责任。

“习酒·我的大学”大型公益奖学项目，助力广大青少年扬帆远航，追求梦想。作为酒中君子的贵州习酒，多年来企业在不断发展壮大，经济效益显著提升的同时，不留余力地支持地方教育事业的发展，帮助莘莘学子圆梦大学，实现人生价值追求。“习酒·我的大学”大型公益奖学项目由贵州习酒联合共青团贵州省委、贵州省青少年发展基金会共同创办，自2006年启动以来，已连续实施17年，足迹遍布贵州、云南、四川、重庆、山东、河南、海南等全国多

个省、市，累计出资 1.3 亿余元，助力两万余名优秀学子圆梦大学、逐梦未来。“习酒 · 我的大学”为服务青少年成长成才做出了突出贡献，已成为享誉全国、具有贵州特色的公益奖学品牌，展现了贵州习酒的企业担当和大义情怀。

“老吾老以及人之老，幼吾幼以及人之幼。”2022 年 11 月，习酒集团、习酒全国经销商携手贵州省慈善总会联合发起、设立了“习酒 · 吾老安康”慈善基金，专项用于资助并解决困境老人的养老问题，满足其在生活照料、心理关爱、医疗服务等方面的需求，让更多老人“老有所养、老有所依、老有所乐、老有所安”。2023 年 2 月 9 日，“习酒 · 吾老安康”慈善基金项目启动仪式在北京圆满举行，首期筹集善款 2000 万元。“习酒 · 吾老安康”公益项目首次爱老助老活动聚焦赤水河流域护林员，捐出公益基金 620.88 万元，有 1964 名护林员获得来自贵州习酒发放的慰问津贴——覆盖云南省昭通市，贵州省毕节市、遵义市、仁怀市，四川省泸州市等多个省、市、县（区）、镇。

贵州习酒还积极参与其他社会公益活动，捐赠 2000 万元助力贵州、湖北两省抗击新冠疫情；“亿元习酒敬爱心”，向在抗疫行动中捐赠爱心的单位团体和个人赠送价值亿元的习酒产品；捐赠 1000 万元助力河南抗洪救灾；捐赠 1000 万元助力贵阳及其相关市（州）打赢疫情防控攻坚战；捐赠 665 万元支持长江流域水生生物保护、生态修复等公益事业发展；捐赠 500 万元，用于支持甘肃灾区抗震救灾和灾后重建等工作；选派驻村第一书记、驻村工作队员到永胜村、先锋村、凤凰村精准助力乡村振兴工作，统筹结对土城镇青杠坡村、隆兴镇淋滩村和良村镇吼滩村开展红色美丽村庄试点建设；支持黔北地区老百姓种植高粱，带动 1.6 万余农户增收。因积极参与公益事业，贵州习酒获得“全国优秀社会责任企业”“贵州省履行社会责任五星级企业”“全省脱贫攻坚先进党组织”“中国企业慈善公益 500 强”等荣誉。

未来，在党的坚强领导下，在贵州省委、省政府围绕“四新”主攻“四化”战略的指引下，贵州习酒将发挥赤水河流域酱香型白酒原产地和主产区优势，继续深耕践行君品文化，始终坚持质量高线，守好“发展、生态、安全”的底线。立足资源禀赋和发展基础，深入推进技术创新、产业创新、产品创新、制度创新，强化信息化建设。既要做大做强酒产业，又要释放创新潜能，开拓孵化新产业，把贵州独特的能源、矿产、生态、气候、文旅等优势充分发挥出来，逐步建立习酒农特产品和酒文旅融合发展的产业公司，不断向开放、智慧、美丽的现代化酒企转型升级，朝着世界一流、受人喜欢的大型综合企业集团阔步迈进。

七千里路支援西部开发　一十四载铸就铝电传奇

新疆农六师铝业有限公司

新疆农六师铝业有限公司（以下简称六师铝业）成立于 2009 年，坐落于新疆生产建设兵团第六师五家渠市经济技术开发区，是山东信发集团在山东、新疆两地政府的关心支持下，积极响应西部大开发号召，建设的一家大型现代化民营企业。六师铝业总投资 400 余亿元，职工 4500 余人，拥有 190 万吨电解铝、铝合金生产线，并配套建设了 364 万千瓦装机容量自备电厂、80 万吨碳素、42 千米铁路专运线、物流等项目，建设了完善的“煤电铝一体化”循环经济产业集群。

六师铝业集中了山东的产业优势和新疆的资源优势，实现了两地互利共赢。目前六师铝业已成为新疆铝电行业的头部企业，是兵团绿色矿山产业集群中的有色金属产业链链主，在新疆八大产业集群中占据重要位置，在地方经济高质量发展中发挥了重要作用，先后获得“全国文明单位”“全国绿色工厂”“全国工业品牌培育示范企业”“国家技术创新示范企业”“全国抗击新冠肺炎疫情先进民营企业”

"全国就业与社会保障先进民营企业""开发建设新疆奖状""新疆生产建设兵团先进基层党组织"等荣誉，并荣获"全国五一劳动奖状"。

一、产业建疆，用高质量项目助力边疆地区建设

中共中央、国务院在《关于促进民营经济发展壮大的意见》中指出："支持民营企业到中西部和东北地区投资发展劳动密集型制造业、装备制造业和生态产业，促进革命老区、民族地区加快发展，投入边疆地区建设推进兴边富民"。六师铝业带着"立己立人，达己达人"的儒商精神，在10多年的奋斗历程中，每个阶段都用高质量的项目促进山东、新疆两地经济、文化交流，并在边疆建设中发挥了模范带头作用。

建设之初，六师铝业积极响应自治区、兵团"建设新型工业化"的号召，坚持打造新疆乃至全国最好的铝电基地。2009年，六师铝业建设了4台36万千瓦亚临界热电机组，成为当时国内最大的热电联产机组；2013—2014年，引进德国的空冷技术、艾默生自动控制技术等，安装、投建了两台当前全国单机容量最大、设备技术最先进的，也是唯一的1100兆瓦机组，经过生产运行，证明多项指标世界领先。在电解铝项目中，六师铝业大胆采用400千安培、500千安培电解槽型，建设了世界单槽产铝最大，工艺、技术最先进的大型电解铝厂，占新疆电解铝产能（639万吨）的29.7%，是目前国内单体产能最大的电解铝企业。同时，选用国内最先进的设备和技术，建设了新疆最大的碳素生产基地。在建设的整个过程中，六师铝业始终坚守着"高标准，严要求"的发展思路，最终成为新疆同行业的领头羊。

为响应国家供给侧结构性调整号召，六师铝业积极调整产品结构，投资建设了国内最先进的32万吨铝合金圆铸锭项目，并于2022年全部投产。铝产品得到全面升级，减少二次熔铸烧损7‰，每年仅此一项就节约资源价值3亿元。该项目选用全球最先进的真空在线除气铸造生产线，这种生产线目前全球只有10条，六师铝业独占两条。发电、碳素直供电解铝，铝水直接深加工，上下产业相互衔接，优势互补，形成了完善的"煤电铝一体化"循环经济产业链条。

六师铝业已连续14年纳税位居第六师五家渠市第一名，累计纳税138亿元，累计实现生产总值3072亿元。其中2022年纳税35.6亿元，实现产值413亿元，各项经济指标创历史最好水平。

二、绿色发展，加快打造低碳环保产业新格局

"绿水青山就是金山银山"。经济发展不能以破坏生态为代价，生态本身就是经济。六师铝业积极发挥行业环保标杆的模范带头作用，用循环产业实现经济效益和社会效益的高度统一。电厂发电直供铝厂，蒸汽用于五家渠市、工业园区、102团、103团等生活取暖和工业生产，粉煤灰用于生产建筑材料；碳素厂阳极炭块直供铝厂，余热用于加热电厂冷风；铝水直接用于加工合金棒，铝灰用于生产保护环等，真正实现了经济效益和社会效益的最大化。

"扔掉了是垃圾，利用了就是资源"。2022年，六师铝业继续加大优质环保项目投建力度，依托电厂6台一级耗能指标发电机组产出的优质粉煤灰，全面投运140万吨粉煤灰综合利用项目，将热电机组产生的粉煤灰全部回收利用，生产加气块，用于项目建设和乡村振兴，基本实现固废零排放；投运中水回用项目，将六师五家渠市无法处理的城市中水回用到工业环节，大幅提高地方水资源利用率，在水资源紧缺的新疆地区具有积极意义。

六师铝业的环保专项投入已超过60亿元，实现了电厂6台机组全部达到超低排放，比国家要求的时间提前了两年以上；碳素厂是全国第一家实现超低排放的碳素企业；铝厂是新疆第一家实施脱硫改造的电解铝企业；经纬科技是全国第一家拥有铝灰、铝渣等电解铝危废综合利用资质的企业，真正践行了生态绿色的环保发展理念。六师铝业全产业链均达到环保A级，并在此基础上自我加压，制定了更为严苛的企业标准。2023—2025年六师铝业将继续投资近30亿元，进行机组灵活性改造、新能源车辆替代、电解槽节能改造等工作，让绿色发展再上新台阶。

三、创新驱动，加快培育高质量发展新动能

"没有落后的产业，只有落后的产品和技术"。

作为以电解铝为主的传统产业，六师铝业需要“练内功”和“聚外力”双管齐下，才能持续输出高效发展的永恒动力。在以科技创新为驱动的创新发展战略引领下，六师铝业积极参与电解铝行业关键核心技术攻关，加快培育发展新动能。

六师铝业先后成立自治区认定的企业技术中心两座，师、市级企业技术中心一座，全国劳模创新工作室一个，自治区产学研教学基地一个；与新疆大学、石河子大学先后成立产学研合作平台，每年拿出8.6亿元用于技术创新。在良好的创新平台和创新机制下，电厂全疆首创“四机一控”“两机一控”，碳素全国首创所有车间集中控制，实现信息化生产。行车全部推行无人化改造，实现自动化换机、吸铝、堆垛等工作。六师铝业自动化、信息化生产达到国内先进水平，2022年人均产铝全球首破1000吨！

此外，鼓励全员创新和自主研发，每年创新400余项，先后研发750毫米超高阳极、天车无人化改造、铝灰等危废回收利用、铝电解槽安全生产保护装置控制技术等国家专利198项，兵团科技进步奖3项，为国内电解铝行业填补多项技术空白。

四、政策赋能，重大项目布局新一轮跨越式发展

《关于促进民营经济发展壮大的意见》提出：“民营经济是推进中国式现代化的生力军”“促进民营经济做大做优做强”“支持民营企业到中西部和东北地区投资发展劳动密集型制造业、装备制造业和生态产业，促进革命老区、民族地区加快发展，投入边疆地区建设推进兴边富民”。在此号召下，六师铝业更加坚定了长期发展的信心。未来3~5年，面临新机遇，要有新作为。

一是配合地方继续延伸铝产业链。铝合金有钢铁的硬度和强度，但重量仅为钢铁的1/3，“以铝代钢、以铝代铜、以铝节木”是大势所趋，也是国家节能降碳的工作方向之一。作为铝基产业链链主，要发挥190万吨铝生产规模优势，助力地方引进铝制品深加工和铝产业配套项目，构建电解铝—铝合金棒—铝精深加工—铝应用产业链体系，打造新疆铝产业发展高地和区域铝产品集散地。

二是助力兵地经济融合发展。新疆生产建设兵团准东工业园区（以下简称兵准园区）位于国家四个煤化工基地之一，是自治区、兵团推进兵地经济融合发展的重要平台。六师铝业狠抓机遇、乘势而上，第一批投资落户兵准园区，根据准东煤炭资源禀赋，计划投资51.3亿元，建设2台60万千瓦级高效超超临界一次再热间接空冷抽凝式发电机组，同步建设脱硫和烟气脱硝装置。“坑口”电厂实现资源就地转化，培育发展新增长极。该项目投产后每年可供电62亿千瓦时，供热829万吉焦，增强电网架构强度，同时为兵准园区打造电价“洼地”，吸引更多企业落户兵准园区，共促兵地经济融合发展。此外，根据政策条件，适时跟进其他产业，发挥兵准园区资源优势和政策优势，差异化定位、错位式发展，实现传统产业加速升级。

三是发展光伏绿电产业。2023年8月26日，习近平总书记在听取新疆党委和政府、新疆生产建设兵团工作汇报时指出，要“积极发展现代农业和光伏等产业园区”。为响应习近平总书记指示精神，六师铝业计划投资48亿元，建设88万千瓦光伏新能源项目，发电自发自用，年利用小时数约1400小时。项目建成后，每年可发电14.5亿度，每年节约标准煤44.2万吨，减少碳排放120.6万吨。同时根据自治区、兵团发展规划，自2024年起加速建设更大规模的绿电产业，将光伏发电开发作为加速推动能源绿色低碳转型的重要举措，坚持市场主导，统筹整合资源，实现集约开发，助力城镇提质和乡村振兴。

四是开拓现代农业新模式。为积极响应国家“乡村振兴”战略，在第六师五家渠市经济技术开发区，计划投资10亿元，占地近2000亩，计划建设188个高标准智能化示范设施大棚、3个玻璃温室。该项目采用国内最先进的立体种植技术和国内唯一三层保温技术、盆栽模式、智能温湿度控制系统及水肥一体施灌系统，种植草莓、樱桃、蔬菜等无公害农产品，依托现代工业余热优势，实现节能减排与环境保护双丰收，从而形成清洁生产、低投入、低消耗、低排放和高效率的生产格局。同时以科技带动生产力，大力发展数字农业、智慧农业，实现智慧化决策、标准化种植、智能化生产、精准化管控和产业化经营。该项目预计2024年全部建成，将有助于加快现代农业提质增效，用工业余热反哺现代农业，产品销售带动

地方服务业，开拓性建设一、二、三产业融合发展的示范园区。

五、使命担当，积极承担社会责任

“铸牢中华民族共同体意识是新时代党的民族工作的主线，也是民族地区各项工作的主线。”六师铝业时刻关注民生、牢记使命、不忘初心，以民营企业的绵薄之力在地方民生公益事业中绵绵用力、久久为功。

在精准扶贫方面，六师铝业积极响应兵团“百企帮百连”精准扶贫行动，赴三师51团8连进行实地调研。在制定帮扶措施时，充分利用好六师铝业的资金优势、技术优势、就业优势、项目优势等，科学配置、精准运用，为50户特困家庭购买1000只羊，帮助贫困户发展养殖业，建立脱贫“造血”机能。到2022年年底，157名扶贫对象人均可支配收入达到8000元以上，实现基本脱贫。

在助力教育方面，六师铝业深入喀什地区麦盖提县，设立“信发集团助学基金”，用于解决特困学生上不起学的问题，并奖励优秀毕业生，激励学生为国学习的信念和热情。在“助学基金”的帮助下，上百名贫困学生得以继续求学梦想，他们承诺毕业后积极投身家乡建设，为麦盖提县的经济发展贡献力量。此外，六师铝业每年为五家渠市、102团、北塔山农场等地方学校捐款、捐物，助力地方教育事业蓬勃发展。

在老年事业方面，六师铝业投资300万元参建102团养老院，每年过节带队慰问老人，让老兵团、老军垦、老职工、老同志老有所依、老有所养。为了更加深入地推进老年工作，六师铝业先后捐赠上百万元，成立老军垦艺术团、老年门球协会等，让老同志老有所乐、老有所学、老有所为。

在抗灾救灾方面，2015年，和田皮山县发生6.5级地震，六师铝业配合信发集团，第一时间组织捐款20余万元。2022年，在抗击新冠疫情的严峻时期，六师铝业捐赠510万元现金、300万元防疫物资支持地方疫情防控和基础医疗事业发展，真正用实际行动助力各地打赢疫情阻击战。

在地方民生方面，为了提高团场职工的生活质量，六师铝业投资1.2亿元对机组进行供热改造，先后承接五家渠市、工业园区、102团、103团等地方居民取暖和工业用气，以集中供热的方式替代周边高耗能、高污染的小旧锅炉16座，有效提高供热质量、大气质量。2022年得知团居民包春芳、包明霞父亲因病去世，两人正在上学，六师铝业第一时间向两人定向捐赠10万元，用于两人生活、就学。

在乡村振兴方面，在兵师党委、政府的领导下，六师铝业和周边团场协作，根据实际情况合理安排216名102团职工灵活就业和履行民兵义务，216名工作人员拥有团场职工和企业职工双重身份，在大幅增加收入的同时，真正实现了职工“离土不离团、离土不离责、就近就便履责”的目的，土地、职工、民兵“三位一体”机制得到进一步巩固。

达利丝绸　共筑新丝绸之路

达利丝绸（浙江）有限公司

达利丝绸（浙江）有限公司（以下简称达利丝绸）起源于1956年的新昌县城关综合厂，现有丝绸生产经验丰富的专业人员近1000名，年产1800万米丝绸面料，主营业务涵盖纤维加工、丝绸面料生产、印染后整理及服装服饰、真丝家纺智造等，是中国丝绸行业的领军型企业。

多年来，达利丝绸秉承“文化、科技、时尚、绿色”的经营理念，融合科技创新与文化软实力，面向可持续发展，履行社会责任担当，探索新型发展道路，提升新质生产力，被认定为集数智一体化的国家高新技术企业、“国家丝绸产品开发基地”“丝绸产品流行趋势研究发布中心”、中国纺织行业工业设计中心、省级重点企业设计院、省级重点研究院。

一、党建引领，筑牢廉政底色

达利丝绸党委以"党建要为企业发展服务、党建渗透到生产实际、党员要成为岗位先锋、党建成效用发展检验"的理念引领企业发展，积极培养"科技先锋、文化先锋、生态先锋、岗位先锋"，发挥党员先锋模范作用，带领全体员工共同发展，实现共同富裕。

多年来，达利丝绸党委始终活跃在生产第一线，将思想政治工作渗透到生产的各个环节，通过安居工程、阳光工程、文化工程、暖心工程、人才工程、联动工程六大工程，为推进企业更好更快发展，奠定了坚实的基础。

在流程再造和数字化变革等重要活动中，党员充分发挥了模范带头作用，体现了"一名党员，一面旗帜；一个支部，一座堡垒"的重要作用。在党员积极参与和带领下，全体员工团结一致，以"服务好客户，照顾好员工，对社会有价值，对国家有贡献"的企业核心价值观和"坚决执行、使命必达"的信念，迅速推动公司各项重大项目的落地。

达利丝绸提炼"勤勉、坚韧、清白、奉献"的春蚕精神，以"春蚕行动"将廉政文化融入企业生产经营管理和企业文化建设之中。从 20 世纪 90 年代起，达利丝绸就坚持在合作之初向每个供货商发放廉洁共建函告，明确双方廉洁从业的责任、义务、负面行为、处罚条款、监督举报方式等内容。同时，所有员工入职前都需签订廉洁承诺书，严格遵守"三不"原则，即不接受超出正常商务交往的礼品、不参与客户邀请的娱乐会所消费、不参加客户组织的牌局酒局等，形成了良好的廉洁氛围。达利丝绸的廉洁文化和法纪观念深入人心，廉洁奉公、维护稳定的理念已成为广大干部员工的共识。

近年来，达利丝绸连续被评为"浙江省廉政文化进企业"示范点、"全国纺织行业党建工作先进单位""全国纺织行业思想政治工作先进单位""全国纺织劳动关系和谐企业"。

二、科技内驱，锻造"专精特新"

当前，新一轮科技革命蓬勃兴起，纺织作为重要的应用型学科，多学科交叉汇聚、多技术跨界融合的特征非常明显，是战略性技术创新的重要载体，是藏技于民、藏技于业的重要载体。纺织行业的创新发展体现在新技术、新材料、新产品的涌现效应上，也体现在对新基建、新装备、新业态的带动效应上，在完善国家创新体系、建设科技强国中发挥着不可替代的作用。

达利丝绸拥有的"国家丝绸产品开发基地"、"中国纺织行业工业设计中心"、省级重点企业设计院、省级重点研究院等创新载体，为企业的发展提供了源源不断的技术成果。达利丝绸研发的功能性丝绸面料达到国际先进水平；攻克了"纯蚕丝织物纬向自然弹力"等技术，填补了国内空白；多个项目获"浙江省科学技术奖""中国纺织工业联合会科学技术奖"。

达利丝绸现有国家级重点新产品两项，省级工业新产品 50 余项，有效专利 67 项，其中发明专利 21 项，著作权 46 项，承担国家火炬计划项目一项，参与制(修)订国家、行业、浙江制造、团体标准 57 项；是 2008 年北京奥运会纪念品生产商，2014 年北京 APEC 会议领导人服装面料、2015 年中国人民抗日战争暨世界反法西斯战争胜利 70 周年"九三"大阅兵国礼、2016 年 G20 杭州峰会指定产品、2020 年联合国成立 75 周年活动礼品、2020 年东京奥运会中国体育代表团开幕式礼服、2022 年北京冬奥会颁奖礼服面料的设计和制造企业。

与此同时，达利丝绸因主营业务专注专业，经营管理精细高效，产品服务独具特色，创新成果显著，还被评为浙江省"专精特新中小企业"、全国纺织行业"专精特新中小企业"。

三、数智赋能，塑造科技硬核

从传统出发，向新科技进军。达利丝绸在行业内率先投入大量资金进行数字基础设施建设，以 60 多年积累的丝绸生产数据为要素，将数字技术与丝绸制造深度融合。通过精炼车间 ERP(企业资源计划)系统、浸泡、晾丝、平衡间等工序的数字化提升，实现了无捻并丝机、络丝机与倍捻机的智能化联网；通过加强供应链的管理，与优质供应商建立战略合作伙伴关系，从源头确保原料的质量。从源头到终端产品的整个生产流程均可通过二维码实时查询；以自主研发的数智一体化系统进行数据互联互通，实现全产业链信息化管理；将数据转化为知识，形成科学管理、闭环监督的全生命周期管理。

达利丝绸通过数智赋能，将大数据、人工智能、物联网、工业互联网、区块链、云计算、虚拟现实等应用于产品研发、生产过程和管理运营，并取得显著成效。2019 年 2 月，达利丝绸开发的中国第一件人工智能设计的图案提花领带及面料被中国丝绸博物馆永久收藏；数智化改造后，实现了夜间无人值守黑灯车间。准备车间用工数量由原来的 500 多人减少到目前的 70 多人，织机看台数量由 4 台增加到 12 台，设备开台率从 80%提高到 98%，设备运转率由 75%提高到 95%以上，公司经济效益大幅提升。

2022 年，达利丝绸应用 5Gn+工业互联网技术将 MES 生产管理系统与时尚产业深度融合，构建制造一体化、管理智能化、数据信息化、控制自动化的丝绸智能工厂，获得了良好的效益。引进的瑞士史陶比尔 S80 三位一体全自动穿综机，一台机器可以代替 20 个人工；具有世界领先水平的无水印花设备，可节水 70%。2023 年又引进法国 STAUBLI-LXPRO 节能增效 30%的最新型号、最先进、全球首发的电子提花设备。

近年来，达利丝绸先后荣获“浙江省智能工厂”“绍兴市智能制造示范车间”“绍兴市智能工厂”等称号。

四、绿色低碳，践行社会责任

步入新时期，建设绿色产业，健全绿色低碳循环的产业体系，成为实现整个行业高质量发展的重要标志和基础底线。

作为丝绸领军企业，达利丝绸以“织绸、结网、建生态；诚信、协同，赢未来”为发展策略，以设备迭代实现新旧动能转换，以清洁能源构建低碳模式，以数智赋能达到降本增效，以技术创新实现可持续发展，打造全产业链低碳经营模式，为应对全球气候变化做出了积极贡献。达利丝绸于 2021 年加入中国纺织工业联合会“30 · 60 中国时尚品牌碳中和加速计划”“中国纺织服装行业全生命周期评价工作组”。

达利丝绸不断推进设备迭代，实现“腾笼换鸟，凤凰涅槃”。经过近年的持续改造，织机全部采用进口意达（意大利）高速剑杆织机、史陶比尔智能电子提花机、卡尔 · 迈耶针织大圆机，新的织机全部采用变频模式，单台织机用电量下降 30%。淘汰了 4 条传统的丝绸面料精练生产线，改为节能高效环保的高温高压无碱清水精练生产线。

以全生命周期管理理念为引领，达利丝绸对生产过程、产品及服务采取整体预防性的环境策略，减少其对人类及环境可能产生的危害；摒弃传统的“末端治理”污染控制策略，强调废物的“源削减”，即减少废物产生。从产品设计、原料选择、工艺改革、技术进步和生产管理等环节着手，最大限度地将原材料和能源转化为产品，减少资源的浪费，并使生产过程中排放的污染物对环境的影响最小化；先后投资近亿元，前后 5 次对污水处理系统进行了配套、扩建和改造，提升污水处理能力，经处理后纳管排放的污水 COD（化学需氧量）排放指标达到了 30 毫克/升以下，远低于环保排放要求的 200 毫克/升。

善用太阳光芒，缔造绿能世界。达利丝绸有效利用工业厂房屋顶，建有总面积约 60000 平方米，装机容量 8 兆瓦的光伏发电系统，每小时最大发电量约 7200 度，夏季日发电量约 58000 度，年发电量约为 800 万度，可满足全公司大部分的电能需求。达利丝绸人均光伏容量达到 9.638 千瓦，是浙江省平均水平的 45 倍。每年可节约标煤约 2300 吨，减少二氧化碳排放量约 6100 吨。同时还能降低厂房能耗，隔热降温，使车间夏季室温降低 3～6℃。

与此同时，科研团队通过大量的试验，掌握了丝绸面料清水精练关键技术，通过对丝绸面料精练设备改造和工艺革新，实现回收提取丝胶蛋白，降低真丝面料精练废水处理成本，真正做到点丝成金、变废为宝，实现环境效益和经济效益双丰收，促进可持续发展。该项目被省科技厅列入 2021—2023 年度可持续发展先进适宜技术研发及示范推广重点项目。

达利丝绸还取得了全球有机纺织品标准（GOTS）、全球回收标准（GRS）、有机含量标准（OCS）、回收声明标准（RCS）、森林体系（FSC）等国际认证。素绉缎产品被评为“国家级绿色设计产品”；通过了美国大百货公司 Macy′s、Kohl′s、DVF、

Nordstrom 及全球最大的零售商沃尔玛公司等的查验批厂，在产品质量、绿色发展、社会责任等方面得到国际客户的认可。

近年来，达利丝绸先后获评"国家级工业产品绿色设计示范企业""浙江省绿色低碳工厂""浙江省清洁生产阶段性成果企业""浙江省节水标杆企业""全国纺织行业节水标杆企业""浙江省生态文明教育基地""浙江省工业循环经济示范企业""浙江省生态文化基地"。

达利丝绸还积极履行社会责任，推进慈善公益，主动回馈社会。

2020 年新冠疫情期间，达利丝绸紧急向武汉纺织大学、新疆阿勒泰地区和新昌县人民政府等共计捐赠 50000 余只丝绸口罩，同时临危受命成为第一批省级重点转产生产口罩的企业，为防控疫情提供了 5000 余万只一次性防护口罩，并以积极行动践行责任和担当，为支持浙江地区企业的复工复产做出了积极的贡献。

2020 年 6 月，达利丝绸收到了浙江省新冠疫情防控工作领导小组医疗物资保障组的感谢信；同时被中共绍兴市委、绍兴市人民政府评为"绍兴市抗击新冠肺炎疫情先进集体"，被中国纺织品商业协会丝绸专业委员会评为"抗击新冠疫情先进单位"，被中国丝绸协会评为"全国茧丝绸行业抗击新冠肺炎疫情先进单位"。

2022 年，达利丝绸继续向全国妇联、中国妇女发展基金会、纺织之光科技教育基金会、东华大学、上海工程技术大学、新疆大学、新疆师范大学、武汉纺织大学、新昌中学、新昌县教体局、新昌县红十字会等单位共计捐赠口罩 200 余万个；同时积极参与支持阿拉善"锁边生态，种树植心"公益社会事业，在种树植心"中国纺织服装锁边生态林"建设活动中累计认种锁边公益林 300 亩，体现出以实际行动呵护绿色地球的"大爱之心"。

五、文化传承，创新工业旅游

文化是产品的灵魂，是设计的原动力，也是管理企业的法宝。达利丝绸紧抓国家"一带一路"倡议及大力发展文化创意产业的战略布局，依托中国丝绸的悠久历史和厚重文化，结合企业自身优势，通过丝绸文化博览园、越罗非物质文化遗产传承基地、廉政文化教育基地等项目的实施，将产业、文化和旅游相融合，全面推进传统丝绸产业向文化创意产业的深度转型发展，创造性地开发了"丝绸世界"文化旅游项目，被国家旅游总局评定为"国家 AAAA 旅游景区""国家工业遗产旅游基地"和"浙江省首批工业旅游示范基地"。

达利丝绸文化工业旅游基地深度挖掘融合古今多维、极具科普教育价值的旅游资源，全面收集了彰显中国深厚农耕与丝绸文明的百年古石磨、蚕桑文化石刻、历代纺织器具、古代服饰、诗词字画、引领科学技术发展水平的现代工业印染、织造技术等，演绎丝绸文化的相关人物、事迹和典故，从浩如烟海的丝绸文明史中萃取动人的丝绸故事、文化解读、诗词典故、书法绘画等与园林景观、实物展品相结合，营造了浓郁的丝绸文化氛围。

通过对工业旅游项目的开发和利用，达利丝绸逐步形成了以丝绸文化传播、丝绸产品展示、丝绸旅游购物为核心，以百年石磨群、千年桑树园、万年乌沉木雕、亿年木化石为亮点，集蚕桑文化园林、丝绸文化博览园、现代丝绸工业生产、丝绸文化科普教育、廉政文化教育、生态农业体验和休闲娱乐购物等多种旅游元素和形态的综合性工业旅游基地，让每一位游客能够切身感悟丝绸历史文化，增进对丝绸的了解，同时传播企业的品牌文化，促进企业效益的增长。

通过推动传统劳动密集型产业向兼具文化创意、环境友好和科技生态的新兴产业模式转变，达利丝绸实现了"旅游+工厂、旅游+丝绸、旅游+文化"的跨界融合，成为工业与文化旅游融合的新标杆，为中国纺织行业的转型升级探索出了一个新蓝本。

作家艾青曾写下这样的诗句："蚕在吐丝的时候，没想到会吐出一条丝绸之路"。未来，达利丝绸将以"为全球服装品牌制造商提供最优质的产品服务"为目标，坚持"实业强国"的信念不动摇，惟实励新、勇毅笃行，在产业转型、共同富裕的伟大实践中发挥更大作用，筑造立足新时代的"新丝绸之路"，织就中国时尚产业的锦绣篇章！

夯实厂务公开民主管理　促进企业安全稳定发展

金澳科技(湖北)化工有限公司

近年来,金澳科技(湖北)化工有限公司(以下简称金澳科技)坚持以习近平新时代中国特色社会主义思想为指导,深入贯彻落实党的二十大精神,紧紧依靠工人阶级的方针,着力在规范、巩固、深化、创新、实效上下功夫,不断发挥厂务公开民主管理的内涵和形式,广大员工建功立业、奉献企业的热情不断高涨,推动企业安全稳定可持续发展。

一、企业基本情况

金澳科技始建于1976年,于1997年12月改制成立,是集生产、贸易、物流储运等于一体的集团化企业,是华中地区经过1999年国家清理整顿后被保留下来的最大的地方炼油企业。金澳科技规划占地面积6000多亩,解决就业8000多人,一次加工能力最高时730万吨/年,主要生产销售汽油、柴油等石油化工产品。产品销售区域主要是湖北、湖南、江西、重庆、贵州、河南、广东、广西等省(自治区)。

金澳科技先后荣获“全国先进基层党组织”“全国就业先进企业”“全国模范职工之家”“全国五一劳动奖状”“最具环保社会责任企业”“湖北省清洁无害工厂”等百余项国家、省部级荣誉。2012年起连续跻身中国民营企业500强,2017年起连续跻身中国企业500强。2017年获得中华人民共和国国家发展和改革委员会批准的每年230万吨进口原油使用权、中华人民共和国商务部批准的每年230万吨原油非国营贸易进口允许量及进口资格。金澳科技先后参与国家、省、市级科研课题5项,其中两项科技成果处于国内领先水平;拥有15项实用新型专利和6项发明专利,获得省级重大科技专项一项,省科技进步奖二等奖一项、三等奖一项,市科技进步奖一等奖一项。

金澳科技始终坚持绿色发展、循环发展和低碳发展的指导思想,以市场为导向,以能源化工为支柱,完善和延伸石油化工产业链,逐步形成“油头、化身、精化尾”的主干产业,努力建设成为具有较大影响力的特大型、综合性企业集团,实现“以产业报国,为荣誉而战”的企业愿景。

二、企业主要做法

全国政协十二届、十三届、十四届委员、公司董事长舒心博士高度重视和支持党建、工建工作。在各级领导的关心下,公司工会紧紧围绕企业安全稳定、创新发展,以舒心博士提出的“员工的合理诉求是我们努力的方向”“快乐工作、快乐生活”为宗旨,积极发挥工会组织凝心聚力、桥梁纽带作用,激发员工工作积极性,挖掘员工创新潜力,扎实开展岗位练兵、降本增效、小改小革等劳动竞赛活动,并组织引导员工积极开展各项传播正能量的活动,推动了企业各项管理,提高了员工综合素质,增强了企业凝聚力和战斗力,实现了金澳科技由“小炼油”到大企业的转变。

(一)坚持“两个到位”,夯实厂务公开民主管理工作基础

一是组织领导到位。为加强对厂务公开民主管理工作的领导,金澳科技党政领导班子坚持把厂务公开民主管理作为加强企业民主政治建设、促进企业改革发展稳定的大事来抓,成立了以公司党委书记、轮值总裁为组长的厂务公开民主管理工作领导小组。各成员分工明确、职责具体,使厂务公开民主管理工作始终保持“党委统一领导、行政具体实施、工会监督、职工群众广泛参与”的运行机制。

二是制度保障到位。厂务公开民主管理工作政策性强、涉及面广、员工关注程度高。为规范推进厂

务公开民主管理工作，金澳科技制订印发了《厂务公开控制程序》和《厂务公开民主管理工作考核办法》，确立了公司及基层部门各自的公开体系，对厂务公开民主管理的内容、形式、程序、时限和范围等方面内容进行了细化分解，并把厂务公开民主管理工作纳入领导干部考评、部门月度考核等体系中，从而搭建起厂务公开民主管理"人人有责任、环环有考核、奖惩有规定"的坚实框架。

（二）突出"三个重点"，确保厂务公开民主管理工作规范运作

一是重点发挥职代会主体作用。职代会是企业民主管理的基本形式，也是厂务公开的主要载体。多年来，金澳科技坚持将年度生产经营计划及完成情况、财务预决算执行情况、党政领导履职和廉洁自律情况等向职代会报告。劳动合同方案、奖惩条例、工资分配方案、安全生产及劳动保护措施等，涉及员工切身利益的事项，均经职代会审议通过。如2021年职代会期间就公司各项制度面向员工广泛征求意见和建议，并经职代会审议通过后实施；2022年职代会期间就公司工会委员会成员增补事宜向员工广泛征求意见，并经职代会审议通过，充分保障了员工的知情权、参与权、表达权和监督权。

二是重点落实员工合理意见。多年来，公司工会每月组织召开员工座谈会和民主生活会，邀请人力资源部门、后勤部门、生产部门等与员工交心谈心，倾听他们对公司管理的看法和意见，充分尊重和采纳员工的合理化建议，与员工交心谈心，并将这项工作纳入议事日程、工资考核，帮助解决员工实际问题。为了便于员工反映合理诉求，对不良现象进行投诉，金澳科技在全厂每个洗手间都设置了意见箱，对收集到的意见安排专人逐一调查、解决，予以回复，对员工提出的困难尽力帮助解决，对他们思想上的问题和困惑结合实际情况进行分析、疏导；对员工普遍反映的问题，共同商议解决方案并跟进落实，不能解决的问题及时向公司汇报并将相关意见及时反馈给员工。如为了让员工能就近就餐，中午能多休息一会儿，要求食堂将饭菜送到车间和办公楼；为了让员工午休睡得更好，给每名员工发放折叠躺椅；为了保障员工的身体健康，在岗位上配备应急医药用品及血压仪等。通过员工座谈会、民主生活会、家庭走访等种种形式与员工交心谈心，帮助解决员工实际问题和合理诉求，从这些细微之处真心实意关心关爱员工，提高员工满意度。

三是重点落实员工评议制度。厂务公开民主管理工作的对象是员工，评价主体也是员工。公司工会充分利用公司网站、金澳石化报刊、微信公众号、户外LED视频、广播、电视、橱窗等媒介，使厂务公开民主管理的时效性和覆盖面得到极大提升，并坚持把员工群众知情率和满意度作为考量厂务公开工作的重要指标，结合员工关心的热点和焦点，加大督导力度，及时掌握各部门厂务公开执行情况。多年来，从大型物资招标，到废旧设备处理，从社保基金缴纳，到员工进餐补助，员工关心什么，公司就公开什么，员工疑虑什么，公司就说明什么。每周发布涉及安全生产、经营管理、员工培训及物资招标等方面信息，其中无不体现员工权益，无不关系企业发展。近年来，在上级部门调研及公司组织的厂务公开民主测评中，员工对公司厂务公开的测评满意率达100%。

（三）实现"四个提升"，延伸厂务公开工作实效

一是提升企业民主管理水平。健全职代会制度，如公司《职工代表大会会议制度》《职工代表大会提案征集处理工作制度》《职工代表大会评价制度》等管理制度。拓展民主管理渠道，如建立微信公众平台和微信交流群，公司全体员工均可在任何时间向公司领导反映问题。实现公司领导与员工无障碍沟通，如公司领导班子坚持带头走进车间班组，深入施工现场调查研究，民主管理常态运行机制使领导班子的集体决策更加科学规范，中层干部的执行力进一步增强。

二是提升员工建功立业热情。在深化厂务公开民主管理的进程中，金澳科技向员工交实底、道实情，凝聚了人心，汇聚了力量，广大员工的主人翁责任感和建功立业热情不断提升。进入发展新时期，金澳科技重视培训学习，特别是做好青年员工"传帮带"工作，提高全员综合素质是关键，公司党委、工会提出"培训就是最大的福利"，持续开展"学习年"活动，坚持把"真心实意为员工着想，一心一意为金澳发展”作为目标,通过“金澳商学院”的平台,开展“导师带学员”活动,导师毫无保留地传授学员技能,关心学员的生活,引导学员树立正确的价值观,提升学员综合素质,为公司发现人才、培养人才、储备人才、提拔人才创造了有利条件。为进一步拓宽选人、用人渠道,发现和选拔品德优秀、能力突出的人员,金澳科技以公开公平竞聘的方式建立“生产管理人才库”,遵循“不唯情、不唯上、只唯才”的选人用人方式,让真正的人才脱颖而出,为金澳科技建立了一支充满生机和活力的高素质人才队伍。公司工会充分发挥与员工联系紧密的优势,积极创新工作思路,紧贴生产经营开展工作,以“学习年”活动、劳动竞赛、“劳动模范”评选、“十佳班长”评选、“创新能手”评选、带薪出国旅游等活动为载体,凝聚广大员工的创新力量。

近年来,仅“员工创新工作室”就具有创新攻关项目 23 个,有 18 个创新项目攻关成功,为金澳科技创效益 1.5 亿元。其中,3 项获得国家发明专利,24 项获得实用新型专利,一项获得“湖北省科技进步奖二等奖”,一项获得“湖北省科技进步奖三等奖”。

三是提升员工幸福指数。公司工会以关心员工生活,为员工办好事、办实事为己任,努力当好员工的“娘家人”,搭建了员工、家庭、公司三者沟通交流的平台,有效地加强了员工家庭与企业的相互了解,增进了员工家庭和公司之间的情感,使公司广大员工感受到企业的温暖。多年来,公司工会坚持每周看望走访不少于两个员工家庭,为困难员工发放补助费,帮助员工解决生活困难、患重病医疗困难、子女上学经济困难等;在员工结婚得子时送去祝福,生病住院时及时慰问,员工子女金榜题名时上门送上祝福礼金;每年的春节、端午节、中秋节等传统节日,金澳科技都提前发放节日物资;夏季防暑用品、降温费,冬季烤火费,都第一时间送到员工手里,将清凉和温暖送到员工心里;为做好职业病防治工作,加强职业健康监护,切实维护员工健康权益,公司工会每年组织全员在潜江市疾病预防控制中心进行职业健康检查。

四是提升履行社会责任能力。金澳科技在做好企业内部公开的同时,注重做好对外服务内容公开工作,公司党委、工会组织发起成立了“金澳爱心俱乐部”,号召党员和全体员工、亲朋好友自愿加入,并设立“湖北省慈善总会金澳爱心基金”,经常性开展精准扶贫、关爱孤儿、捐衣赠物、无偿献血等共同公益活动。在金澳科技每年组织的无偿献血活动中,党员、干部员工带头参与,以能够为他人、为社会做出贡献而感到自豪和高兴。在 2020 年抗击新冠疫情关键时期,公司党委、工会号召全体干部员工向武汉、潜江等地捐款捐物折合 700 余万元,为打赢疫情防控阻击战做出了突出贡献。

(四)持续开展暖心活动,增强员工对企业的归属感

一是丰富员工业余文化生活。公司工会每年都组织开展内容丰富、形式多样的各类文体活动,如员工运动会、篮球比赛、环保骑行比赛,三八妇女节活动、五四青年节健康徒步活动、六一金澳萌宝大赛、演讲比赛、春游踏青、公益植树,以及与业务单位的各类联谊活动等,活跃了员工业余文化生活,增强了企业的凝聚力。

二是构建“金澳命运共同体”。每年三八妇女节,公司党委、工会为了表达对女性的关爱,充分发挥女性半边天作用,不断地创新活动内容,举行“感恩母亲”主题演讲活动,邀请员工母亲或婆婆前来企业参观及聚餐、观看女员工们饱含深情的演讲,让在座的婆婆和妈妈们流下了感动的泪水,纷纷表示,要做好家庭的后勤工作,让女儿、媳妇们安心在金澳科技工作。通过开展评选“好媳妇”“好母亲”“好丈夫”活动,让“三好”获得者代表与员工们一起分享家庭经营、子女教育的经验,树立先进典型,让员工做幸福家庭的创造者和社会文明的传播者,更好地为企业、为社会做贡献。企业改制 20 周年之际,党委、工会邀请全体员工的父母近千人参观厂区、共进午餐,观看员工自编自演的文艺节目,向每名父母派送 800 元“心意金”,此后每季度都向员工父母派送“心意金”,并倡导员工同时向父母送上自己的心意金,引导他们遵从孝道,创建和谐社会、和谐家庭,拉近了员工及其家庭与企业的距离,构建了“金澳命运共同体”。

三是引导员工弘扬公益精神。公司工会每年组织开展“保护环境,从我做起”清除白色垃圾环保公益活动，600 多名爱心志愿者主动放弃休息时间带领子女到汉江河堤边、曹禺公园、公司外围公路两侧清理捡拾白色垃圾，为创建文明城市、美化生活环境贡献力量。针对员工食堂工作餐剩饭剩菜有浪费的现象，工会在全公司倡导"光盘行动"，引导干部员工吃多少饭菜就打多少，进入餐盘的饭菜一定要吃干净。在多年持之以恒的倡导下，目前员工就餐基本做到了"光盘"。

在今后的工作中，金澳科技将继续贯彻落实党"全心全意依靠职工办企业"的方针，持续增强做好厂务公开民主管理工作的责任感和使命感，以制度化、程序化和规范化为保证，以改革创新精神为动力，不断提升厂务公开民主管理工作水平，构建和谐金澳，为推动企业发展再上新台阶做出更大贡献。

奋力谱写石油川销高质量发展新篇章

中国石油四川销售分公司

中国石油四川销售分公司(以下简称四川销售)成立于 1952 年 9 月，前身是四川省石油公司，1998 年成建制上划中国石油天然气集团公司。作为驻川能源央企，四川销售主要负责成品油、润滑油、天然气等销售业务，氢能、电能、光伏发电等清洁能源开发利用，以及广告、化工产品、食品、烟酒、地方特产等非油销售业务，现运营油库 21 座、加油加气站 2290 座、便利店 1612 家，建成投运新能源项目 131 个，资产总额约 200 亿元，年营业收入超过 950 亿元。

70 余年来，四川销售坚定扎根天府大地、主动服务治蜀兴川，在保障区域能源安全、推动地方经济发展的同时，成为四川成品油供应的主渠道，以 43% 的油气站点份额保障了全川 70% 以上的供油任务，被四川省委、省政府誉为"最放心的应急供应保障要素"。继 2018 年汽柴油销量成功跃上 1000 万吨、建成中国石油首个千万吨级销售企业以来，四川销售连续 6 年高质量站稳千万吨，2023 年实现油气销售总量 1111.5 万吨，同比增长 7%，主要业绩指标创历史新高。

四川销售多次获得国家级、省部级殊荣，2008 年被中共中央、国务院、中央军委联合授予"全国抗震救灾英雄集体"称号，2004 年、2014 年两度荣获"全国五一劳动奖状"，2016 年公司党委被省委评为"先进基层党组织"，2020 年被省委、省政府评为"优秀服务业企业"，2023 年榜列四川服务业企业 100 强第 2 位、四川企业 100 强第 8 位。

风平潮正，自当扬帆破浪；任重道远，更需策马扬鞭。2023 年是全面贯彻落实党的二十大精神的开局之年。一年来，四川销售公司党委坚持以习近平新时代中国特色社会主义思想为指导，团结带领广大干部员工，深入贯彻党中央、国务院决策部署，坚决落实四川省委省政府、中国石油集团公司党组部署安排，攻坚克难、接续奋斗，各项工作成效显著，经营业绩再创新高，高质量发展迈上新台阶，荣获"2023 年度集团公司先进集体""QHSE 先进企业"等称号。

四川销售公司党委在全面推进各项工作的同时，重点抓了四件大事。一是大力推进政治建设。扎实组织开展学习贯彻习近平新时代中国特色社会主义思想主题教育，"四个以学"成效显著，解决了一批发展难题、办成了一批民生实事，得到集团公司主题教育第六指导组充分肯定；深入学习习近平总书记视频连线慰问塔里木油田基层干部员工及在四川考察时的重要指示精神，制定贯彻落实方案；组织召开公司第四次党代会，选举产生新一届党委、纪委，明确未来五年发展目标、重点任务，广大干部员工坚定拥护"两个确立"、坚决做到"两个维护"。二是狠抓战略体系完善。组织两级公司围绕服务体制变革、服务流程再造、服务文化培育等 10 个专题，开展深入研讨，形成服务战略研讨报告 75 篇；提出构建"三横一纵"丰字型业务发展新格局工作思路，进一步丰富完善公司党委“11356”治企规划战略体系。三是全面从严管党治企。以党的自我革命精神推进纪检干部队伍教育整顿，打好巡视、巡察、审计问题和历史遗留问题整改攻坚战，推动整改292项；完成对5家单位党委、1家股权企业党支部政治巡察；一体推进违反中央八项规定精神、基层腐败问题专项治理，严肃查处典型问题。四是集中力量抓实服务。全力保障成都大运会赛事用车及场馆油气需求，中国石油成都大运会城市志愿服务队荣获“第31届世界大学生夏季运动会先进集体”称号；积极参与定点帮扶、乡村振兴，四川销售连续10年对口帮扶的若尔盖县被升级确立为集团公司第11个定点帮扶县，公司乡村振兴工作案例入选国务院国有资产监督管理委员会《中央企业助力乡村振兴蓝皮书》。

过去一年，在集团公司党组的坚强领导下，四川销售牢记团结奋斗的时代要求，带领全体干部员工攻坚啃硬、砥砺奋进，统筹推进经营管理、改革创新和党的建设各项工作，取得了九个方面的突出成效。

一、党的领导作用凸显新优势

深化党业融合，专题研究公司党委“11356”治企规划落地举措、精心部署业务战略规划、全面从严治党等事关大局的工作。坚持党管干部、党管人才，一批政治坚强、本领高强、意志顽强的优秀干部得到历练成长，中高级职称管理人员占比达到36.1%，同比提高7个百分点。坚持党建带团建、带工建，鼓励青年员工积极参加各类竞赛，8名员工荣获“全国石油石化行业大赛团体一等奖”，并包揽个人前三，多名员工荣获集团公司专业竞赛大奖。

二、主要经营指标再跨新台阶

深入推行批零一体化机制，加油站阿米巴试点初见成效，电商事业部“技术+运营”创新融合开展，基本完成两批次27座加气终端一体化整合任务。油气能源、非能源业务实现量效双增，油气销量连续第6年站稳千万吨并首次跨上1100万吨台阶，非能源收入突破30亿元，总销量、零售量、非能源收入、非能源毛利、净利润五项指标贡献率超过中国石油销售企业总盘的10%，有力彰显“大要有大的样子、大要有大的贡献”的责任担当。

三、绿色转型发展迈出新步伐

科学布局“充电、换电、加氢、光伏”四条赛道，与华为数字能源、清华大学欧阳明高院士团队、宁德时代、上海快卜等单位，在新兴产业领域推动科技成果转化和应用场景落地；与五粮液、港投等大企业共同组建新能源合资企业，实现公司首座“碳中和”加油站、“油气氢电非”综合能源站、光储充智慧站、绿色超充站、乘用车换电站顺利投运。四川销售2023年开发新能源项目170个，其中充电项目148个、换电站1座、光伏项目21个，新能源项目建设提速。

四、数智技术赋能释放新动力

坚定“数智中国石油”战略，融入集团公司大集中ERP（企业资源计划）、加管系统3.0建设部署，升级迭代中油优途、中油直批、去惠购等营销平台，公司GMV（商品交易总额）规模达到730亿元。试点物联网应用平台，推进损耗管理、设备管理、特种作业闭环管理等数字化管控，创新开发数字报表、数字复盘、加油站阿米巴助手、“中油速配”等数智化应用“工具箱”，自主研发场景化智能手环、助推阿米巴经营模式落地，公司首台智能加油机器人投入试运营。

五、全面深化合作取得新成效

坚定不移“建圈强链”，巩固拓展与大企业、大集团的合作渠道，商品供应链增强、地方特产开发、闲置资产利用等事项靠实落地，股权企业实现年油气销售174.3万吨，完成6宗土地盘活处置，实现资产经营创效5000万元，南充燕儿窝油库项目顺利推进，中石油五粮好客营销渠道基本覆盖全国市场，首年营业收入超过1.3亿元，与华油集团签订全面深化合作协议、推动乐山实训基地项目稳步落地。

六、深化内部治理实现新提升

聚焦组织体系优化、营销体系创新、人才队伍建设等6个方面，出台20项改革举措，组建新能源发展中心，谋划油站巴、项目巴、工作巴等机制，推动改革走深走实。全面完成川油同盛公司增资扩股混改，成立兴川人力资源公司，为人力资源优化、成本费用压降奠定基础。狠抓亏损治理，亏损企业减少3家，35座"双低"站全部"摘帽"，实现动态"清零"。强化管理创新成果研究，3项成果获国家专利，5项管理创新成果、15篇优秀论文受到行业部级以上表彰。

七、民生福祉事业展现新作为

将推动企业发展与满足员工群众美好生活有机结合，靠实"惠民发展二十条"举措，落实专项资金、实施生产生活设施改造，较好解决229座边远及高寒高海拔地区库站员工的生活困难问题。优化调整薪酬结构，员工收入稳步增长。全年推进424座库站卫生间整治，建成22座"司机之家"，挂牌261座"中油爱心驿站"，其中7座荣获"全国最美工会户外劳动者服务站点"称号。

八、宣传思想文化结出新成果

深入学习贯彻习近平文化思想，坚持党管宣传、党管意识形态，全年在上级媒体和专业媒体发稿930篇次，同比增长63%，12篇新闻作品荣获"能源强国调研纵深行优秀新闻作品奖"，《实施文化引领战略举措，建设"六位一体"营销文化的探索实践》荣获"全国企业文化优秀成果一等奖"。大力弘扬石油精神和大庆精神、铁人精神，充分发挥"转观念、勇担当、新征程、创一流"主题教育、中国石油开放日、四川销售展览馆等特色载体优势，有效汇聚起高质量发展的磅礴力量。

九、安全环保根基得到新夯实

深入开展"安全管理强化年"、重大事故隐患排查专项行动，相继完成4批次安全环保隐患治理、471座加油站三次油气回收贯标改造、15座中小型油库风险评估问题整改、涉气业务专项检查，多次受到国家级、省市级安全环保检查组高度肯定。坚持人民至上理念，时刻把员工群众生命安全和身心健康放在第一位，组织开展全员健康体检、心理健康测评；加快推进健康企业建设，省市两级公司全部获评"省级健康企业"。

奋进新征程，建功新时代。四川销售将以党的二十大精神为引领，全面贯彻落实党中央、国务院、四川省委省政府和中国石油集团公司党组各项决策部署，积极融入并主动服务四川经济社会发展大局，坚定公司党委"11356"治企规划不动摇，以赶考的姿态为四川现代化建设贡献石油川销力量。

注：

1. QHSE：质量、健康、安全、环境的英文单词首字母。

2. "11356"治企规划：由四川销售公司党委制定的建设世界一流企业的总体战略。第一个"1"即"建设世界一流绿色低碳综合能源销售企业"战略愿景，第二个"1"即大力实施"一基、多极、全渠道"一体化发展战略，"3"即全力推动党的建设、业务发展、员工工作生活"三个高质量"，"5"即奋力建设健康、法治、智慧、幸福、百年"五个企业"，"6"即全面执行"六个正面、六个负面"选人用人要求。

3. "三横一纵"丰字型业务发展新格局：四川销售的业务战略，即传统能源、新能源、非能源三大业务协调发展，将数智化技术贯穿其中，赋能业务提速提质。

4. GMV：即商品交易总额，是衡量一段特定的时间范围内电商平台所有商品的销售总额，是电商平台交易活跃程度的重要指标。

厚植质量优势　建设品质美丰

——四川美丰化工股份有限公司质量品牌建设实践与探索

四川美丰化工股份有限公司

创业、创新、创品牌。从一家传统化工企业，到化肥、环保、能源、高分子材料、精细化工、现代农业六大产业协同增长的多元企业集团，年产销各类产品200余万吨，四川美丰化工股份有限公司（以下简称四川美丰）质量品牌建设之路步履铿锵。

作为中国石化控股国有上市公司，四川美丰坚持“价值引领、价值创造、价值提升”的工作导向，锚定“质量是生命、质量是效益、质量是未来”的质量理念，坚持品牌发展战略，走精品发展之路，品牌影响力不断增强，企业价值持续提升，成为中国氮肥行业标志性品牌、中国驰名商标、国家免检产品、中国名牌产品，品质三冠、美丰享有；连续上榜全国石油和化工企业500强、中国化肥企业100强、四川制造业企业100强，排名稳中有升、稳中向上，在社会中更有影响，在行业中更有地位，在地方更有担当。

美好生活，丰收相伴；品质美丰，勇毅前行。每一个成绩的背后，都是一段精彩的质量品牌故事。这些故事集中凸显为“四力”——创新力、管理力、服务力和文化力。

一、创新力，打造质量品牌“新引擎”

激活创新密码，挖掘发展动能。科技创新是四川美丰推动质量强企、品牌兴企的头等大事，也是新时代促进企业高质量发展的制胜法宝。

建成四川美丰先进高分子材料产业研究中心，发挥产学研平台优势，省市重点项目、现代化智能绿色包装园区——四川美丰高分子材料产业园正加快推进，将达到年产3万吨高分子材料产能规模；建成集技术创新、资源节约、环境友好为一体的循环经济产业园区，占地近600亩，成功申报13项国家专利，被誉为“行业节能减排示范工程”；建成年产LNG22万吨的液化天然气工程项目，成为地方清洁、低碳、高效、可持续发展的窗口企业；建成年产15万吨柴油车尾气处理液的工业化生产装置，获得两项发明专利，成为柴油车尾气处理液的标志性企业。

当前，四川美丰正聚力打通从科技强到企业强、产业强的质量品牌建设通道，使科技创新成为助推企业高质量发展的新引擎、新动力。建设四川美丰农业技术研究中心平台，致力新型绿色智能肥料研发和绿色高效可持续农业研究；推出美丰美雅共结晶低盐复合肥、黄金3+硝基复合肥及茶叶专用肥、柑橘专用肥等高效肥料产品，推进绿色新型肥料研发成果转化。

二、管理力，汇聚质量品牌“新支撑”

质量品牌是强企之基、立业之本和转型之要。四川美丰夯实质量技术基础，激发企业质量品牌建设内生动力，进一步增强企业质量品牌核心竞争力和持续发展能力，不断提升“美丰智造”整体品质形象，助推高质量发展。

健全质量责任体系。全面落实企业质量主体责任，强化全员质量意识，建立健全质量责任体系。持续完善从研发生产到产品上市全流程管控，不断精进质量管理模式，QHSE（质量、健康、安全、环境）管理体系运行良好。产品质量优于国际标准，企业标准严于国际标准，用好企业标准信息公共服务平台，2022年在该平台成功发布企业标准11个，营造“重质量、树品牌、负责任、珍信誉”的良好氛围。

加强全面质量管理。四川美丰以“全员、全过程、全方位”为要求的全面质量管理体系，健全完善质量管理规章制度，推广应用精益生产等先进质量管理方法，提高企业质量管理能力。以质量、成本、服务和效益为重点，每年 7—10 月，开展“百日质量竞赛”活动，组织精益生产竞赛，提升产品质量、强化服务质量。常态化开展职工小发明、小创造、小革新、小设计、小建议“五小”活动，引导职工从“小”做起，谋良策、出实招，为企业发展贡献力量。

持续提高产品质量。坚持市场导向质量控制模式，定期梳理、排查在质量品牌等方面存在的问题，进一步推动企业质量改进和管理水平提升。常态化开展 QC（质量控制）和质量攻关活动，2022 年组织注册 QC 小组 26 个，公司内部集中发表 QC 成果 10 个，并向省质量协会推荐发表 4 个，一家单位被评为省质量管理小组活动优秀企业，两个班组被评为省质量信得过班组，两个 QC 成果被评为省优秀成果，激发员工改进产品质量的积极性和创造性。

三、服务力，培育质量品牌“新动能”

专业服务，提升价值。四川美丰牢固树立“市场为先、客户为上、质量为本、效益为重”的经营理念，始终坚持从客户中来、到客户中去，构建起服务内容、服务范围、服务手段、服务技术、服务标准等一体化管控体系。

研发专用肥料，服务国家粮油安全。四川美丰与四川农业大学杨文钰教授团队深入合作，成功研发玉米大豆带状复合种植技术专用肥，成为写入 2022 年“中央一号文件”的“玉米大豆带状复合种植技术”的“黄金搭档”，护航大豆玉米稳产增产。2022 年 2 月，四川农业大学《专用肥肥效试验报告》得出结论：“玉米大豆带状复合种植技术与专用肥相结合，在玉米不减产的同时，与净作相比，还能多收一季大豆，真正实现节本增效。”

强化技术驱动，构建农化服务体系。四川美丰深化与中国工程院张福锁院士等专家团队合作，在四川、重庆、贵州共建 5 所科技小院，覆盖玉米、水稻、高粱、小麦、大麦、蔬菜、柑橘和茶叶等多种作物，打通农技推广服务“最后一公里”，构建起“专家教授指导、农技人才培养、试验示范、观摩展示、问症解难”的农业综合服务平台，向客户提供全套解决方案，使客户体验到无微不至的服务和可信赖的贴心感受，客户满意度不断提升。

坚持市场导向，发挥整体服务优势。2022 年，按照“销售围绕市场转、生产围绕销售转”原则，调整复合肥产业链采购端、生产端、研发端和销售端的责权分工和定位，纵深推进复合肥产业一体化改革，厘清复合肥产业战略定位，强化“营销策略精准、产品主次分明、客户体验互动、推广节奏清晰”的质量品牌推广战略，加大广告投入，做响旗下品牌，让用户熟知美丰产品、认同美丰产品、推广美丰产品。

四、文化力，焕发质量品牌“新活力”

文化是支撑企业质量品牌的灵魂。四川美丰在推进质量品牌建设中，积极践行社会主义核心价值观，把职工群众对美好生活的向往作为奋斗目标，共建共享企业发展成果，实现企业与员工、社会共同发展。

文化体系入人心。按照继承、创新和发展的原则，四川美丰梳理、提炼、形成“尽善尽美、丰己达人”的新版企业文化体系，构建起以“价值引领、价值创造、价值提升”为主要内容的企业哲学体系、核心理念体系和职能理念体系，并实施文化传播、文化宣贯、效果评价等践行工程，逐步构筑起具有时代特征、行业特色、企业特点的四川美丰新版企业文化建设体系，成为企业生存发展共同的思想遵循、价值主张和文化导向。

员工幸福有质感。因地制宜地开展形式多样、健康文明的职工体育健身活动，每年上千人次参与；推报省市劳模、工匠，建设劳模创新工作室、技能大师工作室，选树劳模、先进工作者和先进集体等各类先进典型，弘扬工匠精神，激发梦想力量；近两年收集实施办实事项目上百项，让“我为职工办实事”实践活动诠释担当、扛鼎责任、温暖人心；让节日、婚丧嫁娶、生病住院、送清凉等慰问活动常态化，让发展更有温度，让幸福更有质感。

责任品牌塑形象。作为负责任的国有控股上市公司，四川美丰以实绩检验责任担当，发起设立四川美丰教育基金会，资助 10 余所农村学校、上千名贫困学子。新冠疫情发生后，四川美丰第一时间向慈善机构捐赠抗疫专款 400 万元，为抗疫物资运输车辆提供免费车用尿素加注服务；每年向农村贫困地区、定点帮扶村捐肥近百吨，助力乡村振兴接续脱贫攻坚;每年拿出专项资金,资助贫困学子和农村地区学校,树立良好企业形象。

品牌提升实力,实力做强品牌。质量品牌建设的扎实举措,推动四川美丰价值实力持续提升:2021年四川美丰实现净利润5.69亿元;2022年良好势头继续保持,实现净利润6.22亿元,创历史最好水平,高质量发展态势稳健。四川美丰牢记“国之大者”,践行“企之所能”,坚定“价值引领、价值创造、价值提升”工作导向,正沿着高质量发展道路勇毅前行,让质量品牌成为四川美丰构建“两极、三基、六协同”发展格局的厚实家底,向着“铸双百美丰、成为受人尊敬的绿色智能化工企业”愿景加速迈进。

老字号同仁堂谱写高质量发展新篇章

中国北京同仁堂(集团)有限责任公司

近年来,党和国家高度重视发展中医药,进行了一系列推动发展中医药事业和产业的顶层设计,中医药振兴发展迎来大好时机。中国北京同仁堂(集团)有限责任公司(以下简称同仁堂集团或同仁堂)抓住发展战略机遇期,贯彻新发展理念,传承精华、守正创新,持续推动企业迈向高质量发展,构建了新发展格局。

一、精心谋划高质量发展道路

站在新时代的历史方位上,同仁堂集团积极适应当前我国社会主要矛盾的新变化和广大人民群众对美好健康生活的新需求,推动工作重心向“守护人民健康”全面拓展,努力构建新发展格局,开辟新发展天地。

同仁堂集团第三次党代会确定了迈向高质量发展“三步走”战略,并确定了新时代发展的战略定位、战略愿景、战略布局、战略方向、战略使命和战略方针,提出了实施“第一步”战略的“3561工程”建设重点任务。在战略布局上,积极构建以工业制药为核心、以商业零售、健康养生、医疗养老、国际药业为支撑的“制药+”大健康产业格局,构建了集种植(养殖)、制造、销售、医疗、康养、研发于一体的“制药+”大健康产业链条,具备了医药养结合为广大人民群众提供个性化、精准化、高端化、全程化的生命周期健康服务的能力。

聚焦企业转型发展,努力筑牢“党建、质量和诚信”三大基础,以高质量党建引领高质量发展;组建同仁堂医养集团,将业务范围向医药养结合拓展,推出“粹和康养”同仁堂健康养老品牌;布局互联网医疗,启动“互联网+中医”诊疗业务,实施电子商务“1+4”工程,打造“数字同仁堂”;推进零售药店“连锁化、标准化、智慧化”建设,打造线上线下融合发展的“智慧药房”,升级同仁堂服务;推出“知嘛健康”新零售品牌,推进品牌“时尚化”建设,打造网红打卡地,让老字号走进年轻人的生活。推动营销改革,搭建以“医疗健康产品服务”保障能力为核心的数智化分发新零售平台。实施大品种战略,从原料种植养殖到市场营销,进行全产业链资源优先配置,集中优势打造具有市场高认知度、记忆度的同仁堂拳头产品,开展服务终端“进社区、进单位”健康服务活动,举办“同仁堂健康大讲堂”,普及中医养生保健知识,全心全意服务百姓健康。

以实现产品“零缺陷”为根本追求,成立同仁堂集团质量管理委员会和品种委员会,加强对质量工作的全面领导。持续健全以诚信文化为基石,基于企业价值观的诚信合规管理体系,从组织领导、组织架构、运行机制、保障机制等方面明确任务目标,将诚信合规要求融入日常生产经营活动,让诚信合规思想内化于心、外化于形,成为同仁堂人自觉遵守的行为准则,从思想源头筑牢具有同仁堂特色的质量基石、诚信基石。加强对种植养殖基地发展的统一规划,通过自建基地、合作、定向采购等模式,加快规范化、规模化道地药材种养殖基地建设步伐;成立北京同仁堂质量溯源数据中心，逐步建立“从种子到杯子”“从田间到车间”的全流程来源可溯、去向可查的中药材质量管理体系，努力实现原料优质安全，从生产源头加强质量管控。制定同仁堂集团中药炮制传承工作指导意见和中药炮制专业技能人才队伍建设的指导意见，坚持生产经营与非遗保护相结合，加强传统中药材炮制基地建设，加强首席技师工作室建设，梳理传承同仁堂炮制大师工作经验，培养专业人才。

同仁堂集团现已发展成为业务遍及五大洲，拥有7个二级集团、10项省区市级非遗项目、43个现代化生产基地、700多家医疗服务终端、2200多家零售终端、2800余种产品的现代化、国际化中医药产业集团。获得了“北京市人民政府质量管理奖”“北京生物医药产业跨越发展工程行业领军企业”称号，同仁堂商标获得了“中国商标金奖—商标运用奖”和“马德里商标国际注册特别奖”。在《互联网周刊》和eNet研究院发布的《2019中国医药企业品牌影响力排行榜》中“同仁堂”品牌名列榜首。2020年、2021年连续位居胡润中国最具历史文化底蕴品牌榜榜首。2022年，同仁堂股票入选上证180指数、明晟中国指数、富时全球股票指数。

二、通过科研创新打造核心竞争力

创新是企业发展的永恒动力，科研创新是企业发展的第一动力。进入新时代，同仁堂集团坚持以科研创新为第一动力，推动企业迈向高质量发展，努力打造具有全球影响力的世界一流大健康产业集团。

加强研发顶层设计，成立同仁堂集团科学技术委员会，制定同仁堂集团科技创新体系建设方案，打造产、学、研、销深度融合的科技创新体系。同仁堂研究院、同仁堂博士后科研工作站和中药（复方）新药开发国家工程研究中心、珍稀濒危药用植物国家地方联合工程研究中心等科研机构，围绕名优品种培育、质量控制体系建设、产学研合作等方面开展科研攻关。已完成各类新产品开发1348个，取得新药证书、生产批件共11个，获得保健食品证书101个。2016年，抗抑郁药“巴戟天寡糖胶囊”获得“北京市科学技术一等奖”。百合更年安颗粒获得国家中药品种保护证书。2017年，“中药生产过程控制可靠性工程理论与关键技术应用”获得“北京市科学技术一等奖”。2018年，“特色海洋食品深加工关键技术创新及产业化应用”获“国家科学技术进步奖二等奖”。2019年愈风宁心片作为OTC类药品（柜台可购买、无需医生处方，疗效确切、副作用小的药品）获欧盟上市许可，同仁堂成为第一家在欧盟地区获得植物药上市许可的国有药企。

加大对经典名方、名药二次科研和临床应用研究。2021年以来，“西黄丸抗肿瘤作用机理研究”“同仁乌鸡白凤丸治疗高尿酸血症和痛风临床有效性和安全性研究”“同仁牛黄清心丸治疗缺血性眩晕的药效学研究”“人参再造丸治疗脑缺血的药效学研究”等均取得新进展。联合医疗机构开展的同仁大活络丸治疗膝骨关节炎的临床研究成果已在专业期刊《世界中西医结合杂志》上发表。与北京中医药大学联合开展的“益肾强身丸、防衰益寿丸抗衰老作用研究”成果《基于网络药理学探究防衰益寿丸抗衰老作用及实验验证》在中文核心期刊《世界科学技术—中医药现代化》网络杂志首发。

加大先进生产技术的推广与应用，智能制造提质增效。同仁堂股份在传统大蜜丸制作工艺中应用了智能化关联技术，完成了合坨、制丸、扣壳、蘸蜡、外包等连线数据采集、储存及追溯项目，大蜜丸日班次产量提高30%以上，且生产过程中混批、混品种的风险降为零。同仁堂自主研发的逐丸检重设备实现了在线高速检测、踢废、自动校验、数据分析等功能，做到每丸必检，存异必踢，有效解决了现阶段中药丸剂在生产过程中无法对药丸逐一称重等问题，杜绝了中药丸剂重差问题。大兴分厂开发的同仁牛黄清心丸装盒生产线，通过高位输送技术实现立体化作业，提高空间使用效率；通过机器人技术应用，实现高可靠性；通过定制开发专用装盒机，实现高稳定性。其中的丸药下料机还取得了国家实用新型专利，与之前的手工包装线相比，用工数量降低了3/4。同仁堂科技唐山公司液体制剂项目引进了国内首条口服液全自动化生产线，运输拆盒、洗瓶烘干、灌装药剂、灭菌包装、装箱赋码、成品入库等全过程，不再需要人工操作。同仁堂国药推出内嵌防伪芯片的同仁堂牌灵芝乐活胶囊，消费者用手机扫一下二维码，最快0.1秒就能知道该产品真伪，还能第一时间了解它从“出生”到“面世”的全过程。按照“厂房集约化、原料无害化、生产洁净化、废水资源化、能源低碳化”原则进行厂房与产品设计的同仁堂健康药业大兴工厂实现了生产过程绿色、无污染物质排放，取得了质量、环境、职业健康安全、能源等管理体系认证，荣获国家级“绿色工厂”称号。

三、让中医药文化惠泽全人类

中医药是中国对世界的三大贡献之一，为中国人民的卫生保健事业做出了巨大贡献。随着国家“走出去”战略的实施、健康中国战略的推进，中医药正在为构建人类卫生健康共同体贡献着中国智慧。

同仁堂产品20世纪50年代就通过贸易商销往境外，目前已在境外28个国家和地区建立零售终端、中医诊所、养生中心和文化中心150个，为境外约5000万人提供同仁堂中医药诊疗服务，让不同肤色、不同种族的人群在辨证施治中体验到中医药的神奇疗效，将颇具东方特色的中医针灸、把脉、推拿等疗法推广到世界各地，让数以亿计的境外人士了解了中医药、认识了同仁堂。同仁堂集团生产线通过了日本、澳大利亚、欧盟的GMP认证、穆斯林哈拉认证和以色列洁净认证。2019年，愈风宁心片通过欧盟上市许可，使同仁堂成为国有药企中第一家在欧盟地区获得植物药上市许可的企业。同年，同仁堂集团被中华人民共和国商务部、国家中医药管理局认定为首批国家中医药服务出口基地。2021年10月13日，商务部国际贸易经济合作研究院国际服务贸易研究所与上海中医药大学中医药国际化发展研究中心发布了“传统医药国际化”全球企业排名，同仁堂排名境内第一。

中医药“走出去”，标准要先行。近年来，同仁堂集团就建立符合国际标准，且拥有中药自身特色的质量标准评价体系进行了系列探索。依托国家中医药管理局中医药标准化建设研究项目，利用现代化分析技术，同仁堂完成了安宫牛黄丸标准化建设研究，在中国香港开展多中心临床试验，证实了安宫牛黄丸治疗中风的安全性、有效性、科学性。同仁堂与中国中医科学院联合开展同仁堂牌破壁灵芝孢子粉胶囊抗雾霾等研究，为扩大其适应症范围提供依据。同仁堂与美国斯坦福大学、加州大学洛杉矶分校和旧金山分校，澳大利亚悉尼大学等联合开展中医药安全性和作用机理研究，为传统中药产品更多地进入西方主流市场积累数据。企业还取得了多项被国际医药行业认可的研究成果，为同仁堂产品走向世界奠定了扎实的基础。

中医药和西医药分属不同的文化体系，让中医药服务世界人民健康，也需要文化同行。同仁堂集团在境外的零售终端、中医诊所、养生中心、医疗中心、文化中心，既是经济实体又是文化载体。每个门店都设有中医药特色文化展示区，人们来到同仁堂不仅可以体验中式健康服务，还能学习太极拳、八段锦等中国传统养生方法。同仁堂境外机构会定期举办健康讲座、义诊等，向每一个有健康需求的地方推广中医药文化。同仁堂集团在美国洛杉矶医学中心和意大利圣马力诺孔子学院建立了博物馆，当地人随时可以到那里了解中医药文化，感受中华优秀传统文化的魅力。

四、履行社会责任，践行企业初心

“同修仁德，济世养生”是同仁堂创立的初心，“但愿世间人无病，哪怕架上药生尘”是患者对同仁堂的盛赞，“有健康需求的地方就有同仁堂”是全体同仁堂人的美好愿望。新时代，同仁堂集团认真履行企业社会责任，践行初心，擦亮金字招牌。

在脱贫攻坚“一对一”帮扶中，同仁堂商业和同仁堂国药共同把北京市房山区十渡镇卧龙村“领上”脱低致富新道路：对黄花塌生态园观光道路进行了路面硬化，这条路被老百姓称为“同仁堂路”；依托技术优势，为村里打造“卧龙村中草药养生驿站”；投资200万元，助力建设高端民宿项目。同仁堂科技为内蒙古自治区兴安盟扎赉特旗新林镇开出草原上的“脱贫药方”：在当地定向采购500万元的中药材，为贫困户每人至少增加了1500元的收入；采用“当地政府组织农户种植+同仁堂按需高于市场价收购+种植技术帮扶+销售渠道拓展”的帮扶模式，助力新林镇打造中药材种植特色产业，使当地中草药种植面积由最初的5000亩增加到近20000亩，产业初具规模。同仁堂股份、同仁堂健康为贫困地区百姓送健康。同仁堂股份为河北省张家口市捐赠偏瘫复原丸、牛黄清胃丸、通宣理肺丸等药品，以缓解贫困县药品短缺问题；在河北省张家口市涿鹿县举办多场义诊活动，以缓解当地百姓“看病难、看病远”问题。

新冠疫情突袭而至，同仁堂集团按照“防、抗、控、养”四位一体思路，筛选出80个疫情用药和9个提升免疫力的保健产品推向市场。工业板块开足马力加大安宫牛黄丸、紫雪散、苏合香丸、板蓝根颗粒、防风通圣丸、藿香正气水等药的生产，并紧急启动唤醒睡眠品种“时疫清瘟丸”，确保产品供应。商业流通板块全力保障疫情防控产品及物资供应，并公开承诺不涨价。医疗服务板块全力为市民提供中医诊疗服务。同仁堂积极投身全球抗疫，成立同仁堂全球新冠防治专家组，为境外50个国家和地区开具扶正避瘟饮组方100套，精准服务50余万人次；通过外交部向我国驻外88个使领馆、中资企业、华人华侨、留学生等群体捐赠抗疫药品；同仁堂在瑞典的医师王泽丰不但用中医药成功治愈40多名疑似及确诊新冠患者，还写了100余篇抗疫心得。同仁堂集团累计向境内外捐赠了价值近4000万元的抗击新冠疫情的产品和物资。

2021年7月河南发生水灾后，同仁堂集团及旗下健康药业集团、商业投资集团、药材参茸投资集团第一时间捐赠救灾物资，履行社会责任，守护百姓健康。

央地合作破局重生　改革创新高质发展

太极集团有限公司

太极集团有限公司（以下简称太极集团）为中国医药集团有限公司（以下简称国药集团）的控股企业，拥有13家制药厂、20多家医药商业公司、两大研发机构、3300家连锁药房、1.4万名员工，业务涵盖医药研发、医药工业、医药商业、大健康产业等领域。近年，太极集团以央地合作为契机，通过整合协同、改革重塑、优化产业结构、科技创新、数字化建设等举措实现涅槃重生：相比2020年，2023年营业收入、净利润分别增长39.7%、2610%，央地国企合作效应持续显现，其改革案例入选“2022十大重庆经济改革创新案例”，并先后荣获“第二届（2023）国有企业深化改革实践成果”特等奖、“2023（第九届）国企管理创新成果”二等奖。

一、央地合作，老牌国企突破发展困局

从国营小制药厂到全国大型医药企业集团，再到加入央企队伍，太极集团的发展映衬着时代的变革，曾享时代红利，曾遇发展困境，曾努力探索破局，最终走出央地合作这一国企深化改革之路。

（一）高速增长存隐患，粗放经营陷困局，遭遇发展“寒冬”

太极集团的前身四川省涪陵中药厂成立于1972年，生产经营曾一度举步维艰。20世纪80年代，涪陵中药厂更名为四川涪陵制药厂，凭借上海医科大学沈自尹教授的中药组方，开发出“急支糖浆”“补肾防喘片”两个专利产品而获得生机，迅速拓展市场；1993年改制组建重庆太极实业（集团）股份有限公司（以下简称太极股份），1997年在上海证券交易所上市。同年年底，由涪陵区国有资产管理局出资成立涪陵太极集团有限责任公司。1998年，太极股份收购重庆中药股份有限公司（重庆桐君阁股份有限公司的前身），同年6月，涪陵太极集团有限责任公司更名为太极集团有限公司。1999年，涪陵区国有资产管理局将所持有的太极股份国有股全部授予太极集团持有，太极集团自此开启以上市公司为主体的集团化经营之路。2003年，太极集团控股西南药

业股份有限公司，届时，旗下已拥有三家上市公司，完成医药全产业链布局，并凭借产品优势，迎来销售额高速增长的发展巅峰期。然而，销售额高速增长也导致了太极集团对发展形势的战略误判，盲目投资、粗放经营、产品迭代滞后导致市场竞争力下降，加之身陷大伤元气的“担保风波”，公司错失了医药行业快速发展的“黄金十年”机遇期，陷入了经营持续亏损、市场逐渐萎缩、资产负债率高达 83.96% 的发展困境。

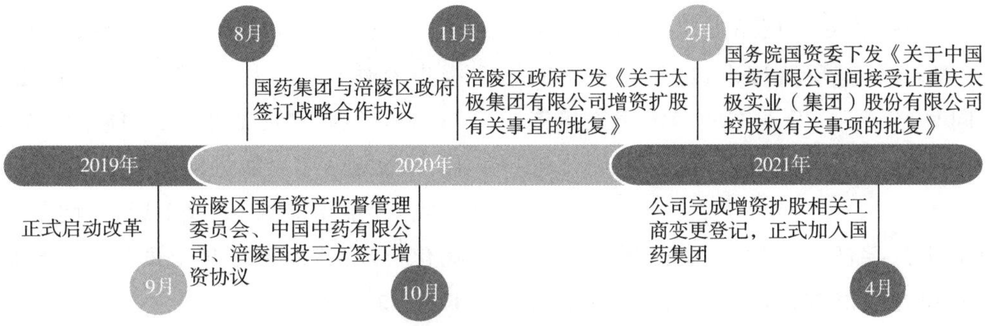

图 1　太极集团改革历程

太极集团与国药集团的央地合作，实现了医药行业国资央企与地方国企的资源整合和优势互补。国药集团通过战略重组太极集团，扩大了其中医药产业布局，为其进一步做强做优做大中药业务板块增加了新增长极。太极集团通过国药集团的增资“输血”，渡过了资金链断裂的危机，并且吸纳其成熟的管理经验，“即插即用”其先进的运营模式，在平台与业务、资金与资源、体制与机制、治理与管理、人才与技术等方面加速融合，全面激活内生动能，迎来全新发展机遇，构建起高质量发展格局。

（二）抓住政策机遇，多方力促央地合作，迎来改革“暖流”

在重庆市及涪陵区政府的支持下，太极集团于 2019 年 9 月正式启动改革。经与多家优质投资者商洽，最终与国资央企国药集团达成共识，并于 2021 年 4 月，战略重组成功落地（见图 1），太极集团股权结构由涪陵区国有资产监督管理委员会 100% 控股变更为涪陵区国有资产监督管理委员会持股 15.916%、涪陵国投持股 17.417%、国药集团全资子公司中国中药有限公司持股 66.667%。

二、规范治理，改革体制机制

太极集团抓住央地合作契机，深度践行“国企改革三年行动”，全面推进公司治理体系和治理能力建设，结合企业自身实际，打出“规定动作”“自选动作”“特色动作”改革组合拳。

（一）“规定动作”保规范

太极集团坚持“两个一以贯之”及“四同步”“四对接”的原则，所属全级次企业全面完成党组织应建尽建和“党建入章”，明确党委会与董事会、总经理办公会的权责边界，所属党委建制企业均完成党委会议事规则、前置研究讨论事项清单、“三重一大”决策事项量化清单的制定，将党的领导融入公司治理各个环节，确保党组织发挥“把方向、管大局、促落实”的作用。

全面厘清各治理主体在决策、执行、监督环节的权责关系。一是建立健全与股权多元化治理结构相匹配的股东会运作体系，全面修订股东大会、董事会、监事会议事规则；二是加强董事会规范化建设，实现外部董事占多数、独立董事占董事总数的 1/3，并建立健全落实董事会各项职权的相关配套制度，董事会“定战略、做决策、防风险”作用得以充分体现；三是完善董事会向经理层授权体系和机制，健全总经理办公会制度及议事规则，强化经理层“谋经营、抓落实、强管理”的职责，提升企业经营决策和管理效率。

(二)"自选动作"重业绩

太极集团大力精简总部机构、压缩管理层级、缩减管理人员,推行"小总部、大产业"扁平化管理,提升组织效能。

一是规范任职体系。取消总部处长、科长、文员等机关化的职位设置,建立起更贴近市场的领导班子成员、中层管理人员、基层管理人员、基层员工四级职位体系。同时,分板块、分业态明确集团直接管理与非直接管理子公司之间的关系,进一步优化管理层级。

二是精简机构,压缩管理层级。总部层面全面梳理整合并重新设定职能部门职责,根据专业条线统一业务归口并明晰管理职责,总部部门由原来的39个精简为25个。子公司层面,整合中药材资源板块、化药板块、商业板块子公司,统一运营;加速清理处置"两非"(非主业、非优势业务)"两资"(低效、无效资产)企业,卸下历史包袱,实现"轻装上阵"。

(三)"特色动作"强优势

太极集团全面理顺集团总部与子公司的权责关系,通过充分授权和闭环监督管理,压实子公司市场主体责任,建立具有"太极治理"特色的"战略+运营"管控模式。

一是推进分层分级授权管理体系建设。太极集团充分体现战略规划的导向作用,明确总部职能定位,重新梳理出20个职能条线共784个业务流程,形成业务流程权限清单;对所属子公司进行重新分类,区分直接及非直接管理子公司,根据业务特点实施分层分类管理和考核。

二是推进管理制度体系建设。太极集团注重以制度筑牢管理根基,推动全级次企业制度废改立,通过全面梳理、系统分析3949个现行管理制度,分别废止、修改、新增了1150个、1012个、1180个制度,构建起适应新时期改革发展的制度体系。

三是推进大监督体系建设。太极集团整合各类监督力量,构建起信息共享、协同联动、措施互补的综合运营管理大监督体系及工作机制。以完善内控体系为抓手,加强运营合规管理;将内部审计与纪检、巡察监督相结合,完善内部审计制度,强化对重点企业、重点领域、重点环节的经济责任审计;实行财务总监委派制,加强财务管理监督体系建设,目前已委派财务总监13人。

三、三项制度改革,健全市场化经营机制

三项制度改革是历次国企改革的难点、堵点,太极集团敢下真功夫、敢啃硬骨头,通过实行任期制和契约化管理,实现干部"能上能下";全面推行市场化用工,实现员工"能进能出";改革分配机制,实现员工收入"能增能减"。改革后,新增员工100%实行市场化公开招聘,2023年全员劳动生产率比2020年增长92.2%。

(一)任期制和契约化管理,实现干部"能上能下"

2021年5月,太极集团顺利完成董监事及高管人员换届工作,总部47名原高管人员多形式退出,中层管理人员精简超100人,实现管理团队资源优化配置和干部"能上能下"。太极集团以推行任期制和契约化管理为契机,以"提名推荐""起立竞聘"等方式重新聘任子公司经营班子成员,并综合考量经营规模、经营难度等因素,严格限定子公司经营班子职数,集团全级次子公司经营班子成员共减少92人。

(二)全面推行市场化用工,实现员工"能进能出"

太极集团兼顾改革发展与和谐稳定,通过交流调岗、内退、协商解除劳动合同等方式,减少总部管理人员158人,并多形式妥善处理"两非""两资"清退企业员工出路问题,未发生群体性劳动纠纷事件。加强人才队伍建设,制订"培养和引进一批运营管理干部、数十名资深专家、上百名专业人才、过千名业务骨干"的"一十百千"人才队伍建设规划,为企业可持续发展提供人才队伍保障。

(三)改革分配机制,实现员工收入"能增能减"

一是建立各层级人员考核激励机制,实现集团总部人员和子公司经营班子成员考核全覆盖。建立以经营业绩和重点工作任务完成率为核心的绩效考

核模式及其评价指标体系，将员工收入与绩效考核结果紧密挂钩。二是探索建立即期、任期、中长期考核激励全覆盖的薪酬分配体系。太极集团加大各级管理人员绩效年薪化比例，建立子公司经理层成员任期激励机制，并积极探索实施多种形式的员工激励。

四、优化产业结构，构建高质量发展新格局

太极集团紧抓央地国企合作带来的全新发展机遇，从长远发展战略出发，调整优化产业布局和结构，努力构建可持续高质量发展新格局。

（一）打造中药材资源优势产业

太极集团加大对产业链上游的布局力度，启动“1+3+N”战略，即以中药材种植基地建设为本，通过分级加工、战略储备、特殊品种经营3种盈利模式，抓好N个大品种经营。太极集团已在四川、重庆、河北等中药材产区建成30万亩规范化种植基地，以“公司+基地+农户”的经营模式，带动10万多农户增收致富；在重庆大顺、河北南和等地自建或战略合作18个中药材加工中心，以一产带动二产、协同三产，推进中药材资源产业化发展。

（二）优化医药工业布局

太极集团聚焦核心产品和优势赛道，突出剂型特点和产品特色，制订“3143”产能战略规划，统筹工业系统产能布局，启动4个“百亿级”工厂建设规划，打造立足川渝的现代医药智能制造产业集群。旗下桐君阁药厂荣获第八届“重庆市市长质量管理奖”；旗下涪陵制药厂获评重庆市“2022年智能制造标杆企业”，入选“2022年重庆市灯塔工厂种子企业”，其“质量精准追溯”场景成功入选中华人民共和国工业和信息化部2023年度“智能制造优秀场景”名单。太极集团现拥有3家智能工厂、5个数字化车间、6家“绿色工厂”（国家级两家、省部级4家）。

（三）整合协同医药流通业务

太极集团医药流通板块构建“1+2+3”全新管理构架，总部成立1个营运管理中心统筹商业协同发展，重庆和四川成立2个省级平台公司整合区域资源，设立3个专业委员会加强业态决策与专业运营。改革后，增强了集采优势，推进了连锁药房采购、运营和管理一体化整合，加强了非零售医药业态的业务协同，实现了医疗和零售两大终端业态的统一运营和管理。

（四）科技赋能，促进产业转型升级

太极集团融入国药集团后，借助国药集团科研平台优势，以科技赋能从中药材资源到药品研发、智能制造再到医药流通的全产业链转型升级。

一是打造中药材资源标准优势、技术优势。太极集团立足中药材资源优势，完善中药产业链全程质量追溯体系，积极参与中药材规范化种植、加工技术规程等国家标准的制定，目前已承担国家级中药材种植与科研项目5个、省级科技攻关项目8个；与中国医学科学院药用植物研究所、西南大学植物保护学院等科研院所建立了技术合作关系，开展中药材核心品种良种繁育，以及中药材大品种育苗、栽培、加工等领域的技术攻关，已培育出紫苏、前胡等11个优良品种。同时，太极集团加大珍稀、濒危药材的人工繁育技术投入力度，首创冬虫夏草野生抚育和拟境培育两种新模式，促进了冬虫夏草产业化发展。

二是打造开放协同的科技创新体系。近年来，太极集团强化科研创新，持续加大研发投入强度，加快产学研融合科创平台建设，构建全新的协同创新网络，成立了“陈可冀院士学术传承研究室”和“廖品正国医大师传承创新工作室”，与复旦大学、浙江大学等20所高等院校及科研院所建立了战略合作关系，组建了41位特聘客座专家的科学顾问委员会，着力全产业链关键技术突破，构建具有中医药特点的科技创新体系。太极集团现拥有有效专利300余件，主持国家药品标准制（修）订200余项，获“中国发明专利金奖”3项、“国家技术发明”二等奖1项、“国家科技进步”三等奖1项、省部级科技进步奖13项。

三是加快推进全产业链数字化转型升级。2023年，太极集团全面实施数字化转型，以战略引领、数据驱动，三年打造一个数字化太极。太极集团的数

字化转型，将数字化技术与战略文化深度融合，实现了战略价值、业务价值、技术价值的有效统一。外部为阳，太极集团以市场需求为导向，实现全产业链数字化贯通；内部为阴，以管理提升为目的，统筹一体，高效运行。内外结合，阴阳互动，太极集团用数据贯穿打通中医药产业化、现代化和国际化的“任督二脉”，形成具有明显太极辨识度的数字化转型模式，逐步建立中药科研、种植、制造、商业等领域跨地域的数字化核心竞争力。国药太极“数字化转型战略”荣获《哈佛商业评论》“2023 年第七届拉姆·查兰管理实践奖”及“2023 第五届年度卓越管理奖——年度数字化先锋奖”。

2022 年度东风汽车集团有限公司发展综述

东风汽车集团有限公司

面对纷繁复杂的形势和艰巨繁重的任务，东风汽车集团有限公司（以下简称东风公司）全面落实党中央、国务院各项重大决策部署，坚持应急与谋远相统一，把握战略主动、保持战略耐心、洞悉发展机遇；坚持效益优先、高效机动决策，大力推进营销提质、创新提速、改革提效、管理提能，加快转型升级，努力构建核心竞争力。强化党建和生产经营深度融合，党建独特优势持续彰显。全年各项工作取得新的重要进展，为“十四五”及建设卓越东风和世界一流企业打下新的坚实基础。

2022 年，东风公司销售汽车 292 万辆，其中销售乘用车 247 万辆，销售商用车 45 万辆。汽车出口 24 万辆，同比增长 58%。攻克自主关键核心技术取得新成效，发明专利授权量和公开量均居国内汽车行业第一位，自主带芯零件备份率达到 80%。截至 2022 年年底，资产总额达 4993 亿元，员工人数 12.7 万人，经营规模位居中国汽车行业第 3 位、中国制造业 500 强第 9 位、世界 500 强第 122 位。

一、生产经营与高质量发展

2022 年，东风公司在新冠疫情和缺芯影响产销超过 50 万辆情况下，把稳经营大盘，销售汽车 292 万辆。其中，自主乘用车销售 68.5 万辆，同比增长 32%；新能源汽车销售 47 万辆，同比增长 1.6 倍。自主乘用车渗透率 49%，高于行业 5 个百分点，整体居行业第四位，平台客户和网约车市占率居行业第一位；汽车出口 24 万辆，同比增长 58%；高端和高价值产品销量快速增长，自主高端乘用车岚图销量同比增长 1.8 倍。

2022 年，东风公司市场营销呈现出 4 个特点。一是自主品牌乘用车持续发力，销量达 68.5 万辆，同比增长 32%，高于自主乘用车行业 10 个百分点。其中，岚图汽车实现销量 19409 辆，同比增长 185.8%。东风风神销量突破 19 万辆，同比增长 58.4%。东风柳汽乘用车实现销量 12.2 万辆。易捷特公司和东创紫联公司积极稳产保供扩能，完成产销 9.9 万辆。东风日产启辰销量 10.09 万辆，同比增长 24.6%。东风风神全新 E70 创历史单批交付新高。二是新能源汽车发展提速。2022 年，新能源车销量 47 万辆，同比增长 1.6 倍。其中，新能源乘用车销售 42.4 万辆，同比增长 157.2%，新能源商用车销售 4.7 万辆，同比增长 153.4%。东风纳米以东风公司二级板块身份，开启独立品牌运营之路，成为中国首个专注小型纯电汽车品牌。东风公司与湖北襄阳市签署东风新能源乘用车项目框架协议和进区协议，总投资 53.1 亿元，以壮大东风襄阳基地新能源汽车规模。三是高端车布局取得突破。2022 年，东风公司积极抓住中国汽车品牌加速向上窗口期，高端和高价值产品销量快速增长，自主高端乘用车销量同比增长 1.8 倍。东风风神、东风商用车高价值车型份额继续提升，岚图平均成交价超过 38 万元。东风公司成功发布豪华电动越野品牌——猛士，猛士豪华电动越野技术解决方案 M-TECH 入围央视第三届《中国汽车风云盛典》评委会特别奖。岚图完成SUV、MPV、轿车三大品类产品布局，成为中国新能源汽车品牌里产品布局最完整的。四是出口汽车量创历史新高。2022年，整体出口汽车24万辆，同比增长58%。其中，东风乘用车公司出口6202辆，同比增长705.45%；神龙汽车有限公司出口37104辆，同比增长182%；易捷特新能源出口63709辆，同比增长73.8%；东风柳汽乘用车出口25052辆，同比增长64%；东风汽车股份有限公司出口8001辆，同比增长59.35%。首批岚图FREE在以色列交付，逐步打开国际市场。

此外，数字化转型推动高质量发展。中华人民共和国工业和信息化部发布《2022年工业互联网App优秀解决方案公示名单》《2022年工业软件优秀产品公示名单》，东风公司推荐的3个项目入选。东风汽车零部件（集团）有限公司智能装备产业园将基于数字化、自动化、信息化，以及智能化整体打造设计成现代“智慧”产业园。东风悦享赋能湖北武汉阳逻港，全力打造出一个可复制推广的智慧河港项目标杆。

二、自主研发与科技创新

2022年，是东风公司“东方风起”计划和科技创新“跃迁行动”进阶之年，持续加大科技创新投入，东风品牌研发经费投入强度达8.8%。坚持科技自立自强，自主掌控芯片、平台、关键总成、智能驾驶、电子架构等核心技术和资源，自主乘用车关键核心技术掌控率达80%。电子电气架构、车规级芯片、自主控制器、车载操作系统等开发水平整体进入第一阵营。东风公司系统完成“三电”产业化布局，形成年产47万套电机及驱动总成、30万套电控、10万套电池及1000套燃料电池生产能力。完成车规级IGBT（绝缘栅双极型晶体管）封测开发和产业化，打破外企垄断。扁线电机在“岚图梦想家”量产搭载，为行业最早开发的新一代高速扁线电机，工况效率和NVH（噪声、振动、声振粗糙度）水平为国际领先。在iD2-120、iD2-160、iD2-200实现量产基础上，全新一代iD3平台首款电驱动总成顺利下线。自主打造行业首家新一代电子电气架构（SOA）。全面完成新能源车品牌、平台、商品、关键总成及核心技术资源布局。打造2个新能源专用架构——S和MORA。S架构下又辖S1、S2、S3三个子平台，形成覆盖豪华、高、中、经济型全系列新能源产品布局。商用车构建中重卡、轻卡、VAN车、皮卡4个电动化平台。关键总成和核心技术方面，2022年，扁线电机在岚图梦想家量产搭载，全新一代iD3平台首款电驱动总成下线，IGBT量产搭载整车，掌握燃料电池全技术链能力。中国首款、也是目前唯一一款全功率燃料电池乘用车“东风氢舟”交付广东省佛山市，以网约车、园区摆渡车、公务用车等多种方式进行示范运营。东风悦享无人驾驶公交纳入雄安公交线路，是全国首例将自动驾驶车辆纳入公交运营案例。12月28日，中国汽车工程学会公布2022年“中国汽车工程学会科学技术奖”名单，东风公司三项科技成果获得“中国汽车工业科技进步奖”，其中，以公司技术中心等为主要完成单位的项目“全功率燃料电池整车及系统关键技术开发与应用”荣获一等奖，为中国汽车行业最高科技奖项。在中华人民共和国国家发展和改革委员会最新发布的国家企业技术中心评价中，东风公司技术中心位居全国第11位、汽车行业第2位。

在自主研发掌握核心技术和资源基础上，2022年，东风公司牵头联合8家企事业单位，组建湖北省车规级芯片产业技术创新联合体，旨在打造全国领先、具备湖北特色的汽车芯片产业集群，实现关键核心技术自主可控，合力助推中国汽车芯片产业发展壮大。2023年5月，国务院国资委发布《中央企业科技创新成果推荐目录（2022年版）》，东风公司8项科技创新成果上榜：车规级宽禁带半导体IGBT模块及关键零部件、乘用车混合动力专用发动机技术研究（C10T、C15被动式预燃室、C15点燃压燃）、汽油机核心关键零部件（增压器）、燃气喷射系统、涡轮增压器、L4级自动驾驶域控制器、云控系统、马赫动力C15TDR发动机。在半导体领域，东风公司与中国中车联合研发的IGBT模块，具备技术、成本双优势，形成年产30万套规模；在满足企业内部需求同时，还向行业头部企业规模化供货。在动力领域，东风公司在燃气喷射系统、涡轮增压器、发动机整体等方面拥有技术优势，其中，马赫动力C15TDR发动机是东风最新一代 1.5L 增压直喷发动机，包含 13 项行业领先技术，其中 4 项技术为行业首次量产应用，不仅能适配传统燃油车型，还能适配 HEV/PHEV/REV 混动车型，已面向行业提供产品和技术服务，实现 6 款车型投放市场。在自动驾驶领域，东风无人驾驶乘用车 Robotaxi、5G 自动驾驶汽车以及共享货车（Sharing-Van）开发均达到 L4 级水平，已在全国多个城市开展示范运营，Robotaxi 累计运行里程超过 200 万千米；东风公司第一个参与雄安新区智慧交通和智慧城市建设，首批 20 辆东风 L4 级无人驾驶共享巴士（Sharing-Bus）在雄安新区开展示范运营。

2022 年，东风公司发明专利公开量 6069 件，同比增长 24.11%，授权发明专利 2357 件，同比增长 127.51%，双双位居汽车行业第一。形成 52 个高价值专利群；马赫动力累计布局发明专利 369 件，打造四个行业第一；氢能领域累计布局 735 件发明专利，位列国内主机厂第一。截至 2022 年年底，东风公司拥有有效专利 17381 件，其中，授权发明专利 4635 件，有效实用新型专利 9443 件，有效外观设计专利 3303 件。

三、安全生产与节能减排

2022 年，东风公司“安全生产专项整治三年行动”顺利收官，完成《碳达峰行动方案》编制，组织开展安全职业健康管理水平评价和节能环保水平评价。统筹推进“深化污染防治攻坚战”和“双碳”工作，开展安全隐患排查和专项整治，全年发现隐患 11885 项，整改 11519 项，整改率 96.92%。加强职业病危害治理，实施职业病危害治理项目 116 项，覆盖同类岗位 270 个，1173 名员工改善作业环境。实施环境风险排查整治，识别环境风险点 503 个，逐一制定和落实管控措施。

四、管理规范与风险防控

2022 年，东风公司积极落实国务院国资委“合规管理强化年”行动，保障依法合规稳健经营。围绕加快建设卓越东风和世界一流企业目标，以四个维度、22 个关键指标为基准，对 32 家二级单位合规管理体系进行全面检查，督促整改落实。调整优化公司合规管理委员会；厘清合规管理部门职责；明确“三道防线”职责。推进落实业务及职能部门主体责任，合规管理部门统筹协调责任，纪检监察、审计、巡视巡察等监督责任。严格落实《中央企业合规管理办法》，由总法律顾问担任首席合规官，配齐 32 家二级单位首席合规官 32 名；各单位专兼职合规管理员 834 名。2022 年，东风公司制定下发《合规管理体系指南》《合规管理办法》等基本制度，出台《合法合规性审查办法》《合规管理报告制度》《汽车行业数据安全合规指引》等配套制度，制定重点业务领域《合规风险识别清单》《岗位合规职责清单》《流程管控清单》。梳理公司及下属单位业务流程 3007 个次，内部制度 620 个（次），识别合规风险 4123 项，制定应对措施 5146 项，编制重点业务领域的“三份清单”，修订完善合规管理制度 65 项，共同筑牢公司规章制度体系。

2022 年，东风公司推动二级子企业将国企改革三年行动重点要求纳入公司章程等制度体系。按照《中央企业董事会工作规则（试行）》《中央企业董事会授权管理办法（试行）》要求，东风公司层面完善《董事会授权管理办法》《董事会议事规则》《审计与风险管理委员会议事规则》等基本制度，形成更加完备的董事会制度体系和工作机制。同时，规范子企业董事会建设与运行。

五、企业改革与制度建设

2022 年，东风公司国企改革三年行动 106 项改革任务按要求如期完成，改革成果稳固化制度化，改革综合成效彰显。坚持“两个一以贯之”，把党的领导融入公司治理各环节。落实董事会职权，修订系列制度，推动各子企业董事会应建尽建和规范运行。强化集团对子公司穿透管理和合规管理。东风汽车股权变更，商用车业务整合迈出关键一步。智新科技、鼎新动力、东风（武汉）公司、东风乘用车发动机业务高质量完成专业化整合。东风汽车有限公司机关改革取得实质性进展。东风龙擎动力有限公司揭牌成立。全面完成第三轮任期制和契约化聘任，高管人员能上能下成为常态。加强科技人才的激励与培养，设立和评选首届“孟少农突出贡献奖”和“孟少农贡献奖”。全面实施工效联动，探索营销领域高目标高激励机制。

2022年，东风公司结合实际，落实“双百九条”“科改十条”等改革政策，深化治理机制、用人机制、激励机制改革，发挥引领带动作用，加速向科技型企业转型。岚图汽车科技有限公司通过A股融资，引入中国国有企业混合所有制改革基金有限公司等11家战略投资者，引入非公资本投资方和其他投资方董事，优化治理结构和治理机制。岚图科技、悦享科技等企业，试点推进职业经理人制度，全面实现用工市场化。联友科技、智新科技开展科研课题“揭榜挂帅”等，打破年龄学历职称限制，赋予技术项目负责人技术路线决定权、经费支配权和资源调度权。悦享科技、岚图科技、联友科技按照“事业共建、价值共创、利益共享、风险共担”原则，实施骨干员工持股；达安检测实施岗位分红激励、建立研发项目“对赌”机制，联友科技实施超额利润分享等。加大对科改示范企业研发投入支持，对承担的重点科研项目，实施研发费用视同利润加回，多策并举激励科技人才创新创造创业，全面激活创新动力。达安检测新建成国家级智能网联汽车质量检验检测中心（首批认定）和全国唯一的燃料电池汽车检验检测中心。悦享科技具备完全自主知识产权的“L4级自动驾驶域控制器”“云控系统”入选《中央企业科技创新成果推荐目录（2022年版）》关键零部件清单。联友科技入选国务院国资委“创建世界一流专精特新示范企业”，其智能制造场景入选“中央企业数字化发展研究院案例”。

六、精准帮扶与社会责任

2022年，东风公司积极发挥央企带动作用，携手全价值链伙伴同心协力抗新冠疫情，守望相助谋发展。贯彻落实国务院常务会议精神，对商用车消费贷款采取延期还本付息及免息政策，办理贷款19.42万笔，涉及融资余额242.4亿元；采取有效措施帮助中小企业解“燃眉之急”，累计减免1093户小微企业和个体工商户租金2926万元；累计投放中小微企业贷款191.46亿元。积极落实乡村振兴战略，在8个县域开展产业扶贫，实施汽车产业消费协作项目，推动“东风汽车商城”落地县城，全年销售汽车超过1.3万辆，让客户享受购车实惠，增加地方税收，带动地方就业。2022年5月，东风公司定点帮扶工作考核评价等次为“好”。

2022年，东风公司重点在东风襄阳中学、东风柳汽希望小学等多个学校开展“润苗·点亮微心愿”活动，为500余名孩子送去东风人的关爱；举办“润苗·汽车梦想课堂”活动，为20所“东风希望小学”2000名学生送知识、拓眼界。携二级单位开展108个对外捐赠项目，捐赠1.045亿元，彰显央企责任与担当。5月8日，由东风公司牵头建立的湖北省车规级芯片产业技术创新联合体在武汉启动运行，旨在打造全国领先、具备湖北特色的汽车芯片产业集群，实现关键核心技术自主可控，合力助推湖北经济、中国汽车芯片产业发展壮大。

2022年，东风公司45.8%的二级单位社会责任工作水平处于“领先者”，较2021年提升8.7%。国务院国资委、中国社会科学院等单位联合发布的《企业社会责任蓝皮书（2022）》显示，2022年，东风公司社会责任发展指数位列中国企业300强第8名，国有企业100强第6名，较2021年排名均提升1位，达到历史最好水平。此外，东风公司凭借“‘东风梦想车’大赛：心怀责任，润美可持续发展之路”案例，荣获2022年中国汽车论坛“责任引领奖”，以生动实践彰显央企责任担当。同时，获“中国汽车行业公益典范”“责任金牛奖”“中国益公司”“公益慈善杰出企业”等荣誉。

（撰稿：张岳平）

庆铃汽车(集团)有限公司发展综述

庆铃汽车(集团)有限公司

一、企业基本情况

庆铃汽车(集团)有限公司(以下简称庆铃集团)是我国汽车行业重点骨干企业,前身是重庆汽车制造厂,1985年与日本五十铃合资设立重庆市第一家中外合资企业——庆铃汽车股份有限公司(以下简称庆铃股份);1994年成为中国汽车行业第一家赴境外上市的企业;1997年赴境外发行可转换债券;2005年日本五十铃对庆铃股份增资扩股,实施共同经营;2020年与德国博世在渝合资设立氢动力系统公司,前瞻性发展氢动力商用车产业。庆铃集团现已发展成为由中日合资,在中国香港上市的庆铃汽车股份有限公司;中德合资的氢动力系统有限责任公司;12家中外合资企业、3家国有全资企业、2家混合所有制企业,共19个子企业组成的综合汽车产业集团。庆铃集团现已建成从毛坯、零部件、总成到整车、改装车完整的商用车产业链,主要生产五十铃全系列商用卡车、庆铃自主品牌燃油和新能源商用卡车、五十铃燃油发动机以及博世氢燃料电池发动机。庆铃集团坚持三十八年如一日专注于商用卡车主业,坚持走质量效益型发展道路,连续三十八年盈利。在2020—2022年行业营收大幅下降与新冠疫情影响叠加的三年,企业共实现营业收入265亿元、利润总额8.25亿元。截至2022年年底,集团总资产144亿元、净资产115亿元。

二、开展的主要工作

近年来,商用车产业和汽车企业面临市场需求不振、技术迭代加快、产业转型压力大、商业模式变革快等多重挑战。庆铃集团切实贯彻党中央精神,牢牢把握稳字当头、稳中求进的工作总基调,强化创新驱动、全面深化改革、推进合规管理、践行国家使命,持续推动企业高质量发展。

(一)以技术创新带动产业升级

庆铃集团坚定不移贯彻新发展理念,持续培育创新氛围、扩大创新队伍、加大创新投入,坚持强化自主创新、深化开放协同创新,持续推动产品技术进步、产业转型升级。

(1)关键总成及核心零部件技术创新取得新进展。一是以己为主开展商用卡车变速箱产品提扭矩、电控化、扩规格开发,逐步搭载到整车产品上。二是通过对前轴、后桥壳、轮毂、制动鼓等零部件从材料、结构上进行优化设计,自主开展桥总成轻量化研发,提升主销轻卡产品技术竞争优势。三是传统发动机总成自主研发能力持续提升,实现1600点零部件国产化,国产化零部件较KD件(在国外完成大部分制造过程,在国内完成组装的零部件。)平均降本30%以上。

(2)新兴技术应用实现新突破。一是完成4X纯电动中重卡线控底盘研发、试制及标定工作,搭建了线控系统的网络拓扑、通信矩阵及控制策略,初步构建起控制模型,为车道保持、偏离预警等辅助驾驶以及自动驾驶提供通用技术基础平台。二是探索庆铃IVI车联网应用前沿数仓技术,大幅提升数据读取、分析、整合能力,新上线运行庆铃智造App、庆铃服务App,为400余家庆铃服务站、70多万用户提供车队管理等百余项增值服务提供服务,提升用户体验感。

(3)新能源汽车产业布局主体架构已搭建,步入发展快车道。新能源关键核心总成方面。一是自主研发皮卡电驱桥、轻卡电驱桥,联合德国博世共同开发两款重卡电驱桥和5款减速箱,逐渐搭载庆铃、吉利、南汽等主机厂并投入商业化应用。二是氢动力合资公司相继完成70千瓦、134千瓦发动机研发，并成功搭载整车，启动了190千瓦以上发动机的预研并于2022年9月点火成功。新能源整车方面，按国家“三纵”技术路线完成布局，并向精、深发力。一是纯电动卡车在2022年实现销售收入同比增长75.4%的基础上，启动了新一代纯电动轻卡的研发，采用全新电子电器架构底盘系统、驱动系统，为纯电动卡车快速跃上新台阶打下技术和产品基础。二是氢动力卡车先后投放在重庆、北京、广东、山东、福建、江苏等10个省(直辖市)，基本覆盖了国内氢燃料电池汽车示范应用城市群，累计销售300余台，名列行业前茅，实际总运营里程超过150万千米，排名行业第一。三是对标国内外混动技术路线，启动插电式混合动力技术研发，完成混合动力轻卡设计、仿真分析、样车试制等工作。

(二)以全面深化改革推动发展

庆铃集团深入贯彻习近平总书记关于国有企业改革发展的重要论述，以国企改革三年行动、对标管理提升专项行动为牵引，持续深化改革，激发企业内生活力。

(1)积极推进子公司市场化改革。一是强化任期制契约化管理。优化子公司任期制和契约化管理工作方案，完善考核内容及指标，进一步拉大经营业绩好与差之间的薪酬差距；集团经营班子签订了岗位聘任协议和经营业绩责任书；全级次企业领导班子任期制和契约化管理实现100%全覆盖。二是加大集团外市场开拓。以《子公司市场化改革实施办法》为指引，推动子公司开拓集团外市场。庆铃集团所属11家制造型子公司2022年外销收入较2017年增幅超过106%，4家子公司集团外市场占比超过50%，7家子公司集团外市场占比超过30%，集团外市场已成为子公司生产经营的重要支撑部分，子公司独立经营的能力、创新的能力、市场开拓的能力全面增强。

(2)深入推进三项制度改革。一是深化薪酬制度改革。打破平均主义，建立以业绩为导向的薪酬分配体系，将薪酬与公司效益、部门和个人绩效紧密挂钩，实现薪酬“能高能低”。二是全面推进用工市场化。推行市场化公开招聘制度，规范人才引进流程及管理，明确人才引进条件，不断拓宽人才引进渠道，实现员工“能进能出”。三是强化干部队伍管理。修订完善《中层管理人员管理办法》《培养选拔优秀年轻干部实施办法》《调整不适宜担任现职中层干部实施细则》等办法，健全中层管理人员选拔、任用、考评、退出机制，对重要岗位实施竞聘上岗，对考核不合格的中层干部给予降职处理，实现干部“能上能下”。

(3)实施内部组织机构改革。一是对开发系统组织流程改革，提升开发质效。强化“开发提案”阶段必要性、可行性、营利性的审议，明确市场销量、研发投入、价格目标、回收周期“四个目标”，并从产品研发设计、生产制造、运行监测等全方面、全过程提出具体规范要求，确定各系统、各部门在各阶段的工作内容和职责，明确89项审议项目各节点及要求，一体化同步推进。二是对品质系统组织机构改革、激发管理活力。对标对表ISO/TS16949规范、借鉴日本五十铃质量管理，调整组织机构、梳理工作职责，对产品设计全过程实施质量管理。向前抓新产品开发和量产准备环节的试制、试验和质量评价；向后抓市场反馈，尤其是质量问题的快速反应和整改；全面落实“谁设计谁负责、谁制造谁负责、谁检查谁负责”质量责任。2022年整车一次下线合格率提升14%、售后质量索赔大幅降低27%。

(三)以合规化管理铸牢发展根基

庆铃集团坚持在法治轨道上推进企业治理能力现代化，不断提升公司依法合规经营管理水平，进一步推动建立健全合规管理体系，保障企业稳健发展。

(1)搭建合规管理体系。制定《庆铃集团合规管理办法》《庆铃集团合规管理体系建设实施方案》及合规工作任务实施清单台账。成立合规委员会，设立合规委员会办公室及合规管理组，负责各系统职责范围内包括党建、战略投资、人力资源、市场风险、资产财务、采购与质量、安全环保、法治建设8个方面的合规管理工作，形成企业主要负责人领导、总法律顾问牵头、风控法务部门具体实施的合规管理工作机制，确保各层级各司其职、各尽其责、协调配合，形成合规管理合力。

(2)提升制度基础管理。一是巩固落实制度清查梳理优化工作成果，按根本制度、基本制度进行制度全面清理，梳理出各级各类管理制度 287 个，全面摸清制度底数。二是新增修订 34 个管理制度，不断加强公司制度建设，形成涉及党务管理、纪检监察、集体决策、投资管理、财务及资产管理、合同及印章管理、创新激励管理、安全环保管理、人力资源管理、合规与风险管控等方面较完整的内控制度体系。三是不断完善制度规范运行流程，加强合法合规性审查，实现法审全覆盖。2022 年审核规章制度 413 份，提出改进意见 1600 余项，确保制度合法合规。

（3）完善合规风险内控协同运作机制。一是制定《规章制度审查全周期管理表》《重要决策审查全周期管理表》，修订《合同（或协议）签约审批表》，建立健全三项重点工作全周期管理体系，形成制定、执行、评估、改进工作闭环。二是常态化开展风险隐患排查处置，通过发布风险提示书，及时进行风险预警，提出整改及预防建议，将风险等级控制在最低。2022 年通过案件排查、法规变化及实地调研，梳理出公司治理、生产经营方面可能存在的风险，发布 3 份法律风险提示书，有效降低风险隐患。

（四）以高度责任感践行国家使命

庆铃集团坚决响应和贯彻落实党中央决策部署，以促进社会发展为己任，将企业经营融入社会的整体利益之中，努力为我国经济社会发展做出贡献。

（1）扎实履行国企社会责任。一是积极参与乡村振兴建设。出资 2000 万元支持重庆市酉阳土家族苗族自治县桃花源旅游投资集团融资改革，发挥乡村旅游作用、大力促进乡村振兴；捐赠 170 万元乡村振兴产业发展专项资金，改善当地产业发展基础；采购肉类、蔬菜等农副产品 230 余万元，助力消费帮扶。二是组织党员下沉社区参与防疫工作。2022 年 11 月至 12 月期间，号召 569 名党员干部下沉社区报到，549 人参与志愿活动，为 336 个社区提供新冠疫情防控志愿活动 3506 次。

（2）坚持安全绿色发展。庆铃集团在发展中坚持贯彻环境保护的基本国策，主动承担安全、绿色发展的社会责任。一是压实安全责任。严格落实“安全风险分级管控和事故隐患排查治理”双重防控机制，开展专项排查整治 15 轮，全年累计排查整治安全隐患 5230 项。修订完善规章制度 443 份，组织安全环保教育培训 357 场次、57583 人次，实现安全稳定生产，环保达标排放。二是坚持绿色制造。全年累计投入安全生产、职业卫生资金 4684 万元，应用新技术改善作业环境、增强劳动防护。

（3）注重职工人文关怀。庆铃集团坚持以人民为中心的发展理念，加强人文关怀，切实提升职工的幸福感和凝聚力。一是关注职工身体健康。新冠疫情期间为职工准备药品 451 种，为 1.2 万人次熬制 12 种预防新冠的中药汤剂。在闭环生产期间为每人配备床垫、棉被、秋衣、秋裤、棉袜等生活物资。二是规范提升福利费水平，为职工购买“渝快保”，有效提高了职工医疗保障水平，解决职工后顾之忧；营造舒适环境，完成新增 230 余个职工停车位遮阳棚、设立便民超市、维修职工宿舍，为职工创造美好便捷的生活圈。

庆铃集团将深学笃用习近平新时代中国特色社会主义思想，以敢为人先的进取意识、勇于担当的责任意识、时不我待的机遇意识，强化创新、深化改革，不断汇聚企业发展新动能，奋力建成国内一流、国际知名的综合性汽车产业集团，为中国经济续航加油，共同驶向高质量发展新时代。

中联重科：科技献礼新时代　先进制造竞未来

中联重科股份有限公司

湘江之滨，麓山脚下，位于银盆南路 361 号的中联科技园，是中国工程机械的技术发源地，也是全球工程机械领军企业中联重科股份有限公司（以下简称中联重科）的总部所在地。这里依山傍水，林荫簇拥，始终激荡着源源不断的创新活力。时光年轮中，中联重科已悄然走过30多个春秋，谱写了一部“科技产业化、产业科技化”的史诗篇章。如今正青春盎然，持续引领工程机械产业的高端化、智能化、绿色化发展，以科技献礼新时代。

一、赓续创新塑造竞争优势

因脱胎于国家级科研院所而传承的基因和创新的实力是中联重科一路披荆斩棘、从容不迫的底气。秉持“技术是根，产品是本”的理念，在科技创新的征程上，中联重科笃行不怠。

抓住技术创新源头活水，中联重科专注于攀登行业技术极致新高度。先后研发了全球最长101米碳纤维臂架混凝土泵车、全球最大2400吨全地面起重机、全球最高68米自行走直臂式高空作业平台、国内首台3200吨履带式起重机等一大批世界之最和世界首创产品。在中联重科举行的“科技献礼新时代”系列活动上，500多台套先进产品、关键零部件集体亮相。

从4.0到4.0A创新工程，中联重科产品数字化、智能化、绿色化水平不断迈向新台阶。打造的行业首个绿色智慧施工工地，实现了装备与装备间任务高效衔接、动作精准协同、安全空间精准预判，“挖掘—浇筑—吊装—装饰”全流程自主无人施工，智慧之光向世界展现出无穷魅力。连续突破“超高强钢臂架设计、制造、试验技术”等10大核心关键技术，为产品创新奠定扎实基础，锻造了企业核心竞争力。

一路创新突破，中联重科已掌握行业话语权。2次荣获“国家科技进步奖”，3次荣获“国家专利金奖”，截至2023年4月底，累计申请专利14428件，其中发明专利5901件，有效发明专利数量和专利综合实力均位居工程机械行业第一；2022年中联重科维持10年以上的高质量发明专利数量进入全国企业100强榜单，是工程机械唯一一家入选企业。先后主导、参与制修订400多项国家和行业标准、23项国际标准，站上全球行业技术的制高点。

二、智能制造打造世界级新标杆

梅溪湖以西8千米，一座万亩新城——中联智慧产业城已拔地而起。智能产品栉比鳞次，灯塔工厂拔节生长，曾经的桑田阡陌已蜕变为如今的绿色智慧新城，“看得见的智慧”与“看不见的智慧”在这里相互交融，智能制造的场景在中联重科全力打造的23个智能工厂、406条智能产线中，从设想走进现实。

作为全球规模最大、品种最全的工程机械综合产业基地，践行“三高四新”战略定位和使命任务的标杆工程，湖南省十大产业项目的一号工程，中联智慧产业城已初具规模。这里汇聚了8个全球领先的灯塔工厂、300余条智能生产线、8大国家级科研创新平台和1个国际标准秘书处，拥有700多项产线专利技术，创新150多项行业领先技术，可以实现平均每6分钟下线一台挖掘机，每7.5分钟生产一台高空作业机械，每18分钟制造一辆汽车起重机，每30分钟打造一台臂架泵车。“工程机械之都”长沙的智造新地标、一座充满科技气息的未来之城、一个领先行业的智能制造高地正以昂扬的姿态，引领新业态、新形态、新生态的深度变革。

三、先进制造竞逐未来蓝图

中联重科阔步先进制造的征途，在于主动变革，谋定多元。以工程机械为主业，拓展新领域，形成“工程机械、农业机械和智慧农业、建筑新材料”三大板块并进的产业集群，迸发出强劲的增长动能。

工程起重机械、建筑起重机械、混凝土机械等优势板块在巩固市场地位的同时，不断攀登更高峰、再造新巅峰。塔式起重机、履带起重机、混凝土泵车、轮式起重机均成为国家级制造业单项冠军产品；常德液压、特力液压均被评为专精特新“小巨人”企业；2021全球起重机制造商10强排行榜（包含移动式起重机与塔式起重机）显示，中联重科以53.45亿美元的起重机销售额位居全球第一。

土方机械、高空作业机械、农业机械和智慧农业、新材料等新兴产业板块自主创新活力全面激发、培育壮大。中大吨位挖掘机产品精心打磨，性能优势深受市场欢迎；高空作业机械型谱不断优化，品牌关注度持续保持行业第一；农业机械发力行业短板，关键技术攻关持续突破；智慧农业聚焦智慧赋能，示范基地描绘农业强国的全新未来；建筑新材料布局全国，工厂建设快速推进。

核心产业勇立潮头，奋楫扬帆；新兴产业强势崛起，竞相发展。中联重科千亿级先进制造联合舰队始终锚定新数字、新能源、新材料方向，驶向深蓝。

四、阔步海外紧握发展机遇

扎根湖湘，花开全球。作为最早走出去的中国工程机械企业，这只来自中国的雄狮，曾并购意大利 CIFA、德国 M-TEC、德国 WILBERT 等众多行业优秀企业。

"地球村"思维下，中联重科坚持海外业务的模式持续变革。用端对端连接全球市场，用数字化赋能业务拓展，用本地化深耕本土市场，如今中联重科已在全球建立了 30 个业务航空港，实现了全球化运营。

目前，中联重科的研发中心、生产基地、市场网络、服务体系遍布全球，产品和服务覆盖 130 多个国家和地区。多年深耕海外，中联重科成功打造"一带一路"本地化制造集群，实现了"走出去""走进去""走上去"的跨越，国际影响力和竞争力日益提升，而今的中联重科早已成为中国高端装备制造业的一面旗帜。2022 年，中联重科境外收入 99.92 亿元，同比增长 72.6%。在印度尼西亚、印度、阿联酋、沙特、土耳其等共建"一带一路"国家，销售业绩同比增长超过 100%。2023 年一季度，中联重科海外营收更是大幅增长 123%。

过尽千帆风仍劲，一览众山力犹新。昂首迈入智能化、数字化、绿色化发展的春天，在全面贯彻党的二十大精神的开局之年，中联重科将继续锚定高质量发展目标，凝聚磅礴伟力，为建设制造强国和助力长沙加快打造世界级工程机械产业集群贡献应有的力量。

深化改革管理创新　履行强军首责
加快建设世界一流公司

中国兵器工业集团内蒙古第一机械集团有限公司

中国兵器工业集团内蒙古第一机械集团有限公司（以下简称一机集团）成立于 1954 年，属于国家"一五"期间 156 个重点建设项目之一，经营地域覆盖包头、北京、太原、侯马等全国重点区域。一机集团是国家重点保军企业，是我国唯一的集主战坦克、轮式步兵战车、中口径火炮于一体的高新武器装备研发制造集团，是我军地面武器装备机械化、信息化、智能化发展的主力和骨干，是央企子企业中唯一能够研发制造轨道式、履带式和轮式于一体的特种车辆高新技术企业，2016 年一机集团完成军工核心资产重大重组实现整体上市。目前，公司资产总额 320 亿元。在职员工 13000 余人，其中专业技术人员超过 3000 人。拥有子公司 35 家，其中上市子公司 1 家、新三板挂牌企业 1 家、其他实际控制子公司 23 家、参股子公司 10 家。

一机集团坚持以习近平新时代中国特色社会主义思想为指导，全面贯彻落实党的十九大、十九届中央历次全会和党的二十大精神，完整准确全面贯彻新发展理念，胸怀"两个大局"，牢记"国之大者"，深入落实中国兵器工业集团"1+5"战略和"双十"规划，结合企业实际，梳理明确了"高质量建设活力一机、创新一机、数字一机、效益一机，努力实现幸福一机，研制世界一流装备、建设世界一流公司"的战略愿景，确立了"打造经营能力、科技创新、产品服务、工艺制造、管理水平、人才队伍、党建引领、企业文化和企业形象'九个一流'，把上市公司培育成绩优蓝筹公司，把其他经营板块打造成为单项冠军企业集群"的战略路径。对标一流、锐意改革、大胆创新，高质量发展迈上新台阶，连续 45 年保持盈利。

2017 年以来，一机集团先后获得"全国文明单位”“全国五一劳动奖状”“全国模范劳动关系和谐企业”“国庆70周年阅兵装备保障先进单位”等重要荣誉表彰20余项，入选国务院国资委“国有重点企业管理标杆创建行动标杆企业”和“国有企业公司治理示范企业”。连续三年获得“兵器工业集团经济效益突出贡献一等奖”，连续四年获得兵器工业集团党建工作责任制考核A级评价。

一、以党的政治建设为统领，全面落实强军兴军首要职责，坚定不移履行好政治责任

把政治建设放在首位。一机集团坚持把学懂弄通做实习近平新时代中国特色社会主义思想作为首要政治任务，不断完善党委会“第一议题”、理论学习中心组“第一内容”等学习落实机制，及时系统梳理习近平总书记重要指示批示和党中央重大决策部署，逐项制定贯彻措施，细化分解落实任务，做到“学习领会第一时间、任务分解第一步骤、贯彻落实第一要求、督查考核第一内容”，始终用党的创新理论武装头脑指导实践推动工作，增强“四个意识”、坚定“四个自信”，做到“两个维护”。深入开展党中央部署的“不忘初心、牢记使命”主题教育、党史学习教育、学习贯彻习近平新时代中国特色社会主义思想主题教育等系列重大政治任务，建立“两学一做”常态化长效化机制。坚持全面从严治党向纵深推进，落实党风廉政建设主体责任和监督责任，“不敢腐、不能腐、不想腐”反腐败体制机制不断健全完善。探索实践“兵工根、铁骑魂”国企高质量党建工作体系，构建铸魂、固本、担当、正风、聚力、民生六大工程，真正将党的政治优势、组织优势和群众工作优势转化为企业的改革发展优势，以高质量党建引领高质量发展。“‘兵工根、铁骑魂’高质量党建工作体系”课题研究荣获中国政研会党建课题一等奖。

坚持强军兴军首责，高质量完成军品生产和服务保障任务。2017年以来，一机集团在装备订货上，连续5年创下建厂以来历史新高，品种、数量均处于国防科工系统前列。外贸明星坦克、外贸轮式战车出口创出新业绩，特别是外贸明星坦克项目收获大单。在生产组织上，面对屡创新高的科研生产任务，特别是面对重点装备工程建设、国庆70周年阅兵及国际军事比赛等重大政治任务，高标准完成各式装备科研生产任务，成为我军和兵器工业集团能攻坚、可信赖的强军兴军骨干力量。在质量管理上，全面贯彻“质量就是生命、质量就是胜算”理念，不断增强抓好质量的政治意识、使命意识，深入开展“正风肃纪、夯基固堤”等质量专项活动，有效提升了质量管理水平和产品实物质量，连续21年保持“全国用户满意企业”称号。在服务保障上，高质量配合部队完成各项重大任务，凭借过硬技术能力和优良作风得到官兵高度赞扬，获得锦旗、牌匾等100余面/块，为部队快速形成战斗力和保障力奠定坚实基础。

坚持自立自强，不断提升科技自主创新能力水平。一机集团坚持把科技创新作为企业履行强军首责、实现高质量发展的第一支撑，组织召开科技创新大会，研究出台深化科技创新实施意见和若干激励政策。技术投入年均增长6.85%，获省部级以上科技创新奖项29项、兵器工业集团科技进步奖50项，授权专利393项。一是军品轮式装甲车系列改进研制，轻型坦克、新型轮式装甲车、外贸明星坦克、轻型车载榴弹炮等一批新装备或投入批产，或取得阶段性成果，新产品贡献率超40%。形成轮履结合、轻中重结合、车炮一体的研制生产格局，服务领域在陆军基础上，成功拓展至海军、空军、火箭军和武警部队，并实现向多个国家批量出口。二是着眼信息化、智能化发展大势，成立了北京智能技术工程中心、西安应急装备研究中心、南京火炮研究中心，开展信息化、无人化、智能化技术研究和装备研发，大力推动一机集团实现机械化、信息化、智能化“三化”融合转型发展。三是持续深化共性基础技术研究，“特种车辆设计制造集成技术全国重点实验室”获批组建，大型构件智能焊接装备等技术瓶颈取得突破。轻质合金加工、精密成形、精密冲压、热处理、防腐、密封、无应力制造、增材制造、精密装配等关键技术领域研究取得阶段性成果。四是加大关键核心技术培育。推动全电驱动、线控底盘等新兴技术开发。深化大功率综合传动、一体化动力、综合防护技术等传统优势技术研究。

二、深化改革创一流，经济效益创历史最好水平，推动企业高质量履行好经济责任

经济效益创历史最好水平。一机集团坚持把建设一流的市场化经营能力放在首位，持续深化体制机制改革，构建灵活高效的市场化经营机制，全面增强各民品板块响应市场、参与竞争、自主经营、自我发展的专业化能力。2017—2022 年 5 年间，一机集团主营业务收入由 134 亿元增至 177 亿元，年均增长 5.7%。利润由 4.8 亿元增至 10 亿元，年均增长 15.8%。全员劳动生产率由 21 万元/人增至 33.8 万元/人，年均增长 10%。各项指标均创历史最好水平。同时，职工收入年均增长 10%以上。企业年均为国家上缴税费超过 3 亿元。

主干民品市场化经营能力大幅提升。一机集团下属子企业北方创业公司积极融入行业，强化市场开拓，深入开展重载运输技术、环保载运技术、多式联运技术、轻量化技术和货车智能监测技术创新，完成 KW10 型粮食漏斗车、70 吨级电加热型沥青罐车等新型货车研制，创造年度签订铁路货车合同 3989 辆新纪录，发展规模突破 13 亿元，市场竞争力大幅提升。桥箱公司 2020 年重组进入一机集团以后，通过拓市场、抓管理、降风险，当年就一举扭转近 10 年亏损局面，实现盈利 840 万元，2021 年更进一步，实现利润 1500 万元。下属子企业工程机械公司通过与徐工集团合作，利润、收入等逐年大幅增长，2021 年利润同比增长 4.55 倍，主营业务收入同比增长 2.3 倍。同时，下属北方风雷公司、万佳信息公司、专用汽车公司等困难子企业，脱困发展成效显著，其中北方风雷公司 2022 年利润突破 1800 万元。下属子企业北方创业公司、宏远电器公司、路通弹簧公司、一机徐工公司、瑞特公司成功入选中华人民共和国工业和信息化部专精特新“小巨人”企业，整个兵器工业集团累计 11 家，一机集团独占 5 家。

持续推动军民融合深度发展。一机集团深入贯彻落实习近平总书记关于军民融合的重要指示批示精神，强化军民科技协同创新与资源共享，建设开放融合的装备科研生产体系。一方面，有效利用先进民品领域技术和产品，服务国防和军队现代化建设。一机集团研制的 TY320 推土机，战胜了包括行业巨头“山推”在内的 8 家企业，获得了工程兵“一次竞标、五年供货”资格。研制的直墙拱形钢铝复合结构等 6 种型号结构工事和医技保障车等，通过竞标进入军队后勤保障领域。另一方面，大力推进“军转民”，将成熟军工技术转化到民用领域，服务国家经济社会发展。近年来，一机集团围绕森林草原消防应急救援、城市综合救援和地震、泥石流、冰雪等灾害救援需求，开发出涵盖指挥、作业、保障三大系列数十款装备，用于抢险救援、森林消防、现场保障、生命救护等应急任务，在大兴安岭森林灭火、包头市固阳县特大洪涝灾害救援以及山西、四川、黑龙江地区森林灭火等应急任务中发挥了重要作用。履带式森林消防车成功进入国家应急装备储备体系，4×4 通信指挥车实现森林消防部队首次订货，7 型装备列入国家应急管理部装备专项计划，7 型装备列入公安部警用特种车辆采购目录。包头应急救援装备研发制造储备基地成功落户一机集团。国家应急管理部“巡堤查险成套技术装备”揭榜挂帅攻关项目完成研制和应用示范，“矿山快速排水救援成套技术装备研究”项目中标。

数字产业化和产业数字化取得进展。制定《“数智工程”实施方案》，明确“数字一机”和“云上一机”建设的发展思路、实现路径、建设内容和目标。大力推进产业数字化，以信息化、数字化赋能安全、质量、制造等生产经营过程，赋能管理提升，推动传统产业转型升级。一机集团加快数字产业化，成立工业互联网数构科技公司，形成数字经济发展新引擎新动力，着力打造我国西部最好的工业互联网平台，确保“十四五”末规模突破 10 亿元。目前，工业互联网平台完成部署，供应链协同平台已入驻供应商 400 余家。推进兵器供应商入驻平台、询比价业务开展、阳光七采平台合作。推动实施北实公司设备上云项目、力克橡塑安全生产项目，打造标杆示范应用。推进消费养老服务平台运营，目前注册用户已达到 18700 人。围绕政府数字化服务，承担包头市智慧园区市级平台建设，中标包头市工业数字化评估诊断项目，评估企业 152 户，开发包头市工业数字化转型大数据地图平台并实现大数据分析。

深化改革调整，充分激发企业活力。一机集团

坚持在深化改革上狠下功夫，企业各项改革任务蹄疾步稳。一是规范运行结构优化企业治理。实现股份公司为主体、股份公司与子集团一体化运作，军工资产整体上市情况下的管控方式和运行模式基本理顺。按照国企改革三年行动部署要求，全面厘清党委会、董事会、监事会、经理层等职责边界，规范董事会建设、经理层任期制和契约化管理等各项工作任务全面完成。一机股份公司作为中国兵器工业集团唯一一家企业入选国务院国资委“国有企业公司治理示范企业”。二是优化组织机构实现精简高效。将原21个总部职能部门和直属单位、113个二级内设机构，优化精简为16个部门、60个内设机构。明确内设机构职责，细化制度和流程，深入开展“三定”，总部原有125个岗位优化为100个，分子公司原有234个管理岗位精简为125个，332个技能岗位优化为128个。三是创新实施“三项制度”改革。基于干部能上能下，坚持精简高效、规范设置，一机集团总部助理级领导人员全部下沉到一线，承担具体经营发展任务。重新从严核定中层领导人员职数，实行“长师分设”，建立内部领导人员转聘职业经理人机制。基于员工能进能出，总部压缩定员、分流安置，通过组织选任、竞争上岗、岗位交流、进入职级通道、一线培养锻炼和内部退养等多种途径，妥善安置每位员工。基于收入能多能少，面向市场深化绩效和薪酬改革，建立“赛马”机制，责权利对等，领导人员完不成主要考核指标70%的自动解职，形成凭本事拿薪、靠业绩吃饭的良性竞争氛围。特别是围绕科技创新，制定了贯穿科研工作全过程的科技创新激励、畅通科技人员发展通道、提高科技人员薪酬待遇等一系列重要政策文件，全面加快科技强企步伐。建立科技、管理人员职业发展通道，实施职级薪酬和薪点制，构建更加面向市场的薪酬分配体系。一机集团核心骨干人员限制性股票激励计划成功实施。四是积极稳妥推进合资合作和混合所有制改革。工程机械公司与徐工集团实现合资。专用汽车公司、万佳信息公司完成混合所有制改革。五是“三供一业”完成剥离，企业医疗机构通过与国药集团合资完成深化改革。

对标世界一流，持续提升企业管理水平。一机集团董事长、党委书记李全文带领企业认真落实国务院国资委、中国兵器工业集团“对标一流、建设世界一流”企业的安排部署，充分学习借鉴先进企业发展经验，结合一机集团实际，明确了“对标世界一流企业、建设具有全球竞争力的世界一流特种车辆研发制造集团”的工作方向，把握“明确目标、确定标杆、查找问题、制定措施”四个环节，解决“对什么”“跟谁对”“差在哪”“怎么办”问题，在“经营能力、科技创新、信息化建设、人才队伍、管理水平、环保安全、公司治理、党的建设、社会形象”九个方面深耕细作久久为功，特别是前瞻性引入ESG(环境、社会和治理)评价体系，加强企业制度体系、组织体系、责任体系、执行体系、评价体系等建设，全面提升企业整体的管理能力和水平。按照“九九归一”研制世界一流装备、建设世界一流公司的要求，在全面完成10个领域123条对标一流管理提升工作任务的基础上，再一次对标对象、对标领域、对标指标进行再梳理，形成2.0提升方案，深入实施《对标一流管理提升方案(2023—2025年)》，围绕9个方面、38个对标事项、116条提升措施狠抓落实，持续提高获利能力和可持续发展能力，增强企业竞争力。

人才队伍建设不断取得新突破。一机集团坚持企业发展人才为本，立足打造一流人才队伍，不断完善人才引进、培养、使用各项机制，建设好企业家、管理者队伍，培育具有相关领域世界前沿水平、掌握关键核心技术的科技领军人才和创新团队，培育一批具有工匠精神、创新素养的高技能人才。在董事长、党委书记李全文的组织推动下，目前一机集团拥有20名享受国务院政府特殊津贴专家、2名中国兵器首席科学家、3名中国兵器首席技师、14名兵器科技带头人；4人获得“中华技能大奖”、24人获得“全国技术能手”称号，建成5座国家级技能大师工作室。2021年，一机集团原兵器首席科学家冯益柏荣获全国“最美科技工作者”，一机集团焊接高级技师卢仁峰获得第八届全国道德模范提名奖、2021年度“大国工匠年度人物”。

三、以红色文化为牵引，统筹抓好疫情、环保安全等各项工作，履行好社会责任

传承弘扬“把一切献给党”的人民兵工精神，打

造具有一机特色的"战车精神、铁骑文化"。一机集团作为中华人民共和国第一辆坦克的诞生地,因党而生、为军而行,在近70年的砥砺奋进历程中,形成了厚重优秀的精神和文化。一机集团将这种精神和文化进行了系统总结提炼,形成"战车精神"和"铁骑文化",其中"战车精神"概括为"敢于担当、善于攻坚、勇往直前、永争第一";"铁骑文化"概括为:铁心向党的忠诚文化、铁肩担当的责任文化、铁甲奔流的攻坚文化、铁血落实的执行文化、铁柔相济的包容文化、铁志为民的人本文化,传承红色基因、赓续红色血脉、厚植红色底蕴,充分汇聚起全体干部职工智慧和汗水形成的磅礴力量,推动企业高质量发展。《以铁骑文化引领和保障高质量发展》获中国企业联合会、中国企业家协会"全国优秀企业文化成果"一等奖。

在新冠疫情防控中彰显担当,积极助力脱贫攻坚和乡村振兴。一机集团坚定自觉履行央企社会责任,充分利用企业技术、产品优势助力地方新冠疫情防控和经济社会发展。在新冠疫情防控上,2020年初面对新冠疫情,一机集团先后选派两批9名医护人员驰援荆门和武汉。选派100名党员干部紧急支援包头市社区疫情防控。采取超常规措施,12天完成防护服压条机试制,20天完成口罩机试制,并形成批产能力。第一时间启动负压医疗救护车生产,支援内蒙古防疫抗疫。组织下属子企业星叶轻工公司迅速转产,第一时间形成医疗防护口罩和防护服产能,其中口罩产量由日产4000只迅速扩产至20万只,有效缓解地方对口罩等的紧迫需求。投资980多万元,推动职工医院第一时间形成PCR(聚合酶链反应)检测等新冠疫情防控能力。2022年,面对包头市严峻疫情防控形势,第一时间向包头市捐赠615万元防疫抗疫装备和物资,及时为租用公司商铺的商户减免租金。企业职工孟雪芬获评"全国抗击新冠疫情先进个人"。在脱贫攻坚和乡村振兴上,2017年以来,一机集团先后向包头市固阳县大圐圙(kū lüè)村派驻了脱贫攻坚"第一书记"、向包头市固阳县电报局村派驻了乡村振兴"第一书记",全力以赴配合地方党委政府做好相关工作。同时对口帮扶和公益消费扶贫累计超过700万元。一机集团先后获得中国兵器工业集团"履行社会责任先进单位"、包头市"脱贫攻坚优秀帮扶单位"等荣誉称号。

深入推进绿色发展、安全发展。一机集团深入贯彻绿色发展、安全发展要求,积极推动企业不断增加环保、安全投入,建设一流绿色工厂。近年来,一机集团万元可比价产值能耗、COD(化学需氧量)排放量、能源成本等逐年下降,安全环保水平逐年提升,提前一年完成"十三五"节能减排目标,17次荣获"全国安康杯竞赛优胜企业"。积极落实环境保护综合提升三年行动方案,完成存在60多年的企业固废堆场治理,依法合规完成废旧电镀生产线等处置。针对焊接烟尘、喷漆等危害职工健康的因素,如期完成23项治理项目。深入落实安全生产责任,强化安全体系建设,积极开展重点领域专项整治,安全生产平稳运行。

技术创新为发展提供不竭动力

成都航利装备科技有限公司

技术创新是保持企业核心竞争力的源泉,是实现企业可持续发展的保障,是企业开展技术合作与交流的窗口,是企业从事新技术、新工艺研发的载体,也是企业推进科技进步、知识产权保护、产学研结合和科技成果实现产业化的重要平台。成都航利装备科技有限公司自成立以来,高度重视技术创新工作,始终坚持走自主创新之路,技术创新平台建设也成为公司创新发展的核心任务之一。

2020年9月,成都航利装备科技有限公司在成立伊始便成立了企业技术中心,使自主创新工作有了可依托的载体,从而承担起全公司新产品、新技术研发的重任。现在,公司已具备完善的技术开发流程管理能力，培养了一批技术骨干，攻克了多项重大研发课题，取得了丰硕的研发成果。借助技术中心这个强有力的科技创新催化平台，公司已将技术研究开发与创新成果产业化紧密结合了起来，将自主研发和产学研合作结合了起来。2021 年成都航利装备科技有限公司被认定为"国家高新技术企业"。

一、以企业技术中心为创新孵化器

技术中心是公司技术创新体系的核心，是公司高层次、高水平的研究开发机构及技术进步和技术创新的主要技术依托。技术中心下设技术创新委员会、专家咨询委员会和技术中心办公室；自建有研究机构 3 个，共建研究机构 1 个，共同承担着成都航利装备科技有限公司技术创新的重任。

公司技术中心的技术领域主要围绕航空检测及维修服务为主要业务。主要技术及服务属于四川省《战略性新兴产业（产品）发展指导目录》（2017 年）中"二、高端装备制造产业"所属"4. 智能制造装备"所包含"智能检测与装配装备"的相关领域。公司技术中心研发主要领域涵盖航空电子控制器检测、外场工装设备检测、航空发动机清洗维修等多个航空检测维修技术领域，整体技术水平达到国内领先。

二、技术创新体系建设和运行机制

（一）组织管理体系建设

成都航利装备科技有限公司建立了以企业技术中心为核心，三个层次、两级管理的技术创新体系。见图 1。

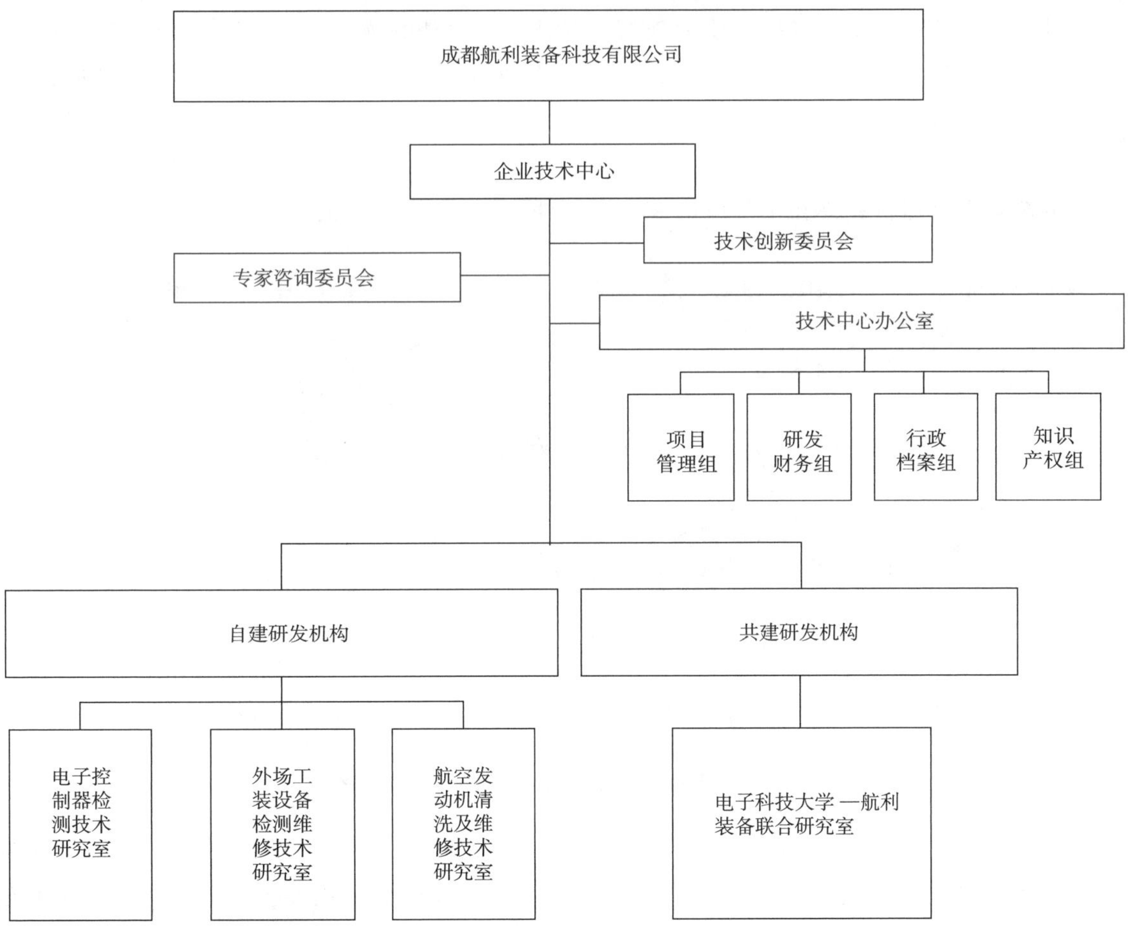

图 1　成都航利装备科技有限公司企业技术中心架构

三个层次包括：第一层次是对行业发展有重要影响的关键技术、共性技术及核心技术的研发和创新;体现成都航利装备科技有限公司核心竞争力的研究开发和创新;行业重大前瞻性项目的研究开发和创新;产学研合作重大研发项目的研究开发和创新。第二层次是即期或近期市场重点关注和需要的新产品、新技术、新工艺的研究开发与技术应用。第三层次包括产业配套、航空检测维修技术在行业内的创新应用。在航空装备故障诊断评估技术及航空装备维护保养技术研发上,公司还进一步挖掘与探索适应未来战争的航空装备维修保障技术创新体系建设和新技术的示范应用。

两级管理包括:公司层面的一级管理,技术中心负责公司层面技术创新的一级管理,在技术创新体系中发挥核心驱动作用。统一管理、协调公司技术创新、技术引进、技术交流与合作、高层次人才培养以及知识产权、共建研究机构、创新团队的管理等工作。各职能部门的二级管理,公司下设的各职能部门和事业部负责技术创新的二级管理,在技术创新体系中发挥着重要的支撑作用。

(二)规章制度建立

技术中心的高效有序运行关键在于制度的制定与落实,所以为保障技术中心研究与实验开发工作的顺利开展,让每一个技术人员都能发挥其技术特长,让每一个科研人员积极参与企业技术创新,成都航利装备科技有限公司在企业内部已有的规章制度的基础上,又特别针对企业技术中心的工作特殊性制定了专门的管理制度。

(三)研发项目组织管理机制

项目决策:为保证项目研究成果的可转化性,通常项目会经过反复论证,最后形成技术中心《项目建议书》,《项目建议书》在得到技术中心创新委员会决策通过后,才能正式进入立项管理程序。

项目实施:项目在完成决策程序后,即形成了决策决议交技术中心作为立项办理的依据。见图 2。

项目管理:研发项目实行项目经理负责制,项目经理对研发工作总负责,项目执行期间直接接受技术中心主任的领导。项目经理有组建研发小组的权力,并确定核心成员、辅助人员,以及各成员的职责,并对成员的业绩和表现进行考核。项目经理全面主持项目研发工作,向技术中心主任提交《项目计划书》并定期向其汇报工作。

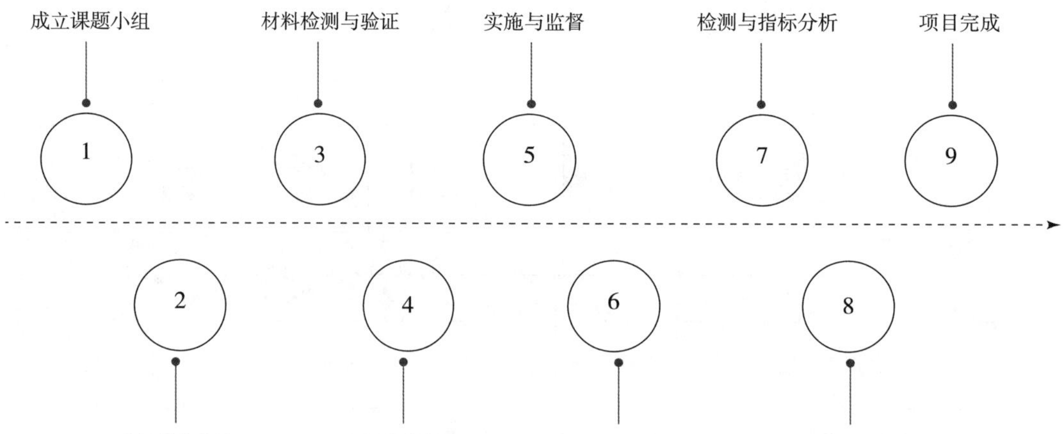

图 2　成都航利装备科技有限公司研发项目决策程序

进度控制管理:技术中心办公室作为技术中心的日常管理机构,对项目小组下达任务书,并对项目进展情况定期进行质询和监督检查,判断其是否按照计划在推进工作。

项目人员管理:定期对开发人员进行考核评价,根据考核成绩对其进行奖励或处罚。

项目的验收结题:项目完成时,项目小组须提交《项目结题报告》,由专家委员会和技术中心创新委员会共同评审,评价项目完成的质量,评定项目的技术水平。

项目成果管理:项目完成后,项目小组对项目技术资料进行整理、总结,形成文件归档,由技术中心办公室管理。

（四）研发经费管理机制

公司高度重视科研经费的管理和使用。为保证科研经费的专款专用，成都航利装备科技有限公司建立健全了科学、可操作性强、行之有效的科研经费财务管理办法和制度。同时，技术中心在财务部门统筹管理的大框架下专款专用，每年按照公司制定的《企业研发准备金管理办法》提取不低于当年销售收入的6%列入科技经费。经费的管理纳入技术中心员工基本考核体系，并由技术中心负责人作为技术中心研发经费使用和管理的第一责任人定期向公司汇报经费使用情况，从而保证了研发经费的专款专用和合理受控。

（五）人才激励机制

为了充分发挥技术中心的优势，有效激发员工的工作潜力和热情，鼓励员工与企业一起成长，进一步提升成都航利装备科技有限公司的技术力量，增强企业的核心竞争力，成都航利装备科技有限公司制定了完善的科研人员研发激励制度，主要的激励措施如下：

（1）依据公司的绩效评价体系，将科研人员的薪酬和绩效挂钩，实行多劳多得的原则，对有突出贡献的员工给予奖励。

（2）为员工提供各种进修学习、指导、培训及获得有挑战性的工作的机会，提升员工自身的能力。

（3）公司专业技术职务实行评聘分开制度，根据业务发展需要聘任研发人员，向被聘研发人员颁发聘书，聘任期间享受相应的待遇。成都航利装备科技有限公司专业技术职务聘任期一般为两年，有特殊情况可根据工作实际需要确定。聘任期满视工作需要并经考察符合条件的可以连续聘任。

（4）各级受聘研发人员应具备相应专业技术资格和履行相应职责的实际能力和业务知识。成都航利装备科技有限公司根据不同级别的工作岗位发放与之相匹配的薪酬福利。目前技术中心研发人员年人均收入达到在岗职工人均收入的1.4倍以上。

（5）鼓励员工积极发明创新。若员工成功申请专利，公司在收到专利申请受理通知书之日起，一个月内（财务部在收到“专利受理通知书”备案后，随同当月工资一并发放）为每件实用新型专利发放一次性奖励现金。

（6）为科研工作创造良好的技术创新氛围，加大科研投入，配置较好的科研设备和齐全的资料，保证科研人员能够在优越的环境中顺利开展研发工作。

（六）内外部合作机制

1. 内部合作机制

公司始终坚持“加强内部沟通协调，营造最佳创新环境”的理念，十分注重各部门之间的交流沟通和跨部门协作，始终倡导信息高效化、准确化传递。在发展的各阶段，企业技术中心始终与现场数据采集、信息安全、数据处理、经营、审计、人力资源等部门保持紧密联系，建立了与相关部门行之有效的沟通协调机制并不断完善，从而提高了技术创新内部事务各个工作环节上的精准性，也提高了技术创新工作的效率和业绩，营造出了融洽、互助、协作的创新文化氛围。

2. 外部合作机制

公司已通过产学研合作的形式，同国内知名大学在新型人工智能检测技术、新型航空检测装备研发等领域，开展了多方面、多形式、多层次的科学交流与技术研发合作。良好的外部合作机制为成都航利装备科技有限公司提供了长期的技术咨询及实验条件，在新产品、新技术、新工艺等方面为公司提供了源源不断的技术支持。

公司在坚持和完善自主创新主体的同时，还采取了联合科研、共同培养、技术委培等多种科技人才培养模式。公司现已同电子科技大学签订了研究生联合培养协议，为公司的技术创新发展培养后备人才力量。

（七）信息化建设情况

公司十分重视企业信息化建设，不仅局限于企业管理的信息化，而且积极将“互联网+”和大数据等前沿思维融入具体的创新研发工作中，以切实行动拥抱航空检测及维修技术的数字化变革。为此，公司制定了信息化建设的规章制度，配备了专业信息管理和技术人员，充分将信息化建设落到实处。

公司已建立数据处理中心1个，各级分支机构研发中心已投入2台高速服务器及若干台计算机。建立了内部局域网，实现了办公信息系统自动化，运用现代信息和网络技术代替传统作业方式，使得部门之间、岗位之间信息交换效率大幅提高，提升了技术中心资源计划的合理科学调度，达到了充分利用信息，提高工作效率和工作质量以及生产率的目的。财务管理信息系统接入企业内网，实现了网上报批、网上核销、网上报税等业务；开通了网上电子银行，实现了网上支付、网上结算等，实现了会计电算化、财务业务与财务管理一体化。

三、取得的主要创新成果

（一）形成核心技术和自主知识产权

公司一直重视企业创新能力建设，不断加大对研发工作的投入力度，针对航空检测及维修产业领域内的先进技术以及维修在线数据管理技术的研发与应用推广，进行专项科研开发并取得了重大进展，攻克了多项行业关键技术，掌握了达到国内领先水平的航空发动机清洗及维修、工装设备检测维修、电子控制器检测等关键核心技术，增强了企业的核心竞争力，提高了企业的自主创新水平，形成了涡轴发动机清洗技术、压气机静子摇臂组件自动化检测技术等一系列具有自主知识产权的关键核心技术。

近年来，公司加大技术创新力度，积极开展核心装备制造工艺和行业关键技术的研发和攻关，取得了显著的成效。目前，成都航利装备科技有限公司通过转让和自主申请方式已获国家知识产权局有效专利授权42项，其中：发明专利6项，实用新型专利36项。同时，公司还取得56项计算机软件著作权授权。

（二）对核心产品研发及竞争力提升的支撑作用

公司自技术中心成立以来，不断强化技术创新工作，积极开展新技术、新工艺、新产品的研发和成果转化。公司通过自主技术创新研发的“航空压气机静子摇臂组件自动化检测装置及检测方法”“航空发动机多自由度装配作业平台”“航空发动机燃油喷嘴测试装置”“航空发动机清洗装置及清洗方法”等知识产权技术的成功运用，不仅在提升航空检测及维修能力方面发挥了积极的促进作用，而且还有力提升了装备制造的技术水平，整体提升了机械装备制造及成套系统行业的技术水平。这些丰富的核心技术和创新成果，为公司在航空检测及维修技术细分领域形成强大竞争力起到了重要支撑作用。

四、技术创新战略规划

（一）技术创新发展战略

成都航利装备科技有限公司坚持创新引领、“研、造、修、改、标”提质增效，走以军为本、军民融合的同心多元化发展道路，努力打造“创新型”“智慧型”“敏捷型”的智能机电装备的整体解决方案设计与实现的专业级供应商。

公司将加大产学研合作研发力度，计划到2025年前增加2个产学研合作平台，同时借助企业技术中心的力量深入开展智能装备、自动化生产线、发动机维修专用工装、电气控制和测量、电子电路和测控软件的设计研究，提升公司高端装备制造能力，缩短公司航空检测维修技术水平与国际最先进技术的差距。力争到2025年突破4亿元的销售收入，申报省级关键核心技术研发项目1项，参与制定或修订国家标准1项，申报省级科技进步奖1项，新申请发明专利5项，实用新型专利20项，计算机软件著作权30项，使企业综合实力步入国内同行业前三强。

（二）技术创新发展规划

根据发展战略目标要求，公司将探索新的产品开发道路，研发我国航空检测及维修行业前沿高端技术、市场急需的新型高端装备产品等，构建具有自主知识产权的核心技术开发平台，在3~5年内，将继续招聘和培训高端专业技术人才，增强研发力量，形成一支具有强大技术研发能力的“成都航利装备科技有限公司”研发团队，改善技术中心硬件设施，满足创新技术研发需要，计划通过3~5年的发展，力争成为国内航空检测及维修细分领域先进企业之一。

（1）将研发行业前沿高端技术、市场急需的各类装备工艺技术，持续研究和提升智能化水平，不断丰富公司航空检测手段，加快推进人工智能在航空检测及维修领域的推广和应用，持续研发自动化检测、航空发动机在翼清洗等行业领先的技术方法，全方位构建具有自主知识产权的核心技术开发平台，扩大产品市场份额，增强市场核心竞争力。

（2）以自主创新为主，实现对国内外先进航空检测及维修技术的引进消化吸收再创新，并对自主创新成果进行充分试验应用及产业转化，努力实现氟离子清洗设备、高速叶尖磨等“卡脖子”技术和装备的国产化研制替代。通过与同行业的广泛合作，发挥行业整体优势，共同提高全行业的研发水平。

（3）创新高端航空检测及维修研发规划，提升产品附加值和竞争力，常年保持自主研发课题10～15个以上，横向合作课题5个以上，努力提高科技进步在企业发展中的主导地位（科技进步贡献率不低于80%）；在开发新品或对现有产品进行技术创新，3～5年内取得5～8项科技成果，形成20项以上专利技术。

（4）加强制度建设，完善公司激励机制、技术交流机制及内部培训制度，进一步加强研发工作的技术信息管理，强化知识积累和经验共享机制，建设学习型组织。鼓励公司现有的研发人员提高自身综合素质，倡导创新并鼓励研发人员申请知识产权，在公司内部形成鼓励创新、奖励创新的良好氛围。

（5）以现有产学研合作平台为基础，加强高水平行业研究人才的引进工作，通过2～3年的努力，培养、招聘硕士及以上技术带头人5～8人，其中博士1～3人，建立一支技术过硬、专业扎实、团结高效的创新研发团队和项目管理团队。

（6）到2025年，企业科技投入要始终保持在6%以上，技术创新贡献率要到达80%以上，进一步完善技术创新平台建设，积极完善研究设备设施，保证研究试验发展装备在行业处于最先进水平。

（撰稿：王峰　卢鉴　王军　郑衎）

专注汽车齿轮行业　助力中国精密制造

浙江双环传动机械股份有限公司

一、精密传动领导者——双环传动

浙江双环传动机械股份有限公司（以下简称双环传动）始于1980年，43年始终专注齿轮行业，起初制造摩托车齿轮，在2002年进入乘用车、工程机械等领域，2010年成为国内第一家在A股上市的齿轮企业。2014年精密摆线行星减速器立项，2015年首台样机试制成功并获国家863计划项目支持和中华人民共和国工业和信息化部首批智能制造专项项目支持，最终成功研制并实现量产，打破国外垄断，成为国产领军品牌；2017年研制谐波减速器，2019年投入市场验证，2021年逐步推向市场。同时在市场端，双环传动定位客户高端化，客户基本为细分行业全球知名企业，坚信优秀的客户更能帮助企业成长。现双环传动为全球专业齿轮散件制造领军企业。

在新能源领域，双环传动从2008年开始接触新能源汽车齿轮，到2022年年底已经形成400万台套的年产能。得益于43年的齿轮研发和制造积累以及10余年的新能源汽车齿轮开发经验，双环传动在质量、成本、交付方面获得市场认可。“德国质量，中国价格”的产品理念，成为客户选择双环的理由。双环传动服务于多家全球领先新能源车企，成为中国新能源汽车齿轮制造领军企业，配套客户如全球领先电动车制造企业、比亚迪、广汽集团、蔚来、小鹏、理想、汇川、博格华纳等。欧洲单个35.54亿元的订单，成为当年汽车零部件行业的焦点，象征着双环以及中国齿轮制造业在国际上的竞争力。

二、中国新能源汽车产业超车，汽车齿轮成为中国齿轮突破口

1. 新能源汽车发展迅速，市场巨大

汽车行业作为齿轮的最大应用领域和齿轮发展的第一推动力，为实现中国齿轮高端化起到举足轻重的作用。其中中国新能源汽车市场的崛起给予了国内车企及齿轮企业更多的提升动力和发展空间。据中汽协统计，2022 年整车进口量同比下降 6.5%。新能源车领域，全球累计销售 1082.4 万辆，中国市场近 700 万辆，占比增长至 63.65%，其中中国新能源汽车市场渗透率超 25%。同时随着政策的引导、设施的完善、技术的进步，新能源汽车行业增量将持续扩大，为中国齿轮企业以及其他汽车零部件企业高质量发展提供了更广阔的赛道和产业前景。

2. 新能源汽车需求偏向：强创新、快响应

新能源汽车市场对响应速度、创新能力的要求高于传统汽车，据赛博汽车统计 2022 年新能源汽车总体出品车型近 70 款（不包括改款、换代、版本更新车型）。产品更新迭代的反应速度和迎合市场的创新能力成为整车厂及零部件企业占领市场的重要因素。其中中国车企以及中国零部件厂商对整体市场需求的响应度优于国外传统企业，更加符合新能源汽车发展态势。

3. 车企制造模式变化，齿轮产业迎来新格局

随着汽车产业的升级变革，特别是电动化趋势，使得整车及部件企业自身所面临的核心创新能力与制造能力的竞争格局发生变化。如传统燃油车齿轮最高转数在 4000～6000 转/分钟。新能源汽车在电机驱动、轻量化以及电池布局的限制下，对电机转速要求越来越高，普遍要求在 12000～18000 转/分钟，更有甚者达到 25000 转/分钟。伴随转速的上升，噪音、强度等齿轮啮合存在的问题凸显。在新工艺路线的加持下，结合齿轮行业重资产的特性，传统整车厂在设备升级、购置新的加工设备方面需投入大量资金。同时高端设备厂商产能限制和新能源车企更加关注于智能化的特性，也提高了专业齿轮厂的需求。因此在齿轮生产环节逐步趋向外包模式，为独立第三方齿轮厂商迎来新的机遇。

三、双环传动：基础不牢，地动山摇

双环传动始终注重内部基础的打造，围绕“好一点、好很多”的核心价值观，从 T、Q、C、D（技术、质量、成本、交付），以及现在提倡的 G（绿色制造）多个方面提高自身水平。

1. 发展源泉，文化理念

促使双环传动始终致力于齿轮行业，并在新能源汽车产业提前布局和深耕的是双环底层文化理念。双环传动以“改变齿轮行业自给自足的格局，成为全球精密传动领导者”为愿景，肩负“为全球机械传动系统提供高速低噪、安全低碳的产品，实现客户、员工、股东和社会多方价值的持续提升”的使命。全体双环人秉持“好一点、好很多”的价值观和“一群人、一件事、一辈子”的企业精神，凝心向前，不断深耕齿轮行业，追求卓越，坚信小齿轮也能转动大世界。相同的目标，坚定的信心，让双环传动不断从企业 T、Q、C、D、G 五方面精进自身，为助力中国精密制造献出双环传动的力量。

2. 立身之本，技术创新

在技术方面，双环传动始终将技术作为立身之本，43 年不断积累工艺经验，同时对前沿技术进行探索。双环传动成立研究院，引进行业优秀人才，配置行业先进实验室设备，获得国家级企业研究中心、国家实验室 CNAS 认证等认证，向着建设世界一流的分总成研究院迈进。同时打造产学研一体化，与德国慕尼黑工业大学、浙江大学等高校形成长期合作，开展多项齿轮传动领域的基础性研究，并同国外高端客户合作开展技术攻关和工艺改进。双环传动具有突出的前沿技术市场转化能力，能够应对市场变革，满足客户需求。

面对市场，研究院定位量产一代、储备一代、研发一代，不断为现有产业进行能力建设，也对未来产业方向进行不断探索。从自研软件、创新工艺及自研设备、基础材料研究以及行业标准等各个方面对产业基础进行不断夯实。现阶段双环研发费用占比 4.34%，拥有专利超过 400 项，主持参与国家/行业标准 20 余项，具备量产 3 级精度齿轮能力，车内齿轮噪音低至 35 分贝。

3. 精益赋能，数字驱动，让制造更高效

双环传动坚信数字化改革是制造产业发展必然，致力于应用多年积累的制造经验，建设制造型企业大脑，为实现高端制造和制造强国而奋进。因此双环一直走在数字化转型的前端，获得中国首批“智能制造专项”、浙江省“未来工厂”、浙江省“数字车间/智能制造工厂”等荣誉。

面对数字化趋势，双环传动不盲目跟从，注重前提基础，竭力对精益化、信息化和自动化这“三化”进行探索。2005 年双环传动引进 TPS（丰田制造体系）精益管理体系，以“现场即市场”为理念，不断融入双环元素，不断创新。在此基础上，双环传动推动 TPM（全面生产维护）和 TQM（全面质量管理）落实，建立了业内领军的制造现场，促进设备生产效率提升、设备故障和产品不良率下降。在信息化方面，双环传动从 2004 年用友系统开始，陆续引入 ERP（企业资源计划）、HR（人力资源管理）、OA（办公自动化）、BI（商业智能）等信息化管理系统，以保证双环管理系统提高效率和拥有持续的竞争优势。在自动化领域，单工位、工段、加工单元基本全部实现自动化，人均产值达 120 万元。

在“三化”坚实基础的加持下，双环传动成立环智云创科技有限公司，拥抱 5G 工业互联网技术，引入大数据平台，围绕 Q、C、D，加快促进互联网与制造更广、更深、更快地融合创新。双环传动搭建 D-MOM（数字化制造运营管理）平台，开发 15 个应用系统，联合浙大研究院、数码大方等多个合作伙伴建立数字制造生态，打造一个涵盖计划、生产、设计、质量、仓库五大制造领域，集制造执行与工厂运营于一体，对工厂实行全方位、数字化、可视化管理的平台。如在产品质量追溯方面，双环传动能对产品生产信息精细至生产员工、设备、刀具，甚至刀具第几次修磨。

4. 可持续发展，推行绿色制造

在不断精进企业研发、制造、管理的同时，双环传动积极履行社会责任，向绿色制造不断深入。在汽车行业，国外客户对产品碳排放要求严格，甚至有些客户对产品碳足迹要求追踪至运输过程中所消耗能源。因此未来绿色制造将是产品能否立足于国际的一大重要因素。双环传动从绿色能源使用、效率提升、设备能耗监控和信息提取等方面不断加强。2022 年，双环传动通过优化用能结构，如使用光伏发电、绿色电力，持续 OEE（设备综合效率）提升，能源再利用等形式，实现双环传动万元工业增加值能耗标准 0.43 吨标准煤/万元，同比下降 27%，相当于节省 2.8 万吨标准煤。

四、新能源汽车齿轮产业愿景

双环传动专注汽车齿轮行业，助力中国精密制造。

新能源汽车是中国汽车制造实现超车的绝佳机会，汽车产业格局变化将为中国齿轮及其他零部件企业崛起，未来跻身世界零部件百强提供可贵的机遇。紧跟宏观政策的导向，提升企业自身核心竞争力，中国制造型企业在国际上将会有巨大的成长空间和价值展现。

海信：深耕国际化市场 高科技高品质赢得全球亿万家庭信赖

海信集团控股股份有限公司

海信集团控股股份有限公司（以下简称海信）成立于 1969 年，拥有海信视像、海信家电、三电控股、乾照光电四家在上海、深圳、中国香港和东京四地的上市公司，旗下有海信（Hisense）、东芝电视（Toshiba TV）、容声（Ronshen）、gorenje、ASKO 等多个品牌。2022 年，海信继续保持稳健增长，全年营收 1849 亿元，利润总额 123 亿元，同比增长 21%。海外收入 757 亿元，自主品牌占比超过 83%。

海信总部位于山东青岛。50 多年来，海信坚持“诚实正直、务实创新、用户至上、永续经营”的核心价值观和“技术立企、稳健经营”的发展战略，业务涵盖多媒体、家电、IT 智能信息系统和现代服务业等多个领域。以显示为核心的 B2C 产业，海信始终处在全球行业前列；在智慧交通、精准医疗和光通信等新动能 B2B 产业，海信也占据了全国乃至全球领先位置。

目前，海信拥有位于青岛、顺德、江门及斯洛文尼亚、南非、墨西哥等 34 个工业园区和生产基地，在青岛、深圳及美国、德国等地共设有 25 所研发机构，还有 66 个海外公司和办事处，拥有工程技术人员 1 万余人，硕士博士 8000 余人，初步建立了全球协同的研发体系。

多年来，海信始终以显示和图像处理技术为核心，在视像产业生态链纵深布局，打通了从底层技术、终端设备、场景应用、云端支撑到内容服务的全产业链条，在 ULED 动态背光分区控制技术、激光显示技术上世界领先，同时深耕芯片技术，在 8K 超高清显示画质处理芯片、电视 SoC 芯片、AI 芯片方面不断突破。

2022 年，海信智慧显示终端销量 2522 万台，据 Omdia（一家市场调查企业）数据，2022 年海信系电视出货量高居全球第二。分市场来看，2022 年，在中国内地市场，海信系电视全渠道零售量及零售额市场占有率均高居第一。在海外市场，海信系电视海外出货量市场占有率同比提升 1.6 个百分点；销量在南非及澳大利亚均高居第一，销量市场占有率在南非市场为 29.9%，在澳大利亚市场为 19.7%；在西欧德国、英国、法国、意大利、西班牙五大市场均已成为行业一流品牌；在日本及东南亚市场，海信视像公司控股子公司 TVS 在日本树立了电视产业高端化标杆，收入（日元口径）、利润、利润率均同比提升，其中东芝电视销量市场占有率为 23.6%；同时，公司在东南亚持续提升产品竞争力、品牌影响力、渠道及零售管理能力。

海信 ULED X 显示技术平台作为 LCD 显示产业实现全球领先的重要技术布局，打造了行业参考级影像产品，首代产品 U8H 在中国内地上市后 5 个月内，带动公司在线下高端市场的零售额市场占有率从 2022 年 10 月的 28.8% 提升到 2023 年 2 月的 37.5%，增长态势显著。激光显示持续引领全球显示换代升级。据 Omdia 数据，2022 年，OLED 电视行业出货量在全球和中国市场双降。海信激光电视则持续增长；在中国内地激光电视市场零售额市场占有率为 91.4%。

在商用显示领域，海信向全球发布 Vision 全新产品战略，推出多款商教产品；在芯片业务领域，海信拟分拆上市国内领先的显示芯片设计公司信芯微；在云服务和人工智能领域，海信构建了半写实数字人、超写实数字人建模及交互的 AIGC（人工智能生成内容）能力，单图片 AI 半写实数字人建模效率和写实度达到国内行业一流水平。在新型显示领域，海信已开展多形式的车载显示预研，积极布局虚拟显示内容生产核心技术，并与清华大学等高校建立联合研究中心，截至 2022 年年底，公司在虚拟现实领域累计申请专利 285 件。

在新兴的智能交通领域，海信连续多年 ITS（智能交通）行业市场领先，产品和解决方案应用于全国 176 个城市。海信彩色超声产品 HD60 产品从硬件、软件到算法都是由海信自主开发完成，在全国 200 余家医院开展临床使用，得到专家们的一致认可。在商用显示领域，海信聚焦细分市场，实现显示产品在多场景下的智慧应用，逐步形成在智慧教育、智慧办公、智能显示等行业的产品开发和系统解决方案的整体布局。海信系多联式中央空调产品市场占有率中国第一。海信旗下三电公司是全球领先的汽车空调压缩机和汽车空调系统一级制造供应商，生产的车载空调压缩机销售量占有率排名全球第二。海信通信结合 20 多年的技术积累，聚焦国内外三防通信终端研发和销售，已形成拥有执法记录仪、智能单兵、智能巡检终端，以及自主研发的海联多媒体融合指挥调度平台等多个产品线，为用户打造端到端的整体解决方案。

海信集团积极响应国家“双碳”目标，践行绿色生态发展理念，坚持以实施工业领域“碳达峰”行动为引领，践行《“十四五”工业绿色发展规划》中的相关要求，将绿色发展理念纳入集团高级战略层面，将可持续发展理念落实到生产制造的各个环节。近年来,海信通过加固智能化技术根基,持续将产品向高端转型,产业链向高技术延伸,产业架构向高科技转移,全面提升绿色制造水平,从研发设计、制造、应用到循环再利用,打造出完整的产品生命周期绿色闭环。

2022年,海信秉承持续的技术革新精神,将高效节能技术融入产品创新中,中央空调业务结合品牌特点,推出了针对不同场景和需求的差异化领先产品。日立品牌以用户舒适、健康需求为驱动力,打造温感、湿感、风感、氧感等"全屋全感"的舒适空间场景解决方案,满足"千人千面"的品质生活诉求。其产品荣获建筑室内空气质量分级评价5A级空气质量认证,引领行业。海信Ai家中央空调结合5G物联网技术与PLC电力波载通信技术,实现用户家中电器设备的联动控制,满足用户智能化、健康化的美好生活体验。约克品牌则耕耘于细分市场,针对用户对洁净空气、多样化采暖空调热水、智能灵控等功能的需求,坚持天氟地水产品领先策略,以创新及差异化技术推出智慧one空气场景解决方案。

海信紧跟行业发展趋势,对旗下各品牌家用空调产品不断创新与突破,走差异化路线。2022年,海信品牌持续坚持"增氧好新风,自由深呼吸"的新风、健康价值理念,通过全天候空气管理技术为用户打造最自然的空气体验,推出璀璨C200、X6等系列高品质产品,实现新风与空调风的自然融合,大幅提高新风系统的送风距离和循环速度,满足用户日益增长的新风和健康需求,让用户实现自由深呼吸。据奥维监测数据显示,璀璨C200柜机产品上市后连续30周以上问鼎行业20000+柜机TOP1,X6新风系列挂机上市后2个月内迅速领航新风细分市场成为行业TOP1。科龙品牌洞察到年轻用户群体对家用空调产品外观、性价比等的需求,从产品力、品牌力、营销力三个维度推进"品牌重塑"战略,围绕年轻化转型,确立了"年轻一代专业空调品牌"的定位。推出的重磅产品"睡眠空调小耳朵LZ",耕耘于睡眠空调细分市场,以年轻化外观和交互体验提高了品牌认知度,深得用户青睐。针对海外市场的特点和需求,海信在超低温制热、超高温制冷、高能效拓展、智能互联、节能环保、通信控制等技术上取得新的突破,在欧洲、北美、中东、亚太等重点市场均推出了新一代具备易拆装、易维修、环保节能等特点的高效产品。

2022年,海信聚焦用户需求,持续加大在技术创新与品牌推广方面的投入,不断打造出符合用户需求的绿色、健康、智能化产品,赋能高品质生活。为了满足用户对食材新鲜、健康方面的高端需求,海信品牌进一步落地真空生态战略并推出线上真空休眠系列冰箱,形成"真空全领域生态链"优势,创造出全空间的真空环境,让用户享受到食物的原味口感和丰足营养,其中505W真空超薄冰箱荣获"2022中国冰箱行业真空保鲜领军产品"。为了实现用户对冰箱大空间、大容量及保鲜需求,容声品牌推出的超空间系列产品,同样占地面积下实现更大容积率,引领行业的全空间保鲜技术全面升级,通过冷藏搭载双净离子除菌保鲜功能,冷冻温度精准控制,从而达到更好的保鲜效果。搭载WILL核心功能的全金属内胆冰箱正式将冰箱从低温保鲜升级到恒温养鲜,实现行业最小温差,食材保鲜时间比普通冰箱延长一倍,重新定义了行业保鲜标准。超薄"415风二"系列累计销量已达到该门类行业第一。在由国家信息中心信息资源开发部与中国家电网联合举办的中国冰箱行业高峰论坛上,容声冰箱因其在健康养鲜领域的优异表现,被评为"2022中国冰箱行业健康冰箱领军品牌",容声WILL559系列冰箱也获得了"2022中国冰箱行业健康养鲜优选产品"的荣誉称号,并登顶奥维云网发布的行业最畅销20000元以上冰箱TOP1。

聚焦"双碳"政策及行业高压化趋势,海信围绕新能源汽车热管理"新四化"方向,结合三电公司自身的技术优势和海信集团公司的资源优势,不断推动电动压缩机、综合热管理系统及其核心部件的绿色升级和关键技术突破,持续加强与全球重点客户多层面的沟通,整合供应链资源降低系统成本、显著提升费用投入的有效性,实现从压缩机为主的零部件供应商向新能源汽车综合热管理系统供应商的转变。

围绕"Hisense AiLife享你所想"核心主题,用户可通过"海信爱家"App获取五大主题、九大空间、56个场景的家庭解决方案,实现"智能化、套系化、场景化、生态化”的智慧家庭全场景布局。2022年，海信家电发布璀璨高端智能套系家电C2系列新品，璀璨高端套系产品矩阵持续完善，通过智能互联、个性交互等方式全面满足家庭需求，为用户带来家装设计一体化、智能化的全新体验。璀璨套系家电C2系列的冰箱、灶台、洗碗机等产品通过智能组菜和菜谱流转，为用户提供买、吃、存、做、洗的全线路解决方案，实现智慧烹饪，完美复刻星厨菜肴；璀璨套系家电C2系列空调产品实现温、湿、风、净、鲜五大维度的智慧Ai全屋空气管理，为用户量身定制舒适好空气；璀璨套系洗衣机通过Ai智感应，实现水质、天气、空气质量的环境自适应，洗衣液识别自动精准投放，给用户带来舒适惬意的洗护体验。据奥维数据显示，2022年璀璨套系家电以306的品牌价格指数高居榜首，累计迈入10万多个品质家庭，成为行业最受消费者欢迎的高端家电套系之一。同时，公司完成智慧家庭智能场景认证体系，为用户打造兼具体验感和保障数据安全、多品牌兼容的智慧家庭生态平台，提供至简有爱的交互体验，引领智慧新生活。

另外，海信家电深化研发、生产、渠道的全球化布局，研产销高度协同，实现产品力、营销力、制造力、品牌力的多方位提升，在全球积极拓展客户、拓宽渠道，并不断推出高端化、变频化、智能化的产品，提高海外竞争力，提升自有品牌份额。2022年，海信牌中央空调抓住了欧洲化石燃料替代和天然气价格上升的市场机遇，全新开辟了海外制热产品业务，陆续开发了Hi-therma Split、Monobloc、Integra等系列的空气源热泵产品，并在意大利、波兰、西班牙、德国、法国多地同步上市，外观斩获“2022德国红点设计奖”，有效助力抢占欧洲中高端制热市场。海信家用空调2022年出口量额按海关数据同比增幅均超过30%，新开发C1A窗机、D2K除湿机小型化新平台产品成功获得大额海外订单。面向海外市场，公司加速推进冰箱智能化的技术研发和应用推广工作，实现了欧洲、澳洲、南非、中东非等主要市场的智能化产品上市。2022年11月，海信墨西哥蒙特雷家电产业园冰箱产线正式投产，助力美洲市场消费者获得更智能、更便捷的服务和体验，加速美洲区域战略的落地，有效推动海信全球布局的进程。

海信坚持以绿色技术研发为支撑，不断推出新型节能与环保技术产品，不断进行绿色升级和关键技术突破，拉动整体产业进行数字化和绿色低碳转型。例如，作为激光电视的引领者，海信拥有全球第一的专利技术，推出的激光电视产品功耗只有传统液晶电视的三分之一；海信突破光储直柔变频多联式空调机控制技术，首创国产化高集成驱动模块开发，打造光储直柔变频中央空调系统，海信光伏直驱中央空调多联机产品，可实现光伏发电、制冷/制热、储能及并网，达到产品“零”碳排放目标；海信视像科技制造中心江门工厂获得PAS2060碳中和和宣告核证证书，成为海信集团首个“零碳工厂”，也是国内电视机生产工厂首个“零碳工厂”。

从2017年开始，海信有100余款产品获评中华人民共和国工业和信息化部绿色设计产品，海信冰箱、海信空调多款产品荣获绿色低碳电器认证。海信集团共创建11家国家级“绿色工厂”、1家国家级“绿色供应链管理示范企业”，以及4家省级“绿色工厂”，绿色制造阵营持续扩容，拥有的国家级绿色工厂数量及覆盖率领跑行业。近年来，海信主导参与100余项绿色低碳国家/行业/团体技术标准的制修订，推动家电行业绿色产业技术进步，不断提升国际竞争力。

全球化是大势所趋。海信所在的家电行业作为全球竞争最激烈的行业之一，企业要生存要盈利也尤为需要全球一体协同的研发、制造与营销体系。全球化不是主观上愿意不愿意、客观上有没有条件的问题，而是关乎着海信未来是否能够继续生存下去的问题。

全球化的另一面是本土化。2022年，海信成立了东盟区总部，不断发力东南亚市场这个新的区域中心的建设。在全球化征程中，海信始终认为，全球化必须是产品研发、制造、品牌和营销等全方位的全球化。海信每到一个国家，都会把销售、市场、服务，甚至财务、人力资源等职能都建起来，使之成为一个完整的公司。以此为基础，海信已经在北美、欧洲、南非等地，建立起了具备独立的研发、制造、销售能力的区域中心。

中国企业如何在世界上做好自主品牌，海信在体育营销上的一系列尝试，可以说已经成为中国制造业、中国品牌迈向世界的一个现象级事件。2022

年卡塔尔世界杯，海信在赛场围挡上打出的“中国第一、世界第二”八个大字让人印象深刻，随后海信打出“中国制造，一起努力”的标语，在全球亿万观众所瞩目的舞台上为“中国制造”发声，为中国企业、中国品牌加油助威，引发了社会各界的广泛关注。

罗马不是一天建成的，品牌建设也是如此。自2008年起，海信国际营销公司就开始尝试赞助澳网公开赛、F1红牛车队、美国纳斯卡汽车赛等体育赛事，在这个过程中，海信积累了体育营销的初步经验，并深深体会到，体育是世界通行的语言和沟通方式，是企业品牌与消费者最直接、简单、纯粹且高效的交流方式。2016年，海信在中国企业中率先赞助了法国欧洲杯，并在随后连续赞助了2018俄罗斯世界杯、2020英国欧洲杯和2022卡塔尔世界杯。

在体育赞助上，海信采取了“Think Global，Act Local”（全球化思维、本土化行动）的策略，在赞助欧洲杯和世界杯的同时，也结合不同国家的市场需求，不断进行本土化尝试。在欧洲赞助了巴黎圣日耳曼足球俱乐部、利兹联俱乐部和国际米兰俱乐部，在亚太赞助了日本职业棒球俱乐部（横滨 DeNA 湾星），同时与澳大利亚全国橄榄球联赛有多年合作，在北美，海信2023年成为NBA官方合作伙伴，并长期与美国足球联赛保持合作。

从2008年至今，海信在体育营销上已经坚持了15年，海信在中国企业中走出了一条通过体育营销撬动知名度、建设自主品牌的全球化之路，成为中国企业体育营销的领头羊。

高举习近平新时代中国特色社会主义思想伟大旗帜 全面建设具有中国特色国际领先的能源互联网企业

国家电网有限公司

国家电网有限公司（以下简称国家电网）是关系国家能源安全和国民经济命脉的特大型国有重点骨干企业，以投资建设运营电网为核心业务。国家电网经营区域覆盖我国26个省（自治区、直辖市），供电范围占国土面积的88%，供电人口超过11亿。

国家电网注册资本8295亿元，是全球最大的公用事业企业，也是具有行业引领力和国际影响力的创新型企业，位列2023年《财富》世界500强第3位，连续19年获国务院国资委业绩考核A级，连续10年获标准普尔、穆迪、惠誉三大国际评级机构国家主权级信用评级（标普A+、穆迪A1、惠誉A+），连续8年获中国500最具价值品牌第一名，连续6年位居全球公用事业品牌50强榜首。国家电网是全球技术水平最高、配置资源能力最强、并网装机规模最大、安全运行时间最长的交直流混联特大型电网。国家电网累计建成33项特高压输电工程，专利拥有量持续排名央企第一。

2022年是党和国家历史上极为重要的一年。举国关注、举世瞩目的党的二十大胜利召开，全面建设社会主义现代化国家新征程迈出坚实步伐。国家电网坚持以习近平新时代中国特色社会主义思想为指导，认真贯彻党中央、国务院决策部署，完整准确全面贯彻新发展理念，坚持稳中求进的工作总基调，统筹发展和安全，统筹保供和转型，积极服务构建新发展格局和“双碳”目标，有力应对极端灾害天气频发、新冠疫情形势复杂多变、经济下行压力加大等风险挑战，成功打赢了电力保供、抢险救灾、助力稳增长等一系列硬仗，各项工作取得新成绩。2022年，国家电网全年发展总投入5609亿元；售电量5.44万亿千瓦时，同比增长5.2%；营业收入3.56万亿元，同比增长19.8%。

一、加强组织领导，迅速兴起学习宣传贯彻党的二十大精神热潮

2022年，国家电网党组坚持以习近平新时代中国特色社会主义思想为指导，紧紧围绕迎接和学习宣传贯彻党的二十大精神这条主线，周密安排部署，精心组织实施，迅速兴起学习宣传贯彻党的二十大精神热潮。全面落实党中央关于认真学习宣传贯彻党的二十大精神的决定，努力在全面学习、全面把握、全面落实上下功夫。

组织推动有力有序。国家电网党组第一时间召开扩大会议、组织中心组学习、举办读书班，示范带动各级党委中心组开展集体学习研讨5795次、专题读书班2483期。印发《关于迅速兴起学习宣传贯彻党的二十大精神热潮的通知》，制订《关于认真学习宣传贯彻党的二十大精神的工作方案》，明确15个方面50项工作任务，确保上下联动、整体推进、纵深开展，引导全体党员干部职工切实把思想和行动统一到党的二十大精神上来，营造学习宣传贯彻党的二十大精神的浓厚氛围。

宣传宣讲有声有色。国家电网组建"旗帜领航"宣讲团，积极邀请宣讲团成员，组织公司系统党的二十大代表和各级领导干部，紧密联系公司实际、联系党员干部职工思想和工作实际开展宣讲活动，努力把党的二十大精神讲清楚、讲明白，大力推动党的二十大精神进基层、进班组、进现场。国家电网系统累计开展集中宣讲和专题党课3万余次、辅导培训6400余期。

学以致用见行见效。国家电网召开学习宣传贯彻党的二十大精神工作部署会，明确"八个奋力"（奋力在推动高质量发展上取得更大进步，奋力在保障能源电力安全上做出更大贡献，奋力在推进能源革命上发挥更大作用，奋力在高水平科技自立自强上取得更大突破，奋力在提升服务质效上展现更大作为；落实法治中国建设要求，奋力在依法治企上取得更大进展；坚定文化自信自强，奋力在凝心铸魂增强精神力量上取得更大实效；坚定不移全面从严治党，奋力在加强党的建设上取得更大成效）和"六个确保"（确保完成电力保供安全生产任务，确保完成电网发展任务，确保完成2022年经营目标，确保完成改革创新任务，确保完成党建工作任务，确保2023年工作开好局起好步）的贯彻落实具体措施，切实把党的二十大精神转化为推动公司改革发展的实际行动。

二、胸怀"国之大者"，有力服务党和国家工作大局

国家电网始终在服务国家重大战略部署中站排头、当表率，充分发挥"大国重器""顶梁柱"作用。

积极服务"六稳""六保"。落实国家稳增长要求，制定实施服务稳住经济26项工作举措，推行电费缓交并免收滞纳金，减免小微企业房屋租金4.78亿元。主动服务稳岗扩就业，提供岗位4万余个。

积极服务区域协调发展和乡村振兴。加快京津冀、长三角等地区电网发展，制定实施援疆援藏重点任务，为区域重大战略实施注入新动力。落实乡村振兴战略和城市更新行动部署，大力实施农村电网巩固提升工程和城市配网更新改造工程，建成乡村电气化项目3388项、受益群众987万人。国家电网连续五年在中央单位定点帮扶工作考核中被评价为"好"，各省公司在地方乡村振兴考评中全部被评价为"好"。

积极服务"双碳"进程。坚持"全网统筹、量率一体"原则，推动新能源有序发展，经营区新增风光新能源并网装机1.03亿千瓦、同比增长18%。推广能效公共服务，向439万高压客户推送能效账单。发布中央企业首份绿色低碳发展报告，获得世界经济论坛创始人施瓦布的高度赞誉。优化公司环保管理体系，完成环保风险排查整治三年行动。国家电网荣获"第十一届中华环境奖"。

积极服务共建"一带一路"。成功举办2022能源电力转型国际论坛，来自五大洲60多个国家和地区的700多位嘉宾出席，引起强烈反响、获得广泛赞誉。主办驻华使节走进国家电网活动。国家电网承建的土耳其首个直流工程凡城项目、东非电力高速公路埃塞俄比亚-肯尼亚±500千伏直流输电工程建成投运。成功中标德国海上风电柔直送出、印度尼西亚高级智能计量系统等项目。稳健运营10个国家和地区的13个能源骨干网项目。

积极改善电力营商环境。经营区160千瓦及以下小微企业"三零"(零上门、零审批、零投资)服务实现全覆盖,27家省公司实现企业"一证办电"、居民"刷脸办电"。"网上国网"注册客户2.6亿,办电服务业务接入国家政务服务平台。深入开展"获得电力"综合监管和涉企违规收费自查整改,严肃整治供电服务领域突出问题,不断提升供电服务质量和水平。

三、扛牢首要责任,全力保障电力安全可靠供应

国家电网统筹各方力量和资源,全力以赴保供电、保安全、保稳定。

打赢了迎峰度夏保卫战。超前谋划、提前部署,出台电力保供30项工作要点和32项重点措施,坚持政企协同联动、源网荷储协同发力,加大余缺互济和负荷管理力度,成功应对最高温度、最少水电、最大负荷、最长时间"四最"叠加考验,有效缓解了全网特别是川渝地区供电紧张局面,守住了大电网安全和民生用电底线。

筑牢了抗疫救灾光明防线。有效开展森林火灾、泸定地震、台风梅花等自然灾害应急抢修恢复供电工作,以最快速度恢复受损电力设施。统筹疫情防控和供电保障,确保定点医院、医药企业等重点单位可靠供电,守护人民群众生命健康。

维护了安全生产平稳局面。积极应对高温大负荷、新能源大规模接入等挑战,持续加固"三道防线",圆满收官专项整治三年行动,电网保持安全稳定运行。连续6届获得国家网络安全实战演习总成绩第一名。圆满完成北京冬奥会、党的二十大、中国国际进口博览会保电等重大保电任务。

四、推进重大项目,切实加强各级电网建设

规划和前期工作取得积极进展。一批重点项目纳入国家和各省(自治区、直辖市)电力规划。"三交九直"特高压前期工作全面提速,张北-胜利等5项特高压交流、金上-湖北特高压直流获得核准。深化电网发展格局研究,优化沙漠戈壁荒漠大型风电光伏基地、藏东南清洁能源基地开发外送方案。

重点工程建设顺利推进。投产110(66)千伏及以上线路4.83万千米、变电(换流)容量3.08亿千伏安(千瓦)。建成白鹤滩-江苏、白鹤滩-浙江特高压直流等一批重点工程;开工川渝联网、武汉-南昌特高压交流等工程。投产山东沂蒙、安徽金寨等5座,开工建设浙江泰顺、江西奉新、湖南安化等6座抽水蓄能工程。2项工程获得第二十届"全国质量奖·卓越项目奖"。

数字化赋能提速加力。发布新型电力系统数字技术支撑白皮书,完成企业级实时量测中心试点建设。建成两级电网资源业务中台,实现各电压等级"电网一张图"。建成新一代应急指挥、新型电力负荷管理等系统。深化应用移动办公。推广电力看经济、看环保、助应急等大数据应用,进一步释放电力数据价值。

五、大力提质增效,持续提升企业经营业绩

国家电网优化经营策略,强化经营管理,经营绩效稳中有进、稳中向好。

电网业务挖潜成效明显。发挥集团资信优势,加大统一融资力度,节约财务费用。强化债务管控和亏损企业治理。全面完成"三清理两提高",三年以上长期挂账工程见底清零,盘活存量资产项目。加强物资集中集约采购。建成同期线损系统,综合线损率下降0.53个百分点,高损台区数量下降81%。

金融业务效益稳步提升。产融协同业务收入、绿色金融业务规模、融融协同业务规模稳步提升。理顺内部交叉持股,进一步优化金融业务布局。深入推进"五统一"集约化发展,省级金融分支机构基本实现集中集约。

战略性新兴产业加快发展。优化新兴产业公司功能定位、核心业务与投资负面清单,盈利能力持续提升,发展运营更加稳健。开工建设雄安产业创新中心。

风险防控不断加强。一体推进"合规管理强化年"和经营业务合规专项治理工作,高质量完成7个方面33项工作任务,企业合规管理水平持续提升,切实把依法合规经营扛在肩上、抓在手上、落实在行

动上。扎实开展“以案促管”专项行动，加强重大案件处置。深入推进“严肃财经纪律、依法合规经营”综合治理专项行动。

六、深化改革创新，显著增强企业发展活力动力

国家电网大力实施“改革实效年”，聚焦重点任务持续攻坚突破。

改革工作取得实效。国企改革三年行动圆满收官，实施建设世界一流企业行动计划。公司董事会获评中央企业优秀董事会。生产管理模式不断优化，安徽、蒙东等7家单位完成超高压设备属地化管理试点。深化三项制度改革，全面推行关键岗位聘任制，创新实施宽带岗级工资制度，绩效的激励约束作用进一步凸显。配合完成第三周期输配电成本监审。持续推动电力中长期市场连续运营、现货市场试点建设。

科技创新成果丰硕。成立新型电力系统技术创新联盟。大力实施新型电力系统科技攻关行动计划，高质量完成首批4项重大课题。强化核心技术攻关，具有自主知识产权的特高压套管实现规模化应用，新一代调度技术支持系统正式运行，4500伏IGBT产品研发成功。张北柔直工程获得“第七届中国工业大奖”。牵头立项国际标准50项、发布19项，获得第23届中国专利奖金奖1项、银奖2项，“中国电力科学技术奖·一等奖”11项，国际QC（质量控制）小组活动金奖35项。

七、坚持旗帜领航，充分发挥党建引领保障作用

国家电网落实新时代党的建设总要求和新时代党的组织路线，全面提升管党治党水平。

党的建设提质登高。深入实施“旗帜领航·提质登高”行动计划，持续深化“党建+建工程，广大党员在急难险重任务中冲锋在前，始终让党旗在一线高高飘扬。推进党建标准化规范化建设，直属（总部）党委、31家二级单位党委完成换届选举。国家电网系统19名同志光荣当选党的二十大代表。

意识形态工作有效加强。国家电网意识形态领域主基调自信自强，大环境清新清朗，总体态势向上向好。规范新媒体短视频作品制作，开展电力保供等主题传播，各方点赞国家电网，“张北的风点亮北京的灯”“点亮阿里”形成公众记忆。健全新闻应急处置机制，没有发生重大舆情事件。

全面从严治党纵深推进。党组巡视工作走深走实，完成对27家省公司供电服务专项检查，二级单位党委实现对所属单位巡察全覆盖。紧盯“关键少数”强化政治监督，加强个人重大事项报告管理。深化“靠企吃企”问题整治。坚持严的基调，强化惩治震慑和制度约束，严肃查处职务违法犯罪案件。

队伍凝聚力不断增强。深入推进“旗帜领航·组织登高”工程，持续加强“四优五过硬”领导班子和干部队伍建设，圆满完成二级单位领导班子和领导人员首个任期综合考核。树立正确用人导向，一批敢担当善作为的好干部得到提拔重用。实施人才培养“三大工程”，新评选中国电科院院士2名、首席专家35名、国网工匠20名、青年托举人才200名。国家电网涌现出一批先进集体和个人，7家单位、23名同志荣获“全国五一劳动奖状、奖章”，27个集体被授予“全国工人先锋号”。

2023年是全面贯彻落实党的二十大精神的开局之年。国家电网以习近平新时代中国特色社会主义思想为指导，全面贯彻党的二十大精神，完整准确全面贯彻新发展理念，更好统筹发展和安全，更好统筹保供和转型，坚定信心、守正创新，全力以赴保供电、保安全、保稳定、防风险，一以贯之坚持党的领导加强党的建设，以“一体四翼”高质量发展全面推进具有中国特色国际领先的能源互联网企业建设，为中国式现代化赋动能作贡献。

打造“核电红船” 为企业高质量发展赋能增效

——中核核电运行管理有限公司（秦山核电）以高质量党建激发企业发展“红色引擎”

中核集团秦山核电党委

国有企业是国之重器，党建工作是国企改革和发展的“根”和“魂”。为更好地发挥党委“把方向、管大局、保落实”的领导作用，在中核集团党组、中国核电党委的领导下，秦山核电党委以习近平新时代中国特色社会主义思想为指导，以改革创新精神推进党建工作。秦山核电党委认为，在党建标准化、规范化程度日益提高的今天，国企党建工作应当以科学方法推进党的建设，不断创新党建工作思路。把品牌理念引入党建工作，大力开展党建品牌建设，就是国有企业打造独具特色党建工作的一个重要载体和有效途径。

几年来，秦山核电将党建品牌创建融入生产经营、改革创新、组织管理等环节，党的建设从“无形”到“有形”、从“有形”到“有效”，有力破解了党建和业务工作“两张皮”现象，探索出了一条新形势下全面推进党的建设新的伟大工程的创新实践模式。

一、积淀与定位：中国核电，从红船起航的地方起步

嘉兴南湖红船，是中国共产党诞生的摇篮。“一船红中国，万众跟党走。”一语道破了红船在中国共产党历史上的重要地位。嘉兴海盐秦山，是中国大陆核电的发源地。秦山核电站的建成，结束了中国大陆无核电的历史，实现了零的突破，被誉为“国之光荣”。

在红船诞生的地方起步，开启一段气壮山河的历史，赋予了秦山核电“根脉深、底蕴厚、品质红”的政治优势。

作为中国大陆自行设计建造和运营管理的第一座核电站，秦山核电站自投产以来，从30万千瓦到100万千瓦，创造了一个又一个奇迹，先后向全国输出2500余名核电技术骨干，成为核电界公认的“摇篮”，助力中国核电在短短30年间由核电新兵迈进核能强国。

2005年，时任浙江省委书记的习近平发表文章《弘扬“红船精神”走在时代前列》，将“红船精神”提炼为“开天辟地、敢为人先的首创精神，坚定理想、百折不挠的奋斗精神，立党为公、忠诚为民的奉献精神”。

秦山核电党委十分珍视这一独特的企业文化沉淀和宝贵的党建品牌资产，认真贯彻新时代党的建设总要求，不忘初心，守好“红色根脉”，有意识、有步骤打造“核电红船”党建品牌。

党建品牌建设是一项长期的系统工程，需要统筹规划、久久为功。秦山核电党委着眼新时代集团公司改革发展的目标任务，要求各基层党组织在党建品牌创建过程中，注重历史传承和文化自信，注重融入中心和结合实际，注重问题导向和提升质量，注重激发基层活力和引领示范。

经过多次研讨，秦山核电最终确立党建品牌体系为“核电红船”母子品牌系统，以高质量党建推进高质量发展为统领，分系统实施、分层打造，形成有统有分、点面结合的特色党建品牌体系。秦山核电党委层面统一为“核电红船”品牌，引领纪检、共青团、工会等各部门各领域子品牌，统领各基层党组织的“一支部一品牌”，形成相互衔接、相互协调、相互支撑的党建品牌运营系统。

为了让党建品牌建设尽快落地见效，秦山核电党委做出一系列部署。在组织保障方面，坚持党委统一领导，组宣工纪团相互协调配合，各支部统一行动，配备高素质的专兼职人员队伍进行党建品牌建设。在制度保障方面，根据“核电红船”党建品牌体系、建设路径与做法，不断修订相关制度，完善考评体系。在落地保障方面，制订党建品牌中长期规划，

逐一进行目标分解，持续推进党建品牌发布、执行、提升、落地、总结、推广各个方面的工作，提升党建品牌的感召力和影响力。

在秦山核电党委的积极推进下，党建品牌创建活动有力有序。以"核电红船"为核心的党建品牌体系历经多次迭代升级，内化于心、外化于行，获得了广泛认同。

二、培育与打造：六大工程，为党建品牌注入新动能

良好的文化积淀和广泛的认知基础，只是打造党建品牌的一个方面，更重要的是党建水平与党建工作质量的实质性提升。秦山核电党委在党建品牌建设过程中，系统规划，全面布局，通过实施"六大工程"，把党建工作融入生产经营的方方面面，确保"真赋能"。

（一）"凝心工程"：加强根脉传承，高举红色之旗

党建工作的本质在于凝心聚力，核心在于构筑理想信念。秦山核电党委牢记初心使命，把坚定理想信念作为党的思想建设的首要任务，突出忠诚于党的政治属性、传承红色基因的政治要求、强国利民的政治担当，不断强"根"固"魂"。各级党组织引领广大党员牢记"国之光荣"，大力传承"红船精神"、伟大建党精神、"两弹一星"精神、"四个一切"（事业高于一切，责任重于一切，严细融入一切，进取成就一切）核工业精神、新时代核工业精神和秦山核电优良作风，最大限度释放红色基因资产的精神激励价值、教育启迪价值、人才培养价值、社会责任价值，确保公司上下思想同心、目标同向、行动同力。

（二）"核芯工程"：加强班子建设，掌稳领航之舵

领导班子建设是队伍建设的核心。秦山核电党委认真贯彻落实中央和中核集团"三新一高"要求，充分发挥"把方向、管大局、保落实"的领导作用，为企业改革发展提供坚强组织保证。

把方向。秦山核电党委深刻领悟"两个确立"的重要意义，做到"两个维护"高度自觉。同时，建立全面贯彻习近平总书记重要指示批示精神和上级重大决策部署闭环落实机制，完善公司"三重一大"、党委会议事规则等制度，制定党委会决策事项清单，完善党委前置审议重大经营管理事项清单，明确 4 大类 25 项 78 条事项，党委和其他治理主体权责边界进一步厘清，党的领导与公司治理深度融合。

管大局。"十四五"期间，秦山核电党委在"一体两翼"发展战略指引下，创造性提出"1+1+2+4"的发展思路。一个秦山核电，保持九台机组安全稳定经济环保运行。一个"新秦山"，"十四五"期间实现一个新厂址落地。两个"零碳城"，围绕核电基地建设两个"零碳城"。"四个基地"：一是"清洁能源示范基地"，建成我国南方首个核能供热示范工程、全国首个核能工业供热项目；二是"同位素生产基地"，钴-60 实现批量化生产，实现全球首次商用堆辐照生产碳-14，我国最大的同位素生产基地开工；三是"核工业大数据基地"，核工业数据中心顺利投用；四是"核电人才培养基地"，努力成为国内核电教育培训的引领者和核电人才资源的贡献者。

保落实。秦山核电党委强班子、带队伍，建机制、抓监督，以"党建促安全""党建促科研"为重点，将党组织与重大工程研发管理建设保障体系有机融合，同时全面应用系统思维和系统工程管理方法，推广 24 小时响应、日事日毕、首问负责、主动沟通、团队合作、一次做好等工作方式，上下联动、左右配合，大力协同，多措并举，激励广大干部员工在国家重大工程主战场、核科技攻关的最前沿、改革发展第一线冲锋在前、建功立业。

（三）"堡垒工程"：加强支部建设，扬起奋进之帆

党支部是党的全部工作和战斗力的基础。秦山核电党委针对科研攻坚、项目运行、管理提升等中心任务，在支部层面深入开展"党建优秀、管理一流"活动，大力开展"双培"工作，注重把生产经营骨干培养成党员、把党员培养成生产经营骨干，通过"六项有力举措"，不断激发基层党组织的创新创造活力。例如，推进支部所在业务领域的创新立项与项目实施，做好关键技术研发和创新成果转化，打造创新堡垒；积极推动智慧党建平台建设，实现 90%以上党务工作在线处理，推动基层党务标准化、信息化、智慧化；开展"委员进班组"，压实党建责任，协调解决一线班组各类问题；探索"基层支部委员任职培训"，提升党

务工作者理论知识和操作能力，打造"三懂四会五过硬"的党建"铁军"；鼓励打造"一支部一品牌"，做好方法辅导，开展评选表彰，用好典型示范等。

（四）"先锋工程"：加强党员管理，荡起合力之桨

做好党员日常教育管理工作，是保持党员队伍先进性和纯洁性的有效手段。秦山核电党委建立多种党建活动载体，提升党员队伍整体素质，发挥党员的先锋模范作用。例如，划出928个"党员安全责任区"，明确党员干部责任区内容和责任目标，细化落实安全责任，查找并推动消除责任区内的安全隐患，努力做到党员身边无隐患；选树百名"党员示范岗"，评选安全运行、精心维修、创新创效、优质服务等方面的"党员示范岗"，展示良好的党员形象；成立173个"党员突击队"，承担公司"急、难、险、重"任务，争当"排头兵"；创建129个"党员攻关项目"，有效推进数字化、同位素生产等难点项目，以实际行动践行初心、担当使命。

（五）"清廉工程"：加强巡视巡察，铸就阳光之锚

反腐倡廉是全面从严治党的关键。党内监督是有效落实管党治党的重要方式。秦山核电党委围绕制度建设、协作配合、推动整改等环节，促进全面从严治党制度化、长效化。在巡视整改上，增强巡视整改的系统性，坚持治标与治本紧密结合，深化巡视整改成果运用，高标准、高质量落实整改。在巡察工作上，统筹谋划，打通巡察"最后一公里"，压紧压实巡察工作责任，深化"领跑者"巡察文化，加强巡察队伍建设。在监督体系上，发挥大监督平台作用，科学制定工作方案，落实精准监督的管理要求，推动各部门、各科室、各班组等清廉建设。在清廉品牌建设上，抓好"清廉秦山"体系建设，迭代升级"9+N"清廉领域建设，健全与供应商"亲""清"合作机制，以风清气正的政治生态环境为企业高质量发展保驾护航。

（六）"幸福工程"：加强共建共享，心系造福之舱

习近平总书记多次强调，要坚持发展为了人民、发展成果由人民共享，努力在推动高质量发展过程中办好各项民生事业、补齐民生领域短板。秦山核电党委在人才的"选、育、用、留"过程中发现，员工的幸福感是一个很重要的指标。公司应努力为员工成长搭舞台、为员工生活办实事，引导员工与企业同向而行、共同发展。同时，深化企地融合，让更多人民群众共享企业发展成果。

为员工成长搭舞台。实施《干部队伍建设中长期规划》，建立"能上能下"的选人用人机制，优化、完善人才发展体系；通过"揭榜挂帅"技术攻关项目、"星火计划""筑巢计划"和"菁英人才"计划，培养能工巧匠，开展劳动竞赛和技能比武；选树劳动模范，建设劳模创新工作室，培养工匠和技术能手，引导员工合理规划和实现职业发展目标；在青年员工中持续开展"青"字号品牌创建活动，扎实进行"号、岗、队、手"建设，引领青年员工在企业发展征程中建功立业。

为员工生活办实事。秦山核电党委从解决小困难起步，建立健全服务民生运作机制，上线民生服务平台，精准送"温暖"送"关爱"。特别是一些员工普遍关心关注、需要多方协调的"急难愁盼"，一件一件抓落实，一年接着一年干，大大提升了职工的获得感和幸福感。

企地融合共建共享。秦山核电党委发挥央企优势，积极安全有序发展核电，助力产业植入，累计投资850亿元，缴纳税费约532亿元；深化政企共建，与省、市、县政府等党支部开展党建联建，主动对接和融入专项工作，互信互助，构建政企统筹、资源整合、多方联动、共享共建的新发展格局；目前秦山核电带动发展核电关联企业超110家，年产值超310亿元，吸纳就业约两万人，越来越多的人共享企业发展成果。

三、成效与价值：红船引航，勇做新时代核电领跑者

激活团队力量、服务主责主业、助力重大任务的顺利完成，是党建品牌创建的出发点和落脚点，也是推动党建品牌不断完善发展的动力。"核电红船"党建品牌建设，正是秦山核电以高质量党建为引领，以品牌创建为抓手，让战斗堡垒强起来、党员细胞活起来的一次生动实践。

"核电红船"品牌体系创建以来，秦山核电各级

党组织引领广大党员学党史、讲故事、找特色、亮短板。各基层支部结合部门特色，聚焦主责主业，总结经验，剖析不足，持续改进，积极打造“一支部一品牌”。秦山核电党委按照“特”“亮”“新”“活”“实”要求，每年择优选树和表彰6个支部特色品牌。目前已培育出25个有形象化标识、有个性化内涵、有制度化推进、有可视化阵地、有显性化成效的优秀党建品牌。

例如，安全质量处的“秦山安质守护者”、运行三处党总支部的“一直向前 · 创新先锋”、维修四处的“四维智造”、堆芯燃料处的“核芯力量”、纪检监督处的“三铁一清”、专项工程处的“‘专精特新’项目先锋”……这些主题内涵深、业务特色强、群众反响好的党建品牌，引导广大党员争当爱岗敬业先锋，在重大项目中攻坚克难，形成党建工作与中心工作互助互促的良性循环。

通过“核电红船”党建品牌建设的实践探索，秦山核电进一步严格了党建工作机制、压实了主体责任、完善了考评体系、充实了党建工作力量。基层党建工作出现了一系列可喜变化：党建文化从零散到系统，党建创新从单一到多元，党建工作从自发到自觉，党组织形象从隐性到显性。这些大大提升了改革发展引领力、干事创业向心力、攻坚克难战斗力、职工队伍凝聚力和品牌形象影响力，最终汇聚成为推动企业稳中提质、全面迈向高质量发展的强大动力。

借助“核电红船”品牌体系建设效应，秦山核电创建了“国之光荣 · 核电领跑”党建高地，培育和践行社会主义核心价值观，确保党建工作把准方向、形成合力、激发活力，收到了良好效果。“核电红船”党建品牌被列为浙江省红船干部学院现场教学内容，入编中央党校《新时代国有企业党建案例集》，《“核电红船”：助力核工业企业扬帆远航》入选“中国政研会2023年度基层思想政治工作优秀案例”。秦山核电获得“全国文明单位”“全国企业文化最佳实践企业”“全国爱国主义教育示范基地”“全国科普教育基地”“中央企业先进基层党组织”“浙江省部属企事业单位依规治党推进年示范单位”“浙江省思想政治工作成绩突出单位”等多项荣誉。

党建工作与业务工作深度融合是国企高质量发展的根本保证。自2020年以来，秦山核电始终坚持和加强党的建设，有效发挥了党委领导作用、党支部战斗堡垒作用和党员先锋模范作用，形成了党建工作与产业发展互融共促、同频共振的良好局面。

一是生产经营连创佳绩。目前，秦山核电实现安全发电33年，连续安全运行超过159堆 · 年，年发电量实现9连增，运行业绩稳定处于世界先进水平，累计输送清洁核电超8000亿千瓦时，相当于减排7.4亿吨二氧化碳。四年来，30台次机组WANO（世界核电运营者协会）综合指数满分，9台机组通过安全生产标准化一级。30万核电机组运行许可证获准延续，国家首个零碳未来城获得浙江省正式批复。2023年，9台机组平均负荷因子排名世界第一，年发电量再创历史纪录，秦二厂310大修创同类型核电机组大修最佳工期纪录。

二是科技创新成果显著。近三年来，秦山核电获得68项省部级以上科技奖项，获得授权专利和软著（软件著作权）共637项，发布核电标准70项，其中包括两项ISO国际标准和3项国家标准。秦山核电获评“全国质量奖”“中国质量奖提名奖”“国家高新技术企业”“中国专利优秀奖”“中国标准创新贡献奖”“浙江省政府质量奖”等荣誉，QC成果连续五年获国际金奖。

三是优秀团队和高层次人才不断涌现。近三年来，秦山核电获省部级及以上荣誉、称号的高层次人才100余人。其中，国务院政府特殊津贴15人，中华技能大奖两人，全国技术能手8人，中央企业技术能手3人，浙江省“万人计划”高技能领军人才1人，浙江杰出工匠两人，浙江工匠、浙江青年工匠40人；77个青年集体和个人获得浙江省、中核集团等省部级荣誉。维修五处静机二班被命名“全国青年安全生产示范岗”，运行二处1号主控室被命名为“全国青年文明号”。

如今，秦山核电已成为我国机组数量最多、堆型最全面、核电运行管理人才最丰富的核电基地，助力浙江从能源小省成长为“核电大省”。在我国核工业从落后到先进的进阶之路上，秦山核电所探索的新方向、新技术和新模式，正不断引领企业攀登世界核产业高峰。从零起步到蓄势腾飞，从跟跑、并跑到领跑，秦山核电为中国核工业实现历史性跨越，勇闯

"无人区"、勇当探路人、勇做领跑者，贡献了守初心、担使命，敢担当、善作为的秦山力量。

党的领导，定向引航；红船精神，赓续今朝。党的二十大报告再一次提出深入推进新时代党的建设新的伟大工程，把新时代党建工作的地位提高到前所未有的高度。秦山核电人将继续贯彻落实习近平总书记重要指示批示精神，坚持在学思践悟中汇聚团结奋进的力量，不断擦亮"核电红船"的品牌形象，推动党建工作优化升级，以奋发有为、永不懈怠的革命激情，以及闯关夺隘、一往无前的实干精神，为中国早日实现强核梦、强国梦，书写无愧于历史、无愧于时代的新答卷！

构建新媒体矩阵　打造国企宣传"大格局"的研究与实践

华能伊敏煤电有限责任公司

党的十八大以来，以习近平同志为核心的党中央深刻把握信息化大势和发展机遇，做出了加快传统媒体和新兴媒体融合发展的战略部署。2020 年中共中央办公厅、国务院办公厅联合印发《关于加快推进媒体深度融合发展的意见》，要求加快融合步伐，建立以内容建设为根本、先进技术为支撑、创新管理为保障的全媒体传播体系。全媒体时代，传播渠道的多样化，为新闻宣传工作创造了更多的可能性，但传播格局的重新整合，也给企业宣传工作者带来了新的挑战。如何在繁复冗杂的信息海洋中，因势利导、顺势而为，充分利用新媒体传播优势，树立企业的良好形象，进行全方位的企业宣传，是企业宣传工作者需要提高的能力。只有在新媒体语境下做好宣传工作，塑造企业的良好形象，才能为企业的长远稳定发展赢得更加优化的外部环境、提供更加强大的精神动力。

华能伊敏煤电有限责任公司(以下简称伊敏煤电公司)作为全国第一家煤电联营试点单位，从 1976 年开发建设以来，历经 40 多年发展壮大，现已建成火电装机 340 万千瓦、新能源光伏装机 11.44 万千瓦、煤炭产能 3500 万吨/年的大型国有能源企业。多年来，伊敏煤电公司始终牢记华能集团"三色"使命，践行习近平总书记视察公司时提出的"三个结合"重要嘱托，发扬伊敏精神。在改革发展的历程中，伊敏煤电公司始终坚持将宣传思想工作摆在全局工作的重要位置，在全面分析全媒体时代新闻宣传面临的新趋势、新挑战基础上，提出电力企业新闻宣传工作应该从体制机制、传播渠道、传播内容、传播过程等方面持续创新，全面融入全媒体发展格局，提升传播效果，守住舆论阵地，为企业做大做强做优创造更好的舆论环境。

一、全媒体时代企业新闻宣传转型的背景和重要意义

随着我国经济社会的快速发展及信息技术的迅速迭代，传媒业态迅速演变进入全媒体时代，舆论生态、媒体格局、传播方式发生深刻变化，新兴媒体影响越来越大，这使得新闻宣传工作面临全新挑战。

(一)推进企业新闻宣传转型是贯彻习近平总书记关于推进媒体融合发展重要论述的必然要求

2014 年中央全面深化改革领导小组第四次会议审议通过了《关于推动传统媒体和新兴媒体融合发展的指导意见》，媒体融合发展上升为国家战略。习近平总书记多次强调，人在哪儿，宣传思想工作的重点就在哪儿，网络空间已经成为人们生产生活的新空间，那就也应该成为我们党凝聚共识的新空间。国有企业是党和国家最可信赖的依靠力量，应不断增强"四个意识"、坚定"四个自信"、做到"两个维

护”，把思想和行动统一到党中央精神上来，把工作融入党和国家事业大局，推动企业宣传融合发展，以高质量的舆论引导，凝聚力量、服务大局。

（二）构建企业全媒体宣传矩阵是应对全媒体时代挑战的必然要求

随着全媒体的不断发展，出现了全程媒体、全息媒体、全员媒体、全效媒体，信息无处不在、无所不及、无人不用。加快推进企业新闻宣传工作转型，才能顺应媒体融合发展的趋势，加快融入全媒体传播格局，更好整合内容、平台和资源，进一步构建企业自身的全媒体传播体系。

（三）强化企业新闻宣传创新是企业维护良好品牌形象的内在需求

企业发展需要良好的舆论环境，需要持续打造良好的企业品牌形象。企业新闻宣传的根本宗旨是围绕中心、服务大局。在全媒体时代，谁掌握了互联网，谁就把握住了主动权、话语权。国有企业需要紧跟时代步伐，加快构建自身的全媒体传播格局，跟随目标受众群体进入新的舆论场，主动发出企业声音，传播自身价值理念，提升影响力、公信力，进一步维护企业形象和品牌，为企业可持续发展、打造百年老店营造良好氛围。

（四）构建全媒体宣传格局是新时代企业新闻宣传面临的新形势和新挑战

移动互联网飞速发展的几年，也是传媒业态迅速演变的几年。信息传播的渠道、内容、方式都已发生深刻变革。

一是在传播渠道方面。由“专业化媒体”向“平台型媒体”转变。在媒体融合浪潮中，互联网商业巨头纷纷致力于传播平台建设，如字节跳动、腾讯、百度等，以央媒为代表的有实力的专业媒体机构纷纷转型，既做内容生产商，也做平台运营商，如人民日报社打造的人民号、学习强国打造的强国号等。以此媒体融合为大背景，一大批内容创作者，如自媒体、机构媒体纷纷成为传播主体。企业作为专业媒体，也有了更多传播渠道。人人都有麦克风，舆论场由广播型向广场型转变，新闻传播逐渐“去中心化”，新闻传播媒介逐渐“去边界化”。同时由“大屏”向“小屏”转变。截至 2020 年 12 月，我国手机网民规模 9.86 亿，占比网民总数 99.7%，人均每周上网时长为 26.2 个小时。随着移动互联网的发展，商业门户网站时代一去不复返，以各类新闻客户端、今日头条、社交媒体等为代表的移动端已经成为人们获取新闻信息的主要渠道。

二是传播内容方面。产品形态由“新闻产品”向“泛新闻产品”转型。媒介融合发展，不仅实现了媒介介质的融合，还实现了在移动互联网环境下的产品形态的融合。于是在新媒体技术的加持下，新闻产品越来越多样化，互动、有趣成为吸引注意力的关键手法，产品形态层出不穷。同时传播介质由“文图”向“短视频”倾斜。以抖音、快手为代表的 App，迅速捆绑下沉市场，收割巨大流量，传播形势呈现高度视频化、移动化和碎片化。叙事方式由“我说你听”向“讲你想听”转变。传媒界的话语体系正在重构，自媒体的叙事方式广受大众喜爱，从“你想听”的逻辑出发进行叙事，运用视觉表达和情感煽动，能把握社会情感。

三是传播过程方面。全球新冠疫情客观上推动了线上直播的发展，随着 5G 技术的推广，以及广场型传播形态的形成，信息随时随地上网，使得新闻事件传播对时效性要求越来越高，零时差趋势越来越明显。同时，舆论发展方向愈发不可控。一张图、一段视频经由全媒体几个小时就能形成爆发式传播，广大网友奇特的关注点随时可能将正面宣传引向负面舆情。网络舆论方向的不可控性，对企业新闻宣传形成重大挑战。社交化传播愈发重要。一半的 Z 世代群体将社交媒体当成首选的获取新闻的方式，新闻传播的社交化趋势正在增强，这对新闻内容的提供者提出了更高要求，一方面需要千方百计增长粉丝，扩大一次传播量，另一方面需要凭借优质内容获取用户主动进行二次传播。

二、伊敏煤电公司构建新媒体矩阵，打造企业宣传大格局的内涵和具体实践

（一）伊敏煤电公司打造新媒体矩阵，构建宣传大格局的内涵

伊敏煤电公司顺应时代发展变化，因势而谋、应势而动、顺势而动，精准定位，多元发力。以思想认

识新飞跃打开工作新局面，以方法手段新拓展应对工作新挑战，以基层工作新面貌回应群众新期待，以时代宣传新特点点亮企业新品牌，全面打造“刊、台、网、微、端”五位一体的新媒体矩阵模式。突出新闻宣传工作在为企业保驾护航方面的重要价值，找准定位，建立多层次、立体化的新时代国有企业思想宣传体系的框架模型。伊敏煤电公司党委坚持贯彻落实习近平总书记提出的“要把意识形态工作的领导权、管理权、话语权牢牢掌握在手中”的要求，在运用新媒体提高员工思想政治工作的认同感，以及舆情动态引导等方面取得了成效。

新闻中心在媒体融合发展中顺势而为，大胆改革，守正创新，秉持引导职工、服务职工原则，围绕打造主流舆论阵地、综合服务平台、企业信息枢纽和精神文化家园的目标，推动传统媒体与新媒体从“相加”到“相融”，实现优势互补，产生聚合效应。以伊敏煤电公司思想宣传工作的实践成果验证企业思想宣传工作与生产经营、党建、文明创建和企业文化建设等深度融合、相互渗透的体系模式，提出可借鉴的思想宣传工作新模式，营造企业发展的良好外部环境，努力开创思想宣传工作新局面，为更多国有企业提供值得借鉴的参考。

(二)伊敏煤电公司打造新媒体矩阵，构建企业宣传大格局主要做法

1. 抓好顶层设计，构建矩阵体系，开展思想政治工作

国有企业运用新媒体开展好思想政治工作，应充分结合新时期青年职工的个性特点和实际诉求，善于利用新技术、新手段和新渠道，从机制建设、内容生产等方面着手，使新媒体思想政治工作更加规范化和趣味化。

一是强化机制建设。在伊敏煤电公司党委统筹，各基层、部室联动的大思政格局下，进一步完善新闻宣传体系。着眼于建设高标准新闻宣传“中央厨房”，对伊敏煤电公司原电视台进行优化整合，推动成立了公司新闻中心，使公司各类宣传媒体融合发展进入融媒体时代。大胆探索采编发流程、组织管理体系等多方面的重塑与再造，推动内容、技术、平台、渠道、管理的全面融合，着力构建“全媒发布、全网互通、全域覆盖”的媒体融合发展新格局。全面完善了《华能伊敏》内刊、电视新闻、局域网、微信公众号、App客户端等媒体平台，全力打造“刊、台、网、微、端”多元发布体系，初步构建起五位一体、快速联动、无缝衔接的全媒体传播矩阵，达到了新闻宣传提速、内容编发高效、外宣直通快捷、信息无处不在的效果。

二是完善有关制度。在现有的新媒体制度的基础上，完善《伊敏煤电公司新闻宣传工作管理办法》，建立健全体系内各新媒体日常运营、内容建设、权利职责等方面的规章制度和细则，对责任主体、信息发布、舆情监测预警、奖惩体系等工作进行规范化、统一化管理。围绕内容整合媒体资源，尝试“内容+”构建逻辑，完整展示企业的宣传媒体全景及其相互联系，科学构建融媒体矩阵，将原有传统媒体编辑记者与新媒体编辑记者进行重组，推行统一策划部署、全媒体采访、多形式编辑，建立适应融媒体矩阵宣传模式发展的组织机构与工作机构，建立健全策划、采集、编辑、发布、评价的闭环工作机制，科学构建媒体矩阵传播体系与管理体制机制，使传统媒体借鉴新媒体理念焕发新的生机和活力。

三是培育壮大新媒体运营队伍。有计划、有步骤、有针对性地培育一批熟悉新媒体语言、掌握新媒体技术的思想政治工作者。对各单位骨干宣传人员进行为期一个月的集中轮训。组建新媒体联盟，充分调动广大通信员的主动性和积极性，用心打造出内容丰富、形式多样的融媒体产品。实现理论上相互应用、理念上相互融通、思维方式上相互借鉴、技术上相互弥补的多层级、广角度、全覆盖的融媒体传播矩阵，达到“资源通融、内容兼融、宣传互融、利益共融”的最佳宣传效果。

2. 搭建载体平台，打造指尖“理论课堂”，推动思想宣传工作趣味化

一是利用网络，打造“指尖课堂”。把互联网作为党的理论教育的重要课堂，线上与线下紧密结合，推动理论教育向电脑端和移动端延伸，打造“指尖理论课堂”。在公司局域网开设主题教育专栏，推动所属各单位开设“党史天天学”等特色化专题专栏，开展网络征文、线上知识竞赛等，搭建起形式多样的学习教育园地。深入挖掘伊敏煤电公司开发建设47

年来艰苦奋斗、改革发展、绿色生态、循环经济、精准扶贫、抗击疫情等教育资源，运用短视频、音频等形式，把党史故事、伊敏故事转化成生动鲜活的网上学习材料。利用各单位工作群，推送学习教育资料，阅读量超过1万人次。

二是凸显主题，讲好伊敏故事。围绕改革发展、能源保供、科技创新、党的建设、绿色生态等重点工作，积极开展系列主题宣传，全面展示新时代、新气象、新作为。发挥网络“软文”带动效应，策划讲述全国劳动模范王剑红、“五一劳动奖章”获得者李峰等的事迹；展现公司能源保供风采的文章《大爱温暖北疆》，被华能集团公司《中国华能》杂志刊发，并在公众号转载。聚焦热点，策划网宣专题。公司拍摄的《主播带你看伊敏》抖音宣传短视频作为华能集团公司第一批抖音短视频向全社会发布。组织制作的六集系列新闻宣传片《喜迎党的二十大报道》，不仅展现了公司各基层单位奋楫前行，埋头苦干的精神风貌，更在潜移默化中将党的二十大精神传递到员工心里。制作的宣传片《最是暖流扶人心》，全景式地展现了伊敏煤电人抗疫保供，奉献青春的磅礴大爱。针对公司抗击新冠疫情，及时推出了《最美的星光》宣传片，把每一处微光聚光成炬，展现逆行力量。连续跟踪拍摄，历时4个月，制作的《长距离供热》大型纪录片，宣传在长距离供热工程中涌现的典型人物和模范事迹，带动广大干部职工形成见贤思齐、价值引领的良好氛围。

三是创新话语体系，丰富形式设计。把握新媒体的话语规律和使用习惯，用富有时代感又生活化的语言传情达理，策划开发兼具思想深度与趣味气息的内容信息、文化产品和线上活动，丰富新媒体思政工作的吸引力和感染力，让新媒体思想政治工作更加灵活化、趣味化。伊敏电厂、伊敏露天矿创新开展“小故事大历史”视频微党课轮流讲学，实现从领导干部到一般干部讲党史谈体会全覆盖。开展公司原创歌曲征集活动，征集原创歌曲40首，其中由伊敏煤电公司职工原创的歌曲《站在草原心向党》作为华能集团唯一节目唱响在全国电力人唱电力歌曲的舞台。灵活运用“微电影”“微故事”接地气、有温度的特点，拍摄制作了一批员工喜闻乐见的微影视作品。组织拍摄的反映公司优秀共产党员、全国劳动模范王剑红科技创新故事的微影视作品《送你一朵小红花》荣获国务院国资委举办的“第四届央企故事一等奖”。微电影《分手倒计时》荣获2023年中国能源传媒“‘能源奥斯卡’优秀影视作品展评一等奖”。

3. 运用媒体语言，搭建干群“连心桥”，营造和谐魅力氛围

一是搭建网络“连心桥”。在载体建设上，按照华能集团公司相关要求，通过新媒体沟通群，将体系内多个微信平台联络在一起，初步建立以公司官方微信为核心的新媒体矩阵，灵活运用“微访谈”“调查问卷”等形式手段，开展形势任务教育、思想动态调查、热点解答、健康咨询等服务，准确快捷地把企业党组织的声音和关怀传递到基层，搭建干群一体的“连心桥”。

二是实现心里话儿网上说。发挥伊敏煤电公司党建宣传系统贴近基层、贴近职工的优势，精心组织开展线下采访活动，引导职工群众讲出对党的感恩之情，通过说一句话语、唱一首歌曲、讲一个故事、写一段心语等形式，生动表达了对党的热爱。

三是推进意见建议网上提。伊敏煤电公司党委围绕扎实推进“我为群众办实事”实践活动，利用微信群、公众号等平台，征集职工群众急难愁盼的困难问题和意见建议，切实把公司发展成果转化为职工群众的获得感、幸福感、安全感。公司党委在充分采纳网上意见建议基础上研究制定了办实事总体方案，推出56项工作措施，着力把实事办到群众心坎上。

四是注重网络舆情勤沟通。适应公司基层单位多、员工年龄跨度大等特点，致力于构建新媒体主流舆论矩阵，运用新媒体进行舆论引导，充分把握突发事件的舆情生成和发展规律，注重时效性，在短时间内控制事件的传播和发酵；此外，通过新媒体平台及时关注干部员工的思想动态，注重对思想动态的分析和研判，完善《公司网络舆情应对预案》，加强对舆情的引导力度和管理机制建设，确保思想政治工作在公司顺利开展。

4. 确保内容为王，唱响时代强音，发挥新媒体思想政治宣传作用

在党史学习教育中，公司新闻中心精心制作了四集连续专题片《老党员讲党史》，邀请公司老党员“现身说法”生动讲述经历的红色故事、身边的党史

故事、企业发展故事，引发职工群众强烈反响。顺应融媒体发展趋势，不断强化内容生产、表现形式和话语体系创新，加大主题宣传力度，对外向人民日报、央视、学习强国、甘肃日报等中央、省级媒体和平台积极推介精品力作，使企业知名度和美誉度进一步提升。根据国有企业需求，积极与中国电力报、中国煤炭报、中国华能、呼伦贝尔日报、呼伦贝尔电视台等上级和地方新闻媒体沟通协调，传递基层声音。与呼伦贝尔报社签订战略合作协议，量身定制开发符合伊敏煤电公司的宣传板块，大篇幅、长时间、多元化集中报道企业重点工作、项目成果、企业文化等内容。采取“5G+党建”“5G+企业思想政治工作”等模式，把党的创新理论、企业改革发展部署、劳模工匠的故事和风采等内容转化为职工喜闻乐见的文化产品，满足受众多元化的信息和文化需求。有效依托“学习强国”等新媒体，利用App调查问卷功能开展了学习知识和安全知识答题、学习微创作、随手拍等活动，积极开展“善于学习·强国有我”主题系列学习活动，通过知识竞赛、PPT创意大赛、交流分享、主题演讲、积分奖励等形式，在公司营造“善于学习，就是善于进步”的浓厚学习氛围。

三、伊敏煤电公司宣传思想工作“四新”管理的实施成效

（一）“五位一体”机制作用凸显

伊敏煤电公司通过搭建独具伊敏特色的“五位一体”宣传矩阵，建立了可视化宣传服务平台，采取宣传任务分类下发的快速联动机制，按照“急活快干、难活大干、目标活提前干”的原则，精准施策，形成了宣传思想工作快速、准确、高质量的工作局面。伊敏煤电公司“十三五”期间累计对内刊发宣传稿件5500余篇，出版《伊敏煤电》专刊50余期，制作各类专题片、原创MV30余部，对外发表宣传稿件3500余篇（省部级媒体360余篇）。制作了伊敏煤电公司《2015—2019年新闻宣传稿件汇编》。6篇稿件在“学习强国”网站刊发，拍摄制作的《智能矿山》《主播带你看伊敏》、“两会心语”等10余部微视频等在集团抖音号和公众号中播发。围绕伊敏煤电公司职工干事创业等感人故事，“学习强国”App、工人日报、《光明日报》、《中国电力报》、中央人民广播电视总台等国内各大媒体都做过相关报道。呼伦贝尔电视台播发8集专题新闻报道公司绿色发展，能源保供新闻连续8次登上央视频道。

（二）“大宣传”格局作用凸显

伊敏煤电公司立足讲好伊敏煤电故事，整合党委、支部、车间、班组等各级力量，建立上下贯通的宣传大讲堂、宣传微课堂，构建“内宣+外宣”“资讯+服务”“要闻传递+舆论引导”“课题研究+指导实践”一体化的“大宣传”工作格局。累计组织168项党建政研课题成果结题，其中20余项课题成果在上级公司、中央企业政治研究优秀课题评比中获得奖项。2017年，伊敏煤电公司荣获“全国思想政治研究先进单位”。2018年，伊敏煤电公司被中国企业联合会评为“全国企业文化建设最佳实践企业”；被中国企业文化研究会授予“改革开放40年中国企业文化优秀单位”。公司“明珠”文化被授予“全国企业文化成果一等奖”，2021—2022年公司连续两年被授予“全国工业品牌创新示范单位”和“党建引领企业高质量发展示范企业”。

（三）宣传与各项工作融合机制作用凸显

组建了文学、摄影、戏剧表演等23个群众性业余文化体育协会，每年开展集体文化活动40余项。以自创《明珠》文学刊物、自导文化剧目为形式的文化传媒载体，畅通了广大员工抒发情感、陶冶情操的绿色通道。伊敏煤电公司拍摄的《伊敏恋》《平凡的人》等多部微电影荣获第二、三、四届“中国梦·劳动美”全国职工微电影大赛银、铜大奖和多个单项奖，并蝉联全国电力行业影视大赛六届金奖。微电影《送你一朵小红花》被国务院国资委评为“全国央企优秀故事一等奖”，《为什么》《最美乡愁》双双荣获华能集团公司“2022年微影视大赛特等奖”。深入推进“学习强国”App和“智慧党建”应用，伊敏煤电公司300余名同志累计学习积分超过70000分。

（四）宣传培养人才机制作用凸显

伊敏煤电公司进一步畅通人才发展通道，打通宣传思想干部队伍的“入口”和“出口”，把宣传思想

战线作为重要的“练兵场”“训练营”，把那些敢于攻坚克难、善于创新突破，具有专业能力、专业精神的人才放到宣传思想工作中淬炼，把那些经过实践锻炼的优秀干部放到更加重要的岗位上去。通过岗位练兵，近年来，伊敏煤电公司从各基层单位宣传队伍中发掘培养了大量人才，目前这些人员已经在党建、工会、纪检审计等多个岗位发光发热。有 8 名同志荣获“华能集团公司党务人才竞赛一、二、三等奖”。

在多元媒体高度融合的今天，宣传工作如果循规守旧、故步自封，将面临影响力削减的挑战。因此，国有企业必须善于利用融媒体新工具，创新工作方法，不断提升宣传思想工作的科学化水平，才能使宣传工作更加符合新时代宣传工作的总要求、更加深入人心、更加卓有成效，助推企业高质量发展。

（撰稿：王　猛　霍铁梅　刘方健）

关山从头越　奋楫向未来

——陕西龙华集团交出高质量发展新答卷

陕西龙华煤焦电集团有限责任公司　董事长　刘小毅

2023 年，陕西龙华煤焦电集团有限责任公司（以下简称龙华集团）完成营业收入 65.70 亿元、利润总额 36.83 亿元；位居陕西省“百强企业”第 60 位、“民营 50 强企业”第 15 位，同 2022 年相比分别提升了 13 位、5 位；初步形成了以煤炭为主体，煤业科技和新能源为两翼，现代物流、现代服务、生态农业为支撑的“一体两翼三保障”的产业发展格局。

2023 年，龙华集团是高质量发展取得实效的关键一年。龙华集团聚焦主业谋篇布局、深化改革激发活力、提质增效强基固本、党建引领彰显担当、抢抓机遇再创佳绩，实现高质量发展。

一、布局长远，绿色转型，主辅产业协同并进

龙华集团认真贯彻习近平总书记来陕考察重要讲话精神，自觉将企业发展与“双碳”愿景融合，一方面坚持安全、提质、增效方向，改造和提升传统产业，让煤炭等传统产业优势持续强劲；另一方面抢抓新一轮科技革命和能源结构性改革机遇，培育壮大现代煤化工、新能源等产业。

传统能源板块。孙家岔龙华煤矿（由陕煤集团和龙华集团合资成立）于 2021 年顺利取得陕西省发展改革委批复，生产能力核增到 1000 万吨/年，顺利步入千万吨矿井行列。孙家岔龙华煤矿稳步推进“机械化换人、自动化减人、智能化无人”工作，投资 3.4 亿元。智能化矿井建设进程加快，完成 3 个智能化工作面运维工作，两套局部通风机实现集中控制，建成智能调度和数据中心；先进设备不断投入使用，投用自移设备列车组、千米定向钻机、永磁电滚筒、巷道防跑车等先进设备；安全责任体系持续完善，扎实开展专项整治活动，不断深化双重预防机制建设。2023 年，实现人均效率 1 万吨/年、安全生产周期持续延长。

煤化工板块。项目总投资 70.7 亿元，包括 50 万吨/年合成氨、80 万吨/年尿素、6 万吨/年三聚氰胺、2×50 万吨/年醋酸及相关公用工程，是国内单体规模最大、技术最先进的尿素三胺联产项目，全力建成高标准、低能耗、智慧型化工实体。2023 年，项目整体形象进度完成 92%，年初召开“大干 300 天，决胜 1130”誓师大会，11 月 30 日实现全厂主装置机械竣工及部分装置中交，再次展示了龙华速度。

动力中心 1 号锅炉于 2023 年 9 月投运，11 月开始向项目及矿业公司供热；空分装置正处于厂家调试阶段；气化、变换、净化、硫回收、氨合成装置所有设备、管道安装已完成；尿素造粒塔安装已基本完成，配套的成品固体储运部分已完成所有设备、管道安装工作；三聚氰胺装置已完成详细工程设计及土建施工；全厂 110 千伏总变电站，1#、2#、3#换热站，

给水加压及消防水站已投运。全厂中央控制室，检维修中心已完成。化工生产办公楼建成投用，陆续开展动力中心、空分、气化、净化、合成等装置“三查四定”工作。

新能源板块。争取达到20万千瓦农光互补光伏发电指标。该光伏发电项目计划投资8.9亿元，设计使用年限25年，建成后每年可提供清洁电能39773万度、节约标煤12万吨、减排二氧化碳31万吨。

辅助产业板块。龙华府酒店装修改造完工，成功举办开业庆典，打响煤炭主题文化酒店，通过国家五叶级绿色饭店和五叶级文化主题饭店评审，荣膺2023年“全国绿色饭店领跑者TOP100。”

生态农业公司供应农产品206万斤，收购山蛋蛋农业公司，养殖项目完成土地流转合同的签订。公司荣获榆林市、神木市“优秀帮扶企业”，相关事迹被中央电视台农业农村频道《谁知盘中餐》栏目报道。

龙华众美物业公司完成服务标准体系建设，提升职工餐厅的食材质量和成本管理水平，投用智慧餐厅，生活超市物美价廉。

龙华集团认真落实习近平总书记“绿水青山就是金山银山”的生态文明思想理念，统筹推进节能、降耗、减污、增绿工作。2023年，投入生态治理复垦基金4188万元，实施矿山地质环境保护与土地复垦工程14项，厂区及周边生态环境逐步改善。投资2.1亿元建设的矿井疏干水及工业废水处理与综合利用项目，投入使用井下直滤系统，处理矿井水92万立方米。节水型企业建设不断推进，用水实现数字化管理。通过源头减碳、过程控碳、终端固碳，龙华集团向绿色低碳发展之路稳健前行。

二、激发活力、久久为功，经营管理进位赶超

一年来，龙华集团把握改革发展大势，充分发挥“民营机制、国企品质”的优势，既坚持规范管理的原则性，又体现了应对外部变化的灵活性和决策的高效性，实现了优势互补、合作共赢，产生了“1+1>2”的倍增效应，为实现集团高质量发展插上腾飞的翅膀。

龙华集团全面加强现代企业建设，持续健全完善《党委会、股东会、董事会、总经理办公会议事规则》等制度，进一步厘清各治理主体职责边界，各单位签订经营管理目标责任书，全员收入与产量（营业收入）和效益双挂钩，理顺了后勤服务的管理体制，调整优化了公司及煤矿的组织机构，使责权利更加明晰。

企业管理日趋规范，定期开展综合检查和安全、消防、财务专项检查。财务管理成效显著，完成财务软件升级，对各子公司的全面预算和财务实现集团化管理。充分利用国家优惠政策减免税款3.8亿元，享受研发费用加计扣除减免所得税1172万元，与各家银行协商存款利息收入9430万元，再次被评为“纳税信用A级纳税人”。

龙华集团印发了《建设工程管理办法》《工程进度及结算管理办法》，对各项工程建设、预决算、验收、结算审批等进一步规范；制定《招议标制度》，对招议标组织、限额、实施程序、资格审查、评议标等方面均做出规定。合同会签、招议标、工程验收流程进一步规范。龙华科技公司创新采用“N+X分解法”探底竞价谈判流程，通过多轮比质比价选出性价比最优的合作单位，有效降低投资成本。

改革成效不断彰显，职工队伍活力不断激发。龙华集团将管理类单通道晋升机制，拓展为管理、技术、技能三通道并行机制。按照《技能人才评聘管理办法》，聘用32名高技能人才。推行一岗多薪、一岗多档的宽带薪酬制度，构建任职资格模型。2023年年底，龙华集团职工总人数2116人，其中研究生及以上学历15人，大学本科学历425人，大学专科及以上学历占职工总数的59.3%，共有高级工程师9名，高级技师1名，技师7名，高级工285名，中级工及以上人员占职工总数的25%。

全员双创成果丰硕，龙华集团自开展管理创新、技术创新、小改小革以来，累计发表科研论文118篇，管理创新项目140项，技术创新89项，小改小革358项，其中取得专利91项，软件著作权1件，获“煤炭工业协会技术创新二等奖”1项，“企业管理现代化成果三等奖”1项，获评“中国企业联合会优秀管理案例”1项。

2023年龙华集团科研立项32项、投入7815万元，

获得专利授权 22 项,龙华科技公司报审专利 6 项。龙华集团评出管理创新、技术创新、小改小革 102 项。

智能化建设稳步推进。龙华矿业公司投入使两个智能化综采工作面、一套快掘智能化系统,完成矿井智能通风、井下供水监测系统、选煤厂初级智能化工程建设,矿井顺利通过陕煤股份公司智能化建设Ⅰ类中级示范煤矿的验收。

四新技术持续应用。完成分布式光纤测温系统、高精度皮带称、掘进巷带式输送机远程集控系统、矿井综合水文地质信息管理系统的应用。龙华科技公司创新应用全系统提压降耗工艺技术,参与研发先进节水系统,数字化交付设计资料、三维模型和智能 PID 系统,奠定了智慧工厂建设基础。

改革创新增活力,强化管理提质效。2023 年,龙华集团成绩喜人,营业收入、上缴税费、利润指标再创历史新高。截至 2023 年年底,资产总额达 141.51 亿元,累计上缴税费 21.41 亿元,被中煤协会评为信用等级 AAA 级企业。

三、聚焦主业、相融互促,党建引领释放活力

龙华集团党委坚持以习近平新时代中国特色社会主义思想为指导,坚持"把方向、管大局、保落实"主线不动摇,把党建融入企业法人治理各环节,创建"两落实四引领"新时代混合所有制企业党建工作的"龙华样本",推动党建工作与生产经营同频共振、深度融合。持续深入学习贯彻党的二十大精神、习近平总书记系列重要讲话精神和对能源化工行业重要指示批示精神,使主题教育取得实效。

深化党建与生产经营融合,开展"九融九力"考核评比,以采风、专题对话访谈等形式宣扬企业,企业文化品牌形象显著提升、省级文明单位创建高效推进,矿业公司全年发表宣传稿件 2013 篇,荣获神木市"意识形态工作先进企业",《三秦都市报》"最佳报道组织奖"。

龙华集团为全员定制文化衫和羽绒服,矿业公司举办"龙华杯"陕西象棋"王中王"比赛等活动,职工困难帮扶、孝道金、慰问金累计发放 90.68 万元。公司党委书记高杰荣获 2022 年度"神木市慈善人物"。公司董事长刘小毅荣获神木市劳动模范,第十届陕西省优秀企业家。

2024 年是龙华集团成立三十周年。龙华集团在 2023 年提前着手筹备,成立了庆典活动筹备领导小组,制定了《系列活动实施方案》,发布三十周年司庆标志,旨在进一步对外彰显企业形象、树立企业品牌,对内凝心聚力、激发干劲。

四、热心公益、共建共享,民生福祉展露新颜

龙华集团 2023 年在结对帮扶、"互帮互促创文明"、消费扶贫、产业帮扶、公益事业等工作方面累计投入 1502.18 万元,被榆林市授予"乡村振兴优秀帮扶企业"。

龙华公民道德建设基金会积极开展道德模范选树活动,持续深化"基金会+N"表彰模式,持续发挥神木好人效应,凝聚社会正能量。

"凡谋物之成也,必由广大久远",龙华集团将继续践行"服务客户、造福员工、回报股东、奉献社会"的宗旨,以改革破题,以创新拓路,以发展立业,携手并肩努力实现"百年龙华"梦!

不断夯实管理基础 全力实现企业高质量发展目标

中冶建工集团有限公司

中冶建工集团有限公司(以下简称中冶建工)坚持以习近平新时代中国特色社会主义思想为指导,坚持统筹新冠疫情防控和生产经营"两手抓",坚持"改革、调整、治理、提高"方针,正确认识和处理公司改革发展工作面临的十大关系问题,以"五个专项行动"为重点,着力抓好"一转变、三改进、五提升"等

工作，企业管理能力稳步提升，各项主要经济技术指标稳步增长，改革发展工作稳步推进。

一、大力推进各项改革工作，国企改革三年行动圆满收官

中冶建工深入学习贯彻习近平总书记关于国有企业改革发展和党的建设的重要论述精神，全面贯彻落实党中央、国务院关于深入实施国企改革三年行动的重大决策部署，切实落实中国五矿、中冶集团改革任务要求，牢牢把握补短板强弱项的工作主线，以刀刃向内、动真碰硬的态度，通过加强中国特色现代企业制度建设、深入推进三项制度改革、改革经营工作体制机制、改进完善项目管理体制机制、优化完善科技创新工作体制机制等一系列改革举措，着力解决企业深层次的体制机制不顺、活力动力不足等问题。

中冶建工坚持“一张蓝图绘到底”，慎终如始，圆满完成三年改革任务，改革促发展成效逐步显现，企业经营业绩稳步增长、经营质量不断提升、工程项目管控绩效显著、科技创新硕果累累、人力资源不断优化，在中冶集团子企业改革三年行动评级中获 A 级评价，获评中国五矿“国企改革三年行动先进单位”，为推进企业高质量发展积蓄内生动力。

二、持续提升市场营销能力，优化市场结构，市场开发稳中有进

2022 年，中冶建工不断夯实市场营销管理工作制度基础，强化市场营销体制机制建设，创新经营模式，全面提升营销工作能力和水平，引领市场营销开发工作良性发展，新签合同额实现两位数增长，市场营销工作质量逐步提升，基本实现了市场突围目标。

（一）多措并举提高市场开拓能力

中冶建工持续对市场营销体系进行改革，加强总部经营平台建设，集中企业资源充分发挥总部拳头优势，尤其是发挥总部在整合协调内外资源开发大项目的牵头作用，并加强总部平台对二级单位市场营销工作的指导、协调作用，形成合力开发市场。以市场为导向，统筹推进“1+M+N”市场布局，不断进行“瘦身健体”，助推二级单位做大做强，提升市场能力。并建立“专班制”，针对重点区域、重点项目推行由公司领导牵头、二级单位有关领导具体负责的工作专班制，目标明确、责任清晰，在多地多点取得实效。2022 年新签合同较上年同比项数减少、合同额增加，EPC（设计、采购、施工总承包）项目、公路及市政基础设施项目合同额大幅增长，公司经营结构逐步向大体量、综合性项目优化调整，促进了公司经营结构的调整优化。

（二）深化资质建设，构建完善资质体系

中冶建工以市场为导向，以满足市场开拓、市场竞争、企业转型升级需求为出发点，全力构建企业好用管用资质建设体系，在维护好总部“四特十甲”各项资质基础上，进一步丰富和完善相关特色资质，指导、督促子公司加快资质申报、升级经营发展所需资质，中冶建工下属子公司中国十八冶继 2021 年取得机电施工总承包、冶金施工总承包“双一级”资质后，2022 年再次斩获建筑工程施工总承包、市政公用工程施工总承包“双一级”资质，为做强做优“中国”字号品牌提供了有力支撑；下属天津公司在原建筑工程施工总承包一级资质基础上取得冶金工程施工总承包一级资质，进一步促进资质建设与市场开发协同发展。

三、健全项目管理运行机制，加强项目管理能力建设，履约能力稳步提升

2022 年，在新冠疫情反复影响的巨大压力下，中冶建工统一谋划，以夯实项目基础管理能力为抓手，坚持以安全、质量、进度和成本“四个目标”管理为导向，强化精细管理，多措并举推进项目履约管控能力建设，生产发展稳步推进。

（一）深入落实“法人管项目”的管理模式，不断优化“公司总部–二级单位–项目部”的三级项目管控体系

中冶建工推行“1323”项目管理运行机制，加强智慧工地建设，运用信息化手段，与财务共享中心、

项目管控中心等数字化平台有机融合推动项目逐步实现精细化管理。同时，坚持"完美履约"的理念，不断增强项目服务意识和服务水平，通过项目经理职业化发展路径培育200余个专业化项目管理团队，打造形成"一体五制+数字化+职业化"的"一体五制+"项目管理新体制。2022年，企业项目履约能力不断加强，业主满意度持续提升：仅用20天时间提前完成军民融合项目——南川太平场抢建工程，受到军方建设办领导高度称赞和联勤部队书面表扬，被授予重庆市"抢修抢建动员中心"；年底以"高强度、快节奏、大协作"的超常规工作模式，积极参与重庆市17个方舱医院、隔离点抢建工作，为助力重庆打赢疫情防控歼灭战贡献了力量，受到重庆市住建委书面表扬感谢；作为首个打开雄安市场的驻渝央企，中冶建工凭借在雄安容西片区安置房B2标段项目的高质量履约，再次中标雄安容西片区F单元和BCE单元3个地块安置房及配套设施项目，是践行"现场循环市场"理念的成功范例。

（二）以提升成本管控能力为导向，坚持"招、评、定"三分离原则，不断完善企业采购管理体系

中冶建工在充分应用内部定额的基础上，组建评标专家库和采购价格评审小组，推行材料耗量核算至分包方、外包至下属采购公司等方式，并有效强化"双向"签证管理，对上加强二次经营，对下加强成本管控。不断加强分包复审管理，在项目部办结分包结算后，由合同预结算部门按"三价合一"的原则对分包结算进行全数复审，促使招标工作实现管理闭合。通过前端招标价格控制、中端过程管理控制、后端复审校核控制等有力举措，项目成本得到有效控制。

（三）深化安全管理，筑牢安全发展底线

中冶建工一方面强化企业安全生产主体责任落实，按照新安全生产法制定了《安全生产管理制度》，以清单化方式，从安全生产综合管理、技术支撑体系、施工执行体系、安全监督体系、人财物保障体系五个方面明确了27项安全责任、121条具体工作内容，并按照"三必须"要求进行责任分解，建立了安全生产纵向到底、横向到边的安全责任制清单管理及考核机制，切实发挥安全生产"技术支撑、施工执行、安全监督、人财物资源保障"四大体系联动作用。另一方面持续推进安全生产专项治理三年行动，重点建立完善"从根本上消除事故隐患"的责任链条、制度体系、技术标准和工作机制，坚持问题导向，推进突出问题清单、制度措施清单动态管理，进一步夯实两级公司安全生产管理基础。通过多举措贯彻落实，企业安全生产管理基础不断夯实，安全生产形势总体平稳，安全生产标准化建设水平稳步提高，省部级以上安全文明工地数量逐年增长。

（四）持续加强质量管理能力建设，工程创优整体水平持续提升

2022年，中冶建工启动了以"抓体系、强责任、立标准、保管控、提品质"为主题的质量提升三年行动，不断创新监督方式，加大质量培训，持续加强质量监督，全面推行质量标准化、"四新技术"和"质量工艺卡"，全力推进各单位打造质量标杆项目，全力推进创优全覆盖工作，引领工程实体过程一次成优。中冶建工连续两年顾客质量投诉为零，质量管理基础能力和整体水平持续提升，工程（产品）质量口碑得到进一步巩固，成功创建各类优质工程（设计）奖73项，创优工作及质量管理能力呈现"多点开花结果"的良好态势。

四、营造尊重知识、人才的良好氛围，不断强化技术支撑力量

2022年，中冶建工持续优化完善科技创新工作体制机制，继续发挥技术与创新对管理的支撑作用，积极开展各项技术管理工作，科技创新硕果累累。

一是成功召开第三次科技大会，总结了第二次科技大会的各项成果，并表彰先进；设立了中冶建工科学技术协会，建立了公司党委、公司领导联系广大科技工作者的桥梁和纽带，在全公司范围内大力营造尊重知识、尊重人才、尊重技术、尊重业务的良好氛围，推动科技创新工作再发力。

二是以"五大核心要义"为指南，践行"创新五矿""创新中冶"要求，坚定"四个面向"的科技发展方向，以企业各研发平台为依托，大力推进创新联

动，紧密结合生产经营需求，加强核心技术攻关，连续第三次顺利通过高新技术企业认定，作为第一完成单位的科研成果“城市综合管廊装配整体式结构关键技术与工程应用”获“重庆市科学技术奖”；正在参编国际标准《智慧城市基础设施：综合管廊运维总体要求》，参编国际标准获得突破；下属子企业建筑工业公司通过高新技术企业认定并获批重庆市“专精特新”企业认定；禾远砼公司成功入库重庆市科技型企业；天津公司获得天津市企业技术中心认定；中国十八冶通过重庆市企业技术中心认定，并获批重庆市“专精特新”企业。基于科技创新工作的稳定开展，中冶建工获评2022年度中冶集团科技创新先进单位。

五、积极推进数字化企业“大脑”建设，为企业经营管理赋能

中冶建工始终坚持将企业信息化数字化建设作为“一把手工程”推进，坚持以需求为导向，以应用促发展，实行一体化管理。

2022年，为深化数据源头治理，打通各业务系统间数据壁垒，进一步打通工程项目全流程的信息流、数据流，满足企业更高层级的决策管理需求，中冶建工在已建立的涉及各业务领域的20余个信息系统的基础上搭建了数字化管控中心，通过对人员、物料、设备、质量、安全、资金使用等方面数据的采集和处理，引入智能化设备，建立了“集团总部—分(子)公司—项目部”三级数据网络通道，打通了各业务系统间数据壁垒，统筹了数据资源，实现数据互通，形成数据共享，通过对各业务核心管理数据分析，深化了数据应用场景，统筹协调企业“人、财、物”的关系，满足了企业更高层级的决策管理需求，有效提升了企业工程建设项目全流程全要素精细化管控能力，纵深推进“业—财—税—资—管”的一体化综合管理，助力企业朝着更高质量的发展方向奋勇迈进。

六、持续加强党的自身建设，以党建为引领，推动发展能力显著提升

2022年，中冶建工以学习宣传贯彻党的二十大精神为主线，通过策划主题党日、推出宣传专栏、讲授主题党课、团课等系列活动，大力营造迎接党的二十大召开的热烈氛围和积极态势；制定《学习宣传贯彻党的二十大精神工作方案》，通过党委会“第一议题”、理论学习中心组、党支部“三会一课”、主题党日等形式持续在学懂弄通上下功夫，进一步发挥“五步闭环”机制作用，推动习近平总书记重要指示批示精神再学习、再落实、再提升，两级党委领导班子成员深入基层宣讲，推动党的二十大精神进班组、进项目、进一线，切实用党的二十大精神统一思想、统一意志、统一行动。

(一)扎实开展“作风建设年”活动

中冶建工统筹推进“讲政治、守纪律、强作风”学习教育，开展“作风建设”大学习大讨论，开辟“作风建设怎么看怎么干”宣传专栏，引导党员干部职工在投身企业改革发展中进一步统一思想、凝聚共识，形成以上率下、崇尚实干、敢于担当、攻坚克难、加油鼓劲的浓厚氛围，提振党员干部职工干事创业的信心和决心。

(二)推动党建与生产经营深度融合

中冶建工围绕经营发展、疫情防控和安全生产等方面，深入开展“党旗飘扬、党徽闪光”行动，以创建“四个一批”为抓手，持续强化136党建品牌效应，打造“党建+”项目，广泛开展党建联建，不断引领党员在重点工作中当“排头兵”、在难点工作中当“急先锋”，使党组织和党员成为攻坚克难的关键力量，实现了党建工作和生产经营工作互融互促。

(三)坚持以生产经营为中心，强化党建引领

中冶建工紧密围绕公司重大决策部署和重难点工作，加大对基层一线重要事件、先进人物、典型事迹的挖掘宣传力度，全方位、多角度宣传生产经营管理工作成绩和经验，公司各媒体平台阅读量不断上升，在人民网、新华网、工人日报等主流媒体、省级及以上媒体宣传力度不断加大，对内统一思想、凝聚人心，对外充分展示中冶建工品牌形象。

(四)深入推进全面从严治党、党风廉政建设和反腐败工作

中冶建工保持惩治腐败高压态势，坚持一体推进不敢腐、不能腐、不想腐的“三不腐”基本方针。在党的二十大前圆满完成对所有二级党委内部巡察全覆盖目标，持续抓好问题整改，切实做好巡察后半篇文章。锲而不舍落实中央八项规定精神，持续纠“四风”树新风，推进新时代廉洁文化建设，营造风清气正良好政治生态，为企业发展提供强有力的政治和纪律保障。

(五)按照政府关于新冠疫情防控的阶段性要求，统筹做好疫情防控工作

中冶建工认真落实每日报告制度，紧盯节假日等重要时间节点，做好重大会议疫情管控和核酸检测服务工作，在重庆疫情防控期间，积极克服困难，参与方舱建设，确保了生产经营活动的有序推进，积极应对境外医疗条件有限、航班频繁熔断等困难和挑战，先后成功接返86批次、累计547人次回国。

“不忘初心、牢记使命”，面向未来，在高质量发展总目标指引下的中冶建工，正朝着“具有建筑业全产业链整合优势和综合服务能力的国际化一流企业集团”的宏伟目标奋勇前进。在此征程中，中冶建工将切实践行“五大核心要义”，认真抓好“五大行动计划”“五型五矿”“五个专项行动”“基础管理提升三年行动”的落地落细，坚持以推动高质量发展为主题，以改革创新为根本动力，助力中冶集团“一创两最五强”奋斗目标早日实现！

奋战新征程　再创新佳绩

——长江设计集团2022年高质量发展综述

长江设计集团有限公司

长江设计集团有限公司（以下简称长江设计集团，原长江勘测规划设计研究院），是由水利部长江水利委员会出资设立的国有独资企业。长江设计集团诞生于1950年，2002年实现事改企，2021年完成公司制改革，踏上集团化发展的新征程。

长江设计集团是以水利水电工程勘察设计为主业、为工程建设全行业全过程提供技术服务的国有科技型企业和国际承包商，业务涵盖水利、电力、市政、交通、建筑、水生态环境、新能源、信息化等领域的勘察、规划、设计、科研、咨询、建设监理及管理和总承包，市场覆盖60余个国家和地区。综合实力长期位居全国水利水电勘察设计单位前列、全国工程勘察设计企业百强、ENR（美国《工程新闻记录》）全国工程设计企业20强、中国工程咨询机构百强前十强、全国企业科技创新500强。持有国家工程设计综合甲级、工程勘察综合甲级、工程咨询综合资信甲级、对外承包工程资格等一批高等级资质证书，拥有国家大坝安全工程技术研究中心、博士后科研工作站、水利部长江治理与保护重点实验室等15个高端研发平台。

长江设计集团拥有一支由中国工程院院士、全国工程勘察设计大师领衔的专业技术团队，目前拥有中国工程院院士1人，全国工程勘察设计大师7人，享受国务院政府特殊津贴专家7人，百千万人才国家级人选2人。拥有正高级工程师323人、高级工程师1107人，高工及以上人员占比60%以上。

成立70余年来，技术牵头编制完成以长江流域综合规划为代表的数百项综合规划、单项规划和专题研究，高质量勘察设计完成三峡水利枢纽、南水北调中线工程、金沙江乌东德水电站、巴基斯坦卡洛特水电站等为代表的数以千计的工程，为经济社会发展和生态环境保护做出了重要贡献。先后荣获省部级以上科技奖励740项，两获“国家科技进步奖特等奖”，八获“FIDIC工程项目奖”。荣获“全国五一劳动奖状”“全国文明单位”等一系列荣誉。

2022年是长江设计集团发展进程中极不平凡也极具意义的一年。这一年集团积极落实“三新一高”核心要义和重要要求，顶住新冠疫情巨大压力，实现新签合同额与营业收入双双再创新高。这一年全体干部职工深入学习习近平新时代中国特色社会主义思想，认真落实中华人民共和国水利部（以下简称水利部）、水利部长江水利委员会关于治江工作部署，砥砺初心、勇毅前行，在践行新时代治江使命和服务国家重大水利工程建设重点工作中取得突出成效，奋进新征程实现良好开局。

一、治江支撑展现新作为

长江设计集团积极承担水利前期工作，治江顶层规划成效显著。2022年全年承担水利前期工作30项、获批11项；有序推进长江流域防洪规划修编、洞庭湖四口水系综合整治工程可研报告编制两项重要水利前期工作。持续推进汉江、嘉陵江、通天河及江源区等综合规划修改与报批，完成长江流域、澜沧江及以西中小河流治理总体方案大纲，并作为指导性文件印发流域各省。

防汛抗旱抢险支撑有力。积极应对2022年干旱、咸潮、洪水等错综复杂形势，组建专业团队支撑流域水库群抗旱保供水联合调度，持续开展上海市抗咸潮保供水研究并滚动编制应急预案，90人次参与水利部长江水利委员会防汛会商，16批次赴川赣湘等开展汛旱情技术指导，成功处置关洲电站厂房透水、团结水库及能滩电站漫坝等险情。派员作为中国政府专家组成员参加巴基斯坦重大洪灾后处置，获中巴双方高度赞扬。

助推国家水网建设大发展。深入服务国家水网“纲目结”体系建设，全力推进“南水北调”中线工程规划修编及中线后续工程，积极开展“南水北调”西线可调水量研究；策划皖赣滇等省级水网建设规划，完成江西水网建设规划并获批，成功推动江西省纳入全国第一批省级水网先导区。

智慧水利建设行业领跑。获颁水利部“数字孪生流域建设先行先试”证书，“数字孪生汉江、丹江口”入选水利部数字孪生流域建设先行先试优秀应用案例。牵头开发“行蓄洪空间数字孪生平台”，首次将数字孪生应用于水利部大洪水演练。行业首个数字孪生工程应用系统“数字孪生岳城水库”成功上线。负责设计的“国家水工程防灾调度系统”方案通过水利部审核。

二、重大工程铸就新辉煌

2022年，长江设计集团在多个重大工程建设过程中取得累累硕果，为经济社会发展添动力、增后劲。

“国之重器”引江补汉可行性研究获国家发展改革委批复，并于2022年7月7日正式开工。长江设计集团以高度的政治责任感和历史使命感，超常规、高强度、高标准完成的可行性研究报告通过水利部审查超常规完成初步设计并报部审查，各阶段成果均获国家发展改革委、水利部、湖北省等高度赞誉。

金沙江旭龙水电站获中华人民共和国国家发展和改革委员会核准，成为《中华人民共和国长江保护法》施行以来长江流域首个获国家批复的大型水电工程。长江设计集团紧抓流域规划修编的新机遇和应对《中华人民共和国长江保护法》实施带来的新挑战，开展巨量勘测设计与研究工作，高质量编制完成项目可行性研究报告和相关行政许可要件，为项目顺利核准提供了科学的技术支撑。

承担勘察设计的首个抽蓄电站——安徽石台抽蓄电站获核准并开工建设。集团依托经验和技术优势，组织优质技术资源和力量，开展大量深入细致的勘测设计论证工作，妥善解决了工程各项重大技术问题，按时高质量完成了项目各阶段的工作和技术成果，其技术能力和服务质量获得三峡集团等单位领导的一致好评。

参与设计的“世纪运河”——广西平陆运河工程初步设计获批复，工程先导段开工。长江设计集团在可行性研究和初步设计阶段承担了工程可行性研究报告及各项专题研究的咨询评估工作，参与了部分勘察设计工作，为平陆运河集团提供技术服务工作，得到了业主及参建各方的一致认可。

“一带一路”首个大型水电投资建设项目——卡洛特水电站全部机组投产发电并正式商业运行。该项目是巴基斯坦首个完全采用中国标准和中国技术建造的大型水电开发项目，获巴基斯坦总理盛赞。

多项重点工程取得突破性进展。滇中引水完成主厂房开挖，香炉山隧洞和新增施工竖井进入攻坚阶段；南水北调中线穿黄工程正式通过验收；华阳河蓄滞洪区、鄱阳湖水利枢纽等十余项重大水利基础设施建设项目顺利推进。安哥拉凯凯水电站主体工程开工；全球最大单体光伏电站阿联酋阿布扎比项目并网发电。

三、科技创新荟聚新动能

“创新是引领发展的第一动力”，集团持续推动完善科技创新全面布局工作，不断激发创新动能，加快推进科技创新引领集团高质量发展。

科技创新体系逐步完善。集团以平台为核心强化研发投入，保障科研人员绩效，奠定科研与生产并重的创新格局。国家和省部级科研平台达15个，覆盖集团主要优势专业，依托“水网工程与调度”重点实验室成功申报水资源安全与国家水网战略等项目3项，成功举办国家水网与现代工程创新论坛，有力提升集团品牌影响力。

创新研发成效显著。获“十四五”国家重点研发大洪水推演项目1项、堤坝群数字孪生等课题5项，获“地下水砷迁移转化”等国家自然科学基金、中国工程院重点咨询、湖北省重点研发项目等省部级和各类开放基金项目30余项。7项“十三五”国家重点研发计划项目高标准通过绩效评价。长距离深埋长隧道安全建造等多项核心技术为引江补汉、西南水电开发、海上风电等国家战略提供有力技术支撑。

科技创新成果丰硕。全年获省部级奖励54项、国际奖3项。全年授权专利341项、软著43项，双双创新高。出版《高坝通航建筑物设计与研究》等著作18部。设计公司入选湖北高新技术企业百强前30位，物探公司入选国家级专精特新“小巨人”企业，宏数、信达入选省级“小巨人”企业，创新成果呈现规模化发展。

四、人才发展涌现新活力

高层次人才再添新绩。2人分别获得全国青年岗位能手、全国技术能手，1人入选湖北省百人计划，2人获得湖北省技术能手，4人分别获得“潘家铮奖”“中国大坝工程学会杰出工程师奖”“水电英才奖”，入选中国科协青年人才托举工程。

优秀高素质青年队伍不断壮大。年度引进博士、双一流硕士200余人；博、硕人数总量占专业技术人员65%，人才基础不断夯实。“高起点、快提升”青年加速培养成效突出，大批优秀青年活跃在管理、市场、生产、科研一线，成为集团高质量发展的主力军。

员工能力建设气象全新。强效推进内训按月制度化、常态化实施，打造了新员工、经营人才、领导力建设、项目管理能力提升等精品培训项目，全员学习蔚然成风。

五、企业品牌提升新高度

长江设计集团持续强化品牌建设，夯实行业影响力知名度，专业优质的技术能力和规范良好的服务质量得到了市场高度的认可，赢得多个奖项，树立了良好的口碑和品牌形象。

乌东德水电站荣获“FIDIC杰出工程项目奖”、长江设计集团第七次捧杯“FIDIC国际大奖”，行业第一。继续入选2022ENR全球工程设计公司150强、中国工程设计企业60强，排名均大幅提升。负责勘察设计的“引江补汉”工程入选央企十大超级工程，承担勘察设计监理的6项工程入选中国2022年有影响力的十大水利工程，28项“长江设计”入选“人民治水百年功绩”工程名录。

长江设计集团以改革发展20周年为契机，举办改革发展20周年学术论坛、文化讲述、《重大工程科技创新》发布会、专题片展播等活动，集中展示长江设计集团20年辉煌历史和发展成就，获多方赞誉。卡洛特、引江补汉、数字孪生等10余项重大工程和技术品牌推广，吸引央视、新华网等十余家主流媒体聚焦报道，企业品牌持续保持热度。

六、幸福企业焕发新景象

员工是企业成长的重要陪伴者。长江设计集团在全面关爱员工、提升福利保障方面也积极发力，聚焦职工最关心、最直接、最现实的利益问题，切实加强员工关怀，增强员工的认同感和归属感，着力打造“幸福企业”。

长江设计集团增设健身房、母婴室、心理咨询室等设施，落实困难职工救助和大病慰问等，切实关爱员工身心健康。“夏送清凉”“金秋助学”形成传统，长江委幼儿园共建、职工子弟暑托班形成长效机制，解决员工后顾之忧，员工幸福感、获得感、安全感得到实实在在提升。

七、全面从严治党引领新成效

长江设计集团坚持以习近平新时代中国特色社会主义思想为指导，深入学习宣传贯彻党的二十大精神，坚持和加强党的全面领导，强化“一把手”和班子成员责任落实，有效发挥集团党委把方向、管大局、促落实的领导作用。扎实开展迎接学习宣传贯彻党的二十大各项工作，凝聚思想力量。党内政治生活从严从实，意识形态工作切实加强，党中央决策部署和上级党组织决定得到有力落实。

党建工作更加扎实。认真开展提升基层治理管理能力三年专项行动，全力推进集团重点任务落实。完善集团党建管理信息系统，推动项目部党建标准化建设；支部书记、党务干部年度培训全覆盖，基层党建工作水平和效能不断提升。

全面从严治党更加深入。持之以恒正风肃纪，坚定落实八项规定精神，强化警示教育，严肃执纪问责，营造了风清气正的良好政治生态。

风劲帆满图新志，砥砺奋进正当时。长江设计集团将继续坚持以习近平新时代中国特色社会主义思想为指引，坚持加快融入新发展格局，全面深化改革，做好技术支撑，巩固市场格局，增强科技与人才双驱动，提升管理效能，持续为经济社会高质量发展贡献“长江设计力量”！

提升核心竞争力　增强核心功能
全面打造“新型国际工程公司”和“国际平台公司”

中国化学工程第七建设有限公司

中国化学工程第七建设有限公司（以下简称七化建），是国务院国资委管理的中国化学工程集团有限公司全资子公司，2010 年 1 月随集团（股份）公司在上交所上市，是以工程总承包（投资、建造、运营）、实业和国际贸易为主的综合型国际工程公司。七化建成立于 1964 年，总部设在四川成都，是中国走出国门的先行者，是践行“一带一路”的领跑者，是全球化工建设的领先者，是中国对外承包“双百强”企业。

2023 年，是七化建全面贯彻落实党的二十大精神的开局之年，也是推动公司战略转型升级、部署落实“十四五”新规划的开局之年。七化建坚持以习近平总书记重要指示批示和党的二十大精神为统领，全面贯彻党中央、国务院决策部署，认真落实集团公司“两商”战略，党的建设和生产经营工作迈上了新台阶。

一、聚焦高质量发展，加快建设世界一流企业

提高核心竞争力是打造世界一流企业的根本之道，增强核心功能是中央企业担负新使命、新任务的必然要求。七化建统筹做好组织领导和推进实落，不断塑造党建引领、科技创新、精细化管理、商业模式创新和品牌文化等方面的核心竞争力；突出国家导向、国家意志、坚决服从国家系列战略和“一带一路”倡议等，做强做优海外市场和“无废城市”建设等方面不可或缺的核心功能，助力国家“一带一路”倡议和“美丽中国”建设等战略落实落地。

打造“两个一流”，建设新型国际工程公司。七化建对标世界一流，查找自身短板，强身健体，通过

科技创新、精细化管理、全面数字化转型、品牌文化建设、国际资源整合、国际人才队伍建设、全项目生命周期的风险防控、创造项目等全面提升公司的硬实力和软实力，快速培育公司的核心竞争力。七化建力争通过3~5年打造成真正的新型国际工程公司和集团国际平台公司。

坚定不移发展实业，增强公司核心功能。习近平总书记强调全面推进"美丽中国"建设加快推进人与自然和谐共生的现代化。"无废城市"建设是"美丽中国"建设的重要组成部分，是深入贯彻习近平生态文明思想的具体行动。公司在海外深耕38载，与世界前沿科研公司和资源性国家有良好的合作，为企业长期发展留下一笔宝贵资源。七化建将发挥自身资源优势，在"无废城市"建设和"一带一路"国家获取资源发展实业等领域塑造和增加公司的核心功能，确定了实业发展的"三聚焦"，即聚焦以资源保障为前提的高端化学品，聚焦以先进环保科技为引领的循环经济，聚焦以"一带一路"资源优势为抓手的城市有机更新。

加快建设一流人才队伍，为塑造"两个核心"提供保障。高质量的人才队伍是执行一切战略目标的核心，是塑造"两个核心"的有力保障。七化建在2023年进一步完善优化公司薪酬和福利体系，公司各级员工待遇达到同行业领先行列，筑巢引凤；建立完善员工培训体系，不断实现自我提升，培养一批具有全球视野的项目管理、合同管理、计划管理、施工管理、国际采购、费用控制、质量控制、财务管理等专业人才。

加强依法合规管理，助力公司高质量发展。依法合规管理是世界一流企业的重要标志之一，诚信经营、合规运作，是公司依法合规管理的基本目标。七化建不断优化依法合规管理体系，将合规嵌入到公司文化与员工行为模式的塑造之中，使其成为公司的核心价值观和公司治理的基本结构和方式，推动依法合规管理从"法规管控"到"文化自觉"，从"外部强制"到"道德自律"。七化建深入贯彻习近平法治思想，坚持业务发展"合规先行"，围绕"一体两翼"、新型工程公司、国际化平台公司新定位，全面开展法治央企建设工作。在国内外"强监管"的政策背景下，七化建牢固树立"主动合规""道德自律"理念，开展全方位合规监管。

二、把握国企改革正确方向，深入推进改革深化提升行动

《国有企业改革深化提升行动方案（2023—2025）》明确了今后三年国有企业改革的任务书、时间表、路线图，是新时代新征程国有企业改革的纲领性文件。七化建深刻认识到新一轮改革任务的重要性和时间的紧迫性，结合公司的实际，制定公司《改革深化提升行动实施方案（2023—2025）》和工作台账，配套制定引进高层次人才、推进三级公司生产经营一体化、细化量化科学化考核及应用、推动科技创新发展、董事会建设的工作方案，实现改革"一本账"，乘势而上实施改革深化提升行动。

加快完善中国特色现代企业制度。全面落实"两个一以贯之"要求，加快形成权责法定、权责透明、协调运转、有效制衡的公司治理机制。根据各分子公司功能定位、发展阶段、业务特点、管理水平、风险防控能力等因素，"一企一策"进行科学化、差异化授权放权，建立权责动态调整机制，确保授得出、接得住、行得稳。

建立真正的市场化经营机制。七化建充分发挥考核"指挥棒"作用，确定2024年起全面实施"一企一策""一岗一策"考核，切实做到"人手一契约、人人有本账、人人担指标"。强化内在价值、长期价值导向，使公司目标与个人目标一致。实现公司和分子公司总部360度考核。全面推行考核等级强制性分布、末等调整和不胜任退出，分类明确并优化员工市场化退出的标准和渠道。

加快推进三级公司生产经营一体化改革。七化建总部落实领导责任，三级公司落实主体责任，总部真正发挥后台管控作用，后台与前台按照职责分工，分别配齐配强相应的工程技术、项目管理、施工管理、费用控制、合同管理、财务、安全、质量、综合管理等人员，完善优化分子公司的考核标准，严格考核刚性兑现。

三、明确重点力求实效，上下一心狠抓工作落实

2023年是贯彻落实党的二十大精神的开局之

年，是落实“十四五”规划的承上启下之年，七化建以开展“工作落实年”主题活动为抓手，高质量地实现各项指标。

持续推动高端营销。2023年，七化建全面开启高端营销，联系了俄罗斯俄外经银行、俄气石油、俄国家公路公司、卢克石油、俄气开采、诺瓦泰克等高端客户；会见了鞑靼斯坦（属俄罗斯联邦）总统，乌兹别克斯坦能源部、投资部、矿产资源部等相关部门负责人；参加了西安“中国+中亚五国”首脑峰会；会见了Casale、KBR、阿尔及利亚国家石油公司负责人；迎来了乌兹别克斯坦能源部部长、乌兹别克斯坦驻中国大使、卢克石油副总裁、俄气石油副总裁、泸州发展控股集团董事长等的到访；签署了乌兹别克斯坦实业项目投资框架协议、与俄国家公路公司全面合作备忘录、与KBR全球合作框架协议、与泸州市政府战略合作协议、与生态环境部固废司及环科院签合作协议、与丝路规划研究中心合作协议、与阿尔及利亚国家石油公司乙烯综合体项目合作备忘录，与波罗的海甲醇公司签署了甲醇化肥综合体合作备忘录，为公司实业发展和2023年、2024年的新签合同奠定了基础。

持续有力有效推进“提质增效”工作。2023年，七化建发布了《“提质增效提升年”专项行动实施方案》，锚定“一利五率”“一增一稳四提升”任务目标，扎实推动“提质增效”。公司整体实现利润较上年同期增长31.08%，资产负债率较上年同期降低3.64%，提质增效取得一定成效。公司层层抓落实，把提质增效行动方案的各项举措抓实抓细，抓出真正成效。一是项目部执行好每一个项目，在保证安全、质量、进度的前提下，提高劳动效率，降低项目成本；二是分公司加大对项目执行的监督指导，超前下达各项指标并强化组织实施，全面加强过程验工计价，进度审批，工程款回收，加快形成实物工程量，确保“颗粒归仓”，要超前掌握项目动态，使项目始终处于受控状态；三是公司各层级在穿透式管理上下功夫，实时掌握项目安全、质量、工期，确保可控在控；四是公司总部各部门要大兴调查研究之风，靠前解决项目部重点难点问题；五是针对“一利五率”及关键指标逐一分析，对不同项目部制定不同的、有的放矢的提质增效目标、措施、责任部门、责任人、时间节点，并由分公司和总部相关部门督导完成；六是加大对亏损项目追责问责力度，一律按给“公司带来损失”对项目部和分子公司追责问责。

“黄沙百战穿金甲，不破楼兰终不还”。面对新阶段、新征程、新目标，七化建有新状态、新作为，始终保持奋发进取的精神状态，坚决落实党中央决策部署，秉承“言必信，行必果”的执行理念和“创新、诚信、务实、高效”的企业精神，贯彻新发展理念，坚持“国内国外两个市场并举，化工非化多元领域并进”，全力打造建设世界一流的国际工程承包商和世界一流的国际资源整合商，全力构建工程总承包、实业发展、国际贸易“一体两翼”多元发展新格局，全面建设具有国际竞争力和影响力的世界一流企业，为推进中国式现代化、全面建成社会主义现代化强国不断奋进。

云南省投资控股集团有限公司 2023年度改革发展情况综述

云南省投资控股集团有限公司

一、企业概况

云南省投资控股集团有限公司（以下简称云投集团）是于1997年9月5日注册成立的大型国有独资企业，前身为云南省开发投资有限公司，现注册资本241.7亿元，是云南省属重点骨干企业。云投集团坚决贯彻落实省委、省政府和省国资委各项决策部署,积极发挥省政府战略工具作用,以"151"发展战略为引领,系统构建"产业培育、战略投资、资本运营"联动互促的国企改革新模式。

云投集团为中国投资协会国投委副会长单位、云南省投资协会会长单位、云南股权投资基金协会会长单位,获得国内 AAA 信用评级和全国第 40 家、云南省首家 TDFI 资格企业。目前,云投集团持股云南能投集团、云南金控集团、云南股权运营公司、贵研铂业、地矿集团,是富滇银行第一大股东、红塔证券第二大股东。云投集团位列 2022 年《财富》世界 500 强第 447 位,是云南省首个世界 500 强企业,同时位列 2023 年中国企业 500 强第 144 位。

二、主要指标

截至 2023 年 12 月底,云投集团合并资产超 5800 亿元,负债 4000 亿元,净资产超 1800 亿元;全年实现收入超 2100 亿元,利润总额超 43 亿元,净利润超 35 亿。

三、企业文化

核心价值观:忠诚 · 使命 · 一流。

文化理念:笃行如初、行稳致远。

愿景:打造一流国有资本投资公司。

四、改革发展情况

2023 年是全面贯彻落实党的二十大精神的开局之年,是全面推进云南省"3815"(三年上台阶,就是紧扣 2023—2025 年,通过实施系列三年行动计划,推动高质量跨越式发展迈上新台阶。八年大发展,就是聚焦 2023—2030 年,到"十五五"末,使云南与全国发展的差距明显缩小。十五年大跨越,就是锚定 2021 至 2035 年,在全面建成小康社会基础上,经过三个五年规划的接续奋斗,与全国同步基本实现社会主义现代化)战略发展目标的起步之年,也是云投集团深入实施"十四五"发展规划承上启下的关键之年。一年来,云投集团在云南省委、省政府的坚强领导下,在云南省国资委的指导帮助下,始终坚持以习近平新时代中国特色社会主义思想为指导,主动服务和融入发展大局,坚持以高质量党建为引领,以高质量发展为首要任务,以"深化转型、重塑价值"为主题,推进"优战略、优结构、优管控,市场化、产业化、资本化、国际化,强改革、强产业、强队伍、强党建、强作风",为打造一流国有资本投资公司奠定坚实基础。

(一)突出党建引领,发展基础保障更加坚实

坚持以高质量党建引领保障高质量发展。一是高标准开展主题教育。成立主题教育领导小组,开展调查研究 300 余次,形成调研报告 161 篇,召开专题民主生活会,深入开展专项整改整治。云投集团主题教育总体实现了"思想上有新认识、理论上有新提升、作风上有新转变、工作上有新成效"的目标。二是系统提高党建规范化水平。制定《党建引领企业高质量发展细化实施方案》等方案,持续开展"查、补、强"专项行动,培育 102 个党建品牌,4 个党组织获评省国资委党委"规范化建设示范党支部"。三是着力打造高素质干部人才队伍。建成"百名英才"干部库,修订完善人才工作制度,构建"9+4+3"人才培养模式,招录 182 名高校毕业生,开展各类培训 48 期,建立内部人才市场。四是全面提升云投品牌形象。抓好品牌宣传,全年累计在外部媒体刊发报道 383 篇,更新制作宣传视频 9 部,协同新华网策划拍摄制作的《党旗下的"象语者"》获"2023 年度云南省党员教育视频片观摩交流活动一等奖"。

(二)突出服务大局,重大项目成果更加丰硕

心怀"国之大者",担当践行"一带一路"倡议和落实重大战略的排头兵。一是"一带一路"项目取得重大成果。云投集团主动服务面向南亚东南亚辐射中心建设,柬埔寨暹粒吴哥国际机场圆满实现通航目标,是中资企业在海外以 BOT 模式(建设—经营—转让)实施的第一座国际机场,得到外交部高度肯定,入选第三届"一带一路"国际合作高峰论坛务实合作项目清单。依托中老铁路运营国际班列,全年共组织到发中老铁路跨境货物列车超 4800 列、货重超 540 万吨、货值超 200 亿元,占中老铁路跨境运输总量的 90%。二是民生公益项目取得重要进展。顺

利完成铁路保开通任务，丽香铁路、叙毕铁路建成通车，大瑞铁路保瑞段、大理枢纽、昆玉扩改项目及文蒙铁路项目有序推进。累计完成“双提升”工程投资78.79亿元，推动546个项目全面竣工，为提升全省重大传染病救治能力和疾控机构核心能力做出突出贡献。累计完成教育卫生补短板项目一期投资219.53亿元，完成总投资的100%，项目全部建设完成。三是引入“头部企业”合作取得重点突破。认真贯彻落实“央企入滇”部署，引入中国人寿战投。分别与中集集团、中国物流签署战略协议，推进现代物流产业合作。与上海宝藤、海通证券、中投公司、中外运、华为等企业开展合作交流，并签订战略合作协议7项，扩大合作“朋友圈”。

（三）突出价值创造，产业布局结构更加优化

围绕国有资本投资公司功能定位，坚持“深化转型、重塑价值”，提高发展质量。一是优化投资结构。深度服务融入全国和全省发展战略，以产业培育、战略投资和资本运营手段优化国有资本布局、提升区域国资竞争力，不断优化投资结构。二是做强优质板块。“大金融”板块企业持续发挥金融服务实体作用，协同优势产业开展金融服务，收入利润实现双增长。“大文旅”板块抢抓旅游复苏机遇，完成昆明索道公司收购，托管会泽大海草山项目，围绕“象文化”“孔雀文化”打造产品，营收利润超过新冠疫情前同期数据。综合业务板块持续培优育强现代林产业，40万立方米轻质超强刨花板项目有序推进。三是培育实体产业。着力培育锂资源、光伏新能源。所属云南省锂资源公司成功竞得玉溪安化锂资源探矿权。所属云投绿能新能源公司与8个州市签署961万千瓦光伏项目投资开发协议，已开工建设一个项目，6个项目即将开工。

（四）突出深化改革，企业治理管控更加高效

认真落实新一轮国企改革三年行动部署要求，深化改革，提升效能。一是扎实推进新一轮改革。制定印发《云投集团国企改革发展三年行动方案（2023—2025年）》，编制对标一流价值创造、管理改革优化、党建融入生产经营等系列实施方案，构筑“1+N”改革体系。二是认真落实重点改革任务。完成央地合作任务，有效推进“瘦身健体”，切实压缩管理层级，提高低效资产利用效率。三是持续提升管理水平。开展制度改革提升工作，优化执行制度32项，推动提升管理水平和治理效能，3户所属企业入选云南省国资委省属企业治理示范创建企业。

（五）履行社会责任，国有企业价值更加突出

云投集团始终把履行社会责任作为企业发展的重要使命和回馈社会的重要途径，积极践行ESG（环境、社会和治理）理念，严格履行国企政治责任、经济责任和社会责任，继续在省属国有企业深化改革中发挥带头作用，在公共事业投资中发挥骨干作用，在建设一流企业中发挥示范作用，在促进全省经济发展中发挥引领作用。2023年，云投集团整体入选国务院国资委“国有企业社会责任·先锋100指数排名（2023）”，位列第42位。

五、重大创新情况

坚持把创新作为引领发展的第一动力，不断推动转型升级和高质量发展。一是打造中小企业培育平台，助力企业成长。云投集团旗下的云南股权交易中心建立“三层八板”（“三层”：从上至下分别为挂牌精选层、基础层、展示层。“八板”：“科技创新板”“专精特新板”“专精特新培育板”“金种子板”“绿色食品板”“绿色能源板”“绿色康养板”“青年创新创业板”）梯度培育机制，通过分层分板挂牌展示体系，精准服务企业全生命周期发展。其中与云南省工信厅、云南省科技厅、云南省地方金融监管局、云南证监局共同打造“专精特新板”“专精特新培育板”和“科技创新板”，助力企业通过资本市场实现跨越式发展。截至2023年12月末，云南股权交易中心共有挂牌展示企业339家、登记托管企业30家、托管股本45.66亿元。挂牌展示业务已实现云南16个州市全覆盖，在已挂牌的222家企业中，符合“专精特新板”“科技创新板”条件的企业占比达到76.6%。二是发挥私募基金支持实体经济发展的积极作用。云投集团旗下云投基金积极融入云南省创新创业工作，响应云南省科技厅号召，作为首批机构加入云南省科创基金联合体，通过建立“科技政策+财政资金+

社会资本”综合赋能平台，共同支持云南省种子期、初创期、成长期科技型中小微企业快速成长。

砥砺初心　改革创新
加快打造世界一流的创新驱动型工业投资集团

广州工业投资控股集团有限公司

一、企业概况

广州工业投资控股集团有限公司（以下简称广州工控）是广州市委、市政府为进一步优化广州先进制造业产业布局，有效整合市属工业产业资源，提升产业投资和资本运作能力，实现产业链创新链联动发展而打造的先进制造业投资控股集团。

广州工控于2019年12月挂牌成立，2021年6月改组设立国有资本投资公司，2023年5月纳入国务院国资委“双百企业”名单，位列2023年《财富》世界500强榜单第414位，“2023中国企业500强”榜单第117位和“2022中国制造业企业500强”榜单第64位，位列“2022中国战略性新兴产业领军企业100强”第75位。

广州工控在工程装备、楼宇智能装备、材料制造、制冷家电、橡胶化工等多个领域具备良好的产业基础和技术积累，拥有万宝、五羊、广日、广重等41个知名品牌，旗下山河智能、金明精机、广日股份、鼎汉技术、润邦股份、广钢气体6家上市公司，松兴电气、获赛尔机械、中科博微、森宝电器4家新三板挂牌公司和广钢气体、广日电梯、天海电器、南方宇航、广州电缆5家“科改示范企业”。

二、锐意改革

（1）改革重组，塑造现代化工业投资集团组织力。大刀阔斧推进重组，对原广钢、万宝、万力和广智四家企业同类型业务进行大力优化调整，形成了一总部、六家直管企业、十大事业部的新广州工控的现代化管控体系。广州工控新的组织结构强调集团总部侧重全集团战略管理、组织干部和人力资源管理、风险管理、技术创新管理等，六家直管企业在集团直接管理下运营发展。智慧楼宇事业部、高端装备事业部、有色金属事业部、化工事业部、汽车零部件事业部、钢铁事业部、基础制造事业部、智能电器事业部、海外事业部、科技园区事业部十大事业部则承担集团战略落地实施、完成年度经营计划、事业部层面投资活动等职责，是集团组织力建设的关键环节，起到承上启下的重要作用。

（2）深入推进国企改革。国企改革三年行动各项改革任务全部完成，实现组织结构、人才结构、知识结构大幅优化，内部活力得到深层激发。以“双百企业”和“科改企业”为重要抓手，深入推进国企改革。一是加强领导，做好统筹谋划。抓实“一把手”工程，成立改革行动领导机构，负责改革的顶层设计、总体布局、统筹协调、指导把关、督查问效。建立健全组织保障、研究决策和督办考核机制。二是主动探索，注重典型引路。挖掘和总结提炼优秀改革案例，打造了“广钢气体‘二次混改’为高质量发展蓄能聚势”“万力轮胎推行管理创新与组织变革唱响‘世界路、万力胎’”等一批工控改革标杆，形成了《广州工控对标世界一流管理提升行动》等10多个可借鉴、可复制、可推广的典型案例。三是系统推进，坚持以评促改。科学设置了企业经营指标、行业地位、科技创新影响力、科技创新产出、改革急迫性和意愿等维度，以及22个细分指标的内部综合评估体系。严格遴选确定5户科研实力强、改革急迫性高、改革意愿坚定的企业，逐步推进各项工作落地落细。四是深化提升，实现融合共进。作为“双百企业”的南方宇航转为“科改示范企业”，强化体制机制改革与科技创新相互支撑、一体推进，促使“双百”“科改”相互贯通，深度交融。

2023年5月，广州工控入选国务院国资委公布的“双百企业”名单，广钢气体、广日电梯、天海电器、南方宇航、广州电缆入选“科改企业”名单，形成了以广州工控为“双百企业”，广钢气体等5家企业为“科改企业”的“1+5”国家级改革先锋队，广州工控国企改革工作迈入全新的阶段。

三、卓越运营

根据重组后企业业态多样、运营模式各不相同、精益管理水平不足的现状，建立并持续推进卓越运营体系（GOS），进一步树立全员参与、协同高效、持续改善的精益管理理念，将精益管理运用到研发设计、生产制造、供应链管理、营销服务等全流程全链条，促进全集团运营水平提升。

构建统一规划、统一团队、统一标准的“三统一”，运营系统、管理体系、理念能力“三要素”联动的GOS体系，打造“一个主体、四级架构”卓越运营转型组织。制订GOS“2+10+X”三年行动规划，围绕“统一整体规划、三大要素联动、四大运营转型、一个卓越文化”建设目标制定作战路径。组建由集团、事业部、成员企业组成的卓越运营专家团队，通过“专才专用、以专带新”的共建模式，为体系的落地生根提供坚实的人力资源保障。

对广州工控成员企业进行运营数据采集分析，从运营管理水平、价值提升空间等方面进行全面评估，推进开展精益生产、卓越采购、卓越供应链等模块落地实施。大力开展培训，以点带面，全面提升GOS体系的工作。

统筹新冠疫情防控和重组发展各项工作，以“双统筹”夺取“双胜利”，2019年年底—2022年年底，广州工控营业收入连续三年实现两位数增长，跻身千亿级企业行列，企业实力大幅提升。

四、创新驱动

构建三级创新体系架构，即一级集团中央研究院、二级产业集团（龙头企业）研发机构、三级基层企业研发机构，协同推动全集团4家国家级企业技术中心、10家国家级CNAS（中国国家认可认证监管委员会）实验室、5家国家级博士后科研工作站、5家其他类型国家级平台、134家省市各类研发机构，开展重点板块的前瞻性基础技术、共性技术、应用技术和创新产品研究。2019—2022年研发投入年均增长24.6%，工业企业研发投入强度年均增长10.5%，专利授权数年均增长21.6%；高新技术企业累计达82家，高新技术产品产值约470亿元。

牵头组建集团应用技术创新联盟，增进重组后企业间技术负责人的相互了解，发挥集团内部资源优势，促进企业间的协同互动。加强与企业外具有创新竞争力的合作者对接，如中国科学院粤港澳大湾区黄埔先进材料研究院、广东省季华实验室、中山大学、华南理工大学、广汽集团技术研究院等，积极参与高水平创新联合体、产业技术创新联盟、公开研发平台建设和国家重大科研攻关项目，探索多样且灵活的对外合作机制。

构建企业运营数字化平台，形成集团大数据中心，分领域逐步形成上下联动的在线监管体系。构建多元数字生态，连接产业要素资源，汇聚多类产业主体及多维工业数据，纵深推进场景应用，推动产品与服务、硬件与软件、应用与平台趋向交融，促进产业链各环节及不同产业链的跨界融合，搭建形成开放合作的价值共创生态圈。构建装备制造行业标识应用生态，以山河智能和广日电梯为示范，打造先进的装备制造行业标杆，实现以产业生态构建为核心的价值创造机制、模式和路径变革，提升实体经济创新力和竞争力。

广州工控科技创新实力大幅提升：超纯制氮装置首次应用于芯片产业供气；轨道交通空调压缩机国产化替代；航空飞控技术和中继通信技术均填补国内空白；大型旋挖转机数字孪生项目技术达到国际先进水平，旋挖钻机稳居行业前列；1100千伏直流高压换流变压器开启新纪元；超高速电梯、盾构机、超高压厚壁容器均创世界之最；高端盾构机市场占有率全球第一，G32、G26、CS21/32系列柴油机、230SC天然气发动机达到国际先进水平；广日及日立电梯市场份额稳居全国第一，液压静力压桩机市场占有率超过 70%。

广州工控智能制造水平大幅提高：西门子全球首家智能化配变工厂如期投入使用，广日电梯数字化示范产业园建成，突破智能车灯关键技术，成功研制出了“动车组车底检测机器人系统”；山河智能“祥云工业互联网平台”成功入选中华人民共和国工业和信息化部发布的“2021 年工业互联网平台创新领航应用案例”；广日云平台接入电梯超过 2.9 万台，成功地实现了电梯制造、运营和维护全生命周期的数字化管控。山河智能、金明精机荣获“国家级智能制造示范工厂”称号。

五、产业发展

（1）成立集团资本运作平台企业。整合全集团相关类金融资源，成立广州工控资本运作平台——广州工控资本管理有限公司，全面整合集团旗下优质类金融资产和非工业类优质资产，以资产管理、资本运营等多种手段，盘活集团存量资产、优化资产配置、增厚公司利润，实现资金、资本、资产的高效周转循环；通过“FOF+基金+直投”等投资方式，形成“产业投资+科创投资+国资投资”三驾马车齐头并进的业务发展格局，构建覆盖“风险投资、私募股权投资、一级半市场、二级市场”的全生命周期投资布局能力。基金管理规模超过 220 亿元，直接融资比例由 6%提升至 20%。

（2）大力培育战略性新兴产业。围绕广州产业链“1+X”“链长制”战略，由工控资本牵头，联合国有资本、社会资本，共同发起设立轨道交通、汽车零部件、装备制造、新材料等行业性专项基金，扩大产业引导基金规模及覆盖轮次，针对种子期、成长期、成熟期等不同轮次工业投资的具体特点，引导社会资本向不同发展阶段的优秀企业集中，培育“专精特新”企业，构建战略新兴产业体系。重点突破点是获得半导体和芯片电子超纯大宗气体“卡脖子”配套技术，打破了外资气体巨头在芯片领域的垄断，进入主流新能源整车厂的供应链体系，壮大海工装备产业规模，实现锂电池材料、风电机组安装维修平台、风电机组高端传动系统、氢能装备等新能源装备领域突破，布局绿色化工新材料等战略性新兴产业。

（3）加快战略布局。根据“十四五”规划指引，通过并购、整合和联合投资等多种方式，加快在“新兴材料、核心部件、高端装备”三大核心领域的战略布局。一是通过并购方式，对装备制造、汽车零部件、新兴材料等领域拥有核心技术、核心业务和核心用户的标的企业加强跟踪分析，适时进行投资并购，快速进入相关领域，补链延链强链建链；二是发挥大型国企投资引领作用，以国企联合民企方式，联手投资在大湾区具有巨大引领带动作用的轨道交通等产业；三是大力整合内部资源，加强内部协同，强化产业链投资和运营能力；四是依托拥有核心技术和核心业务的并购企业和重组整合企业平台，以产业园建设为依托，推动一批增量工业投资重点项目，发力打造广州先进制造业集群。

目前，广州工控成功投资入股了孚能科技、山河智能、天海电子、南方宇航、润邦股份、鼎汉技术、金明精机、佛山通宝等具有核心工艺技术和创新性产品的装备制造企业，基本完成在新兴材料、核心部件、高端装备三大核心领域的战略布局，形成了高端装备制造业生态体系，完善了汽车零部件产业链，实现轨道交通车辆核心零部件领域突破；规划和建设八个价值创新园区，推进大湾区输配电产业园项目，孚能科技广州基地项目落地实施，开工建设南沙高端装备项目，高质量发展能级能量大幅提升。

六、社会责任

（1）交出新冠疫情防控合格答卷。三年疫情防控，既有火速支援武汉“火神山”“雷神山”医院和深圳市第三人民医院二期工程应急院区建设，也紧急为抗疫生产口罩、医用手套、氧气、车胎等物资，更根据市委、市政府要求，调派抗疫队员深入疫区，有力支援全市抗疫。其中，2021 年年中荔湾区白鹤洞街道和中南街道抗疫，2022 年 11 月海珠区康鹭片区第 16 网格承包抗疫均圆满完成任务。

（2）做好“六稳”“六保”有关工作。三年来，累计促进新增就业共 5400 人，其中大学新生 2811 人；累计完成投资额 234.23 亿元；集团资产负债率稳步下降，2022 年年底为 65.3%；全集团落实疫情防控期间物业优惠政策共减免租金 3.6 亿元。

(3)推进老城市绽放新活力。各产业园区有序开发,推动产业升级;新取得21所托幼机构承办权,管理运营的幼儿园达到20所,是广州直营幼儿园最多的企业。建成泰颐养老院,筹建广钢新城医院改扩建,推进医养结合,增进民生福祉。

(4)坚决打赢脱贫攻坚战,圆满完成脱贫攻坚任务,接续乡村振兴战略。集团获广州市民政局等单位联合颁发"2020年度扶贫攻坚企业"。广州工控、广智集团被中共广东省农村工作领导小组评为"2019—2020年脱贫攻坚突出贡献集体"。

七、党建引领

面对重组型企业的复杂性、国企改革任务的艰巨性、疫情冲击等困难,广州工控加强党的领导、党的建设,以高质量党建引领企业高质量发展。一是大力加强政治建设,不断提高政治判断力、政治领悟力、政治执行力,坚定拥护"两个确立",做到"两个维护",增强"四个意识",坚定"四个自信"。二是充分发挥集团党委核心领导作用,把加强党的领导和推动重组、深化国企改革、加强党的建设与建立现代企业制度更好地结合起来,建设坚强有力的党的领导体系和执行体系,把重组、经营和改革发展成效作为检验党建工作的"试金石",切实担负起"把方向、管大局、促落实"的"定盘星"作用。三是以加强各级党组织建设为根本,筑牢思想基础,培养过硬作风和纪律,推动各企业思想融合、文化融合,形成工控意识、工控精神和工控文化。四是深入推进全面从严治党,持之以恒正风肃纪反腐,不断推进自我革命,着力营造风清气正的政治生态。

党建引领两次重组均在80天内平稳完成,三年任命、交流干部1500多人次,取得党建"双品牌""双案例"成果,三个党建案例获评"全国国企党建创新成果",其中广州工控案例获评一等奖。

(撰稿:刘新奇　梁演玲)

聚焦实体经济　推动破局创新
奋发有为开创高质量发展新局面

青岛海发国有资本投资运营集团有限公司

青岛海发国有资本投资运营集团有限公司(以下简称海发集团)2012年3月组建成立,2021年8月正式更名,注册资本金100亿元,下设10家一级子公司和6家控股或参股上市公司,集团总部及全资子公司共有620人,主体信用评级为国内双AAA级。作为全市国有资本市场化运作的专业平台,在市委、市政府坚强领导和上级部门的精心指导下,海发集团聚焦实体经济发展和国企责任担当,始终强化党建引领、深化改革攻坚、抓实产业培育,加快构建新发展格局,锻造"实干家"队伍,走出了一条具有"海发"特色的发展之路。

一、党建引领提质增效,高质量发展底气更足

一是抓实党建塑品牌。全面落实两个"一以贯之",擦亮"国企姓党"政治本色,深入实施党建与经营发展"双品牌"战略、"双系数"考核机制,制定集团在完善公司治理中加强党的领导的实施意见,建成启用全国首个5G高新视频党建教育基地,全方位塑造"龙马躬行"党建品牌,形成"一核三维"企业文化生态体系,"打造一流党建品牌,引领企业阔步迈进"荣获"首届山东省企业文化优秀成果一等奖"。发挥"支部建在连上"的政治优势,实施基层党建"四大提升行动",设立影视产业链党建联盟和明星"红

色驿站”、打造党建引领产业协同发展实践案例，多措并举推动基层党组织全面进步。在市属企业党委书记履行全面从严治党责任和抓基层党建述职评议中连续四年获“优秀”等次，市直企业领导班子综合考核连续两年评定为“好”等次，连续两年入选山东省“社会责任企业”榜单，获评“山东省五一劳动奖状”。

二是锻造“实干家”队伍。深入实施“创新驱动+人才战略”，大力弘扬企业家精神，紧盯“关键少数”，求贤若渴、人才强企，通过“摘星夺旗”擂台比武、“揭榜挂帅”公开选聘、“上兵伐谋”战略培训“三步走”方式锻造选用产业领域的“实干家”，充分释放人才“红利”。“揭榜挂帅”面向社会公开选聘产生5名产业集团CEO，组织118家子公司122名经理层成员签订聘任协议、业绩责任书，实现任期制契约化、组织和全员绩效考核管理全覆盖，以行业领军团队推动产业板块创新突破，以“关键少数”带动“绝大多数”破局发展。倡导赛马不相马、靠赛道比拼，常态化开展擂台赛、“亮绩”“赛绩”等活动；成立突击队、设立党员先锋队，每月“亮旗”晒战绩、兑奖惩；集团总部中层正职和重要子公司领导班子实行“全体起立”，做到“上岗靠竞争、任职凭能力”。联合西海岸新区创新发布灵山湾“人才特区”新政，创设“蔚蓝学院”培训品牌，入选2022中国年度最具发展潜力雇主30强、全国校园招聘案例100强。

三是强化监督防风险。坚持综合监督、内部巡察和专项审计“三位一体”联动发力，在市属企业中创新构建“7+1”综合监督模式，依托“数字海发”推进科技监督，实现全资和控股子公司内部巡察、派驻监督全覆盖，市纪委在全市推广集团综合监督、内部巡察经验做法，全方位塑造“清廉海发”廉洁文化品牌，获评市“国有企业数字化清廉建设示范点”，集团纪委在市属国企中唯一被授予全市“纪检监察系统先进集体”。以高水平的内控合规管理护航高质量发展，筑牢业务部门专业把关、风控合规部门体系审查、监督部门职能监督、风控和审计委员会总体把控四道防线，打造全流程全链条的闭环管控模式，获评“2022《财经》可持续发展内控长青奖”，荣获《商法》境内并购领域年度“卓越法务团队”“卓越法务”两个奖项。

二、改革创新激发活力，高质量发展动力更强

一是战略聚焦谋跨越。始终把战略问题作为发展的根本性问题，加快推动实施“一体两翼”发展战略，以实体经济为主体，金融投控、影视文化为两翼，抓住关键点强力突破，形成核心支柱产业，全力再造一个“新海发”。坚持从战略和全局高度系统谋划高质量发展举措，制定实施《以党的二十大精神为指引推动高质量发展、加快建设世界一流企业暨价值创造行动方案》，对标一流提水平、锚定目标促发展，坚定不移推动落实“十四五”规划“2-2-40”发展目标，力争资产总额、营业收入突破2000亿元，实现利润总额40亿元，跨入“世界500强企业”行列。

二是创新突破促提升。牢固树立破局思维、不走寻常路，十年时间成功实现由功能区开发向战略性新兴产业、国有资本投资运营集团的三轮转型跨越发展，新阶段毅然开启新一轮高质量转型发展之路，加快推动从“做大做强”向“做精做优”转变，创出“两类公司”改革试点的海发模式，排名中国企业500强第297位、中国服务业企业500强第112位，位列山东省综合百强企业第18位、青岛企业100强第3位，跨入资产、营收“双千亿级”企业。

三是改革攻坚塑优势。坚持“以管资本为主”，按照“强总部、大集群、优运营”发展方向，构建“集团总部+产业集团+运营公司”三级管控架构，集团总部管资本、产业集团管资产、运营公司管经营。全面推动实施“授权-行权-监督”三位一体的授权经营体系改革，按照财务、战略、运营三类管控型向子公司授权8类32项，核心资源全面向子公司下沉。坚决打好国企改革三年行动“收官战”，搭建资源配置、产业协同、资本撬动的高效赋能平台，激发强劲发展动力，主要经营指标实现翻番式增长，三年时间资产总额、营业收入、利润总额分别增长4倍、40倍、10倍，成功实现由城投类公司向国有资本投资运营公司转型，获批“创建国务院国资委公司治理示范企业”，入选国务院国资委国企改革专项行动“双百企业”和“科改企业”，获评“山东省创新力品牌企业”和“山东省改革尖兵”，“两类公司”改革试点综合评估全市第一名。“数字海发”入选2022年中国数据

管理“百项优秀案例”，获评中国数字化转型与创新评委会“国有企业数字化典范案例”，入选“青岛市数字经济发展典型案例”。

三、聚力发展实体经济，高质量发展根基更牢

一是深度匹配城市发展战略。投入200亿元支持全市重大战略项目建设发展，出资40亿元组建青发控股集团，主导构建青岛自贸片区一体化开发运营联合体，推动区、市平台公司资源整合做法在全市推广；牵头筹资50亿元主导搭建全市集成电路产业控股平台，提供42亿元融资担保支持芯恩项目建设，成为省内首个投产的芯片制造项目；出资24亿元与世界500强欧力士共建中国区域总部；出资15亿元参股恒丰银行，投资20亿元建设清华青岛艺术与科学创新研究院、山东工艺美院青岛校区。创出山东省企业主导功能区市场化开发的典型模式，制定功能区开发建设运营标准，通过三轮开发实现城市价值提升、功能升级，首轮主要实施一级开发整体提升土地价值，第二轮导入新兴产业提升城市综合功能，第三轮通过资产证券化实现产业链优化布局、资产再升值，促进城市品质提升、新兴产业导入、人口结构优化。市场化开发拓展至西海岸新区三大功能区170平方千米，形成“东有灵山湾、西有藏马山、北有自贸区”的联动发展格局，累计投入近400亿元，先后搬迁21个村庄建设8大安置区、新建道路300千米和学校5所，灵山湾入选全国首批“美丽海湾优秀案例”，“藏马山乡村振兴齐鲁样板”入选国务院国资委“国有企业社会责任优秀案例”。通过司法诉讼成功盘活青岛慧据产业烂尾项目，导入京东方智慧科技上下游产业集群，不仅有力维护了城市招商引资形象，更确保国资赢得了16亿元的收益。市政府领导对《在匹配城市发展战略中加速崛起》《积极依法维护国有权益、盘活重大烂尾项目取得收益》做出批示，在市属企业推广海发集团典型做法。

二是深耕拓展资本“新赛道”。始终把股权投资和资本运营作为发展主导方向，紧扣城市产业链优化布局，坚持“以投带引”导入产业，充分发挥金融投控和资产运营对各产业板块配套服务及强势赋能作用，以“产业+园区+基金”三位一体模式引项目、促产业。积极探索国有股权市场化、专业化、集约化运作的新模式，实施澳柯玛控股集团国有股权划转，与城发集团、旅游集团达成《股权合作协同发展备忘录》并变更国有产权登记，加快组建青岛健康产业控股集团。近年来，通过增资、新设、并购等多种模式实施混改引进各类产业资本240亿元。自主或参与管理基金10只、规模253亿元，在上海等城市设立股权投资运作机构对接世界头部资源，形成一线城市前台引项目、返程后台促落地的工作机制，投资半导体、新一代信息技术和新能源等新兴产业领域项目270余个，启动上市程序30余个，返程投资引进以萨技术等项目30余个。

三是集聚打造现代产业生态。聚力发展壮大七大产业集群和16个现代产业园区，做好产业链优化布局、“产业投资+园区运营”、以资本的力量促进“双招双引”三篇文章，构建“功能区开发+现代产业园区建设运营+金融投控+上市平台+供应链体系”五位一体商业模式，打通“融投建管运”全链条体系，打造青岛市“四新”经济集聚高地。以“科技影都”为核心高标准建设青岛影视基地和青岛5G高新视频实验园区，控股组建东方影都产业集团，构建“六个一”影视供应链体系，东方影都集聚影视企业超过800家、入驻拍摄影视作品200余部、累计票房超220亿元，组建青岛电影学院、列2022中国艺术类最好民办大学第1名、入选山东省应用型本科高校，成功举办上合组织国家电影节、青岛影视博览会等节会活动，《打造国内首个影视供应链体系》入选中宣部国家文化产业发展项目库第二批入库项目，成为山东省“1+N”（“1”即青岛灵山湾影视文化产业区，“N”即突出特色多点突破）影视产业基地布局的核心区、中国电影的“国家队”。发力高端制造业，以“三个一”集聚发展半导体产业，芯恩入选国家鼓励的集成电路企业，设立30亿元的集成电路与数字基建产业基金，建设半导体产业链配套园区；与国星宇航合作建设卫星制造基地及北方运营总部，华大智造科创板上市。推动大健康产业强势突破，青岛海康医院正式运营，南京同仁堂年利润近亿元、启动引战工作，与国药集团合作建设国内一流的生物医药产业园。以双向混改模式组建全省首家环保控股集团，聚焦余热回收、生态综合治理等5个赛道，通过

并购重组丰富完善产业链条、整合优质产业资源，打造全市环保产业新平台。联合浙江大学建设青岛求是工业技术研究院，引入中国石油大学等高校建设校城融合基地，构建现代产业发展科研支撑平台。

倍道兼行　奋楫争先

——开投集团激发创新活力　赋能产业升级

青岛开发区投资建设集团有限公司

青岛开发区投资建设集团有限公司（以下简称开投集团），成立于2017年5月，注册资本20亿元，为西海岸新区区属国有企业，集团聚焦实体产业、园区运营、城市服务、开发建设、大宗贸易及金融供应链、康养文旅六大主业板块，以打造国内一流区域开发建设和投资运营平台为目标，是一家综合优势明显、若干领域领先、具有竞争力的综合性企业。

开投集团成立6年以来，围绕“国有企业做大做强”和“国有资本保值增值”工作主线，以“推动商业发展，创造时代价值”为使命，总资产从5000万元增加至近500亿元，年营业收入从2亿元增加至120亿元，年利税从不足100万元增加至6亿余元，累计在建工程面积超过1000万平方米，旗下现有50余家全资控股公司，获得“AA+”主体信用评级，是西海岸新区区属国有企业中获评“AA+”用时最短的企业。

开投集团以“阳光开投，奉献有我”党建品牌为引领，跻身2023中国服务业企业500强、青岛企业综合100强；先后获评“全国AAA级信用企业”“全国产品和质量诚信示范企业”“山东社会责任企业”“青岛年度最具影响力企业”“青岛市工人先锋号”“青岛市劳动关系和谐企业”等荣誉。

近年来，开投集团始终坚定理想信念，扭住发展之要，在逆境与挑战中抢抓机遇、乘势而上。经过6年精耕细作、砥砺前行，现已成为一家主业突出、核心竞争力强、具有区域影响力的综合性国有企业。

一、坚持“党建铸魂”理念，以高质量党建引领高质量发展

开投集团始终坚持以党建引领为抓手，以城市建设为载体，在不断求新求变过程中迈入跨越式发展新征程，形成了“上下同欲、行动一致”的战斗合力。

牢记“国企姓党”。企业在经营发展中，始终牢记“对党忠诚、勇于创新、治企有方、兴企有为、清正廉洁”原则，把讲政治放在首位，勇担“国企姓党”的政治使命、政治责任，切实发挥党委“把方向、管大局、保落实”作用，将党的领导融入企业治理的各个环节。工作中，紧紧围绕重大项目和市场化业务抓党建，坚持“支部建在项目上、支部建在车间里”，获评青岛西海岸新区“五星级党支部”；发扬“激情、高效、创新、共赢”企业精神，与项目参建单位合作成立联合党支部，在省市重大项目一线设置党员先锋岗、青年突击队。集团深度打造的“阳光开投、奉献有我”党建品牌社会知名度、市场美誉度不断提升。开投集团重大事项、文化建设在人民网、新华社、凤凰网、中国经济网、大众日报、青岛日报等国家、省级、市级主流媒体报道超过200次、综合宣传600余篇，在全省、全市具有较高知名度和美誉度。

坚持“党建+社会责任”。开投集团先后开设4所国企办学普惠制幼儿园，850余名孩子进入优质普惠园享受专业学前教育服务，多次获评“西海岸新区学前教育先进单位”等荣誉。坚持打造“有温度的企业”，建设的青岛市首个租赁型住宅、首家国际人才社区——未来智谷·大学生人才公寓，被山东省人才工作领导小组列为党委书记人才工作项目。开投集团现有“青岛市职工书屋”1个，获赠全国总工会劳模书架赠书。精准实施EAP（职工心理援助）计划，为职工心理健康赋能。同时，开投集团上下热心慈善公益，贡献爱心力量，积极参加“慈善一日捐”

"春蕾计划"等慈善捐赠活动,共募集善款近百万元。完成甘肃陇南、菏泽定陶、公安优抚基金等消费扶贫和省内协作捐赠近300万元。先后获评全国红十字系统"5·8人道公益日"众筹活动先进单位、"青岛市无偿献血突出贡献集体"、青岛西海岸新区"慈善工作先进单位"、青岛西海岸新区"优秀工会志愿服务队"等荣誉。

秉承"企业事当成自家事"。开投集团上下干事创业永不满足现有成绩,不断寻求更大突破。坚持抓关键人、关键事、关键业务、关键环节,开投集团成立以来,共建立健全100余项规章制度;依法经营,依法纳税,近五年内无安全、质量、环境污染、公共卫生等事故;近五年内无违法违规和弄虚作假行为。工作中,变"伯乐相马"为"阳光赛马",创新干事创业激励机制。开展"创新、创业、创造"劳动竞赛、"每月之星"评选、动态考核,激励党员和干部职工干事创业。党员干部当先锋、作表率,发扬"事争一流,唯旗是夺"的工作作风,促进集团生产经营、重大项目建设、招商引资等中心工作提质增效,把许多不可能事变成了可能事。新区改造村庄数量最多、体量最大的项目——殷家河片区改造项目,创造了当年完成拆迁、当年开工建设、当年多层封顶、当年纳统的多项新区纪录,安置区已顺利交付。

二、坚持"统筹发展"理念,以精诚之道对话城市内涵

作为国有企业,开投集团牢牢抓住国企国资改革、开发区机制体制改革、挺进王台战略、城市更新建设等重大契机,志在打造"国内一流城市综合服务运营商",以实际行动成为城市高质量发展的主力军。

建强平台,提质赋能。从高山之巅到大海之滨,从摩肩群居到广厦万间,建筑作为大众生产生活的重要载体,是一个时代思想与技术的投射,见证着城市变革发展的曲折进程。开投集团根据产业战略需要,积极搭建服务双招双引、项目对接、产业转型升级平台,助力实体经济发展。开投集团承建的青岛市24条产业链百亿级大项目——潍柴(青岛)智慧重工智造中心项目竣工投产,以快速建设推动项目加速释放产能,刷新了全市工业厂房建造速度,促进高端装备制造产业与人工智能深度融合,助推青岛制造业加速升级。青岛初芯光电产业投资基金揭牌,开投芯屏产业园一期启用,为青岛市新型显示产业园注入强大动力。

抢抓机遇、行稳致远。在企业发展上,开投集团做到一步到位,在战略研判上一次做对,并购央企子公司、获评"AA+"用时速度、发行境外债券、落地一二级联动城市更新融资、建设文化型公园、连续保持考核首位……之所以能披荆斩棘,创造了新区国有企业的多个"第一",正是在于抢抓机遇、主动作为,追求实现企业高质量发展,在变化中把握主动权。经过六年的发展,开投集团早已从最早千万起家的新锐,成长为拥有百亿级资产的行业翘楚。唯有行稳,方能致远。这六年,开投集团聚焦国企使命,坚守战略定位,面对各类急难险重任务,以逢山开路的闯劲、愚公移山的韧劲,把政府要求、工作大局作为重中之重,采取非常举措,加快推进步伐,推动各项工作破冰,把各种"不可能"变成了"可能",为集团高质量发展奠定了坚实基础,也为新区双招双引、社会发展提供了强力支撑。

延伸链条、统筹发展。统筹水电开发和生态保护,立足铁山水库和小珠山水库,最大程度地开发和利用水库资源,不断提高用水效能,延伸产业链条。铁山水库稳步推进水资源深加工项目。小珠山水库积极响应国家新型能源体系规划建设,在全市率先研究抽水蓄能电站建设并积极谋划推动。旗下建协检测与建研科技、天津泰达、山东先进材料研究院等行业领军企业在绿色建筑领域达成合作,推动设立绿色发展联盟山东中心,助推全省绿色低碳循环发展。开投集团承建的西海岸新区首个文化型公园正式开园,是全市公园整治中唯一涉及文保遗址的项目,在全市山头公园整治评比中荣获一等奖,正在积极争取列入"齐长城国家文化公园名录"。

三、坚持"开拓创新"理念,以创新之智缔造卓越品质

在创业的历程中,始终围绕"国有企业做大做强"和"国有资本保值增值"工作主线,坚持开拓创

新、投资未来，走出了一条地方国企裂变式发展之路。

牢固树立市场化发展理念。开投集团成立六年以来，牢固树立平台思维和市场化理念，深入推进资源整合、产业集聚、资本运作，全面提升开发建设、园区运营、城市服务能力，引导和带动社会资本共同服务区域经济社会高质量发展，在快速发展的过程中彰显国有企业的使命担当。在全体开投人的奋勇拼搏下，集团总资产从5000万元骤增至近500亿元，呈现出几何式增长的发展态势，经营指标始终保持高位快速增长，在青岛西海岸这片热土上坚实地走出了国有资产保值增值的足迹甚至奇迹。

高度重视技术改革创新。专注推进业务板块技改，加强国有资本对基础研究的投入力度。鼓励实体经济板块通过各种方式加强原始创新，提高创新合作水平。开投集团旗下3家高新技术企业（青岛华欧集团砼业有限公司、青岛华欧集团四海自动化控制工程有限公司和青岛华欧集团四海机械制造有限公司）研发经费和研发投入强度每年都保持刚性增长，研发投入强度、研发投入强度增速位居区内同类国企先进水平；旗下青岛华欧集团股份有限公司拥有50余项发明和实用新型专利，10余项软件著作权专利，并通过成果转化，取得了实实在在的经济和社会效益；旗下砼业公司、自动化公司、机械制造公司分别获评“国家高新技术企业”“青岛市专精特新企业”。开投集团旗下建协检测站不断提高技术研发投入，完善管理体系，创新管理方法，参与省市区各级赛事，先后通过三大体系认证，累计完成软件著作28项，获评青岛市“诚信企业、专精特新企业”，青岛市区内“行业比武一等奖”，2021年参加山东省创新管理方法大赛，利用TRIZ理论（发明问题解决理论）指导企业管理及技术创新，获得省级三等奖。

持续加强高企合作发展。加强与中央企业、民营高科技企业、高等院校、科研院所等合作，安排资金重点支持、培育具有较好发展前景的新技术、新产业、新业态，高新技术企业、科技型中小微企业，创新载体、创新实践（培训）基地等。开投集团成立伊始，就充分发挥西海岸区位战略优势，抓住国家战略、国家级新区和新动能产业基地开发建设机遇，敢闯敢试，善作善成。从2017年战略重组华欧集团开始，以市场化为导向，参与了京东方、芯恩、潍柴、初芯等重大项目投资或配套建设，高效盘活土地、资本等资源要素，快速壮大资产规模，增强盈利能力，拓展了发展空间。同时，与清华大学、中国石油大学、青岛大学、华润、中电光谷等央企、行业领军企业、高校建立战略合作关系，为承接新区发展战略和企业跨越发展集聚了优势资本和资源，推动区域开发建设和新旧动能转换。

四、坚持“共享发展”理念，以完美之愿开拓行业未来

开投集团坚持“走出去”与“引进来”并举，加快走在改革前沿，高质量、高水平开展“双招双引”，始终以奋进的姿态，打开联通各界的大门，闯出开放发展的新天地。

在园区运营上走在前。开投集团围绕芯屏、半导体、光电、集成电路、新一代信息技术、智能装备制造等主导产业，开展产业园区建设及开发运营，布局产业集群，注入强劲动力。全面谋划“定制化服务+投资服务+运营服务”的园区全生命周期模式，促进千亿级产业集聚，在全市专业园区建设、运营方面走在前。芯屏产业园一期已开园，自开园以来意向协议入园企业8家，一期正式签订入园项目6家，其中包括多家高新技术企业、专精特新企业。开投集团投产建设的开投数字产业园区、专精特新产业园区、中国石油大学国家大学科技园动力谷等多个园区项目，为区域经济发展增添了新的优势和动力。

在振兴实体经济上走在前。立足社会所需、产业所趋，发挥“有效市场”和“有为政府”的桥梁纽带作用，通过发展实体经济增强企业核心功能，打造国企高端化、差异化竞争优势。继2017年战略重组华欧集团后，2023年又成功完成70年工业品牌——青岛捷能汽轮机集团破产重整工作，为党和政府纾困解难，优化集团产业布局和结构，引领带动行业发展，助推青岛高端装备制造业发展，打造“百年企业”。参与捷能破产重整以来，按照“一年扭亏为盈，三年恢复最好水平，五年实现上市”总体目标，通过开展大量的理顺、恢复、整顿、提升工作，使得捷能主要经济指标明显改善，管控水平和工作质量得到稳

步提升，经营发展呈现迅速恢复的增长势头。

在为党和政府纾困解难上走在前。住房问题关系民生福祉，涉及人民群众的切身利益。促进房地产市场平稳健康发展，是政府和社会对国有企业的期望。面对这一重大民生，开投集团坚持先谋快动、精准施策，统筹调度资金，发挥国有资本保民生作用，引导房地产市场良性发展。作为西海岸新区开展1000亿元租赁住房贷款支持计划唯一试点单位，积极推动试点工作，推动加快建立多主体供给、多渠道保障、租购并举的住房制度，为引才、留才提供优质的居住环境。同时，扛牢“保交楼、保民生、保稳定”政治责任，以超常规力度和举措解题破局，全力做好新区保交楼各项工作。

五、坚持“普惠民生”理念，以国企担当匹配城市发展

城市更新和城市建设重塑着城市的肌理，带来城市面貌焕新、能级提升的同时，也为城市带来一批基础设施建设项目，以看得见、摸得着的成果切实推动城市发展。

扛牢国企使命担当。开投集团坚决落实市委、市政府提出的城市更新和城市建设三年攻坚行动，使企业发展成果更多更好惠及人民群众，项目建设涵盖了重点低效片区（园区）开发建设、旧城旧村改造建设、市政设施建设、交通基础设施建设、停车设施建设、公园城市建设等各领域，成为西海岸新区国企中承接城市更新项目投资最多、范围最广、程度最深、最具综合开发实力的企业。2022年是城市更新三年攻坚开局之年，开投集团承担25个城市更新建设攻坚考核项目，总投资218亿元，在年度国企综合考核中获得第一名，被新区工委、管委授予“2022年度城市更新和城市建设工作突出贡献集体”荣誉。2023年，开投集团承担总投资318亿元的重点项目25个，其中省、市重点项目4个，全年预计完成固定资产投资纳入规模企业统计申报180亿元。

扎实推进重大民生项目。2023年以来，省重点项目淮河路高架桥及疏港高架拓宽工程加速推进，该项目为山东省首条连接海底隧道高架桥，建成后将有效缓解隧道交通压力，不断提高道路交通条件和服务水平，为东、西岸中北部功能组团发展提供交通保障，为周边地区带来良好的社会效益。总投资3.5亿元的海尔、海信、澳柯玛工业园周边区域改造提升工程完工，道路改造总长度约22千米，景观提升面积约8万平方米，打造青岛市千亿级产业链“最美工业园区”。王台老工业区作为全市10个重点低效片区（园区）之一，创新通过规划挖潜、土地整合、旧村更新等方式，完成土地整理近万亩，为京东方、东旭光电等30余个项目入驻创造条件，全力服务青岛市新型显示产业园和集成电路产业园建设，助力打造“万亩千亿”新型显示产业新城。

持续提升卫生健康服务水平。卫生医疗事业关乎千家万户，是最大的民生工程和民心工程。备受全市瞩目的清华大学青岛医院项目停工数年，引起社会强烈广泛的关注。开投集团发挥国企担当，推动清华大学青岛医院复工开建，得到社会各界广泛赞誉好评。同时，总投资45亿元、总占地面积1113亩的青岛大学医学医疗中心及医学院于2023年9月开工建设，项目建成将发挥高水平医院的辐射带动作用，极大提升胶东半岛医药卫生与健康服务水平。目前开投集团在建大型三甲医院两家，两所医院的规模和影响力创全区历年之最，在医院建设方面打造样板，形成标杆，做出表率。

开投集团将秉承国企使命，深入贯彻落实党的二十大精神，按照“创新突破年”活动要求，坚持以“市场化思维、资本化逻辑、可持续发展”为方向，以“支撑城市发展、保障城市运营、提升城市品位、增强城市功能”为思路，表现“走在前”的担当，扛起“开新局”的使命，提振信心，奋楫向前。积极拓展现代服务业等业务领域，瞄准“城市综合运营服务商”，整合资产经营、停车设施、物业服务、商业地产等业务，大力发展延伸产业，加快业务转型升级，提升运营管理质态，打造城市综合运营品牌和一流服务商，为新区建设新时代社会主义现代化示范引领区、为青岛建设新时代社会主义现代化国际大都市贡献“开投力量”！

湖北交投集团：助力湖北打造新时代“九州通衢”勇当交通强省建设生力军

湖北交通投资集团有限公司

湖北交通投资集团有限公司（以下简称湖北交投集团）成立于2010年10月，是湖北省政府全资的交通规划、设计、建设、管理全生命周期运营商。目前资产总额近7000亿元，各级子公司200余家，员工2.3万余人。

成立13年来，湖北交投集团坚定不移地贯彻落实省委省政府决策部署，累计融资9686亿元、投资6370亿元，综合效益位居全国省级交通企业第一方阵。承担全省90%以上高速公路建设任务，首创“BOT+EPC+回购”项目投资模式，推行“大标段”建设、“项目群”管理、“标准化”施工，建成高速公路3273千米、长江大桥7座，在建1383千米、长江大桥6座，顺利实现湖北省“县县通高速”，沿江县市全部迈入长江大桥时代，推动湖北高速公路建设跃上高峰，建设速度领跑全国。运营高速公路里程6149千米、收费站352座，经营服务区（停车区）170.5对，均占全省80%以上，实现了湖北省属高速公路“一张网运营、一盘棋布局、一体化发展”，擦亮高速公路运营服务的“湖北名片”。坚持“高速公路延伸到哪，产业就跟进到哪”，依托“路沿”，放大沿路资产资源效应；拓展“路延”，加快发展“交通+”多元产业链；激发“路衍”，拓展交通产业新业态，为基础设施融资建设提供有力的现金流支撑。

2022年，湖北交投集团全年完成投资554亿元，营业收入635亿元、净利润46亿元。续建“1桥15路”580千米，新开工“3桥7路”597千米，建成“4路”133.6千米，超目标28千米，在全省稳投资稳增长中的“压舱顶梁”作用持续凸显。

湖北交投集团实现了三大成效。

综合实力聚势攀升。2022年，湖北交投集团挺进中国企业500强，成为湖北首次上榜的省属国有企业之一，实现“零的突破”。湖北交投集团资产总额6298亿元，全年实现营业收入635亿元，同比增长22%；实现利润总额80.9亿元（含研发费用、受新冠疫情影响损失的通行费）。上缴税收34亿元，同比增长86.2%；上缴国有资本收益11.49亿元，占省属企业73%。

科技创新起势立位。湖北交投集团建成湖北省首条“智慧高速”——鄂州机场高速，在13千米铺设1.6万个光栅传感器，在全国率先实现全时全域全天候多源感知，逐步推动从“交投制造”转向“交投智造”。顺利投运亚洲第一、全球第四个专业货运机场——鄂州花湖机场，在建设中全程运用BIM（建筑信息模型）技术，实体与虚拟同步“施工”，积极打造数字底座、建设智慧机场，助推湖北建设新时代内陆开放新高地。召开科技创新大会，成立省智慧交通研究院，建立“立足产业出题目、依托项目解题目、瞄准产业链交答卷”的全新研发机制，围绕交通科技补链强链，增资扩股理工光科，战略投资微创光电，战略配售信科移动成功上市，经验启示在省属企业推广。实施高速路通信干线网（OTN）改造升级，打造全国首个省域量子通信网。自主开发供应链管理集采平台、“交投智联”网络货运平台等，构建“采运储产销”一体化供应链体系。

服务民生乘势作为。坚持“路网连民心”“交通为人民”，在所辖高速公路全年执行优惠政策，减免通行费30亿元，为中小微企业减免租金3454万元。鄂黄长江大桥实行一型客车ETC（电子不停车收费）免费通行，改建汉宜高速枝江互通，推进随县、高岚、利川等收费站拥堵治理工作，服务沿线百姓便捷出行。建成“司机之家”24对，入选省委党建办“走好新时代群众路线”典型案例。

湖北交投集团主要做了以下六项工作。

全力攻克要素难题，项目建设取得新进展。抢抓政策窗口，有力破解土地、环保等要素制约，以有效投资推动高效建设。建设速度创最快纪录。以"三倍要素投入"全力推进鄂州机场高速一期项目建设，创"三年工期16个月建成"新纪录。前期工作取得最优成绩。创新推进"交叉审查、云审查"，用地预审、环评、工可（工程项目可行性研究）、勘察设计等审查超90次、审批超50项，完成全部前期工作的项目达24个。政策运用有最新成效。推动出台省级层面支持高速公路发展的政策性文件。首次将耕地占补平衡指标费用纳入概算，突破前期工作"堵点"。成功申报54个军民融合发展项目，争取政策性银行利率优惠。

聚力提升运营水平，路网品质呈现新气象。围绕"畅安舒美"，提升公共服务能力，努力将高速公路打造成经济大通道、智慧大走廊、生态景观带。畅通路网、服务经济。与十堰市等地方政府开展"统一支付"合作，对5个路段实施差异化收费。52个收费站、102套自助设备"上岗"服务。推进高速公路收费站、防疫站、服务站"三站合一"，全力保障疫情防控期间物流循环畅通。智慧管养、保安保畅。加快落实"七个专项"行动，改造独柱墩桥梁148座，建设四渡河特大桥等12座桥梁健康监测系统，加固处治十漫高速云岭等3座隧道。研发智慧养护管理平台，联合交警开发应用"云哨"系统，使高速公路事故数下降9.5%。创特争优、美化绿化。改造升级"潜江+商业综合体""安陆+李白文化"等服务区。安陆服务区被评为"全国高速公路旅游特色服务区"。汉宜高速仙桃服务区"光储充"一体化建设试点落地，年发电量100万度，减少碳排放994吨；完成162座隧道照明设备迭代升级，年节能5600万千瓦时。

奋力开拓新兴赛道，产业发展再获新突破。聚焦主业补链强链，搏击外部市场，交通关联产业的规模量级和经营质效持续提升。规划设计职能再延伸。积极履行产业研究职能，推进交通规划、路衍产业规划"两规合一"。工程建设能级再提升。建设集团获得市政、公路行业"双壹级"资质，补齐房建资质短板，建成全省首家智慧梁场——孝汉应"智慧梁场"；2022年全年新签合同总额266.6亿元，同比增长82.8%。供应链物流优势再放大。物流集团获评5A级物流企业，连续三年进入中国物流企业50强；网络货运平台省内落地。联合厦门象屿集团，组建省级供应链平台。交通服务平台再拓展。实业公司巩固沿江铁水油库资源，承租布局省外油库8处，江海联运储运体系进一步完善；"荆楚优品"续签"三年品牌授权"，精彩亮相第二届消博会。科技创新地位再强化。搭建"职能部门+科研院所+专业公司"组织架构，统筹推进科创工作；建成集团指挥调度中心（一期）；聘请3位院士为集团首席科学家，张榜10大研究课题，与华科、烽火、华为等9家科研单位合作签约。交通金融功能再发挥。重组交投资本，成功获取私募基金管理人牌照，联合中金公司组建20亿元产业基金，聚焦交通科技、供应链物流、碳中和、高端制造等战略新兴领域优化产业布局。"楚道云链"供应链金融平台正式运行。财务公司连续两年获评1B级，为省内同类财务公司最高评级。区域开发格局再优化。推动区域投资公司从"单一地产型"向"资源平台型"转型，获取随州、宜都矿产资源，开辟矿产生态开发新赛道。成立安居公司，抢抓保租房政策，探索化解存量项目债务风险的有效路径。

致力理顺体制机制，改革创新释放新活力。坚持问题导向，以改革破难题、谋发展。国企改革三年行动圆满收官。集团改革三年行动实施方案所列9大类、38项、51个具体改革事项全部完成，位列省属企业第一方阵（A级）。全力攻坚体制改革遗留问题。加快推进随信高速、赤壁长江大桥东延线、硚孝高速二期、新港高速等移交项目建设。主动对接行业主管部门，加快办理交通体制改革资产划转和移交工作。自主改革创新成效明显。推进供应链物流、区域开发、物业管理等产业资源整合。完成总部机构改革，实施"揭榜聘用"，竞争上岗选聘中层管理人员10名、子公司各级管理人员690余名，遴选27名优秀基层员工补充总部一般管理岗位。实施"51122"人才培养工程，"领航、英才、卓越、青苗、工匠"五大培训计划稳步推进。

着力强化依法合规，企业管理彰显新成效。围绕依法治企、规范高效，健全管理体系，提升管控效率。优化流程管控。建立经营管理每周调度机制，实行"台账式"管理，强化落实督办，做到统筹管理。

规范投资管理,完善投资决策流程。加强合规管理。坚持依法治企,分类推进合规建设,产业类子公司独立法律事务机构设置率达71%。强化审计监督,融入经营管理全过程,审计项目52个,近5年政府审计报告反馈问题整改率达99.42%。完善安全体系。夯实管理基础,完善双重预防机制,推进安全管理系统化建设。强化教育培训,员工教育率达100%,安全生产态势平稳。

合力加强政治建设,党建引领开创新局面。深入学习贯彻党的二十大精神,坚决落实"两个一以贯之",坚持以党建引领集团高质量发展。以学习提精神。坚持"在全面学习、全面把握、全面落实上下功夫",聚焦党的二十大对国有企业、交通发展的新要求,创新开展"一学二训三讲四赛五进"学宣贯活动,充分发挥统战作用,集团上下呈现奋发向上的精神状态和干事创业氛围。以活动惠群众。发挥服务区、运营站所覆盖全省、与群众联系紧密的阵地优势,围绕群众所盼、交投所能,扎实开展"下基层、察民情、解民忧、暖民心"实践活动、党员下沉社区和"美好出行、共同缔造"活动,各级党员领导干部解决实际问题1188个。以监督净风气。扎实推进国企领域突出问题"十个专项整治",清查往来资金1200亿元,有效防范财务、经营和廉洁风险;加强对"一把手"等关键少数的监督,完成10家子公司常规巡察;建立政治生态分析联席会议制度;集团纪委被省委授予"全省纪检监察系统先进集体"荣誉称号,两家子公司被省政府国资委推荐为清廉国企建设示范点,政治生态更加风清气正。以文化聚合力。持续擦亮"警路企红色联盟""红色轻骑兵"等特色品牌;高标准建成数字展厅;组织开展"爱岗敬业、强企有我""我与交投共成长"等活动;工会、共青团、驻村工作队等发挥桥梁纽带作用,凝聚起团结奋进的强大合力。

湖北交投集团将坚持稳中求进总基调,完整、准确、全面贯彻新发展理念,以创建世界一流企业为方向,以市场化为主线,以风险防控为底线,聚焦主责主业,奋力实现"万千百"(万亿资产、千亿营收、百亿利润)、"三年倍增计划"(增量倍增、储备倍增、市值倍增)目标,在全国构建新发展格局先行区中当好"开路先锋"。

决胜三年行动　谋划纵深改革
为创建一流国企蓄势发力

宁波开发投资集团有限公司

宁波开发投资集团有限公司(以下简称宁波开投或集团公司)成立于1991年11月,注册资本55.654亿元,其中宁波市国资委、浙江省财务开发有限责任公司分别持股91.02%、8.98%,系宁波市人民政府授权由市国资委履行出资人职责的国有资本投资运营公司,目前拥有各级控股企业96家、参股企业79家,员工超4500人。2023年9月,宁波开投以470亿元营业收入首登2023中国企业500强和中国服务业企业500强,分别位居第499位、第163位,成为宁波市新增上榜的市属国企。

一、公司整体情况

宁波开投聚力服务地方经济发展,以能源、海洋、大宗商品贸易三大产业为核心,以产业金融、开发服务和资产运营等多个产业为保障开展专业化投资运营。

能源产业涵盖燃煤燃气热电、新能源、环保等众多门类,拥有宁波能源上市公司平台,系浙江省内第二大国有综合能源企业。控股经营共36家热电和新能源环保企业,其中宁波本地企业26家,承担着宁波主城区及各工业园区的集中供热任务，年供热量总计超过1500万吨，约占全市70%的市场份额，外地企业10余家，横跨江西、安徽、湖南、湖北、黑龙江、海南六省十地；同时，投资参股北仑电厂三期、镇海电厂、象山乌沙山电厂、浙江LNG（液化天然气）接收站等10余家大型能源企业。

海洋产业和大宗贸易产业为公司新兴板块。在海洋产业领域，宁波开投于2023年4月全资组建宁波海洋发展集团，为全市唯一海洋领域投资开发主体，并与象山等区县达成战略协议，储备项目13个，将以海域海岛资源收储开发和港口岸线利用为本体，以海洋产业优质项目投资招引和海洋产业园区建设运营为两翼加快做实海洋板块。在大宗贸易领域，联合本土优势民企设立专业贸易公司，并引入优秀管理团队，将依托宁波港口优势，整合原有贸易产业，聚焦能源、化工、有色、黑色等领域，打造矿、工、科、贸、物流、金融为一体的大宗商品供应链平台。

产业金融业务涉及证券、保险、银行、基金、融资租赁、保理等领域，金融业务基本实现全牌照经营。控股经营甬兴证券、东海航运保险等5家金融企业，投资参股宁波银行、大地保险等5家金融企业，其中宁波开投持有宁波银行18.74%股份，是其单一第一大股东。基金业务先后投资了20只基金，签约规模总计超过910亿元，其中主动管理型基金3只，签约规模为45亿元，基金管理人开投瀚润管理基金规模跻身全国最大规模5%基金行列。

开发服务业务主要从事政府项目建设，以及城市更新、特色小镇和房地产等相关项目的开发，先后承建了市行政中心、文化广场、钱湖宾馆、奥体中心、中东欧博览会会馆和国际会议中心、甬江实验室等政府重大项目，建筑面积总计超过250万平方米；开展原江东区旧城改造项目开发，土地一级开发面积近200公顷（1公顷=10000平方米）；推进余姚阳明古镇、桃李春风等小镇项目开发，规划开发面积总计超过200万平方米；同时，先后开发了春江明月、桂语风荷、明庐等房地产项目，开发面积总计超过180万平方米。

资产运营业务涉及会议会展及教育等领域，主要负责国际会议中心、华生家居等重要场馆及相关酒店的运营管理，其中国际会议中心自2022年投运以来，已圆满承接第三届中国－中东欧国家博览会暨国际消费品博览会等重大保障任务，成功承办300人以上各类会议会展活动31场次、累计接待9.6万人。同时，宁波开投还是宁波财经学院的举办者，宁波财经学院是一所以经济、管理学科为主的地方应用型本科高校。

二、改革工作情况

2020年以来，宁波开投以国企改革三年行动为“主引擎”，聚焦对标管理提升行动“发力点”，在入选国务院国资委国有重点企业管理标杆创建行动标杆企业和浙江省国有重点企业管理提升标杆的基础上，着力建体系、抓重点、补短板、强弱项，建成“一个目标、两项赋能、三大平台、四轮驱动、五大支撑”对标提升成果体系，全面实现国企改革三年行动和对标一流管理提升行动高质量收官，被国务院国资委列为国企改革三年行动“专项典型”和“双百企业”。

宁波开投坚持按照“可衡量、可考核、可检验、要办事”的工作要求，锚定“三个明显成效”目标，多措并举扎实推进各项改革任务销号清零。一是重部署、强统筹。根据国企改革工作总体要求，宁波开投成立由主要领导担任组长的改革领导工作小组，组建由相关部室牵头的工作专班强化执行，研究出台《宁波开投全面深化改革三年行动实施方案》《宁波开投对标一流管理提升行动实施方案》等多项文件。二是建机制、搭闭环。建立“月度跟踪、季度报告、年度总结和重大事项临时研究”等专项机制，积极宣贯改革精神、及时更新工作台账、逐项对标分析和解决反馈问题，并将任务层层分解，纳入部室、单位年度考核。三是强监督、促落实。充分依托集团公司纪检巡查条线力量，联合工作专班不定期对改革任务落实情况进行核实，对进度滞后的部室或单位予以督办提醒，确保了整体工作有序推进。四是树典型、重推广。开设公众号和杂志专栏宣传改革成果，组织开展标杆企业评选活动和典型案例征集活动，17篇案例入编市国资委《宁波市国资国企改革案例集》、1篇案例入选国务院国资委《改革样本：国企改革“双百行动”案例集》。

三、改革发展成效

宁波开投深入践行“对标一流、争先进位”的发展理念，紧扣集团公司“十四五”发展大局，紧盯重点改革实施任务，以“对标、达标和创标”的自觉意识争一流、站前列，以改革推动企业高质量发展取得了明显成效。

效益优先，争创一流经营指标。自专项改革行动开展以来，企业综合规模实力大幅提升，各项经营指标持续向好。截至 2022 年年底，宁波开投总资产和净资产分别达到 1113.31 亿元和 489.71 亿元，分别较 2020 年年底增长 43.41%和 47.25%；资产负债率为 56.01%，较 2020 年下降 1.15 个百分点；2022 年，宁波开投实现营业收入 470 亿元、利润总额 47.35 亿元，再创历史新高，分别是 2020 年的 1.7 倍和 2.6 倍。此外，集团公司净资产收益率超过 12%，达到国务院国资委认定的优秀国企标准，在宁波市国资委年度经营业绩考核中连续 6 年获评 A 级。

调整升级，打造一流产业格局。充分发挥资金、资产、资本优势，在“进”与“退”之间擘画产业投资新篇章。一是把好投资蓄水池的总开关。一方面，经过反复研讨修订，形成“1+N”式一体化的“十四五”发展规划体系，国企改革三年来聚焦新基建、新材料和新能源等累计完成有效投资 483.46 亿元，新兴产业投资超过 38 亿元；另一方面，加快处置低效无效资产，盘活存量项目 7 个，超额完成节点任务。二是推动企业上市、产业板块专业化重组。注册成立宁波本土券商甬兴证券，推动其完成 A 轮引战并成功入选 2022 年度宁波市拟上市企业培育库，坤能股份正式启动 IPO（首次公开募股）工作。宁波开投对公司酒店业务进行了统一整合，并组建了会博集团。同时，13 家非上市优质能源资产整体注入宁波能源上市平台，企业资产证券化大幅提升。三是谋划集团改组转型升级。完成改组两类公司方案设计，在传统四大产业基础上，重塑“能源、海洋和大宗贸易”三大主业，新设组建海洋发展平台，优化重组工作取得重要进展。

效能提升，建设一流管理体系。以提高效率和质量为导向，深入开展制度体系、组织体系和人才队伍体系建设。一是持续完善中国特色现代企业制度。研究制定党组织前置研究讨论事项清单、党委议事规则和督办工作制度等重要党内文件，以“一张清单”形式厘清了不同治理主体的权责边界；精心编制《宁波开投董事会授权管理办法》和《宁波开投落实重要子企业董事会职权的工作方案》，率先以制度授权和书面授权两种方式试点推行董事会向经理层授权，在落实基层企业董事会六项职权上持续发力，宁波能源被国务院国资委评为“国有企业公司治理示范企业”。二是优化组织架构和高质量建强董事会。构建“集团本部—产业平台—经营企业”三级架构，基本形成“强总部、大产业”格局；以建齐配强为基本原则，全面落实集团本部和子企业董事会应建尽建，且已建立董事会的企业 100%实现外部董事占多数。三是全面推行人才强企战略。搭建人才资源库，充实中层管理人员、后备干部、高潜力人员三支队伍力量，目前集团公司累计储备优秀人才约 300 名，党委管理中层干部中 40 周岁以下年轻干部占比达 24%。

创新深化，塑造一流经营机制。以市场化为方向，大力实施各项机制类改革，改革实践创造了多个“全市第一”。一是以混促改培育新动能。先后印发混改后评价制度、混改操作指引，形成从改革到评价的有效闭环。2020 年以来，新增混改企业 23 家，2 家企业成功入选宁波市“三江汇海”重点支持计划，整体混改率达到 80%。二是以激促效实现新突破。率先在国有控股上市公司开展股权激励，累计激励 67 人，宁波能源经营业绩稳健提升；首次在市场化房地产项目建立跟投机制，春江明月项目销售四开四捷，累计销售金额达 56 亿元；探索在三级企业实施超额利润分配奖励机制，金通租赁近 4 年企业年均利润增长率达到 25.50%。三是以考促管开创新局面。在集团总部层面，依据经理层分工情况、经营业绩责任状、改革任务等，实行差异化考核。在基层企业层面，以“十四五”发展规划为指引，按照“充分竞争、相对竞争、建设培育”三类个性化制定经营目标责任书，实现基层企业全覆盖。

基础强化，提升一流能力水平。聚焦服务投资与运营，全方位夯实“党建统领、风险管控、监督规范和数字赋能”基本功。一是党组织建设能力明显提高。全面推进党组织应建尽建，宁波开投和一级子公司党组织100%建立“第一议题”制度，并形成常态化学习培训机制；5个基层党建子品牌入选市国有企业优秀党建品牌、1家党建阵地成功获评宁波市5A级党群服务中心，集团微电影《梦·享+》入选国务院国资委2021年度国有企业品牌建设优秀品牌故事。二是风险管控能力有效提升。全面排查评估业务风险点，形成79点预警指标/阈值清单和141条应对措施，建立定期跟踪反馈机制，并针对重点业务领域，动态实施“白名单”管理，风险事件发生次数显著下降。三是监督管理能力持续加强。创造性建立“1+1+5+6”大监督管理模式和“清廉指数”测评体系，与内部审计形成有效互补。同时，宁波开投针对工程建设、资金使用等不同应用场景的分级管理也取得积极进展。四是数字化治理能力加快形成。紧跟数字中国建设潮流，专门研究编制《宁波开投2021—2025数字化建设规划方案》，迭代升级大ERP（企业资源计划）系统，建成投用投资管理系统、全面预算管理系统、数字化分析展示平台等一大批项目，有力提升了企业组织管理效能。

四、下一阶段改革思路

2023年5月，经宁波市国资委推荐，宁波开投入选国务院国资委“双百企业”。6月，宁波市委、市政府启动市属国企优化重组工作，明确宁波开投改组为国有资本投资运营公司，集团公司进入转型升级的新发展阶段。

站在国企改革三年行动收官和新一轮国企改革深化提升行动开局的交汇点上，宁波开投在系统学习习近平总书记关于国有企业改革发展和党的建设的重要论述，深入总结分析上一轮国企改革经验的基础上，以入选国务院国资委“双百企业”和宁波市属国企优化重组为契机，紧紧围绕宁波市“争创市域样板、打造一流城市、跻身第一方阵”的使命任务，高起点对标世界一流、高质量推进管理提升，在公司治理、产业布局、机制创新、价值创造和党的领导等方面进一步打造新优势、新动能，力争中国企业500强再进位、跻身一流国有资本投资运营公司行列。

持续深化改革　加快市场运营
奋力书写地方国企高质量发展新答卷

青岛经济技术开发区投资控股集团有限公司

青岛西海岸新区作为全国第九个国家级新区，近年来深入贯彻习近平总书记对山东、对青岛工作的重要指示，高标准承接国家战略，高水平推进改革开放。青岛经济技术开发区投资控股集团有限公司（以下简称青岛经控集团）是服务青岛西海岸新区的地方国有投资平台。面对新形势、新任务、新要求，如何既能够更好地承接国家战略、推动新区高质量发展，又能凝聚企业内生动力、快速做强做优做大，是集团面临的一项重大现实课题。

为此，自2017年开始创业的青岛经控集团坚持党建引领，强化国企使命，持续深化改革，加快市场运营，勇当国家级新区资本运作排头兵和融合创新国家战略主力军，累计承担了总投资1300亿元的400余个重大项目，6年内企业总资产从5000万元增至超过1300亿元，拥有两家A股上市公司。跻身中国服务业企业500强（第231名）、山东综合百强企业（第92名）、山东服务业企业50强（第19名）、青岛企业综合100强（第25名）、青岛企业收入100强（第16名）、青岛服务业企业收入50强（第9名）。同时，获评“中国企业改革发展优秀成果奖”“全国诚信经营示范单位”“全国优秀企业文化成果奖”“山东社会责任企业”“山东省诚信建设示范企业”“青岛年度最具影响力企业”“青岛年度最具创新力企业”等百余项荣誉。

一、强化国企担当，在推动重大项目中打头阵当标兵

青岛西海岸新区获批全国第九个国家级新区后，承担经略海洋、融合创新、自贸试验区和体制机制创新四大国家战略使命，步入开发投资快车道。青岛经控集团肩负着服务国家战略、服务新区大局的使命和定位，主动担当推动重大项目招引、重点工程建设和战略性新兴产业落地的重任。

一是推动重大项目。推动西海岸新区超过150平方千米区域完善基础设施配套和产业园区环境，目前在建项目138个，20余个项目纳入省市重点项目，近三年年均实现固定资产投资纳入规模企业统计申报200亿元。旗下开投集团负责的潍柴（青岛）智慧重工智造中心、王台老工业区升级改造、开投芯屏产业园、淮河路高架桥工程、疏港高架拓宽工程、机场、青岛大学医学医疗中心（王台）等一批省市重点项目和城市更新建设项目进展顺利，其中，潍柴（青岛）智慧重工智造中心项目作为青岛市15个“高质量发展项目”之一，获得市委、市政府通报表扬。旗下融发集团负责的中科院金属所高端轴承青岛示范基地、中国石油大学古镇口校区西区、三沙路综合管廊、古镇口岸线修复及综合治理工程、融发大厦等一批省市重点项目有序推进。其中，古镇口大学城体育场提前投入使用，成为青岛西海岸足球队主场比赛场地，广受社会各界赞誉。仅用不到半年时间，把原处于停工状态的中科院海洋大科学研究中心项目干成省重点项目，仅用55天就确保中日韩消费专区电商体验中心项目完工交付使用，仅用45天实现中国（北方）特种装备维保基地完工，省重点棚改项目殷家河片区改造创造了当年完成拆迁、当年开工建设、当年主体封顶、当年实现纳统的纪录；在王台新动能产业基地，第一时间完成土地整理8000亩，实施王台驻地7个村庄的拆迁安置，改建新建道路、管线超过280千米，成功保障京东方等重大项目落地运营；实施“走出去”战略，立足全省协同，收购蓬莱京鲁船业，建成全国一流舰船修造基地；与军工企业台海集团合作，启动高端装备制造项目，打造全国军民融合样板和胶东经济圈一体化发展典范。

二是促进产业发展。围绕国家级新区战略部署和战略性新兴产业，青岛经控集团紧扣融合创新、高端装备制造、四新经济等产业链，从招商引资、金融服务、企业培育等多角度推进产业链发展，成立招商引资专班，高效精准开展产业链招商，实施重点产业链企业培育专项行动，引导“小巨人”企业争当链主、“专精特新”企业争当链核、产业链链上企业争做“专精特新”。近几年，累计实现利用外资8亿美元、利用内资260亿元，引进税源项目710余个，完成全口径税源引进11亿元。配合引进主板上市公司荣丰控股、新三板上市公司鼎盛精工落户新区。依托西海岸新区上海人才窗口打造“沪联汇”平台，构建“青岛—上海”双向人才和产业交流渠道。

三是做优贸易平台。2023年3月，由青岛经控集团发起的青岛西海岸新区全球海外仓资源共享联盟在韩国首尔举行成立仪式，已吸引全球16家企业的50余个海外仓加入，构建了覆盖世界六大洲、26个国家、44座主要城市的海外仓网络，有效带动服装、假发、机电配件、小推车、轮胎等30多种产品远销海外市场。围绕木材、冷链、农产品、能化品等品类开展进出口贸易，集团与80多个国家和地区的知名客商建立广泛稳定的贸易合作关系，业务规模较上年增幅约40%。芝麻、花生等小宗品类在全国市场占有率持续超过15%。新区跨境电商平台青云通成为全省最大的跨境电商综合服务平台之一，吸引了双星、澳柯玛、赛轮等300余家企业入驻，年自主通关量超7亿美元，带动新区全年跨境电商进出口约100亿元。在山东自贸区青岛片区打造北方木材交易中心，已入驻企业近300家，2023年进口木材交易量700万立方米，贸易额80亿元，成为中国北方规模最大、运营最规范的木材进口贸易园区。在新区流通领域经济指标贡献度持续增加，全年增量约占全区国企新增纳统量的30%。

四是做强园区运营。立足青岛，协同上海、济南、烟台、南京、盐城、潍坊等地，布局潍坊高端智慧供应链产业园、MAX科技园（黄岛项目和上海宝山项目）、经控智连谷、经控慧谷、济南青开创新科技产业园、高端装备制造产业园等园区，已累计签约高新技术企业近150家。搭建企业服务平台“云上Park”，

目前平台已集聚170多家载体资源。联合新区工委组织部、招才中心以MAX科技园黄岛项目和经控智联谷为依托打造青岛未来人才引聚中心，探索以产业园区为核心，导入产业方和教育合作的形式开展人才培养，目前已与青岛理工大学、济宁医学院、齐鲁理工学院达成年度培养800人次人才培养合作。

二、强化资本运作，在创新中做强做优做大国有资本

推动国有资本和国有企业做强做优做大，是国有企业改革发展的努力方向，核心和关键在于市场化。作为青岛西海岸新区国企改革试点单位，青岛经控集团在国企运营、资本运作方面不断进行市场化探索和创新。

一是合资合作促发展。抢抓央企“瘦身健体”、高等院校校属企业体制改革、造船、核电产业整合等市场机遇，与近百家央企、国企和行业头部企业深化合作，撬动省内外优质资源，加快市场化发展，优化国有资本布局、提升国有股权质量，全力推动出资企业整体上市、强化市值管理。在2017年成立之初，缺启动资金、缺经营性资产、缺银行流水，又面临国内金融监管全面收紧的大形势，青岛经控集团抓住央企大唐集团为聚焦发电主业而急于脱钩三产企业的机遇，迅速反应，成功收购华欧集团，为集团新增土地1000亩和几十亿的资产，既为刚成立的集团打开融资通道奠定了基础，又让连年亏损的华欧集团迅速扭亏为盈。2019年，为了承接军民融合国家战略，青岛经控集团承担了建设山东融发舰船修造基地的任务，通过国企民企混改方式，零价款顺利收购控股京鲁船业，直接建成运营山东融发舰船修造基地，既获得40亿元的资产，促进通过发债直接融资，也为京鲁船业破解生产经营难题提供了机遇。抢抓高等院校校属企业体制改革、核电产业整合等市场机遇，实控胜华新材、融发核电两家A股上市公司，为企业新增净资产超百亿，大大提高了资本市场话语权，被誉为青岛国资并购上市公司最成功的案例之一。青岛经控集团核心主业发展效益不断提升，营业收入、利税等指标年均增长超过50%。

二是创投风投聚资本。以国有资本为纽带，撬动社会资本、金融资本，投向发展速度快、竞争优势强、发展前景好的行业和企业，带动创投风投界关注，为区域产业集聚和改革发展增添资本活水。已投项目拟IPO（首次公开募股）数量10个，获评“2023青岛十佳活跃创投机构奖”“2022年度青岛市政府引导基金最佳合伙人”“青岛十大资本青睐企业”。针对参股项目管理薄弱环节，集团加强非实控型投后管理，在集团本部和各子集团均配置专职投后管理人员密切跟进、统一管理已投企业，并按照季度、半年度、年度形成定期投后报告。在退出方案的执行过程中，紧跟市场及行业动向，判断退出时机，适时调整操作策略，保障退出收益最大化。

三是发起基金强赋能。通过投资产业基金，赋能实体经济和战略性新兴产业发展，并通过直投参股行业高成长性企业和拟上市公司，实现国有资产保值增值。参与中兵国调、黄实国富、强企兴鲁、振芯创投、青岛甲天下创投等总认缴规模420亿元的16只产业投资基金，返投新区比例1.2倍。以青岛红塔创投基金为例，目前已累计投资项目10个，其中华世洁环保、国鸿氢能、中加特电气、青岛智腾科技等项目已启动上市申报。该基金在政策效应指标、投资运营指标、管理效能指标等方面均表现优异，在青岛市新旧动能转换基金绩效评价中获“优秀”等级。联合中科院工程热物理研究所设立中科航星、中科国晟等4家中科系企业，保障航空发动机、燃气轮机、高端无人机等多项国家重大技术攻关项目。累计培育拟上市公司9家、国家高新技术企业14家、全球独角兽企业2家、省瞪羚企业4家、国家省市专精特新企业13家、2022年省级绿色工厂1家、首批青岛市人工智能产业链链主企业2家、2022青岛十大资本青睐企业2家。目前，集团在管非实控型股权项目68个，投后最新估值是初投时的1.23倍，营业收入、净利润均创历史新高。

三、强化党建引领，永葆“事争一流、唯旗是夺”的斗志

坚持党的领导、加强党的建设，是国有企业的光荣传统和独特优势。青岛经控集团坚持创建“阳光经控、奉献有我”党建品牌，弘扬“激情、高效、创新、

共赢”企业精神，厚植红色基因，提升作风能力，锻造国企铁军，为企业改革发展和推动重大项目提供根本保障。

一是夯实基层基础。根据业务拓展和项目建设实际，动态调整支部设置，及时规范做好党员发展、教育与管理工作。党员从创业之初的 7 名增加到 787 名，支部从创业之初的 2 个增加到 44 个；党员占职工总数比重超过 40%，中层以上管理人员中党员约占 90%，成为企业发展的中坚力量。2021 年以来，2 个党组织获评新区先进基层党组织，9 个党支部获评新区五星党支部。2019 年以来，集团党委班子成员和各支部书记累计讲党课 70 余次、撰写调研报告 40 余篇。严格落实意识形态工作责任制，办好企业微信公众号、官方网站，牢牢掌握意识形态工作领导权。发起新区首个楼宇党建联盟——经控大厦党建联盟，已入驻企业 28 家，2023 年联盟实现税收较 2021 年翻一番，打造新区首个税收过 10 亿元的商务楼宇。

二是传承红色精神。传承红色精神。结合党史学习教育，秉承“讲好红色故事、传播海洋文化、融合创新发展”宗旨，以融合创新、向海图强的“蓝色之光”点燃“红色理想”，打造古镇口融合创新主题园，获评“全国首批大思政课实践教学基地”“国家网络安全青少年科普基地”“山东省海洋意识教育基地”“山东省红色研学基地”“山东省中小学生研学基地”等荣誉。建设运营国内首个海军主题公园、古镇口国防教育基地、海军军史展览馆等项目，打造全国一流国防教育基地，2021 年以来累计接待参观学习场次近千场，人数超 100 万人次。集团系统 12 个单位分获省级“文明单位”“青岛市文明单位标兵”“青岛市文明单位”称号。

三是创新激励机制。按照“支部建在连上”的理念，与项目参建单位合作成立联合党支部，组建 110 个党员先锋岗、青年突击队，集中攻坚重大项目。成立新区国企首个人才发展院，每年组织学习培训 100 余场，人均培训课时超 30 小时。在全区国企中率先探索薪酬制度改革，实施“创新、创业、创造”劳动竞赛和“每月之星”评选，建立“阳光赛马”选人用人机制和以市场化为导向的考核体系，近 80% 的职工获得上级荣誉。以阳光文化、奉献文化为核心，编印《企业文化大纲》，办好企业内刊，提升企业凝聚力、向心力，筑牢企业精神大厦。

四是勇担社会责任。承担 30 余个旧村改造及 20 余个乡村振兴、对口帮扶项目，累计完成投资 60 亿元。组织开展慈善一日捐，设立经控博爱基金，走访慰问老党员和生活困难群众。联合青岛团市委对菏泽市定陶区开展关爱困难儿童，圆满完成 400 个“希望小屋”援建任务。建成总投资约 17 亿元、总建筑面积 28 万平方米的 15 处人才公寓和产业博士邨项目，服务招才引智。杨家山里乡村振兴示范片区获评“山东省乡村特色文化艺术典型案例”“青岛十大乡村振兴示范片区第一名”，带动区域内村民人均收入同比增长 20%，杨家山里一村被山东省文化和旅游厅、山东省发展和改革委员会、山东省农业农村厅联合授予“2023 年山东省乡村旅游重点村”。青岛经控集团还跻身中国服务业企业慈善公益 500 强、“青岛市第八届微尘公益之星”。

聚焦主业发展　深化创新突破
为中国式现代化无锡新实践贡献国联力量

无锡市国联发展(集团)有限公司

无锡市国联发展(集团)有限公司(以下简称国联集团)成立于 1999 年，是无锡市人民政府出资设立的国有资本投资运营和授权经营试点国企集团，注册资本 83.91 亿元。近年来，国联集团坚持党建引领,努力对标一流,加快创新转型,保持快速健康发展态势。2022年,国联集团完成营业收入248亿元、实现利润37亿元。截至2022年年底,国联集团总资产为1812亿元、净资产为525亿元,位列2022年度中国服务业500强企业第261位。

一、加快创新转型,持续优化产业布局

国联集团瞄准打造国内一流的地方综合性国企集团,加强创新突破,提升"金融+产业"核心竞争力。一是拓展金融业务。筹建国联上海金融运营中心和国联香港科创发展中心,对接融入长三角一体化和粤港澳大湾区建设,着力提高协同发展成效。成立江苏无锡大数据交易公司,在江苏省内率先发布首批数据产品并促成交易。国联证券股份有限公司、国联期货股份有限公司重获A类A级监管评级。国联信托股份有限公司加强战略布局,设立北京上海业务中心,并发力标品业务、受托管理服务等创新业务。江苏资产管理有限公司整合融资租赁、商业保理、科技小贷三张类金融牌照,探索产业类不良资产运作,拓展"大不良"经营格局。无锡企业征信有限公司"容易贷"产品获中华人民共和国工业和信息化部肯定,"创新工场白名单"项目获评江苏省社会信用体系创新项目。二是推动实业发展。无锡华光环保能源集团有限公司加大技术攻关,成功获得热源蒸汽热网混合供热技术相关专利,完成一般可燃固废协同集约处置关键装备、碱性电解水制氢装置的研发。无锡一棉纺织集团有限公司加快产品创新和智能化改造步伐,获无锡市"智能制造标杆工厂"称号,埃塞俄比亚项目获评无锡市"'一带一路'产能合作示范企业"。开发晶照明(厦门)有限公司坚持技术创新,推出最新一代自然光谱产品,获评国家级专精特新"小巨人"企业。三是完善投资体系。无锡市创新投资集团有限公司精准发力生物医药、先进制造、集成电路、"双碳"节能等无锡市重点发展的战略性新兴产业,持续加大金融资本对科技创新、产业发展、乡村振兴的服务支持力度,参与管理基金总规模超2000亿元。

二、深化改革发展,不断激发企业活力

国联集团落实国企改革三年行动计划部署,对标一流企业,深化市场化机制改革,激发发展活力。一是完善现代企业制度。按照加快完善中国特色现代企业制度的要求,深入推进加强党的领导与完善公司治理相统一,明确三重一大权责划分。调整董事局专门委员会设置,加强委派董监事管理,按照现代公司治理行权履责。二是加快引战上市步伐。国联证券股份有限公司启动A股第二轮再融资。江苏资产管理有限公司完成新一轮增资,注册资本提升至81.3亿元。无锡华光环保能源集团有限公司积极推进引入战略投资者,优化股权结构。三是深化市场机制改革。放宽选人用人视野,无锡市创新投资集团有限公司面向全球开展高端岗位人才选聘和合伙人公开招募,开启"创投无锡"品牌。国联信托股份有限公司和国联人寿保险股份有限公司市场化选聘职业经理人,推动企业改革创新发展。推动子企业实施骨干员工持股,完善子企业领导人员经营业绩考核与薪酬管理办法,构建长效激励约束机制。

三、积极服务地方,体现国企责任担当

国联集团履行国企使命,积极担当作为,服务无锡经济社会发展。一是助力产业强市。聚焦无锡"465"现代产业集群建设,加大产业导入力度,招引上海超硅等多个项目落地无锡,牵引投资约300亿元;推动国调基金二期投资运作,服务地方产业转型升级。出资支持梁溪科技城建设和机场改扩建,助力华虹一期扩产项目建设,发挥投资引领带动作用。积极参与市大数据集团筹建,助力城市数字化转型。二是创新金融服务模式。发挥"投资+投行"优势,助力隆达股份实现上市;协助地方实现债券融资约122亿元,当年IPO(首次公开募股)业务无锡市场占有率第一;开发特色专属金融产品"专精特新贷",为无锡市32家专精特新企业提供超3亿元融资担保。三是服务社会民生。投资建设惠山飞灰填埋场二期项目,惠联餐厨废弃物处置扩建项目开工,关停益多环保垃圾电厂,助力城市更新。发起设立无锡市琢璞

年轻人才发展基金会，支持全市年轻人才培养发展。主承保惠民项目“医惠锡城 2023”，进一步升级产品保障和增值服务。优化提升灵锡 App 服务功能，服务城市数字转型和社会民生。

四、优化管控机制，保障规范稳健运营

以市场化为导向，以“一流管控”为目标，加快授放权改革，推进数字化管理，着力提高管理规范化、科学化水平，进一步夯实持续健康发展基础。一是优化集团管控体系。开展“瘦身健体”和“两非两资”行动，培育发展、整合清理企业 27 家，集中发展主业。新设深化改革办公室，统筹集团改革领域工作的推进落实，结合优化集团管控体系专项咨询建议，加大对子企业授放权力度，按“1.0 版本、1.5 版本、2.0 版本”对子企业实行分类授放权，实现子企业自主经营与集团有效管控的协调发展。二是提升总部专业能力。围绕集团“管战略、控财务、防风险”的管控目标，强化集团总部的战略引领、财务管理、风险管控能力。优化财务条线管理模式，落实财务经理“四责五权”，提升财务预算与经营分析能力；设立风险管理部，推进集团风险管理体系建设，设置风险、合规和审计条线的双线汇报机制，不断建立完善事前负面清单、事中监测预警、事后应急处置的机制流程，培育集团良好风险文化理念。三是加快“数字国联”建设。设立数字赋能中心，牵头“数字国联”规划建设，通过信息化手段推动资源整合、业务协同，赋能子企业提质增效，全面提升现代企业管理水平。

五、提升党建质效，引领高质量发展

国联集团认真落实全面从严治党各项要求，强化党建引领，深化品牌特色，推动提质增效，以高质量党建引领企业高质量发展。一是坚持政治引领。始终把党的政治建设摆在首位，深入学习贯彻党的二十大精神，深刻领悟“两个确立”的决定性意义，增强“四个意识”、坚定“四个自信”、做到“两个维护”。二是推动强基提质。深入开展“365 智慧链”党建品牌提升年活动，与超过 100 家单位形成共建生态圈，“六链”融合服务生产经营，提升品牌影响力。结合党支部建设分类晋级、基本队伍担当贡献度、党群阵地优质化建设评价，深入推进基层党建提质增效，发挥基层党组织战斗堡垒作用。三是加强队伍建设。构建干部人才工作“1+12+X”制度体系，制定 1 个干部人才发展工作实施意见，围绕“选育管用”完善能下能上、人才沙龙、挂职锻炼、谈心谈话等 12 项制度，总结 X 种子企业工作创新举措，优化干部队伍结构，系统推进干部人才队伍建设。四是营造廉洁氛围。深化“三不”机制建设，有序推进纪检条线“小切口”工作试点项目，协同构建“大监督”体系。用好“四种形态”强化对关键岗位重点领域的监督执纪问责，加强纪检干部队伍建设，建设廉洁文化，筑牢廉政防线。推进智慧党建系统和“三重一大”系统建设，以信息化手段提升党风廉政工作成效，确保廉洁经营。五是凝聚群团合力。持续开展“三争两创一评”活动，选树先进典型，加强引导宣传，营造比学赶超的浓厚氛围。开展各类职工文化活动，组织技术创新、课题攻关等各类技能竞赛，办好年度为职工办实事项目，主动关心关爱职工工作和生活，为集团发展凝聚更大力量。

广州农商银行金融引擎驱动实体经济高质量发展

广州农村商业银行股份有限公司

2022 年，广州农村商业银行股份有限公司（以下简称广州农商银行）积极落实中央、省、市各项工

作部署，将自身发展融入国家发展战略，聚焦主责主业、深耕本土本源，持续加大对经济重点领域和薄弱环节的信贷投放，全方位支持经济高质量发展。

广州农商银行2022年度业绩报告显示，2022年年底集团总资产达12334.54亿元，较上年增长718.25亿元，增幅6.18%；存贷款规模增长，集团客户存款9104.85亿元，较上年年底增长7.15%；贷款和垫款总额6919.72亿元，较上年年底增长5.22%；集团净利润40.38亿元，较上年增长6.92%。

一、服务重大战略，激发湾区发展新动能

立足湾区、深耕本地。广州农商银行紧密围绕国家发展战略，坚持服务大局，加大广东省重点产业企业支持力度，创新金融产品，助力广州市实现老城市新活力，推动粤港澳大湾区建设。截至2022年年底，集团公司贷款总额4405.85亿元，较上年年底增加335.58亿元，增幅8.24%。

2022年，国务院印发《南沙方案》，提出加快广州南沙粤港澳重大合作平台建设。广州农商银行积极响应《南沙方案》，大力发挥本土金融机构优势，做好南沙的金融服务支持。出台贯彻落实《南沙方案》工作实施方案，围绕南沙产业转型、园区产业发展、科技创新等重点领域加大信贷投放，提供金融服务。

此外，广州农商银行还率先获得了南沙新区开展跨境贸易投资高水平开放试点资格，为区内优质企业办理跨境贸易投资提供高水平开放的便利化结算服务；充分发挥地方主承销商牌照优势，协助企业发行碳中和债、粤港澳大湾区专项公司债券、绿色债券等创新型债券，以多样化的投资银行产品支持粤港澳大湾区发展。

二、助推重点产业，支持实体经济高质量发展

产业发展，金融赋能。广州农商银行围绕广州市“坚持产业第一、制造业立市”的需求，以服务地方产业转型发展为方向，持续创新产品，不断丰富服务场景，实现金融血脉畅通，促进科技、产业和金融的良性循环，全力服务广州构建现代产业体系。截至2022年年底，广州农商银行制造业企业贷款余额逾364亿元；战略新兴企业贷款余额约924亿元；已为超220户专精特新客户提供金融服务支持，贷款余额89.43亿元。

以汽车产业为例，该产业是广州的第一大产业。广州农商银行坚持以市场和客户需求为导向，制定专项方案，持续加大汽车产业等各环节市场主体金融支持力度，支持广州市汽车及核心零部件产业链稳链补链强链。

为更精准地赋能“专精特新”企业，广州农商银行研发推出“专精特新贷”专属金融产品，全方位满足企业在科技研发、生产经营及日常资金周转等综合融资需求；全面优化对公信贷产品，初步构建形成目标客户清晰、准入要求明确、应用管理严谨的公司信贷产品体系，为业务发展提供规范化、标准化产品支持。

三、强化机制保障，突出乡村振兴战略引领

乡村振兴，金融先行。广州农商银行切实履行地方法人银行支农支小责任使命，以做强乡村金融特色业务作为“四大战役”之首，为高质量全面推进乡村振兴注入中坚力量。截至2022年年底，该行涉农贷款余额434.39亿元，同比增长8.45%；普惠型涉农贷款余额84.10亿元，同比增长24.66%，继续保持“三农”金融服务区域市场领先地位。

广州农商银行持续强化三农金融服务机制建设，围绕授信政策、工作方案、营销指引等重点环节持续提升对乡村振兴工作的统筹部署，提升三农金融服务效能。基于本行“十四五”发展战略规划，编制出台《围绕乡村振兴促进“三农”金融业务高质量发展的工作方案》《广州农村商业银行经营机构乡村金融业务考核评价办法(试行)》，以专项实施方案保障乡村振兴工作落实落细。

加大乡村振兴的金融投入，需要政策的强力支撑。2022年，广州农商银行持续优化授信业务审批流程，为融资需求迫切的重点涉农客户开通绿色审批通道，提高审批时效性。为保障三农业务营销积极性，该行出台涉农、脱贫人口小额信贷业务尽职免责实施细则，优化落实三农金融服务尽职免责工作机制。

四、做强农业产业，盘活农村集体资产

金融活，产业旺，乡村兴。2022年，广州农商银行对乡村振兴产业服务模式进行有益探索，着重突出对粮食生产、重要农产品稳产保供、种业攻坚等现代农业的授信支持导向，在重点产业方面，深入分析重点农业产业、农业龙头企业、粤港澳大湾区“菜篮子”工程企业等领域的信贷需求，提供高效的金融服务。截至2022年年底，广州农商银行对本土农业龙头企业提供贷款余额46.51亿元，同比增长8.97%，新增龙头农企16户。

响应农村、农民多元化的金融需求，广州农商银行探索广清接合片区（国家城乡融合发展试验区）农村产权抵押融资模式，创新研发“农村土地承包经营权抵押贷”支持现代农业发展。同时，积极盘活存量农村集体建设用地，创新推出“集体建设用地信用贷”“集体建设用地项目贷”，带动当地农民就业创业，有力促进农村集体经济发展。

全方位提升农村地区的金融产品和服务，广州农商银行深入推进村社分级管理，落实重点村社与涉农项目的名单制跟踪管理，大力推广整村授信模式，持续推进涉农场景深耕。

五、牢记初心使命，坚持金融改善民生服务

悠悠万事，民生为大。广州农商银行始终致力于金融服务民生，致力于推进城乡融合发展、提升农民收入、促进共同富裕等民生重点领域的金融服务水平，牢记金融改善民生服务初心。

金融精准帮扶，促进农村资源“活”起来。2022年，该行切实巩固脱贫攻坚伟大成果，累计放款近千万元支持增城区派潭镇佳松岭村民宿项目，有效盘活佳松岭村旧村场，增强帮扶村社自主造血能力。

生活富裕是乡村振兴的重要标志，为了更好地促进村民增收扩收，广州农商银行依托“金米集市”平台优势，助力农产品出村进城，引入知名优质助农商户，提升农产品渠道销量。同时，结合村民客群中长期理财需求，发行专属理财产品，更好满足村民财富管理需求。

广州农商银行持续提高金融渠道服务深度广度，打通金融服务乡村振兴的“最后一公里”。2022年年底分支机构数604家，其中村镇分支机构267家，农村金融服务站141家，县域以下分支机构4家，居广州首位。在本地村社区域投放103台银政一体机，切实解决村民客户尤其是老年群体未适应智能设备的难题。

展望未来，广州农商银行将坚守深耕本土、支农支小的主责主业，不断深化改革创新，加大重点领域投放，有力支持地方实体经济，在广州推进高质量发展的大局中当好金融服务“排头兵”。

稳中求进　谱写高质量发展新篇章

中国太平洋保险（集团）股份有限公司

中国太平洋保险（集团）股份有限公司（以下简称中国太保）是国内领先的综合性保险集团，总部设在上海。中国太保的前身是1991年5月13日成立的中国太平洋保险公司，2021年经原中国保监会批准，改制成为保险集团公司。经过30多年的发展，中国太保已拥有人寿保险、财产保险、养老保险、健康保险、农业保险和资产管理等在内的保险全牌照，为客户提供全方位风险保障解决方案、财富规划和资产管理服务。

中国太保始终把握高质量发展主线，聚焦重点领域和关键环节，实现了“稳”“进”兼备的经营新局面。中国太保是首家在上海、中国香港、伦敦三地上

市的保险公司，并连续12年入选《财富》世界500强，2022年排名第182位；在Brand Finance全球最具价值保险品牌100强中排名第5位。近年来，中国太保运营能力和服务能级持续提升，为1.7亿客户提供"责任、智慧、温度"的服务，太保产险、太保寿险分别连续七年和六年获得中国保险行业协会公布的保险公司法人机构经营评价A类。

一、坚守价值核心，专注主业，以高质量发展作为立身之本

1991年黄浦江畔改革开放大潮奔涌，中国太保应运而生。过去的30多年，中国太保锚定保障本位，专注保险主业，做精保险专业，把握不同阶段市场环境特点，在不同周期下实现价值持续增长的最优路径。中国太保在初创期夯基垒台、立柱架梁，在发展期全面发力，快马加鞭，在转型期攻坚克难、纵深推进，一步步成长为资本雄厚、价值创造、风控能力较强、专业水平较高的综合性保险集团。

上下求索之路，道阻且艰。中国太保坚定不移加强党的领导，不断深化"诚信天下、稳健一生、追求卓越、创新共赢"的企业核心价值观，以成为行业健康稳定发展引领者为目标，适应新周期、扩展新视野、激发新动能，始终坚持"做实的事，做难的事，做对的事"，努力实现可持续的高质量发展，创造了一个又一个新的历史纪录。

刚刚过去的2022年，面对世界格局加快演变、国内经济下行压力加大等多重考验，中国太保以更多自身的确定性收获了珍贵的经营成绩。中国太保全辖8家总部机构、76家分公司及3家在港机构，在受到新冠疫情不同程度影响的情况下，保持了良好的发展速度，发展增速名列同业前茅，核心业务品质持续优化：财产险业务方面，稳步提升客户经营能力和精细化管理能力，积极拓展新发展动能，推进绿色可持续保险、新能源车保险模式创新；人寿险业务方面，持续深化"长航转型"，驱动发展模式转变，营销员机制变革稳步推进，业务品质有效改善；投资业务方面，主动有效对冲保险市场周期性演变和资本市场变化，实现稳健的投资收益。同时，"三大战略"有序推进：大健康战略方面，丰富健康服务产业链布局，打造覆盖客户全生命周期健康管理生态圈，锻造行业领先的客户体验；大区域战略方面，进一步完善协同管理体系建设，优化重点区域资源布局；大数据战略方面，加快推进数据集中与共享，提升客户洞见，全面加快经营管理的数字化转型步伐。

与此同时，中国太保积极服务实体经济，服务社会民生，服务绿色转型，ESG（环境、社会和公司治理）深入推进，服务能级不断提升；聚焦重点领域有序施工，核心业务经营能力和新动能建设不断深化；坚守风险底线，公司治理和风险防控机制体制进一步完善。在各种不确定性叠加的大环境里，公司创新力、协同力、管控力和影响力跨上全新台阶，展现出高质量发展的强大韧劲，交出了一份有质量、有分量的年度"答卷"。

二、坚信长期主义，科学管理，以健康稳定作为价值主张

近年来，中国太保不断深化"坚守价值、坚信长期"理念，坚持"两个一以贯之"，持续完善公司治理，构建防范化解风险长效机制，以健全、高效的内部管理引领公司实现健康稳定发展。

坚持党建引领是中国太保高质量发展的"根"和"魂"。中国太保高度重视党建工作，坚持以高质量党建引领高质量发展，抓党建从工作出发，抓工作从党建入手，党建工作与经营工作同谋划、同部署、同推进；坚持把基层党建作为工作重点，深化党支部标准化、规范化建设，充分发挥党组织战斗堡垒作用和党员先锋模范作用；坚持把品牌培育作为重要抓手，结合主责主业，持续做强"太保红""太保蓝""太保绿"党建品牌。近年来，在集团党委带领下，产险党委荣获党中央授予的"全国先进基层党组织"称号，产险公司和内蒙古分公司脱贫攻坚工作小组荣获党中央、国务院授予的"全国脱贫攻坚先进集体"称号，多个党组织荣获上海市国资委系统"先进基层党组织""国企党建品牌""红旗党组织""党支部建设示范点"等称号。中国太保将独特的红色基因融入到内部管理的各环节，党的组织内嵌到组织架构的各领域，不断开创党建与公司经营和管理融合并进、互促共赢新局面。

优质的公司治理是中国太保行稳致远的关键所在。2020年成功发行GDR(全球存托凭证,亦称国际存托凭证)为中国太保带来了更加开放和市场化的决策体系,GDR上市既是融"资",更是融"智",以此为契机,中国太保新一届董事会专业化、多元化、国际化特色更加鲜明,引入多名来自境内外长线投资机构、对行业发展规律均有深入理解和独特看法的股东董事,提升了公司重大决策的前瞻性和引领性。2021年,中国太保积极引入ESG管理理念,确立集团董事会作为ESG管理的最高决策机构,将战略与投资决策委员会变更为战略与投资决策及ESG委员会,对标国内优秀实践,做好ESG管理顶层设计,明确发展愿景和主要原则,完善管理架构,将可持续发展理念全面融入经营环节,从环境、社会、治理等多个领域,助力公司实现高质量发展。公司ESG实践入选"A+H股中国企业2021年ESG报告及应对气候变化信息披露研究"优秀企业案例,并入选福布斯2022中国ESG 50榜单、富时罗素ESG指数、沪深ESG领先指数等。

健全和完善的公司治理体系还离不开"风控一体化和三道防线"的有力支撑。风控一体化新模式坚持一体化、高效化、智能化目标,通过补强治理结构,建立形成业务一线、合规纪检内控部门、内部审计"三道防线",强化全流程管控,持续推动风控合规队伍和管理平台建设,补齐基层风控短板,公司主要业务板块风险综合评级保持最高等级A类。风险意识对中国太保来说是一种责任自觉,是把诚信守法内化的价值追求,再拼也要遵循规律,再难也要严守底线。风控一体化管理是中国太保高质量发展的坚强保障,筑牢了防范金融风险的坚实防线。

三、坚定转型赋能,追求卓越,以改革创新作为立业之基

回顾中国太保30余年的发展历程,中国太保始终把握保险行业发展趋势,把自身发展融入国家的发展大局中,加速自身改革进程,弥补能力短板,做强做好自己,努力实现真正的可持续发展。

从1991年到2010年,经过20年经营和积淀,中国太保承受住了市场化浪潮的冲击,体现出了强大的硬实力。2011年前后,保险业迎来了剧烈的外部政策环境变化,加剧了产寿险市场化竞争和经营压力,而从中国太保自身来看,业务增长乏力、新业务价值增长面临挑战,负债端成本约束机制尚未建立,产品及服务缺乏差异化优势。怎样进行战略转型才能让公司获得可持续增长并实现稳健经营变成了中国太保的首要议题。在此背景下,中国太保启动了围绕"双聚焦"和"双驱动"的"战略转型1.0"。5年时间,中国太保完成"高速路上换轮胎",成功渡过风险期,各项举措成为业内标杆,价值创造能力不断提升,稳健经营能力得到市场认可。

在中国首轮战略转型完成后,外部环境依然复杂严峻,行业新旧周期转型变化,国内外各保险企业处在不同的发展阶段,中国保险行业整体处于深度转型期。2017年以来,中国太保积极应变、主动求变,聚焦战略转型持续升级,通过启动转型2.0发展战略,确立起"三最一引领"目标愿景,围绕"人才、数字、协同、管控、布局"五大关键领域深化推进转型升级,并衍生出"人才激励长期化、科技创新市场化、健康服务平台化、投资管理专业化、公司治理现代化战略"的五化战略。通过在"大健康""大区域""大数据"等领域持续增强发展动能,中国太保经营业绩跨上全新台阶,客户基础有效夯实,服务能级全面增强,管理能力全面提升,公司以转型的"进",得发展的"稳",走出了一条具有中国太保特色的转型之路。

落地大健康蓝图,构建"保险+大健康"生态圈。中国太保于2020年8月制订大健康发展5年规划,明确"一年打基础、三年见成效、五年走在前,打造国内领先的健康保障综合服务供应商"的发展目标。行至中盘,中国太保已经实现养老产业"东西南北中"全国投资布局,在长三角、环渤海、成渝及中部地区11个城市落地13个"太保家园"养老社区项目,开工面积逾90万平方米,总床位逾1.2万张。2023年,中国太保对外发布"352"大健康服务蓝图,基于建设全方位、全场景的保险生态,旗帜鲜明地提出保险支付、服务赋能和建立生态3大圈层、10项具体行动,构建相互促进、相互滋养、相互支撑的发展闭环,揭开了面向新时代、新机遇、新挑战的新蓝图。

聚焦大区域发展,推动业务"三量齐升"。中国太保积极推进大区域战略落地实施,加快融入双循

环新发展格局，重点在长三角、大湾区和成渝双城经济圈等区域发力，为公司高质量发展构筑新的增长力，实现业务总量、增量、质量的“三量齐升”。具体来说，粤港澳大湾区加快转型创新，不断提升市场竞争力，启用湾区总部大楼，设立大湾区创新发展专项资金，促进湾区业务发展与创新能力双提升。长三角地区巩固传统优势，挖掘总部资源禀赋，不断提升价值贡献，助力区域绿色发展；京津冀地区强化政企合作，加快重点领域业务发展，聚焦新兴业务突破，客户综合经营能力不断提升。中国太保通过大区域战略，推动客户经营模式转型，不断强化产品服务创新及科技赋能，为城市群建设、交通一体化、实体经济发展提供长期资金支持，奋力书写中国式现代保险业的太保答卷，为重点区域发展建设提供“太保方案”。

加快数字化转型，推进数智创新应用落地。中国太保持续加码科技创新，力求做实“大数据”，实现科技效能、数据服务和创新机制三大突破，聚焦治理管控、自主研发、数据服务、平台协同、创新转化五大科技长期能力建设，积极探索“管、研、用”分离的科技治理架构，以科技创新助推高质量发展。近年来，中国太保设立集团数智研究院，成立太保科技公司，联合外部资源建成联合创新实验室，罗泾数据中心建成投产，正式形成两地三大中心的数据中心（上海田林、罗泾，四川成都）布局，中国太保云进入大规模生产阶段。2022 年，中国太保以精准为用继续推进科技赋能的大数据战略，在数据中心投产使用、数据治理机制建设的进程中，加快推进数据集中与共享，提升基于数据驱动的客户洞见，为业务决策创造数智基础。

“看都是问题，干才是答案。”中国太保在国内外环境变化、市场反复波动、新冠疫情肆虐等各种因素的冲击下，保持战略定力，秉持初心，聚焦战略转型持续升级，打造面向新时代的竞争优势，在实干中做行业长期稳健发展的引领者。

四、坚持稳健经营，践行初心，以服务社会作为立世之道

对于中国太保来说，可持续发展内核，就是践行以人民为中心的发展思想，与国家同行、与时代同进、与人民共情，不断延伸社会责任版图。中国太保充分发挥保险业作为经济“减震器”、社会“稳定器”的功能，以服务国之大者、服务美好生活为己任，始终将自身成长与国家战略、社会保障、民生关切和环境保护等方面紧密联系在一起。

做优做强保障能级，主动服务国家战略。作为第 19 届亚运会官方合作伙伴，全方位参与亚运会和城市建设；连续保障 5 届进博会和 3 届服贸会，用“智慧”“温度”的专业服务为展会保驾护航；支持先进制造业及重大项目建设，支持首台套、新材料开发，积极服务制造业高质量发展；积极落实中央交给上海的三项新的重大任务，服务上海五个中心和五个新城建设；服务“一带一路”倡议，建设“一带一路”智慧云平台，融合“卫星+安防”两大科技手段，保障中国企业“走出去”。

做精做细服务品质，守护人民美好生活。推动各类政保合作项目，覆盖 32 个省（自治区、直辖市），服务 1.6 亿参保人；积极推进惠民保“一城一策”，覆盖 90 余个城市；实施大病保险项目超过 60 个，覆盖 1 亿多参保人，打通上下游医疗、健康产业链为失能老人提供医疗保障之外的长期护理服务，赔款超 20 亿元；服务人民城市建设，创新新市民服务，率先开发适合新市民房屋居住人员保险保障险种，着力提升新市民和农民工风险保障水平；“防贫保”覆盖范围拓展至 1150 个县区，提供保险保障金额超过 33 万亿元，累计提供救助金额超过 16 亿元；持续推进驻村帮扶长效机制，2022 年持续向重点地区派出驻村干部 275 人，其中第一书记 68 人。

做实做好绿色转型，构建低碳环保未来。推行绿色保险，聚焦服务清洁能源、降低污染消耗、应对气候变化、生态环境保护、绿色交通运输五大领域，合计提供保障超 8 万亿元，产品 120 余款；坚持保护生物多样性，野生动物责任险实现云南全省覆盖；加大绿色投资力度，通过债权、股权投资计划，资产支持计划等形式，直接参与绿色项目投资建设，累计投资金额达 1500 亿元；成立 3 只 ESG 主题产品，聚焦“碳中和”主题，引导投资者践行“碳中和”理念。自 2020 年以来，集团持续规划建设三江源公益林，员工、营销员、客户等累计已向当地捐款 3330 万

元，建设生态公益林2000余亩，树木总数达到12万株，成为金融企业参与三江源保护的典范，为助力实现“双碳”目标，传递爱与责任，建设美丽中国贡献力量。

2023年是全面贯彻党的二十大精神的开局之年。年初，中国太保党委书记、董事长孔庆伟就如何贯彻落实党的二十大精神，提出了“深刻把握金融工作的政治性、人民性、普惠性、始终紧扣服务国家战略、护航美好生活的经营逻辑，持续筑牢风险防控的基本面，积极营造干事创业的良好氛围”的总体要求，并明确了“一二三四五六”的奋斗目标，即锚定“一个引领”，坚持“行业健康稳定发展的引领者”目标愿景不动摇；坚持“两个遵循”，坚守价值、坚信长期；推进“三大战略”，持续落地“大健康、大区域、大数据”战略；落实“四个一体化”，推动党建一体化、财精一体化、风控一体化和数据一体化；深化“五行工程”，实现寿险“长航”、产险“续航”、资管“伴航”、太保服务“助航”、公司治理“护航”；做到“六个坚持”，坚持价值核心、坚持客户导向、坚持长期主义、坚持科技赋能、坚持协同共生、坚持底线思维。

至此，中国太保新的时代蓝图已绘就，奋楫笃行正当时。新征程上，中国太保将继续把自身命运投入民族复兴的时代洪流中，始终保持着对行业发展规律的敬畏，稳中求进，稳中求精，砥砺前行，不断奋进，在新时代的高质量发展中不断丰富保险服务内涵，写下更多属于自己的精彩篇章！

助力金融强国建设　阳光保险以优质金融服务做好“五篇大文章”

阳光保险集团

2023年10月30日—31日，中央金融工作会议在北京举行，对当前和今后一个时期的金融工作做出全面部署。会议提出“加快建设金融强国”的目标，为我国金融业高质量发展指明方向。其中，明确了“做好科技金融、绿色金融、普惠金融、养老金融、数字金融五篇大文章”，对金融系统提出了新的、更高的服务实体经济要求。

阳光保险集团（以下简称阳光保险）召开党委（扩大）会议，传达学习中央金融工作会议精神和国家金融监督管理总局党委（扩大）会议精神。集团党委书记、董事长张维功在会上强调，阳光保险要充分认识和把握党中央对金融工作的集中统一领导，这是做好金融工作的根本保证；要牢牢把握金融工作的政治性和人民性，在推动金融高质量发展中承担起上市保险集团的责任，以阳光保险的高质量发展助力金融强国建设、民族复兴伟业；要围绕“五篇大文章”研究透彻、下足功夫，以实业心态做金融、坚守主业发展定力，助力保险业经济“减震器”和社会“稳定器”功能的发挥。

一、打造保险科技，赋能数字化升级

近年来，科技逐步赋能保险业态新基建与保险生态的升级，从而推动保险服务日益数字化、智能化。

作为保险数字化转型的先行者，阳光保险在保险科技领域具有强劲的竞争优势，全方位推动客户洞察、营销、产品、风控、运营的数字化转型落地。

比如在智能化客户服务方面，阳光人寿借助灵犀体验计划与天枢数据平台，通过数据驱动客户体验升级，对服务中断数据实时监测，预警模型自动生成服务线索工单，从而实现服务模式从“等待上门”向“主动服务”转变。

围绕企业客户的风险减量需求，阳光财险以“保险+科技+服务”的形式，打造形成行业化专属风险管理解决方案，持续升级迭代阳光天眼风险地图平台，优化风控作业流程，充分利用自然灾害风险评级等功能模块，为客户提供优质快捷的风控服务。2023年前三季度累计为9279个企业客户提供各类专业风控服务，向客户及社会公众等提供预警信息66万余次。

近年来，科技领域广为探讨与探索的大模型，同样在与阳光保险深入融合。阳光保险强力推进阳光GPT战略工程，聚焦保险领域私有化大模型研发突破，实现多应用入口、多模态服务支持、多业务场景融合的多项智能支持能力，加速在客户服务、销售支持等核心业务场景应用。

当前，将科技与保险进一步链接是保险业自身转型升级的必经之路，更是金融业更高质量服务实体经济、惠及民生百姓的动力引擎。阳光保险已踏上科技征程，或将为科技金融、数字金融留下生动注脚。

二、推动绿色转型，实现共生共赢

阳光保险一直以来致力于企业价值与环境保护共生共赢，积极推行绿色的企业管理理念，助推绿色化、低碳化转型。

立足保险主业，阳光保险持续研发创新绿色保险，提升绿色保险保障范围。比如，阳光保险通过环境污染责任险为企业提供环境污染风险保障，覆盖水泥、化工、制药、造纸、纺织、印染、矿业、钢铁等高污染行业；通过提供船舶油污责任风险保障，助力海运业管理船舶油污引起的海洋环境污染及损害赔偿风险；通过“首台（套）”“新材料”等专业保险产品，持续为节能装备制造、环境污染防治、资源循环利用等节能环保产业提供风险保障，助力生态系统保护修复。

截至2023年9月底，阳光保险已为125万次企业及个人提供绿色保险保障9.35万亿元，提供赔款支持超28亿元。

在绿色投资方面，阳光还广泛布局基础设施建设、绿色“双碳”、高端制造、生命健康、科技创新等领域投资，以强大的资金实力，助力持续深入打好蓝天、碧水、净土保卫战。

不仅如此，阳光保险还从自身做起，持续推进绿色低碳办公模式，践行绿色环保的理念，大力推行办公在线化，实施全在线化、智能化运营模式变革，在办公场所增加环保与节能设计。

三、推进普惠金融，聚焦民生关切

多年来，阳光保险聚焦民生关切，以一系列普惠保险服务，精准回应老百姓的急难愁盼，交出一张扎扎实实的民生答卷。百姓身边的“琐碎小事”，一直是阳光保险的心头大事。

在百姓健康医疗方面，阳光保险加快发展医疗相关保险产品研究，持续完善产品体系，发挥保险专业力量和保障功能，形成包括大病保险、惠民保、防贫保、城镇职工医疗补充、城乡居民无责意外的多层次保障体系。阳光保险为满足“银发一族”需求，开展长期护理保险服务，为老年人提供更加切身的保障，积极探索商业医疗保险创新，惠及广大群众。2022年，阳光保险参与承保37个惠民保项目，覆盖人群超2738万人；阳光人寿入围重庆市长期护理保险委托承办服务项目，覆盖人群65.74万人，服务失能人员合计2494人，全年服务1.67万人次；阳光财险成功入围成都市长护险统保项目，服务失能人员合计5403人，全年服务1.8万人次。

围绕3亿多新市民的衣食住行需求，阳光保险针对性解决多重难题、增进民生福祉。阳光财险聚焦建筑工人、快递骑手、家政人员等灵活就业的新市民，为他们提供专业化的保险保障服务。

比如针对建筑施工人员的风险特点，阳光保险开发并推广包含意外伤害身故、残疾、意外医疗、意外住院津贴等保险责任的建筑施工人员团体意外险；针对快递、家政、网约车司机等灵活就业人员工作特性，推出“企业安心”系列意外险、雇主责任险等产品；借助“阳光企贷”等贷款保证保险产品，为新市民助贷增信，缓解融资难等问题，满足了他们在生活消费和经营方面的小额融资需求。

阳光保险还凝聚保险力量，挖掘乡村市场需求，以多元化、创新性的农险服务为乡村振兴提供保障，提升服务“三农”能力。

阳光财险因地制宜探索开发符合地方需求的农产品保险，为农业稳产和农民增收保驾护航。如在四川省犍为县，阳光财险为芭沟镇的种植户们量身打造特色樱桃种植保险，提供了包括主要的自然灾害、重大病虫害、意外事故等覆盖樱桃完整物候期的风险保障，单位保障金额高达6000元/亩；在黑龙江，阳光财险为齐齐哈尔市依安县大豆承保"大豆种植收入保险"；在辽宁，阳光财险在朝阳市针对乡村振兴对全市6个县区开办了设施农业大棚保险；在山西，推出黄花价格指数和高粱目标价格保险，为地方特色农业提供保障；在湖北推出棉花"保险+期货"保险，保护了棉花产业的稳定发展；在福建推出森林台风指数保险、江西推出小龙虾价格指数保险、湖南推出油菜保险……这些创新举措能够最大限度转移农户生产经营风险，稳产增收。截至2023年10月底，阳光财险累计承保作物0.67亿亩、畜禽0.2亿头(只)、森林0.39亿亩，为广大农户提供风险保障401亿元，为35.5万户次受灾农户支付赔款2.3亿元，服务区域覆盖全国各地。

四、参与养老金融，筑牢幸福晚年

养老金融此次也是中央金融工作会议提出的议题之一，更是百姓关注热议的话题。

在养老保险方面，阳光人寿积极响应政府政策号召，参与社会保障体系建设，于2016年首批获得税优健康险经营资质，2018年首批获准经营税延养老保险。2022年个人养老金制度出台后，阳光人寿密切关注政策动态，根据监管要求提前开发产品和系统，全力推进个人养老金业务落地工作。2023年1月，阳光人寿首款个人养老金产品"阳光寿养老年金保险"正式获批上市。

阳光保险还持续加强对老年人群的康养服务，如打造"阳光人寿保单+'阳光人家'康养小区"的长居合作模式，为客户提供从入住前的健康检查、短住体验、生活服务，到入住后的多方面医疗照护、社交文娱、质量生活起居服务，满足不同年龄层的差异化养老养生需求；再如结合社区养老模式，打造养老照料中心，为街道内各小区长者提供生活照料、就餐配餐、专业护理、居家助老、健康管理等小区和居家服务，守护长者健康养老。

在业内人士看来，"五篇大文章"所代表的关键词，实际上是我国经济高质量发展的方向和经济增长方式转变的方向，也意味着我国保险业为经济社会发展提供高质量服务存在广泛的探索空间。

阳光保险将继续承担起时代赋予的责任担当，鼓足干劲、创新发展，全身心投入经济社会发展的浪潮中，为金融强国建设贡献阳光力量。

国民经济和社会发展统计资料

中华人民共和国2022年国民经济和社会发展统计公报[1]

国家统计局

2023年2月28日

2022年是党和国家历史上极为重要的一年。党的二十大胜利召开，擘画了全面建设社会主义现代化国家、以中国式现代化全面推进中华民族伟大复兴的宏伟蓝图。面对风高浪急的国际环境和艰巨繁重的国内改革发展稳定任务，在以习近平同志为核心的党中央坚强领导下，各地区各部门坚持以习近平新时代中国特色社会主义思想为指导，按照党中央、国务院决策部署，统筹国内国际两个大局，统筹疫情防控和经济社会发展，统筹发展和安全，坚持稳中求进工作总基调，完整、准确、全面贯彻新发展理念，加快构建新发展格局，着力推动高质量发展，加大宏观调控力度，应对超预期因素冲击，经济保持增长，发展质量稳步提升，创新驱动深入推进，改革开放蹄疾步稳，就业物价总体平稳，粮食安全、能源安全和人民生活得到有效保障，经济社会大局保持稳定，全面建设社会主义现代化国家新征程迈出坚实步伐。

一、综合

初步核算，全年国内生产总值[2]1210207亿元，比上年增长3.0%。其中，第一产业增加值88345亿元，比上年增长4.1%；第二产业增加值483164亿元，增长3.8%；第三产业增加值638698亿元，增长2.3%。第一产业增加值占国内生产总值比重为7.3%，第二产业增加值比重为39.9%，第三产业增加值比重为52.8%。全年最终消费支出拉动国内生产总值增长1.0个百分点，资本形成总额拉动国内生产总值增长1.5个百分点，货物和服务净出口拉动国内生产总值增长0.5个百分点。全年人均国内生产总值85698元，比上年增长3.0%。国民总收入[3]1197215亿元，比上年增长2.8%。全员劳动生产率[4]为152977元/人，比上年提高4.2%。见图1、图2、图3。

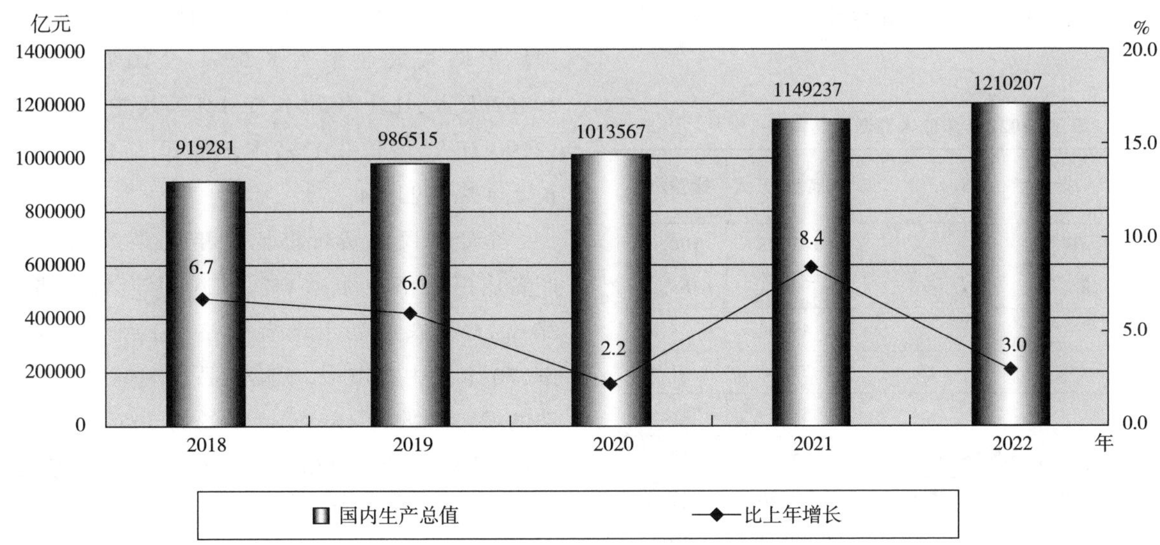

图1　2018—2022年国内生产总值及其增长速度

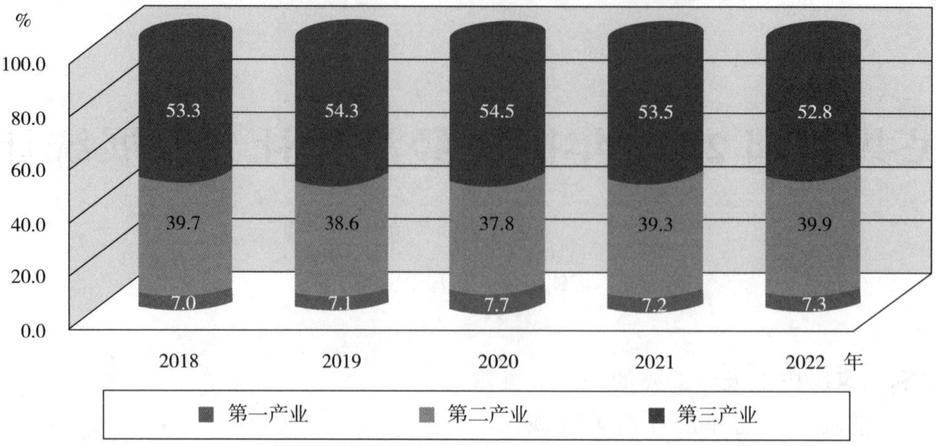

图 2　2018—2022 年三次产业增加值占国内生产总值比重

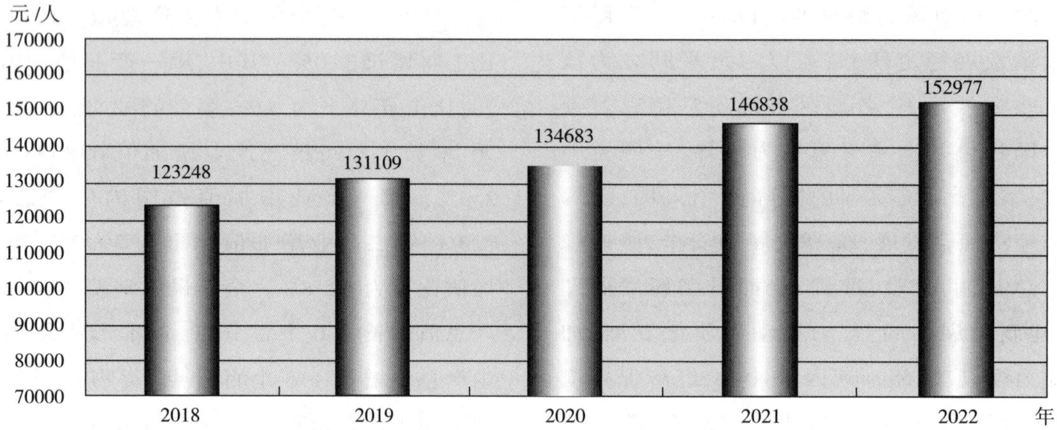

图 3　2018—2022 年全员劳动生产率[5]

年底全国人口[6] 141175 万人，比上年年底减少 85 万人，其中城镇常住人口 92071 万人。全年出生人口 956 万人，出生率为 6.77‰；死亡人口 1041 万人，死亡率为 7.37‰；自然增长率为 -0.60‰。见表 1。

表 1　2022 年年底人口数及其构成

指　标	年底数/万人	比重/%
全国人口	**141175**	**100.0**
其中：城　镇	92071	65.2
乡　村	49104	34.8
其中：男　性	72206	51.1
女　性	68969	48.9
其中：0~15 岁（含不满 16 周岁）[7]	25615	18.1
16~59 岁（含不满 60 周岁）	87556	62.0
60 周岁及以上	28004	19.8
其中：65 周岁及以上	20978	14.9

年底全国就业人员 73351 万人，其中城镇就业人员 45931 万人，占全国就业人员比重为 62.6%。全年城镇新增就业 1206 万人，比上年少增 63 万人。全年全国城镇调查失业率平均值为 5.6%。年底全国城镇调查失业率为 5.5%。全国农民工[8]总量 29562 万人，比上年增长 1.1%。其中，外出农民工 17190 万人，增长 0.1%；本地农民工 12372 万人，增长 2.4%。见图 4。

全年居民消费价格比上年上涨 2.0%。工业生产者出厂价格上涨 4.1%。工业生产者购进价格上涨 6.1%。农产品生产者价格[9]上涨 0.4%。12 月份，70 个大中城市中，新建商品住宅销售价格同比上涨的城市个数为 16 个，持平的为 1 个，下降的为 53 个；二手住宅销售价格同比上涨的城市个数为 6 个，下降的为 64 个。见图 5、表 2。

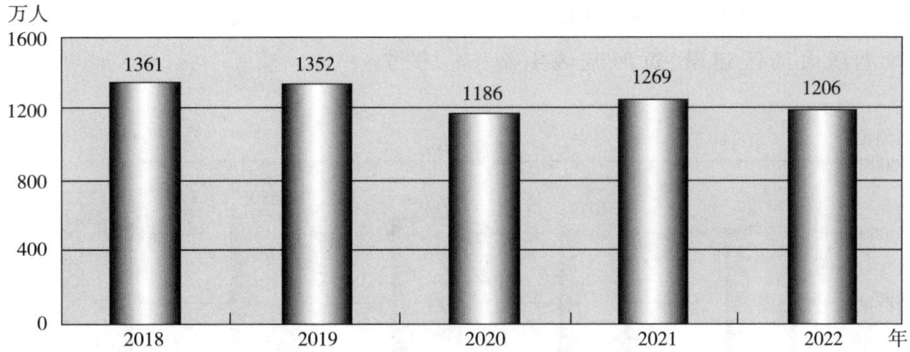

图 4　2018—2022 年城镇新增就业人数

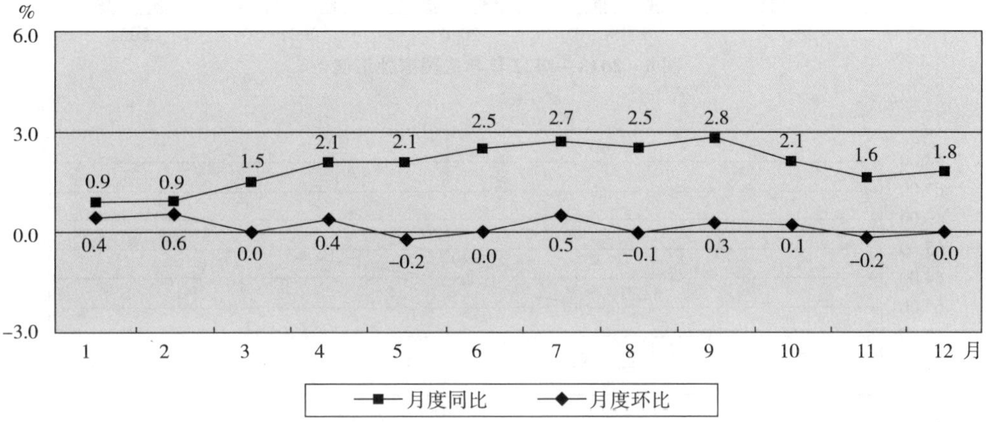

图 5　2022 年居民消费价格月度涨跌幅度

表 2　2022 年居民消费价格比上年涨跌幅度

单位：%

指　标	全　国	城　市	农　村
居民消费价格	2.0	2.0	2.0
其中：食品烟酒	2.4	2.6	2.1
衣　着	0.5	0.6	0.3
居　住[10]	0.7	0.5	1.3
生活用品及服务	1.2	1.2	1.0
交通通信	5.2	5.2	5.0
教育文化娱乐	1.8	1.9	1.7
医疗保健	0.6	0.6	0.8
其他用品及服务	1.6	1.5	2.0

年底国家外汇储备 31277 亿美元，比上年年底减少 1225 亿美元。全年人民币平均汇率为 1 美元兑 6.7261 元人民币，比上年贬值 4.1%。见图 6。

新产业新业态新模式较快成长。全年规模以上工业中，高技术制造业[11]增加值比上年增长 7.4%，占规模以上工业增加值的比重为 15.5%；装备制造业[12]增加值增长 5.6%，占规模以上工业增加值的比重为 31.8%。全年规模以上服务业[13]中，战略性新兴服务业[14]企业营业收入比上年增长 4.8%。全年高技术产业投资[15]比上年增长 18.9%。全年新能源汽车产量 700.3 万辆，比上年增长 90.5%；太阳能电池（光伏电池）产量 3.4 亿千瓦，增长 46.8%。全年电子商务交易额[16] 438299 亿元，按可比口径计算，比上年增长 3.5%。全年网上零售额[17] 137853 亿元，按可比口径计算，比上年增长 4.0%。全年新登记市场主体 2908 万户，日均新登记企业 2.4 万户，年底市场主体总数近 1.7 亿户。

城乡区域协调发展稳步推进。年底全国常住人口城镇化率为 65.22%，比上年年底提高 0.50 个百分点。分区域看[18]，全年东部地区生产总值 622018 亿元，比上年增长 2.5%；中部地区生产总值 266513 亿元，增长 4.0%；西部地区生产总值 256985 亿元，增长 3.2%；东北地区生产总值 57946 亿元，增长 1.3%。全年京津冀地区生产总值 100293 亿元，比上年增长 2.0%；长江经济带地区生产总值 559766 亿元，增长 3.0%；长江三角洲地区生产总值 290289 亿元，增长 2.5%。粤港澳大湾区建设、黄河流域生态保护和高质量发展等区域重大战略扎实推进。见图 7。

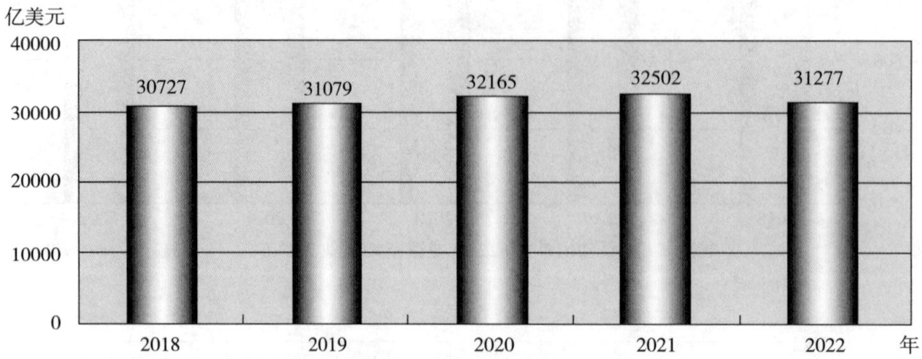

图 6　2018—2022 年年底国家外汇储备

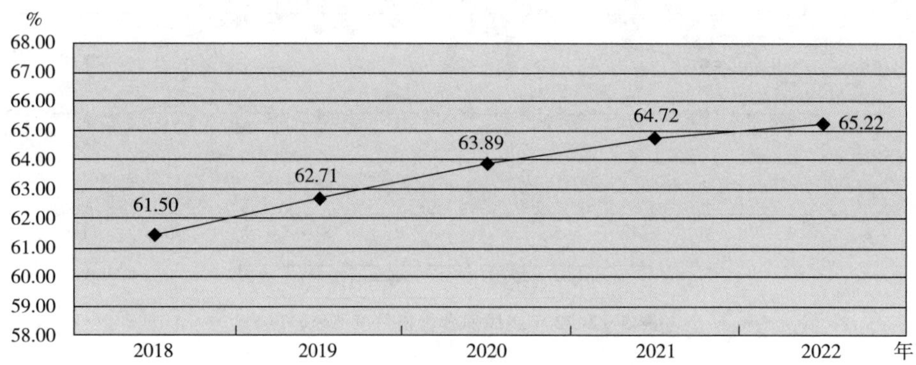

图 7　2018—2022 年年底常住人口城镇化率

绿色转型发展迈出新步伐。全年全国万元国内生产总值能耗[19]比上年下降 0.1%。全年水电、核电、风电、太阳能发电等清洁能源发电量 29599 亿千瓦时，比上年增长 8.5%。在监测的 339 个地级及以上城市中，全年空气质量达标的城市占 62.8%，未达标的城市占 37.2%；细颗粒物（$PM_{2.5}$）年平均浓度 29 微克/立方米，比上年下降 3.3%。3641 个国家地表水考核断面中，全年水质优良（Ⅰ～Ⅲ类）断面比例为 87.9%，Ⅳ类断面比例为 9.7%，Ⅴ类断面比例为 1.7%，劣Ⅴ类断面比例为 0.7%。

二、农业

全年粮食种植面积 11833 万公顷，比上年增加 70 万公顷。其中，稻谷种植面积 2945 万公顷，减少 47 万公顷；小麦种植面积 2352 万公顷，减少 5 万公顷；玉米种植面积 4307 万公顷，减少 25 万公顷；大豆种植面积 1024 万公顷，增加 183 万公顷。棉花种植面积 300 万公顷，减少 3 万公顷。油料种植面积 1314 万公顷，增加 4 万公顷。糖料种植面积 147 万公顷，增加 1 万公顷。

全年粮食产量 68653 万吨，比上年增加 368 万吨，增产 0.5%。其中，夏粮产量 14740 万吨，增产 1.0%；早稻产量 2812 万吨，增产 0.4%；秋粮产量 51100 万吨，增产 0.4%。全年谷物产量 63324 万吨，比上年增产 0.1%。其中，稻谷产量 20849 万吨，减产 2.0%；小麦产量 13772 万吨，增产 0.6%；玉米产量 27720 万吨，增产 1.7%。大豆产量 2028 万吨，增产 23.7%。见图 8。

全年棉花产量 598 万吨，比上年增产 4.3%。油料产量 3653 万吨，增产 1.1%。糖料产量 11444 万吨，减产 0.1%。茶叶产量 335 万吨，增产 5.7%。

全年猪牛羊禽肉产量 9227 万吨，比上年增长 3.8%。其中，猪肉产量 5541 万吨，增长 4.6%；牛肉产量 718 万吨，增长 3.0%；羊肉产量 525 万吨，增长 2.0%；禽肉产量 2443 万吨，增长 2.6%。禽蛋产量

3456万吨,增长1.4%。牛奶产量3932万吨,增长6.8%。年底生猪存栏45256万头,比上年年底增长0.7%;全年生猪出栏69995万头,比上年增长4.3%。

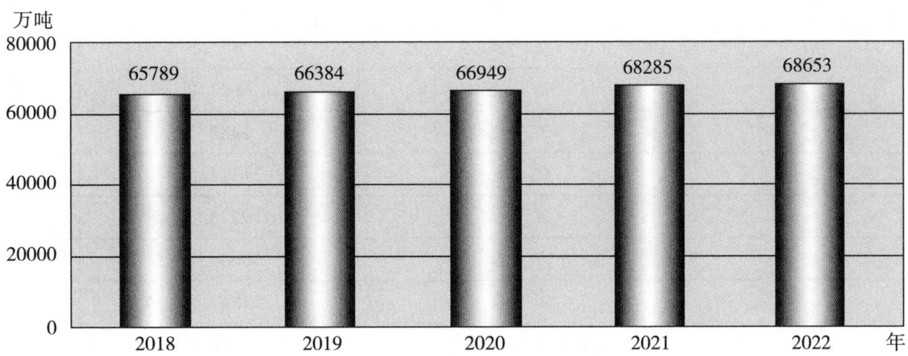

图8 2018—2022年粮食产量

全年水产品产量6869万吨,比上年增长2.7%。其中,养殖水产品产量5568万吨,增长3.2%;捕捞水产品产量1301万吨,增长0.4%。

全年木材产量10693万立方米,比上年下降7.7%。

全年新增耕地灌溉面积78万公顷,新增高效节水灌溉面积161万公顷。

三、工业和建筑业

全年全部工业增加值401644亿元,比上年增长3.4%。规模以上工业增加值增长3.6%。在规模以上工业中,分经济类型看,国有控股企业增加值增长3.3%;股份制企业增长4.8%,外商及港澳台商投资企业下降1.0%;私营企业增长2.9%。分门类看,采矿业增长7.3%,制造业增长3.0%,电力、热力、燃气及水生产和供应业增长5.0%。见图9。

全年规模以上工业中,农副食品加工业增加值比上年增长0.7%,纺织业下降2.7%,化学原料和化学制品制造业增长6.6%,非金属矿物制品业下降1.5%,黑色金属冶炼和压延加工业增长1.2%,通用设备制造业下降1.2%,专用设备制造业增长3.6%,汽车制造业增长6.3%,电气机械和器材制造业增长11.9%,计算机、通信和其他电子设备制造业增长7.6%,电力、热力生产和供应业增长5.1%。见表3。

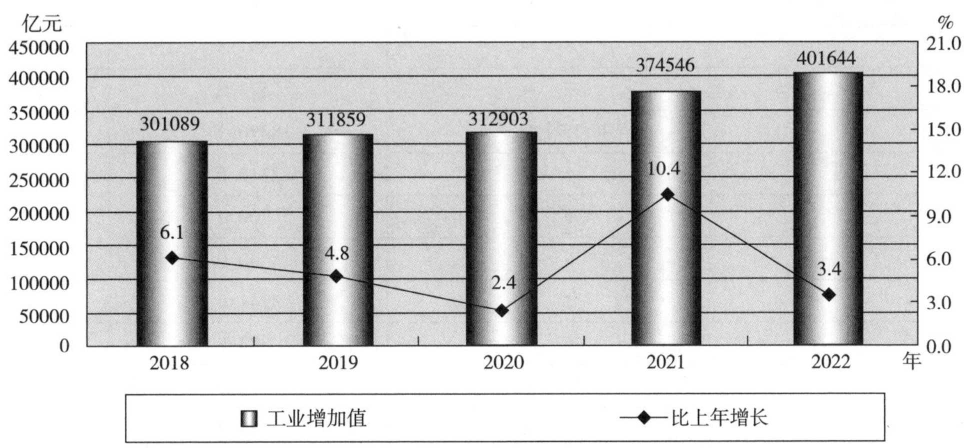

图9 2018—2022年全部工业增加值及其增长速度

表 3　2022 年主要工业产品产量及其增长速度[20]

产品名称	单　位	产　量	比上年增长/%
纱	万　吨	2719.1	-5.4
布	亿　米	467.5	-6.9
化学纤维	万　吨	6697.8	0.2
成品糖	万　吨	1482.3	2.6
卷　烟	亿　支	24321.5	0.6
彩色电视机	万　台	19578.3	5.8
家用电冰箱	万　台	8664.4	-3.6
房间空气调节器	万　台	22247.3	1.9
一次能源生产总量	亿吨标准煤	46.6	9.2
原　煤	亿　吨	45.6	10.5
原　油	万　吨	20472.2	2.9
天然气	亿立方米	2201.1	6.0
发电量	亿千瓦时	88487.1	3.7
其中：火　电[21]	亿千瓦时	58887.9	1.4
水　电	亿千瓦时	13522.0	1.0
核　电	亿千瓦时	4177.8	2.5
风　电	亿千瓦时	7626.7	16.2
太阳能发电	亿千瓦时	4272.7	31.2
粗　钢	万　吨	101795.9	-1.7
钢　材[22]	万　吨	134033.5	0.3
十种有色金属	万　吨	6793.6	4.9
其中：精炼铜(电解铜)	万　吨	1106.3	5.5
原铝(电解铝)	万　吨	4021.4	4.4
水　泥	亿　吨	21.3	-10.5
硫酸(折 100%)	万　吨	9504.6	1.3
烧碱(折 100%)	万　吨	3980.5	2.3
乙　烯	万　吨	2897.5	2.5
化肥(折 100%)	万　吨	5573.3	0.5
发电机组(发电设备)	万千瓦	18376.1	15.0
汽　车	万　辆	2718.0	3.5
其中：新能源汽车	万　辆	700.3	90.5
大中型拖拉机	万　台	40.0	-2.8
集成电路	亿　块	3241.9	-9.8
程控交换机	万　线	883.8	26.3
移动通信手持机	万　台	156080.0	-6.1
微型计算机设备	万　台	43418.2	-7.0
工业机器人	万　套	44.3	21.0
太阳能电池(光伏电池)	万千瓦	34364.2	46.8
充电桩	万　个	191.5	80.3

年底全国发电装机容量256405万千瓦，比上年年底增长7.8%。其中[23]，火电装机容量133239万千瓦，增长2.7%；水电装机容量41350万千瓦，增长5.8%；核电装机容量5553万千瓦，增长4.3%；并网风电装机容量36544万千瓦，增长11.2%；并网太阳能发电装机容量39261万千瓦，增长28.1%。

全年规模以上工业企业利润84039亿元，比上年下降[24]4.0%。分经济类型看，国有控股企业利润23792亿元，比上年增长3.0%；股份制企业61611亿元，下降2.7%，外商及港澳台商投资企业20040亿元，下降9.5%；私营企业26638亿元，下降7.2%。分门类看，采矿业利润15574亿元，比上年增长48.6%；制造业64150亿元，下降13.4%；电力、热力、燃气及水生产和供应业4315亿元，增长41.8%。全年规模以上工业企业每百元营业收入中的成本为84.72元，比上年增加0.91元；营业收入利润率为6.09%，下降0.64个百分点。年底规模以上工业企业资产负债率为56.6%，比上年年底上升0.3个百分点。全年全国工业产能利用率[25]为75.6%。

全年建筑业增加值83383亿元，比上年增长5.5%。全国具有资质等级的总承包和专业承包建筑业企业利润8369亿元，比上年下降1.2%，其中国有控股企业3922亿元，增长8.4%。见图10。

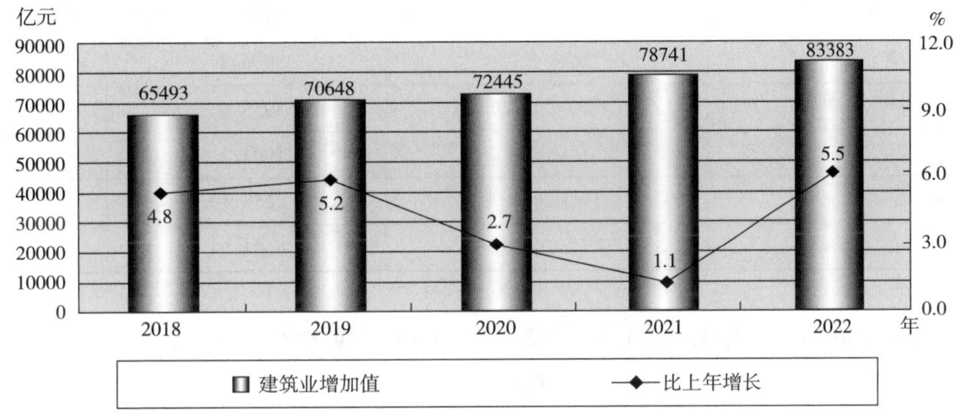

图10　2018—2022年建筑业增加值及其增长速度

四、服务业

全年批发和零售业增加值114518亿元，比上年增长0.9%；交通运输、仓储和邮政业增加值49674亿元，下降0.8%；住宿和餐饮业增加值17855亿元，下降2.3%；金融业增加值96811亿元，增长5.6%；房地产业增加值73821亿元，下降5.1%；信息传输、软件和信息技术服务业增加值47934亿元，增长9.1%；租赁和商务服务业增加值39153亿元，增长3.4%。全年规模以上服务业企业营业收入比上年增长2.7%，利润总额增长8.5%。见图11。

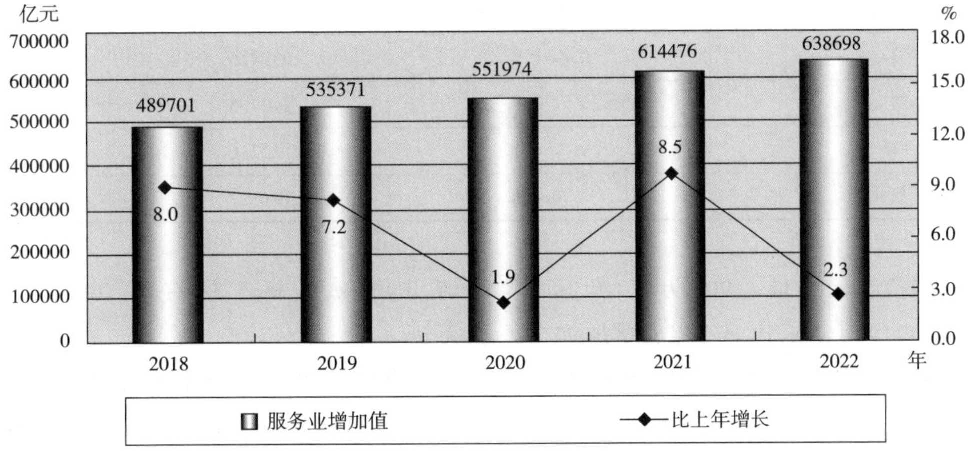

图11　2018—2022年服务业增加值及其增长速度

全年货物运输总量[26]515亿吨，货物运输周转量231744亿吨千米。全年港口完成货物吞吐量157亿吨，比上年增长0.9%，其中外贸货物吞吐量46亿吨，下降1.9%。港口集装箱吞吐量29587万标准箱，增长4.7%。见表4。

表4　2022年各种运输方式完成货物运输量及其增长速度

指　标	单　位	绝对数	比上年增长/%
货物运输总量	亿　吨	514.7	-3.0
铁　路	亿　吨	49.3	4.5
公　路	亿　吨	371.2	-5.5
水　路	亿　吨	85.5	3.8
民　航	万　吨	607.6	-17.0
管　道	亿　吨	8.6	3.1
货物运输周转量	亿吨千米	231743.5	3.4
铁　路	亿吨千米	35906.5	8.2
公　路	亿吨千米	68958.0	-1.2
水　路	亿吨千米	121003.1	4.7
民　航	亿吨千米	254.1	-8.7
管　道	亿吨千米	5621.8	3.7

全年旅客运输总量56亿人次，比上年下降32.7%。旅客运输周转量12921亿人千米，下降34.6%。见表5。

表5　2022年各种运输方式完成旅客运输量及其增长速度

指　标	单　位	绝对数	比上年增长/%
旅客运输总量	亿人次	55.9	-32.7
铁　路	亿人次	16.7	-35.9
公　路	亿人次	35.5	-30.3
水　路	亿人次	1.2	-28.8
民　航	亿人次	2.5	-42.9
旅客运输周转量	亿人千米	12921.4	-34.6
铁　路	亿人千米	6577.5	-31.3
公　路	亿人千米	2407.5	-33.7
水　路	亿人千米	22.6	-31.7
民　航	亿人千米	3913.7	-40.1

年底全国民用汽车保有量31903万辆（包括三轮汽车和低速货车719万辆），比上年年底增加1752万辆，其中私人汽车保有量27873万辆，增加1627万辆。民用轿车保有量17740万辆，增加1003万辆，其中私人轿车保有量16685万辆，增加954万辆。

全年完成邮政行业业务总量[27]14317亿元，比上年增长4.5%。邮政业全年完成邮政函件业务9.4

亿件,包裹业务0.2亿件,快递业务量1105.8亿件,快递业务收入10567亿元。全年完成电信业务总量[28]17498亿元,比上年增长21.3%。年底移动电话基站数[29]1083万个,其中4G基站603万个,5G基站231万个。全国电话用户总数186286万户,其中移动电话用户168344万户。移动电话普及率为119.2部/百人。固定互联网宽带接入用户[30]58965万户,比上年年底增加5386万户,其中100M速率及以上的宽带接入用户[31]55380万户,增加5513万户。蜂窝物联网终端用户[32]18.45亿户,增加4.47亿户。互联网上网人数10.67亿人,其中手机上网人数[33]10.65亿人。互联网普及率为75.6%,其中农村地区互联网普及率为61.9%。全年移动互联网用户接入流量2618亿GB,比上年增长18.1%。全年软件和信息技术服务业[34]完成软件业务收入108126亿元,按可比口径计算,比上年增长11.2%。见图12、图13。

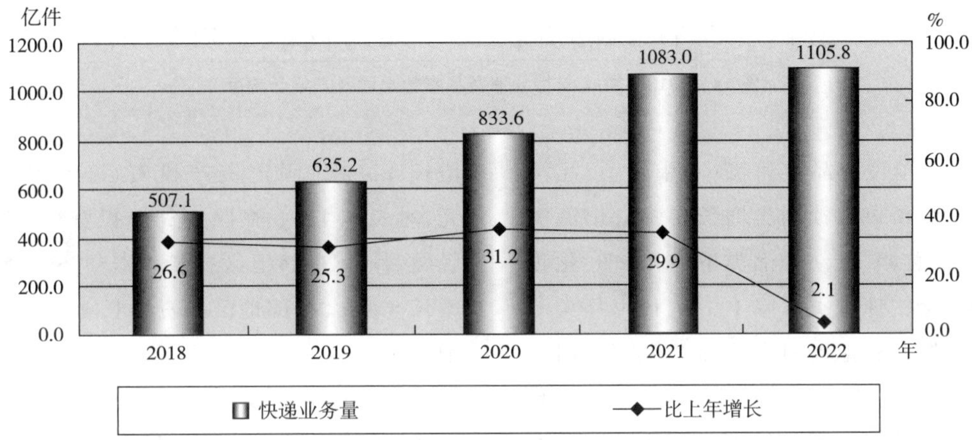

图12　2018—2022年快递业务量及其增长速度

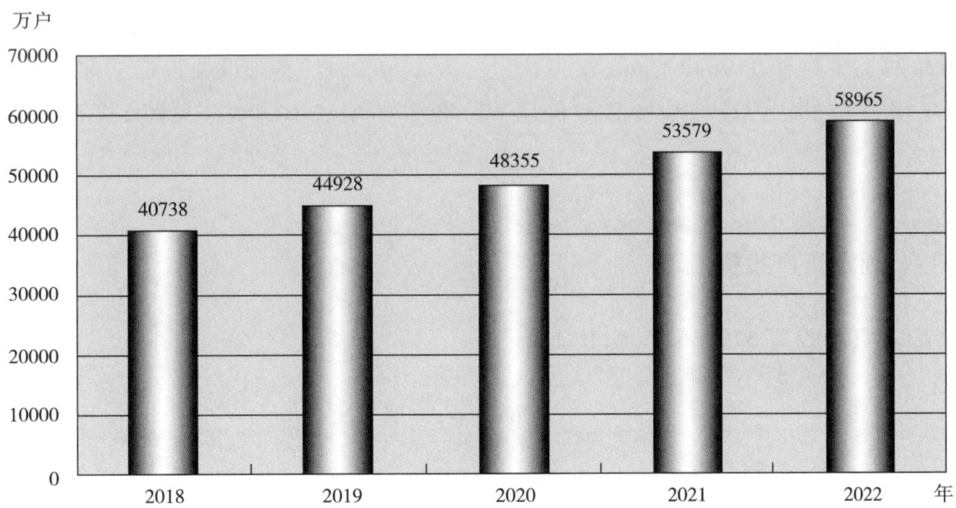

图13　2018—2022年年底固定互联网宽带接入用户数

五、国内贸易

全年社会消费品零售总额439733亿元,比上年下降0.2%。按经营地统计,城镇消费品零售额380448亿元,下降0.3%;乡村消费品零售额59285亿元,与上年基本持平。按消费类型统计,商品零售额395792亿元,增长0.5%;餐饮收入额43941亿元,下降6.3%。见图14。

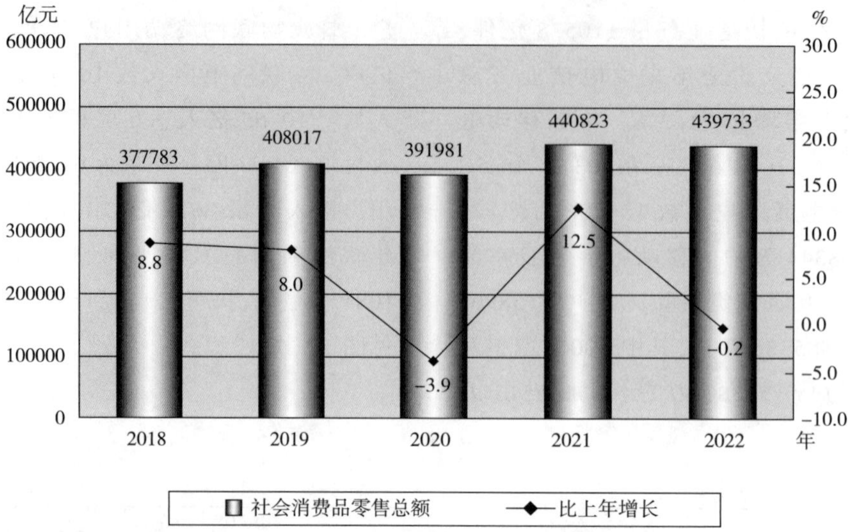

图 14　2018—2022 年社会消费品零售总额及其增长速度

全年限额以上单位商品零售额中，粮油、食品类零售额比上年增长 8.7%，饮料类增长 5.3%，烟酒类增长 2.3%，服装、鞋帽、针纺织品类下降 6.5%，化妆品类下降 4.5%，金银珠宝类下降 1.1%，日用品类下降 0.7%，家用电器和音像器材类下降 3.9%，中西药品类增长 12.4%，文化办公用品类增长 4.4%，家具类下降 7.5%，通信器材类下降 3.4%，石油及制品类增长 9.7%，汽车类增长 0.7%，建筑及装潢材料类下降 6.2%。

全年实物商品网上零售额 119642 亿元，按可比口径计算，比上年增长 6.2%，占社会消费品零售总额的比重为 27.2%。

六、固定资产投资

全年全社会固定资产投资 579556 亿元，比上年增长 4.9%。固定资产投资（不含农户）572138 亿元，增长 5.1%。在固定资产投资（不含农户）中，分区域看[35]，东部地区投资增长 3.6%，中部地区投资增长 8.9%，西部地区投资增长 4.7%，东北地区投资增长 1.2%。

在固定资产投资（不含农户）中，第一产业投资 14293 亿元，比上年增长 0.2%；第二产业投资 184004 亿元，增长 10.3%；第三产业投资 373842 亿元，增长 3.0%。民间固定资产投资[36] 310145 亿元，增长 0.9%。基础设施投资[37]增长 9.4%。社会领域投资[38]增长 10.9%。见图 15、表 6、表 7。

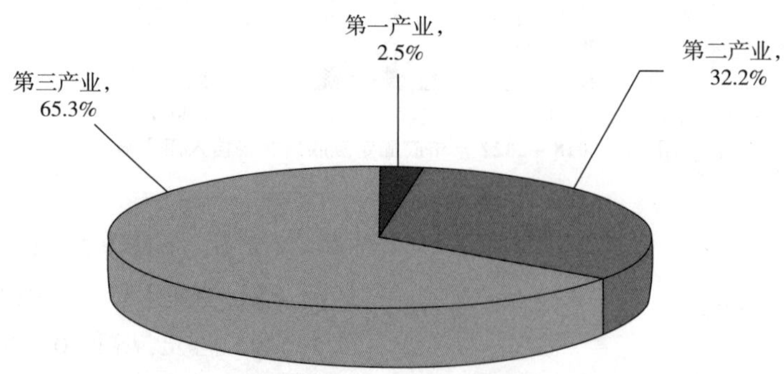

图 15　2022 年三次产业投资占固定资产投资（不含农户）比重

表 6　2022 年分行业固定资产投资(不含农户)增长速度

行　业	比上年增长/%	行　业	比上年增长/%
总　计	**5.1**	金融业	10.5
农、林、牧、渔业	4.2	房地产业[39]	-8.4
采矿业	4.5	租赁和商务服务业	14.5
制造业	9.1	科学研究和技术服务业	21.0
电力、热力、燃气及水生产和供应业	19.3	水利、环境和公共设施管理业	10.3
建筑业	2.0	居民服务、修理和其他服务业	21.8
批发和零售业	5.3	教育	5.4
交通运输、仓储和邮政业	9.1	卫生和社会工作	26.1
住宿和餐饮业	7.5	文化、体育和娱乐业	3.5
信息传输、软件和信息技术服务业	21.8	公共管理、社会保障和社会组织	42.1

表 7　2022 年固定资产投资新增主要生产与运营能力

指　标	单　位	绝对数
新增 220 千伏及以上变电设备	万千伏安	25839
新建铁路投产里程	千　米	4100
其中:高速铁路	千　米	2082
增、新建铁路复线投产里程	千　米	2658
电气化铁路投产里程	千　米	3452
新改建高速公路里程	千　米	8771
港口万吨级码头泊位新增通过能力	万吨/年	25561
新增民用运输机场	个	6
新增光缆线路长度	万千米	477

全年房地产开发投资 132895 亿元,比上年下降 10.0%。其中住宅投资 100646 亿元,下降 9.5%;办公楼投资 5291 亿元,下降 11.4%;商业营业用房投资 10647 亿元,下降 14.4%。年底商品房待售面积 56366 万平方米,比上年年底增加 5343 万平方米,其中商品住宅待售面积 26947 万平方米,增加 4186 万平方米。

全年全国各类棚户区改造开工 134 万套,基本建成 181 万套;全国保障性租赁住房开工建设和筹集 265 万套(间)。全年全国新开工改造城镇老旧小区 5.25 万个,涉及居民 876 万户。见表 8。

表 8　2022 年房地产开发和销售主要指标及其增长速度

指　标	单　位	绝对数	比上年增长/%
投资额	亿　元	132895	-10.0
其中:住宅	亿　元	100646	-9.5
房屋施工面积	万平方米	904999	-7.2
其中:住宅	万平方米	639696	-7.3
房屋新开工面积	万平方米	120587	-39.4
其中:住宅	万平方米	88135	-39.8
房屋竣工面积	万平方米	86222	-15.0
其中:住宅	万平方米	62539	-14.3
商品房销售面积	万平方米	135837	-24.3
其中:住宅	万平方米	114631	-26.8
本年到位资金	亿　元	148979	-25.9
其中:国内贷款	亿　元	17388	-25.4
个人按揭贷款	亿　元	23815	-26.5

七、对外经济

全年货物进出口总额420678亿元，比上年增长7.7%。其中，出口239654亿元，增长10.5%；进口181024亿元，增长4.3%。货物进出口顺差58630亿元，比上年增加15330亿元。对共建"一带一路"[40]国家进出口总额138339亿元，比上年增长19.4%。其中，出口78877亿元，增长20.0%；进口59461亿元，增长18.7%。对《区域全面经济伙伴关系协定》(RCEP)其他成员国[41]进出口额129499亿元，比上年增长7.5%。见图16、表9、表10、表11、表12。

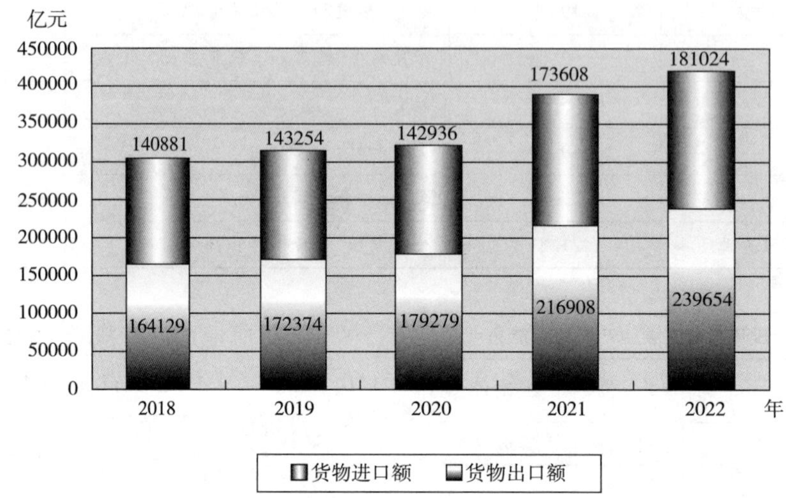

图16 2018—2022年货物进出口总额

表9 2022年货物进出口总额及其增长速度

指　标	金额/亿元	比上年增长/%
货物进出口总额	420678	7.7
货物出口额	239654	10.5
其中:一般贸易	152468	15.4
加工贸易	53952	1.1
其中:机电产品	136973	7.0
高新技术产品	63391	0.3
货物进口额	181024	4.3
其中:一般贸易	115624	6.7
加工贸易	30574	-3.2
其中:机电产品	69661	-5.4
高新技术产品	50864	-6.0
货物进出口顺差	58630	35.4

表10 2022年主要商品出口数量、金额及其增长速度

商品名称	单　位	数　量	比上年增长/%	金额/亿元	比上年增长/%
钢　材	万　吨	6732	0.9	6427	22.3
纺织纱线、织物及制品	—	—	—	9836	4.9
服装及衣着附件	—	—	—	11713	6.7
鞋　靴	万　双	929318	6.6	3844	24.4

续表

商品名称	单 位	数 量	比上年增长/%	金额/亿元	比上年增长/%
家具及其零件	—	—	—	4639	-2.5
箱包及类似容器	万 吨	297	22.2	2378	32.6
玩 具	—	—	—	3229	9.1
塑料制品	—	—	—	7188	12.7
集成电路	亿 个	2734	-12.0	10254	3.5
自动数据处理设备及其零部件	—	—	—	15701	-4.7
手 机	万 台	82224	-13.8	9527	0.9
集装箱	万 个	321	-33.7	967	-36.1
液晶平板显示模组	万 个	164560	—	1807	—
汽车(包括底盘)	万 辆	332	56.8	4054	82.2

表 11 2022 年主要商品进口数量、金额及其增长速度

商品名称	单 位	数 量	比上年增长/%	金额/亿元	比上年增长/%
大 豆	万 吨	9108	-5.6	4085	18.1
食用植物油	万 吨	648	-37.6	606	-14.1
铁矿砂及其精矿	万 吨	110686	-1.5	8498	-27.9
煤及褐煤	万 吨	29320	-9.2	2855	22.2
原 油	万 吨	50828	-0.9	24350	45.9
成品油	万 吨	2645	-2.5	1309	21.2
天然气	万 吨	10925	-9.9	4683	30.3
初级形状的塑料	万 吨	3058	-10.0	3734	-5.5
纸 浆	万 吨	2916	-1.8	1492	15.1
钢 材	万 吨	1057	-25.9	1136	-6.1
未锻轧铜及铜材	万 吨	587	6.2	3610	6.5
集成电路	亿 个	5384	-15.3	27663	-0.9
汽车(包括底盘)	万 辆	88	-6.5	3529	1.2

表 12 2022 年对主要国家和地区货物进出口金额、增长速度及其比重

国家和地区	出口额/亿元	比上年增长/%	占全部出口比重/%	进口额/亿元	比上年增长/%	占全部进口比重/%
东 盟	37907	21.7	15.8	27247	6.8	15.1
欧 盟	37434	11.9	15.6	19034	-4.9	10.5
美 国	38706	4.2	16.2	11834	1.9	6.5
韩 国	10843	13.0	4.5	13278	-3.7	7.3
日 本	11537	7.7	4.8	12295	-7.5	6.8
中国台湾	5423	7.2	2.3	15840	-1.8	8.8
中国香港	19883	-12.0	8.3	527	-16.0	0.3
俄罗斯	5123	17.5	2.1	7638	48.6	4.2
巴 西	4128	19.3	1.7	7294	2.6	4.0
印 度	7896	25.5	3.3	1160	-36.2	0.6
南 非	1615	18.6	0.7	2173	2.0	1.2

全年服务进出口总额59802亿元，比上年增长12.9%。其中，服务出口28522亿元，增长12.1%；服务进口31279亿元，增长13.5%。服务进出口逆差2757亿元。

全年外商直接投资[42]新设立企业38497家，比上年下降19.2%。实际使用外商直接投资金额12327亿元，增长6.3%，折1891亿美元，增长8.0%。其中共建"一带一路"国家对华直接投资（含通过部分自由港对华投资）新设立企业4519家，下降15.3%；对华直接投资金额891亿元，增长17.2%，折137亿美元，增长18.6%。全年高技术产业实际使用外资4449亿元，增长28.3%，折683亿美元，增长30.9%。见表13。

表13 2022年外商直接投资及其增长速度

行 业	企业数/家	比上年增长/%	实际使用金额/亿元	比上年增长/%
总 计	**38497**	**-19.2**	**12327**	**6.3**
其中：农、林、牧、渔业	420	-14.5	80	44.6
制造业	3570	-19.9	3237	46.1
电力、热力、燃气及水生产和供应业	523	12.5	276	10.8
交通运输、仓储和邮政业	602	-13.1	347	-1.1
信息传输、软件和信息技术服务业	3059	-24.5	1548	15.1
批发和零售业	10894	-18.6	961	-12.5
房地产业	581	-48.4	914	-41.8
租赁和商务服务业	7473	-19.6	2148	-2.1
居民服务、修理和其他服务业	411	-21.3	19	-38.6

全年对外非金融类直接投资额7859亿元，比上年增长7.2%，折1169亿美元，增长2.8%。其中，对共建"一带一路"国家非金融类直接投资额1410亿元，增长7.7%，折210亿美元，增长3.3%。见表14。

表14 2022年对外非金融类直接投资额及其增长速度

行 业	金额/亿美元	比上年增长/%
总 计	**1168.5**	**2.8**
其中：农、林、牧、渔业	8.3	-26.5
采矿业	50.1	0.6
制造业	216.0	17.4
电力、热力、燃气及水生产和供应业	35.2	-28.0
建筑业	64.0	14.9
批发和零售业	211.0	19.5
交通运输、仓储和邮政业	45.6	-10.6
信息传输、软件和信息技术服务业	54.9	-27.1
房地产业	24.2	-2.8
租赁和商务服务业	387.6	5.8

全年对外承包工程完成营业额 10425 亿元，比上年增长 4.3%，折 1550 亿美元，与上年基本持平。其中，对共建"一带一路"国家完成营业额 849 亿美元，下降 5.3%，占对外承包工程完成营业额比重为 54.8%。对外劳务合作派出各类劳务人员 26 万人。

八、财政金融

全年全国一般公共预算收入 203703 亿元，比上年增长 0.6%；其中税收收入 166614 亿元，下降 3.5%。全国一般公共预算支出 260609 亿元，比上年增长 6.1%。全年新增减税降费及退税缓税缓费超 4.2 万亿元，其中累计退到纳税人账户的增值税留抵退税款 2.46 万亿元，新增减税降费超 1 万亿元，办理缓税缓费超 7500 亿元。见图 17。

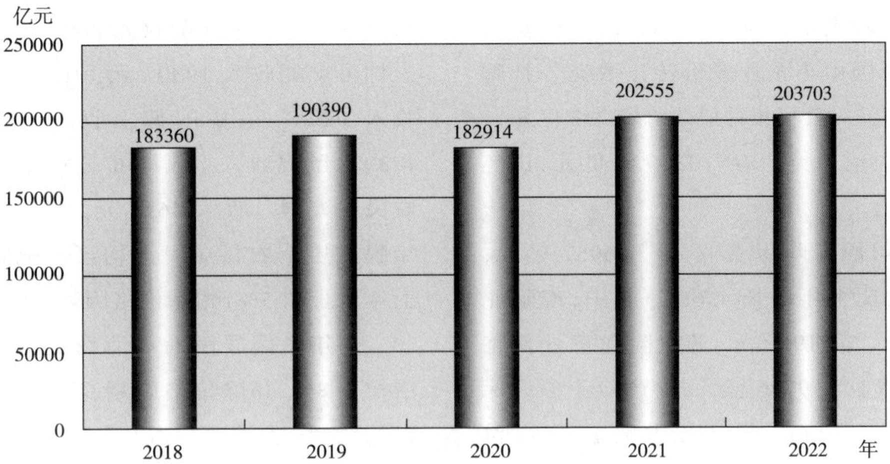

图 17　2018—2022 年全国一般公共预算收入

注：图中 2018—2021 年数据为全国一般公共预算收入决算数，2022 年为执行数。

年底广义货币供应量（M_2）余额 266.4 万亿元，比上年年底增长 11.8%；狭义货币供应量（M_1）余额 67.2 万亿元，增长 3.7%；流通中货币（M_0）余额 10.5 万亿元，增长 15.3%。

全年社会融资规模增量[43] 32.0 万亿元，按可比口径计算，比上年多 0.7 万亿元。年底社会融资规模存量[44] 344.2 万亿元，按可比口径计算，比上年年底增长 9.6%，其中对实体经济发放的人民币贷款余额 212.4 万亿元，增长 10.9%。年底全部金融机构本外币各项存款余额 264.4 万亿元，比年初增加 25.9 万亿元，其中人民币各项存款余额 258.5 万亿元，增加 26.3 万亿元。全部金融机构本外币各项贷款余额 219.1 万亿元，增加 20.6 万亿元，其中人民币各项贷款余额 214.0 万亿元，增加 21.3 万亿元。人民币普惠金融贷款[45] 余额 32.1 万亿元，增加 5.6 万亿元。见表 15。

表 15　2022 年年底全部金融机构本外币存贷款余额及其增长速度

指　标	年底数/亿元	比上年年底增长/%
各项存款	2644472	10.8
其中：境内住户存款	1212110	17.3
其中：人民币	1203387	17.4
境内非金融企业存款	779398	6.8
各项贷款	2191029	10.4
其中：境内短期贷款	560304	7.7
境内中长期贷款	1427739	10.6

年底主要农村金融机构（农村信用社、农村合作银行、农村商业银行）人民币贷款余额 267195 亿元，比年初增加 24702 亿元。全部金融机构人民币消费贷款余额 560361 亿元，增加 11522 亿元。其中，住户短期消费贷款余额 93473 亿元，减少 90 亿元；住户中长期消费贷款余额 466888 亿元，增加 11613 亿元。

全年沪深交易所A股累计筹资[46]15109亿元，比上年减少1634亿元。沪深交易所首次公开发行上市A股341只，筹资5704亿元，比上年增加353亿元，其中科创板股票123只，筹资2520亿元；沪深交易所A股再融资（包括公开增发、定向增发、配股、优先股、可转债转股）9405亿元，减少1986亿元。北京证券交易所公开发行股票83只，筹资[47]164亿元。全年各类主体通过沪深北交易所发行债券（包括公司债券、资产支持证券、国债、地方政府债券和政策性银行债券）筹资64494亿元，其中沪深交易所共发行上市基础设施领域不动产投资信托基金（REITs）13只，募集资金419亿元。全国中小企业股份转让系统[48]挂牌公司6580家，全年挂牌公司累计股票筹资232亿元。

全年发行公司信用类债券[49]13.7万亿元，比上年减少1.0万亿元。

全年保险公司原保险保费收入[50]46957亿元，按可比口径计算，比上年增长4.6%。其中，寿险业务原保险保费收入24519亿元，健康险和意外伤害险业务原保险保费收入9726亿元，财产险业务原保险保费收入12712亿元。支付各类赔款及给付15485亿元。其中，寿险业务给付3791亿元，健康险和意外伤害险业务赔款及给付3937亿元，财产险业务赔款7757亿元。

九、居民收入消费和社会保障

全年全国居民人均可支配收入36883元，比上年增长5.0%，扣除价格因素，实际增长2.9%。全国居民人均可支配收入中位数[51]31370元，增长4.7%。按常住地分，城镇居民人均可支配收入49283元，比上年增长3.9%，扣除价格因素，实际增长1.9%。城镇居民人均可支配收入中位数45123元，增长3.7%。农村居民人均可支配收入20133元，比上年增长6.3%，扣除价格因素，实际增长4.2%。农村居民人均可支配收入中位数17734元，增长4.9%。城乡居民人均可支配收入比值为2.45，比上年缩小0.05。按全国居民五等份收入分组[52]，低收入组人均可支配收入8601元，中间偏下收入组人均可支配收入19303元，中间收入组人均可支配收入30598元，中间偏上收入组人均可支配收入47397元，高收入组人均可支配收入90116元。全国农民工人均月收入4615元，比上年增长4.1%。全年脱贫县[53]农村居民人均可支配收入15111元，比上年增长7.5%，扣除价格因素，实际增长5.4%。

全年全国居民人均消费支出24538元，比上年增长1.8%，扣除价格因素，实际下降0.2%。其中，人均服务性消费支出[54]10590元，比上年下降0.5%，占居民人均消费支出的比重为43.2%。按常住地分，城镇居民人均消费支出30391元，增长0.3%，扣除价格因素，实际下降1.7%；农村居民人均消费支出16632元，增长4.5%，扣除价格因素，实际增长2.5%。全国居民恩格尔系数为30.5%，其中城镇为29.5%，农村为33.0%。见图18、图19。

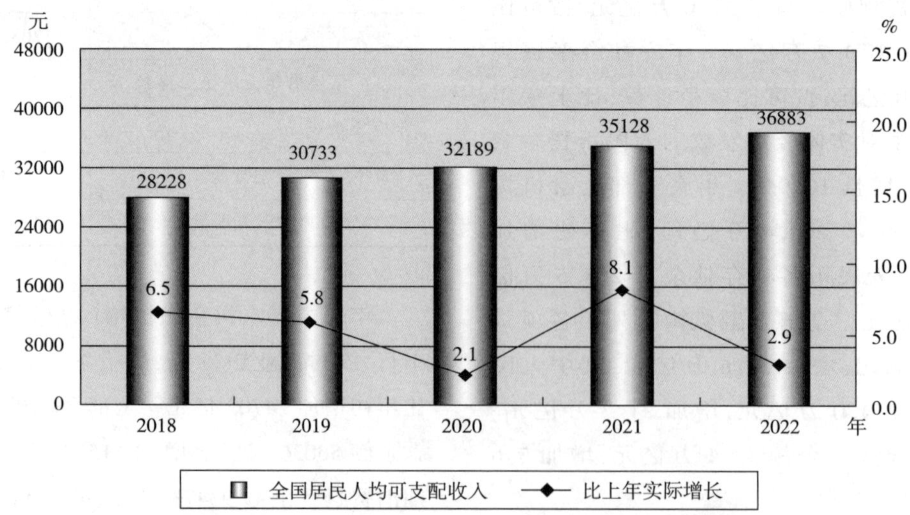

图18　2018—2022年全国居民人均可支配收入及其增长速度

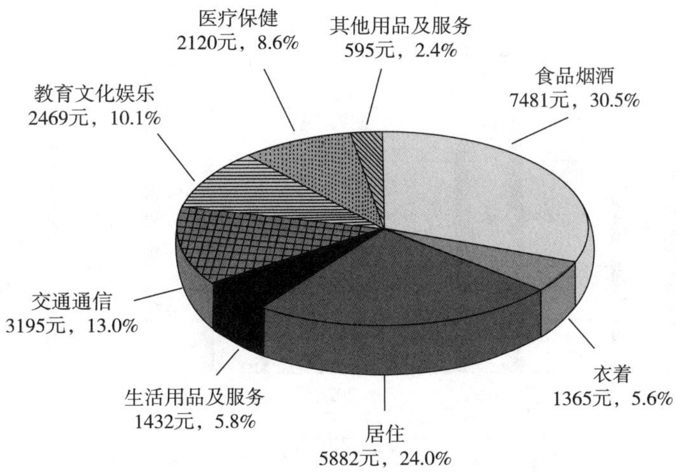

图19　2022年全国居民人均消费支出及其构成

年底全国参加城镇职工基本养老保险人数50349万人，比上年年底增加2275万人。参加城乡居民基本养老保险人数54952万人，增加155万人。参加基本医疗保险人数[55]134570万人，其中参加职工基本医疗保险人数36242万人，参加城乡居民基本医疗保险人数98328万人。参加失业保险人数23807万人，增加849万人。年底全国领取失业保险金人数297万人。参加工伤保险人数29111万人，增加825万人，其中参加工伤保险的农民工9127万人，增加41万人。参加生育保险人数24608万人，增加856万人。年底全国共有683万人享受城市最低生活保障，3349万人享受农村最低生活保障，435万人享受农村特困人员[56]救助供养，全年临时救助[57]1083万人次。全年领取国家定期抚恤金、定期生活补助金的退役军人和其他优抚对象827万人。

年底全国共有各类提供住宿的民政服务机构4.3万个，其中养老机构4.0万个，儿童福利和救助保护机构899个。民政服务床位[58]849.1万张，其中养老服务床位822.3万张，儿童福利和救助保护机构床位10.0万张。年底共有社区服务中心2.9万个，社区服务站50.9万个。

十、科学技术和教育

全年研究与试验发展（R&D）经费支出30870亿元，比上年增长10.4%，与国内生产总值之比为2.55%，其中基础研究经费1951亿元。国家自然科学基金共资助5.19万个项目。截至年底，正在运行的国家重点实验室533个，纳入新序列管理的国家工程研究中心191个，国家企业技术中心1601家，大众创业万众创新示范基地212家。国家科技成果转化引导基金累计设立36只子基金，资金总规模624亿元。国家级科技企业孵化器[59]1425家，国家备案众创空间[60]2441家。全年授予专利权432.3万件，比上年下降6.0%；PCT专利申请受理量[61]7.4万件。截至年底，有效专利1787.9万件，其中境内有效发明专利328.0万件。每万人口高价值发明专利拥有量[62]9.4件。全年商标注册617.7万件，比上年下降20.2%。全年共签订技术合同77万项，技术合同成交金额47791亿元，比上年增长28.2%。中国公民具备科学素质[63]的比例达到12.93%。见图20、表16。

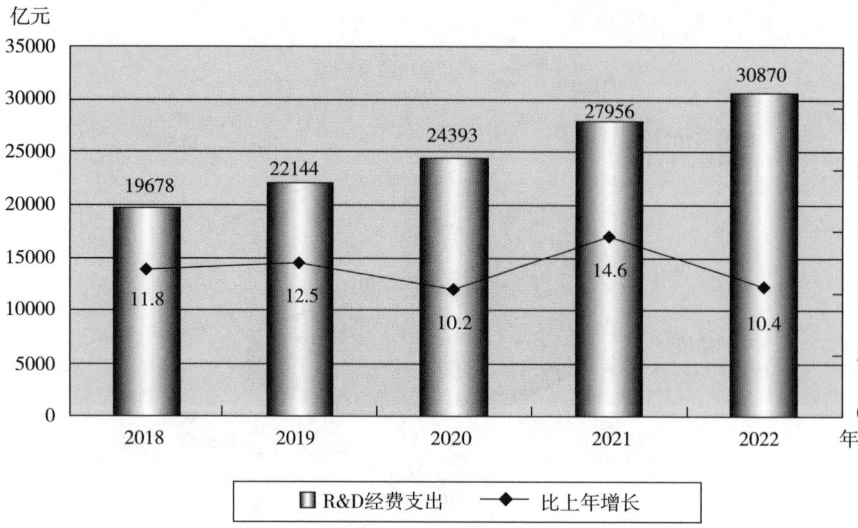

图 20　2018—2022 年研究与试验发展(R&D)经费支出及其增长速度

表 16　2022 年专利授权和有效专利情况

指　标	专利数/万件	比上年增长/%
专利授权数	432.3	-6.0
其中:境内专利授权	418.7	-5.9
其中:发明专利授权	79.8	14.7
其中:境内发明专利授权	68.9	19.2
年底有效专利数	1787.9	15.9
其中:境内有效专利	1671.9	17.0
其中:有效发明专利	421.2	17.1
其中:境内有效发明专利	328.0	21.3

全年成功完成 62 次宇航发射。问天实验舱、梦天实验舱发射成功,神舟十四号、十五号等任务相继实施,中国空间站全面建成。嫦娥五号发现月球新矿物“嫦娥石”。句芒号陆地生态系统碳监测卫星、大气环境监测卫星成功发射运行。长征八号运载火箭实现一箭 22 星发射。第三艘航空母舰福建舰下水。国产 C919 大型客机获得型号合格证并交付首架。投入商业运行的华龙一号自主三代核电机组保持安全稳定运行。

年底全国共有国家质检中心 869 家。全国现有产品质量、体系和服务认证机构 1128 个,累计完成对 94 万家企业的认证。全年制定、修订国家标准 2266 项,其中新制定 1382 项。全年制造业产品质量合格率[64]为 93.29%。

全年研究生教育招生 124.2 万人,在学研究生 365.4 万人,毕业生 86.2 万人。普通、职业本专科[65]招生 1014.5 万人,在校生 3659.4 万人,毕业生 967.3 万人。中等职业教育[66]招生 650.7 万人,在校生 1784.7 万人,毕业生 519.2 万人。普通高中招生 947.5 万人,在校生 2713.9 万人,毕业生 824.1 万人。初中招生 1731.4 万人,在校生 5120.6 万人,毕业生 1623.9 万人。普通小学招生 1701.4 万人,在校生 10732.0 万人,毕业生 1740.6 万人。特殊教育招生 14.6 万人,在校生 91.9 万人,毕业生 15.9 万人。学前教育在园幼儿 4627.5 万人。九年义务教育巩固率为 95.5%,高中阶段毛入学率为 91.6%。见图 21。

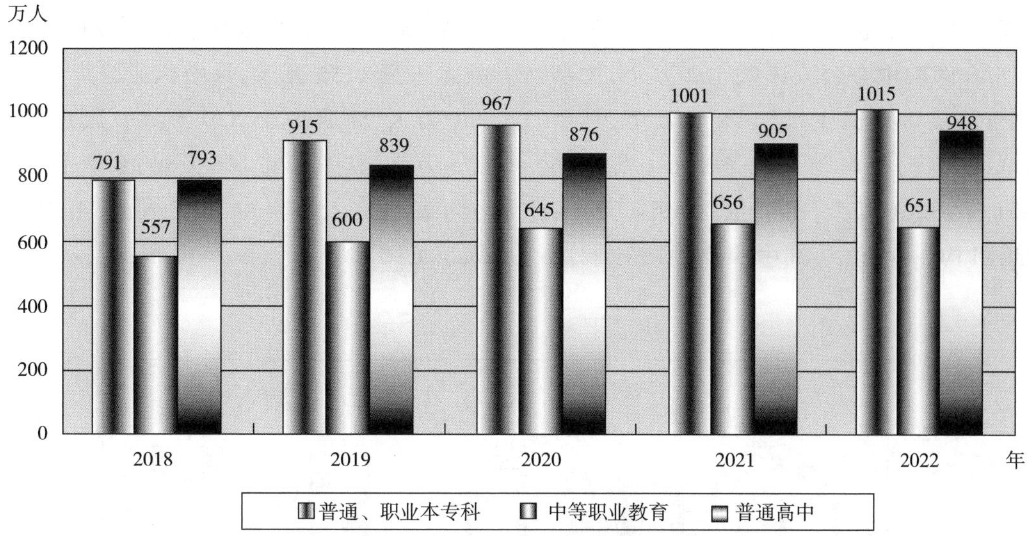

图 21　2018—2022 年本专科、中等职业教育及普通高中招生人数

十一、文化旅游、卫生健康和体育

年底全国文化和旅游系统共有艺术表演团体 2023 个。全国共有公共图书馆 3303 个，总流通[67] 72375 万人次；文化馆 3503 个。有线电视实际用户 1.99 亿户，其中有线数字电视实际用户 1.90 亿户。年底广播节目综合人口覆盖率为 99.6%，电视节目综合人口覆盖率为 99.8%。全年生产电视剧 160 部 5283 集，电视动画片 89094 分钟。全年生产故事影片 380 部，科教、纪录、动画和特种影片[68] 105 部。出版各类报纸 266 亿份，各类期刊 20 亿册，图书 114 亿册（张），人均图书拥有量[69] 8.09 册（张）。年底全国共有档案馆 4136 个，已开放各类档案 20886 万卷（件）。全年全国规模以上文化及相关产业企业营业收入 121805 亿元，按可比口径计算，比上年增长 0.9%。

全年国内游客 25.3 亿人次，比上年下降 22.1%。其中，城镇居民游客 19.3 亿人次，下降 17.7%；农村居民游客 6.0 亿人次，下降 33.5%。国内旅游收入 20444 亿元，下降 30.0%。其中，城镇居民游客花费 16881 亿元，下降 28.6%；农村居民游客花费 3563 亿元，下降 35.8%。见图 22。

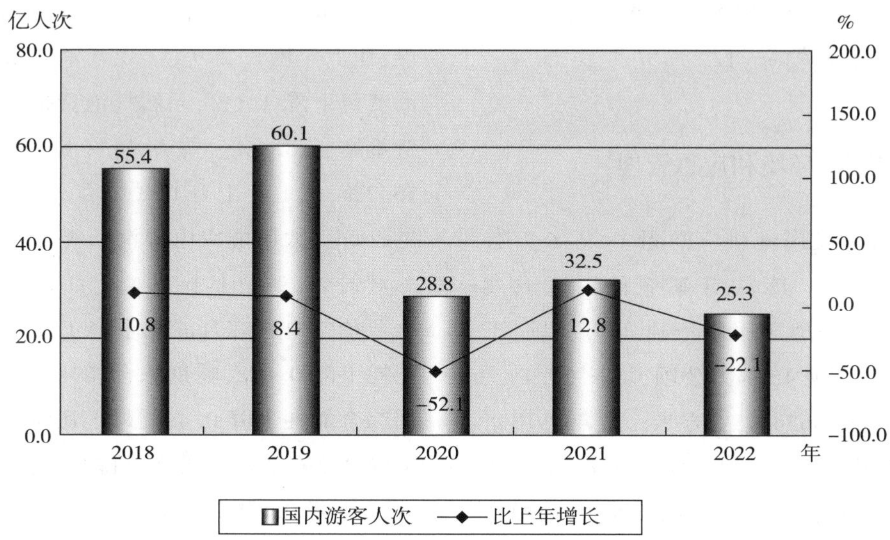

图 22　2018—2022 年国内游客人次及其增长速度

年底全国共有医疗卫生机构103.3万个，其中医院3.7万个，在医院中有公立医院1.2万个，民营医院2.5万个；基层医疗卫生机构98.0万个，其中乡镇卫生院3.4万个，社区卫生服务中心(站)3.6万个，门诊部(所)32.1万个，村卫生室58.8万个；专业公共卫生机构1.3万个，其中疾病预防控制中心3385个，卫生监督所(中心)2796个。年底卫生技术人员1155万人，其中执业医师和执业助理医师440万人，注册护士520万人。医疗卫生机构床位975万张，其中医院766万张，乡镇卫生院145万张。全年总诊疗人次[70]84.0亿人次，出院人数[71]2.5亿人。见图23。

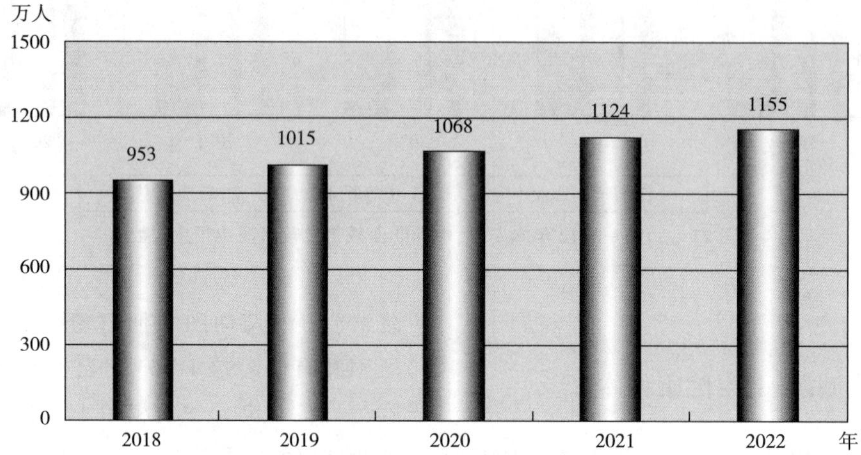

图23　2018—2022年年底卫生技术人员人数

年底全国共有体育场地[72]422.7万个，体育场地面积[73]37.0亿平方米，人均体育场地面积2.62平方米。全年中国运动员在15个运动大项中获得93个世界冠军，共创11项世界纪录。在北京第24届冬奥会上，中国运动员共获得9枚金牌，奖牌总数15枚。全年中国残疾人运动员在5项国际赛事中获得41个世界冠军。在北京第13届冬残奥会上，中国运动员共获得18枚金牌，奖牌总数61枚，位列冬残奥会金牌榜和奖牌榜双第一位。

十二、资源、环境和应急管理

全年全国国有建设用地供应总量[74]76.6万公顷，比上年增长10.9%。其中，工矿仓储用地19.8万公顷，增长13.2%；房地产用地[75]11.0万公顷，下降19.4%；基础设施用地45.8万公顷，增长20.7%。

全年水资源总量26634亿立方米。全年总用水量5997亿立方米，比上年增长1.3%。其中，生活用水下降0.5%，工业用水下降7.7%，农业用水增长3.7%，人工生态环境补水增长8.3%。万元国内生产总值用水量[76]53立方米，下降1.6%。万元工业增加值用水量27立方米，下降10.8%。人均用水量425立方米，增长1.3%。

全年完成造林面积383万公顷，其中人工造林面积120万公顷，占全部造林面积的31.4%。种草改良面积[77]321万公顷。截至年底，国家公园5个。新增水土流失治理面积6.3万平方千米。

初步核算，全年能源消费总量54.1亿吨标准煤，比上年增长2.9%。煤炭消费量增长4.3%，原油消费量下降3.1%，天然气消费量下降1.2%，电力消费量增长3.6%。煤炭消费量占能源消费总量的56.2%，比上年上升0.3个百分点；天然气、水电、核电、风电、太阳能发电等清洁能源消费量占能源消费总量的25.9%，上升0.4个百分点。重点耗能工业企业单位电石综合能耗下降1.6%，单位合成氨综合能耗下降0.8%，吨钢综合能耗上升1.7%，单位电解铝综合能耗下降0.4%，每千瓦时火力发电标准煤耗下降0.2%。全国万元国内生产总值二氧化碳排放[78]下降0.8%。见图24。

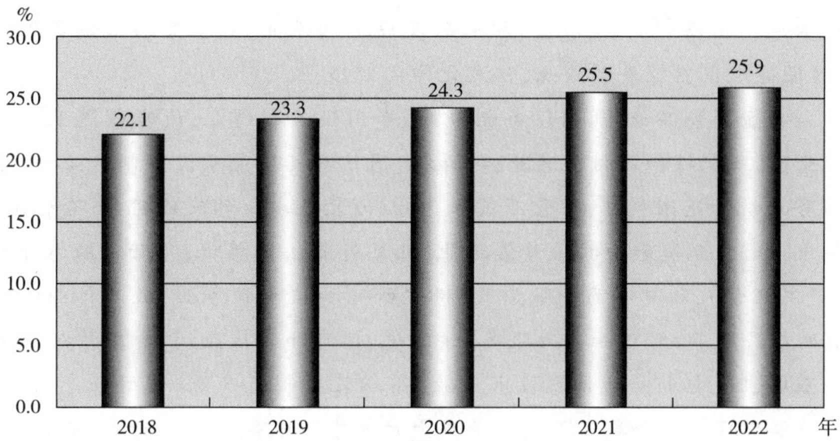

图 24　2018—2022 年清洁能源消费量占能源消费总量的比重

全年近岸海域海水水质[79]达到国家一、二类海水水质标准的面积占 81.9%，三类海水占 4.1%，四类、劣四类海水占 14.0%。

在开展城市区域声环境监测的 320 个城市中，全年昼间声环境质量好的城市占 5.0%，较好的占 66.3%，一般的占 27.2%，较差的占 1.2%，差的占 0.3%。

全年平均气温为 10.51℃，比上年下降 0.02℃。共有 4 个台风登陆。

全年农作物受灾面积 1207 万公顷，其中绝收 135 万公顷。全年因洪涝和地质灾害造成直接经济损失 1303 亿元，因干旱灾害造成直接经济损失 513 亿元，因低温冷冻和雪灾造成直接经济损失 125 亿元，因海洋灾害造成直接经济损失 24 亿元。全年大陆地区共发生 5.0 级以上地震 27 次，造成直接经济损失 224 亿元。全年共发生森林火灾 709 起，受害森林面积约 0.5 万公顷。

全年各类生产安全事故共死亡 20963 人。工矿商贸企业就业人员 10 万人生产安全事故死亡人数 1.097 人，比上年下降 20.2%；煤矿百万吨死亡人数 0.054 人，上升 22.7%。道路交通事故万车死亡人数 1.46 人，下降 7.0%。

注：

[1]本公报中数据均为初步统计数。各项统计数据均未包括香港特别行政区、澳门特别行政区和台湾省。部分数据因四舍五入的原因，存在总计与分项合计不等的情况。

[2]国内生产总值、三次产业及相关行业增加值、地区生产总值、人均国内生产总值和国民总收入绝对数按现价计算，增长速度按不变价格计算。

[3]国民总收入，原称国民生产总值，是指一个国家或地区所有常住单位在一定时期内所获得的初次分配收入总额，等于国内生产总值加上来自国外的初次分配收入净额。

[4]全员劳动生产率为国内生产总值（按 2020 年价格计算）与全部就业人员的比率。

[5]见注释[4]。

[6]全国人口是指中国大陆 31 个省、自治区、直辖市和现役军人的人口，不包括居住在 31 个省、自治区、直辖市的港澳台居民和外籍人员。

[7]2022 年年底，0～14 岁（含不满 15 周岁）人口为 23908 万人，15～59 岁（含不满 60 周岁）人口为 89263 万人。

[8]年度农民工数量包括年内在本乡镇以外从业 6 个月及以上的外出农民工和在本乡镇内从事非农产业 6 个月及以上的本地农民工。

[9]农产品生产者价格是指农产品生产者直接出售其产品时的价格。

[10]居住类价格包括租赁房房租、住房保养维修及管理、水电燃料、自有住房服务价格。

[11]高技术制造业包括医药制造业,航空、航天器及设备制造业,电子及通信设备制造业,计算机及办公设备制造业,医疗仪器设备及仪器仪表制造业,信息化学品制造业。

[12]装备制造业包括金属制品业,通用设备制造业,专用设备制造业,汽车制造业,铁路、船舶、航空航天和其他运输设备制造业,电气机械和器材制造业,计算机、通信和其他电子设备制造业,仪器仪表制造业。

[13]规模以上服务业统计范围包括:年营业收入 2000 万元及以上的交通运输、仓储和邮政业,信息传输、软件和信息技术服务业,水利、环境和公共设施管理业,卫生行业法人单位;年营业收入 1000 万元及以上的房地产业(不含房地产开发经营),租赁和商务服务业,科学研究和技术服务业,教育行业法人单位;以及年营业收入 500 万元及以上的居民服务、修理和其他服务业,文化、体育和娱乐业,社会工作行业法人单位。

[14]战略性新兴服务业包括新一代信息技术产业、高端装备制造产业、新材料产业、生物产业、新能源汽车产业、新能源产业、节能环保产业和数字创意产业八大产业中的服务业相关行业,以及新技术与创新创业等相关服务业。2022 年战略性新兴服务业企业营业收入增速按可比口径计算。

[15]高技术产业投资包括医药制造、航空航天器及设备制造等六大类高技术制造业投资和信息服务、电子商务服务等九大类高技术服务业投资。

[16]电子商务交易额是指通过电子商务交易平台(包括企业自建平台和第三方平台)实现的商品和服务交易额,包括对单位和对个人交易额。

[17]网上零售额是指通过公共网络交易平台(主要从事实物商品交易的网上平台,包括自建网站和第三方平台)实现的商品和服务零售额。

[18]东部地区是指北京、天津、河北、上海、江苏、浙江、福建、山东、广东和海南 10 省(直辖市);中部地区是指山西、安徽、江西、河南、湖北和湖南 6 省;西部地区是指内蒙古、广西、重庆、四川、贵州、云南、西藏、陕西、甘肃、青海、宁夏和新疆 12 省(自治区、直辖市);东北地区是指辽宁、吉林和黑龙江 3 省。

[19]万元国内生产总值能耗按 2020 年价格计算。

[20]2021 年部分产品产量数据进行了核实调整,2022 年产量增速按可比口径计算。

[21]火电包括燃煤发电量,燃油发电量,燃气发电量,余热、余压、余气发电量,垃圾焚烧发电量,生物质发电量。

[22]钢材产量数据中含企业之间重复加工钢材。

[23]少量发电装机容量(如地热等)公报中未列出。

[24]由于统计调查制度规定的调查范围变动、统计执法、剔除重复数据等因素,2022 年规模以上工业企业财务指标增速及变化按可比口径计算。

[25]产能利用率是指实际产出与生产能力(均以价值量计量)的比率。企业的实际产出是指企业报告期内的工业总产值;企业的生产能力是指报告期内,在劳动力、原材料、燃料、运输等保证供给的情况下,生产设备(机械)保持正常运行,企业可实现并能长期维持的产品产出。

[26]货物运输总量及周转量包括铁路、公路、水路、民航和管道五种运输方式完成量,2022 年增速按可比口径计算。

[27]邮政行业业务总量按 2020 年价格计算。

[28]电信业务总量按上年价格计算。

[29]移动电话基站数是指报告期末为小区服务的无线收发信设备,处理基站与移动台之间的无线通信,在移动交换机与移动台之间起中继作用,监视无线传输质量的全套设备数。

[30]固定互联网宽带接入用户是指报告期末在电信企业登记注册,通过 xDSL、FTTx+LAN、FTTH/O 以及其他宽带接入方式和普通专线接入公众互联网的用户。

[31]100M 速率及以上的宽带接入用户是指报告期末下行速率大于或等于 100Mbit/s 的宽带接入用户。

[32]蜂窝物联网终端用户是指报告期末接入移动通信网络并开通物联网业务的用户。物联网终端即连

接传感网络层和传输网络层,实现远程采集数据及向网络层发送数据的物联网设备。

[33]手机上网人数是指过去半年通过手机接入并使用互联网的人数。

[34]软件和信息技术服务业包括软件开发、集成电路设计、信息系统集成和物联网技术服务、运行维护服务、信息处理和存储支持服务、信息技术咨询服务、数字内容服务和其他信息技术服务等行业。

[35]见注释[18]。

[36]民间固定资产投资是指具有集体、私营、个人性质的内资企事业单位以及由其控股(包括绝对控股和相对控股)的企业单位建造或购置固定资产的投资。

[37]基础设施投资包括铁路运输业、道路运输业、水上运输业、航空运输业、管道运输业、多式联运和运输代理业、装卸搬运业、邮政业、电信广播电视和卫星传输服务业、互联网和相关服务业、水利管理业、生态保护和环境治理业、公共设施管理业投资。

[38]社会领域投资包括教育,卫生和社会工作,文化、体育和娱乐业投资。

[39]房地产业投资除房地产开发投资外,还包括建设单位自建房屋以及物业管理、中介服务和其他房地产投资。

[40]"一带一路"是指"丝绸之路经济带"和"21世纪海上丝绸之路"。

[41]《区域全面经济伙伴关系协定》(RCEP)其他成员国包括印度尼西亚、马来西亚、菲律宾、泰国、新加坡、文莱、柬埔寨、老挝、缅甸、越南、日本、韩国、澳大利亚、新西兰。

[42]2022年外商投资统计调查制度进行修订,外商直接投资新设立企业数量、实际使用外商直接投资金额为包含银行、证券、保险领域的全口径数据,增速按可比口径计算。

[43]社会融资规模增量是指一定时期内实体经济从金融体系获得的资金总额。

[44]社会融资规模存量是指一定时期末(月末、季末或年末)实体经济从金融体系获得的资金余额。

[45]普惠金融贷款包括单户授信小于1000万元的小微型企业贷款、个体工商户经营性贷款、小微企业主经营性贷款、农户生产经营贷款、建档立卡贫困人口消费贷款、创业担保贷款和助学贷款。

[46]沪深交易所股票筹资额按上市日统计,筹资额包括了可转债实际转股金额,2021年、2022年可转债实际转股金额分别为1342亿元、934亿元。

[47]北京证券交易所股票筹资额按上市日统计。

[48]全国中小企业股份转让系统是2012年经国务院批准的全国性证券交易场所。全年全国中小企业股份转让系统挂牌公司累计筹资不含优先股,股票筹资按新增股份挂牌日统计。

[49]公司信用类债券包括非金融企业债务融资工具、企业债券以及公司债、可转债等。

[50]原保险保费收入是指保险企业确认的原保险合同保费收入。

[51]人均可支配收入中位数是指将所有调查户按人均收入水平从低到高(或从高到低)顺序排列,处于最中间位置调查户的人均可支配收入。

[52]全国居民五等份收入分组是指将所有调查户按人均收入水平从低到高顺序排列,平均分为五个等份,处于最低20%的收入家庭为低收入组,依此类推依次为中间偏下收入组、中间收入组、中间偏上收入组、高收入组。

[53]脱贫县包括原832个国家扶贫开发工作重点县和集中连片特困地区县,以及新疆阿克苏地区7个市县。

[54]服务性消费支出是指住户用于各种生活服务的消费支出,包括餐饮服务、衣着鞋类加工服务、居住服务、家庭服务、交通通信服务、教育文化娱乐服务、医疗服务和其他服务。

[55]2022年,基本医疗保险参保人数统计口径发生变化,剔除部分重复参保人数。

[56]农村特困人员是指无劳动能力,无生活来源,无法定赡养、抚养、扶养义务人或者其法定义务人无履行义务能力的农村老年人、残疾人以及未满16周岁的未成年人。

[57]临时救助是指国家对遭遇突发事件、意外伤害、重大疾病或其他特殊原因导致基本生活陷入困境,其他社会救助制度暂时无法覆盖或救助之后基本生活暂时仍有严重困难的家庭或个人给予的应急性、过渡性的救助。

[58]民政服务床位除收养性机构外,还包括救助类机构、社区类机构的床位。

[59]国家级科技企业孵化器是指符合《科技企业孵化器管理办法》规定的,以促进科技成果转化、培育科技企业和企业家精神为宗旨,提供物理空间、共享设施和专业化服务的科技创业服务机构,且经过科学技术部批准确定的科技企业孵化器。

[60]国家备案众创空间是指符合《发展众创空间工作指引》规定的新型创新创业服务平台,且按照《国家众创空间备案暂行规定》经科学技术部审核备案的众创空间。

[61]PCT专利申请受理量是指国家知识产权局作为PCT专利申请受理局受理的PCT专利申请数量。PCT(Patent Cooperation Treaty)即专利合作条约,是专利领域的一项国际合作条约。

[62]每万人口高价值发明专利拥有量是指每万人口本国居民拥有的经国家知识产权局授权的符合下列任一条件的有效发明专利数量:战略性新兴产业的发明专利;在海外有同族专利权的发明专利;维持年限超过10年的发明专利;实现较高质押融资金额的发明专利;获得国家科学技术奖、中国专利奖的发明专利。

[63]公民具备科学素质是指崇尚科学精神,树立科学思想,掌握基本科学方法,了解必要科技知识,并具有应用其分析判断事物和解决实际问题的能力。公民具备科学素质比例数据是面向18~69岁公民开展抽样调查获得。

[64]制造业产品质量合格率是指以产品质量检验为手段,按照规定的方法、程序和标准实施质量抽样检测,判定为质量合格的样品数占全部抽样样品数的百分比,统计调查样本覆盖制造业的29个行业。

[65]普通、职业本专科包括普通本科、职业本科、高职(专科)。

[66]中等职业教育包括普通中专、成人中专、职业高中和技工学校。

[67]总流通人次是指本年度内到图书馆场馆接受图书馆服务的总人次,包括借阅书刊、咨询问题以及参加各类读者活动等。

[68]特种影片是指采用与常规影院放映在技术、设备、节目方面不同的电影展示方式,如巨幕电影、立体电影、立体特效(4D)电影、动感电影、球幕电影等。

[69]人均图书拥有量是指在一年内全国平均每人能拥有的当年出版图书册数。

[70]总诊疗人次是指所有诊疗工作的总人次数,包括门诊、急诊、出诊、预约诊疗、单项健康检查、健康咨询指导(不含健康讲座、核酸检测)人次。

[71]出院人数是指报告期内所有住院后出院的人数,包括医嘱离院、医嘱转其他医疗机构、非医嘱离院、死亡及其他人数,不含家庭病床撤床人数。

[72]体育场地调查对象不包括军队、铁路系统所属体育场地。

[73]体育场地面积是指体育训练、比赛、健身场地的有效面积。

[74]国有建设用地供应总量是指报告期内市、县人民政府根据年度土地供应计划依法以出让、划拨、租赁等方式与用地单位或个人签订出让合同或签发划拨决定书、完成交易的国有建设用地总量。

[75]房地产用地是指商服用地和住宅用地的总和。

[76]万元国内生产总值用水量、万元工业增加值用水量按2020年价格计算。

[77]种草改良面积是指通过实施播种、栽种等措施增加牧草数量的面积以及通过压盐压碱压沙、土壤改良、围栏封育等措施使草原原生植被、生态得到改善的面积之和。

[78]万元国内生产总值二氧化碳排放按2020年价格计算。

[79]近岸海域海水水质采用面积法进行评价。

资料来源：本公报中城镇新增就业、养老保险、失业保险、工伤保险、技工学校数据来自人力资源和社会保障部；外汇储备、汇率数据来自国家外汇管理局；市场主体、质量检验、国家标准制定修订、制造业产品质量合格率数据来自国家市场监督管理总局；环境监测等数据来自生态环境部；水产品产量、新增高效节水灌溉面积数据来自农业农村部；木材产量、造林面积、种草改良面积、国家公园数据来自国家林业和草原局；新增耕地灌溉面积、水资源总量、用水量、新增水土流失治理面积数据来自水利部；发电装机容量、新增220千伏及以上变电设备、电力消费量数据来自中国电力企业联合会；港口货物吞吐量、港口集装箱吞吐量、公路运输、水路运输、新改建高速公路里程、港口万吨级及以上码头泊位新增通过能力数据来自交通运输部；铁路运输、新建铁路投产里程、增新建铁路复线投产里程、电气化铁路投产里程数据来自中国国家铁路集团有限公司；民航运输、新增民用运输机场数据来自中国民用航空局；管道运输数据来自中国石油天然气集团有限公司、中国石油化工集团有限公司、中国海洋石油集团有限公司、国家石油天然气管网集团有限公司；民用汽车保有量、道路交通事故数据来自公安部；邮政业务数据来自国家邮政局；通信业、软件业务收入、新增光缆线路长度等数据来自工业和信息化部；互联网上网人数、互联网普及率数据来自中国互联网络信息中心；棚户区改造、保障性租赁住房、城镇老旧小区改造数据来自住房和城乡建设部；货物进出口数据来自海关总署；服务进出口、外商直接投资、对外直接投资、对外承包工程、对外劳务合作等数据来自商务部；财政数据来自财政部；新增减税降费及退税缓税缓费数据来自国家税务总局；货币金融、公司信用类债券数据来自中国人民银行；境内交易场所筹资数据来自中国证券监督管理委员会；保险业数据来自中国银行保险监督管理委员会；医疗保险、生育保险数据来自国家医疗保障局；城乡低保、农村特困人员救助供养、临时救助、民政服务数据来自民政部；优抚对象数据来自退役军人事务部；国家自然科学基金资助项目数据来自国家自然科学基金委员会；国家重点实验室、国家科技成果转化引导基金、国家级科技企业孵化器、国家备案众创空间、技术合同等数据来自科学技术部；国家工程研究中心、国家企业技术中心、大众创业万众创新示范基地等数据来自国家发展和改革委员会；专利、商标数据来自国家知识产权局；公民具备科学素质比例数据来自中国科协；宇航发射数据来自国家国防科技工业局；教育数据来自教育部；艺术表演团体、公共图书馆、文化馆、旅游数据来自文化和旅游部；电视、广播数据来自国家广播电视总局；电影数据来自国家电影局；报纸、期刊、图书数据来自国家新闻出版署；档案数据来自国家档案局；医疗卫生数据来自国家卫生健康委员会；体育数据来自国家体育总局；残疾人运动员数据来自中国残疾人联合会；国有建设用地供应、海洋灾害造成直接经济损失数据来自自然资源部；平均气温、台风登陆数据来自中国气象局；农作物受灾面积、洪涝和地质灾害造成直接经济损失、干旱灾害造成直接经济损失、低温冷冻和雪灾造成直接经济损失、地震次数、地震灾害造成直接经济损失、森林火灾、受害森林面积、生产安全事故数据来自应急管理部；其他数据均来自国家统计局。

国民经济和社会发展总量与速度指标

指　标	总量指标				指数/%（2022 为以下各年）			平均增长速度/%	
	1978	2000	2021	2022	1978	2000	2021	1979—2022	2001—2022
人　口/万人									
总人口/年底	96259.0	126743.0	141260.0	141175.0	146.7	111.4	99.9	0.9	0.5
城镇人口	17245.0	45906.0	91425.0	92071.0	533.9	200.6	100.7	3.9	3.2
乡村人口	79014.0	80837.0	49835.0	49104.0	62.1	60.7	98.5	-1.1	-2.2
就　业/万人									
就业人员	40152.0	72085.0	74652.0	73351.0	182.7	101.8	98.3	1.4	0.1
第一产业	28318.0	36043.0	17072.0	17663.0	62.4	49.0	103.5	-1.1	-3.2
第二产业	6945.0	16219.0	21712.0	21105.0	303.9	130.1	97.2	2.6	1.2
第三产业	4890.0	19823.0	35868.0	34583.0	707.2	174.5	96.4	4.5	2.6
城镇登记失业人员	530.0	595.0	1040.0	1203.0	227.0	202.2	115.7	1.9	3.3
国民经济核算									
国民总收入/亿元	3678.7	99066.1	1141230.8	1197250.4	4432.1	590.2	102.6	9.0	8.4
国内生产总值/亿元	3678.7	100280.1	1149237.0	1210207.2	4480.1	589.3	103.0	9.0	8.4
第一产业	1018.5	14717.4	83216.5	88345.1	659.0	239.3	104.1	4.4	4.0
第二产业	1755.1	45663.7	451544.1	483164.5	6768.3	631.0	103.8	10.1	8.7
第三产业	905.1	39899.1	614476.4	638697.6	6439.7	671.8	102.3	9.9	9.0
人均国民总收入/元	385.0	7846.0	80803.0	84781.0	3000.9	527.7	102.6	8.0	7.9
人均国内生产总值/元	385.0	7942.0	81370.0	85698.0	3033.4	526.9	103.0	8.1	7.8
人民生活/元									
全国居民人均可支配收入	171.0	3721.0	35128.0	36883.0	3046.8	608.5	102.9	8.1	8.6
城镇居民人均可支配收入	343.0	6256.0	47412.0	49283.0	1886.1	493.4	101.9	6.9	7.5
农村居民人均可支配收入	134.0	2282.0	18931.0	20133.0	2452.1	500.9	104.2	7.5	7.6
财　政/亿元									
一般公共预算收入	1132.3	13395.2	202554.6	203649.3	17354.5	1467.5	100.5	12.4	13.0

续表

指　标	总量指标				指数/%（2022 为以下各年）			平均增长速度/%	
	1978	2000	2021	2022	1978	2000	2021	1979—2022	2001—2022
一般公共预算支出	1122.1	15886.5	245673.0	260552.1	22430.6	1589.3	106.1	13.1	13.4
能　源/万吨标准煤									
一次能源生产总量	62770.0	138569.7	427115.0	466000.0	743.0	336.6	109.2	4.7	5.7
能源消费总量	57144.0	146964.0	525896.0	541000.0	947.0	368.2	102.9	5.2	6.1
固定资产投资									
全社会固定资产投资/亿元	—	32917.7	517133.3	542365.7	—	1647.6	104.9	—	15.9
#房地产开发	—	4984.1	142247.7	128074.6	—	2569.7	90.0	—	19.3
对外经济贸易									
货物进出口总额/亿元	355.0	39273.3	387414.6	418011.6	117749.7	1064.4	107.9	17.4	11.3
出口额	167.7	20634.4	214255.2	237411.5	141569.2	1150.6	110.8	17.9	11.7
进口额	187.4	18638.8	173159.4	180600.1	96371.5	968.9	104.3	16.9	10.9
外商直接投资/亿美元	—	407.2	1809.6	1891.3	—	464.5	104.5	—	7.2
农　业									
农林牧渔业总产值/亿元	1397.0	24915.8	147013.4	156065.9	1052.9	268.9	104.4	5.5	4.6
主要农产品产量/万吨									
谷　物	—	40522.4	63275.7	63324.3	—	156.3	100.1	—	2.0
棉　花	216.7	441.7	573.1	598.0	276.0	135.4	104.3	2.3	1.4
油　料	521.8	2954.8	3613.2	3654.2	700.3	123.7	101.1	4.5	1.0
肉　类	943.0	6013.9	8990.0	9328.4	989.2	155.1	103.8	5.3	2.0
水产品	465.4	3706.2	6690.3	6865.9	1475.1	185.3	102.6	6.3	2.8
工　业									
主要工业产量									
原　煤/亿吨	6.2	13.8	41.3	45.6	737.6	329.4	110.5	4.6	5.6
天然气/亿立方米	137.3	272.0	2075.8	2201.1	1603.1	809.2	106.0	6.5	10.0
水　泥/万吨	6524.0	59700.0	237724.5	212927.2	3263.8	356.7	89.6	8.2	6.0
粗　钢/万吨	3178.0	12850.0	103524.3	101795.9	3203.1	792.2	98.3	8.2	9.9

注：表格中的“#”表示该项目的主要项。以下同。

续表

指标	总量指标				指数/%（2022 为以下各年）			平均增长速度/%	
	1978	2000	2021	2022	1978	2000	2021	1979—2022	2001—2022
钢　材/万吨	2208. 0	13146. 0	133666. 8	134033. 5	6070. 4	1019. 6	100. 3	9. 8	11. 1
金属切削机床/万台	18. 3	17. 7	60. 2	57. 3	312. 9	324. 6	95. 3	2. 6	5. 5
汽　车/万辆	14. 9	207. 0	2625. 7	2713. 6	18200. 1	1310. 9	103. 3	12. 6	12. 4
发电机组/万千瓦	483. 8	1249. 0	15976. 4	18371. 1	3797. 2	1470. 9	115. 0	8. 6	13. 0
发电量/亿千瓦时	2565. 5	13556. 0	85342. 5	88487. 1	3449. 1	652. 8	103. 7	8. 4	8. 9
规模以上工业企业									
主要指标/亿元									
资产总计	—	126211. 0	1466716. 0	1601926. 0	—	—	—	—	—
营业收入	—	84152. 0	1314557. 0	1333214. 0	—	—	—	—	—
利润总额	—	4393. 0	92933. 0	84162. 0	—	—	—	—	—
建筑业									
建筑业总产值/亿元	—	12498. 0	289277. 0	307935. 0	—	2464. 0	106. 5	—	15. 7
房地产业									
房地产企业房屋施工面积/万平方米	—	65897. 0	975387. 0	904092. 0	—	1372. 0	92. 7	—	12. 6
房地产企业房屋竣工面积/万平方米	—	25105. 0	101412. 0	85857. 0	—	342. 0	84. 7	—	5. 7
房地产企业商品房销售面积/万平方米	—	18637. 0	171415. 0	129766. 0	—	696. 3	75. 7	—	9. 2
#住宅	—	16570. 0	149602. 0	109564. 0	—	661. 2	73. 2	—	9. 0
房地产企业商品房销售额/亿元	—	3935. 0	176946. 0	129656. 0	—	3294. 6	73. 3	—	17. 2
#住宅	—	3229. 0	158428. 0	113670. 0	—	3520. 7	71. 7	—	17. 6
批发、零售和旅游业									
社会消费品零售总额/亿元	1558. 6	38447. 1	440823. 2	439732. 5	28213. 3	1143. 7	99. 8	13. 7	11. 7
入境旅客/万人次	180. 9	8344. 4	—	—	—	—	—	—	—
#外国人/万人次	23. 0	1016. 0	—	—	—	—	—	—	—
国内旅客/百万人次	—	744. 0	3246. 1	2530. 0	—	340. 1	77. 9	—	5. 7
国内旅游总花费/亿元	—	3175. 5	29190. 7	20444. 0	—	643. 8	70. 0	—	8. 8
交通运输业									
客运量/万人	253993. 0	1478572. 5	830256. 6	558737. 6	220. 0	37. 8	67. 3	1. 8	-4. 3

续表

指　标	总量指标				指数/%（2022 为以下各年）			平均增长速度/%	
	1978	2000	2021	2022	1978	2000	2021	1979—2022	2001—2022
铁　路	81491.0	105072.5	261170.6	167296.3	205.3	159.2	64.1	1.6	2.1
公　路	149229.0	1347392.0	508693.3	354642.8	237.7	26.3	69.7	2.0	-5.9
水　路	23042.0	19386.0	16337.1	11627.5	50.5	60.0	71.2	-1.5	-2.3
民　航	231.0	6721.7	44055.7	25171.0	10896.6	374.5	57.1	11.3	6.2
货运量/万吨	319431.4	1358681.7	5298499.1	5152571.1	1613.0	379.2	97.2	6.5	6.2
铁　路	110119.0	178581.0	477371.6	493423.7	452.6	279.1	104.4	3.5	4.8
公　路	151602.0	1038813.0	3913888.5	3711927.9	2448.5	357.3	94.8	7.5	6.0
水　路	47357.0	122391.0	823972.8	855351.5	1806.2	698.9	103.8	6.8	9.2
民　航	6.4	196.7	731.8	607.6	9494.2	308.9	83.0	10.9	5.3
管　道	10347.0	18700.0	82534.4	86260.4	833.7	461.3	104.5	4.9	7.2
沿海规模以上港口货物吞吐量/万吨	—	125603.0	997259.0	1013101.5	—	806.6	101.6	—	10.0
民用汽车拥有量/万辆	135.8	1608.9	29418.6	31184.4	22956.7	1938.2	106.0	13.2	14.4
#私人汽车	—	625.3	26152.0	27792.1	—	4444.4	106.3	—	18.8
邮政、电信和信息软件业									
邮政业务总量/亿元	14.9	232.8	13698.3	14316.7	—	—	—	—	—
电信业务总量/亿元	19.2	4559.9	17197.5	17501.1	—	—	—	—	—
移动电话年底用户/万户	—	8453.3	164282.5	168344.3	—	1991.5	102.5	—	14.6
固定电话年底用户/万户	192.5	14482.9	18070.1	17941.4	9318.1	123.9	99.3	10.9	1.0
互联网宽带接入用户/万户	—	—	53578.7	58964.8	—	—	110.1	—	—
软件业务收入/亿元	—	—	95502.0	107790.1	—	—	112.9	—	—
金融业									
社会融资规模存量/万亿元	—	—	314.1	344.2	—	—	109.6	—	—
货币和准货币(M_2)/万亿元	—	13.5	238.3	266.4	—	1888.1	111.8	—	14.3
货币(M_1)/万亿元	—	5.3	64.7	67.2	—	1242.2	103.7	—	12.1
流通中现金(M_0)/万亿元	—	1.5	9.1	10.5	—	715.1	115.3	—	9.4
金融机构人民币各项存款余额/万亿元	0.1	12.4	232.3	258.5	211462.0	1984.1	111.3	19.0	14.5
金融机构人民币各项贷款余额/万亿元	0.2	9.9	192.7	214.0	139807.7	2313.2	111.1	17.9	15.3

续表

指标	总量指标				指数/%（2022 为以下各年）			平均增长速度/%	
	1978	2000	2021	2022	1978	2000	2021	1979—2022	2001—2022
境内股票发行金额/亿元	—	1515.8	15421.5	14342.5	—	946.2	93.0	—	10.8
保险公司保费金额/亿元	—	1598.0	44900.2	46957.2	—	—	104.6	—	—
保险公司赔款及给付金额/亿元	—	526.0	15608.6	15485.1	—	—	99.2	—	—
科学技术									
R&D 经费支出/亿元	—	895.7	27956.3	30782.9	—	3446.5	110.1	—	17.4
发明专利授权数/件	—	12683	695946	798347	—	6294.6	114.7	—	20.7
技术市场成交额/亿元	—	650.8	37294.3	47791.0	—	7343.4	128.1	—	21.6
教　育									
专任教师数/万人									
#普通、职业高等学校	20.6	46.3	186.6	196.3	953.0	424.0	105.2	5.3	6.8
普通高中	74.1	75.7	202.8	213.3	287.9	281.8	105.2	2.4	4.8
初中阶段	244.1	328.7	397.1	402.5	164.9	122.5	101.4	1.1	0.9
小学阶段	522.6	586.0	660.1	662.9	126.9	113.1	100.4	0.5	0.6
在校生数/万人									
#普通、职业本专科	85.6	556.1	3496.1	3659.4	4275.0	658.1	104.7	8.9	8.9
普通高中	1553.1	1201.3	2605.0	2713.9	174.7	225.9	104.2	1.3	3.8
初中阶段	4995.2	6256.3	5018.4	5120.6	102.5	81.8	102.0	0.1	-0.9
小学阶段	14624.0	13013.3	10779.9	10732.1	73.4	82.5	99.6	-0.7	-0.9
教育经费支出/亿元	—	3849.1	57873.7	—	—	—	—	—	—
卫　生									
医院/个	9293.0	16318.0	36570.0	36976.0	397.9	226.6	101.1	3.2	3.8
执业(助理)医师/万人	97.8	207.6	428.8	443.5	453.4	213.6	103.4	3.5	3.5
医院床位数/万张	110.0	216.7	741.4	766.3	696.6	353.7	103.4	4.5	5.9
卫生总费用/亿元	110.2	4586.6	76845.0	85327.5	77422.6	1860.4	111.0	16.3	14.2
文化体育									
图书出版总印数/亿册、亿张	37.7	62.7	118.6	114.0	302.4	181.8	96.1	2.5	2.8
电视节目制作时间/万小时	—	58.5	306.0	285.2	—	487.5	93.2	—	7.5

续表

指　标	总量指标				指数/%（2022 为以下各年）			平均增长速度/%	
	1978	2000	2021	2022	1978	2000	2021	1979—2022	2001—2022
故事影片产量/部	46.0	91.0	565.0	380.0	826.1	417.6	67.3	4.9	6.7
社会保险									
社会保险基金收入/亿元	—	2644.9	96936.8	102504.8	—	3875.6	105.7	—	18.1
社会保险基金支出/亿元	—	2385.6	86734.9	90719.1	—	3802.8	104.6	—	18.0
参加基本养老保险人数/万人	—	13617.4	102871.4	105307.3	—	773.3	102.4	—	9.7
参加失业保险人数/万人	—	10408.4	22957.9	23806.6	—	228.7	103.7	—	3.8
参加基本医疗保险人数/万人	—	3786.9	136296.7	134592.5	—	3554.1	98.7	—	17.6

注：

本表速度指标中，国民总收入、国内生产总值及三次产业增加值、城乡居民收入、财政收支、货币供应量、金融机构人民币各项存贷款余额、保险公司保费金额、保险公司赔款及给付金额等指标均按可比价格计算；固定资产投资类指标平均增长速度按累计法计算；其他指标按绝对数计算。

东　中　西部及东北地区国民经济和社会发展主要指标

（2022 年）

指　标	全国总计	东部地区		中部地区		西部地区		东北地区	
		绝对数	占全国比重/%	绝对数	占全国比重/%	绝对数	占全国比重/%	绝对数	占全国比重/%
总人口(年底)/万人	141175	56569	40.1	36456	25.8	38306	27.1	9644	6.8
国内(地区)生产总值/亿元	1210207.2	622018.3	51.7	266512.7	22.1	256985.0	21.4	57946.3	4.8
第一产业	88345.1	28309.1	32.1	22712.8	25.7	29340.9	33.2	7896.5	8.9
第二产业	483164.5	244493.3	50.9	112676.7	23.4	102604.3	21.3	21033.0	4.4
第三产业	638697.6	349215.9	55.0	131123.2	20.7	125039.8	19.7	29016.8	4.6
居民人均可支配收入/元	36883.3	47026.7	—	31433.7	—	29267.4	—	31405.0	—
城镇居民人均可支配收入	49282.9	58459.9	—	42733.4	—	42173.3	—	39098.0	—
农村居民人均可支配收入	20132.8	25037.3	—	19080.1	—	16632.1	—	18919.2	—
地方一般公共预算收入/亿元	108762.2	61060.9	56.1	20624.7	19.0	22409.8	20.6	4666.7	4.3
地方一般公共预算支出/亿元	224981.3	94267.2	41.9	49807.6	22.1	65149.0	29.0	15757.4	7.0
社会消费品零售总额 /亿元	439732.5	222185.4	50.5	107557.5	24.5	91358.6	20.8	18544.0	4.2
货物进出口总额/亿元	418011.6	330108.0	79.0	37618.9	9.0	38172.9	9.1	12111.8	2.9
出　口	237411.5	184295.7	77.6	25504.8	10.7	22987.1	9.7	4623.9	1.9
进　口	180600.1	145812.3	80.7	12114.1	6.7	15185.7	8.4	7487.9	4.1
主要农产品产量									
谷　物/万吨	63324.3	15395.8	24.3	19477.2	30.8	15263.3	24.1	13188.0	20.8
棉　花/万吨	598.0	29.8	5.0	24.7	4.1	543.6	90.9	—	—
油　料/万吨	3654.2	668.7	18.3	1661.0	45.5	1115.2	30.5	209.3	5.7
主要工业产品产量									
原　煤/亿吨	45.6	1.5	3.3	15.4	33.8	27.6	60.5	1.1	2.4
天然气/亿立方米	2201.1	239.1	10.9	139.8	6.4	1737.2	78.9	85.0	3.9
水　泥/万吨	212927.2	78389.9	36.8	60590.0	28.5	66423.8	31.2	7523.6	3.5
粗　钢/万吨	101795.9	52086.1	51.2	22277.8	21.9	17662.8	17.4	9769.2	9.6
钢　材/万吨	134033.5	77297.2	57.7	24882.1	18.6	21595.1	16.1	10259.1	7.7
汽　车/万辆	2713.6	1313.0	48.4	499.5	18.4	600.7	22.1	300.4	11.1
发电量/亿千瓦时	88487.1	32470.8	36.7	17629.2	19.9	33855.9	38.3	4531.2	5.1
铁路营业里程/千米	154906.5	37594.4	24.3	35193.4	22.7	62994.2	40.7	19124.6	12.3
公路里程/千米	5354836.8	1210130.1	22.6	1416226.6	26.4	2318695.3	43.3	409784.8	7.7
#高速公路	177251.7	48716.3	27.5	41002.3	23.1	74131.1	41.8	13401.9	7.6
客运量/万人	558737.6	212013.2	37.9	128284.9	23.0	159068.8	28.5	34199.7	6.1
货运量/万吨	5152571.1	1930808.0	37.5	1485236.9	28.8	1384791.1	26.9	264867.1	5.1
邮政业务总量/亿元	14316.7	10346.2	72.3	2127.6	14.9	1362.4	9.5	480.5	3.4
电信业务总量/亿元	17501.1	8307.5	47.5	3659.7	20.9	4498.7	25.7	898.8	5.1
普通、职业高等学校数/个	2760	1037	37.6	725	26.3	740	26.8	258	9.3

续表

指　标	全国总计	东部地区		中部地区		西部地区		东北地区	
		绝对数	占全国比重/%	绝对数	占全国比重/%	绝对数	占全国比重/%	绝对数	占全国比重/%
普通、职业本专科在校生数/万人	3659.4	1355.4	37.0	1024.5	28.0	991.4	27.1	288.1	7.9
医院数/个	36976	13037	35.3	9069	24.5	11356	30.7	3514	9.5
执业(助理)医师/万人	443.5	187.1	42.2	110.4	24.9	114.1	25.7	31.8	7.2
医院床位数/万张	766.3	277.1	36.2	203.5	26.6	219.5	28.6	66.1	8.6

注：

1. 占全国比重以各地区合计数为100计算(以下相关表同)。
2. 全国总计人口包括了中国人民解放军现役军人。
3. 货运量分地区数据不包括民航、管道运输数据，客运量分地区数据不包括民航运输数据，各地区合计数小于全国总计。

国民总收入和国内生产总值

指　标	2018	2019	2020	2021	2022
国民总收入/亿元	915243.5	983751.2	1005451.3	1141230.8	1197250.4
国内生产总值/亿元	919281.1	986515.2	1013567.0	1149237.0	1210207.2
第一产业	64745.2	70473.6	78030.9	83216.5	88345.1
第二产业	364835.2	380670.6	383562.4	451544.1	483164.5
第三产业	489700.8	535371.0	551973.7	614476.4	638697.6
人均国内生产总值/元	65534.0	70078.0	71828.0	81370.0	85698.0
人均国民总收入/元	65246.0	69881.0	71253.0	80803.0	84781.0
国民总收入指数(上年=100)	106.4	106.1	101.7	108.6	102.6
国内生产总值指数(上年=100)	106.7	106.0	102.2	108.4	103.0
第一产业	103.5	103.1	103.1	107.1	104.1
第二产业	105.8	104.9	102.5	108.7	103.8
第三产业	108.0	107.2	101.9	108.5	102.3
人均国内生产总值指数(上年=100)	106.3	105.6	102.0	108.4	103.0
人均国民总收入指数(上年=100)	105.9	105.7	101.5	108.5	102.6
国内生产总值构成/%	100.0	100.0	100.0	100.0	100.0
第一产业	7.0	7.1	7.7	7.2	7.3
第二产业	39.7	38.6	37.8	39.3	39.9
第三产业	53.3	54.3	54.5	53.5	52.8
支出法国内生产总值/亿元	915774.0	990708.0	1025628.0	1145283.0	1205017.0
最终消费支出	506135.0	552632.0	560811.0	619688.0	641633.0
资本形成总额	402585.0	426679.0	439550.0	495784.0	523890.0
货物和服务净出口	7054.0	11398.0	25267.0	29810.0	39494.0

地区生产总值和指数

（2022 年）

单位：亿元

地 区	地区生产总值				人均地区生产总值/元	指 数（上年=100）				
		第一产业	第二产业	第三产业		地区生产总值	第一产业	第二产业	第三产业	人均地区生产总值
北 京	41610.9	111.5	6605.1	34894.3	190313	100.7	98.4	88.6	103.4	100.8
天 津	16311.3	273.1	6038.9	9999.3	119235	101.0	102.9	99.5	101.7	101.8
河 北	42370.4	4410.3	17050.1	20910.0	56995	103.8	104.2	104.6	103.2	104.1
山 西	25642.6	1340.4	13840.8	10461.3	73675	104.4	105.1	106.2	102.7	104.5
内蒙古	23158.6	2653.7	11241.8	9263.1	96474	104.2	104.3	106.5	102.2	104.2
辽 宁	28975.1	2597.6	11755.8	14621.7	68775	102.1	102.8	99.9	103.4	102.8
吉 林	13070.2	1689.1	4628.3	6752.8	55347	98.1	104.0	94.9	98.8	99.2
黑龙江	15901.0	3609.8	4648.9	7642.2	51096	102.7	102.4	100.9	103.8	103.9
上 海	44652.8	97.0	11458.4	33097.4	179907	99.8	96.5	98.4	100.3	100.0
江 苏	122875.6	4959.4	55888.7	62027.5	144390	102.8	103.1	103.7	101.9	102.5
浙 江	77715.4	2324.8	33205.2	42185.4	118496	103.1	103.2	103.4	102.8	102.2
安 徽	45045.0	3513.7	18588.0	22943.3	73603	103.5	104.0	105.1	102.2	103.3
福 建	53109.9	3076.2	25078.2	24955.5	126829	104.7	103.7	105.4	104.0	104.3
江 西	32074.7	2451.5	14359.6	15263.7	70923	104.7	103.9	105.4	104.2	104.6
山 东	87435.1	6298.6	35014.2	46122.3	86003	103.9	104.3	104.2	103.6	103.9
河 南	61345.1	5817.8	25465.0	30062.2	62106	103.1	104.8	104.1	102.0	103.5
湖 北	53734.9	4986.7	21240.6	27507.6	92059	104.3	103.8	106.6	102.7	103.4
湖 南	48670.4	4602.7	19182.6	24885.1	73598	104.5	103.6	106.1	103.5	104.8
广 东	129118.6	5340.4	52843.5	70934.7	101905	101.9	105.2	102.5	101.2	101.7
广 西	26300.9	4269.8	8938.6	13092.5	52164	102.9	105.0	103.2	102.0	102.6
海 南	6818.2	1417.8	1310.9	4089.5	66602	100.2	103.1	98.7	99.8	99.5
重 庆	29129.0	2012.1	11693.9	15423.1	90663	102.6	104.0	103.3	101.9	102.5
四 川	56749.8	5964.3	21157.1	29628.4	67777	102.9	104.3	103.9	102.0	102.9
贵 州	20164.6	2861.2	7113.0	10190.4	52321	101.2	103.6	100.5	101.0	101.2
云 南	28954.2	4012.2	10471.2	14470.8	61716	104.3	104.9	106.0	103.1	104.7
西 藏	2132.6	180.2	804.7	1147.8	58438	101.1	106.2	105.6	97.6	101.4
陕 西	32772.7	2575.3	15933.1	14264.2	82864	104.3	104.3	106.2	102.6	104.3
甘 肃	11201.6	1515.3	3945.0	5741.2	44968	104.5	105.7	104.2	104.4	104.7
青 海	3610.1	380.2	1585.7	1644.2	60724	102.3	104.5	107.9	97.5	102.1
宁 夏	5069.6	407.5	2449.1	2213.0	69781	104.0	104.7	106.1	102.1	103.5
新 疆	17741.3	2509.3	7271.1	7961.0	68552	103.2	105.3	104.8	101.5	103.3

注：本表绝对数按当年价格计算，指数按不变价格计算。表中数据为初步核算数。

人口数及构成

单位:万人

年 份	总人口(年底)	按性别分				按城乡分			
		男		女		城 镇		乡 村	
		人口数	比重/%	人口数	比重/%	人口数	比重/%	人口数	比重/%
1949	54167	28145	51.96	26022	48.04	5765	10.64	48402	89.36
1950	55196	28669	51.94	26527	48.06	6169	11.18	49027	88.82
1951	56300	29231	51.92	27069	48.08	6632	11.78	49668	88.22
1955	61465	31809	51.75	29656	48.25	8285	13.48	53180	86.52
1960	66207	34283	51.78	31924	48.22	13073	19.75	53134	80.25
1965	72538	37128	51.18	35410	48.82	13045	17.98	59493	82.02
1970	82992	42686	51.43	40306	48.57	14424	17.38	68568	82.62
1971	85229	43819	51.41	41410	48.59	14711	17.26	70518	82.74
1972	87177	44813	51.40	42364	48.60	14935	17.13	72242	82.87
1973	89211	45876	51.42	43335	48.58	15345	17.20	73866	82.80
1974	90859	46727	51.43	44132	48.57	15595	17.16	75264	82.84
1975	92420	47564	51.47	44856	48.53	16030	17.34	76390	82.66
1976	93717	48257	51.49	45460	48.51	16341	17.44	77376	82.56
1977	94974	48908	51.50	46066	48.50	16669	17.55	78305	82.45
1978	96259	49567	51.49	46692	48.51	17245	17.92	79014	82.08
1979	97542	50192	51.46	47350	48.54	18495	18.96	79047	81.04
1980	98705	50785	51.45	47920	48.55	19140	19.39	79565	80.61
1981	100072	51519	51.48	48553	48.52	20171	20.16	79901	79.84
1982	101654	52352	51.50	49302	48.50	21480	21.13	80174	78.87
1983	103008	53152	51.60	49856	48.40	22274	21.62	80734	78.38
1984	104357	53848	51.60	50509	48.40	24017	23.01	80340	76.99
1985	105851	54725	51.70	51126	48.30	25094	23.71	80757	76.29
1986	107507	55581	51.70	51926	48.30	26366	24.52	81141	75.48
1987	109300	56290	51.50	53010	48.50	27674	25.32	81626	74.68
1988	111026	57201	51.52	53825	48.48	28661	25.81	82365	74.19
1989	112704	58099	51.55	54605	48.45	29540	26.21	83164	73.79
1990	114333	58904	51.52	55429	48.48	30195	26.41	84138	73.59
1991	115823	59466	51.34	56357	48.66	31203	26.94	84620	73.06
1992	117171	59811	51.05	57360	48.95	32175	27.46	84996	72.54
1993	118517	60472	51.02	58045	48.98	33173	27.99	85344	72.01
1994	119850	61246	51.10	58604	48.90	34169	28.51	85681	71.49
1995	121121	61808	51.03	59313	48.97	35174	29.04	85947	70.96
1996	122389	62200	50.82	60189	49.18	37304	30.48	85085	69.52
1997	123626	63131	51.07	60495	48.93	39449	31.91	84177	68.09

续表

年 份	总人口(年底)	按性别分				按城乡分			
		男		女		城 镇		乡 村	
		人口数	比重/%	人口数	比重/%	人口数	比重/%	人口数	比重/%
1998	124761	63940	51.25	60821	48.75	41608	33.35	83153	66.65
1999	125786	64692	51.43	61094	48.57	43748	34.78	82038	65.22
2000	126743	65437	51.63	61306	48.37	45906	36.22	80837	63.78
2001	127627	65672	51.46	61955	48.54	48064	37.66	79563	62.34
2002	128453	66115	51.47	62338	48.53	50212	39.09	78241	60.91
2003	129227	66556	51.50	62671	48.50	52376	40.53	76851	59.47
2004	129988	66976	51.52	63012	48.48	54283	41.76	75705	58.24
2005	130756	67375	51.53	63381	48.47	56212	42.99	74544	57.01
2006	131448	67728	51.52	63720	48.48	58288	44.34	73160	55.66
2007	132129	68048	51.50	64081	48.50	60633	45.89	71496	54.11
2008	132802	68357	51.47	64445	48.53	62403	46.99	70399	53.01
2009	133450	68647	51.44	64803	48.56	64512	48.34	68938	51.66
2010	134091	68748	51.27	65343	48.73	66978	49.95	67113	50.05
2011	134916	69161	51.26	65755	48.74	69927	51.83	64989	48.17
2012	135922	69660	51.25	66262	48.75	72175	53.10	63747	46.90
2013	136726	70063	51.24	66663	48.76	74502	54.49	62224	45.51
2014	137646	70522	51.23	67124	48.77	76738	55.75	60908	44.25
2015	138326	70857	51.22	67469	48.78	79302	57.33	59024	42.67
2016	139232	71307	51.21	67925	48.79	81924	58.84	57308	41.16
2017	140011	71650	51.17	68361	48.83	84343	60.24	55668	39.76
2018	140541	71864	51.13	68677	48.87	86433	61.50	54108	38.50
2019	141008	72039	51.09	68969	48.91	88426	62.71	52582	37.29
2020	141212	72357	51.24	68855	48.76	90220	63.89	50992	36.11
2021	141260	72311	51.19	68949	48.81	91425	64.72	49835	35.28
2022	141175	72206	51.15	68969	48.85	92071	65.22	49104	34.78

注：

1. 1981 年及以前数据为户籍统计数；1982、1990、2000、2010、2020 年数据为当年人口普查数据推算数；其余年份数据为年度人口抽样调查推算数据。

2. 总人口和按性别分人口中包括现役军人，按城乡分人口中现役军人计入城镇人口。

就业基本情况

项　目	2018 年	2019 年	2020 年	2021 年	2022 年
劳动力/万人	**78653**	**78985**	**78392**	**78024**	**76863**
就业人员/万人	**75782**	**75447**	**75064**	**74652**	**73351**
第一产业	19515	18652	17715	17072	17663
第二产业	21356	21234	21543	21712	21105
第三产业	34911	35561	35806	35868	34583
按城乡分就业人员/万人					
城镇就业人员	44292	45249	46271	46773	45931
乡村就业人员	31490	30198	28793	27879	27420
按登记注册类型分城镇非私营单位就业人员/万人					
国有单位	5740	5473	5563	5633	5612
城镇集体单位	347	296	271	262	235
股份合作单位	66	60	69	62	58
联营单位	12	12	25	22	19
有限责任公司	6555	6608	6542	6526	6506
股份有限公司	1875	1879	1837	1789	1684
港澳台商投资单位	1153	1157	1159	1175	1114
外商投资单位	1212	1203	1216	1220	1164
城镇登记失业人员/万人	**974**	**945**	**1160**	**1040**	**1203**
城镇登记失业率/%	**3.80**	**3.62**	**4.24**	**3.96**	**—**
城镇调查失业率/%	**4.9**	**5.2**	**5.2**	**5.1**	**5.5**

注：

1. 1990 年及以后的劳动力、就业人员数据根据劳动力调查、全国人口普查推算；其中 2011—2019 年数据是根据第七次全国人口普查修订数。

2. 城镇调查失业率为每年 12 月份的数据。

城镇非私营单位就业人员工资总额和平均工资

项　目	2017 年	2018 年	2019 年	2020 年	2021 年	2022 年
工资总额/亿元						
合　计	129889.1	141480.0	154296.1	164126.9	180817.5	190820.2
国有单位	48884.1	51126.6	53743.7	59628.1	64547.9	69000.2
城镇集体单位	2215.6	2082.3	1841.5	1841.8	1920.0	1809.3
其他单位	78789.3	88271.1	98710.9	102657.0	114349.7	120010.8
指　数(上年=100)						
合　计	108.2	108.9	109.1	106.4	110.2	105.5
国有单位	109.9	104.6	105.1	110.9	108.3	106.9
城镇集体单位	97.7	94.0	88.4	100.0	104.2	94.2
其他单位	107.4	112.0	111.8	104.0	111.4	105.0
平均工资/元						
合　计	74318.0	82413.0	90501.0	97379.0	106837.0	114029.0
#在岗职工	76121.0	84744.0	93383.0	100512.0	110221.0	117177.0
国有单位	81114.0	89474.0	98899.0	108132.0	115583.0	123623.0
城镇集体单位	55243.0	60664.0	62612.0	68590.0	74491.0	77868.0
其他单位	71304.0	79453.0	87195.0	92721.0	103182.0	109895.0
平均名义工资指数(上年=100)						
合　计	110.0	110.9	109.8	107.6	109.7	106.7
#在岗职工	110.3	111.3	110.2	107.6	109.7	106.3
国有单位	111.8	110.3	110.5	109.3	106.9	107.0
城镇集体单位	109.3	109.8	103.2	109.5	108.6	104.5
其他单位	108.8	111.4	109.7	106.3	111.3	106.5
平均实际工资指数(上年=100)						
合　计	108.2	108.6	106.8	105.2	108.6	104.6
#在岗职工	108.5	109.0	107.2	105.2	108.6	104.2
国有单位	110.0	108.0	107.5	106.9	105.8	104.9
城镇集体单位	107.5	107.6	100.4	107.1	107.5	102.5
其他单位	107.0	109.1	106.8	103.9	110.2	104.4

按登记注册类型和行业分城镇非私营单位就业人员平均工资

（2022 年）

单位：元

项　目	平均工资	国　有 单　位	城镇集体 单　位	其　他 单　位
全　国	**114029**	**123623**	**77868**	**109895**
农、林、牧、渔业	58976	56816	51122	63174
采矿业	121522	122264	83790	121732
制造业	97528	118127	59135	97391
电力、热力、燃气及水生产和供应业	132964	126188	55387	135992
建筑业	78295	78497	53922	79253
批发和零售业	115408	142839	50957	114349
交通运输、仓储和邮政业	115345	99890	53449	117917
住宿和餐饮业	53995	60575	53388	53568
信息传输、软件和信息技术服务业	220418	145800	95026	224479
金融业	174341	185022	139341	173697
房地产业	90346	94998	65949	90529
租赁和商务服务业	106500	88109	64345	110365
科学研究和技术服务业	163486	151816	98817	169873
水利、环境和公共设施管理业	68256	78383	63096	59581
居民服务、修理和其他服务业	65478	90412	70529	60850
教　育	120422	126847	101781	79539
卫生和社会工作	135222	141652	106486	94041
文化、体育和娱乐业	121151	128306	86393	112709
公共管理、社会保障和社会组织	117440	117513	107092	101620

全社会固定资产投资

年份	全社会固定资产投资		房地产开发投资	
	绝对数/亿元	比上年增长/%	绝对数/亿元	比上年增长/%
1981	961	5.5	—	—
1982	1230	28.0	—	—
1983	1430	16.2	—	—
1984	1833	28.2	—	—
1985	2543	38.8	—	—
1986	3121	22.7	101	—
1987	3792	21.5	150	48.5
1988	4754	25.4	257	71.6
1989	4410	-7.2	273	6.0
1990	4517	2.4	253	-7.1
1991	5595	23.9	336	32.7
1992	8080	44.4	731	117.5
1993	13072	61.8	1938	165.0
1994	17042	30.4	2554	31.8
1995	20019	17.5	3149	23.3
1996	22974	14.8	3216	2.1
1997	24941	8.8	3178	-1.2
1998	28406	13.9	3614	13.7
1999	29855	5.1	4103	13.5
2000	32918	10.3	4984	21.5
2001	37214	13.0	6344	27.3
2002	43500	16.9	7791	22.8
2003	53841	23.8	10154	30.3
2004	66235	23.0	13158	29.6
2005	80994	22.3	15909	20.9
2006	97583	20.5	19423	22.1
2007	118323	21.3	25289	30.2
2008	144587	22.2	31203	23.4
2009	181760	25.7	36242	16.1
2010	218834	20.4	47952	32.3
2011	223646	20.1	61032	27.3
2012	263770	17.9	70643	15.7
2013	308312	16.9	84246	19.3
2014	349732	13.4	92839	10.2
2015	379873	8.6	93582	0.8
2016	406406	7.0	99842	6.7

续表

年　份	全社会固定资产投资		房地产开发投资	
	绝对数/亿元	比上年增长/%	绝对数/亿元	比上年增长/%
2017	431526	6.2	106674	6.8
2018	456981	5.9	116425	9.1
2019	480393	5.1	127747	9.7
2020	493208	2.7	136438	6.8
2021	517133	4.9	142248	4.3
2022	542366	4.9	128075	-10.0

注:本资料对2010年以来全国固定资产投资主要指标总量及增速进行了修订,主要原因是:①加强在库投资项目管理,部分不符合投资统计制度规定的项目退出了调查范围;②加强统计执法,对统计执法检查中发现的问题数据,按照相关规定进行了改正;③加强数据质量管理,剔除跨地区、跨行业重复统计数据。

三次产业固定资产投资

年份	全部投资/亿元	第一产业	第二产业	第三产业	全部投资比上年增长/%	第一产业	第二产业	第三产业
2003	44389	518	16112	27759	—	—	—	—
2004	55475	595	21017	33862	25.0	14.8	30.4	22.0
2005	68514	727	27588	40199	23.5	22.1	31.3	18.7
2006	82830	898	33263	48670	20.9	23.6	20.6	21.1
2007	101212	1096	41001	59114	22.2	22.1	23.3	21.5
2008	124434	1588	50365	72481	22.9	44.8	22.8	22.6
2009	156933	2220	61177	93536	26.1	39.9	21.5	29.0
2010	189964	2493	72647	114825	21.0	12.3	18.7	22.8
2011	214557	3248	80393	130917	20.3	16.4	19.7	20.8
2012	253930	3885	91574	158470	18.4	19.6	13.9	21.0
2013	297766	4723	102729	190313	17.3	21.6	12.2	20.1
2014	338976	5785	112312	220879	13.8	22.5	9.3	16.1
2015	369463	7082	118827	243554	9.0	22.4	5.8	10.3
2016	396441	8001	121727	266714	7.3	13.0	2.4	9.5
2017	421972	8582	124420	288970	6.4	7.3	2.2	8.3
2018	446942	9689	132245	305009	5.9	12.9	6.3	5.6
2019	470997	9742	136280	324976	5.4	0.6	3.1	6.5
2020	484845	11641	136535	336669	2.9	19.5	0.2	3.6
2021	508796	12701	152357	343739	4.9	9.1	11.6	2.1
2022	534948	12726	168171	354051	5.1	0.2	10.3	3.0

注:2003—2010 年为城镇固定资产投资口径,2011—2022 年全部投资为固定资产投资(不含农户)口径,增速为可比口径。

民间固定资产投资

年　份	民间固定资产投资/亿元	比上年增长/%	占固定资产投资(不含农户)比重/%
2012	142798	—	56.2
2013	171565	20.1	57.6
2014	198647	15.8	58.6
2015	216145	8.8	58.5
2016	222177	2.8	56.0
2017	233802	5.2	55.4
2018	254143	8.7	56.9
2019	266088	4.7	56.5
2020	268616	1.0	55.4
2021	287285	7.0	56.5
2022	289985	0.9	54.2

注：本表为固定资产投资(不含农户)口径。

分地区按领域分固定资产投资比上年增长情况

（2022年）

单位：%

地　区	全部投资	#基础设施	制造业	房地产开发
全国总计	**5.1**	**9.4**	**9.1**	**-10.0**
北　京	3.6	2.1	18.4	1.0
天　津	-9.9	11.9	-1.2	-23.2
河　北	7.9	-0.4	13.4	-0.8
山　西	5.9	14.4	6.8	-9.3
内蒙古	17.6	15.0	42.6	-20.7
辽　宁	3.6	55.2	1.0	-18.6
吉　林	-2.4	18.8	5.2	-34.1
黑龙江	0.6	7.1	10.2	-32.8
上　海	-1.0	-8.2	2.1	-1.1
江　苏	3.8	8.0	8.8	-7.9
浙　江	9.1	4.4	17.0	4.4
安　徽	9.0	19.6	21.5	-6.2
福　建	7.5	17.2	19.7	-11.0
江　西	8.6	22.4	6.5	-12.6
山　东	6.1	9.2	11.2	-6.0
河　南	6.7	6.1	29.7	-13.7
湖　北	15.0	15.9	23.2	0.8
湖　南	6.6	8.0	14.6	-4.6
广　东	-2.6	2.6	12.2	-14.3
广　西	0.1	10.2	26.2	-38.2
海　南	-4.2	4.3	21.1	-16.0
重　庆	0.7	7.8	8.8	-20.4
四　川	6.0	8.1	10.2	-4.2
贵　州	-5.1	8.0	28.0	-28.9
云　南	7.5	-1.6	40.3	-26.9
西　藏	-18.0	-15.0	-46.4	-57.3
陕　西	8.1	12.8	6.6	-4.2
甘　肃	10.1	-0.5	46.9	-2.9
青　海	-7.6	-13.3	41.0	-33.1
宁　夏	10.2	19.1	26.6	-10.1
新　疆	7.6	-5.9	15.0	-22.8

全社会固定资产投资实际到位资金比上年增长情况

单位：%

年　份	本年实际到位资金					
		国家预算资金	国内贷款	利用外资	自筹资金	其他资金
1996	14.1	1.4	9.0	19.7	5.2	58.9
1997	8.1	11.3	4.6	-2.3	12.6	6.5
1998	13.7	71.9	15.9	-2.5	11.6	17.7
1999	3.6	54.7	3.3	-23.3	4.4	3.5
2000	11.3	13.9	17.5	-15.5	11.5	13.2
2001	14.7	20.7	7.6	2.0	15.9	20.7
2002	18.6	24.1	22.4	20.5	20.6	7.5
2003	30.1	-15.0	36.0	24.7	37.8	21.0
2004	27.2	21.1	14.5	26.4	31.2	31.8
2005	26.9	27.6	18.4	21.1	33.5	16.0
2006	25.8	12.5	20.0	8.9	29.0	28.3
2007	26.8	25.4	17.6	18.4	28.6	31.7
2008	21.3	35.8	14.8	3.5	29.7	2.8
2009	36.8	59.5	48.6	13.0	29.5	62.4
2010	24.3	15.7	20.2	7.9	28.4	17.1
2011	21.1	14.1	5.3	7.6	28.3	11.2
2012	18.4	27.7	11.3	-11.7	21.1	12.9
2013	20.0	17.7	15.2	-3.3	20.3	25.3
2014	10.6	19.9	9.7	-6.2	13.6	-5.0
2015	7.5	15.6	-6.4	-29.6	9.2	10.1
2016	5.6	17.1	10.1	-20.5	-0.2	30.7
2017	4.7	7.8	8.7	-3.1	2.2	11.5
2018	3.4	0.1	-5.4	-2.3	3.7	8.7
2019	4.1	-0.9	2.0	33.3	1.4	11.4
2020	7.3	32.8	0.0	-4.4	6.7	7.5
2021	4.3	-3.8	-3.1	-10.9	5.7	7.2
2022	0.5	39.3	-6.0	-19.8	9.0	-19.8

规模以上工业企业主要指标

（2022 年）

单位：亿元

项　目	企业单位数/个	资产总计	营业收入	利润总额
总　计	**472009**	**1601925.7**	**1333214.4**	**84162.5**
按工业门类分				
采矿业	11976	129602.9	67692.9	15664.3
制造业	441027	1209475.3	1151837.7	64022.4
电力、热力、燃气及	19006	262847.5	113683.8	4475.7
水生产和供应业	—	—	—	—
按企业规模分				
大型企业	8112	730971.8	573992.7	40339.2
中型企业	36949	344880.6	291866.9	19656.7
小型企业	426948	526073.3	467354.9	24166.5
按登记注册类型分				
内资企业	428749	1308972.1	1055438.9	64461.5
国有企业	3163	52812.1	37204.5	1348.0
集体企业	807	1634.6	1243.9	128.6
股份合作企业	734	2082.2	1075.8	108.6
联营企业	113	544.7	385.0	10.2
国有联营企业	61	227.7	222.8	11.7
集体联营企业	12	9.8	20.1	1.8
国有与集体联营企业	20	54.8	30.0	-0.1
其他联营企业	20	252.5	112.2	-3.3
有限责任公司	66155	590948.7	401017.4	24093.8
国有独资公司	4988	145282.2	77282.5	3390.3
其他有限责任公司	61167	445666.5	323734.9	20703.4
股份有限公司	8222	214051.4	127014.6	12818.1
私营企业	349269	446756.6	487258.5	25945.8
私营独资企业	10344	5221.9	7707.3	456.0
私营合伙企业	1569	952.3	1353.3	150.2
私营有限责任公司	322970	374262.8	434962.8	21417.8
私营股份有限公司	14386	66319.5	43235.1	3921.8
其他企业	286	141.9	239.3	8.5
港、澳、台商投资企业	19673	130987.0	113777.6	7992.5
合资经营企业(港或澳、台资)	5336	49080.1	41081.4	1953.5
合作经营企业(港或澳、台资)	284	1222.5	979.3	1.7
港、澳、台商独资经营企业	13165	60131.3	62094.3	4848.9
港、澳、台商投资股份有限公司	644	19494.5	8993.3	1159.2

续表

项　目	企业单位数/个	资产总计	营业收入	利润总额
其他港、澳、台商投资企业	244	1058.6	629.3	29.2
外商投资企业	23587	161966.6	163997.9	11708.4
中外合资经营企业	7031	66838.6	66459.1	4487.0
中外合作经营企业	298	2313.3	1723.9	264.1
外资企业	15497	76647.9	86098.3	5712.0
外商投资股份有限公司	542	15086.6	8817.4	1199.4
其他外商投资企业	219	1080.4	899.3	46.0

注：

1. 全国规模以上工业企业统计范围1998—2006年为全部国有及年主营业务收入在500万元及以上非国有工业企业；2007—2010年为年主营业务收入在500万元及以上的工业企业；2011年及以后年份为年主营业务收入在2000万元及以上的工业企业（以下相关表同）。

2. 2017年以来规模以上工业企业数据与上年数据之间存在不可比因素，其主要原因有以下几点。

①根据统计制度，每年定期对规模以上工业企业调查范围进行调整。每年有部分企业达到规模标准纳入调查范围，也有部分企业因规模变小而退出调查范围，还有新建投产企业、破产、注（吊）销企业等变化。②加强统计执法，对统计执法检查中发现的不符合规模以上工业统计要求的企业进行了清理，对相关基数依规进行了修正。③加强数据质量管理，剔除跨地区、跨行业重复统计数据。（以下相关表同）。

按行业分规模以上工业企业主要指标

（2022 年）

单位:亿元

行业	企业单位数/个	资产总计	流动资产合计	应收账款	存货	#产成品	负债合计
总计	**472009**	**1601925.7**	**832270.4**	**221462.5**	**163927.3**	**61149.7**	**920053.6**
煤炭开采和洗选业	4814	74329.6	34800.0	5184.4	1490.0	812.5	45689.2
石油和天然气开采业	150	24146.2	4027.1	680.2	191.3	103.0	11105.6
黑色金属矿采选业	1503	12376.0	4058.3	648.2	384.5	241.9	7381.0
有色金属矿采选业	1227	6861.8	2332.6	334.5	339.9	143.6	3906.4
非金属矿采选业	3938	8542.5	3551.7	629.8	439.4	234.2	4580.8
开采专业及辅助性活动	336	3338.4	1768.8	444.1	88.7	21.5	1991.9
其他采矿业	8	8.4	3.4	1.3	0.6	0.4	4.9
农副食品加工业	24289	36106.0	22411.3	3730.7	6612.4	2739.2	21993.6
食品制造业	9489	21256.3	11700.6	2526.1	2486.3	1019.7	11095.3
酒、饮料和精制茶制造业	5765	22452.6	13207.3	1392.4	4150.2	1199.5	9921.0
烟草制品业	132	10726.0	7411.7	371.8	4131.6	242.3	2079.4
纺织业	20413	22120.4	12704.2	3018.8	3590.4	1863.7	12863.0
纺织服装、服饰业	13618	11160.4	7056.1	1852.9	1876.3	980.8	5845.4
皮革、毛皮、羽毛及其制品和制鞋业	8555	6124.6	4102.7	1135.0	1054.2	478.2	3310.4
木材加工和木、竹、藤、棕、草制品业	11992	6172.8	3713.5	1189.4	1009.0	518.2	3647.0
家具制造业	7299	6956.0	4256.3	1206.4	934.4	397.7	4105.0
造纸和纸制品业	7526	16387.9	8365.7	1986.6	1828.5	734.2	9539.9
印刷和记录媒介复制业	6840	7380.3	4200.9	1260.8	799.6	299.0	3460.7
文教、工美、体育和娱乐用品制造业	10603	9449.3	6332.7	1416.5	2425.1	1249.3	5276.3
石油、煤炭及其他燃料加工业	2288	40972.4	19061.7	2482.7	6044.6	1828.4	27471.8

续表

行 业	企 业 单位数/个	资产总计	流动资产 合 计	应收账款	存 货		负债合计
						#产成品	
化学原料和化学制品制造业	24381	101194.3	46829.2	9337.6	9672.9	4232.5	54184.8
医药制造业	9231	47898.5	27998.6	5749.2	5236.8	2291.4	19225.3
化学纤维制造业	2224	11228.5	4681.6	692.8	1132.1	646.6	6877.4
橡胶和塑料制品业	25037	29197.5	17492.3	5517.9	3757.3	1766.5	15148.7
非金属矿物制品业	47220	80279.0	46204.1	17348.9	7392.5	3329.1	45547.5
黑色金属冶炼和压延加工业	5929	71697.2	32040.7	3423.0	7584.4	2798.5	44871.9
有色金属冶炼和压延加工业	9074	48161.0	26848.5	4856.5	7819.6	2184.2	29556.8
金属制品业	34294	40559.7	26689.3	8723.3	6013.0	2486.5	23937.3
通用设备制造业	33114	59346.9	40793.4	13000.5	9442.5	3427.4	32638.2
专用设备制造业	25850	56851.6	39585.4	11567.2	9467.4	3414.3	30987.7
汽车制造业	18108	99553.6	61443.9	20057.0	9443.2	3972.6	62075.8
铁路、船舶、航空航天和其他运输设备制造业	5957	32832.1	23086.0	5128.8	5434.0	1011.4	21269.8
电气机械和器材制造业	32626	107991.9	73596.0	25129.9	12910.3	5617.5	65056.8
计算机、通信和其他电子设备制造业	26410	175815.0	111351.4	37803.4	21554.1	7102.5	95836.2
仪器仪表制造业	6644	14997.5	10608.2	3240.9	2310.8	757.0	6956.1
其他制造业	2149	4433.7	2526.4	533.7	555.3	160.8	2863.0
废弃资源综合利用业	3241	5983.3	3613.3	922.4	1007.9	497.3	3748.8
金属制品、机械和设备修理业	729	4189.2	1998.3	542.6	356.5	43.7	2169.1
电力、热力生产和供应业	12021	218105.0	45188.9	13798.2	2245.8	107.3	135096.4
燃气生产和供应业	3429	16977.9	6182.6	1202.3	429.1	148.6	10104.2
水的生产和供应业	3556	27764.6	8445.6	1394.0	284.8	47.1	16633.5

单位：亿元

行 业	营业收入	营业成本	销售费用	管理费用	财务费用	利润总额	平均用工人数 /万人
总 计	**1333214.4**	**1121897.1**	**30431.7**	**72256.2**	**9628.1**	**84162.5**	**7764.1**
煤炭开采和洗选业	40729.4	24298.8	475.2	2424.9	792.6	10415.6	266.5

续表

行　业	营业收入	营业成本	销售费用	管理费用	财务费用	利润总额	平均用工人数/万人
石油和天然气开采业	12633.6	6189.8	40.2	846.7	156.8	3488.8	53.6
黑色金属矿采选业	4650.6	3636.8	51.2	296.4	144.0	555.2	28.1
有色金属矿采选业	3453.4	2248.4	22.5	286.4	64.0	749.8	25.1
非金属矿采选业	3780.1	2670.6	168.3	300.2	69.5	449.0	28.0
开采专业及辅助性活动	2436.2	2284.7	3.8	125.7	-1.8	5.7	27.4
其他采矿业	9.7	7.6	0.1	1.5	0.0	0.2	0.1
农副食品加工业	53628.3	49037.0	994.9	1543.5	342.9	1824.1	258.1
食品制造业	20282.2	15906.4	1642.4	1186.6	55.6	1651.9	169.4
酒、饮料和精制茶制造业	14738.4	9476.0	1140.0	846.5	18.4	3011.7	103.7
烟草制品业	12800.7	3821.4	147.8	828.3	-93.0	1342.6	15.9
纺织业	23159.6	20385.3	416.9	1259.4	201.9	914.8	263.9
纺织服装、服饰业	12938.5	10918.8	497.0	857.5	40.4	705.0	231.5
皮革、毛皮、羽毛及其制品和制鞋业	8465.7	7218.4	201.2	546.9	31.9	494.3	150.1
木材加工和木、竹、藤、棕、草制品业	8780.6	7750.5	161.6	356.0	55.2	424.8	95.9
家具制造业	6823.5	5617.8	278.5	542.5	30.0	420.8	101.8
造纸和纸制品业	14165.4	12451.4	354.1	780.0	151.8	576.7	94.5
印刷和记录媒介复制业	6959.5	5798.2	187.0	556.5	35.1	420.6	83.4
文教、工美、体育和娱乐用品制造业	12686.2	10864.7	328.3	766.9	46.1	692.0	162.6
石油、煤炭及其他燃料加工业	61940.6	53665.0	283.3	1129.3	342.3	424.5	77.8
化学原料和化学制品制造业	91020.4	76194.0	1894.6	4743.9	741.7	7421.0	341.3
医药制造业	26384.5	14833.2	4435.7	3124.9	14.4	4191.4	209.4
化学纤维制造业	10307.8	9546.8	82.1	399.4	110.1	250.6	44.6
橡胶和塑料制品业	28188.8	23789.0	770.5	1990.3	146.1	1602.6	288.2
非金属矿物制品业	60933.5	50393.6	1829.9	3546.8	521.5	4574.1	449.7
黑色金属冶炼和压延加工业	85261.4	80565.8	493.2	2613.0	538.3	462.4	199.9
有色金属冶炼和压延加工业	73117.5	67270.5	330.7	1788.6	455.4	2922.8	157.2
金属制品业	46813.4	40910.6	853.6	2664.5	254.3	2046.5	381.5

续表

行　业	营业收入	营业成本	销售费用	管理费用	财务费用	利润总额	平均用工人数/万人
通用设备制造业	46310.7	37664.1	1486.7	3981.5	143.0	3218.7	425.3
专用设备制造业	36880.8	28722.7	1555.3	3616.6	123.4	3012.5	345.7
汽车制造业	89753.4	77145.9	1747.6	5411.3	88.4	5046.3	442.8
铁路、船舶、航空航天和其他运输设备制造业	18766.4	16086.1	303.3	1527.9	-2.3	904.8	152.2
电气机械和器材制造业	100937.7	86451.1	2903.5	5814.9	125.3	5824.5	585.3
计算机、通信和其他电子设备制造业	154606.6	133493.6	3146.4	11016.1	211.5	7851.6	963.9
仪器仪表制造业	10023.3	7466.0	505.5	1144.1	16.6	1051.6	100.7
其他制造业	2828.0	2329.5	64.0	258.1	2.8	205.2	35.6
废弃资源综合利用业	10451.4	9697.1	72.2	254.9	61.4	384.3	25.0
金属制品、机械和设备修理业	1883.2	1578.9	20.6	186.4	20.9	147.9	24.3
电力、热力生产和供应业	93466.3	85938.4	73.6	1862.6	3196.1	3227.0	260.6
燃气生产和供应业	15715.2	14207.7	274.6	405.4	129.6	845.1	37.3
水的生产和供应业	4502.4	3364.9	194.0	423.3	246.1	403.6	56.4

注："管理费用"包含"研发费用"，以下相关表均同。

分地区规模以上工业企业主要指标

（2022 年）

单位：亿元

地区	企业单位数/个	资产总计	流动资产合计	应收账款	存货	#产成品	负债合计
全国	**472009**	**1601925.7**	**832270.4**	**221462.5**	**163927.3**	**61149.7**	**920053.6**
北京	3141	66052.5	27412.9	6027.6	3905.2	1352.5	29327.9
天津	5812	25797.4	13185.6	3680.3	2796.4	972.9	14020.2
河北	18077	61482.5	30503.0	7225.3	5578.3	2124.9	38837.7
山西	7688	60891.7	29496.8	6512.8	3166.7	1357.0	42315.9
内蒙古	3591	43617.6	16841.6	3324.4	2650.2	1003.3	24504.1
辽宁	8923	47292.1	24719.7	5249.3	5638.8	1724.8	29041.1
吉林	3216	19992.3	9748.9	2581.6	1824.9	579.7	11485.8
黑龙江	4532	20179.3	10107.0	2242.1	1812.7	585.2	12427.6
上海	9432	56317.5	33037.0	9553.9	6990.5	2205.3	27764.1
江苏	61504	174319.0	105503.3	34603.7	22260.2	9050.5	95581.2
浙江	56229	128298.5	73205.8	21360.7	14823.9	5974.7	72536.9
安徽	21484	56457.8	29619.7	9180.6	5594.8	2153.0	31899.8
福建	20691	50913.0	27044.6	6549.0	6170.9	2551.2	27891.1
江西	17614	35429.9	18835.3	5220.7	3957.2	1470.7	20208.2
山东	35322	120624.2	64772.9	15221.8	13314.6	5310.0	74641.9
河南	23805	55880.3	28145.9	7455.4	5703.9	1988.1	34272.5
湖北	18388	53244.3	25501.8	6330.4	5463.0	2020.7	28817.5
湖南	19885	36684.7	17600.6	5538.0	3673.4	1320.6	19297.8
广东	70702	196419.2	117937.2	31814.7	23339.4	8537.5	114686.1
广西	8959	26913.0	13310.5	3921.9	2812.0	1163.2	17949.6
海南	665	4754.8	1800.9	434.7	334.2	102.1	2816.5
重庆	7616	27524.3	14653.8	4277.0	2500.5	999.4	15703.2
四川	17523	68314.3	32134.4	8029.8	6492.6	2207.2	38943.6
贵州	5332	19977.8	8844.8	1956.7	2115.9	490.1	12296.0
云南	4895	27290.8	10753.9	2299.2	2904.9	849.6	15381.7
西藏	190	2382.8	459.3	100.7	60.8	17.7	1255.9
陕西	7772	47399.1	22222.5	4986.2	3716.0	1417.0	25704.0
甘肃	2518	15837.3	5832.5	1408.3	1365.4	403.8	9499.6
青海	646	7774.6	2891.2	740.8	430.2	166.5	5184.7
宁夏	1476	13420.6	4903.6	1130.3	755.7	313.9	8775.9
新疆	4381	30442.7	11243.6	2504.7	1774.3	736.7	16985.4

单位：亿元

地　区	营业收入	营业成本	销售费用	管理费用	财务费用	利润总额	平均用工人数/万人
全　国	**1333214.4**	**1121897.1**	**30431.7**	**72256.2**	**9628.1**	**84162.5**	**7764.1**
北　京	27713.6	23090.6	1273.4	1667.6	134.5	1998.7	81.7
天　津	24203.6	20580.6	466.0	1093.3	123.3	1685.6	95.9
河　北	50877.4	44739.5	910.6	2164.9	511.1	1210.4	260.3
山　西	39045.4	31171.8	485.9	1745.8	766.9	3913.9	204.6
内蒙古	28901.8	22161.8	445.5	1057.2	410.2	4080.9	98.3
辽　宁	37188.8	31879.7	755.2	1561.9	332.8	1639.2	189.5
吉　林	13570.4	11411.1	307.5	806.7	118.6	827.6	72.7
黑龙江	13015.2	10618.9	263.4	674.6	189.0	685.1	84.4
上　海	45185.6	37687.2	1430.1	3239.4	29.7	2545.3	182.2
江　苏	164753.3	140765.7	3785.3	9415.8	733.2	9490.6	939.1
浙　江	109188.5	93114.9	2687.1	6890.6	623.6	5994.1	760.2
安　徽	46889.5	40433.1	985.0	2487.3	282.5	2386.6	280.9
福　建	56291.8	48187.6	1215.7	2578.5	283.6	3698.7	371.5
江　西	39958.9	34677.7	605.7	1668.1	244.5	2527.1	221.9
山　东	109044.8	95164.1	2033.6	5052.9	811.0	4785.3	565.3
河　南	47419.9	41783.4	790.9	2101.4	483.6	1701.6	330.3
湖　北	45496.3	37751.4	1048.3	2643.7	340.9	3131.7	267.2
湖　南	39760.5	32250.7	1101.9	2784.3	292.3	2282.9	297.8
广　东	183027.4	153237.9	5731.7	13083.4	559.3	10329.3	1347.7
广　西	22596.3	19927.0	339.3	839.4	215.6	893.6	145.2
海　南	3008.4	2439.3	115.3	145.5	43.7	135.8	12.1
重　庆	27165.5	22945.4	614.1	1335.7	120.7	1827.7	152.4
四　川	50413.6	40961.8	1309.9	2417.2	455.0	4602.3	301.9
贵　州	10352.6	7764.0	245.1	698.2	189.1	1295.9	80.2
云　南	19650.2	15843.5	338.6	825.2	267.7	1362.0	81.3
西　藏	503.6	363.1	9.5	41.5	18.6	62.7	2.8
陕　西	36580.1	28013.7	604.9	1560.5	312.5	4665.8	164.3
甘　肃	10888.4	9211.9	137.2	384.4	164.3	607.5	49.7
青　海	4604.4	3465.8	47.0	168.5	91.1	831.4	16.8
宁　夏	8228.5	7007.3	87.1	310.8	174.6	416.3	32.7
新　疆	17690.2	13246.6	261.1	812.1	305.0	2547.1	73.2

注：2017 年及以前为主营业务收入和主营业务成本，2018 年及以后为营业收入和营业成本。

对外经济贸易基本情况

指　标	2018 年	2019 年	2020 年	2021 年	2022 年
货物进出口总额/亿元人民币	**305010.1**	**315627.3**	**322215.2**	**387414.6**	**418011.6**
出口总额	164128.8	172373.6	179278.8	214255.2	237411.5
进口总额	140881.3	143253.7	142936.4	173159.4	180600.1
进出口差额	23247.5	29119.9	36342.4	41095.9	56811.5
货物进出口总额/亿美元	**46224.4**	**45778.9**	**46559.1**	**59957.9**	**62701.1**
出口总额	24867.0	24994.8	25899.5	33160.2	35605.4
进口总额	21357.5	20784.1	20659.6	26797.7	27095.7
进出口差额	3509.5	4210.7	5239.9	6362.5	8509.7
服务进出口总额/亿美元	**7918.8**	**7850.0**	**6617.2**	**8212.5**	**8891.1**
出口总额	2668.4	2836.0	2806.3	3942.5	4240.6
进口总额	5250.4	5014.0	3810.9	4270.0	4650.5
进出口差额	-2582.0	-2178.0	-1004.6	-327.5	-409.9
外商直接投资额/亿美元	**1383.1**	**1412.2**	**1493.4**	**1809.6**	**1891.3**
新设立外商直接投资企业数/个	**60560**	**40910**	**38578**	**47647**	**38497**
外资企业基本情况					
年底登记户数/户	593276	627223	635402	663562	674140
投资总额/亿美元	77738.0	88400.3	136437.0	179571.6	200424.8
注册资本/亿美元	42738.6	50159.7	84334.2	111964.0	138730.8
#外方	32341.9	37894.5	62823.1	85597.0	109235.4
对外直接投资流量/亿美元	**1430.4**	**1369.1**	**1537.1**	**1788.2**	**—**
对外经济合作/亿美元					
对外承包工程合同金额	2418.0	2602.5	2555.4	2584.9	2530.7
对外承包工程完成营业额	1690.4	1729.0	1559.4	1549.4	1549.9

注：

1. 外资企业基本情况数据来自国家市场监督管理总局。
2. 对外直接投资流量数据尚未发布。

全国居民人均收支情况

单位:元

指　标	2016 年	2017 年	2018 年	2019 年	2020 年	2021 年	2022 年
全国居民人均收入							
可支配收入	23821.0	25973.8	28228.0	30732.8	32188.8	35128.1	36883.3
1. 工资性收入	13455.2	14620.3	15829.0	17186.2	17917.4	19629.4	20590.3
2. 经营净收入	4217.7	4501.8	4852.4	5247.3	5306.8	5892.7	6174.5
3. 财产净收入	1889.0	2107.4	2378.5	2619.1	2791.5	3075.5	3226.5
4. 转移净收入	4259.1	4744.3	5168.1	5680.3	6173.2	6530.5	6891.9
现金可支配收入	22204.5	24201.9	26291.4	28612.1	29918.7	32382.7	34179.7
1. 工资性收入	13379.0	14537.8	15746.4	17096.9	17817.6	19493.2	20449.3
2. 经营净收入	4111.4	4424.1	4880.3	5269.7	5307.1	5664.5	6044.9
3. 财产净收入	739.8	811.5	877.8	1001.5	1067.5	1246.5	1334.2
4. 转移净收入	3974.3	4428.6	4786.9	5244.0	5726.4	5978.5	6351.3
全国居民人均支出							
消费支出	17110.7	18322.1	19853.1	21558.9	21209.9	24100.1	24538.2
#服务性消费	7156.6	7802.6	8780.8	9886.0	9037.3	10644.5	10590.0
1. 食品烟酒	5151.0	5373.6	5631.1	6084.2	6397.3	7178.1	7481.0
2. 衣着	1202.7	1237.6	1288.9	1338.1	1238.4	1418.7	1364.6
3. 居住	3746.4	4106.9	4646.6	5054.8	5215.3	5641.1	5882.0
4. 生活用品及服务	1043.7	1120.7	1222.7	1280.9	1259.5	1423.2	1431.8
5. 交通通信	2337.8	2498.9	2675.4	2861.6	2761.8	3155.6	3194.8
6. 教育文化娱乐	1915.3	2086.2	2225.7	2513.1	2032.2	2598.9	2468.7
7. 医疗保健	1307.5	1451.2	1685.2	1902.3	1843.1	2115.1	2119.9
8. 其他用品及服务	406.3	447.0	477.5	524.0	462.2	569.4	595.4
现金消费支出	14142.0	15122.3	16174.8	17526.0	16994.7	19410.7	19783.5
1. 食品烟酒	4846.7	5073.0	5366.2	5798.1	6068.0	6783.4	7097.7
2. 衣着	1202.2	1237.0	1288.3	1337.6	1237.9	1417.9	1364.1
3. 居住	1359.8	1519.0	1615.1	1755.7	1774.3	1899.7	2034.1
4. 生活用品及服务	1036.1	1110.8	1211.0	1266.9	1245.8	1410.5	1421.1
5. 交通通信	2332.9	2495.3	2669.1	2857.4	2758.2	3150.4	3190.8
6. 教育文化娱乐	1914.3	2085.3	2224.1	2511.7	2031.5	2597.8	2468.0
7. 医疗保健	1048.5	1160.7	1332.6	1482.4	1426.0	1597.3	1635.4
8. 其他用品及服务	401.5	441.2	468.4	516.2	452.9	553.6	572.4

城镇居民人均收支情况

单位：元

指　标	2016 年	2017 年	2018 年	2019 年	2020 年	2021 年	2022 年
城镇居民人均收入							
可支配收入	33616.2	36396.2	39250.8	42358.8	43833.8	47411.9	49282.9
1. 工资性收入	20665.0	22200.9	23792.2	25564.8	26380.7	28480.8	29577.9
2. 经营净收入	3770.1	4064.7	4442.6	4840.4	4710.8	5381.9	5584.5
3. 财产净收入	3271.3	3606.9	4027.7	4390.6	4626.5	5052.0	5238.2
4. 转移净收入	5909.8	6523.6	6988.3	7563.0	8115.8	8497.3	8882.4
现金可支配收入	31270.0	33757.3	36316.2	39147.6	40377.8	43596.4	45354.2
1. 工资性收入	20541.7	22072.7	23670.9	25439.1	26240.5	28299.3	29392.8
2. 经营净收入	4032.3	4321.9	4808.0	5180.9	4987.5	5630.6	5784.2
3. 财产净收入	1139.6	1234.1	1311.6	1494.7	1569.3	1835.8	1945.1
4. 转移净收入	5556.4	6128.5	6525.7	7032.9	7580.6	7830.7	8232.2
城镇居民人均支出							
消费支出	23078.9	24445.0	26112.3	28063.4	27007.4	30307.2	30390.8
#服务性消费	10068.1	10854.5	12130.4	13517.7	12012.8	14058.5	13722.8
1. 食品烟酒	6762.4	7001.0	7239.0	7732.6	7880.5	8678.1	8958.3
2. 衣着	1739.0	1757.9	1808.2	1831.9	1644.8	1842.8	1735.2
3. 居住	5113.7	5564.0	6255.0	6780.2	6957.7	7405.3	7643.5
4. 生活用品及服务	1426.8	1525.0	1629.4	1689.3	1640.0	1819.6	1800.5
5. 交通通信	3173.9	3321.5	3473.5	3671.3	3474.3	3932.0	3908.8
6. 教育文化娱乐	2637.6	2846.6	2974.1	3328.0	2591.7	3322.0	3050.2
7. 医疗保健	1630.8	1777.4	2045.7	2282.7	2172.2	2521.3	2480.7
8. 其他用品及服务	594.7	651.5	687.4	747.2	646.2	786.1	813.7
现金消费支出	19284.1	20329.4	21287.1	22798.0	21555.6	24380.4	24375.3
1. 食品烟酒	6627.7	6861.2	7099.2	7583.9	7709.6	8443.8	8715.9
2. 衣着	1738.4	1757.3	1807.5	1831.3	1644.2	1841.8	1734.4
3. 居住	1810.4	1986.8	2045.2	2223.5	2222.2	2392.5	2503.1
4. 生活用品及服务	1417.8	1514.5	1617.5	1676.2	1627.1	1807.3	1789.3
5. 交通通信	3166.5	3315.6	3466.0	3665.0	3468.9	3925.1	3903.0
6. 教育文化娱乐	2636.3	2845.4	2972.1	3326.0	2590.7	3320.4	3049.3
7. 医疗保健	1298.7	1403.7	1604.0	1754.6	1658.4	1880.6	1895.4
8. 其他用品及服务	588.3	644.8	675.5	737.6	634.6	768.9	784.8

农村居民人均收支情况

单位：元

指　标	2016 年	2017 年	2018 年	2019 年	2020 年	2021 年	2022 年
农村居民人均收入							
可支配收入	12363.4	13432.4	14617.0	16020.7	17131.5	18930.9	20132.8
1. 工资性收入	5021.8	5498.4	5996.1	6583.5	6973.9	7958.1	8449.2
2. 经营净收入	4741.3	5027.8	5358.4	5762.2	6077.4	6566.2	6971.5
3. 财产净收入	272.1	303.0	342.1	377.3	418.8	469.4	509.0
4. 转移净收入	2328.2	2603.2	2920.5	3297.8	3661.3	3937.2	4203.1
现金可支配收入	11600.6	12703.9	13912.8	15279.8	16394.5	17596.4	19084.3
1. 工资性收入	5000.8	5470.9	5961.3	6540.2	6926.6	7881.7	8367.8
2. 经营净收入	4203.9	4547.0	4969.5	5382.2	5720.3	5709.1	6397.0
3. 财产净收入	272.1	303.0	342.1	377.3	418.8	469.4	509.0
4. 转移净收入	2123.8	2383.0	2639.9	2980.2	3328.9	3536.2	3810.5
农村居民人均支出							
消费支出	10129.8	10954.5	12124.3	13327.7	13713.4	15915.6	16632.1
#服务性消费	3750.9	4130.2	4644.7	5290.2	5189.9	6142.9	6357.9
1. 食品烟酒	3266.1	3415.4	3645.6	3998.2	4479.4	5200.2	5485.4
2. 衣着	575.4	611.6	647.7	713.3	712.8	859.5	864.0
3. 居住	2147.1	2353.5	2660.6	2871.3	2962.4	3314.7	3502.5
4. 生活用品及服务	595.7	634.0	720.5	763.9	767.5	900.5	933.8
5. 交通通信	1359.9	1509.1	1690.0	1836.8	1840.6	2131.8	2230.3
6. 教育文化娱乐	1070.3	1171.3	1301.6	1481.8	1308.7	1645.5	1683.1
7. 医疗保健	929.2	1058.7	1240.1	1420.8	1417.5	1579.6	1632.5
8. 其他用品及服务	186.0	200.9	218.3	241.5	224.4	283.8	300.5
现金消费支出	8127.3	8856.5	9862.0	10854.5	11097.2	12857.6	13580.6
1. 食品烟酒	2763.4	2921.2	3226.3	3538.2	3945.5	4594.1	4911.7
2. 衣着	575.0	610.9	647.2	712.9	712.5	859.0	863.7
3. 居住	832.8	956.0	1084.0	1163.8	1195.3	1250.0	1400.5
4. 生活用品及服务	589.7	624.9	709.0	748.9	752.9	887.3	923.6
5. 交通通信	1357.8	1508.1	1685.0	1835.5	1839.3	2129.0	2228.8
6. 教育文化娱乐	1069.9	1170.7	1300.5	1481.3	1308.4	1645.0	1682.7
7. 医疗保健	755.8	868.2	997.4	1137.9	1125.4	1223.7	1284.1
8. 其他用品及服务	183.0	196.3	212.7	236.0	217.9	269.6	285.5

证券市场基本情况

项　目	2021 年	2022 年
沪深股市上市公司数(A、B 股)/家	4615	4917
沪深股市上市外资股公司数(B 股)/家	90	86
北交所市场上市公司数/家	82	162
境外上市公司数(H 股)/家	323	316
沪深股市股票总发行股本/亿股	70694.39	73311.67
#流通股本/亿股	60755.13	64245.31
北交所市场股票总发行股本/亿股	122.69	213.54
#流通股本/亿股	57.27	110.99
沪深股市股票市价总值/亿元	916088.18	788005.91
#股票流通市值/亿元	751556.13	663428.88
北交所市场股票市价总值/亿元	2722.75	2110.29
#股票流通市值/亿元	1073.82	1148.06
沪深股市股票成交量/亿股	187425.90	185725.37
北交所市场股票成交量/亿股	37.45	158.53
沪深股市股票成交金额/亿元	2579734.10	2245094.74
北交所市场股票成交金额/亿元	667.17	1980.13
上证综合指数/收盘	3639.78	3089.26
深证综合指数/收盘	2530.14	1975.61
期末投资者数/万个	19741	21214
静态市盈率(平均市盈率)		
上　海	20.85	14.50
深　圳	33.03	23.40
北　京	46.66	18.90
年换手率(平均换手率)/%		
上　海	280.71	204.00
深　圳	506.08	470.30
北　京	62.55	173.00
债券发行金额/亿元	613839	614458
银行间市场债券成交金额/亿元	12595637.53	16513779.25
银行间市场债券现货成交金额/亿元	2143702.29	2712234.55
银行间市场债券回购成交金额/亿元	10451935.24	13801546.70
交易所市场债券成交金额/亿元	3791201.79	4416737.76
交易所市场债券现货成交金额/亿元	289275.35	381136.30
交易所市场债券回购成交金额/亿元	3501926.44	4035601.46
证券投资基金只数/只	9152	10375
证券投资基金规模/亿份	218244.61	256437.54
证券投资基金成交金额/亿元	183234.05	231161.00

续表

项　目	2021 年	2022 年
期货总成交量/万手	726880. 86	676830. 17
期货总成交额/亿元	5806874. 44	5349397. 47

注：

1. 银行间市场债券指银行间市场交易的各类债券。包括记账式国债、地方政府债券、政策性银行债券、商业银行债券、非银行金融机构债券、资产支持证券、同业存单、政府支持机构债、企业债券、非金融企业债务融资工具、国际机构债券。

2. 交易所债券包含由中国证监会审批或备案的公司债、可转债、可交换债、可分离债、企业资产支持证券，以及交易所招标发行的地方政府债、政策性金融债。

3. 期末投资者数量指持有未注销、未休眠的 A 股、B 股、信用账户、衍生品合约账户的一码通账户数量。

4. 期货成交数据按单边口径统计，包括商品期货和金融期货（自 2022 年起将商品期权和金融期权纳入统计口径，不包含沪深证券交易所金融期权产品）。

一次能源生产总量及构成

年　份	一次能源生产总量/万吨标准煤	占一次能源生产总量的比重/%			
		原　煤	原　油	天然气	一次电力及其他能源
1978	62770	70.3	23.7	2.9	3.1
1980	63735	69.4	23.8	3.0	3.8
1985	85546	72.8	20.9	2.0	4.3
1990	103922	74.2	19.0	2.0	4.8
1991	104844	74.1	19.2	2.0	4.7
1992	107256	74.3	18.9	2.0	4.8
1993	111059	74.0	18.7	2.0	5.3
1994	118729	74.6	17.6	1.9	5.9
1995	129034	75.3	16.6	1.9	6.2
1996	133032	75.0	16.9	2.0	6.1
1997	133460	74.2	17.2	2.1	6.5
1998	129834	73.3	17.7	2.2	6.8
1999	131935	73.9	17.3	2.5	6.3
2000	138570	72.9	16.8	2.6	7.7
2001	147425	72.6	15.9	2.7	8.8
2002	156277	73.1	15.3	2.8	8.8
2003	178299	75.7	13.6	2.6	8.1
2004	206108	76.7	12.2	2.7	8.4
2005	229037	77.4	11.3	2.9	8.4
2006	244763	77.5	10.8	3.2	8.5
2007	264173	77.8	10.1	3.5	8.6
2008	277419	76.8	9.8	3.9	9.5
2009	286092	76.8	9.4	4.0	9.8
2010	312125	76.2	9.3	4.1	10.4
2011	340178	77.8	8.5	4.1	9.6
2012	351041	76.2	8.5	4.1	11.2
2013	358784	75.4	8.4	4.4	11.8
2014	362212	73.5	8.3	4.7	13.5
2015	362193	72.2	8.5	4.8	14.5
2016	345954	69.8	8.3	5.2	16.7
2017	358867	69.6	7.6	5.4	17.4
2018	378859	69.2	7.2	5.4	18.2
2019	397317	68.5	6.9	5.6	19.0
2020	407295	67.5	6.8	6.0	19.7
2021	427115	66.7	6.7	6.0	20.6
2022	466000	67.4	6.3	5.9	20.4

注：电力折算标准煤的系数根据当年平均发电煤耗计算（以下相关表同）。

能源消费总量及构成

年　份	能源消费总量/万吨标准煤	占能源消费总量的比重/%			
		煤　炭	石　油	天然气	一次电力及其他能源
1978	57144	70. 7	22. 7	3. 2	3. 4
1980	60275	72. 2	20. 7	3. 1	4. 0
1985	76682	75. 8	17. 1	2. 2	4. 9
1990	98703	76. 2	16. 6	2. 1	5. 1
1991	103783	76. 1	17. 1	2. 0	4. 8
1992	109170	75. 7	17. 5	1. 9	4. 9
1993	115993	74. 7	18. 2	1. 9	5. 2
1994	122737	75. 0	17. 4	1. 9	5. 7
1995	131176	74. 6	17. 5	1. 8	6. 1
1996	135192	73. 5	18. 7	1. 8	6. 0
1997	135909	71. 4	20. 4	1. 8	6. 4
1998	136184	70. 9	20. 8	1. 8	6. 5
1999	140569	70. 6	21. 5	2. 0	5. 9
2000	146964	68. 5	22. 0	2. 2	7. 3
2001	155547	68. 0	21. 2	2. 4	8. 4
2002	169577	68. 5	21. 0	2. 3	8. 2
2003	197083	70. 2	20. 1	2. 3	7. 4
2004	230281	70. 2	19. 9	2. 3	7. 6
2005	261369	72. 4	17. 8	2. 4	7. 4
2006	286467	72. 4	17. 5	2. 7	7. 4
2007	311442	72. 5	17. 0	3. 0	7. 5
2008	320611	71. 5	16. 7	3. 4	8. 4
2009	336126	71. 6	16. 4	3. 5	8. 5
2010	360648	69. 2	17. 4	4. 0	9. 4
2011	387043	70. 2	16. 8	4. 6	8. 4
2012	402138	68. 5	17. 0	4. 8	9. 7
2013	416913	67. 4	17. 1	5. 3	10. 2
2014	428334	65. 8	17. 3	5. 6	11. 3
2015	434113	63. 8	18. 4	5. 8	12. 0
2016	441492	62. 2	18. 7	6. 1	13. 0
2017	455827	60. 6	18. 9	6. 9	13. 6
2018	471925	59. 0	18. 9	7. 6	14. 5
2019	487488	57. 7	19. 0	8. 0	15. 3
2020	498314	56. 9	18. 8	8. 4	15. 9
2021	525896	55. 9	18. 6	8. 8	16. 7
2022	541000	56. 2	17. 9	8. 4	17. 5

环境保护基本概况

项　目	2020 年	2021 年	2022 年
水环境			
水资源总量/亿立方米	31605	29638	27088
人均水资源量/立方米/人	2240	2098	1918
用水总量/亿立方米	5813	5920	5998
#农　业/亿立方米	3612	3644	3781
工　业/亿立方米	1030	1050	968
生　活/亿立方米	863	909	906
生　态/亿立方米	307	317	343
化学需氧量排放量/万吨	2565	2531	2578
大气环境			
二氧化硫排放量/万吨	318	275	244
固体废物			
一般工业固体废物综合利用量/万吨	203798	226659	237025
生态环境			
森林面积/万公顷	22045	22045	22045
森林覆盖率/%	22.96	22.96	22.96
造林面积/万公顷	693	375	420
国家级自然保护区数/个	474	474	—
国家级自然保护区面积/万公顷	9821	9821	—
自然灾害			
发生地质灾害次数/次	7840	4761	5659
发生地震灾害次数/次	5	19	27
发生森林火灾次数/次	1153	616	709

注：

1. 自 2020 年起，生态环境部对排放源统计调查的部分调查范围、指标及方式方法进行了修订。化学需氧量排放量数据与之前年份不可比。
2. 森林面积和森林覆盖率为第九次全国森林资源清查(2014—2018)资料。
3. 2022 年国家级自然保护区数、国家级自然保护区面积尚未发布。
4. 自 2019 年起，地震灾害次数由应急管理部提供。地震灾害次数为 5.0 级及以上地震次数。

附 录

2022 年度全国信用企业

（排名不分先后）

序　号	企业名称
第一批	
AAA 级信用企业（107 家）	
1	中国铁路设计集团有限公司
2	包头钢铁集团有限责任公司
3	敬业集团有限公司
4	中建八局第三建设有限公司
5	欧冶链金再生资源有限公司
6	沧州大化集团有限责任公司
7	中安华力建设集团有限公司
8	洛阳栾川钼业集团股份有限公司
9	云南玉溪玉昆钢铁集团有限公司
10	中铁高铁电气装备股份有限公司
11	经纬智能纺织机械有限公司
12	江苏金陵智造研究院有限公司
13	中国化学工程第九建设有限公司
14	洛阳国晟投资控股集团有限公司
15	安徽省公路桥梁工程有限公司
16	上海赞华实业有限公司
17	普洛药业股份有限公司
18	合肥建工集团有限公司
19	四川德润钢铁集团航达钢铁有限责任公司
20	阳城县皇城相府（集团）实业有限公司
21	山西电机制造有限公司
22	太原天然气有限公司
23	福建省泷澄建设集团有限公司
24	七星电气股份有限公司
25	安徽省第一建筑工程有限公司
26	福建省腾龙工业公司
27	厦门强力巨彩光电科技有限公司
28	江南工业集团有限公司
29	中智安徽经济技术合作有限公司
30	福建武夷交通运输股份有限公司
31	安徽省路港工程有限责任公司
32	诸城外贸有限责任公司
33	安徽省建筑科学研究设计院
34	泸州北方化学工业有限公司

续表

序号	企业名称
35	山西东瑞企业集团有限公司
36	广州市第一市政工程有限公司
37	沈阳宏远电磁线股份有限公司
38	临汾万鑫达焦化有限责任公司
39	安徽省第二建筑工程有限公司
40	广州园林建筑规划设计研究总院有限公司
41	福建省华荣建设集团有限公司
42	广州市水电设备安装有限公司
43	北京水滴科技集团有限公司
44	福建省百盛建设发展有限公司
45	重庆立泰服饰集团有限公司
46	安徽建工建设投资集团有限公司
47	沈阳昌盛电气设备科技有限公司
48	福建省华龙集团饲料有限公司
49	武汉钢铁绿色城建金属结构有限责任公司
50	晋控电力塔山发电山西有限公司
51	安徽中志轨道交通装备制造有限公司
52	鹏盛建设集团有限公司
53	山西黄土坡煤业集团有限公司
54	中国石油天然气股份有限公司四川凉山销售分公司
55	九三粮油工业集团有限公司
56	福建福矛酒业有限公司
57	牡丹江热电有限公司
58	武汉市政工程设计研究院有限责任公司
59	北京城建八建设发展有限责任公司
60	福建晟育投资发展集团有限公司
61	银广厦集团有限公司
62	福建省九龙建设集团有限公司
63	山西寿阳段王煤业集团有限公司
64	海环科技集团股份有限公司
65	安徽三建工程有限公司
66	首钢长治钢铁有限公司
67	新疆银穗财税服务集团股份有限公司
68	乐昌市市政建设工程有限公司
69	陕西煤业化工集团孙家岔龙华矿业有限公司
70	福建思嘉环保材料科技有限公司
71	南京中央商场(集团)股份有限公司
72	安徽省交通航务工程有限公司
73	朗恒科技集团有限公司
74	广东夜太阳科技集团有限公司

续表

序 号	企业名称
75	山西宁武大运华盛南沟煤业有限公司
76	北京首源物业管理有限公司
77	黑龙江清河泉生物质能源热电有限公司
78	新疆克拉玛依市采丰实业有限责任公司
79	四川圣山白玉兰实业有限公司
80	鄂州市兴方磨具有限公司
81	贵州省交通规划勘察设计研究院股份有限公司
82	朔州市华昱保安押运护卫有限公司
83	北京外研在线数字科技有限公司
84	广东华工工程建设监理有限公司
85	沈阳鑫博工业技术股份有限公司
86	云南乍甸乳业有限责任公司
87	临汾尧都保安护卫中心
88	哈电集团哈尔滨电站阀门有限公司
89	阳泉市押运护卫有限公司
90	怀仁恒源瓷业有限公司
91	广东合筑众创建设有限公司
92	韶关市中群建设有限公司
93	乐昌市第三建筑工程有限公司
94	广州市房实建设工程管理有限公司
95	吕梁押运护卫有限责任公司
96	湖北丰庆源粮油集团有限公司
97	山西信发化工有限公司
98	广东盈兆建筑工程有限公司
99	铜陵市普济圩现代农业服务有限公司
100	广东卓地建设有限公司
101	大同保安服务有限公司
102	武汉一品红园艺绿化责任有限公司
103	五寨县祥宇煤业有限责任公司
104	安徽非金谷现代物流有限公司
105	安徽省雄鹰保安服务有限公司
106	福建华佳彩有限公司
107	广东方卓建设工程有限公司
AA 级信用企业（4 家）	
1	黑龙江华明管业有限公司
2	玉溪泽润生物技术有限公司
3	建龙黑龙江新材料科技有限公司
4	上海荣年管理咨询有限公司
第二批	
AAA 级信用企业（100 家）	
1	杭州钢铁集团有限公司

续表

序　号	企业名称
2	内蒙古电力(集团)有限责任公司
3	龙佰集团股份有限公司
4	国能大渡河流域水电开发有限公司
5	金堆城钼业集团有限公司
6	中国水利水电第七工程局有限公司
7	广州港集团有限公司
8	四川公路桥梁建设集团有限公司
9	陕西有色天宏瑞科硅材料有限责任公司
10	中国人民解放军第五七一九工厂
11	安徽水利开发有限公司
12	中国电建集团重庆工程有限公司
13	中铁八局集团建筑工程有限公司
14	福建省人力资源服务有限公司
15	安徽省交通建设股份有限公司
16	四川省水电投资经营集团有限公司
17	新疆广汇实业投资(集团)有限责任公司
18	四川省烟草公司凉山州公司
19	中铁建工集团建筑安装有限公司
20	中铁物资集团西南有限公司
21	河南中豫建设投资集团股份有限公司
22	舟山中远海运重工有限公司
23	山西兰花煤炭实业集团有限公司
24	江苏洋河酒厂股份有限公司
25	河南硅烷科技发展股份有限公司
26	合肥水泥研究设计院有限公司
27	中国兵器工业集团江山重工研究院有限公司
28	河南天工建设集团有限公司
29	庆铃汽车股份有限公司
30	新亚特电缆股份有限公司
31	福建省金正建设工程有限公司
32	十九冶成都建设有限公司
33	兖矿新疆能化有限公司
34	盛新锂能集团股份有限公司
35	河南中平能源供应链管理有限公司
36	云南农业生产资料股份有限公司
37	中铁五局集团成都工程有限责任公司
38	河南省光大建设管理有限公司
39	山西忻州神达能源集团有限公司
40	广州南洋电缆集团有限公司
41	河南江河机械有限责任公司

续表

序 号	企业名称
42	青岛胶城建设集团有限公司
43	昆明三川电线电缆有限公司
44	四川省高宇集团有限公司
45	紫光计算机科技有限公司
46	北京瑞华赢科技发展股份有限公司
47	天津矿山工程有限公司
48	云南金丰汇油脂股份有限公司
49	中国电信股份有限公司四川分公司
50	贵阳中安科技集团有限公司
51	云南百冠电线电缆有限公司
52	中铝集团山西交口兴华科技股份有限公司
53	安徽港诚国际贸易有限公司
54	山西美特好连锁超市股份有限公司
55	河南易成新能源股份有限公司
56	云南牛牛牧业股份有限公司
57	广州市房屋开发建设有限公司
58	云南祥丰实业集团有限公司
59	黑龙江鹤城农业投资集团有限公司
60	四川宝晶玻璃有限责任公司
61	山西尧都农村商业银行股份有限公司
62	华映科技(集团)股份有限公司
63	中铝山西新材料有限公司
64	云盛达建设集团有限公司
65	五牛控股有限公司
66	山西阳城阳泰集团屯城煤业有限公司
67	成都建工赛利混凝土有限公司
68	山西潞安金源煤层气开发有限责任公司
69	攀枝花市水务(集团)有限公司
70	重庆华轻商业有限公司
71	宏华油气工程技术服务有限公司
72	四川省宜宾丽彩集团有限公司
73	昆明欧杰电缆制造有限公司
74	河南四通工程检测有限公司
75	广东煜煜建设工程有限公司
76	四川峨眉山佛光水泥有限公司
77	山东东方监理咨询有限公司
78	晋能控股集团忻州通用机械有限责任公司
79	上海瀚海检测技术股份有限公司
80	广东海勤建设有限公司
81	四川通达化工有限责任公司

续表

序　号	企业名称
82	昆明金域医学检验所有限公司
83	四川梓橦宫药业股份有限公司
84	洛阳盛龙实业有限公司
85	黑龙江省中信路桥材料有限公司
86	齐齐哈尔诚鹤科技有限公司
87	广东运泰建筑工程有限公司
88	山西忻州神达大桥沟煤业有限公司
89	广东宏伦建设工程有限公司
90	广州市润基置业有限公司
91	深圳平安综合金融服务有限公司成都分公司
92	广东千茂洋建设有限公司
93	重庆天骄工程项目管理有限公司
94	广州市番禺食品有限公司
95	雅安百图高新材料股份有限公司
96	广州市东建工程建设监理有限公司
97	陕西汇丰人才科技集团有限公司
98	山西兰花科技创业股份有限公司唐安煤矿分公司
99	北京永达信工程咨询有限公司
100	资阳保安有限责任公司
第三批	
AAA 级信用企业(49 家)	
1	黑龙江省交通投资集团有限公司
2	山东电力建设第三工程有限公司
3	中国电建集团昆明勘测设计研究院有限公司
4	胜利方圆实业集团有限公司
5	中国电建集团贵阳勘测设计研究院有限公司
6	陕煤集团神木红柳林矿业有限公司
7	晓润集团有限公司
8	山西日盛达太阳能科技股份有限公司
9	中联西北工程设计研究院有限公司
10	福州市产业投资集团有限公司
11	重庆国瑞控股集团有限公司
12	中国电建集团北京勘测设计研究院有限公司
13	重庆铁马工业集团有限公司
14	中建四局贵州投资建设有限公司
15	中车成都机车车辆有限公司
16	中铝瑞闽股份有限公司
17	中国石化销售股份有限公司贵州石油分公司
18	中国水利水电第十六工程局有限公司
19	华能新华发电有限责任公司

续表

序　号	企业名称
20	福建天辰耀隆新材料有限公司
21	福建水口发电集团有限公司
22	哈尔滨九洲集团股份有限公司
23	中国电建集团青海省电力设计院有限公司
24	池州港远航控股有限公司
25	重庆标准件工业有限责任公司
26	金鼎钢铁集团煤焦化有限公司
27	上海邦成达资产管理有限公司
28	陕西建设机械股份有限公司
29	胜利油田北方实业集团有限责任公司
30	科海电子股份有限公司
31	陕西蔚蓝节能环境科技集团有限责任公司
32	南昌市政公用工程项目管理有限公司
33	四川凯达化工有限公司
34	福建威而特旋压科技有限公司
35	熹茗集团有限公司
36	黑龙江省创新农业物权融资有限公司
37	洛阳市国资国有资产经营有限公司
38	华能鹤岗发电有限公司
39	黑龙江省水利水电集团冲填工程有限公司
40	攀枝花青杠坪矿业有限公司
41	安徽中科都菱商用电器股份有限公司
42	国海建设有限公司
43	华能伊春热电有限公司
44	韶关市北江建筑工程公司
45	重庆宏美达欣兴实业(集团)有限公司
46	云启勘测设计有限公司
47	西安市鸿儒岩土科技开发有限公司
48	福建金科信息技术股份有限公司
49	广东承祐建设工程有限公司
AA 级信用企业(1 家)	
1	甘肃鑫润环保科技有限责任公司

资料来源：中国企业联合会、中国企业家协会。

2022 年中央企业综合信用指数

2022 年中央企业信用指数一级总指数													
	1 月	2 月	3 月	4 月	5 月	6 月	7 月	8 月	9 月	10 月	11 月	12 月	全年
2022 年 ECI(雇佣成本指数)	63.42	64.25	60.33	59.02	61.75	64.06	60.63	63.85	73.52	60.33	58.71	53.31	61.93
2022 年中央企业信用指数二级分类指数													
二级指数	**1 月**	**2 月**	**3 月**	**4 月**	**5 月**	**6 月**	**7 月**	**8 月**	**9 月**	**10 月**	**11 月**	**12 月**	**全年**
2022 基础信用指数	57.24	59.64	62.15	55.28	48.42	54.34	45.86	41.38	75.42	62.26	36.56	36.56	52.93
2022 信用实践指数	64.14	64.52	55.36	55.17	74.21	64.14	69.86	83.26	77.71	61.63	76.54	65.97	67.71
2022 信用记录指数	55.56	54.09	52.43	60.3	36.29	37.72	47.87	37.68	35.31	34.29	37.87	37.24	43.89
2022 年中央企业信用指数三级分项指标													
三级指标	**1 月**	**2 月**	**3 月**	**4 月**	**5 月**	**6 月**	**7 月**	**8 月**	**9 月**	**10 月**	**11 月**	**12 月**	**全年**
公司治理指标	48.95	72.21	49.72	75.02	49.75	71.61	16.62	54.8	32.04	75.02	15.44	15.44	48.05
经营者素质指标	74.05	72.68	75.45	75.46	75.38	72.75	83.81	56.54	74.38	75.41	81.71	83.2	75.07
理念与教育指标	73.89	73.11	74.71	74.97	74.97	82.33	82.91	55.9	73.66	74.69	82.16	83.03	75.53
财务状况指标	41.86	38.83	60.63	75.79	24.67	30.86	24.74	54.72	32.53	41.49	14.51	13.13	37.81
产品服务指标	73.88	61.38	27.81	74.2	74.2	43.12	83.22	55.43	73.44	49.24	83	24.07	60.25
安全生产指标	73.73	72.37	49.21	74.18	74.09	73.62	82.95	55.1	57.45	49.69	81.23	82.84	68.87
环境责任指标	73.96	72.88	75.03	74.91	74.92	72.9	82.91	56.02	73.87	75.02	82	83.12	74.79
劳动关系指标	72.79	38.73	73.73	81.75	72.74	70.89	82.7	54.3	72.76	73.61	43.58	81.79	68.28
供应链指标	74.31	75.05	74.4	84.11	74.85	72.68	84.27	54.89	72.92	74.36	84.33	83.49	75.81
风险管理指标	75.21	73.98	74.91	84.73	75.33	73.14	84.02	55.37	74.55	74.89	83.04	84.51	76.14
社会评价指标	26.89	51.27	52.44	22.8	24.39	49.15	20.74	66.17	42.04	20.7	22.83	21.23	35.05
监管部门信息指标	73.71	82.27	74.69	74.91	74.84	82.6	83.05	76.59	73.87	74.7	82.21	82.82	78.02
荣誉与公益指标	72.72	79.8	72.05	70.13	70.83	92.74	87.58	69.12	57.04	72.01	80.2	81.7	76.33

资料来源：中国企业联合会、中国企业家协会。

第二十九届全国企业管理现代化创新成果名单

等 级	成果名称	申报单位	主 要 创造人	参与创造人
一等	加快实现科技自立自强的航空发动机体系化协同研制管理	中国航空发动机集团有限公司	曹建国 陈少洋	赵 亮 于建军 张永新 马 论 徐 新 王俊兵 欧珍艳 何龙江 徐 俊 王丁杰
一等	以建设具有中国特色国际领先的能源互联网企业为目标的战略管理体系构建	国家电网有限公司	辛保安 庞骁刚	李 凯 张 玮 邱忠涛 石书德 刘 拓 赵九斤 孔 雷 郝福川 马 莉 张笑峰
一等	大型石油企业集团有效统筹发展与安全的重大经营风险防控管理	中国海洋石油集团有限公司	汪东进 徐永昌	田 鹏 杨晓滨 时 超 蒋廷瑞 李又武 于姣姣 王毓敏 彭 川 王 蒙 关 欣
一等	中央企业以"三链"为核心的网信业务发展	中国电子信息产业集团有限公司	曾 毅 周进军	孙迎新 杨 林 刘燕武 邓子畏 李玉照 程子阳 李 博 刘 宁 周英超 郭晨钟
一等	石油化工企业集团以业务变革为核心的数字化转型	中国石油化工集团有限公司	王子宗 景 帅	宫向阳 李剑峰 王玉冰 孙 鸽 吴 泊 蒋 楠 王景涛 任 嵬 赵学良 高 瑞
一等	船舶制造企业集团提升国际化经营水平的汇率风险管理	中国船舶集团有限公司	贾海英 李朝坤	徐 舍 金 胜 崔 明 王志军 许 魁 关 颖 王 华 胡浩然 丛 润 高 倩
一等	特大型国有企业以深化三项制度改革为核心的市场化机制构建	鞍钢集团有限公司	栗宝卿 谭克建	李顺健 李学佳 刘 强 张绪凯 郭 明 刘 俊 李 巍 周 克 王永刚 陆 颖
一等	中央企业以高质量发展为导向的多维度全周期业绩考核管理	中国华能集团有限公司	陆 飞	邱海松 孟泽河 聂智陶 陈学国 赵东明 牛问哲 毛 剑 高淑军 任清一
一等	助力数字经济高质量发展的新型信息基础设施建设管理	中国移动通信集团有限公司	李慧镝 周承阳	边燕南 丁宏庆 李重严 蔡亚莉 李海滨 王晓东 张鹏飞 孙 晟 孙 伟 杨志军
一等	打造材料产业国有资本投资公司的体制机制变革	中国建材集团有限公司	周育先	李新华 魏如山 黄振东 张 华 牛振华
一等	国际物流供应链集团战略导向的数字化人力资源管理体系构建	中国远洋海运集团有限公司	李 歆 关育德	唐继云 崔志鹏 韦秀民 李忱忱 罗丹枫 杨晓峰 刘权辉 廖 丹 史洪斌 郝 珊
一等	以打破国际封锁为目标的高质量碳纤维材料工程化管理	中复神鹰碳纤维股份有限公司	张国良 刘 芳	罗皞宇 席玉松 李 韦 陈秋飞 金 亮 连 峰 王 暖 张刚翼 郭鹏宗 毕建全
一等	航天科研院所基于关键要素的战略实施体系构建	中国运载火箭技术研究院	王小军 王国辉	王占宇 陈海东 李 征 饶成龙 李占丞 李 飞 谷志星 杨雪娇
一等	满足运-20系列化、多状态研制要求的数字样机构建	航空工业第一飞机设计研究院	冯 军 赵 攀	任冀宾 杨 波 王译娴 郑晶晶 王小艳 屈卫刚 马 智 高 澎 蔡明学 孙 敏
一等	电网企业全面赋能经济社会高质量发展的能源大数据应用管理	国网浙江省电力有限公司；国家电网有限公司大数据中心；国网江苏省电力有限公司南京供电分公司	尹积军 沈 亮	皮一晨 杨 维 戴铁潮 邓 星 周春雷 黄宇腾 王 璞 刘文思 张永建 齐 飞

续表

等级	成果名称	申报单位	主要创造人	参与创造人
一等	建筑企业集团面向市场新格局的协同经营体系构建与运行	中铁十七局集团有限公司	陈宏伟	杨永睿 武宝君 陈爱嵩 丁晓东 李鹏 黄烨 童康为 刘亚鹏 马海龙
一等	基于多维度建模仿真的光纤预制棒全过程数字化生产运营管理	江苏中天科技股份有限公司	沈一春 赵海伦	林峰 卢军 陶伟 陈娅丽 曹姗姗 朱刘盅 田刘 陈丹 秦钰 陈京京
一等	深化国际合作的北极特大型清洁能源项目建设与运营管理	中国石油俄罗斯公司；中国石油天然气股份有限公司勘探开发研究院	蒋奇 张兴	窦立荣 张成武 赵伦 张宇 陈烨菲 刘志 刘贵洲 许涛 徐海霞 闫若冰
一等	复杂环境下的中老铁路项目建设管理	中国铁路国际有限公司	鞠国江 肖乾文	王永顺 席继红 张建涛 董天胜 胡贺 宋宗波 蔡超 黄菊 骆云峰 庄纪文
一等	服务国家粮食安全的数字化农业全产业链综合服务体系建设	厦门象屿集团有限公司	张水利 邓启东	方弘哲 邵蕴默 许振龙 吴捷
一等	实现增油减碳的国内首个百万吨级CCUS项目建设与产业化运营	中国石油化工股份有限公司胜利油田分公司	牛栓文 聂晓炜	舒华文 杨勇 陈军 张学超 赵学展 王亚洲 于法珍 牛汝东 武继辉 沈岳
一等	轨道交通装备企业基于分层分类的机制改革管理	中车株洲电力机车研究所有限公司	李东林 刘可安	张向阳 王力 邓青瑞 何政军 刘曦 陈昆 唐远远 叶朋 程惠 涂晓红
一等	建筑机械企业满足客户个性化需求的全价值链服务型制造管理	徐州建机工程机械有限公司	夏泳泳 王治国	张娇 仇建杏 石亚东 李彪 衣磊 李晓峰 吴建明 杨森
一等	国有资本投资公司基于智慧绩效系统的精准考核管理	深圳市投资控股有限公司	何建锋 王文杰	王显文 杜秀峰 甘卫斌 范静 彭兴庭 龚代辉 罗洪胜 邵留长 黄柏生 王兆楠
一等	核电企业以世界一流为目标的卓越运营管理	中国核能电力股份有限公司	卢铁忠 刘志勇	马明泽 徐侃 王国华 张福海 王兰 王欣 刘旭嘉 梁军 徐涵 朱术超
一等	电网企业全面融入地方高质量发展的“双满意”服务体系建设	国网福建省电力有限公司	蔡鸿贤	黄惠英 邹永增 叶继宏 刘强 黄平 王连辉 李清良 阎晓天 蔡丽华 吕士颖
一等	大型煤炭企业以多层级智能协同为目标的全面数字化升级管理	陕西煤业股份有限公司	杨照乾 王世斌	杜平 李孝波 张高峰 张茹敏 刘长来 祝治安 张亚梅 赵宇波 王钻研 钱劲帆
一等	轨道交通装备企业贯穿产品全生命周期的数字企业建设	中车唐山机车车辆有限公司	周军年 谭沐	刘春明 吴洪文 徐应明 王远霏 马霄锋 张绍东 李文军 蔡卫华 戈鑫 巨星
一等	全面支撑能源互联网企业建设的数字化服务体系构建	国网信息通信产业集团有限公司	黄震	李强 张立军 孙挺 杨树 赵建伟 许中平 李晓蕾 王春新 郭翔 李庆兵
一等	实现技术跨越的大型复杂核系统工程集简管理	中国核动力研究设计院	王丛林 唐传宝	赵志杰 扶靓虔 陈炳德 周捷 朱志勇 田志伟 李文钰 金槠 青松 付祖刚
一等	地方国有投资运营企业“五位一体”战略性新兴产业培育管理	青岛西海岸新区融合控股集团有限公司	高树军	张黎明 王健 王辉娟 郭文军 姜海成 包文祥
一等	化工集团以“两碱一化”为核心的全产业链绿色发展管理	唐山三友集团有限公司	王春生	李瑞新 李建渊 周金柱 郑柏山 钱晓明 马德春 王铁英 韩力锋 王全宏 于增盛

续表

等级	成果名称	申报单位	主要创造人	参与创造人
一等	建筑企业集团充分发挥所属企业特色优势的分类管理	中铁建工集团有限公司	王玉生	苏卫东 杨启昉 邓小英 邓延伟 李红岭 李树雄 刘一梦 马艳春 程本垚 姜宝昕
一等	面向建筑用能低碳转型的中央空调物联生态体系建设	青岛海尔中央空调有限公司	梁海山 李华刚	付松辉 赵建华 郑子辉 国德防 杨伟欣 王学道 杨宝林 赵立国 冯闯 李斌
二等	核电企业促进生物多样性保护的自然资本评估体系构建	中国广核集团有限公司	韩云飞	黄晓飞 朱丹
二等	军工企业集团以建立双重预防机制为核心的环境风险管理	中国航天科工集团有限公司	邵天民 闫梦则	范博文 乔思萌 于珊珊 王爱聪 赵晓萌 鲁雪梅 靳励 楼丹 汪飞 程龙
二等	军工企业集团基于价值创造的全流程、全要素、全生命周期固定资产数字化经营管理	中国航天科技集团有限公司	万彦辉 周润松	凌国厚 黄李昊 赵晓旭 张宇 胡家烨 王丹 沈勤 阎师
二等	促进5G新发展的跨企业数字化合作管理	中国电信集团有限公司；中国联合网络通信集团有限公司	刘桂清 买彦州	张新 苗守野 李鹏 田元兵 孟照方 薛超粤 王建斌 李菲 汪昌帅 谢云龙
二等	中央企业以“二十字”标准为引领的干部管理体系建设	中国航空工业集团有限公司	李清堂 李燕	于浩 牛董超 尚磊 张翔霞 刘波 田力 陆涛 郭壮 黄方林 袁毅力
二等	通信企业集团数据驱动的云网投资精细化管理	中国电信集团有限公司	邵广禄 冯杰	黄礼莲 李进 孙宇钊 周昕 黄洪波 原全新 吴跃华 鲁娜 闫飞 孙巧
二等	邮政企业服务乡村振兴的惠农协同服务体系构建	中国邮政集团有限公司	姜春华 季建华	何建军 刘星 申兵 林建新 王昶太 陈林劼 朴春善 王小东
二等	电网公司供应链数据资产价值应用管理体系建设	中国南方电网有限责任公司	杨洽 匡少攀	谭琼 郑之茂 刘柳 王斌 周宇婷 鲁毅 陈婧延 任继承 宋义林 李勇
二等	通信企业集团实现全国一体化跨省通用的“电子身份认证”体系构建	中国联合网络通信集团有限公司	杨庆友 韩丽艳	王君珂 靳慧芳 常成 尚一多 李张体 何坤 王伟华 王磊 吴帆 郑永绵
二等	中央企业“三横三纵”管理制度体系建设	中国华电集团有限公司	董全学 黄兴根	郭妍 叶楠楠 肖尹进
二等	钢铁企业集团以“五化”为核心的战略转型管理	河钢集团有限公司	于勇 李毅仁	王宇辉 孔维明 李洋 张晓康 张妍 郑仲
二等	汽车企业有效支撑“智能化、网联化、电动化、共享化”转型的标准体系建设	重庆长安汽车股份有限公司	张晓宇 李雪梅	赖薪郦 王建斌 贺刚 詹樟松 陈文波 刘玲 李显峰 王福新 吴学松 张诚民
二等	知名白酒酿造企业对标世界一流的管理提升	中国贵州茅台酒厂（集团）有限责任公司	刘刚 谢钦卿	范志雄 梁显金 陈扬小艺 周利 罗祎祎 杜珊珊 武兆伟 刘玄 粟小宝 周朝政
二等	服装企业基于ESG的价值链绿色化管理	波司登羽绒服装有限公司	高德康	朱高峰 王晨华 陈皓 焦宇航 孙韵浩
二等	建筑企业集团以世界一流企业为导向的全过程战略管理	中国中铁股份有限公司	陈云 陈文健	于腾群 任鸿鹏 耿树标 王德志 张学军 李景贵 程子潇 王丁 韩毅 束永保

续表

等级	成果名称	申报单位	主要创造人	参与创造人
二等	建材企业以风险防控为重点的大合规监督闭环管理体系建设	中国建材股份有限公司	王兵	堵光媛 田苗 崔向阳 陈海仙
二等	电网企业以高质量发展为目标的海外业务再投资并购项目管理	国网国际发展有限公司	胡玉海 文博	何云鹏 潘月辉 刘彦丽 李乐泉 黄富涛 孟仲伟 韩明芷 张力 张凯航
二等	构建国际一流综合服务能源企业的全过程对标管理	北京能源集团有限责任公司	姜帆 阚兴	王永亮 田野 金立 马力 师淳
二等	百年煤炭企业以新发展理念引领的战略转型管理	徐州矿务集团有限公司	冯兴振	陈清华 陈伟东 邓国新 商振栋 赵晓博 张晋波 袁泉
二等	油田企业以价值创造为导向的劳动绩效全要素量化考核管理	大庆油田有限责任公司	朱国文 张赫	周仕林 高伟 朱传宝 成继平 马国良 沈明义 郭金勇 林亚光 冷宇恒 于森川
二等	钢铁企业集团以世界一流为目标的科技领军计划构建与实施	鞍山钢铁集团有限公司	王义栋 孟劲松	任子平 丛津功 王忠润 李维兵 孟昭萍 曹新全 仉勇 张营 林东盛 徐长维
二等	半导体显示企业以“灯塔工厂”为引领的数字化变革管理	京东方科技集团股份有限公司	陈炎顺	张羽 王锡平 付华 陈健 刘文瑞
二等	化工企业以实现绿色高质量发展为目标的综合改革管理	云天化集团有限责任公司	张文学 段文瀚	潘明芳 何祖明 宋家明
二等	轨道交通装备企业提供系统解决方案的海外总包项目管理	中车株洲电力机车有限公司	周清和 傅成骏	王巧林 陈旺明 曾欢 高凤 过肖元 熊建 税波 洪筹 李静静 陆跃
二等	以安全、绿色、智慧为导向的北京冬奥会电力服务保障管理	国网北京市电力公司	王昕伟 王鹏	史景坚 杨志东 陈京 于宏海 徐剑 代贵生 陈广久 栾逢时 张皓 丁建武
二等	汽车物流企业适应智慧化转型的人力资源管理变革	重庆长安民生物流股份有限公司	谢世康 万年勇	周智伟 陈刚 罗涛 吴雪娇 蓝海英 牛钰娟 徐媛
二等	重组新设企业以高质量发展为导向的战略驱动型组织建设	中国铁工投资建设集团有限公司	张建国	耿树标 李亮 肖圣 王刚 年福兵 李凯 马林 张荣耀 杨昊
二等	邮政企业基于交商邮融合的县乡村三级物流商贸体系构建	中国邮政集团有限公司四川省分公司	马千军 蔡一德	吴继圃 龙程 严丹婷 王雯 武龙 朱学智 沈辉 张杉
二等	轨道装备制造业敏捷制造管理体系构建	天津中车唐车轨道车辆有限公司	徐军 潘隆	刘东旭 张树春 贾培芸 巨星 康浩声 谢恩强 张建辉 李福生 马强 胡凤博
二等	熔喷布制造企业有效应对重大公共突发事件的柔性生产经营管理	天津泰达洁净材料有限公司	宋逍 谢敬伟	王波 赵国闽 杨东昇 孟昭曦 姚增玉 刘秀峰 王际影 孔德宏 刘晶 吴涛
二等	船舶企业基于数字化仿真的车间生产管理	沪东中华造船(集团)有限公司	潘冬伟 吉中良	范志川 沈寒 史亭亭 项乔 胡志博 张建刚 钱程 王雷 程伟
二等	航空主机所基于自主创新的空天融合项目协同研发管理	中国航空工业集团公司成都飞机设计研究所	赵民 房元鹏	许泽 胡红东 杨卫东 李振翼 秦志伟 尹智 方圆 唐万元 杨虎 樊小龙

续表

等 级	成果名称	申报单位	主要创造人	参与创造人
二等	国际工程公司促进国际国内“双循环”的海外并购整合管理	中国电力工程顾问集团有限公司	罗必雄 刘 壮	顾 军 杨炳良 朱 丹 黄明亮 左 鹏 刘国芳 蔡逢敏 刘 叶 强琬青 夏昊君
二等	建筑企业集团基于“人机协同”的财务数智化转型	中铁隧道局集团有限公司	孙 璀 李献林	马永红 牛 健 闫 刚 郑 骞 李延春 段伟朝 胡周伟 刘 勇 卢云飞 殷小建
二等	军工企业覆盖全员、全过程的体系化创新能力建设	四川九洲电器集团有限责任公司	程 旗 袁瑞敏	喻 敏 赵平路 陈玉忠 陈 君 姜 凤 齐凯毅 张嘉良 闻建华
二等	城市轨道交通工程基于“标准图式”的关键安全风险预防管理	南昌轨道交通集团有限公司	万先逵 刘为民	黄鹤华 吴招锋 詹 涛 李 佳 周国强 李垂炁 李 亮 张 申 温智君 陈静伟
二等	服务黄河流域生态保护和高质量发展的区域电力系统建设与管理	国网山东省电力公司济南供电公司	任志刚 王 勇	郭 新 施亚林 王 晶 刘 晓 刘淑磊 刘双喜 韩晓光 肖 杰
二等	基于“一核五化”的舰船敏捷高效保障体系构建	中船黄埔文冲船舶有限公司	聂黎军 刘一飞	蔡忠民 李 强 许振波 贾祥锋 朱 丹 孙 晖 李立宇 李敬伟 杨 涛 黄登锋
二等	机电设备研究所以“保障战斗力”为导向的装备全寿命保障体系构建与实施	中国船舶集团有限公司第七〇四研究所	丁 虎 金 晓	郑彦民 王 敏 刘得良 王凤翔 董思远 黄 杉 夏 淼 李新喜 甘跃文 高孝忠
二等	航空制动产品基于模型驱动的全数字化协同研发管理	西安航空制动科技有限公司	付鹏锋 陈国慧	强 刚 马晓军 刘 航 黄 星 张 娟 谢 玄 赵 珊 张 皎 张 卓 王嘉忆
二等	地方国有投资平台公司控股民营造船企业的混合所有制改革管理	青岛军民融合发展集团有限公司	张金楼 陈 伟	于相金 李蓉蓉 仝颂 王德波 王志远 李兴雷 王会千 刘明华 刘明泉 袁灵秀
二等	满足新形势下航空发动机发展的专业化核心供应链建设	中国航发动力股份有限公司	宁 辉 沈 鹏	杨冀秦 邹兆安 林子博 胡海峰 周清理 赵 昭 黄正阳 何 英 崔庞博 魏钱锌
二等	核潜艇装备实现“设计-建造-检验”全流程数字化贯通的协同管理体系构建	中国船舶集团有限公司第七一九研究所	吴鹏炜 刘 潜	李 霖 王祖华 彭云飞 孙宇航 陈 刚 吴汪洋 唐熊辉 赵德月 罗 威 段 晨
二等	国有工程技术企业提升市场化经营能力的混合所有制改革	鞍钢集团工程技术有限公司	冯占立 王 岭	张绪凯 毛希文 王 刚 王 昆 梁凯铭 张咏梅 邱 东 王寅虎 陶 仲 胡宝彬
二等	省级电网企业以综合改革为突破的现代企业治理体系构建与实施	国网天津市电力公司	赵 亮 周 群	韩 冰 李永卓 肖建光 钟 奕 王鸿雁 杨泽勇 白婧婧 杨仲运 马 婷 刘 涛
二等	以提升综合效能为导向的军工装备“三化”管理	中电国睿集团有限公司	马建林 周凤拯	彭 迪 毛秀红 赵玉洁 周建华 陈振宇 刁兆勇 尹丽杰 杨 婷 童赞平 黄 涛
二等	以双向融合为核心的审计体系建设	北京首钢建设集团有限公司	任立东 赵桂艳	杨 波 武阔君 甘小青 吕英瑞 侯立艳 刘彩云 齐文文 教学燕 郭赞赏 李晓清
二等	船舶科研院所基于标准化的国际规则治理能力建设	中国船舶集团有限公司综合技术经济研究院	韩笑妍 王 晶	石 瑶 冯书桓 王立志 郭 娅 董 琳 岳 宏 刘凯茜 赖俊星 祁 超 孙耀刚
二等	通信企业基于“三效驱动”的三项制度改革管理	中国联合网络通信有限公司北京市分公司	王传宝	张 猛 刘 颖 康 锐 刘 旸 付红宇 樊敏燕 赵 昕 林志鹏 刘伟伟

续表

等级	成果名称	申报单位	主要创造人	参与创造人
二等	战略引领型中央企业高端科技智库运行体系建设	中国电子科技集团公司电子科学研究院	张洪天 计宏亮	曾倬颖 刘 畅 刘静岩 线珊珊 赵 楠 郝英好 陶 利 龚振炜
二等	制药企业以确保用药安全为核心的药物警戒管理体系建设	华北制药股份有限公司	高任龙 王欣明	李航宇 申永锋 张 钧 李 佩 韩立莎 韩翠忍 吕素贤 王利杰 董书法 王 彦
二等	地方国有投资公司基于"钻石体系"的生物医药产业赋能管理	合肥市产业投资控股(集团)有限公司	雍凤山 江 鑫	王 晴 白玉静 杨希娟 李静芸
二等	钢管制造企业以客户需求为导向的协同管理体系建设	天津源泰德润钢管制造集团有限公司	黄亚连	刘凯松 袁令军 王德利 赵 普 李威呈
二等	强军战略导向下的飞机脉动式生产管理	成都飞机工业(集团)有限责任公司	蒋 敏 隋少春	周显峰 孙守强 许杨玲 赵 轶 孟 蔦 黄吉传 周春华 齐世文 徐剑波 张立新
二等	基于共享理念的闲废物资处置服务平台建设	中车哈尔滨车辆有限公司双盛分公司	柯庆友 姜成吉	徐喜太 谷芳治 李敬涛 姚 杨 单佣权 孙诗苗 卞 际 李瑞鑫 黄 娜 苏德龙
二等	油气矿企业基于"油公司"体制的高含硫气田水外排管理	中国石油天然气股份有限公司西南油气田分公司川中油气矿	方 进 刘 路	郑荣军 冯泽江 杨 立 李 亮 谢旭龙 田心宁 代 娟 甘 宇 马 骁 陈定朝
二等	宇航企业基于积分制的人才管理变革	中国航天科技集团有限公司第五研究院	赵小津 于 江	陈国宇 李炤坤 侯凤妹 连 程 宋 达 赵小兵 周 磊 李 力
二等	面向石化企业集团的数字化人力资源共享服务业务开拓管理	中国石化集团共享服务有限公司南京分公司	吴玉玲 刘金彪	张 蕾 丁卫伟 付明海 江 虹 徐安科 吴 鹏 陈 磊 阮 珊 方红仕 姚分忠
二等	军工企业提升联合作战能力的网信体系建设管理	中国电子科技集团公司第二十九研究所	刘 刚 于 翔	项 川 张 弓 高 原 宿 丁 刘湘德 何俊岑 王俊凌 王 凯 袁方宇 危 辛
二等	以"两提一降"为目标的海上油田注水开发"五维管理"	中海石油(中国)有限公司	徐可强 阎洪涛	赵春明 潘亿勇 张春生 徐文江 刘义刚 张 鹏 姜维东 唐晓旭 戈仁刚 郑 伟
二等	赋能荒漠油田高效生产的物联网建设	中国石油天然气股份有限公司新疆油田分公司	石国伟 张亚顺	杨绍楠 韩 光 周继伟 司长征 赵春雪 吴 斌 省荣辉 杨 兵 马 骥 范丰琴
二等	军工院所提升研制能力的"五步联动"战略管理体系构建	上海航天化工应用研究所	叶 勋 王学峰	李梦宇 王 勇 姚 珍 计晓军 刘 杰 刁吉阳 夏 俭 陈 晨
二等	充分发挥设计制造合一优势的水陆两栖飞机研制管理	中航通飞华南飞机工业有限公司	赵静波 王 彬	张学振 陈泽鎏 李长庆 申蒸洋 陆汉东 殷和贵 邰 翊 程 玲 黄万甲 郭 爽
二等	中药民族药企业坚持走"专精特新"特色发展道路的产业链优化升级管理	新疆银朵兰药业股份有限公司	李 俊	黄 磊 陈 菊 王红云 牟秀梅 郭晓红 张 军 冷英莉 彭雅荣 何莎莎
二等	采气企业以降本提质增效为目标的生产运营网格化目标管理	陕西延长石油(集团)有限责任公司延长气田采气三厂	朱永贵	张 旭 营 浩 王 鑫 谭云龙 许志远 郭 瑞 齐轩朝 康钧毅
二等	发电行业以数智化转型为核心的招投标质量管理	华能招标有限公司	赵东明 牛问哲	李应宽 张又新 刘维娜 侯 军 张守玉 邵维梓 程建胜 张 鹤 田 森 周 涛

续表

等级	成果名称	申报单位	主要创造人	参与创造人
二等	电网研究院所服务区域清洁低碳发展的一体化能源咨询服务管理	国网河北省电力有限公司经济技术研究院	冯喜春 王桐	郭占伍 王林峰 刘芮 李响 王杉杉 孙轶良 彭婵 车斌 申向梁 刘璇
二等	包装企业面向大规模定制的数字化工厂管理	浙江大胜达包装股份有限公司	方能斌 方聪艺	孙俊军 张伟 朱民强 田亚利 王火红 石义伟 刘海群 何金田 詹凯 王旭峰
二等	基建投资项目以风险防控为重点的"投资合作+EPC"管理	中铁发展投资有限公司	薛健	王慧丽 任超宇 李世欣 马现祥 曹占东 宋佳蔚 来瑞阳
二等	战略性新兴企业以市场为导向的全链条垂直整合与升级管理	吉林华微电子股份有限公司	于胜东	连远新 李强 孟鹤 钮立君 杨寿国 左建伟 宋宇宁 赵凯歌 孙建伟 庞丽霞
二等	提升专业化能力的盾构施工优化管理	中铁四局集团有限公司城市轨道交通工程分公司	汤恕 卜阳	柯尊伟 黄琦恒 陈斌 姜学广 廖江培 周霞 张誉 张鹏 连文江 曹伟
二等	黄河流域生态脆弱区电网建设全过程环境保护管理	国网宁夏电力有限公司	张强 叶健强	马志伟 薛东 杨文华 蒙金有 梁俊 苏纪臣 刘国敬 张晓晨 田源
二等	中方担任作业者的致密气田新型国际合作高效开发管理	中国石油股份有限公司长庆油田苏里格南作业分公司	单吉全 李新明	王栋 冯宁军 戴立斌 马骞 苗震 马晓蓉 武尚品 杜超 张学忠 何涛
二等	电网企业以打造国际品牌为目标的跨境供电服务管理	内蒙古国合电力有限责任公司	贯振国 郝智强	张宝刚 赵昶 张赞斌 刘明永 王婕 靳晶 张婷远 纳钦 卢苏伦嘎 钱猛
二等	军工企业数据驱动的"三优"物资管理	中国电子科技集团公司第十研究所	黄金元 周兵	赵星星 刘欣 何忠书 倪燕 苏桃 王娟 张二宏 张无量 李雪 周庆
二等	供电企业基于"共识共建共享"理念的电网建设管理	国网重庆市电力公司市区供电分公司	何永胜 张捷	梁雨林 杨高峰 钟家华 曾征 黄涛 马怀冬 肖文浩 米雪松 何张凤 向尧
二等	高端智能传感器"四位一体"自主可控产业化体系构建与实施	中国船舶集团有限公司第七一三研究所	庞国华 陈延伟	张宏 张玲玲 周凯 王阳 王贝 张基明 石邦凯 葛胜利 李芊慧 赵喜磊
二等	供电企业精准支撑乡村振兴战略的村网共建体系构建	国网四川省电力公司绵阳供电公司;国网甘肃省电力公司平凉供电公司	谢连芳 冯侃	高俊 谢志刚 肖勇华 苏华堂 孙竹 边辉 刘海于 陈丽娜 王俊橙 牛勤
二等	电信企业助力乡村振兴的数字化服务体系建设	中国联合网络通信有限公司湖南省分公司	欧阳恩山	雷鸣 何凌轩 朱宏 王海荣 李佳 胡太白 余依 杨鹏 郑荣 曾小梅
二等	军工企业基于产业链整合的浮空器国产化研制管理	中国电子科技集团公司第三十八研究所	徐如清 李向阳	茆磊 田越 李明荣 孔元 彭桂林 郭黎 董莉 高峰 朱善璋
二等	邮政企业"两集中"模式下一体化管控体系的构建与实施	中国邮政集团有限公司湖南省分公司	杜卫红 刘俊峰	肖立伟 朱儒勇 张锐 胡鹏程 沈周
二等	电信企业基于"三维联动"的市场化承包经营管理	中国电信股份有限公司东莞分公司	胡平	朱圣开 虞伟强 许斌 胡夫远 张绍勤 王慧 刘绍强 刘铭钊
二等	炼化企业以"要素"为牵引的全面风险管理	中国石油化工股份有限公司北京燕山分公司	李刚 王哲	曲宏亮 章丽莉 王延军 付潇 高海军 刘瑷琴 巴福利 吴萍 金凯媛 崔华

续表

等级	成果名称	申报单位	主要创造人	参与创造人
二等	服务浦东引领区建设的政企协同低碳供电体系构建	国网上海市电力公司浦东供电公司	周翔 周敏	王威 林震宇 郭睿 庄辛远 王天一 赵震宇 汪敏华 罗潇 施旖 朱峰
二等	钢铁企业以精益化为导向的高炉经济运行管理体系构建与实施	鞍钢集团朝阳钢铁有限公司	田勇 刘继朝	王淑艳 王光伟 王伟 钟启双 苗龙 毛凤龙 李涛 郑旭 李泽安 吕宝栋
二等	国有建筑企业以"五共"为核心的农民工管理	中铁四局集团有限公司	冯善恒 范敏	邵刚 陈海如 张凯 孙明华 任保华 占苏龙 潘磊
二等	省级电网企业以推动内生活力为目标的经理层任期制契约化管理	国网安徽省电力有限公司	陈安伟 张有明	许正伟 张道荣 聂运生 章丹 王磊 付真斌 曹俐 吕妍 何奇 王远
二等	基于战略赋能价值创造的航空发动机成本工程体系构建与实施	中国航发哈尔滨东安发动机有限公司	唐斌 孙洪伟	张西彩 王仁鑫 王国彦 关鑫 张志宏 刘鑫 田路 潘聚冬 赵伟斌 付加伟
二等	支持乡村振兴战略的林麝产业扶贫基地建设管理	漳州片仔癀药业股份有限公司	林纬奇	黄进明 刘丛盛 黄志鑫 李旭鑫
二等	新能源发电企业以集约化为核心的运维管理	华能国际电力股份有限公司河南清洁能源分公司	赵树春 王家兴	郑康乐 党政文 马俊祥 陈志伟 王磊 臧孟涛 崔利鹏 张晨晨 李来范 苗祎岑
二等	大型公立医院以"六化"为核心的后勤服务管理	中国科学技术大学附属第一医院	盛文翔	董宇欣 梁朝全 郑雨辰 王成国
二等	集成电路设计企业以战略为引领的数字化转型管理	成都华微电子科技股份有限公司	李国 黄晓山	王策 李春妍 周健 赖周华 王鑫 胡参 刘洋 赖强 唐泽辉 覃章敏
二等	央企科改示范企业以攻关物联网"卡脖子"技术为目标的管理变革	中移物联网有限公司	俞承志 刘春阳	肖青 薛少杰 刘翰林 邹文婷 高志强 于万鹏 莫新竹 白晴川 杨红 冉浪
二等	服务分布式新能源大规模接入的有源配电网管理	国网河北省电力有限公司保定供电分公司	高岩 王强	胡文丽 张纪欣 高龙 刘新建 崔良 董默 樊茂森 管敏丽 王光华 刘东宇
二等	以精益为导向的石油企业高效勘探	中国石油天然气股份有限公司华北油田分公司	沈华 吕江萍	史原鹏 钟小军 杨静 王超 田宁 蔡军 李小冬 罗玉财 尹峥 卢昊
二等	国有相对控股境外上市企业的市场化人才管理	北京能源国际控股有限公司	张平 朱军	韩秀会 刘国喜 张代富 贾耕 金鑫 赵立 刘吉广 王亚坤 Ho Lai Kuen 李业伟
二等	以创建国际一流油公司为目标的资源优化管理	中石化新疆新春石油开发有限责任公司	刘小波 董臣强	卢刚 刘双全 王其玉 王波 高志卫 张学超 牛汝东 傅锐 王洪凯 赵磊
二等	以提质增效为目标的"边小碎深"海上油田优快钻完井管理	中海石油(中国)有限公司天津分公司	喻贵民 邓建民	刘小刚 彭雷 马英文 许杰 刘峰 张晓诚 韩东东 韩超 向良炜 李大伟
二等	城市轨道交通企业基于建设全生命周期和经营全过程的数字化管理	无锡地铁集团有限公司	张军 谢辉	潘海刚 周茂庆 陶杰 朱军 张建 王晓舜 董利军 任东涛 彭翠枝 梁黎
二等	赋能美丽乡村建设的绿色供电服务管理	国网河南省电力公司兰考县供电公司	崔军朝 孟凡斌	杨跃武 许晓晨 畅广辉 洪浩 李明 徐岚 李文峰 李鹏 马浩博 张艺涵

续表

等级	成果名称	申报单位	主要创造人	参与创造人
二等	石油机械制造企业适应市场变化的精准生产经营管理体系建设	天津市东方先科石油机械有限公司	蒋治 李喜录	丁峰 郭俊锋 李孟强 葛玉涛 尹会军 党瑜 王齐旺 李井新 陈强 张明明
二等	施工企业以大商务管理为核心的项目管控能力提升	中铁五局集团第六工程有限责任公司	王国庆 陈吉林	朱健 张鹏 范刘杰 龚楠富 陈佳 林平 袁世全 佘波 周涛 李跟明
二等	国产操作系统企业以保障国家信息安全为目标的核心竞争力提升管理	麒麟软件有限公司	芮晓武 谌志华	韩光 韩乃平 孔金珠 刘浩驰 王冠 张堃 李立峰 米梦迪 王迪雯 刘锦叶
二等	电力企业以增强凝聚力和战斗力为目标的常态化、结构化职工服务体系建设	国网湖北省电力有限公司；国网吉林省电力有限公司；国网新疆电力有限公司	许子武 钟永泰	张珊珊 陈亚新 庹滑敏 叔大光 王艳丽 肖琛 刘欣阳 吴光美 王芳 李雪娇
二等	基于"互联网+5G院前急救"的"120"指挥调度中心信息系统构建	中国电信股份有限公司巴音郭楞蒙古自治州分公司	罗明 杨益	许泽民 尹黎军 刘梦龙 李亚军 池艳红 陈志远 肖冲锋 顾祖鸣
二等	国有企业以"增量思维"为引领的管理变革	株洲硬质合金集团有限公司	毛善文	徐涛 徐尚志 伍文辉 潘宏伟 孔娟 母通鑫 罗福利 夏艳萍 周雯青 吴师
二等	实现我国首台套IGCC示范电站"安全高效"运营的跨领域融合管理	华能（天津）煤气化发电有限公司	王世伟 祁海鹏	艾云涛 庄志 马康 于洋 郁峰 王俊棋 嵇余成 刘树金 杜浩鄰 边玥珂
二等	轨道交通装备企业基于"共创共享"理念的业务单元管理变革	中车青岛四方机车车辆股份有限公司	田学华 马利军	刘彩 勾希萌 刘显峰 荣豪 韩述生 王雷明 刘锐 张玮 李小辰 吴利刚
二等	助力乡村振兴的"村电共治"体系建设	国网湖南省电力有限公司株洲供电分公司	姚震宇 陈小武	张学敏 夏文静 杨可人 阳斌 范学海 周俊 方斌 姚力立 周彦尧 张立
二等	环保技术咨询企业推动高质量发展的混合所有制改革管理	山东省环境保护科学研究设计院有限公司	樊军 丁振波	边兴玉 康兴生 孙洪涛 陆建接 李波 王晓明 胡以福 靖玉明 马涛
二等	特高压电力装备制造企业品牌文化引领下的科技创新体系建设	保定天威保变电气股份有限公司	索超 赵志伟	杜振斌 彭广勇 李艳青 薛月芬 李亚红 韩雪峰 崔静卿 蒋晓辉 王月英
二等	冶炼企业全过程精细化成本管理	株洲冶炼集团股份有限公司	刘朗明 何献忠	陈湘军 谭轶中 王浩宇 龙双 潘帅 翟周违 周正华 冯平 熊卫江 陈新峰
二等	以精干高效为目标的油气服务专业化工程队伍管理	中国石化集团中原石油勘探局有限公司	张庆生 刘伟	王德宇 姚志刚 张志全 王燕丽 窦彦辉 封书华 肖昌军 郭强 徐晓辉 赵静
二等	偏远山区引水式水电站基于数据驱动的大坝智慧管理	四川华能太平驿水电有限责任公司	陈嵩 赵栋栋	黄国华 翁昌友 唐振宇 龙海山 张玺 唐小焰 钟永高 靳太和 柳钢
二等	基于"四个面向"的用电报装服务优化管理	内蒙古电力（集团）有限责任公司	贾振国 郝智强	白凤英 尹卿 田锦华 王永利 吴忠军 张月圆 王晓军
二等	化工企业以全面绿色低碳发展为目标的循环经济产业链管理	天辰化工有限公司	郭成军 杨培龙	历国庆 周红燕 滕永战 常秋林 张继军 孙泽国 马致昌 李永鹏 张乐 樊丽萍
二等	国有平台型企业以资源聚集为核心的智能网联产业培育管理	湖南湘江智能科技创新中心有限公司	谢国富 高培基	姚广 谭敏 胡锐 许星伟 田军锋 姜勇钢 刘婷 覃业钊 秦之遥 毛荣标

续表

等级	成果名称	申报单位	主要创造人	参与创造人
二等	电网企业基于“碳效码”的能效服务管理	国网浙江省电力有限公司湖州供电公司	何文其 邢建旭	夏星航 卢峰 岑梁 沈百强 李磊 马亮 徐俊 袁慧宏 尹小明 章宙文
二等	军工企业架构引领的流程驱动管理	南京晨光集团有限责任公司	袁勇 姚昌文	陈以亮 赵晖 李建平 汤浩舟 黄健 郭磊 牛小青 彭程 时小希 郭彦文
二等	国有资本投资公司多层次人才体系构建	湖南高新创业投资集团有限公司	汪学高 吕诚伦	杨洁 李俊杰 龙朝霞 蔡胜平 张志清 刘恋林 彭树立
二等	基于数字化的新型采油管理区作业区建设	中国石油天然气股份有限公司辽河油田分公司	张金利 赵万辉	李红伟 潘瑞生 刘胜 刘光宇 刘秦红 王亮 杜媛静 谢雨桐 林振锦 王飞
二等	基于数据融通的中老铁路“电气化工程”智能建造管理	中铁武汉电气化局集团有限公司	毛明华 冯小鹏	高旭红 丁芊 刘劲磊 沈曼盛 米丰 周志强 冯玉华 赖鹏 朱声学 金沧海
二等	聚合产业链资源的“我家有电工”供电延伸服务管理	国网湖北省电力有限公司襄阳市襄州区供电公司	刘华锋 罗威	王建华 汪瑞东 刘秦娥 张卫 孙勇 杨静文 孙小娟 胡金华 李珍珍 李龙
二等	煤炭企业基于大数据的智能化选煤生产管理	枣庄矿业(集团)有限责任公司	侯宇刚 陈传海	李文 赵庆民 刘永安 曹东京 赵伟 陈小霞
二等	基于大数据平台的铁路工程地质勘察数智化管理	中铁第四勘察设计院集团有限公司	姜鹰 廖进星	谭小科 邬强 孟祥龙 李时亮 董同新 石碧波 陈世刚 谢百义 王卫国 李军
二等	能源企业融入打造“无废城市”的垃圾焚烧发电项目建设管理	华能国际电力江苏能源开发有限公司南京电厂	李斌 韩孚昌	郑晖 黄伟 王学东 朱军 徐君 孙明星 周建亚 徐慧琳 庄承彬 李其河
二等	新一代百万千瓦高效燃煤智慧电厂工程技术集成管理	华能国际电力股份有限公司	赵克宇 陈书平	程阳 张晟 陈丰 张泉水 王默 刘景海 刘晓航 周民 李海滨 石伟栋
二等	科研院所助力高质量发展的知识产权管理体系构建与实施	中国空间技术研究院	胡大勇 及莉	杨冬 周玉新 郭荣 薛培元 钟心 胡月 宋海龙 刘永喆
二等	国有企业深化混合所有制改革的分拆上市管理	中铁高铁电气装备股份有限公司	孙璀 于腾群	段银华 郭俊亮 庞洁 李强 李广明 于迎丰 张厂育 杨春燕 王舒平 王徐策
二等	央企上市公司以“1242”为核心的任期制和契约化管理体系建设	中国中材国际工程股份有限公司	蒋中文 李荧琳	吕英花 董丽娜 杨静 岳立广 王雪琴 张晓红 潘韵文
二等	电网企业打造高效执行单元的卓越班组建设管理	国网浙江省电力有限公司杭州供电公司;国网浙江省电力有限公司宁波供电公司;国网浙江省电力有限公司绍兴供电公司	黄晓尧 李颖毅	钟晖 张黎明 张胜鹏 钟慧 赵赛锋 赵仲夏 方奇凤 徐巍峰 陈飞铃 孟永平
二等	民营企业集团适应母子管控体制的数字化转型管理	浙江荣盛控股集团有限公司	朱太球 倪建明	俞凤娣 俞传坤 沈明 杨长该 曹益锋 李伟慧 张林娟 沈丹味 陈科 张文惠
二等	以创建世界一流为目标的水电站智能化管理	华能澜沧江水电股份有限公司小湾水电厂	杨劲松 南冠群	钟智 皮跃银 范迎春 龚登位 赵晓嘉 郑智燊 金威 王远洪 陈映喜 余意
二等	建筑企业“人本”理念驱动的安全管理	中国建筑第八工程局有限公司	方东平 王学士	郭玥诚 郭红领 刘薇 马岩辉 王立峰 韩冬 张大鹏 李在上 刘更伟

续表

等级	成果名称	申报单位	主要创造人	参与创造人
二等	轮胎生产企业助力“双碳”目标的绿色制造管理	玲珑集团有限公司	王琳 刘丙刚	温波 王蕾 孙松涛 曹志伟 杨德梅 王博 王焕亮 隋晓飞 孙贵富 林虹竹
二等	精细化工企业基于全生命周期的数字化质量管理	传化智联股份有限公司	赵婷 张海婴	沈淑英 章翔 马晓东 陈涛 郑王伟 卞立 倪培桦 袁碧云 王燕娣 梁巧
二等	电子制造企业基于综合信息平台的智慧工厂建设与运营管理	深圳长城开发苏州电子有限公司	张五庆 卢平	于化荣 史初浪 王剑 易万清 王劲刚 叶杰林 郭泽权 李林丽 梁新华 张飞飞
二等	中央企业提升管档用档质量效率的干部人事档案信息共享管理	中国能源建设集团有限公司	马明伟 武璇	李琳琳 江用德 刘志勇 于家鹏 梁芥鹏 王井山 许栋 王少伟 黄存友 白宇亮
二等	锻造企业“绿色制造+大数据”融合发展体系构建与实施	湖北三环锻造有限公司	汪锋 梁文奎	胡全 左培 晏洋 吴冬波 张军 胡洪斌 赵志阳 邓正超。
二等	供电企业基于“互联网+”平台的智慧综合能源服务体系构建	国网辽宁省电力有限公司大连供电公司	刘波 贾宏智	胡博 刘玉 李希元 王毅 于海常 董吉超 张大巍 李君秋 王振宇 王雪
二等	能源企业基于大数据中心的智能化生产运营管理体系构建	华能山东发电有限公司	王栩 黄涛	李彦彪 唐培全 任寒 马勇 刘增瑞 亓新 李春晓
二等	咨询设计企业数字化管理体系构建	中通服咨询设计研究院有限公司	殷鹏 朱强	朱晨鸣 周斌 黄志华 李享 刘李 戎彦珍 唐怀坤 林涛 黄春林 张骏
二等	造船企业以设计能力提升为目标的知识管理体系构建与实施	上海外高桥造船有限公司	陈刚 袁飞鹏	张学辉 吴幼奇 房奎凯 吴燕子 袁轶 张世超 邵丹 熊勇 吴传伟 王焰
二等	建材企业基于创新价值工程方法的绿色低碳化改造管理	华新水泥股份有限公司	李叶青	王加军 杨宏兵 梅向福 汤峻 杜平 刘伟胜 叶济群 汪宣乾 江涛 韩前卫
二等	以建设“投建营”一体化高速公路产业集团为目标的战略转型管理	中铁交通投资集团有限公司	谭世俊 李建光	刘进友 陈戈 罗波 林玮鹏 王画 王敏 刘正强 胡宁
二等	数据驱动的宇航型号产品过程质量确认管理	上海宇航系统工程研究所	何文松 刘鲁江	邹薇 李建强 洪刚 蔡益飞 崔宇新 吴佳林 李江道 宋攀
二等	服务新型电力系统建设的电网建造绿色化融合化智慧化管理	国网山东省电力公司	张宝栋 程剑	丁锐 张永武 段宏伯 龚文杰 张涛 王斐凯 丁一 王义元 于森 马玉龙
二等	军工院所基于价值链关键环节的成本管理优化	北京航天长征飞行器研究所	沈波 惠俊鹏	王晶 李磊 程澄 李宝 张君发 王妍 董而泰 郑芃秋
二等	新材料企业以打造世界级锰产业基地为目标的运营管理体系构建	宁夏天元锰业集团有限公司	贾天将 高学祥	王旭飞 焦双 马自祥 沈天海 周建国 宋正平 闫秀梅 刘宁 张志华 陆帅
二等	供电企业促进“双碳”目标落地的高耗能企业能源服务管理	国网冀北电力有限公司唐山供电公司	王涛 梁吉	陈建军 路峰 刘大鹏 刘勇 皇甫成 朱正甲 张兆鑫 刘晓琳 卢泽钰 杨鸿宏
二等	钢铁企业促进全员快速改善的精益管理体系的构建与实施	首钢京唐钢铁联合有限责任公司	邱银富 曾立	王贵阳 苏震霆 赵世杰 李海龙 冷艳红 陈辉 韩建国 刘冀川 林绍峰 常永富

续表

等级	成果名称	申报单位	主要创造人	参与创造人
二等	煤机企业缸筒线性自动化生产线建设	郑州煤机综机设备有限公司	张景河 陈仲	张飞 宋重阳 康东亮 王海涛 周建勋 王天永
二等	区域发电企业数字赋能的新能源生产管控体系建设	华电陕西能源有限公司	李强德 王毅	张幸福 李庆林 宁志 吕嘉兴 党龙 杨军 吴大利 张元元 马永辉 王玮
二等	促进新能源战略实施的电网规划管理	国网黑龙江省电力有限公司经济技术研究院	边二曼 王莹	袁诚斌 安平 华科 张群 杨静思 王智超 丛云花 左峰 项雯 陈扬
二等	区域发电企业基于智慧低碳的综合能源服务转型管理	华能江苏能源开发有限公司	曹庆伟	齐革军 费维刚 罗海光 周国明 崔磊 杜润华 朱静 詹旭 王静
二等	能源企业实现绿色转型的滩涂光伏示范项目建设管理	华能(浙江)能源开发有限公司玉环分公司	陈锋 曹志华	李挺 张志挺 王俊 金玉磊 雒贵 韩兵 周景 陈方 修纯军 孙威
二等	基于不动产投资信托基金的交通基础设施“工程-金融”整合数字化管理	中交财务有限公司	刘军军 王艳丽	王守清 肖光睿 梁恩桃 李晓婧 赵可 周秘 高帅雄 武建宏 王勇华 王群
二等	基于在线拍卖交易平台的能源企业废旧物资再利用管理	国能(北京)商务网络有限公司	刘婷 杨艳丽	毛建新 穆大勇 范亚国 肖鹏 刘映男 张智勇
二等	平台型供应链服务企业产融协同业务的风险管理体系构建与实施	国网物资有限公司	蔡敬东 梅仉和	王光旸 白俊维 胡东 孙海燕 邢健 刘镓铭 韩芸 曹佳文 刘恒 李斯仪
二等	钢铁企业基于“三统一+协同物流管控”的“一总部多基地”管理体系构建	宝钢集团新疆八一钢铁有限公司	肖国栋 吴彬	柯善良 兰银 季艳军 谢香山 张志刚 姜振峰 薛宪营 姜旭海 刘沁 成鹏远
二等	支撑核电企业集团大监督管理的国资监管数字化平台建设	中广核智能科技(深圳)有限责任公司	管庆华 蒋振钢	陈朗 张学粮 包立新 王春霖 杨晓晨 范凌峰 张峥 金杉 邹来龙 春增军
二等	以突破指挥控制领域原创技术为目标的科技创新管理	中电莱斯信息系统有限公司	蒋炜 蔡疆	端木竹筠 高海超 蒋锴 王晓璇 赵晨亮 羌凌飞 卢波 陆冕 林鑫 贺佳文
二等	基于“四位一体”的航天装备型号过程质量确认体系构建	中国空间技术研究院遥感卫星总体部	李大明 赵宁	陈塞崎 黄昕 李一凡 韩波 秦素然 张宏宇 郝志华 杨黎
二等	电网企业服务塞罕坝生态文明示范区的创新生态管理	国网冀北电力有限公司承德供电公司	吕春雷 郭金智	黄波 刘洋 郭明辉 李莉 席海阔 张婉明 张新亮 丁家超 白明辉 张艳春
二等	区域发电企业基于“四个导向”的市场化薪酬体系改革	中国华能集团有限公司河北分公司	董长青 谢天豪	贾丽娟 关殊颖 王国昌 梁荣勃 陈伟刚
二等	纺织装备制造企业基于智能制造的个性化定制服务管理	江苏鹰游纺机有限公司	张斯纬 葛海涛	刘燕 王赛虎 毕雪 赵菲 董越 夏文静 仲丽平 周振利 涂丽虹 柏睿
二等	以“工厂大脑”为核心的卷烟智慧制造平台构建	浙江中烟工业有限责任公司杭州卷烟厂	章军	叶霖 刘万里 张利宏 章强 朱立明 金邦才 龚岳雄 许小双 喻允讯 岑优珍
二等	以打造多式联运示范工程为目标的智慧供应链管理	白银有色集团股份有限公司	王彬 吴贵毅	吴聪 刘光武 王宏伟 赵玉宗

续表

等级	成果名称	申报单位	主要创造人	参与创造人
二等	冶金矿山企业以高质量发展为导向的管理提升	河北钢铁集团沙河中关铁矿有限公司	田欣 张国胜	路燕泽 郭斌 霍顺生 王立杰 杨志强 邓艳霞 孙琳琳 李聪 张素娜 郝智垒
二等	油田电网服务稳产增效的“发供用采”智慧协同管理	中国石化集团胜利石油管理局有限公司电力分公司	牛栓文 韩辉	舒华文 张洪伟 刘玉林 李长杰 张学超 牛汝东 王新 陈萍 马玉岭 高全军
二等	化工企业以绿色理念为导向的生产过程智能化改造管理	重庆建峰化工股份有限公司	李鹍 王东波	罗小强 莫政辉 张明强 周志柯 付福龙 蔡树杰 杨超 何敏 江莉 王勇
二等	钢铁企业以系统性优化为目标的生产经营效益测算系统构建	新余钢铁集团有限公司	卢梅林 李雪红	纪钟晨
二等	以全面提升质效为目标的数字化供电所建设	国网陕西省电力有限公司汉中供电公司	陈飞 刘泽	刘俊华 韩书斌 才华 孟凡 郭晨芝 徐晨筱 陈鹏 彭璐璐
二等	金融企业实现资源高效配置的数字化转型评价体系构建	中泰证券股份有限公司	李峰 李高帅	张勇 李健 慕庆宇 谷文臣 王恩会 陈振华 於勇成 杜浩斌 单昂
二等	基于系统履约的大型装备制造业项目管理	西安陕鼓动力股份有限公司	陈党民	蔡新平 谢玉玲 王敏 王国智 翟晓宁 贺立 刘辉 杨国锋
二等	施工企业基于资产证券化的PPP项目投融资管理	中铁一局集团有限公司	薛峰 石晓烽	王桂忠 张敏 裴贺元 徐生辉 冯可恒 党瑞琪 孙乃泾 董鑫 王天钧 唐艳
二等	跨国公司本外币一体化资金池业务管理	通用技术集团财务有限责任公司	张浩远 陈光	冯松涛 徐艺 张颖慧 宋小舟 穆笑宇 刘荣昊
二等	装备制造企业促进转型升级的战略优化管理	山东能源重型装备制造集团有限责任公司	赵洪刚 冯军	李斌 赵兴克 付国龙 段强 闫燕 褚红艳 张霞 殷俊 刘孝利 潘立强
二等	航空工业企业基于服务型管控的协同财经治理体系建设	中航西安飞机工业集团股份有限公司	罗继德 孟晓军	张慧峰 王锐华 苏博 刘浩 董衍 校春丽 李红卫 王星 张勇德 杨莹
二等	石化企业基于数智化的全面精益管理	山东海化氯碱树脂有限公司	孙令波 王永志	张勤业 赵玉华 刘飞 尹海生 王东良 袁永政 巩清明 庄彬 王琦 王希荣
二等	供电企业基于源网荷储协调的配电网数智管理体系构建	国网江苏省电力有限公司苏州供电分公司	杨波 黄国栋	朱小明 冒烨颖 杨晨 王亮 杨启明 董晓峰 顾家如 姜学蕾 唐衍 顾韧
二等	邮政企业增强国有经济“五力”的高质量发展综合评价体系构建与运用	中国邮政集团有限公司河南省分公司	杜福 席森	曹卫平 刘宝兴 张晶晶 贾红伟 孙海鸥 罗文静 苗会会 黄中锋 杨云 张伟坤
二等	铁路企业践行依法治企战略的法律风险防控体系建设	中国铁路呼和浩特局集团有限公司	戴弘 杨斌	李玉平 呼和 王刚 梁东涛 康树良 冯英辉 朱磊 范维泰 张晶 王贝贝
二等	新能源发电企业面向全生命周期成本控制的采购管理	华能国际电力江苏能源开发有限公司清洁能源分公司	史振兴 顾天骄	姚中原 袁辉 张士月 周婷 邢峥 邱宗颖
二等	供电企业基于微观业务单元重塑的精益绩效管理	国网山西省电力公司太原供电公司	武登峰 张举	刘朝阳 刘文博 杨苗 郭安龙 王彬彬 梁荟敏 郭学英 任健萍 甄洋

注：多家企业联合申报的成果，申报单位排名不分先后。
资料来源：全国企业管理现代化创新成果审定委员会。

2022 中国跨国公司 100 大及其跨国指数

排 名	公司名称	海外资产/万元	企业资产/万元	海外营业收入/万元	营业收入/万元	海外员工/人	企业员工/人	跨国指数/%
1	中国石油天然气集团有限公司	105479034	439505369	151770498	324915726	70109	1087049	25.72
2	中国中化控股有限责任公司	85812718	158400681	10830327	116934655	56500	223448	29.57
3	中国石油化工集团有限公司	70787676	254334578	94514807	316934342	33647	527487	21.34
4	华为投资控股有限公司	69416153	106380400	22278379	64233800	45000	205000	40.63
5	中国远洋海运集团有限公司	56404574	111425823	34263485	62680959	16651	110805	40.10
6	中国海洋石油集团有限公司	55257168	151335316	67421645	110831212	5741	81775	34.79
7	腾讯控股有限公司	46062798	157813100	4460376	55455200	36754	108436	23.71
8	国家电网有限公司	39016915	490227557	9049607	356524505	18995	969301	4.15
9	联想控股股份有限公司	32781715	68107417	34694929	48366270	30755	101587	50.05
10	中国交通建设集团有限公司	30292194	237518365	16092639	93011239	39618	221017	15.99
11	复星国际有限公司	26350052	82314606	6768690	17539342	13142	108000	27.59
12	广州越秀集团股份有限公司	25922539	90347699	437893	10602853	2070	38027	12.76
13	浙江吉利控股集团有限公司	22068877	56067708	18048112	40626870	46734	131517	39.77
14	中国铝业集团有限公司	22020181	62501951	8852105	51759778	2547	132740	18.08
15	中国建筑股份有限公司	18460249	265290331	10796812	205505207	31684	382492	6.83
16	中国电力建设集团有限公司	17844508	129507190	9181195	66608157	12015	182424	11.38
17	中国五矿集团有限公司	16463239	105634035	11080122	89830142	11439	187962	11.34
18	海尔集团公司	15327021	49719941	12732526	35062328	38219	120501	32.95
19	洛阳栾川钼业集团股份有限公司	14601754	16501921	10616954	17299085	7293	12754	69.01
20	中国广核集团有限公司	13970497	91265773	3424501	13698039	3389	44499	15.97
21	深圳市投资控股有限公司	13172841	105726821	2815654	25486226	8778	103117	10.67
22	潍柴动力股份有限公司	13060108	29366609	9505696	17515754	41149	87591	48.57
23	国家电力投资集团有限公司	11861841	158179590	2152344	36339130	2042	123401	5.03
24	美的集团股份有限公司	10640000	42255527	14264494	34570871	35000	166243	29.17
25	山东能源集团有限公司	10135871	95112301	22436799	83471545	4001	232841	13.08
26	中国华能集团有限公司	10123061	141519461	3849863	42454816	860	124588	5.64
27	中国能源建设集团有限公司	10030412	67970691	4678178	36922911	7548	116787	11.30
28	万洲国际有限公司	9954503	13828213	12488113	18891636	57000	104000	64.30
29	紫金矿业集团股份有限公司	9816000	30604414	6758225	27032900	23816	48836	35.28
30	中国铁道建筑集团有限公司	9287292	152853790	5407853	109671201	9889	342098	4.63
31	中国兵器工业集团有限公司	9087637	51973929	25418294	55622839	15614	217161	23.46
32	中国华电集团有限公司	8695539	102717210	1984804	30346738	2345	92857	5.84
33	中国铁路工程集团有限公司	8076247	162053670	5843674	115477604	9000	312906	4.31
34	中粮集团有限公司	7947957	69557102	9849354	74143735	2822	103537	9.15
35	上海汽车集团股份有限公司	7944365	99010738	8338022	74406288	26274	153196	12.13
36	中国移动通信集团有限公司	7547069	228796985	2571347	93903722	8509	452202	2.64

续表

排 名	公司名称	海外资产/万元	企业资产/万元	海外营业收入/万元	营业收入/万元	海外员工/人	企业员工/人	跨国指数/%
37	河钢集团有限公司	7430059	53956036	11829301	40066825	13095	99807	18.80
38	北京首都创业集团有限公司	7341076	42060022	235200	5782222	323	34159	7.49
39	江苏沙钢集团有限公司	7312792	34419262	3278748	28779934	925	45207	11.56
40	中国有色矿业集团有限公司	6879450	11537294	7644911	13949733	15364	42112	50.30
41	上海电气控股集团有限公司	6871009	39491030	1861419	15386673	7182	73319	13.10
42	中国国际海运集装箱(集团)股份有限公司	6686623	14589995	6866217	14153665	4745	51543	34.52
43	四川科伦实业集团有限公司	6422367	4035068	2029751	4525939	355	15285	68.78
44	中国电子信息产业集团有限公司	6372808	42162105	12400669	27126532	12406	184940	22.51
45	浙江恒逸集团有限公司	6246464	13486979	6643191	38566157	2097	21261	24.47
46	国家能源投资集团有限责任公司	6070124	194216366	1528374	81786458	637	313123	1.73
47	三一集团有限公司	5828383	27886019	3826670	12622682	2432	48606	18.74
48	闻泰科技股份有限公司	5327065	7668979	3061746	5807869	15000	34048	55.41
49	光明食品(集团)有限公司	5289891	28008684	4617125	13759378	16951	96639	23.33
50	山东魏桥创业集团有限公司	5289256	25732721	3987817	50398814	8434	98100	12.35
51	海信集团控股股份有限公司	5192919	17864558	7572127	18493639	23849	97838	31.46
52	青山控股集团有限公司	5175832	13890091	11650880	36802845	67378	100982	45.21
53	中国宝武钢铁集团有限公司	5017727	123984105	19707599	108770720	2703	219340	7.80
54	中国机械工业集团有限公司	4534222	35577885	4171673	34391560	9014	125370	10.69
55	万向集团公司	4515271	11474688	8602186	19046558	9116	33711	37.19
56	浙江华友钴业股份有限公司	4109950	11059241	3728130	6303378	9914	29757	43.21
57	首钢集团有限公司	4046416	51884243	3539687	24789937	3911	91165	8.79
58	中国南方电网有限责任公司	4031289	114511539	445491	76465826	800	282571	1.46
59	中国建材集团有限公司	4024752	70296223	2854763	38015811	6777	208857	5.49
60	金川集团股份有限公司	3815639	14388763	2111820	33275083	3274	28930	14.73
61	云南省投资控股集团有限公司	3713565	56866075	1120451	19619241	651	48487	4.53
62	山东如意时尚投资控股有限公司	3623235	7093999	3103241	5328397	10106	39742	44.91
63	中国中车集团有限公司	3578404	51193476	1578558	23339797	6761	170184	5.91
64	宁波均胜电子股份有限公司	3509064	5411209	3780764	4979335	39504	44391	76.59
65	厦门国贸控股集团有限公司	3390783	32220107	10479003	69346046	455	35647	8.97
66	中国电信集团有限公司	3322651	104664204	1553097	58634784	4170	392726	2.30
67	中国化学工程集团有限公司	3280569	23474396	3394665	17617096	3875	53697	13.49
68	宁夏天元锰业集团有限公司	3135269	13725762	873201	6197005	1194	20058	14.30
69	中国信息通信科技集团有限公司	3102505	11943301	1503033	5286746	1280	35387	19.34
70	TCL 实业控股股份有限公司	2988892	10372568	6627013	10608648	5473	39014	35.10
71	中国东方航空集团有限公司	2987109	37294959	202675	6597159	1117	97935	4.07
72	晶澳太阳能科技股份有限公司	2925346	7234863	4381703	7298940	3500	32591	37.07
73	中联重科股份有限公司	2826667	12355302	999180	4163149	2515	25283	18.94
74	广东省广新控股集团有限公司	2683613	12727552	5304177	23791433	9578	40613	22.32

续表

排　名	公司名称	海外资产/万元	企业资产/万元	海外营业收入/万元	营业收入/万元	海外员工/人	企业员工/人	跨国指数/%
75	云南省建设投资控股集团有限公司	2667560	78437097	400662	17159269	412	44393	2.22
76	双星集团有限责任公司	2605333	3827563	1855468	2246137	9913	16385	70.39
77	中国大唐集团有限公司	2587887	84944885	252046	25296745	1036	89210	1.73
78	北京控股集团有限公司	2535633	43005912	1656011	11910115	2330	73017	7.66
79	隆基绿能科技股份有限公司	2386300	13955559	4793215	12899811	8447	60601	22.73
80	南山集团有限公司	2379295	15380693	2208271	13062086	2866	45620	12.89
81	新疆广汇实业投资(集团)有限责任公司	2347000	25748922	1031584	20800708	232	74069	4.80
82	广东省广晟控股集团有限公司	2277093	16967682	4483463	12063704	5156	56256	19.92
83	上海德龙钢铁集团有限公司	2235767	14485850	1740566	22557196	8316	46403	13.69
84	中国通用技术(集团)控股有限责任公司	2204608	27752364	1445858	18301681	3121	89484	6.44
85	徐工集团工程机械股份有限公司	2193995	17508560	2783816	9381712	5413	27457	20.64
86	中国联合网络通信集团有限公司	2149184	68348838	760766	35615693	1075	256973	1.90
87	安徽海螺集团有限责任公司	2141398	30162811	1014421	22192212	4224	61637	6.17
88	万华化学集团股份有限公司	2132835	20084320	8123195	16556548	3236	24387	24.32
89	鞍钢集团有限公司	2129280	48100840	3032386	33661615	514	151411	4.59
90	新疆金风科技股份有限公司	2059155	13682238	428695	4643685	752	11200	10.33
91	铜陵有色金属集团控股有限公司	1981718	10101527	4874771	23267823	1734	21797	16.17
92	上海韦尔半导体股份有限公司	1954406	3519016	1638810	2007818	1226	4980	53.93
93	正泰集团股份有限公司	1950746	14040291	1572009	12371893	1973	41632	10.45
94	内蒙古伊利实业集团股份有限公司	1941557	13096530	603158	12317104	3371	67199	8.25
95	珠海华发集团有限公司	1928673	65040443	1643920	15763552	11327	47257	12.45
96	中伟新材料股份有限公司	1882668	5387468	1306384	3034374	731	10140	28.40
97	海亮集团有限公司	1877181	6753697	2559986	20737008	2623	25423	16.82
98	亨通集团有限公司	1870069	8947699	1715979	15599808	4583	18794	18.76
99	广东小鹏汽车科技有限公司	1850537	7149101	74163	2685512	336	17336	10.19
100	天合光能股份有限公司	1790943	8997606	4213833	8505179	2639	23077	26.96
	合计	1176680482	6731913993	910988008	4381192627	1191396	12616745	15.90

资料来源：中国企业联合会、中国企业家协会。

2022 中国企业 500 强

上年名次	名次	企业名称	地区	营业收入/万元	净利润/万元	资产/万元	所有者权益/万元	从业人数/人
1	1	国家电网有限公司	北　京	356524505	5510499	490227557	209797126	969301
2	2	中国石油天然气集团有限公司	北　京	324915726	14179836	439505369	211876657	1087049
3	3	中国石油化工集团有限公司	北　京	316934342	6496012	254334578	91187023	527487
4	4	中国建筑股份有限公司	北　京	205505207	5095030	265290331	38432214	382492
5	5	中国工商银行股份有限公司	北　京	144468994	36048300	3960965700	349517100	427587
6	6	中国建设银行股份有限公司	北　京	136405400	32386100	3460191700	285673300	376682
8	7	中国农业银行股份有限公司	北　京	125768500	25914000	3392753300	266841200	452258
7	8	中国平安保险（集团）股份有限公司	广　东	121818400	8377400	1113716800	85867500	344223
9	9	中国中化控股有限责任公司	北　京	116934655	-942	158400681	-720068	223448
10	10	中国铁路工程集团有限公司	北　京	115477604	1368677	162053670	13125944	312906
20	11	中国海洋石油集团有限公司	北　京	110831212	11427207	151335316	74724159	81775
11	12	中国铁道建筑集团有限公司	北　京	109671201	1210540	152853790	11861730	342098
14	13	中国宝武钢铁集团有限公司	上　海	108770720	1676852	123984105	32081228	219340
13	14	中国银行股份有限公司	北　京	105445800	22743900	2891385700	242758900	306182
15	15	京东集团股份有限公司	北　京	104623600	1038000	59525000	21336600	450679
12	16	中国人寿保险（集团）公司	北　京	101901900	4613600	612682200	19291700	180619
16	17	中国移动通信集团有限公司	北　京	93903722	9900630	228796985	126065120	452202
18	18	中国交通建设集团有限公司	北　京	93011239	844141	237518365	17217641	221017
17	19	中国五矿集团有限公司	北　京	89830142	589851	105634035	6525324	187962
19	20	阿里巴巴（中国）有限公司	浙　江	86453900	3275200	177212400	97595400	239740
26	21	厦门建发集团有限公司	福　建	84737423	305653	72356281	5974413	40959
23	22	山东能源集团有限公司	山　东	83471545	21917	95112301	10069602	232841
22	23	中国华润有限公司	广　东	81826544	3135765	228869995	31606764	379944
30	24	国家能源投资集团有限责任公司	北　京	81786458	3833714	194216366	49416564	313123
31	25	中国南方电网有限责任公司	广　东	76465826	1019412	114511539	41646438	282571
21	26	上海汽车集团股份有限公司	上　海	74406288	1611755	99010738	27923353	153196
29	27	中国邮政集团有限公司	北　京	74176479	3371864	1470460708	49510922	752547
32	28	中粮集团有限公司	北　京	74143735	1187657	69557102	11635564	103537
36	29	厦门国贸控股集团有限公司	福　建	69346046	194727	32220107	3639521	35647
35	30	中国中信集团有限公司	北　京	67784747	2626084	1059769342	43824860	172761
34	31	中国电力建设集团有限公司	北　京	66608157	417619	129507190	10330028	182424
33	32	华为投资控股有限公司	广　东	64233800	3553400	106380400	43697500	205000
28	33	中国医药集团有限公司	北　京	63282506	740486	56318190	12820377	201508
42	34	中国远洋海运集团有限公司	上　海	62680959	4192612	111425823	27216379	110805
37	35	中国人民保险集团股份有限公司	北　京	62085900	2440600	150870200	22151000	711050

续表

上年名次	名次	企业名称	地区	营业收入/万元	净利润/万元	资产/万元	所有者权益/万元	从业人数/人
24	36	恒力集团有限公司	江　苏	61175675	239755	33543244	6029335	170125
25	37	正威国际集团有限公司	广　东	60876037	1006955	21956890	13487312	23175
27	38	中国第一汽车集团有限公司	吉　林	58979871	2587416	59636880	24963525	123615
43	39	中国电信集团有限公司	北　京	58634784	1386231	104664204	39621437	392726
59	40	浙江荣盛控股集团有限公司	浙　江	57961835	114279	39187015	2971399	23316
38	41	物产中大集团股份有限公司	浙　江	57655134	391096	14505087	3374317	24247
52	42	厦门象屿集团有限公司	福　建	56262153	201499	29283915	2735254	15364
44	43	中国兵器工业集团有限公司	北　京	55622839	1203024	51973929	14683811	217161
39	44	腾讯控股有限公司	广　东	55455200	18824300	157813100	72139100	108436
46	45	中国航空工业集团有限公司	北　京	54938008	1027847	127961781	23202961	383000
48	46	太平洋建设集团有限公司	新疆维吾尔自治区	53463463	3490133	38040955	20685806	301565
50	47	交通银行股份有限公司	上　海	52586300	9214900	1299241900	102340900	91823
54	48	晋能控股集团有限公司	山　西	52308198	241267	110517021	7522650	470839
61	49	广州汽车工业集团有限公司	广　东	52027981	419100	39490345	6332291	113864
47	50	中国铝业集团有限公司	北　京	51759778	1141844	62501951	10936910	132740
67	51	陕西煤业化工集团有限责任公司	陕　西	51036767	932553	72274582	9712448	151607
56	52	江西铜业集团有限公司	江　西	50401784	312244	20964471	3712332	32695
64	53	山东魏桥创业集团有限公司	山　东	50398814	626397	25732721	8829278	98100
57	54	万科企业股份有限公司	广　东	50383837	2261778	175712444	24269134	131817
49	55	招商局集团有限公司	北　京	49295592	5700322	263202724	47612321	276019
55	56	招商银行股份有限公司	广　东	48902500	13801200	1013891200	94550300	112999
51	57	联想控股股份有限公司	北　京	48366270	116706	68107417	6258543	101587
40	58	东风汽车集团有限公司	湖　北	46021550	814742	50548219	12735527	134637
58	59	中国保利集团有限公司	北　京	45537678	866210	182848841	11749656	118007
60	60	中国太平洋保险（集团）股份有限公司	上　海	45537244	2460898	217629908	22844570	110862
53	61	北京汽车集团有限公司	北　京	45258136	199179	47136670	6890975	95000
41	62	绿地控股集团股份有限公司	上　海	43551965	101008	136532106	9065102	70177
45	63	碧桂园控股有限公司	广　东	43037100	-605200	174446700	20362300	69932
68	64	中国华能集团有限公司	北　京	42454816	756986	141519461	13982189	124588
122	65	比亚迪股份有限公司	广　东	42406064	1662245	49386065	11102930	570060
76	66	盛虹控股集团有限公司	江　苏	41202270	287718	20617686	3857624	39059
66	67	兴业银行股份有限公司	福　建	41026800	9137700	926667100	74618700	69840
72	68	浙江吉利控股集团有限公司	浙　江	40626870	635648	56067708	8972283	131517
62	69	河钢集团有限公司	河　北	40066825	33323	53956036	6325258	99807
82	70	浙江恒逸集团有限公司	浙　江	38566157	-103131	13486979	1250995	21261
63	71	中国建材集团有限公司	北　京	38015811	423223	70296223	4878573	208857
73	72	中国电子科技集团有限公司	北　京	37567355	1792961	59416897	22051605	235912
85	73	中国能源建设集团有限公司	北　京	36922911	366260	67970691	4727395	116787

续表

上年名次	名次	企业名称	地区	营业收入/万元	净利润/万元	资产/万元	所有者权益/万元	从业人数/人
74	74	青山控股集团有限公司	浙江	36802845	980339	13890091	5256304	100982
71	75	上海浦东发展银行股份有限公司	上海	36354800	5117100	870465100	69787200	64731
80	76	国家电力投资集团有限公司	北京	36339130	500301	158179590	18655546	123401
81	77	中国联合网络通信集团有限公司	北京	35615693	656480	68348838	19234333	256973
78	78	陕西延长石油（集团）有限责任公司	陕西	35129934	585373	48898140	15325298	130475
79	79	海尔集团公司	山东	35062328	1105285	49719941	7449669	120501
75	80	中国船舶集团有限公司	北京	34844219	1823030	94467362	28458537	204497
77	81	美的集团股份有限公司	广东	34570871	2955351	42255527	14293524	166243
70	82	中国机械工业集团有限公司	北京	34391560	-275048	35577885	6263183	125370
69	83	鞍钢集团有限公司	辽宁	33661615	408959	48100840	9438059	151411
100	84	金川集团股份有限公司	甘肃	33275083	748405	14388763	5191042	28930
196	85	宁德时代新能源科技股份有限公司	福建	32859398	3072916	60095235	16448125	118914
89	86	浙江省交通投资集团有限公司	浙江	31357811	577471	84049787	13828160	41331
88	87	苏商建设集团有限公司	上海	31035975	913096	22756553	10533266	151135
112	88	敬业集团有限公司	河北	30744612	221575	8681312	3573953	31000
95	89	中国华电集团有限公司	北京	30346738	687031	102717210	11151678	92857
84	90	中国民生银行股份有限公司	北京	30314600	3526900	725567300	59992800	62615
93	91	中国航天科技集团有限公司	北京	29911639	2178779	65086177	26618131	180521
91	92	中国兵器装备集团有限公司	北京	29213594	682488	41129803	9294490	156613
87	93	江苏沙钢集团有限公司	江苏	28779934	374994	34419262	7652134	45207
92	94	上海建工集团股份有限公司	上海	28603661	135568	36680362	4045525	56424
90	95	中国中煤能源集团有限公司	北京	28250310	1262843	48628108	9267580	147293
124	96	山西焦煤集团有限责任公司	山西	28025099	238973	51862362	6109978	213185
83	97	小米集团	北京	28004402	247403	27350721	14365846	35977
105	98	新希望控股集团有限公司	四川	27866414	5219	34132546	2677253	123933
94	99	中国电子信息产业集团有限公司	北京	27126532	-337049	42162105	7206155	184940
114	100	紫金矿业集团股份有限公司	福建	27032900	2004205	30604414	8894278	48836
126	101	顺丰控股股份有限公司	广东	26749041	617376	21684271	8626374	162823
107	102	广州市建筑集团有限公司	广东	26407769	100578	19770130	1859197	44825
109	103	中国核工业集团有限公司	北京	26270430	861941	115042105	18583205	181700
97	104	中国太平保险集团有限责任公司	上海	26036483	78098	125966322	3492535	68386
115	105	蜀道投资集团有限责任公司	四川	25574890	434417	118808408	27271736	48713
110	106	深圳市投资控股有限公司	广东	25486226	609773	105726821	18882202	103117
116	107	中国大唐集团有限公司	北京	25296745	122245	84944885	9198835	89210
101	108	中国航天科工集团有限公司	北京	25138778	1457557	51846070	18264460	141260
117	109	龙湖集团控股有限公司	重庆	25056511	2436205	78677442	14210036	31565
96	110	首钢集团有限公司	北京	24789937	127027	51884243	12032247	91165
99	111	杭州钢铁集团有限公司	浙江	24766765	165351	8234674	2710579	11411

续表

上年名次	名次	企业名称	地区	营业收入/万元	净利润/万元	资产/万元	所有者权益/万元	从业人数/人
125	112	新疆中泰（集团）有限责任公司	新疆维吾尔自治区	24728924	75585	14900597	717618	47007
147	113	广州工业投资控股集团有限公司	广　东	24612246	157315	29175733	3756023	88022
134	114	广州医药集团有限公司	广　东	23801344	209458	7924301	1396143	34954
278	115	广东省广新控股集团有限公司	广　东	23791433	239179	12727552	1834063	40613
102	116	泰康保险集团股份有限公司	北　京	23434005	1086282	136544606	10649732	59011
146	117	陕西建工控股集团有限公司	陕　西	23365635	263019	38723928	1550885	41968
111	118	中国中车集团有限公司	北　京	23339797	607004	51193476	8928912	170184
113	119	铜陵有色金属集团控股有限公司	安　徽	23267823	3363	10101527	811633	21797
123	120	上海医药集团股份有限公司	上　海	23198130	561715	19813490	6706301	47877
131	121	山东高速集团有限公司	山　东	23176927	299202	132254620	18304087	54097
135	122	上海德龙钢铁集团有限公司	上　海	22557196	170481	14485850	2406094	46403
104	123	安徽海螺集团有限责任公司	安　徽	22192212	585540	30162811	7321327	61637
108	124	北京建龙重工集团有限公司	北　京	22116493	154129	17475625	3658642	56300
120	125	湖南钢铁集团有限公司	湖　南	22011764	790826	15706431	3844392	35492
150	126	美团公司	上　海	21995495	-668611	24448119	12876161	91932
121	127	潞安化工集团有限公司	山　西	21926684	58932	34388796	3212410	113557
127	128	多弗国际控股集团有限公司	浙　江	21668635	273363	14136253	7763885	21200
231	129	通威集团有限公司	四　川	21488237	1101219	15988402	2633754	42381
119	130	新华人寿保险股份有限公司	北　京	21431900	982200	125504400	10288400	32564
171	131	立讯精密工业股份有限公司	广　东	21402839	916310	14838432	4534290	236932
118	132	中国航空油料集团有限公司	北　京	21284052	276153	7222462	3124651	14229
133	133	成都兴城投资集团有限公司	四　川	21057505	125137	108729889	7043261	39094
128	134	广西投资集团有限公司	广西壮族自治区	21029995	56518	74937609	3057791	32763
130	135	新疆广汇实业投资（集团）有限责任公司	新疆维吾尔自治区	20800708	107053	25748922	4060281	74069
132	136	海亮集团有限公司	浙　江	20737008	33745	6753697	2162115	25423
149	137	天能控股集团有限公司	浙　江	20192105	195435	7678504	1399641	26953
177	138	冀南钢铁集团有限公司	河　北	19986509	1504374	18605698	6042967	35042
129	139	云南省投资控股集团有限公司	云　南	19619241	30056	56866075	8096131	48487
156	140	北大荒农垦集团有限公司	黑龙江	19130694	38928	25460645	4348106	482083
138	141	河北新华联合冶金控股集团有限公司	河　北	19087309	231590	13319313	1229568	20595
165	142	万向集团公司	浙　江	19046558	487649	11474688	3500785	33711
140	143	珠海格力电器股份有限公司	广　东	18898838	2450662	35502476	9675873	72380
151	144	万洲国际有限公司	河　南	18891636	919873	13828213	6686016	104000
141	145	南京钢铁集团有限公司	江　苏	18835177	204885	8460971	2037115	10075
157	146	海信集团控股股份有限公司	山　东	18493639	362376	17864558	2120436	97838
162	147	甘肃省公路航空旅游投资集团有限公司	甘　肃	18316272	16501	70237744	21228106	55401

续表

上年名次	名次	企业名称	地区	营业收入/万元	净利润/万元	资产/万元	所有者权益/万元	从业人数/人
154	148	中国通用技术（集团）控股有限责任公司	北　京	18301681	202221	27752364	4957247	89484
197	149	协鑫集团有限公司	江　苏	18190524	1139410	20133587	5269704	23985
145	150	北京首农食品集团有限公司	北　京	18034960	233993	16133958	4198836	52879
142	151	河北津西钢铁集团股份有限公司	河　北	18000137	62340	7064998	2601660	8382
148	152	杭州市实业投资集团有限公司	浙　江	17712484	226374	7703907	1809233	4504
167	153	陕西有色金属控股集团有限责任公司	陕　西	17621270	152551	14421596	3917007	40460
173	154	中国化学工程集团有限公司	北　京	17617096	288470	23474396	3437654	53697
166	155	复星国际有限公司	上　海	17539342	53872	82314606	12152088	108000
86	156	潍柴动力股份有限公司	山　东	17515754	490501	29366609	7318425	87591
153	157	华夏银行股份有限公司	北　京	17477000	2503500	390016700	32045700	40556
191	158	辽宁方大集团实业有限公司	辽　宁	17357814	-66393	40840917	3450490	125641
152	159	洛阳栾川钼业集团股份有限公司	河　南	17299085	606694	16501921	5169856	12754
164	160	云南省建设投资控股集团有限公司	云　南	17159269	348716	78437097	16324479	44393
182	161	雅戈尔集团股份有限公司	浙　江	17150017	505821	9738060	3967313	21507
188	162	浙江省能源集团有限公司	浙　江	16764709	558718	30088872	9159765	22973
106	163	TCL 科技集团股份有限公司	广　东	16663215	26132	35999623	5067852	69828
N. A.	164	湖南建设投资集团有限责任公司	湖　南	16643163	232345	22971636	4006457	42650
179	165	万华化学集团股份有限公司	山　东	16556548	1623363	20084320	7684453	24387
178	166	无锡产业发展集团有限公司	江　苏	16153680	-69876	13107758	1525389	28700
155	167	中国平煤神马控股集团有限公司	河　南	16004052	334195	22915557	3310483	120299
175	168	浙江省兴合集团有限责任公司	浙　江	15986949	34026	8133734	601634	17415
183	169	珠海华发集团有限公司	广　东	15763552	223564	65040443	5660767	47257
176	170	中国国际技术智力合作集团有限公司	北　京	15719486	89888	2018816	802020	5548
195	171	亨通集团有限公司	江　苏	15599808	16853	8947699	766499	18794
185	172	四川省宜宾五粮液集团有限公司	四　川	15550392	756950	28280386	5190224	46678
220	173	新奥天然气股份有限公司	河　北	15404417	584391	13619744	1757812	38967
163	174	上海电气控股集团有限公司	上　海	15386673	-1185565	39491030	1511417	73319
139	175	中天钢铁集团有限公司	江　苏	15146300	61713	5417916	1775462	15528
237	176	奇瑞控股集团有限公司	安　徽	15001803	214973	21454744	1924660	41624
184	177	北京城建集团有限责任公司	北　京	14811432	232700	34974013	3277401	27791
172	178	四川长虹电子控股集团有限公司	四　川	14733866	8937	10060982	224388	62443
202	179	卓尔控股有限公司	湖　北	14660286	27238	10276102	4655062	15926
211	180	江苏永钢集团有限公司	江　苏	14522537	300244	5670745	2969840	10724
181	181	传化集团有限公司	浙　江	14500311	305513	7985645	1253307	13589
161	182	中国国际海运集装箱（集团）股份有限公司	广　东	14153665	321923	14589995	4861343	51543
223	183	桐昆控股集团有限公司	浙　江	14124486	60252	10344055	1128609	31963
207	184	九州通医药集团股份有限公司	湖　北	14042419	208496	9227211	2463980	30141

续表

上年名次	名次	企业名称	地区	营业收入/万元	净利润/万元	资产/万元	所有者权益/万元	从业人数/人
180	185	中国有色矿业集团有限公司	北京	13949733	236745	11537294	1813198	42112
201	186	山东东明石化集团有限公司	山东	13856183	168246	6547185	2557143	9052
174	187	光明食品（集团）有限公司	上海	13759378	18829	28008684	6789573	96639
272	188	山东省港口集团有限公司	山东	13738591	271937	25204046	6417238	58358
189	189	长城汽车股份有限公司	河北	13733999	826604	18535730	6520126	87367
390	190	山东黄金集团有限公司	山东	13706363	25390	15346097	1013002	23530
209	191	中国广核集团有限公司	广东	13698039	973839	91265773	15559271	44499
227	192	中国贵州茅台酒厂（集团）有限责任公司	贵州	13646517	4018481	33549806	14634123	37469
215	193	山西建设投资集团有限公司	山西	13603913	271352	17006158	2886930	34820
205	194	江苏银行股份有限公司	江苏	13464272	2538599	298029469	20863273	17590
206	195	宁波金田投资控股有限公司	浙江	13456923	14064	2358393	245244	7798
213	196	阳光保险集团股份有限公司	广东	13187325	488185	48535738	6074098	57152
221	197	南山集团有限公司	山东	13062086	414219	15380693	7211914	45620
199	198	超威电源集团有限公司	浙江	12983261	177639	1817366	839237	16972
214	199	北京建工集团有限责任公司	北京	12961193	57737	21812491	2954258	36439
187	200	上海均和集团有限公司	上海	12946657	26125	4068373	1387924	5000
288	201	隆基绿能科技股份有限公司	陕西	12899811	1481157	13955559	6214679	60601
277	202	牧原实业集团有限公司	河南	12636796	190735	21258826	1310581	143186
170	203	三一集团有限公司	湖南	12622682	115376	27886019	4023683	48606
186	204	云南省能源投资集团有限公司	云南	12610682	317112	25106798	5970111	9932
192	205	东岭集团股份有限公司	陕西	12566472	21850	4500364	1080437	10112
235	206	正泰集团股份有限公司	浙江	12371893	125027	14040291	2196213	41632
204	207	百度网络技术有限公司	北京	12367500	755900	39097300	22347800	41300
232	208	利华益集团股份有限公司	山东	12319936	237895	5508838	2656680	6520
225	209	内蒙古伊利实业集团股份有限公司	内蒙古自治区	12317104	943107	13096530	5026788	67199
222	210	中兴通讯股份有限公司	广东	12295442	808030	18095357	5864119	74811
238	211	广东省广晟控股集团有限公司	广东	12063704	172292	16967682	1444833	56256
217	212	酒泉钢铁（集团）有限责任公司	甘肃	12042695	284080	11667534	2992218	34132
218	213	海澜集团有限公司	江苏	12032549	461578	11321653	8143724	16619
245	214	金地（集团）股份有限公司	广东	12020809	610729	41938322	6522954	43011
194	215	中天控股集团有限公司	浙江	12012221	285441	16508690	2830202	20523
244	216	河北普阳钢铁有限公司	河北	12000384	180245	5614474	3079239	8500
294	217	绿城房地产集团有限公司	浙江	11972859	358396	53434470	4037072	8087
228	218	北京控股集团有限公司	北京	11910115	136186	43005912	4400049	73017
198	219	中国黄金集团有限公司	北京	11714134	64389	11322494	1828520	37992
236	220	万达控股集团有限公司	山东	11698534	118842	5368502	1636042	12844
247	221	兰州新区商贸物流投资集团有限公司	甘肃	11693807	-24113	1939912	648244	1707
N. A.	222	浙商银行股份有限公司	浙江	11673600	1361800	262193000	16293300	19907

续表

上年名次	名次	企业名称	地区	营业收入/万元	净利润/万元	资产/万元	所有者权益/万元	从业人数/人
226	223	中基宁波集团股份有限公司	浙　江	11607710	36388	1762155	199989	2617
208	224	神州数码集团股份有限公司	北　京	11588002	100441	4021604	760204	5279
203	225	包头钢铁（集团）有限责任公司	内蒙古自治区	11580001	150796	20761587	3284092	51712
143	226	华阳新材料科技集团有限公司	山　西	11559118	25469	20542262	2924758	57677
234	227	江苏新长江实业集团有限公司	江　苏	11427782	185965	5608646	1775787	6801
224	228	河南能源集团有限公司	河　南	11293252	-441328	25503394	213697	120981
329	229	晶科能源控股有限公司	江　西	11106485	293620	10563943	2669006	46494
243	230	广西北部湾国际港务集团有限公司	广西壮族自治区	10808459	-83892	14984883	2982686	31888
255	231	内蒙古电力（集团）有限责任公司	内蒙古自治区	10800299	68400	11569487	5071425	36273
229	232	上海银行股份有限公司	上　海	10797629	2228022	287852476	22105406	14333
297	233	青岛海发国有资本投资运营集团有限公司	山　东	10684349	38495	13161519	1871885	15331
106	234	TCL 实业控股股份有限公司	广　东	10608648	148076	10372568	675103	39014
262	235	广州越秀集团股份有限公司	广　东	10602853	372379	90347699	5613469	38027
249	236	开滦（集团）有限责任公司	河　北	10568266	58150	9272566	1497482	47479
306	237	歌尔股份有限公司	山　东	10489432	174918	7717635	2949188	85358
266	238	广东海大集团股份有限公司	广　东	10471541	295414	4423778	1782490	36018
N. A.	239	浪潮集团有限公司	山　东	10375920	144959	10746465	961354	29184
256	240	天津荣程祥泰投资控股集团有限公司	天　津	10353354	2217	3724191	930800	9918
295	241	浙江富冶集团有限公司	浙　江	10322860	98085	1886310	522626	3500
216	242	唯品会控股有限公司	广　东	10315249	629882	6547551	3275204	13809
242	243	福建大东海实业集团有限公司	福　建	10309529	189548	6527726	5250592	21060
264	244	山西鹏飞集团有限公司	山　西	10296933	607411	13731342	7127872	24753
246	245	晨鸣控股有限公司	山　东	10261671	-10132	8634709	237521	10855
190	246	南通三建控股有限公司	江　苏	10246320	-2726	3359903	1836129	72336
313	247	新疆特变电工集团有限公司	新疆维吾尔自治区	10208457	287678	18444763	1393207	26241
230	248	新余钢铁集团有限公司	江　西	10200306	22285	6716238	1650526	19018
239	249	江铃汽车集团有限公司	江　西	10113182	-9026	7306827	1132577	34846
240	250	广东鼎龙实业集团有限公司	广　东	10087069	-15479	2584605	833473	3837
354	251	湖北联投集团有限公司	湖　北	10077768	-14208	29716530	2248226	20924
282	252	四川华西集团有限公司	四　川	10055680	151607	12335683	1535608	23276
259	253	北京能源集团有限责任公司	北　京	10052951	201450	42113323	9738837	34020
285	254	旭阳控股有限公司	北　京	10013971	213400	8101800	2450900	16253
193	255	广西柳州钢铁集团有限公司	广西壮族自治区	9975923	-577081	12060400	3011432	31829
252	256	浙江省建设投资集团股份有限公司	浙　江	9853513	96908	11111984	829094	21351
411	257	云账户技术（天津）有限公司	天　津	9742960	3881	275759	17852	984
269	258	浙江省国际贸易集团有限公司	浙　江	9728913	173558	15900196	1860985	22524

续表

上年名次	名次	企业名称	地区	营业收入/万元	净利润/万元	资产/万元	所有者权益/万元	从业人数/人
280	259	云天化集团有限责任公司	云南	9653286	143435	9835379	1052519	22603
260	260	网易股份有限公司	浙江	9649581	2033760	17276099	10473132	31119
254	261	江苏悦达集团有限公司	江苏	9640450	102169	7937341	1414438	43034
296	262	荣耀终端有限公司	广东	9387219	812351	8757947	4693125	13518
219	263	徐工集团工程机械股份有限公司	江苏	9381712	430710	17508560	5325397	27457
273	264	华勤技术股份有限公司	上海	9264570	256368	4382104	1238302	32324
N. A.	265	内蒙古蒙牛乳业（集团）股份有限公司	内蒙古自治区	9259332	530297	11781320	4009854	47329
263	266	中国铁塔股份有限公司	北京	9216975	878662	30556084	19359241	23401
314	267	新凤鸣控股集团有限公司	浙江	9148820	-3596	4167455	257177	15864
253	268	深圳市爱施德股份有限公司	广东	9142901	73027	1444143	592492	3096
N. A.	269	河南交通投资集团有限公司	河南	9114006	-127302	64045569	19360352	23140
300	270	泸州老窖集团有限责任公司	四川	9061983	386827	35456618	1845422	14653
284	271	中天科技集团有限公司	江苏	9024546	317327	5405887	1216352	16013
276	272	广东省建筑工程集团控股有限公司	广东	9012966	160990	14898581	2031720	22577
257	273	永辉超市股份有限公司	福建	9009081	-276316	6214321	746557	108758
317	274	四川省能源投资集团有限责任公司	四川	9004424	64424	24139655	4423655	25562
251	275	东方国际（集团）有限公司	上海	8988909	47202	6270182	1757533	65034
N. A.	276	河北鑫达钢铁集团有限公司	河北	8854376	163822	8893041	2781769	24288
279	277	重庆化医控股（集团）公司	重庆	8848804	16226	10130840	469771	27708
241	278	中国南方航空集团有限公司	广东	8822391	-2018053	33631901	4786110	108768
323	279	白银有色集团股份有限公司	甘肃	8783535	3331	4666331	1520028	19450
291	280	甘肃省建设投资（控股）集团有限公司	甘肃	8733478	66015	14259524	2428323	57815
303	281	南京银行股份有限公司	江苏	8709220	1840804	205948374	15625619	15769
292	282	武安市裕华钢铁有限公司	河北	8688646	704023	4207851	2948871	11542
275	283	厦门路桥工程物资有限公司	福建	8615879	44145	2374515	249539	542
299	284	日照钢铁控股集团有限公司	山东	8555053	175403	14032344	4897722	14228
311	285	安徽建工集团控股有限公司	安徽	8505306	69763	15951028	491622	20421
N. A.	286	天合光能股份有限公司	江苏	8505179	368002	8997606	2633897	23077
265	287	双胞胎（集团）股份有限公司	江西	8463673	412748	3574437	1763771	20000
271	288	陕西投资集团有限公司	陕西	8448427	340438	25909023	4845616	24695
352	289	温氏食品集团股份有限公司	广东	8372511	528900	9808449	3970331	49331
283	290	重庆华宇集团有限公司	重庆	8362636	692877	11701799	6358934	4887
293	291	四川公路桥梁建设集团有限公司	四川	8280836	894434	15669963	2740430	6474
302	292	金鼎钢铁集团有限公司	河北	8266450	153784	3100683	1325237	4269
328	293	三房巷集团有限公司	江苏	8237045	72143	2901420	1157930	6180
289	294	杭州锦江集团有限公司	浙江	8227646	162550	6273920	1404052	12529
267	295	天津泰达投资控股有限公司	天津	8227420	20805	45963275	10857332	20954
322	296	四川省川威集团有限公司	四川	8156572	36410	4376257	684060	13861

续表

上年名次	名次	企业名称	地区	营业收入/万元	净利润/万元	资产/万元	所有者权益/万元	从业人数/人
305	297	上海城建（集团）有限公司	上 海	8130812	92626	18941375	1691624	22280
325	298	奥克斯集团有限公司	浙 江	8101020	166504	6250572	1416793	23677
319	299	蓝润集团有限公司	四 川	8082156	66826	9587581	3965168	20089
315	300	广西盛隆冶金有限公司	广西壮族自治区	8036767	-123414	6677282	2380521	13953
347	301	汇通达网络股份有限公司	江 苏	8035478	37908	2802397	795482	4505
274	302	云南省交通投资建设集团有限公司	云 南	8012396	126115	78845371	16834020	19733
290	303	恒信汽车集团股份有限公司	湖 北	7980726	129137	2533332	1449388	22033
320	304	广西北部湾投资集团有限公司	广西壮族自治区	7881105	267941	35893264	10482292	21076
324	305	淮北矿业（集团）有限责任公司	安 徽	7839027	163095	10315707	1892551	50637
381	306	富海集团新能源控股有限公司	山 东	7833404	173433	2783525	1235694	5814
258	307	弘阳集团有限公司	江 苏	7832005	82995	12528376	2704092	5875
309	308	红豆集团有限公司	江 苏	7738008	20444	5059182	1018103	18653
310	309	华泰集团有限公司	山 东	7704348	124068	3817914	1353550	8114
346	310	上海钢联电子商务股份有限公司	上 海	7656664	20313	1384818	174840	4189
326	311	山东京博控股集团有限公司	山 东	7630881	137371	5276005	806315	12179
301	312	远大物产集团有限公司	浙 江	7611520	13036	557629	202093	416
318	313	唐山港陆钢铁有限公司	河 北	7510289	56832	2427267	1257471	8588
287	314	江苏南通二建集团有限公司	江 苏	7491564	325231	4185792	2435681	95227
308	315	水发集团有限公司	山 东	7453171	-79168	15784529	1473017	20154
343	316	广东省能源集团有限公司	广 东	7381198	79187	22751338	5574588	15451
355	317	深圳市立业集团有限公司	广 东	7339108	250843	7874915	5087284	11450
406	318	浙江卫星控股股份有限公司	浙 江	7337437	120198	6228154	886103	4735
365	319	山东金诚石化集团有限公司	山 东	7314791	25041	1936943	833811	2789
N. A.	320	晶澳太阳能科技股份有限公司	河 北	7298940	553287	7234863	2750471	32591
337	321	广东省广物控股集团有限公司	广 东	7288453	77427	5333260	1577252	11022
353	322	福建省能源石化集团有限责任公司	福 建	7282591	56209	15009907	2243340	18516
332	323	江苏国泰国际集团股份有限公司	江 苏	7250062	172449	3940551	1406727	34126
345	324	恒申控股集团有限公司	福 建	7234250	511919	5411235	2567948	8045
370	325	心里程控股集团有限公司	广 东	7218535	295646	2542915	1715320	3150
327	326	山东海科控股有限公司	山 东	7206892	164152	2551311	995609	4557
298	327	研祥高科技控股集团有限公司	广 东	7156833	375794	5403945	3520126	5177
321	328	内蒙古鄂尔多斯投资控股集团有限公司	内蒙古自治区	7155990	407856	5413328	812299	24050
350	329	永荣控股集团有限公司	福 建	7128010	36523	3426050	1187598	5526
344	330	河北省物流产业集团有限公司	河 北	7073523	726	2638666	257307	2183
376	331	上海闽路润贸易有限公司	上 海	7070895	22392	1411184	45672	231
368	332	山东太阳控股集团有限公司	山 东	7058446	379378	5936171	2671558	19578
339	333	河北新武安钢铁集团文安钢铁有限公司	河 北	7051283	106430	1550760	1415110	3150

续表

上年名次	名次	企业名称	地区	营业收入/万元	净利润/万元	资产/万元	所有者权益/万元	从业人数/人
395	334	申能（集团）有限公司	上海	7019122	370615	20666687	9338819	19472
375	335	山东创新金属科技有限公司	山东	6931930	109197	1570847	503050	9829
363	336	远景能源有限公司	江苏	6908477	377194	14848799	3580286	3390
340	337	德力西集团有限公司	浙江	6879915	123988	2420818	681161	19357
331	338	青建集团	山东	6877651	16081	5233248	1215566	15318
450	339	福州中景石化集团有限公司	福建	6754221	161931	4160871	2364017	3936
358	340	重庆医药（集团）股份有限公司	重庆	6754136	100192	5567245	944402	13705
401	341	郑州瑞茂通供应链有限公司	河南	6747420	16145	6078942	2418841	950
338	342	天津友发钢管集团股份有限公司	天津	6736035	29703	1678038	643504	13231
342	343	云南锡业集团（控股）有限责任公司	云南	6724721	-33734	5551144	328046	17821
373	344	广西交通投资集团有限公司	广西壮族自治区	6706920	67563	62949354	16605506	16257
351	345	福建省港口集团有限责任公司	福建	6704940	38898	10054684	1708903	31380
372	346	淮河能源控股集团有限责任公司	安徽	6689793	329610	14119356	2066091	62220
414	347	三河汇福粮油集团有限公司	河北	6671888	51707	1539647	659895	1640
348	348	红狮控股集团有限公司	浙江	6652077	182953	7386639	3004947	16425
N. A.	349	弘润石化（潍坊）有限责任公司	山东	6650403	192486	5063740	1556357	2625
361	350	河南豫光金铅集团有限责任公司	河南	6640757	10112	2508512	130073	6195
330	351	渤海银行股份有限公司	天津	6637037	610748	165945990	10995103	12717
270	352	中国东方航空集团有限公司	上海	6597159	-1721583	37294959	7451403	97935
425	353	山东齐润控股集团有限公司	山东	6581260	196030	2773376	1529804	3239
371	354	兴华财富集团有限公司	河北	6563262	301267	2529353	1935023	6752
495	355	安徽省交通控股集团有限公司	安徽	6538667	539294	34428524	10549034	25095
397	356	东方润安集团有限公司	江苏	6523389	90427	1388872	744947	4729
N. A.	357	齐成（山东）石化集团有限公司	山东	6513500	29995	2579879	109571	3200
392	358	杭州市城市建设投资集团有限公司	浙江	6418122	224596	25424637	7476494	40614
333	359	大汉控股集团有限公司	湖南	6367019	63937	2186292	946969	5468
412	360	湖北交通投资集团有限公司	湖北	6348987	380663	62922994	16892481	22477
304	361	南通四建集团有限公司	江苏	6345849	390004	3945972	2574552	123000
369	362	富通集团有限公司	浙江	6305010	178935	3565471	1388925	4930
N. A.	363	浙江华友钴业股份有限公司	浙江	6303378	390988	11059241	2589315	29757
377	364	老凤祥股份有限公司	上海	6301014	170034	2600484	1012806	3716
336	365	浙江前程投资股份有限公司	浙江	6276597	1443	681871	92018	386
261	366	玖龙纸业（控股）有限公司	广东	6265145	-88816	11382827	4535219	19960
359	367	杉杉控股有限公司	上海	6254107	10496	8096997	2154643	8190
374	368	新疆天业（集团）有限公司	新疆维吾尔自治区	6236994	83581	5002828	821947	15456
N. A.	369	福建百宏聚纤科技实业有限公司	福建	6236200	117734	8385040	1945962	12140
488	370	山东寿光鲁清石化有限公司	山东	6219427	120076	3256626	1100155	2645

续表

上年名次	名次	企业名称	地区	营业收入/万元	净利润/万元	资产/万元	所有者权益/万元	从业人数/人
N. A.	371	内蒙古伊泰集团有限公司	内蒙古自治区	6216030	712583	11040614	3204301	6311
341	372	宁夏天元锰业集团有限公司	宁夏回族自治区	6197005	-402226	13725762	1615741	20058
362	373	物美科技集团有限公司	北京	6187450	294904	11478805	2935316	100000
360	374	湖南博长控股集团有限公司	湖南	6123093	-9723	1357837	380635	6602
400	375	南京新工投资集团有限责任公司	江苏	6081983	115393	8694248	2609871	35063
N. A.	376	贝壳控股有限公司	北京	6066878	-138607	10934735	6892036	98540
431	377	山西晋南钢铁集团有限公司	山西	6065673	-149388	2866363	780735	6585
388	378	中华联合保险集团股份有限公司	北京	6062292	65044	10060596	1820251	40134
379	379	稻花香集团	湖北	6052128	35966	1624136	395659	10008
383	380	天瑞集团股份有限公司	河南	6013282	79043	7425756	3841417	13961
N. A.	381	广西南丹南方金属有限公司	广西壮族自治区	6011490	146385	2534823	990152	5549
N. A.	382	贵州能源集团有限公司	贵州	6009690	-13384	9144265	997919	60529
445	383	广州产业投资控股集团有限公司	广东	5986341	150209	15328489	3116718	22356
409	384	武汉金融控股（集团）有限公司	湖北	5985279	10827	17790528	1845579	17948
158	385	中国重汽（香港）有限公司	山东	5963769	175442	10547852	3590898	27080
382	386	上海华谊控股集团有限公司	上海	5943852	337670	10453040	2555511	19121
442	387	中国东方电气集团有限公司	四川	5933236	172547	13028723	2228124	19630
391	388	南昌市政公用集团有限公司	江西	5897204	53545	15925889	3724153	13793
386	389	鲁丽集团有限公司	山东	5849759	105244	1645776	618701	8266
N. A.	390	漳州市九龙江集团有限公司	福建	5845553	133131	11835645	2882978	6171
496	391	山东金岭集团有限公司	山东	5834928	280328	2453955	2010142	5235
N. A.	392	浙江东南网架集团有限公司	浙江	5817225	46856	3654957	575196	10345
434	393	武汉城市建设集团有限公司	湖北	5808114	184128	36458769	9029041	7412
408	394	闻泰科技股份有限公司	湖北	5807869	145976	7668979	3589941	34048
453	395	深圳前海微众银行股份有限公司	广东	5798269	893705	47386163	3641370	3667
357	396	北京首都创业集团有限公司	北京	5782222	45489	42060022	2620012	34159
364	397	天元建设集团有限公司	山东	5781521	98179	9560490	1722477	16770
N. A.	398	济宁能源发展集团有限公司	山东	5762122	152297	3317215	576433	14610
494	399	宁波富邦控股集团有限公司	浙江	5752122	81918	5861929	1330045	11846
403	400	龙信建设集团有限公司	江苏	5721953	88599	1540761	785815	53733
385	401	明阳新能源投资控股集团有限公司	广东	5707347	370256	11765371	4271322	11475
484	402	昆明市交通投资有限责任公司	云南	5702908	104571	18290918	6257277	3293
426	403	人民控股集团有限公司	浙江	5695582	216916	1454655	1069610	23285
N. A.	404	优合产业有限公司	广东	5670051	33607	762349	126926	706
439	405	山东招金集团有限公司	山东	5643228	10453	7229334	417544	14305
307	406	北京首都开发控股（集团）有限公司	北京	5639793	-145374	32385307	1784715	13978
492	407	河北鑫海控股集团有限公司	河北	5636331	138125	1781649	416615	2269

续表

上年名次	名次	企业名称	地区	营业收入/万元	净利润/万元	资产/万元	所有者权益/万元	从业人数/人
N. A.	408	山西晋城钢铁控股集团有限公司	山　西	5617245	77356	3358703	1934767	10150
399	409	天津渤海化工集团有限责任公司	天　津	5604710	65832	12694052	5458237	21623
475	410	宜昌兴发集团有限责任公司	湖　北	5541802	68053	5104730	459642	15138
384	411	华峰集团有限公司	浙　江	5537955	165169	7611153	2328333	16902
N. A.	412	深圳市中金岭南有色金属股份有限公司	广　东	5533945	121229	3265219	1475651	9743
389	413	重庆农村商业银行股份有限公司	重　庆	5525783	1027557	135186112	11328339	15167
394	414	福建省电子信息（集团）有限责任公司	福　建	5517743	-311206	10932038	269133	49092
416	415	西部矿业集团有限公司	青　海	5515222	2175	6824073	454234	8828
477	416	双良集团有限公司	江　苏	5509639	41649	4439423	1030489	9286
N. A.	417	陕西交通控股集团有限公司	陕　西	5508216	112283	57344623	17450581	32566
418	418	山西建邦集团有限公司	山　西	5502832	133523	2182139	1372210	3573
N. A.	419	福建省金纶高纤股份有限公司	福　建	5395668	171563	2539986	652048	9596
420	420	石横特钢集团有限公司	山　东	5388703	96736	3819543	2465290	9761
451	421	重庆千信集团有限公司	重　庆	5387499	66388	1628498	531708	553
349	422	深圳海王集团股份有限公司	广　东	5370270	29098	5944830	1130408	30000
N. A.	423	五得利面粉集团有限公司	河　北	5368853	227609	2458977	1670441	5980
N. A.	424	圆通速递股份有限公司	上　海	5353931	391967	3925732	2667269	17240
424	425	创维集团有限公司	广　东	5349057	82674	6440956	1786689	34100
367	426	山东如意时尚投资控股有限公司	山　东	5328397	210587	7093999	2077170	39742
440	427	恒丰银行股份有限公司	山　东	5323089	674767	133159512	12677746	12158
N. A.	428	杭州东恒石油有限公司	浙　江	5316806	109306	1263253	578401	550
487	429	山东汇丰石化集团有限公司	山　东	5303661	46247	1483292	277774	2174
316	430	中国国际航空股份有限公司	北　京	5289758	-3861950	29501134	2360913	87190
396	431	中国信息通信科技集团有限公司	湖　北	5286746	138783	11943301	3248726	35387
486	432	江苏华宏实业集团有限公司	江　苏	5285691	16316	897014	64360	2650
419	433	深圳金雅福控股集团有限公司	广　东	5279781	28721	343130	198518	1622
N. A.	434	山东垦利石化集团有限公司	山　东	5279385	120836	1858785	1176399	2150
407	435	中铁集装箱运输有限责任公司	北　京	5275345	162145	3153533	1844945	996
356	436	福建省三钢（集团）有限责任公司	福　建	5254960	-23955	5692371	1695393	17723
460	437	浙江中成控股集团有限公司	浙　江	5252241	97531	1578581	993779	52060
462	438	徐州矿务集团有限公司	江　苏	5250962	138682	5725985	1796337	23013
N. A.	439	陕西泰丰盛合控股集团有限公司	陕　西	5250884	108205	1148602	168568	170
N. A.	440	山西交通控股集团有限公司	山　西	5250167	51360	60895693	12926042	42832
N. A.	441	三花控股集团有限公司	浙　江	5230979	174369	4005686	1304688	31252
482	442	振石控股集团有限公司	浙　江	5220731	498819	4065443	2008138	10020
433	443	通州建总集团有限公司	江　苏	5217638	164003	701394	366279	72000
N. A.	444	江苏扬子江船业集团	江　苏	5212537	515278	14265720	3638091	29854
405	445	重庆中昂投资集团有限公司	重　庆	5211930	675527	10532679	5030835	10935

续表

上年名次	名次	企业名称	地区	营业收入/万元	净利润/万元	资产/万元	所有者权益/万元	从业人数/人
490	446	通鼎集团有限公司	江 苏	5210110	143909	2794663	787478	14574
N. A.	447	三宝集团股份有限公司	福 建	5209886	80565	1610356	716333	4898
493	448	江苏阳光集团有限公司	江 苏	5204919	259368	2245015	1246560	12011
465	449	北京江南投资集团有限公司	北 京	5203495	874668	15332693	3813977	475
464	450	山东渤海实业集团有限公司	山 东	5185407	51905	2350819	587289	2699
427	451	山东泰山钢铁集团有限公司	山 东	5161957	27006	2256888	1113985	7621
423	452	威高集团有限公司	山 东	5155687	446822	7807388	4737264	32560
481	453	江苏华西集团有限公司	江 苏	5150704	-118697	4175192	1240548	9844
410	454	厦门港务控股集团有限公司	福 建	5134555	17326	4748594	943013	9663
473	455	伊电控股集团有限公司	河 南	5120187	-16457	7607234	1554355	6200
459	456	远东控股集团有限公司	江 苏	5113433	15776	2692776	402492	8442
470	457	新疆生产建设兵团建设工程（集团）有限责任公司	新疆维吾尔自治区	5111774	47688	7675944	1231828	20850
N. A.	458	金浦投资控股集团有限公司	江 苏	5104416	30253	2428805	506514	11100
435	459	宏旺控股集团有限公司	广 东	5100699	41242	1347541	421624	2449
432	460	山东九羊集团有限公司	山 东	5097948	50933	1937219	1452715	6646
N. A.	461	重庆小康控股有限公司	重 庆	5091878	-160282	5028900	310448	20984
N. A.	462	洛阳国宏投资控股集团有限公司	河 南	5078724	118691	7813381	2286563	12000
281	463	陕西汽车控股集团有限公司	陕 西	5071189	-52747	7808954	655928	27600
485	464	安踏体育用品集团有限公司	福 建	5070534	695254	3880674	1900808	59000
461	465	西王集团有限公司	山 东	5063780	-157640	5280858	536197	16000
393	466	江苏省苏中建设集团股份有限公司	江 苏	5062294	69946	2574409	1134807	125237
476	467	华勤橡胶工业集团有限公司	山 东	5032713	145471	2411388	1182162	8500
499	468	济钢集团有限公司	山 东	5031455	37327	3267635	650593	7267
422	469	帝海投资控股集团有限公司	北 京	5013687	5457	5197499	4237312	1100
472	470	江苏大明工业科技集团有限公司	江 苏	5008850	-3731	1315424	219206	6753
402	471	广东省交通集团有限公司	广 东	5002587	259619	46941067	10456944	53829
378	472	重庆建工投资控股有限责任公司	重 庆	5002203	7314	8523902	492988	15043
N. A.	473	中国雄安集团有限公司	河 北	4989100	33642	13803196	3525020	1297
448	474	重庆新鸥鹏企业（集团）有限公司	重 庆	4986213	282828	7589632	675681	8377
483	475	宁波均胜电子股份有限公司	浙 江	4979335	39418	5411209	1225290	44391
N. A.	476	山东科达集团有限公司	山 东	4977586	160108	1743228	1351624	8650
N. A.	477	江西省投资集团有限公司	江 西	4970114	2591	15108830	2736456	25309
N. A.	478	山东东方华龙工贸集团有限公司	山 东	4961058	15765	1377263	552702	1530
N. A.	479	新华三信息技术有限公司	浙 江	4932198	427974	3546725	860026	20063
455	480	彬县煤炭有限责任公司	陕 西	4913806	286031	2995595	1258098	4693
479	481	沂州集团有限公司	山 东	4906191	36658	2015013	736862	3058
452	482	四川省商业投资集团有限责任公司	四 川	4900056	18805	3005632	190097	4366
417	483	六安钢铁控股集团有限公司	安 徽	4890266	9036	2239838	825640	5200

续表

上年名次	名次	企业名称	地区	营业收入/万元	净利润/万元	资产/万元	所有者权益/万元	从业人数/人
N. A.	484	万基控股集团有限公司	河　南	4881869	37559	2420395	333978	11650
N. A.	485	青岛西海岸新区融合控股集团有限公司	山　东	4874037	22269	21509453	5010656	3561
498	486	金龙精密铜管集团股份有限公司	重　庆	4867523	16574	1400982	173712	5996
474	487	上海农村商业银行股份有限公司	上　海	4861823	1097438	128139912	10183397	9833
366	488	贵州磷化（集团）有限责任公司	贵　州	4855485	321311	9089364	1561623	17829
478	489	金澳科技（湖北）化工有限公司	湖　北	4846326	52191	1095256	649457	4855
N. A.	490	湖北宜化集团有限责任公司	湖　北	4844302	132604	5446327	26486	23189
N. A.	491	厦门钨业股份有限公司	福　建	4822279	144619	3979877	999050	15912
N. A.	492	深圳理士电源发展有限公司	广　东	4810885	43324	3882988	1186001	12787
469	493	广州农村商业银行股份有限公司	广　东	4806447	349216	123345445	8107857	13975
467	494	四川德胜集团钒钛有限公司	四　川	4805129	91946	2863040	1118680	9723
489	495	江苏汇鸿国际集团股份有限公司	江　苏	4775933	-49989	2500282	501122	3681
415	496	浙江升华控股集团有限公司	浙　江	4761650	28395	996096	379776	3190
454	497	河北建工集团有限责任公司	河　北	4706218	16156	2182282	162033	7855
N. A.	498	卧龙控股集团有限公司	浙　江	4702521	87222	3613791	1191090	18050
N. A.	499	宁波开发投资集团有限公司	浙　江	4700023	354940	11133120	3454688	4607
500	500	盛京银行股份有限公司	辽　宁	4699822	97990	108241311	8077419	8553
		合计	—	10836235040	429388951	39976764063	5274266299	32815343

说　明

1. 2022 中国企业 500 强是中国企业联合会、中国企业家协会参照国际惯例，组织企业自愿申报，并经专家审定确认后产生的。申报企业包括在中国境内注册、2022 年实现营业收入达到 300 亿元的企业（不包括在华外资、港澳台独资、控股企业，也不包括行政性公司、政企合一的单位及各类资产经营公司、烟草公司，但包括在境外注册、投资主体为中国自然人或法人、主要业务在境内的企业），都有资格申报参加排序。属于集团公司的控股子公司或相对控股子公司，由于其财务报表最后能被合并到集团母公司的财务会计报表中去，因此只允许其母公司申报。

2. 表中所列数据由企业自愿申报或属于上市公司公开数据，并经会计师事务所或审计师事务所等单位认可。

3. 营业收入是 2022 年不含增值税的收入，包括企业的所有收入，即主营业务和非主营业务、境内和境外的收入。商业银行的营业收入为 2022 年利息收入和非利息收入之和（不减掉对应的支出）。保险公司的营业收入是 2022 年保险费和年金收入扣除储蓄的资本收益或损失。净利润是 2022 年上交所得税的净利润扣除少数股东权益后的归母公司所有者的净利润。资产是 2022 年度末的资产总额。所有者权益是 2022 年年底所有者权益总额扣除少数股东权益后的归属于母公司所有者权益。研究开发费用是 2022 年企业投入研究开发的所在费用。从业人数是 2022 年度的平均人数（含所有被合并报表企业的人数）。

4. 行业分类参照了国家统计局的分类方法，依据其主营业务收入所在行业来划分；地区分类是按企业总部所在地划分。

5. 资料来源：中国企业联合会、中国企业家协会。

2022 中国制造业排序前 100 名企业

名 次	企业名称	地 区	营业收入/万元	净利润/万元	资产/万元	所有者权益/万元	从业人数/人
1	中国石油化工集团有限公司	北 京	316934342	6496012	254334578	91187023	527487
2	中国中化控股有限责任公司	北 京	116934655	-942	158400681	-720068	223448
3	中国宝武钢铁集团有限公司	上 海	108770720	1676852	123984105	32081228	219340
4	中国五矿集团有限公司	北 京	89830142	589851	105634035	6525324	187962
5	上海汽车集团股份有限公司	上 海	74406288	1611755	99010738	27923353	153196
6	华为投资控股有限公司	广 东	64233800	3553400	106380400	43697500	205000
7	恒力集团有限公司	江 苏	61175675	239755	33543244	6029335	170125
8	正威国际集团有限公司	广 东	60876037	1006955	21956890	13487312	23175
9	中国第一汽车集团有限公司	吉 林	58979871	2587416	59636880	24963525	123615
10	浙江荣盛控股集团有限公司	浙 江	57961835	114279	39187015	2971399	23316
11	中国兵器工业集团有限公司	北 京	55622839	1203024	51973929	14683811	217161
12	中国航空工业集团有限公司	北 京	54938008	1027847	127961781	23202961	383000
13	广州汽车工业集团有限公司	广 东	52027981	419100	39490345	6332291	113864
14	中国铝业集团有限公司	北 京	51759778	1141844	62501951	10936910	132740
15	江西铜业集团有限公司	江 西	50401784	312244	20964471	3712332	32695
16	山东魏桥创业集团有限公司	山 东	50398814	626397	25732721	8829278	98100
17	东风汽车集团有限公司	湖 北	46021550	814742	50548219	12735527	134637
18	北京汽车集团有限公司	北 京	45258136	199179	47136670	6890975	95000
19	比亚迪股份有限公司	广 东	42406064	1662245	49386065	11102930	570060
20	盛虹控股集团有限公司	江 苏	41202270	287718	20617686	3857624	39059
21	浙江吉利控股集团有限公司	浙 江	40626870	635648	56067708	8972283	131517
22	河钢集团有限公司	河 北	40066825	33323	53956036	6325258	99807
23	浙江恒逸集团有限公司	浙 江	38566157	-103131	13486979	1250995	21261
24	中国建材集团有限公司	北 京	38015811	423223	70296223	4878573	208857
25	中国电子科技集团有限公司	北 京	37567355	1792961	59416897	22051605	235912
26	青山控股集团有限公司	浙 江	36802845	980339	13890091	5256304	100982
27	海尔集团公司	山 东	35062328	1105285	49719941	7449669	120501
28	中国船舶集团有限公司	北 京	34844219	1823030	94467362	28458537	204497
29	美的集团股份有限公司	广 东	34570871	2955351	42255527	14293524	166243
30	中国机械工业集团有限公司	北 京	34391560	-275048	35577885	6263183	125370
31	鞍钢集团有限公司	辽 宁	33661615	408959	48100840	9438059	151411
32	金川集团股份有限公司	甘 肃	33275083	748405	14388763	5191042	28930
33	宁德时代新能源科技股份有限公司	福 建	32859398	3072916	60095235	16448125	118914
34	敬业集团有限公司	河 北	30744612	221575	8681312	3573953	31000
35	中国航天科技集团有限公司	北 京	29911639	2178779	65086177	26618131	180521
36	中国兵器装备集团有限公司	北 京	29213594	682488	41129803	9294490	156613

续表

名次	企业名称	地区	营业收入/万元	净利润/万元	资产/万元	所有者权益/万元	从业人数/人
37	江苏沙钢集团有限公司	江苏	28779934	374994	34419262	7652134	45207
38	小米集团	北京	28004402	247403	27350721	14365846	35977
39	新希望控股集团有限公司	四川	27866414	5219	34132546	2677253	123933
40	中国电子信息产业集团有限公司	北京	27126532	-337049	42162105	7206155	184940
41	紫金矿业集团股份有限公司	福建	27032900	2004205	30604414	8894278	48836
42	中国航天科工集团有限公司	北京	25138778	1457557	51846070	18264460	141260
43	首钢集团有限公司	北京	24789937	127027	51884243	12032247	91165
44	杭州钢铁集团有限公司	浙江	24766765	165351	8234674	2710579	11411
45	新疆中泰（集团）有限责任公司	新疆维吾尔自治区	24728924	75585	14900597	717618	47007
46	广州工业投资控股集团有限公司	广东	24612246	157315	29175733	3756023	88022
47	广州医药集团有限公司	广东	23801344	209458	7924301	1396143	34954
48	中国中车集团有限公司	北京	23339797	607004	51193476	8928912	170184
49	铜陵有色金属集团控股有限公司	安徽	23267823	3363	10101527	811633	21797
50	上海医药集团股份有限公司	上海	23198130	561715	19813490	6706301	47877
51	上海德龙钢铁集团有限公司	上海	22557196	170481	14485850	2406094	46403
52	安徽海螺集团有限责任公司	安徽	22192212	585540	30162811	7321327	61637
53	北京建龙重工集团有限公司	北京	22116493	154129	17475625	3658642	56300
54	湖南钢铁集团有限公司	湖南	22011764	790826	15706431	3844392	35492
55	潞安化工集团有限公司	山西	21926684	58932	34388796	3212410	113557
56	多弗国际控股集团有限公司	浙江	21668635	273363	14136253	7763885	21200
57	通威集团有限公司	四川	21488237	1101219	15988402	2633754	42381
58	立讯精密工业股份有限公司	广东	21402839	916310	14838432	4534290	236932
59	海亮集团有限公司	浙江	20737008	33745	6753697	2162115	25423
60	天能控股集团有限公司	浙江	20192105	195435	7678504	1399641	26953
61	冀南钢铁集团有限公司	河北	19986509	1504374	18605698	6042967	35042
62	河北新华联合冶金控股集团有限公司	河北	19087309	231590	13319313	1229568	20595
63	万向集团公司	浙江	19046558	487649	11474688	3500785	33711
64	珠海格力电器股份有限公司	广东	18898838	2450662	35502476	9675873	72380
65	万洲国际有限公司	河南	18891636	919873	13828213	6686016	104000
66	南京钢铁集团有限公司	江苏	18835177	204885	8460971	2037115	10075
67	海信集团控股股份有限公司	山东	18493639	362376	17864558	2120436	97838
68	协鑫集团有限公司	江苏	18190524	1139410	20133587	5269704	23985
69	北京首农食品集团有限公司	北京	18034960	233993	16133958	4198836	52879
70	河北津西钢铁集团股份有限公司	河北	18000137	62340	7064998	2601660	8382
71	陕西有色金属控股集团有限责任公司	陕西	17621270	152551	14421596	3917007	40460
72	复星国际有限公司	上海	17539342	53872	82314606	12152088	108000
73	潍柴动力股份有限公司	山东	17515754	490501	29366609	7318425	87591
74	辽宁方大集团实业有限公司	辽宁	17357814	-66393	40840917	3450490	125641
75	洛阳栾川钼业集团股份有限公司	河南	17299085	606694	16501921	5169856	12754

续表

名 次	企业名称	地 区	营业收入/万元	净利润/万元	资产/万元	所有者权益/万元	从业人数/人
76	雅戈尔集团股份有限公司	浙 江	17150017	505821	9738060	3967313	21507
77	TCL 科技集团股份有限公司	广 东	16663215	26132	35999623	5067852	69828
78	万华化学集团股份有限公司	山 东	16556548	1623363	20084320	7684453	24387
79	无锡产业发展集团有限公司	江 苏	16153680	-69876	13107758	1525389	28700
80	亨通集团有限公司	江 苏	15599808	16853	8947699	766499	18794
81	四川省宜宾五粮液集团有限公司	四 川	15550392	756950	28280386	5190224	46678
82	上海电气控股集团有限公司	上 海	15386673	-1185565	39491030	1511417	73319
83	中天钢铁集团有限公司	江 苏	15146300	61713	5417916	1775462	15528
84	奇瑞控股集团有限公司	安 徽	15001803	214973	21454744	1924660	41624
85	四川长虹电子控股集团有限公司	四 川	14733866	8937	10060982	224388	62443
86	江苏永钢集团有限公司	江 苏	14522537	300244	5670745	2969840	10724
87	中国国际海运集装箱（集团）股份有限公司	广 东	14153665	321923	14589995	4861343	51543
88	桐昆控股集团有限公司	浙 江	14124486	60252	10344055	1128609	31963
89	中国有色矿业集团有限公司	北 京	13949733	236745	11537294	1813198	42112
90	山东东明石化集团有限公司	山 东	13856183	168246	6547185	2557143	9052
91	光明食品（集团）有限公司	上 海	13759378	18829	28008684	6789573	96639
92	长城汽车股份有限公司	河 北	13733999	826604	18535730	6520126	87367
93	中国贵州茅台酒厂（集团）有限责任公司	贵 州	13646517	4018481	33549806	14634123	37469
94	宁波金田投资控股有限公司	浙 江	13456923	14064	2358393	245244	7798
95	南山集团有限公司	山 东	13062086	414219	15380693	7211914	45620
96	超威电源集团有限公司	浙 江	12983261	177639	1817366	839237	16972
97	隆基绿能科技股份有限公司	陕 西	12899811	1481157	13955559	6214679	60601
98	牧原实业集团有限公司	河 南	12636796	190735	21258826	1310581	143186
99	三一集团有限公司	湖 南	12622682	115376	27886019	4023683	48606
100	正泰集团股份有限公司	浙 江	12371893	125027	14040291	2196213	41632

说 明

1. 2022 中国制造业企业 500 强是中国企业联合会、中国企业家协会参照国际惯例，组织企业自愿申报，并经专家审定确认后产生的。申报企业包括在中国境内注册、2022 年实现营业收入达到 100 亿元的企业（不包括在华外资、港澳台独资、控股企业，也不包括行政性公司、政企合一的单位，以及各类资产经营公司、烟草公司，但包括在境外注册、投资主体为中国自然人或法人、主要业务在境内的企业），都有资格申报参加排序。属于集团公司的控股子公司或相对控股子公司，由于其财务报表最后能被合并到集团母公司的财务会计报表中去，因此只允许其母公司申报。

2. 表中所列数据由企业自愿申报或属于上市公司公开数据，并经会计师事务所或审计师事务所等单位认可。

3. 营业收入是 2022 年不含增值税的收入，包括企业的所有收入，即主营业务和非主营业务、境内和境外的收入。净利润是 2022 年上交所得税的净利润扣除少数股东权益后的归属母公司所有者的净利润。资产是 2022 年度末的资产总额。所有者权益是 2022 年年末所有者权益总额扣除少数股东权益后的归属于母公司所有者权益。研究开发费用是 2022 年企业投入研究开发的所有费用。从业人数是 2022 年度的平均人数（含所有被合并报表企业的人数）。

4. 行业分类参照了国家统计局的分类方法，依据其主营业务收入所在行业来划分；地区分类是按企业总部所在地划分。

5. 资料来源：中国企业联合会、中国企业家协会。

2022 中国服务业排序前 100 名企业

名次	企业名称	地区	营业收入/万元	净利润/万元	资产/万元	所有者权益/万元	从业人数/人
1	国家电网有限公司	北京	356524505	5510499	490227557	209797126	969301
2	中国工商银行股份有限公司	北京	144468994	36048300	3960965700	349517100	427587
3	中国建设银行股份有限公司	北京	136405400	32386100	3460191700	285673300	376682
4	中国农业银行股份有限公司	北京	125768500	25914000	3392753300	266841200	452258
5	中国平安保险（集团）股份有限公司	广东	121818400	8377400	1113716800	85867500	344223
6	中国银行股份有限公司	北京	105445800	22743900	2891385700	242758900	306182
7	京东集团股份有限公司	北京	104623600	1038000	59525000	21336600	450679
8	中国人寿保险（集团）公司	北京	101901900	4613600	612682200	19291700	180619
9	中国移动通信集团有限公司	北京	93903722	9900630	228796985	126065120	452202
10	阿里巴巴（中国）有限公司	浙江	86453900	3275200	177212400	97595400	239740
11	厦门建发集团有限公司	福建	84737423	305653	72356281	5974413	40959
12	中国华润有限公司	广东	81826544	3135765	228869995	31606764	379944
13	中国南方电网有限责任公司	广东	76465826	1019412	114511539	41646438	282571
14	中国邮政集团有限公司	北京	74176479	3371864	1470460708	49510922	752547
15	中粮集团有限公司	北京	74143735	1187657	69557102	11635564	103537
16	厦门国贸控股集团有限公司	福建	69346046	194727	32220107	3639521	35647
17	中国中信集团有限公司	北京	67784747	2626084	1059769342	43824860	172761
18	中国医药集团有限公司	北京	63282506	740486	56318190	12820377	201508
19	中国远洋海运集团有限公司	上海	62680959	4192612	111425823	27216379	110805
20	中国人民保险集团股份有限公司	北京	62085900	2440600	150870200	22151000	711050
21	中国电信集团有限公司	北京	58634784	1386231	104664204	39621437	392726
22	物产中大集团股份有限公司	浙江	57655134	391096	14505087	3374317	24247
23	厦门象屿集团有限公司	福建	56262153	201499	29283915	2735254	15364
24	腾讯控股有限公司	广东	55455200	18824300	157813100	72139100	108436
25	交通银行股份有限公司	上海	52586300	9214900	1299241900	102340900	91823
26	万科企业股份有限公司	广东	50383837	2261778	175712444	24269134	131817
27	招商局集团有限公司	北京	49295592	5700322	263202724	47612321	276019
28	招商银行股份有限公司	广东	48902500	13801200	1013891200	94550300	112999
29	联想控股股份有限公司	北京	48366270	116706	68107417	6258543	101587
30	中国保利集团有限公司	北京	45537678	866210	182848841	11749656	118007
31	中国太平洋保险（集团）股份有限公司	上海	45537244	2460898	217629908	22844570	110862
32	绿地控股集团股份有限公司	上海	43551965	101008	136532106	9065102	70177
33	碧桂园控股有限公司	广东	43037100	-605200	174446700	20362300	69932
34	兴业银行股份有限公司	福建	41026800	9137700	926667100	74618700	69840
35	上海浦东发展银行股份有限公司	上海	36354800	5117100	870465100	69787200	64731

续表

名 次	企业名称	地 区	营业收入/万元	净利润/万元	资产/万元	所有者权益/万元	从业人数/人
36	中国联合网络通信集团有限公司	北 京	35615693	656480	68348838	19234333	256973
37	浙江省交通投资集团有限公司	浙 江	31357811	577471	84049787	13828160	41331
38	中国民生银行股份有限公司	北 京	30314600	3526900	725567300	59992800	62615
39	顺丰控股股份有限公司	广 东	26749041	617376	21684271	8626374	162823
40	中国太平保险集团有限责任公司	上 海	26036483	78098	125966322	3492535	68386
41	深圳市投资控股有限公司	广 东	25486226	609773	105726821	18882202	103117
42	龙湖集团控股有限公司	重 庆	25056511	2436205	78677442	14210036	31565
43	广东省广新控股集团有限公司	广 东	23791433	239179	12727552	1834063	40613
44	泰康保险集团股份有限公司	北 京	23434005	1086282	136544606	10649732	59011
45	山东高速集团有限公司	山 东	23176927	299202	132254620	18304087	54097
46	美团公司	上 海	21995495	-668611	24448119	12876161	91932
47	新华人寿保险股份有限公司	北 京	21431900	982200	125504400	10288400	32564
48	中国航空油料集团有限公司	北 京	21284052	276153	7222462	3124651	14229
49	广西投资集团有限公司	广西壮族自治区	21029995	56518	74937609	3057791	32763
50	新疆广汇实业投资（集团）有限责任公司	新疆维吾尔自治区	20800708	107053	25748922	4060281	74069
51	云南省投资控股集团有限公司	云 南	19619241	30056	56866075	8096131	48487
52	甘肃省公路航空旅游投资集团有限公司	甘 肃	18316272	16501	70237744	21228106	55401
53	中国通用技术（集团）控股有限责任公司	北 京	18301681	202221	27752364	4957247	89484
54	杭州市实业投资集团有限公司	浙 江	17712484	226374	7703907	1809233	4504
55	华夏银行股份有限公司	北 京	17477000	2503500	390016700	32045700	40556
56	浙江省能源集团有限公司	浙 江	16764709	558718	30088872	9159765	22973
57	浙江省兴合集团有限责任公司	浙 江	15986949	34026	8133734	601634	17415
58	珠海华发集团有限公司	广 东	15763552	223564	65040443	5660767	47257
59	中国国际技术智力合作集团有限公司	北 京	15719486	89888	2018816	802020	5548
60	新奥天然气股份有限公司	河 北	15404417	584391	13619744	1757812	38967
61	卓尔控股有限公司	湖 北	14660286	27238	10276102	4655062	15926
62	传化集团有限公司	浙 江	14500311	305513	7985645	1253307	13589
63	九州通医药集团股份有限公司	湖 北	14042419	208496	9227211	2463980	30141
64	山东省港口集团有限公司	山 东	13738591	271937	25204046	6417238	58358
65	江苏银行股份有限公司	江 苏	13464272	2538599	298029469	20863273	17590
66	阳光保险集团股份有限公司	广 东	13187325	488185	48535738	6074098	57152
67	上海均和集团有限公司	上 海	12946657	26125	4068373	1387924	5000
68	云南省能源投资集团有限公司	云 南	12610682	317112	25106798	5970111	9932
69	东岭集团股份有限公司	陕 西	12566472	21850	4500364	1080437	10112
70	百度网络技术有限公司	北 京	12367500	755900	39097300	22347800	41300
71	广东省广晟控股集团有限公司	广 东	12063704	172292	16967682	1444833	56256
72	金地（集团）股份有限公司	广 东	12020809	610729	41938322	6522954	43011

续表

名 次	企业名称	地 区	营业收入/万元	净利润/万元	资产/万元	所有者权益/万元	从业人数/人
73	绿城房地产集团有限公司	浙 江	11972859	358396	53434470	4037072	8087
74	北京控股集团有限公司	北 京	11910115	136186	43005912	4400049	73017
75	兰州新区商贸物流投资集团有限公司	甘 肃	11693807	−24113	1939912	648244	1707
76	浙商银行股份有限公司	浙 江	11673600	1361800	262193000	16293300	19907
77	中基宁波集团股份有限公司	浙 江	11607710	36388	1762155	199989	2617
78	神州数码集团股份有限公司	北 京	11588002	100441	4021604	760204	5279
79	广西北部湾国际港务集团有限公司	广西壮族自治区	10808459	−83892	14984883	2982686	31888
80	内蒙古电力（集团）有限责任公司	内蒙古自治区	10800299	68400	11569487	5071425	36273
81	上海银行股份有限公司	上 海	10797629	2228022	287852476	22105406	14333
82	青岛海发国有资本投资运营集团有限公司	山 东	10684349	38495	13161519	1871885	15331
83	广州越秀集团股份有限公司	广 东	10602853	372379	90347699	5613469	38027
84	唯品会控股有限公司	广 东	10315249	629882	6547551	3275204	13809
85	广东鼎龙实业集团有限公司	广 东	10087069	−15479	2584605	833473	3837
86	湖北联投集团有限公司	湖 北	10077768	−14208	29716530	2248226	20924
87	北京能源集团有限责任公司	北 京	10052951	201450	42113323	9738837	34020
88	云账户技术（天津）有限公司	天 津	9742960	3881	275759	17852	984
89	浙江省国际贸易集团有限公司	浙 江	9728913	173558	15900196	1860985	22524
90	网易股份有限公司	浙 江	9649581	2033760	17276099	10473132	31119
91	深圳市爱施德股份有限公司	广 东	9142901	73027	1444143	592492	3096
92	河南交通投资集团有限公司	河 南	9114006	−127302	64045569	19360352	23140
93	永辉超市股份有限公司	福 建	9009081	−276316	6214321	746557	108758
94	四川省能源投资集团有限责任公司	四 川	9004424	64424	24139655	4423655	25562
95	东方国际（集团）有限公司	上 海	8988909	47202	6270182	1757533	65034
96	中国南方航空集团有限公司	广 东	8822391	−2018053	33631901	4786110	108768
97	南京银行股份有限公司	江 苏	8709220	1840804	205948374	15625619	15769
98	厦门路桥工程物资有限公司	福 建	8615879	44145	2374515	249539	542
99	陕西投资集团有限公司	陕 西	8448427	340438	25909023	4845616	24695
100	重庆华宇集团有限公司	重 庆	8362636	692877	11701799	6358934	4887

说 明

1. 2022 中国服务业企业 500 强是中国企业联合会、中国企业家协会参照国际惯例，组织企业自愿申报，并经专家审定确认后产生的。申报企业包括在中国境内注册、2022 年实现营业收入达到 50 亿元的企业（不包括在华外资、港澳台独资、控股企业，也不包括行政性公司、政企合一的单位，以及各类资产经营公司，但包括在境外注册、投资主体为中国自然人或法人、主要业务在境内的企业），都有资格申报参加排序。属于集团公司的控股子公司或相对控股子公司，由于其财务报表最后能被合并到集团母公司的财务会计报表中去，因此只允许其母公司申报。

2. 表中所列数据由企业自愿申报或属于上市公司公开数据，并经会计师事务所或审计师事务所等单位认可。

3. 营业收入是 2022 年不含增值税的收入，包括企业的所有收入，即主营业务和非主营业务、境内和境外的收入。商业银行的营业收入为 2022 年利息收入和非利息营业收入与之和（不减掉对应的支出）。保险公司的营业收入是 2022 年保险费和年金收入扣除储蓄的资本收益或损失。净利润是 2022 年上交所得税的净利润扣除少数股东权益后的归属母公司所有者的净利润。资产是 2022 年度末的资产总额。所有者权益是 2022 年年末所有者权益总额扣除少数股东权益后的归属于母公司所有者权益。研究开发费用是 2022 年企业投入研究开发的所有费用。从业人数是 2022 年度的平均人数（含所有被合并报表企业的人数）。

4. 行业分类参照了国家统计局的分类方法，依据其主营业务收入所在行业来划分；地区分类是按企业总部所在地划分。

5. 资料来源：中国企业联合会、中国企业家协会。

2022 中国企业按净利润排序前 100 名企业

排名	企业名称	净利润/万元	排名	企业名称	净利润/万元
1	中国工商银行股份有限公司	36048300	51	隆基绿能科技股份有限公司	1481157
2	中国建设银行股份有限公司	32386100	52	中国航天科工集团有限公司	1457557
3	中国农业银行股份有限公司	25914000	53	中国电信集团有限公司	1386231
4	中国银行股份有限公司	22743900	54	中国铁路工程集团有限公司	1368677
5	腾讯控股有限公司	18824300	55	浙商银行股份有限公司	1361800
6	中国石油天然气集团有限公司	14179836	56	中国中煤能源集团有限公司	1262843
7	招商银行股份有限公司	13801200	57	中国铁道建筑集团有限公司	1210540
8	中国海洋石油集团有限公司	11427207	58	中国兵器工业集团有限公司	1203024
9	中国移动通信集团有限公司	9900630	59	中粮集团有限公司	1187657
10	交通银行股份有限公司	9214900	60	中国铝业集团有限公司	1141844
11	兴业银行股份有限公司	9137700	61	协鑫集团有限公司	1139410
12	中国平安保险（集团）股份有限公司	8377400	62	海尔集团公司	1105285
13	中国石油化工集团有限公司	6496012	63	通威集团有限公司	1101219
14	招商局集团有限公司	5700322	64	上海农村商业银行股份有限公司	1097438
15	国家电网有限公司	5510499	65	泰康保险集团股份有限公司	1086282
16	上海浦东发展银行股份有限公司	5117100	66	京东集团股份有限公司	1038000
17	中国建筑股份有限公司	5095030	67	中国航空工业集团有限公司	1027847
18	中国人寿保险（集团）公司	4613600	68	重庆农村商业银行股份有限公司	1027557
19	中国远洋海运集团有限公司	4192612	69	中国南方电网有限责任公司	1019412
20	中国贵州茅台酒厂（集团）有限责任公司	4018481	70	正威国际集团有限公司	1006955
21	国家能源投资集团有限责任公司	3833714	71	新华人寿保险股份有限公司	982200
22	华为投资控股有限公司	3553400	72	青山控股集团有限公司	980339
23	中国民生银行股份有限公司	3526900	73	中国广核集团有限公司	973839
24	太平洋建设集团有限公司	3490133	74	内蒙古伊利实业集团股份有限公司	943107
25	中国邮政集团有限公司	3371864	75	陕西煤业化工集团有限责任公司	932553
26	阿里巴巴（中国）有限公司	3275200	76	万洲国际有限公司	919873
27	中国华润有限公司	3135765	77	立讯精密工业股份有限公司	916310
28	宁德时代新能源科技股份有限公司	3072916	78	苏商建设集团有限公司	913096
29	美的集团股份有限公司	2955351	79	四川公路桥梁建设集团有限公司	894434
30	中国中信集团有限公司	2626084	80	深圳前海微众银行股份有限公司	893705
31	中国第一汽车集团有限公司	2587416	81	中国铁塔股份有限公司	878662
32	江苏银行股份有限公司	2538599	82	北京江南投资集团有限公司	874668
33	华夏银行股份有限公司	2503500	83	中国保利集团有限公司	866210
34	中国太平洋保险（集团）股份有限公司	2460898	84	中国核工业集团有限公司	861941
35	珠海格力电器股份有限公司	2450662	85	中国交通建设集团有限公司	844141
36	中国人民保险集团股份有限公司	2440600	86	长城汽车股份有限公司	826604
37	龙湖集团控股有限公司	2436205	87	东风汽车集团有限公司	814742
38	万科企业股份有限公司	2261778	88	荣耀终端有限公司	812351
39	上海银行股份有限公司	2228022	89	中兴通讯股份有限公司	808030
40	中国航天科技集团有限公司	2178779	90	湖南钢铁集团有限公司	790826
41	网易股份有限公司	2033760	91	中国华能集团有限公司	756986
42	紫金矿业集团股份有限公司	2004205	92	四川省宜宾五粮液集团有限公司	756950
43	南京银行股份有限公司	1840804	93	百度网络技术有限公司	755900
44	中国船舶集团有限公司	1823030	94	金川集团股份有限公司	748405
45	中国电子科技集团有限公司	1792961	95	中国医药集团有限公司	740486
46	中国宝武钢铁集团有限公司	1676852	96	内蒙古伊泰集团有限公司	712583
47	比亚迪股份有限公司	1662245	97	武安市裕华钢铁有限公司	704023
48	万华化学集团股份有限公司	1623363	98	安踏体育用品集团有限公司	695254
49	上海汽车集团股份有限公司	1611755	99	重庆华宇集团有限公司	692877
50	冀南钢铁集团有限公司	1504374	100	中国华电集团有限公司	687031
	中国企业500强平均数				858778

资料来源：中国企业联合会、中国企业家协会。

2022 中国企业按收入利润率排序前 100 名企业

排名	企业名称	收入利润率/%	排名	企业名称	收入利润率/%
1	腾讯控股有限公司	33.95	51	圆通速递股份有限公司	7.32
2	中国贵州茅台酒厂（集团）有限责任公司	29.45	52	中国航天科技集团有限公司	7.28
3	招商银行股份有限公司	28.22	53	广州农村商业银行股份有限公司	7.27
4	中国工商银行股份有限公司	24.95	54	中国广核集团有限公司	7.11
5	中国建设银行股份有限公司	23.74	55	恒申控股集团有限公司	7.08
6	上海农村商业银行股份有限公司	22.57	56	中国平安保险（集团）股份有限公司	6.88
7	兴业银行股份有限公司	22.27	57	中国远洋海运集团有限公司	6.69
8	中国银行股份有限公司	21.57	58	贵州磷化（集团）有限责任公司	6.62
9	南京银行股份有限公司	21.14	59	中兴通讯股份有限公司	6.57
10	网易股份有限公司	21.08	60	太平洋建设集团有限公司	6.53
11	上海银行股份有限公司	20.63	61	明阳新能源投资控股集团有限公司	6.49
12	中国农业银行股份有限公司	20.60	62	温氏食品集团股份有限公司	6.32
13	江苏银行股份有限公司	18.85	63	协鑫集团有限公司	6.26
14	重庆农村商业银行股份有限公司	18.60	64	浙江华友钴业股份有限公司	6.20
15	交通银行股份有限公司	17.52	65	南通四建集团有限公司	6.15
16	北京江南投资集团有限公司	16.81	66	百度网络技术有限公司	6.11
17	深圳前海微众银行股份有限公司	15.41	67	唯品会控股有限公司	6.11
18	华夏银行股份有限公司	14.32	68	长城汽车股份有限公司	6.02
19	上海浦东发展银行股份有限公司	14.08	69	湖北交通投资集团有限公司	6.00
20	安踏体育用品集团有限公司	13.71	70	山西鹏飞集团有限公司	5.90
21	珠海格力电器股份有限公司	12.97	71	彬县煤炭有限责任公司	5.82
22	重庆中昂投资集团有限公司	12.96	72	中国航天科工集团有限公司	5.80
23	恒丰银行股份有限公司	12.68	73	内蒙古蒙牛乳业（集团）股份有限公司	5.73
24	浙商银行股份有限公司	11.67	74	内蒙古鄂尔多斯投资控股集团有限公司	5.70
25	中国民生银行股份有限公司	11.63	75	上海华谊控股集团有限公司	5.68
26	招商局集团有限公司	11.56	76	重庆新鸥鹏企业（集团）有限公司	5.67
27	隆基绿能科技股份有限公司	11.48	77	华为投资控股有限公司	5.53
28	内蒙古伊泰集团有限公司	11.46	78	远景能源有限公司	5.46
29	四川公路桥梁建设集团有限公司	10.80	79	中国太平洋保险（集团）股份有限公司	5.40
30	中国移动通信集团有限公司	10.54	80	山东太阳控股集团有限公司	5.37
31	中国海洋石油集团有限公司	10.31	81	申能（集团）有限公司	5.28
32	江苏扬子江船业集团	9.89	82	研祥高科技控股集团有限公司	5.25
33	万华化学集团股份有限公司	9.80	83	中国船舶集团有限公司	5.23
34	龙湖集团控股有限公司	9.72	84	广东省交通集团有限公司	5.19
35	振石控股集团有限公司	9.55	85	通威集团有限公司	5.12
36	中国铁塔股份有限公司	9.53	86	金地（集团）股份有限公司	5.08
37	宁德时代新能源科技股份有限公司	9.35	87	江苏阳光集团有限公司	4.98
38	渤海银行股份有限公司	9.20	88	淮河能源控股集团有限责任公司	4.93
39	新华三信息技术有限公司	8.68	89	双胞胎（集团）股份有限公司	4.88
40	威高集团有限公司	8.67	90	万洲国际有限公司	4.87
41	荣耀终端有限公司	8.65	91	四川省宜宾五粮液集团有限公司	4.87
42	美的集团股份有限公司	8.55	92	山东金岭集团有限公司	4.80
43	重庆华宇集团有限公司	8.29	93	中国电子科技集团有限公司	4.77
44	安徽省交通控股集团有限公司	8.25	94	物美科技集团有限公司	4.77
45	武安市裕华钢铁有限公司	8.10	95	国家能源投资集团有限责任公司	4.69
46	内蒙古伊利实业集团股份有限公司	7.66	96	泰康保险集团股份有限公司	4.64
47	晶澳太阳能科技股份有限公司	7.58	97	徐工集团工程机械股份有限公司	4.59
48	宁波开发投资集团有限公司	7.55	98	兴华财富集团有限公司	4.59
49	冀南钢铁集团有限公司	7.53	99	新华人寿保险股份有限公司	4.58
50	紫金矿业集团股份有限公司	7.41	100	中国邮政集团有限公司	4.55
中国企业 500 强平均数					3.96

资料来源：中国企业联合会、中国企业家协会。

2022 中国企业按资产排序前 100 名企业

排名	企业名称	资产/万元
1	中国工商银行股份有限公司	3960965700
2	中国建设银行股份有限公司	3460191700
3	中国农业银行股份有限公司	3392753300
4	中国银行股份有限公司	2891385700
5	中国邮政集团有限公司	1470460708
6	交通银行股份有限公司	1299241900
7	中国平安保险（集团）股份有限公司	1113716800
8	中国中信集团有限公司	1059769342
9	招商银行股份有限公司	1013891200
10	兴业银行股份有限公司	926667100
11	上海浦东发展银行股份有限公司	870465100
12	中国民生银行股份有限公司	725567300
13	中国人寿保险（集团）公司	612682200
14	国家电网有限公司	490227557
15	中国石油天然气集团有限公司	439505369
16	华夏银行股份有限公司	390016700
17	江苏银行股份有限公司	298029469
18	上海银行股份有限公司	287852476
19	中国建筑股份有限公司	265290331
20	招商局集团有限公司	263202724
21	浙商银行股份有限公司	262193000
22	中国石油化工集团有限公司	254334578
23	中国交通建设集团有限公司	237518365
24	中国华润有限公司	228869995
25	中国移动通信集团有限公司	228796985
26	中国太平洋保险（集团）股份有限公司	217629908
27	南京银行股份有限公司	205948374
28	国家能源投资集团有限责任公司	194216366
29	中国保利集团有限公司	182848841
30	阿里巴巴（中国）有限公司	177212400
31	万科企业股份有限公司	175712444
32	碧桂园控股有限公司	174446700
33	渤海银行股份有限公司	165945990
34	中国铁路工程集团有限公司	162053670
35	中国中化控股有限责任公司	158400681
36	国家电力投资集团有限公司	158179590
37	腾讯控股有限公司	157813100
38	中国铁道建筑集团有限公司	152853790
39	中国海洋石油集团有限公司	151335316
40	中国人民保险集团股份有限公司	150870200
41	中国华能集团有限公司	141519461
42	泰康保险集团股份有限公司	136544606
43	绿地控股集团股份有限公司	136532106
44	重庆农村商业银行股份有限公司	135186112
45	恒丰银行股份有限公司	133159512
46	山东高速集团有限公司	132254620
47	中国电力建设集团有限公司	129507190
48	上海农村商业银行股份有限公司	128139912
49	中国航空工业集团有限公司	127961781
50	中国太平保险集团有限责任公司	125966322
51	新华人寿保险股份有限公司	125504400
52	中国宝武钢铁集团有限公司	123984105
53	广州农村商业银行股份有限公司	123345445
54	蜀道投资集团有限责任公司	118808408
55	中国核工业集团有限公司	115042105
56	中国南方电网有限责任公司	114511539
57	中国远洋海运集团有限公司	111425823
58	晋能控股集团有限公司	110517021
59	成都兴城投资集团有限公司	108729889
60	盛京银行股份有限公司	108241311
61	华为投资控股有限公司	106380400
62	深圳市投资控股有限公司	105726821
63	中国五矿集团有限公司	105634035
64	中国电信集团有限公司	104664204
65	中国华电集团有限公司	102717210
66	上海汽车集团股份有限公司	99010738
67	山东能源集团有限公司	95112301
68	中国船舶集团有限公司	94467362
69	中国广核集团有限公司	91265773
70	广州越秀集团股份有限公司	90347699
71	中国大唐集团有限公司	84944885
72	浙江省交通投资集团有限公司	84049787
73	复星国际有限公司	82314606
74	云南省交通投资建设集团有限公司	78845371
75	龙湖集团控股有限公司	78677442
76	云南省建设投资控股集团有限公司	78437097
77	广西投资集团有限公司	74937609
78	厦门建发集团有限公司	72356281
79	陕西煤业化工集团有限责任公司	72274582
80	中国建材集团有限公司	70296223
81	甘肃省公路航空旅游投资集团有限公司	70237744
82	中粮集团有限公司	69557102
83	中国联合网络通信集团有限公司	68348838
84	联想控股股份有限公司	68107417
85	中国能源建设集团有限公司	67970691
86	中国航天科技集团有限公司	65086177
87	珠海华发集团有限公司	65040443
88	河南交通投资集团有限公司	64045569
89	广西交通投资集团有限公司	62949354
90	湖北交通投资集团有限公司	62922994
91	中国铝业集团有限公司	62501951
92	山西交通控股集团有限公司	60895693
93	宁德时代新能源科技股份有限公司	60095235
94	中国第一汽车集团有限公司	59636880
95	京东集团股份有限公司	59525000
96	中国电子科技集团有限公司	59416897
97	陕西交通控股集团有限公司	57344623
98	云南省投资控股集团有限公司	56866075
99	中国医药集团有限公司	56318190
100	浙江吉利控股集团有限公司	56067708
	中国企业 500 强平均数	79953528

资料来源：中国企业联合会、中国企业家协会。

2022 中国企业按资产利润率排序前 100 名企业

排名	企业名称	资产利润率/%	排名	企业名称	资产利润率/%
1	通州建总集团有限公司	23.38	51	山东垦利石化集团有限公司	6.50
2	安踏体育用品集团有限公司	17.92	52	内蒙古伊泰集团有限公司	6.45
3	武安市裕华钢铁有限公司	16.73	53	山东海科控股有限公司	6.43
4	人民控股集团有限公司	14.91	54	重庆中昂投资集团有限公司	6.41
5	振石控股集团有限公司	12.27	55	山东太阳控股集团有限公司	6.39
6	新华三信息技术有限公司	12.07	56	鲁丽集团有限公司	6.39
7	中国贵州茅台酒厂（集团）有限责任公司	11.98	57	富海集团新能源控股有限公司	6.23
8	腾讯控股有限公司	11.93	58	立讯精密工业股份有限公司	6.18
9	兴华财富集团有限公司	11.91	59	浙江中成控股集团有限公司	6.18
10	网易股份有限公司	11.77	60	山西建邦集团有限公司	6.12
11	心里程控股集团有限公司	11.63	61	华勤橡胶工业集团有限公司	6.03
12	双胞胎（集团）股份有限公司	11.55	62	重庆华宇集团有限公司	5.92
13	江苏阳光集团有限公司	11.55	63	中天科技集团有限公司	5.87
14	山东金岭集团有限公司	11.42	64	华勤技术股份有限公司	5.85
15	隆基绿能科技股份有限公司	10.61	65	广西南丹南方金属有限公司	5.77
16	圆通速递股份有限公司	9.98	66	龙信建设集团有限公司	5.75
17	南通四建集团有限公司	9.88	67	威高集团有限公司	5.72
18	超威电源集团有限公司	9.77	68	四川公路桥梁建设集团有限公司	5.71
19	唯品会控股有限公司	9.62	69	北京江南投资集团有限公司	5.70
20	彬县煤炭有限责任公司	9.55	70	协鑫集团有限公司	5.66
21	恒申控股集团有限公司	9.46	71	温氏食品集团股份有限公司	5.39
22	陕西泰丰盛合控股集团有限公司	9.42	72	江苏永钢集团有限公司	5.29
23	荣耀终端有限公司	9.28	73	金川集团股份有限公司	5.20
24	五得利面粉集团有限公司	9.26	74	浙江富冶集团有限公司	5.20
25	山东科达集团有限公司	9.18	75	雅戈尔集团股份有限公司	5.19
26	太平洋建设集团有限公司	9.17	76	通鼎集团有限公司	5.15
27	杭州东恒石油有限公司	8.65	77	中铁集装箱运输有限责任公司	5.14
28	深圳金雅福控股集团有限公司	8.37	78	德力西集团有限公司	5.12
29	冀南钢铁集团有限公司	8.09	79	宁德时代新能源科技股份有限公司	5.11
30	万华化学集团股份有限公司	8.08	80	恒信汽车集团股份有限公司	5.10
31	江苏南通二建集团有限公司	7.77	81	深圳市爱施德股份有限公司	5.06
32	河北鑫海控股集团有限公司	7.75	82	湖南钢铁集团有限公司	5.04
33	晶澳太阳能科技股份有限公司	7.65	83	富通集团有限公司	5.02
34	中国海洋石油集团有限公司	7.55	84	三宝集团股份有限公司	5.00
35	内蒙古鄂尔多斯投资控股集团有限公司	7.53	85	金鼎钢铁集团有限公司	4.96
36	内蒙古伊利实业集团股份有限公司	7.20	86	金澳科技（湖北）化工有限公司	4.77
37	山东齐润控股集团有限公司	7.07	87	正威国际集团有限公司	4.59
38	青山控股集团有限公司	7.06	88	济宁能源发展集团有限公司	4.59
39	美的集团股份有限公司	6.99	89	内蒙古蒙牛乳业（集团）股份有限公司	4.50
40	研祥高科技控股集团有限公司	6.95	90	中兴通讯股份有限公司	4.47
41	山东创新金属科技有限公司	6.95	91	长城汽车股份有限公司	4.46
42	珠海格力电器股份有限公司	6.90	92	中国国际技术智力合作集团有限公司	4.45
43	通威集团有限公司	6.89	93	山西鹏飞集团有限公司	4.42
44	河北新武安钢铁集团文安钢铁有限公司	6.86	94	优合产业有限公司	4.41
45	福建省金纶高纤股份有限公司	6.75	95	江苏国泰国际集团股份有限公司	4.38
46	广东海大集团股份有限公司	6.68	96	三花控股集团有限公司	4.35
47	万洲国际有限公司	6.65	97	中国第一汽车集团有限公司	4.34
48	紫金矿业集团股份有限公司	6.55	98	中国移动通信集团有限公司	4.33
49	老凤祥股份有限公司	6.54	99	利华益集团股份有限公司	4.32
50	东方润安集团有限公司	6.51	100	新奥天然气股份有限公司	4.29
中国企业 500 强平均数					1.07

资料来源：中国企业联合会、中国企业家协会。

2022 中国企业按净资产利润率排序前 100 名企业

排名	企业名称	净资产利润率/%	排名	企业名称	净资产利润率/%
1	湖北宜化集团有限责任公司	500.66	51	网易股份有限公司	19.42
2	陕西泰丰盛合控股集团有限公司	64.19	52	唯品会控股有限公司	19.23
3	内蒙古鄂尔多斯投资控股集团有限公司	50.21	53	杭州东恒石油有限公司	18.90
4	新华三信息技术有限公司	49.76	54	河北新华联合冶金控股集团有限公司	18.84
5	上海闽路润贸易有限公司	49.03	55	浙江富冶集团有限公司	18.77
6	通州建总集团有限公司	44.78	56	内蒙古伊利实业集团股份有限公司	18.76
7	重庆新鸥鹏企业（集团）有限公司	41.86	57	宁德时代新能源科技股份有限公司	18.68
8	通威集团有限公司	41.81	58	青山控股集团有限公司	18.65
9	安踏体育用品集团有限公司	36.58	59	通鼎集团有限公司	18.27
10	新奥天然气股份有限公司	33.25	60	中基宁波集团股份有限公司	18.20
11	河北鑫海控股集团有限公司	33.15	61	德力西集团有限公司	18.20
12	四川公路桥梁建设集团有限公司	32.64	62	厦门路桥工程物资有限公司	17.69
13	中国贵州茅台酒厂（集团）有限责任公司	27.46	63	荣耀终端有限公司	17.31
14	齐成（山东）石化集团有限公司	27.37	64	心里程控股集团有限公司	17.24
15	优合产业有限公司	26.48	65	龙湖集团控股有限公司	17.14
16	济宁能源发展集团有限公司	26.42	66	海信集团控股股份有限公司	17.09
17	福建省金纶高纤股份有限公司	26.31	67	山东京博控股集团有限公司	17.04
18	腾讯控股有限公司	26.09	68	鲁丽集团有限公司	17.01
19	中天科技集团有限公司	26.09	69	陕西建工控股集团有限公司	16.96
20	江苏华宏实业集团有限公司	25.35	70	太平洋建设集团有限公司	16.87
21	珠海格力电器股份有限公司	25.33	71	老凤祥股份有限公司	16.79
22	冀南钢铁集团有限公司	24.89	72	山东汇丰石化集团有限公司	16.65
23	振石控股集团有限公司	24.84	73	广东海大集团股份有限公司	16.57
24	深圳前海微众银行股份有限公司	24.54	74	山东海科控股有限公司	16.49
25	传化集团有限公司	24.38	75	淮河能源控股集团有限责任公司	15.95
26	中国人寿保险（集团）公司	23.91	76	兴华财富集团有限公司	15.57
27	武安市裕华钢铁有限公司	23.87	77	中国远洋海运集团有限公司	15.40
28	隆基绿能科技股份有限公司	23.83	78	中国海洋石油集团有限公司	15.29
29	双胞胎（集团）股份有限公司	23.40	79	南通四建集团有限公司	15.15
30	北京江南投资集团有限公司	22.93	80	浙江华友钴业股份有限公司	15.10
31	彬县煤炭有限责任公司	22.74	81	浪潮集团有限公司	15.08
32	紫金矿业集团股份有限公司	22.53	82	广州医药集团有限公司	15.00
33	内蒙古伊泰集团有限公司	22.24	83	比亚迪股份有限公司	14.97
34	TCL 实业控股股份有限公司	21.93	84	海尔集团公司	14.84
35	云账户技术（天津）有限公司	21.74	85	宜昌兴发集团有限责任公司	14.81
36	山东创新金属科技有限公司	21.71	86	广西南丹南方金属有限公司	14.78
37	协鑫集团有限公司	21.62	87	圆通速递股份有限公司	14.70
38	超威电源集团有限公司	21.17	88	招商银行股份有限公司	14.60
39	万华化学集团股份有限公司	21.13	89	四川省宜宾五粮液集团有限公司	14.58
40	泸州老窖集团有限责任公司	20.96	90	牧原实业集团有限公司	14.55
41	江苏阳光集团有限公司	20.81	91	厦门钨业股份有限公司	14.48
42	华勤技术股份有限公司	20.70	92	深圳金雅福控股集团有限公司	14.47
43	美的集团股份有限公司	20.68	93	金川集团股份有限公司	14.42
44	新疆特变电工集团有限公司	20.65	94	山东太阳控股集团有限公司	14.20
45	贵州磷化（集团）有限责任公司	20.58	95	安徽建工集团控股有限公司	14.19
46	湖南钢铁集团有限公司	20.57	96	江苏扬子江船业集团	14.16
47	人民控股集团有限公司	20.28	97	富海集团新能源控股有限公司	14.04
48	立讯精密工业股份有限公司	20.21	98	天合光能股份有限公司	13.97
49	晶澳太阳能科技股份有限公司	20.12	99	天能控股集团有限公司	13.96
50	恒申控股集团有限公司	19.93	100	山东金岭集团有限公司	13.95
	中国企业 500 强平均数				8.14

资料来源：中国企业联合会、中国企业家协会。

2022 中国企业按从业人数排序前 100 名企业

排名	企业名称	从业人数/人	排名	企业名称	从业人数/人
1	中国石油天然气集团有限公司	1087049	51	中国兵器装备集团有限公司	156613
2	国家电网有限公司	969301	52	上海汽车集团股份有限公司	153196
3	中国邮政集团有限公司	752547	53	陕西煤业化工集团有限责任公司	151607
4	中国人民保险集团股份有限公司	711050	54	鞍钢集团有限公司	151411
5	比亚迪股份有限公司	570060	55	苏商建设集团有限公司	151135
6	中国石油化工集团有限公司	527487	56	中国中煤能源集团有限公司	147293
7	北大荒农垦集团有限公司	482083	57	牧原实业集团有限公司	143186
8	晋能控股集团有限公司	470839	58	中国航天科工集团有限公司	141260
9	中国农业银行股份有限公司	452258	59	东风汽车集团有限公司	134637
10	中国移动通信集团有限公司	452202	60	中国铝业集团有限公司	132740
11	京东集团股份有限公司	450679	61	万科企业股份有限公司	131817
12	中国工商银行股份有限公司	427587	62	浙江吉利控股集团有限公司	131517
13	中国电信集团有限公司	392726	63	陕西延长石油（集团）有限责任公司	130475
14	中国航空工业集团有限公司	383000	64	辽宁方大集团实业有限公司	125641
15	中国建筑股份有限公司	382492	65	中国机械工业集团有限公司	125370
16	中国华润有限公司	379944	66	江苏省苏中建设集团股份有限公司	125237
17	中国建设银行股份有限公司	376682	67	中国华能集团有限公司	124588
18	中国平安保险（集团）股份有限公司	344223	68	新希望控股集团有限公司	123933
19	中国铁道建筑集团有限公司	342098	69	中国第一汽车集团有限公司	123615
20	国家能源投资集团有限责任公司	313123	70	国家电力投资集团有限公司	123401
21	中国铁路工程集团有限公司	312906	71	南通四建集团有限公司	123000
22	中国银行股份有限公司	306182	72	河南能源集团有限公司	120981
23	太平洋建设集团有限公司	301565	73	海尔集团公司	120501
24	中国南方电网有限责任公司	282571	74	中国平煤神马控股集团有限公司	120299
25	招商局集团有限公司	276019	75	宁德时代新能源科技股份有限公司	118914
26	中国联合网络通信集团有限公司	256973	76	中国保利集团有限公司	118007
27	阿里巴巴（中国）有限公司	239740	77	中国能源建设集团有限公司	116787
28	立讯精密工业股份有限公司	236932	78	广州汽车工业集团有限公司	113864
29	中国电子科技集团有限公司	235912	79	潞安化工集团有限公司	113557
30	山东能源集团有限公司	232841	80	招商银行股份有限公司	112999
31	中国中化控股有限责任公司	223448	81	中国太平洋保险（集团）股份有限公司	110862
32	中国交通建设集团有限公司	221017	82	中国远洋海运集团有限公司	110805
33	中国宝武钢铁集团有限公司	219340	83	中国南方航空集团有限公司	108768
34	中国兵器工业集团有限公司	217161	84	永辉超市股份有限公司	108758
35	山西焦煤集团有限责任公司	213185	85	腾讯控股有限公司	108436
36	中国建材集团有限公司	208857	86	复星国际有限公司	108000
37	华为投资控股有限公司	205000	87	万洲国际有限公司	104000
38	中国船舶集团有限公司	204497	88	中粮集团有限公司	103537
39	中国医药集团有限公司	201508	89	深圳市投资控股有限公司	103117
40	中国五矿集团有限公司	187962	90	联想控股股份有限公司	101587
41	中国电子信息产业集团有限公司	184940	91	青山控股集团有限公司	100982
42	中国电力建设集团有限公司	182424	92	物美科技集团有限公司	100000
43	中国核工业集团有限公司	181700	93	河钢集团有限公司	99807
44	中国人寿保险（集团）公司	180619	94	贝壳控股有限公司	98540
45	中国航天科技集团有限公司	180521	95	山东魏桥创业集团有限公司	98100
46	中国中信集团有限公司	172761	96	中国东方航空集团有限公司	97935
47	中国中车集团有限公司	170184	97	海信集团控股股份有限公司	97838
48	恒力集团有限公司	170125	98	光明食品（集团）有限公司	96639
49	美的集团股份有限公司	166243	99	江苏南通二建集团有限公司	95227
50	顺丰控股股份有限公司	162823	100	北京汽车集团有限公司	95000
中国企业 500 强平均数					65631

资料来源：中国企业联合会、中国企业家协会。

2022 中国企业按研发费用增长率排序前 100 名企业

排名	企业名称	研发费用增长率/%	排名	企业名称	研发费用增长率/%
1	青岛西海岸新区融合控股集团有限公司	1817.29	51	江苏新长江实业集团有限公司	62.13
2	四川省能源投资集团有限责任公司	897.90	52	重庆小康控股有限公司	59.83
3	福建大东海实业集团有限公司	541.22	53	紫金矿业集团股份有限公司	59.80
4	洛阳国宏投资控股集团有限公司	376.01	54	山东省港口集团有限公司	57.56
5	山东渤海实业集团有限公司	340.65	55	齐成（山东）石化集团有限公司	57.40
6	三河汇福粮油集团有限公司	328.57	56	浙江省建设投资集团股份有限公司	56.71
7	杭州市城市建设投资集团有限公司	302.39	57	奇瑞控股集团有限公司	56.59
8	宁夏天元锰业集团有限公司	258.28	58	福建百宏聚纤科技实业有限公司	55.95
9	山西晋城钢铁控股集团有限公司	230.97	59	国家电力投资集团有限公司	55.55
10	伊电控股集团有限公司	215.32	60	圆通速递股份有限公司	53.35
11	开滦（集团）有限责任公司	205.82	61	四川省商业投资集团有限责任公司	51.65
12	贵州磷化（集团）有限责任公司	203.09	62	武汉金融控股（集团）有限公司	51.57
13	新疆中泰（集团）有限责任公司	200.93	63	弘润石化（潍坊）有限责任公司	51.12
14	五得利面粉集团有限公司	196.27	64	潞安化工集团有限公司	51.03
15	河南豫光金铅集团有限责任公司	173.83	65	白银有色集团股份有限公司	50.29
16	厦门建发集团有限公司	168.95	66	云账户技术（天津）有限公司	49.41
17	北京首都开发控股（集团）有限公司	164.30	67	陕西投资集团有限公司	49.38
18	河北建工集团有限责任公司	148.63	68	南昌市政公用集团有限公司	49.10
19	济宁能源发展集团有限公司	142.33	69	青山控股集团有限公司	48.73
20	比亚迪股份有限公司	133.44	70	云南省投资控股集团有限公司	47.93
21	湖北联投集团有限公司	127.53	71	新奥天然气股份有限公司	47.06
22	陕西交通控股集团有限公司	123.40	72	金浦投资控股集团有限公司	46.69
23	晶科能源控股有限公司	112.91	73	晋能控股集团有限公司	46.39
24	浙江华友钴业股份有限公司	109.32	74	山东能源集团有限公司	45.79
25	广西投资集团有限公司	105.05	75	新疆特变电工集团有限公司	45.62
26	彬县煤炭有限责任公司	104.14	76	上海农村商业银行股份有限公司	45.44
27	宁德时代新能源科技股份有限公司	101.66	77	深圳理士电源发展有限公司	44.62
28	广东省能源集团有限公司	95.36	78	汇通达网络股份有限公司	44.15
29	协鑫集团有限公司	94.62	79	中国铝业集团有限公司	44.14
30	湖北交通投资集团有限公司	94.34	80	中国联合网络通信集团有限公司	43.55
31	厦门象屿集团有限公司	91.37	81	北京首都创业集团有限公司	43.36
32	明阳新能源投资控股集团有限公司	80.87	82	华勤橡胶工业集团有限公司	43.34
33	天合光能股份有限公司	80.85	83	牧原实业集团有限公司	42.98
34	辽宁方大集团实业有限公司	80.72	84	宜昌兴发集团有限责任公司	42.92
35	天瑞集团股份有限公司	79.63	85	洛阳栾川钼业集团股份有限公司	42.67
36	四川华西集团有限公司	76.57	86	山东创新金属科技有限公司	42.35
37	晶澳太阳能科技股份有限公司	75.28	87	三花控股集团有限公司	42.02
38	兴华财富集团有限公司	75.02	88	深圳市投资控股有限公司	42.01
39	蓝润集团有限公司	74.75	89	山东齐润控股集团有限公司	41.30
40	通威集团有限公司	74.49	90	山东寿光鲁清石化有限公司	39.70
41	优合产业有限公司	74.37	91	深圳市爱施德股份有限公司	39.57
42	云南省能源投资集团有限公司	71.44	92	华勤技术股份有限公司	39.55
43	广东省广新控股集团有限公司	69.85	93	安徽省交通控股集团有限公司	39.50
44	万基控股集团有限公司	68.36	94	广州工业投资控股集团有限公司	39.37
45	宁波富邦控股集团有限公司	68.24	95	宁波金田投资控股有限公司	39.22
46	山东金诚石化集团有限公司	66.77	96	成都兴城投资集团有限公司	38.76
47	贵州能源集团有限公司	66.13	97	国家能源投资集团有限责任公司	38.75
48	河南交通投资集团有限公司	65.12	98	山东东明石化集团有限公司	38.04
49	福建省金纶高纤股份有限公司	63.20	99	南京新工投资集团有限责任公司	37.25
50	隆基绿能科技股份有限公司	62.51	100	中国远洋海运集团有限公司	36.85
中国企业500强平均数					11.91

资料来源：中国企业联合会、中国企业家协会。

优 秀 企 业 风 采

（排序不分先后）

※ 东风汽车集团有限公司
※ 中国第一汽车集团有限公司
※ TCL实业控股股份有限公司
※ 三一集团有限公司
※ 中国兵器工业集团内蒙古第一机械集团有限公司
※ 浙江双环传动机械股份有限公司
※ 江西奈尔斯西蒙斯赫根赛特中机有限公司
※ 无锡市国联发展（集团）有限公司
※ 青岛经济技术开发区投资控股集团有限公司
※ 四川美丰化工股份有限公司
※ 安徽口子酒业股份有限公司
※ 阳光保险集团股份有限公司
※ 广州农村商业银行股份有限公司
※ 福建省港口集团有限责任公司
※ 天津港（集团）有限公司

SANY
SANY
SANY

“三化”创未来

ONS CREATE THE NEW FUTURE

目标。多年来，从乡镇工厂到“全球建机三强”，三一集团用突破与
报国”的初心，全力实施好数智化、电动化、国际化“三化”战略，
个一流”的美好愿景。

内蒙古第一机械集团有限公司
INNER MONGOLIA FIRST MACHINERY GROUP CO., LTD.

内蒙古第一机械集团有限公司始建于1954年，是国家“一五”期间156个重点建设项目之一，隶属于中国兵器工业集团有限公司，是国家唯一的集主战坦克、轮式步兵战车和中口径火炮于一体的科研制造基地，是我军地面武器装备力量的核心，也是内蒙古自治区综合实力最强、经营规模最大、影响力最广的装备制造企业。公司建有国家级重点实验室、北京智能技术工程中心、西安应急装备研究中心和南京火炮装备技术创新研究院。

公司主要产品涵盖军品、民品及零部件产品。公司研制生产的军品服务于陆军、海军、空军、火箭军、战略支援部队、武警部队等多个军兵种，参加了中华人民共和国成立10周年以来的历次大阅兵，装备列装数量规模均居前列，生产的96B主战坦克在历年国际军事比赛中获奖；培育形成的铁路车辆、石油机械、推土机、专用汽车、车辆零部件及研制开发的应急救援系列装备、森林消防灭火系列装备、公共卫生应急系列装备等主要民品及相关产品，广泛服务于国民经济各领域。

公司坚持管理创新突破，深化对标一流提升管理水平，强化战略规划，突出财务管理的价值创造和风险防控导向，强化人才队伍建设，建设“数字一机”“云上一机”，国企改革三年行动台账任务100%完成。公司入选国务院国资委“重点企业管理标杆创建行动标杆企业”和“国有企业公司治理示范企业”，获得“全国五一劳动奖状”“全国文明单位”等荣誉。

野战医技保障车

漏斗车

自然兼香·非同凡享
D23

阳光保险集团
Sunshine Insurance Group

阳光保险集团股份有限公司（以下简称阳光保险）是中国一家完全按市场化机制成立和发展起来的民营保险服务集团。经过多年发展，目前已拥有财产保险、人寿保险、信用保证保险、资产管理、医疗健康等多家专业子公司。2022年12月9日，阳光保险在香港联交所挂牌上市。

自成立以来，阳光保险坚守主业发展定力，坚持以实业的心态做金融，以价值发展为主线，扎扎实实地积累打造企业核心竞争力，实实在在地履行社会责任，并以高质量的发展、专业的管理、优良的服务建立了自己的口碑与品牌，成立5年便跻身中国企业500强、中国服务业企业100强，已连续13年入选中国企业500强，连续12年被评为中国500最具价

2009 2010 2011 2012 2013 2014 2015

值品牌，成为中国金融业的新锐力量。

阳光保险秉承“一切为了客户”的核心价值追求，以“做专业领先的家庭保险保障服务提供商与值得信赖的企业风险管理伙伴”为商业追求，为客户提供贯穿全生命周期的、专业的风险保障及养老、健康、教育、财富管理、风险管理等综合服务解决方案。秉承“服从国家战略、造福社会民生、温暖客户员工、回报公司股东”的核心价值观，做一个有特色、有价值、有温度、有社会责任感的新时代企业，以实际行动践行“让人们拥有更多的阳光”的企业使命。

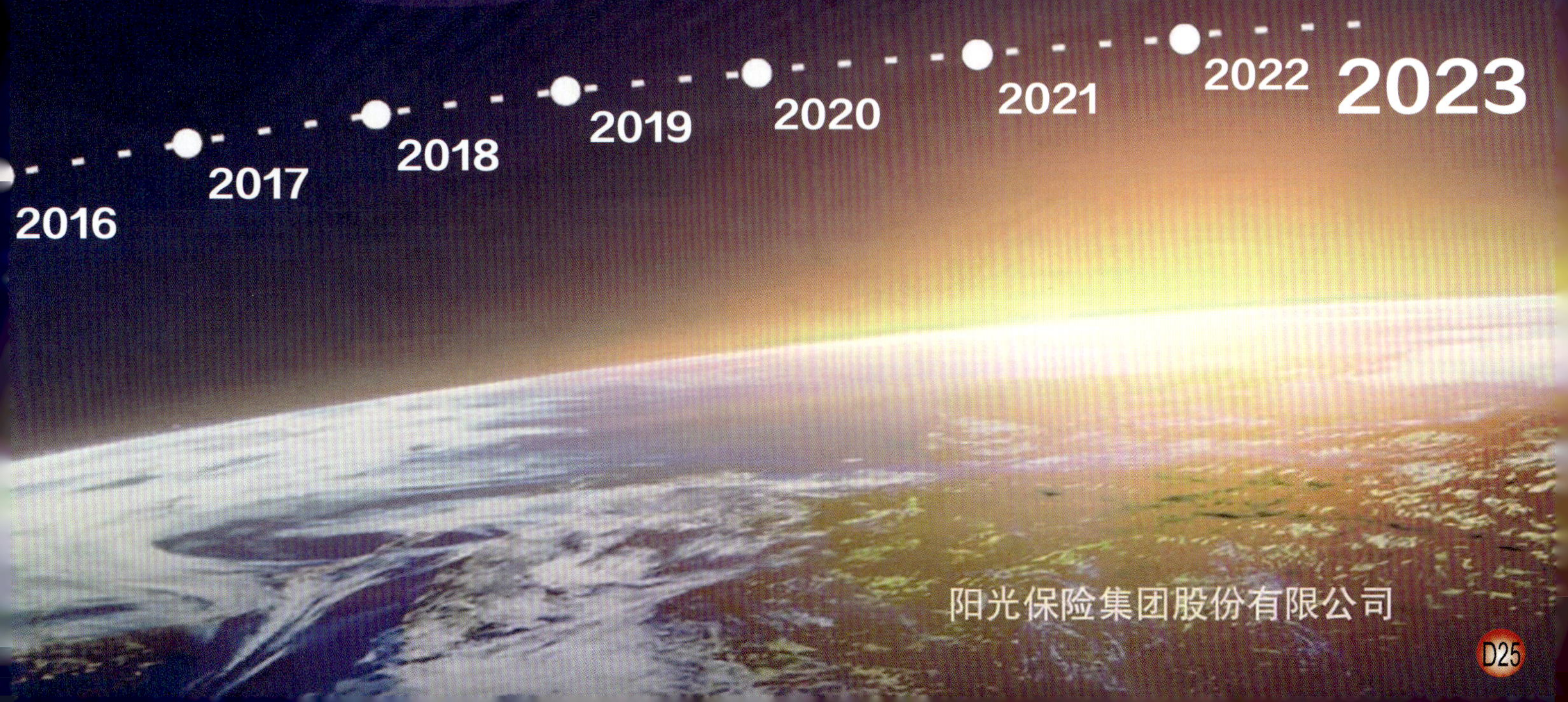

阳光保险集团股份有限公司

广州农商银行

GUANGZHOU RURAL COMMERCIAL BANK

广州农村商业银行股份有限公司（以下简称广州农商银行）前身是1952年成立的广州农村信用社，2009年12月改制为农商行，2017年6月在中国香港挂牌上市。广州农商银行始终紧紧围绕市委、市政府中心工作，全面坚持和加强党对企业的领导，以“成为国内一流商业银行”为愿景目标，坚守“支农支小”发展定位，坚持服务实体经济本职本分，全面提升金融服务质效，为服务构建新发展格局、推动高质量发展贡献金融力量。

2022年，广州农商银行上下团结一心、稳中求进，在高质量发展道路上迈出了坚定步伐。总资产12335亿元，同比增长6.18%，稳居全国农商行前三，客户存款增长7.15%、贷款及垫资总额增长5.22%，归母净利润增长9.98%，全行经营发展保持稳定；继续蝉联中国企业500强、中国银行业100强，跻身“十佳普惠金融服务创新奖”，荣获“年度乡村振兴示范银行”“年度财富管理奖”等奖项。

广州农村商业银行股份有限公司

福建省港口集团有限责任公司

FUJIAN PROVINCIAL PORT GROUP CO.,LTD.

港口集团大楼

福州港务集团福港集箱（江阴）

海润码头全智能化改造

漳湾作业区

漳州港务集团古雷石化码头

福州港江阴港区海侧夜景鸟瞰

津通世界